JIANCHA LILUN ZHONGDIAN WENTI
ZUIGAO RENMIN JIANCHAYUAN JIANCHA LILUN YANJIUSUO
JIANSUO YILAI LUNWENXUAN

检察理论重点问题

最高人民检察院检察理论研究所建所以来论文选

李如林／主编

中国检察出版社

图书在版编目（CIP）数据

检察理论重点问题：最高人民检察院检察理论研究所建所以来论文选／
李如林主编． —北京：中国检察出版社，2015.5
ISBN 978 - 7 - 5102 - 1416 - 5

Ⅰ.①检…　Ⅱ.①李…　Ⅲ.①检察学 – 中国 – 文集　Ⅳ.①D926.3 - 53

中国版本图书馆 CIP 数据核字（2015）第 082899 号

检察理论重点问题

——最高人民检察院检察理论研究所建所以来论文选

李如林　主编

出版发行：中国检察出版社
社　　址：北京市石景山区香山南路 111 号（100144）
网　　址：中国检察出版社（www.zgjccbs.com）
编辑电话：(010) 68658769
发行电话：(010) 68650015　68650016　68650029
经　　销：新华书店
印　　刷：三河市西华印务有限公司
开　　本：720 mm × 960 mm　16 开
印　　张：51.25 印张
字　　数：941 千字
版　　次：2015 年 5 月第一版　2015 年 5 月第一次印刷
书　　号：ISBN 978 - 7 - 5102 - 1416 - 5
定　　价：98.00 元

序

　　检察理论是人们认识检察工作规律、开展检察工作的重要工具，是推动检察制度和检察事业发展的重要支撑。加强检察理论研究是全面推进依法治国的基本要求，是坚持和完善中国特色社会主义检察制度的需要，是提高法律监督能力和执法水平的需要，也是培养高素质专业化检察队伍的需要。因此，检察理论的繁荣发展事关检察工作全局，事关检察事业的科学发展。

　　最高人民检察院高度重视检察理论研究工作。1990 年，中国检察理论研究所（后更名为最高人民检察院检察理论研究所）经国家编委批准成立，负责全国检察理论研究工作的规划、组织和实施。在最高人民检察院党组的正确领导下，检察理论研究所的科研力量不断壮大，创新能力日益增强，科研成果持续增长，已经成为全国检察理论研究的思想阵地和交流平台，为检察工作和检察理论的发展作出了重要的贡献。检察理论研究所编制员额 25 人，现有科研人员 16 名，其中，研究员 8 人，副研究员 6 人，博士 14 人，是检察理论研究的一支重要力量。

　　为了回顾和反思检察理论研究所的科研工作，总结和推广检察理论研究所的科研成果，激励和鞭策本所研究人员多出成果、出好成果，进一步扩大检察理论研究所的学术影响，服务和推动检察事业的科学发展，现对建所以来本所科研人员公开发表的、具有代表性的检察理论文章结集出版，名为《检察理论重点问题》。本书分为四个部分，即检察职能、检察权配置、检察工作和检察改革。这里应当说明的是，为了保留论文的原貌，没有对论文的观点和表述进行修改。

　　检察学是一门新兴的学科，有许多处女地等待开发，因而也是一块理论研究的热土。欢迎更多的检察人员、科研人员参与检察理论研究，发表更多优秀的研究成果，共同推动检察学的创新发展。

　　是为序。

最高人民检察院副检察长　李如林

2015 年 4 月 29 日

目　　录

第三部分　检察工作

第四部分　检察改革

第一部分

检察职能

法律监督三辨析[*]

张智辉[**]

一、法律监督概念辨析

"法律监督"是我国法制中经常使用的一个专门术语。但是如何理解法律监督的含义，在法学理论界和实务界都存在不同的看法。

（一）什么是"监督"

在英美法律中，很少使用监督的用语，因为无论是"superintend"还是"supervise"，都具有上对下进行控制的含义，这些词既指监督，也指指挥、主管、控制。特别是在"三权分立"的理念支撑下，人们比较忌讳这种作为上位权力的监督，而习惯于使用"checks and balances"即制衡，认为制衡体现了分权、制约的原理。在我国，"监督"是一个广泛使用的术语。但是关于监督的含义，人们的理解并不完全一致。例如，我国宪法中规定："全国人民代表大会和地方各级人民代表大会都由民主选举产生，对人民负责，受人民监督。国家行政机关、审判机关、检察机关都由人民代表大会产生，对它负责，受它监督。"这里的人大及其常委会受人民监督，与国家行政机关、审判机关、检察机关受人大监督，就具有不同的含义。前者是由下而上的监督，后者却是由上而下的监督。又如，十五大报告中提出，要"把党内监督、法律监督、群众监督结合起来"。[①] 这里的"党内监督"、"法律监督"、"群众监督"就是三种不同类型的监督。再如，十六大报告在第五部分中，"监督"一词就出现了17次。其中，"互相监督"、"民主监督"、"组织监督"就是不同层次

　＊　本文刊载于《中国法学》2003 年第 5 期。

　＊＊　张智辉，最高人民检察院检察理论研究所原所长。

　①　江泽民：《高举邓小平理论伟大旗帜，把建设有中国特色社会主义事业全面推向二十一世纪》（1997 年 9 月 12 日），载《中国共产党第十五次全国代表大会文件汇编》，人民出版社 1997 年版，第 35 页。

的监督，其监督者与被监督者的关系以及监督的效力都是不同的。综观汉语中"监督"一词的使用，可以发现监督的不同用法：（1）上级对下级的监督；（2）平等主体之间的监督；（3）下级对上级的监督；（4）外界的监督。监督的主体不同，监督的目的和功能也就不同。上级对下级的监督是为了行使管理权，因而具有管理的功能；平等主体之间的监督是为了相互制约，因而具有制衡的功能（平等主体之间的监督有积极的监督与消极的监督之分：积极的监督是主动纠察其他平等主体的行为，以发现和督促纠正对方的不当行为；消极的监督是被动的抗衡，用一种权力制约另一种权力）；下级对上级的监督则是为了提请上级注意自己的行为，具有提示的功能，同时，作为一种民主权利，具有参与管理的功能。至于人民群众的监督和新闻媒体的监督，则是通过举报、控告和申诉，或者通过披露权力行使过程中出现的问题，以引起有关机关和人员的重视，因而达到帮助其改正错误的目的，这是实现人民民主的一种方式。那种认为监督就必须是居高临下、监督者一定要凌驾于被监督者之上的观点，是把监督中的一种含义绝对化的结果，它否定了现实社会政治生活中其他监督形式客观存在的事实，因而在理论上具有片面性。

（二）什么是"法律监督"

有的论著把"法律监督"一分为二，分别从"广义"和"狭义"两个角度来解释法律监督的含义。如认为："狭义上的法律监督，是专指国家检察机关依法定程序和法定权限对法的实施的合法性所进行的监察和督促。广义上的法律监督，是泛指一切国家机关、社会组织和公民对各种法律活动的合法性所进行的监察和督促。"[①] "狭义的法律监督是指有关国家机关依照法定职权和程序，对立法、执法和司法活动的合法性所进行的监察和督促。广义的法律监督是指由所有的国家机关、社会组织和公民对各种法律活动的合法性所进行的监察和督促。"[②] "广义的法律监督泛指一切国家机关、社会团体和组织、公民对各种法律活动的合法性所进行的检查、监察、督促和指导以及由此而形成的法律制度。狭义的法律监督专指有关国家机关依照法定权限和法定程序，对法的创制和实施的合法性所进行的检查、监察、督促和指导以及由此而形成的法律制度。"[③] 有的论著把"法律监督"视为一个整体，力求给法律监督一个统一

[①] 司法部法学教材编辑部编审、乔克裕主编：《法学基本理论教程》，法律出版社1997年版，第316页。

[②] 马新福主编：《法理学》，吉林大学出版社1995年版，第369页。

[③] 孙国华主编：《法理学教程》，中国人民大学出版社1994年版，第523页。

的解释。如认为："所谓法律监督，是国家和社会对立法和执法活动进行的监视、督促，并对违法活动进行检举、矫正的行为的总称。"① "法律监督是指国家和社会主体对立法和执法活动进行监视、督促，并对违法活动进行检举、控制和矫正行为的总称。其目的在于保证法律在现实生活中统一正确地贯彻实施。"② 从以上引文中可以看出两个问题：

1. 法律监督是否包括对立法活动的监督？有的学者认为，一个国家的法制包括立法、执法和守法三个环节，只有同时对这三个环节进行监督，才能称得上法律监督。③ 笔者认为，这是对法律监督概念进行不切实际地抽象理解的结果。我们知道，在西方法律中，并不存在"法律监督"的概念，在《布莱克法律词典》（Black's Law Dictionary）、《牛津法律指南》（The Oxford Companion to Law）、《布莱克维尔政治学百科全书》（The Blackwell Encyclopaedia of Political）等大型法律辞书中，都没有"法律监督"的词条。前苏联法律中曾大量使用"监督"的概念，但没有把"法律"与"监督"连用，没有直接使用"法律监督"的。可以说，"法律监督"这一术语是新中国法制史上的一个创造，是中国法律中的一个专门术语。因而不存在法治国家关于法律监督的一般概念。对法律监督的理解，也必须在中国法律的语境中寻求合理的解释。在汉语中，对于"法律监督"一词，仅仅从字面上分析，是难以理解其含义的。因为，"法律"在汉语中只能作名词，不可能作动词使用，而"监督"一词则可以作为动词使用。于是，"法律监督"就只能在"监督法律"或者"用法律来监督"这两种意思之间来理解，而这两种理解都是不全面的。因为，"用法律来监督"缺乏宾语，无法反映用法律来监督什么；而"监督法律"似乎也不完整，法律是一套规范体系，对规范体系本身不存在监督不监督的问题，只有动态的、具有实践性特征的事物才能成为监督的对象。这说明，"法律监督"一词，并不存在固有的逻辑内涵；作为一个专门术语，其本身是需要限定和说明的。在我国，全国人民代表大会既是立法机关，也是国家最高权力机关，其他一切国家机关都是由人民代表大会产生并向人民代表大会负责的，因此，全国人民代表大会制定的宪法和法律具有最高的法律效力，任何其他国家机关都没有权力对全国人民代表大会制定的宪法和法律进行监督。《宪法》第57条、第58条也明确规定了这一点。我国的政治制度与实行三权分立国家的

---

① 钟海让：《法律监督论》，法律出版社1993年版，第11页。

② 汤志勇：《论检察监督与司法公正的相洽互适性》，载孙谦、张智辉主编：《检察论丛》（第5卷），法律出版社2002年版，第50页。

③ 钟海让：《法律监督论》，法律出版社1993年版，第48页。

立法权必须受行政权和司法权制衡的宪政结构是根本不同的，所以，不可能包括对制定、修改宪法和法律的活动进行监督。

2. "法律监督"的含义是什么？是否等同于"对法律实施的监督"？回答这个问题，首先必须弄清法律监督的基础。法律监督本身是一种法律行为、一项法律活动。那么这种行为、这项活动的基础是监督者的权利还是法律赋予监督者的权力？这是讨论法律监督含义时必须明确的前提。在现代法治国家，社会生活的任何一个主体即"一切国家机关、社会团体和组织、公民"都有监督国家法律正确实施的权利。这是民主权利的一个重要方面。但是监督法律的实施并不一定就等于法律监督，尽管这两个概念之间存在密切的甚至部分重叠的关系。这是因为：（1）权利只是意味着实施某种行为的可能性。享有权利的主体可以实施相应的行为，也可以不实施该行为；是否实施以及何时实施，完全取决于权利主体的意愿。法律监督如果是以权利为基础，并且这种权利是赋予一切主体的泛化的权利，那么，当权利主体放弃这种权利时，违反法律的行为就可能处于无人监督的状况。（2）权利行使的有效性往往取决于权利对象的认可程度。法律监督如果是以权利为基础，就没有权威性，被监督的对象如果不接受监督时，法律监督就形同虚设。法律监督要在"以法治国"中发挥保障作用，就必须具有有效性，而这种有效性显然不能以权利为基础。法律监督首先必须具有"必为性"，即法律监督的主体必须对违法行为进行监督；"必止性"，即监督对象必须接受监督，纠正违法，然后才可能实现其有效性。这显然不是权利的特征。因此，法律监督不应以权利为基础，而应以权力为基础。权力赋予一定的主体总是作为职责出现的，权力的享有者在应当行使权力的时候不行使权力就是失职。只有以权力为基础，法律监督才具有"必为性"。同时，权力又是以国家强制力为后盾的，权力的享有者行使权力的时候，权力所及的对象必须服从。因此，法律监督只有以权力为基础，才能赋予其有效性，才能真正发挥法律监督的作用。

如果确认法律监督是以权力为基础的，那么法律监督的主体就不可能是泛指的享有监督法律实施权利的"一切国家机关、社会团体和组织、公民"，而只能是法律赋予其享有法律监督权的特定的国家机关。正是在这个意义上，我们说，法律监督不是泛指的监督法律的实施，不是任何个人和组织都享有的监督法律实施的权利，而是特指由专门机关实施的特定行为，是运用国家权力来监察和督促纠正违反法律的情况的国家行为。只有在这种特定的意义上，"法律监督"才有作为一个专门术语来使用的价值。"法律监督"并不完全等同于"监督法律的实施"的观点，在我国宪法中得到了毋庸置疑的印证。宪法第3条、第27条、第62条、第67条、第91条、第104条等多次使用了与"监督法律的正确实施"有关的用语,但是都没有使用"法律监督"一词,唯独在第 129 条规定检察机关的性质时使用了"法律监督机关"的用语。这表明,"法律监督"一词,在我国宪法中具有特定的含义。它不是泛指"监督法律的正确实施"或"对法律实施情况的监督",而是特指由国家专门机关运用国家权力对法律实施情况进行的具有法律效力的监督。与这个问题相联系,法律监督既然是专门的国家机关运用国家权力实施的行为,它就不可能是包罗万象的"对各种法律活动的合法性"所进行的监督,而只能是就某些特定的行为或情况进行的监督。同时,确定法律监督的内容,不能脱离中国的国情,空泛地谈论监督什么。从我国有关法律规定的内容来看,专门机关的法律监督,其对象并不是一般的或所有的法律活动,而是严重违反法律的行为即犯罪行为和适用法律中的违法行为。法律监督机关只是通过对严重违反法律的行为进行追诉和适用法律中的违法行为提出纠正来保障法律被严格遵守和正确适用的。此外,法律监督既然是运用国家权力实施的行为,它就必须受到国家权力分配的严格限制。法律监督机关只能在国家权力机关授权的范围内按照法律规定的程序和方式进行监督;无论是法律监督的范围、手段,还是实施法律监督的程序、规则,都必须受到法律规定的严格限制。

综上所述,"法律监督"作为一个专门术语,具有其特定的含义。法律监督是指专门的国家机关根据法律的授权,运用法律规定的手段对法律实施情况进行监察、督促并能产生法定效力的专门工作。

(三) 如何定位检察机关的监督

按照宪法的规定,检察机关的监督应当是法律监督。但是有人认为,检察机关的监督是司法监督,而不是法律监督。也有人认为,检察机关的监督应当定位为诉讼监督。还有人认为,检察机关的监督,就是检察监督。这些不同的称谓,反映了人们对检察机关监督的不同认识。笔者认为,把检察机关的监督定位为司法监督是不科学的。因为"司法监督"一词,既可以理解为由司法机关进行的监督,也可以理解为对司法活动的监督。如在英国法中,"司法监督"(supervisory juridiction)就是以前授予王座法院、现在授予英格兰高等法院的一种权力,其目的在于监督下级法院、法庭以及行使司法性质的权力的官员,以便通过及时干预来保护公民的自由。① 而在法国刑事诉讼法中,"司法

① 参见 [英] 戴维·M. 沃克:《牛津法律大辞典》,光明日报出版社 1988 年版,第 867 页。

监督"则是指预审法官向当事人发出的一种令状。① 从我国的实际情况来看，如果把司法监督理解为司法机关所进行的监督，那么司法机关并不仅仅是检察机关，唯独把检察机关的监督定位为司法监督，至少是不准确的，因为上级人民法院对下级人民法院的监督、最高人民法院对全国各级人民法院的监督，也可以说是一种司法监督。但是如果把司法监督理解为对司法活动的监督，同样会存在难以解释的问题：第一，在中国，能够对司法活动进行监督的主体绝不仅仅是检察机关。按照法律规定，人大及其常委会有权对司法活动进行监督，人民法院上级对下级的监督主要是对下级司法活动的监督。社会团体、人民群众对司法活动也具有监督的权利。因此，如果把检察机关的监督定位为对司法活动的监督，就混淆了检察机关的监督与其他主体的监督的区别。第二，检察机关的监督并不仅仅局限于对司法活动的监督。按照现行法律的规定，检察机关除了对司法活动进行监督之外，还具有对国家机关工作人员在履行法定职责、执行法律的过程中实施的犯罪行为进行监督的权力。对职务犯罪的监督，有很大部分并不是对司法活动的监督（只有其中对司法工作人员职务犯罪的监督具有对司法活动进行监督的性质）。如果把检察机关的监督定位为司法监督，至少在范围上是不符合法律规定的，无法包括检察机关监督权所及的全部对象。对于把检察机关的监督定位为"检察监督"的观点，即"检察机关依照法定职权和程序，对立法机关和执法机关及其工作人员的立法、执法活动是否符合宪法和法律进行监视、检查、调节、控制和纠偏，并产生相应法律效力的行为活动总称"。② 笔者认为这种定位本身是错误的。首先，如前所述我国检察机关根本就不存在并且永远也不应该具有对国家立法活动进行监视、检查、调节、控制和纠偏的权力。其次，把其他国家机关的监督视为法律监督并与检察机关的监督并列是不恰当的。提出检察监督的前提是在法律监督中存在其他主体的法律监督，即所谓"法律监督按照其主体的不同可以划分为议会（人大）监督、政府（行政）监督、审判监督和检察监督"③。而这种前提是根本不存在的。因为按照主体对法律监督进行分类的基础是各个主体所进行的监督都是法律监督，但是如果监督的内容和性质不一致，有的主体所进行的监督是法律监督，有的主体所进行的监督根本就不是法律监督，那么统统将其作

---

① 参见［法］卡斯东·斯特法尼等：《法国刑事诉讼法精义》，中国政法大学出版社1998年版，第593～603页。

② 汤志勇：《论检察监督与司法公正的相洽互适性》，载孙谦、张智辉主编：《检察论丛》（第5卷），法律出版社2002年版，第50页。

③ 马新福主编：《法理学》，吉林大学出版社1995年版，第369页。

为法律监督来分类，就丧失了分类的科学性。检察机关的监督也不能定位为诉讼监督。因为从现行法律的规定来看，检察机关的监督并不仅仅限于诉讼过程中。除了对诉讼活动的监督之外，检察机关的监督还包括对某些非诉讼活动的监督。而从维护国家法律的统一正确实施的需要上看，检察机关的监督更不能仅仅限定在诉讼活动上。检察机关作为国家的法律监督机关，应当对法律实施过程中一切违反法律的行为具有监督的权力。这样才会成为名副其实的法律监督机关。基于以上分析，笔者认为，检察机关的监督应当定位为法律监督，而不是其他任何性质的监督。

二、法律监督特性辨析

在我国设置的监督机制中，除了检察机关的法律监督之外，还有党内监督、人大监督、民主监督、行政监督、舆论监督和人民群众监督等。这些不同主体、不同类型的监督构成了我国权力运作的监督机制。在这个监督机制中，法律监督具有特殊的性质和功能，担负着特别重要的使命。与其他类型的监督相比，法律监督的特殊性表现在以下几个方面：

（一）法律监督的主体具有唯一性

从我国宪法的规定来看，只有检察机关是宪法规定的"国家的法律监督机关"，所以，只有检察机关的监督才具有法律监督的性质。这是因为，要依法治国就必须树立法律的权威，包括执行和适用法律活动的权威性。因此，对违法的提出和纠正也必须要有一定的严肃性和权威性，而由特定的机关通过一定的程序提出才能体现和保障这种权威性和严肃性。法律监督就是为适应法治建设的这种特殊需要而产生的。有一种观点认为，人大的监督也是法律监督，所以检察机关并不独享法律监督权。笔者认为这是对人大监督的一种误解。第一，《宪法》第62条规定了全国人民代表大会的15项职权，第67条规定了全国人民代表大会常务委员会的21项职权。其中没有任何一个地方使用过"法律监督"的用语，因而从中很难得出人大对法律实施的监督就是法律监督的结论。第二，如果认为检察机关的监督是法律监督，人大的监督也是法律监督，那就无意间把检察机关与人大相并列，这在逻辑上是讲不通的。因为在我国的权力构架中，人大是国家权力机关，检察机关只是由人大产生并向人大负责的一个国家机关，不可能具有与人大并行的权力。人大对法律实施情况的监督与检察机关对法律实施情况的监督，并不是同一个层次上的监督。把人大的监督等同于检察机关的监督，降低了人大监督的权威地位；而把检察机关的监督等同于人大的监督，则会有抬高检察机关的监督之嫌。第三，从实际情况看，人大作为国家的权力机关，其在国家权力结构中的地位决定了人大对宪法和法律实施情况的监督必然是一种宏观的、带有决策性质的监督。这种监督，确切地说是一种权力监督，而不是法律监督。从宪法规定的人大及其常委会的职权上看，人大的监督主要是五个方面的监督：（1）权限监督，即通过立法形式，规定行政机关和司法机关的职权范围和行为模式；（2）人事监督，即通过选举、决定、任命和罢免国家行政机关、审判机关和检察机关的领导干部及工作人员，考核其任职资格和履行职责的情况；（3）工作监督，即通过审议和听取工作报告，监督国家行政机关、审判机关和检察机关的工作情况；（4）财政监督，即通过审查批准国家预算，决定有关国家机关的经费供给并监督国家财政的使用情况；（5）质询监督，即通过对具体问题或个别案件的质询，监督国家行政机关、审判机关和检察机关执行宪法和法律的情况。从这些具体内容中可以看出，人大的监督是就关系到宪法和法律实施中的重大问题，从宏观上、权源上进行的监督，而不是就法律实施中的具体问题进行监督的。尽管在人大的监督中有可能涉及某些具体的案件，但是对于这些个案，人大并不具体处理。与人大的权力监督不同，检察机关的法律监督则是就各个具体的案件或行为进行监督的，它不涉及国家的大政方针，不具有宏观决策的性质。由于法律的实施始终是并且只能是通过各个具体的行为来实现，所以在法律实施的各个环节上对遵守、执行和适用法律的具体情况进行法律监督，运用法律监督权来追诉严重违法的行为，督促纠正不公正的司法裁判，保障法律被严格遵守，保障司法公正，这是在法律的实现过程中最具现实性的、最直接的监督。

（二）法律监督的手段具有专门性

尽管我国的监督主体具有多元性的特点，但是对于其他任何一种监督主体包括人民代表大会，法律都没有赋予其专门的监督手段。惟有检察机关，在规定检察机关是法律监督机关的同时，法律赋予了检察机关进行法律监督的必要手段。这是法律监督不同于其他各种监督的显著区别之一。从我国法律的现有规定来看，法律赋予检察机关进行法律监督的手段主要有：对职务犯罪进行立案侦查的权力；对公安机关立案侦查活动进行监督的权力；批准逮捕的权力；提起公诉的权力；对于人民法院确有错误的判决、裁定进行抗诉的权力；对于有关执法机关的违法行为通知纠正的权力；等等。这些权力是其他机关和个人所不享有的，也是保障法律监督有效地进行所必需的。在此，值得研究的问题有三：

1. 如何看待检察机关侦查权的性质。有的学者质疑说：检察机关的侦查是法律监督，公安机关对违法犯罪行为的发现、证明、检举即侦查、追诉就不是法律监督吗?[①] 类似这样的质疑，都涉及一个对侦查权的看法问题。笔者认为，侦查只是发现犯罪行为存在的一种手段，作为一种带有一定强制性的调查手段，它为什么目的服务，就具有什么性质。侦查权本身并不具有独立权力的品格。抽象地谈论侦查权的性质是毫无意义的。如果行使侦查权的目的是为了及时发现执行法律的活动中存在的违法行为，那么，它就具有维护法律统一正确实施的功能；如果是为了发现危害国家安全的犯罪活动，那么，它就具有维护国家安全的功能；如果是为了发现走私行为，那么，它就具有维护国家关税的功能。这些不同的功能意味着侦查权在不同场合具有不同的性质，可以为不同的目的服务。正是在这个意义上，我们说，检察机关的侦查权具有法律监督的性质，因为它是为发现和证实运用国家权力执行法律的过程中存在的违法行为之目的服务的，是附属于维护国家法律统一正确实施的法律监督权的一种手段。如果不考虑侦查权行使的对象和目的，抽象地议论侦查权的性质，那就很难说它是不是法律监督。

2. 如何看待公诉权的性质。公诉权是世界各国检察机关都享有的一种基本权力。正如有的学者指出的，检察机关从诞生之日起便是一种新型的代表国家追诉犯罪的专门机关，设立国家公诉机关的目的就是行使公诉权，检察机关是应国家公诉的需要而产生发展起来的。[②] 但是我们进一步要问：国家公诉的需要缘何而来？建立国家公诉制度的目的何在？考察国家公诉的起源和法理，恐怕不能不得出检察机关是应维护国家法制统一的需要而诞生和存在的结论。现代公诉制度起源于中世纪的法国，在封建割据时代，法国各封建领主、教会领地和城市都设有自己的法庭，对领地居民行使司法权，国王法院只能管辖王室领地内的案件。1285 年，法国国王菲力普四世（1285—1314）即位，扩大了王权，战胜了教权。在此基础上，为了限制封建领主和教会的司法权，把以当事人自诉为主的弹劾主义诉讼方式改为国家主动追究的纠问式诉讼（或称职权主义诉讼）。与此相应，原先仅代表国王私人处理与诸侯发生的涉及财政、税务和领土方面纠纷的"国王的律师和代理人"改为检察官，作为国家的专职官员逐渐具有了以国家公诉人身份听取私人告密，进行侦查、提起公诉、在法庭上支持控诉以及抗议法庭判决并代表国王监督地方行政当局等职能，现代意义上的公诉制度由此诞生。现代公诉制度的起源表明，公诉制度是为了消除封建割据状态下法制不统一对追诉犯罪活动带来的不利影响，维护国

---

① 陈卫东：《我国检察权的反思与重构》，载《法学研究》2002 年第 2 期。
② 陈卫东：《我国检察权的反思与重构》，载《法学研究》2002 年第 2 期。

王制定的法律统一实施而建立的。这种历史事实表明，公诉制度的起因使其从诞生的时候起就具有今天我们所说的法律监督功能。

从公诉本身的特点来看，公诉具有法律监督的功能。公诉的起因是法律秩序遭到了破坏。只要有人实施了法律禁止的行为并且这种行为依法应当追究刑事责任，公诉机关就有权向法院提起公诉，要求法院追究犯罪人的刑事责任。公诉机关是站在国家的立场上，为了维护国家法律的尊严，为了恢复遭到破坏的法律秩序而对犯罪嫌疑人提起诉讼的。公诉机关提起诉讼的目标是伸张法律正义。公诉活动所关注的是法律秩序是否得到了维护，法律正义是否得到了伸张。即使是在以公诉为基本职能的外国检察制度中，公诉也具有法律监督的功能。如法国学者所言："检察机关是代表社会并且是为了保护社会的利益而进行公诉的。所以……检察机关对其提起的刑事诉讼有指挥与监督的权力。"①

3. 如何看待抗诉权的性质。如果说，检察机关在刑事诉讼中就一审判决提出抗诉的权力是公诉权本身包含的内容，那么检察机关依法对已经生效的判决、裁定提起抗诉的权力，就很难说仍然是公诉权的内容，特别是对法院关于民事案件和行政案件的判决、裁定的抗诉，更是检察机关的公诉权所无法包含的。而这种抗诉，对于当事人来说，是权利救济的一种必要途径，但是对于行使这种权力的检察机关来说，就不得不承认它具有法律监督的性质。因为它本身是对法院审判活动中的违法行为和不公正裁判所进行的监督，其目的是维护国家法律的统一正确实施，因而是检察机关进行法律监督的一种手段，而不是一种主张权利的诉讼活动。除了具有专门的监督手段之外，这些手段的运用必须遵循法律规定的程序。这也是法律监督区别于其他类型监督的一个重要特点。其他类型的监督都没有明确的程序规则，监督主体如何进行监督具有一定的随意性。但是法律对检察机关行使职权的活动规定了必要的程序，法律监督必须严格依照法律规定的程序进行，不得任意进行监督。

（三）法律监督的对象具有特定性

法律监督并不是泛指对一切法律实施的情况所进行的监督，更不是某些人所理解的包括对制定法律的行为进行监督。法律监督作为一种专门的监督，必须依照法律的授权进行。因此，法律监督的范围是由法律明确规定的。法律没有明确规定的领域，检察机关不得介入我国现行法律的规定，检察机关进行法律监督的范围主要是：叛国案、分裂国家案以及严重破坏国家的政策、法律、

---

① ［法］卡斯东·斯特法尼等：《法国刑事诉讼法精义》，中国政法大学出版社 1998年版，第 133 页。

法令、政令统一实施的重大犯罪案件；国家工作人员实施的贪污贿赂犯罪案件；国家机关工作人员的渎职犯罪和利用职权实施的非法拘禁、刑讯逼供、报复陷害、非法搜查等侵犯公民人身权利的犯罪以及侵犯公民民主权利的犯罪案件；公安机关立案侦查的活动，看守所的执法活动；人民法院的审判活动包括所作出的判决、裁定；监狱、看守所执行刑罚的情况，以及劳教场所的执法活动等。检察机关只能对于法律规定的监督对象，运用法律规定的手段，并依照法定程序进行监督，不得任意扩大监督的范围。这是检察机关的法律监督与执政党的监督和人大监督的重要区别。

（四）法律监督的效果具有法定性

检察机关的法律监督，按照法律的规定要产生一定的法律效果。这是法律监督与其他监督的显著区别之一。从实践中看，新闻媒介可以通过报道执法机关的工作情况和具体案件，披露执法活动中存在的问题，但是不能要求司法机关按照新闻媒介的观点处理案件；当事人可以不同意司法机关的处理结果，甚至可以向作出决定的司法机关的上级机关进行反映，但是不能阻止或妨碍司法机关对案件的处理；人大可以通过对具体案件的质询要求司法机关复查有关案件，但是不能决定司法机关如何对案件进行复查。与之相反，检察机关提起公诉的案件，必然引起人民法院依照法律规定的程序对被告人进行审判；检察机关对人民法院的判决、裁定提出抗诉，必然引起人民法院按照再审程序对生效判决进行裁定，再行审理；检察机关对公安机关应当立案而不立案的情况提出纠正意见，必然产生公安机关必须立案的法律效果；检察机关对报请逮捕的案件进行审查，认为对犯罪嫌疑人不应该逮捕从而决定不批准逮捕，必然引起公安机关立即释放被拘留的犯罪嫌疑人的法律效果。这个特点，也是法律监督与其他形式监督的一个重要区别。

法律监督本身所具有的这些特殊性，决定了它在我们国家的监督机制中独立存在的必要性和可能性。法律监督的这些特殊性也决定了法律监督在依法治国中担负着特别重要的使命，它的功能是任何其他形式的监督所无法替代的。

三、法律监督权能辨析

检察机关作为国家的法律监督机关，应当享有哪些具体权力才能有效地担负起法律监督的重任，这些具体权力如何有效地发挥作用，是一个值得认真研究的问题。特别是近年来在司法体制改革的研讨中，一些学者对法律赋予检察机关的某些具体权能提出了诸多质疑。如何认识检察机关作为国家法律监督机关应有的权力，是检察改革乃至整个司法体制改革中的一个重大问题。关于法律监督权的具体权能，笔者在此想着重探讨两个问题：

（一）法律监督机关是否应该具有侦查权

有人认为，检察机关作为法律监督机关，就应当集中力量去监督法律的实施，而没有必要自己搞侦查。让侦查机关把案件查清楚了移交检察机关去监督，更有利于强化检察机关的法律监督职能。也有人认为，检察机关既监督别人的侦查活动，自己又在进行侦查，检察机关的侦查活动由谁来监督？这些观点，可以说在一定程度上混淆了侦查与法律监督的关系。

第一，法律监督与侦查的关系，不是"裁判员"与"运动员"的关系，而是目的与手段的关系。法律监督不具有裁判的性质，不是法律监督机关认为谁违法，谁就是违反了法律。法律监督机关只有在查清违法事实的基础上提请有权作出决定的机关裁定和处理的权力，而没有自行裁定的权力。因而把检察机关比喻为裁判员，是不符合法律规定和实际情况的。相反，侦查的目的是获取有关的证据材料、查明案件真实情况，而法律监督只有在查明案件真实情况的基础上才能进行。因此侦查不过是实行法律监督的一种手段。侦查的手段，可以为法律监督的目的服务，也可以为其他目的服务，它本身并不具有独立的权能性质，不是只能由某个国家机关使用而不能同时由其他国家机关使用的权力。

第二，侦查是进行法律监督的必要手段。法律监督的前提和基础是及时发现法律实施过程中可能出现或存在的违反法律的情况。而要及时发现违反法律的情况，就必须具有一定的发现手段，反之，就难以发现违反法律情况的存在。如果不能及时发现违反法律的情况，实行法律监督就只能是一句空话。另外，法律监督权不像审判权那样是一种被动裁判的权力，而是一种主动查究的权力。积极主动去调查发现法律实施过程中违反法律的情况，是法律监督的基本职责。如果检察机关坐等其他机关去侦查法律实施过程中的违法行为而自己不去亲自调查，作为法律监督机关那就是失职。并且，如果把对法律实施过程中违法行为的侦查权交给其他机关去行使，那么，当其他机关放弃侦查权而不积极主动地调查法律实施过程中的违法行为时，检察机关如何进行法律监督，就是一个难以解决的问题。

第三，监督者要不要受监督与监督本身有没有必要是两个不同的问题，强调监督者也要受监督，恰恰说明监督是非常必要的。监督的必要性就决定了必须设立一个监督机关监督其他机关行使权力的活动。这种监督机关不管是检察机关还是别的国家机关，只要存在监督机关，就永远会有一个由谁来监督监督者的问题。笔者认为，解决这个问题的关键在于如何设计监督者的权力。如果赋予监督者的权力是一种终极性的权力，当然是违背权力制约原理的。但是，如果赋予监督者的权力是一种受制约的终极性权力，那么这种权力就不存在不受制约的问题。从法律规定来看，检察机关的法律监督权并不是一种不受制约的终极性权力，除了要接受执政党的领导和权力机关的监督之外，它的实现要依赖于其他国家机关行使权力的活动，因而必然要受到其他国家机关的制约。从表面现象上看，检察机关对于国家机关工作人员，似乎想对谁立案侦查，就可以对谁立案侦查，但是这种侦查的结果，最终要受到审判机关的裁判。如果审判机关认为检察机关立案侦查的案件不构成犯罪，检察机关就必须释放犯罪嫌疑人，并且必须承担错案赔偿的责任。这足以说明检察机关的侦查权是受到监督制约的。

第四，在中国现有的权力构架中是否存在一个更适格的机关来行使对法律实施过程中的违法行为进行侦查的国家机关？笔者认为，至少在目前是不存在的。党的机关不合适，行政机关没有理由行使也不应该享有对法律实施过程中的违法行为进行侦查的权力，审判机关不合适，权力机关更不应该陷入对大量具体案件的侦查之中，惟有检察机关作为独立于行政机关和审判机关之外的法律监督机关适合行使这种侦查权，并且惟有检察机关有责任运用这种侦查权来履行法律监督的职责。

基于以上认识，从强化法律监督的角度来看，赋予检察机关对国家机关工作人员的职务犯罪即对执行法律的活动中发生的违法行为进行侦查的权力是完全必要的。没有这种权力做保障，法律监督会更加软弱无力。进而言之，目前我们国家法律监督不力的状况，在一定程度上应该说与法律赋予检察机关的侦查权不完整有关。因为，目前法律赋予检察机关的只有公开侦查的手段，而随着犯罪手段的复杂化和智能化，以及随着人权保障意识的增强，对犯罪案件的侦查越来越多地依赖于技术侦查和秘密侦查。技术侦查和秘密侦查是侦查手段中极为重要的组成部分，也是最为有效的手段。技术侦查和秘密侦查具有不直接接触当事人的特点，可以避免对当事人人身自由的不必要的限制。而检察机关恰恰没有这方面的手段，以致极大地限制了侦查权的运用，导致某些具有重大职务犯罪嫌疑的案件难以突破。因此，为了强化法律监督，应该允许检察机关在自己管辖的案件中运用技术侦查和秘密侦查手段的权力。

（二）法律监督权是否包括处分权或惩戒权

在检察机关内部，许多人从检察工作实践中深切地感受到法律监督软弱无力的问题，要求法律赋予检察机关以实体处分权和惩戒权，并认为只有这样才能保障法律监督的有效性，才能充分发挥法律监督在依法治国中的作用。学术界也有人认为，权力的性质决定了检察机关的监督权应当具有贯彻自己意志的决定力，这就意味着检察机关对人民法院的判决行使审判监督权提出抗诉后，人民法院应当根据检察机关的意愿对判决加以撤销或者变更。否则，检察机关的法律监督权就失去了"权力"的属性。但是如果法院按照检察机关的抗诉请求判决，法院的审判权就丧失了独立性。① 这种观点，反映了法律监督的现状。但是这种观点是否具有合理性？笔者认为，这种观点是难以成立的。因为法律监督权在本质上是一种提请追诉的权力，而不是一种实体处分权力。法律监督也不是具有管理功能的监督，而是一种具有制约功能的监督。法律监督权的性质不是上级对下级的监督，而是不同主体之间作为一种制约方式的监督。这就决定了法律监督不应该具有实体处分的权力，而只能是检查督促有关机关和人员自行纠正违法行为。这种监督关系的实质不是要被监督者必须服从监督者，必须按照监督者的意志纠正自己的错误，而是被监督者与监督者之间的一种制衡关系，它要求被监督者必须重视监督者的意见，重新审视检查自己的行为。如果认为确有错误就应当按照被监督者自己的意志来纠正错误。正是因为法律监督权对于其他主体只具有建议纠正和提请追诉的权力，而不具有实体处分和惩戒的权力，所以它不可能从根本上妨碍其他国家权力的有效行使。就审判监督而言，检察机关提起抗诉，并不是要法院完全按照检察机关的意志改变法院的判决，但是它必然引起法院对生效判决的再审。由于检察机关的抗诉，法院重新组成合议庭重新审查自己已经作出判决的案件，这就是审判监督权的法律效果。至于法院最终如何判决，那是审判权的范畴。审判监督不影响法院独立自主地作出判决，并不意味着审判监督就没有权力的性质。如果认为检察机关提起抗诉就是要法院必须按照检察机关的意见改变自己的判决，那是对审判监督的误解，也是与中国诉讼制度的实际情况相悖的。

解决法律监督无力的出路，并不在于是否赋予检察机关实体处分权，而在于法律如何规定有关机关和人员的法律义务。在全社会特别是拥有权力的机关和人员还没有树立法律至上的意识、执法环境还不够理想的情况下，法律监督要想真正发挥作用，就应该具有一定的权威性。法律监督的权威性，一方面要靠监督者的形象和水平，另一方面也需要必要的制度保障。但是这种制度保障不是通过赋予法律监督者以实体处分权和惩戒权的途径来实现的，不是以违背权力制衡的原理来实现的，而是应该通过设定被监督者的义务来实现，即法律在规定法律监督主体的权力时，应当同时设定被监督者接受监督的义务以及违

---

① 参见张建伟：《刑事司法体制原理》，中国人民公安大学出版社 2002 年版，第 409 页。

反这种义务可能引起的法律后果，设定法律监督在启动有关机关的责任追究机制中应当具有的作用。目前，在一些法律中，都规定人民检察院有权进行法律监督，但是没有具体规定人民检察院如何进行法律监督以及有关机关和人员如何接受检察机关的法律监督和不接受法律监督时对有关机关和有关人员将会产生什么样的不利后果。人民检察院组织法虽然规定了人民检察院发现有关机关和人员有违法行为时可以通知有关机关予以纠正。但是其他有关法律并没有规定有关机关接到人民检察院纠正违法的通知后应当怎么办。这种制度设计上的缺陷，是检察机关的法律监督在实践中效果不够理想的主要原因。强化法律监督，应当从这些方面进行改革，通过完善法律监督的制度设计来更好地发挥法律监督在维护法律的统一正确实施、推进依法治国中应有的功能。

控辩平等与法律监督*

张智辉　黄维智**

近年来，一些学者对我国的法律监督制度提出质疑，认为法律监督在刑事诉讼中必然影响控辩平等，从而危及司法公正。本文试从法律监督与控辩平等的基本概念入手分析论证法律监督与控辩平等之间并行不悖的关系，证明法律监督和控辩平等的基本目的都是为了实现司法公正，不存在一个否定另一个的问题。

一、控辩平等是特定语境下的平等

控辩平等是现代刑事诉讼追求程序正义过程中提出的一种理念，它要求刑事诉讼程序设计应当考量两个方面的内容，即程序对等和力量均衡。所谓程序对等，是指立法者在刑事诉讼程序设计时，要给予控辩双方参与者以平等的机会，使双方在庭审过程中都有充分发表自己的主张和意见的机会，它包括三个方面的内容：（1）控辩双方在刑事庭审过程中处于平等的诉讼地位。即控辩双方是平等的，在参与刑事庭审过程方面拥有平等的机会、便利以及手段。（2）审判者处于中立地位。即审判者在控辩双方之间保持一种不偏不倚的中立态度，只依照事实和法律作出裁判。（3）控辩双方享有同等的机会。即机会均等，控辩双方具有对等参与诉讼的机会。总之，程序对等的根本标志在于：控辩双方都有相同的机会来阐述自己的意见、要求和建议，并可平等地与对方进行质证和辩论；审判方以听取控辩双方的陈述和辩论作为其裁判的依据。

在程序对等前提下，为使辩方在诉讼能力上得以与控方均衡，各国普遍采取了一些措施来控制控方的权力、保障辩方的权利，以便使双方能够平等地对

---

* 本文刊载于《法学》2006 年第 8 期。

** 张智辉，最高人民检察院检察理论研究所原所长；黄维智，四川省成都市武侯区人民检察院检察长。

抗。例如，赋予检察官以客观、公正地从事刑事追诉活动的义务，并要求其承担证明被告人有罪的责任，从而使拥有侦查能力的一方负有更多的证明义务。一方面，由于检察官拥有起诉权，并且是代表国家来行使这种权力的，因此他尤其要对真实性和合法性肩负更多的责任。另一方面，无罪推定原则要求任何人被认定有罪必须有确实的证据证明，无证据或证据不足不能作出有罪判决。再如，赋予被告人一些特殊的程序保障或特权，以使他在参与能力和诉讼地位方面逐步接近或赶上他的检察官"对手"，使控辩双方本不平等的诉讼能力得到适当的平衡。被告人尽管处于受追诉者的地位，但他在无罪推定原则的保障下，可获得一系列旨在对抗国家追诉权的诉讼特权和程序保障。这些特权和保障旨在确保被告人拥有足以与国家追诉机关相对抗的武器，使国家与个人之间天然的力量不平衡状态得到弥补。但是，应当清醒地认识到，控辩平等是有其局限性的，它只能是特定语境下的平等，即对抗制诉讼中的平等，或者说是控辩双方在法庭上地位平等以及对抗的手段与机会对等，而不是在刑事诉讼的任何阶段控辩双方的地位和权力与权利完全相同。

首先，程序对等是指特定程序范围的对等，而不是所有程序中控辩双方均能够对等。程序对等一般仅指法庭审理程序和救济程序的对等，在审前的调查程序以及法庭审理后的执行程序中控辩双方根本不存在平等的问题。例如，就启动刑事诉讼程序而言，是否起诉的决定权在于检察机关，控辩双方是没有平等可言的。就执行程序而言，目前我国检察机关对刑事判决执行的监督主要表现在三个方面：一是人民法院判决被告人无罪、免除刑事处罚的，检察机关应当监督在押被告人是否被立即释放；二是被判处死刑的罪犯在被执行死刑时，检察机关应派员临场监督执行死刑，临场监督执行死刑的检察人员应监督执行死刑的场所、方法和执行死刑的活动是否合法；三是对收押执行刑罚的，检察机关应当监督收押罪犯是否符合法定手续，刑罚执行机关是否严格执行判决的刑期，是否正确执行监狱法等监管改造的有关规定等。检察机关对刑事执行监督的这种监督也具有专属性，不存在程序对等问题。

其次，从整个刑事诉讼过程的情况来看，检察机关与被告人在参与诉讼的能力方面事实上总是存在重大差别，控辩双方的诉讼能力永远不可能完全相同。这是因为，检察机关作为国家利益的代表，以国家的名义行使刑事追诉权，它对刑事诉讼的参与旨在履行法律所赋予的职责和权力，有效地追诉犯罪。因此检察机关进行刑事追诉活动，可以获得并利用国家提供的司法资源；检察机关可以把被告人的自愿真实陈述作为支持其指控的一项重要证据。而被告人在刑事诉讼中虽然也是诉讼主体，其诉讼权利固然也受到法律的保护，但它是以个人名义并旨在为维护个人利益而进行防御活动的，既不可能拥有国家权力，也不可能拥有国家司法资源，不可能与作为控诉方的检察机关在各个方面都完全平等。

二、控辩平等并不排斥法律监督

首先，法律监督与控辩平等的目的是一致的。控辩平等理念所强调的，是在承认控辩双方事实上的力量不对等和诉讼角色冲突的前提下，尽可能地均衡控辩双方的诉讼能力，给予控辩双方充分展示矛盾，阐述观点、意见和要求的机会，以求裁判者在兼听的基础上作出裁判。也就是说，裁判结果的公正有赖于控辩双方的程序性对抗。控辩平等是程序性对抗的前提，而对抗性诉讼程序的特征和优点在于："双方当事者在一种高度制度化的辩论过程中通过证据和主张的正面对决，能够最大限度地提供关于纠纷事实的信息，从而使处于中立和超然性地位的审判者有可能据此作出为社会和当事者都能接受的决定来解决纠纷。"[①] 也就是说，控辩平等制度设计的目的是为了保障裁判结果的公平性和正确性。与控辩平等的制度设计一样，法律监督的制度设计也是为了保障和维护法律的正确实施，实现公平正义。法律监督是指专门的国家机关根据法律的授权，运用法律规定的手段对法律实施情况进行检查督促并能产生法定效力的专门工作。[②] 法律监督包含了对法律实施的多方面的监督。仅就与控辩平等直接相关的法律监督而言，主要是对审判活动的监督。即对审判活动中出现的违反法律的情况提出纠正意见，是保障审判活动依法进行和法院正确适用法律的必要要求，符合权力制约的基本原理。而对审判活动进行监督的目的，同样是为了保障裁判结果的公平性和正确性。这与控辩平等的制度设计是一致的。

其次，控辩平等与法律监督的指向不同，不存在非此即彼的对立。控辩平等所要解决的问题是辩方与控方的关系问题，是如何保障控辩双方具有平等的机会和手段向法庭提出并证明自己的主张、意见和要求的正确性。而法律监督是对遵守、执行和适用法律过程中出现的严重违反法律的情况所进行的检查督促。在审判过程中主要是对人民法院审判活动是否合法进行监督。审判监督的对象是人民法院的审判活动。因此，检察机关是否拥有法律监督权，与控辩双方的诉讼地位是否平等、与控辩双方在诉讼程序中是否具有对等的表达自己主张、意见和证明自己的主张和意见的机会，是不同层面的问题，因而也是可以并行不悖的。不能说，检察机关不享有法律监督权，控辩平等就实现了；检察

---

① ［日］谷口安平：《程序的正义与诉讼》，王亚新、刘荣军译，中国政法大学出版社 1996 年版，第 27 页。

② 张智辉：《法律监督三辨析》，载《中国法学》2003 年第 5 期。

机关享有法律监督权，控辩平等就不能实现。因此，用控辩平等来否定法律监督，在逻辑上是讲不通的。

最后，对审判活动的监督并不是检察机关独有的权力，而是控辩双方对等的权力或权利。所谓对审判活动的监督，无非是对法庭审理过程中不符合法律规定或法律精神的活动提出意见要求纠正。在实行对抗制诉讼的国家，控辩双方在法庭上都有权随时对法官的决定提出抗议。在我们国家的刑事诉讼制度设计上，控辩双方在刑事诉讼过程中也都有监督法院审判活动是否依法进行的权力或权利。① 在司法实践中，对于人民法院违反法律规定的情况，检察机关根据其享有的法律监督权，"有权向人民法院提出纠正意见"。而被告人及其辩护人同样有权向人民法院提出意见，要求予以纠正或者作为启动救济程序的理由。这说明，法律在赋予检察机关法律监督权的同时，也赋予了辩护方及其他诉讼参与人监督法院审判活动的权利。所不同的是，由于诉讼角色的不同，控辩双方的监督具有不同的特点：（1）检察机关对审判活动的法律监督是以权力为基础的，而被告人及其辩护人对审判活动的监督是以权利为基础的。（2）检察机关监督审判活动的目的是为了保障法律的正确适用，而辩方监督审判活动的目的主要是为了维护被告人的合法权益。这也是为什么检察机关对审判活动的监督叫法律监督，而辩方对审判活动的监督不叫法律监督而是被视为一种权利的一个原因。

三、法律监督并不必然导致控辩失衡

有的学者担心，检察机关拥有监督法院审判活动的权力，法院就会因惧怕检察机关而屈从检察机关的意见，作出对被告人不利的裁判，以致破坏了控辩平等的制度基础。这种担心不能不说是源自对法律监督的误解。

在"监督"的概念中，确有上级对下级的监督，如行政监督、纪律监督等。在这种监督关系中，由于监督者对被监督者具有实体处分的权力，掌握着被监督者的命运，因而确实存在被监督者畏惧监督者的现象。但是，法律监督并不是这种类型的监督。在中国，检察机关和审判机关是相互独立、地位平等的国家机关，检察机关对审判机关的法律监督也是平等主体之间的监督。从监

---

① 例如我国 1996 年《刑事诉讼法》第 181 条规定，地方各级人民检察院认为本级人民法院第一审的判决、裁定确有错误的时候，有权向上一级人民法院提出抗诉。我国《刑事诉讼法》同时规定，被告人不服地方各级人民法院第一审的判决、裁定，有权用书状或者口头向上一级人民法院上诉。并且规定，"对被告人的上诉权，不得以任何借口加以剥夺"（第 180 条）。

督的内容上看，检察机关的法律监督实际上是对严重违反法律的情况的监督，对于正常的执行和适用法律的活动，检察机关是不能监督的；从监督的方式上看，检察机关的法律监督主要是提出纠正意见，是否纠正以及如何纠正完全取决于被监督者对检察机关纠正意见的认识和态度。因此，无论是作为审判机关的法院，还是其他国家机关，对检察机关的法律监督，都不存在惧怕的问题，除非其存在违反法律的情况。这就如同在大街上，迎面走来一队巡逻警察，一般的路人与其擦肩而过，并不会产生恐惧感，唯有做了坏事的人才心惊肉颤一样。认为检察机关具有法律监督权，法院就会惧怕检察机关的想法是不切实际的。因为法院的审判活动除了有检察机关的法律监督之外，还有来自辩护方的监督和被害方的监督，以及来自人大、党委和人民群众的监督。在这些监督面前，法院只要严格按照法定程序审理案件并公正地进行裁判，就没有必要惧怕任何监督。因为这些监督的目的都是为了保障法院依照法律作出公正的裁判。

从法院审判的实际情况来看，在刑事案件中，法院作出的有罪判决率远远高于无罪判决率。这并不是因为法院不敢得罪检察院，而是因为提起公诉本身就要求有充分的证据。"因为提起公诉会对被告人带来事实上、法律上的不利，例如心理上、时间上、经济上、社会上的负担，以及停职处分的危险等，所以如果没有高度的嫌疑，就不允许提起公诉。"[①] "作为一个实践问题，检察官可能要求可采性证据显示出有罪的极大可能性，那就是说，有充分证据支持赢得有罪认定的信念。"[②] 在提起公诉之前，检察机关不仅要审查犯罪事实是否确实存在，证据是否确实充分，而且要十分重视是否有交付审判的必要。因此，检察机关提起公诉的案件，法院判决被告人有罪的比率高，几乎是世界各国刑事诉讼中的普遍规律。[③] 尤其是在中国，刑事诉讼法规定的公诉条件与有罪判决的要求是完全一样的。这就使检察机关在提起公诉时所掌握的标准已经接近了法院作出有罪判决的标准。所以，从总体上看，检察机关提起公诉的案件，法院作出有罪判决的可能性本身就很大。这与控辩双方的意见是否平等地

---

① ［日］松尾浩也：《日本刑事诉讼法》（上卷），丁相顺译，中国人民大学出版社2005年版，第160～161页。

② ［美］拉费弗等：《刑事诉讼法》（上册），卞建林等译，中国政法大学出版社2003年版，第742页。

③ 在日本，"提起公诉是基于慎重考虑的结果，起诉案件的有罪率极高，根据1996年的统计，达到了99.86%。这意味着几乎没有无谓起诉的情况"。1996年日本第一审法院终局处理人员为1087071人，其中有罪的为1085801人，无罪的为54人，驳回起诉以及其他情况的为1216人。参见［日］松尾浩也：《日本刑事诉讼法》（上卷），丁相顺译，中国人民大学出版社2005年版，第182～183页。

被法院采纳，没有必然的联系。不能因为法院作出的有罪判决率高，就认为是法院因惧怕检察机关而偏听偏信，不敢得罪检察机关的结果。

从抗诉的情况来看，我国的法院并没有因为检察机关是国家的法律监督机关而屈从检察机关的意志。刑事诉讼法虽然规定，检察机关如果认为法院的裁判"确有错误"的，有权提出抗诉，但是在司法实践中，对于检察机关提起抗诉的生效判决、裁定，法院经过再审，真正改判的是非常少的。① 其原因主要是法院与检察机关对案件事实的认识和对法律的理解不完全相同，特别是对某些具有程度性的法律规定掌握的宽严程度不尽相同。这也说明，法院在作出这些裁判的时候，并没有因为检察机关是国家的法律监督机关，有权监督法院的审判活动，就屈从检察机关的意志，不敢严格公正地依法审判。

上述情况表明，检察机关拥有法律监督权，无论是在理论上还是在事实上，都没有导致法院惧怕公诉方而不惧怕辩护方的问题，因而也不存在由于检察机关拥有法律监督权而导致控辩失衡的问题。所以，研究如何保障控辩平等并更好地发挥控辩平等的功能作用，不应当把取消检察机关的法律监督作为保持控辩平等的前提，而应当更多地思考如何保障辩护权的有效行使，如何保障更多的被告人在刑事诉讼中能够获得律师的帮助。

---

① 据统计，1998~2002 年五年间全国检察机关提起公诉的案件有 366 万余件，按照审判监督程序提出抗诉的有 1689 件，法院直接改判的仅 264 件。

法律监督机关设置的价值合理性[*]

张智辉[**]

我国《宪法》第 129 条规定"中华人民共和国人民检察院是国家的法律监督机关。"这个规定，以根本大法的形式确认了检察机关作为国家的法律监督机关的宪法地位，赋予检察机关法律监督权。正确认识检察机关的宪法地位，对于在新的历史时期更好地发挥检察机关的作用，对于推进检察改革使检察事业与时俱进，对于建设和完善有中国特色的社会主义检察制度，都是非常重要的。

有的学者认为，现行法的规定是实然法的层次，而对检察权的性质进行理论上的定位属于应然法的层次，不能以合法性来说明理论上的应然性。[①] 本文试从应然的角度，探讨把检察机关作为法律监督机关来设置这样一种宪法制度是否具有合理性和必要性。

一、法律监督机关存在的法理基础

从理论上讲，法律监督机关存在的价值合理性，首先来自法律本身的内在需求。

（一）法律效力的普适性要求法律监督

立法者制定法律，总是希望在其权力所及的范围内把法律的规定适用于所有对象，希望每个人都能够遵守法律，按照法律发布的命令或者授权选择自己的行为，从而赋予法律普遍适用的效力。但是事实上，法律作为凝结在规则中的国家意志，不仅相对于个人的意志是独立存在的，而且在本质上要求个人意志服从它。而个人意志天然地具有不愿服从他人意志的本性，这与法律要求人

　＊　本文刊载于《法学家》2002 年第 5 期。

＊＊　张智辉，最高人民检察院检察理论研究所原所长。

　①　参见陈卫东：《我国检察权的反思与重构》，载《法学研究》2002 年第 2 期。

— 24 —

们服从的本性之间，必然会发生矛盾和冲突。这种矛盾和冲突，在客观上就决定了国家只有通过强有力的检查督促手段促使人们服从和遵守法律，并对违法者给予制裁，才能维持法律效力的普适性，才能保证法律的被遵守。于是法律便借助国家强制力强制人们服从它。正如哈特指出的："在任何时间和地点，法律都有一个最为显著的普遍特征，这就是它的存在意味着特定种类的人类行为不再是任意的，而是在某种意义上具有强制性。"① 法律的强制性，不仅意味着运用国家权力对违法者进行制裁，而且首先意味着督促人们遵守法律、发现并追诉违法者的法律监督机制在国家权力结构中的确立。没有有效的、以国家强制力为后盾的法律监督机制，就不可能维持法律效力的普适性，就不可能建立起秩序井然的法治社会。从这个意义上讲，法律监督是法律存在的基础和保障，是法律本身的逻辑要求。

早在古希腊时期，柏拉图就在其《法律篇》中反复提到"法律维护者"。他在谈到理想的社会和国家以及最好的法典时强调："你们必须指派一个官员，他要有极锐利的目光去监督规则的遵守情况，这样，各种各样的犯法行为都会引起他的注意，而犯法者受到法律及神的惩罚。"② 在谈到指派国家官员时，他首先提出的是选举一个 37 人团体，然后才是依次推选其他官员。而 37 人团体成员的职责永远是："第一，他们应该作为法律维护者来行动……"③ 古罗马的著名法学家西塞罗认为，希腊人在保存法律文本方面较为用心，他们选举法律保管员，"这些法律保管员不仅保管法律文本，而且甚至监督人们的行为，引起他们遵从法律。这件事可委托给监察官去完成，因为我们希望他们在我们的国家永远存在。"④ 西塞罗在他宣布的法律中指出："监察官维护法律的纯洁。"⑤ 这说明，自从有法律以来，在国家权力结构中，就有法律监督者的地位和监督法律的必要。监督法律的实施，是保障法律被遵守的必要手段。

（二）法制的统一性需要法律监督

法律作为一种制度性设计，其目的是为人们的行为提供统一的规则和界碑，总是要求在它的效力发生作用的范围内统一适用。维护法制的统一，始终

---

① ［英］哈特：《法律的概念》，中国大百科全书出版社 1996 年版，第 7 页。

② ［古希腊］柏拉图：《法律篇》，上海人民出版社 2001 年版，第 152 页。

③ ［古希腊］柏拉图：《法律篇》，上海人民出版社 2001 年版，第 166 页。

④ ［古罗马］西塞罗：《论共和国论法律》，中国政法大学出版社 1997 年版，第 279 ~ 280 页。

⑤ ［古罗马］西塞罗：《论共和国论法律》，中国政法大学出版社 1997 年版，第 260 页。

是与法律的存在结伴而生的一种制度性要求。但是从另一方面看，法律的适用又总是具体的、个别的。对违法者适用法律，总是通过具体的执法者根据具体的案件把法律的一般原则适用于具体的对象。这就决定了法律的每一次适用，都只能是个别进行的。如果执法者都根据自己的好恶和对法律的理解来适用法律，同一部法律就可能产生五花八门的裁判结果，法制就没有统一性可言。因此要保证个别场合下、个别案件中的法律适用彼此协调地维护一个统一的法律原则，除了按照统一的标准训练执法者之外，就必须有一种监督制约机制，以保障每个执法者都能按照统一的原则和标准适用法律，以保持法制的统一性。特别是在统一的单一制国家，或者在需要加强中央国家权力的时期，对法制统一性的需求，始终在法律建设中具有特别重要的意义。而在古今中外的历史上，但凡强调中央国家权力的时期，总是会出现一个强有力的监督机构来维护法制的统一。

（三）司法的公正性离不开法律监督

公正是司法的灵魂，也是司法的价值追求。但是司法活动要做到公正却是非常困难的。司法不仅要建立在对法律的正确理解和适用上，而且要建立在对案件事实的准确认定上。由于法律适用的对象永远是已经发生过的事实，执法人员适用法律时首先必须根据事后发现的证据对已逝的事实作出判断，而执法人员作为职业特点的先入为主的思维定式，以及执法者个人认识能力的局限性，往往会影响到其对事实认定的准确性；同时，执法者的政治立场、基于个人利益或阶层利益的考虑，以及有关方面的压力，都可能影响到执法者对证明案件事实的证据的采信，影响到对法律规则的把握，从而导致司法的错误或不公。司法的错误和不公，必然违背法律制定者的初衷，必然背离法律适用的目的，导致司法权对公民权利的不当侵害，使法律的适用走向适用法律的目的的反面。因此，任何一个国家，在制定法律的时候，总是要设置一定的监督制约机制和司法救济手段，以防止和纠正法律适用的错误和不公对法制的破坏和影响。

从历史上看，司法权的分割以及司法机关的分工与分设，可以说是为了保证司法的正确性和公正性。这种分工本身就意味着监督制约。法律监督既是督促执法者正确地理解和适用法律，也是在司法不公的场合对被害者提供的一种救济措施。

（四）依法治国更需要法律监督

法治的初衷是为了用法律来限制政府及其官员的权力。正如"法治"一词的创始人戴西指出的，法治首先"意味着正常的法律保有绝对的至高无上或压倒一切的地位，并且排斥专制的存在、特权的存在、乃至政府之自由裁量权的存在"①。江泽民同志在十五大报告中指出："依法治国，就是广大人民群众在党的领导下，依照宪法和法律规定，通过各种形式管理国家事务，管理经济文化事业，管理社会事务，保证国家各项工作都依法进行……"② 要保证一切国家权力的行使严格依法进行，保证法律在国家事务管理、经济文化管理、社会事务管理等活动中真正发挥规范作用，就必须有健全的监督制约机制，就必须采取有效的手段检查督促国家机关和国家机关工作人员切实遵守和严格执行法律，坚决同一切违反法律的现象作斗争。

随着依法治国的推进，执法机关和执法人员的法律素质和执法水平会逐渐提高，执法犯法、执法不公的现象也会相应减少。但是同时也要看到，依法治国的推进，必将大大提高人民群众对法律在社会政治生活、经济生活、文化生活中的重要性的认识，人民群众对执法的要求也会越来越高，对执法活动中的违法现象会越来越难以忍受，要求遏制司法腐败、减少司法不公的呼声也会越来越强烈。因此，依法治国的推进，不但并不意味着执法人员和执法活动不再需要监督制约，并不意味着可以削弱甚或取消对法律适用情况的监督，而且恰恰相反，依法治国的推进对监督法律适用情况的要求更加迫切，对法律监督的有效性更加关注。因此，健全和强化法律监督机制，不仅在建设法治国家时是必不可少的，而且在法治国家建成之后，依然是须臾不可舍弃的。

以上理由说明，有法律就有监督，法律的正确实施和法治国家的建设，离不开有效的法律监督机制。这个结论，不仅仅是理论上的推论，而且是为世界各国的历史核心现实反复证明了的事实。

在古罗马，"元老院"的设置，曾经在其法律制度中占据重要地位。元老院最重要的职权，就是制约执法官的权力行使。在英国，枢密院一直分享着司法权，有权审理对英联邦国家一切法院审判的案件提起的上诉。而长期奉行的陪审团制度则从限制法院审理案件的范围的角度限制着审判权的行使。在中国历史上，御史制度在维护封建法制的过程中曾经发挥着极为重要的作用。御史制度设置的初衷当然是为了纠察百官。而在中国古代，并没有司法权与行政权的区分，官吏既是行政官员，也是司法官员，执掌着适用国家法律的权力。对百官的监督，实际上包含着监督法律实施的职能。

---

① 参见：《布莱克维尔政治学百科全书》，中国政法大学出版社1992年版，第675～677页。

② 《中国共产党第十五次全国代表大会文件汇编》，人民出版社1997年版，第31页。

即使是在现代所谓发达的法治国家，照样存在有效的监督制约机制，对执法人员和执法活动的监督制约。例如在美国，司法权与立法权、行政权的分设以及相互之间的制衡本身就是对司法权行使的一种制约。此外，就司法权本身的设计而言，也存在一系列制约因素。首先，美国（包括类似国家）把司法权限定为一种完全是消极的裁判权，没有当事人或一个机关的起诉，司法权不得介入其他国家权力运作的领域和社会生活的各个领域。其次，法官的遴选和任命要受行政权的控制，对法官任职资格过分严格的要求保证了担任法官的人必定是精通法律并具有良好品行的人。最后，诉讼机制上对法官审判案件的制约，如对于被告人不认罪的刑事案件，法官只能组织庭审活动，而无权对案件事实作出裁判，无权认定被告人有罪还是无罪；即使是量刑权，法官也不能任意决定，而必须遵循先例；法官不得参与判决的执行等。这种制度设计本身就大大限制了法官行使审判权的范围和自由裁量的余地。在大陆法系国家，检察官作为国家的法律代表，不仅具有监督一切国家机关和公民遵守法律的情况，并有对违法者进行起诉的权力，而且对审判机关的活动以及判决的执行情况也具有一定的监督权。

这些事实说明，有法律就需要有人来监督法律的遵守和实施，就需要有健全的法律监督机制。至于对法律的遵守和适用情况由谁来监督，法律监督机制如何建立、如何运作，则是并且只能是由各国特殊的历史发展过程和社会环境决定的。各国所具有的不同的监督制约机制，并没有也无法否定对法律实施情况进行监督制约的必要性。而且，监督制约机制的不同恰恰说明，世界上并不存在可以适用于一切国家的法律监督机制模式，各国只能根据自己的国情来选择法律监督机制。这是世界各国法律监督机制建立的基本原理，也是中国法律监督机制建立所应当遵循的法理。

二、法律监督机关存在的宪法理论基础

孟德斯鸠指出："一切有权力的人都容易滥用权力，这是万古不变的一条经验……从事物的性质来说，要防止滥用权力，就必须以权力制约权力。"[①]孟德斯鸠的这段话，正确地揭示了权力运作的基本规律，被认为是现代法治国家宪法制度的理论支撑。的确，权力本身具有支配他人意志和行为的力量，具有被滥用的扩展性。权力通常"被理解为实现强制服从的能力"[②]。权力的本性是在一种意志与其他意志相互作用的过程中强制他人服从自己的意志。权力

---

① 孟德斯鸠：《论法的精神》（中译本上册），第 154 页。

② 《布莱克维尔政治学百科全书》，中国政法大学出版社 1992 年版，第 45 页。

的运作实际上是权力主体运用自己的强制力推行其意志的过程。由于意志本身所具有的无限扩展的主体性的支配力，权力的运作过程如果没有有效的监督制约，权力必然要被滥用。并且，仅仅或者主要依靠权力机关内部的自我约束是不足以防止权力滥用的。因此对权力运作的监督制约，是权力运作的内在要求，也是现代法治国家权力设置的普遍要素。

事实上，任何一个法治国家，在宪法中设计自己的政治制度时，都不能不考虑如何建立一套有效的监督制约机制，都不能不考虑如何防止国家权力被滥用的可能性。所不同的只不过是由于历史传统、社会条件、政治分层的情况等方面存在的差异而导致监督制约方式不同而已。

西方国家在按照"三权分立"的理论建立资产阶级国家结构的时候总是强调"制衡"。"分权制衡思想在政治体系中是一个更为实用的概念，它成长于英国十八世纪宪法，并成为美国宪法防止那些控制一个政府部门的人越权的机制。1689 年后分权制衡思想成为公认的宪法理论"①。

所谓"分权制衡"，就是在区分立法权、行政权和司法权的基础上，寻求保证三权中任何一方的任何错用或滥用权力都将受到其他一个或两个方面的制约与平衡的宪政原则。② 制衡是通过权力主体以外的力量来监督权力主体正确地行使权力，防止权力滥用的机制。因此它实质上是对权力主体行使权力活动的一种监督。三权分立的核心是在立法权、行政权和司法权之间设置一种制衡关系，其中任何一方都能够限制和监督另外两方的权力运作，从而防止任何一方滥用国家权力。正如我国一些学者指出的："西方资本主义国家的监督体系，体现出多层次与多途径的特征。"③ 西方国家的"宪法法院是法律监督机关：审查法律、法令是否合法（违宪审查权），解决共和国与省之间的纠纷，追究领导人的责任"④。"在美国，司法审查是指法院审查国会制定的法律是否符合宪法，以及行政机关的行为是否符合宪法及法律而言的……司法审查是法院监督行政机关遵守法律的有力工具。"⑤ 这种情况表明，西方国家的权力运作并不是不要监督，只是对权力的监督通过相互之间的制衡方式来实现罢了。

如果说，在"三权分立"的宪政下，三种国家权力之间的相互制衡，是

---

① 《布莱克维尔政治学百科全书》，中国政法大学出版社 1992 年版，第 102 页。

② 参见《牛津法律大辞典》，光明日报出版社 1988 年版，第 154 页。这个原则也说明，司法权与其他权力一样，并不必然是一种至高无上的权力，它的"终极性"只能是相对而言的。

③ 陈哲夫主编：《监察与监督》，北京大学出版社 1994 年版。第 272 页。

④ 陈哲夫主编：《监察与监督》，北京大学出版社 1994 年版。第 271 页。

⑤ 王名扬译：《美国行政法》，中国法制出版社 1995 年版，第 565～566 页。

为了防止权力的滥用。那么，在人民代表大会制度下，专门的法律监督机关的设置，同样是为了防止权力的滥用。

我国没有像西方国家那样实行"三权分立"的宪政制度，而是实行人民代表大会制度。在人民代表大会统一行使国家权力的前提下，为了保证国家权力的高效运作，宪法又把国家权力中的行政权赋予国务院和地方各级人民政府行使，把审判权赋予人民法院行使，同时设置一个专门的法律监督机关行使法律监督权，以保障全国人民代表大会制定的法律在全国范围内能够统一正确地实施。法律监督权与行政权、审判权一起作为国家权力结构中彼此独立的组成部分，由专门的国家机关行使，这是我国宪法制度的特色。

在人民代表大会统一行使国家权力的制度下，法律监督机关的设置是一种必然的和必须的选择。首先，全国人民代表大会作为统一的最高的国家权力机关，享有广泛的权力。① 这就决定了人民代表大会对于由它产生并对它负责的其他国家机关的监督只能是宏观的监督，只能是就影响重大的事项的监督，而不可能是一种经常性的具体的监督。在这种情况下，行政机关和审判机关的日常事务即具体的执法活动，必然处于国家权力机关无力监督的状态。但是按照权力运作的一般规律，缺乏制约的权力必然导致权力的滥用。为了防止其他国家机关滥用国家权力，就有必要设置一个专门机关，承担常规性的监督职责，来检查督促其他国家机关正确执行全国人民代表大会制定的法律，以防止权力的滥用。其次，我国的其他国家机关都是由人民代表大会产生并直接对人民代表大会负责的。这些国家机关，相互之间互不隶属，但是又没有相互制衡的机制，不可能通过相互制约来实现权力制衡。在这样一种国家结构中，就有必要设置一个其本身不享有实体性权力的专门机关来监督其他国家机关执行法律的情况，发挥以权力制约权力的作用。可以说，法律监督机关的设置，是分权制衡原理在人民代表大会制下的具体运用，是根据国家最高权力机关的授权对行政权、审判权的制衡，但不是对国家最高权力的制衡。最后，我国的法律监督机关是由人民代表大会产生并直接向人民代表大会负责的一个国家机关，因此它所具有的法律监督权只是人民代表大会统一行使的国家权力的一部分，是根据人民代表大会的授权，代行部分监督权，法律监督机关行使法律监督权，不仅其本身要受到人民代表大会的监督，而且行使法律监督权的范围和方式要由人民代表大会通过法律来规定。

这种情况说明，法律监督机关和法律监督权的设置，在人民代表大会制度

---

① 按照宪法规定，全国人民代表大会及其常委会享有 37 项权力（其中人大和人大常委会的权力个别的有交叉）。

下，具有存在的合理性，是权力制衡的必然要求，符合权力运作的普遍规律；而这种权力本身又不是一种不受监督制约的权力，不是独立于国家最高权力之外的可以任意行使的权力。因此，从宪法制度上看，法律监督机关的设置，在中国的权力架构中，有其存在的必然性和合理性。它是保障国家行政机关、审判机关按照国家权力机关制定的宪法和法律正确行使行政权和审判权的有效措施。特别是在依法治国的过程中，法律监督机关的独立设置和法律监督权的高效运作，对于督促国家机关严格依照法律的规定管理各项公共事务、防止权力的异化和滥用，具有极为重要的不可替代的作用。

如果无视我国的宪法制度，如果按照"三权分立"的国家权力结构模式，就看不到法律监督机关设置的必要性和重要性。有的学者正是由于忘记了我国宪法制度与西方某些国家宪政的根本区别，仅仅从诉讼的角度甚至仅仅从刑事诉讼的角度，考察法律监督机关设置的合理性，自然无法认识法律监督机关与我国根本政治制度之间的内在联系，因而也就不可能真正认识到法律监督机关在中国存在的宪法制度基础。

三、法律监督机关存在的社会基础

一种制度的设置，不仅仅在于它从理论上讲是否具有合理性，更重要的是要看它是否适应具体国家的社会环境。只有既符合权力运作的基本原理，又符合具体国家的社会现实的制度，才是合理的。那种脱离本国的实际情况，抱着一步跨入法治国家的美好理想来构建中国的法律制度的学者，永远也无法理解中国为什么一次又一次地选择了法律监督机关的制度设置。

在中国，把法律监督权作为一种独立的国家权力，并设立一个专门的法律监督机关来行使法律监督权，虽然直接来自列宁的法律监督思想和前苏联的国家结构模式，但是其存在的合理性却深深地植根于中国的特殊国情之中，是建设有中国特色的社会主义法治国家的客观要求和理性选择。

（一）从历史传统上看，我国长期存在的重人治、轻法治的思想严重妨碍着法律的实施

党的十一届三中全会以来，我国大力加强社会主义民主与法制建设，先后制定了许多法律法规，在强调依法办事的同时，不断进行普及法律的宣传教育，使整个社会的法律意识有了明显的提高。但是应当看到，我们的社会环境与法治国家的要求还有一定差距。

我国几千年来一直是一个权力本位的国家，人治传统深深地扎根于国民意识之中。一方面，人们把权力看作是法律的本源，把法律视为当权者手中的工

具。与法律相比，人们更崇尚个人手中的权力及其影响力。另一方面，人们对权力的期望值很高，而对法律的期望值较低。许多人认为有权的人无所不能。在这种社会心态下，不论是行政管理人员、执法人员，还是普通老百姓；不论是文化程度较高的知识分子，还是文化程度较低的工人、农民和其他劳动者，人们无论遇到什么事，往往首先想到的是"关系"而不是"法律"，都希望通过"关系"找个有权的人"说说情"，希望通过有权的人的影响力促成自己想办的事或者阻止不利于自己的事。即使是明知触犯了法律，也希望通过"关系"使执法人员对自己"网开一面"。在国家大力倡导依法治国的社会环境下，许多公民特别是一些领导干部，仍然认为依法治国是用法律来管理社会、管理别人，而不是、甚至不愿意用法律来管自己。这种淡漠法律的社会意识形态，给自觉地遵守法律和严格地执行法律造成了很大的思想障碍，使法律的遵守和执行在很大程度上不能不依赖于强有力的法律监督机制。

从另一方面看，这种对权力的崇尚又反过来刺激着权力的膨胀，加剧了权力的滥用。在现实生活中，确实有一些有权的人"神通广大"，能够在法律规定之外办成许多事情；确实有一些人通过有权的人的说情，使某些按照规定不能办或不该办的事办成了，或者使某些应该受法律处罚的人没有受到法律处罚或减轻了处罚。这种社会现实，使有权的人更加意识到权力的重要，以为有了权力就可以不受法律的约束；使没有权力的人或者权力较小的人更加仰慕他人手中的权力，乐于屈从权力而不是屈从法律。于是，权与法之间的冲突和较量，每每成为我国法治建设中时常出现的一道风景线。这种社会现实，迫使国家要实行法治就不得不设置一个专门的法律监督机关来监督和保障法律的实施，防止权力对法制的破坏。事实上，我国法律监督机关的创建、恢复和发展，每一步都是与我国法制建立、加强和发展同步出现的。新中国成立前后，在彻底废除旧法统、建立人民司法的过程中，《中央人民政府最高人民检察署试行组织条例》即于新中国正式成立两个月之后颁布施行。该条例明确规定，最高人民检察署负有"对政府机关、公务人员和全国国民之严格遵守法律"进行检察的责任。1954 年宪法正式确认了检察机关作为国家法律监督机关的地位。从 1957 年下半年开始，政治生活中出现了"左"的思潮，法律监督机关首当其冲地受到了政治上的非难。而在以破坏国家法制为基本特征的"文化大革命"一开始，公、检、法三机关中首先被撤销的又是检察机关。1978年，当国家提出"加强社会主义民主、建设社会主义法制"时，检察机关亦被恢复，并再次用根本大法的形式确认了其法律监督机关的地位。这个历史说明，没有中国社会主义法制的发展，国家权力结构和社会生活中就没有法律监督机关的地位。同理，加强社会主义法制，实现依法治国，也离不开法律监督机关的发展和法律监督权的强化。

（二）从法律本身的状况看，我国法律留下了太多的可以任意解释适用的空间

虽然随着社会主义法制建设的不断深入，我国陆续制定了许多法律，在社会生活的各个方面，基本上改变了无法可依的状况，但是我国的法律本身存在两个明显的缺陷，使它的实施离不开法律监督的保驾。

一是法律条文的伸缩性太大，为人为地随意解释和适用法律留下了太多的余地。我国的许多法律规范都是弹性条款，以致就同一问题作出的相去甚远的决定，都不违反法律的规定。就连刑事法律这种制裁性质非常严厉的法律，仍有许多条款把行为是否构成犯罪的标准留给了执法者。刑法分则的 350 个条文（其中规定罪名的只有 315 个条文）中，有 130 个条文是以"情节严重"、"数额较大"、"后果严重"等不确定词汇作为犯罪构成要件的，另有 74 个条文是以这类不确定词汇作为加重处罚条件的，而整部刑法中并没有对这些决定特定行为是否构成犯罪、是否应当从重处罚的要件加以任何限制性或解释性规定，以致在相当一部分犯罪中，虽然有刑法条文的规定和"罪刑法定原则"的限制，是否构成犯罪仍要取决于司法机关和司法人员对何为"情节严重"或"数额较大"的解释和理解。这种解释和理解的正确与否，直接关系到刑法适用的正确性。因此，要保障法律适用的正确性，就必须通过法律监督机制，监督法律的解释和适用。

二是法律的运行机制不够严密，司法过程中人为因素对法律的适用影响太大。由于法律文化传统上的差异，我国没有西方国家的那种陪审团制度，对于决定案件命运的案件事实，其证据的审查和认定完全取决于司法人员的认识。如果司法人员有意无意地采信有利于一方当事人的证据，而无视有利于另一方当事人的证据，那么，即使"严格依法"来判决，也会导致案件处理的结果丧失实质公正。因此就有必要设立一个专门的法律监督机关，深入案件的审理过程，去发现司法活动中存在的违反法律或者裁判不公的问题，督促司法机关正确地适用法律。这也表明，法律监督机关的设置，是从我国法治建设的实际需要出发，作出的一种理性的选择。在中国，法律监督机关的设置，不仅具有历史的必然性，而且具有现实的迫切性。

（三）从司法制度上看，我国现行的司法制度难以保障法律的统一正确实施

我国的地方各级司法机关长期隶属于地方权力机关，司法机关的人、财、

物主要是由地方管理和供给，各级地方司法机关都由同级地方权力机关产生并对地方权力机关负责。这种状况，与单一制国家法制统一的要求之间，总是存在或多或少的矛盾。特别是在经济体制改革和市场经济的建设过程中，本地经济发展的状况对本地社会生活的各个方面都会产生重大的影响。地方保护主义不仅渗透在地方行政权力的行使中，渗透在地方经济管理活动中，而且不可避免地要渗透到司法机关的执法活动中。在这种状况下，要保证国家法律的统一实施，就必须有一个专门的法律监督机关，监督地方各级司法机关正确执行法律，防止为了地方利益而不公正地适用法律。

一方面，司法机关在内部管理上，长期实行行政化的管理模式，司法人员在各个方面都要听命于并服从于自己的行政长官。在这种管理模式下，司法人员办理案件很难做到"只服从法律"。并且，我国长期以来把司法人员混同于一般国家工作人员，只强调法官、检察官的"国家干部"身份，而不关注其职业的技术性和专门化。在制度设计上，司法人员的选任缺乏严格的资格限制，司法人员的工资福利与其他国家工作人员一样，司法人员的职业缺乏保障。这种制度长期实行的结果，造就了一大批大众化的司法人员。大众化的司法人员，缺乏对司法职业必要的神圣感，缺乏强有力的自律动力，容易产生趋众心理，心甘情愿地混迹于世俗关系之中，而对司法的职业要求和职业纪律无所顾忌，甚至某些司法人员自身也乐于利用职务上的便利，寻求更多的可运用和可支配的社会关系资源；大众化也使司法人员在来自社会的各种诱惑面前没有可以抵御人情、关系、私欲等侵蚀司法公正的超凡脱俗的盾牌，以致社会上有什么腐败现象，司法人员中间就可能出现什么样的腐败。另一方面，大众化的司法人员操持着非大众化的权力。具有大众化的身份和意识而缺乏职业保障的司法人员，掌握着关系到公民权利生杀予夺的并且有很大自由裁量余地的司法权。这种巨大的反差，使司法人员有更多的理由和机会用司法权来牟取私利，以追逐社会上物质生活和文化生活的时尚，而把司法的公正与否置于社会一般价值的层面。

在这样一种制度设计中，设置一个专门的法律监督机关，抗制司法权行使过程中必然出现的各种违反法律规定的司法行为，对于保障法律的正确适用，维护国家法制的统一，应该说是一种非常明智的选择。

（四）从执法的实际情况看，我国的司法腐败和执法不公现象还将长期存在

由于上述原因，我国司法机关确实存在司法腐败和执法不公的现象。在执法活动中有法不依，执法不严、不公，利用执法权牟取个人或小单位私利的现

象时有发生。1999 年 3 月 10 日，最高人民法院院长肖扬在向第九届全国人民代表大会第二次会议作最高人民法院工作报告时指出："在法院队伍中也确实存在不少问题，有的还相当严重。突出表现在：一是办'关系案'、'人情案'、'金钱案'，甚至索贿受贿、徇私枉法；二是违法查封、扣押财产，违法办案，违法执行；三是参与搞地方保护主义，偏袒本地当事人，侵害外地当事人的合法权益……"1999 年九届全国人大二次会议《关于最高人民法院工作报告的决议》提出，"要狠抓法院队伍建设，继续清除司法队伍中的腐败现象"。2000 年肖扬院长在全国人民代表大会作最高人民法院工作报告时强调，一年来"全国法院共处理违法违纪人员 1450 人，比上年下降 42.28%，其中给予党纪政纪处分的 1377 人，依法追究刑事责任的 73 人"，并且承认法院工作中仍然存在"许多不容忽视的问题和困难，有的还相当严重……队伍中违法违纪问题还比较严重，法官素质亟待提高。一些法官政治业务素质不高，不适应审判工作的需要，人员素质与审判任务不相适应的矛盾比较突出；少数法官缺乏专业知识和办案能力，办糊涂案，办错案；有些法官全心全意为人民服务的宗旨意识淡薄，作风粗暴，态度蛮横，滥用强制措施；个别法官滥用审判权，伪造法律文书，以案谋私、以权谋私、徇私枉法，在社会上造成了恶劣影响"。2001 年在全国政协九届四次会议期间，11 位政协委员提出了《关于维护司法公正的建议案》，呼吁根治司法腐败。他们认为，司法机关存在一定的腐败问题。吏治腐败可以通过严正的司法来解决，但如果司法环节发生腐败现象，则会严重影响整个社会的健康发展。这个提案引起了众多委员的共鸣。2002 年，肖扬院长在全国人民代表大会所作的最高人民法院工作报告中再次承认："一些法官素质不高，法律适用水平低，驾驭审判活动能力差，不能适应形势发展需要；一些法官审判作风不正，办事拖拉、态度冷漠、工作推诿、脱离群众；一些法院对法官管理不严，违法违纪问题时有发生，极少数法官甚至个别法院领导徇私枉法、贪赃受贿"。这是因为，导致司法腐败的原因，不是一天两天、一年两年能够彻底清除的，司法制度不可能通过一次两次改革就十分完善，司法人员队伍更不可能一夜之间就变得十分纯洁。这种客观现实，决定了司法腐败和司法不公的现象在一定时期内还将长期存在。

我国的这种现实状况，使专门的法律监督机关的设置，对保障法律的正确实施，对于消除和遏制司法腐败，对于防止司法权的滥用和误用，对于维护司法公正，具有特别重要的意义。可以说，我国司法队伍的现状，是我国设立法律监督机关的司法基础，是法律监督机关独立存在的价值所在。

检察机关作为国家的法律监督机关，在维护国家法制方面发挥了重要的作用。特别是检察机关恢复重建二十多年来，在保障法律统一正确实施方面，发挥了任何机关所无法替代的作用，充分显示了法律监督机关存在的法治意义。

四、把检察机关作为法律监督机关来设置的现实合理性

由上述论证可知，法律监督机关的存在不仅具有理论上的合理性，而且具有实践上的合理性。但是如何设置法律监督机关，却是一个仁者见仁、智者见智的问题。有的认为，人大本身就是法律监督机关，法律监督权应当由人大来行使；有的认为，应当另外设立一个法律监督机关，专门行使法律监督权；有的认为，把检察机关作为国家的法律监督机关，由检察机关来行使法律监督权是最佳的选择。这个问题确实值得进一步研究。

笔者认为，在中国现有的政治框架内，把检察机关作为国家的法律监督机关并赋予其法律监督权，无论是从制度经济的角度看，还是从权力行使的有效性上看，都应当说是最为适当的。其理由如下：

（一）检察机关在履行法律监督职能方面已经积累了丰富的经验

新中国成立以来，检察机关始终是作为国家的法律监督机关来建设的。特别是检察机关恢复重建以来，伴随着国家法制建设的加强，全国各级检察机关在履行法律监督职能的过程中，严格遵守和执行法律，认真查办各类刑事案件、全力遏制职务犯罪，努力维护国家法律的尊严，在维护法律统一正确实施方面发挥了法律监督机关特有的职能作用。同时在这个过程中，检察机关也积累了关于如何做好法律监督工作的丰富经验，在全国各级检察机关中健全了监督机构，培养和锻炼了一大批业务骨干，形成了一支数量可观的法律监督队伍。这些经验、机构和人才，是我国进行法律监督的宝贵财富。如果说，在中国，必须有一个专门的法律监督机关，那么，我们没有理由不珍惜这支队伍和这些经验。

有的人认为，中国应当在检察机关之外另建一个专门的法律监督机关；有的则认为，法律监督权应当由人大统一行使，在人大建立一个常设的法律监督机关，来监督法律的实施。这种观点，从理论上看，并不是没有道理。但是从实际的可行性上看，在全国自上而下地另外建立一个独立的法律监督机关所需要的人财物的投入将是十分巨大的，而这种十分巨大的人财物的投入是否真有必要，就是一个不能不认真研究的问题。即使这种十分巨大的人财物的投入是必要的和值得的，新建立的法律监督机关还需要一大批的监督人员。这些人员从何而来，这些人员有没有法律监督工作的经验以及能不能胜任法律监督的工作，都是不能不考虑的问题。因此从制度经济的角度来看，与重新建立一个法律监督机关的构想相比，改造和强化现有的法律监督机关，应该说是更为可

行、更能发挥法律监督机关作用的方案。从另一方面看，人大具有监督宪法和法律实施的权力，这是毋庸置疑的。但是人大的监督是一种权力监督，即从权力来源方面，如行政机关、审判机关、检察机关的机构设置、权限范围、行使权力的依据和规范、领导成员的选举任免等方面来对授权和监督其他各国家机关遵守和执行法律的情况的。人大的监督必然是一种宏观的监督，而不是对遵守和执行法律的具体情况的监督。如果让人大来行使对具体的执法活动和违法案件的监督，就有把国家最高权力机关降格为具体的办案部门之嫌，就可能削弱人大在国家权力结构中作为最高国家权力机关的宪法地位，就可能使国家权力机关陷入具体的案件审理之中而分散其抓国家大事的精力。如是，既有损于国家政权建设和法治建设，也不利于法律监督权的充分行使（因为人大还有许多更重要的事情要做，不可能将全部精力投入法律监督工作中）。

（二）检察权本身就具有法律监督的性质

从字面上讲，检察权就是检察机关依法享有的权力。虽然检察权的范围是由国家权力机关通过法律赋予的，法律赋予检察机关多大的权力，检察权就有多大的范围，但是检察权本身就有"检察"的性质。所谓"检察"，在汉语中就是检查督促的意思①。所谓"察院"，在唐代，就是监察御史的官署。明代把御史台改为都察院，简称察院。② 而御史台和都察院，都是专司监察弹劾官吏、参与审理重大案件的官署。在历史起源上，中国古代的御史制度起源于监理督察朝廷内外、地方诸官的违法事宜。御史台和都察院，实际上是专门行使监督职能的国家机关，具有维护皇帝颁布的法律统一实施和监督行政权力、审判权力正确行使的功能，因而相当于现代意义上的法律监督机关。

至于现代检察制度，学术界公认其起源于法国中世纪的国王代理人制度和英国的陪审团制度，是以公诉制度的确立为前提，以检察官的设立为标志的。检察制度产生的共同背景是，两国当时都处于封建割据状态，为加强以国王为代表的中央集权，同宗教势力进行斗争，实现民族国家的统一，对抗封建司法专横这一历史需要，根据本国的实际情况设立的。在封建割据的社会环境下，检察官是作为国王的代理人（或顾问）出现，并不是为了给国王提供法律意见，而是为了解释国王制定的法律，监督该法律在全国各地的实施。在法律的

---

① 按照《辞源》的考证，"检察"一词最早出自《后汉书·百官志》五："里魁掌一里百家。什主十家，伍主五家，以相检察。"《晋书·曹摅传》："时天大雨雪，宫门夜失行马，群官检察，莫知所在。"参见《辞源》，第 1642 页。

② 《辞源》第 860 页。

实施中，由于犯罪是对法律最严重的破坏行为，而追诉犯罪的活动是对人们的行为选择影响最大的活动，所以检察官作为国王的代表，便首当其冲地担负起追诉犯罪并监督对犯罪人的审判和判决执行的使命。这种历史事实表明，检察制度的起因使其从诞生的时候起，就是为了维护王室制定的法律在全国范围内统一实施。正如有的学者指出的：国王代理人在代理国王处理私人事务的同时，还负有在地方领主的土地上监督国王法律实施的职责。这种国王代理人，即为以后的检察官。从这个意义上说，在法国，检察官自产生之日起就承担了类似于现代的法律监督职能。

就检察权的具体内容而言，尽管各国检察机关享有的法定权力并不完全相同，但是任何国家的检察机关都有一个最基本的共同的职权即公诉权。公诉权，从其功能作用上看，其显著特征就在于它具有法律监督的性质。首先，公诉区别于自诉的最大特点在于它不是在个人权利受到侵害的时候为了保护自己的权利、为了抚慰自己心灵的创伤和发泄愤怒的感情而提起的诉讼，而是站在国家的立场上，为了维护国家法律的尊严，为了恢复遭到破坏的法律秩序而对犯罪嫌疑人进行追诉的、具有国家强制力的执法活动。因此与自诉相比，公诉活动所关注的是法律秩序是否得到了维护，而不是起诉者自己的权利和利益是否受到了保护，它的目标是促使人们遵守法律，而不是为了给自己讨个"公道"或者报复对方。其次，公诉活动也不同于审判活动，对于严重违反法律的犯罪行为，它不是被动地进行裁判，而是主动地去查究控告，提请审判机关依照法律规定对被告人定罪判刑，以维护法律正义。这种运用国家权力对严重违反法律的犯罪行为主动追诉的活动本身就是一种监督法律实施的行为。最后，公诉权除了追诉犯罪之外，还具有监督制约侦查权和审判权的作用。检察机关在刑事诉讼中"要求公安机关说明不立案的理由、审查批捕及通知公安机关纠正违法情况、向人民法院提出纠正意见等，都是诉讼中应有的制约机制"；"请求法院正确定罪量刑、对法庭的违法行为提出意见、对判决裁定提出抗诉等，都是公诉权中的必然含义"，"是一个公诉机关所必须拥有的最基本的权力"。① 这些权力，如果从纯粹诉讼的角度看，当然是一种诉讼权力，但是如果从国家法制建设的角度看，就不能不承认它具有维护国家法律的严格遵守和正确适用的作用。这种作用，正是公诉权的本质属性。它与诉讼当事人对裁判结果的上诉具有不同的性质，因为诉讼当事人的诉讼权利没有国家权力的任何特点，与公诉权具有本质上的区别；诉讼当事人上诉的目的与公诉机关抗诉的目的也是迥然不同的。

---

① 陈卫东：《我国检察权的反思与重构》，载《法学研究》2002 年第 2 期。

　　对此，有的学者可能会反驳道：既然公诉具有法律监督的性质，那么把检察机关称为公诉机关不就可以了，还有什么必要非得称为法律监督机关；为什么西方发达国家不把检察机关称为法律监督机关？

　　这个问题，可以从三个方面来解释：第一，在中国，之所以要把检察机关称为法律监督机关，而不能视为单纯的公诉机关，是因为检察机关除了履行公诉职能之外，还担负着其他方面的监督职责，具有公诉权所不能完全包括的内容。例如，法律赋予检察机关的对法院的刑事审判活动、民事诉讼和行政裁判进行监督的权力，对公安机关刑事立案、侦查活动进行监督的权力，以及其他方面的监督权力，这些权力都是公诉机关所不具有的职权，并且，这些权力具有明显的法律监督的性质。由于这种情况的存在，把中国的检察机关定位为公诉机关，至少是不全面、不准确的，因而有必要用法律监督机关的称谓来定义检察机关的法律性质，以便涵盖法律赋予检察机关的各项监督法律实施的权力。第二，之所以西方发达国家的检察机关只有公诉的职能，而中国的检察机关除了公诉职能之外，法律还赋予了其他监督职能，是因为西方发达国家已经建成了法治国家，而中国正在建设法治国家，中国真正建成法治国家还有很长的路要走。这个区别，正如人们所看到的：中国司法机关（当然也包括检察机关）的腐败现象还比较严重，还不可能在短时间内完全消除，法官贪赃枉法的案件时有发生；而在西方发达国家，可以保持几十年没有一个法官因为贪赃枉法被送上法庭的记录。这两种司法状况，决定了中国的司法活动必须有专门机关的监督，而西方发达国家的司法则未必需要这种监督。因此不能因为西方发达国家只有公诉机关而没有专门的法律监督机关，就认为中国也不需要专门的法律监督机关。第三，即使是单纯的公诉机关，也不意味着就没有法律监督的职能。公诉是对国家追诉犯罪的活动的外在形式的表述，而法律监督是对其本质属性的表述。二者之间并没有根本性的矛盾和冲突。承认检察机关是公诉机关，并不意味着就必须或必然否定检察机关是法律监督机关。西方学者也没有断然否定其检察机关不具有法律监督的职能。只是由于西方发达国家监督法律适用的需求不像中国这样明显、这样迫切，检察机关的工作重心主要集中在公诉职能方面，所以通常将其称为公诉机关罢了。

　　（三）把检察机关作为法律监督机关能够保证法律监督权的有效行使

　　如上所述，检察机关最基本的权力是公诉权，公诉权本身就决定了检察机关最有条件、最有能力胜任法律监督的职责。与其他任何国家机关相比，由检察机关行使法律监督权最有可能有效地发挥监督作用。因为，第一，检察机关的公诉职能使检察机关有可能对一切社会活动主体严重违反法律以致构成犯罪的行为进行追诉，并且这种追诉活动由于国家权力的支撑，能够有效地引起人民法院的审判，导致犯罪人的刑事责任，从而有力地维护国家法律的尊严、保障法律的遵守。如果没有追究刑事责任的手段，法制宣传也好，说服教育也好，行政处罚也好，都不足以引起违法者的足够重视，从而也就难以有效地完成监督公民和法人遵守法律的任务。第二，检察机关直接参与诉讼活动，通过审查公安机关侦查终结的案件和出庭支持公诉的活动，可以亲自了解和发现诉讼过程中可能出现的违反法律规定的执法行为，并且能够直接运用法律赋予检察机关的诉讼监督权力要求公安机关和人民法院纠正违法行为，从而有效地对适用法律的情况进行监督。如果是在诉讼环节之外另设一个专门的监督机构，或者由人大或其他国家机关来监督适用法律的活动，则会由于这种监督主体没有机会和条件深入诉讼过程而难以发现诉讼过程中的违法行为，难以实现法律监督的任务。如果其在诉讼过程结束之后，对一个个案件进行审查以求从中发现有无违法行为，则会出现事倍功半的效果。第三，检察机关作为独立于国家行政机关、审判机关之外的国家机关，无论是对国家工作人员的职务犯罪行为进行侦查，还是对公安机关、审判机关和刑罚执行机关以及其他执法机关的违法行为提出纠正意见，都会引起监督对象的足够重视。而普通公民或法人尤其是执法对象和诉讼当事人对执法活动中出现的违法行为提出的批评意见或申诉，由于缺乏国家权力作后盾，在权力本位主义长期盛行的社会环境下，很难引起有关执法单位和执法人员的足够重视。与之相比，检察机关的监督无疑是更有效的监督。

基于以上理由，笔者认为，在中国，必须有一个专门的国家机关来监督法律的实施，而把检察机关作为国家的法律监督机关，是各种可能的方案中最为可取的、最具合理性的。至于检察机关的法律监督权如何架构和运作才是科学的，笔者将另文论述。

论检察权的性质[*]

谢鹏程^{**}

检察权的性质取决于两个方面，一是检察权的运作特点，二是检察权在国家权力结构中的定位。

一、检察权的运作特点

在封建专制制度下，检察机关或检察官往往代表君主或国家，在诉讼活动中充当公诉人或公益代表人，执行起诉的任务，具有一定的监督职能，属于行政权的一部分。在资本主义国家三权分立的体制下，检察机关到底划归行政机关还是司法机关一直存在相当大的分歧，大致而言，大陆法系国家倾向于将检察机关划归审判机关，但同时又规定"检察官是行政机关派在各级法院的代理人"；英美法系国家倾向于将检察机关划归司法行政机关，但同时又承认"检察机关是行政系统中享有司法保障的独立机构"、"公共利益的代表"。甚至在有些国家，一个时期里检察机关隶属于司法行政机关，而另一个时期里检察机关隶属于审判机关。这种"归属之争"说明三个问题：（1）三权分立模式具有内在的制约与监督的机制，对专门法律监督机关的要求并不十分强烈。（2）三权分立模式本身也有一定的局限性，数学上的"三角形的稳定性和美感"并不能够满足实际的政治权力结构的需要，它使检察权游离于三权之间，难以定位。（3）检察权是兼有行政和司法等多重性质的法律监督权，本来就是独立于行政权和司法权之外的一项权力，不应简单地将其归属于行政权或司法权。

关于检察权的性质，学术界主要有"行政权说"、"司法权说"和"行政与司法双重属性说"三种理论观点。① 笔者认为，这些理论观点都揭示了检察

---

* 本文刊载于《法学》2002 年第 2 期。

** 谢鹏程，最高人民检察院检察理论研究所副所长、研究员。

① 参见龙宗智：《论检察权的性质与检察机关的改革》，载《法学》1999 年第 10 期。

权的某个或某些方面的属性，但没有全面地反映检察权的特点，更没有反映检察权的本质特点。检察权的内容和运作兼有行政与司法的某些内容和特点，但它最本质的特点是法律监督。

（一）检察权的行政性质

检察权的行政性质主要表现在两个方面：

首先，检察权中的侦查权具有鲜明的行政性。侦查权是为了发现和揭露犯罪而依法采取一定强制措施的权力。侦查权的行使，不仅具有明确的目的性，强调侦查效率包括破案率，而且具有严密的组织性，要求检察长或部门领导人组织一定规模的侦查队伍实施计划周密的侦查行为。

其次，"检察官一体化"是检察权的运作方式之一。为了有效地保证检察权的统一和正确行使，检察官不能各行其是，而应使所有的检察官作为一个整体进行活动，这就是所谓的"检察官一体化原则"。它包括三项内容：（1）检察官在其上司的指挥监督下履行职务，在上司因故不能执行职务时，依法律规定的职务顺序代理上司职务；（2）检察长指挥检察官处理的事务，可以自行处理，也可以决定改由其他检察官处理（这在某些国家也受到限制）；（3）检察官之间可以互相代替职务，如某一检察官侦查的案件，可由另一检察官继续进行侦查等。此原则的宗旨是，充分发挥各个检察官的主观能动性和积极性，有效地保证刑事诉讼的质量。检察官一体化是检察机关在组织结构和行动规范上所具有的明显的行政特点。

尽管检察权具有上述两个方面的行政性，但它们都只是检察权的局部特征，侦查权也只是三项基本检察权中的一项权力，检察官一体化原则也只是检察官工作体制中的多项原则中的一项原则，不能反映检察权的全貌和根本特征。

（二）检察权的司法性质

检察权的司法色彩是比较浓厚的，主要表现在如下四个方面：

首先，公诉权是具有司法性质的权力。公诉权是检察机关审查证据材料，决定是否起诉并在法庭上支持公诉的权力。其中，审查证据材料和决定是否起诉的行为，尤其是不起诉的决定，同法官的裁判行为极为近似，都是适用法律的行为，都以维护法律和公共利益为目标。

其次，检察官在诉讼活动中具有相对的独立性。在检察官的工作体制中有两个支柱性的基本原则，即检察官一体化原则和检察官相对独立原则，它们是对立统一的，缺少任何一个方面，都不可能形成完整的检察体制。检察官的相对独立性主要表现在：（1）只有检察长对检察官享有指令权，检察官只对检察长负责。（2）检察长对检察官的指令权是有限的，检察长的指令不得违反法律，检察官在法庭上的表达自由不受检察长指令的限制。（3）检察官应当根据自己掌握的案件材料和对法律的理解作出独立的判断，提出自己的书面意见，经检察长同意，即成为检察院的决定；关于检察长能否改派或取代持不同意见的检察官履行职务，各国的立法有所不同。在法国，检察官有权拒绝上级的指令，自行决定起诉、不起诉或撤回起诉，检察长不得改变该决定。① 在意大利，只有在出现严重障碍、重大的工作需要和刑事诉讼法规定的需要司法官回避的诸情况时，检察机关的负责人可以作出更换检察官的决定。除此之外，只有经过检察官同意，才能对他进行更换。②

再次，检察权以实现法律和维护公共利益为宗旨。检察官享有法律守护人的地位，在查明事实和作出法律判断方面，检察官和法官怀有同样的目标，即实现法律和维护公共利益。检察权的行使不仅是启动司法程序的重大步骤，而且是完成司法程序的重要推动力量，是司法活动的主体之一，对审判活动发挥着重要的制衡作用。

最后，检察官与法官享有同等或相近的职业保障。为了使检察官在行使检察权时免受外部势力的干扰，公正无私地办理案件，许多国家的法律规定了检察官享有类似于法官的身份保障。例如，日本《检察厅法》从四个方面规定了检察官的身份保障：（1）确认检察官的职务和责任具有不同于一般国家公务员的特殊性，检察官的工资水平略低于法官，但远远高于一般国家公务员。（2）检察官非经资格审查会依法定程序审查决定，不得免职；检察官不会因为办案意见方面的原因而被罢免。（3）除非因资格审查会的审查而免官或检察厅的取消而成为冗员，检察官在任职期间没有失官、停职和减薪之忧。（4）检察长和检察官因检察厅被取消而成为冗员时，仍然享受半额工资，等候补任。③ 在法国，法律承认检察官同法官享有一样的身份保障。④

正因为检察权具有相当浓厚的司法色彩，所以，在一些国家，检察机关与审判机关并列为司法机关，检察官与法官同为司法官，检察权与审判权共同构

---

① 参见［法］卡斯东·斯特法尼、乔治·勒瓦索、贝尔纳·布洛克：《法国刑事诉讼法精义》，罗结珍译，中国政法大学出版社1998年版，第125页。

② 参见《意大利刑事诉讼法》第53条。

③ 参见江礼华主编：《日本检察制度》，中国人民公安大学出版社1996年版，第194~218页。

④ 参见王桂五主编：《中华人民共和国检察制度研究》，法律出版社1991年版，第6页。

成司法权，甚至认为检察与审判是"同质而不同职"。这种理论、体制和实践反映了检察权的司法性质，有其正确和合理的一面，在一定历史条件下有助于提高检察机关的地位和保障检察权的实现，也有助于检察机关的业务发展和队伍建设；但是，理论上的不彻底、体制上的不顺畅以及实践上的失误都说明，忽视检察权的行政性质，特别是脱离检察权的法律监督本质，是行不通的。

尽管检察权具有诸多方面的司法属性，但是，它的基本职能就是通过起诉、抗诉、建议、纠正违法通知等方式对违法犯罪行为进行法律监督，必要时提交人民法院或人民代表大会裁决，因而，它不具备司法权的最根本、最本质的属性，即中立性和终极性。所以，从严格意义上说，检察权就是检察权，检察权不属于司法权的范畴，也不是所谓的"另一类司法权"。

（三）检察权的法律监督性质

虽然检察权在内容上和运作方式上兼有一定的行政性质和司法性质，而且司法性质比较突出，但是，无论是行政性还是司法性，它们都是检察权局部的、从属性的、次要方面的和非本质的特征。我们知道，任何社会现象都不是纯粹的、单一属性的、简单的事物，相反，都是多种属性的综合体、多重矛盾的统一体。在任何事物的多种属性和多重矛盾中，只有某种属性或某对矛盾处于主导的、决定性的地位，才构成该事物的本质特征。

检察权作为从行政权和司法权中分离出来的一种新型的权力，自然地带有某些行政权和司法权的属性。问题的关键在于，为什么在某些国家或某些时期检察权归属于行政权而在另一些国家或另一些时期检察权又归属于司法权呢？为什么在社会主义国家里检察权都先后从行政权和司法权中分离出来呢？这种历史和现实说明：（1）人们对检察权的认识是发展的，从片面到全面，从局部到整体，从现象到本质，达到辩证具体的概念，往往要经过相当长的过程。（2）检察权本身也是发展的，不同的政体给检察权设定的空间和位置是不同的。在三权分立的模式中，检察权只能附属于三权中某一项权力，不可能成为独立于三权之外的一项权力。在人民代表大会制度的议行合一模式①中，检察权不仅能够成为一项独立的权力，而且客观上需要检察权发展成为一种独立的权力，以实现对执法和司法的制约与监督，保证法律的统一、正确实施。

人们普遍认为，在西方国家，检察机关一般拥有指挥侦查权、监督判决执行权、监督监所等监督司法活动或诉讼活动的权力，但是，检察机关的基本职

---

① 虽然一些学者正确地指出："议行合一"的说法不够准确，应当修正，但在确认新的说法之前，我们不妨沿用它，赋予它不同于巴黎公社时期的新含义。下文将有论述。

能是公诉，检察机关也主要是一个公诉机关。在社会主义国家，检察机关不仅拥有西方国家检察机关的各项监督权力，而且还拥有监督行政执法和审判活动的权力，法律监督的性质更加突出。因此，看社会主义国家的检察权是否具有法律监督权或是否以法律监督为本质特征，关键在于公诉权是否具有法律监督性质。

笔者认为，公诉权包括刑事起诉权、行政起诉权、民事起诉权（实际上迫切需要但法律尚未确认），是检察机关代表国家和公共利益对违法行为或犯罪行为进行控诉，并请求法庭依法作出裁判的行为。在刑事起诉中，检察机关参与诉讼不是与法官一起对被告人定罪量刑，而是以国家公诉人的身份提起、支持或停止诉讼，防止诉讼中可能出现的对犯罪的放纵或对人权的侵犯，在警察与法官之间增加一个独立的检察机关，意义就在于通过检察机关指挥侦查、批准逮捕、提起公诉、出庭支持公诉、监督审判、监督判决执行等一系列诉讼活动，对整个诉讼过程进行制约与监督。在民事诉讼中，由于私法以当事人意思自治为原则，检察机关主要在下述两种情况下提起民事诉讼：（1）国家财产正在或已经遭受损失而有关管理机关疏于职守不采取必要措施予以保护，检察机关有权代表国家提起民事诉讼，以保护国家财产；（2）社会弱势群体的正当权利与基本人权受到侵犯而没有得到应有的法律救济，已经危害社会公德和善良风俗，检察机关应当代表公共利益提起民事诉讼，以保障基本人权和社会正义。前者是对行政行为的监督，后者是社会强势集团滥用权力的监督。不管是刑事公诉、行政公诉，还是民事公诉，公诉的最大特点就是提交法庭裁判，其职责仅在于发现、证明和检举违法犯罪行为，一般不直接裁定和处罚违法犯罪行为，这说明作为检察权主要内容的公诉权实质上是一种监督权，而不同于行政管理权和司法裁决权。

因此，法律监督是检察权的本质特点，司法属性和行政属性都只是检察权的兼有特征和局部特征。任何对检察权性质的全面把握，都必须立足于法律监督，兼顾其司法性和行政性。

二、检察权在国家权力结构中的定位

人民代表大会制度是我国的根本政治制度，是政权组织形式即政体。检察制度是由人民代表大会制度决定和产生的，是国家权力结构的一个重要组成部分。人民代表大会制度与议会制度的主要区别在于，人民代表大会是"兼管立法和行政的工作机关"（马克思语），即实行议行合一；而议会制度是立法、行政和司法三个部门各自独立，相互制约，即实行三权分立。人民代表大会制度与封建集权制的主要区别在于，它实行民主集中制，而封建集权实行个人专制。

从社会主义国家将近一个世纪的政治实践来看，人民代表大会制度的议行合一原则主要是指：（1）人民代表大会高于其执行机构，人民代表大会的权力是其执行机构的权力渊源；（2）人民代表大会不仅享有立法权，而且享有监督宪法和法律实施的权力。议行合一是在人民代表大会与其诸执行机关分立的基础上的合一，并不否定国家机关之间必要的、合理的分工；议行合一是在宪法和法律的基础上形成的人民代表大会对其诸执行机构的领导和监督关系，并不排斥人民代表大会领导下的诸执行机构之间的分权与制约。从一定意义上说，人民代表大会制度的议行合一，是一种建立在民主基础上的行政性的管理模式。从政治制度发展史来看，庞大的行政化管理体系必须设立专门的监督机关，及时排除违规行为和异己力量，以保证政令的畅通和行动的统一。

没有监督和制约，权力就是容易被滥用，甚至滋生腐败。任何政权组织形式都必须设置一定的监督和制约机制。三权分立的政体是通过立法、行政和司法之间的分立与平衡来实现监督和制约的；议行合一的人民代表大会制度如何实现监督呢？由于人民代表大会与其执行机构的关系是领导关系，在执行机构与人民代表大会之间不存在制约、监督和平衡，但可能而且必须有两种制约与监督机制：一是人民代表大会对其执行机构的制约与监督机制；二是诸执行机构之间制约与监督机制。前者是不言而喻的，是领导关系的题中应有之义。后者则是社会主义国家面临的一个崭新的课题：人民代表大会设置哪些执行机构以及这些执行机构之间应当有什么样的制约与监督关系。

列宁的有关理论和实践确定了人民代表大会制度下的诸执行机构之间制约与监督关系的基本框架和发展方向。列宁在领导制定苏俄刑法、民法、刑事诉讼法、民事诉讼法、土地法和劳动法等一系列法典的同时，敏锐地认识到，如果没有强有力的保障法律统一实施的机构，这些法律都只不过是毫无意义的空气振动而已。面临当时法律监督权分散行使的状况，列宁提出了建立专门法律监督机关的主张。1922年检察机关从司法行政机关分离出来，但仍然设于司法人民委员会（审判机构）之内。1933年宪法才使检察机关脱离了审判机关。1936年苏联宪法规定检察机关直属最高苏维埃，独立行使职权，不受其他机关的干涉。由此，检察机关才成为同行政机关、审判机关并行的苏维埃（人民代表大会）的执行机构，并对行政机关和审判机关的执法和司法活动以及一切违法犯罪行为进行监督。检察机关发展成为专门的法律监督机关这一历史进程说明：（1）它并不是列宁或其他领导人一时的兴致，而是经过了十余年的探索和实践，逐步形成的、具有历史必然性的监督模式；（2）检察机关曾先后隶属于司法行政机关、审判机关，但都不利于它实现其法律监督的职能，它发展成完全独立的、专门的法律监督机关是一种理性选择。正因为如此，后起的社会主义国家都先后采取了这一法律监督模式。这决不是简单的模仿或抄袭，而是由人民代表大会制度本身的性质和特点所决定了的必然选择。换言之，只要实行人民代表大会制度，就必然要设立独立的检察机关作为专门的法律监督机关。

在我国国家权力结构中，检察权是一项独立的国家权力，既不隶属于行政权，也不隶属于审判权；检察权与行政权、审判权处于同一系列之中，并对行政机关的执行行为和审判机关的司法行为的合法性依法负有监督的职责；检察权的特点在于：它是一种通过起诉、抗诉和建议等方式对一切违法犯罪行为进行合法性监督的权力，既不包括行政表决权，也不包括司法裁决权，检察监督的范围也只限于行为的合法性，而不包括行为的适当性。

国家刑罚权与检察职能[①]的关系[*]

向泽选[**]

　　刑罚权是和平时期国家权力中最具强制力的权力。国家需要刑罚，是希望刑罚天生具有的对罪犯的报应惩罚性来达到预防或控制犯罪、防卫社会、维护社会秩序的目的。在文明社会里，有刑罚就必然要有相应的刑罚法规，即刑法。刑法是创设刑罚权的法律，是刑事实体法。刑事诉讼法则是实现刑法、落实国家刑罚权的刑事程序法。检察机关或者检察官的主要职能活动体现在刑事司法领域，既承担着实现国家刑罚权的部分职能，又承担保障和制衡国家刑罚权规范行使的职能。现代检察制度本身就是随着国家将刑罚权分解并由不同的国家机关承担侦查、起诉与审判职能而产生与发展起来的，是制约国家刑罚权、保障人权的产物。[②]其思想基础是兴起于18世纪的罪刑法定主义思潮。[③]罪刑法定主义虽然是对专制时代罪刑擅断主义的否定，但它是法治国的产物，

---

　　*　　本文刊载于《当代法学》2009年第2期。

　　**　　向泽选，最高人民检察院检察理论研究所副所长、研究员。

　　①　　国家刑罚权角度的检察职能指的是检察机关作为主要的刑事司法机关在落实国家刑罚权的刑事司法活动中的作用和功能。本文是在总体意义上使用检察职能，并不细究检察职能的具体内容。

　　②　　在政治法律制度的演进中，与法官制度相比，检察制度在司法系统中并非一种原生的法律制度，它是随着社会的变革、司法制度的发展而产生的。一般认为，现代检察制度作为"革命之子"和"启蒙的遗产"，诞生于法国1789年的大革命，正式建立于1808年的拿破仑治罪法典，并随拿破仑的武力征讨而得以在大陆法国家广泛传播。

　　③　　"Nullum erimen nulla poena sine lege"——"没有法律规定便无犯罪与刑罚"指的就是认定某种行为是犯罪，以及对其判处刑罚，必须先有规定犯罪与刑罚的成文法。其根本意义在于限制国家刑罚权，是保障公民权利与自由免受国家权力侵害的必不可少的铁律。参见［日］木村龟二主编：《刑法学辞典》（中译本），上海翻译出版公司1991年出版，第66页。

其思想根源于法治国赖以产生的思想。① 从制度渊源上说，检察机关主要是为维护刑事法治而产生和发展起来的。

刑事法治的核心内涵是对国家刑罚权的限制以及保障被告人的权利与自由，其外在表现有二：一是刑法与刑事诉讼法在立法上是否体现刑事法治的要求；二是国家刑罚权是否存在良性的运行机理，从而能够实现保护社会安全与保障个人权利的动态平衡。检察机关作为主要的刑事司法机关，由于政治制度、法律传统等因素的不同，在不同的国家里，在维护刑事法治的过程中发挥的职能作用有共性也有差异，价值追求上也不完全统一。本文以国家刑罚权的运行为主线，从国外与国内、历史与现实的角度，探讨不同法系国家的检察机关在其刑罚权的运行，以及我国检察机关在不同历史时期刑罚权运行中所发挥的职能作用，从比较的视角审视检察机关在刑罚权的运行中所具备的制衡职能，以期从刑事实体和程序的双重角度对我国检察机关作为法律监督机关的宪法定位提供理论诠释。

一、域外国家刑罚权与检察职能关系比较

"刑法属于授权性规范，刑事诉讼法属于限权性规范。刑法设定了国家的刑罚权，刑事诉讼法则为国家刑罚权的正确行使、适度行使设置规则和界限。"② 刑事法治状态下国家刑罚权的良性运行取决于实体与程序两个方面的问题能否得到客观、公正的解决。实体问题解决上的"客观性"要求刑事案件的定罪、量刑要有明确的、可预测的标准，能够排除定罪、量刑中刑事司法官员的主观随意性；"公正性"要求刑事案件的最后处理结果要符合实体正义。程序方面，主要是通过宪法、刑事诉讼法、刑事司法机关组织法等法律分配刑事司法权并实现各种权力的相互制约来防止侦查、起诉、审判程序中侵犯被告人的权利，保障诉讼中其他诉讼参与人的权利，并确保案件事实的查明过程与方式公正、合理，从而为正确的定罪、量刑提供保障，实现程序正义与实体正义的统一。维护刑事法治和国家刑罚权良性运行必须解决好实体与程序两个问题，而检察机关通过对刑罚权运行中不同环节的刑事司法主体的权力制衡，发挥着保障实体公正与程序公正的职能作用，实现国家刑罚权的规范运行

① 这两点不可或缺，不能将罪刑法定主义片面理解为只是对罪刑擅断这种绝对自由裁量主义的否定，只是规定什么行为是犯罪，处以什么刑罚都可以的一种国家权力自我抑制的对策，而没有了保障人权的实质内涵。参见［日］大野真义：《罪刑法定主义》，世界思想社会1982年出版，第3页。

② 汪建成：《冲突与平衡》，北京大学出版社2006年版，第43页。

和刑事法治的统一标准。

（一）西方主要国家刑罚权的实体问题与检察职能

两大法系国家的检察机关均承担起诉职能。起诉连接侦查与裁判，检察机关提起公诉的证据标准、实体法律的适用标准①，为侦查机关的侦查工作确定了合格与否的质量标准，对侦查机关的侦查活动起着实质性的制约作用。控审分离的原则又要求法院对案件的裁判实行不告不理，检察机关的起诉决定法院裁判程序的启动以及裁判的范围。大陆法系国家如德国等国家实行职权主义的刑事诉讼模式，法院的刑事审判在"案件事实"上受到检察机关起诉指控的限制，但有权独立、自主地对认定的案件事实进行法律评价，有权更改指控的罪名；奉行当事人主义刑事诉讼模式的英美国家包括受美国法律影响的日本，法院的审判范围在"案件事实"和"法律适用"上都要受到检察机关起诉的限制。诉讼上的职权主义模式与实体上追求案件真相和定罪、量刑的客观、公正紧密联系在一起，实体正义高于程序正义；当事人主义诉讼模式则更追求正当的法律程序，对程序正义的追求高于对实体正义的追求。无论价值目标上的重实体正义，还是追求程序正义，检察机关对刑事案件实体裁判起着制衡的作用，这在两大法系国家刑事裁判活动中是相同的，只是由于诉讼模式和诉讼机制的不尽相同，在具体的运行机理上存有各自的特点。

1. 普遍建立了限制入罪和出罪机制，但原理不一样，检察机关制衡职能发挥的机理也不尽一致。刑事法治要求法律适用上的统一性，要求坚守形式理性②，这是罪刑法定主义的要求，是为防止作为案件处理依据的标准主观化，防止随意入罪。德国、法国历史上有推崇制定法的传统，制定的刑法典体系完整，尤其是德国，其刑法典对世界很多国家的刑法立法产生过重要影响，因此易于实现法律适用上统一性的要求。但是制定法存在局限性：一是罪刑的规定很难实现明确性的要求。根据罪刑法定主义原则的要求，制定法关于犯罪构成要件的规定必须明确，易于理解。这一要求本身排斥简单罪状、空白罪状和规

---

① 包括检察机关起诉所指控的罪名乃至量刑建议的标准。

② 法律适用上的统一性要求定罪、量刑有可遵循的客观标准；正确性要求对行为人的定罪、量刑要体现正义性，是实质的方面。法治意义上的形式理性是一种客观理性，表现为体现实质理性的法律规范体系；实质理性是一种主观理性，是对公正价值的追求。因此，法律适用上的"统一性与正确性"，"形式理性与实质理性"是两对有大体相同内涵的矛盾。

范性罪状的立法方式。① 但事实是简单罪状、空白罪状和规范性罪状的立法方式在所有国家均不同程度地存在。二是难以实现一般正义与个别正义两全。法律具有普遍性的特征，它规范一般性而易于忽视案件的特殊性。适用于一般情况能够导致正义的法律，适用于个别情况的结果可能导致不公正。为了保证刑事司法官员准确解释刑法，确保定罪的精确性，大陆法系国家的刑法发展了以理论与概念为导向的传统，创设了系统、丰富的刑法理论来挖掘刑法的内在结构，帮助刑事司法官员深刻理解刑法的原理。② 为了克服制定法在一般正义与个别正义上存在的矛盾，德国、日本等国家提出了违法阻却与责任阻却的刑法理论作为出罪机制帮助刑事司法官员解决一般正义与个别正义的冲突。但是大陆法系国家虽然普遍赋予检察机关和检察官一定的起诉裁量权，要求检察机关在提起公诉时考虑起诉的适当性、必要性以实现个案的处理符合公正的要求，但又受到起诉法定主义的制约，起诉裁量权受到严格限制，这也要求检察机关和检察官准确适用法律，妥当处理好法律适用上统一性与正确性的矛盾，以更好地实现对法院裁判范围的制衡效用。

英美国家虽然对制定法越来越重视，但有遵循判例法的传统。普通法系国家的特点是，判例是制定法适用的基础，没有判例只有制定法，有时被极端地认为没有法律。判例如此重要，也影响了制定法风格。美国的不少制定法，规定得非常原则和简单。规定原则的制定法，通过判例适用起来比较灵活。制定法是比较稳定的，而判例法是在司法实践中不断发展的。但美国法律中有"Void－for－Vagueness Doctrine"（法律模糊无效原则），要求刑法的规定要明确，过于含糊的条文是无效的③，从而限制了刑罚的适用范围。英美国家刑事司法官员办理案件依赖于经验的总结，依赖于对制定法、判例法和正义原则的理解而不是理论。④

---

① 简单罪状的立法方式意味着构成要件的要素并没有完整地规定在刑法条文中，这就为刑事司法官员的任意解释提供了可能。空白罪状立法方式是刑法条文只规定法定刑，构成要件规定在其他法规中，这种立法方式主要用于经济刑法中，用以适应经济犯罪的多变性，同时也比较切合经济违法行为犯罪化有着强烈政策性这一特点。规范性罪状指的是构成要件的规定使用了价值性评价的词语，如"淫秽"、"严重"、"手段残忍"、"影响恶劣"等，这种规范性用语的含义没有明确的内涵与外延，这为刑事司法官员出入人罪提供了可能。

② 学说理论在大陆法系国家事实上被视为法律渊源，因为刑法理论很大程度上间接地左右着刑事司法官员对刑法的理解和案件的处理。

③ 尹章华：《刑法理论法理结构之比较研究》，载台湾《法学丛刊》第147期。

④ 罗树中：《刑法制约论》，中国方正出版社2000年版，第75～87页。

从出罪和限制入罪机制原理的不同也可以看出，刑法结构与刑事诉讼结构是一种一体化的关系。大陆法系国家重视制定法和理论的作用，倾向于一般正义，追求相同案件相同处理，防止随意出入人罪的任务主要由刑事司法机关承担，而检察机关是刑事指控的提起者，在担负防止出入人罪任务上起着最重要的职能作用。检察机关和检察官不仅要打击犯罪，维护社会的安全，而且要防止追究无辜，保障人权，以此维护国家刑罚权的良性运行。而普通法系国家，重视判例和经验的总结，注重个案的特殊性，倾向于个别正义。尽管检察官承担的角色更倾向于打击犯罪，防止出入人罪的任务主要由作为当事人一方的辩护方承担。但检察官通过提起公诉的罪名和起诉案件的事实范围限定法院审判活动的范围，检察官也正是通过起诉的标准和范畴来对法院的审判活动进行制衡，以此保证刑事法治的统一标准。日本的诉讼模式因为受到美国的影响倾向于当事人主义，但又追求实体真实主义，法院的审判范围在"案件事实"和"法律适用"上都要受到检察机关起诉的限制。

2. 两大法系检察官都负有确保刑事司法中法律适用统一标准的职能，但在处理适用法律与执行刑事政策矛盾的价值取向上不尽一样。西方主要国家都明确了检察机关和检察官负有确保法律适用统一标准的职责，如法国，检察官既要确保在法国领土上统一适用刑事法律，还要负责刑事政策在其辖区内的正确实施。美国的刑事审判贯彻遵循先例的原则，但在发现新的证据且是为了维护公共利益的需要，检察官可以就法律适用问题提起上诉。在合理利用有限刑事司法资源组织对犯罪的反应上，两大法系的国家都面临着既要保证刑事法律的适用，又要按照国家刑事政策的要求对刑事案件区别对待这一对矛盾。无论是大陆法系还是英美法系国家，越来越将刑事司法的主要力量集中在对社会危害比较大的严重刑事犯罪上特别是有组织犯罪上。[①] 不过，大陆法系国家有尊重制定法的传统，检察官的自由裁量权有限，其执行的刑事政策蕴含在国家统一的公诉标准之内。[②] 刑事司法政策不能超越刑法的界限，强调"刑法是刑事政策不可逾越的樊篱"[③]。英美法系国家在刑事司法政策上的自由裁量权较大，美国检察官在刑事司法政策上的自由裁量权更大，表现在拥有几乎不受限制的不起诉权和辩诉交易权，这能为其灵活地处置法定标准和刑事政策的关系提供依据和空间。

总之，检察机关提起公诉的证据标准、实体法律的适用标准，一方面，对

---

① 储槐植：《刑事一体化论要》，北京大学出版社 2007 年版，第 233 页。

② 何家弘：《从它山到本土——刑事司法考究》，中国法制出版社 2008 年版，第 278 ~ 280 页。

③ 梁根林：《刑事政策：立场与选择》，法律出版社 2005 年版，第 51 页。

侦查机关有着实质性的引导作用，因为侦查机关侦查工作的成果能否最终得到法院判决的认可，需要经过检察机关审查起诉的制约；另一方面，制约了法院对案件的审判范围，起到了限制法院审判权的作用，即使有变更指控罪名权力的大陆法系国家，检察机关实体法律的适用标准也得到了法院判决的认同，[1]实际上起到了制约法院自由裁量权的作用。

（二）西方主要国家刑罚权的程序问题与检察职能

国家刑罚权必须由刑事司法机关来行使，才能实现国家刑罚权保护社会安全的机能。刑事诉讼法的限权功能是通过三条途径来实现的：一是权力分立基础上的权力制约权力。通过在刑事司法机关之间分配刑事司法权并实现权力的相互制约。二是权利制约权力。在刑事诉讼程序中，为保障被告方的人权，应确立其诉讼主体的地位，强化辩护权，实现辩护权对刑事司法权的制约功能。三是权力自律。主要是侦查、检察与审判机关强化内部监督，提升官员的专业素养和职业伦理，避免人为偏颇，防止冤假错案。通过授权、分权与限权，其核心意义在于保证客观、真实地查明案件事实，同时又防止侵犯被告人权益，尤其防止无辜者受罚。因此，最理想的刑事程序是既要能查明案件事实，又要能提供无罪者不罚的补救措施。符合这两点自然也就符合了程序正当性的要求。其中最主要的是刑事司法权力的分配和相互制约应处于良性状态。检察机关正是通过配置的刑事司法权力和对司法警察的侦查权与法院的审判权的制约来实现其维护刑事法治和国家刑罚权良性运行的任务的。在大陆法系国家，现代检察制度的设计一开始就将检察官定位为"法律守护人"的角色，"发挥防止'警察恣意'和'裁判恣意'之双重法律监督功能"。[2] 两大法系主要国家的检察机关均承担侦查与起诉职能，但在实现维护刑事法治、维护国家刑罚权良性运行的任务中发挥的职能作用呈现出不同的特点，具体表现如下：

1. 检察机关对司法警察存在制约是共性，但表现形式不一。从各国法律规定来看，检警关系存在三种模式：第一种是检察机关主导型，以法国、德国为例；第二种是检警分立型，以英美法系国家最为常见；第三种为协助型，以日本最为典型。在检察机关主导型的检警模式下，检察机关对司法警察的制约不言而喻。需要注意的是，在后两种检警关系模式之下，仍然可以看到检察机关对警察的制约。例如，在英国，英格兰的检察机关有部分刑事案件的侦查

---

① 林俊益：《程序正义与诉讼经济——刑事诉讼专题研究》，台湾月旦出版社 2000 年出版，第 186～187 页。

② 林丽莹：《检察一体与检察官独立性之分际》，载《月旦法学杂志》2005 年第 9 期。

权；在美国，检察官也对部分案件有侦查权，如有组织犯罪和白领犯罪等。①再如，在日本刑事案件的侦查中，检察官对司法警察有一般性的指示权、指挥权和具体指挥权，但两者是一种协助的关系，只有在司法警察完成刑事案件的侦查并将侦查文书和物证移送检察官后，司法警察才退居辅助者地位，在检察官的指挥下开展补充侦查工作。②

分属不同法系的西方各主要国家的检警关系均有其自身的特色，这是因为刑事司法权力的分配上有差异，但检察机关对司法警察存在制约的共性也是显而易见的。对刑事案件的侦查权，一般由司法警察承担，检察机关作为代表国家的公诉方，需要以查明案件事实为起诉工作的基础，因此，普遍授予检察机关侦查权，并且与司法警察机关在侦查工作上处于一种检主警辅的关系。虽然事实上检察机关直接侦查的案件并不多，如日本，直接侦查的案件只有0.3%，且多是重大、复杂案件③，但正是检察机关作为法定的侦查主体和侦查工作中对司法警察有指挥权的制度设计，使检察机关能够真正起到制约司法警察侦查权的作用。

2. 检察机关对法院也均有制约功能，但同样呈现出多面性。检法关系上④，从现代检察制度源于改造纠问式诉讼制度、防止法官集权擅断的角度分析，检察官承担控诉职能本身就是对纠问式诉讼制度下集控审职能于一身的法官的分权和制约。一方面，法院不告不理，必须由检察机关提起公诉，法院才能进行审理。这种控、审分离的机制既可以防止法官控审合一、自诉自审带来的任意追诉，又可以通过检察机关的起诉限制法院审判的范围，"使法官与检察官彼此监督节制，藉以保障刑事司法权限行使的客观性和正确性"。⑤ 当然，在大多数国家，检察机关的起诉要受到法院的审查，这体现了检察权与审判权的相互制衡。为防止检察官不当起诉，德国刑事诉讼法规定了中间程序即由法官对起诉进行审查⑥。美国检察官在不起诉的决定上虽然拥有主导性的权力，但大陪审团的审查程序和治安法官的听证程序主要是为了制约检察官起诉上的独断

① 万毅：《一个尚未完成的机关——底限正义视野下的检察制度》，中国检察出版社2008年版，第57页。
② 曹明安：《预审制度研究》，中国检察出版社2006年版，第230~232页。
③ ［日］田口守一：《刑事诉讼法》，刘迪等译，法律出版社2000年版，第98页。
④ 检警法关系上，一个共同点是，法院作为三权分立背景下的司法权行使者，对司法警察机关、检察机关的侦查权的行使不同程度上进行司法审查或司法控制，体现在凡可能侵犯人权的侦查措施均实行司法许可状或令状制度。
⑤ 林钰雄：《刑事诉讼法》（上），元照出版有限公司2004年版，第116页。
⑥ 潘金贵：《刑事预审程序研究》，西南政法大学2004年博士论文，第17页。

性和不公正性。日本模式是例外。日本的刑事诉讼实行检察机关起诉独占主义和起诉便宜主义，检察机关不仅拥有完整的起诉决定权，而且还拥有相当大的不起诉裁量权。为了约束检察机关的不起诉权，日本设立了检察审查会制度。另一方面，大陆法系国家的检察机关对法院的判决有抗诉权，可以监督、防止法官恣意裁判。在德国，理论上认为检察官有权监督法院遵守程序规则，[①] 检察官"在审判程序中，其需朗读起诉书。此外，检察官也需注意，诉讼过程是否合法，其对于有违反刑诉法之情形时，异于辩护人，需立即对之加以更正。"[②]

（三）两大法系国家检察职能扩张趋势分析

随着刑事司法实践的发展，无论是大陆法系国家还是普通法系国家，检察机关的职能呈现出不断扩张的发展趋势，表现在以下两个方面：

1. 随着大陆法系国家如德国、日本、意大利等国废除法国式预审制度，检察机关的侦查职能和制衡职能得到扩张。法国预审制度最初是由 1808 年的《重罪审理法典》确立的，虽然经历了长达 200 年的沧桑演变，但预审法官负责侦查并兼有司法裁判职能这种严重纠问功能的基本特质没有改变。1865 年的意大利《刑事诉讼法典》、1877 年德国的《帝国刑事诉讼法》、1882 年的日本《治罪法》完全或基本上照搬了法国的预审制度。由于法国式的预审制度中预审法官集侦诉与审判职能于一身，在人权保障方面存在严重缺陷，即使在法国本土也受到了自由主义思想家、法学家们的批评。法国式预审制度这种人权保障上的不足在德国、意大利、日本法西斯或军国主义统治时期表现得特别明显，因此，第二次世界大战后，日本、德国、意大利等国对法国式的预审制度进行了深刻的反思和批判，在世界人权运动高涨的大背景下先后于 1948 年、1975 年、1989 年废除了法国式的预审制度，过去由预审法官行使的侦查权移交给了检察机关，使检察机关既承担侦查职能又承担起诉职能，从而事实上成为审前程序的主导者。这种审前程序主导者的地位，既可以对侦查活动实施引导和制约，又从程序和实体上对法院的审判活动形成事实上的牵制。

2. 随着庭审外刑事案件处理方式的发展，检察机关对审判权的制衡职能进一步增强。20 世纪中期以来，犯罪呈现不断增加的趋势，面对日益增加的刑事案件压力，辩诉交易、不起诉、刑事调解等庭审外的案件处理方式得到了

---

① 万毅：《一个尚未完成的机关——底限正义视野下的检察制度》，中国检察出版社 2008 年版，第 45 页。

② ［德］克劳思·罗科信：《德国刑事诉讼法》（第 21 版），吴丽琪译，法律出版社 2003 年版，第 63 页。

发展，检察机关的职能不断扩张，导致检察机关在刑事司法中的职能作用增强。在德国，刑事诉讼法规定了强制起诉原则，对可能判处 1 年以下监禁的不太严重的刑事案件，刑事诉讼法又增加了多种不起诉的规定。而且，对刑罚为罚金、没收驾驶执照等轻罪案件，以及不超过 1 年监禁的缓刑案件，检察官有权在不进行庭审的情况下作出刑事处罚令，由法官签署生效。法律规定上，刑事处罚令要经法官同意，但实践中，法官并不对案件进行真实性审查而习惯性地批准检察院的申请。这类案件大约占刑事案件总数的 25%。① 在法国，不起诉案件占到 20%，并且有 2/3 的案件由检察官归档不予追究。② 为了引入辩诉交易制度，法国于 2004 年 10 月规定了被告人认罪出庭程序，即对于被告人认罪的最高监禁刑不超过 5 年或处罚金的轻罪，检察官可以对量刑提出建议，如果被告人接受建议，则进入法官认可阶段，法官只能整体上接受或拒绝检察官的量刑建议，不能作任何修改。在日本，不起诉案件占到 30%。③ 这种直接由检察官对案件作实体处理、法官进行形式审查的权限，实质上更加体现了检察官对法庭审理活动的制约性。

可以说，检察机关在国家刑罚权行使上起到的制衡作用越来越大已经成为一种世界性趋势。在欧陆国家，检察机关刑事检察职能的扩张趋势导致检察机关应该是行政机关还是司法机关甚或两者兼而有之的属性定位的争论越来越激烈。在大陆法系国家探讨检察官的角色定位，目的是解决检察官的独立性问题。如果定位为行政机关，检察机关就应该更多地发挥执行刑事政策、打击犯罪、维护社会安全的职能作用，又由于检察机关承担着侦查、起诉等重要的行使国家刑罚权的职能，检察机关的行政机关定位，将会对人权保障构成极大危害。如果将检察机关定位为司法机关，则应该将"检察官之人身及事务独立性等身份保障推向宪法层次，求取独立自主性，防范行政滥权。"④ 德国著名刑事法学教授克劳思·罗科信就提出，检察机关"与法院在刑事司法的功能分配上，关系紧密，其职务，一如法官的职务，以法律价值为依据，即只以真实性及公正性为价值取向，而不问行政的需求如何。"检察机关"既不属于行政体系，亦不属于第三种权力的体系，而为介于二者之间的独立的司法机关。"⑤ 克劳

① 吕清：《审判外刑事案件处理方式研究》，中国检察出版社 2007 年版，第 17、39 页。
② 吕清：《审判外刑事案件处理方式研究》，中国检察出版社 2007 年版，第 17 页。
③ 马明亮：《协商性司法——一种新程序主义理念》，法律出版社 2007 年版，第 8~9 页。
④ 林钰雄：《检察官论》，台湾学林文化事业有限公司 1999 年出版，第 93 页。
⑤ ［德］克劳思·罗科信：《德国刑事诉讼法》（第 21 版），吴丽琪译，法律出版社 2003 年版，第 66 页。

思·罗科信教授的观点是从三权分立的宪政背景出发来阐述的，我们从局外的眼光来看其检察制度的发展趋势，检察机关作为一种既不同于行政机关又不同于审判机关的第四种权力体系的倾向应该说已经很明显。

二、我国国家刑罚权与检察职能的关系

建国近 60 年来，我国国家刑罚权行使模式大体经历了政策型、法制型向刑事法治型转型的演变历程。随着国家刑罚权行使模式的演变，我国检察机关的职能作用经历了保护型、保护型和保障型兼顾的阶段。

（一）政策型时期国家刑罚权与检察职能

1949 年 2 月，中共中央发布的《废除国民党的六法全书与确立解放区的司法原则的指示》指出：人民的司法工作在新的法律还没有系统地发布以前，应该以共产党的政策及其人民解放军的其他纲领、政令等作依据。由于我国第一部刑法典和刑事诉讼法典到 1980 年才开始实施，所以我党确立的这一"有法律从法律，没有法律从政策"的原则指导我国刑罚权的行使实际上长达30 年。

建国初期，为了保卫革命的胜利成果，迅速恢复和发展国民经济，从而为实现从新民主主义到社会主义的转变创造条件，先后开展了"镇反"、"三反"和"五反"等群众性运动。从 1953 年起，我国进入了有计划的社会主义经济建设时期。依据党的过渡时期的总路线，开始对农业、手工业和资本主义工商业进行社会主义改造。当时有关犯罪与刑罚的立法和政策性文件的制定主要是围绕着这些运动和国家任务展开的。① 自 1957 年中期至"文化大革命"开始这一时期内，开展了反右派、大跃进和人民公社化、反右倾等一系列运动，打断了新中国建立后法制建设发展的正常历程。这一时期，为了正确指导同反革命罪犯的斗争，中共中央和有关部门根据形势发展的需要，发布了一些有关处理反革命案件的方针政策的指示或决定，以及一些包含刑法法规和与刑事有关的行政法规。政策的特点是变化性大，司法工作人员不断地跟从党的政策调整定罪量刑的标准，导致定罪量刑上罪与非罪标准不确定、量刑上轻重不确定。

---

① 主要的法律和政策性文件有：《中华人民共和国惩治反革命条例》、《惩治不法地主条例》、《中华人民共和国惩治贪污条例》和《关于实行粮食计划收购和计划供应的命令》和《关于棉布统购统销的命令》。在这些命令中，规定了对投机倒把和对造谣破坏统购统销政策的分子予以严惩。另外，还颁布了其他一些包含刑事罚则的非刑事法律，如《消防监督条例》、《爆炸物品管理条例》和《中华人民共和国国境卫生检疫条例》等。

"文化大革命"期间和罪与刑有关的最重要的文件是《关于在无产阶级文化大革命中加强公安工作的若干规定》。仅仅由于对林彪、江青一伙有一字一句的损害而根据这个文件被定为恶毒攻击加以逮捕、判刑的,全国就有 10 万多人。据 1980 年最高人民法院院长江华所作的《最高人民法院工作报告》中谈到复查纠正文革中冤假错案透露的数字,反革命案件中冤假错案比例约占 64%,有些地区达 70%—80%。在改判纠正的反革命案件中,包括因刘少奇同志冤案受株连被判刑的案件 2.6 万多件,涉及 2.8 万多人。①

　　从新中国成立到 1978 年长达 30 年里,我国检察机关经历了从建立到中断再到重建的艰难历程。1954 年 9 月第一届全国人民代表大会第一次会议制定了《中华人民共和国宪法》和《中华人民共和国人民检察院组织法》,正式确立检察制度为国家司法制度的一部分,与审判制度并立。② 其间,各级检察机关在起诉重大案件、纠正草率办案、防止错捕错判等方面发挥了不可或缺的职能作用,检察机关直接立案侦查案件和审查批捕、审查起诉的职能逐步形成。③ 总的来说,这一时期是实践和探索符合中国国情的检察体制和工作机制的时期。④ 1957 年反右斗争开始,法律虚无主义泛滥,检察制度受到质疑和批判,检察机关受到严重冲击。"文化大革命"期间检察机关遭到建国以来前所未有的洗劫。1968 年 12 月,时任公安部长谢富治授意最高人民法院、最高人民检察院、公安部、内务部各方军代表联合提出《关于撤销高检院、内务部、内务办三个单位,公安部、高法院留下少数人的请示报告》,报告经批准后,各级检察机关相继被撤销。1975 年《宪法》第 25 条第 2 款规定:"检察机关的职权由各级公安机关行使。"至此,新中国检察制度从此中断。⑤ 在这一历史时期里,没有刑法典,也没有刑事诉讼法典,国家刑罚权在实体问题上是在国家政策指导下运行的,处于人治状态;程序问题上,虽然有检察机关和法院的组织条例,但公检法三家还没有形成比较固定的权力分配和制约机制,刑事诉讼活动存在强烈的纠问倾向,在打击犯罪、镇压阶级敌人上检察机关与公安

---

① 转引自蔡定剑:《历史与变革》,中国政法大学出版社 1999 年版,第 113 页。

② 1949 年 12 月中央人民政府公布了《最高人民检察署暂行组织条例》。1951 年中央人民政府通过了新的《最高人民检察署组织条例》和《各级地方人民检察署组织通则》,规定与国家刑罚权的行使有关的职权是侦查权、公诉权、刑事审判监督权及刑罚执行监督权。

③ 张培田:《法与司法的演进及改革考论》,中国政法大学出版社 2002 年版,第 228 页。

④ 孙谦:《人民检察的光辉历程》,载《人民检察》2008 年第 11 期。

⑤ 刘方:《检察制度史纲要》,法律出版社 2007 年版,第 265 页。

机关和审判机关的职能是一致的，即如何更好、更便捷地发挥专政的职能，而疏忽了检察机关对侦查和审判权的制衡效能，也正是由于检察机关对侦查权和审判权的制衡职能没有得到社会的普遍认同，导致了国家法制遭受了严重的破坏。

（二）转型时期的国家刑罚权与检察职能

新时期的刑事法制建设是从 1978 年底党的十一届三中全会开始的。三中全会以后，国家立即着手加强立法工作。1979 年 7 月 1 日颁布了 7 部法律，其中有刑法、刑事诉讼法、人民检察院组织法等。1978 年宪法恢复设立人民检察院，三中全会确立的治国方略推动了检察机关和检察队伍的迅速发展，我国检察机关的职能也随之健全起来。

1. 国家刑罚权的实体问题与检察职能

刑法典的通过与施行，是我国政治生活中的一件大事，它标志着我国的刑法发展步入了一个崭新的历史时期，标志着国家刑罚权的行使结束了主要依政策的时代，走上了法制的轨道。客观地说，1979 年刑法典是在"宜粗不宜细"的立法指导思想下制定出来的，还规定了类推制度。在我国，立法上坚持"宜粗不宜细"的原则，应该说有着深刻的历史背景。① 1979 年刑法典颁布时，社会经济还处于计划状态，随着经济体制改革的启动和深化，刑事犯罪出现很多新的情况、新的特点，使 1979 年刑法典逐渐显得不适应。1997 年刑法典是在 1979 年刑法典以及其后施行的单行刑法和附属刑法的基础上增修完成的，这次修订实际上是对 1979 年刑法典施行以来中国刑法立法和司法实践经验的

---

① 一是共和国的建立经历了 28 年的新民主主义革命，残酷的斗争现实决定了必然特别强调组织纪律性、特别强调领导权的集中统一，从而形成了上级指示、领导人讲话就是政策、就能代替法律的局面。在这种情况下，即使作为正式法律制定出来，也难免随意、粗放。二是共和国脱胎于半封建、半殖民地的旧中国，几千年的专制传统、习惯深深地渗透在各个方面，在法律的制定工作中也不例外。立法工作中，"长官意志"、"形势需要"往往有着举足轻重的影响。在这种环境下制定法律，也只可能强调"宜粗不宜细"的原则。三是共和国建国后经历的政治风波过于频繁，对社会各个方面产生的影响过于深远，立法工作也不可能不受到影响。同时，党的十一届三中全会前夕，由于深受"文化大革命"无法无天之害，法制成了当时人们共同的心声和渴望，"有比没有好"、"快搞比慢搞好"，刑法的制定重新受到重视并且需要快马加鞭地进行，而此时恰是我国的政治、经济等社会各项事业步入正轨的起始，没有现成的路子可循，一切都在"摸着石头过河"。改革开放一方面使我国的经济发展焕发出了活力，另一方面，也使犯罪的发生与发展呈现出复杂性和多样性。在这种情况下，很难对犯罪的现状和发展态势作出科学的把握和预测。在这种背景下，1979 年刑法典呈现出粗线条的形态可以说是当时形势的必然

总结。修订的刑法典在总则第一章（第 3 条）规定了罪刑法定原则，废止了 1979 年刑法典中有悖罪刑法定原则的类推制度，这是中国刑法修订中最引人瞩目的一个闪光点。罪刑法定原则的确立，表明国家刑罚权的行使开始向法治化方向转型。① 同时，为了定罪、量刑的标准更明确，具体可操作性，最高人民法院、最高人民检察院制定了大量的刑事司法解释。这些司法解释对于统一定罪、量刑的标准，保证刑事法律的统一适用起到了非常重要的作用。

正是由于刑事法律制度的逐渐完善，这一时期我国国家刑罚权的运行逐渐向法治化轨道转变。从 1979 年刑法典颁布以来 30 年刑罚权的运行轨迹来看，刑事司法活动应该遵循的能够体现形式理性的客观标准已经基本具备；1995 年颁布、2001 年修改的检察官法，规定了与法官完全一样的检察官任职资格，检察官的法律适用水平达到了自建国以来前所未有的高度。从历史演变的角度分析，这个时期我国检察机关在解决国家刑罚权实体问题上的职能作用体现出两个发展趋势：

（1）由侧重实质理性向形式理性与实质理性的统一转化。形式理性与实质理性两者之间存在难以消解的紧张对立。法律规范倾向一般正义，而个案的处理满足一般正义的要求却未必符合个别正义。我国的刑事法律制度有自身的特色，与大陆法系有更多的共性，强调法律的确定性，即形式理性。② 但在刑法的适用中事实上存在追求实质理性的原动力。1979 年刑法典规定了类推制度，对一些刑法没有规定的有社会危害性的行为，法律允许类推定罪，这种法

---

① 罪刑法定原则是各国刑罚权行使必须坚持的一个基本原则，是现代刑法的根基。修订的刑法典为了贯彻罪刑法定原则，对一些不利于人权保障的规定进行了大刀阔斧的修改，主要表现在：废除类推制度；将投机倒把、流氓、玩忽职守等弹性较大的所谓"口袋罪"进行了分解细化；对于原来一些罪状、法定刑较为笼统的罪种，尽量作细则化处理；在增设新的罪种中，尽量采用叙明式罪状和多档次的法定刑等。参见赵秉志等：《中国刑法修改若干问题研究》，载《法学研究》1996 年第 5 期。

② 大陆法系为了平衡形式理性与实质理性的矛盾，采用的主要方式是原则性立法。在一些重要问题上，立法机关有意识地让学者来充分研究，让刑事司法官员来具体裁定，这种现象在大陆法系国家是比较多的。如德国刑法典至今未对"故意"下定义，原因是"故意"问题涉及德国刑法理论中一个非常重要的责任理论，立法机关不想封死学者自由讨论的余地。在大陆法系国家的刑法理论中，理论性最强的问题就是违法论和责任论，而正是这两个理论为检察官平衡统一性与正确性的矛盾、形式理性与实质理性的矛盾、一般正义与个别正义的矛盾提供了理论原理。另外，在法律适用上，是倾向严格规则还是自由裁量，与法律传统有关，但更显性的因素是刑事司法机关的组织形式和独立程度。刑事司法机关的集权程度越高，则越倾向于严格规则；法律上的独立性越强，则越倾向于担负维护法治的职能。

律制度存在侵犯人权的危害，与罪刑法定主义原则是不相容的。类推制度本质上是一种入罪机制，1997 年刑法典规定的罪刑法定主义原则是一种限制入罪以保障人权的机制，对虽然有社会危害性但刑法没有规定为犯罪的行为，它绝对不允许将之作为犯罪处理，也因此不允许刑法解释的类推解释，并严格限制扩张解释，以防止不适度地扩张刑法的处罚范围。在法律适用上，罪刑法定主义原则要求坚守形式理性，维护法律的统一实施。但是我国的刑法结构中实现个案公正处理的出罪机制还不完善，需要检察机关和检察官一方面按照罪刑法定主义原则的要求防止随意入罪，不适当地扩大刑罚处罚范围，又要谨慎行使控诉职能，全面、客观分析行为的情节，充分考虑起诉的必要性，在实现法律实施的统一性要求下实现个案的公正处理。可以说，我国检察机关事实上既承担维护社会安全的职能，又承担保障人权的职能，在准确起诉以制约法院的裁判权、防止和纠正错案上发挥的作用日渐明显。

（2）由侧重国家刑事政策的执行向在严格适用刑事法律基础上执行国家刑事政策转化。刑事政策是国家运用刑罚权治理犯罪的策略，倾向对犯罪的预防与控制，对刑事立法与刑事司法均有指导作用。但是，政策治理本质上是一种人治。如果刑事司法政策脱离刑事法律的约束，则国家刑罚权的行使就会退回到建国之初的政策型国家刑罚权的行使模式，刑事法治就无从谈起。我国建国之初确立的刑事政策是"惩办与宽大相结合"的刑事政策，并规定于 1979 年和 1997 年刑法典中。为了贯彻这一刑事政策，我国刑法针对犯罪的不同情况作了一系列区别对待的规定。但自 1983 年开始，刑事司法实践中奉行的刑事政策是"严打"。"严打"政策事实上替代了"惩办与宽大相结合"的刑事政策。"严打"是我国进入 80 年代以来面对违法犯罪日趋严重而采取的一项重要刑事政策，即依法严厉打击经济犯罪和刑事犯罪。"严打"政策过于强调公检法三机关高度配合、共同发挥打击犯罪的职能作用，忽视三机关应该有的互相制约的功能；同时还赋予司法机关在追究犯罪过程中过大的自由裁量权，容易破坏标准的稳定性和统一性，导致同罪不同罚、轻罪重罚甚至冤案错案的发生。2005 年，国家提出了"宽严相济"的刑事立法与刑事司法政策。"宽严相济"刑事政策是对刑事司法实践中奉行 20 年的"严打"政策的反思，也是对"惩办与宽大相结合"刑事政策的继承与发展，它要求刑事立法与司法两方面都要科学运用刑事手段治理犯罪，追求良好的预防与控制犯罪的社会效果，并强调刑事司法机关应在严格适用法律的前提下执行国家刑事政策，尊重和保障人权。我国检察机关对"宽严相济"刑事政策的执行倾注了大量心血，主要体现在：一是集中主要力量办理严重刑事犯罪和国家工作人员职务犯罪；二是根据和谐社会建设的要求，在法律规定的范围内开展了刑事和解的探索；

三是注意站在客观的立场、法律的立场确保查明案件事实，确保法律的准确适用，既防止和纠正冤假错案，又不放纵犯罪。通过履行刑事检察职能努力实现国家刑罚权保护社会安全的机能与限制国家刑罚权以保障人权的机能两者之间的良性平衡。

2. 国家刑罚权的程序问题与检察职能

1979 年刑事诉讼法典作为首部规范刑事诉讼活动的法律，其法制意义是不容低估的。1996 年修改了刑事诉讼法，加大了对犯罪嫌疑人、被告人和被害人权利的保障，体现在一定程度上确定了无罪推定原则，辩护权增强，如律师介入刑事诉讼的时间提前到侦查阶段，法庭审理中的抗辩性加强。但整体上说，刑事诉讼构造并没有实质性改变。2008 年 6 月实施的新修订的律师法规定了律师的直接调查权、全面阅卷权和侦查阶段会见犯罪嫌疑人不受监听的权利，为权利制约权力提供了更多的空间。

根据宪法、人民法院组织法、人民检察院组织法、人民警察法及刑事诉讼法的规定，在刑事诉讼活动中，公安机关承担侦查职能，对由其侦查管辖的刑事案件，除批准逮捕的权力由检察机关行使外，公安机关有刑事立案决定权、其他强制措施的决定权和使用各种技术侦查手段的权力；检察机关承担国家工作人员职务犯罪的侦查职能、批准逮捕和审查起诉职能、对刑事诉讼进行法律监督的职能；法院承担审判职能，并有为查明检察机关指控的犯罪事实而进行调查的权力，有改变检察机关指控罪名的权力，而检察机关则有针对法院有错误的判决提出抗诉的权力。根据法律的规定，公、检、法三家的关系是分工负责、互相配合、互相制约。检察机关正是通过配置的刑事司法权力发挥对侦查机关的侦查权与法院的审判权的制约作用来实现其维护刑事法治和国家刑罚权良性运行的任务的。整体上，检察机关对侦查机关和审判机关的监督制约作用的发挥虽然不足，但在逐步加强，表现在：一是强化了对审查逮捕、起诉和抗诉工作的质量管理，提高了发现侦查机关侦查工作中违法现象和对法院错误判决、裁定准确抗诉的能力，通过提出纠正意见和对职务犯罪的立案侦查，进一步规范了侦查机关和审判机关的执法行为；二是强化了控告申诉检察职能，对诉讼参与人有关侦查、审判人员侵犯其诉讼权利和人身权利的控告和举报及时进行审查并予依法纠正。当然，也要看到，由于"检察机关的监督需要在配合中开展"，① 监督制约的职能作用效果还不尽如人意。

---

① 朱孝清：《强化侦查监督维护公平正义》，载《人民检察》2005 年第 6 期。

　　另外一个值得反思的现象是刑事判决的作出过于依赖侦查案卷[1]，导致检察、法院的职能作用反受侦查机关的实质性制约。对绝大多数经历侦查、起诉、审判的刑事案件来说，如果将法院的刑事判决视为一项决策，则这项决策是分阶段作出的，而且决策的依据又主要是侦查机关的案卷。最初的决策是侦查机关的起诉意见书，检察机关经过对侦查案卷的审查后作出起诉决定或不起诉决定，如提起公诉，因为存在侦查案卷移送制度，法院判决的作出又主要依赖侦查案卷中的信息。这种判决制作的特点说明，每一阶段决策的作出主要是对侦查机关事实调查结果的分析论证，能否通过分析发现侦查机关侦查工作中的错误取决于检察机关与审判机关案件承办人的办案经验和侦查机关案卷制作的水平，某种程度上也可以说是掩盖错误的水平。侦查机关的侦查工作相对封闭，而刑事司法权力相互制约的制度安排中，检察机关对侦查机关侦查过程的监督缺乏必要的刚性，加之被告方的辩护权利难以与拥有国家强制力的侦查机关抗衡，这就使在整个刑事诉讼中处于关键阶段的侦查机关调查案件事实的侦查程序处于缺乏其他刑事司法权力进行有力监督制约的状态，为侦查机关侵犯人权提供了可能。这也说明了完善法律监督机制，强化对侦查活动实施同步监督，增强法律监督效能的紧迫性。

三、结论

　　综上，西方各国以及我国不同历史时期检察机关的职能定位表明，检察机关承担着实现国家刑罚权的部分职能。检察机关的职能定位与特定历史条件下国家刑罚权的内容存在密切的逻辑关联。国家刑罚权的性质和内容决定检察职能的性质和重心，检察机关的职能在很大程度上反映和体现国家刑罚权的内在要求。检察机关在实现国家刑罚权部分职能的过程中，为确保国家刑罚权运行的规范化，还应当具备确保国家刑事司法统一标准的职能，为此，要么赋予检察机关对侦查活动的引导职能，要么赋予检察机关对侦查活动和法院审判活动的监督制衡职能。随着我国刑事法治水平的提高，我国的国家刑罚权逐渐地由注重其惩罚犯罪而防卫社会的保护功能向兼顾惩治犯罪防卫社会的保护功能和保障被追诉者个人权利的保障功能转化。在我国国家刑罚权由单一功能向保护社会和保障人权双重功能转化背景下，刑罚权运行中实体公正和程序公正的观念开始确立并得到强化。我国检察机关的职能定位理应服务和服从当代国家刑罚权运行的总体要求，既要发挥检察机关惩治犯罪保卫社会的保护功能，又要

---

　　[1]　陈瑞华：《刑事诉讼的中国模式》，法律出版社 2008 年版；左卫民：《中国刑事案卷制度研究》，载《法学研究》2007 年第 6 期。

发挥检察机关对被追诉者合法权益进行保护的保障功能。这两种功能的实现必然要求确保整个司法过程执法标准的统一，在确保审前程序的执法活动符合正当程序要求，保障收集的证据和认定的事实符合最终的裁判标准的同时，又要确保法院庭审活动符合刑罚双重功能的要求。为此，就必须赋予检察机关对侦查活动和庭审活动实施法律监督的权力，这是由我国特定的宪法制度决定的①，为我国几十年法治建设的经验所证实，符合刑事司法规律的内在要求，也是我国宪法规定的检察机关为法律监督机关之"法律监督"属性在刑事司法领域的本质含义和充分体现。

---

① 关于我国检察机关法律监督者地位的合理性问题，请参见朱孝清：《中国检察制度的几个问题》，载《中国法学》2007 年第 2 期。

新中国检察制度初创工作的启示与错案的教训*

石京学**

新中国的检察制度，是于 1949 年 10 月 1 日随着伟大的人民共和国的诞生而创建起来的。新中国检察制度的初创时期，应自 1949 年建国创建人民检察制度始至 1956 年全面完成社会主义改造，贯彻人民检察院组织法，全面建立检察机关、全面承担法律规定的检察职能为止。代表这一时期的法律标志是《中国人民政治协商会议共同纲领》和《中华人民共和国中央人民政府组织法》以及根据这两个文献制定的《中央人民政府最高人民检察署试行组织条例》、《中央人民政府最高人民检察署暂行组织条例》和《各级地方人民检察署组织通则》；1954 年第一届全国人民代表大会通过的《中华人民共和国宪法》，以及根据宪法制定的《中华人民共和国人民检察院组织法》。

新中国检察制度的初创工作，给我们留下了宝贵的财富，总结初创工作，特别是研究初创工作的启示和教训，对新时期建设中国特色的社会主义检察制度，依法治国，实现中国梦，有着重要的现实意义。

一、新中国检察制度初创工作的启示

检察制度是法律制度的重要一环。从历史上看，检察制度的出现不是偶然的，它是人类社会发展到一定阶段的产物，是一定社会的政治和经济的反映。新中国人民检察制度的建立，也不是主观任意的，而有其客观的必然性。它是在打碎旧的检察制度以后，在社会主义经济基础和根据地人民检察制度的基础上建立起来的。

---

* 本文第一部分和第三部分分别刊载于《河南社会科学》2011 年第 6 期和《云南大学学报》2013 年第 3 期。本文系最高人民检察院检察理论研究所 2007 年重点课题《新中国检察制度的初创工作研究》（JL2007B07）结题报告（节选）。

** 石京学，中国检察官协会副秘书长。

（一）建立检察制度是不可抗拒的客观规律

建立新中国首要的政治基础和社会基础是建立人民民主政权，而人民民主政权的基本的、最重要的任务，是建设社会主义经济，解决民生问题。而社会主义经济建设和政治民主化是分不开的，实行政治民主化必须健全社会主义法制，实行强有力的法律监督。在社会主义的条件下，社会上还存在企图颠覆国家政权、破坏社会秩序、危害人民利益的违法犯罪行为。为了保卫国家政权、稳定社会秩序、维护人民利益，必须惩罚犯罪，制止违法。而如此则需要建立包括立法、执法、守法和法律监督在内的社会主义法制体系，其中也需要有健全的检察制度。

不仅在社会上还存在各种违法犯罪现象，而且在国家机关和国家工作人员中也不断发生违法乱纪的行为，表现为失职渎职、侵犯公民权利、贪污受贿、特权腐化等。而且掌握国家权力的人，是否遵守法制，对国家利益和人民权利关系甚大。因此，加强对国家机关和国家工作人员的法律监督，就显得十分重要。

不仅在一般国家机关和国家工作人员中存在某些违法乱纪行为，而且在一些专门的执法机关和执法人员中也存在放纵犯罪、暴力执法、刑讯逼供、虐待被监管人、枉法裁判等现象。为了防止和克服这种现象，必须用权力来制约权力，因而有必要设置专门的检察机关，进行切实有效的法律监督，并且使法律监督工作制度化和经常化。

整个社会主义的社会关系需要法律调整，以保障和促进社会的协调发展。有了法律必须同时实施法律监督，才能保障法律的严格执行。因此，建立检察制度，开展法律监督活动，是社会本身所需要的稳定因素之一，是社会的内在要求，这就是建设人民检察制度的客观依据。

在人民检察制度的建设过程中，如何认识这种客观必然性，走过了曲折的道路，经过了严重的思想斗争。由于中国历史上缺少民主和法制的传统，曾经有相当多的人看不到这种客观必然性，而认为检察制度"可有可无"，主张取消。有些人虽然赞成建立检察制度和检察机关，但只是把它作为一种法律形式，或者把它当作荣誉机构，而不是要它发挥实际的作用。有些人则不习惯、不愿意接受监督，认为检察机关碍手碍脚，使矛头对内。更有林彪、江青反革命集团视检察机关为篡党夺权的重大障碍，必欲除之而后快。这些错误的思想和"左"的倾向，导致检察机关几次受到削弱，以致被取消。但是，事物发展的客观规律是不可抗拒的。人们可以在一个时期内取消或削弱检察制度和检察机关，但是却取消不掉客观存在的法律关系的各种矛盾，取消不掉国家和社会对法律监督工作的客观需要。因而检察机关在几起几落后又能够重新建立并获得较大的发展。

鉴于同各种违法乱纪行为作斗争的极大重要性，1978 年 3 月召开的第五届全国人民代表大会第一次会议，通过了我国的第三部宪法，再次规定设置人民检察院，这表明了检察制度的坚强生命力，反映了党心、民心，更是遵从客观规律的表现。

（二）建设检察制度应从中国实际出发，要有中国特色

从中国实际出发，有中国特色，实质是检察制度的建设中如何坚持理论联系实际的问题。在这个问题上，建国初期的检察制度建设中发生过一种机械地照抄照搬一般的理论原则和外国的经验，脱离中国实际的情况。这种思想是主观脱离客观、理论脱离实际的结果。

建国初期是在一种全新的面貌下建设检察制度的，绝大多数检察干部没有从事过检察工作，法律水平较低，为了建设社会主义检察制度，自然而然地要向社会主义苏联学习，苏联政府也向中国检察机关派出了专家帮助工作。向苏联学习没有错，问题是不顾中国实际，照抄照搬苏联模式，出了一些问题。如苏联检察机关实行垂直领导，强调一般监督，遵从总检察长负责制。这些在苏联行之有效的原则或者规定就不一定完全适应当时中国的实际。如垂直领导问题，1950 年颁布的《最高人民检察署试行组织条例》规定垂直领导，但结果是根本行不通，原因是检察机关的组建需要地方政府组织，人员需要地方政府调配，经费用房需要地方政府保障，生活需要地方政府供给，工作需要地方政府支持，离开了地方政府，检察机关连组建都不可能，更遑论开展工作。因此，1951 年颁布的《最高人民检察署暂行组织条例》和《各级地方人民检察署组织通则》便改为双重领导原则。在地方政权普遍建立和巩固之后，为维护法制的统一，迫切需要检察机关独立行使检察权，就必须实行垂直领导，因此 1954 年通过的《人民检察院组织法》中再次规定了垂直领导原则。这些都是从中国实际出发的结果。

苏联实行检察长负责制，检察权取决于检察长特别是总检察长。建国初期的检察制度虽然也赋予了检察长对检察工作的领导权和最终决定权，但法律规定设立了检察委员会议和检察委员会制度，充分发扬了民主，将民主集中制的原则应用于检察制度，这就具有鲜明的中国特色。在起草人民检察院组织法时，为了设立检察委员会，还发生过彭真同志与苏联专家的一场激烈争论。苏联专家不同意人民检察院组织法规定设立检察委员会，认为不符合列宁的法制思想，彭真同志反问他们列宁什么时候说过集体领导不如个人，苏联专家也回

答不上来。有趣的是，上世纪五十年代末期，苏联通过法令，也实行了检察委员会制度，将民主集中制原则应用于检察机关。①

（三）从实际出发，遵循"必要"与"可能"的原则开展检察工作。

创立检察制度，开展检察工作，其基础和基本条件是建立检察机构，充实检察队伍。

最高人民检察署成立伊始，就将建立机构、充实队伍作为首要工作。1950年，经中央同意，先后四次分别由中共中央发布指示和中央人民政府毛泽东主席批准下达文件，督促检察机关的建设，计划 1950 年内将各大行政区、各省、市检察署全部建立和充实起来，1951 年普遍建立各级检察署。

1950 年建立大行政区和省级人民检察机关的计划基本上得到实现，但1951 年普遍建立各级检察署的计划却落空了，直到 1953 年，组织建设有了进一步发展，县级人民检察署建立了 643 个，也仅占应建数的 29%。②

虽然党、国家、人民需要检察机关，但客观条件不具有全面建立检察机关的可能性。建国初期，百废待举，大规模国内战争刚刚结束，局部战争和许多地区的剿匪工作还在进行，又不得不进行抗美援朝战争，加之大规模的恢复生产和经济建设，各新解放区缺少干部，政权、经济、文化建设需要干部，这就使虽然需要加强法制，需要加强检察工作，但"可能"出现了问题，即主观很需要，但客观没有可能。为了向检察干部说明这一道理，在第二届全国检察工作会议上，董必武同志曾引用列宁的话说："宁可数量少，但要质量好，与其白白空忙，毫无获得精干人才的希望，不如再等两年，甚至三年，倒还要好一些。"③ 至 1954 年宪法、人民检察院组织法通过后，需要检察机关普遍担负起批捕起诉的职责，工作要求检察机关普遍建立起来。这期间，国民经济有了较大恢复，土改、镇反、抗美援朝三大运动已经完成，干部队伍无论数量还是质量都有了较大发展和进步，全面建立检察机关有了现实可能性，因而在1955 年底全国县级以上行政区普遍建立了检察机关，全面担负起了宪法规定的检察工作。

遵循"需要"与"可能"的原则开展检察工作，这是我国今天也应该予

① 参见高建言：《建设中国特色的人民检察制度》，载《人民检察》2002 年第 11 期。
② 参见李士英主编：《当代中国的检察制度》，中国社会科学出版社 1988 年版，第25 页。
③ 载《董必武选集》，人民出版社 1985 年版。

以重视的。如拓展法律监督职能、创新社会管理机制等，不仅要考虑"必要性"，更要从检察机关的实际情况出发，考虑"可行性"。不考虑可能性和可行性，片面强调社会"需要"和"必要性"，只会是"瞎忙乎"，纸上谈兵，适得其反。

（四）人民检察制度不是一个静止的僵化的概念，而是一个动态的发展过程，需要与时俱进

新中国建立之初，就根据列宁的思想，将检察署定位于国家的法律监督机关。60多年来，尽管法律监督的范围随着国家政治、经济、文化的发展和法制建设的进展而不断发展变化，但检察机关作为国家的法律监督机关的性质始终没有变。换一个说法，人民检察院作为法律监督机关的性质没有变，但人民检察工作、职权、设置、行使职权的程序、组织及活动原则等构成检察制度的内容是在不断地变化着。一部人民检察史，就是一部检察制度动态的发展史。因此，我们不能将人民检察制度视为一个静止的、僵化的概念，它是随着时代进步不断完善的，是与时俱进的。

在上世纪五十年代初，宪法和人民检察院组织法颁布之前，对于反革命案件和危害社会治安的各种刑事案件的侦查起诉，多数由公安机关负责。除此之外，还有很大一部分刑事案件，其中主要是国家工作人员的职务犯罪案件，以及侵犯公民民主权利的案件，多数由法院自行调查，进行审判。这种做法不符合侦查、起诉、审判分工的原则，也不利于发挥互相配合、互相制约的作用。只是特定时期的一种特殊做法。① 在检察机构还不健全，法律也不完备的情况下，怎样开展检察工作、加强法律监督，实践中当时的检察机关探索出了一些特殊形式。

如在镇反运动中，检察机关重点开展了侦查监督和审判监督工作，工作重心放在纠正和防止错捕错判方面，收到良好效果。一是各省、地、市检察长参加同级裁判委员会或复核委员会，审查公安机关提出的逮捕人犯的案件，决定是否逮捕；审查人民法院拟判处死刑和徒刑的案件，决定处刑是否适当。二是部分地区的检察机关，担负了对公安机关侦查经济案件的审查起诉工作。三是组织力量深入重点地区检查镇反运动的情况，发现和解决执行政策、法律中的问题。在整个镇反运动中，检察机关始终把法律监督的重点放在捕人和判刑两个环节上，防止和纠正错捕、错判和该捕不捕、该判不判。尤其是注意对判处

---

① 参见李士英主编：《当代中国的检察制度》，中国社会科学出版社1988年版，第93页。

死刑案件的监督，坚持可杀可不杀的不杀，建议人民法院判处死刑缓期二年执行，强迫劳动，以观后效。① 这对于正确执行法律防止和纠正冤错案件以及重罪轻判和轻罪重判现象，起到了良好的作用。当时的侦查监督和审判监督采取的这些做法与今天的法律规定截然不同，但都是法律监督的具体内容，体现了检察制度鲜明的时代特征。

新中国的人民检察机关，从它成立时起，就依据国家法律的规定，把检察国家工作人员中的严重违法乱纪、侵犯公民民主权利的犯罪行为，作为自己的一项重要任务。当时所说的检察违法乱纪案件，其管辖是很宽泛的，既包括查处国家工作人员的贪污贿赂案件，如查办原天津地委书记刘青山、天津行署专员张子善贪污案，也包括公安司法人员刑讯逼供、徇私枉法案，机关、团体、国营企业的渎职和玩忽职守案，更多的是基层干部特别是农村区、乡干部乱打、乱罚、乱押，利用职权压制民主、打击报复、侵犯人权的案件。通过建国初期的检察违法乱纪案件，为检察机关此后查处职务犯罪案件奠定了理论基础和实践基础，也为立法确立检察机关的案件管辖范围提供了有价值的参考资料。

1954年通过宪法和人民检察院组织法后，中央多次要求检察机关的主要任务是批捕、起诉，必须由检察机关负责批捕、起诉工作，要求检察机关全面承担起批捕、起诉的任务。

1955年开始的二次镇反运动是在进一步加强了社会主义法制的情况下进行的。检察机关的批捕职能和公诉职能在1955年开始的镇反运动中得到了全面的落实。

检察工作的这些变化，说明检察制度在逐步完善，完备的法律制度和检察制度逐渐发展和成熟起来。同时，完备的法律制度和检察制度也是随着干部群众的法律观念的树立而得以实现的。

二、对五十年代检察工作几个问题的认识

研究建国初期的检察制度，就绕不过诸如"合署办公"、"一般监督"、"垂直领导"及对五十年代检察工作的评价等问题，这既是理论问题，更是实际的工作问题。对此早已有共识，可就是没有文字结论。笔者在此不避浅显，谈点个人观点。

① 参见李士英主编：《当代中国的检察制度》，中国社会科学出版社1988年版，第41~42页。

（一）关于"合署办公"问题

在五六十年代，公、检、法等机关曾有过几次合署办公，彭真等中央同志对合署办公的态度是赞成的。但"合署办公"是有违彭真同志强调的公检法分工负责、配合制约的工作原则的，特别是在轻视法制的岁月，几次"合署办公"都导致检察机关"名存实亡"。如1951年12月10日，政务院政治法律委员会第十九次委员会议讨论了中央政法部门精简机构、紧缩编制的实施办法，提出"合署办公、简化层级、调整分工、机动用人"的原则。随后，12月29日，董必武、彭真、罗瑞卿联名致函周恩来转毛泽东、中共中央，报告中央政法部门中五个机关实行合署办公。但"在中央还未确定哪些机关应裁并，哪些机关应合署办公时，地方上就动起手来了"。有的地方将检察署撤了，如吉林省竟将检察署整个撤了，并有了检察机关"可有可无"的说法。①这对初创时期的检察机关来说是一个极大的挫折，被检察系统的同志称为"三落"中的"第一落"。这个错误幸好被及时发现，并经董必武同志报告毛泽东主席之后，及时得到纠正。但不能不说这个错误的出现与"合署办公"的意见有着密切的联系。

1960年秋季，精简国家机关时，谢富治于10月20日，主持中央政法小组会议，通过中央公、检、法三机关合署办公，决定撤销高法、高检两个党组，高检只留二三十人。同年11月11日中央批复同意。在此影响下，有人又误认为检察机关"名存实亡"，江苏省检察院、安徽省六安分院已合并于公安厅、处，实际上已是"名存实亡"了，北京市已经决定检察院同公安局合并，成为公安局的一个法制室。这是检察工作受到的第二次挫折，被检察系统的同志称为"三落"中的"第二落"。后来，少奇同志、彭真同志批评了削弱检察机关的错误，彭真同志还严肃指出："检察院的存亡问题以后不要讨论，这是中央的事，别人不要考虑。"这才制止了对检察机关的取消风。但正是因为中央公检法机关的合署办公的意见，导致了取消检察机关的错误。实践是检验真理的唯一标准。联想文革期间，检察院被取消，检察职权由公安机关代行，即检察系统的同志称之为"三落"中的"最后一落"，实际上是一种最彻底的"合署办公"的形式。由"合署办公"引发的后果分析，不能不对"合署办公"产生疑问。

实践证明，"合署办公"是错误的，与此相关的"联合办案"、"联合办公"等做法都应予以否定。但在当时却是予以肯定的，认为联合办公是运动

_____

① 参见李士英主编：《当代中国的检察制度》，中国社会科学出版社1988年版。

的需要，是为中心工作服务的便利工作；联合办公也有制约和协作，是协商解决矛盾，甚至是共产主义风格。这种观点，从历史角度看，或许是正确的、好用的，但从诉讼理论上讲，从它的实际效果看，就不能认为是准确的了，起码有它的片面性和局限性。冤错案的出现及对检察机关的取消风都能反映出它的不良后果。

（二）关于"一般监督"问题

在1954年的人民检察院组织法中，规定了检察机关的一般监督职权，即对国务院所属各部门、地方各级国家机关的决议、命令和措施，以及国家工作人员的行为是否合法，实行监督。由于缺乏经验和认识不一致，对于是否应当做一般监督工作发生了争论。在1957年的反右派斗争中，把主张做一般监督工作的干部作为"凌驾在党政之上"、"把专政矛头对内"等"政治错误"进行批判，并打成右派，这显然是不适当的。就整个国家工作来说，对政府各部门和干部是否遵守法律实行监督，是有必要的，问题在于由哪个机关承担这个任务。由于这一条法律是在缺乏经验的情况下制定的，如果不适当，应通过立法程序加以修改。在法律上已作出明文规定的情况下，检察干部主张开展这项工作，是依法办事，并没有错误。即使在某些方面超出了法律监督的范围，而做了行政监督方面的工作，或者在工作方法上有不恰当的地方，也属于缺乏经验和认识问题。但是当时却采取了简单化的方法去解决思想认识问题和工作上的不同意见，以致伤害了干部。这是一个值得吸取的深刻教训。

国家机关和干部必须遵守法律、接受监督，这是宪法和法律明文规定的。1954年人民检察院组织法规定检察机关的职权就包括对国家机关和国家机关工作人员是否遵守法律实行监督。所谓一般监督及检察违法乱纪案件是"矛头对内"的说法是违背法律规定的，也不符合实际情况。

的确，"一般监督"是照抄苏联的做法，像彭真同志批评的，是一种教条主义的表现。"一般监督"由检察机关行使，在当时的形势下，是不符合中国实际的，也是行不通的。少奇同志说"一般监督权"有必要，但要备而不用；彭真同志讲，一般监督只搞典型，检察机关要代党去发现问题。因此，在涉及这一内容时，不应该将主张"一般监督"的意见说得一钱不值，而应该侧重于建设有中国特色的检察制度，在"不被一般监督弄糊涂"上下功夫。确切地说，直至今天，我们对上世纪五十年代检察机关的"一般监督"工作了解、认识、总结甚少，对"一般监督"的理论探讨、学术研究甚少，因此，我们还不可能对"一般监督"得出一个正确的判断和认识。宪法和法律对"一般监督"的规定抑或是废止都显得如此匆忙和仓促，底气不足，也就不足为怪了。

（三）关于"垂直领导"问题

检察机关实行垂直领导原则，是 1954 年宪法和人民检察院组织法规定的，而宪法和人民检察院组织法是经中共中央提出，并由全国人民代表大会通过的。这个立法过程本身就足以说明：垂直领导原则不是而且也不可能是反对党的领导。同时，在 1954 年宪法颁布前后，中共中央曾两次发出指示，说明检察机关的垂直领导是指国家组织系统中领导关系来说的，并不是不受党的领导，相反地，各级检察机关更应该严格服从党的领导。但是在五十年代的政治运动中，却不顾上述事实，无视中共中央的明文指示，硬说垂直领导就是摆脱和反对党的领导，并加罪于人。这是一种主观武断的态度，违背了实事求是的原则。

检察机关实行垂直领导，是有过反复的。初创时，《中央人民政府最高人民检察署试行组织条例》规定，检察机关实行垂直领导，由于实行起来很难行得通，于是《中央人民政府最高人民检察署暂行组织条例》规定双重领导，1954 年人民检察院组织法重新规定垂直领导。1954 年 11 月 21 日彭真同志在全国检察业务会议上的报告中指出："我们检察机关是垂直领导制。垂直领导就是保障国家法律统一地实施，只有利而无弊，也只有这样检察机关才能独立行使职权。"① 在《彭真文选》发表上文时，已删掉此段话，改为："检察机关实行垂直领导，不受地方国家机关的干涉，但应坚持党的领导。"②

在谈这个问题时，不应该将"垂直领导"与"党的领导"对立起来。不应该将"垂直领导"理解成是不要党的领导特别是理解成不要地方党委的领导。

中国共产党是全国人民的领导核心，也是中国人民民主专政的国家政权的领导核心，检察机关必须接受党的领导这是宪法明文规定的。检察机关建立以后，也一直是在党的领导下进行工作的，并不存在脱离党的领导问题。但是五十年代的政治运动中，却将人民检察院组织法规定的"垂直领导"原则错误批判为是摆脱党的领导的倾向，这实在是有违事实的，是莫须有的罪名。

（四）关于对五十年代检察工作的评价问题。

1958 年召开的第四次全国检察工作会议通过的"务虚"报告，对上世纪五十年代的检察工作作出了政治评价，1958 年 9 月 3 日和 6 日，最高人民检察院党组分别向中央写了《最高人民检察院党组"务虚"报告》和《关于召

---

① 见最高人民检察署 1954 年卷宗第 20 号。
② 载《彭真文选》。

开第四次全国检察工作会议向中央的报告》，认定检察工作中有一条错误的路线，犯了右倾错误。同年 10 月 18 日，中央原则批准高检院党组的报告和务虚报告。但实际的情况并非如此。

从历史上看，在 1957 年反右派斗争以前，在中国共产党的正确路线的指引下，检察工作并未发生什么倾向性的错误。1957 年反右派斗争以后，在中国共产党领导机关的"左"倾思想的指导下，检察工作也出现了"左"的错误。其主要表现：一是在政治运动中错划了许多右派分子和右倾机会主义分子，以及错误地批判了更多的干部，极大损伤了检察队伍的元气；二是在工作上放松以至放弃了法律监督，迁就了那种不依法办事的现象，这样就不可避免地发生了冤错案件，伤害了人民民主。同 1958 年"务虚"报告中所说的情况相反，并不是由于强调监督而把专政矛头指向人民内部，而是由于放松监督以致伤害了人民；并不是由于片面强调从宽忽视从严，片面地防止错捕错判忽视漏捕漏判，放纵了犯罪，而是由于一味强调反右，扩大了打击面。至于当时检察业务上有关规章制度的建设，也不是像"务虚"报告所说的那样过于繁琐，而是基本上可行的，它不是束缚对敌斗争的手足，而为正确处理案件所必需。尽管当时检察机关制定的规章制度遭受了严厉的批判，但经过实践的检验，逐步为人们所承认，并被吸收到检察机关新的规章制度中来。

综合以上的分析，充分证明 1958 年第四次全国检察工作会议所批判的右倾错误路线是不存在的，是用"左"的观点观察问题所得出的错误结论。这并不是说检察工作上就没有缺点错误，由于中国检察工作尚处于幼年时期，工作上的盲目性和缺点错误是在所难免的。但是正如彭真同志在当时就已经指出的，主要是由于缺乏经验所致，而不是路线错误，更不是什么反党、反社会主义的敌我问题。

澄清对上述一些问题的认识，对于检察制度的建设和检察工作的发展是非常必要的和有益的。对待历史问题的态度，重在总结经验教训、统一思想，团结一致向前看，而不着重任何人的个人责任。这是因为一切是非问题的出现、争论的发生，都有它的客观原因和历史背景，人们的观点又不可避免地要受客观环境的影响和制约。而随着时间的推移、实践的发展，人们的观点也在相应地发生变化，从而使分歧的意见容易接近和统一。

三、错案的教训

建国初期司法工作取得了重大成绩，但毋庸讳言，错案也一直伴随着新中国初期的司法工作。总结、吸取错案的教训，是研究新中国初期司法工作不应回避的问题。

在 1950 年开始的镇反运动初期，全国许多地方比较普遍地存在"宽大无边"的偏向。针对反革命分子打击不力的现象，中共中央于 1950 年 10 月发出坚决纠正右倾偏向的指示。1951 年初，镇反运动在全国掀起了高潮，但同时开始出现了草率从事的现象和乱打乱杀的偏向，错捕错判现象增多。

在 1952 年 6 月开始的司法改革运动中，发现错捕、错判的案件约占抽查案件的 10%，并且发生了一些假案。如山西省万泉县在镇反运动中，由于干部违法乱纪、刑讯逼供，造成"万荣挺进大队"假反革命案，仅此一案即错捕错判无辜群众 100 多人。西北地区各级检察机关检察纠正错捕错押和判决不当的达 1899 人。① 中央于 1953 年 3 月通知开展全面复查纠错活动，并不得不下令将批捕权由县级收归地级，死刑权收归省一级统一行使。

错案的教训是深刻的，发生如此严重的冤假错案的原因应该予以总结。

（一）法律不健全，缺少检察机关的法律监督

1953 年 11 月 28 日，中央政法委员会党组向毛泽东主席并中共中央写了《关于批准最高人民检察署党组"关于检察工作情况和当前检察工作方针任务的意见的报告"的建议》。这份建议对为什么会出现错捕、错判进行了精辟并透彻的分析："在审判之前既无检察机关的侦查，在审判过程中又无律师辩护，对于审判结果又无检察机关的监督，同时在审判上又还没有建立起集体负责的审判制，一般还是由审判员一人负责进行审判。这样，对于一些情节比较复杂的案件就很容易发生错判，虽一再检讨纠正，但错判仍层出不穷。公安机关的假案也有类似情况。由于检察机关和检察工作不健全，许多重大案件是由公安机关单独办理，而上级公安机关又不能逐案提讯犯人、查对证据、一一详加审核，因而也不容易及时发现假案加以纠正。只有把检察工作逐步加强和健全起来，才能从司法制度方面防止或减少假案、错捕、错押、错判现象的发生。"②

缺少完备的法律，包括实体法和程序法，缺乏法律监督，难以想象执法、司法工作不会出错。

（二）大规模群众运动的误导

在长期的战争年代，党领导人民、依靠人民取得一个个胜利，群众的支持是制胜的法宝，同样群众运动也是党领导群众、发动群众的行之有效的方式方

---

① 参见李士英主编：《当代中国的检察制度》，中国社会科学出版社 1988 年版，第 43 页。

② 参见高建言：《建设中国特色的人民检察制度》，载《人民检察》2002 年第 11 期。

法。镇反初期，在充分发动群众的基础上，一些浮在水面上的恶霸、土匪、反动党团骨干及反动会道门头子，被逮捕判刑，大快民心。一些欠下人民血债的历史反革命分子，也在人民群众的揭露下被法办。一些地方也出现了人民群众将反革命分子扭送政府和司法机关的现象。这在当时称之为专门的专政机关与群众参与相结合。尽管这种群众参与的方式对镇反运动曾起到很好的促进作用，但随着运动的深入，它的弊端就逐渐显露出来。如利用群众斗争或群众辩论的方式迫使被告人承认犯罪事实、逼迫当事人屈服；一些村、乡干部借机诬陷犯有一般错误的群众；一些群众揭露的历史反革命的犯罪事实没法核实，仅依据群众的检举揭发逮捕判刑；为了制造声势对一些群众痛恨的坏分子的案件在没有查实清楚的情况下就召开公捕、公判大会。更有甚者，运动中一些地方的基层群众，不报告政府，不经公安、司法机关批准，就随意批斗、关押、管制所谓的"反革命分子"，甚至发生批斗会上打死打残被批斗对象的事件。如1953年，在最高人民检察署领导下，山西省人民检察署平反昭雪的临汾县南席村革命烈属张三元遭陷害在斗争会上被活活打死一案。检察署将查处结果向中央人民政府毛泽东主席写了专题报告，受到毛主席的鼓励。①

这些问题从反面告诫我们，革命法制必须走出那种疾风暴雨式的群众运动的泥潭。正如董必武同志所说，在宪法公布以后，要建设正规的司法制度，不能再搞那种大起大哄的群众性的司法工作了。彭真同志也强调：如果把群众办案和群众路线划等号，说群众路线就是群众办案，那样理解是错误的。告诫检察机关要在建设完备的法律制度和司法制度中作出成绩。②

（三）违反公、检、法三机关分工负责、互相配合、互相制约的原则

检察机关同公安机关、人民法院在办理刑事案件中实行的分工负责、互相配合、互相制约的原则，是在1953年11月由彭真同志起草的政法委员会党组向中共中央的书面建议中提出来的。当时提出这一原则的目的，在于健全检察制度，防止错捕错判。建议认为"法院、公安、检察署通过一系列的互相配合、互相制约的比较完善的司法制度的保证，错捕、错押、错判的现象自然就会减少到极小的限度"。③ 1954年6月9日，彭真同志在第六次全国公安会议

---

① 参见李士英主编：《当代中国的检察制度》，中国社会科学出版社1988年版，第59页。
② 参见《彭真传》，中央文献出版社2012年版。
③ 参见李士英主编：《当代中国的检察制度》，中国社会科学出版社1988年版，第504页。

上讲话，对公、检、法三机关分工负责、互相配合、互相制约制度的基本内容进行了详细的阐述。指出："公安机关、检察院、法院都是国家机关的一部分，都是国家的武器。检察机关是国家的法律监督机关，负责对犯罪分子的起诉，对公安机关、法院有监督的权力。三个机关是互相配合、互相监督、互相制约的。目的是建立一种制度，以便在处理案子时少犯错误。一个案子三个机关分工负责，经过几道手续或者说是工序，就比较容易保证既不使坏分子漏网又不冤枉好人。"①

司法实践充分证明了公、检、法三机关分工负责、互相配合、互相制约制度的必要性和优越性。凡是坚持执行这一制度的时候，办案质量就比较高，错案和漏案就比较少；凡是违背和破坏这一制度的时候，办案质量就下降，错案和漏案就增加。同时，这种制度还体现了公、检、法三机关之间在工作上互相帮助、互相促进的作用，有助于总结办案经验，认识本部门工作中的不足，提高干部的政策、法律水平，改进工作作风。通过互相制约，还可以发现和揭露刑讯逼供、徇私枉法等违法乱纪行为，纯洁思想和纯洁组织。

1958 年政法工作"大跃进"提出"一长代三长"、"一员顶三员"时，正是干部中违法乱纪最严重的时期，也是建国以来办案最粗糙、最经不起历史检验的时期，有的地区的错案率竟然高达 24%，让人不敢相信。"文化大革命"期间，由公、检、法军管会及革委会独办刑事案件时，经后来复查，其中反革命案件几乎是 100% 的错案，普通的刑事案件的错案率也超过 10%，许多地方达到 20% ~30% 之多。可见，违反公、检、法三机关分工负责、互相配合、互相制约的原则，不遵守刑事诉讼程序规定，是错案的重要原因之一。

（四）增强司法干部的职业责任，重证据，不搞逼供信，不轻信口供，是防止错案必不可少的思想和制度屏障

五十年代初期，检察干部虽然人少势弱，但他们有着很强的职业责任感，为避免和纠正冤假错案做出了突出贡献。如 1953 年 1 月至 9 月，全国各级检察机关查处严重违法乱纪案件 3493 件，为 6000 多名被害群众伸冤平反，使109 名被错判死刑、尚未执行的人的生命得到解救。② 工作中还多次出现检察干部坚持以事实为根据、以法律为准绳的办案原则，刀下留人，避免冤案的事件。如 1955 年山东省胶县人民检察院刘明智在监督死刑判决的执行中发现疑

---

① 彭真：《论新中国的政法工作》，中央文献出版社 1992 年版，第 99 ~100 页。
② 参见李士英主编：《当代中国的检察制度》，中国社会科学出版社 1988 年版，第59 ~60 页。

点，立即请示了领导，使死刑暂缓执行。经过两次调查，搞清了事实和判刑原因是由于侦查审讯中偏听偏信，诱供逼供，结果造成了错判死刑。① 再如山西省人民检察署副检察长金长庚在参加临汾地区裁判委员会讨论案件时，发现洪洞县报批的因反革命报复杀害革命干部家属刘奎女，而判处 5 名主犯死刑一案，事实不清，证据不足，提出异议。当时省领导干部主观偏信，坚持要批准死刑，并拟于 1951 年 3 月 18 日的庙会上当众执行枪决。金长庚坚持原则，亲自带队深入发案地点，勘查现场，进行复查。终于查清并非反革命报复杀人，而是死者的丈夫，中共赵城县第四区区委书记靳树田喜新厌旧，离婚不成，而预谋杀害的。从而保全了 5 条人命，惩办了真正的凶手。②

　　当然，也出现和发生过没有将"以事实为根据、以法律为标准"坚持到底从而发生冤假错案的事件，如检察机关的批捕工作，在部分地区也产生过对公安机关报批的案件，特别是事后补办手续的案件，闭着眼睛盖图章的现象。凡是发生错案，究其原因，多数是轻信口供，刑讯逼供造成的。因此，彻底抛弃口供情结，严禁刑讯逼供，严肃处理逼供信的责任人，是错案为我们敲响的警钟。

　　特别值得一提的是，应重视错案的反面教材作用，重视吸取错案的教训，积极平反错案，是司法职业道德的应有之义。

（五）潘汉年、胡风错案呼唤司法独立

　　上世纪五六十年代，发生的比较严重和典型的错案是最高人民检察院起诉、最高人民法院审判的潘汉年案件和经最高人民检察院审查批捕，关押多年后移交北京市检察院分院起诉、北京市中级法院审判的胡风案件。二案的共同特点是先定后审，司法机关不能独立行使职权，成了办理法律手续的工具。

　　对于胡风错案，现在看来是莫名其妙。胡风，中国著名左翼作家，因与一些文艺理论家特别是党的文艺理论工作者对文学理论、文学创作等学术问题存在严重认识分歧，不时受到批判，深感委屈和不平，为了阐述自己的观点，自我辩护，于 1954 年 7 月给中共中央和毛泽东主席上书了一部关于文艺理论问题的"三十万言书"，"热诚地希望得到中央的审查，热诚地希望得到中央的批评和指示"。引来的是《人民日报》接连三期整多版刊载的胡风反党集团晋

---

① 参见李士英主编：《当代中国的检察制度》，中国社会科学出版社 1988 年版，第 95～96 页。

② 参见李士英主编：《当代中国的检察制度》，中国社会科学出版社 1988 年版，第 43 页。

升到反革命集团的揭发材料，大多是胡风的书信、文稿摘编和友人的回忆。1955年5月16日，胡风被刑拘，签署刑事拘留令的是公安部部长罗瑞卿。5月18日，全国人大常委会批准最高人民检察院关于逮捕胡风的报告。受胡风案牵连的无辜者达2000多人，被逮捕的92人，最终定罪判刑的3人。1965年11月26日，在秦城监狱关押整整10年之后，胡风被北京市中级人民法院以反革命罪判处有期徒刑14年，依据的证据不过是报上已公布的胡风书信和他关于文艺理论的言论。宣判之后，胡风没有上诉，默默地接受了强加在自己身上的罪名，不过，他仍然向中央写了题为《心安理不得》的感想。虽然承认自己是个罪人，却无法找出自己究竟罪在何处。1966年，刚被释放的胡风，又在"文革"中被重新逮捕，押往四川劳改。1970年1月，被四川省革委会判处无期徒刑，直到1979年平反无罪释放。

　　胡风错案告诫我们，永远都不要用专政手段、用刑罚武器介入学术观点的纷争，永远都不能以审讯、审判的方式对待持有不同见解的同志。

　　潘汉年同志是我党历史上一位具有非凡经历和传奇色彩的风云人物，不幸在1955年的内部肃反运动中，被诬陷为"内奸"、"特务"、"反革命分子"而被捕入狱，1963年1月9日，法庭以反革命罪判处潘汉年有期徒刑15年，并剥夺政治权利终身。随后被假释，由公安机关管制。1967年"文革"中被重新收监，1970年，中央专案审查小组重判潘汉年无期徒刑，1977年4月14日病逝于劳改农场，成为建国后一起震惊全国的大冤案。

　　潘汉年案当年的合议庭审判员彭树华在晚年总结该案时写道：潘汉年案是奉命审判的，法院只办理法律手续，对案件事实不负责审查。这样的审判方式，反映了在那个特定历史时期人民法院难以独立审判的问题。[①]当时，合议庭的3名法官认真地审阅了案卷，仔细地核对证据，以法官敏锐的观察目光，缜密的逻辑思维，做人的良知，对已经定案的材料提出了八个问题的质疑。可最后还是不得不按原材料违心地进行了审理和判决。至于当时的公诉人，最高人民检察院检察员王尚三同志的起诉指控，何尝不是如此。1981年，中央纪委复查潘汉年案时，依据两件重要材料，决定给为潘汉年同志平反昭雪，恢复名誉。一是1945年刘少奇、康生给饶漱石的电报，可证明潘汉年当年与李士群等汉奸接触，是根据中央指示精神做的；二是1955年6月8日，李克农在给中央政治局的报告中为潘汉年案件提出的五条反证材料。遗憾的是，这些重要材料，当年有关部门以保密为借口并没有附卷移交检察机关和审判机关审理，以致错捕错判。如此看来，刑事诉讼法规定认定有罪和无罪的证据材料，

---

① 彭树华：《潘汉年案审判前后》，中国青年出版社2010年版，前言部分。

都要如实附卷移送司法机关，是多么重要。1982年1月最高人民法院复审潘汉年案，决定撤销原审判决，宣告潘汉年无罪。更让人遗憾的是，裁定书下达后才知道，潘汉年已于1977年病逝，其妻也于1979年2月24日病死于劳改农场。他们生前无子女，身后无亲人，裁定书已无处送达。

文字的结论可以改正，而时光却不能倒流。

除了历史原因外，潘汉年错案特别应该吸取的教训是：严重地忽视了对敌隐蔽斗争的特殊性，混淆了是非界限和敌我界限，把潘汉年同志在历史上和工作中的某些失误以及思想上的某些错误，看成是敌我性质的矛盾，结果把潘汉年一生中最重要的一些革命经历及其光辉的业绩完全颠倒了。因而在案件的处理过程中，从开始调查到逮捕审讯，再到定案量刑，都先入为主、主观盲从，虽然提出了一些疑问，却不能坚持，没有能够真正做到实事求是、客观公正。

潘汉年错案不仅是潘汉年夫妇的悲剧，也给经办该案的检察官、法官留下了巨大的心理阴影。检察员王尚三同志是一位新四军老战士，曾经在陈毅、潘汉年等同志领导下工作，每当谈起自己奉命起诉潘汉年案都泪流满面，难以释怀。而对审判员来说，甚至有一种负罪感。审判员丁汾同志是位女同志，对潘汉年案的错判，思想负担更重。她说："参加革命几十年，半生从事法院审判工作，一向谨慎、严肃执法，最怕错判案子，冤枉好人。这辈子记不清办了多少案件，纠正过多少错判的案子，自问还是一个称职的审判员，唯独对潘汉年案作了违心审判。一世清明，毁于潘汉年一案，自己都不能原谅自己。"在她病危期间，还念念不忘这件事。① 可见，错案不仅给当事人造成极大的伤害，给办案人同样留下巨大的伤痕。最高人民法院副院长王怀安同志在谈到潘汉年案时沉痛地说："如果司法制度正规、健全，法院能够依法独立审判，还能使侦查起诉的不实材料得以查清，可惜的是当时人治盛行，法治不申，审判不能真正独立，实行'先批后审'，中央或地方党委先审批，法院后审判，法官和法院只能按上级的决定办案。在这样的历史背景下，潘汉年冤案的发生，是不可避免的。""根除左倾思想，结束人治，实行法治，是正确的治国之路，而法院依法独立审判不仅是法治的基本原则，也是实现法治的重要保证。这是我们从潘汉年案得出的基本教训，应该世世代代牢牢记住。"②

王怀安院长的警示，也是本文对错案教训的结论，是为总结吧。

① 彭树华：《潘汉年案审判前后》，中国青年出版社2010年版，后记部分。
② 彭树华：《潘汉年案审判前后》，中国青年出版社2010年版，序言部分。

论影响中国检察制度形成的主要因素[*]

刘　方[**]

　　检察制度作为现代司法制度的重要组成部分，在社会法治化进程中担当着不可替代的法治功能和作用。从人类社会发展的历史过程中可以看到，不同国家、不同区域、不同文化传统以及不同社会制度下的检察制度都表现出各自的发展轨迹和历史特征。世界上主要法系国家没有完全相同的检察制度，这说明各类检察制度在形成过程中都分别受到不同因素的制约和影响。人类法制文化与人类其他文化一样，都是在相互借鉴和吸纳中不断得到丰富和发展的，中国也不例外。中国检察制度在建立和发展过程中不仅参考和借鉴了世界上进步的法治文化成果，同时也继承了中国传统文化中的优秀部分。

一、列宁法律监督理论与新中国检察制度的形成

　　中国当代检察制度的形成与列宁的法律监督理论密切相关，中国检察机关定位为国家的法律监督机关也主要是借鉴了前苏联检察制度，理论界多数学者认为这是一个不争的事实。[①] 建国初期在设置检察机关时，曾经有两种不同的意见：一种意见主张检察机关隶属于行政机关；另一种意见则主张直接隶属于

---

　　[*]　本文刊载于《西南政法大学学报》2007 年第 2 期。

　　[**]　刘方，最高人民检察院检察理论研究所学术部副主任、研究员。

　　[①]　关于我国检察机关的创建与列宁的法律监督思想和前苏联检察制度的关系问题，学术界存在不同观点。其中有以下两种具有代表性的观点：一种观点认为，列宁有关法制统一和建立专门法律监督机关的思想对社会主义法制国家建设具有普遍指导意义，中国检察机关的建立既借鉴了前苏联检察制度模式而又具有本土特色，是符合中国国情的。参见石少侠、郭立新：《列宁的法律监督思想与中国检察制度》，载《法制与社会发展》2003 年第 6 期，第 3～11 页；曾贝、田华丽：《从列宁的法律监督理论看我国检察机关的监督权》，载《求实》2001 年第 11 期，第 109 页。另一种观点认为，按照列宁法律监督理论构筑的检察机关的职权已日益萎缩，检察机关享有法律监督权这一国家权力配置模式是不科学的，检察机关应当回归为公诉机关。参见郝银钟：《检察权质疑》，载《中国人民大学学报》1999 年第 3 期，第 71～76 页。

国家权力机关，与行政机关和审判机关相互独立。前一种观点明显是受到西方检察制度的影响，把检察机关定位为行政机关，视检察权为一种行政权力。因为在按照"三权分立"原则构建的西方国家，检察机关大都归属于政府序列。后一种观点则主要是在借鉴前苏联检察制度的基础上，根据列宁的法律监督理论来设定的检察机关。在经过充分的酝酿讨论后，最终认为我国的检察机关应当独立设置于国家权力机关之下。因此，中国检察机关从一创建开始，就被冠名为国家的法律监督机关，以履行法律监督为基本职能。

前苏联检察制度的建立主要是在列宁法律监督理论的指导下完成的，而列宁的法律监督理论也是随着前苏联社会主义实践和法制建设逐步形成的。列宁认为，必须有专门的法律监督机关来维护社会主义法制的统一。"法制不能有卡卢加省的法制，喀山省的法制，而应是全俄统一的法制，甚至是全苏维埃共和国联邦统一的法制……"根据列宁的思想，前苏联建立了独立于司法、行政之外的全联邦统一的国家检察机关，实行司法监督与一般监督相结合的全面监督原则，不仅仅局限于公诉职能和诉讼监督。这在当时来说是一种具有创造性的检察机制，完全有别于西方资本主义国家检察制度。前苏联检察制度对东方社会主义国家都产生了不同程度的影响。

中国检察机关的形成受前苏联检察制度的影响是很明显的。为什么当时我们主要参考前苏联经验将中国检察机关定位为国家法律监督机关？这里有两个最主要的因素。一是作出这种选择与社会主义制度的建立分不开。社会制度的建立起源于政治理论和意识形态，中国和前苏联在这两方面极为相似。二者都是以马克思主义理论为指导来确定政治制度的目标和基本构架；都是用无产阶级主导下的社会主义民主观来确立国家制度。中国新民主主义革命时期一直将苏联社会主义制度作为建立政权的目标和典范，在反对和摒弃资产阶级"三权分立"和议会制度的观点上基本一致，实行的都是民主集中制原则，并且按照这一原则建立议行合一的人民民主政权。中国当时不可能抛弃具有相同社会性质的苏联检察模式而去套用西方资本主义制度下的检察模式，社会制度和政治制度的相同性是决定中国检察制度借鉴和采纳前苏联检察制度的最根本原因。

除了社会制度的亲和性之外，另一个重要因素就是法治传统的共同特征所起的作用。法治传统的相似性对于法制文化的相互借鉴也具有十分重要的影响作用。中国与俄国近代历史上的政治制度相对西方国家来说比较接近，其法制传统也具有相似之处，二者现代检察制度的确立都比较晚。十八世纪俄国彼得大帝仿照西方的检察监督方式设置总检察长，当时的主要职能是进行监督，包括司法监督和行政监督，并没有履行公诉的职能，这与中国历史上的御史制度①比较接近。直到 1864 年司法改革后，俄国检察机关才最终享有公诉权。前苏联十月革命后所确立的以履行一般监督和司法监督相结合的检察体制，与俄国的法治传统历史是密不可分的。② 中国当代检察制度确立时选择俄国法律监督模式，也正是受到传统法治意识的影响，就如同清朝司法改制时更多地参考了与中国民俗习惯比较接近的日本司法制度一样。③

尽管有上述因素的影响，中国检察制度并没有全盘照搬前苏联检察制度。最明显的区别是：我国检察机关实行的是专门法律监督，而前苏联实行的是权力高度集中的一般监督；我国检察机关内部实行民主集中制的检察委员会制度，而不是像前苏联那样实行检察长一长制；我国检察机关实行的是双重领导原则，也不是像前苏联那样实行垂直领导等。这些都是根据中国特有的政治制度和社会现状所作出的必要选择，体现了法制文化吸纳过程中本土化的趋势。

二、西方法制文化对中国检察制度形成的影响

法学界的多数人认为，中国的司法制度与大陆法系司法制度比较接近，而与英美法系司法制度则相对比较疏远。其中最主要的原因在于中国与大陆法系国家在法律适用上都是依照成文法，而产生这种影响的深层次原因之一是由于

---

①　御史制度是中国封建政治制度下的特定产物，既是一种政治制度，也是一种司法制度，兼具一般行政监督与司法监督的双重职能，这是由古代中国行政司法不分造成的。御史制度起源于西周，创建于秦朝，一直延续到清朝末期的司法改制。西周时称为御史，属于享有一定监督职责的史官。秦始皇统一中国后设立三公——丞相、太尉、御史大夫，御史大夫的助手为御史中丞，负责察举殿中违法官吏等事宜。御史大夫领导着地方 13 郡的监察官，负责察举地方违法事宜。御史制度自秦朝确立后，历经多个封建王朝，在其职权和称谓方面有所变化，但基本属性始终没有改变。

②　俄国现代检察制度的出现较晚，18 世纪彼得大帝按照游历西欧大陆时学习到的检察监督方式，在元老院中设置总检察长，主要目的是监督各级官员，属于一般监督，且不具有公诉职能。1864 年俄国进行司法改制，司法与行政分离，并仿照西方建立了公诉制度，实行控审分离，检察机关享有了国家公诉职能。当时俄国的司法部不隶属于行政机关，而是受享有专制权力的沙皇及元老院领导。苏联后来的检察制度则选择了沙皇前期检察权中的一般监督职能，发展为把一般监督与追诉犯罪结合起来的模式。

③　一些学者在考察中国当代检察制度与前苏联检察制度的联系和区别时，认为中国检察机关之所以参照前苏联检察制度模式来设置，主要原因有三：一是二者具有相同的社会意识形态，即都是以马克思主义为指导贯彻社会主义理论；二是人民民主国家观契合，二者都反对资产阶级"三权分立"，实行的是人民民主专政形态的政治制度，这是把检察机关定位为国家监督机关最重要的原因；三是都面临相同的国际国内环境和政治任务，利用强有力的法律监督来加强中央集权、维护法律法令的统一是十分必要的。参见石少侠、郭立新：《列宁的法律监督思想与中国检察制度》，载《法制与社会发展》2003 年第 6 期，第 3 页。

历史上的司法制度和法制理念的引导作用。中国与欧洲大陆国家都曾历经了漫长的封建历史时期，封建纠问式诉讼以遵循法典判案的司法形式培育了司法官的成文法理念。法制理念是沉淀到人们思维中的理性看法和思想观念，无论是立法还是司法都无不受其影响。大陆法系的司法权被限制为适用法律和解释法律，而不能创制法律，这是成文法国家司法活动中普遍应当遵循的规律。孟德斯鸠（ChaHes Louis Montesquieu，1689～1755）①等人的思想对欧洲大陆法律制度的形成具有重要的影响。孟氏认为，法官只能解释法律而不能创制法律，国家的法官不过是法律的代言人，不过是一些呆板的人物，既不能缓和法律的威力，也不能缓和法律的严峻。大陆法系法官对成文法的遵循是一条必信的原则。这种对成文法律严格遵守的思想观念在中国司法制度中打上了深深的烙印。

西方司法制度对中国检察制度形成和发展所产生的影响主要集中在两个阶段：一个是中国现代史的早期阶段，一个是当代改革开放时期。

有的学者认为，中国古代并无西方意义上的法治学说或法治实践。西方意义上的法治，尤其是西方资产阶级所主张的法治，在中国是近代才从西方引进的。并且认为主张法律变革的梁启超等人就是引入西方法治理念的先驱。从近代历史开始，中国的封建大门被西方列强打开，一方面使中国沦为半封建半殖民地社会，另一方面也促使了国外文化向这个古老而闭关自守国家的传播。清朝末期统治者迫于洋人的干预和国内如火如荼的反封建革命力量的压力，实行司法改制，在清朝封建司法体制的木偶上披上了一层人类现代司法制度的新装。而清末改制后的司法制度仅仅表现为"法典"形式，还没来得及实施就被辛亥革命的烽火所湮没。但是，"清末所进行的大规模修律活动，虽然在主观上是一种被动、被迫的立法活动，修律本身也存在着根本的缺陷和局限性，但在客观上也产生了显著的影响。"西方检察制度便从这一时期起为中国社会所公开接受。②

---

① 查理·路易·孟德斯鸠（ChaHes Louis Montesquieu，1689～1755），1689年1月18日出生于法国西南部波尔多附近柏烈德庄园的一个富裕的贵族家庭，1755年2月10日病逝于巴黎，终年66岁，是法国的启蒙思想家，资产阶级三权分立学说和法学理论的奠基人，古典自然法学派的代表人物。

② 1906年，清朝政府迫于资产阶级革命浪潮的压力，宣布"预备立宪"着手司法改制，派载沣等五大臣出洋考察，效仿西方君主立宪之下的"三权分立"体制，对旧封建司法体制进行改造，建立皇权控制下的行政、立法、司法相分立的政治体制。改刑部为法部，作为司法行政机关；将大理寺改为大理院，作为最高审判机关，专司司法，并解释法律和监督地方审判工作。从即时起，清政府还先后颁布了《大清新刑律》、《法院编制法》、《各级审判厅试办章程》、《刑事诉讼律草案》等一系列法律，采用大陆法系日本的司法原则和制度，同时也保留了中国传统封建法律的某些内容。

　　清末效仿西方国家实行司法改制，试图建立西方式的现代检察制度，对中国法治文化和司法理念的影响作用是不可否定的。宣统元年（1909 年），清政府通过颁布《法院编制法》建立现代检察制度，在各级审判衙门内附设检察机关，依次为总检察厅、高等检察厅、地方检察厅和初级检察厅。规定检察机构的主要职能是：实行搜查处分；提起公诉；监督审判的执行；作为诉讼当事人或公益代表人履行特定事项等。宣统二年又颁布了《检察厅调度司法检察章程》，规定检察官具有侦查权和调度、指挥警察实施侦查的职能。从这些规定中检察官所享有的职权看，清末司法改制所设立的检察机关基本上是仿造了法德、日本等大陆法系检察制度。

　　清末司法改制是在封建司法体制的基础之上进行的，当然免不了会保留许多旧体制的痕迹。但司法与行政分置、审判与起诉分离，至少使中国司法制度发生了根本性的改变，是中国司法制度由古代向现代转换的一个明显标志。随着都察院①权力的剥离，中国古代那种行政监督和司法监督合二为一的御史制度也寿终正寝了。

　　资产阶级革命虽然没有在中国取得成功，但革命运动所产生的影响作用对中国现代法治的形成是巨大的。这种影响作用主要表现为两个方面：一是在政治制度和法律制度设计方面的影响。1912 年 3 月 11 日南京临时政府公布的《中华民国临时约法》（以下简称《临时约法》），是中国近代历史上唯一的一部资产阶级性质的宪法性文件，其中贯穿了孙中山民权主义国家学说思想。《临时约法》所倡立的资产阶级民主共和政治制度、组织原则，以及民主自由原则、私有财产保护原则等，是中国新型司法制度建立的前提。二是近代历史上一大批进步民主人士对西方民主政治法律制度的宣传以及孙中山先生借鉴西方三权分立原则所阐发的三民主义思想，不仅促使了封建法治的灭亡，同时也加速了现代民主司法制度的兴起，成为渗透到现代早期中国意识形态领域的民主司法理念，是促进中国近代以后检察制度形成的基本原因。

　　改革开放以来，中国在政治、经济、文化等各个领域与西方实现了广泛的交流。特别是在我国加入世贸组织之后，计划经济时代阻碍法治化进步的一些

---

　　①　都察院体制是中国古代御史制度的组成部分。明朝初年仍然沿袭元代体制置御史台。洪武 13 年 5 月，因胡惟庸一案撤销御史台，改为都察院，俗称"风宪衙门"，为三法司之一。都察院共分十三道，设左右都御史、监察御史。都察院的具体职责是：（1）纠劾百官，负肃政、饬法之责；（2）问拟刑名，兼及挝登闻鼓案件的审理；（3）监察、监督地方洲郡刑案办理情形；（4）刷卷，查核地方官员公文办理情形；（5）以钦差监察御史身份出外追问刑案；（6）参加死罪囚犯的会审。其权力和作用较前代有所扩张。参见张晋藩：《中国法制通史》，法律出版社 1999 年版，第 501 页。

陈旧观念必然要为新的适应当代社会发展需要的观念所取代。适应社会发展需要不仅是适应本国发展的需要，还要适应国际环境变化发展的需要，要使沿袭中国政治、经济和文化领域多年来的习惯化制度和理念与国际社会接轨，这样中国才有可能搭上人类社会发展的快车。上层建筑应当适应经济基础的发展需要，中国社会经济基础的变革不断面向世界，中国社会的国际化发展趋势对作为上层建筑之一的司法制度改革提出了尖锐的要求，检察制度也必须适应社会发展的需要进行改革。近几年来，在我国刑事诉讼制度改革的大前提下，检察制度也相应地进行改革和完善。通过改革审判方式，借鉴当事人主义诉讼形式，引进西方"正当程序"（Due Process）原则①，加强人权保障等，对我国检察制度和检察权的运行提出了很高的要求。但在改革的目标和方向上，学术界存在不同的观点。具有代表性的观点是：一种观点认为，检察改革的目标应当是强化法律监督，扩展法律监督的空间，增强检察机关法律监督能力。这种观点得出的结论必然是强化检察机关的职能作用。另一种观点主张取消检察机关的法律监督权，将其定位为西方检察机关式的公诉机关。这种观点从实质上主张削弱现有检察职能。还有一种观点认为，应当调整我国检察机关现有职能，改变"国家法律监督机关"性质，只承担公诉职能和司法监督职能。这种观点似乎介于上述两种观点之间。

我们认为，建立符合司法规律的现代检察制度，同时也不能脱离中国的具体国情。必须在我国现行政治体制下，构建具有中国特色的社会主义检察制度。改革的具体目标应当是加强检察机关的程序性功能和作用，因为检察职能的程序性是十分明显的，检察权主要表现为一种程序性权力，强调程序的正当性、合法性是保证检察权公正运行的基本前提。如果作为国家法律监督机关尚不能遵循正当程序原则，严格按照法律的规定和社会主义法治理念的要求履行职责，就难以保证通过实施法律监督来维护社会的公平和正义。因此，我国刑事诉讼改革中借鉴西方当事人主义和引进"正当程序"原则是十分必要的。为此，我国检察机关在近几年也进行了许多卓有成效的改革，例如努力提高公诉能力、完善证据制度、加强诉讼监督、扩大司法民主、加强人权保障、建立

---

① "正当程序"（Due Process）一词，据说最早出现在1354年英王爱德华三世颁布的第28号法令中。参见梁玉霞：《论刑事诉讼方式的正当性》，中国法制出版社2002年版，第22页。有的学者认为，正当程序观和当事人主义模式密不可分，而正当程序观和犯罪控制观这对概念是美国著名刑法学家赫伯特·帕卡（Herbert Packer）为解释美国刑事司法制度而首先提出来的。参见左卫民：《刑事程序问题研究》，中国政法大学出版社1999年版，第11～13页。而对于正当程序的理解和解释在学术界和司法实务中并不一致。

现代检察官等级制度等一系列改革措施。使我国检察事业获得了前所未有的新发展。

三、中国传统法制文化对检察制度形成的影响

即使是现代社会，大多数国家或民族的文化都与自身的传统文化保持着天然的联系。世界上两大法系——英美法系和大陆法系，这两大法系在形成过程中都深深地受到罗马法的影响。日本学者宫本英雄在考察英吉利法时认为，英吉利法的形成直接或间接地继受于罗马法，但英国对罗马法的继受为实质上的继受，而不是像欧洲大陆那样与罗马法混为一体，成为形式上的继受。"故罗马法殆为英法实质上历史之渊源。"尽管两大法系在民族、地缘关系和继受法制文化方面都十分接近，但这两种法制文化在形式上却表现出极大的差异，这种差异的形成主要来自于欧洲大陆的法德国家与大不列颠民族传统文化和民俗习惯的差异。中国也不例外，中国是一个历史十分悠久的文明古国，历经几千年的民族文化传统和习惯性规则在政治、经济、法律、道德、宗教等各个领域都打上了深刻的烙印。这种潜移默化的社会法治理念和民族文化影响往往是根深蒂固、难以改变的。所以黑格尔（Georg Wilhelm Friedrich Hegel）说："……每一个民族都有适合于它本身而属于它的国家制度。"他的观点很明确，即一个国家的政治法律制度是这个民族自身的选择，是在这个国家和民族自身发展过程中逐步形成的具有与其相适应的制度。

中国传统法制文化，特别是中国漫长的封建法制文化是否对中国现代社会产生影响，以及产生影响的程度如何，理论上看法不一致，存在较大的争论。产生这些争论的原因在很大程度上是由于社会制度的变革以及意识形态中的不同观点所造成的。在"左倾"路线时期，人们总是戴着变色眼镜，用意识形态的眼光来看待法治问题，人为地割断新中国与历史上法制文化的继承关系。这种片面的、脱离客观实际的看法对学术探讨产生了很多不良影响。

中国当代检察制度与中国历史上的法制文化和司法制度是否具有承接关系，人们对此的理解和看法也不一致。有的人认为，中国检察制度的产生具有自身的历史连续性……中国古代的御史制度直接和间接地构成了我国检察制度的历史渊源。也有的人认为，中国近代以前没有产生现代意义的检察制度，但同时又认为，中国检察制度可以从古代御史制度中找到文化传统继承因素。还有的人认为，尽管中国具有悠久的法律文化遗产，但新中国的法制建设却几乎是从零开始的。其间当然包括检察制度建设。我们认为，中国特有的政治法律制度和法制文化传统对当代中国司法制度的影响是不可低估的。这种影响所发生的作用就像罗马法对于英吉利法所产生的实质性影响一样，具有内在的功

能。它深深地蕴涵到民族法治意识和法治理念中。

如前所述，中国当代检察制度为什么像前苏联检察那样建立以法律监督为基本职能的检察制度，而没有采纳西方国家以履行公诉权为基本职能的检察制度，除了因为社会制度和意识形态与前苏联比较接近而借鉴以外，中国与俄国在政治上的集权统一和法治传统中特别强调监督的作用具有相似性是其中一个十分重要的影响因素，吸纳他国文化而又不脱离本国实际是促使中国检察机关定位为国家法律监督机关的根本原因。

认为古代中国没有形成现代检察制度的观点并没有错，因为任何政治法律制度的形成都是一个渐进发展完善的过程，没有一蹴而就的。西方现代检察制度的形成也经历了由雏形到逐步健全的过程。人类社会早期，无论是大陆法系的法国还是英美法系的英国，其检察制度都仅仅表现为诉讼中的代理制度，那时的检察官就是国王的代理人。而随着检察制度的发展，在大陆法系和英美法系之间，检察官的作用也发生了一些原则上的分歧和变化。大陆法系法国的检察机关始终保留着旧时代形成的对审判机关的监督权；而英美法系的英国检察机关则完全不享有这种职能。可见，用纯粹的公诉权和行政权来衡量西方所有国家的检察机关也不是完全正确的。

御史制度是中国古代特定条件下的一种政治法律制度，在中国封建社会高度集权统一、行政司法合二为一的政治格局下，它兼具着行政监督与司法监督的双重职责，在封建政治统治中发挥着十分重要的调节作用。理讼治狱、三司会审是其重要司法职能，而监督政府、弹劾官员也属于它的重要职责。这种构成特征与西方三权分立下的司法制度是无法比拟的。这说明古代中国统治者也是基于自己的国情，倾向于用一种统一集中的弹劾权来解决权力的制衡和监督问题。中国的这种传统法制文化并没有随着现代社会的建立而自然消失。清末司法改制也是保守地引进大陆法系司法制度，参照法国检察体制保持检察权对审判权的监督和制约。

由于中国近代史以后的政治风云不断变换，政治制度的不断翻新也造成了司法制度的花样甚多。然而，没有稳定的社会制度和政治制度，就根本谈不上健全完善的检察制度。因此，新中国建立之前的中国的检察制度只是中国当代检察制度形成的一个前奏。但在中国历史上仍然起到了应有的承前启后作用。中国建国初期设立检察机关时之所以不用西方的公诉权来定位中国的检察机关，而是以强调法律监督为主要职责，是与中国由来已久的法制文化传统和权力集中统一的基本国情分不开的。无疑这些都是来自中国政治法律文化传统的深刻影响。

第二部分

检察权配置

论检察权的结构[*]

谢鹏程^{**}

检察权的结构，是指检察权的分类以及各类检察权之间的关系。本文试图根据我国宪法和法律的规定，参照国外立法惯例，对我国检察机关的权力即检察权的分类进行初步的探讨。

一、我国宪法和法律对检察权的规定

我国《宪法》第 129 条①确认了我国检察机关的性质，第 131 条②确立了我国检察机关行使检察权的基本原则，但没有条文直接规定检察权的内容。

《人民检察院组织法》(1983 年修订) 第 5 条规定了五项检察权，即："（一）对于叛国案、分裂国家案以及严重破坏国家的政策、法律、法令、政令统一实施的重大犯罪案件，行使检察权。（二）对于直接受理的刑事案件，进行侦查。（三）对于公安机关侦查的案件，进行审查，决定是否逮捕、起诉或者免予起诉；对于公安机关的侦查活动是否合法，实行监督。（四）对于刑事案件提起公诉，支持公诉；对于人民法院的审判活动是否合法，实行监督。（五）对于刑事案件判决、裁定的执行和监狱、看守所、劳动改造机关的活动是否合法，实行监督。"由于立法的发展，这五项检察权的规定，就具体内容而言，某些规定不太准确，例如，第（一）项中的"政策"、"法令"、"政令"的实施仍然列入检察机关法律监督的范围显然不妥，第（三）项中的免予起诉权已经被取消。从总体上说，这五项权力也不太全面，例如，没有规定对民事、行政诉讼的法律监督权。

《刑事诉讼法》第 3 条在确定公、检、法三机关在刑事诉讼中的基本分工

* 本文刊载于《人民检察》1999 年第 5 期。

** 谢鹏程，最高人民检察院检察理论研究所副所长、研究员。

① 《宪法》第 129 条规定："中华人民共和国人民检察院是国家的法律监督机关。"

② 《宪法》第 131 条规定："人民检察院依照法律规定独立行使检察权。"

的同时，规定"检察、批准逮捕、检察机关直接受理的案件的侦查、提起公诉，由人民检察院负责"。其中，明确列出了三项检察权，即批准逮捕权、侦查权和公诉权，同时还有一个"口袋式"规定即"检察"，可以把所列三项检察权之外的权力包容在内。从立法技术上说，没有多大问题，但从分类的彻底性上看，显然是不够的。这说明立法者当时对检察权的认识并非十分清晰。

《刑事诉讼法》第 8 条规定："人民检察院依法对刑事诉讼实行法律监督"，《民事诉讼法》第 14 条和《行政诉讼法》第 10 条分别作了类似的规定，这就确立了人民检察院对刑事诉讼、民事诉讼和行政诉讼的法律监督权。

二、检察权的分类

有人根据人民检察院组织法、刑事诉讼法的规定以及近几年的立法发展，把检察权划分为四项（类）：一是对职务犯罪的侦查权，二是批准逮捕和决定逮捕权，三是公诉权，四是执法监督权（或称司法监督权）。这一划分是比较全面的，但仔细推敲仍然有下述三个方面的问题值得商榷：

第一，"批准逮捕和决定逮捕权"单列为一项权力或一类权力不妥。因为"批准逮捕"是检察机关在刑事诉讼中对公安机关和安全机关等部门侦查活动的诉讼监督方式之一，因而属于诉讼监督权的范畴，而"决定逮捕"则是检察机关对自侦案件的侦查权的一部分，应划归侦查权。

第二，把检察机关的侦查权称为"对职务犯罪的侦查权"不够准确。因为检察机关的侦查权有三个方面的内容：（1）对贪污、行贿、受贿案等 21 类职务犯罪的侦查权；（2）对公安机关、安全机关等机关负责侦查案件的补充侦查权；（3）对人民检察院认为需要自己直接侦查的案件的侦查权。虽然对职务犯罪的侦查是检察机关侦查工作的重点和主要内容，但以"对职务犯罪的侦查权"表示检察机关的侦查权多少有点"以偏概全"的嫌疑。如果为了表达的简便，不妨称之为"检察侦查权"，以"检察"二字来表示检察机关的侦查权的性质和特点。

第三，"执法监督权"或"司法监督权"的称谓不确切。笔者认为称之为"诉讼监督权"比较合适。因为执法监督的范围过宽，广义的执法包括政府各部门的执法（行政执法）和司法机关的执法（司法），狭义的执法仅指行政执法，不管是在广义上还是在狭义上使用"执法"一词，都不适合表示检察机关法律监督的范围。在法学中，"司法监督"概念的用法尚不统一。它可以指司法机关对其他国家机关的活动的监督，也可以指公民、法人、政党和社会团体对司法机关的活动的监督，而这两种含义都不符合检察机关法律监督的范围。检察机关法律监督的职能，除了侦查和公诉之外，主要是对三大诉讼过程即刑事诉讼、民事诉讼和行政诉讼的法律监督，不管参与诉讼的主体是行政机关，还是审判机关，其诉讼活动都依法受检察机关的法律监督。因此，把这项权力称之为诉讼监督权比较符合现行法律对检察机关的授权范围。

基于上述分析，我们可以按照各项检察职权的性质和特点，把检察权划分为三类：公诉权、检察侦查权和诉讼监督权。

三、公诉权、检察侦查权和诉讼监督权的性质

公诉权，包括审查起诉、提起公诉、不起诉、撤诉、出庭支持公诉等一系列诉讼权力，是法律赋予检察机关在刑事诉讼中代表国家提起公诉、追究犯罪的专有权力，是检察权的重要组成部分。一方面，公诉业务是检察机关的各项业务中内容较稳定、专业技术性较强的一项常规性职能活动，不论检察机关的职能如何发展和变化，公诉总是最基本的检察职能。综观世界各国检察制度，我们可以说，没有公诉权，就不是检察机关。另一方面，刑事案件的公诉权一般都集中在检察机关，只有检察机关享有公诉权。从国外立法例来看，《德国刑事诉讼法》第152条规定："提起公诉权，专属检察院行使。"因此，我们可以说，只要是检察机关，就必有公诉权。

检察侦查权，包括对检察机关直接受理的职务犯罪案件的侦查权，对公安机关、安全机关等部门负责侦查案件的补充侦查权，以及对人民检察院认为需要自己侦查的案件的侦查权。检察侦查权具有三个显著的特点：一是检察机关所侦查的犯罪主要是发生于国家管理活动中的职务犯罪，因而这种侦查本身就是法律监督的一种方式。这种对执法机关及其工作人员的公务活动的法律监督不能由行政机关自身来进行，只能由国家专门的法律监督机关来进行。二是人民检察院认为必要的时候，经过一定的程序便可直接受理和侦查各种犯罪案件。检察机关的这种侦查权显然是对公安机关、安全机关等侦查部门的侦查权的一种制约和监督。三是对国家工作人员是否遵守法律实行监督，对其犯罪特别是职务犯罪进行侦查，是对违法犯罪的国家工作人员进行司法弹劾的一种方式。当今世界上法制健全的国家大多把对职务犯罪的侦查权赋予检察机关，例如美国的独立检察官制度、日本的检察官指挥司法警察侦查职务犯罪的制度等，这是权力制约原理的体现，是加强检察机关法律监督职能的必要手段。《意大利刑事诉讼法典》（1998年）第326条规定："公诉人和司法警察在各自的职责范围内进行必要的初期侦查，以便作出与提起刑事诉讼有关的判断。"第327条规定："公诉人领导侦查工作并且直接调动司法警察。"这说明，意大利的检察机关不仅具有侦查权，而且具有指挥司法警察进行侦查的权力。按照《德国刑事诉讼法》和《德国法院组织法》的

有关规定，德国检察机关享有全面的侦查权，警察机关只是检察机关的辅助机构。

诉讼监督权，即对刑事、民事、行政诉讼的法律监督权，是检察机关对各种诉讼活动的合法性实行监督，维护司法公正的重要形式。我国刑事诉讼法、民事诉讼法和行政诉讼法都把检察监督作为一项基本原则确定下来。特别是刑事诉讼法对检察机关的诉讼监督，从原则到具体规范作了系统的规定。在侦查和起诉阶段，主要是对人民法院、公安机关、安全机关的立案或侦查活动的合法性进行监督，如立案监督、批准逮捕、要求公安机关复验、复查并可派员参加等。在审判阶段，主要是对法院的审判活动的合法性进行监督，如对违反诉讼程序的行为提出纠正意见，对不合法的判决提出抗诉等。在执行阶段，主要是对执行判决活动的合法性以及法院的减刑、假释裁定的合法性进行监督，如提出书面纠正意见等。按照现行法律，对于民事诉讼和行政诉讼，主要是通过审判监督程序进行抗诉。当前，加强诉讼监督工作，维护司法公正，是法律赋予检察机关的法律职责，是依法治国的客观需要，也是人民群众的普遍要求。从国外立法例来看，检察机关一般也享有诉讼监督权，如《德国刑事诉讼法》第 24 条关于检察院对法官回避的监督，第 210 条关于检察院不服拒绝开始审判程序的裁定有权立即提出抗告的规定，第 301 条关于检察院提起的法律救济诉讼活动对所要求撤销、变更的裁判的效力的规定。

四、公诉权、检察侦查权和诉讼监督权之间的关系

公诉权、检察侦查权和诉讼监督权是检察权的三项基本内容，是检察机关的法定职权。行使这三项职权是检察机关履行法律监督职责的基本形式。具体而言，它们之间的关系主要表现在如下几个方面：

首先，公诉权、检察侦查权和诉讼监督权是统一的。我们应当把它们统一到法律监督职能上来，把它们统一到保障法律的统一、正确实施上来，把它们统一到保持公务员队伍的廉洁、维护司法公正、保障社会经济发展所必需的社会稳定和政治稳定上来。检察机关应当始终如一地、坚定不移地把"法律监督"作为检察工作的支撑点和出发点，把行使上述三项检察权作为全面正确地履行法律监督职责的主要方式。法律监督不仅是行使三项检察权的宏观指导的支撑点，而且是三项检察权的落脚点。

其次，公诉权、检察侦查权和诉讼监督权不可偏废。我们要全面履行检察机关的法律监督职责，就必须全面行使这三项检察权，不可使某一项检察权偏废。不能根据自己的或局部地区的利益与需要，有选择地行使某一项或两项检察权，而废弃其他检察权。任何一项检察权的偏废都会影响检察职能的发挥，

都可能给国家法治及其实现造成不可估量的损失。

最后，在检察工作格局中，公诉权、检察侦查权和诉讼监督权是可以有重点的。全面履行各项检察权是一般要求，是根本，是基础，但是，这并不否认我们在全面履行三项职权的基础上，根据形势发展的需要、党和国家的政策、党中央的工作部署和人民群众的呼声，在一定时期内以某一项职权的行使为工作重点，同时兼顾其他职权的行使。

检察权的科学配置[*]

王守安^{**}

检察权，是指检察机关所具有的权能。检察机关是国家依法设立的行使公权力的机关，检察权是国家权力的重要组成部分。近年来，伴随着对司法改革问题的研究，关于我国检察机关应当具有哪些权力，成为理论上的热点问题之一。我们认为，改革检察机关的职权配置，必须树立科学的观念，以科学的态度和路径，研究检察权的配置问题。

一、科学配置检察权的一般要求：符合规律和实际

从语义上讲，"科学配置检察权"中的"科学"，是指符合科学规律的、合理的。① 而关于法律制度的"合理"的理解，一般认为，一项法律制度是否具有合理性，主要在于其是否合乎规律和可行。某一法律制度并不切实可行或可行性程度低，这样的法律不可能是合理的法律。② 因此，可以说，科学配置检察权至少必须符合两个要求：一是符合检察权配置的一般规律；二是符合检察制度生存和运行的客观实际。考察历史和现实，我们认为，在检察权的配置上至少存在以下几条规律：

（一）检察权的配置总是与检察机关的性质界定相适应的

西方国家的政治制度是按照三权分立的理论建立起来的，国家的权力结构分为立法权、行政权和司法权，检察权没有独立存在的空间，一般将其划归行政权的范畴。但是，检察权作为在历史上从纠问法官权力中分离出来的权力，在权力内容和运行方式上与一般的行政权存在明显的区别。由此使得人们对检

---

* 本文刊载于《国家检察官学院学报》2005 年第 3 期。

** 王守安，最高人民检察院检察理论研究所所长。

① 参见《汉语大词典》（第 8 卷），汉语大词典出版社 1991 年版，第 57 页。其他汉语词典类工具书有类似的解释。

② 参见周世中：《法的合理性研究》，山东人民出版社 2004 年版，第 20~21 页。

— 96 —

察权的性质存在不同认识，各国在立法上体现的检察官的性质和理论上对检察权的界定，也很不一致，并由此影响着各国对检察权的配置。例如，在法国，一般认为检察官是"近于司法官之行政权之官员"①，是公共权益的维护者。法国检察官与法官的任用资格、薪俸完全相同，并且二者可以交流任职。因此，检察官的权力不限于刑事公诉权，既有一定的防止公民权利在司法上被非法剥夺和侵犯等方面的监督权，也有一些应当属于审判机关享有的权力。现代检察制度起源于法国，许多国家的检察制度是借鉴法国建立起来的。因此，世界上多数国家包括德国、日本等，对检察机关的性质界定与法国类似。例如，在德国，将检察官视为司法官的理念相当强烈。即使有人不完全同意这种界定，也认为检察官既不是行使行政权的官员，也不是行使审判权的官员，而是居于两者之间的独立的司法机构，即检察官是与法官不同的司法官。② 在德国的刑事诉讼法上，检察官并非一方当事人，而应恪守真实性和公正性之义务。③

与法国等国家不同，美国等英美法系国家对检察官的性质界定往往是"政府律师"，认为检察机关是纯粹的行政机关，检察官在任职资格、薪俸待遇、身份保障等方面，完全不同于法官。在权力配置上，检察官主要是侦查权和公诉权的行使者，即使可以提起民事行政公益诉讼，其行使的也只是诉讼上的权力。可以看出，就检察机关的性质、地位而言，英美法系国家与世界上多数国家存在差异，并由此使得英美法系国家配置给检察官的职权较为狭窄。对于这一点，有人认为，法国等国家的检察制度是成熟的检察制度，而英美等国家的检察制度"乃在尚未成熟阶段"④。从检察制度的起源发展和近来英美国家检察制度的变革来看，这种认识是很有道理的。

（二）对检察权配置的内容是以诉讼上的权力为主体，兼有监督上的权力

从世界各国对检察权的配置内容上看，刑事公诉和侦查权可以说是各国检察机关所普遍拥有的，除此之外，多数国家还赋予检察机关一定的监督上的权力。这种监督既包括对侦查的监督，也包括对审判的监督，甚至还包括对行政

---

① 黄东熊：《中外检察制度之比较》，台湾中央文物供应社1986年版，第100页。
② 黄东熊：《中外检察制度之比较》，台湾中央文物供应社1986年版，第109页。
③ 参见［德］克劳思·罗科信：《刑事诉讼法》，吴丽琪译，法律出版社2003年版，第66页。
④ 黄东熊：《中外检察制度之比较》，台湾中央文物供应社1986年版，第131页。

执法的监督，只是在不同的国家监督的侧重点和范围有所不同。例如，在法国，检察机关不仅可以对警察的侦查活动和审判活动进行监督，还行使一定的行政监督权；在俄罗斯，尽管对以前的司法制度进行了大刀阔斧的改革，但仍然保持了检察机关一般监督的原则。

检察机关在监督上的权力在英国、美国等国家并不明显。但是，在理论上许多人并不否认检察机关的监督作用。英国是在近期才建立起了现代意义上的检察制度。理论上一般的认识是，检察官"在所有案件中，它主要关心的是法律应被正确理解与应用。"① "英国政府正是希望通过总检察长的公诉权力，达到监督司法诉讼的政治效果，在诉讼过程中起着政治上、法律上的把关作用。"②

我们认为，赋予检察机关一定的监督权，符合检察机关的本质和创设检察机关的目的。从检察机关的产生和现代检察制度的发展看，建立检察机关的目的主要有三：一是透过诉讼分权模式，以法官与检察官彼此监督节制的方法，保障刑事司法权限行使的客观性与正确性；二是以受过严格法律训练和法律拘束的公正客观的官署，控制警察活动的合法性，摆脱警察国家的梦魇；三是守护法律，使客观的法旨贯通整个刑事诉讼程序，而所谓的客观法意旨，除了追诉犯罪以外，更重要的是保障民权。③ 关于检察官的监督职能，在联合国的有关文件中也有所体现。联合国《关于检察官作用的准则》第11条明确规定，检察官要"在调查犯罪、监督调查的合法性，监督法院判决的执行和作为公众利益的代表行使其他职能中发挥积极作用。"这在一定程度上体现了国际上比较通行的认识。

（三）配置给检察机关的职权是在不断充实、扩大的

检察制度从产生到现在，一直处于不断发展中，检察权的内容也是不断变化的，但总的来看，是在不断充实和完善。从近期世界各国的司法改革情况看，检察机关的权力扩大主要体现在三个方面：一是检控裁量权不断扩大。例如，在美国，检察官已经拥有了实际上几乎不受限制的起诉裁量权，并在诉辩交易中享有很大的自主决定权。即使在传统上奉行起诉法定主义的德国，检察官现在也享有很大的起诉裁量权。二是赋予检察官调解或一定的处罚权。例如，在欧盟一些国家，20世纪以来检察官的职权呈多元化发展，检察官在刑

---

① 《牛津法律大辞典》（中文版），法律出版社1990年版，第610页。
② ［英］爱德华：《英国检察总长》，中国检察出版社1991年版，第96页。
③ 参见林钮雄：《检察官论》，台湾学林文化事业有限公司1999年版，第16～17页。

事诉讼中可以进行刑事调解、对被告人没收犯罪工具和犯罪所得、让被追诉人承担无报酬的公益劳动等。三是赋予检察机关提起、参与民事行政诉讼的权力，主要是在案件涉及国家或者公共重大利益时。随着社会生活的日益复杂化，检察机关作为社会和公众利益的维护者，开始比较广泛地干预涉及国家利益或公众整体利益的民事诉讼和行政诉讼。我们认为，国外检察权出现不断扩张之势，主要是基于以下原因：一是相对于行政权、司法权而言，检察权是一个新兴的国家权力形式，其范围界定不像行政权、司法权那样已经相对固定并形成共识，为了应付日益复杂的社会矛盾和问题，需要强化国家权力的干预，而检察权正好顺应了这一要求。二是检察机关在刑事诉讼中介入始终，且作用关键，调整检察机关的职权，可以调节整个诉讼的运行，促进司法资源的科学使用。三是检察机关逐渐被视为公共利益的代表，强化其职权，不会使人们产生像强化警察权力可能会走向"警察国家"危险的担心。

要实现对检察权的科学配置，除了要符合一般的规律之外，还必须要符合实际。可以说，作为现代检察制度，各国之间存在许多共性，但是，没有任何两个国家的检察制度是完全相同的。各国对检察权的配置，大体上都是与其本国的实际相适应的。这里的"实际"，包括政治体制、文化传统、社会状况等。例如法国、德国等国家，是将检察机关作为相对独立的官署建立的，要求其要恪守公正性、客观性等；而且，这些国家在诉讼传统上重视国家机关在诉讼中的职权作用，因此，这些国家配置给检察机关的职权比较宽泛。而美国等国家，一般视检察官为政府律师，"其检察官之选拔标准，乃政治性因素重于专业性因素"；① 在诉讼传统上，这些国家奉行当事人主义，对国家机关滥用职权特别警惕，因此，配置给检察机关的权限比较有限。

二、中国对检察权的配置状况：现状反思和倾向

我国现行的检察制度，是适应我国政权性质和政治体制建立和发展起来的。根据我国宪法和法律规定，检察机关的职权大致包括四项内容：公诉权、职务犯罪侦查权、逮捕权和对诉讼的法律监督权。尽管我国检察机关在性质、地位上与其他国家相比，似乎有一定的优势，但在对检察权的配置上，很难说优于多数国家的做法，那种认为我国检察机关权力过于庞大的观点，是缺乏依据的。我们可以用比较的方法来说明这一点。

---

① 黄东熊：《中外检察制度之比较》，台湾中央文物供应社1986年版，第88页。

（一）关于刑事公诉权

刑事公诉权是各国检察机关普遍拥有的一项权力，对此，各国法律一般均有明确规定。刑事公诉权主要包括，决定、提起公诉权，支持公诉权，不起诉决定权或者起诉裁量权。对于前三项权力，我国与其他国家相比差别不大，但我国检察机关的起诉裁量权明显小于其他国家。当前，属于起诉裁量权方面的规定，只有《刑事诉讼法》第 142 条第 2 款的规定，检察机关起诉裁量的范围只限于犯罪情节轻微且依法不需要判处刑罚或者免除刑罚的案件，适用范围较小。实践中，检察机关适用起诉裁量权的案件比较少，一些省市大约在 4%～5% 左右。而其他国家检察机关一般都拥有比较大的起诉裁量权。例如，美国的检察官有权根据本辖区的具体情况决定对哪些案件进行起诉，因为法律没有明确规定哪种犯罪、哪一类犯罪嫌疑人以及哪些犯罪行为可以不追诉，因此，这些决定全凭检察官依自由裁量权而作出。[1] 德国、法国、日本等国家法律规定的起诉裁量权的范围也远远宽于我国法律规定。另外，辩诉交易制度在许多国家逐渐兴起，相当一些国家和地区还建立了暂缓起诉制度，由此使得国外检察机关的起诉裁量权逐渐扩大，我国检察机关的起诉裁量权与之相比，几乎可以说难以望其项背。

（二）关于侦查权

刑事案件侦查权也是各国检察机关普遍享有的一项权力，但明确规定检察官侦查的案件范围各异。英美法系国家对检察机关侦查案件的范围一般有明确规定，同时，检察官在侦查方面可以对警察进行咨询和指导，提出建议和法律意见。大陆法系国家实行"检警一体化体制"，检察官拥有更大的侦查权。根据刑事诉讼法规定，我国检察机关的侦查权仅限于职务犯罪侦查权，即对从事公务的人员实施的与其职权有关的犯罪进行侦查的权力，与世界上多数国家相比，这一范围是显得比较狭窄的。可以说，我国检察机关有职务犯罪侦查权，是人民代表大会制度这一根本政治制度的产物。我国法律对人民代表大会制度下的一府两院在权力配置上是充分考虑到权力制约与权力制衡的。人民检察院作为专门的法律监督机关，对职务犯罪的侦查正是对国家工作人员特别是行政机关工作人员的一种监督手段。从我国对各有权机关侦查案件的范围规定来看，我国关于侦查权的分配，是充分考虑到各机关的职能性质。公安机关的主要职能是维护社会治安，由其侦查一般刑事案件顺理成章；国家安全机关的

---

[1] 李学军：《美国刑事诉讼规则》，中国检察出版社 2003 年版，第 308 页。

主要职能是防止破坏国家安全和政权的活动，法律赋予其侦查危害国家安全犯罪的侦查任务；同样，检察机关有监督国家工作人员廉洁司法、廉洁执法的职能，由其承担职务犯罪侦查的任务，可以说是一个科学的选择。

（三）关于逮捕权

这里的"逮捕权"，是指检察机关在刑事诉讼中批准或者决定逮捕羁押犯罪嫌疑人的权力。我国检察机关的逮捕权，是理论界垢病较多的一项检察权。其中最主要的原因是，由于逮捕涉及公民的人身自由，因而在国外都是由法院决定对被追诉人逮捕羁押的。我们认为，这种认识虽然很有道理，但总的来看并没有很强的说服力。首先，我国对检察机关逮捕权的设置与国外由法院行使逮捕羁押权在机理上是一致的。逮捕是剥夺被追诉人人身自由的最严厉的刑事强制措施，为了保障逮捕羁押的正确适用，应当在程序上设置制约机制，其中最主要的是将提请逮捕权与决定逮捕权分别由不同的诉讼主体行使。正是基于这一原理，在国外，一般将逮捕羁押权交由法院行使，因为侦查机关与检察机关同属于行政机关，而且在诉讼职能上侦查权依附于公诉权，因此，如果由检察机关直接行使逮捕权，则不能形成有效的制约。然而，在我国，大部分刑事案件由公安机关负责侦查，在刑事诉讼中公安机关与检察机关分工明确，各自独立行使职权；在国家机构体系中，公安机关是行政机关，检察机关是独立的法律监督机关。因此，总体上说，在我国由检察机关行使一定的逮捕权，并不违背一般的诉讼原理。其次，在逮捕权的设置上，简单照搬国外的做法是不理性的。在国外，决定逮捕羁押与审判的法官是完全分离的，而且他们实行的是完全意义上的法官独立。而在我国，所谓审判独立实际上是法院独立，如果将逮捕羁押权交由法院行使，实际上很难避免法院将"捕人"与"有罪"划等号，更不利于保障人权，更不符合诉讼的一般原理。最后，检察机关拥有逮捕权，符合其法律监督机关的性质。通过审查逮捕，检察机关可以对公安机关的立案、侦查等活动进行监督，发现违法行为，履行监督职责。根据《联合国公民权利和政治权利国际公约》第 9 条规定，对被追诉人的羁押，应当由审判官或者其他经法律授权行使司法权力的官员决定。因此，即使我国批准了该公约，检察机关的逮捕权也并不与其有关规定相违。

（四）关于对诉讼的法律监督权

根据我国法律规定，人民检察院有权对刑事诉讼、民事审判和行政诉讼活动进行法律监督，其中主要是对公安机关的立案、侦查活动、法院的审判活动和刑罚执行活动的法律监督。国外的检察机关实际上也有类似或相关的权力，而且在手段和效力上并不弱于我国的检察机关。

关于检察机关对公安机关刑事立案的监督，我国法律规定的监督手段是对应当立案而公安机关没有立案的，通知公安机关立案，至于对实践中经常发生的公安机关接到通知后不予立案或者立案后消极查处的情况应如何处理，法律并没有规定进一步的监督措施。关于检察机关对公安机关侦查活动的监督，我国法律规定的监督手段是针对违法行为发出纠正违法通知，至于公安机关是否纠正，也缺乏后续手段，致使这种监督几乎形同虚设。而在国外，多数国家的法律和理论是检察官可以控制警察的侦查活动，对于警察侦查的案件，检察官可以决定自行侦查，即使是在英美法系国家，检察官也可以指导警察的侦查活动。而且许多国家还规定了比较有效的检察官监督警察侦查活动的手段。

关于检察机关对法院审判的监督，我国理论上有一种观点认为，监督者与被监督者是由上对下的关系，检察院监督法院实际上是凌驾于法院之上，不符合一般的诉讼原理。这种看法是值得商榷的。根据汉语的词义理解，"监督"是察看并督促的意思①；"监督权"的第一个含义是社会主义国家公民对国家机关和国家工作人员监督的权利，其次是国家权力机关对其他国家机关的工作、上级国家机关对下级国家机关的工作、特定国家机关对其他国家机关的特定工作实行监督的权力。② 因此，在汉语里的"监督"关系中，并不意味着监督者是居高临下的，认为监督法院就是高于法院的理解是不确切的。而且，从我国法律规定看，检察机关对法院审判活动的监督手段主要是发出纠正违法通知和依法对法院裁判提出上诉和抗诉。纠正违法通知实践中效果微弱，几乎被闲置，上诉和抗诉，也只是启动程序，最后决定权仍在法院，而且这种权力也是国外检察机关普遍拥有的。所以，客观地说，我国检察机关对法院的监督权，并没有超出国外检察机关相关职权的范围。

关于检察机关对刑罚执行的监督，我国法律也只有笼统的规定，并且也只是启动有关程序，在监督效果上缺乏保障。而国外多数国家则明确规定，检察机关有指挥行刑之权。

前面已经提到，国外检察机关除公诉权、侦查权和一定的监督权等职权外，还具有调解、处罚等适用起诉替代措施权和民事行政公益诉讼权等，相比之下，我国对检察权的配置不但不是所谓"膨胀"，甚至可以说是比较"萎

---

① 《现代汉语词典》，商务印书馆1993年版，第548页。同时该词典例释曰：政府机关要接受人民的监督。

② 参见《辞海》，上海辞书出版社1989年版，第4423页。其他汉语类工具书有类似的解释。

缩"的。而且，从立法变化和理论研究上看，对检察权还有一种逐渐弱化的趋势。

三、科学配置检察权的实现：适当充实和完善

从前面的分析可以看出，我国检察机关目前拥有的几种主要权能，都是与其职能性质相适应的，也是符合中国实际的。但是，与国外相比，我国检察机关职权的完整性不够，许多应有的权能缺失。更应引起注意的是，作为法律监督机关，检察机关的监督权力薄弱，缺乏强有力的监督手段和措施。目前，我国正在大力推进依法治国方略，社会各界都在为构建社会主义和谐社会而努力。检察机关在我国法制建设和社会生活中担任着重要角色，我们认为，根据我国检察机关的性质和我国的实际，应当顺应检察权的发展规律，以充分发挥检察机关在促进依法治国和建设社会主义和谐社会中的作用为宗旨，以强化法律监督为主线，适当充实和完善我国检察机关的职权。具体而言，至少应当从以下几个方面着手：

（一）强化检察机关对诉讼的法律监督权

第一，完善检察机关的刑事立案监督权。为了加强检察机关对立案工作的监督，有必要规定检察机关对公安机关不立案的案件可以直接立案。为了防止滥用此项职权，可以同时规定地市级以下检察院行使这项权力，应当报经省级检察院批准，但对案件的范围不宜作限制。对于这一点，法学理论界也基本形成共识，在实践中也是比较可行的。

第二，充实检察机关的侦查监督权。目前，检察机关对公安机关刑事侦查的监督，主要是通过审查批捕、审查起诉进行。为了防止滥用强制性侦查措施，保障公民的合法权益不受侵犯，对公安机关采取限制或剥夺公民人身自由、财产权利的强制性侦查措施，建议通过赋予当事人等申诉权，建立检察机关事后审查机制，以解决对公安机关采取其他强制性侦查措施的监督制约问题。与此相应，对检察机关直接侦查的职务犯罪案件所采取的上述措施，犯罪嫌疑人及其聘请的律师有异议的，可以向上级人民检察院申诉。另外，为了保证正确适用延长拘留期限的规定，切实维护犯罪嫌疑人的合法权益，建议增加一道制约程序，即规定公安机关需要延长拘留期限至 30 日的，在拘留后的法定期限内报请检察机关审查批准。

第三，将民事执行纳入检察监督的范围。为了惩治执行判决、裁定中的失职、滥权行为，我国《刑法修正案（四）》规定了执行判决、裁定失职罪和执行判决、裁定滥用职权罪。但是，仅仅追究少数职务犯罪者尚不足以保障和监

督民事执行的顺利进行。为此，有必要将民事执行活动纳入检察监督的范围。对人民法院在执行活动中所作裁定的监督，检察机关可以适用法律关于民事审判监督程序的有关规定启动再审；对其他执行活动中的违法情况，检察机关可以采取提出纠正违法意见的监督方式。

第四，强化检察机关对诉讼活动进行法律监督的手段。目前，检察机关发现诉讼活动中有违法行为的，其主要手段是通知有关机关予以纠正，在实践中收效甚微。我们认为，办理案件的机关或者其负责人、承办人在办理该案中涉嫌违法，可能影响对该案公正处理的，要及时更换案件承办人或者改变案件管辖权，这不仅是防止和纠正诉讼违法行为的一种有效监督手段，也是对违法行为人进行制裁的一种监督措施。建议在我国刑事诉讼法中确立这一法律制度。

（二）扩大检察机关的起诉裁量权

检察机关在作出检控决定时拥有一定的裁量权，是现代刑事诉讼制度的重要特征，而且，随着社会形势的变化和诉讼制度的发展，各国检察机关的检控裁量权有逐渐扩大之势。起诉裁量权的正确行使，有利于节约司法资源，也有利于社会纠纷的及时化解。根据我国的实际和检察权的发展规律，必须适当扩大检察机关的起诉裁量权。根据我国实际并借鉴国外的经验，扩大检察机关的起诉裁量权主要有两种方式：一是扩大相对不起诉的适用范围；二是建立暂缓起诉制度。关于扩大相对不起诉的适用范围，建议将相对不起诉的范围扩大至可能判处 5 年有期徒刑以下刑罚的案件。关于暂缓起诉制度，我国现行法律尚没有规定，但世界上许多国家和地区设立了这一制度。暂缓起诉在决定直接起诉和直接不起诉之间设置了一个缓冲地带，对不起诉的适用附加了考察期限和考察条件，既体现了检察机关对于具体案件处理的慎重性，又赋予了检察机关一定的起诉裁量权，可以促使刑事追诉更加符合刑事诉讼的目的。

（三）赋予检察机关适当的调解和实体处理权

目前，检察机关决定不起诉的案件，需要作其他处理的，只能移交有关机关处理，对于涉及民事赔偿的，法律上没有规定其可以进行调解，往往只能由当事人通过民事诉讼解决。这样，既不符合诉讼经济原则，抹杀了不起诉制度在节约诉讼资源方面的价值；也不利于冲突的最终解决，不利于检察机关在消弭社会冲突和矛盾、构建社会主义和谐社会方面发挥更大的作用。为了更好地提高诉讼效率，促使诉讼在解决社会矛盾方面发挥有效的作用，世界各国陆续赋予检察机关根据法律酌情对明显不需要起诉的案件进行处理的权力。我们认为，在我国，人民检察院作出不起诉决定时，对案件作出适当的实体处理，有利于及时终结诉讼，保护社会和被害人权益，有利于被不起诉人认识错误、接受改造，也符合人民检察院法律监督机关的宪法地位。特别是相对不起诉案件，是对已经达到犯罪程度的行为，根据具体情况依法决定不起诉。这一行为具有社会危害性和刑事违法性，而决定不起诉是对诉讼程序的终结。因此，应当赋予作出不起诉决定的人民检察院适当的实体处分权。

（四）赋予检察机关民事行政公诉权

从世界范围看，扩大对公共利益的保护，是民事行政诉讼制度的发展趋势。不少国家如美国、德国等国的法律明确规定检察官作为公共利益代表人，有权提起民事行政诉讼。我国也应当建立这一制度。

论批捕权的合理配置[*]

季美君　姚石京^{**}

近几年来，随着刑事司法领域中冤假错案的不断披露，学者们开始审视我国刑事司法程序设计的科学性和合理性，其中负有公诉职责的检察机关同时享有批捕权问题更是备受争议。为了合理地配置司法资源，有效地实现司法运作的最终目的——公平与效率，充分发挥检察机关在侦查阶段的法律监督功能，就有必要重新考察逮捕这一强制措施在司法实践中的多重作用，认清逮捕与羁押之间的关系以及造成羁押率居高不下和超期羁押的痼疾久治难愈的真正原因，从而为科学地配置检察权中的批捕权问题提供充分的理论基础和现实根据。

一、设置批捕权的作用

逮捕是剥夺人身自由最严厉的一种强制措施，是为了保障刑事诉讼的顺利进行而设置的。而批捕权，简言之，就是指检察机关对侦查机关提请批准逮捕的犯罪嫌疑人进行审查并决定是否予以逮捕的权力，它是我国检察机关目前所拥有的主要职能之一。诚然，世界各国因其所具有的政治经济制度、历史文化传统和民族心理特征等各方面因素的不同，再加上各国的宪政制度、司法制度和诉讼制度的差异，不同国家的检察制度呈现出各不相同的特色，在批捕权的设置上也并非千篇一律，尽管大多数国家是由法院或者法官来行使批捕权。从设计批捕权的初衷来看，主要是对行政权中的追诉权进行制约，以防止侦查机关滥用逮捕权而侵犯公民的人身权利和人身自由，以保证逮捕决定的合法性和合理性，从而实现诉讼活动顺利进行与人权保障的统一。①从本质上来说，批

---

　*　本文刊载于《中国司法》2011 年第 10 期。

　**　季美君，最高人民检察院检察理论研究所副研究员；姚石京，浙江省台州市人民检察院研究室主任。

　①　参见朱孝清：《中国检察制度的几个问题》，载《中国法学》2007 年第 2 期。

捕权的行使是对侦查活动的法律监督。由于我国的检察机关是法定的法律监督机关，因此，从应然层面上来看，检察机关行使批捕权应起到以下几个方面的作用：（1）对逮捕的理由和必要性进行审查，以确保逮捕措施的合法性和正当性；（2）对行政机关的追诉权进行制约，以防权力被滥用；（3）通过审查批捕以便及时地发现侦查机关在侦查活动中出现的漏洞，保证办案质量；（4）对侦查活动是否合法进行监督，以保证所取得证据的合法性，以便为案件的起诉工作打下扎实的基础。因此，行使批捕权的目的是搞清楚侦查机关提请的逮捕是否存在"合理的根据"，是否有逮捕的必要，从而使侦查机关能够正确地适用逮捕措施。但是，从司法实践来看，检察机关在行使批捕权的过程中，并没有如所期望的那样充分发挥出上述几个方面的应有作用，相反却存在不少问题，其原因也是多方面的。

二、批捕环节中存在的主要问题及原因

（一）理解逮捕条件存有偏差

根据现行刑事诉讼法的规定，批准逮捕必须同时具备三个条件，即"有证据证明有犯罪事实"、"可能判处徒刑以上刑罚"以及"有逮捕必要"，三者缺一不可，否则，哪怕有证据证明行为人实施了非常严重的犯罪，也可不适用逮捕措施。如对于某涉嫌杀人罪的行为人，若根据具体情况判断其没有明显的人身危险性，采取取保候审或监视居住等强制措施足以保障诉讼活动顺利进行的，可以不适用逮捕措施。但实践中，经常的做法是一旦出现"有证据证明有犯罪事实、可能判处徒刑以上刑罚的"情况，就不考虑有没有逮捕的必要而批准逮捕，导致在多数案件中犯罪嫌疑人都被逮捕，使逮捕在各种强制措施中成为主角，而逮捕的结果必然是长时间的羁押。

逮捕措施在司法实践中的普遍适用，无形中提高了取保候审等其他强制措施适用的门槛，导致只有某些有钱有势有关系的人才能申请到取保候审，而一般人要想得到取保候审的待遇，即便符合法律的规定，也很难如愿实现。[①]这种"以羁押为原则，以取保为例外"的审前模式，不仅不利于保障犯罪嫌疑人的人权，而且增加了国家为羁押支付的大量的人力、物力，同时也为滋生司法腐败提供了土壤。

---

① 刘仁文：《陈久霖为何当庭才收监》，载《新京报》2006年3月25日。

（二）检察机关对侦查活动监督乏力

人民检察院是国家的法律监督机关，依法对刑事诉讼实行法律监督，并规定人民检察院在审查逮捕工作中，如果发现侦查机关的侦查活动有违法情况的，应当通知侦查机关纠正，对侦查机关的侦查活动是否合法进行监督，但在整个刑事诉讼过程中，公、检两家的配合胜于制约。在共同打击犯罪的使命以及"惩罚犯罪、有罪必究"价值取向的指导下，不少检察机关对侦查部门在收集证据的过程中出现的侵犯人权的现象熟视无睹。

另外，不少基层检察院在工作中，把"有罪必罚、宁可错究、亦不放纵"奉为指南，片面地强调打击的力度和刑罚的政治功能，一旦发现犯罪行为，为防止犯罪嫌疑人隐匿、逃跑，能逮捕的就先抓起来再说；在共同犯罪案件中，不管参与者的行为和情节如何一律以同案犯对待；在有罪无罪证据并存，不能定案的情况下，宁可用足法律所规定的延长期限也不肯放人；对一些证据不足的案件，为追求快捕率而不惜损害犯罪嫌疑人、被告人的合法权益而满足社会的应急之需，①结果就造成了杜培武案（云南省昆明市）、聂树斌案（河北省石家庄市）、佘祥林案（湖北省荆门市京山县）等许多恶性冤假错案的产生，引起了社会各界的强烈反响和广泛的关注。这些典型错案的酿成虽与整个中国的司法体制、办案人员的执法观念以及办案手段等诸多因素密切相关，但在批捕程序上把关不严，无法对侦查活动中的违法行为进行有效监督，也是出现这些错案的一个不可忽视的原因。事实上，这些案件都曾经过批捕程序，要是我国的批捕权配置合理，将批捕与羁押互相分离，即便在批捕阶段没有把握准确，在随后的继续羁押合理性的审查中也会有更多的机会发现案件中存在的问题，从而有效地防止冤假错案的发生。

（三）保护人权观念淡薄

逮捕的实施是为了使刑事诉讼活动得以顺利进行，以剥夺犯罪嫌疑人的人身自由，限制其人权作为代价来保障大多数人的人身自由和财产不受肆意侵犯，但其也有可能因被人为的利用或错误地使用而成为侵犯人权的"杀手锏"。② 在我国的司法实践中，长期以来司法机关"往往单纯地强调逮捕是保

---

① 肖建生、肖玉华：《"有逮捕必要"应真正成为逮捕的必要条件》，2006年第七届全国检察理论研究年会论文。

② 孙谦：《逮捕论》，法律出版社2001年版，第127页。

证诉讼、惩罚犯罪的重要手段，而未充分考虑逮捕应兼顾司法权威和人权保护"，① 在实践中经常出现"不该批的批了"、"不该捕的捕了"等现象，在"重打击、轻保护"观念及有罪推定思想的影响下，执法机关的一贯做法是先把人抓起来再说。事实上，几百年前，刑事社会学派的创始人李斯特就认为：刑罚的目的是保护个人的生命、身体、财产、自由、名誉的利益和保卫国家的存在、安全和统治利益，也就是说，刑罚是以预防再犯、防卫社会为目的。只有"法益保护"或"社会防卫"才是刑罚的目的和刑罚的正当化根据。②因此，作为强制措施的逮捕，其适用也应具有合法性和正当性。用之不当，无疑会给错捕的个人及整个社会带来灾难性的影响及严重的后果。司法实践中，受错误执法观念的指导，错捕现象司空见惯，老百姓也早已习以为常，司法的权威性和信任度也因此而大大下降。

司法实践中，造成"不该捕的捕了"的另一重要原因是司法机关以批捕率高、批捕人数多来衡量打击犯罪的成效。尤其是在严打中，在一片"从快"声的呐喊中，检察人员为了不在检察环节贻误案件且对犯罪嫌疑人的社会危险性难以判断以及考虑公、检两家工作关系，降低批捕条件，屈从于非理性的舆论与民愤，只要有犯罪事实或逮捕后不至于赔偿的就批准逮捕，以此来体现打击犯罪的力度，结果将不该捕的捕了，造成了执法上的偏差，严重地侵犯了犯罪嫌疑人的人权。

逮捕工作的上述问题造成了逮捕措施的滥用，而滥用所带来的恶劣后果也是多方面、多层次的：从社会角度来看，必然造成看守所在押犯罪嫌疑人的徒然增多，极大地提高了诉讼成本，造成司法资源的不必要浪费；从嫌疑人方面来看，其一旦被逮捕，就失去了人身自由，在精神上和肉体上都遭受极大的伤害，其人权也受到不必要的侵犯，同时也不利于犯罪嫌疑人自己去搜集有利于自己的辩护资料和证据；从案件本身来说，也不利于司法公正的实现。

另外，将不必逮捕的犯罪嫌疑人关进看守所难免造成交叉感染，与同室被羁押的其他犯罪嫌疑人进行犯罪经验、作案手段方面的交流，其弊远大于利，尤其对于青少年犯罪嫌疑人而言，其负面效果更是明显。最后，作为刑事诉讼中最为严厉的强制措施，理应与其他措施配套使用，才能获得最大的效益。任何国家的刑罚体系，都是由各种刑罚方式有机配置而成，以便发挥控制犯罪的

---

① 肖建生、肖玉华：《"有逮捕必要"应真正成为逮捕的必要条件》，2006 年第七届全国检察理论研究年会论文。

② 马克昌主编：《近代西方刑法学说史略》，中国检察出版社 1996 年版，第 196 页。

最佳效果。由于每个国家控制犯罪的资源投入总是有限的，所以就要求以最小刑罚成本支出，最大限度地遏制犯罪。①因此，在现实中，对逮捕这样严厉的强制措施，应慎用、少用，用得适得其所，以便真正发挥其预防犯罪以及使刑事诉讼顺利进行的功能。

三、解决问题的出路

（一）在程序设计上将逮捕与羁押相分离

分析我国的逮捕环节存在的问题不难发现，其中很多问题并不是批捕权本身的配置造成的，而是源于制度设计上相关环节的缺失。与西方国家对逮捕措施的审查相比，我国的法律规定还是比较严格的，但由于我国的逮捕与羁押程序合二为一，嫌疑人一旦被逮捕就意味着被无限期地羁押，而在西方国家，逮捕只是强制嫌疑人到案的一种手段而已，只会带来较短时间的人身监禁。例如，在普通法系国家的英美，逮捕分为有证逮捕和无证逮捕两种。有证逮捕须经治安法官的审查批准才能执行，而无证逮捕则由警察或普通民众直接实施。意大利则规定司法警察拥有对现行犯的直接逮捕权，对现行犯以外的其他嫌疑人的逮捕则由检察官来批准决定。德国则将逮捕分成两种，即由检察官和警察自行实施的"暂时逮捕"和由法官发布羁押命令之后实行的逮捕。在日本，则将逮捕分为"通常逮捕"、"紧急逮捕"和"现行犯的逮捕"三种，其中只有"通常逮捕"才由警察、检察官提出申请后，再由法官审查并决定是否批准逮捕。②

由此可见，西方国家对逮捕的适用是分不同情况采用不同程序的，只有较为正式的逮捕才规定适用司法审查模式，而在紧急情况尤其是针对现行犯则大量适用无证逮捕的模式。与此同时，西方各国将逮捕与羁押规定为两个独立的程序，适用不同的条件。对逮捕和羁押进行两次独立的司法审查。另外，出于打击犯罪和侦查的需要，对逮捕的审查则出现越来越多的例外情况，很多大陆法系国家将初步侦查阶段的逮捕或拘留大多作为侦查活动的一部分，而无须经司法官员的授权。如《法国刑事诉讼法》第 63 条规定："司法警察因侦查所必需，可以拘留第 61 条和第 62 条所规定的人员一名或者若干名，并且在最短

① 陈兴良：《本体刑法学》，商务印书馆 2001 年版，第 82～83 页。
② 陈瑞华：《问题与主义之间》，中国人民大学出版社 2003 年版，第 162 页。

时间内报告共和国检察官。拘留上述人员不得超过 24 小时"①；而《意大利刑事诉讼法典》第 380 条、第 381 条也分别规定了"必须当场逮捕"、"可以当场逮捕"等两种不需报公诉人批准即可当场实施逮捕的情况。②同时，该法第386 条第 3 款规定："如果不存在第 389 条第 2 款③规定的情况，司法警察和警员应尽快将被逮捕人或被拘留人交给公诉人，在任何情况下，该期限不超过逮捕或拘留后的 24 小时，并移送有关笔录。"④

　　不难看出，上述国家在给予警察自行决定逮捕权的同时，也赋予其一定的义务，即必须尽快将被捕者提交给司法官员，并由司法官员对逮捕的合法性和羁押的必要性进行审查。这属于事后审查的情况，而英美国家的"有证逮捕"或日本的"通常逮捕"，则属于事前审查的情况，即先由司法官员对警察、检察官提出的逮捕申请进行合法性和必要性方面的审查，若同意逮捕的就签发逮捕的许可令状，否则就不批准逮捕。

　　因此，尽管西方各国对逮捕适用的条件及司法审查等规定各有不同，但对逮捕后是否有必要羁押以及羁押期限的长短则必须经司法审查程序，这是一个普遍性的规定，而且还要求警察或检察官在逮捕后在尽可能短的时间内将犯罪嫌疑人带到司法官面前，如英国《1984 年警察与刑事证据法》第 41 条第 1 款规定："除非符合本条下部分规定及第 42 条、第 43 条规定，一个人在没有被提起指控的情况下不应该被羁押于警察局超过 24 小时。"同时，该法第 42 条第 1 款规定了经合理授权可以延长羁押的情况："负责羁押该人的警察局中具有警长或更高级别的警官有合理的理由相信侦查的进行是勤奋和有效的，该警官可以授权将他羁押至相关时间开始后的 36 小时。"⑤也就是说，根据该法，警察在逮捕嫌疑人以后自行决定羁押的期限不得超过 36 小时；在美国的大多数州及联邦，如果被逮捕后的嫌疑人在 6 小时之后仍没有被带到法官面前，其供述的自愿性就有可能受到怀疑，同时还要求对被羁押的嫌疑人必须尽快举行听审；而且司法官员在审查羁押的合法性和必要性时，通常都要经过听证或讯问，听取犯罪嫌疑人、辩护人、警察、检察官等的意见或辩论，然后再作出是否羁押以及羁押期限的裁决。

---

①　何家弘、张卫平主编：《外国证据法选译》（上册），人民法院出版社 2000 年版，第 370 页。

②　《意大利刑事诉讼法典》，黄风译，中国政法大学出版社 1994 年版，第 134 页。

③　即发生拘留或逮捕错误等应立即释放被逮捕人或被拘留人的情况。

④　《意大利刑事诉讼法典》，黄风译，中国政法大学出版社 1994 年版，第 137 页。

⑤　中国政法大学刑事法律研究中心编译：《英国刑事诉讼法》，中国政法大学出版社2001 年版，第 285～287 页。

上世纪九十年代以来，新闻媒体披露的冤假错案越来越多，而这些案件都是经过检察机关的批捕程序的，再加上逮捕工作中存在的种种问题和弊端，一些学者由此对批捕权的性质和归属问题提出了异议。如有人认为，批捕权涉及人身自由、诉讼进程、诉讼目的、诉讼结构等一系列重大问题，将这一重要的司法权力赋予审判机关行使，更具有内在的正当性与外在的合理性。[①]也有人认为，"审判机关行使批捕权，有利于实现诉讼目的，又与其诉讼职能相适应"，进而提出"在不改变我国现行法院的体制下，可考虑在全国各基层法院设立司法审查庭，专门负责对侦控机关提请适用的强制性措施的合法性进行审查"。[②] 还有学者提出，"应当在审判前的追诉程序中设立一个不承担追诉职能的中立的司法机构，使其能够对检警机构限制或者剥夺公民基本权益的行为，进行有效的司法授权和司法审查，由此可以在审判前程序中构建起真正意义上的司法裁判程序……这个所谓中立的司法裁判者……应当能够参与审判前活动的全过程，并就所有与公民基本权益有关的事项，如逮捕、拘留、取保候审、监视居住、搜查、扣押、窃听、勘验、检查、鉴定、通缉等强制性措施，发布是否许可的令状。"[③] 不难看出，对当前检察机关批捕权持异议者多主张我国应该像西方国家那样由法官来行使批捕权，将西方国家的做法看成是我国构建司法体制、分配各项权能的标准。

事实上，在西方国家，批捕权也并非都是由中立的法官来行使，但不管逮捕是由警察、检察官自行决定执行，还是事先经过司法官批准，在逮捕后至提交司法官面前这段时间最长的不得超过 72 小时，英国规定不得超过 36 小时，法国规定不得超过 24 小时，而日本为 72 小时。此后必须由法官来决定是继续受到羁押还是被有条件地保释，很少出现像我国这样比较普遍地适用逮捕措施并且一旦逮捕即羁押几个月甚至几年的现象。"逮捕和羁押的分离实际上可以确保安全与自由、侦查的效率与程序的正义得到合理的平衡。"[④] 因此，我国制度设计上的漏洞是造成目前逮捕工作中出现诸多问题的根本性原因。从某种意义上来说，我国的逮捕实际上是一种变相的羁押决定，与大多数国家的逮捕措施有着本质上的不同。但从逮捕本身来说，设置批捕程序，其目的只是对追诉权的制约和监督。从上述介绍中可知，在西方国家，逮捕既有由检察官批准的，也有由司法官批准的，其实质在于分权，以达到权力制衡的目的，批捕权

① 郝银中：《论批捕权的优化配置》，载《法学》1998 年第 6 期。
② 任寰：《关于在我国建立司法审查制度的构想》，载《法学》2000 年第 4 期。
③ 陈瑞华：《从"流水作业"走向"以裁判为中心"》，载《法学》2000 年第 3 期。
④ 陈瑞华：《问题与主义之间》，中国人民大学出版社 2003 年版，第 162 页。

最终由哪个部门行使并非关键问题。

与英美法系国家的检察机关只是单纯的起诉部门不同，我国的检察机关是专门的法律监督机关，因此，由检察机关来行使批捕权有其合理性和正当性。问题的关键是逮捕以后是否继续羁押以及羁押期限的长短在国外则通常是由司法官来决定的，而在我国现行司法体制下，则缺少了这一道必不可少的程序，一旦决定逮捕就意味着较长时间的羁押。因而，我国的检察机关在审查逮捕的正当性和必要性时就应像西方国家审查羁押的理由和必要性那样谨慎、严格。但现实问题是，法律规定审查逮捕的法定时间较短，如犯罪嫌疑人已被拘留的，审查逮捕办案期限为 7 天，犯罪嫌疑人未被拘留的，期限为 15 天。因此，检察机关不少多年从事批捕工作的人员认为，审查逮捕证据的时间很紧，办案人员不可能有充分的时间来对案件进行全面的审查、阅卷、提审犯罪嫌疑人等工作，在不少情况下只能凭借多年的工作经验和娴熟的办案技巧来完成这些工作，这也许是书面审查的方式所呈现的局限性。

因此，为了弥补批捕程序上设计的漏洞，在修改刑事诉讼法时，有必要将批捕程序与羁押程序分开，进一步规定检察机关在批准侦查机关的逮捕申请后，对逮捕后是否有必要继续羁押以及羁押期限的长短等问题应不时受到审查，这一审查程序可以举行听证的方式，让犯罪嫌疑人、辩护人、警察等一起参加并辩论，然后再对羁押的正当性及必要性问题作出决定，这样有关逮捕程序中出现的种种弊端以及一直困扰检察机关的超期羁押等问题都可以在短时间内迎刃而解。当然，在现行法律尚未修改的情况下，实践中，也有一些基层检察院在尝试如何减少逮捕的可能性，如实施让犯罪嫌疑人交纳赔偿保证金制度等，①但这些措施只是权宜之计，并不能从根本上解决批捕中存在的关键问题。

由于逮捕在我国的司法实践中，除了立法规定的本意是保证刑事诉讼的顺利进行外，还发挥着更多的作用，如某基层法院的法官说："即便是可能判处3 年以下的轻案，起诉到法院后，如果犯罪嫌疑人没有在押的话，我们也会决定将其逮捕，要不心里就没底。一旦犯罪嫌疑人被关押了，被害人也满意了，调解起来也更加容易。"这是现实中，逮捕所起到的多重作用，是坐在书斋里写文章的学者们根本料想不到的。如果正如学者们在修改刑事诉讼法时所提出

---

① 参见崔浩等：《撞人不捕　可不是交钱放人》，载《检察日报》2008 年 12 月 24 日。

的那样①，将逮捕的条件修改为"可能判处 3 年有期徒刑以上的刑罚"，对现实中的法官们来说，那将是灾难性的后果。②因此，从现实角度来看，要通过提高逮捕的条件来降低逮捕率是不可行的，也许通过将逮捕与羁押这两个程序相分离才是比较可行的方案。同时，由于我国的逮捕羁押期限在剥夺人身自由强度上不亚于短期自由刑，但在批捕过程中，犯罪嫌疑人既无权对批捕进行质证或提出异议，也无权对批捕决定申请复议复核，整个逮捕制度缺乏透明性，犯罪嫌疑人、被告人的权利得不到充分保障。因此，对逮捕后是否继续羁押的合理性举行听证程序，也是解决此问题的一条出路。

（二）在观念上维护打击犯罪与保障人权之间的平衡

几千年来，中国的传统观念是强调国家利益、集体利益至上，当个人利益与国家利益发生矛盾或冲突时，崇尚的是牺牲个人权利和个人利益，这种"国家本位"的观念至今仍牢牢地根植于大多数立法和司法人员的心底。③在打击犯罪与保障犯罪嫌疑人人权的关系上，"打击至上"的观念在执法人员的观念中仍占有主要市场，不少人甚至认为保护犯罪嫌疑人就是保护坏人。事实上，犯罪嫌疑人不一定是坏人，即使是被判有罪的人，也不一定是坏人，因为还存在错判的可能性。即便是真正的坏人，也应该有坏人的权利。"人类社会向文明进步的表现之一是对人权的尊重，不仅是对社会中守法公民之人权的尊重，而且包括对那些违法或者可能违法的人的权利的尊重。从某种意义上讲，对'坏人'权利的尊重比对'好人'权利的尊重更能体现社会文明的进步。"④。而逮捕与人权保障之间的关系则十分微妙。一方面，逮捕的目的是限制犯罪嫌疑人的人身自由而达到保障大多数人的人身自由、生存权和财产权的目的。另一方面，又会因适用不当而导致侵犯嫌疑人的人权的结果。反之，有时为了最大限度地保障犯罪嫌疑人的人身自由等合法权利，又会妨碍侦查及诉讼活动的顺利进行，继而使惩罚犯罪和保障人权成为一句空话。正如德国著名学者耶林所说的："刑罚如两刃之剑，用之不得其当，则国家与个人两受其害。"而作为最严厉的限制人身自由的强制措施的逮捕又何尝不是如此呢？

---

① 参见陈光中主编：《中华人民共和国刑事诉讼法再修改专家建议稿与论证》，中国法制出版社 2006 年版，第 378～379 页。

② 这是今年四月底去某县检察院调研，公、检、法、司数家座谈会时，一线办案人员所反映的心声。

③ 郑瑜琴：《论逮捕的限制使用》，2006 年第七届全国检察理论研究年会论文。

④ 何家弘、廖明：《"多元平衡的价值观及公正执法应有之义"——执法观念二人谈》，载正义网，2006 年 2 月 22 日。

平衡是刑事诉讼的核心问题，在刑事执法活动中，我们不但要兼顾打击犯罪和保障人权，同时还要平衡犯罪嫌疑人和被告人利益、被害人及其亲属的利益、社会整体利益等，使整个社会处于和谐状态。因此，我们必须在惩罚犯罪和保障人权这两者之间取得恰当的平衡与和谐。"和谐是人类在社会生活中所追求的崇高目标，也是生命在自然界中所希望达到的最高境界"，因此，"走向和谐也应是刑事司法的自然发展趋势"。①而逮捕措施的滥用，无疑是国家公权力对公民权利的肆意侵犯，是对公民人权的践踏。而今全国上下都在为建设和谐、美好的社会而努力，尽管"和谐"一词在百姓和领导人的眼里因思考的角度不同而有所区别：百姓理解的和谐是生存与生活的和谐，是衣食无忧、家庭和睦和民风淳朴等，而领导人的和谐则是治政上的和谐，即治政思想和基础的和谐。但毋庸置疑，"和谐"是官与民共同追求的目标，他们有着共同的基础，即社会的政治环境清廉，整个社会风气清爽舒心，人们安居乐业。②而法学家眼里的"和谐社会首先必须是法治社会，法治的核心内容是限制国家机关权力。"③因此，作为专门的法律监督部门的检察机关就应公正执法，以人为本，依法保障公民的人权，树立正确的刑事法治理念，纠正刻意追求高批捕率的思想，尽可能慎用或少用逮捕措施，为实现人类孜孜以求的和谐社会发挥检察机关应有的一份作用。

（三）在实践中重视律师的作用

我国刑事诉讼法规定，犯罪嫌疑人被逮捕后，除有碍侦查或无法通知的情况外，应把逮捕的原因和羁押的处所，在 24 小时内通知被逮捕人的家属或其所在的单位。通常情况下，被逮捕后的犯罪嫌疑人很长时间内都不允许与外界联系，对自己被逮捕的理由、所指控的犯罪、应享有的权利以及如何行使这些权利都不太了解，处在一种不知所措、惶恐不安的状态中，在审讯时就很难有效地保护自己的权利，再加上没有其他人的参与，刑讯逼供的惨剧通常就在这一阶段上演。因为迄今为止，科技还没有发展到可以让时空逆转的水平，侦查人员因没有亲临犯罪的现场目睹案件的发生而只能靠"历史的碎片"来拼凑复原案件的事实，在此过程中，最了解案情的被告人的口供自然就成了"证据之王"，起着不可替代的作用，"刑讯逼供作为查明案情的审讯方法，确实有着令执法者难以抗拒的魅力"，而"人的行为是需要约束的。在没有约束的

---

① 何家弘主编：《刑事司法大趋势》代序，中国检察出版社 2004 年版。
② 《和谐治政 造福百姓》，载《文汇读书周报》2005 年 11 月 11 日。
③ 张明楷：《警惕借构建和谐社会之名滥施刑罚》，载《法学》2005 年第 5 期。

环境下，人的行为就会受自然本能的驱使，变得为所欲为、野蛮粗陋。"①因此，在目前的执法环境下，刑讯逼供屡禁不止也就不足为怪了！尽管根据现行法律的规定，在侦查阶段，律师除了可以提供法律咨询、代理控告或申诉，也可以为其申请取保候审外，还可以会见在押的犯罪嫌疑人，但从多年来实施的情况看，律师的作用相当有限，主要原因是在请律师这个问题上还设有种种条件的限制，如涉及国家秘密的不能有律师的参与；律师要想见嫌疑人，不能超过两次，且每次不能超过30分钟；还有某些地方会见犯罪嫌疑人要事先上交会见提纲，有些还安装了监控设施等②。因此，犯罪嫌疑人的这些权利很难落到实处。另外，因逮捕的手续烦琐、批准程序复杂，一旦被逮捕就很难在判决前被保释，一关就是几个月甚至好几年的现象也司空见惯。如河北涉县姚成功一案，从1997年1月开始，姚成功作为犯罪嫌疑人先后被采取监视居住、行政拘留、刑事拘留和逮捕等各种强制措施，一直连续被羁押到他猝死在看守所的那一天，即1999年9月14日。在其被关押长达2年零7个月的时间里，姚的家属曾多次以姚身体不好为由申请公安机关变更强制措施，都未经审查而遭拒绝。其家属亦向许多党政部门提出过申诉但都未能如愿，还有其律师也曾向公安机关提出申请取保候审而被驳回③。其实，像姚这样被长期关押其人权受到肆意践踏的案件在现实中不足为怪！犯罪嫌疑人一旦被羁押，办案人员为了获取口供，就会不择手段地采取刑讯逼供等方法获取证据，如佘祥林被释放时，带着一只断了半截的手指和参差不齐的脚趾，就说明了他曾受到过什么样的"待遇"。目前检察机关审查逮捕的滞后性，对刑讯逼供问题并无多少威慑力。尽管使用非法证据排除规则可以将非法获取的证据予以排除，但通常情况下，在批捕阶段检察人员只看案卷而不提审犯罪嫌疑人，是很难发现哪些证据是非法获取的。

因此，在犯罪嫌疑人被采取强制措施时可以立即得到律师的帮助，不但可以切实地保障犯罪嫌疑人的人权，有效地遏制刑讯逼供等现象发生外，而且还能起到以下几个方面的作用：一是增加犯罪嫌疑人对法律的信任感，有利于其如实地供述犯罪经过；二是有利于侦查机关规范讯问行为，避免逼供、诱供、指供现象的发生；三是有利于涉案人认罪服法，减少翻供、翻证现象的发生；

---

① 何家弘：《享受法缘》，法律出版社2005年版，第33~34页。
② 汪建成：《中西刑诉文化差异之原因》，载文池主编：《在北大听讲座》（第三辑）——思想的魅力，新世界出版社2004年版，第254页。
③ 转引自郑瑜琴：《论逮捕的限制使用》，2006年第七届全国检察理论研究年会论文。

四是有利于犯罪嫌疑人配合司法机关的侦查活动，提高办案效率等。①尽管目前我国的法律还没规定犯罪嫌疑人享有沉默权，但要是犯罪嫌疑人能及时得到律师的帮助，扩大律师的服务范围，如主动为涉案当事人提供法律咨询和法律帮助等，同时公安、检察机关也为律师参与诉讼提供方便，这样不但屈打成招、刑讯逼供等现象就会随之大大减少，上述所说的其他方面的作用也能随之充分地得到发挥，继而使检察人员在审查批捕证据时也可省却不必要的麻烦。

四、结语

由于逮捕是限制人身自由中最严厉的强制措施，涉及公民的人权问题，当今世界各国都对其作了相当严格的规定，尤其是在那些崇尚自由、注重人权的西方国家，更是强调实施逮捕时程序上的合法性。从权力制衡的角度来看，各国都对逮捕这一措施进行有效的制约，且多数国家都由司法官大多是治安法官来批准逮捕权，其设置是与三权分立的基本理念相适应的。作为一种制约侦查权的权力，从实质作用来说，只要是不同的机关来行使或同一部门不同的人员来行使就能达到相互制约的目的。

因此，在我国人民代表大会制度的政治体制模式下，批捕权由不同于侦查机关的检察机关来行使，并没有什么不合理的地方。相反，从检察机关作为法律监督机关的职能来看，却具有必然性和合理性。如果能从以上阐述的三个方面来解决现实中逮捕措施存在的种种问题，就基本上能够得到比较满意的结果。另外，从实施逮捕的目的上来看，其主要是防止人身危险性大的犯罪嫌疑人逃跑、威胁证人、串供、毁灭证据或再次犯罪等才采取措施将其置于国家权力的监管之下，以便侦查工作的顺利进行，保障国家对罪犯追诉目的的实现。从保障人权的角度看，在现代刑事诉讼程序中，必须在打击犯罪和保障人权之间取得一种恰当的平衡，对逮捕权进行有效制约以避免公权力恣意侵犯人权，批捕制度也就应运而生，设立批捕制度是有效保障人权的需要。因此在我国，从本质上来说，批捕权是对侦查权的制约，是法律监督权的一部分，在目前我国的司法框架体系下，由负有监督法律准确实施职责的检察机关来行使批捕权，可以认为是其进行专门的法律监督、行使其监督权的一种方式，即对侦查机关的侦查活动是否合法进行全程有效的监督，从而防止错捕或滥捕。由检察机关来行使批捕权具有相当的合理性，检察机关通过审查批捕，可对侦查机关的立案、侦查等活动进行有效的监督，将法律赋予它的监督权落到实处。总

---

① 　参见肖景炎：《律师在检察环节参与诉讼的调查》，载《检察日报》2006 年 3 月 22 日。

之，一个国家法律制度的设计，无疑与该国的历史和文化有着千丝万缕的联系，其司法资源该如何合理地配置，也应从全局的角度来考虑，只有这样才能使制定的各项制度互相协调并顺畅地运转起来，从而实现司法公正的最终目标。

检察机关职务犯罪侦查权优化配置研究[*]

韩成军^{**}

　　职务犯罪侦查权是指检察机关依法对于国家工作人员实施的与其职权相关的犯罪进行立案侦查的权力。① 我国立法将一般刑事案件侦查权赋予公安机关，将职务犯罪侦查权赋予检察机关，具体包括反贪、反渎等内容。这类案件具有主体特殊、危害大和查办难等特点。因此，人们对于职务犯罪侦查机关的关注往往超过对其他司法机关的关注。②

　　对现行职务犯罪侦查权由检察机关行使的模式，有学者提出了否定性意见，即主张取消检察机关的职务犯罪侦查权。其论据一是职务犯罪侦查权不是法律监督权的必要内容；③ 论据二是检察机关是公诉机关，侦查、起诉职能不分违背了权力制约与监督；④ 论据三是职务犯罪侦查权性质上属于行政权，应归公安机关行使，同时公安机关拥有丰富的侦查经验和充足的人员配备，由公安机关进行职务犯罪侦查更有效率。也有学者主张将职务犯罪侦查权从检察机关剥离出去，成立统一的专门处理国家工作人员犯罪侦查的机构，其具体模式可以在现有的纪检、行政监察部门的基础上成立反贪廉证署。

　　然而，更多的学者认为，我国检察机关行使职务犯罪侦查权有其必然性，⑤

　　*　本文刊载于《河南社会科学》2011 年第 4 期。

　　**　韩成军，最高人民检察院检察理论研究所研究员。

　　①　孙谦：《中国检察制度论纲》，人民出版社 2004 年版，第 129 页。

　　②　左德起：《职务犯罪侦查问题研究》，法律出版社 2005 年版，第 19 页。

　　③　蔡定剑：《司法改革中检察职能的转变》，载《政治与法律》1999 年第 1 期，第 34～36 页。

　　④　王洪宇：《试论我国检察制度的改革》，载《政法论坛》1995 年第 2 期，第 58 页。

　　⑤　向芙蓉：《检察权配置的重点和方向——以职务犯罪侦查权的优化配置为视角》，载《西南政法大学学报》2008 年第 4 期。

检察机关的职务犯罪侦查权不仅不能取消，还应该加强和完善①。支持这种观点的具体理由可总结如下：第一，职务犯罪的特殊性和复杂性决定了一般侦查机关难以胜任这类案件的侦查工作；第二，职务犯罪侦查权是检察机关的法律监督权的重要体现和组成部分；第三，由检察机关行使职务犯罪侦查权符合国际检察制度的发展趋势，尽管各国在是否应将职务犯罪视为一种专门犯罪进而由立法加以明确规范的问题上出现了不同答案，但均一致明确了侦查的主导者，并将这一主导者的角色赋予了检察机关②；第四，检察机关兼具职务犯罪立案侦查及审查起诉的权力，并不等于说检察机关可以自我裁判③。

在上述肯定检察机关的职务犯罪侦查权的观点占主流地位的背景下，研究的焦点不应囿于检察机关职务犯罪侦查权的存废，而应更多关注于职务犯罪侦查权配置的优化和完善。职务犯罪侦查权优化配置的目标在于使侦查权的运行达到最佳效果，现行职务犯罪侦查工作面临着一系列的困境和疑惑，现行职务犯罪侦查配置体制运行不畅，也彰显了对其优化配置的必要性和紧迫性。

一、职务犯罪侦查管辖权的优化配置

理想的刑事管辖制度，应充分考虑公、检、法三机关的职能、性质的不同，科学而合理地划分职能管辖范围。然而，就目前来看，无论是实践层面还是立法层面，刑事诉讼法的职能管辖都没有体现检察机关法律监督者的应有地位，在一定程度上束缚了检察机关的"手脚"。一方面，从实践角度看，一直以来，法律、政策等对公安机关侦查权的不断肯定，拔高了公安机关在刑事诉讼中的地位，加上公安机关本身所具有的技术和力量优势，使得公安机关在刑事诉讼中实际上成为了相对于检察机关和法院的强势角色。④ 这样的一种现实的力量对比，无疑对我国刑事职能管辖制度的构建产生了重要影响，进而对管辖制度的执行产生了更为明显的影响。而另一方面，从立法角度分析，刑事诉讼法中有关职能管辖与刑法的规定互不兼容，法律规范的规定过于原则、内容模糊，都使得公、检两机关面临职能管辖上的法律问题。不同的公安机关、检察机关对有关职能管辖的规定各有不同的理解认识，并在自己认知的基础上对

---

① 程相鹏、周文伟：《论检察机关职务犯罪侦查权配置的初步完善》，载《山东警察学院学报》2010年第5期。

② 陈海波：《职务犯罪侦查管辖问题比较研究》，载《中国刑事法杂志》2010年第6期。

③ 张雪姐：《关于检察机关职权的争议及思考》，载《检察论丛》（第2卷），第146页。

④ 万毅：《底限正义论》，中国人民公安大学出版社2006年版，第151页。

案件作出职能管辖与否的决定。认识上的差异往往在客观上造成法律适用上的不确定性，进而导致职能管辖权的冲突矛盾。当前职务犯罪日益与非职务犯罪混为一体，现行的管辖制度则客观上人为地增大了侦查的难度。其突出表现有：一是贪污贿赂的"串案"管辖分离影响办案；二是渎职犯罪的"前案"侦查割裂难究本案；三是职务犯罪的"后案"管辖离析妨碍破案。[1] 由此可见，现行职能管辖制度对于公、检、法三机关的管辖权划分的科学性仍有待于进一步加强。

研究职务犯罪侦查管辖需要解决好几个层次的问题：一是哪些侦查机关享有职务犯罪侦查权；二是职务犯罪侦查机关对哪些案件享有侦查权。[2] 对于第一个问题，由检察机关承担或主导职务犯罪侦查，已成为世界各国的普遍做法。对于第二个问题，也有学者将其称为检察权的纵向配置问题。纵向配置所要解决的问题是职务犯罪侦查权的领域和范围。[3] 从发展的角度来看，不应该把职务犯罪侦查权所管辖的案件范围限定在现有法律规定的案件类型上，而应重新配置侦查权。其原因在于职务犯罪的关键在于犯罪行为具备公务性，主体一般是国家或者具有社会公共性的职位上的工作人员，其行为违背职责规定而且性质严重，而不仅仅是国家工作人员的渎职和贪污贿赂行为。从世界范围来看，很多国家职务犯罪侦查机关管辖的案件类型以贪污贿赂、渎职侵权案件为主，但却不局限于此。

在具体的制度设计上，可以考虑把以下几种犯罪都纳入检察机关的侦查范围。一是职务侵占、挪用资金、商业贿赂等类型的案件，这类案件根据我国现有法律，属于公安机关管辖范围，但其同时具有明显的职务犯罪的内在属性和特征。二是世界上很多国家将向外国官员、国际组织官员行贿也纳入职务犯罪侦查管辖的范围。我国也应考虑借鉴这一做法。[4] 三是刑法分则中规定的妨害司法类罪划归检察机关管辖。四是直接以司法人员或行政执法人员为犯罪对象的人身伤害及侵犯其他人身权利与民主权利的犯罪案件。五是职业律师利用职务之便实施的犯罪案件。六是鉴于国有企业工作人员失职渎职行为给国家造成巨额经济损失目前不能得到有效查处，建议将渎职罪的犯罪主体扩大至国家工

① 文盛堂：《论职务犯罪侦查权配置及体制匹配的利弊与改革要略》，载张智辉主编：《人民检察》（第16卷），北京大学出版社2008年版，第337～338页。

② 陈海波：《职务犯罪管辖问题比较研究》，载《中国刑事法杂志》2010年第6期。

③ 就我国而言，《刑事诉讼法》规定："贪污贿赂犯罪，国家工作人员渎职犯罪，国家机关工作人员利用职权实施的非法拘禁、刑讯逼供、报复陷害、非法搜查的侵犯公民人身权利的犯罪以及侵犯公民民主权利的犯罪，由人民检察院立案侦查。"

④ 向芙蓉：《论职务犯罪侦查权的科学配置》，载《法制与社会》2008年第9期。

作人员。

需要注意的是，职务犯罪侦查权的管辖范围不是绝对僵化和静止的，实践中各种犯罪行为的发生也往往是交织在一起的。因此，应赋予检察机关机动侦查权，也即检察机关在侦查职务犯罪过程中，对该案件相关的其他刑事案件，可以不受罪名的限定而合并立案侦查。机动侦查权具有便宜性和灵活性的特点，检察机关可以随着政治经济形势发展的变化调整执法的方向和力度。我国现行的刑事诉讼法保留了检察机关的机动检察权①，只是现行法律规定的检察机关行使机动侦查权的范围较窄，只有国家机关工作人员利用职权实施的其他重大犯罪案件才可以适用；同时程序较严格，只有省级以上人民检察院才有权审批决定是否适用。应考虑扩大机动侦查权的范围并简化其程序，使机动侦查权更好地发挥作用。

二、职务犯罪侦查机构的优化配置

目前我国职务犯罪侦查权的运行包含案件受理、初查、立案、实施侦查和侦查终结等环节，检察机关不同的内设部门来分别行使这些权力。对于人民检察院侦查的贪污贿赂、渎职犯罪案件，举报中心受理案件的线索并负责管理工作；反贪污贿赂侦查部门和法纪检察部门进行案件的具体侦查。在侦查工作上，目前检察机关内部的多个部门都可以行使一定的职务犯罪侦查权，具体包括反贪污贿赂局、反渎职侵权局、监所检察部门、民行检察部门、技术部门和职务犯罪预防部门等。

职务犯罪侦查权配置现状导致侦查权严重分化，形成小而全的侦查权配置格局，这种格局易造成资源浪费和效率低下，存在很多弊端，表现为：一是各自为战，不适应职务犯罪侦查的需要。职务犯罪的新情况、新发展表明，贪污贿赂犯罪和渎职侵权犯罪之间并不是泾渭分明的，而往往交织在一起，难以分割②，现有的侦查权配置模式下，这两种罪行由检察机关内部不同的部门负责侦查，这就人为割裂了彼此的联系，难以做到信息的即时共享，不利于职务犯罪案件的侦破；二是易产生检察机关内部对同一职务犯罪案件在管辖上的争夺或推诿；三是造成案件线索资源的严重流失。实践表明，"侦出多门"严重浪

---

① 我国《刑事诉讼法》第 18 条第 2 款规定："对于国家机关工作人员利用职权实施的其他重大的犯罪案件，需要由人民检察院直接受理的时候，经省级以上人民检察院决定，可以由人民检察院立案侦查"。

② 向芙蓉：《论职务犯罪侦查权的科学配置》，载《法制与社会》2008 年第 9 期。

费侦查资源，并严重影响检察机关的侦查权威。① 而反观其他国家，职务犯罪侦查权的行使已形成了集中化趋势，以我国的近邻新加坡为例，其《防止贿赂法》将职务犯罪的侦查权赋予了专门成立的贿赂调查局，而该局又下设三个内部机构，即行政部、调查部、电脑咨询支援部，在具体运转过程中各负其责。其中调查部专司职务犯罪的侦查工作，享有以下权限：（1）逮捕权，可以不用逮捕证，逮捕任何涉嫌犯本法的人员以及被控告或存在合理怀疑的人员；（2）调查权；（3）特别调查权，即不考虑法律规定，可以调查任何银行账目、股份账目、购物账目、消费账目等，或者任何银行的保险柜、账目、文件或商品；（4）检查扣押权；（5）授权调查财务账册权，这是对政府部门或公共机构供职的人员犯罪时，从与其本人、妻女有关任何财产中发现证据的一种重要方式。② 相比之下，我国目前职务犯罪的侦查权配置亟待重新整合、优化配置，以改变"侦出多门"、"一盘散沙"的相互掣肘局面。

为了改变这种情况，应设立统一的反贪侦查机构，将反贪、渎职侵权和预防职务犯罪机构等合并成一个统一行使侦查权的机构。相应的，监所、民行检察机关等其他部门的职务犯罪侦查权应被取消。这种设置的优越性表现在以下几个方面：首先，统一的职务犯罪侦查机构可以适应职务犯罪出现的新问题、新情况。一些地区已经进行了这方面的实践，比如深圳、重庆等地就对职务犯罪的侦查机构进行了合并和调整，将原来的贪污和渎侦部门合并，成立统一的反贪污贿赂局，这些改革取得了良好的效果，为统一的职务犯罪侦查机构的运行提供了鲜活的例子。其次，统一的职务犯罪侦查机构可以节省成本，提高侦查效率。统一的职务犯罪侦查机构，可以整合侦查资源，做到在经费、编制和装备上统一安排，避免资源浪费和重复建设。最后，统一的职务犯罪侦查机构还可以实现信息共享，发现更多的案件线索并拓展案源。贪污贿赂犯罪和渎职侵权犯罪是两种不同的罪行，有各自的犯罪构成要件，但具体的犯罪行为则不一定是泾渭分明的，往往是几种犯罪行为交织在一起，在两个部门分设的情况下，各部门各自为战，容易造成案件线索的流失。统一的职务犯罪侦查机构则打破了这种人为的壁垒，不受受案范围的局限。这种设置能够迅速传递案件信息并充分利用案件线索，最终实现犯罪信息的共享。

---

① 何向南：《试论完善职务犯罪侦查权的配置和运行》，载《贵州职业警官学院学报》2008 年第 1 期。

② 梁国庆：《国际反贪贿赂理论与司法实践》，人民法院出版社 2000 年版，第 26 页。

三、职务犯罪侦查工作体制中涉案信息管理的优化配置

案件信息的持有量和保密工作的好坏是决定案件成败的关键，也是涉案信息管理工作的重点。目前在涉案信息收集和涉案信息保密中存在很多问题。就前者而言，在资金跨省甚至跨国流动频繁，异地置业现象普遍的社会背景下，对被调查对象的银行存款以及房地产等的信息收集困难较多，具体表现为收集成本高、收集程序复杂、信息持有对象不配合等问题，结果造成涉案信息收集困难，致使一些案件无法及时侦破。其原因可归结为以下两个方面：一是内外机制运行不畅，与公安、纪检等行政执法机关之间缺少联系与协调；二是检察机关内部各部门之间缺少沟通与协调，反贪与渎检、控申等内部业务部门之间信息流通不畅，许多有价值的信息不能及时反馈到有能力侦破案件的业务部门，造成案件线索流失。在涉案信息保密方面，职务犯罪侦查是需要团体协作的集体活动，这就给涉案信息的保密提出了更高的要求。

在一些西方国家，情报信息工作往往被置于十分重要的地位，机制的建设也能得到重视与支持。以美国为例，美国的刑事侦查部门很注意信息情报的收集、整理、归类、分析、研究和使用工作，美国的刑事侦查部门中有大量的情报工作人员，与第一线的侦查员（警察）组成工作班子，通常侦查员、情报分析员、操作员的比例是10:3:1，情报分析员和操作员组成了支援系统，没有情报，侦查员就不能开展有效的工作。[①] 从某种意义上讲，未来职务犯罪的侦查将呈现出一种信息引导侦查之全新取向，即"以犯罪情报信息工作为基础，通过侦查工作内容信息化、侦查信息应用化等途径，实现侦查工作的主动性、针对性和有效性的一种侦查理念和模式"。[②]

建立职务犯罪侦查信息情报机制，是一项庞大的、需要长期积累的系统工程。一是要求在思想上给予该项工作足够的重视。只有从上到下都充分认识其重要性，才能做到统一领导，加大力度，在政策、资金、技术、人才等各方面给予支持和倾斜，从而推动工作的开展。二是要求检察机关内部各职能部门密切配合。尤其是要建立健全职务犯罪侦查部门与检察技术部门的联系配合机制，明确各自承担的职责，协同作战。三是加强协调，争取外界支持。职务犯罪侦查信息系统建设涉及社会的各个方面信息，亟须社会各界的支持配合，应当采取各项措施实现相关职能部门的信息资源共享。四是加大情报收集力度，建立情报网络。情报收集手段可以实现灵活性和多样性，比如在特殊的地区和

---

① 孔宪明：《中国警官走进美利坚》，北京出版社2003年版，第250页。

② 马忠红：《情报引导侦查》，中国人民公安大学出版社2006年版，第201页。

行业中发展情报信息员，从举报线索和新闻媒体中发现情报，从预防职务犯罪部门的侦查统计和调查研究工作中发现有价值的线索等。从社会实践来看，案中深挖、狱内特情、社会线人等途径也可以提供高质量的信息情报和案件线索。情报部门要改变"等案上门"的做法，积极主动地获取案件线索。

四、侦查措施的优化配置

侦查措施主要包括现场勘查、侦查实验、询问、搜查等①，是侦查机关为查清案件事实所采取的各种策略方法。侦查措施的优化配置包括一般侦查措施、强制措施和技术手段的优化配置三个方面的内容。

（一）一般侦查措施的配置

从现代法制国家现行的 60 多部反贪污法律规定来看，大多数国家都赋予了职务犯罪侦查部门广泛的侦查措施。例如，作为美国主要的反贪污执法机关的联邦调查局在侦查犯罪时享有查阅档案、文件，法院记录、决议，有关保密材料，传讯、讯问证人，给证人以豁免权等广泛的权力和监视、安插内线人物、电子笔记录器等行之有效的侦查手段；新加坡《预防腐败法》赋予反贪污调查局特别调查权、武力搜查权、逮捕权等极大的特别权力；韩国不正当腐败事犯特别搜查部、日本特别搜查部等在查处贪污贿赂案件时依特别程序均拥有秘密调查、询问证人、搜查、查封、勘验等权力。② 当然，这些权力的分配无不与本国的侦查体制乃至刑事诉讼模式相关联。但总体上说，各国职务犯罪调查部门所享有的一般侦查措施都是为保证案件顺利进行所采取的必要措施手段。

根据我国刑事诉讼法和相关司法解释的规定，我国职务犯罪侦查机关能够采取的调查手段共有九种③。与公安机关的侦查权相比，现行的职务犯罪侦查权配置缺乏以下重要的侦查措施：一是侦查试验权，现行刑事诉讼法第 108 条规定了进行侦查实验的条件④，依照该规定，能够进行侦查实验的只有公安机关。关于职务犯罪在侦查过程中如需要侦查实验该如何处理，法律上没有明确

---

① 杨殿升：《刑事侦查学》，北京大学出版社 1993 年版，第 2 页。

② 张玉镶、文盛堂：《当代侦查学》，中国检察出版社 1998 年版，第 616~620 页。

③ 这九种侦查手段包括：（1）讯问犯罪嫌疑人；（2）询问证人、被害人；（3）勘验、检查；（4）搜查；（5）调取、扣押物证、书证和视听资料；（6）查询、冻结存款、汇款；（7）鉴定；（8）辨认；（9）通缉。

④ 现行《刑事诉讼法》第 108 条规定："为了查明案情，在必要的时候，经公安局长批准，可以进行侦查实验。"

规定，影响了职务犯罪案件的侦查。二是通缉权，检察机关通缉罪犯须由检察机关、公安机关合作完成，先由检察机关作出决定，再由公安机关发布通缉令，将犯罪嫌疑人追捕归案。这样就增加了通缉实现的环节，降低了案件侦破的效率。三是通报权，通报措施可以实现案件信息共享，便于各部门之间协作办案，但通报措施在检察机关"至今仍未作为一项侦查措施执行"[1]，职务犯罪侦查很少进行并案侦查就与缺少通报措施紧密相关。四是边控检察权，职务犯罪侦查中面临的一大难题是犯罪嫌疑人外逃的问题，而遏制犯罪嫌疑人外逃的一个有效途径是赋予职务犯罪侦查机关边控检察权。这种权力是指对于有潜逃出境危险的犯罪嫌疑人，扣留其有效出境证件并通知有关边防检查站阻止其出境的权力。由于职务犯罪是高智能性、隐秘性犯罪，相对于普通犯罪具有案件一般不会自行暴露、侦查进路一般是"由人查事"、物证少而言词证据和书证地位突出、犯罪嫌疑人反侦查能力强、外界干扰大和证据收集、固定难等特点，使得职务犯罪侦查比一般刑事犯罪的侦查存在更大的困难，因而要有效地侦破职务犯罪，就应当赋予职务犯罪侦查更多的措施和手段。[2] 因而，为实现职务犯罪侦查权的优化配置，应赋予职务犯罪侦查机关上述权力。

（二）强制措施权的配置

刑事诉讼中的强制措施是指公安机关、人民检察院和人民法院为了保证刑事诉讼活动的顺利进行，防止犯罪嫌疑人、被告人逃避或妨碍侦查、起诉和审判，依法对其适用的暂时限制或剥夺其人身自由的各种强制方法。[3] 它是直接约束刑事诉讼各专门机关各项权力运行与保障犯罪嫌疑人、被告人基本权利的机制，一直以来都是刑事诉讼法学界理论研究的热点和司法实务部门试点改革的重点。在我国，强制措施采取权又可以具体分为强制措施的审查决定权和执行权。职务犯罪侦查机关在行使我国刑事诉讼法中规定的强制措施时，存在决定权和执行权分离的情况。根据相关规定，采取强制措施的审查决定权都在检察机关，由检察机关的侦查监督部门负责审查决定逮捕，由负责案件调查工作的部门审查除逮捕以外的其他强制措施，所有的强制措施的采取均由检察长或者检察委员会作出最终决定。除拘传外的其他强制措施检察机关作出决定之后均由公安机关负责执行，即强制措施执行权基本上属于公安机关，但检察机关

---

[1]　海广云：《对检察机关侦查能力的探讨》，载《检察论丛》（第 6 卷），第 51 页。

[2]　朱孝清：《职务犯罪侦查措施研究》，载《中国法学》2006 年第 1 期。

[3]　程荣斌主编：《刑事诉讼法》（第 3 版），中国人民大学出版社 2009 年版，第 223 页。

有权对侦查机关的强制措施执行权进行监督。这种配置模式有其合理的一面，法学大师萨维尼曾指出："警察官署的行动自始蕴藏侵害民权的危险，而经验告诉我们，警察人员经常不利关系人，犯下此类侵犯民权的错误，检察官的根本任务，应为杜绝此流弊并在警察一行动时就赋予其法的基础。"检察机关享有宪法赋予的法律监督权，进而注定了检察机关行使部分司法审查权是具有法律基础的，也是契合权力制衡理念和形式司法审查原则的。

　　然而，就职务犯罪的侦查而言，强制措施的这种配置模式有很多弊端。首先，这种做法不利于案件信息的保密。职务犯罪主体的特殊性决定了其侦破更需要强调案件信息的保密，而强制措施的决定权和执行权分开的做法，增加了中间环节，增加了案件信息扩散的可能性。其次，这种做法降低了侦破效率，造成了资源浪费。强制措施的决定权和执行权本是密切相连的两个环节，将这两个环节分开行使，浪费了司法资源，且容易造成两个机关之间的扯皮。以拘留为例，个别公安机关就因拘留一些特定职务犯罪嫌疑人而不愿意签发执行文书，造成执行拖延，检察机关又无有效手段予以应对，以致难以保证执行到位。[①] 从世界上看，将强制措施的决定权和执行权同时配置给职务犯罪侦查机关是各国和地区的通例。如新加坡《防止贿赂法》[②] 就对此作了明确规定[③]。因此，应将强制措施的执行权赋予进行职务犯罪侦查的检察机关。

（三）技术侦查的配置

　　技术侦查措施，包括电子窃听、秘密拍照、秘密录像、传递个人情况数据、用机器设备排查以及用机器设备对比数据等，是侦查机关调查罪犯和案件证据时运用技术装备的一种秘密的侦查措施。[④]在社会转型的过程中，社会发展空前活跃，传统社会赖以维系的社会控制机制逐步在新型社会面前丧失功效，传统的侦查手段在面对组织化程度不断提升、智能水平不断进步、隐蔽性不断强化的新型犯罪时，总是显得力不从心，而具有前瞻性与主动性特点的技术侦查适应了以上的变化趋势，成为了现代国家进行犯罪侦查的有效手段而备

---

　　① 王建明：《职务犯罪侦查强制措施的立法完善》，载张智辉主编：《中国检察》（第14卷），北京大学出版社2007年版，第193页。

　　② 该法规定："贿赂调查局可以不用逮捕证，逮捕任何涉嫌本法的人员以及被控告或存在合理怀疑的人员。"

　　③ 李卫平：《各国（地区）职务犯罪侦查机构比较》，载《河北法学》2004年第7期。

　　④ 万毅：《西方国家刑事侦查中的技术侦查措施探究》，载《中国人民公安大学学报（自然科学版）》1999年第4期。

受推崇。

我国刑事诉讼法对于技术侦查没有明确的规定，技术侦查主要依据侦查机关的内部规章进行①。但是，在与刑事诉讼有关的两部法律中，技术侦查的内容是有所涉及的。一是1993年颁布的《中华人民共和国国家安全法》第10条规定，"国家安全机关因侦察危害国家安全行为的需要，根据国家有关规定，经过严格的批准手续，可以采取技术侦察措施。"根据权威解释，"技术侦察措施"是指国家安全机关为了侦察危害国家安全行为的需要，根据国家有关规定，采取的一种特殊侦察措施，通常包括电子侦听、电话监听、电子监控、秘密拍照、录像、秘密获取某些物证、进行邮件检查等秘密的专门技术手段。② 二是1995年《中华人民共和国警察法》第16条规定"公安机关因侦查犯罪的需要，根据国家有关规定，经过严格的批准手续，可以采取技术侦察措施。"此处的"技术侦察措施"与前述国家安全法用意类似。也许是认识到"侦察"与"侦查"的区别，在权威解释上，目前已经使用"技术侦查手段"的称谓。③ 对于个人，这种手段无疑会侵犯公民基本权利，却处于没有任何第三方监督的状况，既不符合诉讼程序正当化的需求，也违背法治国家保障公民基本权利的义务。因而，有不少学者中肯地主张，鉴于"侦察"只是一种秘密侦查手段，完全有必要将其纳入诉讼法的规定中来。④

从现有的规定来看，我国法律对检察机关实行技术侦查设置了严格的限制条件。而从比较法的角度，目前，世界上有一些国家允许使用技术侦查手段侦破职务犯罪案件，如：美国1968年《公共汽车犯罪控制与街道安全法》、德国1994年《刑事诉讼法典》明确规定，贪污或贿赂等犯罪可以采用秘密监听

---

① 1989年最高人民检察院、公安部《关于公安机关协助人民检察院对重大经济案件使用技侦手段有关问题的答复》规定："对经济案件，一般地不要使用技术侦查手段。对于极少数重大经济犯罪案件主要是贪污贿赂案件和重大的经济犯罪嫌疑分子必须使用技术侦查手段的，要十分慎重地经过严格审批手续后，由公安机关协助使用。"

② 郎胜、王尚新：《中华人民共和国国家安全法释义》，法律出版社1993年版，第72页。

③ 1998年12月3日最高人民法院、最高人民检察院、公安部、司法部、海关总署联合颁布的《关于走私犯罪侦查机关办理走私犯罪案件适用刑事诉讼程序若干问题的通知》第2条第3款规定，"走私犯罪侦查机关因办案需要使用技术侦查手段时，应严格遵照有关规定，按照审批程序和权限报批后，由有关公安机关实施。"其中，使用的就是"技术侦查手段"。

④ 杨正鸣主编：《侦查学》，中国方正出版社2007年版，第9页。

等技术侦查手段。① 检察机关配置技术侦查手段是职务犯罪侦查权优化的必然要求，首先，这是职务犯罪的特点决定的。职务犯罪的犯罪行为通常以其职务作为掩护手段，具有高智能性和高隐秘性的特点，犯罪行为一般没有直接的受害人，特别是贿赂案件行动隐秘，不留痕迹。因此，职务犯罪侦查中发现难、取证难、固定证据难等问题十分突出，这种案件的侦破，运用一般的侦查措施往往难以取得预期效果。技术侦查具有秘密性和技术性强的特点，使用技术侦查手段能够获得靠公开侦查手段不能发现的线索和证据，从而提高职务犯罪侦查机关的侦查能力，并保证职务犯罪侦查权的优化。正如美国社会学家格雷·T. 马克斯所说："技术的改进增强了社会控制的威力。"② 将技术侦查权赋予检察机关可以减少对犯罪嫌疑人口供的依赖，可以有效地应对翻供翻证，还有利于拓展线索，扩大战果。其次，技术侦查权是侦查权的组成部分，是侦查机关应该享有的权力。《国家安全法》第 10 条和《人民警察法》第 16 条都赋予了国家安全机关和公安机关在必要的时候经过严格的批准程序可以行使技术侦查权，而对检察机关则没有相应的规定。同为对犯罪行为的侦查权，将国家安全机关、公安机关的侦查权与检察机关的侦查权区别对待缺乏正当的理由和依据。最后，赋予检察机关技术侦查权，符合《联合国反腐败公约》③（以下简称《公约》）的要求，与国际通行做法一致。自 2006 年 2 月 12 日起《公约》在中国生效。我国应采取措施使《公约》的规定得到适用，这是"约定必须遵守"的国际法原则的要求。使用技术侦查手段侦破职务犯罪案件，也是当今世界各国④的通行做法，综上所述，为了切实履行检察机关进行职务犯罪侦查的职能，应在立法上赋予检察机关技术侦查措施。

当然，技术手段也是一把双刃剑，有一定的负面作用，例如，它可能成为侵犯人权尤其是隐私权的手段，这是其隐秘性和强制性决定的。法治国家对待

---

① 朱孝清：《职务犯罪侦查学》，中国检察出版社 2004 年版，第 514 页。

② 格雷·T. 马克斯：《高技术与社会秘密实践》，中央党校出版社 1994 年版，第 60 页。

③ 《联合国反腐败公约》第 50 条第 1 款规定：为有效地打击腐败，"各缔约国应当允许主管机关在其领域内酌情使用控制下交付和其他认为适当时使用诸如电子或者其他形式监视形式和特工行动等其他特殊侦查手段，并允许由法庭采信由这些手段产生的证据。"

④ 如美国 1968 年《综合犯罪控制与街道安全法》明确规定，检察官对贿赂政府官员可以使用技术监听手段；意大利刑事诉讼法典也规定了"谈话或窃听"的技术侦查手段。俄罗斯联邦诉讼法典规定，如果有足够的理由认为，犯罪嫌疑人、刑事被告人和其他人的电话和其他谈话可能含有对刑事案件有意义的内容，则在严重犯罪和特别严重案件中允许监听和录音。

技术侦查的态度具有两面性，一方面基于执法现实性考虑不得不容许技术侦查手段的使用；但另一方面宪法对基本权利的肯认以及国家权力受限的法治原则又要求其有所节制。① 因此对技术手段的使用设立科学严格的制度加以限制，以防止这种权力的滥用。只有在非法治国家，或者说人治的国家中，国家权力不受法律的约束才可能形成所有的技术侦查手段均扩张适用的局面。这方面的反面教材当属前苏联，前苏联对于技术侦查手段缺乏足够的法律限制，造成这种选择的深层次原因在于前苏联扭曲化的国家利益凌驾于个人利益之上的社会观念以及国家试图对社会进行全面监控。② 具体来讲，技术手段的运用应符合以下原则：一是严格审查、遵循法定程序原则。在西方国家，技术侦查实行司法审查制度。③ 我国职务犯罪侦查过程中采取技术侦查手段，也应当遵循严格的审批程序。但我国不宜照搬西方技术侦查的司法审查模式，而可以把审查批准权置于检察机关体系内部。二是严格控制适用范围。即罪行严重、案情复杂的案件才可以进行技术侦查。《意大利刑事诉讼法典》规定只能对可能判处无期徒刑或 5 年以上的非过失犯罪的犯罪嫌疑人的电讯联系进行窃听。我国职务犯罪技术侦查一般也应限于较重的犯罪。三是确有必要原则。必要性原则是指采取监听、秘密拍照等技术侦查手段，必须是确有必要时才可使用。确有必要一般包括下述情况：一般的侦查手段无法查明案情，一般侦查手段查明案情显著困难以及有重大危险等。其他国家也有类似规定④。四是相关性原则。相关性原则是对技术侦查使用范围的限定，目的在于为技术侦查手段提供界限，防止侵害第三人利益。⑤ 五是救济原则。救济原则指当事人对技术侦查的情况应当有知情权，如当事人认为技术侦查手段侵犯了隐私权等合法权利时，有要求

---

① See Jacqueline E. Ross, Tradeoffs in Undercover Investigation: A Comparative Perspective, 69 University of Chicago Law Review, Summer 2002.

② See Louise Shelly, Soviet Undercover Work, in Police Surveillance in Comparative Perspective, edited by Cyrille Fijnaut and Gary T. Marx, Kluwer Law International 1995, pp. 155—174.

③ 如《法国刑事诉讼法典》规定，电讯截留措施由预审法官采取并监督。

④ 《日本关于犯罪侦查中监听通讯的法律》规定，只有使用其他方法查明犯罪状况或内容显著困难时，才能对通讯进行监听。

⑤ 《德国刑事诉讼法典》第 100 条规定："命令监视、录制电讯往来时，只允许针对被指控人，或者针对基于一定事实可以推断他们在为被指控人代收或者转送他所发出信息的人员作出命令。"

有关机关审查并给予救济的权利。① 我国在赋予检察机关技术侦查措施的同时，也应当设立相关的救济程序。

五、职务犯罪侦查权保障机制的优化

（一）职务犯罪侦查权独立性的保障机制

职务犯罪行为人身份的特殊性决定了必然需要一个独立的机构来主导侦查。② 独立的职务犯罪侦查机关是世界反腐行动的经验总结，也是《公约》的要求。《公约》第 36 条规定："各缔约国均应当根据本国法律制度的基本原则采取必要的措施，确保设有一个或多个机构或者安排人员专职负责通过执法打击腐败。这类机构或者人员应当拥有根据缔约国法律制度的基本原则而给予的必要独立性，以便能够在不受任何不正当影响的情况下有效履行职能。"根据我国宪法的规定，人民检察院与人民法院一样，也是我国的司法机关，检察权在本质上属于司法权。与立法权、行政权其他权力不同的是，司法权的运作是以事实为依据、以法律为准绳的，其目的宗旨在于实现社会公正。为此，必须保障其运行过程中的独立性，免受其他机关的干扰和影响。③ 而《刑事诉讼法》第 5 条规定"人民法院依照法律规定独立行使审判权，人民检察院依照法律规定独立行使检察权，不受行政机关、社会团体和个人的干涉。"从部门法角度将这种独立性确定为一项基本原则。如果检察机关其中的职务犯罪侦查权的独立性不能保证，宪法规定的这种法律监督也就形同虚设了。

虽然我国宪法和刑事诉讼法中已经明确规定了人民法院和人民检察院依法独立行使审判权和检察权，但在现实中来自方方面面对司法机关的干预仍然很多，以言代法、以权压法等影响司法机关正常、合法办案的现象依然时有发生，使得宪法的规定无法得到真正落实。目前，我国检察机关职务犯罪侦查权缺乏独立性，主要表现在：经费不独立、人事不独立和检察官身份不独立等④。为了实现检察机关职务犯罪侦查权的独立性，首先要深刻认识党对检察

---

① 《德国刑事诉讼法典》第 101 条规定："一旦对侦查目的、公共安全、他人人身或者生命以及派遣的秘密侦察员的继续使用不会构成危险的时候，应当将采取的措施通知当事人。"

② 陈海波：《职务犯罪侦查管辖问题比较研究》，载《中国刑事法杂志》2010 年第 6 期。

③ 谢佑平：《刑事程序法哲学》，中国检察出版社 2010 年，第 130 页。

④ 徐红：《职务犯罪侦查权优化配置研究》，http://www.jcrb.com/jcpd/jcll/201007/t20100720_ 388786.html，访问时间 2011 年 3 月 20 日。

业务工作的领导关系，不断完善党对检察业务的领导方式。绝对不能片面强调"法律至上"、"司法独立"，必须坚持我国司法制度政治性、人民性和法律性的有机统一，毫不动摇地坚持党对司法工作的领导，确保党的路线、方针、政策在司法工作中得到不折不扣地贯彻落实。① 具体措施包括经费独立、人事独立、检察官身份独立和案件独立等。汉密尔顿曾说过："就人类天性之一般情况而言，对某人的生活有控制权，等于对其意志有控制权，在任何置司法人员的财源于立法等机关的不时施舍之下的制度中，司法权与其他权力的分立将永远无从实现。"② 因而在经费保障上，应摆脱检察机关的财政受制于行政机关的现状，力争将检察机关所需经费纳入中央财政，再通过中央财政的转移支付来加以保障，通过这种途径，可以使检察机关摆脱地方行政权的干预，从而实现独立办案。在人事独立上，改革检察机关的人事任免制度，实现检察人员任免、职务升降等的垂直领导。在现有体制下，检察机关的人事任免权主要集中在地方的党政部门，检察官在任免、升迁和待遇等方面与一般的公务员并无不同。这就造成检察机关在职务犯罪侦查过程中畏首畏尾，对可影响自己前途和发展官员的查处不能放开手脚。因此，应将检察官与公务员区分开来，检察机关工作人员的选任应该由检察机关决定，并且检察官一经任命，非因法定事由并经法定程序，不得免职、降职、辞退或处分，也不得调离检察官工作岗位。在案件独立上，实行垂直领导制度，只对检察长负责，不受法院、公安或者检察机关其他人员或者部门的干涉。通过这些途径，实现检察机关的人事独立和身份独立，并进一步实现职务犯罪侦查权的独立。正如日本学者松尾浩指出，每一个检察官都是"独任制官厅"，每个检察官都处于独立负责的地位。检察官中存在检察官一体原则，这一原则实际上以检察官的独立性为前提，是对检察官独立性的统一。③

（二）职务犯罪侦查保障体制中的人员、装备和经费保障的优化配置

在人员保障上，一是要保障人员的素质，二是要保障人员的待遇。在侦查人员素质上，从事职务犯罪侦查的工作人员和一般的检察工作人员相比，在业

---

① 陈卫东：《刑事诉讼基础理论十四讲》，中国法制出版社 2011 年版，第 143 页。

② ［美］汉密尔顿等：《联邦党人文集》，程逢如等译，商务印书馆 1980 年版，第396 页。

③ ［日］松尾浩也：《日本刑事诉讼法》（上卷），丁相顺译，中国人民大学出版社2005 年版，第 31 页。

务能力和业务素质上有不同的要求。除了具备过硬的政治素质和法学素养以外，还应该具备一定的侦查知识和侦查谋略。因此，职务犯罪侦查的人员应当从选任和在职培训等方面给予充分保障。在选任过程中要提高条件、扩大范围，选拔优秀的人才进入职务犯罪侦查人员的行列。要进一步提高任职条件的限制，要求担任此项职位的个人必须具有较高的法律素养和良好的品行。而人员待遇保障应该体现出国家对检察人员合法权利的确认并有利于促进干警忠于职守①。目前，从事职务犯罪侦查的人员待遇普遍偏低，影响了侦查人员积极性的提高和职务犯罪侦查权的有效运转，提高侦查人员的待遇，能够解除他们的后顾之忧和实际困难，从而以更大的热情投入工作。一方面可以稳定队伍，提高现有检察官们抵御物质诱惑的能力，增强他们的独立性；另一方面丰厚的物质条件和福利待遇，也会吸引更多的法学"精英"来参加职务犯罪侦查人员的选任，从而促进和保障职务犯罪侦查人员的"精英化"。

在装备保障上，应考虑到从事职务犯罪侦查的人员工作上的特殊性，在装备上与检察机关的一般工作人员有所区别。同时，职务犯罪具有高智能性和隐蔽性等特点，要求侦查工作更多地使用高科技手段。这对侦查工作提出了新的挑战，过去侦查手段就是依靠"一支笔，一张嘴"，这显然已不能适应职务犯罪侦查的需要，运用新的科技手段势在必行。而装备的更新是运用科技手段的集中体现，为提高职务犯罪侦查工作的科技含量，应及时更新换代和维护侦查装备，为职务犯罪侦查工作新需要提供强有力的物质保障。在对装备的管理使用上，应对侦查装备统一调配使用，实行统一与分散相结合的管理方式，实现侦查手段现代化、先进化。此外，还应从节约资源的理念入手，做好上级院与下级院在装备管理使用上的统筹协调。

在办案经费保障上，经费短缺是目前检察机关尤其是基层检察机关面临的普遍问题，保障办案经费，在一定意义上可以说是职务犯罪侦查权保障的核心问题。针对这一问题，公安机关的经费保障模式提供了可供借鉴的成功经验，应将这一问题置于国家财政体制改革的重大背景中去考虑，通过中央财政向地方财政的转移支付解决，对于重大案件，允许职务犯罪侦查机关通过省级向中央申请紧急特别拨款。实践中，一些地方②摸索出来的成功经验，也可以借鉴。

---

① 张学军：《检察管理学》，中国检察出版社 2001 年版，第 370 页。

② 比如湖北采取专案预付费制度，财政部门年初拨付市院 40~60 万元，区院 30~40 万元，较好地解决了经费问题。

六、结语

正如《公约》序言中所说的："本公约缔约国，关注腐败对社会稳定与安全所造成的问题和构成的威胁的严重性，它破坏民主体制和价值观、道德观和正义并危害着可持续发展和法治，并关注腐败同其他形式的犯罪特别是同有组织犯罪和包括洗钱在内的经济犯罪的联系，还关注涉及巨额资产的腐败案件，这类资产可能占国家资源的很大比例，并对这些国家的政治稳定和可持续发展构成威胁，确信腐败已经不再是局部问题，而是一种影响所有社会和经济的跨国现象……"随着职务犯罪的愈演愈烈，对公民权利的损害也日趋明显，加大打击职务犯罪力度已经是大势所趋。而有效的打击，离不开强有力的侦查权能，这就势必要从侦查权的配置层面去加以分析、解读，以期能够发挥最大的效能，在公正得到有效保障的条件下要尽可能选择资源投入较少的制度。[①]

在大陆法系的一些国家，检察机关职务犯罪侦查权的配置在"侦检一体"的制度框架下，即得以妥善解决。例如，在德国，法律只规定警察在侦查犯罪中有限的权力（所谓的警察的抑制功能）。立法者的意图明显是将警察的权力限制于在犯罪现场采取必要的手段防止关键证据的流失，而由检察官完成其余的侦查。[②] 而在英美法系国家，职务犯罪的侦查权却被赋予给了联邦调查局、反重大欺诈局等专门机构，并且在权限范围上十分宽松。加之在侦查机关权力配置上，检察机关与警察分别独立，检察机关对警察没有法律意义上的监督指挥权，[③]这种检警分立模式也最大限度地激活了职务犯罪侦查权的有机运转。不论各国在职务犯罪侦查权的配置上有何种显著的异同，可以肯定的是，其与本国的宪政体制、基本国情、诉讼文化、职务犯罪特点等因素都是密切相关的。而就我国来说，在检察机关职务犯罪侦查权配置上，尽管曾经有过多种思路，包括设置直属中央的职务犯罪侦查机构，或者职务犯罪侦查权交由公安机关、纪委、监察部门等方案，但就目前实际来说，由具有独立地位的检察机关及其专业素养较高、经验丰富的职务犯罪侦查人员行使职务犯罪侦查权具有一定的比较优势。此外，职务犯罪侦查权也是检察监督职能的重要内容：第一，职务犯罪侦查权体现了法律监督，应当由国家的法律监督机关行使。对职务犯

[①] 陈卫东：《刑事诉讼法学研究》，中国人民大学出版社 2008 年版，第 30~33 页。

[②] ［德］托马斯·魏根特：《德国刑事诉讼程序》，岳礼玲、温小洁译，中国政法大学出版社 2004 年版，第 50 页。

[③] ［美］爱伦·豪切斯泰勒·斯黛丽、南希·弗兰克：《美国刑事法院诉讼程序》，陈卫东、徐美君译，中国人民大学出版社 2002 年版，第 230 页。

罪活动设置监管机制，就要一方面保证职务行为沿着法律设置的范围和程序进行，另一方面，必须加强对职务犯罪的事后惩罚。这种犯罪纠察属于法律监督的范畴，理应由专门的法律监督机关行使。第二，检察机关行使职务犯罪侦查权，是与我国目前的宪法体制相适应的，也是有利于查处职务犯罪的。检察机关在国家机构体系中具有独立的地位，宪法规定检察机关依法独立行使检察权，不受行政机关、社会团体和个人的干涉，并且实行上级人民检察院领导下级人民检察院的体制，这些都有利于排除各种阻力和干扰，有效行使职务犯罪侦查权。①

在这样的大前提下，为了适应职务犯罪日趋高智商化、技术化、取证难度进一步加大等复杂局面，除了进一步优化配置检察机关手中的职务犯罪侦查权，使之由"支离破碎"转向"完整有力"，更积极地发挥打击职务犯罪之效能，已经别无他途。唯有如此，我国的打击职务犯罪之路才能走上一条高效率、法制化的通途。

---

① 参见甄贞等：《检察制度比较研究》，法律出版社 2010 年版，第 611 页。

侦查监督权配置的现状与改革构想[*]

韩成军[**]

一、侦查监督权的内涵

作为对刑事侦查活动的正当性、合法性进行有效监督、制约的侦查监督，是刑事诉讼的必要程序，也是诉讼规律的必然要求。在我国，这一权力是由检察机关来行使的。《刑事诉讼法》第 8 条规定："人民检察院依法对刑事诉讼实行法律监督"，该条款是检察机关法律监督权最全面的规定，意味着检察机关有权对整个刑事诉讼的全过程行使法律监督权。第 76 条规定："人民检察院在审查批准逮捕工作中，如果发现公安机关的侦查活动有违法情况，应当通知公安机关予以纠正，公安机关应当将纠正情况通知人民检察院"，该条款是检察机关行使侦查监督权的直接依据。《人民检察院刑事诉讼规则》第十章具体规定了检察机关刑事诉讼法律监督的内容和程序，其第 371 条规定："人民检察院依法对公安机关的立案活动实行监督"；第 380 条规定："人民检察院依法对公安机关的侦查活动是否合法实行监督"；第 381 条详细列举了侦查活动监督的具体内容。[①]

尽管如此，理论界对侦查监督的具体含义尚存在争议。归纳起来主要有以下几种观点：第一，广义说。该说认为，对于侦查监督的对象范围，应从广义

* 本文刊载于《法学论坛》2011 年第 4 期。

** 韩成军，最高人民检察院检察理论研究所研究员。

① 《人民检察院刑事诉讼规则》第 381 条规定："侦查监督主要发现和纠正以下违法行为：（一）对犯罪嫌疑人刑讯逼供、诱供的；（二）对被害人、证人以体罚、威胁、诱骗等非法手段收集证据的；（三）伪造、隐匿、销毁、调换或者私自涂改证据的；（四）徇私舞弊，放纵、包庇犯罪分子的；（五）故意制造冤、假、错案的；（六）在侦查活动中利用职务之便谋取非法利益的；（七）在侦查过程中不应当撤案而撤案的；（八）贪污、挪用、调换所扣押、冻结的款物及其孳息的；（九）违反刑事诉讼法关于决定、执行、变更、撤销强制措施规定的；（十）违反羁押和办案期限规定的；（十一）在侦查中有其他违反刑事诉讼法有关规定的行为的。"

的角度理解，即侦查监督不仅应包括对违法侦查活动的监督，也应包括对立案活动的监督，还应包括在审查逮捕和审查起诉工作中对于侦查机关认定事实和适用法律的监督。这样理解不仅符合我国侦查监督工作的实际运行情况，也有利于促使监督主体强化监督意识，将侦查机关的整个诉讼行为都纳入监督的视野。第二，狭义说。该说将侦查监督的范围限定于侦查机关实施的违法行为，检察机关侦查监督的目的在于纠正侦查机关的违法侦查活动。[①] 与广义说相比，狭义说将立案监督、审查批捕中的监督排除在侦查监督涵盖的范围以外，监督范围明显狭窄。

　　笔者认为，首先，广义说范围过大，侦查监督权不应包括审查起诉权。审查起诉是提起公诉的前提，是公诉权的必要组成部分，如果将审查起诉权从公诉权中剥离，则提起公诉权将不复完整。"公诉权应当包括以下内容：提起公诉权、支持公诉权、公诉变更权、不起诉权、辩诉交易权、量刑建议权、抗诉权等七项权力。"[②] 其次，狭义说范围过小。该说将侦查监督的范围限定于侦查活动监督，将侦查程序的启动标志——立案程序，以及检察机关在侦查阶段一项重要的职能——审查批准逮捕排除在外。立案程序作为侦查程序的必要步骤自不必多言，对多数刑事案件而言，逮捕作为侦查机关所要采取的必要的强制措施，是刑事诉讼的必经程序，也是检察机关行使侦查监督权的必要手段。因此，狭义说不符合现行法律规定和司法实际。笔者赞同第三种观点，即把检察机关的法律监督属性作为考虑问题的出发点，将侦查监督理解为对侦查权的主要控制形式，即侦查监督是对侦查程序的正当性、活动效果的合法性、合理性所进行的监督，包括立案监督、侦查活动监督和审查批捕。根据高检院对各职能部门的工作分工，高检院侦查监督厅的主要职责有三项：立案监督、侦查活动监督和审查批捕。[③] 可见，检察机关侦检部门在实务中也是把立案监督、侦查活动监督、审查逮捕作为自己主要的工作任务。

---

　　① 左卫民、赵开年：《侦查监督制度的考察与反思——一种基于实证的研究》，载《现代法学》2006 年第 6 期。

　　② 邓思清：《检察权研究》，北京大学出版社 2007 年版。

　　③ 高检院侦查监督厅的主要职责为："负责对全国刑事犯罪案件（包括人民检察院直接受理侦查的贪污贿赂、国家工作人员渎职等犯罪案件）犯罪嫌疑人的审查批捕、决定逮捕和立案监督、侦查活动监督工作的指导；承办应当由最高人民检察院办理的审查批捕、决定逮捕案件；承办下级人民检察院批捕检察部门工作中疑难问题的请示；指导未成年人涉嫌犯罪的审查批捕工作；研究审查批捕业务规范化建设，制定有关规定。"侦查监督厅下设办公室、侦查监督处、审查逮捕一处、审查逮捕二处。资料来源：高检院网站。

二、侦查监督权的法理基础

侦查监督权的法理基础是检察机关行使侦查监督权的法律依据。有学者对检察机关侦查监督权的合理性提出疑问，主要集中在两个方面：第一，如何认识检察机关与侦查机关之间的关系？假如二者本是一家，本着自己不能监督自己的原则，检察机关的法律监督权失去了存在的必要。如有学者主张按照警检一体化（或曰侦检一体化）的原则重新设计检察机关与侦查机关二者之间的关系，旨在重塑我国的刑事诉讼结构：检察机关与公安机关之间的关系不应该再是各司其职、相互独立、相互制约的关系，而应使检察机关成为整个审前程序的主导核心，公安机关在刑事诉讼中的侦查职能应该成为检察机关公诉职能的依附性职能，公安机关应该接受检察机关的领导、指挥和监督，并提出应该将实际承担侦查职能的刑警部门，或称司法警察，从现行行政管理体制中分离出来，使之划归检察机关管理、领导、指挥和监督；其余的治安警察则仍保留在现存的体制中。① 第二，检察机关行使审查批捕权的合理性何在？有学者对检察机关批准逮捕权提出质疑，认为应当仿照西方某些国家的做法，将批准逮捕权交由中立的司法机构——法院来行使，即建立司法审查机制，取消检察机关的审查批捕权。该学者论述的主要理由是：（1）法院在诉讼中具有最高的权威作用和决定性影响；（2）承担控诉职能的检察机关享有批捕权，直接打破了控辩双方平等的诉讼结构；（3）法院具有的中立地位能够保证其严格执行逮捕条件，从而可以更好地保护犯罪嫌疑人的合法权利；（4）几乎所有的西方国家都是由法官来行使批准逮捕权。②

笔者认为，由检察机关行使侦查监督权，无论从理论还是从司法实际，均有其不可比拟的合理性，所谓警检一体化和取消检察机关批准逮捕权的观点，在当前的条件下均为"乌托邦式"的司法梦幻。

首先，警检一体化不适合我国现行司法体制和司法实际需要。"侦检一体化"是法国、德国等大陆法系国家的规定，如法国采取"检察领导侦查"的做法，检察官有权亲自侦查或者指挥司法警察进行侦查，司法警察只有初步侦查的权力，一旦检察官亲临现场，司法警官立即丧失权力，而由检察官本人继续侦查。同时，法国的预审法官负有正式侦查的权力，当预审法官亲临现场时，检察官和司法警官都失去权力，由预审法官继续执行司法警官的行动。预

---

① 陈卫东、郝银钟：《实然与应然：关于侦检权是否属于司法权的随想》，载《法学》1999 年第 6 期。

② 陈卫东：《把批捕权交给法官》，载《北京青年报》1999 年 10 月 22 日。

审法官可以命令司法警官继续侦查，并将侦查文件移送检察官。①　在德国，检察部门的性质既不认为是行政机关，也不认为是司法机关，其性质介于二者之间。检察官的主要职责之一是领导侦查，检察官有权指挥和利用警察的力量进行侦查，并有权采取拘留、搜查、扣押等各种强制措施，德国法律明确规定刑事警察是检察官的助手。

　　大陆法系国家"侦检一体化"模式是长期历史传统的遗留，尽管该模式有一定的积极意义，如提高侦查的效率，但该模式近年来却饱受争议，普遍认为"侦检一体化"其弊大于利。"就各国的情况看，检警关系在两个方面存在突出问题。一是检察对警察的控制不够有力，造成刑事侦查不能按照检控的要求实施，甚至双方'扯皮'，损害了检控能力；二是法律与实践脱节。在规定检主警辅侦查模式的司法体系中，法律与实践脱节，检察机关难以承担主要侦查任务，而实际担当'一线侦查'主要责任的司法警察有时因其在法律上的辅助性而感到办案权能不足。"②　实际上，即使在实行侦检一体化的国家里，大量的侦查工作仍由警察完成，检察官仅仅是法律名义上的"指挥者"，这一点从外国学者的论述中可以得到证实。"在犯罪的调查与指控中，要求检察官指挥警察的活动。这种'监督'与'负责'是比较灵活的。法律并没有要求检察官亲自到警察局对证人或者嫌疑人进行讯问。警察保留了先行逮捕并拘留嫌疑人，尔后报告检察官的权力……实际上，对证人以及嫌疑人的讯问是侦查的一部分，法律要求检察官予以'指挥'。尽管他们也意识到了自己监督工作有缺陷，但多数检察官并不离开自己的办公室。法律文本上的确规定了检察官与预审法官可以亲自从事很多侦查活动，但多种原因导致人们并不指望这变成现实。有个助理检察官告诉我们，'说实话，我认为我指挥（侦查），但彼此是平等的，警察也是这样……好嘛，你当然可以说自己是领导，但是这么做无助于开展工作。'"③　在我国，检察机关是宪法所明文规定的"法律监督机关"，在刑事诉讼中对侦查机关、审判机关诉讼行为的合法性行使法律监督权，假如实行"看起来很美"的警检一体化，则检察机关法律监督的地位将失去继续存在的依据，试问又该由哪个部门来行使法律监督权？警检一体化将导致包括宪法在内的一系列法律面临修改，中国现行的司法体系也不得不推倒

①　王以真：《外国刑事诉讼法学》北京大学出版社1994年版。
②　龙宗智：《评"检警一体化"兼论我国的检警关系》，载《法学研究》2000年第2期。
③　杰奎琳·霍奇森：《警察、检察官与预审法官：法国司法监督的理论与实践》，载《中国刑事法杂志》2010年第2期。

重来，其代价之大可想而知。"如果检警一体，不仅动摇审查逮捕权，而且势必动摇对法院审判活动的法律监督职能，使检察机关的法律监督性质发生改变，成为单纯的公诉机关。这样，巩固和发展中国特色社会主义检察制度就成为一句空话，显然不符合中央确定的'中国特色社会主义司法制度自我完善和发展'的改革原则。"①

其次，所谓"将批捕权交给法官"的观点难以找到其生存的司法土壤。由法官签发逮捕令的做法实际上是英美法系司法审查机制的表现。英、美等国大多确立了较为完善的针对侦查程序的司法审查机制。在英国，一般而言，除了那些法律允许的"无证逮捕"或"无证搜查"的情况以外，警察对任何公民实施的逮捕或者对任何公民实施的搜查和扣押行为，都必须事先向治安法官提出申请，并负责说明理由。只有在获得了法官的许可并持有法官颁发的令状后，警察才能实施逮捕或搜查行为。② 在美国，处于保护公民人身权利、财产权利的考虑，逮捕、搜查的条件受到严格限制，无论实施逮捕还是搜查行为，均须由治安法官根据侦查人员提交的经宣誓的提请签发令状申请书，经审查确认存在合理根据而签发逮捕令或搜查令，然后交由侦查人员执行，非经正当程序所取得的证据将被视为非法证据而予以排除。

英美国家的司法审查机制能否适用于中国的刑事诉讼程序？答案是否定的。原因在于：（1）中国不存在治安法官制度。在实行司法审查机制的国家里，法官职能是分开的，为避免法官形成预断导致先入为主，法律一般规定负责司法审查的法官不得参与本案的审判工作。如《荷兰刑事诉讼法》第21条规定，预审法官或代理预审法官如果负责调查过案件，就不能参加合议庭的审判，否则审判无效。这样，既可以保障羁押等措施不被滥用，又可以防止法官因介入侦查而对案件先入为主，影响公正审理。③ 在我国，法院是法定的审判机关，法官唯一的职责是从事审判，而并不具备司法审查功能。（2）无论将批捕权交由哪个机关行使，该机关必须在诉讼过程中居于中立地位，如此才能从容地行使权力。国外之所以实行司法审查机制，源自法官真正的独立地位。在我国，检察机关行使批捕权是执行法律赋予的法律监督职责，乃是站在客观的立场上对是否符合逮捕条件进行审查，同样具有中立的地位。（3）从司法审查机制的本意来看，其实质目标在于保障被告人的合法权利，这与我国检察机关的侦查监督职能不谋而合。检察机关通过审查批捕，主要任务是审查侦查

---

① 万春：《侦查监督制度改革若干问题》，载《河南社会科学》2010年第2期。
② 陈瑞华：《比较刑事诉讼法》，中国人民大学出版社2010年版。
③ 万春：《侦查监督制度改革若干问题》，载《河南社会科学》2010年第2期。

机关的侦查程序是否合法，以及根据现有证据、事实提请批准逮捕的决定是否合理，体现出检察机关法律监督的属性。综上考虑，我国由检察机关行使批捕权的做法并不违反一般的司法规律，相反，是符合我国司法实际的选择。

以上笔者论述了检察机关行使侦查监督权的法理基础，认为在当前的条件下，由检察机关行使侦查监督权有其合理性和法律依据。但笔者并不否认现行侦查监督权行使中存在的问题和缺陷，并非没有继续改进的余地。恰恰相反，笔者认为现行立法对侦查监督权的规定并不完善，检察机关的法律监督职能在侦查监督方面没有得到充分的发挥，迫切需要加以改进。一个明显的佐证就是，最高人民检察院近期采取以发布司法解释的方式，试图强化检察机关的侦查监督权，保障犯罪嫌疑人在刑事侦查阶段的合法权益。①

三、刑事立案监督的问题与完善

现行法律对立案监督的规定主要体现在《刑事诉讼法》第87条②，只有一个条文的内容，立案监督的内容、程序明显不足（如只规定了对应当立案而不立案的监督，相反，对不应当立案而立案的监督则缺乏必要的规定），反映出对立案监督在人民检察院诉讼监督中的地位缺乏必要的重视。总之，现行法律关于立案监督的规定过于笼统、操作性不强，导致立案监督不到位。

（一）当前刑事立案监督存在的主要问题

1. 立案监督程序不完整。现行法律只规定了人民检察院对公安机关不立案的监督制约机制，对人民法院自诉案件的立案监督没有作出规定，使得自诉案件的监督成为法律监督的盲区。对检察院直接受理案件的立案监督，仅有

---

① 高检院会同公安部、安全部制定的《关于刑事立案监督有关问题的规定（试行）》、《关于侦查活动监督有关问题的规定（试行）》、《关于人民检察院对搜查、扣押、冻结等侦查措施进行法律监督的规定（试行）》和《关于审查逮捕阶段讯问犯罪嫌疑人的规定（试行）》等四项改革规定于2010年10月1日开始实施。"四项改革规定"旨在通过强化侦查监督，防止侦查权滥用，保障诉讼当事人和其他人的合法权益，提高执法办案的公正性和司法机关的公信力。

② 《刑事诉讼法》第87条规定："人民检察院认为公安机关对应当立案侦查的案件而不立案侦查的，或者被害人认为公安机关对应当立案侦查的案件而不立案侦查，向人民检察院提出的，人民检察院应当要求公安机关说明不立案的理由。人民检察院认为公安机关不立案理由不能成立的，应当通知公安机关立案，公安机关接到通知后应当立案。"

《人民检察院刑事诉讼规则》一个条文的原则性规定，立法不明确，难以操作。①

2. 现行法律规定了对公安机关应当立案而不立案的监督程序，对公安机关不应当立案而立案的情况，则缺乏具体的制约机制。《人民检察院刑事诉讼规则》第378条只是规定："对于公安机关不应当立案而立案侦查的，人民检察院应当向公安机关提出纠正违法意见"，该条款显然难以实现监督的目标。"目前，由于公安机关受利益驱动办案，违法插手经济纠纷，随意启动侦查程序，扣人缴款，交款赎人特别是个别侦查人员办关系案、人情案，徇私舞弊，滥用职权的现象时有发生。"② 如何强化对违法立案的监督，是当前检察机关立案监督的工作重点。

3. 对立案变更的监督程序规定不明确。根据《刑事诉讼法》第15条和第130条的规定，在侦查过程中，发现不应对犯罪嫌疑人追究刑事责任的，应当撤销案件；犯罪嫌疑人已被逮捕的，应当立即释放，发给释放证明，并且通知原批准逮捕的人民检察院。据此规定，犯罪嫌疑人未被批捕的，公安机关有权自行撤销案件；已被逮捕的，只需将释放情况事后通知检察院。可见，对公安机关的撤案监督检察院无从着手，成为监督的空白。

（二）刑事立案监督的完善

为改变立案监督游离于法律监督之外的现状，及时发现并纠正侦查机关在立案方面的随意性，把好刑事诉讼的启动关口，必须强化检察院的立案监督。

1. 强化立案监督的理念，将立案监督提升到与侦查活动监督、审查批捕同等重要的位置，增加对法院自诉案件的监督。因为立案是刑事诉讼的启动程序（包括当立不立和违法立案）。撤案是立案程序的必要组成部分，事关侦查程序的合法性和犯罪嫌疑人的权利保障，必须充分予以重视。

2. 明确立案监督的法律后果。规定《要求说明不立案理由通知书》、《要求说明立案理由通知书》、《通知立案书》、《通知撤销案件书》、《立案监督案件催办函》等法律文件的法律效力，并赋予检察机关对侦查活动进行审查和必要的调查的权力，对没有法定理由拒不改正的侦查人员，可建议其上级机关予以更换。

---

① 《人民检察院刑事诉讼规则》第379条规定："人民检察院审查逮捕部门或者审查起诉部门发现本院侦查部门对应当立案侦查的案件不报请立案侦查的，应当建议侦查部门报请立案侦查；建议不被采纳的，应当报请检察长决定。"

② 龚比：《对不应当立案而立案侦查监督的属性》，载《人民检察》2008年第21期。

3. 赋予检察机关直接立案权。根据《刑事诉讼法》第18条的规定，检察机关直接立案侦查的案件除了国家工作人员利用职权实施的贪污贿赂犯罪、渎职犯罪、侵犯公民人身权利、民主权利的犯罪以外，对于国家机关工作人员利用职权实施的其他重大的犯罪案件，如果需要由人民检察院直接受理的，经省级以上人民检察院决定也可由人民检察院直接立案进行侦查。可见，现行法律对检察机关的直接立案权作了预留性规定，是对检察机关直接立案权的扩充性规定，这一规定符合检察机关法律监督机关的地位。因此，笔者建议扩大检察机关立案侦查的案件范围，除国家工作人员之外，对其他类型的刑事案件包括侦查人员涉嫌徇私舞弊、滥用职权的案件，检察机关再通知公安机关立案而公安机关拒不立案的，检察机关可直接立案侦查。

4. 在具体操作层面，尝试构建案件信息"网络衔接、信息共享"机制。检察机关侦监部门与公安机关立案中心联网，做到案件信息共享，检察机关有权通过网络调阅公安机关的报案、立案、不立案和撤案等信息材料，及时发现立案程序中发生的问题，做到防患于未然，切实保障立案监督程序的有效性。

四、侦查活动监督的问题与完善

侦查活动监督是对侦查机关侦查行为的合法性、强制措施的正当性、侦查羁押期限的遵守情况等所进行的监督，是检察机关法律监督的重要内容。大量司法实践证明，犯罪嫌疑人权利遭受不当侵犯、乃至最终形成冤假错案，究其原因，大多源于侦查程序中存在的违法行为，侦查活动监督的重要性不言而喻。[①]

（一）当前侦查活动监督中存在的主要问题

1. 侦查活动监督的范围狭窄。《人民检察院刑事诉讼规则》虽然规定了人民检察院有权对侦查机关侦查活动的合法性进行监督，但真正有制约力的监督方式，只有通过审查批捕程序对逮捕的强制措施行使法律监督权，其他的强制措施包括取保候审、监视居住、拘留等，以及除强制措施之外的勘验、检查、鉴定、搜查、扣押、划拨、冻结等强制性措施，均缺乏明确规定，使得上述监

---

① 从笔者统计的近年发生的刑事司法错案来看（包括杜培武案件、赵作海案件、佘祥林案件等十余起刑事错案），侦查行为均存在违法之处，几乎所有的案件犯罪嫌疑人都声称受到刑讯逼供。司法错误的根源在侦查阶段实际上已经铸成，这些错误随着刑事诉讼程序的发展继续演化、积累，加之受办案人员惯性思维的影响，错误因素难以得到纠正，最终被发现时损失已经难以挽回。司法错案对司法体制和司法权威所产生的负面影响是致命的，而且几乎成为一种规律——每当国家法治建设取得些许进展，一起骇人听闻的刑事错案却将刚刚取得的成就归于乌有。

督内容流于失守，导致侦查活动监督的范围偏于狭小。①

2. 侦查活动监督的时间滞后。表现为，对除逮捕之外的侦查活动中的多数强制措施只能是等强制措施被采用后，甚至直到犯罪嫌疑人因权利遭受侵害向检察机关提出控告之后，检察机关的侦监部门才予以介入，但此时侦查违法行为已经发生，对犯罪嫌疑人的不法侵害已然发生，侦查监督只能成为"亡羊补牢"。即使是审查批捕，一旦发生侦查机关变更强制措施的情况，检察机关的监督仍然表现出滞后性，因为根据现行法律的规定，立法仅仅要求公安机关在变更强制措施之后"通知"检察院，② 但这种事后的"通知"又能起到怎样的监督作用呢？

3. 侦查活动监督的手段乏力。现行法律赋予检察机关对违法性侦查行为行使监督权的"最强有力"手段，就是"以口头方式向侦查人员或者公安机关负责人提出纠正"，或者"向公安机关发出纠正违法通知书"，③ 但在我国目前公、检、法三家格局中公安机关实际上处于最强势地位的情况下，这种不痛不痒的"口头纠正"和"通知书"又能发挥什么样的制约作用呢？

（二）加强侦查活动监督的构想

1. 将侦查活动中所要采取的强制性措施均纳入检察机关侦查监督的视野，采取两种途径扩充侦查监督的范围，一是规定各种除逮捕之外其他强制性侦查

---

① 我国《刑事诉讼法》第六章和第 82 条分别规定了"强制措施"和"强制性措施"，可见立法者对这两个概念有着不同的界定。一般认为，强制性侦查措施除了《刑事诉讼法》"强制措施"章节所规定的五种外，还应包括刑事诉讼法中有关限制或暂时剥夺行为人人身自由权、财产权、隐私权等的侦查措施，以及人民警察法、国家安全法等规范侦查机关行为的相关法律法规中规定的具有强制性侦查措施性质的措施。主要包括：（1）对人身自由权的，包括拘传、拘留、逮捕、取保候审、监视居住、勘验、检查（对人身）等；（2）对财产权的，包括勘验、检查（对物体）、搜查、查封、扣押、冻结等；（3）对隐私权的，包括监听、采样、照相、测谎、通缉等。参见谢财能：《强制性侦查措施的概念应予规范》，载《检察日报》2010 年 8 月 6 日。

② 《刑事诉讼法》第 73 条规定："人民法院、人民检察院和公安机关如果发现对犯罪嫌疑人、被告人采取强制措施不当的，应当及时撤销或者变更。公安机关释放被逮捕的人或者变更逮捕措施的，应当通知原批准的人民检察院。"

③ 《人民检察院刑事诉讼规则》第 386 条规定："人民检察院发现公安机关或者公安人员在侦查或者决定、执行、变更、撤销强制措施等活动中有违法情形的，应当及时提出纠正意见。对于情节较轻的违法情形，由检察人员以口头方式向侦查人员或者公安机关负责人提出纠正，并及时向本部门负责人汇报；必要的时候，由部门负责人提出。对于情节较重的违法情形，应当报请检察长批准后，向公安机关发出纠正违法通知书。"

措施的适用，均须在侦查机关采取强制措施后向检察机关备案，供检察机关审查；二是检察机关建立当事人投诉制度，犯罪嫌疑人及其委托律师如果认为侦查活动存在违法性，有权向检察机关提出请求要求予以审查确认，检察机关有权要求侦查机关说明情况，并有权调阅相关案卷材料。

2. 建立健全"检察引导侦查"的工作机制，改变监督滞后的状况。实践中有些地方的检察机关和公安机关协作，试行"提前介入"制度，该制度对强化法律监督、提高侦查取证的效率、避免侦查程序违法均不无裨益。当务之急是在"提前介入"制度的基础上完善"检察引导侦查"机制，明确提前介入的时机和案件类型，并对检察机关引导侦查的方式、方法作出规定。实践证明，"检察引导侦查"是强化侦查监督的有效途径，"检察引导侦查能够避免事后监督、被动监督的弊端，使检察机关把侦查的全过程纳入视野，能够改变检察机关对侦查活动法律监督的滞后性和被动性，有效弥补当前检察机关对侦查活动事前监督、全程动态监督的空白，及时预防和纠正侦查活动中的违法行为，进一步保障犯罪嫌疑人及有关公民的合法权益。"[①]

3. 强化侦查监督的法律效力。现行检察机关发出的检察建议，包括口头的和书面的各种纠正违法通知，实际上只具有程序上的意义，其实体上的法律效力并不明确，导致检察建议不受重视，影响了法律监督的权威性。立法应对检察建议的效力、内容、条件、程序等作出明确规定，并规定有关机关没有合理理由拒不执行的，应当承担相应的法律责任。

五、审查逮捕制度存在的问题与完善

（一）审查逮捕制度存在的问题

审查批准逮捕是目前检察机关侦查监督最有效的手段，该制度对保证侦查程序的合法性，及时发现和纠正侦查活动中出现的违法行为，保障犯罪嫌疑人合法权益，强化检察机关法律监督地位均具有重要意义。当前审查批捕中存在的问题主要有以下几个方面：

1. 批准逮捕的条件存在模糊状态，缺乏可操作性。现行法律对逮捕的条件规定了"证据条件"、"罪责条件"、"社会危险性条件"等三个条件，相关

[①]　刘妍：《侦查监督机制的构建》，载《中国刑事法杂志》2009 年第 5 期。

司法解释对逮捕条件进一步加以细化，① 尽管如此，由于实践中案件的错综复杂，逮捕条件中的"可能"、"社会危险性"、"有逮捕必要"等模糊用语往往会给实际操作带来诸多不便，导致检察机关在行使批捕权时存在为难心理。

2. 现行相关立法对逮捕措施的变更程序缺乏明确规定，特别是检察机关作出不批准逮捕决定后，侦查机关的后续行为缺乏有效制约，导致审查逮捕制度的监督措施不到位。

3. 逮捕措施的法律救济途径缺失。司法实践中，从逮捕的性质和后果而言，逮捕变成纯粹的行政行为，当事人完全没有参与和发表意见的机会，不符合逮捕作为诉讼程序所应具有的诉讼性质。

（二）完善审查逮捕制度的建议

1. 对现行逮捕条件进行改革。首先，为解决实际案件证据条件与所需要的证据条件难以做到完全符合的问题，对疑难案件可实行"附条件逮捕"，解决实践中有逮捕必要与立法上逮捕条件设置较高之间的矛盾。尽管有学者对该制度的合理性提出质疑，但实践证明该制度确有一定的积极作用。② 其次，对逮捕必要性条件进一步明确，有学者提出采用量化标准，对影响社会危险性的各种因素根据其性质和严重程度设置增大或减小的分数，凡使社会危险性增大的因素以正值表示；凡使社会危险性减小的因素以负值表示，最后根据正负相抵的结果决定是否"有逮捕必要"。③ 笔者认为，该种探索有一定的参考价值。

2. 完善申请逮捕、变更逮捕的监督措施。实践中侦查机关随意变更逮捕措施，以及强制措施变更后法律监督缺失的情况比较常见，针对该种情况，立

---

① 2001 年 8 月 6 日，最高人民检察院、公安部印发了《关于依法适用逮捕措施有关问题的规定》；2006 年 8 月 17 日，最高人民检察院第十届检察委员会第五十九次会议通过了《人民检察院审查逮捕质量标准（试行）》，对逮捕条件中的"有证据证明有犯罪事实"、"可能判处徒刑以上刑罚"、"采取取保候审、监视居住等方法，尚不足以防止发生社会危险性，而有逮捕必要"等做了进一步细化。

② "附条件逮捕"源自《人民检察院审查逮捕质量标准（试行）》第 4 条的规定："对于证据有所欠缺但已基本构成犯罪，认为经过进一步侦查能够取到定罪所必须的证据、确有逮捕必要的重大案件的犯罪嫌疑人，经过检察委员会讨论决定可以批准逮捕并应当采取以下措施：（一）向侦查机关发出补充侦查提纲，列明需要查明的事实和需要补充收集、核实的证据，并及时了解补充取证情况；（二）批准逮捕后三日内报上一级人民检察院备案；（三）侦查机关在侦查羁押期限届满时，仍未能取到定罪所必须的充足证据的，应当及时撤销批准逮捕决定。"

③ 邓思清：《检察权论》，北京大学出版社 2007 年版。

法上应对此作出明确规定，即侦查机关变更强制措施必须征得原作出批捕决定机关的同意；同时对不批准逮捕的案件的后续情况进行跟踪监督，以防止超期羁押等现象的出现。

3. 明确审查逮捕制度的诉讼性质。现行审查批捕存在的主要问题之一是诉讼性质的缺失，表现为审查批捕程序为检察机关的"独角戏"，缺乏诉讼参与人的必要参与，使得该程序的公开性、正当性大打折扣，与正当法律程序理念背道而驰。因此，检察机关在作出批准逮捕或者不批准逮捕决定时，应适当吸收犯罪嫌疑人及其委托律师、被害方参与，听取其意见或申诉，并可当面听取侦查机关对提请批准逮捕的情况说明，从而更好地保护各方当事人的诉讼权利。

公诉权论*

张智辉**

公诉权，即刑事追诉权，是检察机关运用公权力对违反刑事法律构成犯罪的人诉请国家审判机关依法追究其刑事责任的权力。公诉权在世界各国几乎都是检察机关独享的一种国家权力，是检察权的一种标志性的权力。深入研究公诉权理论，对于保障刑事法律的正确实施，对于完善诉讼程序和检察制度，都具有十分重要的意义。

一、公诉权的基本内容

从世界各大法系主要国家的法律规定看，检察机关（包括代表检察机关行使权力的检察官）的公诉权主要包括以下内容：

（一）立案决定权或立案控制权

公诉的目的是追诉犯罪，决定追诉的权力也因此而属于公诉权的组成部分。在有些国家，作出立案侦查的决定是刑事诉讼的开始，所以立案侦查的决定权或者控制权也是由检察机关行使的。

在法国，刑事案件的侦查是由预审法官负责进行的。但是，预审法官的侦查是以检察官的"立案侦查意见书"为前提的，因为"原则上，就是否提起追诉的问题作出必要决定的是共和国检察官。"[1] "作出追诉决定才是刑事诉讼正式阶段的第一步。"[2]《法国刑事诉讼法》第 80 条规定："预审法官只有根据共和国检察官的立案侦查意见书始能进行侦查。立案侦查意见书得对指名的

* 本文刊载于《中国法学》2006 年第 6 期。

** 张智辉，最高人民检察院检察理论研究所原所长。

[1] ［法］卡斯东·斯特法尼、乔治·勒瓦索、贝尔纳·布洛克：《法国刑事诉讼法精义》（下），罗结珍译，中国政法大学出版社 1999 年版，第 488 页。

[2] ［法］卡斯东·斯特法尼、乔治·勒瓦索、贝尔纳·布洛克：《法国刑事诉讼法精义》（下），罗结珍译，中国政法大学出版社 1999 年版，第 488 页。

人提出，或者对不指名的人提出。预审法官一经了解到立案侦查意见书中并未涉及到的事实，应立即将与之相关的告诉或确证此种告诉的笔录报送共和国检察官。"按照法国权威学者的解释，"立案侦查意见书"对于确定预审法官受理案件的范围具有重要的意义。共和国检察官提出的这一意见书是其提出的第一份诉讼意见书，其功能是"旨在发动公诉"，因此也称"提起公诉意见书"。依此意见书，检察机关要求预审法官（对案件）进行侦查并发动公诉。如果涉及新的事实，预审法官则应当经补充侦查意见书才能受理并进行侦查。① 在德国的刑事诉讼法中，侦查被规定为"公诉之准备"，由检察院负责②。按照德国刑事诉讼法的规定，通过告发或者其他途径，检察院一旦了解到有犯罪行为嫌疑时，应当对事实情况进行审查，以决定是否提起公诉。为此，检察院可以要求所有的公共机关部门提供情况，并且要么自行，要么通过警察机构部门及官员进行任何种类的侦查。警察机构部门及官员负有接受检察院请求、委托的义务。证人、鉴定人负有应传唤前往检察院就案件作出陈述或者鉴定的义务。甚至在有迹象表明某人是非正常死亡或者发现无名尸体的时候，"埋葬尸体，需经检察院书面同意"③。尽管在实务方面，侦查通常都是由警察机关进行的，但是法律的这一规定，意味着检察机关具有启动侦查程序和控制侦查活动的权力。

在美国，立案侦查的决定权是由警察行使的，但是警察如果要对犯罪嫌疑人采取强制措施，则必须经过检察官向治安法官申请令状。如果检察官不同意警察的做法，警察就不可能对犯罪嫌疑人采取强制措施。因此，检察官从警察接触犯罪嫌疑人的时候开始，实际上就已经介入了侦查活动，并且在这个阶段具有一定的控制权，只是没有侦查指挥权。

公诉权在本质上是一种追诉犯罪的权力。因此当一个违法行为发生时，要不要将其作为犯罪予以追诉，应当由具有追诉犯罪权力的检察机关来决定。但是在实践中，犯罪行为一旦发生，就会给社会造成危害。为了防止危害的扩散并及时有效地控制犯罪，法律通常赋予负责社会治安的警察机关首先进入现场或接触罪犯采取措施的权力。警察机关的这种活动则被称为刑事诉讼开始之前的"预备性阶段"。一般来说，刑事诉讼经过预备阶段之后，就按照"追诉决

---

① ［法］卡斯东·斯特法尼、乔治·勒瓦索、贝尔纳·布洛克：《法国刑事诉讼法精义》（下），罗结珍译，中国政法大学出版社 1999 年版，第 520～522 页。

② 参见《德国刑事诉讼法》第二编第二章

③ 参见《德国刑事诉讼法》第 159～161 条。

定"而真正开始。①

（二）提起公诉的权力

提起公诉的权力由检察机关行使，几乎是现代世界各国的通例。公诉由检察机关实行，被称为"国家追诉主义"②，即只有国家才有进行公诉的权力。因为国家追诉可以摆脱私人追诉情况下由于个人的私人感情和地域的特殊情况而导致的有失公平的诉讼，保障法律的统一实施。而国家行使公诉权的机关是检察机关，因此，除了法律明确规定可以由当事人自诉的案件之外，所有侦查终结的刑事案件一律交由检察机关进行审查，以决定是否需要追究犯罪嫌疑人的刑事责任并向有管辖权的法院提起公诉。正如《德国刑事诉讼法》第152条规定的："（一）提起公诉权，专属检察院行使。（二）除法律另有规定外，在有足够的事实根据时，检察院负有对所有的可予以追究的犯罪行为作出行动的义务。"

各国对提起公诉的条件要求大致相同，即：提起公诉都需要具备一定的条件；这些条件的成立要有充分的证据；几乎接近法院判定有罪的条件。正如我国《刑事诉讼法》第141条所规定的："人民检察院认为犯罪嫌疑人的犯罪事实已经查清，证据确实、充分，依法应当追究刑事责任的，应当作出起诉决定，按照审判管辖的规定，向人民法院提起公诉。"这是因为，公诉权是一种"以预先认为可以获得有罪判决为前提的实体性判决请求权"，因此提起公诉的条件就应当是存在"犯罪的高度嫌疑"。所谓高度的嫌疑，在实务中就是起诉的标准是否存在根据确凿的证据获得有罪判决的可能性。在提起公诉的时候，作为检察官的认识来说，必须达到接近确信的程度。③

（三）决定不起诉的权力

有决定起诉的权力，也就会有决定不起诉的权力。决定不起诉是检察机关

① ［法］卡斯东·斯特法尼、乔治·勒瓦索、贝尔纳·布洛克：《法国刑事诉讼法精义》（下），罗结珍译，中国政法大学出版社1999年版，第488页。

② 与国家追诉主义相对的是私人追诉主义和民众追诉主义。私人追诉主义又有由被害人实施私人追诉的被害人追诉主义（德国）和由警察作为私人进行追诉的私人追诉主义（英国）；民众追诉主义是指由大陪审团进行起诉的制度。

③ 参见［日］松尾浩也：《日本刑事诉讼法》（上卷），丁相顺译，中国人民大学出版社2005年版，第160～176页；［日］田口守一：《刑事诉讼法》，刘迪、张凌、穆津译，法律出版社2000年版，第114～127页。

起诉裁量权的表现。即使是在像德国那样明确规定起诉法定原则的国家，刑事诉讼法也规定了检察机关可以作出不起诉决定的若干情况。①

在法国，检察机关基于"追诉适当原则"，可以在三种情况下作出不提起追诉的决定：第一，检察官认为追诉不能得到受理；第二，检察官认为并不具备犯罪的各项构成要件或者认为要举出证据证明犯罪有不可克服的困难；第三，检察官认为提起追诉不适当。共和国检察官还可以依据犯罪人的性格来判断追诉的适当性从而作出不予追诉的决定。并且，对于这种不予追诉的决定，不存在任何司法裁判上的上诉途径，刑事法院就此不得提出批评，当事人不服时只能按照级别向检察长或掌玺官（司法部长）提出申诉。但是，基于"追诉适当规则"而作出的不予追诉的决定只能在涉及发动追诉时作出。公诉一旦发动，在刑事诉讼进行过程中，共和国检察官不得再以"追诉适当"为理由提出旨在"不予起诉"的意见书。

在美国，检察官被赋予广泛的不起诉裁量权。在实践中，不起诉的决定可能是根据以下情况做出的：（1）被害人表示犯罪不必起诉。（2）考虑到违法的性质，起诉的代价将会很大。（3）检察官认为起诉本身将会对犯罪造成过度的伤害。（4）如果不起诉，罪犯将会帮助达到其他执行目的。（5）犯罪所带来的危害能够不经起诉而得到纠正。虽然美国的刑事司法体系有合理有效的控制确保检察官在证据不充分时不滥用权力，但是对于证据充分时是否起诉的裁量决定却没有类似的控制。对不起诉决定的质疑实际上并没有有效的制约措施。②

在我国，检察机关的不起诉被分为绝对不起诉、相对不起诉和存疑不起诉三种情况。其实，绝对不起诉，是因为案件本身不具备或者丧失了提起公诉的条件。在这种情况下，检察机关并没有在起诉与不起诉之间进行选择的权力，因而不属于检察机关起诉裁量权的范围。存疑不起诉也是因为证据不足而不具备起诉的条件。但是存疑不起诉与绝对不起诉不同。对于存疑不起诉的案件，检察机关在获得新的证据以致具备起诉条件的情况下可以再行起诉。唯有相对

---

① 按照德国学者的解释，不起诉处分可以基于四种理由作出：一是基于诉讼程序之原因，如时效消灭；二是基于实体法之原因，如发现该行为并不违法；三是基于事实之原因，如不能证明被告人犯该罪；四是基于便宜原则之原因，如微罪不举。检察机关作出的不起诉裁决并不具有确定的法律效力，检察机关可以随时对已经作出不起诉裁决的案件进行侦查。参见［德］克劳思·罗科信：《刑事诉讼法》（第22版），吴丽琪译，法律出版社2003年版，第363～364页。

② 参见伟恩·R.拉费弗、杰罗德·H.伊斯雷尔、南西·J.金：《刑事诉讼法》（上册），卞建林、沙丽金等译，中国政法大学出版社2003年版，第744～753页。

不起诉，才相当于美国、日本等国刑事诉讼法中所称的不起诉。而相对不起诉仅适用于犯罪情节轻微，依照刑法规定不需要判处刑罚或者免除刑罚的案件。所以，与国外检察机关的起诉裁量权相比，我国检察机关的起诉裁量权是十分有限的。

（四）出席法庭的权力

检察机关一旦决定提起公诉，除了简易程序之外，通常都有派员出席法庭进行公诉的权力。检察机关在刑事诉讼中作为公诉方，在法庭调查中承担着控诉犯罪并提供证据的责任，因此出席法庭既是检察机关的权力，也可以说是它的义务。按照《德国刑事诉讼法》第226条的规定，在整个审判过程中，检察机关都必须有人（不需为同一检察官）在场。如果在检察院的人员缺席情形下进行了审判，就构成"绝对上诉理由"（第338条）。在刑事法庭上，检察院的参加是必要的参加，并且应当确认在法庭上听取了检察院的意见。①

检察官作为检察机关的代表出席法庭，主要任务是控诉犯罪、提供证据包括证人名单或证言，回答质疑，协助法庭调查。

同时，"检察官亦需注意，诉讼过程是否合法举行，其对于有违反刑诉法之情形时，异于辩护人，需立即对之加以更正。"②因为，对于检察官来说，要求法院"正确适用法律"是他的职责。③对法庭审理活动的监督，既包括对法庭组成人员的合法性和法庭调查过程的监督，也包括对其他诉讼参与人在法庭上的活动是否合法进行监督。在一些国家，检察官对诉讼过程是否合法的监督主要是通过对不合法的活动向法庭提出抗议的方式进行的。这样有利于及时纠正不适当的诉讼行为而不影响法庭审理的正常进行。④

在日本，检察官出席法庭还有一个任务是"求刑"。在法庭全部证据调查

---

① ［法］卡斯东·斯特法尼、乔治·勒瓦索、贝尔纳·布洛克：《法国刑事诉讼法精义》（下），罗结珍译，中国政法大学出版社1999年版，第755页。

② ［德］克劳思·罗科信：《刑事诉讼法》（第22版），吴丽琪译，法律出版社2003年版，第65页。

③ 参见［日］松尾浩也：《日本刑事诉讼法》（下卷），张凌译，中国人民大学出版社2005年版，第191页。

④ 我国1979年刑事诉讼法也是允许出席法庭的检察官当庭对不适当的诉讼行为提出纠正意见的，但是1996年修改后的刑事诉讼法基于维护庭审权威的考虑取消了这种规定，要求检察机关在庭审之后就法庭审理中违反法律的情形向法院提出。然而在实践中，不适当的诉讼行为如果没有严重到足以导致法庭审理无效的程度，事后提出纠正意见是于事无补的，因为法庭审理已经结束，法庭审理过程中的瑕疵也已成过去，不可能再予弥补。

结束以后，检察官必须就法庭调查的事实以及法律适用陈述意见。其中包括对应该宣判的刑罚种类、程度等阐述具体的意见。求刑表明了检察官对被告人刑事责任的最终评价。求刑制度不是法律的直接要求，而是日本的一种习惯做法，但是这一制度起到了统一全国范围内检察官法律适用基准的作用，法院通过考虑检察官的求刑意见来防止量刑的不均衡。①

（五）变更起诉的权力

检察机关派员出席法庭的另一个重要任务是根据法庭调查的情况修正自己的起诉决定。

在美国，检察官可以通过修改诉状来变更起诉。修改诉状，既包括纠正诉状中的技术错误如引用法律条文不当，也包括主动或为了回应辩护方的动议而纠正诉状中的重大缺陷。在审前或者审判过程中，检察机关都可以根据新发现的证据或者证据变化的情况修改自己的诉状以使诉状与法庭调查的事实相符合。在定罪或裁决之前，只要不追加指控另外的或不同的罪行，不损害被告人的实体权利，法庭就应当允许检察官修改诉状。

在日本，诉讼进展过程中，检察官查明存在与起诉书记载的诉因不同的事实，并认为法院不能预料该诉因事实存在时，可以请求变更诉因。诉因是构成犯罪的事实性要素，即证明犯罪事实存在的犯罪主体、时间、地点、客体、方法、行为与结果等。法院接到检察官的请求时，在不损害公诉事实同一性的范围内，必须允许追加、撤回或变更起诉书中记载的诉因或处罚条款。②

在德国，《刑事诉讼法》第156条明确规定："审判程序开始后，对公诉不能撤回"。这本身意味着在审判程序开始之前，检察院可以撤回公诉。在审判的任何一个阶段，检察院认为对已经提起公诉的行为可以不予追诉时，法院可以依检察院的申请停止程序。在审理过程中检察机关可以追加起诉。

（六）上诉的权力

检察机关作为提起公诉的主体，与被告人一样具有全面的上诉权，同时检察机关作为"要求正确适用法律"的人，还有为了被告人的利益而上诉的权力。这是大陆法系的传统。这个传统的典型表达方式是《德国刑事诉讼法》

---

① 参见［日］松尾浩也：《日本刑事诉讼法》（上卷），丁相顺译，中国人民大学出版社2005年版，第287~289页。

② 参见［日］田口守一：《刑事诉讼法》，刘迪、张凌、穆津译，法律出版社2000年版，第166~167页。

第 296 条的规定："（一）不论是检察院还是被指控的人，均拥有提起准许的法律救济活动的权利。（二）检察院也可以为了被指控人的利益而提起法律救济活动"。

在法国，准许检察官提出上诉的情形有四个方面：第一，做出裁判决定的程序不符合规定：裁判决定不是由符合法定人数的法官作出的；裁判决定是由并未参加庭审的法官作出的；裁判决定是在没有听取检察官意见的情况下作出的；裁判决定不是公开开庭（法律规定的例外情形除外）或者是在没有公开进行法庭辩论的情况下作出的。第二，作出裁判决定的法院没有管辖权或者越权：法庭对其作出裁判决定的案件并无管辖权；法庭虽有管辖权但进行了其无权实施的行为。第三，违反了"根本性"的形式：在法律明文规定某项形式"如不遵守，以无效论处"；或者法院判例视某项形式为根本性形式并且认定"如不遵守，以无效论处"时，法庭没有遵守该规定。第四，违反实体刑事法律：对法律解释不正确；或者适用刑法条文有错误。①

在日本，检察官是"请求正确适用法律"的人，他可以对他认为不当的所有第一审判决和决定提出上诉②，也可以对高级法院和最高法院的判决提出上诉。就一审判决提出上诉的理由包括：第一，诉讼程序违反法令。作出判决的法院在组成合议庭上违法；法官在作出判决时有违法行为；在审判公开方面违反有关规定；管辖错误；受理公诉错误；判决有遗漏；判决的理由不充分或者理由相互矛盾，构成绝对的上诉理由。其他诉讼程序违反法令并"明显给判决带来影响"的情形，则构成相对的上诉理由。第二，判决内容有错误。其中包括：适用法律有错误（适用法律有错误只有在"明显给判决带来影响"时才能成为上诉理由）；量刑不当；事实认定有错误。第三，其他上诉理由。如刑罚法规在作出判决后被废止或法定刑变更时，只要判决尚未生效，就可以上诉；判决认定的犯罪属于大赦令适用的对象等。可见检察机关提出抗诉的理由是其认为原审法院的裁判确有错误，这与我国刑事诉讼法的规定是基本相同的。"确有错误"本身实际上就包括了重罪轻判或者轻罪重判甚至有罪判无罪、无罪判有罪，以及程序违法等不同的情况。检察机关应当站在客观公正的立场上进行抗诉，其中既应当包括不利于被告人的抗诉，也应当包括有利于被告人的抗诉。这样的抗诉当然就不仅仅是为了追诉犯罪，同时也维护了刑事法

---

① ［法］卡斯东·斯特法尼、乔治·勒瓦索、贝尔纳·布洛克：《法国刑事诉讼法精义》（下），罗结珍译，中国政法大学出版社 1999 年版，第 837~840 页。

② 在日本，上诉被分为控诉（对一审判决的）、抗告或称即时抗告（对一审决定的）、上告（对二审法院的）和特别上告（对最高法院的）。

律的正确实施。

（七）申请再审的权力

在大陆法系国家，检察机关对于已经生效的裁判有向最高法院申请再审的权力。在德国，有利于受有罪判决人的再审请求，可以由受有罪判决人提出，也可以由检察院提出，但是对被告人不利的再审，只能由检察院提出。而在日本，只能提出对受有罪判决人有利的再审请求，而不能提出对其不利的再审请求。

我国《刑事诉讼法》第205条规定："最高人民检察院对各级人民法院已经发生法律效力的判决和裁定，上级人民检察院对下级人民法院已经发生法律效力的判决和裁定，如果发现确有错误，有权按照审判监督程序向同级人民法院提出抗诉。人民检察院抗诉的案件，接受抗诉的人民法院应当组成合议庭重新审理，对于原判决事实不清楚或者证据不足的，可以指令下级人民法院再审。"这表明检察机关具有对生效裁判提出再审的权力，并且只要检察机关依照法定程序提出抗诉，法院就应当进行再审。原因有二：第一，检察机关提起公诉的目的是有效地追诉犯罪。如果由于法院认定事实错误或者适用法律不当而未能达到行使公诉权的目的时，检察机关提出抗诉、要求再审以实现公诉的目的，是理所当然的。第二，检察机关提起公诉是代表国家行使追诉权的。国家追诉与个人起诉的一个最大区别就在于它不是为了自身的利益，而是为了通过追究破坏刑事法律的人的刑事责任来维护法律的尊严，同时保障无罪的人不受刑事追究。当然在法院的裁判已经生效的情况下，这种要求必须受到一定的限制，只有在符合法律规定的特殊理由的情况下才能行使，否则就可能导致诉讼无休止地拖延，影响法院判决的权威性。

（八）监督刑罚执行的权力

在大陆法系国家，对生效判决裁定的执行是由检察机关负责的。"从公诉方面看，指示执行刑罚的是共和国检察官。"[①]《法国刑事诉讼法》第707条规定："裁判决定最终确定之后，依检察院的申请执行之"。第709条规定："共和国检察官与检察长有权直接要求公共力量协助，以保证判决执行"；《德国刑事诉讼法》第451条规定："（一）刑罚的执行，由作为执行机关的检察院依据书记处书记员发放的、附有可执行性证书和经过核实的判决主文副本付诸

---

① [法]卡斯东·斯特法尼、乔治·勒瓦索、贝尔纳·布洛克：《法国刑事诉讼法精义》（下），罗结珍译，中国政法大学出版社1999年版，第865页。

实施。（二）区检察官只有权对州司法管理部门委托执行的刑罚付诸实施。（三）执行机关的检察院可以接受其他州法院的刑罚执行庭所委托的检察院任务。它也可以将自己的任务移交给负责该法院事务的检察院，以符合受有罪判决人的利益，经刑罚执行庭所在地检察院同意为限。"；《日本刑事诉讼法》第472条和《韩国刑事诉讼法》第460条都规定："裁判的执行，由与作出该项裁判的法院相对应的检察厅的检察官指挥。"

刑罚的执行之所以要由检察机关指挥或者在检察机关的监督下进行，是因为刑罚的执行本身是实现公诉权行使之目的的最终途径。如果不能保证刑罚的有效执行，检察机关从刑事诉讼开始到审判活动结束的整个过程中所作的一切努力，就可能付诸东流，维护法律尊严的正义要求就可能在最后环节上不了了之。所以，为了保证公诉权的有效行使，在法院的裁判最终生效之后，由检察机关负责或者监督刑罚的执行，是完全应该的。

二、提起公诉的效力

公诉权中最核心的内容是提起公诉的权力。提起公诉，不仅可以派生出变更公诉的权力、出庭公诉的权力和上诉（抗诉）的权力等，而且可以产生一系列的法律效力，对包括检察机关在内的其他诉讼主体的活动形成制约。

（一）提起公诉对被告人的效力

检察机关提起公诉的行为，使犯罪嫌疑人被确定为刑事诉讼中的被告人，被告人因此而处于必须接受法院审判的法律地位。被告人有义务按照法院的要求出现在法庭上，并按照法庭的要求进行诉讼活动。如果被告人在检察机关对其提起公诉之后逃逸，其逃逸行为本身就可能构成一个犯罪。

当然，提起公诉的行为，也产生了被告人自己或者委托他人为自己进行辩护的权利，以及其他作为诉讼当事人应有的诉讼权利。

（二）提起公诉对侦查机关的效力

提起公诉的决定通常是在侦查终结的基础上作出的。检察机关作出提起公诉的决定，即意味着侦查活动的结束。特别是在案件移送法院进行审判之后，侦查机关原则上就不能对相同的人的同一行为再开展侦查活动，除非经过检察机关的申请并经过审理该案件的法院同意。

大陆法系国家素有检察官指挥侦查或者亲自侦查的规定。这类规定所蕴含的基本理念是侦查服务于公诉所以应当满足公诉的需要。在英美法系国家，检察官虽然没有指挥侦查的权力，但是警察有义务按照检察官的要求出席法庭作证,其主旨也是为了保证检察官在法庭上有效指控犯罪。我国关于补充侦查的规定,同样也是为了保障侦查满足公诉的需要。这些规定,反映了公诉权运作的基本规律,表明公诉与侦查之间具有目的与手段的关系。因此,检察机关提起公诉的行为,必然要引起侦查机关与检察机关相互配合共同完成举证任务的义务,包括根据法庭审理的情况及时补充新的证据的义务。

(三) 提起公诉对检察机关的效力

检察机关提起公诉的行为,本身就使检察机关自己处于刑事诉讼中控方的法律地位:第一,失去对案件的控制权而将案件交由法院,由法院主持继后的调查。在法国,检察机关一旦提起追诉,其后的预审(即侦查)就由预审法官主持进行(在预审阶段检察机关还继续保持对案件的控制权),侦查终结之后,案件如何处理,几乎完全由法院决定。而在其他国家,自提起公诉之后,诉讼的进程才交由法院控制。第二,产生接受法院审查的义务。检察机关提起公诉的行为本身,要受到法院的审查。只有在法院经审查认为提起公诉的行为符合一定的条件时,才会受理案件并作出开始审判的决定。如果法院认为检察机关提起公诉的行为不符合审判的条件,检察机关就应当按照法院的要求进行补充或者撤回公诉。当然,法院对检察机关提起公诉行为的审查,也要受到一定的限制,只能是对形式要件的审查。在美国,检察机关提起公诉的行为,可能因被告人的要求而提交大陪审团审查,也可能受到被告人及其辩护人的质疑而由法院进行审查。如果法院认可辩方的质疑,检察机关就得修改或者撤回公诉。第三,出庭的义务。除了法律规定可以不出庭的情况之外,检察机关在自己提起公诉的案件审理过程中,有义务派员出席法庭审理的全过程。这既是公诉权的组成部分,也是检察机关提起公诉的行为必然产生的义务。第四,服从裁判的义务。作为控方必须服从法院的决定,包括法院对审判方式的选择,审判时间、地点的安排,审判进程以及庭审过程中审判长的指挥,直至最终的审判结果。第五,配合的义务。检察机关必须配合法院完成审判活动,包括需要补充侦查或者需要变更起诉时,根据法庭审理的情况,检察机关应当及时提出补充侦查或者变更起诉的申请并及时进行必要的补救措施,以保证审判的顺利进行。第六,对于提起公诉的案件,法院一旦受理,非因法定事由,检察机关不得就同一犯罪事实对同一被告人向同一或不同法院再提起公诉。

(四) 提起公诉对审判机关的效力

检察机关提起公诉的行为,意味着检察机关把特定的刑事案件移交给法院,由此也就启动了法院的审判活动并对审判活动产生制约。第一,引起法院审判的义务。检察机关一旦提起公诉，只要符合起诉条件，受理公诉的法院就必须对案件依法进行审判，法院不得拒绝受理和审判。第二，通知被告人的义务。检察机关提起公诉的起诉书，在法院受理案件之后，经审查，如果没有不符合起诉条件的情况，应当及时将起诉书送达被告人，让其了解检察机关对他的指控及其内容。第三，设定法院审判和判决的标的。法院审判案件，只能在起诉书所指控的范围内进行法庭调查和作出判决，以"检察院指控有遗漏"为由对检察机关没有提出指控的犯罪行为对被告人判处刑罚的做法，是违背国家公诉原则的越权判决。对此，《德国刑事诉讼法》第 155 条规定："法院的调查与裁判，只能延伸到起诉书中写明的行为和以诉讼指控的人员。"法院受诉讼标的的约束，原则上只能审理被起诉的犯罪行为和犯罪行为人，是国家公诉原则的必然要求。确立法院不得任意独断地扩张调查范围的原则，是为了免除中世纪罪刑擅断的纠问程序的弊端，保护被告人的利益。

诉讼对象（即应当构成犯罪的事实或称公诉事实）的设定者是检察官①。诉讼对象在审判程序中具有两方面的作用：第一，诉讼对象始终是双方当事人和法院审判活动的目标。罪状承认与否、口头程序的陈述、证据调查的请求与实施、总结发言以及最后辩论，都是或主要是围绕公诉事实的成败进行的。第二，诉讼对象是制约该案件程序的主要要素。案件的管辖、是否需要控告、时效是否完成、是否适用简易程序、适用合议庭还是独任审理、必要的辩护还是非必要的辩护、是否免除被告人的出庭义务等，这些程序的基本走向都是取决于公诉事实。② 当然，作为诉讼对象或审判标的的案件事实必须与起诉书所指控的犯罪行为具有同一性，是就事实本身而言的，即审判所及的案件事实必须是起诉书所指控的犯罪行为事实，它并不意味着对事实的法律评价的同一性和构成公诉事实的各个要素的完全一致。

三、公诉权行使中几个问题的探讨

为了保证公诉权的正确行使，人们提出了公诉权行使的一系列原则。通过这些原则，为公诉权的行使设定了行为准则。这些原则包括：法治原则、自由

---

① "审理判决的对象是由检察官提起的公诉所指向的犯罪事实，也就是'诉因'。换句话说，将法院审理、判决的权限以及责任义务限定为诉因。虽然这一诉因并不因起诉书的记载而完全固定下来，有时会在审理过程中发生变更，但即使这时候，变更的权限和责任、义务也属于检察官"。参见［日］松尾浩也：《日本刑事诉讼法》（上卷），丁相顺译，中国人民大学出版社 2005 年版，第 187 页。

② 参见［日］松尾浩也：《日本刑事诉讼法》（下卷），张凌译，中国人民大学出版社 2005 年版，第 379 页。

裁量原则、客观公正原则、公益权衡原则等。但是从实践中看，公诉权的行使，最容易出现滥用的是公诉裁量权。因此如何有效地防止公诉裁量权的滥用，既是诉讼制度设计中所要重点解决的问题之一，也是研究公诉权理论所要关注的难点问题。为了保证公诉权的正确行使，防止公诉权的滥用，笔者认为，应当重点解决以下三个方面的问题：

（一）发动公诉的必要性问题

公诉的发动应当强调必要性原则，即只有在十分必要的情况下才可以动用国家追诉权对特定的人提起公诉。

提起公诉之所以要强调必要性原则，是因为提起公诉的决定在刑事诉讼中是一个至关重要的阶段。首先，提起公诉的决定，将导致被告人在审判之前或审判期间失去自由，使被告人面临法庭审判的经济损耗和社会损耗。并可能使被告人损害声誉。其次，提起公诉的决定，对社会的影响也是明显的。由于国家追诉本身是代表国家对行为的一种否定性评价，因此当一种造成损害的行为发生之后，检察机关是否对其提起公诉，往往引导着社会行为的趋向。最后，提起公诉的决定同时也必然引起司法资源的消耗，导致检察机关、审判机关甚至刑罚执行机关为此付出一定的人力物力。因此是否决定对一个人提起公诉，检察机关应当十分慎重。日本学者强调："因为提起公诉会对被告人带来事实上、法律上的不利，例如心理上、时间上、经济上、社会上的负担，以及停职处分的危险等，所以如果没有高度的嫌疑，就不允许提起公诉。"[①] 在提起公诉之前，检察机关不仅应当审查犯罪事实是否确实存在，而且应当十分重视是否有交付审判的必要。对于依照刑法的规定可以免除刑罚或者不需要判处刑罚的，特别是在犯罪行为发生之后，犯罪人采取积极的补救措施对被害人进行补偿并得到被害人谅解的轻微犯罪，检察机关就不应当对其提起公诉。

在此，值得研究的问题是如何认定有无提起公诉的必要。

笔者认为，在具体案件中认定有无提起公诉的必要，首先应当区分三种情况：第一，是否属于不应当提起公诉的案件；第二，是否属于可以起诉也可以不起诉的案件；第三，是否属于必须提起公诉的案件。然后再根据案件的具体情况决定是否发动公诉。

一个案件，如果本身属于不应当提起公诉的案件，自然就没有提起公诉的必要。对这类案件提起公诉，就是公诉权的滥用。界定一个案件是否属于不应

---

① 参见 ［日］松尾浩也：《日本刑事诉讼法》（上卷），丁相顺译，中国人民大学出版社 2005 年版，第 160～161 页。

当提起公诉的案件，应当从三个方面来考虑：第一，行为是否构成犯罪。只有对于构成犯罪的行为，检察机关才能提起公诉。就案件所涉及的具体罪名而言，如果案件事实表明犯罪嫌疑人的行为并不完全符合刑法关于该犯罪所规定的全部构成要件，不能完全认定犯罪嫌疑人的行为构成犯罪，该案件就是不应当提起公诉的案件。第二，行为人是否存在不应当追究刑事责任的情况。在行为符合刑法规定的具体犯罪构成要件的情况下，应当进一步考察行为人是否具有不应当追究刑事责任的情况。刑法明示或者暗示地规定了一些不负刑事责任的情况，比如：我国《刑法》第 17 条中规定："已满十四周岁不满十六周岁的人，犯故意杀人、故意伤害致人重伤或者死亡、强奸、抢劫、贩卖毒品、放火、爆炸、投毒罪的，应当负刑事责任"；《刑法》第 18 条第 1 款规定："精神病人在不能辨认或者不能控制自己行为的时候造成危害结果，经法定程序鉴定确认的，不负刑事责任"；《刑法》第 20 条第 1 款规定："为了使国家、公共利益、本人或者他人的人身、财产和其他权利免受正在进行的不法侵害，而采取的制止不法侵害的行为，对不法侵害人造成损害的，属于正当防卫，不负刑事责任"；《刑法》第 20 条第 3 款规定："对正在进行行凶、杀人、抢劫、强奸、绑架以及其他严重危及人身安全的暴力犯罪，采取防卫行为，造成不法侵害人伤亡的，不属于防卫过当，不负刑事责任"；《刑法》第 21 条规定："为了使国家、公共利益、本人或者他人的人身、财产和其他权利免受正在发生的危险，不得已采取的紧急避险行为，造成损害的，不负刑事责任"。在一个具体案件中，尽管行为符合刑法规定的构成某种具体犯罪的要件，但是如果具备刑法中规定的这些不负刑事责任的情况，检察机关就不能对该犯罪嫌疑人提起公诉。第三，案件本身是否存在不能起诉的情况。《刑事诉讼法》第 15 条规定了六种不追究刑事责任的情况，即"（一）情节显著轻微、危害不大，不认为是犯罪的；（二）犯罪已过追诉时效期限的；（三）经特赦令免除刑罚的；（四）依照刑法告诉才处理的犯罪，没有告诉或者撤回告诉的；（五）犯罪嫌疑人、被告人死亡的；（六）其他法律规定免予追究刑事责任的。"这六种情况中有的是不应当起诉，有的则是案件事实本身是应当起诉的但是由于案件的特殊情况而不能起诉。如果一个案件具有刑事诉讼法规定的这些情况之一，检察机关就不应提起公诉。

在认定行为构成犯罪，并且不存在不应当或不能够提起公诉的情况的前提下，检察机关应当进一步考虑案件是否属于可以起诉也可以不起诉的案件。这类案件主要是指案件本身或者具体的犯罪嫌疑人存在刑法中规定的可以免除处罚的情况。如对于又聋又哑的人或者盲人犯罪，对于正当防卫明显超过必要限度造成重大损害的或者紧急避险超过必要限度造成不应有的损害的，对于预备犯或没有造成损害的中止犯，对于共同犯罪中的胁从犯，刑法规定可以免除处罚。在具体案件中，对于具体的行为人，检察机关可以根据案件的具体情况决定是否需要对其免除处罚，从而决定是否可以不提起公诉。

此外，《刑法》第37条还规定："对于犯罪情节轻微不需要判处刑罚的，可以免予刑事处罚"；《刑事诉讼法》第142条第2款规定："对于犯罪情节轻微，依照刑法规定不需要判处刑罚或者免除刑罚的，人民检察院可以作出不起诉决定。"根据这些规定，如果检察机关认为某个案件或者某个犯罪嫌疑人的犯罪情节轻微不需要判处刑罚，就可以对该案件或者该犯罪嫌疑人作出不起诉的决定。在这种情况下，是否发动公诉，检察机关具有较大的裁量权。实践中，在犯罪事实确实存在而按照法律规定检察机关可以提起公诉也可以不提起公诉的情况下，哪些犯罪嫌疑人是应当提起公诉的，哪些犯罪嫌疑人是可以不起诉的，其必要性如何把握，不仅检察机关与被害人之间可能存在分歧，而且检察机关内部的认识本身也会出现分歧。笔者认为，在这种情况下把握提起公诉的必要性，应当坚持三个标准或者从三个方面来衡量：一是犯罪情节的轻重。只有对于犯罪性质和后果并不十分严重的犯罪，才可以考虑有无提起公诉必要的问题。如果犯罪本身的性质比较严重，或者犯罪的情节比较严重，或者犯罪的手段非常恶劣，或者犯罪的后果比较严重，检察机关就应当依法提起公诉，而不能因为其他考虑而不予追究。二是犯罪嫌疑人的人身危险性。对于情节比较轻微的犯罪，如果犯罪行为人是没有劣迹的未成年人，不是惯犯或累犯，或者犯罪时客观上存在可以宽恕的动机，或者犯罪被害人本身存在一定的过错，或者导致犯罪的原因不能完全归咎于犯罪行为人，检察机关就可以考虑不予起诉。但是如果犯罪行为人以往的表现表明其具有一定的人身危险性，或者犯罪的动机具有无法宽恕的性质，检察机关就不能仅仅因为犯罪情节轻微而不予起诉。三是其他处罚的有效性。对于情节比较轻微的犯罪，如果存在可以对其进行治安行政处罚或者其他处罚的可能性，能够通过非刑罚的方式达到教育犯罪人的目的，或者在有具体被害人的案件中通过赔偿、道歉等方式获得了被害人的真诚谅解，检察机关就可以考虑对其不予起诉。

在日本，按照《日本刑事诉讼法》第248条的规定，酌定不起诉应该考虑三个方面的事项：(1)关于犯人的事项："性格"包括品行、癖性、习惯、健康状态、前科劣迹、惯犯等；"年龄"包括年轻年老等；"境遇"包括家庭环境、职业、人际关系等。(2)关于犯罪事实的事项："罪行轻重"包括法定刑的轻重、受害程度；"犯罪的情况"包括犯罪动机、方法、与被害人的关系、犯罪的社会影响等。(3)关于犯罪后情况的事项：包括有无悔改之意、是否谢罪与恢复损害、有无逃跑与销毁证据、有无对被害人赔偿、达成和解、被害人的受害感情、时间经过、社会形势的变化、法令的更改等。检察官要根据上述多种判断，从各种角度综合考虑，然后决定是否对犯罪嫌疑人酌定不起诉。日本学者认为，这样做有三个优点：第一，可以利用刑事政策处理犯罪嫌疑人。被宣布酌定不起诉的人不承受提起公诉的负担，可以早日回归社会。第二，可以考虑被害人与其他市民的意愿。即使认为犯罪嫌疑人有罪，如加害人与被害人之间和解成立，被害人表示宽宥，也可以不予追诉。第三，有利于诉讼经济。它减轻了司法机关对轻微案件的负担，可以投入更多力量慎重处理重大案件。

除了按照法律的规定检察机关有权在可以提起公诉也可以不提起公诉的案件中根据案件的具体情况裁量决定是否发动公诉之外，对于必须提起公诉的案件，检察机关就必须依法履行法定职责，毫不犹豫地提起公诉，而没有自由裁量的余地。对于什么是"必须提起公诉的案件"，在实践中可能会有争议。但是在理论上，应该承认某些案件是必须提起公诉的。比如，严重侵犯他人人身权利、严重危害社会治安的案件，依照刑法应当判处较重刑罚而又没有从轻减轻处罚情节的案件，动机特别恶劣、手段特别残忍的故意犯罪案件，重新犯罪的故意犯罪案件等，对于这类案件，不依法追究就不利于伸张正义、不利于维护社会稳定和法律尊严，检察机关如果不予提起公诉就是重大的失职。因此对于这类案件，检察机关必须切实履行法定职责，及时有效地提起公诉以追究有关人员的刑事责任，不能强调自由裁量权而放弃追诉犯罪的职责。

需要强调的是，起诉裁量权属于检察机关。对于构成犯罪的案件，其他国家机关没有不予起诉而自行处理的权力。按照法律的规定，对于在行政管理或者其他公权力行使过程中发现的犯罪，有关机关必须依法移交有管辖权的公安机关，经公安机关侦查后移交检察机关，或者直接移交检察机关进行审查以决定是否需要提起公诉。其他任何国家机关不能根据自己的判断更不能基于本部门的利益而不移交刑事案件；任何个人不得私自对犯罪人进行制裁或者隐瞒包庇犯罪嫌疑人。

（二）公诉裁量的证据问题

在分析刑事诉讼的模式时，人们通常将其划分为犯罪控制模式与正当程序模式，或者实体真实主义与正当程序主义，或者职权主义与当事人主义，并且认为前者重视运用国家刑罚权来打击犯罪，后者强调抑制国家的刑罚权而保护人权。但是在提起公诉的标准问题上，我们看到，强调正当程序模式的美国与强调实体真实模式的德国具有惊人的一致。《德国刑事诉讼法》明确规定："在有足够的事实根据时，检察院负有对所有的可予追究的犯罪行为作出行动的义务"（第 152 条第 2 款）；"侦查结果提供了足够的提起公诉理由时，检察院应当向对案件有管辖权的法院递交起诉书提起公诉"（第 170 条第 1 款）。美国学者则认为，检察官在决定是否提起公诉时首先要考虑"是否存在充分的证据支持起诉"，"作为一个实践问题，检察官可能要求可采性证据显示出有罪的极大可能性，那就是说，有充分的证据支持赢得有罪认定的信念"。①我国《刑事诉讼法》第 141 条也规定："人民检察院认为犯罪嫌疑人的犯罪事实已经查清，证据确实、充分，依法应当追究刑事责任的，应当作出起诉决定，按照审判管辖的规定，向人民法院提起公诉。"这表明，提起公诉必须有确实充分的或者说足够的证据，从而具有使法院经过审理评定被告人有罪的信心或把握，可以说是不同法系的共同要求。

那么，一个案件，具备哪些证据就属于确实充分，缺乏哪些证据就不能认为证据确实充分，就是决定是否提起公诉的一个关键性问题。与之相联系，在一个特定案件中，如果检察机关认为证据不够确实充分，它就可以不提起公诉。正如我国《刑事诉讼法》第 140 条规定的：人民检察院认为"证据不足，不符合起诉条件的，可以作出不起诉的决定"。在审查起诉过程中，证据是否确实充分，是由检察机关自行判断的，有时甚至是由具体办理案件的检察官个人进行判断的。在这种情况下，就有可能出现不当使用或者滥用存疑不诉的权力，影响案件的公正处理，甚至还可能出现用存疑不诉的权力与犯罪嫌疑人进行私下交易的现象，放纵犯罪。因此，如何审查判断证据是否确实充分，就需要一定的标准来限制检察机关存疑不诉的权力。

所谓确实充分，在审查起诉中，是指案件所具有的证据能够证明犯罪嫌疑人实施了刑法规定的某种具体犯罪，并且这些证据的相互结合中不存在犯罪事实没有发生或者犯罪行为不是犯罪嫌疑人所为的合理怀疑②。证据确实的标准是指证据本身的客观性。证据的客观性包括证据来源的真实性和证据内容的真实性。证据充分的标准则要根据案件的具体情况来确定。在通常情况下，证据充分是指一个案件中具有足够的证据能够证明犯罪行为确实发生并且该行为系犯罪嫌疑人所为的各个方面。至于证据的数量多少算"充分"，则不存在固定的标准。一般来说，孤立的一个证据或者两个相互矛盾的间接证据，是不能被视为充分的。如果虽然只有一个直接证据证明犯罪嫌疑人实施了犯罪行为，但是同时有若干个间接证据可以印证这个直接证据，则可以视为证据充分。证明

---

① 参见伟恩·R. 拉费弗、杰罗德·H. 伊斯雷尔、南西·J. 金：《刑事诉讼法》（上册），卞建林、沙丽金等译，中国政法大学出版社 2003 年版，第 741~742 页。

② 视为"合理"怀疑，就不能是无端的怀疑，即怀疑本身需要有一定的根据。

有罪的直接证据与证明无罪的直接证据之间虽然有矛盾，但是间接证据或者生活的常识可以否定无罪证据的真实性，也可以视为证据充分。总之，只有根据案件的具体情况，才能判断证据是否确实充分。从实践中看，审查判断证据是否确实充分时，应当从三个方面来考虑：

第一，侦查所收集的所有证据是否能够证明需要指控的犯罪嫌疑人所实施的犯罪行为的整个过程。证据所证明的，应当是有关犯罪构成要件①的事实，而不应当是案件的每一个细节。因为"犯罪事实"是对客观事实抽象概括的结果，起诉所依据的只是犯罪嫌疑人实施了法律规定的犯罪行为的事实。至于客观事实中的某些细节，如果不是与法律规定的犯罪行为直接相关，不影响犯罪嫌疑人的行为是否构成犯罪，就不应当成为提起公诉必须证明的事实要素。在实践中，有些案件的细节可能存在疑点或有不同认识，但是如果这些疑点并不影响对所指控犯罪构成要件事实存在与否的认定，就不能因为这些疑点的存在而对整个案件作出存疑不诉的决定。

第二，用于证明犯罪行为发生的证据是否真实可靠。首先应当审查用于证明案件事实的证据在收集过程中是否采用了刑讯逼供等侵犯人身权利的非法手段。如果是采取非法手段获取的证据，就应当排除，至少应当十分谨慎地对待。其次应当审查用于证明案件事实的证据本身是否具有客观性，特别是那些言词证据是否符合生活的常识和一般的逻辑，是否符合提供言词证据的人的身份及其当时所处的具体情况。再次应当审查证据形成或者取得的方法是否科学。特别是对于鉴定结论等证据的审查，要特别注意检材的真实性和完整性以及鉴定方法的科学性。最后还应当审查证明案件事实的每一个证据相互之间是否存在不一致的地方，而这种不一致的原因是否能够得到合乎逻辑的解释。

第三，证明案件事实的证据缺乏时，究竟是侦查中尚未收集还是客观上不能收集。如果是由于侦查活动的疏漏而没有收集，就应当通过原侦查机关或者检察机关自行进行补充侦查，进一步收集证明犯罪事实所需要的证据。只有在穷尽了各种侦查手段仍然暂时无法收集到充分的证据时，才可以作为存疑的案件不予提起公诉。如果是本来可以进一步收集证据而不去下功夫收集，轻率地作出存疑不诉的决定，对于检察机关来说，就是一种失职。

（三）公诉裁量权的程序控制问题

公诉裁量权的滥用主要表现在两个方面：一是滥用起诉权，即片面强调追

---

① 这里所说的犯罪构成要件是指刑法条文中规定的具体犯罪的所有要件，而不是刑法理论上的犯罪构成要件。

诉犯罪的职责，对于不应当提起公诉、不能提起公诉或者可以不提起公诉的案件，一味地强调提起公诉；二是滥用不起诉权，即对于应当或者必须提起公诉的案件，因为担心出现无罪判决甚至为了私下交易而以证据不足为由不予提起公诉。这两种做法都是违背公诉权行使宗旨的，因此应当通过必要的程序控制，防止公诉权的滥用。

防止公诉权的滥用有三种控制模式：美国的大陪审团模式、日本的检察审查会模式、法国的双重控制模式。

在美国，检察官不对犯罪嫌疑人提起公诉或者不对其中的某些犯罪提起公诉，几乎没有什么限制，但是对于检察官提起公诉的决定，则存在两个方面的制约。一是按照美国宪法的规定，对于检察官决定提起公诉的案件，被告人享有要求大陪审团[①]审查的权利。根据美国宪法第五修正案的规定，联邦政府要对可能判处死刑的犯罪或者不名誉的犯罪[②]进行起诉，必须首先获得大陪审团的同意，被告人也有权要求把针对自己的指控提交大陪审团审查。由于大陪审团在历史上曾经被看作无辜者反对轻率的、邪恶的起诉的安全保障，并且大陪审团成员都是由普通民众担任，容易做出有利于被告人的裁判。所以大陪审团审查起诉，在一定程度上是对检察官起诉权的制约。二是检察官决定提起公诉的行为要受到法院的审查。对于检察官的起诉决定，被告人及其律师可以提出各种各样的"审前动议"，以质疑检察官的起诉决定。如"歧视起诉"即认为检察官的起诉决定违反了平等保护条款，"报复性起诉"即认为由于被告人行使他的法定权利而被升格起诉，"违背诺言的起诉"即认为检察官违背其在辩诉交易中的承诺而对被告人起诉等。当被告人及其律师以这些理由对起诉决定

[①]　"大陪审团被誉为美国刑事司法程序的剑和盾。当大陪审团作为在政府和个人之间发挥审查职能的机构时，它犹如一面盾牌。在决定是否起诉的过程中，大陪审团负责审查政府的证据，实际也是审查公诉人起诉的决定。当证据不充分或者起诉表现出不公正时，大陪审团通过拒绝起诉的方式，在控方和辩方之间起到盾的作用，保护了公民个人免受政府不公正、无根据的起诉。当大陪审团作为调查机构行使职能时，则可被比喻为剑。在这里大陪审团不是复查公诉人准备起诉的案件，而是考查仍然在调查阶段的案情。利用其调查权利，大陪审团披露那些公诉人先前没有取得的证据，并通过这种方式为使政府确保原本不能获得的有罪判决提供了一把利剑。"参见伟恩·R. 拉费弗、杰罗德·H. 伊斯雷尔、南西·J. 金：《刑事诉讼法》（上册），卞建林、沙丽金等译，中国政法大学出版社 2003 年版，第 437 页。

[②]　所谓不名誉的犯罪是指所有可能被判处在监狱或其他类似机构被监禁并从事繁重劳动的惩罚的犯罪。美国联邦刑事程序规则 7 规定，符合以下三个条件之一的犯罪必须由大陪审团起诉：（1）可能判处死刑的犯罪；（2）可能判处一年以上监禁的犯罪；（3）可能判处监禁和繁重劳动的犯罪。

提出质疑时，起诉决定本身将会受到法院的审查。

为了保障检察官起诉裁量权的正当行使，日本采取了两个方面的措施：一方面设立了检察系统内部公开案件处理的程序；另一方面建立了事后审查机制。公开案件处理的程序就是检察机关必须向有关人员提供案件处理的信息以保证行使追诉裁量权本身的正当性。按照日本刑事诉讼法第 259 条的规定，在犯罪嫌疑人请求时，检察官应当将不起诉处分的结果通知犯罪嫌疑人本人。如果犯罪嫌疑人不同意不起诉处分，检察官则应作起诉处分，以保障其接受审判审理的权利。检察官也必须将不起诉处分通知控告人、检举人或请求人，以保障其根据所提供的信息参与诉讼程序。对检察官起诉裁量权的事后审查机制，包括公民的检察审查会制度（即根据 1948 年检察审查会法建立的审查检察官不起诉处分的系统①）；准起诉制度（即对于公务员滥用职权侵犯人权的案件，如果检察官做出不起诉处分的决定，控告人可以在接到不起诉处分通知之日起7 天以内请求将案件交付法院审判，如果法院做出交付审判决定，即视为提起公诉）；上级检察官行使指挥监督权三种途径。②

在法国，检察官的追诉决定和不追诉决定都要受到制约。检察官的追诉决定要受到预审法官的制约。由于追诉决定是在发现犯罪事实之初作出的，追诉决定作出后所进行的侦查是在预审法官的主持下进行的，并且预审法官有权直接根据预审的情况决定案件的去向。所以检察官在预审之后，几乎没有权力决定是否对案件提起公诉。至于检察官在审查案件的时候所作出的不予追诉的决定，法国设置了三个制度以防止不予追诉权力的滥用，并保证追诉的有效进行：第一，共和国检察官必须服从上级的监督。如果共和国检察官作出的不予立案决定违背社会利益，检察长就有可能向其提出意见，甚至司法部长也可以向其提出应当遵守的意见，直至命令其发动公诉。第二，在共和国检察官作出不予起诉的决定时，受害人有发动公诉的权利（在存在刑事附带民事诉讼的情况下）。第三，在特定的案件中共和国检察官将某些人或某些事实排除在已

① 检察审查会设在地方法院及其支部，目的是反映公民对公诉权实施的意见、衡量公诉权实施是否公正。检察审查会的成员从拥有选举权的人中提供抽签方式选出的 11 名组成，任期 6 个月。检察审查会根据控告人、检举人、请求人或犯罪被害人的申请或根据其职权审查检察官不起诉处分是否适当、对检察业务的改进提出意见与劝告。审查程序不公开，做出应当起诉的决定必须有 8 名以上的多数赞成。检察审查会的决议必须以决议书形式送交检察长，检察长参考该决议，认为应该提起公诉时，必须实行起诉程序。但是检察审查会的决议对检察官并无约束力。

② 参见［日］松尾浩也：《日本刑事诉讼法》（上卷），丁相顺译，中国人民大学出版社 2005 年版，第 103～113 页。

经提起的追诉之外时，上诉法院起诉审查庭可以命令对已经移送其审查的所有人的案卷的各项事由进行侦查。这些保证使人们有理由认为检察院所做的决定仅仅是基于社会利益的考虑。①

在上述三种模式中，美国主要是控制检察机关提起公诉的权力，这充分体现了权利本位主义国家法律制度的基本特征。而日本则主要是控制检察机关不起诉的权力，这与维护法律尊严、有效打击犯罪的法治思想密切相关。法国既注意控制起诉权也重视对不起诉权的控制，这又显然与凡事追求完美的思维模式有关。

我们国家在1996年修改刑事诉讼法的时候，针对检察机关的不起诉权，设置了两种控制程序。第一，公安机关的复议权，即《刑事诉讼法》第144条规定，对于公安机关移送起诉的案件，人民检察院决定不起诉的，应当将不起诉决定书送达公安机关。公安机关认为不起诉的决定有错误的时候，可以要求复议，如果意见不被接受，可以向上一级人民检察院提请复核。第二，被害人的自诉权，即《刑事诉讼法》第145条规定，对于有被害人的案件，决定不起诉的，人民检察院应当将不起诉决定书送达被害人。被害人如果不服，可以自收到决定书后七日以内向上一级人民检察院申诉，请求提起公诉。人民检察院应当将复查决定告知被害人。对人民检察院维持不起诉决定的，被害人可以向人民法院起诉。被害人也可以不经申诉，直接向人民法院起诉。人民法院受理案件后，人民检察院应当将有关案件材料移送人民法院。除此之外，检察机关内部也设置了一定的程序来控制甚至可以说是限制不起诉权的行使。而对于检察机关的起诉权几乎没有什么限制。这种制度设计，可以说是源自我们国家长期坚持"严打"方针、努力维护社会稳定的指导思想。

为了贯彻宽严相济的刑事政策，使检察机关十分有限的司法资源能够集中于起诉严重犯罪上，笔者认为，法律应当给予检察机关更多的不起诉裁量权，而不是严格限制不起诉权的行使。相反地，对于检察机关的起诉权应该设置严格的条件，并且应当通过强化被告人的辩护权来增强其抗衡起诉权的能力（法院的审判活动本身是对起诉权的控制，但只有被动审查的作用）。

在扩大检察机关不起诉权的同时，应当强化对不起诉权的程序控制。目前刑事诉讼法规定的两种控制程序并不是理想的控制模式，因为，第一，对不服不起诉决定的复议仍然是由检察机关审查的，很难发挥程序控制的作用；第二，公诉案件由被害人直接向法院起诉必然遇到证据方面的障碍。因此，有必

① 参见［法］卡斯东·斯特法尼乔治·勒瓦索、贝尔纳·布洛克：《法国刑事诉讼法精义》（下），罗结珍译，中国政法大学出版社1999年版，第499～504页。

要改造现行的程序设计，加强对不起诉权的控制。

改造的方式可以借鉴日本检察审查会的做法，将目前由检察机关组织和主持下的人民监督员的监督转化为由检察机关联系、由同级人大常委会或者司法行政机关组织和主持下的人民监督员。一方面，检察机关拟作不起诉决定的案件，应当在作出不起诉决定之前，通告公安机关和被害人，公安机关或者被害人不同意不起诉的，由公安机关或者被害人直接向人民监督员办公室提出，并由人民监督员会议进行审查。人民监督员会议认为应当起诉的，检察机关要执行人民监督员会议的决议，依法提起公诉。同时取消有关人民法院判决无罪时检察机关承担赔偿责任的规定。另一方面，对于检察机关提起公诉的决定，被告人认为检察机关行使起诉权不当时，可以通过审理案件的法院向人民监督员办公室提出申请，由人民监督员会议对检察机关提起公诉的决定进行审查。人民监督员会议认为检察机关提起公诉的决定不当时，可以通知检察机关撤回起诉，并不得就同一案件在没有新的证据的情况下再起诉。这种程序设计，可以克服检察机关自己审查自己行使公诉权的正确性的弊端，并且可以有效地控制公诉权的行使，保障被告人和被害人双方的合法权益。

论我国建立公益诉讼制度的必要性和可行性[*]

邓思清[**]

在现代法治社会，一个国家中发生的任何纠纷都要得到及时有效的解决，这是实现社会公平正义的必然要求，也是依法治国的重要标志。而要及时有效地解决纠纷，除了通过刑事诉讼外，还必须要有民事诉讼和行政诉讼。我国正在建设社会主义法治国家，为了解决各种纠纷，已经建立了刑事诉讼制度、民事诉讼制度和行政诉讼制度，那么，在已经有了民事诉讼制度和行政诉讼制度的情况下，为何还要建立公益诉讼制度，这是研究公益诉讼制度必须首先解决的问题。

一、建立公益诉讼制度的必要性

所谓公益诉讼，是指当国家行政机关、企事业单位或有关团体的行为违反了有关法律规定，侵害了国家利益或社会公共利益时，公共利益的代表人（检察机关、其他国家机关或社会团体）依法向法院提起诉讼，要求法院进行审理并作出裁判的诉讼活动。简言之，公益诉讼就是有关公共利益的诉讼活动。而公益诉讼制度，则是国家关于公益诉讼活动的一系列法律规定。公共利益包括国家利益和社会公共利益，具有公共性、整体性和不确定性。同时，公共利益不只是抽象的理论性词汇，而是具有权利实在的意蕴。正如耶林所说，"公共利益在由个人接近权利实现的情形下，就不再仅仅是法律主张其自身的权威、威严这样一种单纯的概念上的利益，而同时也是一种谁都能感受得到，谁都能理解得到的非常现实、极为实际的利益……即一种能够保证和维持个人所关注的交易性生活的安定秩序的利益。"[①] 因此，公共利益是可以通过公益

---

　* 本文刊载于《西南政法大学学报》2007年第1期。

　** 邓思清，最高人民检察院检察理论研究所学术部主任、研究员。

　① 莫诺·卡佩莱蒂：《福利国家与接近正义》，刘俊祥译，法律出版社2000年版，第67页。

诉讼转化为现实的利益。可见,公益诉讼在诉讼主体、诉讼目的等方面均不同于一般民事诉讼和行政诉讼,可以说它是一般民事诉讼和行政诉讼的必要补充。那么,在我国已经建立了一般民事诉讼和行政诉讼制度的情况下,是否有必要再建立公益诉讼制度呢?笔者认为,我国目前的一般民事诉讼和行政诉讼制度尚不能解决所有民事和行政纠纷,有必要建立公益诉讼制度,其必要性主要体现在以下几方面:

(一) 建立公益诉讼制度是维护国家利益和社会公共利益的客观需要

在我国,随着市场经济的建立和社会主义民主法制的发展,公民、法人和国家之间的关系发生了深刻的变化,同时社会公众的法治观念和意识也发生了较大变化。在这种变化过程中,有些单位或者个人为了追求本部门或者个人的私利,采取一些违法手段,损害国家利益或者社会公共利益,如严重破坏自然环境(如大气污染、水质污染、土壤污染等)、扰乱市场经济秩序等;有的行政机关为了本部门利益,滥用国家权力,侵犯国家和社会的公共利益,例如大肆私吞国有资产、拒不查处偷税漏税、违法征用土地和审批土地等。对于这些侵犯国家利益和社会公共利益的民事和行政违法行为,如果法律仅仅允许直接利害关系人起诉,有可能造成无人起诉的局面,或者根本就无直接利害关系人,或者直接利害关系人因种种原因而未提起诉讼。例如双方当事人恶意串通,侵害国家利益或社会公共利益,由于双方当事人均获得非法利益,就极可能出现无人向法院提起诉讼的现象。由于审判权的启动具有绝对的消极性和被动性,法院审理案件实行"不告不理"原则,无人起诉,就无法启动诉讼程序,无法有效地保护国家利益和社会公共利益,更无法追究违法者的法律责任,其结果必然是放任该违法行为,导致这类违法行为的泛滥。对于涉及社会公共利益的案件,即使有直接利害关系人起诉,也只能保护个别主体的利益,而不能解决社会公共利益的保护问题。因此,为了有效保护国家利益和社会的公共利益,防止国有资产流失、防止自然环境、市场经济秩序和社会法律秩序遭到破坏,国家有义务对损害国家利益和社会公共利益的行为予以追究,因而有必要建立检察机关、有关国家机关或者社会团体作为公共利益代表的公益诉讼制度。

(二) 建立公益诉讼制度是对我国法律文化的继承与发展

历史上,我国早在清朝宣统元年的《法院编制法》中就规定,检察官的职权包括"遵照民事诉讼法律及其他法令所规定为诉讼当事人或公益代表人实行特定事宜"。中华民国16年(1927年)《各省高等法院检察官办事权限暂行条例》第 2 条以及《地方法院检察官办事权限暂行条例》第 2 条亦有类似规定。抗日战争时期的 1941 年，《陕甘宁边区高等法院组织条例》第 14 条规定，检察员之职权包括"为诉讼当事人，或公益代表人"。1949 年的《中央人民政府最高人民检察署试行组织条例》第 3 条规定，最高人民检察署"对于与全国社会与劳动人民利益有关之民事案件及一切行政诉讼，均得代表国家公益参与之"。1951 年的《中央人民政府最高人民检察署暂行组织条例》第 3 条规定，最高人民检察署"代表国家公益参与有关全国社会和劳动人民利益之重要民事案件及行政诉讼"。1954 年的《中华人民共和国人民检察院组织法》第 4 条规定，对于有关国家和人民利益的重要民事案件，检察院有权提起诉讼。由此可见，我国历来就有公益诉讼的文化传统[①]。我国现行《宪法》第 12 条第 2 款规定："国家保护社会主义的公共财产，禁止任何组织或者个人用任何手段侵占或破坏国家和集体的财产。"《刑事诉讼法》第 77 条也规定："被害人由于被告人的犯罪行为而遭受物质损失的，在刑事诉讼过程中，有权提起附带民事诉讼。如果是国家财产、集体财产遭受损失的，人民检察院在提起公诉的时候，可以提起附带民事诉讼。"这些规定表明，国家有义务保护国家和社会的公共利益。由此可见，在我国，由检察机关提起公益诉讼具有一定的历史传统，这种传统法律文化应当得到继承和发扬。

（三）建立公益诉讼制度是完善我国法律监督制度的客观要求

从我国目前法律规定看，检察机关对民、行案件只有事后监督权，即只有权对法院生效的民、行裁判进行监督。显然，我国目前这种对民、行案件的法律监督制度是不全面、不完善的。因此，在我国建立公益诉讼制度，是加强我国检察权对行政权、审判权的监督力度，完善我国法律监督制度，保证民、行案件公正处理的客观要求。这是因为：第一，由于我国长期以来形成的耻讼、厌讼传统，影响了人们行使提起权的积极性。特别是对于涉及国家利益和社会公共利益的侵权行为，更是存在该诉不诉的情况，因而赋予检察机关提起公益诉讼的权力，不仅可以保护国家利益和社会公共利益，而且还可以对国家行政机关是否公正执法进行监督。第二，检察机关作为国家法律监督机关，有义务监督国家行政权的行政行为，建立公益诉讼制度，赋予检察机关对行政机关的违法行为提起诉讼，可以有效地保证国家行政权的正确行使。第三，检察机关在我国是司法机关，其提起的公益诉讼，人民法院必须受理，这样就可以避免

---

① 张智辉、杨诚：《检察官作用与准则比较研究》，中国检察出版社 2002 年版，第 128 页。

法院因种种原因不受理公民个人或法人提起的民、行案件的现象，从而可以对法院的活动进行有效监督，保证民、行案件能够进入司法程序，解决民、行案件受理难的问题。第四，检察机关享有法律赋予的调查取证等职权，并且具有丰富的诉讼资源和实践经验，能够保证全面收集到有关的证据，从而可以保证案件的胜诉率，有效地保护国家利益和社会公共利益。第五，检察机关是我国的法律监督机关，其提起公益诉讼并参与审判的过程，能够对法院的审判活动进行有效地监督，防止民、行审判活动中的违法行为，从而可以保证民、行裁判的公正性。

（四）建立公益诉讼制度是完善我国诉讼制度的必然要求

在我国，虽然已经建立了一般民事诉讼制度和行政诉讼制度，即被民事侵权行为和行政违法行为侵害的公民、法人为了维护自己的合法权益，有权依法向法院提起诉讼，要求法院进行审理并作出裁判。但是，在司法实践中，一般民事诉讼制度和行政诉讼制度还不能或者难以解决一切民事和行政纠纷。就民事纠纷来说，如果某一民事行为侵害了不特定多数人的利益，特别是侵害了社会公共利益时，某个特定公民往往不愿意提起民事诉讼，即使愿意提起民事诉讼，也会因为难以收集有关证据而无法有效维护自己的合法权利。就行政纠纷来说，如果某个公民或法人的权利受到侵犯，往往害怕行政机关打击报复，不敢提起行政诉讼，即使提起了行政诉讼，行政机关也可能采取一些违法手段予以处理或者干预法院的审判活动，影响案件的正确解决。由此可见，我国现行的一般民事诉讼制度和行政诉讼制度尚存在一定的缺陷，无法解决所有民事纠纷和行政纠纷。因此，要弥补一般民事诉讼制度和行政诉讼制度的不足，完善我国诉讼制度，就应当建立我国公益诉讼制度，即在公共利益受到侵害时，如果有关公民或者法人不敢提起诉讼，或者难以进行诉讼的情况下，由公共利益的代表人（检察机关、其他国家机关或社会团体）提起公益诉讼并参与公益诉讼活动。

（五）建立公益诉讼制度是国际交流的现实需要

我国加入世界贸易组织后，国际交往日益增多。在新形势下，我国将面临以下挑战：其一，按照市场准入规则，外资将会大量进入中国市场，这使得中外合资的机会增多，同时也会出现某些不法外商利用中外合资的机会侵吞我国的国有资产，有的地方管理部门或者国有企业利用合资的机会捞取地方利益或个人利益等违法现象。其二，由于我国对知识产权保护意识不强、保护措施不完善，因而在新形势下，我国知识产权保护将面临严峻挑战。其三，加入

WTO 后，发达国家的制造业必然会向我国转移，特别是向我国西部开发区转移，这样国外一些严重污染环境的企业可能打着外商投资的旗号进入我国市场，会给我国环境保护带来巨大压力。同时，一些行政机关也可能会滥用权力，允许一些不符合要求的外资企业进入我国市场，给我国市场经济主体的平等竞争带来较大压力。其四，我国作为发展中国家，在实现现代化过程中，如何处理好"发展与环保"之间的关系，保证我国工业化进程的良性发展态势，也将遇到巨大挑战。其五，在国际经济交往过程中，涉及国家之间利益的民事案件将会不断增多，如何通过民事公诉制度间的国际接轨，来保护国家利益和社会公共利益，也将是我国面临的重要挑战。总之，我国加入 WTO 后，将面临许多挑战，要赢得上述挑战，有效地保护国家利益和社会公共利益，就有必要建立我国的公益诉讼制度。

二、建立公益诉讼制度的可行性

在我国，从法制发展和社会需要等方面看，建立公益诉讼制度具有客观必要性，另外，从我国诉讼理论和现实条件看，建立公益诉讼制度也具有现实可行性。

（一）建立公益诉讼制度符合我国民行诉讼目的

任何诉讼制度都是由诉讼目的决定的，因为"目的是全部法律的创造者，每条法律规则的产生都源于一种目的，即一种事实上的动机。"① 我国的民事诉讼制度和行政诉讼制度也是由我国民行诉讼目的决定的。在我国，虽然目前法学界对民事诉讼目的和行政诉讼目的尚有不同的观点。② 但是，一般认为，我国民事诉讼的目的是解决民事纠纷，保护国家、法人和公民个人的合法权益③；我国行政诉讼的目的一方面是保护公民、法人和其他组织的合法权益，

---

① 博登海默：《法理学：法律哲学与法律方法》，邓正来等译，中国政法大学出版社 2004 年版，第 115～116 页。

② 关于民事诉讼的目的，传统上有三种不同的观点：一是认为民事诉讼的目的是保护私人的权利；二是主张民事诉讼的目的是维护国家的私法秩序；三是认为民事诉讼的目的是解决纠纷。关于行政诉讼的目的，我国学界有四种观点：（1）保护说，认为行政诉讼的唯一目的是保护公民、法人和其他组织的合法权益；（2）监督说，认为行政诉讼的目的在于监督，而保护只是监督的必然结果；（3）双重目的说，认为行政诉讼具有保护公民、法人和其他组织合法权益和保障行政机关依法行使职权的双重目的；（4）依法行政说，认为行政诉讼的目的主要在于保障和督促行政机关依法行政。

③ 江伟：《民事诉讼法学原理》，中国人民大学出版社 1999 年版，第 127 页。

另一方面是对行政机关的行政活动实施法律监督，保障国家行政机关依法行使职权①。公益诉讼制度包括民事公益诉讼制度和行政公益诉讼制度两方面内容，其中，民事公益诉讼制度是对侵犯民事公益行为进行诉讼并追究违法者民事责任的诉讼制度，该制度有利于保护国家利益和社会公共利益，显然符合我国民事诉讼保护国家、法人和公民个人合法权益的诉讼目的；行政公益诉讼制度是对行政机关侵犯公益行为进行诉讼并追究违法者法律责任的诉讼制度，该制度不仅有利于保护国家利益和社会公共利益，而且可以对行政机关的行政活动进行监督，有效保障和促进行政机关依法行政，显然符合我国行政诉讼的诉讼目的。因此，在我国建立公益诉讼制度是符合我国民事诉讼和行政诉讼目的的。

（二）建立公益诉讼制度符合我国诉权理论

在现代诉讼理论中，诉权理论是其中的一项重要理论。诉权是指当事人基于一定的法律事实请求法院行使审判权以保护其合法权益的权利。诉权是当事人参与诉讼的资格和前提，是当事人的一项基本权利。从内容上看，诉权包括实体意义上的诉权和程序意义上的诉权，实体意义上的诉权是指只有自己实体权利受到侵犯的当事人才享有提起诉讼的权利，程序意义上的诉权是指在一定条件下为了公共利益或他人的利益的特定主体也享有提起诉讼的权利；从形式上看，诉权可分为刑事诉权、民事诉权和行政诉权。诉权理论是随着诉讼制度的发展而不断完善的，当诉讼制度从私人诉讼制度发展到私人诉讼制度与公益诉讼制度并存时，诉权理论也从实体诉权发展到实体诉权与程序诉权并存的新阶段。在我国，建立公益诉讼制度，赋予公共利益代表人（检察机关、其他国家机关或社会团体）对侵犯国家利益或社会公共利益的行为以诉权，即有资格提起公益诉讼，符合现代诉权理论，因为虽然公共利益代表人的合法权益没有遭到侵犯，不具有实体意义上的诉权，但是将检察机关、其他国家机关或社会团体作为公共利益的代表人，赋予其程序意义上的诉权，完全符合程序意义上的诉权在某种条件下可以与实体意义上的诉权相分离的现代诉权理论。

---

① 孙谦：《论建立行政公诉制度的必要性与可行性》，载《法学家》2006 年第 3 期，第 59 页。

(三) 我国现行法律规定并不排斥公益诉讼制度

在我国，虽然现行法律没有明确规定检察机关可以提起公益诉讼①，但是，从一些法律规定看，并不排斥公益诉讼，甚至鼓励或者包含着公益诉讼的某些因素。例如我国《宪法》第 9 条第 2 款规定："禁止任何组织或者个人用任何手段侵占或者破坏自然资源。"第 12 条第 2 款规定："国家保护社会主义的公共财产，禁止任何组织或者个人用任何手段侵占或者破坏国家和集体的财产。"第 15 条第 3 款规定："禁止任何组织或者个人扰乱社会经济秩序。"第 26 条第 1 款规定："国家保护和改善生活环境和生态环境，防治污染和其他公害。"这些规定要求国家承担保护公共利益的义务，这不仅不排斥公益诉讼，而且鼓励国家进行公益诉讼。根据宪法的精神，我国《刑事诉讼法》第 77 条规定："被害人由于被告人的犯罪行为而遭受物质损失的，在刑事诉讼过程中，有权提起附带民事诉讼。如果是国家财产、集体财产遭受损失的，人民检察院在提起公诉的时候，可以提起附带民事诉讼。"该规定包含了检察机关提起公益诉讼的因素。我国《民事诉讼法》第 185 条规定："最高人民检察院对各级人民法院已经发生法律效力的判决、裁定，上级人民检察院对下级人民法院已经发生法律效力的判决、裁定，发现有下列情形之一的，应当按照审判监督程序提出抗诉：（一）原判决、裁定认定事实的主要证据不足的；（二）原判决、裁定适用法律确有错误的；（三）人民法院违反法定程序，可能影响案件正确判决、裁定的；（四）审判人员在审理该案件时有贪污受贿，徇私舞弊，枉法裁判行为的。"《行政诉讼法》第 64 条规定："人民检察院对人民法院已经发生法律效力的判决、裁定，发现违反法律、法规规定的，有权按照审判监督程序提出抗诉。"这些规定表明，我国检察机关对民事案件和行政案件可以提出抗诉，而抗诉是公诉制度的一项重要内容，检察机关对民、行案件可以抗诉，这就意味着公益诉讼制度与我国现行的民事诉讼制度和行政诉讼制度具有兼容性。由此可见，我国现行法律的规定是不排斥公益诉讼的，这就为我国建立公益诉讼制度提供了法律上的可行性。

---

① 我国现行一些法律法规已经赋予了有关国家机关、社会团体公益诉权。例如：2001 年全国人民代表大会常务委员会《关于修改〈中华人民共和国婚姻法〉的决定》规定，以重婚为由申请宣告婚姻无效的，为当事人的近亲属及基层组织。这里的基层组织包括当事人所在单位、住所地居民委员会、村民委员会、派出所、民政部门及妇联、工会等有关组织机构；2001 年《工会法》第 20 条规定，工会有权提起维护职工劳动权益的诉讼。

（四）我国对公益诉讼进行了有益的试点探索

在司法实践中，为了保护国家利益和社会公共利益，我国检察机关基于社会责任感和客观形势的要求，已经在部分地区进行了公益诉讼的有益探索，并取得了良好的社会效果。1997 年 7 月 1 日，我国河南省方城县人民检察院以原告的身份，代表国家提起了第一例有关国有资产流失的民事公诉案件，首开了我国公益诉讼之先河。同年 12 月 3 日，这起全国首例由检察机关提起的民事公诉案件获得胜诉，有效地维护了国家利益①。方城县人民检察院的这一做法得到了全国其他检察机关的赞同，一些检察机关纷纷效仿，开始大胆地进行公益诉讼的实践探索，例如河南省其他地区的检察机关、黑龙江省和四川省的部分检察机关等。至今，全国各地检察机关已提起近百件民事公诉讼案件，均获得法院判决的支持，社会反响良好。从目前公益诉讼的试点探索情况看，虽然检察机关所提起的公益诉讼还主要限于民事公诉讼案件，极少有行政公诉讼案件，所针对的也均是侵犯国有资产的行为，公益诉讼的范围还有待拓宽，但是，公益诉讼试点的本身充分说明了在我国建立公益诉讼制度的可行性，同时，近几年来检察机关进行公益诉讼的试点探索也积累了一定的经验，锻炼和培养了一批能够进行公益诉讼的检察队伍，这些无疑都为我国建立公益诉讼制度提供了现实可行性。

（五）国外公益诉讼立法和司法实践可供借鉴

目前，世界上许多国家都已经建立了公益诉讼制度，它们在立法和司法实践中的许多做法可供我国在建立公益诉讼制度时参考和借鉴。例如在公益诉讼提起主体上，赋予检察机关、其他国家机关或社会团体以公益诉讼代表人资格。如《法国民事诉讼法典》规定，检察机关可以作为主要当事人针对法律有专门规定的案件提起诉讼，并在公法秩序受到损害时，作为联合当事人参加诉讼。《联邦德国行政法院法》规定，为了维护公共利益，检察官可以参与联邦行政法院中的任何诉讼。《日本检察厅法》规定，检察官可以作为公益代表人提起公益诉讼。在公益诉讼案件范围上，往往在选举、环境保护、文物古迹保护、土地开发利用、国有资产保护、垄断性行业、同行竞争等几个矛盾比较尖锐的领域引进公益诉讼。如法国将妨害公共秩序、公司垄断等行为纳入公益诉讼范围。美国将空气污染、河流污染、噪声污染等环境破坏行为、危险货物运输等危害公共利益的行为纳入公益诉讼案件范围。在公益诉讼案件处理上，

---

① 郭恒忠、吴晓锋：《公益诉讼何去何从》，载《法制日报》2005 年 9 月 28 日。

赋予公共利益代表人较为广泛的诉讼权力。如按照美国法律规定，检察官在民事公益诉讼中，享有调查取证权、法院优先审理权（法院应当优先审理检察官提起的民事公益诉讼案件）、与被告和解权等诉讼权利①。在诉讼费用的承担上，实行无偿主义。如美国、法国等国家法律规定，公共利益代表人提起的公益诉讼，法院不收取任何诉讼费用，等等。

总之，随着我国法制建设和社会民主的发展，公益诉讼制度作为保护国家利益和社会公共利益的有效司法途径，其在我国建立的必要性和可行性会更加明显。笔者相信，在我国法学家和实务部门的共同努力下，公益诉讼制度必将成为我国司法制度的一项重要内容。

---

① 赵许明：《美国民事检察诉讼制度及其价值分析》，载《人民检察》2002 年第 4 期，第 43 页。

新中国检察制度的演变与特色[*]

单 民 薛伟宏[**]

一、检察（官）制度及其工作的构成要素与滥觞

何谓检察（官）制度？[①] 理论界存在阐释差异甚至性质漂移，但无不视检察法、检察权、检察机关、检察官和检察工作为其构成要素或存在标志。这一点，在考证我国检察制度及其工作产生的最初时间时，表现得尤为突出——应然与实然的不统一。因此，考证检察制度及其工作缘起的首要问题，须厘定其构成要素。当然，在与检察制度互为要素并涵盖其他要素的同时，检察工作的构成要素还有：检察工作内容——基于检察职权而产生的各种检察工作、检察工作对象。

检察制度是如何产生的？从发生学（或溯源）角度上说，世界范围检察制度的起源是国家代表基于分权制衡和法律监督理论，针对国家统治管理制度架构的近现代创新产物。从起源学（或国际法）角度上讲，肇始和肇始后的抑或各国、各地区检察制度的起源，都是伴随着国家或政府的承认、继承、联合等政权变革情势的出现而产生的，也是一国经济基础与上层建筑相匹配、影响的现实结果。因此，检察制度是国家从社会分离之后的产物，也是分权制衡和法律监督理论被普遍接受并付诸实践，以及全能向裁判法院、私诉向公诉制度、任意向程序司法、分散向统一法制转变之应然与实然相契合的实践结晶。

---

* 本文刊载于《法学杂志》2008 年第 1 期。本文系 2006 年最高人民检察院重点课题——"新中国检察工作的经验教训"之阶段性、部分成果。

** 单民，最高人民检察院检察理论研究所副所长、研究员；薛伟宏，国家检察官学院教授。

① 尽管检察制度与检察官制度仅一字之差（以下统称"检察制度"），却不尽相同。前者视检察机关为官署或者检察权、检察工作的承担者，并多为大陆法系或审检分署国家（如德、日、澳大利亚）、地区（如我国澳门）所采；后者则视检察官为官署或者检察权、检察工作的承担者，并多为英美法系或审检合署国家（如美、英、法）、地区（如我国台湾）所用。

它之所以创设于近代的资本主义而未诞生于封建王朝，在于资产阶级革命的胜利为检察制度的萌生打造了不可或缺的"胎盘"——"家天下"的终结或者"权利本位"的深入人心。

作为政权变革情势、检察法、检察制度的附庸，以及检察机关及其检察官的运作对象，世界检察工作的起源则是随着人们对检察制度肇始的认同差异，而飘忽不定的。① 究其原因，就是人们对检察制度创设标志的整体把握不同：是以"五要素"的共同存在为准？还是以其中单独或部分要素的出现为据？普遍认为，检察工作随现代意义检察制度的起源而滥觞于 18 世纪的法国。比较而言，大陆法系早于英美法系（19 世纪末 20 世纪初），英美法系早于中华法系（1908 年），中华法系早于社会主义法系（1924 年）。

二、新中国检察制度及其工作的演变

作为政府继承的产物，② 作为中华法系和社会主义法系的组成，新中国检察工作是随着中华人民共和国的成立和新中国检察制度的创设，于 1949 年 11 月 1 日诞生的。③ 对新中国检察制度起源具体时间的认定存在不同观点，其中都不否认以最高人民检察署的萌生过程为立足点，并主要存在"印信启用"和"宣布成立"两派。我们赞赏前者，而多数人主张后者且认为，新中国检察制度创设于 1949 年 10 月 22 日，并以最高人民检察署"罗荣桓检察长宣布最高人民检察署成立"为标志。④

（一）新中国检察制度及其工作的渊源

诚然，"御史制度在权力制衡、监督司法权、监督官吏等方面为中国检察

---

① 例如，其中便有古罗马、古希腊、中国御史制度，以及 9 ~ 14 世纪、1808 年的法国诸说。

② 当然，理论上和实践中，针对中华人民共和国取代中华民国这一事实性质的观点有二，即政府继承观和国家继承观。参见信春鹰主编：《法律辞典》，法律出版社 2003 年版，第 1875 页。但我们主张政府继承观。

③ 以最高人民检察署于 1949 年 11 月 1 日启用印信，正式办公为直接标志。与此同时，最高人民检察院也以此作为新中国检察机关的"生日"而加以纪念。

④ 李士英主编：《当代中国的检察制度》，中国社会科学出版社 1987 年版，第 21 页；王桂五主编：《中华人民共和国检察制度研究》，法律出版社 1991 年版，第 58 页；新华通讯社国内资料组编：《中华人民共和国大事记（1949 ~ 1980）》，新华出版社 1982 年版，第 60 页；洪承华等编：《中华人民共和国政治体制沿革大事记（1949 ~ 1978）》，春秋出版社 1987 年版，第 10 页。

制度的建立和发展提供了文化和传统渊源。在特定的历史条件下，西方检察制度则为近代中国检察制度的建立提供了直接的制度渊源"。① 因而总的来说，新中国检察制度及其工作，是在汲取中华五千年历史上民主政治制度的精华，继承新民主主义革命时期尤其是中央苏区检察制度及其工作的优良传统，借鉴、吸收并扬弃前苏联等社会主义和其他国家、地区检察制度及其工作有益成果的基础上，按照马列主义国家与法的理论和分权制衡理论特别是列宁的法律监督思想，服从服务于新中国民主政治、法制（治）、经济、文化建设的内在用意和外在需要，而创设并开展起来的。

第一，滋养其生成的中华五千年历史上民主政治制度的精华内容，一方面，是中国历代社会思想特别是其中法制（治）、治国思想，尤其是其间清末民初法制（治）思想之精华。例如，"变法改制，兴利除弊"，"反腐倡廉，蠲浊扬清"，"一民之轨，莫良于法"，"法贵严明，令在必行"，"法不阿贵，刑无等级"，"处断平允，量刑得当"，"教刑相辅，奖惩并用"，"慎独律己，谦恭正直"，以及儒家的"宽严相济"，道家的"法治"，黄宗羲的"原法"，顾炎武的"法制"，孙中山的"五权宪政"思想，等等。另一方面，则是中国历代政治制度尤其是其中法制、司法（包括审判、检察、司法行政、监狱等）、"三大诉讼"制度和御史、监察等监督制度及其措施之精华，特别是自清末（1906 年）到新中国成立之时 43 年旧中国检察制度及其工作（技术层面）之精华。例如，"家"本位阶段的"礼制"及其措施，"国"本位阶段的"法治"及其措施，"国·家"本位阶段的"十恶"及其措施，"国·社"本位阶段的"国家至上"公法观和"社会至上"私法观及其措施，以及秦始清终的御史制度，等等。

第二，滋养其生成的新民主主义革命时期和中央苏区检察制度及其工作的优良传统。一方面，就"利"的滋养而言，优良传统有坚持中国共产党对检察工作的政治、思想和组织领导甚至"包办"，坚持围绕党和国家的中心任务开展检察工作，坚持群众监督与专门检察机关监督相结合，等等。另一方面，就"弊"的波及来说，公安保卫部门代行检察权的情况比较普遍，行政权、审判权与检察权都没有明确区分，政府领导检察工作，法院也可以领导检察工作，检察机关内部不成统一体系，等等。

第三，滋养其生成的前苏联等社会主义和其他国家、地区检察制度及其工

---

① 孙谦主编：《中国检察制度论纲》，人民出版社 2004 年版，第 5 页。

作的有益成果。① "苏联人民建国的经验值得我们中国人民很好地学习。我们中国人民的革命，在过去就是学习苏联，'以俄为师'，所以能够获得今天这样的胜利。在今后我们要建国，同样也必须'以俄为师'，学习苏联人民的建国经验"。② 而新中国检察制度及其工作的建构、开展又何尝不是！一方面，既有"在建立之初，高检先后聘请过四位（前苏联）法律专家作为法律顾问"现象，也有"五四检察院组织法"起草的"别别扭扭"情形。③ 究其原因，"就在于未能把列宁关于检察制度的理论、苏联的经验，水乳交融般地同中国的实际结合起来，甚至某些名词用语都是从苏联翻译过来的，没有使之中国化，缺乏中国的气魄与风格"。④另一方面，对苏联的经验也有简单的消化、吸收甚至扬弃。其中，相同点或者"照搬照抄"的，主要限于检察机关的独立设置、职权（包括一般监督和其他监督职权）、党的领导等方面；⑤而不同点或者"本土扬弃"的，主要限于检察机关及其内设机构的设置、领导体制、检察长地位、活动原则、行使职权的程序、检察人员（包括检察长）的任免、检察委员会建制、经费管理，等等。因而总的来说，"根据上述条文的基本精神来看，⑥ 很明显新中国的检察，在本质上，当然迥异于资本主义与旧中国的

---

① 这主要指当时苏联、罗马尼亚、朝鲜、捷克斯洛伐克、阿尔巴尼亚、保加利亚、匈亚利、罗马尼亚、波兰、蒙古、东德，以及美国、日本和我国港澳台地区之检察制度及其工作的有益成果。而需要说明的是，我国检察制度自清末产生到国民党政府垮台的43年间，既有理论上的存废论争和立法司法上的存废实践，也经历了一个由借鉴大陆法系，向同时借鉴"两大法系"尤其是美国检察制度转变的过程。究其原因，这与历届国民政府的亲美倾向不无关系。

② 刘少奇：《在中苏友好协会总会成立大会上的报告》（1949 年 10 月 5 日），载《中苏友好重要言论选编》，中苏友好协会总会 1955 年编印，第 8 页。

③ 与此同时，"我国第一届全国人民代表大会第一次会议通过的《中华人民共和国人民检察院组织法》，系统地规定了人民检察院的设置、职权、行使职权的程序和组织原则。这些规定是根据《宪法》中所规定的人民检察院的组织及活动的基本原则，总结我国几年来检察工作的经验，并从我国当前实际情况出发制定的；同时按我国实际情况吸收了苏联和各人民民主共和国检察工作的经验"。王桂五：《关于人民检察院的职权和组织原则》，载《敬业求是集》，中国政法大学出版社 1992 年版，第 28 页。

④ 王桂五：《检察回忆录及其他》，第 41 页、第 32 页。

⑤ 但即便如此，"在一般监督的概念（或范围）上，是有别于苏联的"。王桂五：《我国第一部人民检察院组织法的起草情况和经过》，载《敬业求是集》，中国政法大学出版社 1992 年版，第 75 页。

⑥ 《中央人民政府组织法》第 28~30 条，以及《最高人民检察署试行组织条例》第 2~3 条。

检察。就在职权上，亦有很多差别，但也不同于社会主义苏联的检察"。①所以，那种不顾时空和中国国情，不能容忍中国检察制度及其工作"舶来"、借鉴、半点"苏化"或者主张"全盘西化"的观点，同样"存在着思想方法片面、研究方法脱离中国实际、动机目的不够端正的问题"。②

第四，滋养其生成的马列主义国家与法的理论、分权制衡思想和列宁的法律监督思想。作为社会主义法系的新中国检察制度及其工作，是以马列主义的国家与法的理论、分权制衡和法律监督思想为理论渊源和基础，以毛泽东思想、邓小平理论和三个代表重要思想中的国家与法的理论、分权制衡和法律监督思想为理论基础，并且是与时俱进的。"从西方国家检察权的起源看，它就具有明显的分权制衡和法律监督色彩"。③而中国检察制度及其工作也是如此，"分工负责、互相配合、互相制约"便是最好的中国式的"分权制衡"例证；检察机关依法履行职务犯罪侦查、诉讼监督等职能，便是最好的中国式的"法律监督"范例。而实证研究表明，马列主义特别是中国化的马列主义并不排斥分权制衡理论，只是提法上有所顾忌而已。换言之，新中国检察制度及其工作的理论渊源和基础，不是"跛脚"的法律监督理论一翼，也有另一翼——分权制衡理论的支撑。

总之，新中国检察制度及其工作具有广泛、深厚而坚实的理论渊源和基础以及实践锤炼，而且它也是与时俱进的，"中国特色"更是愈来愈浓的。

(二) 新中国检察制度及其工作的发展历程

概言之，自1949年新中国检察制度及其工作发展至今，58年间经历了"三个时期六个阶段"：

第一，由新民主主义向社会主义过渡时期，包括初创（1949～1954年）一个阶段。以《中国人民政治协商会议共同纲领》和《中央人民政府组织法》（1949年9月21日）的颁布施行以及最高人民检察署的成立为始，以"五四宪法"（1954年9月20日）和"五四检察院组织法"（1954年9月21日）的颁布施行为终。

第二，社会主义时期，包括发展和波折（1954～1966年）、中断（1966～

① 李六如：《检察制度纲要》，中国政法大学教务处1950年印，第13页。
② 朱孝清：《中国检察制度的几个问题》，载《中国法学》2007年第2期，第108页。
③ 石少侠：《检察权研究》，载《检察论丛》（第11卷），法律出版社2007年版，第23页。

1976 年）、重建和发展（1976～1982 年）三个阶段。以"五四"宪法和《人民检察院组织法》颁布施行为始，以党的"十二大"（1982 年 9 月 1 日～11日）胜利闭幕为终。

第三，中国特色社会主义时期，包括全面发展（1982～1997 年）、调整和深入发展（1997 年至今）两个阶段。以党的"十二大"举行为始。

而与上述"三个时期六个阶段"相呼应，新中国检察制度及其工作既有"黄金阶段"的欣慰，①也有"三落三起"的迷惘。②但总的来说，它却始终植根于中华民族几千年赖以生存和发展的广阔沃土，生成于中国共产党领导中国人民为争取民族独立、人民解放和国家富强、民主、文明而进行的伟大实践，既是新中国民主政治、法制（治）建设的重要内容，也是其司法、诉讼制度建立的重要标志。

三、新中国检察制度及其工作的特色

无论旧中国还是新中国的检察制度及其工作，都走了一条"舶来"与"本土化"或者"中国特色"相交织的生成之路，自发萌成的痕迹较淡。只不过前者以借鉴大陆法系特别是日、德为主，兼顾"本土化"。而后者在 1978年之前，以借鉴社会主义法系尤其是前苏联为主，兼顾"中国国情"；在 1978年之后，特别是 1982 年党的"十二大"提出并确立"建设有中国特色社会主义"理论以来，则以"中国特色"为主，兼顾借鉴两大法系检察制度的有益成果。与其相应，新中国检察制度及其工作打上了深深的"中国特色"烙印。③

---

① 比较而言，"黄金阶段"有三：一是 1954～1957 年时期，"是因为在这一段时期检察机关的组织与工作同它前后时期相比较，都是最好的"；二是 1960 年的"中兴小高潮"，初步清理左倾错误，检察工作逐步好转；三是 1994～1998 年时期，这一时期以反贪为龙头的检察工作（包括查办偷税漏税、假冒伪劣商品、商标知识产权、盗伐滥伐森林、重大责任事故等犯罪案件）迅速而全面发展。同时，检察机关的软硬件也得以改善。

② 一是 1951 年冬随着国家机构的精简，在检察工作"可有可无"、"名有实亡"等幼稚认识的指导下，许多地方检察机关被裁减，并以政务院《关于调整机构紧缩编制的决定》（1951 年 12 月 7 日）的颁布施行为主要标志；二是 1960 年冬随着国家机构的精简，在"法律虚无主义"的鼓噪下，检察机关一度合并于公安机关，并以中共中央《关于中央政法机关精简机构和改变管理体制的批复》（1960 年 11 月 11 日）的颁布施行为主要标志；三是"文革"期间取消检察机关，并以中共中央、中央文革《关于撤消高检院、内务部、内务办三个单位，公安部、高法院留下少数人的请示报告》（1968 年 12 月 11 日）和"七五宪法"（1975 年 1 月 17 日）的颁布施行为主要标志。

③ 当然，这主要是以大陆检察制度及其工作为主。

第一，作为政府继承的产物，它具有鲜明的区域性、混合性和独特沿革。一是它由大陆和港澳台地区的检察制度及其工作共同组成。二是四区域除均具有中华法系之特点（如重刑轻民）外，大陆主要具有社会主义和大陆法系双性，台湾、澳门主要具有大陆法系特点，香港则主要具有英美法系国家、地区检察制度及其工作的共性。但随着香港、澳门特别行政区的成立，这种区域性、混合性正逐渐减弱、淡化。三是它有独特的生成渊源和发展阶段。

第二，它构成的"五要素"、"七要素"，都具有自身个性。特别是它的主体——检察机关，是具有官署性的国家机关，不依附立法与行政、审判、军事国家机关而独立存在，并与后三者一起成为国家权力机关之下的并行国家机关；而它的行为人——检察官官署性较弱。实践证明，"我国建国以来一直是检察机关独立于行政部门之外，这么多年的实践表明并没有什么大问题和不可行的地方"。①

第三，它在借鉴、吸收并扬弃世界检察制度及其工作有益成果的基础上，具有独特的理论渊源和基础，是分权制衡和法律监督理论的创新发展。

第四，它产生并始终服从服务于"以工人阶级领导的、以工农联盟为基础的人民民主专政的社会主义国家"之国体，以及"人民代表大会制度"之政体。

第五，它与新中国国体、政体的契合性，使检察机关逐渐具有了"国家的法律监督机关"的宪法法律性质、地位，并通过相应的检察人员依法独立行使公诉、职务犯罪侦查和诉讼监督等法定职权，维护社会主义法制的统一和尊严。与此同时，检察机关以专门法律监督工作为"纲"，依法形成了具有位阶性和集合性的检察工作"子目"体系，而各"子目"工作的着力点，则始终与不同时期党和国家、政府的中心工作、任务相契合。

第六，它具有独特的内外监督制约机制。一是检察机关由人大产生，对其负责，受其监督。二是检察机关也受政协、人民监督员、舆论等监督。三是检察机关及其检察官，在刑事诉讼中，与侦查、审判机关实行分工负责、互相配合、互相制约原则；在民事、行政诉讼中，对法院的审判活动依法实行监督；在劳动教养等行政处罚和行政措施适用中，对公安等行政机关的执法活动依法实行监督；在引渡、职务犯罪预防、社会治安综合治理、立法、司法解释等其他活动中，也依法履行相应的法律监督职责。其间，检察机关及其检察官不是"控方当事人"，不是"法官之上的法官"，不是"监察官"，也不是诸如预审

---

① 王汉斌：《邓小平同志亲自指导起草一九八二年宪法》，载《法制日报》2004 年 8月 19 日。

法官、侦查法官的"司法审查官"，而是始终肩负着维护社会主义法制统一和尊严的"法律的守护人"——检察官。四是检察机关内部实行检察长负责与检委会集体领导相结合负责制，以及由检察人员承办、部门负责人审核、检察长或检委会决定的办案工作机制。同时，实行检察长分管业务分离制度。

第七，检察机关及其检察官必须接受执政党——中国共产党的政治、思想和组织领导。

第八，检察系统内实行最高人民检察院领导地方各级和专门检察院，上级院领导下级院工作的领导体制。这是由检察机关的性质和职能决定的，也是建国以来检察体制几经变化后从正反两方面的经验教训中得出的正确选择。

总之，随着治国方略的变革，新中国检察制度及其工作也实现了由人治（包括法律虚无主义与法制）下的向法治下的历史跨越。[1]而上述中国特色，也恰是总结并反思新中国58年检察工作实践之经验教训的核心内容，抑或是新中国检察制度及其工作的特点及规律。

---

[1]　概言之，1997年之前的检察工作，属于人治下的；之后的，则属于法治下的。

论公诉裁量权的模式分析[*]

蔡 巍[**]

一、模式分析的制度背景：公诉裁量权的扩大适用

从 20 世纪 60 年代开始，为了解决司法资源有限性和犯罪猛增之间的矛盾，减少短期自由刑的适用，减轻法院的审判压力，各国在刑事诉讼领域普遍确立了起诉便宜主义原则，赋予了检察官更多的公诉裁量权，包括微罪不起诉、附条件不起诉等公诉裁量权。20 世纪后期以来开展的恢复性司法运动又进一步丰富了检察官自由裁量权的内涵和行使方式，检察官在处理轻微刑事犯罪案件甚至是某些较严重的刑事犯罪案件时，大量适用赔偿、提供社区服务、接受酒精和毒品成瘾矫治等非刑罚处罚方法作为起诉替代措施对案件进行程序分流，使得在传统刑事诉讼模式下被忽视的被害人权利、社区关系得以恢复。由检察官在起诉阶段对案件进行过滤、实行繁简分流，改变了以往在起诉法定主义原则指导下由法院定罪量刑的单一案件处理方式。与起诉到法院的做法不同的是，检察官利用公诉裁量权程序分流，主要根据已经查清的犯罪事实和犯罪嫌疑人可能承担的刑事责任，采用非正式的诉讼程序处理案件，这与传统的以审判为中心围绕犯罪嫌疑人是否有罪以及如何处罚问题建立起来的刑事诉讼程序有着重要区别。

"模式是将现实加以抽象化后得出的分析工具，可能对个别问题的解释未必有益，但是对于理解刑事程序整体类型特征是有用的。"[①] 最早用模式理论研究刑事诉讼程序问题的是美国学者帕卡，帕卡将刑事诉讼程序划分为犯罪控制和正当程序两种不同的运行模式。帕卡的模式理论其最大的贡献在于指出了刑事诉讼程序构造与诉讼价值之间的关系，进而明确了刑事诉讼两种不同的目

---

[*] 本文刊载于《河南社会科学》2013 年第 1 期。

[**] 蔡巍，最高人民检察院检察理论研究所科管部主任、副研究员。

[①] 松尾浩也：《日本刑事诉讼法》（上卷），丁相顺译，中国人民大学出版社 2005 年版，第 15 页。

的。不过，帕卡的模式理论是以审判为中心、围绕打击犯罪和保障人权的动态平衡关系展开的。随着公诉裁量权的发展和不断扩大适用，帕卡的模式理论已经无法解释公诉裁量权的程序特征，甚至有碍审前程序的构建，妨碍犯罪嫌疑人的权利保障。为此，英国的朱利亚·菲翁达教授在帕卡模式理论的基础之上，提出了公诉裁量权的效率模式、恢复模式和信用模式理论①，指出公诉裁量权的多元价值理念，以及公诉裁量权的发展对传统刑事诉讼结构的影响，进而为公诉裁量权的程序化、规范化提供理论依据。

效率模式是以提高诉讼效率、节约司法资源为目标建立起来的公诉裁量权运行模式。检察官利用效率模式在审前阶段分流刑事案件，主要是为了解决司法资源的有限性和繁重的工作压力之间的矛盾，节省用于准备案件和向法院提交证据所用的时间。德国的无条件不起诉制度就是效率模式下检察机关公诉裁量权运行的典型形式。《德国刑事诉讼法》第 153 条规定，对于轻罪，如果行为人责任轻微，不存在追究责任的公共利益，经负责开始审判的法院同意，检察机关可以不予追诉。对于尚未受到最低刑罚威胁，行为所造成后果显著轻微的犯罪决定不予追究时无须法院同意。恢复模式是在恢复性司法运动的影响下建立起来的公诉裁量权运行模式。恢复模式认为犯罪行为打破了被害人和加害人之间的平衡关系，使得被害人在物质、精神、情感上受到损害，因此公诉裁量权在分流案件过程中就要着力恢复双方之间因犯罪行为所造成的不平等关系。恢复模式下检察官行使公诉裁量权的目的不是惩罚犯罪人，而是以积极的、富有建设性的方式解决案件，使得被害人的利益得到补偿，帮助被告人回归社会，修复社区关系。赔偿损失、被害人与加害人和解、要求犯罪嫌疑人接受精神、毒品、酒精成瘾问题治疗，参加社区服务等都是检察官在恢复模式下进行程序分流的手段。美国在刑事诉讼中广泛适用的审前转处程序（pretrial diversion），《法国刑事诉讼法》第 41 - 1 条与第 41 - 2 条规定的包括刑事和解在内的起诉替代措施②，英国《2003 年刑事审判法》新规定的附条件警告制度③都属于公诉裁量权的恢复模式。信用模式是为了在不影响诉讼效率、不加重法院审判负担的前提下，加大对轻微犯罪处罚力度而构建起来的公诉裁量权

---

① Julia Fionda, Public Prosecutors and Discretion: A Comparative Study (2003), Clarendon Press Oxford, pp. 173 - 186.

② 参见《法国刑事诉讼法典》，罗结珍译，中国法制出版社 2006 年版，第 41 - 1 条与第 41 - 2 条。

③ 蔡巍：《附条件警告：英国检察官自由裁量权的新发展》，载《河南社会科学》2011 年第 3 期。

运行模式。之所以建立信用模式是因为效率模式直接将轻微犯罪案件程序分流的做法虽然减轻了法院的审判负担，但是同时也影响了公众对刑事司法制度的信任和满意程度。因此检察官在对轻微犯罪做出不起诉决定之前，先行给予犯罪嫌疑人处罚，这样既惩罚了犯罪嫌疑人，防止出现由于长期不处罚某种轻微犯罪行为而导致该行为常态化进而产生社会"失范"的问题；又保持了刑事司法制度非正式、弹性的运行方式，节约法院的审判资源。荷兰曾经在温和的刑罚和宽容的刑事政策指导下，大量适用无条件不起诉制度分流轻微刑事犯罪案件。这样做确实减轻了法院的审判负担，但也引发了公众和政治家的强烈不满，指责检察官怠于履行职责。为此，荷兰的刑事政策从 20 世纪 80 年代开始表现出更严厉的倾向，规定了"和解"不起诉制度（transaction），减少无条件不起诉的适用，加大社会控制力度，维护了刑事司法制度作为社会秩序和公民自由捍卫者的形象，提高了公众对刑事司法程序的理解和满意程度。[1]

二、模式分析的价值选择：效率、恢复、社会控制

"刑事程序模式产生于与刑事诉讼有关的宪法和制定法的规定，并由这些规定所决定。每个模式都有其基础意识形态，代表某些价值选择，并有其主要目标和判断标准。"[2] 公诉裁量权的效率模式、恢复模式和信用模式反映了公诉裁量权"应当是什么"的理性认识，代表了公诉裁量权的价值目标和判断标准。效率模式顾名思义强调的是提高诉讼效率、节约司法资源；恢复模式强调的是恢复加害人与被害人、加害人与社区之间的关系、帮助加害人重新回归社会；信用模式强调要提高刑事司法系统在公众中的信任和满意程度。这三种运行模式在价值理念上更接近于帕卡的犯罪控制模式。犯罪控制模式强调为了实现打击和惩罚犯罪的目的，主张要尽量在诉讼的早期阶段即对犯罪嫌疑人做出处罚，以实现效率和终局性。在犯罪控制模式下，非正式的诉讼程序优于正式的诉讼程序；司法之外的纠纷解决程序优于司法程序，因此，刑事诉讼制度

---

① 和解不起诉主要适用于在商店拎包、涉及毒品的轻微毒品犯罪、醉驾、轻伤害以及其他可能判处 6 年以下监禁刑的犯罪案件，既包括轻微犯罪案件也包括可能判处较重刑罚的案件。检察官要求被告人履行的义务包括罚金、赔偿损失、社区服务等。犯罪不用接受法庭审查，也不会留下犯罪记录。虽然严重的暴力犯罪、性犯罪、严重的毒品犯罪不能适用和解不起诉，但是由于荷兰的法定最高刑要比英格兰、威尔士刑法典规定的低，所以和解不起诉制度实际上可以适用于大多数犯罪。具体条文参见《荷兰刑法典》，颜九红、戈玉和译，北京大学出版社 2008 年版，第 74 条。有关荷兰检察机关的任务和职权，参见周振杰：《荷兰的检察制度》，载《人民检察院》2007 年第 23 期。

② 李心鉴：《刑事诉讼构造论》，中国政法大学出版社 1992 年版，第 24 页。

的重心并非正式的审判程序，而是非正式的侦查和起诉程序。公诉裁量权的效率模式、恢复模式和信用模式就是用非正式的案件处理程序解决犯罪嫌疑人的刑事责任问题，苏格兰的检察官罚金制度、德国的处罚令程序、荷兰的和解不起诉制度都是公诉裁量权制度化、法律化的结果，这与帕卡强调以非正式但又是类型化、制度化的程序处理犯罪案件的主张是一致的。特别是公诉裁量权的信用模式，其所主张的为了提高公众对刑事司法制度的满意度必须加强犯罪控制的价值理念更是与犯罪控制模式的价值理念区别不大。但是，公诉裁量权的运行模式是在犯罪控制模式的基础之上，依据非犯罪化、非刑罚化的刑事政策和刑法发展潮流，结合被害人保护运动、恢复性司法运动对被害人利益、被告人利益以及社区利益保护的要求而在诉讼程序上做出的新调整，是对犯罪控制模式的新发展。在价值理念上，帕卡的犯罪控制模式提出刑事诉讼程序要以效率为目标和评价标准；"有罪推定"贯穿于整个刑事诉讼程序；要信任国家官员权力的运作，① 而公诉裁量权的三种运行模式则遵循着效率、恢复、信用等多元价值，其要实现的诉讼目的也不仅仅是控制犯罪，还包括恢复加害人和被害人之间、加害人与社区之间的关系，帮助犯罪嫌疑人重返社会、提高公众对刑事司法系统的满意程度等。可以说，与犯罪控制模式相比，公诉裁量权的运行模式在价值理念上更丰富一些，融入了现代刑事诉讼中新的观念要素和制度要素。必须强调的是，虽然公诉裁量权的运行模式在价值理念上更接近于犯罪控制模式，但同时也吸取了正当程序模式中的合理因素。正当程序模式所主张的保障控辩双方平等权利、限制国家官员权力运用的价值理念，对于公诉裁量权的合法、有序运行，保障犯罪嫌疑人的程序权利具有重要的规范意义。各国刑事诉讼制度规定公诉裁量权利用恢复模式、信用模式分流案件时，应该首先保障犯罪嫌疑人自愿接受检察机关的处罚决定，其次要利用各种方式审查控辩双方交易或者加害人与被害人和解的内容，从而保证公诉裁量权的行使不违反法律、公序良俗，这些就是公诉裁量权受正当程序理念影响而在程序上做出的规定。

模式理论强调公诉裁量权所追求的诉讼价值具有多元性特征，目的有三：一是强调效率并非公诉裁量权行使的唯一价值诉求，恢复、信用同样是检察官行使公诉裁量权所要实现的价值目标，忽视这两种诉讼价值将影响公诉裁量权作用的完整有效发挥。当然，与帕卡的两种模式所追求的诉讼价值之间相互对立的特质不同的是，公诉裁量权的运行模式所体现的价值之间虽然存在区别，但是这种区别不是为了体现对立，而是要相互补充。特别是信用模式追求公众

① 李心鉴：《刑事诉讼构造论》，中国政法大学出版社 1992 年版，第 114 ~ 116 页。

对刑事司法制度的满意程度，目的是公众能够对检察官利用恢复模式、效率模式，采用非正式程序分流案件更加理解。二是通过明晰公诉裁量权不同运行模式的不同价值追求，明确检察官在不同模式下所承担的不同职责。与侦查终结后直接将案件起诉到法院的做法相比，检察官采用恢复模式、信用模式分流案件要付出更多的时间和精力，承担更多的责任。如果将恢复模式、信用模式与效率模式混同，模糊了不同运行模式的不同价值追求，不但会否定检察官付出的劳动，影响检察官投入程序分流工作的积极性，而且还可能导致检察官在人力、物力上不能获得有效支持。三是指出公诉裁量权应该围绕不同的诉讼价值进行制度构建。公诉裁量权的运行模式不同，制度构建的方式也不同，只有根据运行模式的需要完善相应的制度和配套措施，才能保障公诉裁量权多元价值诉求的实现。特别是在利用恢复模式进行程序分流时，检察官受时间、精力和从事专业所限，需要在相关机构、社会公益组织的支持下，帮助被害人和犯罪人实现和解，为被告人提供矫治和治疗等服务，要求被告人提供社区服务，从而恢复因为犯罪行为而被破坏的社区关系。为了达成恢复模式的价值目标，检察官需要建立与相关机构、组织的沟通协调机制，否则就无法用恢复模式行使公诉裁量权。

三、模式分析的理论价值：对司法裁判权性质的再认识

控审分离原则是在分权制衡的宪政制度的基础之上，为了解决纠问式诉讼模式下法官权力过分集中，影响案件客观、公正判决问题而确立起来的刑事诉讼基本原则。控审分离原则的核心就是要求检察官、法官各司其职，同时赋予被告人辩护权，以权力分立取代权力集中，从而实现司法公正。按照控审分离原则的要求，检察机关承担公诉职能，对公安机关移送的案件经审查后移送到法院，由法院进行定罪处罚。当然，检察机关如何起诉也会对司法裁判的结果产生影响，比如检察官决定起诉的罪名直接影响法定刑的量刑幅度，检察官是向法院建议以简易程序审理还是以普通程序审理会直接影响量刑轻重，但是这些影响都是间接的，因为定罪、量刑的权力最后还是要由法院行使。与检察官所承担的传统职能不同的是，检察官运用公诉裁量权的不同运行模式分流案件不仅仅是影响案件的裁判结果，而是直接对案件做出惩罚性、赔偿性、恢复性的处理决定，事实上已经形成一个隐蔽的刑事案件处罚程序。具体表现为：（1）在效率模式下，"苏格兰的检察官也可以在犯罪者同意的情况下对普通法规定犯罪（包括盗窃）处以 25 英镑的固定罚款。在许多国家，尤其是在北

欧，这种控方罚款都是处理不太严重案件的通常选择。"① 犯罪人自愿缴纳罚款后，检察官即做出不起诉的处理决定。（2）在恢复模式下，德国于1999年将"行为人－被害人－和解"制度纳入《德国刑事诉讼法》第153条a的附条件不起诉制度中，将被告人和被害人和解作为检察官终止程序的一个前提②。虽然《德国刑事诉讼法》第153条a规定需要"经负责开始审理程序的法院和被指控人同意"，检察官才可以利用附条件不起诉制度终止案件，但是"在实践中检察机关都是根据第153条a独立作出终止程序的决定。"③ 因此，德国的检察官认为"检察院的作用不再局限于就提起公诉或终止侦查做出决定。检察院自己已经拥有了某种'刑罚权'并予以广泛的应用。"④ （3）在信用模式下，荷兰检察官依据刑法第74条规定的"和解"不起诉制度⑤，在犯罪人支付一定数目的金钱或者对被害人给予经济赔偿之后即可放弃起诉。这种检察官和犯罪人之间的交易在"正式意义上不是加在犯罪人身上的刑罚，而只是起诉人提出的，并由犯罪人'接受'的提议"。但是，在实质意义上，"根据条约的明确规定，交易是一种刑罚：它代替刑法中的惩罚，并由有刑事司法权的机构提供，其目的仍是处罚和威慑犯罪人。"⑥

检察官在公诉裁量权三种不同的运行模式下，都做出了相当于"刑罚"性质的处罚决定。而根据控审分离原则的传统定义，司法裁判职能只能由客观、中立的法院行使，因此由检察官行使处罚权被认为是侵犯了法院的审判权，违反了控审分离原则。对这个问题，应该以发展的眼光、站在对司法裁判权性质不断认识的高度来理解。控审分离原则是为了解决封建纠问式诉讼模式下漠视被告人权利、程序不公正问题而确立起来的刑事诉讼基本原则。作为现代刑事诉讼制度的基石，这一基本原则是不能动摇的，但这并不意味着这一原则的内容是绝对不变的。首先，应该从广义上理解"司法裁判"的概念。如

---

① ［英］麦高伟、杰弗里·威尔逊主编：《英国刑事司法程序》，姚永吉等译，法律出版社2003年版，第166页。

② 魏武：《法德检察制度》，中国检察出版社2008年版，第208页。

③ 魏武：《法德检察制度》，中国检察出版社2008年版，第209页。

④ 克里斯蒂安·瓦格纳：《德国检察机关》，载《中德法学论坛》（第3辑），南京大学出版社2005年版。

⑤ 参见《荷兰刑法典》，颜九红、戈玉和译，北京大学出版社2008年版，第45～45页。

⑥ 克利斯杰·布莱兹、斯迪沃特·菲尔德：《起诉中的裁量权与责任——关于法庭外处理犯罪的比较研究》，载江礼华、杨诚主编：《外国刑事诉讼制度探微》，法律出版社2000年版，第118～119页。

果将司法裁判理解为是在审判阶段对被告人做出的裁决，那么司法裁判只能由法院做出；但是如果将司法裁判看做是针对犯罪嫌疑人实施的犯罪行为所给予的相应处罚，那么法院并不是裁判的唯一主体，参与刑事诉讼的其他官员也可以依据犯罪事实和犯罪嫌疑人应该承担的刑事责任给予处罚，从而在罪与罚之间建立起对应关系。其次，从实现司法资源合理配置的角度出发，公诉权与审判权之间的界限可以适度调整，以起诉的灵活性减少法院的诉累。按照控审分离原则，检察官必须依据起诉法定主义将所有达到起诉标准的案件起诉到法院，由法院定罪处罚。但是司法资源的有限性和犯罪增长之间的矛盾决定了实行严格的起诉法定主义并不现实。检察官在起诉便宜原则指导下，利用公诉裁量权灵活处理案件，在不定罪的前提下，直接在程序分流的同时行使处罚权，"即使在某种意义上可以认为是审判权的有限分流和部分授权，但这对于实现刑事司法职权的优化配置，有效贯彻宽严相济政策，确保案件得到合理处理，都是具有重要意义的。"① 最后，检察官客观公正义务为检察机关行使司法裁判权提供了保障。控审分离原则确立的目的是保障案件能够得到客观、公正的判决。按照控、审职能的传统划分，检察机关作为公诉机关的职责是追诉犯罪，只负责收集证明被告人有罪和罪重的证据。但是，随着刑罚目的的调整以及节约司法资源的要求，各国不断完善检察制度，逐渐确立并认可检察机关作为司法机关的属性，从而赋予其在审前阶段分流案件的职责。特别是检察官客观公正义务在联合国《关于检察官作用的准则》以及两大法系国家刑事诉讼制度中确立起来之后，检察官客观公正地处理案件、履行裁判职责更加有了法律上的保障和约束。根据联合国《关于检察官作用的准则》第 13 条规定："检察官在履行其职责时应当：（1）不偏不倚地履行其职能；（2）保证公众利益，按照客观标准行事，适当考虑到嫌疑犯和被害人的立场，并注意到一切有关的情况，无论是对犯罪人有利还是不利……"在大陆法系国家，《德国刑事诉讼法典》第 160 条第 2 款规定："检察院不仅要侦查证明有罪的情况，而且还要侦查证明无罪的情况，并且负责提取有丧失之虞的证据。"《法国刑事诉讼法典》第 81 条第 1 款规定："预审法官依法进行其认为有益于查明事实真相的一切侦查行动。预审法官进行侦查，查找犯罪证据以及证明受审查人清白的证据。"美国作为奉行当事人主义的国家，也通过判例法和制定法确立了检察官的客观公正义务。在 1954 年通过的《联邦刑事诉讼规则》第 16 条中规定，控诉方不仅有义务展示不利于被追诉者的证据，而且有义务展示有利于被追诉

① 陈光中、彭新林：《我国公诉制度改革若干问题探讨》，载《法学研究》2011 年第 4 期。

者的证据。英国有实行私人追诉制度的传统，检察官的职能一直相对较弱，直到 1986 年才建立起专门行使公诉职能的皇家检察院。但是受公诉裁量权世界发展潮流的影响，英国也迅速将检察官客观公正义务规定在《英国皇家检察官准则》中，"皇家检察官必须做到公正、独立与客观"，"皇家检察官有责任确保起诉的人和起诉的违法行为都是正确的。为了达到这一目的，皇家检察院必须始终以维护司法公正的利益行事，而不仅仅以取得定罪为目的。"①

　　尽管公诉权、审判权之间的界限可以调整，但是宪法、法律对公诉权和审判权的法律定位不能改变，这涉及宪法原则，也是现代刑事诉讼制度得以建立的基石。为此，公诉裁量权在分流案件过程中必须遵循以下原则：（1）公诉权和审判权的职责不能模糊。虽然美国、德国、北欧国家的检察官运用公诉裁量权分流案件实际上行使了治安法官的职能，但是检察官永远也不能成为法官，其主要职责还是代表国家提起公诉，并与法官之间保持独立，这对于实现司法公正同样重要。公诉权和审判权之间的界限可以调整，但是职责不能模糊。（2）检察官只能对轻微违法、犯罪案件做出处罚，而法院则主要负责处理重大、复杂案件，这也符合比例原则的要求。比例原则要求犯罪行为的严重程度以及犯罪嫌疑人可能受到处罚的程度，要与被告人的正当程序权利受保障的程度成正比。犯罪行为越严重，可能受到的处罚越重，越要经过完整的诉讼程序对犯罪嫌疑人做出裁决，这样对犯罪嫌疑人正当程序权利的保护才能越完善。（3）要规范公诉裁量权的运作过程。基本方式就是制定检察官在行使公诉裁量权过程中必须遵循的行为准则和程序要求。（4）要明确检察官在行使公诉裁量权过程中做出处罚的种类，在适用处罚的严重程度上必须区别于法官适用的刑罚。从各国规定来看，检察官在审前阶段主要利用非拘禁措施对犯罪嫌疑人进行处罚，处罚的种类包括社区服务、赔偿被害人损失、参加培训项目、戒除毒品或者酒精成瘾治疗等。相比之下，法官可以判处的非拘禁措施则有"支付罚款、社区服务、赔偿被害人、暂缓执行、缓刑、参加戒除毒品或酒精成瘾矫正中心、参加驾校培训，或上述几类措施合并判处。"② 从非拘禁措施适用的种类看，除了暂缓执行、缓刑只能由法官决定之外，其他类型的非拘禁措施法官和检察官都可以决定适用。但是，为了保障犯罪嫌疑人的诉讼权利，防止规避法庭审判程序，必须依据非拘禁措施对犯罪嫌疑人人身、财产的强制程度，决定是由检察官适用，还是由法官适用。"高额罚金和较多时数的

---

① 参见《英国皇家检察官准则》第 2.2、2.3 条。
② ［德］约阿希姆·赫尔曼：《论社区矫正与其他非拘禁措施——问题与解决思路》，颜九红译，载《中国刑事法杂志》2007 年第 2 期。

社区服务，应视为普通刑罚，只能由法官判处；低额罚金和较少时数的社区服务，可视为非拘禁措施，法官与检察官均有权决定。"①

四、对我国公诉裁量权的模式分析和制度构建

我国检察机关公诉裁量权的发展既符合刑罚轻缓化的世界发展潮流，同时也考虑了我国法治发展所处的阶段以及刑事诉讼制度独特的构造形式。公诉裁量权虽然是法治后现代化的产物，但是在全球化时代各国制度、经验交流日益频繁的背景下，处于法治发展不同阶段、奉行不同诉讼哲学、采用不同诉讼构造的国家都要在世界潮流的推动之下进行政策调整和制度改良。我国公诉裁量权的发展不但顺应了这种发展潮流，而且符合我国的现实需要。当前，我国正处于社会转型期和矛盾凸显期，从构建社会主义和谐社会的需要出发，我国确立了宽严相济的刑事政策。公诉裁量权的行使秉承程序分流的理念，满足了化解矛盾、构建和谐社会的需求，是公诉环节落实宽严相济刑事政策的主要制度形式。但是鉴于我国刑事诉讼制度现阶段的主要任务还是贯彻落实程序公正的理念，而检察机关利用公诉裁量权分流案件无法为被告人提供完整的正当程序保护，因此公诉裁量权的适用对象和范围应该受到限制。此次修改后的《刑事诉讼法》将刑事和解不起诉的范围限定为"犯罪情节轻微，不需要判处刑罚的案件"，将附条件不起诉限定在"可能判处一年有期徒刑以下刑罚，符合起诉条件，但有悔罪表现的未成年人"犯罪案件，就属于根据我国实际需要而在立法上做出的调整。

但是，利用模式理论分析我国检察机关的公诉裁量权，还存在以下几个问题：

第一，公诉裁量权运行模式之间区分不明确，混淆了不同运行模式所追求的不同价值目标。《刑事诉讼法》修改之前，由于我国在立法上并没有规定附条件不起诉、和解不起诉制度，因此检察机关在利用相对不起诉处理轻微刑事案件时，或者是在不起诉决定之上附加条件，要求犯罪嫌疑人在检察机关设置的考验期内履行赔偿、接受帮教等义务，然后对案件做相对不起诉处理；或者在被害人、加害人和解之后，再对案件做相对不起诉处理。在立法上没有规定附条件不起诉制度、和解不起诉制度之前，为了贯彻宽严相济刑事政策，利用法律规定的相对不起诉制度处理轻微刑事犯罪案件，既为附条件不起诉、和解不起诉制度的改革试点工作提供了法律依据，也为刑事立法积累了经验。但是

---

① ［德］约阿希姆·赫尔曼：《论社区矫正与其他非拘禁措施——问题与解决思路》，颜九红译，载《中国刑事法杂志》2007 年第 2 期。

实际上，附条件不起诉、和解不起诉和相对不起诉制度所要追求的价值目标之间存在区别，属于公诉裁量权的不同运行模式。附条件不起诉、和解不起诉符合恢复模式的特征，追求的是恢复被犯罪行为破坏的社会关系，赔偿被害人的损害，帮助被告人重返社会等；而相对不起诉应该适用于轻微犯罪中较轻微的、不需要以被告人履行义务的方式承担刑事责任就可以直接做不起诉处理的案件，相对不起诉追求的诉讼价值主要是诉讼效率。将属于附条件不起诉、和解不起诉处理的案件做相对不起诉处理，实际上混淆了公诉裁量权不同运行模式所追求的不同价值目标，不利于公诉裁量权整体作用的发挥。

第二，公诉裁量权不同运行模式的配套制度构建不够完整。一是检察官行使公诉裁量权进行程序分流时可适用的非刑罚处罚方法有限。根据现行《人民检察院刑事诉讼规则》第 291 条规定："人民检察院决定不起诉的案件，可以根据案件的不同情况，对被不起诉人予以训诫或者责令具结悔过、赔礼道歉、赔偿损失。"相比之下，北欧、德国、苏格兰等国家的检察官在程序分流中经常使用的小额罚金、社区服务、向国库或者社会公益机构支付一笔费用、接受戒除毒瘾治疗或者心理治疗等非刑罚处罚方法，法律上都没有规定。二是缺乏相关机构的配合。我国检察机关利用公诉裁量权分流案件往往同时承担调查者、决定者、监督者三重身份，既要进行犯罪人个人情况调查，又要进行诉前考察、跟踪帮教，有时还要亲自主持加害人和被害人之间的和解，与将案件直接起诉到法院相比，需要花费更多的时间、承担更多的责任，影响了检察官适用公诉裁量权分流案件的积极性。而国外检察官利用恢复模式分流案件往往都会得到缓刑机构、社会公益组织的配合。

第三，没能利用模式理论透彻分析公诉裁量权在程序分流中所具有的裁判属性，不利于公诉裁量权的规范运行。运用模式理论分析公诉裁量权的性质，为的是更好地规范公诉裁量权，保障犯罪嫌疑人的合法权益，防止检察机关滥用裁量权。在我国以往对公诉裁量权性质的研究过程中，对公诉裁量权的"实体裁判"属性存在一味肯定和一味否定两种完全对立的态度，实际上这两种认识方法都不利于公诉裁量权的发展和规范。宪法规定我国的检察机关是法律监督机关，"检察机关不具有实体性的行政处分权或司法裁决权"，"主要是依法启动程序或作出程序性的决定来发挥监督作用。"[①] 我国 1996 年修改《刑事诉讼法》时之所以取消了免予起诉制度，就是因为检察机关利用免予起诉制度行使了实体裁判权，在未经法院审判的情况下对犯罪嫌疑人定罪不处罚，

---

① 孙谦：《关于中国特色社会主义检察制度的几个问题》，载《检察日报》2012 年 4 月 23 日，第 3 版。

容易导致权力滥用，影响司法公正。但是，随着附条件不起诉、和解不起诉等制度写入新修改的《刑事诉讼法》，检察机关在利用效率模式特别是恢复模式进行程序分流时，往往同时会作出一些处罚决定，比如要求犯罪嫌疑人赔偿损失、提供社区服务、在观护帮教基地参加劳动，虽然这些非刑罚处罚方法在严厉程度上无法与刑罚相比，而且是在不定罪的情况下对犯罪嫌疑人作出的处罚决定，但是从实际效果看，由于这些处罚规定本身对犯罪嫌疑人的人身或者财产具有一定的强制作用，且有惩罚、教育、改造、保护等多种功能，因此可以认定公诉裁量权虽然属于程序性裁判权力，但在实际上却发挥了"实体裁判"的作用。正如美国当初将认罪协商制度写入刑事诉讼规则的目的在于通过将辩诉交易立法化、制度化，从而实现公诉裁量权行使的程序化、规范化的一样，对我国检察机关的公诉裁量权进行模式分析，发现其在不同运行模式下所具有的"实体裁判"属性，目的也是更好地规范公诉裁量权的运行，而不是为了改变公诉权的性质，扩大公诉裁量权的适用范围。

为了有效应对修改后的《刑事诉讼法》，保障我国检察机关公诉裁量权的规范、有序运作，除了要以先进的司法理念为指导，理性认识公诉裁量权之外，还要依据公诉裁量权的运行模式理论，对我国检察机关的公诉裁量权进行制度构建。

首先，对公诉裁量权的不同制度形式进行模式划分，通过强调各种运行模式之间的区别，凸显不同模式所要实现的诉讼价值，以实现公诉裁量权的多元诉讼价值。特别是对相对不起诉制度，必须明确其作为效率模式的价值追求，在适用的案件范围、适用条件方面区别于公诉裁量权的其他运行模式。这方面我们可以学习德国以及我国台湾地区的做法。《德国刑事诉讼法》先是基于起诉便宜原则，在第 153 条规定了无条件不起诉制度，后又增加了第 153 条 a 规定了附条件不起诉制度。为了保障这两种制度各自发挥作用，德国规定无条件不起诉必须适用于轻罪，即《德国刑法典》第 12 条第 2 款规定的监禁刑的最低刑罚在 1 年以下或罚金刑的犯罪。附条件不起诉适用的案件在犯罪性质上要比适用微罪不起诉处理的犯罪行为严重一些，以要求犯罪嫌疑人履行惩罚或者赔偿义务的方式抵消需要起诉的公共利益。① 我国台湾地区 2002 年修改刑事诉讼法时借鉴了德国的立法经验，在原来的"微罪不举"之上新增加了"缓起诉处分"制度，又称为附条件的便宜不起诉处分，同时规定"为免适用上之疑义，并厘清'微罪不举'及'缓起诉'之区分"（立法理由），遂简化第 253 条的微罪不举，删除原来的义务负担部分。据此，未来检察官若欲为第

① 魏武：《法德检察制度》，中国检察出版社 2008 年版，第 205～207 页。

253 条的不起诉处分时，已经不得科予被告任何作为义务；若欲科予义务，则须为缓起诉处分。[①]

其次，对公诉裁量权的各种运行模式进行配套制度建设，以有效发挥各运行模式的作用。公诉裁量权的不同运行模式应该围绕不同的价值目标进行制度构建。虽然受非犯罪化、非刑罚化的发展程度所限，我国检察机关在程序分流中可适用的非拘禁措施还很有限，但是以社区为依托、以社会组织为支撑的社会化犯罪惩罚和矫治体系已经建立起来，这为检察机关利用公诉裁量权的不同运行模式，特别是利用恢复模式分流案件提供了制度保障，具体有：（1）利用基层司法所提供的社区矫治平台对被不起诉人进行修复，包括：组织矫正对象参加公益劳动；由经过培训的社会工作者定期对矫正对象集中开展思想和心理辅导；解决矫正对象的就业问题等。[②]（2）建立了未成年人帮教、观护基地。近年来，检察机关及时更新司法理念，积极整合政府力量和社会资源，在原来的涉罪未成年人社会帮教管理机制的基础上，适应流动人口增加所带来的社会结构上的变化，联系热心社会公益事业的国有、民营企业建立涉罪未成年人帮教、观护基地，对涉罪未成年人，特别是涉罪的外来务工的未成年人实施社会化帮教，为适用不捕、不诉，减少审前羁押和实现行刑社会化提供制度保障。[③]（3）建立刑事被害人专项救助基金，解决犯罪嫌疑人因为经济贫困拿不出赔偿款、无法通过刑事和解得到宽缓化处理的问题，以实现法律的平等适用。山东省泰州市检察院在当地财政部门大力支持下设立了刑事被害人特困救助专项基金，并出台了《特困刑事被害人检察救助实施办法》，规定检察机关正在办理或检察机关做出不起诉决定的刑事案件，赔偿义务人无赔偿能力或者虽履行了部分赔偿义务，但不足以解决刑事被害人或其近亲属基本生活方面的突出困难，可申请检察救助。[④]

最后，以程序化、制度化规范公诉裁量权的"司法裁判"属性，防止公诉裁量权滥用。我国检察机关是法律监督机关。法律监督机关的属性首先决定了其在刑事诉讼中能够履行客观公正义务，对犯罪嫌疑人做出公正的分流处罚决定。但仅此还是不够的，为了防止公诉裁量权滥用，此次《刑事诉讼法》

[①]　参见林钰雄：《刑事诉讼法》（下），中国人民大学出版社 2005 年版，第 57 页。

[②]　詹建红、李纪亮：《困境与出路：我国刑事程序分流的制度化》，载《当代法学》2011 年第 6 期。

[③]　见张伯晋：《帮教力量社会化："上海经验"展现司法智慧》，载《检察日报》2012 年 2 月 2 日，第 3 版。

[④]　葛东升、韩琴：《"检察救助"登场　律师介入和解》，载《检察日报》2012 年 4 月 18 日，第 8 版。

修改规定了附条件不起诉、公诉案件和解不起诉制度，就是以立法化实现公诉裁量权的程序化、规范化。此外，随着辩护制度、证据展示制度的进一步完善和向审前阶段的延伸，犯罪嫌疑人在检察机关审前分流过程中将获得更多的律师帮助权、知情权，既保障了犯罪嫌疑人悔罪的自愿性，促使其自觉履行检察机关在程序分流中设置的恢复性、惩罚性义务，而且还能实现以权利制约权力，监督公诉裁量权，防止权力滥用。

论法律监督与我国检察
机关公诉权配置的改革[*]

韩成军[**]

目前，国内关于公诉权配置的研究主要围绕三个议题展开。第一个议题是有关公诉权内容的争议。关于公诉权的具体内容，学界有着不同的理解。"三职能说"认为，公诉权包括审查起诉权、提起公诉权和不起诉权等三项权能；"五职能说"认为，公诉权包括审查起诉权、不起诉权、出庭支持公诉权、公诉变更权和抗诉权等五项权能；除此之外还有其他观点。第二个议题是公诉权的本质究竟是行政权还是法律监督权？对此，检察实务部门的同志大多认为公诉权的本质是法律监督权，主张以强化法律监督为目标来优化和配置公诉权；理论界的学者们则往往否认公诉权的法律监督性质，认为公诉权更具行政权属性。第三个议题是优化公诉权诉讼监督职能的路径选择。主要包括公诉理念的价值定位、附条件起诉的合理性、民事行政公诉的制度设计以及公诉变更等问题，具体做法莫衷一是。笔者认为，由于中外国家体制的不同，国外关于公诉权性质的理论和公诉权内容的界定与我国相比存在较大差距，我国在公诉权配置上必须因地制宜；中国的公诉权配置无论在理论研究上还是具体操作上，对国外的经验都只能是积极地借鉴而不可能是盲目地照搬。公诉权配置改革的出发点在于准确界定公诉权的性质；核心在于更新公诉理念；途径在于优化公诉权的各项制度设计。

一、公诉权内容之比较

《最高人民检察院关于加强公诉人建设的决定》指出："公诉是我国检察机关核心的标志性职能之一，是法律监督的重要组成部分。"从世界范围内来看，尽管各国对检察权性质的认定不一致（有的认为检察权是司法权，有的

---

[*] 本文刊载于《河南大学学报》2011 年第 5 期。
[**] 韩成军，最高人民检察院检察理论研究所研究员。

则认为属于行政权,还有的认为兼有司法权和行政权的属性),但是都规定代表国家对犯罪提起公诉是各国检察机关义不容辞的职责,公诉权无疑占据了检察权的核心地位。然而,由于政治体制和司法制度的差异,各国对公诉权性质和内容的认识并不完全一致,在我国的司法理论和实践中也有不同的观点。

(一) 国外关于公诉权内容的规定

在第八届联合国预防犯罪和罪犯待遇大会(1990 年 8 月 27 日)通过的《联合国关于检察官作用的准则》中指出:"检察官应在刑事诉讼、包括提起诉讼,和根据法律授权或当地惯例,在调查犯罪、监督调查的合法性、监督法院判决的执行和作为公众利益的代表行使其他职能中,发挥积极作用。"国际检察官联合会于 1999 年 4 月 23 日通过的《检控人员专业责任守则和主要职责及权利的声明》指出:"检控人员在刑事诉讼中须担当以下积极角色:在援引法例或按实务职责赋予的权力而参与罪案侦查工作时,或向警方或其他侦查人员行使职权时,检控人员须以客观、不偏不倚及专业的态度执行职务;在督导罪案侦查工作时,检控人员应确保侦查人员尊重法律规则及基本人权;检控人员提供意见时,须竭力维持不偏不倚及客观的态度;检控人员在提起刑事诉讼时,只有在案件有充分证据支持,并且有理由相信有关证据是可靠和可采纳的,才会进行;如果欠缺这些证据,则不会继续检控;在诉讼进行期间,须坚定而公正地就案件执行检控工作;并且不超出证据所显示的范围;检控人员根据当地法律和惯例就执行法庭的决定行使监管职能或履行其他非检控职能时,须时刻为公众利益而行事。"

在英国,有关其检察机关职权的规定以 1985 年为分水岭。1985 年之前,英国检察机关的职权是由各个单行法和习惯法确定的,主要内容包括:(1) 对重大刑事案件提起公诉,支持公诉;(2) 在涉及政府利益的重大民事案件中,代表政府参加诉讼活动;(3) 出席法庭,支持公诉,并有权延缓或撤销起诉;(4) 对法院的审判活动有一定的监督权,表现为检察长对法院判决中的错误有权要求复议,但无权提出抗诉;(5) 对地方机关的活动进行监督,并对地方机关违法造成的损害给予受害者救济;(6) 作为王室法律顾问,总检察长向政府部门提供法律咨询意见。在 1985 年《犯罪起诉法》通过以后,英国扩大了检察官在刑事诉讼中的职权,规定:(1) 刑事案件由侦查部门侦查后,只能移送检察机关,由检察部门向法院起诉,从而排除了警察的起诉权;(2) 检察部门对案件是否起诉或者是否继续诉讼有独立的决定权,即便是对已经起诉到法院的案件,检察官也有权终止法院继续审理;(3) 私人和公共部门(如海关、税务部门)可以起诉案件,但检察长认为必要时可以终止其诉讼，并接办案件。

在美国，其检察机构由联邦检察机构、州检察机构和地方检察机构三者构成，具体职权略有不同。联邦检察机构的职能主要包括：（1）提起诉讼，即对违反联邦法律的普通犯罪案件向有管辖权的联邦法院提起诉讼。美国没有自诉，所有刑事案件实行由检察官和大陪审团起诉相结合的做法。（2）出庭支持公诉。检察官代表国家出席法庭，与被告律师进行对抗和辩论，有权在开庭前与被告律师进行辩诉交易，并有权提出量刑建议。（3）对政府官员的犯罪行为进行调查。州检察机关的职权包括：（1）为州长、政府提供法律咨询；（2）协助警察机关进行侦查工作；（3）代表政府出席法庭，支持公诉；（4）提起、中止或者撤销诉讼；（5）与被告方进行辩诉交易。地方检察机关的职权与州检察机关相似。

在法国，没有独立的检察机构，在司法实务中实行审检合署制，检察机关附设于各级法院内部。法国实行"警检一体化"，检察机关的职权主要包括：（1）参与重罪案件的侦查，负责指挥警察的侦查活动；（2）负责提起公诉，要求适用法律；（3）出庭公诉，参与法庭审判活动；（4）监督法院的判决、裁定是否合法，并决定是否上诉；（5）保证判决的执行，为此可以动用公众力量。

在德国，其检察机关的职能主要包括：（1）领导侦查；（2）决定是否提起公诉；（3）在法庭审理阶段充任国家公诉人，同时监督审判是否合法；（4）决定停止起诉、暂缓起诉和不起诉；（5）在认为必要时提起上诉或者申诉。自20世纪60年代以来，德国犯罪数量大幅增长，检察机关的负担有所加重。为此，德国于1993年1月11日通过了《减轻司法负担法》，该法对公诉的影响表现在：（1）扩大了起诉便宜主义的适用范围。新法赋予检察机关更大的职权，对于犯罪行为不足以被判处最低刑罚且犯罪后果轻微的，检察机关有权决定终止起诉并无须征得法院同意。（2）实践中出现了诉讼协商。对于某些案件，在刑事诉讼的侦查、审判等各个阶段，均可以由辩护人、检察官、法官就认定犯罪、量刑轻重达成协议。在诉讼协商中，检察机关起着决定性的作用。

在日本，根据《检察厅法》，检察官主要有如下职权：（1）对犯罪案件提起公诉；（2）出席法庭支持公诉；（3）在法院作出判决之前撤销公诉；（4）提出量刑意见；（5）对法院判决提出上诉。日本实行起诉便宜主义，赋予检察官一定的起诉裁量权，在没有必要时可以不提起公诉。《日本刑事诉讼法》第248条规定："依据犯罪人的性格、年龄及境遇、犯罪的轻重及犯罪后的情况，不必要追诉时，可以不提起公诉。"

综上所述，各国对检察机关公诉权的内容规定不尽相同，但基本内容是一致的。概而言之，主要包括：（1）起诉权，将案件提交法院进行审判；（2）支持公诉权，代表国家出庭支持公诉，要求制裁犯罪；（3）公诉变更权，提起公诉后，享有改变、撤回或追加控诉主张；（4）不起诉权，检察官认为案件不具备起诉条件或不适宜起诉时，决定不将案件交付审判；（5）辩诉交易权，检察官与被告方进行协商，以撤销指控、降低指控或要求法院从轻处罚为条件，换取被告人"有罪答辩"；（6）量刑建议权，检察官有权就被告人犯罪事实要求法院处以某种刑罚。

（二）我国公诉权的主要内容

在我国，根据最高人民检察院的机构设置和职责分工，最高人民检察院公诉厅的职责为："负责对全国刑事犯罪案件（包括人民检察院直接受理侦查的贪污贿赂、国家工作人员渎职等犯罪案件）的审查起诉、出庭公诉、抗诉工作的指导；负责对人民法院刑事审判活动实行监督工作的指导；承办应当由最高人民检察院审查起诉、抗诉的案件，对最高人民检察院抗诉及最高人民法院开庭审理的刑事案件，出庭履行职务；承办下级人民检察院起诉检察部门工作中疑难问题的请示；指导未成年人涉嫌犯罪案件的审查起诉、出庭公诉工作及相关工作；研究起诉检察业务规范化建设，制定有关规定。"公诉厅下设办公室、公诉一处、公诉二处、公诉三处、抗诉处。地方各级检察机关公诉部门的职责依此设置。

关于我国公诉权的具体内容，学界有着不同的理解。有学者指出，公诉权包括审查起诉权、提起公诉权（提起公诉、支持公诉、变更公诉）、不起诉权。[①] 有学者认为公诉权包括审查起诉权、不起诉权、出庭支持公诉权、公诉变更权和抗诉权等五项权能。[②] 还有学者认为公诉权包括审查起诉权、决定不起诉权、决定起诉权、提起诉讼权、出庭支持公诉权、法庭举证质证权、辩论权、声明异议权、抗诉权等。[③] 更有学者对公诉权的种类进行了划分，"公诉权包括刑事起诉权、行政起诉权、民事起诉权（实际上迫切需要但法律尚未确认），是检察机关代表国家和公共利益对违法行为或犯罪行为进行控诉，并

[①] 甄贞：《法律监督原论》，法律出版社 2007 年版，第 272 页。

[②] 孙谦：《检察：理念、制度与改革》，法律出版社 2004 年版，第 433 页。

[③] 陈卫东：《我国检察权的反思与重构——以公诉权为核心的分析》，载《法学研究》2002 年第 2 期。

请求法庭依法作出裁判的行为。"①

笔者认为，根据我国《刑事诉讼法》和《人民检察院刑事诉讼规则》等法律和司法解释的规定，并结合我国刑事司法的实际，我国检察机关公诉权的内容主要应包括：（1）起诉权。我国实行"公诉为主、自诉为辅"的起诉制度，凡需要提起公诉的案件，一律由人民检察院审查决定。（2）不起诉权。检察机关的不起诉分为三种情况：一是法定不起诉，犯罪嫌疑人有《刑事诉讼法》第15条规定的情形之一的，人民检察院应当作出不起诉决定；二是酌定不起诉，对于犯罪情节轻微，依照刑法规定不需要判处刑罚或者免除刑罚的，人民检察院可以作出不起诉决定；三是证据不足不起诉，对于补充侦查的案件，人民检察院仍然认为证据不足，不符合起诉条件的，可以作出不起诉的决定。（3）出庭支持公诉的权力。人民法院审判公诉案件，人民检察院应当派员出席法庭支持公诉，但是依照《刑事诉讼法》第175条的规定适用简易程序的，人民检察院可以不派员出席法庭。（4）公诉变更权。《人民检察院刑事诉讼规则》第351条规定："在人民法院宣告判决前，人民检察院发现被告人的真实身份或者犯罪事实与起诉书中叙述的身份或者指控犯罪事实不符的，可以要求变更起诉……"第353条规定："变更、追加或者撤回起诉应当报经检察长或者检察委员会决定，并以书面方式在法院宣告判决前向人民法院提出。"可见，我国检察机关享有变更起诉、撤回起诉等权力。（5）量刑建议权。司法实践中，检察官在起诉书和公诉意见书中要根据案件事实提出案件适用的法律条款供法院采纳。最高人民法院、最高人民检察院、公安部、国家安全部、司法部于2010年9月13日联合印发了《关于规范量刑程序若干问题的意见（试行）》，该《意见》第3条规定："对于公诉案件，人民检察院可以提出量刑建议。"（6）抗诉权。《刑事诉讼法》规定，地方各级人民检察院认为本级人民法院第一审的判决、裁定确有错误的时候，应当向上一级人民法院提出抗诉。最高人民检察院对各级人民法院已经发生法律效力的判决和裁定，上级人民检察院对下级人民法院已经发生法律效力的判决和裁定，如果发现确有错误，有权按照审判监督程序向同级人民法院提出抗诉。在此需要说明的是，虽然抗诉权是公诉权的一项重要内容，但因为该项权力更多地体现着检察机关诉讼监督的性质，因此将其放在诉讼监督权中考察更为合理。②

---

① 谢鹏程：《论检察权的性质》，载《法学》2000年第2期。
② 邓思清：《检察权研究》，北京大学出版社2007年版，第256页。

二、公诉权的本质属性——法律监督

公诉权作为检察权的主要权能之一，在检察机关的工作中举足轻重，但关于公诉权的性质归属问题，历来争议较大，以致引发检察机关"既是运动员又是裁判员"的身份质疑和"谁来监督监督者"的疑问。检察实务部门的同志大多认为公诉权的本质应为法律监督权，主张以强化法律监督为目标来优化和配置公诉权。"不管是刑事公诉、行政公诉，还是民事公诉，公诉的最大特点就是提交法庭裁判，其职责仅在于发现、证明和检举违法犯罪行为，一般不直接裁定和处罚违法犯罪行为，这说明作为检察权主要内容的公诉权实质上是一种监督权，而不同于行政管理权和司法裁决权。"① "公诉权作为检察权的重要组成部分，自其诞生时起，就含有监督刑法实施的功能，就含有监督公民和社会组织遵守刑法的作用。在诉讼过程中，公诉权也是法律监督的基本形态和主要手段，一方面公诉是对侦查活动实施监督的结果；另一方面，公诉作为审判的启动程序，使诉讼监督得以在审判活动中全面展开。因此，公诉权蕴含着丰富的法律监督理念。"②

理论界的学者们则往往否认公诉权的法律监督性质，认为公诉权更具行政权属性。如有学者在分析了司法权所具有的终局性、中立性和独立性之后指出，检察权并不具备上述特征，因此检察权在本质属性上应该归并于国家行政权。而具体到公诉权而言，有学者认为："检察机关的基本职能是公诉，检察权在本质上主要表现为公诉权，以公诉权为基本内容的检察权在本质属性和终极意义上应属于行政权。检察机关在刑事诉讼中的各项权力都是具体的诉讼程序性权力，与所谓的法律监督机关、法律监督权并不存在必然的关联性"；"按照检察机关就是公诉机关的思路去改革司法制度，建立以公诉机关为核心、主导的审判前程序，同时改革现行的逮捕和其他侦查措施的审查批准制度。"③

笔者认为，公诉权的性质取决于两个方面，即公诉权在国家权力结构中的定位和公诉权的运作特征与表现，它们共同决定了公诉权的本质属性。首先，从公诉权在国家权力结构中的定位来看，公诉权具有法律监督的属性。公诉权的法律属性必然涉及检察权的法律属性，因为公诉权是检察权的重要组成部

---

① 谢鹏程：《论检察权的性质》，载《法学》2000 年第 2 期。

② 石少侠：《论我国检察权的性质——定位于法律监督权的检察权》，载《法制与社会发展》2005 年第 3 期。

③ 陈卫东：《我国检察权的反思与重构——以公诉权为核心的分析》，载《法学研究》2002 年第 2 期。

分。我国实行议行合一的体制，在最高权力机关——人民代表大会之下设置政府、法院、检察院等"一府两院"，共同行使国家权力，这种国家权力"四分法"的体制与西方国家三权分立的政治体制有着本质的区别，当前无论我们考虑任何问题和从事何种改革，都必须从这一现实出发。《宪法》有关"中华人民共和国人民检察院是国家的法律监督机关"的规定乃是我国当前的现实，尽管西方三权分立制度在一定程度上有其不可否认的合理性，但只要我国的政治体制和国家机构设置不发生变化，检察机关法律监督机关的性质就不会发生改变，况且实践也证明我国的政治体制和国家机构设置有着巨大的优越性。"从检察权或公诉权的宪法属性看，权力的应然性应当来自检察权所赖以存在的宪法确认的根本制度，宪政制度不同则权力性质的应然性就不一样。中国检察权或公诉权应当用人民代表大会制度来解释权力的性质，而不能以西方法理学说作为应然性的依据来给中国检察权定位，这当然也是分析和研究问题所应当遵循的方法论。"① 一些学者在论证检察权属于行政权时，大多从检察权演进的历史入手，往往以法国的"国王代理人"和英国的"国王律师"作为检察机关诞生的佐证，"从检察制度的发展来看，检察机关以及检察体制是为代表国王君主及后来的国家政府利益控诉犯罪而建立发展起来的"。② 之所以如此，是和这些学者对"三权分立"的热衷与推崇情节分不开的。如果以西方的三权分立为标准进行对号入座，检察机关确应属于行政机关的范畴，与法院的司法权有着实质差别，但不应忽视的一个事实是——中国的司法体制从来没有以三权分立为蓝图进行设置，无论是新中国成立初期仿效苏联，还是自主进行司法改革，中国始终走着一条与西方迥然不同的道路，将来也不可能完全西方化。因此，在我国当前的宪法体制下，检察权只能定位于除立法权、审判权、行政权之外的第四种独立的权力——法律监督权。在明确了检察权的法律监督属性以后，则公诉权与检察权诸项权能之间的关系不难理解。笔者认为：第一，检察权的法律监督属性决定了构成检察权的各项权能的性质，公诉权也不例外，其所具有的法律监督性质不言而喻。"公诉是连接侦查与审判的中枢环节，它既要对侦查认定的事实加以审查判断，对侦查活动予以监督制约，又要对审判活动的合法性、判决结果的公正性加以监督。在我国，检察权的法律监督属性更决定了诉讼监督是公诉权的一项重要内容，公诉权不仅限于对刑事

---

① 王新环：《公诉权原论》，中国人民公安大学出版社 2006 年版，第 145 页。
② 陈卫东：《我国检察权的反思与重构——以公诉权为核心的分析》，载《法学研究》2002 年第 2 期。

案件提起公诉，还包括对侦查活动和审判活动监督等多项权能。"① 第二，具体到检察权与法律监督权的关系，法律监督权是检察权的本质属性，法律监督权必须通过检察权的具体行使得以落实和体现，二者是同一问题的两个方面。"在检察权的所有权能中都蕴含着法律监督的属性，在检察权的每一项具体权能中都体现着法律监督的实质，都是法律监督权的具体表现形式，法律监督的权能与检察权的权能完全同一。因而，检察权与法律监督权虽称谓不同，然其义一也。"②

其次，从公诉权的运作特征和表现来看，公诉权亦具有法律监督性质。就审查起诉而言，该程序是检察机关对侦查机关侦查终结移送起诉的案件受理后，依法对侦查机关认定的犯罪事实和证据、犯罪性质和适用法律，以及侦查活动是否合法等进行的审查监督，在审查起诉时并可将案件退回补充侦查。就提起公诉而言，除了审查是否符合公诉条件以外，根据"不告不理原则"，同时限定了法院的审判范围，防止法院滥用审判权。就不起诉而言，不论何种不起诉，均意味着侦查机关在先前的收集证据、认定犯罪事实、适用法律等工作中存在缺陷或不足，无疑体现出法律监督功能。就出庭支持公诉而言，是对所有诉讼主体以及整个审判活动的全面监督。就变更起诉而言，其目的是防止犯罪嫌疑人被错误定罪，保障其合法权益或者国家利益。提起抗诉最能体现公诉权的法律监督属性，根据法律规定，只有在人民法院认定案件事实不清、证据不足、审判程序违法、量刑不当等情形下才可以提起，目的是维护法律的权威和公正。

综上所述，无论从公诉权在国家权力结构中的定位，还是从公诉权的运作特征和表现分析，法律监督均是公诉权的本质属性及职能所在。

三、影响公诉权诉讼监督职能的主要因素

公诉权的具体配置和实际运作应当以实现公诉权的法律监督属性为原则和目标。但毋庸否认，由于司法理念认识的偏差和立法上的不完善，司法实践中公诉权在权力配置和实际运作中存在诸多缺陷与问题，导致公诉权的行使不能实现理想状态，制约着公诉权法律监督职能的发挥。根据笔者的调查和归纳，当前公诉权在权利配置方面存在的问题主要有以下几个方面：

---

① 彭东：《论现代司法规律与我国公诉权配置》，载《河南社会科学》2010 年第 1 期。

② 石少侠：《我国检察机关的法律监督一元论——对检察权权能的法律监督权解析》，载《法制与社会发展》2006 年第 5 期。

（一）传统公诉理念的不当影响

公诉权的法律监督属性决定了我国检察机关绝非单纯的公诉当事人，而是要对诉讼的整个过程行使法律监督权，以保证诉讼的客观和公正。这和西方国家检察官作为诉讼的一方当事人追求胜诉的目标不同，我国检察机关在刑事诉讼过程中应站在保持客观公正的立场上，以客观事实为依据，既要收集犯罪嫌疑人、被告人有罪或罪重的证据，又要注意收集犯罪嫌疑人、被告人无罪或罪轻的证据。那种为达到胜诉目的不择手段的做法是错误的。但是受传统办案思路和司法理念的影响，检察机关在行使公诉权时往往带有重打击犯罪、轻人权保障的倾向。同时，在处理与侦查机关、审判机关的关系时，尽管现行法律规定"人民法院、人民检察院和公安机关进行刑事诉讼，应当分工负责，互相配合，互相制约，以保证准确有效地执行法律"，但检察机关往往重配合、轻制约，以尽快把罪犯绳之以法为共同目标，结果有可能导致对被告人合法权利的侵犯，并容易导致冤假错案。

（二）公诉裁量范围受限

公诉裁量权是检察机关在对移送审查起诉的案件审查后，依法作出起诉或者不起诉决定的权利。最能体现公诉裁量权的是检察机关的酌定不起诉。《刑事诉讼法》第 142 条第 2 款规定："对于犯罪情节轻微，依照刑法规定不需要判处刑罚或者免除刑罚的，人民检察院可以作出不起诉决定。"[①] 可见，现行立法将酌定不起诉的范围限定在"犯罪情节轻微"的情况下，对那些"犯罪嫌疑人行为已经构成犯罪，且需要判处刑罚"的"微罪"行为则无权作出不起诉决定，这无疑制约了检察机关公诉裁量权的行使。从世界范围内来看，适应改造犯罪的需要，检察机关公诉裁量权有日趋扩大的趋势，如《日本刑事诉讼法》第 248 条规定："根据犯罪人的性格、年龄、境遇和犯罪行为的轻重、情节以及犯罪后的情况，公诉机关认为没有必要提起公诉时，可以不提起公诉。"美国则赋予检察机关更大的公诉裁量权，"检察官有权根据本辖区的具体情况决定对哪些案件进行起诉，因为法律没有明确规定哪种犯罪、哪一类犯罪嫌疑人以及哪些犯罪行为可以不追诉，这些决定全凭检察官依裁量权而作出，95% 的刑事案件都是通

---

① 另外两种不起诉中更多的是体现出法律的强行性规定。法定不起诉，是指凡具有《刑事诉讼法》第 15 条规定的情形之一的，检察机关不享有自由裁量权，应当作出不起诉决定。证据不足不起诉，是指案件如经过二次补充侦查之后，仍然没有达到起诉标准，检察机关就应当作出不起诉决定。可见，在这两种不起诉中，并不体现检察机关的公诉裁量权。

过诉辨交易结案。"① 相比较而言，我国检察机关的公诉裁量权范围过窄。

（三）不起诉制度不完善

按照现行法律规定，检察机关审查起诉后的处理结果只有提起公诉和不起诉两种做法，在起诉与不起诉之间则缺乏灵活处理的空间，检察机关公诉裁量权相对较小，这种情况不利于发挥检察机关公诉权的社会效果。实践中存在这样的情况：犯罪嫌疑人的行为情节比较轻微，不需要提起公诉或者不必立即提起公诉，需要保留一段时间予以考察，再来决定是否提起公诉。该类案件在青少年犯罪中最为常见，对保护青少年健康成长和升学就业很有必要，但现行法律没有相应条款规定。

（四）公诉变更缺乏规制

现行法律法规中关于公诉权变更的规定主要体现在最高人民法院和最高人民检察院的两个司法解释中。《最高人民法院关于执行〈中华人民共和国刑事诉讼法〉若干问题的解释》第 177 条规定："在宣告判决前，人民检察院要求撤回起诉的，人民法院应当审查人民检察院撤回起诉的理由，并作出是否准许的裁定。"《人民检察院刑事诉讼规则》第 351 条规定："在人民法院宣告判决前，人民检察院发现被告人的真实身份或者犯罪事实与起诉书中叙述的身份或者指控犯罪事实不符的，可以要求变更起诉；发现遗漏的同案犯罪嫌疑人或者罪行可以一并起诉和审理的，可以要求追加起诉；发现不存在犯罪事实、犯罪事实并非被告人所为或者不应当追究被告人刑事责任的，可以要求撤回起诉。"司法实践中，由于立法上的缺失和司法解释的分散，各地检察机关在撤回起诉的时间、程序、后果等问题上存在不同认识，实践中做法也不完全一致，影响了法制的统一性和严肃性，不利于对被告人权利的保障，因此有必要加以规范。

（五）民事行政公诉权缺失

从世界范围内来看，利用检察机关法律监督者的优势以扩大对公共利益的保护是一大趋势，民事行政检察制度应运而生。该制度的优越性主要体现在对以下两种利益的保护上：一是当行政机关违法行政使国家财产和公共利益遭受侵害，或者有关机关疏于职守不采取有效措施加以保护，或者权利保护主体不甚明确时，有必要借助检察机关代表国家提起民事诉讼加以保护；二是当某些

---

① 李学军：《美国刑事诉讼规则》，中国检察出版社 2003 年版，第 326 页。

社会弱势群体的合法权益遭受侵害而缺乏有效法律救济，且该种不法侵害已经危及社会道德底线时，由检察机关代表该弱势群体提起民事诉讼加以保护。在美国，根据《环境保护法》、《防止空气污染条例》等规定，检察机关有权代表政府对涉及公共利益的环境污染、侵害消费者权益、反垄断等案件提起诉讼。《法国民事诉讼法》规定，检察院可以作为主要当事人提起诉讼，也可以作为从当事人参加诉讼，其作用是代表社会公共利益，例如参加涉及亲子关系、未成年人监护等案件的诉讼。在德国，根据1960年《民事诉讼法》的规定，检察官有权对诸如家庭事件、亲子事件、禁治产事件等案件提起诉讼或者参加诉讼。在我国，则缺乏检察机关民事行政公诉的规定，相应的，公共利益和私人利益得不到全面的保障。

（六）量刑建议法律效力不明确

量刑建议（求刑权）属于公诉权的范畴，是公诉权的应有之义。之所以强调检察机关的量刑建议权，是基于检察机关法律监督者的地位和职责，假如仅仅将检察机关定位于当事人，其公诉意见只作为一方陈词，则缺乏予以特别强调的必要。2010年10月1日开始实施的《人民法院量刑指导意见（试行）》和《关于规范量刑程序若干问题的意见（试行）》两个法律文件，终于使得量刑建议权从幕后走上前台。量刑建议制度有利于增强审判的透明度、节省司法资源，并扩大了法庭辩论的范围，增强了庭审的抗辩性。[①] 尽管如此，由于该制度涉及检察机关和审判机关的衔接问题，现行的量刑建议制度在量刑建议的性质、提出程序和方式、量刑建议的法律后果等方面，依然存在可以继续完善之处。

四、公诉权优化配置的路径选择

针对公诉权在配置和运作中存在的缺陷与问题，有必要进一步加以完善，

---

① 传统的法庭辩论主要围绕被告人行为的定性即是否有罪或者所涉嫌的罪名展开，由于检察机关在法庭上并不提出量刑建议，因此对被告人如何量刑控辩双方缺乏辩论的基础。量刑建议制度则扩大了法庭辩论的范围，除了对定罪进行辩论之外，还可以围绕量刑展开辩论。具体体现在《关于规范量刑程序若干问题的意见（试行）》中，其第9条规定："对于被告人不认罪或者辩护人做无罪辩护的案件，在法庭调查阶段，应当查明有关的量刑事实。在法庭辩论阶段，审判人员引导控辩双方先辩论定罪问题。在定罪辩论结束后，审判人员告知控辩双方可以围绕量刑问题进行辩论，发表量刑建议或意见，并说明理由和依据。"第14条规定："量刑辩论活动按照以下顺序进行：（一）公诉人、自诉人及其诉讼代理人发表量刑建议或意见；（二）被害人（或者附带民事诉讼原告人）及其诉讼代理人发表量刑意见；（三）被告人及其辩护人进行答辩并发表量刑意见。"

探究公诉权优化配置的路径。笔者认为，为充分发挥检察机关的法律监督职能，实现公诉权配置的科学性与合理性，保证检察权的顺利运作，当务之急应从以下方面入手。

（一）更新公诉理念

传统的"重打击、轻保护"、"重配合、轻制约"的公诉理念必须加以改进，用这些落后的理念指导刑事公诉，已不适合现代刑事诉讼对人权保障和程序公正的要求和发展趋势。刑事公诉绝非以让被告人"罪有应得"为目标，而是包含了预防犯罪、保障人权、程序公正等更加丰富的内涵，尤其是对被告人合法权利的保护，是肩负法律监督职能的检察机关应尽的义务。在新的公诉理念指导下的现代公诉制度，必然以追求刑事诉讼的公平正义为最高目标，公诉权的各项内容也必然围绕此目标加以设计，则原来"公检法本是一家"、听从政法委协调、被告人一旦被追究必然是犯罪的惯性思维等，将一一得以克服。

（二）扩充公诉裁量权的范围

我国检察机关在提起公诉时基本奉行起诉法定主义，公诉裁量的范围较为狭小，酌定不起诉只能针对"犯罪情节轻微、不需要判处刑罚或者免除刑罚"的情形作出，不起诉的权力明显受限。该种规定与当前犯罪数量急剧增加的现实不相适应，不利于提高诉讼效率、节省诉讼资源，同时也不利于宽严相济刑事政策的贯彻执行，法律效果和社会效果不佳。因此，扩充检察机关公诉权的裁量范围很有必要，特别是对"微罪"案件以及未成年人犯罪案件，初犯、偶犯、过失犯罪等可能判处 3 到 5 年有期徒刑的案件，以及被害人、被告人双方达成和解协议的案件，根据案件具体情况以及被告人的悔罪表现，均可赋予检察机关依法不起诉的权力。

（三）增设附条件不起诉制度

附条件不起诉是检察机关公诉权的延伸和拓展，是介于起诉与不起诉之间的一种灵活变通做法，在起诉与不起诉之间起到了缓冲的作用，是起诉便宜主义的体现。附条件不起诉也称暂缓起诉，是指检察机关在审查起诉刑事案件时，对于犯罪嫌疑人可能判处较轻刑罚（一般为 3 年以下有期徒刑、拘役、管制、单处罚金）的案件，人民检察院根据犯罪嫌疑人的年龄、品格、近况，犯罪性质和情节，犯罪原因以及犯罪后的赔偿情况等，认为不起诉更符合公共利益的，可以确定一定期限（一般 1 年以上 3 年以下）的考验期，期限届满，人民检察院就不再提起公诉。① 增设附条件不起诉制度是落实由"报应刑"向"教育刑"转变的刑罚目的观、完善刑事公诉制度、实现诉讼经济的需要，在当前有其存在的必要性和可行性。"作为轻罪非犯罪化处理的一种起诉替代措施，它通过给予社会处遇来教育改造犯罪人，将是否起诉的选择权赋予犯罪嫌疑人，符合以人为本的主体性理念；而作为介于起诉与不起诉之间的一种审前程序分流机制，它又通过犯罪嫌疑人主动认罪，自愿承担责任，取得被害人的谅解，从而有效化解刑事冲突，体现了恢复性司法的核心精神。"②

（四）健全撤回起诉制度

首先，修改撤回起诉的时间。现行"在宣告判决前"撤回起诉的规定不利于保障被告人的合法权益，不利于节约诉讼资源，可将检察院撤回起诉的时间提前到提起检察院公诉到法院开庭审判之前，如此可避免上述弊端。其次，撤回起诉并非变更起诉或追加起诉的前置程序。《人民检察院刑事诉讼规则》第351条实际上区分了变更起诉、追加起诉和撤回起诉三种不同情况，但实践中存在三种做法混淆的情况，一些检察机关在庭审公诉时一旦遇到阻力，即先将案件撤回起诉，然后再以新的起诉书提起公诉，该种做法于法无据。《人民检察院刑事诉讼规则》第348条规定，法庭审理过程中"发现事实不清、证据不足，或者遗漏罪行、遗漏同案犯罪嫌疑人，需要补充侦查或者补充提供证据的；发现遗漏罪行或者遗漏同案犯罪嫌疑人，虽不需要补充侦查和补充提供证据但需要提出追加或者变更起诉的"，公诉人应当要求法庭延期审理，而非撤回起诉。最后，明确撤回起诉的法律效力。《人民检察院刑事诉讼规则》第353条规定："撤回起诉后，没有新的事实或者新的证据不得再行起诉。"但现行法律和司法解释对撤回起诉后的案件处理并未做出规定。③ 笔者认为，为保护被告人的合法权益，一旦检察院将案件撤回起诉，在案件作出最终处理之前，应当立即解除对被告人的强制措施。

---

① 陈光中：《关于附条件不起诉问题的思考》，载《人民检察》2007年第24期。

② 兰耀军：《论附条件不起诉》，载《法律科学》2006年第5期。

③ 在司法实践中，对撤回起诉后的案件通常采取三种处理方法：一是由公安机关撤回处理（一般是撤案），案件就此终结；二是对检察机关直接受理侦查的案件及一些比较棘手而公安机关不愿意撤回处理的案件，检察机关作出不起诉决定；三是案件以补充侦查为由退回公安机关搁置起来。至于将案件撤回起诉是否产生终止诉讼的法律效力，是否还需要对案件作进一步处理，《人民检察院刑事诉讼规则》并没有作出明确规定。参见于书峰：《公诉案件撤回起诉的四个问题》，载《检察日报》2007年2月7日。

（五）赋予检察机关民事行政公诉权

检察机关提起民事行政公诉是刑事公诉的必要补充，是检察机关法律监督职能的必然要求。在行政方面，近年来违反国家有关法律、侵犯社会公共利益的案件日益增多，国有资产流失问题严重；在民事方面，严重环境污染、侵害国家文物、侵害弱势群体合法权益、妨害市场公平竞争等案件不断涌现，迫切需要国家公权力的介入，检察机关在民事行政公诉方面任重而道远。[①] 当下的问题已不是继续争论民行公诉的必要性和价值所在，而是如何尽快完善立法，明确检察机关提起民事行政公诉的程序，形成完整的制度体系。笔者认为，考虑到民事权利争议所具有的私法性质，检察机关在提起民事公诉时，应首先考虑支持负有保护职责的某些公益组织提起民事诉讼，只有在案件确无起诉主体时，才由检察机关提起公益诉讼。

（六）完善量刑建议制度

首先，正确认识量刑建议的法律性质。作为一种具有法律意义的建议，具有反映公诉意见、启动法庭审判、形成控辩依据的独特作用，但量刑建议最终对法官没有约束力，最终的判决结果由法官裁定，量刑建议不得构成对审判权的干涉。其次，规范量刑建议的提出程序。公诉人应当制作规范的量刑建议书，随案移送。对于适用简易程序审理的案件，由于公诉人一般不出庭，因此起诉中应提出量刑建议供法院参考，并为被告方提供辩论的依据；对于适用普通程序审理的案件，公诉人应在法庭辩论阶段，根据法庭调查所查明的事实适时修正量刑建议的内容，并就该建议的合理性与辩护人展开辩论。再次，处理好量刑建议与刑事抗诉之间的衔接。检察机关提出的量刑建议应尽量做到科学、合理，正确行使法律所赋予的权力，对认为正确的量刑建议而没有被法院采纳的，检察机关应认真审查法院量刑的理由和法律依据，认为符合抗诉条件的应依法提起抗诉；对未达到抗诉法定标准的，应考虑提出检察建议予以纠正。

---

① 韩成军：《公平审判权与民事诉讼检察监督》，载《河南社会科学》2011 年第 1 期。

检察规律引领下的检察职权优化配置[*]

向泽选^{**}

检察规律①是统摄检察活动的中心轴，检察职权的配置以及各项检察工作机制的构建，只有满足检察规律的内在要求，才能确保检察活动能够围绕检察规律这根主线而展开，也才能保证检察活动达到控制侦查和制约审判权启动的预期效果，真正实现检察活动规制国家刑罚权和惩治犯罪的价值目标。实践中存在的检察活动与检察价值目标相悖的情形，深刻地揭示了现行的检察权配置模式还存在与检察规律要求不相符合之处。这就要按照检察规律的基本内容及其对检察职权配置的要求，对现行检察职权的配置状况进行量度和审视，找到哪些职权配置满足了检察规律的要求，哪些职权配置与检察规律的要求相悖，把检察职权配置中不符合检察规律要求的职能实施重组，譬如，信息掌握上的全面性规律，要求检察机关及时掌握被监督事项的具体情况，现行的职权配置只明确了检察机关对侦查活动的监督权，并没有赋予检察机关及时全面获取侦查信息的途径，导致对侦查活动监督的低效率，要真正实现对侦查活动的有效监督，就必须按照检察活动信息掌握上的全面性规律，给检察机关配置相应的获取侦查信息的职权。又譬如，按照检察活动的平等性规律，检察活动的启动者和承受者在检察活动中应当享有平等的话语权，唯此，才能确保检察机关真正参与到监督事项中来，并对被监督事项施加积极的影响。在对法院审判活动的监督中，更多的是赋予了检察机关对庭审和裁判的事后监督权，而对法庭的审理和裁判不能实施同步的监督，致使一些案件出现量刑上的畸轻畸重，要真正发挥检察机关法律监督督促法院庭审准确定罪和公正量刑的效用，就要确保检察机关能够介入法庭审判的全过程，包括对量刑活动的参与程度，为此，就

---

* 本文刊载于《政法论坛》2011 年第 2 期。

** 向泽选，最高人民检察院检察理论研究所副所长、研究员。

① 向泽选、曹苏明：《检察规律及其启示》，载《华东政法大学学报》2010 年第 6期。

必须赋予检察机关对量刑活动的参与权。再譬如，根据正当程序性规律的要求，任何剥夺或者限制被追诉的公民个体的强制性措施的适用，都必须有第三者的居中审查和授权，而现行的检察职权配置中，在体现正当程序理念方面较为欠缺，要确保检察职权的配置和运行真正体现刑事法治的要求，就必须在职务犯罪侦查中贯彻落实正当程序性规律的要求，将强制措施尤其是逮捕的适用授权上，作出适当的调整，以使检察职权的配置更加体现检察规律的要求。可见，检察活动的各项具体规律，从不同角度和层面对检察职权的配置提出了相应的要求，而现行的检察职权的配置状况，离检察规律对检察职权的配置要求还有应当予以调适的空间。本文拟以检察规律对检察职权配置的内在逻辑要求为着力点，提出优化我国检察职权配置的设想。

一、应当重新增加的检察职权

我国现行的检察职权配置模式，是按照我国政治体制和司法制度对检察职权配置的内在要求，在借鉴其他国家检察职权配置模式和我国古代御史制度的基础上，经过长期的实践探索逐步形成的，具有鲜明的中国特色，体现了我国一元分立的权力架构模式下的国家权力配置形态，各项检察职权的配置直接或者间接地体现了权力监督与制衡的一般原理。但要实现我国检察机关所担负的法律监督职能，更好地发挥检察权对国家刑罚权和行政权的规制职能，就必须按照检察活动内在规律的要求，为检察机关配置如下职权。

（一）赋予检察机关行政公诉权

行政公诉是指检察机关在履行法律监督职责的过程中，认为行政机关违反了有关法律规定，侵害了公民、法人和其他社会组织的合法权益，危害了国家和社会公共利益，依照行政诉讼程序向法院提起诉讼，要求法院进行审理并作出裁判的活动。法律监督是我国检察权的本质特征，检察机关履行法律监督的根本意义，在于保障国家法律被严格地遵守和执行，以实现法律对行政活动和社会生活的调整作用。检察机关的各项工作都是围绕法律监督这一根本职能而展开的。检察机关提起行政公诉是为了使行政违法行为受到法律的追究，达到保护公民、法人和其他社会组织合法权益，维护国家和社会公共利益的目的。因此，检察机关行使行政公诉权，是检察机关法律监督的题中应有之义，具有其内在的合理性。

1. 赋予检察机关行政公诉权，是依附性规律对检察职权配置的要求。依附性检察规律要求构建完整的确保检察监督权能够全面监督被监督事项的检察权运行机制。但在对行政权的监督中，现行的检察职权配置模式中，只有职务犯罪侦查体现了对行政职权的事后监督，通过对构成职务犯罪的行为的查处，审查核实国家公务人员是否正确履行了法定职责，是否存在利用职务便利牟取私利或者滥用职权的行为。对实践中大量存在的行政不作为或者行政乱作为，而侵害不特定多数人利益，又不构成刑事犯罪的行为，由于没有赋予检察机关行政公诉权，也就无法构建对这类行为实施检察监督的检察权运行机制，即便检察机关出于维护公共利益或者护法的考虑而想监督，由于职权配置上的缺位而无法实施监督。事实上，对行政权的运行过程实施检察监督，既是法治建设的需要，也是确保国家公权力规范运行和构建和谐社会的内在要求。但检察机关不可能也没有必要和精力介入行政权的运行过程，只是以对行政权滥用或者不履行行政职能造成侵害不特定多数人利益的情形提起行政公诉的方式，检察督促公务人员正确履行行政职能，以此实现对行政权的检察监督，要实现对侵害不特定多数人利益的行政行为的监督，就必须构建完整的提起行政公诉的检察权运行机制，方能确保对行政滥权造成较轻危害后果的行政行为的监督实效。

2. 我国现行的行政诉讼制度不能使侵害公共利益的行政行为受到有效追究，赋予检察机关行政公诉权，可以实现对行政活动的全面监督。我国现行《行政诉讼法》规定，行政相对人对行政机关侵犯其合法权益的具体行政行为，可以提起行政诉讼。但现行《行政诉讼法》对原告资格和管辖范围的规定，又排除了对损害社会公共利益的行政行为提起行政诉讼的可能性，致使大量的对国家整体利益和社会公共利益造成严重损害的行政行为，因缺乏启动行政公诉程序的适格主体，而不能受到法律的追究。及时将严重违反行政法规，并造成公共利益严重损害的行政违法行为，以行政公诉的方式起诉到法院，是将影响社会公共利益的行政行为纳入司法审查范围，完善司法对行政权的监督制约机制的内在要求。

我国检察机关法律监督机关的宪法定位表明，确保国家法律的正确统一实施，是法律监督的根本目标，为此，检察机关就必然要对刑事、行政、民商事等法律关系进行监督，对行政权的运行过程实施监督，也就成了检察机关应当履行的职责。对行政活动实施法律监督的方式，包括对行政违法提起行政公诉和对职务犯罪进行侦查追诉等。目前，检察机关对行政活动的监督，局限于对国家机关及其工作人员的职务犯罪的侦查追诉，对行政违法造成公共利益严重损害提起行政公诉的监督，因无法律授权还没有广泛开展起来。事实上，行政权在其运行过程中更多的是行政违法，构成刑事犯罪的只是其中的一小部分。对职务犯罪进行侦查，也只是确保行政权规范运行的一种事后的补救措施。赋予检察机关行政公诉权，通过对行政活动中大量严重违法并造成公共利益损害的行政行为提起公诉，可以强化检察机关对行政活动的法律监督职能，有效实现对行政活动的全面监督，是推进行政法治、保障依法行政的必然要求，从而确保国家法律在行政领域的正确统一实施。

3. 赋予检察机关行政公诉权，符合诉权理论的发展趋势。建立行政公诉制度，最基本的前提是要解决行政公诉的诉权问题。诉权的实质是要明确哪个主体有资格向法院提出保护社会公共利益的请求。传统诉权理论是以保护私人利益为中心建构起来的，在对社会公共利益进行司法保护方面存有严重缺陷。建立科学的行政公诉制度，就应当突破传统的诉权理论，适应诉权中的原告资格理论的发展趋势，确立由能够代表公共利益的主体行使起诉权。从西方的行政公诉制度的发展历程看，原告资格经历了由"法律权利标准"到"利益范围标准"的演变过程。在早期的自由市场经济时代，包括行政公诉在内的各部门诉讼法对诉的主体资格作了严格限制，只有法律上的直接利害关系人才有资格提起诉讼，而非实体权利人不能获得原告资格。随着公共利益遭受行政违法行为侵害问题的日益严重，仅依靠利害关系人对事关自身利益的问题提起行政诉讼，不能实现对社会公共利益的保护，世界各国在行政诉讼的原告资格方面，实现了由"法律权利标准"到"利益范围标准"的过渡，开始赋予公共利益的代表人（检察机关、其他国家机关或者社会团体）对侵害国家利益或者社会公共利益的行为以诉权，即赋予这些机构提起行政公诉的资格。

可见，扩大对行政违法行为提起公诉的主体资格范围，客观上允许行政诉讼中的原告不一定是案件的直接利害关系人，是当代法制的发展趋势。随着我国经济社会的发展变迁，因不当行政（行政不作为和乱作为）所造成的侵害社会公共利益的事件频发，如果还固守传统的"法律权利标准"说，由合法权利遭受违法行政行为侵害的直接利害人提起行政诉讼，则难以实现保护社会公共利益的目的。本质上，"行政公诉制度是以公共权力维护公共利益的必然选择。"[①] 为了使公共利益获得可诉性，不应苛求起诉人必须与本案有直接利害关系，而应当赋予能够代表社会公共利益的国家机关或者社会组织向法院提起行政公诉的权力。我国检察机关是国家的法律监督机关，确保国家法律在各领域的正确实施，尤其是行政领域的正确实施，促进依法行政，推进行政法治进程，维护社会公共利益是检察机关的基本职责，我国检察机关理应发挥公共利益维护者和法律守护人的作用。由检察机关对侵害社会公共利益的违法行政行为提起行政公诉，与我国检察机关在诉讼活动中所具有的公诉职能的要求和

---

① 郝建臻：《我国建立行政公益代表人诉讼的法理分析》，载《政法论坛》2007 年第 6 期。

特征相符合，也与行政诉讼的结构相一致。同时，我国检察机关在国家政权体制中与行政机关不存在隶属关系，能够独立行使职权，这种独立身份表明，检察机关具有代表国家和社会公益提起行政公诉的基本条件和合适的主体身份。

4. 赋予检察机关行政公诉权，是检察制度的发展趋势。尽管由于政治制度和司法制度的不同，各国检察制度也各有差异，但在赋予检察机关提起行政公诉的权力上却是相同的。《法国民事诉讼法典》规定，检察机关可以作为主要当事人对法律有专门规定的案件提起诉讼，并在公法秩序受到损害时，作为联合当事人参加诉讼。《日本检察厅法》规定，检察官可以作为公益代表人提起公益诉讼。[1]《联邦德国行政诉讼法》第 35 条规定，在联邦行政法院中设 1 名检察官。为维护公共利益，该检察官可以参与行政法院内的任何诉讼。美国的最高法院在 20 世纪以后继续扩展原告资格，提出了"私人总检察长"的观念，并指出："国会有权授权总检察长对于任何政府行为均可以请求司法审查，以保护一般公众的利益。"[2] 英国的总检察长身兼王室首席法律官员和公共利益守护人的双重身份，对于被违法行政行为侵害的公共利益，总检察长可以对行政机关提起有关公法救济之诉。[3] 可以说，尽管刑事公诉是各国检察官的主要职能，但事实上，许多国家的检察官在行政诉讼领域正发挥着公益代理人的作用。[4] 上述分析表明，赋予我国检察机关提起行政公诉的权力，有其他国家的立法例可资借鉴，也有其他国家检察机关从事行政公诉的实践可供参考。同时，也是丰富我国检察制度内容，促进我国检察制度发展完善的体现。

检察机关应当对哪些情形提起行政公诉，也是探讨行政公诉权需要明确的问题。鉴于我国《行政诉讼法》已经明确，公民、法人和其他组织对自己权利受到具体行政行为侵害时，可以提起行政诉讼予以救济的立法状况，也只有具体行政行为给国家和社会公共利益造成重大损害或者重要影响，而又无人提起诉讼时，才应当由检察机关提起行政公诉。具体包括以下几种类型：(1) 需要代表国家提起行政诉讼的案件。这种情形是指，行政机关的具体行政行为侵害到国家利益，并使国家利益遭受严重侵害，则应当由检察机关提起行政公诉。例如，由于行政机关不当的行政行为，使国有资产受到侵害或者流失，或者造成自然资源严重破坏的案件；或者行政机关违反《反不正当竞争

---

① 转引自邓思清：《论建立公益诉讼制度的必要性和可行性》，载《西南政法大学学报》2007 年第 1 期。

② 温辉：《行政诉讼的理论基石》，载《国家检察官学院学报》2009 年第 3 期。

③ 赵保庆：《国外行政公诉制度再考察》，载《人民检察》2009 年第 19 期。

④ 赵保庆：《国外行政公诉制度再考察》，载《人民检察》2009 年第 19 期。

法》的规定，通过行政行为造成地区封锁、部门垄断、强制交易、强制联合限制竞争等，引发市场垄断，严重阻碍社会经济正常发展的案件。（2）社会公害案件，主要是指因行政机关的作为或者不作为，造成相关主体违反环境保护法规确立的污染物排放标准，向自然排放污染物造成严重的环境污染事件，伤害不特定多数人生命、财产安全的案件。（3）其他因行政监管不力或者滥用职权，造成国家利益、社会公共利益严重损害的案件，如在政府采购活动中，有关招标活动违反法定标准和程序，损害国家和社会公共利益的，在行政相对人或者利害关系人不愿提起行政诉讼的情况下，检察机关则应当提起行政公诉，确保行政相对人的合法权益得到救济。

此外，检察机关行政公诉权的内涵包括哪些内容，也是确立检察机关行政公诉权应当明确的问题。我们认为，要真正发挥行政公诉对国家和社会公共利益的救济效能，检察机关的行政公诉权就应当包括：（1）获取行政违法造成公共利益严重损害信息的权能，该权能主要通过对公民、法人和其他组织控告、检举和申诉的受理，借助舆论监督发现有关应当提起行政公诉的案件信息，或者办理其他机关交办的事项等方式实现。（2）对获取的公共利益损害的信息或者案件线索进行审查核实的权能，包括审查是否确实存在行政违法行为、行政违法与损害结果是否存有因果关联、是否属于检察机关管辖等。（3）向有管辖权的法院提起行政公诉的权能，包括出庭支持公诉，参与法庭调查、举证、质证、与被告进行法庭辩论；对行政机关积极采取补救措施，及时消除危害后果，决定不起诉。（4）对法院审理行政公诉案件实施监督的权能，包括对法院审理行政公诉案件的庭审活动实施监督，以及对法院作出的错误行政裁判提出抗诉等。

（二）赋予检察机关对职务犯罪案件的技术侦查权

技术侦查是指侦查机关运用现代科学技术手段发现犯罪和证明犯罪的一种秘密的侦查活动，包括麦克风侦听、电话侦听、电子监控、秘密录音录像、秘密拍照等。技术侦查在发现和证明犯罪方面有着巨大的优势，其他许多国家如美国、英国、法国、德国、俄罗斯等，都普遍承认技术侦查措施的实践合理性，并通过立法明确授予侦查机关在特定情况下运用技术侦查措施的权力。但技术侦查在我国只是作为一种特殊的侦查措施，在《人民警察法》和《国家安全法》① 中有所提及，但对适用的范围、原则、程序等没有作出详实的规定。刑事立法没有赋予检察机关技术侦查权，只是在有关司法解释和规范性文件中提到了检察机关的技术侦查问题，并且，受到了严格的限制②。事实上，赋予检察机关技术侦查权，是解决职务犯罪侦查中突破难、提取固定证据难等问题的最佳方案，其重要性和可行性以及与常规侦查手段相比所具有的优势将被侦查实践所证实。

1. 赋予检察机关技术侦查权，是侦破职务犯罪案件的客观要求。与其他普通犯罪相比，职务犯罪有其特殊性，主要表现在：一是犯罪主体是国家公职人员。这一特点决定他们一般具有较高的学历和智商、丰富的社会阅历和经验，因而属于智能型犯罪。二是犯罪行为与职务具有密切的关联。这种关联表现为行为人利用职务之便实施犯罪行为，或者亵渎职责，或者滥用职权，给国家和人民造成重大损失。这种特殊性使得其犯罪行为可以凭借职务行为作为掩护或者利用职权加以掩盖，因而属于高隐蔽型犯罪。上述特点决定了职务犯罪与普通犯罪相比，具有一般不会自行暴露、犯罪嫌疑人反侦查能力强、外界干扰大、物证少、言词证据与书证地位突出、证据收集和固定难等特点。③ 尤其是随着现代科技的发展，职务犯罪的职能化、科技化、隐蔽化、网络化程度不断提升，犯罪嫌疑人订立攻守同盟、阻止证人作证等反侦查活动猖獗，职务犯罪侦查面临更严峻的挑战，凭借常规的侦查手段很难在法定时限内侦破案件。

职务犯罪的上述特点要求比普通犯罪更严密的侦查措施。但我国现行立法除了规定讯问、询问、勘验、检查、搜查、扣押、鉴定、通缉和辨认等常规侦

---

① 例如：《人民警察法》第 16 条规定：公安机关因侦查犯罪的需要，根据国家有关规定，经过严格的批准手续，可以采取技术侦察措施。《国家安全法》第 10 条规定：国家安全机关因侦察危害国家安全行为的需要，根据国家有关规定，经过严格的批准手续，可以采取技术侦察措施。

② 检察机关对技术侦查措施的使用，只在相关司法解释或者规范性文件中有所规定。如，1989 年最高人民检察院、公安部在《关于公安机关协助人民检察院对重大经济案件使用技术侦查手段有关问题的答复》中规定：对经济案件，一般地不要使用技术侦查手段。对于极少数重大经济犯罪案件主要是贪污贿赂案件和重大经济犯罪嫌疑分子必须使用技术侦查手段的，要十分慎重地经过严格审批手续后，由公安机关协助使用。再如，1998 年公安部发布的《公安机关办理刑事案件程序规定》第 263 条第 2 款规定：向人民检察院移送案件时，只移送诉讼卷，侦查卷由公安机关存档备查。技术侦查获取的材料，需要作为证据公开使用时，按照规定采取相应的处理。上述两个规定都从程序上对检察机关使用技术侦查手段作了严格的规制。

③ 朱孝清等：《我国职务犯罪侦查体制改革研究》，中国人民公安大学出版社 2008 年版，前言第 1 页。

查措施外,并没有为职务犯罪规定特殊的侦查措施。这些常规的侦查措施决定,对职务犯罪的侦查必然是"一支笔"、"一张纸"、"一张嘴",靠熬夜、拼体力的传统的侦查模式。尤其是大量依靠言词证据证明的交易性职务犯罪,由于言词证据具有当事者自身的可控性、易变性、虚假可能性等特点,依靠常规的侦查手段收集、固定、鉴别就更加困难。可以说,我国现行立法所赋予的侦查手段,根本就不能适应侦破职务犯罪案件的需要。

要提升职务犯罪案件的侦破率,除了在发现职务犯罪线索、控制职务犯罪嫌疑人等方面需要进一步完善以外,更重要的是要赋予检察机关对职务犯罪的技术侦查权。技术侦查"是在被追诉者及一般公众不知晓的情况下进行的,因而能够避免来自犯罪嫌疑人的反侦查措施,所获取的证据也通常比较真实可靠。"① 采用这种集秘密性、技术性以及收集证据的直接性为一体的技术侦查措施,能够顺利有效地为证明职务犯罪获取证据。同时,由于技术侦查措施获取证据的便利性,还可以防止因常规侦查手段不足,而借用"两规"、"两指"措施,或者突破法律界限而实施监视居住或者超期羁押等侵犯犯罪嫌疑人合法权益的现象发生,从而将惩治犯罪和保障人权有机地结合起来。

2. 赋予检察机关技术侦查权,是在惩治腐败型犯罪方面与国际社会接轨的需要。《联合国反腐败公约》是惩治职务犯罪适用技术侦查手段的国际法依据。该《公约》第50条(特殊侦查手段)第1款规定,为有效地打击腐败,各缔约国均应当在其本国法律制度基本原则许可的范围内,并根据本国法律规定的条件在其力所能及的情况下采取必要措施,允许其主管机关在其领域内酌情使用控制下交付和在其认为适当时使用诸如电子或者其他监视形式和特工行动等其他特殊侦查手段,并允许法庭采信由这些手段产生的证据。其他一些国家在惩治腐败型犯罪方面,都规定了在特定条件下可以采用特殊侦查手段,如,美国1968年通过的《综合犯罪控制与街道安全法》规定,秘密监听适用于贿赂政府官员罪等12种犯罪的调查。德国《反有组织犯罪法》规定,警察部门对涉及毒品犯罪和一般经济犯罪中的有组织犯罪,除了正常侦查手段外,还可以使用窃听、秘密录像或者录音。② 韩国检察机关中专门处理贪污贿赂犯罪案件的机构为不正事犯特别搜查部,该机构内设6个部门,其中科学搜查指导科负责技术侦查的运作、侦查装备、经费的保证和侦查技术的研究。③ 我国

---

① 陈光中、宋英辉主编:《刑事诉讼实施问题研究》,中国法制出版社2000年版,第109页。

② 郭炬:《中德侦查制度比较研究》,载《西安政治学院学报》2002年第2期。

③ 缪晓琛:《反贪技术侦查的路径选择》,载《犯罪研究》2009年第2期。

是反腐败公约的缔约国，加强惩治职务犯罪技术侦查的法制化建设，既是积极履行反腐败公约义务的体现，也是在惩治职务犯罪方面与其他国家加强侦查合作以及交流的现实需要。

3. 赋予检察机关职务犯罪的技术侦查权，具有坚实的思想、物质和实践基础。常规侦查手段在侦破职务犯罪所面临的尴尬，迫使包括直接从事职务犯罪侦查的一线反贪干警在内的检察人员不断思索侦查手段的改进，"科技强检"战略思想的实施，直接推动了职务犯罪技术侦查观念逐渐深入人心，改善职务犯罪侦查手段，提升职务犯罪侦查的技术含量，在检察系统应当说具有了较为坚实的思想基础。同时，随着《人民检察院器材设备配备纲要》中规定的"检察机关需要配备移动定位设备、特种照相设备、数字微型录音机、无线录音设备、低照度微型摄像机、监视器、监控摄象机等器材设备"的落实，各地检察机关加强了计算机网络和通讯系统以及其他物质装备的建设，检察机关的技术装备和物质保障已经有了较大改善，赋予检察机关职务犯罪的技术侦查手段，已具备深厚的物质装备基础。况且，在近年的职务犯罪侦查实践中，各地检察机关在公安机关的协助下，成功地对一些疑难复杂影响较大的职务犯罪案件实施了技术侦查，积累了较为丰富的实战经验。此外，公安机关和国家安全机关拥有自己的技术侦查队伍和相对完备的管理制度，这些都可为职务犯罪案件的技术侦查建设提供借鉴和帮助。可以说，为检察机关配备职务犯罪技术侦查手段的条件已经具备。

技术侦查具有不易觉察性和易渗透到犯罪过程之中的特点，是一种具有独特效力的犯罪侦查方法，同时，技术侦查往往又伴随着对有关人员隐私权和通讯自由权等合法权益的侵犯。这就要求在赋予检察机关技术侦查权的同时，又要对技术侦查手段的使用予以规范。首先，要明确技术侦查手段的适用对象，即要具体界定应当使用技术侦查的职务犯罪案件。按照比例适当原则的要求，侦查手段的严厉性应当与犯罪行为的严重程度相适应，据此，技术侦查手段只能适用于依靠常规手段难以侦破的交易性职务犯罪案件，以及其他重大疑难复杂的侵占性或者挪用性职务犯罪案件。其次，应当具体设定使用技术侦查手段的审批程序。职务犯罪侦查中需要动用技术侦查手段时，应当由立案侦查的检察院向其上一级检察院提出申请，申请要重点说明采用技术侦查手段的必要性，上一级检察院则要根据案情复杂程度以及侦破案件的实际需要，决定是否予以批准。立案侦查的检察院接到批文后，则应当商技术侦查部门①，具体对

---

① 鉴于技术侦查的专业性特色，应当在检察机关内部设立专门的技术侦查部门，配备专业技术人员和技术设备，专门负责对检察机关侦查的职务犯罪案件实施技术侦查。

涉案人员实施技术侦查。再次，要明确采用技术侦查手段所获得的信息的效力。动用技术手段获得的信息，应当具备证据资格，只能用于案件的侦查和指控犯罪。负责实施技术侦查的人员，对于获得的与案件侦查和指控犯罪无关的信息材料必须立即销毁，且要承担不得随意扩散的义务。在案件终止追诉或者被法院作无罪判决后，因技术侦查所获得的信息材料要立即封存或者销毁；对于法院作出有罪判决的案件，获得的技术信息材料则应当妥善保管。最后，要对违法动用技术侦查手段作出制裁性规定。技术侦查手段本身所具有的对人权的侵蚀性要求，技术侦查必须在严格法治的条件下实施。对有证据证明是违法动用技术侦查手段的，应当宣布该侦查活动无效，所获得的信息材料不能作为证据使用，应当对随意动用技术侦查手段的人员给予纪律处分。这就要求在案件侦查终结和审查起诉环节，要严格审查技术侦查的合法性问题，对确属没有依法报批而任意实施技术侦查的，在排除技术手段所获信息证据资格的同时，还要依法依纪追查有关人员违法办案的责任，对于因疏忽丢失审批手续或者没有将审批手续入卷的，则要视具体情节对有关人员给予批评教育，要在技术侦查中建立起对侦查办案人员的约束机制，保障技术侦查对犯罪特有的侦破功能在法治的轨道上得以发挥，以维护侦控犯罪与保障人权之间的价值平衡。

（三）赋予检察机关对被监督事项的知情权

我国检察机关是国家的法律监督机关，要能够真正发挥法律监督督促被监督主体纠正错误的功能，就必须确保检察机关能及时了解被监督主体实施法律的具体情况，然后才有可能在对所获信息进行审查的基础上，确认被监督主体在法律实施过程中是否存在错误，并根据所发生的错误种类及其性质，有针对性地启动监督程序，提出监督纠正意见。可以说，要强化法律监督的实际效能，确保法律监督顺利实施，就必须赋予检察机关对被监督事项的知情权。

1. 检察机关及时获悉被监督事项的具体情况，是实施法律监督的前提。只有了解和掌握被监督主体的执法和司法状况，获得法律实施过程中认定事实和适用法律的具体信息，才能谈得上审查和发现法律实施过程中是否存在问题。如果没有对法律实施情况的知情权，及时发现法律实施过程中存在的违反法律的情况，准确地对法律实施情况进行监督就失去了基本的前提。同时，法律监督所包含的对被监督事项的调查权，也必须以获悉被监督事项的具体情况为前提，然后才有可能在对所获信息审查的基础上，查找和发现法律实施过程中可能存在问题的环节，并以此为基础开展调查核实，再根据调查核实的情况，有针对性地提出监督纠正意见。如果没有掌握被监督主体实施法律的具体情况，就对被监督事项开展调查，这种调查必然是盲目的，也无从下手，据此提出的监督纠正意见必然是空洞而没有说服力的。实践中所以存在法律监督不力、监督不准确、监督效果不如意等问题，缺乏对法律实施情况的全面掌握是一个重要的原因。而导致这一问题的更深层次的原因，是法律制度上没有赋予检察机关对被监督事项的知情权。因为对监督事项知情权的缺失，使得监督主体在要求被监督主体提供法律实施的情况时变得底气不足，而在不掌握法律实施的具体情况下就开展法律监督，必然会使法律监督成为形式意义上的监督，如此，要使法律监督发挥督促纠正法律实施过程中错误的功能，就会变成一句空话。可见，赋予检察机关对被监督事项的知情权，随时掌握法律实施的基本情况，是确保法律监督活动取得实效的前提和保障。

2. 赋予检察机关对被监督事项的知情权，是构建完备的法律监督权能体系的要求。职权是由具体的权能构成的，一个完整的职权必然包括若干权能要素。而职权所包含的具体权能，又是由该职权的运行机理（过程）决定的。作为检察职权本质属性的法律监督，应当包括哪些具体权能，与法律监督活动的运行机理直接相关联。从法律监督的实际运行看，一个完整意义上的法律监督活动，要包括获取被监督主体实施法律情况的信息、对获得的法律实施的情况进行审查、对经审查发现的违法或者犯罪进行调查、根据审查或者调查的情况提出监督纠正意见等几个阶段。由此决定，法律监督应当包括对被监督事项的知情权、对获得的法律实施情况的审查权、对违法犯罪情况的调查权、启动特定程序的权能等。现行法律直接或者间接赋予了检察机关对监督事项的审查权、调查权和监督程序的启动权，例如，法律明确了检察机关对侦查活动的监督权，并规定了对获悉的侦查情况的审查权和调查权①，刑事诉讼法还具体规定了侦查活动的监督程序以及启动监督程序的条件。但对侦查活动的知悉权则没有明确，只能通过接受侦查主体提请审查逮捕、审查起诉，以及受理犯罪嫌疑人控告、申诉等方式，被动间接地获得侦查活动的有关信息，法律制度没有赋予检察机关主动了解侦查信息的权限。如果案件在侦查环节作撤案处理，或者当事人不向检察机关申诉、控告，检察机关则无从了解侦查的具体情况，也

---

① 对获悉的侦查活动的情况的审查权，包含在审查逮捕和审查起诉的权限中。对违法事项的调查权，主要是通过刑法和刑事诉讼法的规定明确的。如《刑事诉讼法》第86条的规定，包含了检察机关对被监督事项的违法情况的调查权，刑法分则关于侵犯公民人身权利和民主权利犯罪、妨害司法罪中的有关规定，以及刑事诉讼法管辖中关于检察机关侦查管辖范围的规定，可以理解为赋予了检察机关对法律实施中的犯罪行为的侦查权。

就谈不上对侦查活动进行监督。可见，在法律监督的各项权能中，对被监督事项的知悉权，是残缺不全的，也正是由于法律监督权能体系中知悉权的缺失，法律监督的力度和效果会受到直接的影响，因为没有对被监督事项具体情况的掌握，后续的法律监督活动就无从着手了。可见，无论从构建完备的法律监督权能体系的角度，还是从法律监督实际效能的角度，都应当赋予检察机关对被监督事项的知情权。

3. 赋予检察机关对被监督事项的知情权，是构建法律监督机制的要求。职能决定职权，职权决定机制。只有在特定职权的基础上，方能构建相应的工作机制，否则，工作机制的建立就失去了基本的前提。法律监督的具体内容和价值目标，要通过具体的监督机制方能实现，但法律监督机制的构建，要以具体的法律监督权能的存在为前提。在对法院审判活动的监督中，由于检察机关参与了法院庭审的全过程，实现了对庭审情况的掌握和了解，对被监督事项"法院庭审情况"的知情权，在对法院庭审和裁判的监督中不显得十分重要，"参与庭审活动"实质上既实现了对庭审活动的知情权，也是获悉庭审情况的工作机制，在此，"知情权"和获取庭审情况的工作机制都统一在"参与庭审活动"之中了。但由于刑事侦查是由侦查主体单独在相对封闭的情况下实施的活动，检察机关不能参与侦查主体对刑事案件的立案和侦查活动，也不存在主动获取侦查信息的具体机制。如果不赋予检察机关对侦查信息的知情权，就失去了构建获取立案和侦查信息机制的依据，检察机关也就因此失去了主动获得侦查信息的途径，在此背景下实施的对侦查活动的监督必然是不全面的，甚至是盲目的、无效果的。如果法律上赋予了检察机关对侦查活动的知情权，根据权利义务对等的原则，监督主体的权利实质是被监督主体的义务，则可以此为根据建构起获取侦查信息的工作机制，在该工作机制中，检察机关拥有了主动获取侦查活动信息的权利，侦查主体也因此要承担提供侦查活动具体情况的义务，如此，长期存在的因对侦查情况不了解，致使监督针对性不强，无法监督和监督效果不佳等问题的解决也就是情理之中的事了。

（四）赋予检察机关对被监督主体的质询权

从质询权的起源及其在其他国家的发展看，质询权是建立在政府由议会产生、对议会负责并接受议会监督的基础之上的权力模式，是议会对由其产生的政府进行监督的一项重要手段。在我国，质询权是人大或者人大常委会按照法定程序对行政机关及司法机关工作上存在的重大问题或者失误等予以质询并要求其答复的宪法性权力，是人大对行政机关或者司法机关进行监督的重要手段。① 尽管质询的范围和受质询的对象有所不同，但质询权是立法机关对由其产生的国家机关实施监督的职权，这一点是相同的，也体现了质询权的本质属性。在我国一元分立的权力制衡模式下，赋予检察机关对被监督主体的质询权，具有深刻的理论正当性，也有较强的实践生命力。

1. 质询权是国家权力机关对被监督者实施监督的重要手段。在我国，质询是指全国及各级地方人民代表大会或者常委会按照法律的规定，对同级人民政府及其所属部门、人民法院、人民检察院职权范围内的重大问题，依法提出并得到被质询机关答复的制度。我国 1978 年《宪法》规定了全国人大常委会对最高人民法院和最高人民检察院的质询权。1982 年《宪法》只规定人大对国务院及其部委的质询权。人大对法院和检察院的质询权，主要是由《全国人民代表大会和地方各级人民代表大会代表法》（1992 年颁布）② 和《各级人民代表大会常务委员会监督法》（2002 年颁布）等予以规定的。尽管我国 1982 年《宪法》没有明确人大对人民法院和人民检察院的质询权，但赋予了全国人大解释宪法的权力。宪法解释的理论表明，人大常委会的立法解释方式不仅仅局限于文义解释，还可以通过体系解释等方式解释宪法。从宪法规定全国人大常委会的职权看，全国人大常委会有权"监督国务院、中央军事委员会、最高人民法院和最高人民检察院的工作"，而我国人大质询权属于人大监督的重要手段，依照体系解释的方式，人大当然享有对司法机关的质询权。再说，我国《宪法》只规定国务院及地方人民政府向人大报告工作的制度，未曾确立人民法院和人民检察院向人大报告工作的制度。但实践中，人民法院和人民检察院向人大报告工作已经成为人大会议的固定日程。司法机关向人大报告工作的制度，同样是源于人大对法院和检察院工作的监督权，"两院"向人大报告工作实质上成了人大监督"两院"工作的重要手段。可见，从系统解释的角度解释宪法，能够合乎逻辑地得出人大有权对司法机关进行质询。事实上，对人民法院和人民检察院工作中的重大问题进行质询，已经成了人大监督"两院"工作的重要手段，对于确保、督促审判和检察工作的依法规范进行，

---

① 　秦前红、韩树军：《我国人民代表大会质询权行使的宪法学思考》，载《武汉大学学报（哲学社会科学版）》2008 年第 3 期。

② 　该法第 14 条规定："全国人民代表大会会议期间，一个代表团或者三十名以上的代表联名，有权书面提出对国务院和国务院各部、各委员会，最高人民法院、最高人民检察院的质询案。县级以上的地方各级人民代表大会代表有权依照法律规定的程序提出对本级人民政府的质询案。"

正在并将继续发挥重要的导向作用。

2. 检察机关享有对被监督主体的质询权，是委托授权原理在职权行使上的具体体现。在我国一元分立的国家权力架构模式下，人民代表大会及其常务委员会固然有权对由其产生与下辖的诸权能实施监督，但这种监督只能是宏观的监督和对国家、社会重大事项的监督，不可能是经常的、具体的监督。在人民代表大会下辖的诸权能之间，虽然也有一定的制约，但这种制约是一种比较有限的制衡，且诸权能对人民代表大会也不存在反监督关系。为了弥补监督制约的不足，防止权力腐败和被滥用，保证国家权力按照法治的要求运行，人民代表大会就必然要将其对由其产生的机关的监督权，委托专门的机关予以行使，以确保监督的经常性和有效性。我国检察机关所行使的对诉讼主体的法律监督权，在权力渊源上来自人民代表大会的授权，实际是由检察机关代为行使人民代表大会对诉讼主体的监督权。检察机关所行使的监督权，实质上是受人民代表大会的委托行使的。既然检察机关是受委托行使监督权，根据委托授权的基本原理，受托人可以行使由委托人行使的权力。据此，检察机关就可以代为行使本应由人民代表大会所享有的对被监督主体的质询权，可以对被监督主体所实施的活动进行质询，被监督主体在受到检察机关就有关事项的质询时，应当按照法定程序在法定时限内作出答复或者解释。

3. 赋予检察机关对被监督者的质询权，是建立健全法律监督机制的内在要求。法律监督目的和效能的实现，要借助特定的法律监督机制，这要求在监督者和被监督者之间建立起必要的发现法律适用错误和传送监督纠正意见的工作机制。通过建立必要的监督工作机制，使得监督者能够及时获悉被监督事项的信息，再借助特定的渠道将监督者的意志传送给被监督者，以此实现督促被监督者公正执法和司法的目的。在我国目前的法律监督系统中，与有的被监督者如法院的工作机制是顺畅的，而与有的被监督者如公安机关的监督机制是不健全的。法律制度上只明确检察机关对公安机关侦查活动的监督权，并没有确立必要的监督机制，没有建立起检察机关获悉公安机关侦查信息的渠道。要确保检察机关对侦查活动实施有效的监督，就必须赋予检察机关对被监督主体的质询权。在明确了检察机关对被监督主体的质询权后，检察机关就可以质询权为依据，就侦查活动中的有关事项向公安机关进行质询，公安机关也就有义务如实将案件的侦查情况向检察机关答复或者解释。为了将对侦查活动的质询程式化和固定化，就必然要根据质询权运行的内在机理，建立获取侦查信息，以及确保公安机关就侦查活动中的有关情况与被追诉者平等对话的工作机制。例如，在审查逮捕或者审查起诉环节，犯罪嫌疑人供认公安人员在侦查活动中对其实施了刑讯逼供，要查清犯罪嫌疑人的供认是否属实，就必然要举行听证活动。在明确了检察机关拥有对被监督主体的质询权后，就可以此为依据，在审前程序中建立起由控告方的公安机关与辩护方的犯罪嫌疑人及其律师参加的听证程序，并可以通知公安机关的侦查讯问人员到场与犯罪嫌疑人就侦查中是否存在刑讯逼供的事实进行控辩平等式的对话，通过质证和反驳，查清犯罪嫌疑人所指控的刑讯逼供现象是否存在。可以说，赋予检察机关质询权，就使得对包括侦查活动在内的监督变得可以实际操作了。

（五）赋予检察机关对法院裁判的量刑建议权

量刑建议即检察机关对提起公诉的刑事案件，按照被告人实施的犯罪行为的性质和危害程度，依据我国刑法规定的刑罚幅度，对其应当受到的刑事处罚向法院提出具体的量刑意见。量刑建议作为公诉制度的组成部分，是两大法系国家检察官普遍享有的权力。英美法国家，被告人被陪审团确定有罪后，检察官在量刑听证阶段作为控诉方有权对被告人应当判处的刑罚提出建议。大陆法国家，刑事审判普通程序包含定罪和量刑，检察官在诉讼活动中提出量刑建议。我国现行立法没有直接明确检察机关量刑建议权[①]，我们认为，为了更好地实现国家刑罚权，确保刑罚裁判的公开性和公正性，提高刑罚裁量的公信力，提升刑事公诉的质量，应当赋予检察机关量刑建议权。

1. 赋予检察机关量刑建议权，是刑事公诉权本身所必然包含的内容。检察机关就其所起诉的被告人应当判处的刑罚提出量刑建议的权力，是检察机关所享有的刑事公诉权必然包括的一项权能。刑事公诉权包括审查起诉权、起诉权、不起诉权、抗诉权等权能。起诉权在实体内容上分为定罪请求权和量刑请求权，二者相辅相成，不可分割，共同构成实体意义上的起诉权。其中的定罪请求权又是量刑请求权的前提，检察机关只有请求法院对被告人的行为确认为犯罪，才能够请求法院对被告人裁量刑罚，量刑请求权则是定罪请求权的自然发展和延伸。检察机关请求法院对被告人确认犯罪的目的，就是为了进而请求对被告人追究刑事责任。而量刑请求权作为实体意义上的起诉权的一项权能，要经过一定的形式即量刑建议表现出来。检察机关通过量刑建议这种形式行使量刑建议权，请求法院对被告人判处具体的刑罚，以实现对被告人追究刑事责任的目的，最终实现完整意义上的起诉权。

2. 赋予检察机关量刑建议权，是提高刑事公诉质量的重要举措。量刑建

---

① 有观点认为，我国《刑事诉讼法》第 160 条的规定暗含了公诉人在庭审中的量刑建议权。参见向泽选：《刑事公诉的法律属性与公诉改革》，载《河北法学》2008 年第 4 期。

议要求公诉人熟悉案件事实、证据及其他情节，掌握法律及相关司法解释，把法律制度的一般规则与具体案情恰当地结合起来，方能保证指控的罪名及量刑建议被法院采纳。指控罪名和量刑建议的采纳率越高，说明公诉人对案件性质的判断越准确。这就必然迫使检察机关采取措施，苦练检察人员的基本功，下大力气提高刑事公诉的质量和公诉人的综合素能，并审慎地决定量刑建议工作的原则、步骤和措施，从而经受住量刑建议给检察机关所带来的挑战和风险。

3. 赋予检察机关量刑建议权，也是强化审判监督之必然。对法院庭审活动的实体监督，包括案件定性和刑罚裁判两方面。刑事公诉要是只具有指控犯罪的单向内容，法官则只会在公诉人的请求下根据实体法的规定裁判罪名能否成立。检察院也可据此向法院提出改变定性的抗诉。法院之所以对定性错误的抗诉容易接受并重新审理，刑事公诉具有明确的罪名指控是其逻辑前提。指控犯罪时如果没有提出刑罚裁量的建议，法官根据自己对被告人犯罪事实和刑法条文的判断理解，在法定的刑罚幅度①内裁量刑罚，就不能说其量刑没有合理根据。实践中所以出现量刑抗诉法院难以接受，对量刑不当的抗诉改判难，指控犯罪时没有提出具体的量刑要求，要是庭审和裁判没有其他违法情形，量刑不当尤其是量刑偏轻的抗诉就失去了基本的前提。量刑建议机制的确立，必然引起控辩双方就量刑问题展开辩论，法院裁量刑罚必然要考虑控辩双方的量刑意见，增强了刑罚裁量的透明度，减少了法院裁判量刑的随意性，把法院对案件的量刑置于无形的监督之中，也将对刑事裁判的监督前移到了庭审环节，如此，能够更好地确保刑罚裁量的公正性，也能够更好地确保国家法律在庭审环节的正确实施。

4. 检察机关享有量刑建议权，是世界各国的通例。无论大陆法国家、英美法国家，还是混合型诉讼模式的国家，都无一例外地赋予了检察官对法院裁判的量刑建议权。在法国，检察官基于维护社会公共利益的职责，在法庭上可以发表关于被告人有罪、无罪以及量刑轻重的各种公诉意见，这种公诉意见"包含对犯罪事实的陈述，并且提出证据以及通常都提出适用刑罚的要求。"②在德国，在举证程序终结后，"首先检察官对举证结果进行总结，并提出定罪

---

① 我国刑事立法规定的法定刑幅度很大，有的犯罪法定刑既可以是死刑，也可以是无期徒刑，还可以是 10 年以上有期徒刑，甚至可以是 3 年以上 10 年以下有期徒刑，刑事立法又没有规定相应的适用具体刑种的事由。

② ［法］卡斯东·斯特法尼等：《法国刑事诉讼法精义》，罗结晶译，中国政法大学出版社 1998 年版，第 135 页。

和量刑的意见。"实践中，检察官的量刑建议经常被视为是适当量刑的上限。①在英国，20世纪60年代开始辩诉交易的做法后，控辩双方可以与法官就被告人的量刑问题进行沟通和讨论，辩护律师可以发表关于被告人的量刑意见。在美国，经审判确认有罪的案件，检察官也可以提出量刑建议。② 在日本，求刑是检察官"论告"（检察官就事实和适用法律发表总结性意见）的结论和落脚点；检察官向裁判官提出量刑建议，既是权力，也是义务。根据《意大利刑事诉讼法》第459条的规定，检察官可以要求法院适用相对于法定刑减轻直至一半的刑罚。根据《俄罗斯刑事诉讼法典》第246条第5项的规定，国家公诉人提交证据和参加证据的审查，就指控的罪名以及就法庭审理过程中产生的其他问题陈述自己的意见，向法庭提出关于适用刑事法律和对受审人处罚的建议。③ 但从该国刑事诉讼法典第292条和第299条的规定，检察官只能提出减轻、加重处罚的建议，而不能提出应该处以何种刑罚的具体建议。可见，尽管各国的司法制度和诉讼制度各有不同，但都赋予了检察官对法官裁判刑罚的量刑建议权。赋予我国检察机关量刑建议权，有各国的立法例和司法实践可供参考，也是促使我国诉讼制度的发展完善以及与国际社会接轨的重要举措。

此外，自20世纪末以来，在司法改革浪潮的推动下，基于司法实践的需要，我国部分地区检察机关开始探索性地对法院的刑罚裁判提出量刑建议，取得了良好的司法效果，也积累了一定的经验。在近年的司法改革中，量刑建议作为一项改革内容，受到了理论研究和司法实践部门的重视，尤其是随着"规范自由裁量权，将量刑纳入法庭审理程序"规定为司法改革的内容后，作为该项改革组成部分的量刑建议实践在更多的检察院展开。在此背景下，赋予检察机关量刑建议权，既有深厚的理论作引领，又有成熟的实践经验作铺垫，推行量刑建议的时机已经成熟。

二、应当适度调整的检察职权

司法活动的基本规律要求司法职权的配置应当体现监督制衡的一般原理。司法职权的行使，应当按照正当程序理念的要求，由第三者站在客观中立的立场上审查授权，以确保司法职权按照刑事法治的要求运行。我国现行的检察职

---

①　［德］托马斯·魏根特：《德国刑事诉讼程序》，岳礼玲、温小洁译，中国政法大学出版社2004年版，第144页。

②　朱孝清：《论量刑建议》，载《中国法学》2010年第3期。

③　《俄罗斯联邦刑事诉讼法典》，黄道秀译，中国政法大学出版社2003年版，第186页。

权配置模式中，检察机关对其自行侦查的职务犯罪案件决定逮捕的侦捕一体的工作机制，不仅与我国刑事诉讼法确立的"互相制约"的基本原则相矛盾，与刑事司法的基本规律相违背，也与国际刑事司法的基本准则相抵触，也一直遭到理论界的诟病。我们认为，由检察机关对其侦查的职务犯罪案件决定逮捕，与检察规律的要求相违背，也与国际刑事司法准则不相符合。按照司法职权配置内在规律的要求，应当将职务犯罪案件的审查批捕权交由法院行使。

（一）由法院对检察院侦查的职务犯罪案件行使批捕权，是程序正当性规律在司法职权配置上的反映

程序正当性规律要求，任何剥夺或者限制犯罪嫌疑人合法权益的措施，都必须经过第三方的合法授权，其实质就是要由第三者站在客观中立的立场上，对涉及剥夺或者限制犯罪嫌疑人合法权益的强制措施的合理性进行审查并予以授权，以建构一种有利于保障犯罪嫌疑人合法权益的国家刑罚权运行机制，避免"行政治罪式"的追诉模式的产生。要确保职务犯罪侦查不至于演变成为一种对犯罪嫌疑人实施的行政治罪活动，就必须按照程序正当性规律的要求，对职务犯罪侦查中的逮捕等强制措施的运用进行必要的程序规制，构建一种侦查主体不能对自行查办的案件行使逮捕等强制措施决定权的工作机制。如果将检察院自侦案件的逮捕权配置给检察院行使，则不可避免地会使职务犯罪侦查程序带有某种程度的行政治罪色彩，也无法从工作机制上确保犯罪嫌疑人的合法权益不会受到追诉方的恣意侵害。而将检察院查办的职务犯罪案件的批捕权配置给法院行使，由法官以局外人的身份站在中立的立场上，对提请逮捕案件的事实和证据进行审查，则能够较好地体现职务犯罪案件查办中强制措施运用上的正当程序性要求，确保逮捕决定的客观性和准确性，能够防止将职务犯罪侦查搞成检察院单方面向被追诉人实施的行政追讨活动，确保犯罪嫌疑人不至于沦落成为被追诉的客体，避免因急于侦破案件而发生的"以捕代侦"、"任意放宽逮捕条件"等现象的发生，使得职务犯罪侦查中逮捕措施的运用建立在客观、公正、理性的基础上。

（二）由法院行使职务犯罪案件侦查的批准逮捕权，是地位平等性规律的内在要求

地位平等性规律要求，刑事追诉应当在被追诉者与追诉者享有对等法律地位的程序中进行。我国检察机关是职务犯罪的侦查主体（即追诉主体），如果检察机关还拥有逮捕的决定权，则会使本来就不对等的力量对比更加悬殊，犯罪嫌疑人在侦查程序中就很难与追诉方保持法律地位上的对等性，犯罪嫌疑

人很可能演变成为被追诉的客体。尽管近年来的检察改革确定，省级以下检察院侦查职务犯罪的逮捕决定权，由上一级检察院行使。这在一定程度上使得立案侦查的检察院能够成为与犯罪嫌疑人相对等的一方，上一级检察院也可以相对超脱地对下级检察院侦查的案件，是否应当采取逮捕的强制措施予以审查，但逮捕决定权毕竟还是在检察机关内部流动。上级检察院很可能因为长期形成的追诉意识，或者因为与下级检察院千丝万缕的联系，依然站在追诉者的角度审查案件，不能从根本上使得立案侦查的检察院成为与被追诉者完全对等的诉讼一方。如果将职务犯罪案件的逮捕决定权配置给法院行使，由于与正在查办的职务犯罪案件没有直接的利害关系，就能够确保法官以完全超脱的第三者的身份，站在被追诉者和行使追诉权的检察院之间，理性地审查核实案件的事实和证据，被追诉者也因此成了与行使追诉权的检察院相对等的一方主体。由于检察院在职务犯罪侦查中没有逮捕等强制措施的决定权，被追诉者也就能相对自由地就案件事实与作为侦查主体的检察院进行博弈，如此，现代刑事诉讼所追求的惩治犯罪和保障人权的双重价值就能在职务犯罪侦查程序中实现了。

（三）由法院行使职务犯罪案件侦查的批准逮捕权，是由现代刑事诉讼的基本结构和诉讼目标决定的

控辩平等、控辩对抗、审判中立等是现代刑事诉讼的基本特征。我国检察机关是职务犯罪的侦查追诉主体，如果再享有职务犯罪案件的逮捕决定权，不仅打破了作为现代刑事诉讼程序核心机制的控辩护双方的平衡性，还有可能使该项权力演变成为一种失去制约的绝对权力而授人口实。由法院对职务犯罪案件行使批捕权，法官因与职务犯罪的追诉没有直接或者间接的利益关系，则能够在控辩双方保持一种不偏不倚的超然中立的态度，这样更有利于公正把握逮捕的法定条件，又可以最大限度地防止权力滥用现象的滋生。批捕权实质上是一种具有裁断性质的权力，与检察追诉职能存在天然的逻辑矛盾，将职务犯罪的侦查追诉权和批准逮捕权同时配置给检察机关行使，则可能出现检察机关为达到举证的目的，而无条件地放宽逮捕的条件甚至滥用逮捕措施，既不利于查清案件事实而实现惩治犯罪的目的，更不利于保障犯罪嫌疑人的合法权益而实现公正司法的目的。如果将职务犯罪案件的逮捕决定权配置给法院，由于法院历来所承担的定罪量刑的审判职能所形成的职业思维定势，又由于与控辩双方没有利害关系，则会站在中立的立场上严格而准确地把握逮捕的条件，从而使批捕权沿着富有效率、保障权利的合理性轨道运行，也会更有利于实现刑事实体法的价值。

（四）将职务犯罪案件侦查的批捕权配置给法院，与我国现行法律规定不相矛盾

我国法律对刑事强制措施的决定及其运行准则作出了清晰的规定。根据我国《宪法》第37条的规定，人民法院拥有逮捕的决定权，由法院对职务犯罪案件行使批捕权，不违背宪法关于由检察机关和法院有权行使逮捕权的规定。我国《宪法》和《刑事诉讼法》对刑事追诉程序所要遵循的基本原则也作了规定，例如，《宪法》第135条和《刑事诉讼法》第7条规定，人民法院、人民检察院和公安机关办理刑事案件（进行刑事诉讼），应当分工负责，互相配合，互相制约，以保证准确有效地执行法律。据此，互相制约是公、检、法三机关行使职权应当遵循的基本原则。公安机关侦查的刑事案件，由检察机关批准逮捕体现了相互制约原则的要求，由人民法院对检察机关侦查的职务犯罪案件行使批准逮捕的权力，同样体现了相互制约原则的要求。同时，由法院行使职务犯罪案件的批捕权，对检察机关的侦查活动增加了一种外部的制约程序，能够有效地解决监督者也要受到监督的问题，从根本上回应理论界对检察权的质疑。

当然，由法院对职务犯罪案件行使批捕权，也并非尽善尽美。在制度设计上要尽可能地避免因法官审前对案件进行实质审查而产生的先入为主和主观定罪，为此，必须实行批捕法官与庭审法官相分离的制度。在我国现有的政治体制和司法制度模式下，在没有专门负责司法授权的宪法法院或者治安法院的前提下，要实现批捕法官和庭审法官的分离，尤其是要避免批捕法官与庭审法官在同一审判委员会领导下而可能产生的主观司法现象，总体上，法院内部要实现批捕法官与庭审法官的分离，在中级以上法院设立专门负责审查批捕的法庭，同时，在省级以下的法院，可以按照审判管辖中级别管辖的规定，由对案件有审判权的上一级法院的负责审查批捕的法庭，对检察机关侦查的职务犯罪案件行使批捕权，并设立上诉制度。亦即，在职务犯罪侦查中，检察人员认为需要逮捕犯罪嫌疑人时，应当向有审判权的法院的上一级法院提出逮捕请求，并向法庭公开逮捕的理由。如果法官经审理认为符合逮捕条件的，应当决定批准逮捕，并及时签发逮捕证；如果法官认为理由不充分或者逮捕理由不成立的，则应该决定不予批准逮捕，并在批准逮捕书中阐明不批准逮捕的理由。当侦查人员或者犯罪嫌疑人不服法院的决定时，有权向作出逮捕决定的上一级法院上诉，上级法院应当在法定期间内予以审理并作出是否改变原决定的终审裁决。

论检察机关的民事公诉权*

邓思清**

检察机关作为公益的代表,对侵害国家利益或社会公共利益的民事行为,有权向法院提起民事诉讼,这是世界许多国家的普遍做法。然而在我国,随着市场经济的发展,侵害国家利益或社会公共利益的民事违法行为不断增多,而根据我国目前民事诉讼法的规定,对这类行为或者无人享有诉权,或者虽有人享有诉权,但现实中由于种种原因而无人提起诉讼,这不仅不利于国家利益和社会公共利益的保护,而且也助长了此类违法行为。因此,为了防止和减少此类违法行为,有效地保护国家利益和社会公共利益,赋予检察机关以民事公诉权,建立我国民事公诉制度,既具有重要的理论意义,也具有重大的现实意义。

一、检察机关民事公诉权的缘起

民事公诉制度起源于罗马法。在罗马法时期,其诉讼就有公益诉讼和私益诉讼之分,前者是对危害国家利益、社会公共利益的行为提起的诉讼,除法律有特别规定外,凡市民均可提起;后者是私人对个人利益而提起的诉讼,仅特定的人才可提起。

就公益诉讼而言,依据被诉对象的不同,可分为民事公益诉讼和行政公益诉讼。前者主要是指在产品质量侵权、环境公害、医疗损害等情形下,因当事人缺乏相应性和对应性时,由非法律上的利害关系人提起的诉讼,在诉讼过程中适用民事诉讼法的相关规定;后者是针对国家公权机关的行为或不行为提起的诉讼,在诉讼过程中适用行政诉讼法的相关规定。而民事公益诉讼又根据提起的主体不同,可分为检察机关提起的民事公益诉讼(简称民事公诉)和个人提起的民事公益诉讼之别。而检察机关享有民事公诉权的产生,经历了一个

* 本文刊载于《法商研究》2003 年第 3 期。
** 邓思清,最高人民检察院检察理论研究所学术部主任、研究员。

漫长的演变发展过程。

在社会发展初期，由于市场经济不发达，商品生产和交换都局限在较小的范围内。在这种情况下，如果一个人实施违法行为，通常也只能侵害某个人的利益，只要该个人提起私益诉讼就可以抑制违法行为，实现对自己权利的保护。并且通过这种个体经济安全和个人权利的保障，也可以充分地实现保障社会经济和社会整体利益的目的。所以，为了节约有限的司法资源，防止滥诉，各国的部门诉讼法都对诉讼主体资格作了严格的限制，规定只有法律上的直接利害关系人才有资格提起诉讼。但是，随着社会的发展，到了工业革命后期，社会关系变得复杂起来，"随着社会关系的复杂化，单单一个行动就致使许多人或许得到利益或许蒙受不利的事件频繁发生，其结果使得传统的把一个诉讼案件仅放在两个当事人之间进行考虑的框架越发显得不完备"。这样，就出现了允许私人为了多数人的利益提起诉讼，即私人公益诉讼。但是，由于受到侵害集团中的每个个人即使有一系列的诉讼理由，多数情况下并没有能力为保护自己而提起诉讼。其中，知识的欠缺和不能承担为解决纷争所需要的费用是两大障碍。更为重要的是，虽然某种行为侵犯了多数人的利益，但对于每个人来说，这种侵害并非很严重，许多人就会认为，自己去为其他人寻求法律救济没有什么意义，如果侵害涉及到极为复杂的事实关系或者有关法律极难理解，为了获得救济要花费比自己要求得到的高得不相称的费用，更会使许多潜在的原告失去提起诉讼的兴趣。这样就会出现无人提起公益诉讼，无法追究侵害公益的违法行为。

到了 20 世纪，随着世界民主法治进程的加快，人们越来越清楚地认识到，在公民权利和国家权力的关系上，公民权利是源，国家权力是流，国家权力来源于公民权利并为其服务。与此同时，团体主义日渐盛行，法律为了适应社会的变化也由个人主义的权利本位观向团体主义的社会本位观转变。这种社会的变革中，法律一方面要求消除绝对个人主义的自由权利的弊端，另一方面要求国家担负起维护社会公众利益的责任，为此有些国家提出了建立福利国家的口号。在这种大的社会背景下，许多国家转变了观念，认为当社会的公共利益遭受非法侵害时，如果个人或其他社会组织无法或不愿提起公益诉讼，不仅不能体现法律的公平和正义，而且也不符合权利意识日益高涨的社会公众的要求。因此，为了避免私人公益诉讼制度的弊端，就出现了民事公益制度，即许多国家就赋予检察机关提起公益诉讼的权力，产生了民事公诉制度。

二、检察机关民事公诉权的实践及启示

检察机关民事公诉权的产生和民事公诉制度的建立，标志着国家追求个人

利益和社会公共利益的平衡，避免了个人主义的极端化倾向，有利于社会的和谐发展和社会正义的实现。在现代社会，检察机关对某些民事公益案件向法院提起诉讼，已是世界比较通行的做法，许多国家的法律对此均有规定。有关检察机关提起民事公诉的法律规定主要有两种模式：一是在实体法中直接规定检察机关可以提起民事公诉的事项；二是在程序法中直接规定检察机关有权提起民事公诉的情形，包括普通程序法和专项程序法，前者如民事诉讼法，后者如人事诉讼程序法等。

在英国，根据法律规定，只有检察长才有权提起民事诉讼。检察长提起民事诉讼有以下两种情况：一是对于涉及皇室权益的民事案件提起诉讼。根据英国的法律传统，涉及皇室的民事案件，皇室成员不出庭维护其权益，而是由检察长作为其代表提起民事诉讼的。二是对于涉及公共利益或妨碍公共权利的行为，检察长有权请求法院予以制止、强制履行公共义务。这是一种以公法名义保护私权之诉，通常是检察长在有人要求禁止令或宣告令，或者同时请求这两种救济时，为了阻止某种违法行为而提起的诉讼。此类案件一般涉及人数众多，检察长可以依当事人申请，以自己的名义提起公诉；检察长如果发现公共权利可能或者正在受到侵害时，也可以依职权提起民事公诉。

在美国，检察机关的根本利益是保护国家利益。检察官是政府的代表，代表政府行使诉讼权利，因而对于涉及政府利益或公共利益的民事案件，有权提起诉讼并参加诉讼，以保护政府和公众的利益。例如《美国联邦地区法院民事诉讼规则》第 17 条规定："在制定法另有规定的情况下，对于保护他人利益的案件，可以以美国政府的名义提起诉讼"。《美国法典》第 28 编第 547 条也规定，民事案件涉及联邦利益时，检察官可以提起诉讼或出庭为联邦政府辩护。民事案件涉及联邦利益有以下几种情形：（1）对于纳税人违反税法的行为，检察官可以参加到税务官提起的诉讼中，为联邦政府辩护，也可以自己提起诉讼；（2）在因联邦征用土地而引起的民事纠纷中，检察官可以提起诉讼，并出庭为联邦政府辩护；（3）在有关通过欺诈手段获取抚恤金、养老金的案件中，检察官代表政府起诉追索赔偿；（4）检察官有权对违反"反托拉斯法"而引起的争议提起诉讼；（5）在有关"国民银行法"并且涉及到联邦利益或联邦官员的案件中，检察官有权提起并参加诉讼。检察官在诉讼中处于当事人的地位，既可以作为原告，也可以作为被告，对判决享有上诉权。此外，1957年的《环境保护法》、1970 的《防止空气污染条例》、1970 年的《防止水流污染条例》、1972 年的《防止港口污染和河流污染条例》、1972 年的《噪音控制条例》等均规定，在有关环境保护的民事案件中，检察官有权提起诉讼。以反垄断诉讼为例，检察机关对于违反反垄断法的行为享有调查权、提起刑事诉讼和民事诉讼的权利。美国检察官提起反垄断诉讼，其目的在于通过制止某种行为以防止和限制托拉斯行为，或者通过改变市场结构以恢复竞争局面。例如1983年，检察官对美国电话电报公司提起反垄断诉讼，法院判决将该公司拆分成一家长途电话公司和七家本地电话公司。又如被媒体炒得沸沸扬扬的微软垄断一案，原告不是受到微软公司垄断行为侵害的公司，而是美国司法部和19个州的检察长，该案于1997年10月由美国司法部起诉微软公司，称其采用非正当手段迫使计算机生产商销售其浏览器软件。1998年5月18日美国司法部联合20个州的检察长（有1个州后来退出）起诉微软公司，称其非法阻止其他软件厂商的正当竞争以保护其软件的垄断地位，2000年4月3日，华盛顿地区法院法官杰克逊宣布微软公司违反了美国的反托拉斯法，2000年6月7日，该法院作出将微软公司一分为二的判决。

在法国，公诉是由检察机关负责进行的，这项制度对刑事诉讼和民事诉讼都适用。法国检察机关是国家和社会公共利益的代表，有权依照《法国民事诉讼法》第十三编"检察院"一章的规定，以"主当事人"（即原告）的身份提起民事诉讼，也可以以"从当事人"的身份参与民事诉讼。法国的诉讼理论认为，检察机关是国家利益和社会公共利益的代表，凡是涉及国家利益、社会公共利益的民事案件，涉及公民重大利益的民事案件（该类民事案件在某种程度上与社会公共利益有关），由检察机关提起或参与其中，就可以充分地发挥其维护国家利益、社会公共利益和需要国家提供特殊保护的特定公民利益的作用。根据法律规定，需要国家提供特殊保护的特定公民有未成年人、精神病人等无行为能力或限制行为能力的人、弱者、失踪者等。因而，检察机关无论作为主当事人还是从当事人参加民事诉讼，都是理所当然的。在法国，检察机关提起民事公诉的范围非常广泛，根据《法国民事诉讼法典》规定，检察机关提起民事诉讼的案件包括：妨害公共秩序的民事案件；有关公民重大利益的案件（如涉及亲子关系案件、未成年人监护安排案件、成年人监护的设置与变更案件、个人破产案件等）；涉及法人重大利益的案件（如公司破产与财产清算案件、追究公司负责人财产责任案件等）；认为应当参加的其他民事案件。

在德国和日本，确立了"公共利益代表人"制度，即检察官作为公共利益的代表，有权维护国家和社会公共利益，对于涉及公共利益的民事案件有权提起公诉。例如《德国民事诉讼法典》规定，对婚姻无效、雇佣劳动、禁治产的案件，检察机关有权提起诉讼和参加诉讼。《日本民事诉讼法》规定，检察机关有权提起民事诉讼案件的范围是婚姻案件、收养案件和亲子案件。

在俄罗斯等独联体国家，在一定程度上沿袭前苏联的理论，认为检察院作为国家法律监督机关，有权对国家疆域内的守法情况进行监督。检察官有权向法院提起维护国家或社会利益的诉讼请求。检察官提起民事公诉，是为了维护国家利益和公共利益，需要证明其提出的要求是合理的，故为诉讼中的原告，同时又是代表国家实施法律监督。

在其他一些国家，检察机关也同样享有民事公诉的权力。例如在玻利维亚，法律规定检察机关统一行使公诉权，其中包括对维护社会公共利益和公民基本人权的民事案件的诉讼活动。在乌拉圭，检察机关的一项重要职权是处理民事案件，对未成年人的民事案件、无行为能力人的民事案件以及失踪者的某些民事案件进行公诉，则是行使该职权的具体要求。在泰国，检察机关的主要职权是对刑事、民事案件承担起诉工作，具体由检察机关内设的不同起诉部门负责，等等。

以上各国检察机关或检察官行使民事公诉权的实践，至少给我们以下几点启示：第一，检察机关拥有提起民事公诉的权力是世界许多国家的普遍做法。在世界各国，检察机关作为公益的代表，负有维护国家利益和社会公共利益的职责，对于涉及国家利益和社会公共利益的民事案件，检察机关理应有权提起诉讼。第二，检察机关提起民事公诉的范围具有明确的法律规定。由于检察机关在各国的性质不同，因而各国检察机关提起民事公诉的范围也不一致，但是关于检察机关提起民事公诉的范围，各国法律都有具体明确的规定。第三，检察机关提起民事公诉是法定职责。即检察机关对法律规定的民事案件，必须以公益代理人的名义提起民事诉讼，不得放弃权利。也就是说，提起民事公诉的检察机关不同于一般民事诉讼的当事人，不具有处分权，对法律规定的民事公诉案件必须起诉，这是检察机关的法定职责。

三、我国赋予检察机关民事公诉权的必要性

在我国，检察机关作为法律监督机关，负有维护国家法律统一实施，保护国家利益和社会公共利益不受侵害，维护社会公平正义的使命，因而赋予我国检察机关以民事公诉权，建立民事公诉制度则是十分必要的。

（一）我国市场经济发展的客观需要

随着我国市场经济的建立与发展，公民、法人和国家之间的关系发生了深刻的变化，同时社会的价值观念也发生了变化，有些单位或个人为了追求本部门或个人的私利，不惜采取一切手段损害国家利益或社会公共利益。例如大肆私吞国有资产、严重破坏自然环境、扰乱市场经济秩序等，这些不仅侵害了特定民事主体的民事权益，而且危害了众多不特定民事主体的权益，即社会公共

利益。对于涉及国家利益和社会公共利益的民事违法行为，如果法律仅仅允许直接利害关系人起诉，有可能造成无人起诉的局面，或者根本就无直接的利害关系人，或者当事人因种种原因而不愿提起诉讼。例如双方当事人恶意串通，违反法律及社会公共利益，以合法形式掩盖非法目的的，由于双方当事人获得非法利益，直接利害关系人就是违法行为人，他们一般不会发生争议，即使有争议也极少向法院起诉。由于审判权的启动具有绝对的消极性，法院审理民事案件实行"不告不理"原则，无人起诉，就无法启动诉讼程序，就无法追究违法行为人的法律责任，其结果必然是听任违法行为泛滥。对于涉及社会公共利益的案件，即使有直接利害关系人提起诉讼，也只能保护个别民事主体的利益，而不能解决社会公共利益的保护问题。但是，在市场经济条件下，国家负有经济调控职责，即国家应当以整个社会经济管理者的身份，直接干预经济生活，以保证经济民主和竞争自由。因此，在我国发展市场经济过程中，为了保护国家利益和社会公共利益，防止国有资产流失、自然环境和市场经济秩序遭到破坏，国家有义务对损害国家利益和社会公共利益的行为予以追究，因而有必要赋予作为公共利益代表的检察机关以民事公诉权，建立民事公诉制度。

（二）对我国法律文化的继承和司法实践经验的总结

我国早在清朝宣统元年（公元 1909 年）的《法院编制法》第 90 条规定，检察官的职权包括"遵照民事诉讼法律及其他法令所规定为诉讼当事人或公益代表人实行特定事宜"。中华民国 16 年（1927 年）《各省高等法院检察官办事权限暂行条例》第 2 条以及《地方法院检察官办事权限暂行条例》第 2 条亦有类似规定。在革命时期，《陕甘宁边区高等法院组织条例》第 14 条规定，检察员之职权包括"为诉讼当事人，或公益代表人"。新中国成立后，1949 年的《中央人民政府最高人民检察署试行组织条例》第 3 条规定，最高人民检察署"对于与全国社会与劳动人民利益有关之民事案件及一切行政诉讼，均得代表国家公益参与之"。1951 年的《中央人民政府最高人民检察署暂行组织条例》第 3 条也规定，最高人民检察署"代表国家公益参与有关全国社会和劳动人民利益之重要民事案件及行政诉讼"。1954 年的《中华人民共和国人民检察院组织法》第 4 条规定，对于有关国家和人民利益的重要民事案件，检察院有权提起诉讼。各地检察机关积极实践，向法院提起一批民事诉讼案件，维护了国家利益和人民利益，取得了初步成效。

事实上，我国现行法律并不排除检察机关作为公益代表人或国家代理人的身份提起民事诉讼。例如我国《刑事诉讼法》第 77 条规定："被害人由于被告人的犯罪行为而遭受物质损失的，在刑事诉讼过程中，有权提起附带民事诉讼。如果是国家财产、集体财产遭受损失的,人民检察院在提起公诉的时候,可以提起附带民事诉讼。"该规定表明,检察机关有权代表国家、集体行使民事公诉权。在司法实践中,检察机关已经对民事公诉作了有益的尝试,并取得了良好的效果。例如1997年12月3日我国检察机关以原告身份,代表国家利益提起了第一例民事公诉案件。至今,河南、黑龙江、四川等地的检察机关已提起近百件民事公诉案件,均获得法院判决的支持。

从以上可以看出,检察机关拥有民事公诉权,在我国不仅具有很长的历史传统,而且也具有一定的实践经验,因而为了更好地维护国家利益和社会公共利益,传统法律文化应当继承发扬,司法实践经验更应当总结吸收。

(三) 完善我国法律监督的客观要求

从我国目前法律规定看,检察机关对民事案件只有事后监督权,即只有权对法院生效的民事裁判进行监督。这种监督显然不全面、不完善,而赋予检察机关以民事公诉权,建立我国民事公诉制度,不仅可以完善我国的法律监督体系,而且可以保证民事公益案件的公正处理。这是因为:(1) 由于我国长期以来形成的耻讼、厌讼传统,影响了人们行使提起权的积极性。特别是对于涉及国家利益和社会公共利益的民事侵权行为,更是存在该诉不诉的情况,因而赋予检察机关提起民事公诉的权力,不仅可以保护国家利益和社会公共利益,而且还可以对国家机关是否依法进行活动实行监督。(2) 检察机关在我国是司法机关,其提起的民事公诉,人民法院必须受理,这样就可以避免法院因种种原因不受理公民个人提起的民事案件的现象,从而可以对法院的审判活动进行法律监督,保证民事公益案件能够进入司法程序,解决民事案件受理难的问题。(3) 检察机关作为国家的司法机关,享有法律赋予的调查取证等职权,并且具有丰富的诉讼资源和实践经验,能够保证收集到有关的证据,从而可以保证案件的胜诉率,有效地保护国家利益和公共利益。(4) 检察机关是我国的法律监督机关,其提起民事公诉并参与审判活动,能够对法院的审判活动进行有效的监督,防止法院民事审判活动中的违法行为,从而保证民事裁判的公正性。

(四) 国际交流的需要

随着我国加入世界贸易组织,国际交往日益增多,在新形势和新规则下,我国将面临以下挑战:(1) 按照市场准入原则,外资将会大量进入中国市场,这使得中外合资的机会增多,同时也会出现某些不法外商利用中外合资的机会侵吞我国国有资产,地方管理部门或国有企业利用合资的机会捞取地方利益和个人利益等现象。（2）由于我国对知识产权保护意识不强、保护措施不完善，因而在新形势下，我国知识产权保护将面临严峻挑战。（3）入世后，发达国家的制造业必然会向我国转移，特别是向我国西部开发区转移，这样一些严重污染环境的企业可能打着外商投资的旗号进入我国市场，会给我国环境保护带来巨大压力。同时，工业垃圾进口也将会给我国治理环境污染带来较大压力。（4）我国作为发展中国家，在实现现代化过程中，如何处理好"发展与环保"之间的关系，保证我国工业化进程的良性发展态势，也将遇到巨大挑战。（5）在国际经济交往过程中，涉及国家之间利益的民事案件将会不断增多，如何通过民事公诉制度间的国际接轨，来保护国家利益和社会公共利益，将是我国面临的重要挑战。总之，我国入世后，将面临许多挑战，要赢得上述挑战，有效地保护国家利益和社会公共利益，也必须赋予我国检察机关以民事公诉权，建立我国的民事公诉制度。

四、赋予我国检察机关民事公诉权的具体构想

赋予检察机关以民事公诉权，建立民事公诉制度，体现了国家对涉及国家利益和社会公共利益的民事案件进行干预的原则，由于我国检察机关是法律监督机关，因而在赋予检察机关以民事公诉权和建立我国民事公诉制度时，不仅要吸收国外的有益经验，而且要立足我国的国情。具体来说，应当解决以下两方面的问题。

（一）检察机关提起民事公诉的案件范围问题

综观国外立法，我们不难看出，检察机关行使民事公诉权都限定在国家利益和社会公共利益范围内。对于国家利益不难理解，而对社会公共利益的含义，各国的认为则不一致。例如英国学者认为，"公共利益"是指社会的普遍公共利益或福利。美国《布莱克法律大辞典》将"公共利益"解释为：公共利益是公众和社团普遍享有的，包括某种金钱利益，或者公众或社团的权利和义务因之受到影响的某种利益。我国有学者认为，社会公共利益是一个抽象的范畴，包括我国社会生活的基础、条件、环境、秩序、目标、道德准则及良好风俗习惯等，既包括物质文明建设方面的利益，也包括精神文明建设方面的利益；既包括国家、集体的利益，也包括公民个人的合法利益。也有学者认为，所谓公共利益，是指社会一般人的生命、健康、财产、安乐、自由、利益、便利等。由于各国对社会公共利益的认识不同，再加上各国检察机关在国家机构中的地位和性质不尽一致，因而各国对检察机关民事公诉案件范围的规定则有所不同。根据我国检察机关是法律监督机关的性质，综合考虑我国目前的社会

经济发展状况、依法治国方略的要求以及公民法律意识现状等因素，笔者认为，我国应当赋予检察机关对以下几类民事公益案件有权提起公诉：

1. 侵害国家经济利益的案件。人民检察院是国家利益的代表，维护国家利益是其神圣的职责。在目前我国民事领域，侵犯国家经济利益的违法行为主要是侵犯国有资产的所有权。国有资产是全国广大劳动者经过长期的艰苦奋斗和无私奉献积累起来的财富，归全体人民所有。自改革开放以来，侵害国有资产利益的行为日益猖獗，国有资产流失现象十分严重。少数人为了个人利益或小团体利益，损公肥私，侵吞国有资产，其表现方式多种多样，较为常见的方法是将国有资产低价出售甚至无偿转让等。为了保护国有资产，国家专门成立了各级国有资产管理局，制定了一系列国有资产管理的法律法规，明确了有关机构和人员管理国有资产的职责。例如，我国《合同法》第 127 条规定："工商行政管理部门和其他有关行政主管部门在各自的职权范围内，依照法律、行政法规的规定，对利用合同危害国家利益、社会公共利益的违法行为，负责监督处理"。但是，对侵害国家资产的违法行为，法律并未赋予国有资产管理部门、工商行政管理部门、其他组织或个人以诉权，国有资产管理部门或其他行政机关只能对行为人予以行政处理，而不能追究其民事法律责任，致使违法者有恃无恐，侵害行为难以得到遏制。因此，应当授权检察机关对此类行为提起民事公诉，通过法院的审理活动追究行为人的法律责任，以保护国有资产不受侵犯，保护国家的经济利益。

2. 公害案件。即直接造成不特定多数人的人身、财产损害的案件，较为典型的是环境污染案件。近年来，环境的破坏与污染是伴随着社会的高度产业化而出现的现象，并且呈现不断上升的趋势，环境污染已经成为威胁人类生存的重大问题。环境污染形式多种多样，主要包括大气污染、水质污染、土壤污染、噪音、振动、地面下沉以及垃圾恶臭等。有人将环境污染分为产业污染、都市污染、设施污染、农业污染、观光污染、开发污染等。对于公害案件，一方面，作为受害者个人，追究公害制造者的责任决非易事。因为受害人需要证明公害行为的违法性以及行为人主观方面具有故意或过失、确定公害行为与损害之间的因果关系等，由于公害具有的潜伏性、损害后果的复杂性以及侵害主体的多样性，受害人很难举证予以证明，因而难以得到公平公正的处理结果。也就是说，对于受害人而言，通过诉讼途径主张权利是很不经济的，加之公害案件的受害人一般众多，因而常常无人起诉。另一方面，我国法律对公害案件起诉资格的规定并不完善。《民事诉讼法》第 108 条规定："原告是与本案有直接利害关系的公民、法人和其他组织"。据此，只有人身或财产权益直接受到公害侵害的人或组织，才有权对公害行为提起诉讼，而实际上，公害的受害人所遭到的侵害大多是间接的和无形的。我国《环境保护法》第6条、《水污染防治法》第10条以及《大气污染防治法》第5条都规定，一切单位和个人都有权对污染和破坏环境的单位和个人进行检举和控告。有人据此认为，这里的控告包括向环境行政机关和人民法院起诉，有控告权的单位和个人即具有起诉资格。笔者认为，这种理解有失偏颇，上述法律所称的控告和检举，指的是有关单位和个人向有关部门反映情况的行为，而不是诉讼法上的起诉行为。因此，在受害人的合法权益不能通过诉讼途径获得司法救济的情况下，授权检察机关对公害案件提起公诉，是对社会公共利益的损害后果进行补救的有效途径。

3. 反垄断案件。垄断是指企业或个人为了获得高额利润，而对某种行业市场进行把持或独占的行为。垄断主要有以下形式：（1）行业垄断。行业垄断行为在我国比较突出，主要是指公用企业和其他具有独占地位的经营者，集管理者和经营者于一体，受利益驱动，管理时漠视社会公共利益和消费者利益，以维护部门（行业）利益作为制定政策的主旨，包揽某类产品的生产权和经营权，以行政手段排挤其他企业参与竞争，形成独此一家别无分店的局面。公用企业的行业垄断，在实际运营中滥用其市场优势地位，强迫交易，谋取不当利益。如电信部门搭售电话机，天然气公司搭售燃气灶（对用户自行购置的燃气灶加收费用），民航的"禁折令"等。（2）市场垄断。即某一行业经过一定时期的发展，会逐渐出现一家或几家对该行业有影响力的大企业，这些企业往往利用其绝对的经济优势，实施限制或排除竞争行为，垄断市场，谋取高额垄断利润。这种垄断形式在我国已初现端倪，例如1997年的可变电容二极体生产厂家的"圆桌会议"，1999年8家彩管厂订立的"北京联盟"，2000年6月9家国内彩电企业制订的最低限价等。垄断行为不仅侵害合法经营者的利益，损害消费者和国家的利益，而且削弱资源配置的基础性作用，破坏正常竞争秩序，容易滋生腐败现象，影响甚至威胁国家经济安全。因此，对于垄断行为损害消费者和国家利益的事件，应当由检察机关提起民事公诉。

4. 损害公共设施和文物古迹案件。损害公共设施和文物古迹的民事违法行为，侵害的是国家和不特定多数人的合法权益。其表现形式多种多样，例如有的单位或个人非法占用公共设施而不加维护，造成公共设施的损害；有的单位为了扩建或改建而破坏文物古迹等。为了维护国家和公众的利益，保护国家的公共设施和文物古迹，对于损害公共设施和文物古迹的行为，应当赋予检察机关提起民事公诉的权力。

（二）与检察机关民事公诉权有关的几个特殊问题

由于检察机关提起民事公诉不同于一般民事诉讼，因而在赋予检察机关民事公诉权和建立我国民事公诉制度时，尚有以下几个特殊问题需要解决。

1. 检察机关的调查权问题。对于该问题，笔者认为，应当赋予检察机关以调查权。这是因为：一方面，这是由民事公诉案件的复杂性所决定的。由于检察机关提起的民事公诉案件都是涉及国家利益和社会公共利益的案件，这类案件一般说来较为复杂，需要收集多方面的证据，为了有效地保护国家利益和社会公共利益，应当赋予检察机关对民事公诉案件以调查权。另一方面，是由检察机关的性质所决定的。检察机关是我国的司法机关，为了维护司法机关的权威，防止民事公诉权的滥用，也应当赋予检察机关以调查权。

2. 检察机关在民事公诉中的诉讼地位问题。笔者认为，检察机关在民事公诉中的诉讼地位是民事公诉人。一方面，检察机关作为民事公诉人提起诉讼，可以采取两种形式进行：一是对于双方当事人恶意串通、损害国家利益或社会公共利益的行为，检察机关以民事公诉人的身份提起民事诉讼，将双方当事人列为被告，请求法院宣告双方当事人之间的民事关系无效或者予以撤销。二是检察机关或独立作为原告，或与有关单位和个人作为共同原告，以对方当事人为被告，向法院提起诉讼，请求法院依法判令对方当事人承担民事责任。另一方面，检察机关作为国家的法律监督机关，它在民事公诉案件审判过程中，对法院的审判活动是否合法有权进行监督，因而不同于一般民事案件的当事人。

3. 反诉问题。反诉是指被告对本诉原告提起的、旨在抵销或吞并原告诉讼请求的反请求。根据该定义，只有与案件有直接利害关系的当事人才能作为反诉被告。而在民事公诉案件中，检察机关是作为国家的代表提起公诉的，它本身不是民事公诉案件的权利主体，而只是程序意义上的原告。因此，在民事公诉案件中，被告能否提起反诉，应视不同情况而定。具体来说，对于仅有检察机关提起的民事公诉案件，由于检察机关仅是程序意义上的原告，只具有程序意义上的诉权，而不是民事权利的主体，不享有实体权利。在这种情况下，被告不得提起反诉。对于检察机关提起民事公诉案件，如果有其他当事人作为共同原告参加诉讼的，被告可以向其他当事人提起反诉，但不得对检察机关提起反诉请求。

4. 诉讼费用负担问题。检察机关作为公益代表人提起民事公诉，其维护的是国家利益和社会公共利益，属于"执行公务"的行为，不应缴纳诉讼费用。在检察机关胜诉的情况下，法院可以判决由败诉方承担诉讼费用；在检察机关败诉的情况下，诉讼费用可由国家承担。检察机关仅负担其为诉讼所支付的必要费用。其他国家也是这样规定的，例如日本《人事诉讼程序法》第 17 条规定："在检察官败诉的情况下，诉讼费用由国库负担。"在法国，检察官即使败诉，也只承担其为诉讼所支付的费用，其余一切费用由胜诉方承担。我国台湾地区"检察官参与民事及非讼事件实施要点"第 32 条规定："检察官参与民事及非讼事件，依法应负担之费用，应由检察官签会会计室经检察长或检察总长核准，由刑事案件侦查及执行处理计划业务费其他科目项下支付。如数额过大，原有经费无法负担时，再行编列专款预算或报请核拨预备金支应"。等等。

5. 诉讼后果承担问题。严格说来，就案件涉及的民事纠纷本身而言，对检察机关不存在胜诉与败诉的问题，检察机关不承担实体权利义务的法律后果。法院经过审理，认为检察机关的公诉有事实和法律根据的，应当依法判决被告承担法律责任。如果法院认为检察机关的公诉不能成立，亦不能判决检察机关承担实体上的法律责任。有关当事人因检察机关提起民事公诉而被强制参加诉讼，并因此造成损失的，当事人可以请求国家赔偿，即实行错案追究制度。

总之，在我国赋予检察机关以民事公诉权和建立民事公诉制度，是社会发展的必然要求，也是完善我国检察制度的客观需要，不仅具有充分的理论根据，而且也具有深厚的现实基础。要在我国法律上赋予检察机关以民事公诉权和建立民事公诉制度，还有许多问题需要认真研究，检察机关也应当进行大胆探索，不断总结经验，只有这样，才能真正建立起有中国特色的民事公诉制度。

附条件警告：英国检察官
自由裁量权的新发展[*]

蔡 巍[**]

附条件警告（Conditional Caution）制度是英国《2003 年刑事审判法》（Criminal Justice Act 2003）新确立的一项刑事司法制度。该法规定检察官可以对实施某些犯罪的行为人做出附条件的警告。违法者只要在规定的时间内履行了在附条件警告之上设置的义务，检察官将做出不起诉决定。"如果行为人无正当理由未能遵守附条件警告所附带的任何条件，则可以就该种犯罪对行为人提起刑事诉讼……提起此种诉讼时，附条件警告即停止生效。"附条件警告制度是在英国刑事司法体制改革的大背景下，为了加强被害人权利保障、实现刑罚轻缓化、节约司法资源而设立的一项程序权力，具有重要的程序和实体价值。附条件警告制度设立的时间并不长，但是已经在实践中发挥了越来越重要的作用。2005 年，附条件警告只在英国的 7 个地区适用，现在的适用范围则覆盖全部 42 个地区。

一、附条件警告制度是在英国刑事司法改革的大背景下对检察官自由裁量权的完善

皇家检察官的附条件警告权是在警察的警告权基础上发展起来的。附条件警告制度的确立赋予了检察官在审前阶段分流案件的权力，扩大了检察官行使自由裁量权的范围。这一制度的确立和广泛适用有两个前提作保障。一是英国皇家检察院职责的不断明确和完善。英国的起诉机构一直有对案件进行裁量以决定是否起诉的权力。早在 1925 年，约翰·西蒙爵士便清晰地表达过这样的观点："……谈到总检察长的任务，认为总检察长对所有的案件仅仅由于他认为法律工作者称之为'案件'就应该决定起诉，则完全是无稽之谈了。这不

* 本文刊载于《河南社会科学》2011 年第 3 期。
** 蔡巍，最高人民检察院检察理论研究所科管部主任、副研究员。

是事实，而且凡是担任过那个职位的人都不认为是这样的。"1951 年，时任检察总长的肖克劳斯勋爵（Lord Shawcross）则通过对公共利益的经典阐述，进一步明确了起诉政策："凡涉嫌犯罪的行为都必须自动地成为起诉的对象——我国从来没有这样的规则，我希望将来也不会有"。起诉政策为检察官行使自由裁量权提供了依据，但是检察官自由裁量权的真正完善是在 1986 年英国皇家检察院成立之后。依据《1985 年犯罪起诉法》（Prosecution of Offences Act 1985），皇家检察院明确地负有做出起诉决定的责任，警察则承担着侦查犯罪的责任。随着检察官起诉职责的不断完善，2010 版的《皇家检察官准则》首次在总则中将向罪犯提供适当的庭外处理明确作为提起公诉之外的另一项重要职责，同时进一步明确了检察官利用附条件警告对轻微犯罪案件进行庭外处理的权力。二是英国 21 世纪以来进行的、以加强被害人权利保障为核心的刑事司法改革，推动了相关立法和制度的出台。2002 年 7 月，由英国大法官、总检察长和内政大臣共同签署了政府白皮书《所有人的公正》（Justice for All），这份英国司法改革报告改变了英国原来一贯坚持的偏重被告人权利保障的刑事司法公正理念，首次提出不但要考虑对被告人或犯罪嫌疑人是否公正，而且要加大并试图优先考虑对被害人、证人及社会公众是否公正的问题，纠正了过去只重视和追求对被告人或犯罪嫌疑人单方面公正的价值观。正是有了皇家检察官职责的明确和完善做基础，有了英国刑事司法改革的大力推动，附条件警告这样一个赋予检察官极大裁量权的法律制度才得以确立并有效发挥作用。

英国皇家检察院成立于 1986 年，在此之前，英国的警察一直承担着侦查和起诉犯罪的大部分职责，其中利用警告权对轻微违法犯罪案件进行程序分流是警察的重要权力之一。警告一般用于处理轻微违法犯罪案件，只有在特殊情况下才用于处理严重犯罪。警告不是判决，也不是有罪认定，但是接受警告就表示认罪，所以会留下犯罪记录。如果因为某种行为再次引起警察的注意，受过警告这一事实可能会影响警察的处理决定，也可能在接下来进行的法庭程序中被引用。警告制度在警察的执法实践中得到广泛应用。"2000 年，除了机动车犯罪外，英格兰和威尔士所有的犯罪案件中，总共有 23.9 万违法者被处以警告。这个数目占了那年被警告和被判有罪的违法者的1/3。"除了适用于在商店实施盗窃这类轻微犯罪行为之外，警察对某些严重犯罪也采用警告的方式处理。同样"在 2000 年，有 1700 名犯有最严重罪行——'公诉罪'，诸如强奸、抢劫和企图谋杀的犯罪被处以警告。"警察利用警告制度处理案件能够起到的作用有：（1）迅速、简单地处理犯罪人认罪的轻微刑事案件；（2）对犯罪人进行程序分流，避免其接受刑事审判；（3）写下犯罪记录，为将来可能发生的刑事诉讼程序或者相关的安全检查提供参考；（4）减少再犯可能性。

虽然警告制度在实践中发挥了重要作用，但是它毕竟不是一种法定的处罚方法，其作为制度的有效性和公正性一直受到质疑。从制度有效性的角度看，最初英国内政部有关警告的指导方针中对适用警告的次数并没有限制，导致实践中警察对未成年人重复适用警告，使得警告制度失去了督促未成年犯罪人重新回归社会的作用，破坏了制度的严肃性和有效性。直到 1998 年英国颁布的《犯罪与妨害治安法》（Crime and Disorder Act 1998）规定了训诫（Reprimand）和最后警告（Final Warning）两种针对未成年犯罪人的处理方式，才终止了对未成年犯罪人重复警告的做法。从制度公正性的角度看，警告制度存在的问题更大，主要是警察对自己侦查终结的案件直接做出处理决定，容易因为缺少对案件的审查和监督而导致程序不公。"尽管被起诉的可警告案件在理论上是由王室检察院审查的，但被警告的可起诉与可作无进一步行动处理的案件却不是由王室检察院审查。如果警察决定警告，案件就到此为止。不管王室检察院多么愿意去处理应当被警告的案件，它就是不能处理那些确实没有被警告的案件。这意味着裁判不公仍将继续，王室检察院仍未能触动警方警告程序中固有的违背正当程序的现象。"除此之外，警告制度还存在无法有效保护被害人利益的问题。

为了解决警告制度存在的这些问题，英国皇家刑事司法委员会早在 1981 年以及后来 1993 年的报告中都提到要对警告制度进行规范，并以法律形式规定下来。1990 年内政委员会（Home Affairs Committee）报告和皇家检察院向皇家刑事司法委员会所做的报告中则首次建议设立附条件警告制度，以在警告之上附加条件的方式约束被警告人履行义务，防止其重新犯罪。但是在由谁履行附条件警告权的问题上还很矛盾。内政委员会一方面在报告中提出"附条件警告是发挥检察官作用的最好方式"。另一方面又建议警告和由警告延伸出来的权力应该继续由警察行使。认为这样要比由皇家检察官管理警告对违法者的警戒作用更明显。由穿着制服的高级警官在警察局那种氛围下进行警告，对阻止犯罪当然有作用。皇家检察院虽然愿意承担对违法者发出"附条件警告"的责任，但是他们更支持建立一个不用行使裁量权，严格限制适用条件的警告制度。要由国会制定法律，限制附加于警告之上的罚金数额，以及适用附条件警告的违法行为和违法者的类型。另外，皇家检察院也不愿意承担督促执行警告附加义务的角色，比如社区刑。他们希望现有的、由法院管理罚金的办公室承担管理罚金的职能。这样才会同意皇家刑事司法委员会的建议，将当时法律还没有正式规定的附条件警告制度在全国范围内推广适用，只不过负责管理的是缓刑官和警察。2001 年，奥尔德爵士在关于刑事法院的报告中，再次提议扩大适用于轻罪的固定刑罚的范围，考虑设置"附条件警告"。2002 年，以

《所有人的公正》这部司法改革报告的出台为标志，英国开始新一轮的刑事司法制度改革，改革措施之一就是明确提出要建立正式的附条件警告制度，以保障被害人的需要和权利在每个阶段都能得到充分考虑。

随着《2003 年刑事司法法》（Criminal Justice Act 2003）的颁布，附条件警告制度最终以法律形式确定下来，适用附条件警告的权力被明确赋予皇家检察官。2004 年 10 月，英国司法大臣签署并由英国议会通过《附条件警告工作守则》（Conditional Cautioning Code of Practice）（SI2004 - 1683），皇家检察院依据《1984 年警察和刑事证据法》第 37A 条，发布《附条件警告适用指南》（the Director's Guidance on Conditional Cautioning）。《2005 年税收和海关法》（Revenue and Customs Act 2005）、《2006 年警察和司法法》（Police and Justice Act 2006）、《2008 年刑事司法和移民法》（Criminal Justice and Immigration Act 2008）又对附条件警告制度做出修改，其中，《2008 年刑事司法和移民法》明确将附条件警告的适用对象扩大到 10 至 17 周岁的未成年人。但是考虑到现实情况，现阶段附条件警告只适用于 16、17 周岁的未成年人。在附条件警告相关立法修改之后，2010 年，《附条件警告适用指南》第六次被修改，《附条件警告工作守则》细化为《成年人附条件警告工作守则修订版》（Revised Code of Practice for Conditional Cautions - Adults）和《16、17 岁未成年人附条件警告工作守则》（Code of Practice for Youth Conditional Cautions for 16 & 17 Years Olds），以适应司法实践发展的需要。

现在，附条件警告和警告两种制度处于并行的状态，为了区别于新设立的附条件警告，警告现在更名为普通警告（simple caution），对那些找不到合适的附加义务的案件，起诉不符合公共利益的案件或者嫌疑人已经先行赔偿了被害人的案件，还是要适用普通警告。除必诉罪（indictable only offence）外，普通警告仍然由警察做出。

二、附条件警告以制定法的形式固定下来，完整的程序设计为检察官行使自由裁量权提供了指导和依据

与大陆法系国家的法律相比，英国的法律制度更加遵循实用主义的传统，法官在司法实践中更看重的是经验而非成文法典。但是，现代社会管理的复杂性要求有数以千万计的法律规则来调整社会生活的不同领域，官员们甚至法官们"不可能在解决每一项纠纷时都进行一番功利主义式的考察，以寻求处理事务之最佳方式，也不可能对之进行哲学式考察，以寻求分配授权及义务时的公正性"。作为对以往过分偏重经验主义的矫正，英国近年来加紧了公共管理领域的立法。附条件警告制度就是由英国《2003 年刑事司法法》确立的一项

法律制度。《2003 年刑事司法法》不但规定了附条件警告制度，而且规定了附条件警告的适用程序，随后制定的有关附条件警告的业务守则和起诉指南又对这个程序的内容不断完善。完整的程序设计为检察官行使起诉裁量权提供了指导和依据。

1. 附条件警告只能适用于简易罪（summary offence）和部分可诉罪（either way offence）等轻微犯罪。

附条件警告是检察官对轻微犯罪行为的分流方式，由于它避开了正式的审判程序，所以接受附条件警告处理的违法者的程序权利受到损害，比如快速审判权等。因此，从被告人权力保障的角度出发，附条件警告这种程序分流方式只能适用于轻微违法犯罪案件。英格兰和威尔士的法院所处理的刑事犯罪分为三类：简易罪（summary offences）、可诉罪（either way offences）、必诉罪（indictable offences）。简易罪相对轻微，最长刑期为 6 个月的监禁刑，但一般不适用监禁刑，而是代之以罚金或者其他刑罚。可诉罪是指那些既可以在低级法院即治安法院，也可以在高级法院即皇家法院进行审判的犯罪，属于中等严重程度的犯罪行为。必诉罪是指必须在皇家法院审判的犯罪，数量极少，都是极为严重的犯罪，如谋杀罪、抢劫罪和强奸罪。依据《对成年人适用附条件警告的指南》，所有的简易罪都可以考虑适用附条件警告，具体包括普通侵犯人权的犯罪（5 级）；袭警罪（5 级）；《1986 年社会治安法》（Public Order Act 1986）第 4、4A 款规定的犯罪（5 级）；非法获取摩托车（5 级）；干扰车辆（4 级）；《1986 年社会治安法》第 5 条规定的犯罪（3 级）；妨碍警察执行公务犯罪（3 级）；酗酒和妨碍治安犯罪（3 级）；普通酗酒（1 级）；为了卖淫而流浪或者拉客罪（2 级，如果先前定过罪的就是 3 级），但是不包括《1988 年道路交通法》（the Road Traffic Act 1988）和《1988 年道路交通违法者法》（the Road Traffic Offenders Act 1988）所规定的大部分违法行为。除了简易罪之外，对下列可诉罪以及试图实施这些可诉罪的行为，检察官也可以适用附条件警告处理，具体包括《1968 年盗窃法》（Theft Act 1968）规定的盗窃罪；剽窃文章并公开发表；盗窃电力；伪造账目；销赃；《1978 年盗窃法》规定的没有支付即离开罪；《2006 年欺诈法》规定的虚假陈述罪，不公开信息罪，滥用职务欺诈罪，为欺诈而占有论文罪，为欺诈而创作、提供论文罪，不诚实地获得服务罪；《1971 年刑事损害法》（Criminal Damage Act 1971）规定的破坏或损坏财产罪，威胁破坏或损坏财产罪，以威胁破坏或损坏为目的而占有财产罪；《1971 年毒品滥用法》（Misuse of Drugs Act 1971）规定的持有任何种类的毒品罪（包括用于个人使用）；《1988 年道路交通法》和《1988 年道路交通违法者法》所规定的伪造公文罪；《1994 年车辆执照税和注册法》（Vehicle Excise and Registration Act 1994）规定的伪造和欺诈罪。除了正面规定可以适用附条件警告的犯罪之外，《对成年人适用附条件警告的指南》还明确规定所有的必诉罪和仇恨犯罪，包括严重侵犯种族或者宗教利益的犯罪，仇恨残疾人的犯罪以及家庭暴力犯罪等，都不考虑适用附条件警告，排除在适用范围之外。

2. 检察官在决定适用附条件警告时要考虑违法者先前违法和受处罚的情形。

附条件警告是一种较简单的、在法庭之外处理案件的方式，但是它的适用也要受到一些限制。一般情况下，先前受到普通警告的人不排除适用附条件警告，但是先前已经受到过附条件警告的，一般不能第二次适用，除非在特定的情况下能够证明再次适用附条件警告是适当的，例如，先前的附条件警告是在两年之前做出的；没有充分时间证明分流计划是有效的。如果违法者没有履行上一次附条件警告所附加的义务，一般情况下就不适合对其再次适用附条件警告。有定罪记录也不能当然排除附条件警告的适用。但是，皇家检察官必须相信附加的义务能够有效地纠正违法行为或者能够提供适当的赔偿或者能够对违法行为做出成比例的应对。但是最近时间内有实施暴力性质犯罪、性犯罪记录的违法者不能适用附条件警告。

3. 适用附条件警告处理的案件必须达到起诉的程度。

附条件警告是检察官在诉讼较早阶段对案件进行分流处理的一种方式，为了在公正与效率之间实现平衡，相关立法和实施细则要求准备适用附条件警告处理的案件，无论在证明标准、公益标准上，还是案件的严重程度、被害人参与方面都要符合一定标准。首先，在做出附条件警告之前，案件证据必须充分，达到《皇家检察官准则》中"完全守则检验法"所要求的证据标准。如果没有与违法者进行面谈，或者违法者在面谈中没有认罪，也没有否认违法行为，经审查又发现案件有定罪的真实前景，那么仍然可以做出附条件警告。如果违法者在面谈中否认实施违法行为或者进行辩护，那么再做出附条件警告就是不适当的。其次，在案件达到证据标准之后，皇家检察官还要看违法者如果履行警告之上附加的具有补偿、修复或者惩罚性质的义务之后，并在兼顾被害人、社区和违法者利益的同时，能否最大限度地满足公共利益的要求。检察官还必须要考虑的是，即使拒绝接受附条件警告的处理决定或者违法者没有履行警告之上附加的义务，案件还要有继续起诉的必要。再次，皇家检察官要认真考虑违法行为的严重程度以及依据治安法院量刑指南可能适用刑罚的范围。如果可能考虑判处社区服务令（community order）或者监禁刑的，就应该起诉。违法者违背诚信或者侵犯弱者、未成年人利益的，这些都作为加重情节加大了违法行为的严重程度，增加了将案件起诉到法院的必要性。

4. 检察官做出附条件警告必须取得被告人的同意并告知被害人。

附条件警告是由皇家检察官做出的，但适合采用附条件警告处理的案件则是由警察和其他负责案件调查的官员发现的。负责羁押的官员在审查案件后，认为符合《皇家检察官准则》中的"完全守则检验法"这一起诉标准的要求，证据已经达到"定罪的真实前景"，就可以将案件移送给皇家检察官。皇家检察官决定适用附条件警告的，就可以授权某个人向违法者提议适用附条件警告。在做出附条件警告之前，经过授权的人必须确信违法者有机会获得无偿的、独立的法律建议；要告知违法者有哪些针对他的证据以及检察官做出的决定；解释附条件警告的意义以及接受的后果，包括可能被公开的情形；要求违法者认罪并向其解释认罪的后果，包括如果最终被起诉，认罪的事实将作为证据采纳，而不是仅仅为了接受附条件警告而认罪；要告知违法者任何时候都可以拒绝接受附条件警告，如果决定这样做，违法者应该尽早告知被授权的人。被授权的人将通知检察官，由检察官决定对原来的违法行为提出指控并起诉到法院；要警告违法者如果不履行条件中所设置的义务，将对其进行调查并报告检察官，由检察官综合考虑各种情况后决定对原来的违法行为进行起诉。

准备适用附条件警告的案件要征求被害人的意见，但是最后决定要由检察官做出，不受被害人意见的左右。准备采用附条件警告处理案件的，警察应该通知被害人并且将被害人的意见提交给皇家检察官。如果考虑在警告之上附加带有修复性或者恢复性司法性质的条件时，则必须得到被害人的同意。包括社区影响评价在内的社区意见也应该提交给皇家检察官。皇家检察官应该考虑违法行为给被害人和社区所造成的影响，必须决定对被害人意见的重视程度。无论被害人的意见是支持还是反对起诉都不能左右检察官的决定，但是会成为检察官需要考虑的一个因素。

检察官做出附条件警告要考虑违法者对违法行为的态度和对准备履行义务的态度。对违法行为真诚悔过并表示愿意遵守条件和履行义务的，适宜采用附条件警告。对没有接受全部责任的违法者不适合采用附条件警告。在做出附条件警告之前，违法者必须承认实施了违法行为并且同意遵守附条件警告中所设置的义务。如果皇家检察官有理由相信违法者不可能履行义务或者履行了这些义务也无法有效修复违法行为，那么做出附条件警告就是不适当的。

5. 皇家检察官在警告之上附加的条件中应该合理设置义务，规定义务履行的期限，同时监督义务的履行和遵守。

附条件警告是检察官对轻微犯罪进行程序分流的一种方式，这种以纠纷解决为导向的分流制度本身又承载着修复社会关系、补偿被害人损失、甚至惩罚违法行为等制度目标。而这些目标能否实现，很大程度上取决于检察官能否在附加的条件中合理设置义务。这就要求检察官在选择义务时必须遵循一定的原则，规定义务履行的期限，监督义务的履行和遵守。具体包括：（1）皇家检察官在设置义务时需要遵守三个原则，即适当性原则、成比例原则和可实现原则。适当性原则要求检察官在条件中所设置的义务应该与违法行为和违法者两者之一有关或者与两者都有关。成比例原则要求设置的义务与违法行为成比例。如果设置的义务比法院可能判处的刑罚还要重，或者比法院可能判处的刑罚轻太多，既对违法者不公平，也不符合公共利益的要求。可实现原则要求检察官在设置义务时考虑违法者的特殊情况，包括身体和精神承受能力，这样才能期望他们履行该义务，否则附条件警告只是延迟起诉而已。（2）皇家检察官在附加的条件中可以设置三种类型的义务，一是具有修复（Rehabilitative）性质的义务，目的是阻止或者修复违法行为，或者帮助违法者重返社会。包括在给定的时期内不实施犯罪；参加与违法行为性质有特定关系的分流项目。二是具有赔偿（Reparative）性质的义务，设置的目的是补偿被害人、社区受到的损失或者修复关系，义务的内容包括赔偿，向地方慈善基金或者社区基金支付金钱；亲自修补或者弥补损失；参加不超过 20 小时的义务劳动；写道歉信；参与具有恢复性司法性质的调解活动。三是具有惩罚（Punitive）性质的义务，主要是在没有其他合适的条件可以附加，或者条件中设置的义务与违法行为之间不适合、不成比例的情况下，要求违法者支付罚金（financial penalty）。在附加的条件中设置上述任何一种义务的同时，都可以再设置禁止性义务，例如不允许行为人接近指定的被害人、特定的财产、某个特定位置或者从事某特定行为。（3）履行义务要有时间上的限制，否则违法者不但没有因为犯罪行为轻微且有认罪表现而受到从轻处罚，相反因为诉讼的拖延而承受更大的压力和折磨。对简易罪和大多数的可诉罪来说，一般将从违法行为最初发生起 16 周的时间确定为义务履行时间。这样即使没有履行义务，检察官仍然有足够多的时间对原来的违法行为再行起诉。

违法者在规定的时间内履行了警告之上附加的义务，检察官将不再起诉其违法行为。只有负责分流的组织、警察、缓刑机构和国家违法者管理局、法院都满意，才能认为违法者履行了相关义务。证明义务履行的责任主要在违法者本人，但是监督违法者履行义务的责任则由在经由检察官授权的人。如果违法者没有履行警告之上附加的义务，那么就要区分情况、分别对待。首先要给违法者一个解释的机会，证明自己已经履行了相关义务或者没有履行义务是因为有合理的理由。如果违法者没有作出回应，或者检察官认为违法者给出的不履行的理由不合理或者以后也不会履行，那么检察官就可以对原来的违法行为提起诉讼。如果检察官认为违法者没有履行义务存在合理理由，或者已经履行了部分义务，那么检察官可以分别做出以下决定：（1）认定附条件警告已经完成；（2）认定附条件警告没有完成，但是从公共利益的角度出发不适宜对违法者采取进一步行动；（3）为完成原来设置的义务而规定新的履行时间；（4）修改原来的条件。条件最多只能修改一次，修改以后要记录下来并由违法者签字表示接受。如果是针对多个违法行为而发出附条件警告的，那么检察官就要决定原来的哪个违法行为需要起诉，特别是在违法者只履行了某一特定违法行为中的一个条件，即履行了部分义务的情况下。

如果检察官认定违法者没有履行义务，案件将按照一定程序起诉到法院。首先，被授权的人要通知违法者准备对其进行起诉，同时修改地方或者国家警察机构的记录，一旦启动起诉程序，附条件警告即告终止；曾受到附条件警告但没有履行这一事实将保留在违法者的档案中。接下来可以对违法者实施逮捕和羁押。按照英国《2003年刑事司法法》24A（1）的规定，如果警察有理由相信违法者在没有合理理由的情况下不履行警告之上附加的义务，那么将有权逮捕和羁押违法者，但最后是否逮捕、羁押以及羁押时间的长短，主要看对调查不履行义务的原因或者起诉是否有必要。如果短时间内无法完成这些任务，应该解除羁押，实行取保候审。检察官决定起诉的，可以采取以下三种方式之一：（1）在警察局提起指控；（2）传讯（summons）；（3）使用书面指控和投寄指控（charge by post）。如果因为违法者没有履行附条件警告之上附加的义务而被重新起诉，检察官应该将违法者没有履行义务的事实告知法院，同时将义务的细节和已经履行的义务一并告知。法院在处理案件时可以使用这些信息。

三、附条件警告制度评析

1. 附条件警告以实现"所有人的公正"为制度设计目标，在加强被害人利益保护的同时，也强调对违法者的修复、治疗。

英国的人权理念形成于资产阶级革命时期，基于他们对人权的理解，人权的钟摆一直倾斜于犯罪嫌疑人和被告人，司法公正主要追求的是程序公正，甚至在极大程度上首先考虑的是在审判程序中对被告人或犯罪嫌疑人是否公正。"在我国的制度中天平是向被告人倾斜的。那是因为我们的传统观念认为，宁让有罪者逍遥法外，不叫无辜者身陷囹圄。这是一个基本的价值取向。"随着犯罪尤其是恐怖活动的猖獗，加上监狱人满为患，迫使英国政府和公众开始重新思考自己的公正理念。2002年推出的英国司法改革报告《所有人的正义》明确提出要"重新调整刑事司法制度以有利于被害人"，这是对以往偏重被告人或犯罪嫌疑人利益的公正理念的纠正。附条件警告制度作为刑事司法制度调整的措施之一，贯彻了这个理念。根据附条件警告的相关法律规定，检察官在适用附条件警告过程中，一方面决定适用之前要征求被害人的意见，另一方面可以在警告之上附加的条件中设置向被害人赔偿的义务。只有将向被害人履行赔偿义务作为程序分流的条件，才能有效督促违法者履行义务，使被害人利益有了最大的实现可能。相比之下，如果先做出程序分流决定，后要求违法者履行对被害人的赔偿义务，那么将会出现违法者履行义务动力不足、被害人的求偿权难以实现的局面。在英国，如果没有法院发出的赔偿令，被害人获得赔偿唯一可能的途径就是提起民事诉讼，而民事诉讼的花费巨大，经常败诉，被害人往往知难而退，损失无法得到补偿。附条件警告制度建立之后，赔偿被害人的损失一般都作为警告附加的条件规定下来。违法者不履行赔偿义务将导致附条件警告被终止，案件将重新起诉到法院。正是因为有这种制约作用，附条件警告才更有利于保护被害人的利益。

英国调整刑事司法制度的目的是为了加大对被害人、证人的保护力度，使过分倾斜于被告人权利保护的天平重新获得平衡，但是被告人的权利也并没有被削弱。许多证据显示，如果在违法行为的早期阶段问题即得到解决，那么违法者将来远离犯罪行为的可能性就更大一些。附条件警告制度就提供了这样一个积极的解决方案，它使违法者避免了因出庭而暴露在公众面前；使违法行为快速并最终得到解决；如果涉及毒品或者酒精成瘾犯罪，还能得到被救治的机会。

2. 附条件警告制度限制了警察在审前程序中对案件程序分流的权力，确立了检察官在审前程序中的主导权。

现代刑事诉讼制度是以审判为核心构建起来的，之所以构建审前程序，目的主要有两个，一是将正当程序理念延伸至审判前阶段，加强对犯罪人、被害人的权利保障；二是利用审前程序筛选和过滤案件，节约司法资源。用这两点衡量，审前程序的主导权应该赋予检察官。检察官负有客观公正义务是一项公认的国际刑事司法准则。由于没有直接参加案件的侦查工作，检察官对案件的审查相对来说能够做到客观公正。相比之下，作为执法机关的警察，其首要任务是打击犯罪、维护社会秩序。虽然警察对案件侦查的过程也是一个分流案件的过程，但是警察分流案件的职能不能过分强调，否则容易因为缺少客观中立的第三方监督而出现司法不公问题，也会给公众造成警察执法不力、用分流案件逃避责任的印象，引起公众对执法机关控制犯罪、维护社会秩序能力的质疑。英国的司法改革机构正是认识到警察分流案件存在的缺陷，才将警察行使的、用于分流案件的警告权改造成附条件警告制度，并将此权力赋予检察机关，以此确立检察官在审前程序中的主导权。

3. 附条件警告制度引入了恢复性司法程序，帮助公众重拾对刑事司法制度的信心。

恢复性司法是在反思传统的报应刑和教育刑的基础上建立起来的一种新的刑法理念。恢复性司法程序适用过程中，被害人有机会在违法者面前描述犯罪行为给自己造成的伤害，违法者也能了解自己实施的犯罪行为造成的恶劣后果。这样做既帮助被害人获得了相应的经济赔偿，同时也帮助被害人摆脱了担心受报复的恐惧心理，有利于治愈被害人因犯罪行为而受到的创伤，同时加强了社区参与，重拾人们对刑事司法制度的信心。在为违法者设置义务时，皇家检察官可以考虑结合恢复性司法程序，即在被害人和违法者之间进行调解，并将达成的协议作为义务规定下来。违法者完成了检察官在附条件警告之上设置的义务，也就履行了与被害人之间达成的协议，补偿了被害人在物质、精神上受到的损失。当然，检察官在附条件警告之上设置带有恢复性司法性质的义务时，也要遵循适当性、成比例的义务设置原则，保证违法者受到公正处罚。

4. 附条件警告的适用以警察、检察官以及缓刑机构等刑事司法机构的相互合作为制度保障。

为了实现刑事司法改革的目标，英国在21世纪以来进行的司法改革中特别强调刑事司法机构之间要在分工的基础上加强合作。英国司法改革报告提出建立“国家刑事司法委员会”（National Criminal Justice Board），在地方建立地方刑事司法委员会。这些地方委员会的核心成员来自警察机构、检察机构和缓刑机构的当地负责人，还包括法院、监狱和缓刑机构的高级代表，以便更好地协调刑事司法各机构之间的相互关系。附条件警告制度就是在加强刑事司法机构合作的背景下进行制度设计和运作的。

附条件警告是在法庭之外处理刑事案件的程序性措施。虽然附条件警告是由检察官最后决定适用的，但是检察官在做出决定的过程中以及监督和管理违法者履行义务时，要得到警察、缓刑机构等刑事司法机构的配合，检察官没有精力也没有能力独自完成这项工作。首先，皇家检察官适用附条件警告要与警察密切配合。警察最早到达犯罪现场、接触犯罪事实，与违法者之间的接触也最紧密，因此他们有便利条件对轻微犯罪案件做出快速处理。只是因为附条件警告中涉及对违法者进行实体处理的内容，比如交付一定数额的罚金，参加一定小时的社区服务等，从程序公正的角度出发，将这项程序权力交给负有客观公正义务的检察官行使更合适。在具体案件中，如果负责羁押违法者的官员在处理案件过程中，认为违法者的行为属于附条件警告适用的范围，面谈（interview）时违法者也承认自己实施了违法行为或者没有发表意见，而适用附条件警告可以修复被害人或者社区受到的损害，能有效纠正违法行为或者提供适当处罚，那么警察就可以考虑将违法者移交给检察官，由检察官决定是否适用附条件警告进行程序分流。羁押官员对案件进行的只是初步的审查和评估，检察官则就是否做出附条件警告做最后决定。警察认为适合采用附条件警告的案件，要在侦查终结后向检察官提交的报告中提出建议。检察官审查案件后将审查决定通知警察，由警察在适当的地点向违法者宣布检察官的决定。其次，检察官在利用附条件警告对案件进行程序分流时，还要接受缓刑官的详细建议和汇报。因为缓刑官对违法者的身体、精神状况有更深入的了解，更有可能提出适合违法者的修复计划。英国《2003 年刑事审判法》修改了《2000 年刑事司法和法院法》（Criminal Justice and Court Services Act 2000），要求国家缓刑机构（National Probation Service）在检察官决定是否适用附条件警告以及附加什么样的条件时提供帮助。英国国家缓刑机构是依据《2000 年刑事司法和法院法》建立的，但是履行缓刑职能的机构早在 1907 年已经成立。缓刑机构主要负责监督在社区服刑的违法者，并向刑事法院提交报告以帮助法院行使量刑权。在附条件警告的适用过程中，缓刑机构除了要为检察官提供有关违法者个人情况的调查报告，为检察官做出决定提供参考之外，还要监督并管理接受附条件警告的人履行义务。

第三部分

检察工作

论检察政策及其实施*

王守安**

　　检察政策，是检察机关根据国家政策以及检察制度和检察工作发展的需要，制定并实施的规范和指导检察工作的准则。检察政策包括检察工作的目标、方针、原则、策略等①。按照检察政策的概念，检察政策是围绕着检察活动展开的，而检察活动，也称检察行为，是检察机关依照法律规定行使检察权的司法活动②。我国《宪法》第 129 条明确规定，检察机关是国家的法律监督机关。这表明，检察机关所行使的检察权在国家权力体系中被定位为法律监督权，检察权在本质上具有法律监督的性质。换言之，在我国，检察权和法律监督是一体的。检察机关行使检察权是实行法律监督的具体表现形式，法律监督则是检察权的本质属性。所以，检察政策的制定和实施实际上是实现法律监督的一种手段。所有的检察政策的目的，都是为了实现法律监督，因而，是否有利于实现法律监督也可以作为检验和评估检察政策总的标准。

一、检察政策与法律的关系

　　党的十八大报告指出："法治是治国理政的基本方式。"检察机关作为国家的法律监督机关，它的法律监督工作只能是根据法律的授权，对于法定的监督对象，运用法定的手段，依照法定程序进行的监督。检察机关在国家权力架构中被定位为法律监督机关，这本身就意味着检察机关是履行司法职能的国家机关。法律监督主要是在具体案件中适用法律的手段，因而检察权更接近于司法权而不是行政权，检察机关可以说是主动行使司法权的司法机关③。检察活动是司法行为的表现形式之一。

　　* 本文刊载于《河南社会科学》2014 年第 2 期。

　　** 王守安，最高人民检察院检察理论研究所所长。

①　朱孝清、张智辉主编：《检察学》，中国检察出版社 2010 年版，第 547 页。

②　朱孝清、张智辉主编：《检察学》，中国检察出版社 2010 年版，第 437 页。

③　朱孝清、张智辉主编：《检察学》，中国检察出版社 2010 年版，第 210 页。

检察机关既然是司法机关，就必须严格依照法律行使检察权，这是法治的基本要求。那么，在依法行使检察权的前提下，为什么还需制定检察政策？检察政策的空间何在？在法律之外，另行制定并实施检察政策，是否会把法治变成政策之治？当法律与检察政策存在矛盾时，应当如何处理？这些问题是关于检察政策与法律关系的经常性疑问。

由于检察政策是围绕着检察权而制定的，而按照法律的授权，在检察权的内容里，除了民事审判监督权和行政诉讼监督权之外，绝大多数的检察权如职务犯罪侦查权、批准逮捕权、公诉权等，都是刑事权力，因此，检察政策几乎可以被称为刑事检察政策。而且，由于检察行为是司法行为的表现形式之一，故以指导、保障检察行为正确实施为己任的检察政策，几乎可以作为刑事司法政策的一个分支，与刑事侦查政策、刑事审判政策、刑事执行政策等一起构成刑事司法政策的全部。因此，检察政策与法律的关系，可以概括为以下两点：

第一，检察政策必须合法，即检察政策必须限制在法律的框架内而不能超越法律的框架。法律在检察工作的适用中必须得到尊重和遵守，即使在法律规定缺失的情况下，也不能通过制定检察政策来"补充"法律的"空白"，这是法治的基本要求。"检察机关在制定检察工作的政策时要充分考虑有关法律的规定和精神，检察政策的任何内容都不得违背法律的精神。"①

第二，检察政策是在具体检察工作中适用法律的方式。具体检察工作在适用和解释法律的过程中，应当在合法的前提下，充分运用检察政策，针对当时、当地以及具体案件的具体情况，争取做到法律效果、政治效果和社会效果的有机统一。"政策是介于法律制度与行为之间的一种调整方式，是对法律制度确定的行为模式的一种因时制宜和因地制宜的补充和说明。"②

能够较好地说明检察政策与法律关系的例证是规范性司法解释的制定。规范性司法解释是对既有法律的解释，不是法的创制活动，因而司法解释的前提是必须依照法律，不能超越法律的规定。同时，司法解释与法律相比，由于制定的程序较为简便，因而相对灵活，可以对社会状况的变化作出较之法律更为迅速的反应，而且，司法解释由最高人民法院和最高人民检察院制定，通常以规范性的形式发布，故又具有相对较高的权威性和确定性。当社会状况发生变化，引起国家政策或者检察政策的发展和变化，但这种变化又不需要立法予以回应，同时具体检察工作需要体现某种新的国家政策或者检察政策时，最高人民检察院就可根据既有法律的规定，同时按照新的检察政策的要求，运用扩张

① 朱孝清、张智辉主编：《检察学》，中国检察出版社 2010 年版，第 552 页。
② 朱孝清、张智辉主编：《检察学》，中国检察出版社 2010 年版，第 549 页。

解释、限制解释、反对解释等解释方法和解释技术，制定司法解释或者修改已有的司法解释，从而使司法解释在合法的前提下成为新的检察政策的载体，以指导和规范检察工作实践。

二、检察政策的层次

如前所述，检察政策的目的是为了实现法律监督，检察政策是围绕着检察活动展开的，而检察活动是检察机关依法行使检察权的司法行为。虽然所有检察活动的目的都是为了实现法律监督，但因为检察权的具体内容不同，故检察政策也应分为不同的层次。

如果按照检察政策发挥作用的范围对检察政策进行分类，检察政策可以分为总体检察政策、基本检察政策和具体检察政策三类。总体检察政策是指对整个检察系统和全部检察工作具有指导意义的政策。基本检察政策是指对某个方面的检察工作具有普遍性指导意义的政策。具体检察政策是指总体检察政策和基本检察政策以外的所有的检察政策，具体检察政策是根据总体检察政策和基本检察政策，针对某项具体工作或者当前面临的具体任务或者一定范围内存在的实际问题制定的，既包括检察业务管理方面的政策，也包括检察队伍建设和检务保障等方面的政策①。

（一）总体检察政策

总体检察政策是检察政策体系中最高层次的检察政策，也是目标的综合性最强、能统摄其他所有检察政策的检察政策。总体检察政策是基本检察政策的出发点和基本依据。总体检察政策的基本功能在于保障其他检察政策遵循同一的检察政策理念、谋求实现统一的政策目标。因此，总体检察政策在检察政策体系中实际上处于检察战略的地位。同时，由于总体检察政策是用以指导全部检察工作的指针，故总体检察政策具有全局性、原则性和纲领性的特点。总体检察政策的这一特点，决定了总体检察政策的内容只能是高度概括性的，需要基本检察政策和具体检察政策予以具体化，从这个意义上讲，总体检察政策对具体检察工作的指导是间接的。

---

① 在检察政策中，除了检察业务政策之外，还包括检察政工政策和检务保障政策等。由于检察政策的核心是检察活动，故检察业务政策在检察政策中也具有核心位置，限于本文的宏旨及篇幅，本文所指的检察政策均专指检察业务政策。参见朱孝清、张智辉主编：《检察学》，中国检察出版社 2010 年版，第 555 页。

（二）基本检察政策

基本检察政策衍生于总体检察政策，基本检察政策要服从和体现总体检察政策，贯彻总体检察政策的要求，是总体检察政策在某一检察工作领域的延伸和具体化，同时又是该领域的具有普遍意义的检察政策。在检察政策体系中，基本检察政策处于检察策略的地位。在检察政策体系中，基本检察政策具有至关重要的作用。这是因为，"基本政策是总政策的具体化，是具体政策的原则化，是连接总政策和具体政策的中间环节"①。基本检察政策的重要性不仅在于它是连接总体检察政策和具体检察政策的纽带，还在于根据检察工作的特点，各方面和各领域的检察工作虽然都具有法律监督的属性，但各方面和各领域的检察工作的内容相差较大，例如，侦查监督工作与民事、行政检察工作，其内容、特点和工作规律就大相径庭。而总体检察政策由于是对特定时期的检察战略的总体要求，其内容是原则性的和高度概括的，对具有不同特点和规律的具体检察工作的指导作用只能是间接的和总体方向性的，所以，反映某一方面、某一领域检察工作的基本规律，解决这一方面和领域的普遍性、基础性问题的基本检察政策就显得特别重要。正因为如此，从某种意义上甚至可以说，如果没有齐备的基本检察政策，就没有检察政策体系，总体检察政策所规定的检察战略这种"宏大叙事"也只能停留在纸面上。

（三）具体检察政策

具体检察政策是基本检察政策在具体问题上的具体对策和行动方案。具体检察政策具有反应敏捷、针对性强、见效快等特点②。在检察政策体系中，具体检察政策处于对策的地位。

按照政治学的理论，政治决策分为战略性决策和策略性决策。战略性决策是制定策略性决策的依据，策略性决策是实现战略性决策的保证③。显然，在检察政策体系中，总体检察政策是战略性决策，基本检察政策是策略性决策，而具体检察政策是针对具体问题的对策。如果说，总体检察政策是检察政策体系的灵魂，那么基本检察政策则是检察政策体系的骨架，而具体检察政策是检察政策体系的血肉。因此，在检察政策体系中，总体检察政策是一元的，基本检察政策是多元的，而具体检察政策则是繁多的。

---

① 王福生：《政策学研究》，四川人民出版社 1991 年版，第 48 页。
② 朱孝清、张智辉主编：《检察学》，中国检察出版社 2010 年版，第 55 页。
③ 王邦佐等主编：《新政治学概要》，复旦大学出版社 1998 年版，第 273 页。

三、检察政策的内容

(一) 总体检察政策的内容

从内容上看，总体检察政策是指检察机关在履行法律监督职能的过程中，提出的宏观层面的指导思想、工作方针。从历史上看，总体检察政策在不同时期冠以不同的名称，如"检察工作方针"、"检察工作总的思路"、"检察工作总体要求"、"检察工作主题"、"检察工作总体思路"，等等。但不管冠以何种名称，只要是总揽全部检察工作，体现检察工作在特定时期的总体发展战略，对于其他检察政策的制订和实施都具有指导作用的指导性、原则性、规划性和战略性的内容，都属于总体检察政策的范畴。

1978 年，检察机关开始恢复重建，同年的第七次全国检察工作会议提出，新时期检察工作的方针是"党委领导、执法必严、保障民主、加强专政、实现大治、促进四化"①。这一工作方针与当时检察机关边恢复工作边逐步开展工作的现实状况是相适应的，不过也存在着较大的历史局限性，主要表现为，检察机关宪法定位模糊、检察工作特点反映不足，等等。

1988 年 11 月 12 日，为了有力地贯彻党中央关于严厉打击严重经济犯罪的方针，保障改革开放健康发展，履行宪法、法律赋予检察机关的职责，在全国检察长工作会议上，刘复之检察长提出了"坚持一要坚决，二要慎重，务必搞准的原则"②。这个工作方针是针对查办具体案件提出的工作方针，对于强化检察机关办案意识和办案自觉，加强检察机关办案能力和业务队伍建设有着显著的意义，但是，"一要坚决，二要慎重，务必搞准"的方针，能否被称为总体检察政策值得斟酌。从近年检察机关工作发展看，"一要坚决，二要慎重，务必搞准"逐渐成为职务犯罪侦查工作的基本检察政策。

1993 年 4 月 13 日，张思卿检察长在全国检察机关法纪检察工作会议闭幕式上指出，检察工作必须紧紧围绕经济建设这个中心，一心一意地为社会主义市场经济建设服务。当前要下大力气狠抓严格执法这个法制建设的中心环节，以推动各项检察工作的发展，树立人民检察院作为国家法律监督机关的权威。要突出查办发生在领导机关、领导干部以及经济管理和执法监督部门工作人员中的犯罪案件，集中力量查办大案要案，不论涉及什么人都要一查到底。此次

---

① 谢鹏程、李勇：《检察工作方针和总体要求的历史发展》，载《人民检察》2008 年第 13 期。

② 孙谦主编：《人民检察制度的历史变迁》，中国检察出版社 2009 年版，第 367 页。

会议正式提出了以"严格执法、狠抓办案"的工作方针统揽各项检察活动①。在"严格执法、狠抓办案"的工作方针中,"办案"不仅限于职务犯罪侦查等检察机关的自侦案件,而且包括检察工作的各个环节。"我们要全面理解八字方针中'办案'的含义,其不是仅仅限于自侦办案,而是在公诉、批捕、民行、监所等各个环节都要严格执法、狠抓办案。用办案理念来统一全国检察干警的意志与行动"②。"严格执法、狠抓办案"的提出,抓住了检察工作的纲,统一了检察机关的执法思想和全体检察人员的行动方向,在全检察系统很快形成了上下一心,集中精力抓办案的工作局面,检察工作面貌为之一新。不过,在"严格执法、狠抓办案"方针中,检察机关作为法律监督机关的法律属性仍然不够清晰。

在 1997 年 11 月召开的全国检察长工作会议上,张思卿检察长提出今后一个时期检察工作总的任务是,高举邓小平理论伟大旗帜,紧密团结在以江泽民同志为核心的党中央周围,坚持党在社会主义初级阶段的基本路线和基本纲领,坚持"严格执法、狠抓办案、加强监督"的工作方针,重点抓好查办贪污贿赂、渎职等职务犯罪大案要案,打击严重刑事犯罪活动和执法监督三项工作。"加强监督体现了检察机关的根本性质和任务,也是国家法律统一正确实施的重要保障,是严格执法、狠抓办案的出发点和落脚点"③。至此,"严格执法、狠抓办案"工作方针被修正为"严格执法、狠抓办案、加强监督"。这是法律监督首次成为检察机关的工作方针。从总体检察政策发展的角度看,"加强监督"也可以看作是"强化法律监督"最终成为检察工作主题的先声和雏形。

1999 年 1 月,在全国检察长工作会议上,韩杼滨检察长代表最高人民检察院提出了"公正执法、加强监督、依法办案、从严治检、服务大局"的检察工作方针。韩杼滨检察长指出:"公正执法,是社会主义法制的根本要求,是检察工作的永恒主题,也是人民群众的强烈呼声;加强监督,是检察机关在国家政治、社会生活中履行宪法和法律赋予职责的主要体现;依法办案,是检察机关全面履行法律监督职责的主要手段和内在要求;从严治检,是建设高素质专业化检察队伍的基本要求,是完成各项检察任务的重要保障;服务大局,

---

① 孙谦主编:《人民检察制度的历史变迁》,中国检察出版社 2009 年版,第 380 ~ 381 页。

② 王松苗主编:《共和国检察人物》,中国检察出版社 2009 年版,第 239 页。

③ 王松苗主编:《共和国检察人物》,中国检察出版社 2009 年版,第 246 页。

是检察工作的政治方向和根本目的，是全部检察活动的出发点和落脚点。"①
"公正执法、加强监督、依法办案、从严治检、服务大局"的检察工作方针继
承了以往工作方针的合理成分，丰富和发展了工作方针的内容，加深了对检察
权的性质和功能的认识，至此，总体检察政策逐渐清晰起来。

2003 年 5 月 30 日，最高人民检察院召开全国检察机关开展"强化法律监
督，维护公平正义"教育活动电视电话会议。2004 年，最高人民检察院根据
党的十六大关于"社会主义司法制度必须保障在全社会实现公平和正义"的
要求和宪法、法律的规定，进一步将"强化法律监督，维护公平正义"提升
为检察工作主题，并提出了"加大工作力度，提高执法水平和办案质量"的
总体要求②。"强化法律监督，维护公平正义"这一工作主题的确立，使得检
察机关作为国家法律监督机关的宪法定位更为明晰，而且突出了检察工作的
"维护公平正义"目的，使全部检察工作都明确了法律监督性质，有力地推动
了检察机关全面履行法律监督职能，使检察工作得到了全面、均衡的发展。

2011 年 7 月 16 日，在第十三次全国检察工作会议上，曹建明检察长作了
题为《强化法律监督、维护公平正义、推动科学发展、促进社会和谐，不断
开创中国特色社会主义检察事业新局面》的报告。在报告中，曹建明检察长
指出，在"十二五"时期，检察工作的总体思路是：高举中国特色社会主义
伟大旗帜，以邓小平理论和"三个代表"重要思想为指导，深入贯彻落实科
学发展观，紧紧围绕科学发展的主题和加快转变经济发展方式的主线，以强化
法律监督、强化自身监督、强化队伍建设为总要求，以执法办案为中心，以深
化三项重点工作③为着力点，以改革创新为动力，推动检察事业全面发展进
步，为顺利实施"十二五"规划纲要、加快建设社会主义法治国家作出新贡
献。全国检察机关和广大检察人员要增强政治意识、大局意识、忧患意识、责
任意识和法治意识，努力实现检察职能作用发挥更加充分，科学合理、协调发
展的法律监督工作格局基本形成，检察队伍素质能力和执法公信力明显提升，
基层基础工作持续加强，中国特色社会主义检察制度进一步完善五大目标④。

随后，为落实第十三次全国检察工作会议的精神，2011 年 9 月，最高人

---

①　王松苗主编：《共和国检察人物》，中国检察出版社 2009 年版，第 266 页。

②　孙谦主编：《人民检察制度的历史变迁》，中国检察出版社 2009 年版，第 404 ~
405 页。

③　"三项重点工作"是指深入推进社会矛盾化解、社会管理创新、公正廉洁执法三
项重点工作。

④　肖玮等：《第十三次全国检察工作会议在银川开幕》，载《检察日报》2011 年 7 月
17 日，第 1 版。

民检察院印发《"十二五"时期检察工作发展规划纲要》，这一《规划纲要》除了重申"十二五"时期检察工作的总体思路以外，还根据第十三次全国检察工作会议成果，提出了检察工作应遵循的"六观"和"六个有机统一"以及"四个必须"。"六观"即：牢固树立推动科学发展、促进社会和谐的大局观，忠诚、公正、清廉、为民的核心价值观，理性、平和、文明、规范的执法观，办案数量、质量、效率、效果、安全相统一的业绩观，监督者更要自觉接受监督的权力观，统筹兼顾、全面协调可持续的发展观。"六个有机统一"为：坚持高举中国特色社会主义伟大旗帜，努力实现检察工作政治性、人民性和法律性的有机统一；坚持以科学发展观为统领，努力实现检察工作服务科学发展与自身科学发展的有机统一；坚持围绕"四个维护、两个促进①"的根本目标，努力实现打击、预防、监督、教育、保护职能的有机统一；坚持贯彻检察工作总要求，努力实现强化法律监督、强化自身监督、强化队伍建设的有机统一；坚持以执法办案为中心，努力实现法律效果、政治效果和社会效果的有机统一；坚持解放思想、实事求是、与时俱进，努力实现继承、创新、发展的有机统一。"四个必须"为：检察权必须严格依法行使，检察权必须受到监督制约，检察职能的发挥必须与经济社会发展相适应，适应人民群众日益增长的司法需求以及执法环境、执法能力、执法保障方面的新变化新要求，努力形成重点突出、布局合理的法律监督工作格局，检察机关的法律监督必须遵循法治原则和司法规律，符合诉讼原理。

我们认为，"十二五"时期检察工作的总体思路和"六观"、"六个有机统一"和"四个必须"的提出和确定，对于总体检察政策而言，具有两个重要意义：

1. 我国检察机关的总体检察政策的基本成熟和稳定

自 1978 年检察机关恢复重建以来，我国检察机关的总体检察政策变化较为明显。从内容的角度看，有的是对检察工作的总体要求，有的则只涉及主要检察工作，而且早期（1978—1993 年）的总体检察政策的内容差别明显，互相之间的衔接和继承关系模糊；从时间角度上说，总体检察政策基本上每五到十年就经历一次大的变化。但是，自从 2003 年"强化法律监督、维护公平正义"的检察工作主题确定至今，检察机关一直坚持这一总体工作方针，总体检察政策没有像既往一样，发生较大的变化，这表明我国检察机关对总体检察

---

① "四个维护、两个促进"是指维护人民群众合法权益、维护社会公平正义、维护社会和谐稳定、维护社会主义法制统一、尊严和权威，促进反腐倡廉建设，促进经济社会发展。

政策的认识逐渐明晰，基本形成共识，总体检察政策的内容基本稳定。

2. 我国检察机关的总体检察政策在基本稳定的前提下继续发展和完善

虽然总体检察政策内容基本稳定，但随着形势的变化和认识的深入，仍有相当重要的发展和完善，而且，可以预见的是，总体检察政策的发展和完善的过程不会停止。这表现在两个方面：

第一，在总体检察政策的内容基本稳定的情况下，随着对检察工作认识的深入，总体检察政策内涵更加明确。2003 年，"强化法律监督、维护公平正义"的提出，确定了总体检察政策的基本内容，但这一总体政策只是确定了检察工作的方向和目的，基本上属于理念的范畴。到 2011 年，"十二五"时期检察工作的总体思路和"六观"、"六个有机统一"和"四个必须"的提出和确定，涉及检察工作方向理念、业务开展、队伍建设和制度创新等方方面面，是一个有机统一的整体，是总体检察政策具体化的表现，"强化法律监督、维护公平正义"得到了显著的深化和发展。例如，在强调"强化法律监督"的同时，"十二五"时期检察工作的总体思路把"强化自身监督、强化队伍建设"放在了特别重要的地位，明确了"强化自身监督、强化队伍建设"是"强化法律监督"重要的手段、方法和途径，这同样表明了人们对总体检察政策认识的深入。

第二，在总体检察政策的内容基本稳定的情况下，总体检察政策随着国家形势和国家政策的发展变化而发展变化。检察工作只是国家政治生活的一个方面、一个部分，总体检察政策也只是国家政策的一部分，是国家政策的具体化表现，总体检察政策必须以国家政策为指导，反映国家政策的内容，因此，国家形势和国家政策的发展变化必然引起总体检察政策的发展和变化。总休检察政策和国家政策的这种关系，在总体检察政策的发展变化中得到了清晰体现。例如，随着"科学发展观"重要思想和"建设和谐社会"国家政策的提出，总体检察政策也应当遵循"科学发展观"和"建设和谐社会"的要求，故"十二五"时期检察工作的总体思路和"六观"、"六个有机统一"和"四个必须"中，明确提出了"强化法律监督"的目的在于"维护公平正义、推动科学发展、促进社会和谐"，使得"强化法律监督"的目的性更强，与国家的政治形势和国家总体政策更为契合，同时，也使得"强化法律监督"和"推动科学发展、促进社会和谐"之间成为一种互为表里的关系，更具可操作性，更易于把握和衡量。

通过对 1978 年检察机关恢复重建以来总体检察政策的梳理，我们可以得出的结论是，总体检察政策经历了一个从初创到完善，从模糊到明晰，从只涉及或者突出部分检察工作到对全部检察工作都有所关注，从只有检察工作部署到基本掌握检察工作内在规律、明确检察机关和检察工作的性质、目的，从只有总体方针到有方法、措施、保证等的细化过程。可以说，目前正在实施的总体检察政策是一个较为成熟、稳定的检察政策。我们可以得到的启示是，总体检察政策作为检察工作的总的工作方针，相对于国家政策和党的政策而言，只具有局部意义，因此，总体检察政策必须以国家政策和党的政策为导向，以满足人民群众对司法的新要求和新期待为目的，随着国家政策和党的政策的发展而发展；总体检察政策只是一个特定历史时期的检察政策，因此，总体检察政策必须能够反映时代精神和时代特色，反映检察制度和检察工作发展的阶段性特征；总体检察政策必须深刻认识和把握检察工作的性质和规律，全面、正确地概括检察工作方针和总体要求，才能全面指导检察工作，完成法律赋予检察机关的工作任务。

（二）基本检察政策的内容

客观地说，收集、整理、概括基本检察政策是一项十分困难的工作。这不仅是因为收集和占有资料的困难，更重要的原因是，在我国的检察实践中，基本检察政策甚至检察政策在检察工作中的作用和意义并未成为检察机关的共识，相应地，制定并实施基本检察政策在大多数情况下也就不是一种自觉的、有意的行为，所以，相当多领域的基本检察政策的内容是模糊不清的。

事实上，由于各方面、各领域的基本检察政策是检察政策体系中极为重要的一个方面，即使不是有意为之，但基本检察政策在各方面、各领域的检察实践中一定会有所体现，而基本检察政策具体内容最集中的体现应当在最高人民检察院召开的各种检察业务工作会议中，如全国检察机关公诉会议、全国检察机关侦查和预防职务犯罪工作会议等。因此，为反映目前基本检察政策的实际状况，下文以最近召开的各种检察业务工作会议为切入点，以《检察日报》对各次会议的报道为分析资料，尝试归纳和概括各方面、各领域的基本检察政策的内容。

按照目前检察权配置的基本分类，可以大体确定目前有九种基本检察政策，即公诉政策、侦查监督政策、职务犯罪侦查政策、职务犯罪预防政策、监所检察政策、控告申诉检察政策（又可分为控告检察政策和申诉检察政策）、民行检察政策（又可分为民事检察政策和行政检察政策）、死刑复核监督政策、未成年人刑事检察政策。在这九种基本检察政策中，死刑复核监督政策和未成年人刑事检察政策与其他的基本检察政策略有不同。死刑复核检察工作，是专项法律监督工作，它的监督对象只是最高人民法院的死刑复核工作；而未成年人刑事检察工作，其工作对象是未成年人犯罪案件，但其涉及的检察工作则具有综合性，既包括批捕、起诉，也包括监所检察等。

1. 公诉政策

2010年6月30日，全国检察机关第四次公诉工作会议召开。曹建明检察长在会议上指出，必须始终保持对严重刑事犯罪的高压态势。要依法履行好指控犯罪职责，严厉打击各种严重危害国家安全、社会治安和市场经济秩序的犯罪，确保社会安定有序、人民安居乐业。要依法严厉打击境内外敌对势力特别是民族分裂势力、宗教极端势力、暴力恐怖势力的犯罪活动，依法从重从快打击侵害学前儿童和师生安全的犯罪活动，深入推进打黑除恶专项斗争。要积极参与正在开展的严打整治行动，与公安机关、人民法院密切配合，依法严厉打击严重影响政权稳固和社会治安的犯罪、严重危害人民群众安全感的犯罪、严重危害人民群众健康的犯罪、严重破坏社会主义市场经济秩序的犯罪，确保社会大局持续稳定。必须更加注重公诉职能的延伸和内涵的深化。要向修复社会关系、预防和减少犯罪、防范办案风险、社会治安综合治理等方面延伸职能、深化内涵。必须切实强化诉讼监督，把监督的重点放在社会各界反映强烈的司法不公案件上，放在容易发生司法人员执法不严、违法犯罪现象的薄弱环节上，放在严重侵犯公民人身权利、财产权利的突出问题上。必须全面贯彻宽严相济刑事政策。要进一步研究各类案件在不同情况下的宽严标准，提高公诉环节贯彻宽严相济刑事政策的水平。对初犯、偶犯、未成年犯、老年犯中犯罪情节轻微、社会危害性不大的人员依法从宽处理，可诉可不诉的尽量不起诉，能不逮捕羁押的尽量变更为其他措施。要善于综合运用宽与严两种手段，对不同的犯罪行为和犯罪分子，对严重犯罪中的从宽情节和轻微犯罪中的从严情节，对实体处理和适用程序，都要体现宽严相济、公平正义的要求①。

通过对上述会议精神的解读和归纳，可以把当前正在实施的公诉政策概括为：全面贯彻宽严相济刑事政策，严厉惩治严重刑事犯罪，对轻微刑事犯罪宽缓处理；注重公诉职能的延伸和内涵的深化，努力做到公诉工作的法律效果、政治效果和社会效果的有机统一；在办理案件过程中注重诉讼监督。

2. 侦查监督政策

2013年6月21日，全国检察机关第四次侦查监督工作会议召开。曹建明检察长在会议上指出，各级检察机关要进一步加大侦查监督工作力度，依法从重从快审查逮捕各类严重刑事犯罪，始终保持高压态势。检察机关侦查监督部门在保证对严重犯罪加大打击力度的同时，要着眼于社会和谐，对于轻微犯罪

---

① 肖玮：《切实把公诉工作纳入三项重点工作的总体格局，充分发挥公诉职能作用推动公诉工作全面发展》，载《检察日报》2010年7月1日，第1版。

以及初犯、偶犯、未成年犯、老年犯等，积极发挥刑事和解制度的作用，加强社会危险性和羁押必要性审查，倡导和推行非羁押诉讼，促进社会关系早日修复。要重视纠正在立案、侦查活动等方面存在的突出问题，促进严格公正规范文明执法，围绕维护社会公平正义推进侦查监督工作。要着眼于案结事了和社会和谐，努力在侦查监督环节做好矛盾纠纷化解工作，促进社会关系的修复，围绕化解矛盾纠纷推进侦查监督工作。要更加注重发挥检察机关在加强和创新社会管理中的法治保障作用，促进提高社会管理法治化、科学化水平，围绕加强和创新社会管理推进侦查监督工作①。

通过对上述会议精神的解读和归纳，可以把当前正在实施的侦查监督政策概括为：依法从重从快审查逮捕各类严重刑事犯罪；对于轻微犯罪以及初犯、偶犯、未成年犯、老年犯等，可捕可不捕的不捕；注重对侦查过程的违法行为的监督；做好矛盾纠纷化解工作，促进社会关系的修复。

3. 职务犯罪侦查政策

2012年6月28日，全国检察机关侦查和预防职务犯罪工作会议召开。曹建明检察长指出，要围绕服务保障经济发展推进职务犯罪侦查和预防工作，进一步加大查办和预防国家重点投资领域、资金密集行业以及房地产开发、土地管理和矿产资源开发、国有产权交易、政府采购中的职务犯罪力度，继续深化商业贿赂和工程建设领域突出问题等专项治理，坚决遏制一些行业和领域职务犯罪易发多发的势头。正确处理执法办案与服务大局的关系，既认真履行职责、坚持依法办案，防止和克服脱离职能搞服务，又要坚持把执法办案放在大局中审视和判断，防止和克服就事论事、就案办案、机械执法。坚持把化解矛盾贯穿始终，通过有针对性的查办案件，促进群众信访和群体性事件的妥善解决，防止因自身执法不当激化矛盾和影响社会稳定大局。要围绕保障和改善民生推进职务犯罪侦查和预防工作，突出查办和预防征地拆迁、社会保障、矿产资源开发、教育、就业、医药购销等民生领域的职务犯罪，"地沟油"、"毒胶囊"等重大食品药品安全事件背后的职务犯罪，国有企业领导人员侵占国家、集体利益和侵害职工群众权益的职务犯罪，农村基层政权组织中发生的贪污、挪用强农惠农富农资金、扶贫资金、救灾救济资金等职务犯罪，以及其他严重损害群众经济权益、人身权利、民主权利的职务犯罪，继续抓好查办和预防涉

---

① 王治国等：《紧紧围绕平安中国法治中国建设，全面加强和改进侦查监督工作》，载《检察日报》2013年6月22日，第1版。

农惠民领域贪污贿赂犯罪、危害民生民利渎职侵权犯罪等专项工作①。

通过对上述会议精神进行总结和归纳，可以看出，在职务犯罪侦查政策中，"一要坚决，二要慎重，务必搞准"仍不失为其中的重要内容。此外，现行的职务犯罪侦查政策中，还包括正确处理执法办案与服务大局的关系和把化解矛盾贯穿职务犯罪侦查始终的内容。

4. 职务犯罪预防政策

在前述全国检察机关侦查和预防职务犯罪工作会议上，对于职务犯罪预防的基本检察政策，曹建明检察长重申了坚持标本兼治、综合治理、惩防并举、注重预防的方针，提出在加大查办案件力度、保持惩治腐败高压态势的同时，更加注重治本，更加注重预防，更加注重制度建设②。这说明，现行有效的职务犯罪预防政策仍为"标本兼治、综合治理、惩防并举、注重预防"。

5. 监所检察政策

2011年11月15日，全国检察机关派出派驻监所检察机构建设工作会议召开。曹建明检察长指出，要牢固树立维护刑罚执行和监管活动的公平公正、维护监管秩序稳定、维护被监管人合法权益有机统一的监所检察工作理念。既要坚持严格、公正、廉洁执法，又要坚持理性、平和、文明、规范执法，使被监管人既感受到法律的尊严权威，又感受到法治文明和司法人文关怀③。

归纳上述会议精神，可以把当前正在实施的监所检察政策概括为：维护刑罚执行和监管活动的公平公正；维护监管秩序稳定；维护被监管人合法权益有机统一。

6. 控告申诉检察政策

2012年5月29日，全国检察机关举报暨涉检信访工作座谈会召开。最高人民检察院副检察长柯汉民强调，各级检察机关要以群众路线为根本，充分发挥举报工作在惩治职务犯罪中的职能作用。要以化解矛盾为主线，切实加强举报初核和答复工作④。据此，控告检察政策可以概括为：以群众路线统揽控告工作全局；以化解矛盾为目的加强举报初核和答复工作。

---

① 肖玮等：《全面加强和改进职务犯罪侦查和预防工作》，载《检察日报》2012年6月29日，第1版。

② 肖玮等：《全面加强和改进新形势下监所检察工作，着力提升刑罚执行和监管活动监督水平》，载《检察日报》2011年11月16日，第1版。

③ 徐日丹等：《以群众工作为统揽扎实做好新时期举报和涉检信访工作》，载《检察日报》2012年5月30日，第1版。

④ 徐盈雁等：《着力解决群众申诉反映的突出问题》，载《检察日报》2013年1月18日，第1版。

2013 年 1 月 18 日，全国检察机关第二次刑事申诉检察工作会议召开。最高人民检察院常务副检察长胡泽君要求，坚持以执法办案为中心，全面加强和改进刑事申诉检察工作，不断提高司法公信力和群众满意度。充分发挥刑事申诉检察职能，着力解决群众申诉反映的突出问题①。因此，当前正在实施的申诉检察政策可以概括为：以执法办案为中心，提高司法公信力和群众满意度。

7. 民事行政检察政策

2010 年 7 月 22 日，全国检察机关第二次民事行政检察工作会议召开。曹建明检察长指出，要坚持把工作的重点放在依法办理民事行政申诉案件上，在加大监督力度的同时，进一步提高办案质量；特别是要从深入推进三项重点工作出发，更加注重化解社会矛盾、推动社会管理创新、促进公正廉洁执法，努力实现办案数量、质量、效率、效果有机统一。要着力构建以抗诉为中心的多元化监督格局，把抗诉与再审检察建议有机结合起来，把纠正错误裁判与纠正违法行为有机结合起来，把办理民事行政申诉案件与发现、移送司法不公背后的职务犯罪线索有机结合起来。要着力加大办理民事行政申诉案件力度，进一步畅通申诉渠道，重点加大办理不服二审生效裁判的申诉案件力度，大力推进检察一体化办案机制建设，加快推行网上办案。要着力提高抗诉案件质量，探索实行合议制度，全面推行抗诉书说理制度，完善跟踪监督机制，健全办案质量评查机制，建立民事行政诉讼监督案例指导制度。要着力发挥民行检察工作化解社会矛盾的职能作用。办理民事行政申诉案件，不仅要纠正错误裁判、维护司法公正，还要把化解矛盾贯穿于执法办案的始终，牢固树立抗诉与息诉并重的观念，对所受理的申诉案件既不一抗了之，也不一推了之，在民行检察工作各个环节，重视做好深入细致的化解矛盾工作，促进社会和谐稳定。要着力加强和改进对行政诉讼的法律监督，认真总结经验，深入研究规律，不断提高行政诉讼监督能力和水平，更好地维护司法公正，促进依法行政，促进社会建设，推进社会管理创新②。

通过对上述会议精神的归纳，可以把民行检察政策概括为：依法办理民事行政申诉案件，注重化解社会矛盾，抗诉与再审检察建议有机结合，纠正错误裁判与纠正违法行为有机结合，办理民事行政申诉案件与发现、移送司法不公背后的职务犯罪线索有机结合。

①　肖玮等：《准确把握民行检察工作的法律监督属性和职能定位，努力在更高水平上推动民行检察工作健康深入发展》，载《检察日报》2010 年 7 月 23 日，第 1 版。
②　叶峰：《积极应对新形势，开创死刑复核检察工作新局面》，载《人民检察》2013 年第 1 期。

8. 死刑复核监督政策

最高人民检察院死刑复核检察厅是最高人民检察院目前最晚成立的检察业务机构。按照最高人民检察院《关于成立最高人民检察院死刑复核检察厅的通知》（高检发政字［2012］61 号）规定，死刑复核检察厅的具体职责为：（1）对最高人民法院复核的死刑案件，认为确有必要的，向最高人民法院提出意见；（2）对最高人民法院通报的死刑复核结果进行分析研究；（3）负责对省级人民检察院审查的死刑二审案件工作进行业务指导；（4）承担检察机关办理死刑案件适用死刑政策和死刑标准的研究工作；（5）承担院领导交办的其他相关工作任务。

2013 年，死刑复核检察工作的总体思路是：以邓小平理论、"三个代表"重要思想、科学发展观为指导，全面贯彻落实党的十八大、全国政法工作会议、全国检察长会议精神，以贯彻落实修改后刑诉法为契机，着力强化死刑复核法律监督、强化对检察机关适用死刑政策和把握死刑标准的指导、强化死刑复核检察队伍建设，不断提高办案质量和效率，促进死刑的公正慎重适用，努力开创死刑复核检察工作新局面①。

如前所述，死刑复核检察工作，是专项法律监督工作，它的监督对象只是最高人民法院的死刑复核工作。实际上，从广义上说，死刑复核监督是死刑适用的一部分，相应地，死刑复核监督政策也应是我国死刑政策的一部分。这从前述最高人民检察院死刑复核检察厅的工作职责和 2013 年工作思路上也可以得到印证。

自 1949 年中华人民共和国成立以来，我国的死刑政策就一直是"保留死刑，严格限制死刑，坚持少杀慎杀"②，其中，"保留死刑"主要是刑事立法政策，"严格限制死刑"既是刑事立法政策，也是刑事司法政策，"坚持少杀慎杀"则是刑事司法政策。死刑复核监督政策只涉及死刑的刑事司法政策，故可将死刑复核监督政策概括为：严格限制适用死刑，坚持少杀慎杀，强化对死刑复核的监督。

9. 未成年人刑事检察政策

修订后的《刑事诉讼法》第 266 条第 1 款规定："对犯罪的未成年人实行教育、感化、挽救的方针，坚持教育为主、惩罚为辅的原则。"实际上，在《刑事诉讼法》修订以前，国家对未成年人犯罪即有"两减少、两扩大"政

---

① 刘仁文：《刑事政策初步》，中国人民公安大学出版社 2004 年版，第 317 页。

② 卢希起：《检察政策的价值功能及其运行规范》，载《检察日报》2011 年 5 月 9 日，第 3 版。

策，即"对初犯、偶犯、未成年犯、老年犯中一些罪行轻微的人员，依法减少判刑、扩大非罪处理；非判刑不可的，依法减少监禁刑、扩大适用非监禁刑和缓刑。""两减少、两扩大"政策和《刑事诉讼法》、《未成年人保护法》中的相关内容构成了国家关于未成年人犯罪的基本刑事政策，未成年人刑事检察工作是未成年人犯罪治理工作的一部分，故未成年人刑事检察政策也是未成年人犯罪刑事政策的一个组成部分。

2012 年《刑事诉讼法》修改后，最高人民检察院即于同年 10 月颁布了《关于进一步加强未成年人刑事检察工作的决定》，从这一文件中可以概括出未成年人刑事检察政策的基本内容。该《决定》规定："要综合犯罪事实、情节及帮教条件等因素，进一步细化审查逮捕、审查起诉和诉讼监督标准，最大限度地降低对涉罪未成年人的批捕率、起诉率和监禁率。对于罪行较轻，具备有效监护条件或者社会帮教措施，没有社会危险性或者社会危险性较小的，一律不捕；对于罪行较重，但主观恶性不大，真诚悔罪，具备有效监护条件或者社会帮教措施，并具有一定从轻、减轻情节的，一般也可不捕；对已经批准逮捕的未成年犯罪嫌疑人，经审查没有继续羁押必要的，及时建议释放或者变更强制措施；对于犯罪情节轻微的初犯、过失犯、未遂犯、被诱骗或者被教唆实施犯罪，确有悔罪表现的，可以依法不起诉；对于必须起诉但可以从轻、减轻处理的，依法提出量刑建议；对于可以不判处监禁刑的，依法提出适用非监禁刑的建议。要把诉讼监督的重点放在强化对涉罪未成年人刑事政策的贯彻落实上，防止和纠正侵犯未成年犯罪嫌疑人、被告人合法权益的违法诉讼行为和错误判决裁定。对未成年人轻微刑事案件的立案监督、追捕、追诉以及对量刑偏轻判决的抗诉，要严格把握条件，充分考虑监督的必要性。要重视对诉后法院判决情况的分析，进一步改进工作方式，完善质量规范，不断提高审查批捕、审查起诉、提出量刑建议的能力和水平。"据此，可以将未成年人刑事检察政策概括为依法少捕、慎诉、少监禁。

如前文所述，基本检察政策在检察政策体系中处于极为重要的地位。但是，通过对目前正在实施的基本检察政策的归纳和梳理，可以得出的结论是，基本检察政策实际上处于一种"隐性状态"，即对某一方面、某一领域的检察工作部署中，经常提到的是"体制"、"机制"、"制度"，很少或者基本不提的是"策略"和"对策"，尽管"体制"、"机制"、"制度"等隐含着政策、策略和对策的基本目标和方法，但"体制"、"机制"、"制度"等绝不是政策或者策略的全部。这种状况表明，尽管基本检察政策实际存在，并发挥着连接法律和检察实践，指引各方面、各领域检察工作行为方向的作用，但基本检察政策甚至检察政策这一概念尚未成为检察实践中被经常使用的工具。以至于

"检察政策在司法实务中的适用有时存在着'形无实存'的矛盾现象，检察人员在司法实践中不直接援引检察政策作为裁定司法个案的依据，但是在考虑个案的时候，仍然会不自觉地考虑检察政策的运用，只是这种适用掺杂了较多的主观因素。检察人员对检察政策的适用在一定程度上表现得比较随意：既可以选择适用，也可以选择不适用"①。事实上，正是由于检察政策特别是基本检察政策处于一种"隐性状态"，才会导致检察政策的权威性不足，导致在检察实践中对检察政策适用的随意性。所以，在当前，在检察实践中，应当强化检察政策特别是基本检察政策的意识，即在最高人民检察院和省级人民检察院进行工作部署时，在严格执法的前提下，要提高基本检察政策的权威，明确基本检察政策的作用；各级检察人员在办理具体案件时，要自觉适用检察政策，使检察政策成为"检察文书说理"的依据之一，并以检察机关的案件质量绩效考核指标作为督促各级检察人员适用检察政策的手段；同时要加强对检察政策特别是基本检察政策和具体检察政策的检验和评估，当发现"情势变更"时，应当及时调整基本检察政策的内容。

（三）具体检察政策的内容

与总体检察政策和基本检察政策相比，具体检察政策更具灵活性、时效性和地域性，因而也更能体现检察政策对法律所确定的行为模式的一种因时制宜、因地制宜的补充和说明的特点。

同时，如前所述，具体检察政策的数量是繁多的。可以毫不夸张地说，制定并组织实施具体检察政策是各级检察领导机构如各级人民检察院党组、检察委员会和检察长的日常工作之一，而制定并组织实施具体检察政策也是各级检察领导机构领导和管理检察机关各项业务工作的重要手段之一②。

由于具体检察政策的数量繁多，本文不可能对所有的具体检察政策一一列举，在此仅举一例说明具体检察政策与总体检察政策、基本检察政策的关系。

在职务犯罪侦查工作的基本检察政策中，正确处理执法办案与服务大局的关系是其中的重要内容。这是职务犯罪侦查基本检察政策对总体检察政策中"强化法律监督、维护公平正义、推动科学发展、促进社会和谐"以及牢固树立推动科学发展、促进社会和谐的大局观和坚持以执法办案为中心，努力实现

---

① 毛泽东说："领导者的责任，归结起来，主要地是出主意、用干部两件事。一切计划、决议、命令、指示等等，都属于'出主意'一类。"由此可见，所谓出主意，就是制定政策，决定行动方向。参见《毛泽东选集》第2卷，人民出版社1991年版，第27页。

② 谢鹏程：《论检察政策》，载《人民检察》2011年第3期。

法律效果、政治效果和社会效果的有机统一等内容的贯彻和落实。正确处理执法办案与服务大局的关系就要求在具体检察政策的制定中，对于职务犯罪侦查中的"涉企"案件，需要根据形势、地域等特点，因时制宜或者因地制宜把握好法律政策的界限和尺度，既要依法惩治犯罪者，又要保障企业的正常生产经营。在 2008 年下半年到 2009 年，严重的金融危机席卷全球，我国经济发展受到了极大威胁，相当多的企业经营困难。以山东省、浙江省、广西壮族自治区等人民检察院为代表的各级各地人民检察院纷纷发布"关于服务和保障经济平稳较快发展的意见"等具体检察政策，发挥检察职能，支持企业渡过难关。例如，浙江省人民检察院于 2008 年 11 月 10 日发布的《关于服务加快经济转型升级的若干意见》就规定："在办理'涉企'案件时，坚持做到'五个不轻易'，即不轻易扩大案件的知情面，不轻易传唤企业公司经营管理者，不轻易查封、冻结企业账目和银行账户，不轻易追缴涉及企业的生产经营款物，不轻易报道有损企业形象和声誉的案件，全力维护企业正常的生产经营秩序。在办理企业牵涉到非法集资、侵犯知识产权、危害资源环境、商业贿赂、资金借贷等方面的刑事、民事案件时，尽可能通过执法维持、优化有发展前景的困难企业、劳动密集型中小企业的生存，努力通过办案化消极因素为积极因素。""五个不轻易"是一种典型的具体检察政策，是地方检察院依据总体检察政策和基本检察政策，根据本地的实际情况和当时特殊的经济形势作出的具体检察政策。

对于能够较好地贯彻落实总体检察政策和基本检察政策的具体检察政策所收到的良好的法律效果、政治效果和社会效果，最高人民检察院给予了充分的肯定。例如，针对前述各级各地人民检察院作出"五个不轻易"等具体检察政策，曹建明检察长在 2013 年"两会"工作报告中，在对过去五年检察工作回顾时指出："依法妥善办理涉及企业案件，注重改进执法办案方式，加强与企业或其主管部门沟通，慎重使用强制措施，慎重扣押涉案款物，保障企业正常生产经营。"

四、检察政策指导检察实践的途径和环节

（一）检察政策指导检察实践的途径

检察政策作为指导检察工作、推进检察改革的重要载体，其内涵丰富、形式多样。检察政策的制定必须以执政党的政策为指导，以检察实践的需要为基础，同时还要考虑司法工作全局的配套性和协调性。"对于检察工作而言，检察制度是基础，检察政策是指导。因此，检察政策作为检察管理的一种方式，

对于检察工作的科学发展具有重要意义。"① 从总体上看，检察政策对检察实践的指导可以通过以下两条途径实现，即整体指导与个案指导。

1. 整体指导

由于检察政策一般是由检察机关的领导机构制定的指导检察工作的规范、方针和意见，具有权威性、普遍性、灵活性等特点，其目的是为了调整检察工作关系，并以解决检察工作中的一般性问题为导向。因此，它对检察工作的指导主要体现在整体性的指导上。不管是最高人民检察院制定的国家检察政策，还是省级人民检察院、分州市人民检察院制定的地方检察政策，通常情况下，都是针对特定时期检察工作的总体发展战略或者某一方面的检察工作而制定的。如前所述，检察政策具有明显的体系性和层次性。在检察政策体系中，总体检察政策具有最高的权威性和指导性，但因为总体检察政策在整个检察政策体系中处于检察战略的地位，所以总体检察政策具有全局性、原则性和纲领性的特点。总体检察政策的这一特点，决定了总体检察政策的内容只能是高度概括性的，需要基本检察政策和具体检察政策予以具体化，从这个意义上讲，总体检察政策对具体检察工作的指导只能是间接的，总体检察政策对检察实践的指导必须通过基本检察政策和具体检察政策才能实现。例如，对于公诉工作而言，2005 年召开的全国检察机关第三次公诉工作会议就较好地说明了这一点。在这次会议上，邱学强副检察长就明确指出，当前和今后一个时期公诉工作的总体任务是：坚持以邓小平理论和"三个代表"重要思想为指导，认真贯彻落实"强化法律监督，维护公平正义"的检察工作主题，依法指控犯罪，强化诉讼监督，提高办案质量，积极推进公诉改革，加强公诉队伍专业化建设，全力维护社会稳定，切实保障人权，为构建社会主义和谐社会作出积极贡献②。"用检察工作主题统揽全部公诉工作，关键是要按照强化法律监督、维护公平正义的要求，统筹兼顾，科学确立公诉工作的格局，全面正确履行指控犯罪和诉讼监督职能，努力提高办案质量……指控犯罪和诉讼监督是公诉工作的基本职能，确保办案质量是公诉工作的基本要求，三者互相联系、辩证统一，共同构成了公诉工作的整体。在新的历史时期，以检察工作主题为统揽，加强和改进公诉工作，就必须坚持依法指控犯罪、强化诉讼监督、提高办案质

---

① 袁正兵等：《全面加强公诉工作 深入推进法律监督》，载《检察日报》2005 年 5 月 26 日，第 1 版。

② 《用检察工作主题统揽全部公诉工作》，载《人民检察》2005 年第 14 期。

量三者并重的格局，进一步加大工作力度，提高法律监督水平。"①

2. 个案指导

由于检察政策的内容非常广泛，包括检察工作的目标、方针、原则、策略等。在其调整的职能活动中，最为关键的就是业务工作，体现的就是检察政策对个案的指导作用。尽管检察政策在制定时只是针对检察工作中面临的一些问题作出一般性的规定，主要涉及一般性、长期性、多发性的问题，解决的方式也是以规则包括理念、原则、规范等形式来表现，但是检察官在办理业务处理个案时，必须以这些理念、原则和规范来指导自己的日常工作，只有这样，才能取得良好的办案效果和社会效果，才能真正实现检察职能在实现社会公平正义中的价值。

（二）检察政策指导检察实践的环节

一般认为，检察政策对检察实践具有引导功能、管制功能、调控功能和分配功能等，要实现这些功能，最为关键的是实施和执行环节。检察政策制定后，若想达到预期效果，其前提条件是这些政策必须得到不折不扣的执行。检察政策能否得到有效执行，关键在于政策的内容能否转化为检察人员（特别是检察长）的思想观念和行为规范，而"检察政策能否转化为检察人员的思想观念和行为规范又取决于两个因素：一是执行检察政策的机构是否具备必要的执行力；二是检察政策执行过程中是否具备必要的信息反馈和调整机制"②。也就是说，检察政策的执行首先要让检察人员理解和把握检察政策的内涵及要求，并将之细化到自己的日常工作中，而这些日常工作也就是实现检察职能的过程。因此，从检察机关在诉讼过程中实现检察职能的程序来看，检察政策指导检察实践的环节可以分为侦查、起诉、审判和刑罚执行几个环节。限于篇幅，本文着重讨论刑事司法主要环节。

1. 侦查环节

检察政策对侦查环节的指导作用，既包括检察机关自身对职务犯罪的侦查活动，也包括对公安机关侦查活动的监督。无论是检察机关自身的侦查活动还是对侦查活动的监督，都必须以检察政策中所声明的一系列的检察理念和检察工作目标为指导。

---

① 有关公共利益的详细规定，可参见季美君：《中澳检察制度比较研究》，北京大学出版社 2013 年版，第 327～328 页，附录六《澳联邦检察总署起诉政策》。

② 陈光中、［德］汉斯·约格·阿尔布莱希特主编：《中德不起诉制度比较研究》，中国检察出版社 2002 年版，第 105 页。

值得注意的是，在有了一定的线索要决定某一具体案件是否应该立案侦查时，相关检察政策的指导作用就更加显现。此时，检察政策的指导作用主要体现在侦查某一案件是否具有必要性或者说是否符合整个社会的发展方向。另外，公安机关在侦查刑事案件过程中，提请批捕时，检察机关是否批准公安机关提请逮捕的申请，也应在相关检察政策的指导下，就个案作出适当的决定。也许，不少检察人员在平时工作时甚少会主动想起有关检察政策中的具体规定，但检察政策中隐含的理念、观念、规则等会以潜移默化的方式发生作用。比如说"三个效果有机统一"这样的理念，虽不像犯罪构成要件理论那样体现在每一起犯罪案件中，但检察人员在办理案件时，必须以此来指导自己的具体工作，而且在办理案件时还要以此为标准作出决定。

2. 起诉环节

随着刑事司法制度的完善，为确保刑事司法的公正性和一致性，侦查权与起诉权的分离已成为刑事诉讼程序的必然结果。起诉权在整个刑事诉讼过程中的价值越来越显现，而且经过长时间的司法实践后，人们也已达成共识：并不是所有的刑事犯罪都必须自然而然地要以刑事起诉而告终。这自然就涉及审查起诉的标准问题，即符合什么样的条件，案件被起诉并继续进行诉讼是合理的。由于可用于起诉活动的司法资源是有限的，只起诉那些合适的、有价值的值得起诉的案件而不将资源浪费在不合适的案件上，无疑是审查起诉的核心价值所在。因此，检察政策对起诉的指导作用直接体现在起诉标准上，即起诉什么样的案件是值得的、是合理的？

在起诉环节，检察政策对检察实践的指导作用主要体现在起诉政策中。而起诉政策主要规定起诉的准则及标准问题。例如，《澳大利亚联邦起诉政策》在总则中明确规定：通过起诉，检察官必须确保自己的行为能够维护、促进和保障公正的利益。从最终的结果来分析，检察官既不是政府的奴仆，也不是个人的奴仆，他或她应是公正的奴仆。而且规定：检察总署追求的标准是公正性、公开性、一致性、负责性和高效性，在实现这些标准的过程中，维护其所服务的公众的信任。可见，公正是起诉的最高指导原则，同时还要实现公开性、一致性和高效性等标准，从而获得公众对司法的信任。

从英美法系国家的起诉政策来看，"公共利益"在起诉中占有相当的分量。无论是英国的皇家检察总署（the Crown Prosecution Service），还是澳大利亚的联邦检察总署（the Commonwealth Director of Public Prosecutions）在其起诉政策中都对公共利益所包含的因素作了详细而全面的规定①。与此同时，他们还明确规定起诉案件要符合两大标准：一是证据标准；二是公共利益标准。也就是说，一个案件即便证明犯罪的证据充分，但如果不符合"公共利益"这一标准，也不应该起诉。有关"公共利益"的标准也不是空洞无物的，他们在起诉政策中详细地罗列了案件中可能遇到的种种情况。这一详尽而细致的规定，可以从各个方面提醒检察官在证据条件具备的情况下，考虑公共利益是否要求起诉时，可以从案件所涉及的各种因素进行衡量。由于每个案件的具体情况五花八门，在每个案件中，需要考虑的有关公共利益的侧重点有所不同，但检察官在考虑一个案件是否应该起诉或继续进行时，必须从公共利益出发，细致考察案件的方方面面，如犯罪者的个人情况，如背景、年龄、智力、身体健康状况、心理状况或者特殊的弱点等，同时还要考虑犯罪本身，如严重性、加重情节或者相反情况，以及是否愿意在侦查或起诉中与其他人合作或者合作的程度如何等；另外，还要考虑案件在处理过程中，对社区和谐和公众信任度的影响，等等。总之，要对整个案件及其所涉及的各种问题进行全面的审查，并综合这些情况后，才能对案件作出是否起诉的最后决定。当然，一个案件是否应该起诉，首先要看其证据是否达到起诉的标准，即是否有足够的证据证明有"定罪的现实可能性"，只有在满足第一阶段的证据检验标准（the evidential test）后，接着才考虑第二阶段的公共利益检验标准（the public interest test）。但在决定一个案件是否应起诉时，上述这些因素以及其他因素的适用及分量，都要视每个案件的具体情节而定。不过，需要注意的一点是，在起诉一个案件时，这两个检验标准必须同时满足，否则不管案件有多重要、犯罪有多严重，如果没有收集到足够的证据，该案件自然不应该被起诉；但是，即便已收集到足够的证据，要是公共利益不支持其起诉，该案件也不应该起诉。公共利益在决定案件是否起诉时的分量是不容忽视的，它完全可以让一个案件停止诉讼。

事实上，类似于英美国家起诉的"公共利益检验标准"在我国的公诉工作中也是存在的。例如，在对案件决定是否作出相对不起诉决定时，《刑事诉讼法》规定的"犯罪情节轻微，依照刑法规定不需要判处刑罚或者免除处罚"相对不起诉条件中，就隐含着要求检察机关对公共利益的考量。"法律赋予检察机关的起诉斟酌权是限制在法定条件之内的选择权。该项权力的运用完全取

---

① 王东：《论不起诉裁量中的公共利益原则》，载《广西政法管理干部学院学报》2008 年第 4 期。

决于检察官能否正确理解立法原意、能否真正从公益的角度进行利弊权衡"①。事实上，我国法学理论对公共利益衡量的精神一直都是予以认同的，而且检察机关在司法实践中做出不起诉裁量时也都考虑了公共利益原则②。在这里，所谓起诉斟酌权、裁量权和公共利益的考量实际上主要是检察官在公诉工作中对检察政策的理解和运用。不过，有实证研究表明，检察官在处理涉及经济发展与社会管理公诉政策的案件中"不愿意"裁量性地处理案件③。造成这一现象的一个重要原因就是由于我国的公诉基本政策处于"隐性"状态，对于在公诉裁量中，公诉政策模糊、分散、操作性差，有些具体的公诉政策，只有口号式的政策要求，而缺乏明确、细致的政策界限和操作规范，无法最大限度地保障检察官的职业利益，甚至对于公共利益的考量标准和要求没有任何规范性文字，一线检察官根本不清楚甚至都没有听说过有"公诉政策"，所以一线检察官为求自保，对有些公诉政策避而不用。

由此可见，作为检察政策中重要内容之一的公诉政策对起诉工作的指导应当是直接而强有力的，起诉政策中规定的标准直接决定一个案件应该起诉还是不起诉④。因此，起诉政策制定的是否合理，是否明确、具体、可操作直接影响着具体的公诉政策的运用，也强烈地影响着案件的起诉质量和法律效果、社会效果和政治效果的统一。

3. 审判环节

从检察机关的职能来看，在审判环节，检察机关的功能是支持公诉，而公诉的目的是惩罚犯罪、伸张正义。因此，在审判过程中，检察政策对检察工作的指导主要从检察官履行职责的理念和信念上来体现，检察官在法庭上支持公诉的最终目的是实现个案的公平正义，检察官要忠于职守，切实履行自己的客观公正义务。"检察官客观公正义务是指检察官为了实现司法公正，在刑事诉讼中不应站在当事人的立场、而应站在客观立场上进行活动，努力发现并尊重事实真相。其基本内涵是：坚持客观立场、忠实于事实真相、实现司法公正。

① 左卫民等：《中国刑事诉讼运行机制实证研究（二）：以审前程序为重心》，法律出版社 2009 年版，第 165 页。
② 韩红兴：《论我国新刑事诉讼法下的公诉方式变革》，载《中国刑事法杂志》2013 年第 4 期。
③ 朱孝清：《检察官客观公正义务及其在中国的发展完善》，载《中国法学》2009 年第 2 期。
④ 黄京平、王烁：《论刑事政策的评估——以建立指标体系为核心》，载《中国刑事法杂志》2013 年第 7 期。

其中坚持客观立场是基石，忠于事实真相是核心，实现司法公正是目的。"①
这也是我国检察政策中的应有之义，与检察官作为"国家与公共利益代表"
和"准司法官"的角色定位相一致，也与我国检察机关是法律监督机关应履
行的职责相吻合。有关这方面的检察政策多是最高人民检察院制定的指导检察
工作的方针、主题和总体要求等，是检察政策中最高层次的总体检察政策所要
涵盖的内容。

4. 刑罚执行环节

刑罚执行是实现刑罚目的的重要阶段，是刑法真正发挥其威慑力的不可缺
少的组成部分，刑罚执行的恰当与否直接影响到刑罚功能的发挥及对犯罪人人
权的保护。刑罚执行权是指依法享有执行权的人民法院、监狱、公安机关等刑
罚执行机关，根据人民法院依法做出的生效刑事判决、裁定，依法执行刑罚的
权力。而刑罚执行监督与侦查监督、审判监督共同构成了检察机关刑事诉讼监
督的基本框架，对保障刑事诉讼目的的最终实现具有不可忽视的作用。检察政
策中的业务政策自然包括刑罚执行监督方面的内容，刑罚执行监督权也是检察
机关的重要职能之一②。

目前，我国的刑罚执行监督存在着监督手段软弱、监督措施乏力、监督程
序粗疏等诸多问题③，且在监督中侧重于保障刑罚报复性功能的发挥，相对忽
视了对服刑罪犯个人权利的尊重与保护，因此，监狱内虐待体罚罪犯、侵犯罪
犯合法权益甚至造成被监管人员伤残或死亡的现象时有发生，同时也限制了检
察机关刑罚执行监督功能的有效发挥。要想改变这一现状，首先需要从检察政
策层面予以重视，同时还应加强政策的执行力。毫无疑问，同样的检察政策、
同样的条件，在不同的检察机关或者不同的内设机构可能产生截然不同的结
果，究其原因就是在执行力上存在差异。

五、检察政策指导检察实践的障碍

检察政策的执行是政策周期理论中的一个中间环节，政策的制定、执行、
评估、监控以及政策的终结一起构成了一个完整的政策周期④。同时，执行的
过程也是检验政策正确与否的唯一标准。一方面，检察政策的妥善执行与否，

---

① 陈坚：《刑事法律监督的立法完善》，载《法学》2006 年第 8 期。
② 陈振明：《政策科学——公共政策分析导论》，中国人民大学出版社 2003 年版，第
387 页。
③ 卢希起：《检察政策的功能》，载《国家检察官学院学报》2012 年第 4 期。
④ 顾培东：《能动司法若干问题研究》，载《中国法学》2010 年第 4 期。

是衡量各级检察机关工作质量和效能的一个重要因素。另一方面，检察政策是提高检察机关执法水平的管理手段。但要是检察政策在现实中不能得到有效的执行，其功能自然就无法全面发挥。从实证调研来看，主要存在以下两个方面的障碍：

（一）虚置化

由于检察政策是关于检察工作的目标、方针和策略的思想理念，多从宏观上对检察实践进行指导，在不少情况下，与具体的检察工作存在一定的距离，甚至是相当遥远的距离，普通的检察人员在日常工作中并不在意检察政策这一根本性的要求，因而，检察政策就容易被虚置化。检察政策制定得再合理、再科学，若在检察实践中得不到切实有效的执行，而是被虚置化，那也是形同虚设。

检察政策被虚置化的原因主要是检察工作人员的政策意识不够强。作为检察政策的具体执行者，检察人员在日常工作中，多注重立法的规定与诉讼规则的解释，较少关注检察政策对自己工作职责的要求。诚然，检察政策的内容也要反映立法的精神与要求，但在不少时候，则是根据一定时期的政治形势和任务，结合当时的社会条件、社会期待与检察工作的实际情况，针对检察工作中存在的问题，以解决问题为目标制定的。因此，检察政策对检察工作的指导更具直接性、灵活性和现时性，因而对个案的影响作用也更具效果。但是，如果检察工作人员的政策意识不强，在办理案件时，并不知晓当前检察政策的导向，检察政策的作用自然也就无从谈起。

目前，我国检察政策在执行过程当中，虽然已形成了以注重政策宣传、重视政策实验等有效的经验和模式，但随着法治的推进和时代的变化，仍需要进一步创新检察政策的执行模式。另外，从政策周期理论来看，目前，我们对检察政策的评估、监控以及终结的重视程度、实践操作都比较薄弱，要想提高政策的执行力，必须从倡导理念、加强制度建设与大胆实践探索等三方面着手，完善对检察政策的评估、监控与终结程序①。

（二）选择性适用

检察政策在执行中，除了被虚置化这一问题外，还面临着被选择性适用问题。经调研发现，检察政策在司法实践中的适用有时存在着"形无实存"的现象，因检察政策的表现形式是讲话、意见、措施、规范等，内容并不像法律

---

① 朱孝清、张智辉主编：《检察学》，中国检察出版社 2010 年版，第 552 页。

规定那样明确。因此，在司法实践中，检察人员并不直接引用检察政策作为裁定个案的依据。但是，在考虑个案的处理时，不少检察人员还是会不自觉地考虑检察政策的规定而加以运用。但这种运用带有很大的随意性，同时也掺杂了较多的主观因素，检察人员可以选择适用，也可以选择不适用，并不像适用法律那样带有强制性。如"宽严相济"、"未成年人犯罪"等司法政策等，在司法实践中不同程度地存在着被"虚置"和"选择性适用"等问题。从调研中了解到，某些地方的检察机关及检察人员对检察政策的实践价值并没有恰当理性的认识，部分检察人员对检察政策的认识也不够清晰，甚至对相关检察政策是否存在都不够确信，因而就导致了司法过程中，检察政策这一环节的知识链条缺失。因此，一旦选择适用的概率不大，那么检察政策能产生的各种功能自然也就大打折扣，而效果也就不那么尽如人意了。如何避免检察政策的选择性适用，并充分发挥检察政策的正向引导功能，应当是当前亟须深入研究的问题。

六、强化检察政策指导作用的对策与出路

从检察政策的功能来看，检察政策对检察实践具有全方位的指导作用是毋庸置疑的。但是，在司法实践中，检察政策所能发挥的现实作用却相当有限，这一点也不可否认。尤其是在社会转型时期，检察工作所面临的机遇与挑战是并存的，其角色定位也具有一定的复杂性，检察政策因其具有即时性和灵活性的特点，可以更好地指导检察实践，为检察工作的良性循环提供切实有效的指导，为此，我们认为首先要从以下几个方面入手：

（一）加大学习动员力度

尽管检察机关自恢复重建以来，特别是近十年来，最高人民检察院出台了一系列的检察政策，内容丰富，涉及面广。毫无疑问，这些政策性文件对检察实践，尤其是当前的检察工作具有直接的有针对性的指导作用，但事实上，平时主动认真阅读深入了解这些文件的检察工作人员并不多。尽管在各检察机关内部都有文件传阅制度，但真正花时间去仔细翻阅的人也寥寥无几。另外，从根本上来说，检察权是公权力，"检察政策不仅是检察机关内部的工作性文献，也是检察机关面向大众的法治宣言，它承担着向公众传递检察权行使的原则、重心、方式和程序等方面的信息"，而且，从检察工作的根本要求来看，检察工作也"应当把追求公共政策的实现作为司法的基本导向之一，一方面旨在从宏观上调校检察权在中国政治结构中的定位，把检察工作自觉融入到社会全局的运行之中，通过检察工作所特有的功能和作用的发挥，推动社会的发

展和进步；另一方面，在实际运作层面上，引导和启示检察机关及检察人员超越单一的法律思维以及对案件简单化认识的视野局限，关注社会总体目标的要求，关注社会发展与变化的趋势，关注社会现实矛盾和纠纷的复杂性，关注民生、民情和民意的总体状态，特别是注重检察工作的社会影响和社会效果，把个别化的检察工作放置到社会目标的实现以及社会发展的大背景下予以认识和考虑，即是在司法过程中确立并践行'大局观'"。要做到这一点，最为重要的就是学习领会检察政策中所蕴含的思想、理念及法治精神。

因此，为了让精心制定出来的检察政策能够深入人心，都应该让相关的检察人员知晓，检察政策只有得到检察机关和检察人员的认可，才会自觉地把检察政策运用到日常工作中，才会在检察工作中遵循检察政策的指引并乐意全力执行检察政策，从而真正发挥检察政策应有的种种功能。

(二) 重视对检察政策的评估和监控

从政策的周期理论来看，一个完整的政策要经历制定、执行、监控、评估、反馈调整以及终结这几道程序，这些程序中无论缺哪一道，都会影响检察政策发挥应有的作用。目前，从实际情况来看，检察机关比较重视检察政策的制定与执行，但对评估、反馈调整和终结等程序不够重视。事实上，一项政策出台以后，对检察实践的作用究竟如何，有没有达到预期的目的，是否存在未曾预料到的负面作用，这些信息都只有通过评估程序才能取得。而政策执行中的反馈调整程序更是评估的后续步骤，只有科学地评估政策执行的效果并准确地反馈给检察政策的制定者，才能判断政策的内容是否符合客观实际，是否达到预期的效果以及是否出现预期之外的效果，从而对评估结果进行理性分析并在合适的范围内予以适当调整以便对政策的未来走向作出基本判断。

(三) 修改绩效考评机制

检察机关建立绩效考评机制的目的是为了调动检察人员的工作积极性和主动性，并对工作质量的好差进行评价以持续提高执法水平和办案质量，是检察机关绩效管理的核心目标。检察工作要想全面、协调、可持续的发展，必须建立一套长期适合检察工作发展的考核机制，用机制来规范并促进检察工作的健康发展，因而，建立以绩效考评为核心的考核制度是绩效管理的重要内容之一。检察政策对检察工作具有管制功能，可以通过政策性文件来改变或者修正检察机关和检察人员既有的行为模式，这种改变或者修正途径，既可以是积极性的管制，也可以是消极性管制，而几年前在各检察机关内部建立的绩效考评机制可以说是积极性的管制。但这种管制带有强制性的特征，它要求检察政策的目标群体必须做什么或者不做什么，因而绩效考评机制中所规定的考核的具体内容将直接引导并影响检察人员的努力方向和工作目标。

但是，由于当前绩效考评机制中将考核对象进行量化，考评指标缺乏科学性和良好的导向作用，绩效考评机制并没有如愿地发挥应有的作用，相反，却带来不少负面后果，使检察工作发生偏差甚至出现考评数字弄虚作假的现象。比如，在立案监督工作中，目前的考评多以立案监督的数量记分，同时又要求监督后立的案件能诉得出、判得下，有些部门为了加分，就造假立案监督的数量，如将检察机关自身办理的案件全算在立案监督的名下，或者为了各部门的名声和利益，部门之间产生摩擦或矛盾，如侦查监督部门与起诉部门在统计立案监督案件数量上常会出现矛盾等，甚至对其他重要检察政策的落实产生消解作用。

因此，针对当前检察机关内部绩效考评机制所出现的问题，应当对绩效考评机制进行修改完善，使其更具科学性和合理性，从而充分发挥绩效考评机制应有的积极作用，对各项检察工作质量的好差作出客观如实的评价，让被考评者心服口服，真正达到调动检察人员工作积极性和主动性这一目的，最终使检察工作走上全面、协调、可持续发展的快车道。事实上，"检察政策是静态的检察制度向动态的检察制度转化过程中的调节工具，也是在检察制度基础上调控检察活动的规范体系。它对于检察制度的发展和完善以及检察活动实现法律效果、社会效果和政治效果的统一都具有重要的调控作用"。毫无疑问，检察政策在指导检察实践良性运作中的重要价值是显而易见的，但要想在司法实践中真正地实现这些价值，除了要对上述提到的几个方面进行修改完善外，在我国目前的检察体制下，最为关键的是领导层面的重视，因各级检察机关的领导不仅是检察政策的制定者，同时还是最为有力的检察政策的执行者，他们不但善于把握政治形势、政治需要和政治目标，而且也是检察工作中思想观念和行为规范的引导者。总之，若想在司法实践中充分发挥检察政策对检察实践在本源意义上的多方面、多层次的作用，必须调动全体检察人员的智慧和积极性，尤其是领导们的决策智慧和强大的执行力。

理顺外部关系
保证司法机关独立地行使职权*

谢鹏程**

江泽民在党的十五大报告中指出，党将领导人民"推进司法改革，从制度上保证司法机关依法独立公正地行使审判权和检察权，建立冤案、错案责任追究制度。"一年来，通过实施《国家赔偿法》以及最高人民法院和最高人民检察院分别制定的有关细则，"冤案、错案责任追究制度"已经初步建立起来了。但是，另一项更为艰巨也更为重要的司法改革任务，即"从制度上保证司法机关依法独立公正地行使审判权和检察权"，可谓任重而道远。

我们要实现"从制度上保证司法机关依法独立公正地行使审判权和检察权"，需要从内外两个方面进行司法体制改革：一是改革司法机关与党委、人大和政府的分工体制和加强舆论对司法的监督，本着法治的精神，理顺司法机关的外部关系，保证司法机关独立地行使职权。二是改革司法机关内部的管理体制，加强审判机关和检察机关各自内部的监督和制约机制以及它们之间的分权与制衡机制，保证司法机关公正地行使职权。在这里，我仅就司法外部机制的改革进行初步的理论探讨。关于司法内部机制的改革，将另文讨论。

一、转变党对司法的领导方式：实行政治领导与系统领导

坚持党对司法工作的领导是社会主义国家不可动摇的基本原则，也是社会主义司法的一大特色。然而，如何加强和改善党对司法机关的政治领导，应当结合司法机关的特点进行研究和探讨。

所谓"政治领导"，就是政策领导和组织领导，而不是具体业务工作的领导。党的一些领导同志，特别是地方党委的一些领导同志，习惯于对其辖下的各项工作包括司法工作直接指挥，甚至包办代替。这种习惯作法同依法治国，

本文刊载于《法学》1999 年第 5 期。

** 谢鹏程，最高人民检察院检察理论研究所副所长、研究员。

建设社会主义法治国家的基本方略是背道而驰的。如果不能及时纠正，不仅会延缓我国实现法治的进程，而且会滋生腐败，危害党的事业。我们相信，要坚持党对司法的政治领导，就必须结合司法工作的特点，探索党对司法的领导体制。为此，我们建议，在最高人民检察院和最高人民法院分别成立党的工作委员会，由其直接对中央负责，使党对司法的领导系统化，以保障党的政治领导。

（一）坚持党对司法的政治领导，不搞个案监督

近几年来，在人大开展对司法的个案监督的同时，地方党委和政法委也搞起了个案监督。由于党的威信和党委强有力的领导，党委一实行个案监督，实际上就回到过去的"党委判案"的老路上去了。严格说来，个案监督既不属于党的政策领导，也不属于党的组织领导，而是超越权限，干涉司法独立。

党必须在宪法和法律的范围内活动，这既是国家的宪法原则，也是党的组织和活动原则。宪法和法律已经把检察权和审判权分别授予了人民检察院和人民法院，党的各级组织就不应当突破宪法和法律的规定直接插手具体的诉讼活动，影响具体案件的审判。如果党委或政法委直接领导和监督具体案件的诉讼过程，不仅打破了司法机关之间的分工制约关系，而且实际上使司法机关成为党组织的一个部门。这样，党组织包办代替司法工作就在所难免了。

（二）在最高司法机关分别成立党的工作委员会，加强和改善党对司法工作的政治领导

落实党的政治领导有两条途径，一是通过各级党委领导本级司法机关，二是通过党中央在最高人民法院和最高人民检察院设立的工作委员会分别领导全国法院和检察院的工作。长期以来，我们党一直是通过第一条途径来实现对司法工作的领导权的。对这些年来的经验和教训，我们应当深刻反思和总结。为什么每当我们强调党的领导时，"以党代政"、"以党代法"等背离党的政治领导的现象就普遍发生呢？为什么多年来我们在改善党的领导方面所作的努力都收效甚微呢？从党对司法工作的领导来看，最主要的原因就在于没有找到一条适合司法工作特点的实现党的领导的途径。

通过党中央在最高人民法院和最高人民检察设立的工作委员会分别领导全国法院和检察院的工作，是改善和加强党对司法工作的领导的最佳途径。首先，它可以在一定程度上克服地方保护主义和各级党委对具体案件的诉讼活动的干涉，避免某些地方党委以人事任免权为后盾，直接操纵地方司法机关，干涉司法工作的正常秩序。同时，完全可以保持党对司法工作的政治领导。其

次，它有利于保持和提高司法机关的领导干部的专业素质和道德素质，避免从党务、行政、军队甚至企业调入一些没有专业资历的干部担任司法机关的重要领导职务。再次，它有利于根据"干部管理专业化"的原则，彻底打破行政干部的管理模式，创新和改革司法人事制度，真正发挥考评与任免机制对司法队伍的筛选与引导职能，从而保持和提高法官和检察官的专业素质和道德素质。

二、改革财税和拨款体制，保证司法经费

我们不妨把司法机关的业务和活动经费以及司法人员的工薪和福利待遇统称为"司法经费"。司法经费应当作为专项财政支出在国家预算案中单列，以便纳入国家财政支出的总体框架中加以考虑。

在这方面，英国近代法制史具有一定的借鉴意义。大约在 18 世纪以前，英国法官的工薪是靠诉讼收费支付的，不管是刑事诉讼还是民事诉讼，也不管胜诉还是败诉，当事人一律要向法官交费。后来改为由地方（镇）财政支付，结果法官成了地方长官的附庸，司法公正难以维持，法官的尊严和威信大大下降。19 世纪中叶，为了树立法律权威，英国采取了两项措施：一是通过国会立法把地方财政对司法经费的支付比例确定下来，把以前可变的拨款转变成了相对固定的专项税。二是大幅度提高司法人员的工薪水平，法官的年薪由原来的 2400 镑提高到 5600 镑。这两项措施实施以后，司法机关的形象和地位很快发生变化，职业荣誉感增强，同时吸引了社会优秀分子来竞争司法职业（在此以前，许多法官来自修鞋匠、制鞋匠、砖瓦匠等）。可见，保证司法机关的经费和提高司法人员的待遇是保障司法公正的一项基础性措施。

关于我国目前司法机关的经费标准和司法人员的工薪水平的确定尚需进行专门的调查研究。不过，有几个问题值得我们注意：（1）司法经费的确定应当结合杜绝自收自支这一目标来考虑。以检察机关为例，各级检察机关中绝大部分对非财政的经费来源存在着一定的依赖性。目前，检察干警的工薪待遇同行政部门和其他行业基本持平，但其中约有 30% 来自各种"创收"。这是难以实行"收支两条线"的原因之一。（2）司法人员的工薪水平应当结合其他改革措施来考虑，例如，要使法官和检察官能在全国范围内流动和保持廉洁，至少要考虑两个因素：一是工薪足以支付三口之家的正常开支，使司法人员家属可以随之调动；二是工薪相当于我国最发达地区普通工人的工薪的一倍，使司法人员的配偶无须外出工作，亦能保持体面的生活。

关于司法机关的经费和司法人员的工薪的来源和支付方式，笔者认为，有两套方案可以选择。第一套方案：中央财政负担司法人员的工薪，地方财政负

担司法机关的基建与业务经费，并均以法律规定具体的标准、比例和支付方式。这样就无须开征专项税。第二套方案：司法机关的经费和司法人员的工薪全部由中央财政负担。国家开征专项的司法税。由全国人民代表大会及其常委会决定审判机关和检察机关的年度经费。

三、重新划分司法区，加强垂直领导，克服地方保护主义

目前，司法领域存在的偏袒本地、"执行难"等地方保护主义现象，已经严重地损害了司法的公正形象，妨碍了市场经济的培育和发展。究其根源，主要在于司法机关在人事任免和经费支出上过分依赖于地方党委、人大和政府。首先，法院组织和检察机关同当地党政机关，不仅在管辖范围上完全重合，而且各级法院院长和检察院检察长均由本级党委决定人选，各级法院的法官和检察院的检察官都由本级人大及其常委会任免。其次，地方各级法院和检察院的经费基本上由本级政府支付，并由其确定拨款的数量。因此，司法机关对地方党政机关存在着人、财双重依赖关系。在这种情况下，要克服司法的地方保护主义，确实是非常困难的。

因此，要从根本上克服司法的地方保护主义，就必须打破现行的以行政区划代替司法区划的格局，单独划分司法区。从国外情况来看，司法区域制度的模式多种多样，大多是历史地形成的。根据我国国情，我们认为有两种模式可供选择。

（一）单一司法区模式

所谓单一司法区域模式，是指法院和检察院从行政区划中分离出来，按照结构相同、机构分开的模式，形成一套不同于行政区划的司法区划体系。

司法区域的纵向结构可以保留"四级制"，即分别设基层司法区、中级司法区、高级司法区和最高司法机关。各级检察院的称谓同各级法院的称谓一致起来，均分为基层、中级、高级和最高四级。司法区的名称一般采用机构所在镇、市的名称。各级法院和检察院的称谓的结构是：司法区名称＋级别＋法院或检察院。

划分各级司法区的原则，一是以乡、镇或街道为划分的基本单元。乡、镇或街道的区划范围比较小，又往往有相当长的历史传统，因而比较固定。以乡、镇或街道为划分的基本单元，在划分时增加一个单元或减少一个单元都不会影响司法区之间的大致平衡。二是以辖区的人口数量和生产总值为基本标准。人口数量和生产总值是决定司法工作量和司法人员编制的主要因素。

基层司法区的划分。首先，鉴于目前县级司法机关管辖范围过宽，派出到

乡（镇或街道）的机关如"派出法庭"、"检察站"等的管辖范围又过窄的状况，适当缩小基层司法机关的管辖范围是必要的。其次，为了便于公民和法人进行诉讼，不妨以一个乡（镇或街道）为中心，将其同周围若干个乡（镇或街道）一起作为一个基层司法区，以中心乡为司法机关的驻地。这种地缘上的亲近关系也便于民事纠纷的解决和判决执行。最后，由于笔者对各乡（镇或街道）的生产总值的数据缺乏了解，现仅从划分司法区的基本单元的角度，作一初步测算。全国共有 53537 个乡（镇或街道），以 5 个乡（镇或街道）成立一个司法区为标准，约需设 10707 个基层司法区，虽比现有基层法院和检察院（各 1735 个）增多了 6 倍，但比基层司法机关的派出机关减少了 5.5 倍，如果基层法院人员平均定编为 15 人左右，基层检察院人员定编为 8 人左右，基层法院和检察院总共可以裁员 1/2。

中级司法区和高级司法区的划分。关于多少个下级司法区成立一个上级司法区，根据现代管理学定律，一个上级机关下设 15 个下层分支机构一般来说是最有效率的。下层分支过多，可能导致管理失效或增设中间层次；下层分支过少，则可能导致上层越权或下层管理人才浪费。这样，由 15 个基层司法区域组成一个中级司法区，全国约有 714 个中级司法区；由 15 个中级司法区域组成一个高级司法区，全国约有 48 个高级司法区。由于最高人民法院和最高人民检察院的职能主要是政策指导、法律解释和监督，具体办案极少，因而其下层分支多一些对管理效能的影响不很大。虽然各级机构的数量增加了，中级法院和检察院的单位数量比原来（各 127 个）增加 5.6 倍，高级法院和省检察院的单位数量比原来（各 31 个）增加约 50%，但是，人员编制总量不仅不会增加，反而由于提高了管理效能，可以大大减少编制。

上述划分司法区的方法，不仅自然而然地打破了县级以上的行政区划，而且在操作上比较便利，整个司法区划体系是以乡（镇或街道）为基本单元的，即使是在少数民族地区，司法区的逐级划分也不会有多大的困难。

（二）多重司法区模式

所谓多重司法区域模式，是指法院、检察院分别从行政区划中分离出来，各自根据自身的特点划分司法区域，形成各自的司法区体系。

从国外经验来看，多重司法区模式往往是由于各种区划形成的时间不同、各司法机关的任务轻重不同因而管辖的适当范围不同等原因造成的。这给我们以启示：我国可以先拿一个系统如法院来作试点，在全国实行若干年后，检察机关再根据自身的需要划分司法区。

由最高人民法院、最高人民检察院分别划分自己的司法区，这可以视为一种模式。各种司法区管辖范围大小不一，初看起来会发生冲突，其实，只要两个系统在地域管辖方面作好安排，很容易协调起来，因为它们之间不存在利害冲突。按照这种模式，各系统还可以适时调整区划，以便达到最佳状态。这种多重司法区模式，实际上比较简单、灵活，便于各司法机关根据自身的特点调整司法区。英国和美国均采用这种模式。

划分司法区是克服地方保护主义等错误倾向的根本出路，是遏制司法腐败等现象的釜底抽薪之举，是一项重大的司法改革。它涉及的面比较广，在推行过程中必然会遇到许多问题，有认识上的问题，也有利害关系问题。我们认为，试点是我国推行改革开放政策的一条重要经验。通过试点既可减少风险，也可摸索经验，还可以等待全面推行的适当时机。

在试点之前，应当成立一个专题委员会，对国外的经验和本国的情况进行全面研究，制定具体的试点方案，并且参与和领导试点工作，及时总结和评估试点的结果，直到试点结束，向党中央和全国人大提出书面报告。

试点工作可分为两步：第一步，选一个中等发达的省或地区试行。一方面总结经验，另一方面对改革方案进行综合评估。如果评估的结论基本上是肯定的，那么，可进行第二步试点，即再选一个较发达的省或地区、一个较落后的省或地区进行试点。总结各方面的经验和教训后，再向全国推行。

四、司法应当全面接受新闻舆论的监督

司法独立并不是指司法不受外部的监督，完全可以我行我素，而主要是指司法不受其他国家权力的左右，特别是具体案件的诉讼过程不允许其他权力的直接介入和干扰。在任何司法独立的国家，司法都要受到如下两方面的制约和监督：一是立法，二是新闻舆论。立法机关的立法是对司法的最基本的、具有强制性的制约方式，它决定着司法的根据、内容和运作方式，但它不能针对具体案件对司法发生影响。新闻舆论则不同，它可以针对司法的整个过程发表意见，甚至披露侦查过程，但它发挥作用的途径只是唤起人们特别是法官的良知，引起人们的注意，没有任何强制性的力量。这种权力分配机制是颇有奥妙之处的。

新闻舆论是人民形成意见和交换意见的重要形式。它不仅是国家机关及其活动的社会监督力量，而且是公民的自由和安全的保障之一。① 通过司法的公开性形成广泛的社会监督是保证对司法的消极控制权的基础。我们应当充分发

---

① 参见［法］托克维尔：《论美国的民主》（下册），董果良译，商务印书馆1988年版，第203～205页。

挥新闻媒介的"警犬"和"鼓手"作用。新闻舆论出于本能的需要，从不同的角度监视着国家官员的活动。正如戴维·墨菲所说："新闻媒体习以为常地从不同的角度监督着政府的活动。其中重要之处在于出版、广播机构是那些揭露和控制腐败的机构之一。"① 近几年来，国外的一些重大腐败案件大多数是被新闻媒介披露出来的，如美国的"伊朗门"丑闻、日本的利库路特案等。不管这些新闻单位的主观愿望如何，客观上做了这样一件事情：揭露腐败行为，提供侦查线索。腐败分子不仅害怕新闻媒介的警犬般的嗅觉，而且害怕新闻媒介的宣传会引起广大民众的关注和愤怒，并督促国家专门机关有效地开展侦查、控诉和审判活动。经验表明，新闻媒介是反腐败斗争的鼓手。它不仅能够通过宣传，把广大民众动员起来，聚集社会正义力量，极大地增强人民对反腐败的信心，同时也扩大了反腐败运动的一般预防效果。

新闻舆论是一种软监督。从新闻舆论的角度来说，它能够充分发表意见，但不能强迫司法人员接受某种意见。从司法的角度来说，新闻舆论所形成的压力是外在的，非强制的，司法官员可以不接受新闻舆论的意见，但应当考虑新闻舆论的意见。司法人员没有理由指责新闻舆论干扰办案。

---

① 戴维·墨菲：《新闻对腐败的调查》，载《腐败与反腐败》，上海人民出版社1990年版，第445页。

论立案监督的困境与出路[*]

季美君 单 民^{**}

尽管多年来，学界对检察权的属性问题一直争议不休，即便是 2012 年 3 月刑事诉讼法进行重大修改以后，这一问题仍悬而未决。与此同时，对检察权与法律监督权的关系问题也各持己见。①但不管检察权是属于行政权还是司法权，抑或是两者兼而有之，也不管检察权是包含法律监督权还是我国的检察权就是法律监督权，②我国的检察机关是专门的法律监督机关，依法享有法律监督权，③这一

---

* 本文刊载于《法学评论》2013 年第 2 期。

** 季美君，最高人民检察院检察理论研究所研究员；单民，最高人民检察院检察理论研究所副所长、研究员。

① 有关检察权性质的探讨争论，可以参见龙宗智：《论检察权的性质与检察机关的改革》，载《法学》1999 年第 10 期；谢鹏程：《论检察权的性质》，载《法学》2000 年第 2 期；陈卫东：《我国检察权的反思与重构——以公诉权为核心的分析》，载《法学研究》2002 年第 2 期；谭世贵：《论司法独立与媒体监督》，载《中国法学》1999 年第 4 期；郝银钟：《检察权质疑》，载《中国人民大学学报》1999 年第 3 期；李德海：《论司法独立》，载《法律科学》2000 年第 1 期；陈兴良：《从"法官之上的法官"到"法官之前的法官"——刑事法治视野中的检察权》，载《中外法学》2006 年第 6 期，等等。

② 有作者认为，从法律监督权在苏联和我国的发展历程表明，社会主义国家检察机关的检察权即法律监督权，其建立的初衷是维护社会主义法制的统一和正确实施进而实现社会主义民主。参见任文松、王晓：《法律监督权研究》，知识产权出版社 2009 年版。

③ 有关法律监督权的具体内容，学界也存有不同观点，如有人认为应包括七个方面：一是对于叛国案、分裂国家案以及严重破坏国家的政策、法律、政令统一实施的重大犯罪案件，行使检察权；二是对于直接受理的国家工作人员利用职权实施的犯罪案件，进行侦查；三是对于公安机关、国家安全机关等侦查机关侦查的案件进行审查，决定是否逮捕、起诉或者不起诉，并对侦查机关的立案、侦查活动是否合法实行监督；四是对于刑事案件提起公诉，支持公诉；对于人民法院的刑事判决、裁定是否正确和审判活动是否合法实行监督；五是对于监狱、看守所等执行机关执行刑罚的活动是否合法实行监督；六是对于人民法院的民事审判活动实行法律监督，对人民法院已经发生效力的判决、裁定，发现违反法律、法规规定的，依法提出抗诉；七是对于行政诉讼实行法律监督，对人民法院已经发生效力的判决、裁定发现违反法律、法规规定的，依法提出抗诉。这一说法，显然是将检察权等同于法律监督权。

点却是毋庸置疑的。而立案监督权是法律监督权中的主要内容之一也不会有任何争议。学界有关刑事立案监督问题的研究,据知网统计,从刘根菊教授1992年在《法学》第8期上发表《刑事立案监督完善》一文开始,至今已有71篇有关立案监督方面的论文在各类期刊上发表,主题涉及立案监督的主体、范围、存在的问题、制度缺陷、工作机制重构、立法思考、对策和完善措施等几个方面,可以说对这一问题的研究已相当深入、细致和全面。但由于多年来,学术界和实务界在研究这一问题时提出的诸多建议在2012年3月修改的刑事诉讼法中并没有被立法化,在修改后刑事诉讼法实施过程中,在立案监督问题上,检察机关将面临怎样的困境,又该如何走出这一困境,就成了本文要讨论的重点。

在我国,立案是刑事程序中一个独立的诉讼阶段,是开展刑事侦查的前提,其内容包括受案、审查(包括初步调查)、决定刑事立案或者不立案等具体诉讼行为。修改后刑事诉讼法第107条规定:"公安机关或者人民检察院发现犯罪事实或者犯罪嫌疑人,应当按照管辖范围,立案侦查。"从立法规定来看,立案的前提条件是发现犯罪事实或者犯罪嫌疑人,而且这种发现可以是接受报案、举报、控告和自首的材料或自诉人起诉的材料。因而,也有学者将立案的概念表述为:"刑事诉讼中的立案,是指公安机关或者人民检察院发现犯罪事实或者犯罪嫌疑人,或者公安机关、人民检察院、人民法院对于报案、控告、举报和自首的材料,以及自诉人起诉的材料,按照各自的管辖范围进行审查后,决定作为刑事案件进行侦查或者审判的一种诉讼活动。"①由此可见,立案是法定机关的专门活动,而且是刑事诉讼的起始程序和必经程序。

为了保障公民的人身权利、民主权利、财产权利和其他合法权利,有效防止和遏制有案不立、有罪不究、不破不立等执法不公、执法不严问题以及刑事错案的发生,1996年修改的刑事诉讼法在第87条中明确规定检察机关享有立案监督权,即"人民检察院认为公安机关对应当立案侦查的案件而不立案侦查的,或者被害人认为公安机关对应当立案侦查的案件而不立案侦查,向人民检察院提出的,人民检察院应当要求公安机关说明不立案的理由。人民检察院认为公安机关不立案理由不能成立的,应当通知公安机关立案,公安机关接到通知后应当立案。"而2012年3月修改后的刑事诉讼法在第111条中原封不动地作出了同样规定。由此可以认为:立案监督是指检察机关对刑事立案主体应当立案而不立案以及刑事立案活动是否合法所进行的法律监督,是检察机关所享有的诉讼监督权的重要组成部分。但由于立法规定中并没有明确检察机关行使

① 陈卫东:《刑事诉讼法学》,法律出版社2000年版,第94页。

立案监督权的范围、程序、手段和后果，这种"先天不足"导致了立案监督工作在具体行使中遇到了诸多困境。

一、立案监督面临的困境

从相关研究及实证调研来看，尽管理论界对立案监督的范围存在某些争议，如有人认为人民检察院对公安机关的刑事立案活动进行监督的主要内容是指应当立案侦查的案件公安机关是否立案侦查。但为了充分发挥立案监督的功能，使立案监督能够真正起到保护公民的举报权、控告权以及维护社会公平正义的作用，多数学者认为立案监督的范围应包括该立而不立、不该立而立以及以罚代侦等几个主要方面，即对侦查机关不正当履行立案权力的行为进行监督。如果只对违法的消极立案行为实施监督而对违法的积极立案行为不实施监督，立案的合法性、公正性也就失去了保障。因此，在司法实践中，检察机关对立案监督的范围问题基本没什么争议，但自从法律明确规定立案监督权十多年以来，各地在行使这一权力过程中，却遇到了各种各样的困境，主要有以下几个方面：

（一）立法规定粗疏缺失，立案监督效果一般

尽管在我国的国家权力体系中，检察机关被定位为司法机关，并明确规定为国家的法律监督机关，但由于程序理念的淡漠，修改后的刑事诉讼法第111条的规定虽仍然赋予检察机关以立案监督权，但并没有增加不作为需要承担法律后果的责任条款，也没有吸收多年来的研究成果作进一步的修改与完善。从现状来看，依旧存在着相关的立法规定不完善，而仅有的规定又比较原则，可操作性不强等问题。这一现状，既不能满足刑事立案监督工作的实际需要，影响了刑事立案的监督效果，同时又因法律没有进一步规定公安机关接到检察机关提出的应当立案的通知后却不立案需要承担的法律后果，使检察机关的立案监督缺乏刚性和强制性，立案监督的效果自然就大打折扣。有学者对S省和S省C市检察机关的侦查监督情况进行实证调研后，分析认为检察机关的立案监督职能发挥了一定作用，但程度较为有限。①笔者在前不久去G省G市和A市专门就立案监督问题进行实证调研时了解到的情况甚至更差。

事实上，立法除了没有规定相应的法律后果外，在立案监督范围方面的规定也不全面。目前，我国刑事诉讼法仅明确规定检察机关对公安机关应当立案

---

① 参见左卫民、赵开年：《侦查监督制度的考察与反思——一种基于实证的研究》，载《现代法学》2006年第6期。

而不立案的情况进行监督，而没有同时规定对人民法院自诉案件的立案监督和人民检察院自侦案件的立案监督，由此导致司法实践中，检察机关的立案监督范围非常有限，尽管在理论上，检察机关的立案监督应包括各机关的立案情况以及不应当立案而立案的情形。

（二） 相关立法规定缺乏合理性，立案监督陷入困惑

在我国，立案作为刑事诉讼中一个独立的启动环节，涉及立案材料的来源、受案与审查、决定立案和立案监督等相关内容，修改后刑事诉讼法共用六个条文予以明确规定。其中，第107条规定："公安机关或者人民检察院发现犯罪事实或者犯罪嫌疑人，应当按照管辖范围，立案侦查。"这一规定是当前侦查机关进行立案的最重要的法律依据，通常称之为"以事立案"。根据这一规定，只要有犯罪事实存在或者发现犯罪嫌疑人的就应当立案，而不管是否应当追究行为人的刑事责任。但随后的第110条又规定："人民法院、人民检察院或者公安机关对于报案、控告、举报和自首的材料，应当按照管辖范围，迅速进行审查，认为有犯罪事实需要追究刑事责任的时候，应当立案；认为没有犯罪事实，或者犯罪事实显著轻微，不需要追究刑事责任的时候，不予立案，并且将不立案的原因通知控告人。控告人如果不服，可以申请复议。"由此可以看出，立案必须具备两个条件：一是有犯罪事实发生，这是立案必备的事实要件；二是需要追究刑事责任，这是立案必备的法律条件。根据此条规定的立案条件显然要比第107条规定的立案条件要求更高，通常称之为"以人立案"。由于法律对立案条件的高标准规定，实际上等于将刑事案件的侦查及诉讼要求前置于立案环节，使刑事立案这一程序性审查变成了实质性审查，无形中增加了立案环节的司法成本。由于我国刑事诉讼中对立案制度的重视，实践中，侦查机关对立案也十分慎重，通常要求"立得住，诉得出，判得下"。侦查机关往往要经过一系列"初查"，"确认有犯罪事实发生需要追究刑事责任时"，才作出立案决定。经侦查终结，非万不得已，不会撤案。修改后刑事诉讼法第161条进一步规定了撤案的条件，即"在侦查过程中，发现不应对犯罪嫌疑人追究刑事责任的，应当撤销案件；犯罪嫌疑人已被逮捕的，应当立即释放，发给释放证明，并且通知原批准逮捕的人民检察院。"这是针对"人"错误的撤案，但没有涉及"事"错误的撤案，即对"没有犯罪事实发生"而错误立案的却没有法律规定。[①]

[①] 参见王冠民：《刑事立案的法律困惑与立法构建》，载《社科纵横（新理论版）》，2012年第3期。

由于这些条文在立案规定上的高要求和不合理性，导致了在司法实践中缺乏可操作性，同时也严重影响了司法效率，不适应打击犯罪的客观需要。因为仅凭立案前的审查，很难判明是否"有犯罪事实，需要追究刑事责任"，也使立案前的"初查"手段缺乏法律依据，其所取得的证据处于缺乏合法性的尴尬境地。为了解决立案前的调查程序问题，最高人民检察院在《人民检察院刑事诉讼规则（试行）》（以下简称《刑诉规则》）第173条中规定，初查过程中"可以采取询问、查询、勘验、检查、鉴定、调取证据材料等不限制初查对象人身、财产权利的措施。不得对被查对象采取强制措施，不得查封、扣押、冻结初查对象的财产，不得采取技术侦查措施"，但显然仍难以解决立案前调查手段的需求。这不但给侦查机关的立案工作带来一系列的问题，也给检察机关的立案监督造成了相当程度的困惑。

（三）立案监督缺少知情权，信息来源有限

尽管检察机关有权对侦查部门的立案活动进行监督，但由于法律上并没有明确规定立案监督的具体程序和方式，赋予检察机关对立案活动的知情权，实践中，检察机关无从及时、全面、准确地了解侦查机关的刑事立案情况，即便是积极从公安机关内部"找米下锅"，仍然是力不从心、效果不佳。目前，检察机关只能通过审查批准、审查起诉、当事人控告申诉、有关部门移送等渠道发现立案中的问题，存在相当大的偶然性和滞后性。另外，由于检察机关对侦查机关的立案活动事前并不知情，即使根据被害人提供的线索或自己收集到的证据认为应当立案侦查而不立案侦查的，侦查机关在接到检察机关《要求说明不立案理由通知书》后，通常会补一份立案文书，并将立案时间倒签，以应付、规避检察机关的监督。[①]由于立法没有规定监督者享有知情权，在此情形下，期待被监督者自愿通报本身存在的问题是不现实的。其必然结果就是立案信息匮乏，不少涉嫌违法立案的案件未能进入检察机关监督的视线，使检察机关的监督缺乏主动性。

另外，在办案实务中，还存在公安机关为降低发案率，将受理的刑事案件降格为治安案件予以处理，或者收取保证金后取而不审，或者为减少工作量或出于利益、情面等考虑事先做好当事人工作，让双方当事人都不再向司法机关告发，等等。由于侦查机关以罚代刑、该立不立的案件具有一定的隐蔽性，往往难以查获，而被害人对检察机关立案监督职能的了解甚微，无处可告，或缺

---

① 参见元明、胡耀先、陶建旺：《完善刑事立案监督工作机制的构想》，载《检察日报》2009年6月12日。

乏通过法律途径保护权益的意识而不再控告、申诉等，都直接影响到立案信息的来源。①实践中，因检察机关缺乏立案知情权，其直接后果是案源渠道不畅，线索不多，使立案监督陷入"无米之炊"的境地，这既影响了从事立案监督工作的人员的积极性，也影响了立案监督工作的开展与监督效果。

（四）质效考评指标导向错误，立案监督案件真假难辨

为了提高检察机关内部各部门的工作积极性及对工作质量好差的评价，各地检察机关都制定了相应的绩效考评机制。但由于考评指标缺乏科学性和良好的导向作用，结果并没有如愿地发挥应有的效果，相反，却带来不少负面后果。如目前的考评多以立案监督的数量记分，同时又要求监督后立的案件能诉得出、判得下，有些部门为了加分，就造假立案监督的数量，如将检察机关自身办理的案件全算在立案监督的名下，或者为了各部门的名声和利益，部门之间产生摩擦或矛盾，如侦查监督部门与起诉部门在统计立案监督案件数量上常会出现矛盾等。

（五）办案人员人手短缺，立案监督无力顾及

有些基层检察院，特别是那些经济正在迅速发展而原本比较落后的地区，因一线办案人员数量有限，而要求批捕起诉的案件每年有好几百件，这些人员每天连案件都忙不过来，哪有时间和精力顾得上立案监督？在此种情形下，检察机关所拥有的立案监督权自然得不到具体的落实，更谈不上什么效果了。②

（六）立案监督手段单调、措施乏力

这一问题与上述数个问题是紧密相连的，可以说是那些问题导致的必然结果。由于立法没有对立案监督的手段和法律后果作出必要的规定，司法实践中，检察机关就不能超越法律的规定擅自采取相应的手段进行立案监督，因而，其可用的监督手段和措施非常有限。根据修改后刑事诉讼法第111条规定："人民检察院认为公安机关对应当立案侦查的案件而不立案侦查……人民检察院应当要求公安机关说明不立案理由。人民检察院认为公安机关不立案理由不能成立的，应当通知公安机关立案。"要是公安机关接到通知后仍不立

① 参见李月晨：《论刑事案件监督的制度缺陷与法律完善》，载《中国司法》2012年第8期。
② 这些困境都是笔者在2012年12月中旬赴某省就立案监督问题进行实证调研时了解到的实况，有些困境可能不具有代表性，但不少困境则是全国各地普遍存在的。

案，怎么办？显然这一规定缺少了法律后果这一要素，只赋予了检察机关有询问不立案理由和通知公安机关立案的权力，但对侦查机关拒不向检察机关说明不立案理由、拒不执行检察机关立案通知或者立而不侦、久侦不结的情况应如何监督纠正等，并没有作出进一步的规定，而缺乏制裁措施的规则是毫无强制力和约束力的，这势必影响刑事立案监督的效率与权威。实践中，公安机关未在法定期限内立案或者干脆不立案的现象时有发生，或者公安机关勉强接受检察机关的立案监督后，却不积极侦查，甚至将案件搁置一旁，久拖不决的也不在少数。据统计，每年检察机关立案监督案件能够进入批捕、起诉、审判环节的一般只有30%，近七成的立案监督案件没有得到最终处理。①

事实上，除了侦查机关对检察机关的立案监督存在抵触情绪、拒不配合外，在检察机关内部对此项工作也存在着不同认识。有些同志认为立案工作是侦查机关的事，立不立由侦查机关决定，对于违法立案或不立案可通过追究办案人员的责任来解决；还有些同志害怕立案监督存在一定的风险性，因不了解案件具体情况，容易造成"立也是检察院决定，撤也是检察院决定"的被动局面。由于监督手段只有发送通知而无其他强有力的制裁措施，自然也很难出现理想的监督效果。

由于存在上述几个方面的困境，客观地说，实践中立案监督的效果差强人意，这也是不可避免的一个结果。十多年来，立案监督机制本身存在的诸多问题严重制约着立案监督工作的继续推进及预期效果的实现，有学者说："当前我国立案监督工作已经进入'瓶颈'期……立案监督工作已经开始逐步弱化。"②但是，立案监督是诉讼监督中不可缺少的一个环节，为了履行法律规定的职能，检察机关又不得不对侦查机关的立案活动进行监督，可又缺乏立案的信息来源，且没有多样化的监督手段和强有力的制约配套措施，这种手足无措的尴尬处境确实非一般的出谋划策写写文章就能解决的。因而，不少研究探讨的都是如何从法律层面来完善相关的立案监督机制，以便解决上述存在的诸多问题并寻找一些切实可行的出路。

二、立法层面上解决困境的出路

从已有的研究成果来看，在讨论立案监督存在的问题及对策时，主要从立案的信息来源、监督手段以及立法完善等几个方面进行献计献策，尤其是在立

① 参见元明、胡耀先、陶建旺：《完善刑事立案监督工作机制的构想》，载《检察日报》2009年6月12日。

② 伦朝平主编：《刑事诉讼监督论》，法律出版社2007年版，第40页。

法完善方面，不少学者提出了相当不错的建议，这也是从根本上解决立案监督困境的治本之策，现归纳如下：

（一）赋予检察机关以立案知情权

知情权是刑事立案监督有效运行的前提和基础。任何一项监督权都应当包含三个部分，即知情权、质询权、纠正权。就刑事立案监督权而言，应包括"刑事立案活动的知情权、对涉嫌违法刑事立案活动的质询权和对违法刑事立案活动的纠正权三个部分，其中知情权是刑事立案监督有效运行的前提和基础"。[1]然而，目前法律只规定了质询权和纠正权，即发出要求说明不立案理由通知书的质询权和认为不立案理由不能成立通知公安机关立案的纠正权，而检察机关对公安机关立案情况的知情权则没有作出明确规定。赋予检察机关以立案知情权，其目的是保证检察机关全面掌握刑事立案的情况，拓宽立案监督线索的来源渠道，具体应包括受案、立案、破案和立案后的处理等各个环节的情况，如建立检察机关与侦查机关共享的信息平台、实行立案情况的备案审查制度以及赋予检察机关以调卷权等。有了这些切实可行的具体手段，就能够"增加侦查机关刑事立案活动的透明度，可以从制度上将侦查机关刑事立案活动纳入检察机关的日常监督视野，有利于检察机关及时发现侦查机关刑事立案活动中的违法行为，使刑事立案监督工作从事后监督走向同步监督，从被动监督走向主动监督，从个案监督走向常规监督，从源头上确保刑事立案侦查权的正确启动，也有利于确保刑事立案监督案件的质量。"[2]

（二）拓宽立案监督的范围

监督范围的大小往往决定了监督的总体效果。目前，我国刑事诉讼法仅明确规定对公安机关应当立案而不立案的监督，司法实践中，需要立案监督的领地还相当广阔，如人民法院自诉案件的立案情况、人民检察院自侦案件的立案情况以及公安机关不应当立案而立案的情况等。需要特别注意的是，公安机关对尚不构成犯罪的人进行的治安处罚、行政处罚等情况更应监督，尤其是公安

① 参见元明、胡耀先、陶建旺：《完善刑事立案监督工作机制的构想》，载《检察日报》2009年6月12日。
② 元明、胡耀先、陶建旺：《完善刑事立案监督工作机制的构想》，载《检察日报》2009年6月12日。

机关越权办案、插手经济纠纷不应当立案而立案的以及错误地追究责任的案件等，①都应在立法上予以明确规定，这样检察机关的立案监督才能名正言顺地进行，立案监督的内容才能达到期待的效果。②

（三）赋予检察机关以立案监督调查权

尽管目前我国的刑事诉讼法并没有规定检察机关在立案监督过程中享有调查权，但通常而言，要想监督，首先是要知情，即对案件本身知根知底才能监督到位。而要了解立案的情况，检察机关除了上述提到的应享有知情权外，还应享有相应的调查权。

（四）加强立案监督的强制力

目前，我国的立案监督软弱无力的关键原因之一是缺乏相应的制裁措施，即对侦查机关在法定期限内不纠正违法的行为缺乏法律后果上的制裁。通常而言，一个完整的法律规则应当由三个要素构成，即假定条件、行为模式和法律后果，三者缺一不可。因此，为充分发挥检察机关的立案监督效果，必须从具体措施上增强立案监督的强制力，从立法上明确规定不执行监督意见的法律后果，从制度上保障监督的效力。具体做法有：一是建立刑事立案监督跟踪制度，即规定侦查机关要向检察机关定期反馈侦查进展情况，以便检察机关能够及时掌握案件的相关情况并进行适时监督，同时规定《立案通知书》应随案移送，当案件进入到诉讼的下一个程序时，使受案部门能够及时了解案件的总体情况，也便于诉讼监督的后续跟踪与考察；二是建立侦查机关理由说明制度，即侦查机关立案后一定时间内未提请人民检察院批准逮捕或者移送审查起诉的，应当向检察机关书面说明理由；三是赋予检察机关对违法行为的调查权和处分建议权，即对检察机关发出《立案通知书》后，侦查机关无法定理由仍不立案的，可以由检察机关的立案监督部门协同贪污贿赂侦查部门、渎职侵权侦查部门对此案进行调查，若发现存在违法犯罪行为的，应当建议相关部门追究有关人员的相应责任。通过这些具体的保障措施以加强立案监督的强制

---

① 参见李月晨：《论刑事案件监督的制度缺陷与法律完善》，载《中国司法》2012 年第 8 期。

② 这是刑事诉讼法修改前提出的建议。事实上，在 2012 年 3 月刑事诉讼法修改后，《人民检察院刑事诉讼规则（试行）》也作了相应的修改和完善。为了更好地履行立案监督权，《人民检察院刑事诉讼规则（试行）》在第十四章第一节中以"刑事立案监督"为标题分 12 条对立法有关刑事立案监督的本意作了细化，明确规定了立案监督的范围，其中包括不应当立案而立案的情况，增强了立案监督的可操作性。

力，当前的立案监督工作必将大有起色。

但令人遗憾的是，刚刚修改的刑事诉讼法尽管修改幅度大、内容广，①却并没有涉及到立案监督这一问题。在立法保持原有规定的情况下，如何让检察机关的立法监督走出目前的重重困境，就成了当前理论研究的关键点，同时也才具有现实意义和指导实践的价值。

三、现行法律规定下走出困境的路径

应该说，上述的这些立法建议都非常在理，要是在立法上予以完善，确实能让立案监督走出目前面临的一些困境。但是，立案监督是检察机关的专门监督活动，是公权力行使的一种形式，而公权力的行使必须以立法的规定为界限。因此，在刚刚修改的刑事诉讼法没有修改相关的规定，且在近期内也不可能作进一步完善的情况下，如何让立案监督走出现实的困境，才是检察机关当前亟须思考的重点。以最高人民检察院刚刚颁布的《刑诉规则》②中有关立案监督的规定为基础，笔者认为可以有以下几条路径走出困境：

（一）以立法规定为依据，充分发挥现有线索的功能

尽管目前在发现违法立案方面的线索非常有限，但是如果人民检察院能将接到的控告、举报或通过批捕发现的违法立案现象都予以妥善处理的话，也能在很大程度上达到立案监督的效果。在现实生活中，对权利最为关心的还是权利被侵害者本人及其利益相关人，如案件中的被害人及其法定代理人、近亲属等，要是这些人在利益受到侵害时都会想着向人民检察院投诉、举报，而且通常又能得到及时地调查、反馈与处理，渐渐地，检察机关就有了群众利益保护人的名声和公信力，这条线索自然也会越走越宽，越来越成为检察机关立案监督信息的主要渠道。

（二）在立法规定的监督范围内，积极开展监督工作

根据《刑诉规则》的规定，目前检察机关立案监督的范围有：一是公安机关应当立案侦查而不立案侦查的案件，或者是不应当立案而立案的案件；二是行政执法机关不移送涉嫌犯罪的案件；三是人民检察院侦查部门对应当立案

---

① 有关刑事诉讼法修改的详细内容，可参见陈光中等：《刑事诉讼法制建设的重大进步》，载《清华法学》2012年第3期。

② 《人民检察院刑事诉讼规则（试行）》于2012年10月16日由最高人民检察院第十一届检察委员会第八十次会议通过，自2013年1月1日起施行。

侦查的而不报请立案侦查的案件或者对不应当立案侦查而进行立案侦查的案件；四是立案后未能按时侦查终结的案件，即公安机关立案后 3 个月以内未侦查终结的，人民检察院可以向公安机关发出立案监督案件催办函，要求公安机关及时向人民检察院反馈侦查工作进展情况。事实上，这四个方面的范围已基本上包括了刑事立案的全部内容，能将这些立案活动监督到位，就可以在刑事案件的源头上保证执法的及时与公正。

（三）检察机关内部各部门之间应互相配合、人员互相调剂

从目前立案监督的情况看，立案监督重要的线索来源是控告、申诉部门接到的当事人的举报或申诉，以及批捕、公诉部门在办案时发现的违法现象，这些信息都应及时地转交给侦查监督部门。另外，当侦查监督部门在审查相关材料时，发现有涉嫌犯罪需要进行侦查的，也应移交给反渎职侵权部门去侦查。此外，检察机关内部除了在办理案件上应互相配合外，人员短缺问题也可以通过整合检察机关内部各部门的人员予以缓解，因为一次次地扩大编制显然不是永久的解决之道。以检察机关是一个办案部门来定位，有些部门就可以整合或减少人员，从而加大办案人员的数量和力量。

（四）以《刑诉规则》为指导，充分发挥现有监督权的功能

从《刑诉规则》的规定看，目前，检察机关在立案监督方面可用的主要权能有：一是提出检察意见权，即人民检察院接到控告、举报或者发现行政执法机关不移送涉嫌犯罪案件的，应当向行政执法机关提出检察意见，要求其按照管辖规定向公安机关或者人民检察院移送涉嫌犯罪案件；二是调查、核实权，即人民检察院侦查监督部门经过调查、核实有关证据材料，认为需要公安机关说明不立案理由的，经检察长批准，应当要求公安机关书面说明不立案的理由（第 555 条）；三是询问、查阅、复制权，即人民检察院进行调查核实，可以询问办案人员和有关当事人，查阅、复制公安机关刑事受案、立案、破案等登记表册和立案、不立案、撤销案件、治安处罚、劳动教养等相关法律文书及案卷材料（第 556 条）；四是要求说明权，即书面说明立案理由或不立案理由权，比如，有证据证明公安机关可能存在违法动用刑事手段插手民事、经济纠纷，或者利用立案实施报复陷害、敲诈勒索以及谋取其他非法利益等违法立案情形，尚未提请批准逮捕或者移送审查起诉的，经检察长批准，应当要求公安机关书面说明立案理由；五是直接立案权，即《刑诉规则》第 561 条规定：对于由公安机关管辖的国家机关工作人员利用职权实施的重大犯罪案件，人民检察院通知公安机关立案，公安机关不予立案的，经省级以上人民检察院决

定，人民检察院可以直接立案侦查，等等。

有了上述这些职权，检察机关在立案监督方面是大可作为的。此外，《刑诉规则》还进一步规定了纠正违法立案或不立案的期限，即公安机关在收到要求说明不立案理由通知书或者要求说明立案理由通知书后 7 日以内，书面说明不立案或者立案的情况、依据和理由，连同有关证据材料回复人民检察院。如果人民检察院侦查监督部门经审查，认为公安机关不立案或者立案理由不能成立的，经检察长或者检察委员会讨论决定，应当通知公安机关立案或者撤销案件。公安机关应当在收到人民检察院通知立案书或者通知撤销案件书后 15 日以内立案，对通知撤销案件书没有异议的应当立即撤销案件，并将立案决定书或者撤销案件决定书及时送达人民检察院。而人民检察院通知公安机关立案或者撤销案件的，应当依法对执行情况进行监督。

从这些规定可以看出，检察机关对公安机关的立案监督是步步紧扣的，其基本程序为：接受控告、举报或自行发现立案中的违法行为→审查、调查、核实有关材料→制作发送说明不立案理由通知书或者要求说明立案理由通知书→审查说明不立案或立案的理由→理由成立的，告知被害人等→理由不成立的，通知公安机关立案或者撤销案件→监督执行情况。这套程序既具有可操作性，也具有可行性，至于其效果如何，那就看立案监督的质量及公安机关的配合情况了。

当然，如前所述，目前最大的问题是立法并没有赋予检察机关以更强有力的手段和必要的制裁措施。"法律的力量在于惩罚，而不起作用的惩罚乃是对法律的一种附加的谴责。"[1]违法和责任是必然联系的，如果一个违法行为不纠正也不需要承担任何法律后果，我们怎能要求公安机关主动配合自觉纠正自己的错误呢？可以说，之所以会出现当前立案监督的这一困境，是先天不足的必然结果。当监督者与被监督者处于平行关系时，被监督者怎么会重视监督者的纠正意见呢？而且即使置之不理，监督者也无可奈何，那还有接受意见的必要吗？从另一角度来看，检察机关要对公安机关的立案问题提出纠正意见，首先要确保意见本身的质量，如必须提得到位、准确、有理有据等，曾有学者提出，从检察工作的实际情况出发，要做好立案监督工作并使之卓有成效，检察机关要先规范立案监督的标准，如确立立案监督标准、确立相对统一且具可操

---

① ［英］英吉米·边沁：《立法理论》，李贵方等译，中国人民公安大学出版社 2004 年版，第 186 页。

作性的立案标准、建立合理的业务考核标准等。①这正如俗话所说的：打铁还需自身硬。如果检察机关提出的立案监督意见有充足的证据予以证明，即便没有后续的相应的制裁措施，公安机关接受监督意见的可能性也会大得多。

四、结语

事实上，从长远来看，要想彻底走出立案监督的种种困境，可以从根本上改变立案的功能，即从立法上简化立案的功能。尽管根据我国目前刑事诉讼法的规定，立案是刑事诉讼中的一个独立程序，为了实现司法公正和程序正义，从现实出发，尤其是近几年，公安机关违法动用刑事手段插手民事、经济纠纷案件的情况时有发生，立案监督确实很有必要。在我国，立案监督是检察机关履行法律监督职能中的一个重要环节，对于减少和遏制有案不立、有罪不究、以罚代刑等执法不严问题，以及在保护当事人合法权益方面均发挥了积极作用。但是，综观世界各国刑事诉讼法规定的侦查启动程序，大体可分为随机型启动模式和程序型启动模式。所谓随机型启动模式，是指负有侦查职能的机构只要通过各种途径得到有犯罪行为发生的消息，就可以随机决定是否开始侦查活动，而无须履行特定的法律手续。世界上绝大多数国家，在刑事诉讼启动程序上，均采用随机型启动模式。如在英国，刑事诉讼的开始以告发为标志，任何人（包括警察）可以以任何形式提出，没有立案这一独立程序。②与此相类似的，还有德、法、意、日等大陆法系国家。③程序型启动模式是指侦查程序启动之前须经过一个特定的刑事案件成立程序，即立案程序，包括审查立案材料的立案审查程序、立案的审批和法律文书的制作等，若未立案则不能启动侦查程序。这种侦查程序启动模式的典型代表是苏联及全面继受苏联制度模式的社会主义国家。苏联解体后，俄罗斯联邦的刑事诉讼法仍然继承了苏联的刑事诉讼启动模式和规定。相比较而言，随机型启动模式具有更大灵活性，而程序型启动模式在利用侦查手段时显得更为慎重。前者可以满足快速收集犯罪证据和查获犯罪嫌疑人的现实需要，后者有助于控制强制措施的使用和防范对人权

---

① 具体做法可参见巩富文：《刑事立案监督制度的改革与完善》，载《人民检察》2010 年第 22 期。

② 英国 1964 年修订的《法官规则》第 1 条规定：当警察试图发现犯罪是否已经发生或作案人是谁，警察认为可获得有用的信息时，即可展开侦查，他有权讯问任何人，而不论该人是否为嫌疑人，这种侦查启动属于随机型启动模式。

③ 有关侦查启动程序的随机型启动模式和程序型启动模式的具体内容和区别，可参见姚石京、于宝华：《刑事立案制度的"是"与"非"》，载《华东政法大学学报》2008 年第 5 期。

的侵害，大大削弱了刑事诉讼启动的应变性和主动性。

目前，我国采用的是程序型启动模式，属于少数需要前置程序来启动侦查的国家之一。这种刑事立案程序兼具刑事侦查控制功能、规制侦查管辖功能以及刑事案件管理功能等。但立案标准过高、立案手续繁琐、立案前的调查缺乏法律依据，使"初查"获取的证据缺乏法律效力，阻碍了刑事诉讼目的的实现。因而，有人建议"在相对合理主义的语境下，我国刑事立案程序的改革和完善可以采用二步侦查法，在初步侦查阶段采用随机型启动模式，在正式侦查阶段采用程序型启动模式。"①事实上，从长远来看，为顺应实践的切实需要和刑事诉讼发展的大趋势，我国的立案程序也可以借鉴国外的相关做法，将立案简化成单纯的启动程序而不再承担审查是否需要追究刑事责任的功能，与此同时，再建立配套的司法审查制度。这样既可以提高实践中打击犯罪的及时性，一旦发现犯罪事实或者犯罪嫌疑人就可以立案而启动侦查程序，而不必为了证明有追究刑事责任的必要性再进一步侦查收集证据而贻误时机，同时也可以减少侦查机关先破后立、不破不立、边破边立等异常做法以及违法使用传唤、拘传、搜查措施等现象的发生。当然，我们也应清醒地认识到，法律的完善是一个渐进的过程，要具备现实的执行条件，才能得到有效充分地实施。否则，法律条文写得再理想、再完美，也只是水中花镜中月而已。

---

① 参见姚石京、于宝华：《刑事立案制度的"是"与"非"》，载《华东政法大学学报》2008 年第 5 期。

论立案监督模式的转型[*]

董　坤^{**}

作为宪法规定的法律监督机关，新形势下强化检察机关的监督权能，加大对刑事立案活动的监督，纠正违法立案、防止有案不立，对于维护民众的合法权益，准确打击犯罪具有重要意义。然而，当前的立案监督模式呈现出一种事后性的结果式监督样态，缺乏动态跟进式的过程性监控，不少违法立案的情形检察机关无从发现，法律监督缺位。同时立案监督的完结常常限定于"应立不立"或"不应立当立"的一时纠正，立案后的延伸监督旁落，侦查机关立案后又撤案，或者立而不侦、久拖不决的问题在实践中凸显。新时期，改进和完善立案监督模式确有必要且势在必行。

一、立案监督模式的现状解读——法律文本考察与实证数据分析

（一）刑事立案的事后监督模式——基于当下法律文本的考察

我国现行法律①对立案监督的内容、途径以及具体方式的规定，无论是对于应当立案而不立案，还是不应当立案而立案的情形，其监督都是在立案的违法性达到了法律事先规定的严重程度后，才开始介入，是一种补救性的事后监督。以立案监督的发现渠道为例，要对立案活动开展监督，必须要有暴露立案问题的线索或信息。就当前的法律规定来看，真正发挥立案监督效果的渠道主要是检察机关办案中的自行发现以及案件被害人及其代理人、近亲属或行政执法机关的申诉、控告，但两种立案监督的渠道都具有明显的被动性和事后性。

　＊　本文刊载于《安徽大学学报（哲学社会科学版）》2014 年第 3 期。

　＊＊　董坤，最高人民检察院检察理论研究所副研究员。

　①　新修订刑事诉讼法第 111 条、2013 年 1 月施行的《人民检察院刑事诉讼规则（试行）》第十四章第一节刑事立案监督以及 2010 年 7 月最高人民检察院和公安部联合制定施行的《关于刑事立案监督有关问题的规定（试行）》都对立案监督做了明确和较为详尽的规定。

就检察机关自行发现的渠道而言，实践中主要集中在批捕和审查起诉中未被立案的遗漏犯罪嫌疑人或遗漏的不同种犯罪行为。此时，检察机关启动立案监督，时间已经延迟至侦查后期乃至审查起诉阶段，很多犯罪嫌疑人已被拘留较长时间（新修订的《刑事诉讼法》规定，公安机关报请逮捕的拘留期限为3日，特殊情况下可延长1日至4日，而对于流窜作案、多次作案、结伙作案的重大嫌疑分子，报请逮捕时可拘留的时间为30日）。特别是审查起诉时发现的立案违法的案件已经侦查终结了较长时间，一些违法取证、违法采取强制措施的行为都已出现，此时的监督已是亡羊补牢，为时过晚，难以纠正。这种滞后性的发现导致检察机关的诉讼监督反应过慢，成为一种结果式的监督而非过程性的监督，监督效果不佳。而对于被害人的控告申诉，此类立案监督的启动往往是等米下锅，检察机关在整个立案监督过程中表现得消极被动，立案监督常常丧失先机，特别是一些被害人由于自身素质以及法律知识的匮乏，无法及时、准确地向检察机关提起立案监督的请求，有些被害人甚至不知道检察机关享有立案监督权，如北京市某基层检察院2008年受理的倪某故意伤害案，该案被害人李某于1992年被倪某故意伤害致右眼失明，当日即向公安机关报案，但一直未予立案，李某进行了长达16年的上访，却从未找过检察机关。

除了当前立案监督的线索渠道所呈现的事后性和被动性特点阻滞了当下立案监督的及时发力外，实践中立案活动造假的可能性也不时显现，[①] 因为"事后审查制比较不能有效防止警察的说谎（伪证），甚至会鼓励警察的说谎（伪证）"[②]。"迟来的正义非正义"，当立案监督无法紧密跟进违法立案的各个环节（报案→登记→审查→得出结论→报批→立案），检察机关事后立案监督模式的法律效果和社会效果就会开始减损。

（二）实践中的延伸监督缺位——基于实证数据的分析

除了法律文本呈现的检察机关后发式监督所暴露的弊端外，实践中的立案监督还存在着"重数量、轻质量"，立案监督的案件后续监督效能缺位的隐忧。

笔者从2005年至2012年《最高人民检察院工作报告》的立案监督数据（详见表一）中发现，近7年来，检察机关立案监督的数量维持在两万件以上，且稳中有升。特别是2010年随着最高人民检察院和公安部联合制定的《关

---

① 司法实践中，在立案环节中出现的"不破不立"、"难案不立"、"已破不立"、"不报不立"、"低估低立"等立案不实的现象仍不同程度存在。参见黄锐平、朱丽萍、张世杰：《浅谈公安司法实践中的刑事立案不实问题》，载《公安研究》2010年第7期。

② 王兆鹏：《美国刑事诉讼法》，北京大学出版社2005年版，第94页。

于刑事立案监督有关问题的规定（试行）》的施行，立案监督数目整体又有较大幅度提升。

表一：全国 2005—2011 年立案监督情况

	应当立案而不立案的，督促立案（件）	不应当立案而立案的，督促撤案（件）	立案监督合计（件）
2005	17940	3737	21677
2006	16662	4569	21231
2007	——	——	
2008	20198	6774	26972
2009	19466	6742	26208
2010	31203	10702	41905
2011	19786	11867	31653

单从立案监督数量上来看，检察机关的成绩有目共睹。然而立案监督的根本目的是为了限制追诉程序的随意发动，遏制权力对权利可能的恣意侵扰。可以想象，立案权一旦被滥用，应当立案的不立案，必然会放纵犯罪，损害被害人的合法权益；但如果不应立案的而立案，同样会导致无罪之人身陷讼累，司法资源被浪费。虽然立案监督的高数字反映了在立案关口，检察机关对案件精确分流上的巨大努力，然而立案监督后，案件若未能顺利步入诉讼的法定程序，而是被侦查机关立案后又撤案，或者立而不侦、久拖不决，案件最终无法得到公正处理，只能被拖回到原点，无法实现"准确惩罚犯罪"和"切实保障人权"的立案监督目的。以上表为例，2006 年，全国范围内，公安机关经检察机关监督后共立案 16662 件，最终起诉 4541 件，占立案件数的 27.3%，判决 3752 件 5422 人，件数占案件数的 22.5%。近 80% 的案件在公安机关立案后没有得到最后的处理，重要原因是公安机关立而不侦、侦而不结。[①]

从笔者自行调研收集和间接获取的数据来看，立案监督后案件后续的起诉率和定罪率在一些地区也在低位运行。如 2007—2011 年西部 A 省级检察院五年内共行使立案监督（应当立案而不立案数，详见表二）2006 件，截至 2011年，有 635 件被提起公诉，起诉率为 31.7%，有 581 件被移送审判判决有罪，最终定罪率不到 29.0%。同样，在 2007—2011 年经济较为发达的中部 B 省级

---

① 陶建旺、元明：《完善刑事立案监督的立法构想》，载《人民检察》2008 年第 3期。

检察院五年内共行使立案监督（详见表三）854件，法院最终定罪267件，定罪率为31.3%。即使立案监督工作走在前列的经济发展水平高的北京市，2007年至2009年三年间共监督立案总数为752件992人，未侦结的案件有399件510人，占全部案件比例的53.06%（件）/51.41%（人），未侦结的案件中，公安机关在检察机关立案监督一年及以上无任何正当理由不开展任何工作的案件比例占全部未结案件总数的49.41%，几乎占全部未结案总数的一半。[1]可见，司法实践中立案监督的案件最终质量并不高，立案的后续监督仍需进一步加强。立案监督的理念需要由简单的数量一元观向数量和质量的二元观并进。

表二：2007—2011年A省级院五年内立案监督情况

年份	2007	2008	2009	2010	2011	总计
检察机关监督公安机关立案数（应当立案而不立案数）（件）	281	341	515	447	422	2006
检察机关提起公诉的立案监督数（件/人）	22/35	100/127	120/179	185/269	208/302	635/912
法院判决的立案监督数（件/人）	15/22	82/98	112/163	169/239	203/287	581/809

表三：2007—2011年B省级检察院五年内立案监督情况

年份	2007	2008	2009	2010	2011	总计
检察机关监督公安机关立案数（应当立案而不立案）（件）	88	133	245	272	116	854
检察机关提起公诉的立案监督数（件/人）	28/39	27/37	94/158	96/146	41/62	286/442
法院判决的立案监督数（件/人）	27/40	26/33	77/116	100/163	37/53	267/405

二、立案监督模式的适度转向

（一）由事后的结果式监督向事前的过程性监督转变

在大陆法系国家，由于检警一体的侦案模式，警察是侦查的辅助机关，检

---

[1]　北京市立案监督的数据来源于北京市2008—2010年全市侦查监督工作会议材料。部分数据统计参照了北京市海淀区人民检察院课题组：《刑事立案监督的问题和对策》，载张智辉主编：《中国检察》（第20卷），中国检察出版社2011年版，第215~216页。

察机关才是侦查的主体。由于检主警辅的侦查权力格局，侦查程序或者说整个刑事诉讼程序的开启——我国的立案——是由检察机关决定。如在德国，"受欧陆法制之控诉原则与检察官制，以检察官为侦查程序之主导者，负责发动、进行以及终结侦查程序。"① 自然，立案过程中的受案信息和相关材料检察机关可悉数获取，如在法国，侦查中，检察官就有权要求司法警察就一切犯罪提供报告及移送案件。② 虽然我国实行的是警检分立的侦查诉讼模式，但是检察机关对侦查活动诉讼监督的法律定位与欧陆法系中检察机关监督警察，"摆脱警察国家的梦魇……控制警察侦查活动的合法性"③ 之"国家权力之双重控制"的监督理念殊途同归。因此，在我国实现立案监督模式的转换，赋予检察机关对刑事立案信息或相关情况的知情权合乎法理要求，且确有必要。只有赋予检察机关对刑事立案情况的知情权，增加侦查机关刑事立案程序的透明度，才能从制度上将检察机关对刑事立案活动的监督前置化，使检察机关事前就了解到相关立案各环节的情况，对整个立案过程有较为全面的掌控。从而更有利于检察机关及时发现侦查机关刑事立案活动中的违法行为，使刑事立案监督工作从被动监督走向主动监督，从事后监督走向同步监督，从结果式监督走向过程性监督，从源头上确保刑事立案侦查权的正确启动。具体的制度安排可以从以下三方面展开：

1. 案件信息通报制度。该制度源于最高人民检察院和公安部 2010 年 7 月制定施行的《关于刑事立案监督有关问题的规定（试行）》，其第 3 条第 2 款规定："公安机关与人民检察院应当建立刑事案件信息通报制度，定期相互通报刑事发案、报案、立案、破案和刑事立案监督、侦查活动监督、批捕、起诉等情况，重大案件随时通报。"该规定的施行，使检察机关通过信息通报，定期了解刑事发案、报案、受案、立案以及破案等情况。通过发案、报案、受案以及立案情况的数据对比和立案材料查阅，发现立案中存在的问题，及时提起立案监督。

2. 备案报送制度。即规定行政机关向公安机关移送涉嫌犯罪案件时，同时报送检察机关备案，由检察机关指定专人进行备案审查。如山东省泰安市检察院与该市 6 家行政执法部门联合签发《关于在刑事立案监督工作中加强联系与配合的通知》，该《通知》要求，工商、国税、地税、质量技术监督、药

① 林钰雄：《刑事诉讼法》（上），元照出版有限公司 2004 年版，第 137 页。
② 万毅：《一个尚未完成的机关——底限正义视野下的检察制度》，中国检察出版社 2008 年版，第 55 页。
③ 林钰雄：《刑事诉讼法》（上），元照出版有限公司 2004 年版，第 117 页。

监和烟草部门在行政执法过程中，发现涉嫌犯罪的案件线索时，须及时移送公安机关立案查处，同时报检察机关备案。① 目前备案报送制度，还扩展至由公安机关在立案活动中形成的法律文书报检察机关备案审查。

3. 适时介入查询制度。即创制"网上衔接、信息共享"机制，借助案件信息共享平台，检察机关直接通过电子数据交换接口，链接公安机关和行政执法机关等的办案系统，适时介入采集相关部门的办公办案信息（当然要履行相关保密义务和办案纪律要求），以便与从其他渠道（如控告、举报等）获取的信息进行对比分析，核实、查阅相关案件情况，做出同步立案监督判定。"目前全国不少地方侦查机关建立了刑事案件综合信息系统，只要接到报警就在电脑中录入相关信息，有的已经实现与检察机关的刑事案件信息共享。"②

（二）从"数量一元观"向"质与量的二元监督观"转变——立案监督的后续延伸

提升立案监督的后续延伸能力，使实践中的立案监督从"数量一元观"向"数量和质量的二元观"转型。短期来看，应从三个方面入手：即立案监督后案件的侦查能顺利终结，如果进入审查起诉阶段案件能被依法提起公诉，若进入审判阶段案件能最终定罪。而从长远来看，立案监督质量的全面提升还包括被监督案件类型的多样化，不仅有侵财、侵犯人身、民主权利犯罪案件的立案监督，还应向经济类、国保型、毒品类犯罪案件的立案监督方向扩展。另外，立案监督的效果也应有一定的层次性分布，被监督的案件不应仅仅停留在轻刑定罪的案结事了，立案监督中重刑定罪的案件也应占有一定比例。而要实现上述目标，具体路径如下：

1. 赋予检察机关对立案监督案件的后续动态知情权。随着刑事诉讼法的修改，我国刑事诉讼正处于新一轮的转型期。当下的刑事诉讼模式仍然有较强的"流水线式"办案色彩，公检法三机关在自己负责的诉讼阶段和职权范围内仍具有"各管一段、互不干涉"的鲜明特征。立案、侦查、起诉和审判各阶段常常是在"封闭性、割裂式"的诉讼格局下单方作业。对以公安为代表的侦查机关而言，由于他们独立承担立案侦查，在当前这种分段式的办案格局下，作为侦查机关之外的检察机关很难在立案后的侦查阶段直接介入。一些被

---

① 周洪波、单民：《关于刑事立案监督的几个问题》，载《人民检察》2004 年第 4 期。

② 元明、胡耀先、陶建旺：《完善刑事立案监督工作机制的构想》，载《检察日报》2009 年 6 月 12 日，第 3 版。

立案监督后的案件在后续诉讼中到底进展到何种程度，最终的处理结果为何，检察机关往往无从知晓，自然也无法对案件启动有效的后续性监督。因此，保证检察机关完整的立案监督权，实现立案监督效果的"有始有终"，必须赋予检察机关对立案监督案件的后续诉讼知情权。为此，应当建立检察机关对立案监督案件后续诉讼情况的文书附卷、备案反馈等工作机制。由检察机关与公安等侦查机关会签类似《立案监督案件跟踪监督工作细则》的文件，明确对立案监督的案件，侦查机关应当将《通知立案书》等立案监督材料随案附卷，检察机关可在后续的批捕、审查起诉阶段通过阅卷、调卷等方式及时了解这些案件的后续诉讼。对于某些立案监督的案件最终没有做出刑事裁判，而是以行政处罚等形式终结处理的，应当规定公安机关法制部门需将此类案件的刑事发案登记表、立案决定书或撤销案件决定书或治安处罚决定书等有关文书材料报检察机关备案，以便检察机关及时对此种情形延伸可能的后续性诉讼监督。

同时在检察机关内部机构，如侦查监督部门可与公诉部门协同就立案监督案件是否移送审查起诉、提起公诉、判决等情况进行互动性的信息通报。具体应在检察机关案件管理网络系统中的批准逮捕案件、公诉案件、判决案件内容中设置是否属于立案监督案件栏目，由承办人在填写内容后点击即可。①

2. 给予检察机关对立案监督案件的侦查质询权。目前，在我国检察机关内部基本没有刑事立案监督的专门机构，实际从事立案监督工作的人员数量十分有限。为了最大限度地保证立案监督案件的后续诉讼质量，防止立案后侦查懈怠敷衍等消极侦查现象的发生，检察机关应与侦查机关协作配合，规定侦查机关定期向发起立案监督的检察机关反馈案件的侦办进展情况。对于两个月内仍未侦查终结的案件，检察机关享有侦查质询权，即向侦查机关发出《要求说明案件未侦查终结理由的通知书》，侦查机关应在7日内向检察机关书面说明案件侦办未结的理由，必要时要求相关办案人员到场辅以口头解释说明。

3. 赋予检察机关对立而不侦、久拖不决案件的纠正权。理论上而言，完整监督权的结构应当包含对立案监督的案件后续诉讼的知情权，案件立而不侦、立后又撤或侦而不办、久拖不决、以罚代刑等不法行为的质询权以及纠正权三个大的部分。这其中，纠正权是检察机关监督权能够落实到位的强力支撑。如果纠正权缺位或乏力，立案监督权就会退变为"没有牙齿的软权力"，其权威性和执行力荡然无存。因此，应当赋予检察机关足够刚性的纠正权。具体指，对于立案监督的案件如果在后续的诉讼中其处于立后不侦、侦而不结的

① 雷建昌、薛培：《立案监督：现实困境与法律完善》，载《中国刑事法杂志》2009年第7期。

停滞状态，检察机关通过向侦查机关质询，而侦查机关反馈的理由又不能成立，对于该类案件超过 3 个月仍未终结处理的，检察机关可发出《立案监督案件催办函》，通知侦查机关在一定期限内纠正。为了加强催办函的效力，需明确侦查机关在接到催办函后对案件采取了哪些具体措施和方法，应当在一定期限内（如半个月）及时通知检察机关。另外，由于《立案监督案件催办函》仅在《关于刑事立案监督有关问题的规定（试行）》中提及，其本身的法律效力是否具有足够的刚性，目前还无定论。笔者建议将其纳入公安机关的绩效考核指标体系中，通过一定的行政管理压力，提升其法律强制力。

当然，考虑到实践中侦查机关接到检察机关的催办函后仍有置若罔闻、不予修正的情形。笔者认为可以借鉴德国和我国台湾地区的检警关系定位和相关的诉讼制度。在奉行检警一体的大陆法系国家，检察官是侦查活动的领导者和指挥者，其对个案有具体的指令权，即职务移转权和职务收取权。所谓职务移转权主要是指管辖不当的情形下改变管辖，但对于"有事实足以认定原承办检察官执行职务有违法或明显不当者亦可考虑移转侦查之情形的适用"①。这种侦查移转之情形就是更换具体的办案人员。可见具体的职务移转权包括两个方面：一是改变管辖，二是更换办案人员。另外对于职务收取权，其适用条件和职务移转权相同，只是此时具体的案件侦查权不再另行交由其他侦查机关办理，而是由收取机关或其上级检察机关自行发动、指挥和主导。虽然在我国大陆奉行检警分立的犯罪追诉模式，但是在公检法三机关"分工负责、互相配合、互相制约"诉讼格局下，德国和我国台湾地区的前述监督经验仍然有值得借鉴和可操作的地方。具体而言，检察机关对于立案监督的案件，如果在后续的诉讼中发现侦查机关存在久拖不侦、消极办案的情形，立法可以考虑赋予检察机关有向侦查机关提出"职务收取、案件移转以及办案人员更换"的"侦查移转建议权"。具体的工作机制是：由上级检察机关向与其同级的公安机关发出建议书或协商函件，建议其对下级公安侦查机关的办案人员进行撤换（办案人员更换建议权）；或考虑由之前承办该案的侦查机关以外的其他侦查机关重新办理此案，这里的其他侦查机关可以是上级公安机关自行侦查（侦办案件职务收取的建议权），也可以是上级公安机关指定的与承办案件侦查机关同级的其他侦查机关管辖（案件移转建议权）。另外，对于立案监督的案

---

① 在我国台湾地区"侦查程序，通常以起诉或不起诉终结。但是，亦有可能因为特殊之事由而移转，亦即，检察官于开始侦查后，认为案件不属其管辖者，应即移送该管检察官；但有紧迫情形时，应为必要之处分，此即移转侦查之情形……"这种紧迫情形就包括侦查行为的违法或不当。参见林钰雄：《检察官论》，法律出版社 2008 年版，第 41 页。

件，如果在后续诉讼中，检察机关发现相关办案人员有收受贿赂、滥用职权、徇私舞弊等犯罪行为的应当将相应的线索或材料移交职务犯罪侦查部门立案侦查，追究其刑事责任。包含发出立案监督案件催办函、侦查移转建议权以及立案侦查追责三项内容的纠正权（详见表四），具有一定的层次性，通过层层递进的刚性监督，基本上能够解决立案监督案件后续监督不足、监督质量不高的问题。

表四：检察机关对立案后续监督中的纠正权内容分解图

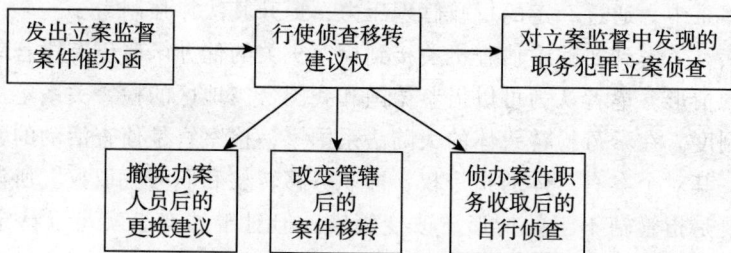

三、立案监督模式转型的理念、配套制度和措施

（一）立案监督模式转型的理念支撑——适度引导

立案监督模式的转型绝不是检警合一办案模式的转型，而是要在立案阶段，建立检察机关贴近监督，适时、适度引导立案的办案模式。基于我国宪法制度的基本构架，"宪法之所以要设立三机关，就在于发挥各自的功能，而不是要以一个机关取代另一个机关，各个机关之间不得越位缺位，不得越俎代庖"①。故此，检察机关与侦查机关在立案阶段的关系应定位于"引导而不领导（主导），参与而不干预（替代）"。在这一基本理念的统领下，检察机关的立案监督本质上是定位于一种程序性权力，即通过启动某种解决实体问题的程序，如发出纠正建议、撤换立案人员、改变管辖等侦查移转建议权等来引导、影响侦查机关最终做出正确的立案决定，纠正暂时的立案错误。在这一过程中，检察机关对具体案件的立案活动尽量不被赋予直接的实体性处分权力。

（二）立案监督模式转型的组织支撑——立案监督办案组的创设

刑事立案的监督工作具有很强的法律性和政策性，专业程度高，但长期以来，我国检察机关内部基本没有专设机构从事立案监督工作。而是将刑事立案监督职能人为分割到侦查监督和控告申诉部门共同行使。实际运作中，侦查监

---

① 韩大元：《宪法文本与检察机关的宪法地位》，载《法学》2007 年第 9 期。

督部门的工作重心往往集中在审查批捕，而控告申诉检察部门的办案范围包括公民和单位对诉讼各个阶段的举报、控告和申诉，不仅仅局限于立案环节，刑事立案监督的地位无形中被降低，立案监督的专门力量被分散且十分有限。以北京市 2008 年对本市一分检、二分检、铁检分院以及 18 个基层检察院的侦查监督部门所作的统计为例，21 个单位中在编工作人员 241 人，从事立案监督的工作人员 53 人，占在编人员的 21.99%。在这 53 人中，专职立案监督的 2 人，仅占立案监督工作人员的 3.77%。同时兼顾审查逮捕工作和立案监督工作的 51 人，其中审查逮捕工作量酌情减少的 8 人，其余 43 人审查逮捕工作量与其他同事完全没有区别。在被问及从事审查逮捕等工作是否对立案监督工作的开展构成影响时，52.38% 的答题者认为"有较大影响或一定影响，没有足够的时间和精力开展立案监督工作"[1]。随着立案监督模式的逐步转型，监督战线"前推后移"纵向延伸，监督的范围又有横向扩展，过去立案监督趋向的"单兵作战"、"兼职作业"的办案方式显然不能适应新的立案监督模式。为此，检察机关的侦查部门应当将审查逮捕、侦查活动监督和立案监督工作相对分离，市院、分院侦查监督部门应当设立专门负责立案监督的办案组或指导组，负责对立案监督工作的专门办理、备案管理、业务指导以及对重点案件的督办。而各基层检察院的侦查监督部门应确定立案监督承办人制，挑选具有相关工作经验的承办人专门负责立案监督工作。

（三）　立案监督模式转型的管理支撑——考评指标合理化设置

一般而言，绩效考核制度在功能上是正式法律规范的细化和补充，如果绩效指标设置得当，能够在最大程度上助推整个政法工作的法治化进程。当前而言，检察机关对立案活动的监督之所以会出现监督滞后、立案后延伸监督缺位的现象，与绩效考核指挥棒的不当引导也不无关系。如不少地市的检察机关仅仅将立案监督的考核限定在立案环节，规定只要检察机关监督后公安机关决定立案的就加分，而至于该案后续的诉讼状态，则不计入立案监督的考核范围。有的检察机关在监督考核指标中虽然设置了被监督立案的案件在后续的逮捕、起诉和判决情况的加权分值：如笔者收集的 A 直辖市、B 省和 C 直辖市检察机关绩效考核办法或工作规定（详见表五）中就设置了监督立案后，按照判决人数和判决刑期（3 年以下、3 年以上 10 年以下有期徒刑、10 年以上有期徒刑、无期徒刑或死刑）分别加分的考核办法；但是对于立案监督的案件如

---

① 张新宪、邢小兵、许宁、刘勇、逯春燕：《立案监督工作机制研究》，载《犯罪研究》2009 年第 1 期。

果未作处理、不予追究刑事责任的情形却缺乏反向的惩处机制，仅有一个省份规定了相应的倒扣分指标。另外，笔者发现在立案监督考核指标体系的设计上，设计者仅关注了"量"的计算，却忽略了"率"的考评，特别是对于检察机关监督后立案的案件占侦查机关总的立案案件的比率——立案监督率，检察机关立案监督的案件后续被定罪的比率——成案定罪率，都没有纳入到考评指标中。如此指标的设定只会导致各地检察机关不顾各地侦查办案数量的多寡，努力在数字上下功夫，一些盲目追求立案数字的检察机关还出现了明显的造假行径，这其实对于衡量一个检察机关立案监督的总体质量并无益处。

表五

A市人民检察院考评检察业务实施方案（试行）	B省检察机关执法办案考评办法	C市基层检察院年度工作目标考核办法
1. 监督侦查机关或者检察机关侦查部门立案的，每立案一个计1分；判处3年以上10年以下有期徒刑的，每一人加1分；判处10年以上有期徒刑的，每一人加4分；判处无期徒刑、死刑的，每一人加10分。 2. 对侦查机关不应当立案而立案的，提出纠正意见后，侦查机关撤案的，每一件计1分。	1. 监督侦查机关或者检察机关侦查部门立案的，每立案一人计1分；判处3年以下有期徒刑的，每一人计1分；判处3年以上10年以下有期徒刑的，每一人计2分；判处10年以上有期徒刑的，每一人计3分；判处无期徒刑、死刑的，每一人计5分。 2. 错误监督，导致侦查机关不应当立案而立案的，每一人计-5分。	1. 监督侦查机关作有罪判决的一人计1分，被判处3年以上10年以下有期徒刑的，一人加2分；被判处10年以上（含10年）有期徒刑的，一人加4分；判处无期徒刑或死刑的，一人加8分。 2. 通知立案后作绝对不诉、无罪判决或公安机关撤销案件的，一人减3分。 3. 监督公安机关撤案的1件加2分。

　　顺应立案监督模式的转型，立案监督的绩效考核也应注重组织内部各项指标设定的合理化导向，考核指标的体系设定应当从以下几个理念上做出调整：

　　1. 检察机关对立案监督绩效的考评重心应从单纯的"立案环节"延伸到对"后续诉讼环节，即起诉、审判"的多阶段考核，即从"立案多少"扩展到案件后续的"判决多少"和"定罪轻重"的考核，以实现立案监督"数量"与最后案件"质量"的二元互补。应当看到，不少省市县的检察院都已经开始了此种考核指标的设置，但还应当继续推广。

　　2. 注重在考评方式的设计上从正向激励和反向鞭策两个向度激发侦查监督部门对立案监督的办案质量。对于立案监督的案件如果在后续的诉讼中案件被撤销，犯罪嫌疑人、被告人被做了不起诉或无罪判决，且此种处理并无不当的，立案监督部门除减去原所得分数，还应反向倒扣分。如此，便可以遏制检察机关为追求立案监督的数字盲目冒进，督促其时刻保持审慎态度，避免错误监督，提高监督质量。

3. 在未来逐步建立"质"、"量"和"率"的三项考核指标体系建设。对于立案监督的案件不仅注重当下立案环节的监督数量，还应注重对后续立案监督案件成案定罪的质量，更应当从本地区的实际情况出发，注重对检察机关立案监督效率的考核。毕竟不同地区的发案数量并不相同，立案监督的数量自然也不同。如果过分注重立案监督环节被监督的案件数量，势必会出现不同地区立案监督"忙闲不均"，一些检察机关会着急找案源，错误立案、立案造假的现象可能发生。为此，应当设定立案监督率（监督立案的案件数/侦查机关总的立案数）和成案定罪率（监督立案后被定罪的案件/监督立案的案件），然后设定一条红线标准，超过红线的为合格，低于此红线的为不合格，这样便可以从宏观上引导检察机关立案监督的总体质量。

我国检察机关排除非法
证据主体地位之理论证成*

董 坤**

2012 年新修订的《刑事诉讼法》引入了非法证据排除规则,对于维护司法公正、切实保障人权、遏制刑讯逼供等非法取证提供了重要的保障。由于国外排除规则的制度和理论都较为成熟,但在我国旧有的刑事诉讼法中还处于空白。因此,此次试水正如《刑事诉讼法修正案(草案)》说明中所指出的那样采用的是一种循序渐进式的阶段性探索。在此基调下,我们看到了在非法证据排除规则的引入中一些有限的尝试和改良性的借鉴。特别值得注意的是新刑诉法第 54 条第 2 款指出:"在侦查、审查起诉、审判时发现有应当排除的证据的,应当依法予以排除,不得作为起诉意见、起诉决定和判决的依据。"根据官方的说法"该款规定了刑事诉讼每个阶段的办案机关都有排除非法证据的义务,这相对于西方法治国家中排除非法证据的主体仅仅限于法院审判机关有了排除规则内涵上的突破和创新。"①

任何他域制度的引入都有改良本土司法生态环境的功能主义潜质,但不可否认,初衷的美好期许并非一定能带来制度的有效对接以及本国司法的快速生长。这其中除了被触动利益集团的强烈反对和排斥外,本国制度体系的接纳能力也是值得考量的重要因素。"因为,程序创新的命运在很大程度上并不取决于那些喜欢欣赏规则之完备性的法律人。改革的成败主要取决于新规则和某一

---

* 本文刊载于《上海交通大学学报(哲学社会科学版)》2013 年第 6 期。

** 董坤,最高人民检察院检察理论研究所副研究员。

① 朗胜:《中华人民共和国刑事诉讼法修改与适用》,新华出版社 2012 年版。另见人大法工委主任郎胜就刑事诉讼法修改答记者问(实录)中就"在侦查、审查起诉、审判整个过程排除非法证据"问题的回答和解释,载 http://legal.people.com.cn/GB/188502/17332686.html。

特定国家的司法管理模式所根植于其中的文化和制度背景的兼容性。"① 很多时候供养体系生存的经济基础、法律文化以及体系内的各项制度息息相关、盘根错节，牵一发而动全身的情况比比皆是。程序性制裁理论、非法证据排除规则引入我国后，其给我国制度体系带来的仅仅是短期阵痛后的功效显著，还是持久排异后的机理不协，这需要深入挖掘我国的制度体系和司法构架的整体状况和内在联系来进行考察。在此，本文仅就在我国确立检察机关作为排除非法证据的主体之合理性和科学性做一理论探讨。笔者将从西方非法证据排除规则产生和发展的内在机理入手，结合我国的司法架构以及检察机关法律监督主体的宪法定位，指出在中国审判机关不仅是排除非法证据的当然主体，作为中国的法律监督者——检察机关作为排除非法证据的主体也能够得到理论上的证成。

一、域外非法证据排除的理论基础

从宏观上看，非法证据排除规则的确立被认为是惩罚犯罪与保障人权价值博弈的产物，但在具体阐释和分析其政策理论的基础上，不同国家又有着各自特有或趋近的理论依据。

（一）司法廉洁说

司法廉洁说肇始于确立非法证据排除规则的经典判例威克斯诉合众国（Weeks v. United States）一案。该案中联邦最高法院排除非法搜查和扣押证据的理由是，"为避免法官对警察违宪行为的肯定，需要排除警察违宪获得的证据。"这一理由后来被发展成为"司法廉洁说"，其基本的理论要旨是："倘若法院于审判中使用警察非法取得的证据，等于作为司法机关的法院为政府非法行为背书，也等于宽容恕宥政府侵犯人民宪法权利，甚至间接鼓励政府的非法行为。"② 该学说在 1960 年的埃尔金斯诉合众国（Elkins v. United States）一案的裁决中，联邦最高法院再次引注，指出排除警察的非法取证所考虑的一种原因就是"确保司法廉洁的迫切需要"③，法官不应成为"故意违反其宣誓支持宪法的共犯"。④

---

① ［美］米尔伊安·R.达玛什卡：《司法和国家权力的多重面孔——比较视野中的法律程序》，郑戈译，中国政法大学出版社 2000 年版，序言部分。

② 王兆鹏：《美国刑事诉讼法》，北京大学出版社 2005 年版。

③ Elkins v. U. S. , 364U. S. 206, 222（1960）.

④ Elkins v. U. S. , 364U. S. 223（1960）.

（二） 违法行为阻却说

违法行为阻却说也称为抑制效果说、吓阻理论。如前所述，虽然美国的最高法院曾以司法廉洁说作为非法证据排除规则的理论基础，但是在之后的1961 年马普诉俄亥俄州（Mapp v. Ohio）一案中，一种新的解释——违法行为阻却说开始成为主流观点，司法廉洁说退居次席。① 在该案中，联邦最高法院认为，"利用刑事处罚、行政惩戒或民事赔偿的方式都不足以有效遏制警察的违宪滥权，唯有非法证据排除规则的引入才能有效遏制警察的不法。"② 申言之，如果警察知道他们的违法意味着可能无法对犯罪分子定罪，他们在侦查取证中就会更加守法谨慎。不仅在美国，违法行为阻却说在其他国家和地区也得到了较为广泛的认同与肯定，日本学者平野龙一教授就指出："只有排除违法搜查和扣押收取的证据，并适当运用这一规则，对于防止警察的违法行为，才是最为有效的方法，也是对警察不法行为的超乎寻常的制裁。"③ 土本武司教授则从反面进一步指出："若承认违法收集证据的证据能力，将导致助长侦查机关违法侦查行为的结果，对于防止侦查机关违法侦查来说，剥夺违法证据的证据能力是最有效果的。虽说对违法程序可以谋求其他手段予以制裁、救济，但事实上极为困难，也难以取得效果。"④ 虽然在日本有关非法证据排除规则的理论根据中还有宪法权利保障说和司法廉洁说两种观点，但违法行为阻却说却占据主导地位。⑤

（三） 宪法性权利保障说

根据对权利的理解范围不同，宪法性权利保障说也被称为人权保障说或权

---

① 美国最高法院曾在 "Stone v. Powell, 428 U. S. 465" 一案的裁决中公开了非法证据排除规则的主要理论是违法阻却说，而司法廉洁说的解释力在某些案件中受到了限制。即"在马普一案中适用非法证据排除规则合理性的理论基础有多个，但是最主要的依据是坚信排除规则能阻却之后警察的不法行为，虽然我们的一些判决中也间接提及过'司法廉洁的急迫性要求'之理论，但他们都指出这一理论在决定某些情境下是否适用非法证据排除规则，其解释力的有限性。"译自 Stone v. Powell, 428 U. S. 465, 484 – 485 （1961）。

② Mapp v. Ohio, 367 U. S. 643 （1961）.

③ 李心鉴：《刑事诉讼构造论》，中国政法大学出版社 1992 年版。

④ ［日］土本武司：《日本刑事诉讼法要义》，董璠舆、宋英辉译，五南图书出版公司1997 年版。

⑤ 参见 ［日］田口守一：《刑事诉讼法》，张凌、于秀峰译，中国政法大学出版社2010 年版。

利保障说。该说强调非法取证违反了法定程序，侵犯了相对人的宪法性权利——如美国联邦宪法修正案第 4 条（禁止不合理的搜索、扣押）、第 5 条（不自证己罪特权）和第 6 条（律师帮助权）等——如果仅通过对国家工作人员的不法行为实行国家损害赔偿或者民事侵权赔偿是远远不够的，为了使公民权利在遭到侵犯时，得到充分的救济，应当对国家通过非法手段所获取的问题证据予以排除。美国法院在 1984 年的合众国诉雷恩案中明确指出：排除规则是在司法中创造出来的保障宪法第四修正案权利的一种救济。① 宪法保障说在德国证据禁止制度（即非法证据排除规则）中也得到了呼应。自 20 世纪 60 年代以来，德国的证据禁止学说无论从理论上还是实务中都得到了前所未有的发展。"值得注意的是，德国联邦宪法法院和最高法院在判例中越来越多地将证据禁止制度与被告人权利——尤其是宪法性权利的保障结合起来，使得这一制度客观上成为宪法性权利的主要救济机制。② 但是该学说也同样存在着软肋，即宪法规定的权利毕竟有限甚至太过模糊，如隐私权就并未在美国宪法中明示，而且除了实体性权利外，程序性权利是否也能涵盖其中，如何准确拓清其外延。另外，权利的相对人也过于模糊，是否包括第三人之权利。如违法搜查甲之住宅或汽车，起获乙之杀人案的凶刀，此时权利的受害者并非乙，而是甲，此时在指控乙时如果排除凶刀的话，如何能说是为了保障乙之宪法性权利，对其进行的宪法性救济。可见，宪法保障说也存在着不周延的局面。

（四）其他学说以及综合说

除了违法行为阻却说、司法廉洁说和宪法性权利保障说之外，在美国、日本等其他国家还出现了发现真实说以及各种学说折中后的理论综合说等。

1. 发现真实说。该学说也称虚伪排除说，其认为非法求刑取得的证据本身之虚伪或然性高，往往不具有真实性。所谓"严刑之下，能忍痛者不吐实，而不能忍痛者吐不实"，以此虚假证据认定案情，必然冤狱纵生，案件的真实情况将被遮蔽。虽然此学说曾常被提及引用，但该理论的适用范围却相对狭窄，主要表现其在对非法自白等言词性证据具有较高的解释力，但是对于非法搜查和扣押的实物类证据却无法自圆其说。毕竟，实物类证据本身的客观性决

---

① Rolando V. del Carmen. Criminal Procedure Law and Practice. Bakersfield：Wadsworth Publishing Company Belmont，California. 57. 转引自谢佑平、万毅：《多元与普适：刑事司法国际准则视野内的非法证据排除规则》，载何家弘：《证据学论坛》（第 2 卷），中国检察出版社 2001 年版。

② 陈瑞华：《比较刑事诉讼法》，中国人民大学出版社 2010 年版。

定了即使被违法获得，但对案件真相的反映仍然很奏效。有学者还进一步批评道，发现真实说对非法获得的言词类证据的排除也缺乏完整充分的理论解释，"发现真实早已不是现代刑事诉讼法的'帝王条款'，而现代证据禁止理论，早已跳脱单单追求发现真实之窠臼。例如，以狡诈之办案技巧取得之陈述，可能具有高度之真实性。但这类证词，一旦可认为以不正之讯问方式取得时……由于禁止使用这类证据，不但无助，甚而还会阻碍真实发现。"① 故此，发现真实说在支撑非法证据排除规则的理论学说中逐渐被边缘化。

2. 综合说。当然有关非法证据排除规则的理论学说还有不少，但是由于每一学说都存在片面或不足。因此，一种综合各种学说后的折中观点出炉。如1980 年美国最高法院就曾表示，"第四修正案的排除规则起到了双重作用，即阻止违法行为和维护司法尊严。"② 此观点的提出即是对违法行为阻却说和司法廉洁说的理论整合。另外，还有学者认为，"非法证据排除规则是根据宪法保障说、司法廉洁说以及抑制效果说③三种理论共同建立起来的……关于这个问题，应当以抑制效果说为核心，同时考虑其他两个根据，综合分析排除规则的根据。"④ 在加拿大，司法声誉应具有的廉洁品质和公民的宪法性权利保障共同成为了其非法证据排除说的理论基础，这集中反映在了加拿大的《大宪章》第 24 条第 2 款中，"当……法庭认为证据的取得侵犯了任何受《大宪章》保护的权利和自由时，如果该项证据已经成立，且涉及到案情的各个方面，并且对它的采用将会影响司法声誉，该项证据应被排除。"⑤

笔者认为，非法证据排除规则以美国为代表，在世界其他国家的证据规则中都有所吸收和借鉴。关于支撑该规则的理论基础虽然众说纷纭，但就刑事司法控辩审的三面构造来看，非法证据排除规则对于司法裁判方而言，其产生的理论基础在于"司法廉洁说"；对侦控方而言，规范制约其合法取证的"违法行为阻却说"最有说服力；而对于被告辩方而言，"宪法性权利保障说"则最有针对性。故站在司法裁判者、控诉方以及被告辩护方不同的立场角度来综合性解释非法证据排除规则的理论基础最为妥当和周全。据此，司法廉洁说、违法行为阻却说以及宪法性权利保障说将成为下文笔者论证中国特色体制架构和

---

① 王兆鹏：《刑事诉讼法》（上册），中国人民大学出版社 2005 年版。

② 杨宇冠：《非法证据排除规则研究》，中国人民公安大学出版社 2002 年版。

③ 即"违法行为阻却说"。

④ 参见 [日] 田口守一：《刑事诉讼法》，张凌、于秀峰译，中国政法大学出版社 2010 年版。

⑤ 孙远：《对三种排除非法证据之理由的追问》，载《中南大学学报（社会科学版）》2007 年第 3 期，第 293 页。

法律制度下检察机关具备排除非法证据主体资格的论理基础。

二、域外理论对我国检察机关作为排除主体正当性的论证

在我国，宪法规定检察机关是国家的法律监督机关，依照法律规定独立行使检察权，不受行政机关、社会团体和个人的干涉。作为宪法的测振仪，有"小宪法"之称的刑事诉讼法进一步规定在刑事司法领域，人民检察院依法对刑事诉讼实行法律监督。正是检察机关在宪法和刑事诉讼法中的特殊定位，决定了中国特色权力架构下检察机关作为排除主体能够获得他域排除规则元理论的有力支撑。

（一）我国检察机关是司法机关，有保持司法廉洁性的责任

在西方的治国理念中，三权分立的宪政思想被许多国家认可并适用。在他们那里，统一的国家权力被一分为三，分别由立法机关、行政机关和司法机关来行使。三个机关通过各自行使立法权、行政权和司法权彼此节制，以分权制衡的方式来保证国家职权的规范行使，避免三权中任何一项权力无制约地单成一极抑或国家权力运转无序下的集体膨胀。基于三权分立的思想，理论先贤进一步指出，作为三权之一的司法权本质上应是一种判断权，要使这种判断建立在公正、准确的基础上，判断者就必须客观中立、消极被动。而这一角色的承担者无疑应是法院的法官。诚如马克思所言："法律是普遍的。应当根据法律来确定的案件是个别的。要把个别的现象归结为普遍的现象，就需要判断。判断是件棘手的事情。要执行法律就需要法官。"① 基于此公理性认识，西方法治国对于司法的界定无不是以法院法官为主体而展开的。② 如《牛津法律大辞典》对司法的界定就是："关于法官的术语，在很多情况下区别于立法和行政，在另外一些情况下则有别于'司法之外的'，即不经过法官处理以及没有法官的干预的处理。"③《布莱克法律词典》中对司法权（judicial anthority）的解释是："法官职务所应行使的权力和履行的职责；裁判权；审理和解决争议问题的官方权力。"④ 当欧美法院成为司法权的唯一代表时，检察机关则常常

---

① 《马克思恩格斯全集》（第1卷），人民出版社1995年版。

② 美国联邦宪法第3条第1款即规定，"合众国的司法权，属于最高法院和国会随时规定和设立的下级法院。"其明确地将司法权独占性地交付于法院。

③ ［英］戴维·M. 沃克：《牛津法律大辞典》，北京社会与科技发展研究所译，光明日报出版社1988年版。

④ Henry Campbell Black. M. A. Black'S Law Dictionary (6th). St. Paul: West Publishing Co. 1990.

被定位在行政权的部门序列中，未被赋予纯粹的司法属性。特别是英美法系浓厚的对抗制诉讼文化奉行当事人主义诉讼模式，审检分立，检察官仅仅被视为一造之当事人，偏居指控犯罪的一方查控犯罪，在彰显其行政追诉、打击犯罪的热情时，自然缺少了司法官应有的客观、中立、消极被动的司法本性。而在大陆法系，审检合署办公的表象看似检察官与法官平起平坐，但实际上法院与检察院之间并没有隶属或领导关系。检察机关一般仍归位于行政系统，而法院则属于司法系统。① 虽然大陆法系在分析检察官的属性时，从"接近法官说"、"如同法官说"的角度出发，认为检察官与法官"不同职但同质"，指出"证诸检察官之法律守护人地位，对检察官及对法官而言，事实之究明与法律之判断，应依同一目标行事，因此，此乃两者得相提并论的强烈论证。"② 然而，如同并非同一、接近仍然还有距离，法官与检察官两者之间的落差难以否认。另外，在诸如德国基本法（第 92 条）③ 等国家的宪法中都言明法官（或法院）始得享有司法权，若想将司法权的主体扩张解释到检察机关，宪法实是一难以逾越的鸿沟。故此，在西方国家纯粹的司法机关只能是法院，而以维护司法廉洁性为重要理论依据的西方非法证据排除规则中拥有排除权的主体也只能是裁判案件的法院法官。

不同于西方国家三权分立的宪政架构，我国的根本政治制度是人民代表大会制度。国家权力统一由人民代表大会行使。在人民代表大会下，行政机关、审判机关和检察机关分别行使部分国家权力。在"一府两院"的权力结构中，中国的检察机关不再像西方国家那样置于行政系统之下，单为一个行政组织，而是与审判机关、行政机关处于平行站位、职能各分的并列关系，此时独立于行政机关之外的我国检察机关和审判机关一样，都已经"去行政化"。至于我国的司法机关，笔者认为中国的司法体制样态是一种审检双核的二元司法格局。首先，从宪法在第三章"国家机构"中的规定看，该章第三节是有关最高国家行政机关——国务院的规定。而作为审判机关的法院和作为法律监督机关的检察院则同归入该章第七节，并规定了两者基本相同的、不同于行政机关的组织原则和依法独立行使职权的原则。从审判机关和检察机关在宪法章节的

---

① 朱孝清、张智辉：《检察学》，中国检察出版社 2010 年版。

② 林钰雄：《检察官论》，法律出版社 2008 年版。

③ 德国基本法第 92 条规定："司法权付托于法官；由联邦宪法法院（Bundesverfass-ungsgericht）、本基本法所规定之各联邦法院（Bundesgerichte）及各邦法院（Gerichte der Lander）分别行使之。"具体内容可参见孙谦、韩大元主编：《各国宪法》（欧洲卷），中国检察出版社 2012 年版。

排序和设置看，检察院与法院应当在某一方面存在质的同构性，才能并列统合为一节，而这一同质性即是司法属性。就算以西方权力分配中行政权、司法权和立法权三足鼎立的架构看，在排除了我国检察机关不可能成为行政机关、立法机关的情况下，检察机关只能是与其处于同一位序、组织原则和独立行使职权原则相同的法院一道被划为司法机关。加之我国宪法未明文规定哪一机关为司法机关，因此从学理上将我国的检察机关解释为司法机关不存在任何障碍。其次，党中央的重要文件根据宪法规定的精神也一再明确审检并立的司法格局。特别是党的十八大报告指出在进一步深化司法体制改革中，要确保审判机关和检察机关依法独立公正行使审判权、检察权。十八大报告没有将司法体制改革简单地等同于审判改革，而是将其涵盖到检察改革中，检察机关的司法属性显然已被党中央所认同。①

将审判机关和检察机关一同定位为司法机关是我国司法架构的重要特征，构成了中国特色社会主义的司法内涵。在引入非法证据排除规则后，如果以保持司法的廉洁性作为该规则创设的重要立论之一，作为中国司法机关中的一极，在审查起诉环节排除非法证据，检察机关显然具有不可推卸的责任。如若其对非法证据视而不见、放任自流，自然给人以纵容警察违法，与其同流合污之怪象，将直接减损司法的廉洁性、公正权威性。故此，检察机关作为排除非法证据的主体是司法廉洁说下的应然之理。

（二）我国检察机关是法律监督机关，有阻却违法取证的权力和义务

如前所述，在我国的体制中检察机关是国家的法律监督机关，其地位和作用不仅表现在国家政治体制中，还具体地表现在司法体制和各种刑事、民事和行政诉讼程序中。在刑事诉讼中，检察机关的法律监督细化为诉讼程序上的全程监督，即对立案、侦查、审判和执行的整个诉讼过程都有监督的权力。这其中非常重要的一个方面就是检察机关应当对侦查活动监督、制约和规范，即法定的侦查监督。该监督的行使在我国从体制由检警分立模式予以保障。与欧陆法系国家检警一体的侦控模式不同，在中国检察机关与公安侦查机关相互分

---

① 党中央的十五大报告直接指出："从制度上保证司法机关依法独立公正地行使审判权和检察权，建立冤案、错案责任追究制度。"从该报告出发，检察权的司法属性、检察机关属于司法机关更是被明确地认可。

立，侦查机关主要隶属于我国公安系统，① 是行政体系下的一个机关部门，而检察机关作为法律监督机关，独立行使检察权，不受任何行政机关、社会团体和个人的干涉。在这样一种检警分立的模式下，检警关系的有效分离形成了两者之间必要的"张力"，使检察机关对侦查行为进行排查"过滤"成为可能，保证了检察权对侦查活动法律监督制约机制的正常运转。反之，在欧陆法系检警一体的办案模式下，"检察官承担警察职能，成为所谓'高级的司法警察'，检察官将因深陷于侦查事务而带上浓厚的行政机关的色彩，丧失其司法机关的非偏倚品格和独立性，其'过滤'与制约的功能实际上也就丧失了。因为作为警察的上司，他不可避免地从警察的角度去看问题。"② 由上述检警关系的分析进一步引申开来的是，如果从抑制警察滥权、阻却违法的角度看，欧陆法系检察机关作为警察违法取证的排除主体显然是不适格的，原因就在于这种检警一体模式将检察机关定位为警察的高级领导、指挥者，两者同此凉热的一体共生关系使其无法保持阻却警察滥权时的超然中立性，一种潜在的荣辱与共、相互依存的情感顾虑会减损、羁绊其排除非法证据的内在动力。而在我国，检警分立从体制上破了检察机关排除违法取证的障碍。除了既往检察机关通过审查逮捕、以纠正意见的方式规范侦查行为外，通过审查证据的合法性，发现并确定违法侦查取证行为的存在，排除非法证据、追究违法取证者的责任、阻却甚至杜绝非法侦查已经成为我国检察机关履行侦查监督的完整体现。因此，从创建非法证据排除规则的另一理论基础——违法行为阻却说出发，检警分立的诉讼格局和侦查监督的法定使命使检察机关有充分的论理支撑成为非法证据的排除主体。

（三）我国检察机关"保民官"的新角色赋予其更多的权利保障职责

中国传统的法律监督理论习惯于以宪法为依据，从功能上将检察机关定位为国家专门的法律监督机关，但这一定位只能描述检察机关与其他国家公权力机关之间监督与被监督的法律关系，对于检察机关与犯罪嫌疑人、被告人以及其他诉讼当事人之间的法律关系宪法的规定却失之阙如。随着 2004 年我国第

---

① 当然我国的侦查机关还包括检察机关的职务犯罪侦查机关、国家安全机关、军队保卫部门、监狱和海关走私犯罪侦查机关。但主要的侦查机关仍是公安机关内的侦查部门，其负责中国绝大部分刑事案件的侦查工作。

② 龙宗智：《评"检警一体化"兼论我国的检警关系》，载《法学研究》2000 年第 2 期，第 56 页。

一次将"国家尊重和保障人权"写入宪法，人权保障成为了公权力机关和国民之间紧密联系的纽带，这一理念随着 2012 年刑事诉讼法的修订，在检察机关与犯罪嫌疑人、被告人之间也架起了一座新的桥梁。那就是检察机关法律监督权的行使，不仅是通过刑事案件中的诉讼监督纠正侦查机关、审判机关和行刑机关的违法不当行为，更重要的是通过规范诉讼达到被追诉者有罪罚当其罪、无罪免受追究的目的，其终极意义仍在于实现宪法中的人权保障目标。正如有学者所言，在犯罪嫌疑人、被告人面前，"检察官并非仅仅是高高在上的'监督官'，而是'俯首甘为孺子牛'、负有保障犯罪嫌疑人、被告人权利的责任和使命的'保民官'……人权保障"是实施"法律监督"的目的，"法律监督"是实现"人权保障"的手段。法律监督，并非检察机关行使职权、履行职能的终极目的，说到底，履行法律监督职能的目的还是为了保障人权。[①]

在践行宪法"尊重和保障人权"的目标下，我国检察机关具有"监督官"与"保民官"的双重角色。当发现诉讼中的不当行为，如违法侦查侵及犯罪嫌疑人、被告人合法权益，取得违法证据时，检察机关基于护权（利）的"保民官"角色，除了对侵犯权利的行为予以纠正外，另外一个重要的渠道就是通过排除非法证据给予被侵害人救济和保护。在以宪法性权利保障说建构非法证据排除规则的理论中，我国检察机关"保民官"的角色无疑与该理论学说具有兼容性。概言之，在宪法性权利保障说的理论框架下，我国检察机关作为排除非法证据的主体同样能够获得理论解释的自洽。

三、本土语境下检察机关作为排除主体正当性的理论创新

衡量我国检察机关作为非法证据的排除方，其主体的适格性已在他域的理论学说中被证成。但是，结合中国语境下的司法制度和刑事诉讼法的程序设置，在本土的环境需求和资源供给下，检察机关作为排除主体在理论支撑上还有自我创新和发展。

（一）维护程序公正，实现非法证据排除的彻底性

就非法证据的"排除"而言，创立规则的西方国家有两种诠释。大陆法系国家强调的是"不能作为定案的根据"；而英美法系国家强调的则是"不能进入事实裁判者的视野，被其看到或听到。"相较而言，第二种排除更为彻底，因为从心理学的角度出发，如果非法证据被事实裁判者所知悉，其必然会

---

① 万毅：《刑诉法修改对检察制度若干理念的重塑》，载《检察日报》2012 年 10 月 22 日，第 3 版。

在裁判者心中留下烙印，该非法证据的影响也就很难在裁判心证中被彻底排除，排除规则可能就此被架空，通过程序制裁来维护司法公正的目的也将流产。而之所以出现对"排除"解释的差异，主要源于大陆和英美法系不同的庭审结构。英美法系的裁判是一种二元法庭模式，而大陆法系则是一元的。"在二元法庭，法官可以通过预审，裁定将不可采纳的信息阻挡在事实认定者的门外，使不可采但其他方面却可信的证据不在事实认定者的头脑中留下任何印记——假设法庭的这两部分相互间实行声音隔离的话。相反，在一元法庭，虽然同样是由个体决定证据的可采性和证据应有的证明力，但却无法避免被禁止但又有说服力的信息的污染。它总是要对裁决者的思想产生影响。"①

当前，我国的法庭审理模式亲近于大陆法系，法官集证据取舍、事实裁判和定罪量刑于一身，虽然新的刑事诉讼法确立了庭前会议制度，可就非法证据问题进行前置性处理。但笔者认为这一试图阻隔事实裁判者与非法证据接触的努力并不能真正奏效。首先，庭前会议仅仅是就非法证据排除问题"向控辩双方了解情况，听取意见"，对于非法证据的确认和排除并非做终局性处理，一些非法证据还是会流入法庭由法官来最终裁断，② 它们对法官心证的影响不可避免；另外，即使是非法证据在庭前会议中就予以排除，③ 但新刑事诉讼法和相关的司法解释也并未就庭前会议和庭审中是否是"双法官配置"做出明确说明，相较于英美法系国家预审和庭审不同法官审理案件的二元格局，如果中国的庭前会议和庭审都是由同一合议庭或审判法官构成的话，庭前会议排除非法证据的努力必将付之东流，结果是鲜见的，非法证据已经在庭前会议就进入了法官视野，其对案件事实的负面影响早已产生。

综上而言，中国一元的法庭审理模式以及非法证据的庭上排除机制，都决定了如果在庭审前缺失一道关口去阻断非法证据流入法庭，法官在事实裁判时的不当干扰、信息污染不可避免，非法证据的排除并不彻底。为此，赋予检察机关在审前程序中排除非法证据的主体资格，将非法证据通过前置阀门的过滤

---

① ［美］米尔建·R. 达马斯卡：《漂移的证据法》，李学军等译，中国政法大学出版社 2003 年版。

② 2013 年 1 月 1 日施行的最高人民法院《关于适用〈中华人民共和国刑事诉讼法〉的解释》第 183 和 184 条规定，审判人员可以就申请排除非法证据召开庭前会议，但是其主要目的是"……对有异议的证据，应当在庭审时重点调查；……"而并非直接在庭前会议中直接排除非法证据。

③ 实践中的做法可以是通过检、法两家的沟通，法院建议检察机关不再就辩护方所申请排除的"问题证据"在法庭上出示。这其实是从实质上做到了庭前会议制度对非法证据的排除效果。

预先排除在法庭大门之外，可以防止非法证据对后续诉讼的纵深影响，达到非法证据的彻底排除，避免非法证据对法官的干扰和误导，确保审判质量，真正实现审判程序的客观公正。

（二）贯彻集中审理原则，提高庭审的效率和公正

当今社会，刑事审判中的一个重要原则就是集中审理原则，即不中断审理原则，其是指"法院开庭审理案件，应在不更换审判人员的条件下连续进行，不得中断审理的诉讼原则"。① 该原则强调法庭对刑事案件的审理，除了必要的休息时间外，原则上应当是连续不中断地一气呵成。庭审繁冗拖沓、断断续续不仅会使案件双方的当事人长期处于讼累之中，身心疲惫，而且还会让法官在时断时续的庭审中对案件陷入一种"认识—模糊遗忘—再认识—再模糊遗忘……"的恶性循环，这不仅会造成诉讼资源的无端浪费，而且诉讼的拖延停滞还会造成法官对案件的认识成碎片性、片段性，不利于其从整体角度对案件做出全面客观的裁断。诚如台湾学者林山田所言："在此审理密集原则下，可促使法官在对其审理诉讼客体之内容记忆尚极清新时，即行判决，一方面可及早结案，另方面亦可以免因中断后，续行审理时，因为法官对于诉讼客体已是记忆模糊，而未能做成公平合理之判决。"② 由此，集中审理被认为是诉讼上为发现实体真实，形成正确"心证"，提升裁判品质的技术要求，是实现司法公正、维系程序正义不可或缺的一环。③ 贯彻集中审理原则是公正与效率双重价值的体现，要将这一原则落到实处，一个重要的工作就是应当尽量在庭前明确争点，将庭审中一些可能会掣肘庭审进程的程序性问题尽可能在庭前解决。这其中就包括拟提交法庭的证据合法抑或非法，以及随之涉及到的排除问题。

虽然新刑事诉讼法设置了庭前会议制度，但是正如笔者前面分析的，非法证据的确认和排除最终仍要在庭上解决，如果大量的排除非法证据的申请在审判程序中提出，必将使公诉机关为了收集证据证明其取证工作的合法性而不断

---

① 《中国大百科全书·法学卷》，中国大百科全书出版社 1984 年版。

② 林山田：《刑事诉讼程序之基本原则》，载中国政法大学刑诉教研室编：《程序法论》。转引自陈卫东、刘计划：《集中审理原则与合议庭功能的强化——兼评〈关于人民法院合议庭工作的若干规定〉》，载《中国法学》2003 年第 1 期，第 139 页。

③ 吕阿福：《集中审理在刑事诉讼法上的展开》，载蔡墩铭：《两岸比较刑事诉讼法》，五南图书出版公司 1996 年版。

申请延期审理，引起诉讼的中断和拖延。① 况且一些所谓明显的涉及"非法证据"的伪命题其实完全可以在庭前解决，一并拿到法庭上不仅是司法资源的浪费，而且还会对法官心证产生可能的负面影响。"刑事诉讼之机能，在维持公共福祉，保障基本人权，不计程序之繁琐，进行之迟缓，亦属于个人无益，于国家、社会有损。故诉讼经济于诉讼制度之建立实不可忽视。"② 为此，除了进一步细化完善庭前会议制度外，另外一个可能的解决路径就是在检察环节建立非法证据的申请、发现和排除机制，使法院能够在顺畅的庭审进程中有足够的精力直接就"过滤"过的证据进行审查核实，确保法庭审判集中高效地进行，提高法庭的审判质量。故从贯彻集中审理原则，实现审判公正、提高审判效率的角度，赋予检察机关庭前排除非法证据的权力也具有相当的合理性和科学性。

---

① 张倩、刘静坤：《庭前会议程序在实践中的展开》，载《中国审判》2012年第4期，第69页。

② 陈朴生：《刑事经济学》，台北正中书局1975年版。

检控裁量模式及其适用[*]

——关于朱丽叶·方达检控裁量模式理论的介绍及启示

王守安[**]

检察机关在作出检控决定时拥有一定的裁量权，是现代刑事诉讼制度的重要特征，而且，随着社会形势的变化和诉讼制度的发展，各国检察机关的检控裁量权有逐渐扩大之势。特别是在一些国家，检察机关甚至拥有了广泛的处置上的权力，如在决定不起诉时可以要求被告人向被害人赔偿损失，可以决定对被告人进行社区矫正，甚至可以对被告人科以罚款。那么，检控裁量权扩大的背后原因是什么？各国政策制定者在作出扩大检控裁量权的决策时，是基于什么理念？英国学者朱丽叶·方达的检控裁量模式理论对此给出了初步答案①。朱丽叶·方达通过对德国、荷兰、苏格兰及英格兰和威尔士的立法、政策和实践的实证研究，发现扩大检察官的检控裁量权是刑事司法制度发展的普遍趋势，并通过分析思考，概括出了操作效率模式（the Operational Efficiency Model）、恢复模式（the Restorative Model）和社会公信模式（the Credibility Model）三种检控裁量模式。

一、检控裁量的三种模式：以扩大检控裁量权的价值理念为基础

朱丽叶·方达发现，在实践和政策层面，扩大检察官的检控裁量权为什么被认为是必要的，德国、荷兰、苏格兰及英格兰和威尔士的实务工作者与理论研究人员给出的原因大致上是一致的即有效地管理日益膨胀的司法体系，或者使犯罪者和（或）被害人恢复到产生破坏或者侮辱效果的涉案犯罪行为以前的状态，或者通过刑事司法机构对犯罪问题的处理更加普遍地重建被大量犯罪

---

[*] 本文刊载于《中国刑事法杂志》2005 年第 2 期。

[**] 王守安，最高人民检察院检察理论研究所所长。

① Julia Fionda, Public Prosecutors and Discretion, Clarendon Press. Oxford, 1995.

行为破坏的社会准则和社会传统。这些核心的理念基础分别可以称之为操作效率模式、恢复模式和社会公信模式。

（一）操作效率模式

操作效率模式，以处理效率和资源节省原则为指导，赋予检察官在履行检控职责时一种管理者的角色。其重要理念是，在人力和财力有限的情况下，控制和处理不断增长的工作量，避免费用高昂的法庭审判，包括准备和出示证据的大量的时间投入。

这种模式作为在实质上控制起诉案件数量的正当依据，出现在荷兰、苏格兰和德国。例如在荷兰，操作效率的追求和刑事司法系统的超负荷运转，一直对刑事司法机构的工作理念产生重大影响。犯罪数量不断提高而司法资源却没有相应增加给检察官带来了难以忍受的负担，由此使得人们在 20 世纪 70 年代接受了便宜原则。实践的需要使得不起诉在实践中大量适用。在德国，起支配作用的效率原则对政策的形成同样产生了重要影响。实践中以紧张的司法资源去处理急速增加的犯罪问题的状况，已经冲蚀了起诉法定原则。在如今的德国，由于对不断增长的犯罪率的关注，为了节省时间和金钱，采取了操作效率模式来处理案件。在苏格兰，关于检察罚金的引入，一方面人们认为是出于减少检察官和法庭工作量的需要，同时认为对被告人也是有益的，即避免出席法庭和犯罪记录。

（二）恢复模式

恢复模式，是指促使恢复可能被犯罪行为破坏的社会平衡的检察处理制度。典型的社会不平衡是在犯罪人的行为使得被害人遭受某种形式的损失（不论是物质的、身体的抑或精神的）时，存在于被害人和犯罪人的关系之中。尽管在双方当事人之间"恢复"平等也许是不可能的，因为在当今社会平等可能根本是不存在的，但可以修复由犯罪引起的一些不平等。因此，在过分强调对被告人重视的诉讼程序中，要保证被害人享有同等的被重视的权利，这可以通过恢复理念的适用来实现。在恢复性制度中，像以金钱等形式的赔偿和被害人对特定案件处理结果的满意，将会成为最主要的目标。

在这种模式下，刑事司法的目的不是惩罚。当被害人的利益成为刑事诉讼的最重要的考量时，惩罚性制裁将减弱，而倾向于以一种积极的、帮助性的方式处理案件。惩罚性制裁的注意力在于犯罪者，即阻止或者防治其进一步犯罪，而积极性制裁不一定包含惩罚因素，其注意力在于恢复被害人到犯罪发生前的状态。因此，这种模式提倡刑事司法注意力的转变，即由关注被告人的利益和权利转向提供使被害人更加满意的服务。然而，对被害人来说，为了体现对其关心和尊重的物质赔偿利益可能不是必需的，更多地参与刑事诉讼和处理程序对被害人来说可能是一个更充分的利益。自犯罪发生起，被害人与犯罪人的关系是一种冲突关系，这种冲突可以看作是被害人的"财产"，因此拒绝被害人参与处理冲突的机会，可以说是被害人的一种损失，这种损失与犯罪引起的物质损失是一样的。

在恢复性检控模式中，在恢复被害人的"财产"包括受到刑事司法机构的平等对待和恢复被害人与犯罪者"正常"关系方面，检察官居于非常重要的地位。不论是在当事人主义还是职权主义制度下，检察官可以通过要求赔偿或向法庭建议补偿性量刑来支持被害人的诉讼。这种恢复性角色在审前阶段的潜力是巨大的。在苏格兰，为修治不平衡和恢复关系而特别设计补偿和调解计划，赋予被害人在力求使自己满意的案件处理方面以非常有意义的角色。在这种计划中，在审前阶段将被害人和犯罪者交由调停专家进行调解。在德国，检察官在一种非常接近于恢复性模式的制度中工作，特别是在未成年领域。补偿性计划和个别案件的补偿性安排一样，运行于整个德国，实际上，补偿性倾向已经成为德国刑事政策的显著特征，目前已经与作为刑事诉讼中心目的的"教育"相抗衡。

恢复模式的目的也存在于美国检察官的实践中。美国检察官拥有终止敏感案件的广泛的裁量权，即如果认为起诉对犯罪嫌疑人及其家庭或者被害人有害，检察官可以裁量终止案件。例如，在处理邻里争端、丈夫不履行以金钱支持妻子和家庭义务的夫妻争端时，检察官有非正式地分流案件或民事制裁的裁量权，或者用所谓的"无法庭记录"的方式处理案件，在这种特别适用于未成年人的程序中，在检察官办公室举行一个非正式的听证会，未成年人和其父母参加，检察官可以给予警告，这与在英格兰和苏格兰仅记录于警察局的警告很相似。这种分流裁量权的目的在于解决冲突而非惩罚违法者，这被认为是非常必要的。近来，在将被告人于审前阶段作为"附条件警告"的形式分流到建设性的重新就业和补偿计划方面，检察官扮演了更加积极的角色。特别引人注意的是 1967 年曼哈顿法庭就业计划，这个计划致力于促进附条件撤销起诉（有些是严重的重罪指控），将被告人分转到一个咨询计划中，这种计划的目的是避免再犯罪并为被告人找工作。这是恢复模式运行的典型例证，其目的是将被告人回复到守法的社会中。

另外，恢复模式在赔偿性方面一般可以延伸到社区。作为审前阶段处理案件的条件，检察官可以处以一定时期的社区服务，这样可以修治在社会上引起的不平衡，特别是在"无被害人"的案件中。

因此，恢复模式的影响已经超越了传统上对被害人与犯罪人关系的关注，它包含着更为广泛的恢复观念，即修复、调解、赔偿，这些要素关注被害人的地位和犯罪者回归社会，强调对社区不平衡的修复和社区利益的考量。

（三）社会公信模式

这种检控裁量模式以在刑事诉讼的早期阶段处理轻微犯罪为指导原则，并且以惩罚和制止犯罪为目的，因此，与帕卡提出的犯罪控制模式非常相似。在这种模式下，检察官对有罪的非正式判定和他的处罚权力，使得他的准司法官角色非常明显。在这种模式中，检察官的目的是惩罚犯罪者，从而阻止他人实施同样的犯罪，维护刑事司法制度的积极形象，使人们相信司法机构正在提供有用的服务。

社会公信模式的最显著例子是运行在荷兰的"压制"政策。在荷兰，由于普遍而大量存在的轻微犯罪被刑事司法机构所忽视，导致"社会准则的模糊不清"，使得一定形式的反社会和非法的行为成为不得不接受的平常现象。这种状况使得司法制度，寻求以压制性的、先发制人的但非正式的惩罚制度，克服存在的问题。即通过增加附条件撤销指控来分流案件，实际上是努力在不使大量轻微案件流入法院的情况下，恢复公众对刑事司法制度的信心。人们期望进入法庭要求司法量刑的案件数量相对保持稳定，同时希望检察官对案件的处理进一步严厉。实施这种新的司法理念的主要责任落在了检察官而不是法官的肩上。德国的处罚令和苏格兰的检察罚金，也是司法制度做出的同样的努力。因此，检察官的过滤角色和处罚权的行使，是这种模式的中心。为了满足社会公众要求刑事司法制度保护他们的财产和人身自由的期望，检察官被赋予直接处理日益增多的犯罪的职责或者要求其转向更具威慑力的政策，并且不能增加法院负担以牺牲操作上的效率。在苏格兰，引入检察罚金的主要目的，是为了降低检察官无条件终止案件的比例。通过适用检察罚金，检察官增加了干预案件的比例，同时追求操作效率的目标。

社会公信模式的目的在于使公众对刑事司法程序满意，使公众相信刑事司法程序能够保护他们的权利和自由。"公信"一词显示出，除了依法保护，这种模式要求司法机关要进行自己的公关工作。像提供金钱方面的价值一样，刑事诉讼还要显示出令公众满意的形象，最突出的是通过媒体渠道。现在，刑事司法被认为是重要的政治问题，媒体越来越关注刑事司法制度。因此，公信模式在起诉政策上更具影响，以确保媒体报道是积极的。

在公信模式中，媒体和刑事司法机构的关系很重要，因为公众对刑事司法程序不满意，常常通过报纸、电视、广播对争议案件和政策的报道表达出来，甚至是因为媒体报道而产生的。这种模式还致力于使公众不但满意而且理解刑事司法机关的政策。从对被害人调查所得的统计资料表明，如果使公众对刑事司法制度更有信心，他们就不会谴责在恢复模式下使用的回归社会和社区矫正措施。被害人希望看到刑事司法机关对犯罪更有力的反应，但并不关注这种反应是否必须是惩罚性的。这表明，一般公众支持公信模式，这种模式增加了检控方面而不是审判方面对案件的干预度，它可能是惩罚或者压制性的，这取决于公信模式是与操作效率模式结合还是与恢复模式结合。

社会公信模式在增加公众对刑事司法制度妥当处理不断增长的犯罪能力方面起着重要作用。首先，公信模式确保尽可能多地处罚犯罪者，同时尽可能地保持惩罚制度的简便和灵活。这强化了公众对刑事司法效率的信任。其次，公众将会理解恢复模式提倡的诸如补偿和社区矫正这样更具建设性的处罚的好处，并且接受这些措施的广泛适用。因此，检控裁量的公信模式是刑事司法制度对公众（或者说媒体）要求更加严格适用法律以进一步控制轻微犯罪的回应。检察官进一步涉足审前处罚制度，其正当性是基于维护司法制度的公信度，同时不削弱操作的效率，即在有限的资源内运作刑事司法制度。

需要注意的是，公信模式在很多国家被广泛采用。任何政策制定者都面临同样的问题：树立刑事司法制度有效、灵验的形象，同时保持最高的效率并坚持公正原则。在公信模式下，已经显示出具有处罚职能的检察官，在这种难以把握的局面中是很有帮助的。

二、检控裁量模式在实践中的运用：面对扩大检控裁量权引起的质疑

朱丽叶·方达认为，检控裁量模式尽管只是理论上的分析，并非来自于任何一个国家的检察官职能，然而，在认识检察官职责的正当性和理论基础方面，这些模式是非常有用的。因为作为工具来考量任何以非正式的、行政处理为重要特征的刑事司法制度面临的共同问题包括合宪性问题、负责制度问题、法网扩张问题和公共利益问题等。这些模式不一定能给出这些问题的解决办法，但可以用来显示这些问题在不同的国家是如何处理的，以及为了平衡利弊而可供选择的政策。

（一）合宪性问题

有学者认为，检察官有三种角色：司法官、政府雇员和管理者。在宪法领域内，第一个角色是非常重要的。审判程序中检察官不带偏见地提供相关证据，其中立、客观的司法官角色是被广泛承认的。然而，在英国、德国、荷兰

出现的检察官非常有争议的司法官角色，与司法审判官的角色非常接近。检察官在一个案件中要不偏不倚地权衡证据，并进而作出有罪判定和常常科以惩罚或制裁，在当前宪法原则许可的范围内，检察官的裁量权能够走多远？如果允许模糊检察官和法官的界限，法官独立而不受行政影响的宪法原则可能会被违反。检察官的作用如果被发现侵犯了法官的处理权限，刑事司法程序中这两个机构的界限可能使人产生模糊认识，并对司法运作中的公正性和客观性产生偏见。

然而，上述疑问是基于这样的认识：在由一系列分设而独立的机构组成的司法体制中，检察官和法官各自的角色界限是清晰而精确的。但是也许司法制度更应当被看作一个整体存在的程序，其各机构是互相依靠的，并且涉足的界限是弹性的。有学者倾向于认为，检察官与法官有一个共享的权限范围，并且是随着制度的要求和要实现的目标而不断转换；检察官的角色从无到有再到现在拥有实体权力，从历史上看是一直在不断变化的。在一个制度中，不论是基于必须或其他原因，如果检察官在审前阶段处理案件中居于主导地位，检察官就不可避免地会介入法官的权限范围。实际上，在诸如荷兰这样的国家，检察官处理的案件量远远超过法官处理的案件量，大部分案件由检察官在庭外处理解决。检察官自然地涉足本属法官权限的案件处理，在上述三种模式下，都可以认为是合适的，并且在理论上是正当的。

在一个负担过重的刑事司法制度中，增加检察官处理案件的数量，可以减轻法院的压力，因此，在操作效率模式下，这常常是受欢迎甚至是必需的。不太严重的犯罪由检察官处理，只有更加严重、复杂或争议的案件才由法官审判，这就是说，这些案件被审判，是基于特殊的公共利益的原因。这有两个重要的宪法含义：第一个含义是基层法院仅审判比较严重的案件，大量不严重的案件被检察官处理掉，这实际上是在检察院产生了一个更下级的"法庭"，这个"法庭"居于司法审判体制的基层之下。然而，这个"法庭"缺少宪法保障，如证据要求、公共责任和上诉的可能性。对此问题下文将会说明。第二个含义是检察官的检控裁量对法官的间接影响。尽管缺少数据资料，但似乎仍有这样一种可能：如果法官认为他处理的只是较为严重的犯罪，他的量刑可能会趋于更加严厉，以反映案件的严重程度。然而有趣的是，在英国的少年刑事司法领域，近年来检察官裁量处理的案件增多了，但法官的量刑却较以前更趋轻缓。

实际上，检察官检控裁量的影响，还远不及刑事司法程序中的其他司法机构，包括警察、监狱系统和缓刑机构。警察在裁量处理案件时，可能会受检察官处理案件方式的影响。例如，如果检察官持续地对一种特定犯罪不起诉，那么以后警察可能根本不再将这种案件移送起诉。同样，检察官大量地对案件分流，会影响监狱的关押数量；而且，在恢复模式下，检察官对案件的处理会增加缓刑官和社会工作者的工作量。正是检察官作为过滤者的角色，使得他对其他机构的案件量和工作实践产生最广泛的影响。检察官像泄洪闸门一样，通过在审前阶段处理被告人，调节流向法院（包括流向监狱）和缓刑机构的案件量。

（二）负责制度问题

为了维护刑事司法制度的公信度，使司法制度高效而节俭的运行，满足恢复模式的目的，有人认为这实际上是在检察院产生了一个下级"法庭"。在做出分流决定后科以任何处罚，便意味着有罪推定。然而，这个下级"法庭"并不受制于适用于法院的程序和证据规则。设计法庭审判规则，是为了确保量刑决定在程序上是公正的，没有歧视的，并且与所犯罪行是相适应的。因此，有人提出，强化了的检察官处罚权，应当与适当的负责和监督标准相平衡，这样，自然正义的基本权利就不会在一个不甚公开的裁量处罚制度中被忽视，特别是在像荷兰这样的国家，在那里，检察官的权限已经变得宽于法官的权限。

允许行政司法发展到如此程度，无论如何必须或者被期望，在三种模式下都可能有检察官滥用权力的危险。被告人的接受公正审判权、对指控的辩护机会以及对"定罪"判决或过重量刑的上诉权，可能被忽略。在一个被告人是否有罪存在疑问的案件里，使检察官与被告方达成协议以避免审判的诱惑力可能会占上风。然而，存在的危险并不仅及于被告人。就更广泛的社会范围而言，对检察官个案处理实践缺少适当的规范，可能会产生在适用特定制裁措施和法律适用上的不平等。

对这些负责制度方面问题的明确解决办法，是大胆地承认检察官作为处罚者的角色并且使之公开以接受公众审视。在荷兰，公开承认检察官是处罚者，实际上检察官被认为是"站着的法官"。在美国，检察处罚和检察官在案件处理中的作用被广泛承认和接受。例如，在美国刑事诉讼中，辩诉交易是一个公认和公开的实践，并且存在很多限定检察官指控活动的控制措施。

在考虑检察官的负责制度时，不论是向议会负责还是向一般公众负责，首先必须根据他们的职责确定需要什么类型的负责制度。当检察官作为处罚者时，逐案负责制度是较为合适的。在三种检控裁量模式下，检察官都基于不同原因担当了司法者的角色。在恢复模式中，为了实现被害人和被告人冲突的修治，检察官施以准司法的制裁；在操作效率模式中，为了节省法院的时间和资源，检察官承担了司法者的角色；在社会公信模式中，为了维护刑事司法制度的公信度，检察官对那些本应无条件分流的被告人予以"量刑"。因此，适用于司法处罚的逐案负责制度同样应当在这里适用。尽管在政策制定层面，一般要向议会负责，但就个案处理而言，更适宜而有效的负责制度是司法监督或者检察系统自身的上级监督。其次，必须明确界定客观性和公正性的基本标准，尤其是在涉及有罪认定时更是这样。在德国、荷兰、苏格兰及英格兰和威尔士，决定起诉的出发点是证据充分，以避免将本应终止的案件起诉到法院。这个证据充分准则在检控裁量制度中是维护公正和平等的关键要素。而且，为了防止任何形式的歧视或任意决定，必须有进一步的标准和限制。这些标准可以通过检察系统内部上级检察官的监督或者通过法院裁决来落实。一些国家实行的对个案审查的方式，要求检察官在卷宗封面写明做出决定的原因，这些原因要接受上级检察官的检查，并在整理统计后用于政策制定，以消除不一致和完善有关准则。在荷兰、德国就采取了类似这样的做法。

检控裁量负责制度的另一种形式是事前的预防机制，即颁布建议检察官如何行使检控裁量权的指导准则，这种方式也广泛施行于德国、荷兰、英格兰和苏格兰。这种指导准则在任何地方都不是强制性的，因此并不明显地限制裁量权，但它可以提供规范检察决定并使之实现"一致性"的"粗略规则"。这些由高级别的检察官们拟制的准则，运行起来就像高级检察官在有限度地控制检控决定，荷兰的情况尤其如此。在荷兰，这样的准则是在全国范围内制定并吸收了基层检察官的意见，而且，一般而言，所有检察官都必须遵守。德国的情况与此形成鲜明对比。在德国，这些准则都比较概括和笼统，并且倾向于在地区范围内由地方自行拟制，所以，两个相邻地区在政策和实践上可能会有明显的差异。在苏格兰，很少有成文的准则，多数检察官是根据所谓"粗略规则"行使裁量权，而这些"粗略规则"是通过培训和实践经验获得的。在英格兰和威尔士，成文准则有两种形式：公开出版的皇家检察官准则和非公开的政策手册。

一种更为正式的控制检控裁量的方式，是赋予被告人或被害人针对不起诉决定向法院或上级检察官申诉的机会。这种方式主要施行于德国和荷兰，苏格兰和英格兰也在很小的范围内适用。实际上，在荷兰，任何有充足"利益的一方"都可以采用这种方式。相对而言，要求法院对检控决定进行司法审查的案件非常稀少，并且很少成功。在英格兰和威尔士及苏格兰，对被告人和被害人来说，向上级检察官申诉是唯一的救济途径。

（三）"法网扩张"问题

所谓"法网扩张"，是指被告人在以前本应被不起诉而无条件终止案件的情况下，被拖入非正式的刑事处理程序。这种程序被人描述为既"细密了网孔",又"扩张了法网",因为由于非常热衷于起诉的变通方式和分流计划的广泛适用,刑事司法制度的干预实际上是增加而不是减少了。

"法网扩张"问题引起了广泛的讨论。也许可以认为,"法网扩张"是强化检察官分流案件作用必须付出的代价。在荷兰,"法网扩张"不仅被看作增加起诉阶段案件分流的必然结果,而且是旨在增加干预度的刑事政策精心设计的内容。在社会公信模式下,积极鼓励检察官通过对以前本应无条件撤销的案件附加撤销条件以"扩张法网",因此增加了对案件惩罚性干预的数量。许多评论家更愿意把这种程序看作是向非刑事化社会迈进的步伐,而不是否定性地将其看作是"法网扩张"。

三种检控裁量模式的目的都可以说明扩大检察官处理范围的正当性。在德国,扩大检察官的裁量权包括其在处罚令程序中的权力,是扩大检察官控制范围的一种方式,操作效率模式和公信模式都可以说明这样做是正当的,"法网扩张"涉及的类似公民权利这样的问题,并没有阻止有关立法条文的通过。在其他一些地方,更认为"法网扩张"是以社区矫正方式代替起诉和监禁,难免会带来的危险。实际上,在英国和美国,很多学者批评没有用社区矫正减少监禁刑和其他制裁方式的适用,而在德国和苏格兰,所谓"法网扩张"的潜力依然很大。面对"法网扩张"问题政策制定者别无选择,只有为达到三种模式的目的而在检控裁量的益处与不甚明显的"法网扩张"的危险之间进行平衡,是向益处还是向危险倾斜,取决于采取和强调的检控裁量模式。为了节省资源、维护司法公信和使犯罪人重返社会,"法网扩张"也许是一项可以接受的诉讼改革难以回避的负面影响。

(四) 自然正义和要求法庭审判的权利问题

尽管检察官对案件的分流有很多好处,然而,三种检控裁量模式都不可避免地与被告人的基本权利直接相关。德国、荷兰和英国都是《欧洲人权公约》的签署国,《欧洲人权公约》第 6 条规定,必须赋予被告人接受公开公正审判的机会,并且在被证明有罪之前应被认为无罪。在没有公开审判的情况下判定嫌疑人有罪并予以处理,显然与这一条款有冲突。实际上,检察处罚似乎正是为了避免遵守该条款存在的妨碍和不便。那么,根据《欧洲人权公约》规定,欧洲目前的检察处罚是正当的吗?朱丽叶·方达根据各国可供检察官使用的处罚方式,对此作了简要分析。

在苏格兰,检察官可做出的处罚形式包括警告、罚金和分流到重返社会计划。检察警告的做出不要求犯罪者承认有罪,因此,不但无罪推定不复存在,而且接受警告的人也没有机会证明自己的无辜。尽管被警告者可以向高级检察官申诉，但却不可能由法庭做出有罪或无罪的公开判定。其他处罚方式则均要求被告人同意。在理论上，如果被告人不同意有关处理或条件，案件自然进入法庭的公开审判。荷兰的辩诉交易也是这种情况，正如其名称所示，这是检察官与被告人的交易，而且后者可以拒绝协议的条件。在德国，如果处罚令的接受者拒绝其条件并且希望接受审判，可以提出上诉。因此，这些检察裁量处罚都受制于一个"上诉"机制，使接受者有机会接受司法审判。有罪认定不是不可推翻的，因为被告人有权对检察决定提出异议。

政策制定者在考虑扩大检察官的功能时，必须努力保持某种平衡。检察裁量的三种模式的好处，在性质上是实用主义的。它们给一般公众和整个刑事司法系统带来了好处，但在决定程序中常常不直接考虑个人。这并不是否认检察裁量处罚对被告人和被害人的好处，但必须在利弊之间进行平衡。检察裁量模式揭示了检察裁量处罚的优点，也显示出了其缺点所在。政策制定者可以建立一套程序，尽可能保障被告人在各个阶段都可以要求法庭介入的正当权利。

（五）公共利益问题

检察官在裁量决定分流案件时，是受公共利益标准指导的。尽管检察裁量的首要标准是必须证据充分，但公共利益标准决定了检察分流在实践中适用的程度和范围。

对公共利益的概念是难以做出令人满意的界定的。有人提出，公共利益是检察官在决定是否起诉时应考量的一般公共政策领域的若干方面，包括被告人的利益、被害人的利益和作为纳税人的公众的利益。公众为刑事司法程序提供费用，要求程序应当有效率并实现金钱的价值。裁量模式有助于说明在适用公共利益原则及界定其范围时，哪种考量可能起主导作用。恢复模式的目的是建设性地改变犯罪发生后犯罪人和被害人的境况和情感，被告人和被害人的利益在这种模式的狭义公共利益界定中，都是占主导地位的考量。然而在公信模式和操作效率模式下，采用更广义的公共利益概念。在公信模式下，作为潜在被害人和纳税人的公众的利益，是重要的考量，他们有理由希望税金合理使用和不在低效率的制度中浪费掉。在操作效率模式下，非正式制裁方式的使用，使弥足珍贵的法院时间和资金资源仅用于最严重和复杂的案件，因此，这种模式可能有助于在狭义或广义上界定公共利益。在广义或狭义的公共利益概念中，其项目内容可能受所采用的裁量模式的支配和决定，然而，作为考量的实质项目，公共利益的概念是非常难以界定的，并且在不同的国家，公共利益标准所要求考量的项目也是不同的。

在不同的国家，对公共利益的理解和在裁量决定过程中对公共利益的着眼点也是不同的。在英国，一般的倾向是有罪案件应当做出起诉决定，公共利益标准只是用来消极地证明不起诉的正当性；而在荷兰，由于采用的便宜原则不鼓励起诉，检察官是用公共利益标准，来证明起诉是与便宜原则的理念背道而驰的。在德国和荷兰也采用这种积极的理解方式。倾向于不起诉的认识理念及将公共利益标准用于证明起诉背离这一理念，对公共利益本身提供了一个更为实用主义的界定。事实表明，出于各种原因特别是为了操作效率，检察官在个案中用较轻的处罚维护了公共安全，同时仍然能够维护刑事司法的公信度。三种裁量模式的理论基础都可能成为公共利益标准的考量内容。一般而言，在任何国家，支撑将公共利益概念的思想和概念反映裁量分流案件基本理念的程度，在官方政策文件中，应当予以充分强调。

（六）政策制定问题

在一些国家，检察官直接介入规范其裁量范围的准则和规则的制定，并通过他们的实践影响一般刑事政策的方向。检察官通过这种方式不但可以影响其自身裁量权的周界，而且可能会影响法院的权限范围。在苏格兰、荷兰和德国，检察机关都有决定刑事政策的权力。在荷兰，检察官个人可能高度介入有关准则和未来政策的制定过程。在德国，检察官直接通过他们在基层的变革实践，设立新的法律和程序，同时间接地控制了监禁水平。德国、荷兰和苏格兰的经验显示，实务工作者参与刑事司法问题的讨论，可以在政策层面获得真正的进步；检察官可以成功地介入政策的制定过程，并且由此常常会成为更加见闻广博、开明和安分的案件处理者。

朱丽叶·方达认为，检控裁量三种模式，昭示了检察官在刑事诉讼中变得如此重要的理论依据和实践基础。操作效率模式建立在节约资源的考量之上，这种考量在任何刑事司法制度中都是不可回避的。该模式显示了检察官是如何利用审前对案件的处理以防止法院人力和财力耗费的，是如何将不断增加控制犯罪的负担与操作效率的需要进行平衡的。这里的理论基础是在司法运作中尽量地做到经济，并且不过多地牺牲正义。检察官在对操作效率的追求中处于一个非常灵活的地位，既可以消弭案件负担，又对其他司法机关没有终局的效力。恢复模式是建立在建设性地对待被告人和被害人的需求上，那些被认为是"刑法钝器"的诸如罚金和监禁这样的刑事制裁，是这种模式所反对的。这种模式的核心是用使双方都满意的方式，解决被告人和被害人的冲突，并且最大可能地防止被告人进一步犯罪，还以一种尽可能有效的方式实现了操作效率的目标。因此，这种方式在欧洲大陆被广泛采用，其既避免了正式审判的耗费，也避免了被告人、被害人出庭带来的破坏性负面影响。公信模式旨在最大限度地控制犯罪以维护公众对刑事司法制度效果的信任，同时实现操作效率的目标。

然而，实施这些模式必须要有防止其可能带来危险的制度。很多国家在这方面进行了有益的探索。经验似乎表明，将检察官的裁量权规定在一个合理的限度内，并且只能适用于相对较轻的案件范围，可以实现利弊的平衡。如果有完备的检察官负责体制，并且有可靠的申诉程序，一些形式的分流和罚金、赔偿令可能是合理的，特别是根据检控裁量模式体现的原则来衡量，这些方式都是正当的。

三、检控裁量模式理论对我们的启示：顺应扩大检控裁量权的需求和规律

朱丽叶·方达提出的检控裁量的三种模式，实际上揭示了扩大检控裁量权的三种价值理念和三个可供选择的途径。应当说，三种裁量模式所针对并力图解决的刑事司法实践中的问题，在我国也同样存在，甚至更为严重。首先，由于种种原因，我国刑事案件发案数量居高不下，并呈上升趋势，而司法资源又非常有限，司法机关工作压力大和司法资源紧缺的问题非常突出。其次，以"恢复性"司法理念检视我国的刑事立法和司法实践特别是关于检控犯罪的立法和实践，会发现很多突出问题。一是大量轻罪被起诉，被追诉者轻易被排斥在一般社会群体之外，并形成或加剧了其与社会的对立；二是忽视了被害人的利益，被害人的物质损失、精神痛苦和情感挫伤，往往得不到相应的补偿和抚慰；三是犯罪行为引起的社会冲突往往不能平复，甚至进一步加剧并延续下去。最后，随着社会政治经济文化的发展，司法机关的公信面临严峻考验。一是检控裁量的空间狭窄，不起诉的适用受到严重窒息，影响了诉讼效率目标的实现，进而使公众对司法机关的能力产生怀疑。二是在适用不起诉时，配套手段不完备，使公众误以为检察机关在放纵犯罪。

必须指出的是，三种检控裁量模式的提出，是以资本主义制度下三权分立的政治体制为背景的，在这种政治体制中，检察机关在性质上属于行政机关。而我国的社会制度和政治体制不同于西方，在我国，检察机关是独立的自成体系的法律监督机关，其与审判机关一样，在性质上属于有司法属性的机关。因此，尽管也存在扩大检察机关的检控裁量权可能带来的危险和问题，但扩大检察机关的检控裁量权包括赋予其一定形式的处置上的权力，无论在理论上还是在实践上，遇到的阻力应当更小，对有关质疑应当更容易解释。但目前能体现检控裁量权的立法规定，仅有1996年刑事诉讼法第142条第2款，根据其规定，人民检察院对于犯罪情节轻微，依照刑法规定不需要判处刑罚或者免除刑罚的，可以作出不起诉决定。近年来，检察机关在改革实践中也进行了一些有

益的探索。如最高人民检察院推行了不起诉案件公开审查制度，规定对存在较大争议并且在当地有较大社会影响，经人民检察院审查后准备作不起诉的案件，要进行类似于听证程序的公开审查，以充分听取侦查机关（部门）和犯罪嫌疑人、被害人以及犯罪嫌疑人、被害人委托的人等对案件处理的意见，为人民检察院对案件是否作不起诉处理提供参考。可见，不起诉案件公开审查制度，与检控裁量的恢复模式有一定契合。另外，一些地方检察机关还进行了暂缓起诉制度的探索，尽管目前缺乏法律依据，但也体现了操作效率模式和恢复模式的价值追求。但总的来说，目前检察机关的检控裁量权是非常不足的，既不符合刑事诉讼制度的发展潮流，也不利于充分发挥检察机关在检控环节调节诉讼运作以提高司法效率、平复社会矛盾和冲突以增强司法效果、昭示法律威严以强化司法公信等方面的功能。

　　总之，检控裁量模式理论对我国下一步的刑事诉讼制度改革，至少有以下启示：（1）必须扩大裁量不起诉的适用范围。根据我国实际并借鉴国外经验，可以将裁量不起诉的适用范围扩大到依法可能判处 3 年以下有期徒刑的案件，并引入暂缓起诉制度。（2）应当赋予检察机关一定的调解功能，使检察机关在促使社会矛盾和冲突的缓和平息方面，发挥更大的作用。（3）可以增加关于检察机关处置权的规定。如规定检察机关可以作出赔偿损失的决定或促使双方达成有效力的赔偿协议等。（4）在扩大检察机关检控裁量权的前提下，考虑进一步完善规范检控裁量权行使的措施和制度。正如检控裁量模式理论所揭示的，绝不能因顾及可能出现的问题而因噎废食，在是否扩大检控裁量权问题上畏缩不前；但在扩大检控裁量权的同时，必须研究规定控制措施和救济手段，以防止权力滥用。在这方面，西方国家的一些作法，对我们不无借鉴意义。

谈诉讼裁量[*]

——以刑事诉讼为视角

王守安^{**}

在刑事诉讼中，行使侦查、公诉、审判等公权力的机关，作为诉讼活动的主体，其行使职权的行为对诉讼结果和其他诉讼主体会产生重要影响。在很多情况下，法律赋予这些权力主体在行使权力时以选择自由，即裁量权。裁量权的行使，影响诉讼进程，关系诉讼结果，诉讼裁量应当是刑事诉讼法学的一个重要理论问题。笔者认为，目前这方面的研究尚显不足，且已有的研究成果，很多似乎对诉讼裁量概念本身存在误读。本文试对诉讼裁量权问题进行探讨，以期进一步厘清相关基本问题。

一、诉讼裁量权的概念与特征

裁量权，又称自由裁量权，是一个舶来词，英文中是 discretion。根据《元照英美法词典》的解释，裁量权即酌定决定的自由，指公务人员根据授权法的规定，在特定的环境下根据自己的判断和良心执行公务，不受任何他人干涉或者控制的权力或权利，也用作 discretionary power；discretion 还有辨别能力、谨慎判断等含义，多用于处理谨慎、恰当适度且需要自控力的事情。[1] 根据《布莱克法律大辞典》的解释，自由裁量权（Discretion），是指在公共职能领域，在法律授予的某种情境中，根据自己的判断和理智而不是在他人的控制之下作出官方行为的权力（或权利）。[2]

在法学理论上，对裁量权并无统一的界定。庞德认为，裁量权是一种法律

[*] 本文刊载于《河南社会科学》2011 年第 2 期。

^{**} 王守安，最高人民检察院检察理论研究所所长。

① 薛波主编：《元照英美法词典》，法律出版社 2003 年版，第 420 页。

② 参见 Black's Law Dictionar Fifth Edition，West Publishing Co. 1979，p. 419.

赋予官员的在某种特定状况或情景下，依据自己的审慎判断和良知，执行公务的权限。① 美国法学家梅利曼认为，自由裁量权是指执法者能够根据案件事实决定其法律后果，为了实现真正的公平正义可以不拘泥于法律，还能够不断解释法律使之更合于社会的变化的权力。英国学者戴维·M. 沃克则认为，自由裁量权，是指酌情作出决定的权力，并且这种决定在当时情况下应是正义、公正、正确、公平和合理的。② 在德国，学者们一般认为，它是法律给权力主体在"授权"的衡量空间中"用法"的行为。③ 我国法学界对裁量权的概念也有研究，有人认为自由裁量权作为一般法学概念，通常是指行为主体在法定权限范围内就行为的条件、方式和程序等作出合理选择的权力。④ 还有学者提出，权力是一种对其他个人、组织及有关事务的一种影响力与支配力。国家权力的行使，来自于社会的授权、公民的赋予以及法律的确认，因此应当依法正当行使。但在行使权力时，由于应对的情况十分复杂，法律不可能事无巨细地详作规定，通常是赋予主体一种特殊的权力，使其能够根据情况对相关事项进行斟酌处理，通过这种灵活性，来保证权力行使的合理性。这种斟酌处理权即为自由裁量权。⑤ 我国台湾地区学者认为，裁量，以符合法定要件为前提，以不越权及不滥用为界限，并受恣意禁止原则拘束。⑥

可以看出，在学理上对裁量权的概念并无统一的界定，这在理论研究中是非常正常的现象。但根据裁量权的词源本义和理论上的一般表述，我们可以认为裁量权至少有以下几个方面的含义：一是必须有法律规定。裁量权必须有法律上的依据，尽管有关资料显示，在西方法学理论上曾经有所谓法律之外的自由裁量权的观点，但在现代法治社会这种观点似乎已被人们所摒弃。二是体现为谨慎选择的权力。即裁量权体现为在特定情况下的行为选择权，这种选择可以是取舍的选择，也可以是行为方式的选择等，对事实的认定和证据的审查判断是一种认识活动，只尊重认识的结果，不存在裁量的问题。尽管在国外法学理论上有人认为对事实证据也可以裁量，但笔者认为其并非主流观点，且似乎也不符合裁量权的词源本意。我国有论者以一些国家赋予法官在非法证据是否排除等方面的裁量权为由，认为法官在认定证据方面具有裁量权。笔者认为，

① 转引自周长军：《刑事裁量权论》，中国人民公安大学出版社 2006 年版，第 35 页。
② 参见［英］戴维·M. 沃克：《牛津法律大辞典》，光明日报出版社 1988 年版，第 261 页。
③ 转引自周长军：《刑事裁量权论》，中国人民公安大学出版社 2006 年版，第 35 页。
④ 《法学大辞典》，团结出版社 1994 年版，第 529 页。
⑤ 龙宗智：《检察官自由裁量权论纲》，载《人民检察》2005 年第 8 期。
⑥ 林钰雄：《检察官论》，学林文化事业有限公司 1999 年版，第 53、83 页。

法官在非法证据是否排除方面的裁量权，是在对有关证据认定为非法之后，是否使用的选择权，这恰恰是一种行为上的选择权，而并非在证据认定上的选择权。三是为了实现权力行使的合理性。

根据人们对裁量权的一般理解，笔者认为，刑事诉讼中的裁量权，是指公安司法机关等行使公权力的机关在刑事诉讼中依法享有的行为选择权。这个概念体现出诉讼裁量权以下几个方面的特征。

（一）诉讼裁量权的主体是行使公权力的机关

在刑事诉讼中，当事人等作为刑事诉讼主体，依法享有各种权利，一般情况下所有这些权利都意味着自由，在是否行使及其方式上多可以自由选择；而行使公权力的机关作为诉讼主体，法律赋予它的权力同时也意味着职责，其不得怠于行使，且除非特别规定没有选择自由。因此，对裁量权的研究，只有将主体限定为国家机关才具有实质意义。另外，我国公权力的行使者在法律上一般体现为机关，很少是个人；即使某些情况下将权力赋予某特定个人，在理论上也将这种个人视为机关。以检察权的行使为例，在国外，一般而言，每个检察官都是检察权的行使主体。对于起诉与否和起诉罪名、罪数，检察官大多可以独立作出决定。尽管依理论和法律规定，有的国家要求检察官得服从上级意旨，但检察官个人的判断和意旨也不能依行政性命令改变，由此产生了职务承继和职务移转制度。例如，依德国实务，检察官行事时很少取决于上级的意旨，可谓事实上的独立官署，而其签署书类的方式，亦独树一格，必须显现自己名义。[①] 然而，在我国，人民检察院是行使公诉权的主体，检察官作为个人不是公诉权的行使主体，他几乎没有可以独立作出决定的事项。从我国的立法规定、实践运作可以明显地得出这一结论。例如，我国法律在规定检察权时，都是以人民检察院作为权力主体的；检察权在实际运作中，其实施主体体现为人民检察院而非检察官；检察机关的法律文书都要盖上人民检察院的公章；在公诉书上尽管要体现检察员的姓名，但最终的落款仍然是人民检察院并加盖公章。另外，检察长作为特殊的检察官，有独立决定权，有时也以自己名义进行诉讼活动，但实际上检察长在行使职权时，是以检察机关法人代表的身份出现的，真正体现的仍然是检察院作为一个整体的权力。因此，在我国，将诉讼裁量权的主体描述为机关似无不妥。

---

① 林钰雄：《检察官论》，学林文化事业有限公司 1999 年版，第 53、83 页。

(二)　诉讼裁量权是派生权

诉讼裁量权权力主体在行使某种具体权力办理案件时斟酌选择如何实施行为或处理的权力，它必须以某种基础权力的存在为前提。例如，起诉裁量权是以刑事公诉权的存在为前提的，没有公诉权也就无所谓起诉裁量权。因此，诉讼裁量权不是一种独立的具体的权能，它是一种派生权。正是基于这一特性，诉讼裁量权涉及的范围非常广泛。

诉讼裁量权的派生性可以用诉讼行为理论予以说明。根据诉讼行为理论，权力主体行使职权的活动属于职权诉讼行为。从诉讼职权行使的自由程度即权力性诉讼行为实施的自由程度上看，权力性诉讼行为包括羁束诉讼行为和自由裁量诉讼行为。刑事诉讼法规范明确要求诉讼职权主体按照法定的条件和方式实施、不允许自行变更或者选择的诉讼行为，是羁束诉讼行为。在是否实施和如何实施方面，诉讼职权主体依法享有一定的自由裁量决定权的诉讼行为，是自由裁量诉讼行为。羁束性诉讼行为在刑事诉讼法律规范中往往以"应当……"、"一律……"、"必须……"、"不得……"等语言来表述。自由裁量诉讼行为的法律规范语言形式则往往是"可以……"。① 因此，权力主体在行使某项权能时，法律是否赋予其一定的自由裁量空间，则出现了诉讼裁量权问题。也就是说，诉讼裁量权是权力主体在实施具体职权行为时享有的权力，其本身并不是一项可以实施某种职权行为的独立的权能。

(三)　诉讼裁量权需要法律明确规定

诉讼裁量权必须有法律规定才能行使，这包括三种含义：一是权力主体在什么时候即行使什么权力时有裁量权，需要法律明确规定，例如检察机关在决定起诉时是否有裁量权、在决定立案时是否有裁量权等，在法律上都必须有明确规定。二是权力主体在什么情况下即符合什么条件时有裁量权需要法律明确规定，例如在起诉环节，我国检察机关并不是对任何案件都有裁量权，只有对犯罪情节轻微，依照刑法规定不需要判处刑罚或者免除刑罚的案件，检察机关才有裁量决定是否起诉的权力。三是权力主体裁量后可以选择作出的处理方式需要法律明确规定。即不管权力主体作出这种选择或那种选择，它们在法律上都必须是有法律依据的。裁量后选择处理方式的确定并不是依据执行某项选择的可行性这一标准，而是首先要取决于实施该项选择的合法性的法律标准。裁

---

① 邓云：《刑事诉讼行为基础理论研究》，中国人民公安大学出版社2004年版，第140~141页。

量后的选择是以受选方式合法为基础的。

（四）诉讼裁量权是一种行为上的选择权

这里的"行为上的选择权"，是指在案件事实证据符合法定条件或者某种需要的情况下，对案件在程序或者实体上如何处理或进行加以裁量的选择权。例如，检察机关或者检察官在行使起诉裁量权时，案件的事实证据必须符合法律规定的要求；对于在侦查中是否对人身进行检查，只有在具有为了确定被害人、犯罪嫌疑人的某些特征、伤害情况或者身体状态的需要时，才能裁量决定。这里需要明确的是，对案件的事实证据的认定，是运用法律、逻辑等进行的认识活动，证明的结果是什么就是什么，不存在自由裁量的问题。否则，如果事实证据允许自由选择认定，那么诉讼发现案件真实的任务就无法实现。因此，只有在法律证据符合法律规定的条件或具有法定需要的情况下，对案件如何处理或者如何推进，权力主体才可能享有选择裁量权。

二、诉讼认识与诉讼裁量的区别

由于诉讼裁量权表现为是否实施某种行为或者如何处理案件的斟酌选择权，因此它容易与诉讼认识产生混淆。

诉讼认识是诉讼主体在诉讼活动中借助证据而展开的关于案件事实的认识。在诉讼中，主体不同形成的认识也不同。在现代诉讼中，职权主体的认识对案件的推进和处理具有现实的作用。因此，我们这里讲的诉讼认识，是指公安司法机关对案件事实的认识活动。

根据马克思主义认识论并结合诉讼的本质，诉讼认识是一种对已经发生的案件事实的历史认识，其目的是为了确定案件事实。诉讼认识结果表现为认识主体对案件事实的思维重构。由于诉讼的目的是解决纠纷，因此，诉讼认识必须在一定期限内对案件事实作出确定的回答。诉讼认识需要借助收集到的证据进行回溯性推论，因此在结果上必然包括一定程度的或然性。[①]

可以看出，诉讼认识与诉讼裁量有一定的相似性，例如：二者都需要实践主体的主观活动，并且二者的结果都具有或然性。但笔者认为，二者是有着本质区别的，表现为：（1）诉讼认识的目的是确定案件事实，诉讼裁量的目的则是决定如何处理案件或者如何推进诉讼程序。（2）诉讼认识的结果是对案件事实的认定，尽管客观上看有一定的或然性，但认识主体在形成认识结果时必须是确定无疑的，不能自由选择；诉讼裁量的结果是对案件如何处理或推进

---

① 樊崇义主编：《诉讼原理》，法律出版社 2003 年版，第 321～358 页。

的选择，法律明确规定可以作出哪些选择，选择结果由权力主体综合各种情况斟酌选择。（3）诉讼认识主要表现为审查认定的主观活动，诉讼裁量主要体现为实施某种行为或处理案件的客观活动。

基于以上理解，笔者认为，根据中外理论上对裁量权的一般认识，对公共领域权力主体的裁量权，都应当理解为程序或者实体上如何处理或者进行的选择权，不能认为权力主体在事实认定上也具有选择权。即使在国外诉讼中实行的自由心证证据制度，也只是强调对证据的证明力不预先由法律规定而由法官在审理案件时自由判断，但这种判断和最终对案件事实的认定，法官是在证据调查和辩论的基础上，按照经验法则和逻辑要求合理地进行，必须形成内心确信，而不能在没有确信的情况下对案件事实证据做所谓的选择认定。

三、刑事诉讼中几个重要的裁量制度问题

在刑事诉讼中的各个阶段都存在裁量制度的理论与实践问题，对有的问题如决定立案，法律上没有规定裁量权，从理论上和实践中看也不应当设定裁量权，但在立法完善过程中，对此问题总会有人提出不同的主张，需要理论上积极回应。鉴于理论上对刑事诉讼中的一些裁量制度如起诉裁量、刑罚裁量等问题的研究较为成熟，笔者仅对刑事诉讼中的立案裁量、逮捕裁量、抗诉裁量等问题进行初步探讨。

（一）关于立案裁量问题

从立法上看，我国刑事诉讼法没有关于立案裁量的规定，其他国家一般也都是如此。但司法实践中，一些国家包括我国在有些情况下存在立案裁量的现象。在司法实务研究中，经常会遇到立案裁量是否有依据及其正当性问题。

1. 我国立法没有关于立案裁量的规定

我国《刑事诉讼法》第86条规定，人民法院、人民检察院或者公安机关对于报案、控告、举报和自首的材料，应当按照管辖范围，迅速进行审查，认为有犯罪事实需要追究刑事责任的时候，应当立案；认为没有犯罪事实，或者犯罪事实显著轻微，不需要追究刑事责任的时候，不予立案。笔者认为，从立法规定看，我国法律并没有赋予公安司法机关在立案方面的裁量权。也就是说，对于有关案件材料经审查符合法律规定的条件的，法律要求权力机关"应当"立案，只有在不符合法定条件的情况下，才要求"不予"立案。在立法上并未规定即使案件符合法定条件，有关机关也可以在一定情况下不予立案，因此，应当认为，我国法律没有关于立案裁量权的规定。

有一种观点认为，我国法律在规定立案条件时，除要求有犯罪事实发生，

还要求追究刑事责任，据此，即使认为有犯罪事实发生，如果公安司法机关认为不需要追究刑事责任，也可以不予立案，因此，法律实际上赋予了权力主体在立案上的裁量权。笔者不同意这种看法。首先，如果对案件材料经审查认为虽有犯罪事实发生，但依法不需要追究刑事责任，那么实际上是不符合立案条件，不是"可以"不立案，法律明确规定是"不予"立案，这里并没有留下裁量的空间。需要注意的是，我国《刑事诉讼法》第86条规定的不需要追究刑事责任的前提是"犯罪事实显著轻微"。一般认为，这里的"犯罪事实显著轻微"，实际上是《刑法》第13条规定的"情节显著轻微危害不大的，不认为是犯罪"的情形。而且，我国《刑事诉讼法》第15条规定了不追究刑事责任的法定情形，其中第（一）项规定的就是"情节显著轻微、危害不大，不认为是犯罪的"。这一规定也是与《刑法》第13条的规定相对应的。[①] 因此，《刑事诉讼法》第86条规定的不需要追究刑事责任的情形，在刑法和刑事诉讼法上实际都是不认为是犯罪的情形。其次，对是否"需要追究刑事责任"的审查本身，是依据案件材料和法律规定对案件的审查认定，是一种认识活动，不是对案件如何处理的诉讼行为，不能把审查认定这样一种认识活动，当成是诉讼上的裁量行为。再次，对于符合法定事实条件的案件，如果需要追究刑事责任，法律规定的是"应当"立案，没有赋予公安司法机关以裁量权。

2. 国外刑事立案裁量状况

根据有关资料介绍，笔者发现，在国外一般都没有关于立案裁量制度的规定，并且在实践中一般不适用或者不鼓励对是否启动刑事诉讼（侦查）程序进行裁量。

在国外，由于一般都没有独立的立案程序，刑事诉讼是从侦查的启动开始的。在德国，侦查权由检察机关行使，司法警察或刑事警察只是检察官的助手，在检察官的领导和指挥下实施具体的侦查活动。在司法实践中，实际上对犯罪的侦查任务，都是由警察承担的。依照德国刑事诉讼法规定的法制原则，检察官对每一个具有最初犯罪嫌疑的报案都要进行侦查。检察官或者警察人员在知悉犯罪行为后，均有义务开始进行侦查程序；对于每一个被告发的犯罪行为，侦查机关原则上都应展开调查，虽然对匿名告发要特别慎重处理，但亦应详加调查。[②] 在法国，虽然刑事诉讼的正式启动沿袭了向法官提出控告的传统

---

① 胡康生等主编：《中华人民共和国刑事诉讼法释义》，法律出版社1996年版，第75、100页。

② 胡康生等主编：《中华人民共和国刑事诉讼法释义》，法律出版社1996年版，第75、100页。

形式，但此前有一个预备性阶段，类似于我国正式侦查的开始。① 在美国，侦查程序的启动是由对嫌疑人的逮捕讯问开始的。美国逮捕法案通常都是以命令状的术语制定的。但由于立法上的"泛刑法化"，实践中警察在是否启动侦查程序上，有时会进行裁量，但学者认为，以法律的眼光来看，除了极少数例外，警察的裁量权是不受欢迎的，过于关注的和不必要的警察裁量权可以和应当被取消，而必要的裁量权也应当受到适当的控制。② 在日本，根据法律规定，警察因为某种缘由"认为存在犯罪的时候"，就必须开始展开侦查。侦查的线索除了警察在侦查活动中发现的以外，很多情况下都是在治安防范、交通管理、警卫等警察日常活动中发现了现行犯、犯罪踪迹等，或者在犯人、被害人以及第三人报案后才发现侦查线索。③

可见，国外在刑事侦查程序的启动上尽管与我国的立案有很大区别，但在确认有犯罪发生的情况下，一般都是要求侦查机关立即开展侦查活动。即使在美国等英美法系国家，实践中警察有裁量是否启动侦查程序的情况，但立法和理论上对此也是持否定态度的。

3. 立案法定的正当性

笔者认为，在立案活动中实行绝对的立案法定，不允许裁量，具有充分的正当性理由。

（1）刑罚的确定性原理不允许立案裁量。在现代刑法理论上，关于刑罚的功能，功利论逐步代替了报应论，尤其是刑罚的预防功能愈来愈受到人们的重视。报应论主张刑罚是对犯罪的回顾，其立足点是已然的犯罪。与此相反，作为功利论一支的一般预防论主张刑罚是对一般人的犯罪的前瞻，其立足点是犯罪人以外的一般人未然的犯罪④。国家进行刑事诉讼，是为了实现对犯罪的刑罚权。根据刑罚的确定性原理，国家发现犯罪行为后，就应当启动诉讼程序，追究犯罪者的刑事责任，以体现国家和社会对犯罪行为的否定和其接受惩罚的不可避免性。对于一些轻微犯罪，即使由于种种原因，有权机关依法不予起诉或者免于刑罚处罚，但实现刑罚权的活动也已经依法进行，诉讼的功能作

---

① ［德］克劳思·罗科信：《德国刑事诉讼法》，吴丽琪译，法律出版社2003年版，第354～356页。

② 卞建林、刘玫：《外国刑事诉讼法》，人民法院出版社、中国社会科学出版社2002年版，第118～120页。

③ ［美］伟恩·R.拉费弗等：《刑事诉讼法》，卞建林、沙丽金等译，中国政法大学出版社2003年版，第746页。

④ ［日］松尾浩也：《日本刑事诉讼法》（上卷），丁相顺译，中国人民大学出版社2005年版，第42页。

用已经形成。因此，有犯罪行为发生、需要追究刑事责任的，依法及时启动侦查程序，符合现代刑罚理论和诉讼理论。

（2）立案阶段不具备裁量权存在的事实基础。由于立案与否直接关系对案件的程序和实体处理，因此，立案裁量应当属于处理裁量。但是，在立案阶段，只是有关材料表明发生了犯罪事实、需要追究刑事责任，至于犯罪行为人及犯罪事实、情节具体如何，是启动刑事诉讼程序后才能查明的。所以，在立案阶段不具有裁量处理案件的事实基础，立案裁量具有不正当性。

（3）有罪必究有利于树立司法权威。立案法定体现了有罪必究的原则。有罪必究与刑罚的确定性实际上异曲同工，有利于惩罚和预防犯罪。如果对犯罪行为，有权机关在是否追究上享有裁量权，必然会导致放纵犯罪，不利于维护社会秩序，降低司法的公信度。而且，有罪必究并非有罪必罚，启动刑事诉讼程序后，依法对犯罪人作出轻缓处理，往往能够得到公众的认可，但前提是查清案件事实后才能依法从轻处理。因此，树立司法权威，需要排斥立案裁量。

（二）关于逮捕裁量权问题

1. 关于逮捕裁量的立法规定

我国立法是否规定了有权机关在批准或者决定逮捕中的裁量权，理论上对此研究并不多。在一些散见的表述和检察机关内部的提法中，有的似乎认为检察机关不批准逮捕就是裁量权的体现，有的则似乎认为《刑事诉讼法》第60条关于是否"有逮捕必要"这一逮捕条件的规定，就是赋予了检察机关以裁量权。笔者认为，我国《刑事诉讼法》第60条第2款的规定，可以认为是关于逮捕裁量权的规定，该条第1款关于逮捕必要的规定，尚不宜认为是赋予了有权机关以裁量权。

逮捕裁量权，是指检察机关在批准或者决定是否逮捕犯罪嫌疑人时所享有的斟酌选择权。逮捕裁量权表现为，对于符合一定条件的案件，检察机关可以批准或者决定逮捕犯罪嫌疑人，也可以决定不批准或不予逮捕犯罪嫌疑人，在后一种情况下，必要时，可以决定适用其他强制措施。逮捕裁量权应当以法律的明确规定为依据。

（1）关于《刑事诉讼法》第60条第2款的规定。根据《刑事诉讼法》第60条第2款的规定，对应当逮捕的犯罪嫌疑人、被告人，如果患有严重疾病，或者是正在怀孕、哺乳自己婴儿的妇女，可以采取取保候审或者监视居住的办法。根据《人民检察院刑事诉讼规则》第90条规定，遇有上述情况，人民检察院可以作出不批准逮捕的决定或者不予逮捕。其中"作出不批准逮捕的决定”是针对公安机关、国家安全机关等提请批准逮捕的案件而言，“不予逮捕”是针对人民检察院自侦案件而言。法律和司法解释的上述规定，主要是考虑到不羁押有利于犯罪嫌疑人、被告人治疗疾病或者胎儿、幼儿的发育、成长，体现了人道主义精神。根据一般的理解，这里的“可以”采取取保候审或者监视居住的办法，是让司法机关根据具体情况作出决定。对于有些应当逮捕的，尽管患有严重疾病，但可能具有很大的社会危险性的，也可以不采取取保候审或者监视居住的办法，予以逮捕。① 可以看出，《刑事诉讼法》第60条第2款明确赋予了有权机关在特定情况下决定或者批准逮捕的选择权。尽管从行文上看，其并非是直接的关于裁量权的规定，但可以认为该款规定赋予了检察机关一定范围的逮捕裁量权。

（2）关于《刑事诉讼法》第60条第1款"有逮捕必要"规定的理解。《刑事诉讼法》第60条第1款规定的逮捕条件包括三个方面：有证据证明有犯罪事实；可能判处徒刑以上刑罚；采取取保候审、监视居住等方法，尚不足以防止发生社会危险性，而有逮捕必要。其中前两个要件需要根据事实和法律作出判断，而第三个必要性要件则需要办案机关和人员根据案件和被追诉人的具体情况予以认定。根据法律规定，在案件符合前两个要件的前提下，如果权力主体根据案件和被追诉人的情况，认为有逮捕必要，则应决定或者批准逮捕；如果认为没有逮捕必要，则不批准或者不予逮捕。这里确实有一个斟酌认定的问题，但上述关于逮捕必要性要件的规定并没有明确赋予权力主体以裁量权，原因如下：首先，《刑事诉讼法》第60条第1款规定的是逮捕条件，其主旨并不是规定裁量权。其次，根据该条款规定，权力主体如果认为有逮捕必要，则"应即依法逮捕"，并未规定在什么情况下可以不逮捕。这里并没有明确赋予权力主体以选择权。笔者认为，我国关于逮捕必要性条件的规定是立法上一个很大的弊端。因为对于什么情况下必要、什么情况下不必要在法律上没有明确规定，只能由权力主体判断掌握，但法律又没有明确赋予权力主体裁量权；由于逮捕前两个条件相对明确，加上其他因素的影响，这些就几乎可以使逮捕的必要性条件完全起不到作用。这一点在后文还将论及。

通过以上分析可以看出，在我国《刑事诉讼法》中只有第60条第2款赋予了检察机关非常有限的逮捕裁量权，第60条第1款"有逮捕必要"的规定，是关于逮捕条件的规定，并没有明确赋予检察机关逮捕裁量权。

2. 实践中关于当事人达成和解的刑事案件适用逮捕裁量的探索

未决羁押率过高和羁押可能给犯罪嫌疑人、被告人带来的负面影响等问

① 邱兴隆：《刑罚应该怎么样：一般预防的规诫》，载《政法论坛》2000年第2期。

题，已经引起广泛的关注。在理论上，改革逮捕制度和完善取保候审措施等问题，一直是近年研究的热点。与此同时，实务部门也在探索控制羁押率的途径和措施，很多地方还进行了有益的尝试，其中之一就是对当事人达成和解的刑事案件，在一定条件下不批准逮捕、不起诉等。党中央提出构建社会主义和谐社会的重大战略部署后，刑事理论界和司法界便开始关注、研究在刑事诉讼活动中进一步化解社会矛盾、促进社会和谐的制度措施，一些地方检察机关开始在刑事诉讼中积极探索刑事和解制度，在社会上引起了一定的反响。实践中关于刑事和解制度的探索，主要目的是尝试扩大逮捕裁量权、起诉裁量权，增加不批捕、不起诉案件的数量。

总的来看，在刑事诉讼中引进和解机制，利大于弊。从实践情况看，和解案件可以不批捕的条件一般包括以下几个方面：（1）属于轻微刑事案件，一般理解的是可能判处3年以下有期徒刑刑罚的案件；（2）案件事实清楚；（3）犯罪嫌疑人认罪悔过，取得被害方的谅解等。与法律规定的逮捕条件相比，实际上在把握事实证据和罪刑要件的前提下，对必要性要件从一个方面予以具体化，即明确了可以认为没有逮捕必要的具体情形。也就是说，对于符合逮捕事实证据和刑罚要件和罪刑要件的案件，明确在一定情况下检察机关可以不批准逮捕，这实质上是明确了检察机关对这些案件的逮捕裁量权。由于缺乏明确的立法依据，目前实践中检察人员对当事人达成和解的刑事案件在适用不批捕、不起诉时，顾虑越来越大。例如，对于和解案件不批准逮捕，往往会遇到来自不同方面的阻力和压力，而且办案人员担心犯罪嫌疑人继续危害社会，担心增加工作量而不被认可，担心当事人不履行协议而使案件陷入尴尬境地，担心被误解等。据调查，一些办案人员积极性已经开始降低，有些地方甚至出现了限制适用的情况。因此，这项制度亟须立法的回应与规范。

3. 逮捕裁量制度的完善

笔者认为，通过立法完善减少逮捕适用率，既应积极又应稳妥，适当扩大逮捕裁量的适用范围并完善取保候审、监视居住制度，应当是一个比较可行的思路。

根据我国实际并借鉴国外未决羁押和保释制度的做法，建议刑事诉讼法增加规定，可能判处3年以下有期徒刑并具有下列情形之一的案件，检察机关可以不批准逮捕：（1）涉嫌实施过失犯罪的；（2）未成年人或大学生涉嫌犯罪，并有悔罪表现的；（3）犯罪嫌疑人属于初次犯罪，并有悔罪表现的；（4）防卫过当、紧急避险过当犯罪的；（5）70周岁以上老年人、残疾人涉嫌犯罪的；（6）犯罪后自首或有立功表现的；（7）属于预备犯、中止犯；（8）当事人双方达成和解的。上述规定实际上赋予了检察机关更大的逮捕裁量权。

同时，这样规定，体现了逮捕措施的谦抑性和人权保障优先的理念，也可与"逮捕只适用于重大犯罪嫌疑"的世界潮流相一致。有关资料显示，很多地方法院判处 3 年以下有期徒刑刑罚的案件都占 50% 以上，这样规定以后，有利于将我国的批捕率控制在适当的范围内，是比较合理的。上述建议还从一个方面肯定了刑事和解的探索。根据现行刑事诉讼法的规定，只有告诉才处理的案件和被害人有证据证明的轻微刑事案件，自诉人向人民法院提起自诉的，当事人双方可以和解，人民法院可以调解。但在当前社会形势下，由人民内部矛盾引发的轻微刑事案件约占我国整个刑事犯罪的一半以上。对这部分犯罪案件的处理，应着眼于解决纠纷、化解矛盾、促进和谐。对于其他案件，个人虽然无权就刑事责任进行和解，但从当前社会实际和司法实践情况看，当事人就精神抚慰和经济赔偿达成和解，同样有利于化解矛盾，实现社会和谐稳定，而且对这种情形在处理时作为酌定情节予以考虑，也是司法机关多年来的一贯做法，有利于最大限度地增加和谐因素、最大限度地减少不和谐因素，符合贯彻宽严相济刑事司法政策的要求。因此，对当事人就精神抚慰、赔偿损失、恢复原状、赔礼道歉等方面达成和解的轻罪案件，可以不适用逮捕措施，具有多方面的积极意义。

（三）关于抗诉裁量权问题

我国刑事诉讼法、民事诉讼法和行政诉讼法都规定了检察机关的抗诉权，但都是规定检察机关对于法院的错误判决、裁定应当抗诉或有权抗诉，没有赋予检察机关在决定抗诉中的裁量权。检察实务部门认为，这里涉及一个重大的理论问题，即检察机关对于确有错误的判决、裁定，是否有抗诉裁量权。[①] 这方面的研究却非常鲜见。笔者认为，我国立法上确实没有明确规定检察机关的抗诉裁量权，但实践中有抗诉裁量现象。因此，在本文中将其作为检察裁量权的一个方面的问题进行研究。

笔者认为，抗诉条件的笼统加上抗诉裁量的缺失，使立法显得机械生硬，实践中既难以执行，又使检察机关面对"有错为何不抗"的责难尴尬难言。因此，应当吸收一事不再理和禁止双重危险规则的合理内容，借鉴国外检察官上诉权限制并裁量行使的立法例，结合中国实际，在立法上科学规定检察机关的抗诉裁量权，实现抗诉裁量权的立法化。

1. 抗诉裁量权的立法缺位

抗诉裁量权，是指检察机关对于一定范围的法院确有错误的判决、裁定，

---

① 　姜伟、钱舫、徐鹤喃：《公诉制度教程》，法律出版社 2002 年版，第 417 页。

斟酌决定是否抗诉的选择权。我国现行立法没有规定抗诉裁量权。

我国《人民检察院组织法》第 17 条规定："地方各级人民检察院对于本级人民法院第一审案件的判决和裁定，认为有错误时，应当按照上诉程序提出抗诉。"第 18 条规定："最高人民检察院对于各级人民法院已经发生法律效力的判决和裁定，上级人民检察院对于下级人民法院已经发生法律效力的判决和裁定，如果发现确有错误，应当按照审判监督程序提出抗诉。"从上述规定看，组织法并没有赋予检察机关抗诉裁量权。再从诉讼法的规定看，关于刑事二审抗诉，我国《刑事诉讼法》第 181 条的规定与《人民检察院组织法》第 17 条的规定一致。关于刑事再审抗诉，《刑事诉讼法》第 205 条第 3 款的规定与《人民检察院组织法》第 18 条的规定基本一致，区别是《人民检察院组织法》第 18 条最后一句是"应当按照审判监督程序向同级人民法院出抗诉"，《刑事诉讼法》第 205 条第 3 款最后一句是"有权按照审判监督程序向同级人民法院提出抗诉"。这里的"有权"与"应当"实质上并无根本区别。从法学理论上讲，立法上规定国家机关"有权"实施某种行为，是一种权义复合性规定。一方面表明国家机关有权按照法律规定作出一定行为，另一方面又表明作出一定的行为是其不可推卸的义务。不按照法律规定作为即可构成违法。①关于民事再审抗诉，我国《民事诉讼法》第 187 条规定："最高人民检察院对各级人民法院已经发生法律效力的判决、裁定，上级人民检察院对下级人民法院已经发生法律效力的判决、裁定，发现有本法第一百七十九条规定情形之一的，应当提出抗诉。"关于行政再审抗诉，我国《行政诉讼法》第 64 条规定："人民检察院对人民法院已经发生法律效力的判决、裁定，发现违反法律、法规规定的，有权按照审判监督程序提出抗诉。"可以看出，无论是在组织法上还是在诉讼法上，都没有赋予检察机关在抗诉上的裁量权。而且，除了民事诉讼法较为具体地规定了应当抗诉的情形，其他相关法律对抗诉的情形只是笼统地规定法院判决、裁定"确有错误"或"违反法律、法规规定"，并未规定具体标准或条件的限制。

2. 国外检察官的上诉裁量权

总体上看，国外检察官一般都有类似我国检察机关抗诉权的上诉权。在国外，基于一事不再理原则或禁止双重危险规则，对检察官可以上诉的范围一般都有明确规定，且限制较严。在英美法系国家，检察官可以上诉的范围非常狭窄。即使在大陆法系国家，例如德国、法国等，立法对检察官可以上诉的情形也都有非常具体的规定，特别是对于生效判决的上诉，更是有多种限制。同

---

① 张文显主编：《法理学》（第 2 版），高等教育出版社 2003 年版，第 94 页。

时，根据笔者掌握的资料，国外对检察官上诉权的行使，一般不是强制性的要求，而是赋予其决定上的裁量权。例如，根据法国刑事诉讼法典第 496 条、第 497 条规定，共和国检察官"对轻罪案件的判决可以表示不服，进行上诉"。[①] 日本刑事诉讼法第 351 条规定，"检察官或被告人，可以提起上诉"。[②] 国外立法普遍赋予检察机关充分的上诉裁量权，一方面是让检察官根据案件的具体情形，从公共利益等方面综合考虑，斟酌决定是否上诉；另一方面，从理论和立法表述看，在国外，检察官一般被视为一方当事人，其上诉的权限是从享有的"权利"的角度规定的，因此，允许其裁量行使。

3. 抗诉裁量的实践考察

尽管法律并没有赋予检察机关抗诉裁量权，但通过对一些实践做法的分析了解，我们发现，检察实践中实际上存在着裁量抗诉的现象。最高人民检察院还有指导相关工作的规范性文件，有的明确列出了"不宜"抗诉的各种具体情形，实际上明确了在一定范围内的抗诉裁量权。

根据法律的字面含义，有的同志认为，从法律监督的职能出发，只要判决、裁定确有错误，人民检察院就必须提出抗诉，不能明知错误却不抗，纠正错误裁判不存在追求诉讼经济的问题。因为诉讼经济原则必然要求对一部分应当抗诉的案件经过裁量后决定不提出抗诉，这与《刑事诉讼法》和《人民检察院组织法》的规定不符，也与检察机关的职责相悖。

但在实践中一般认为，对刑事判决、裁定中存在的任何错误，人民检察院都要进行监督，然而监督的方式应当与错误的性质和严重程度相适应。判决、裁定的错误，可能是实体性错误，可能是程序性错误，也可能是技术性差错。在司法实践中，检察机关不可能对所有存在错误的判决或裁定都提出抗诉，否则不仅难以承受繁重的工作量，社会效果也不好。有的判决、裁定尽管在认定事实、适用法律等方面存在这样或者那样的错误，但是这些错误的存在可能对案件的实质性结论并没有影响或者后果并不严重。因此，实践中检察机关一般要区分情况，对一些严重的错误以抗诉的方式进行监督，对其他错误采取发送纠正违法通知书、提出口头纠正意见等方式进行监督。

从检察实践看，检察机关一般是从两个方面把握抗诉的条件的：一是判决、裁定确有错误，二是确有抗诉必要。目前法律只规定了上述第一个条件。实务部门的同志认为，抗诉必要性作为抗诉的条件虽然尚未被法律明文规定，但长期的司法实践表明，抗诉不能不考虑必要性，把确有错误和确有抗诉必要

---

① 《法国刑事诉讼法典》，余叔通、谢朝华译，中国政法大学出版社 1997 年版。

② 《日本刑事诉讼法》，宋英辉译，中国政法大学出版社 2000 年版。

两个条件结合起来，符合抗诉工作的规律和特点。也只有这样，检察机关才能在抗诉工作中充分贯彻国家的政策，实现法律效果和社会效果的统一。这是检察实务中一种比较典型的对抗诉权行使的认识。

可以看出，尽管法律上没有赋予检察机关抗诉裁量权，但实践中检察机关行使抗诉权时，并不是完全机械被动的，而是在一定程度上有限行使了抗诉裁量权。这样做的实践效果是积极的，各方面也是基本接受的，但对于这里涉及的裁量理论问题，却鲜有关注。

4. 抗诉裁量权的立法化

我国立法没有规定人民检察院的抗诉裁量权，与我国司法工作中遵循"有错必纠"的原则、强调追求实体上的"客观真实"不无关系，体现了对审判中的各种错误予以坚决纠正的态度。但有错即抗的制度已经显露出种种弊端，表现在以下几个方面：（1）会造成判决的稳定性和权威性在一定程度上的缺失。（2）不符合诉讼经济原则。判决、裁定即使确有错误，但如果不分错误性质及实际后果，检察机关一律提出抗诉，会造成诉讼资源的极大浪费。实践中这方面的问题在许多地方都不同程度地存在。（3）不利于实现法律效果与社会效果的统一。实践中，对有些案件特别是刑事案件，检察机关忽视当事人的意愿和案件的具体情况，一味地抗诉要求法院纠正错误。而对另外一些检察机关不抗诉并无不当的案件，由于确实存在一定的错误，当事人又以法律规定为由缠诉缠访。最后，从实际情况看，要求检察机关对所有的错误裁判都一律提出抗诉，实际上也是做不到的。这也正是最高人民检察院制定有关指导意见的重要原因。

规定检察机关的抗诉裁量权，在立法方式上可以有两个选择。一种方式是对于判决、裁定有错误的，全部赋予检察机关以抗诉裁量权。即将《人民检察院组织法》第 17 条、第 18 条规定的"地方各级人民检察院对于本级人民法院第一审案件的判决和裁定，认为有错误的，应当按照上诉程序提出抗诉"和"最高人民检察院对于各级人民法院已经发生法律效力的判决和裁定，上级人民检察院对于下级人民法院已经发生法律效力的判决和裁定，如果发现确有错误，应当按照审判监督程序提出抗诉"中的"应当"，修改为"可以依法"。关于刑事二审抗诉，对《刑事诉讼法》第 181 条的规定作上述同样的修改。关于刑事再审抗诉，将《刑事诉讼法》第 205 条第 3 款最后一句"有权按照审判监督程序向同级人民法院提出抗诉"中的"有权"，同样修改为"可以依法"。关于民事行政再审抗诉，将《民事诉讼法》第 187 条和《行政诉讼法》第 64 条规定的相关表述，也作同样的修改。这种立法方式与国外关于检察官上诉的规定相似。

另一种方式是，对于组织法的修改按照上述方式，对于诉讼法的修改则与抗诉条件的细化结合起来。即在诉讼法中，对几类抗诉，先规定人民检察院应当抗诉的各类具体情形，再规定人民检察院可以抗诉的条件和情形。对于应当抗诉的情形，应当尽量限定在较小的范围，平衡好实现司法公正与维护裁判权威的关系、纠正错误与维护经济社会秩序稳定的关系、惩罚犯罪与保障人权的关系。因此，要求检察机关应当履行监督职责提出抗诉的情形，必须是裁判存在严重错误、严重损害社会公共利益、涉及重大法律原则制度等，对此，在立法上应当详细列明。同时，对刑事二审抗诉与刑事再审、民事行政再审抗诉的规定应当有所区别，对于应当提出再审抗诉的情形，限制应当更为严格。

上述两种方式中，第一种方式在立法上比较简便，而且便于检察机关根据案件具体情况，最大限度地实现法律效果和社会效果的统一。但这样实际上赋予了检察机关极大的抗诉裁量权，有矫枉过正之嫌，目前情况下不易被接受，而且对检察官的法律政策素养要求很高。第二种方式实际上是抗诉法定与抗诉裁量的结合，在立法上如果能对两者的范围作出切实合理的规定，既有利于检察机关法律监督职能的发挥，也便于检察机关在一定限度内灵活地行使抗诉权。笔者认为，在目前情况下，第二种方式是比较可行的。

附条件不起诉对精神病人
实施轻罪案件的程序分流[*]

蔡 巍[**]

随着我国各类精神疾病发病人数的不断上升，各地精神疾病患者肇事肇祸行为时有发生。有资料显示，我国精神病患者的肇事率为 10%。[①] 针对如此频繁发生的精神病人实施危害社会行为的案件，我国现有法律还没有规定足够的应对措施。虽然刑法规定了强制医疗制度，但是适用对象仅限于无刑事责任能力精神病人实施严重危害社会行为的案件，而且制度本身也存在过于原则和法制化水平不高的问题。至于限制刑事责任能力精神病人实施犯罪的案件，我国《刑法》第 18 条第 3 款只原则规定可以从轻或者减轻处罚。事实上，对限制行为能力精神病人实施犯罪的，完全可以根据犯罪行为的轻重，分别采取不同的程序处理措施。对于限制行为能力精神病人实施轻微犯罪的案件，许多国家都利用附条件不起诉制度将精神病人从刑事诉讼程序分流出去，要求其接受精神治疗。这样做既消除了社会危害性，实现了特殊预防的目的，同时也避免了对实施轻罪精神病人适用短期自由刑可能产生的种种弊端。

附条件不起诉制度并非专为分流精神病人而设，但附条件不起诉的适用对象是否包括精神病人，则更能反映一个国家刑罚目的观从报应刑到目的刑转变的程度，以及刑事诉讼程序为精神病人这类特殊主体提供程序性保护的完备程度。在英国的苏格兰地区，利用附条件不起诉制度对轻罪案件进行程序分流的探索就是从精神病人实施轻罪案件开始的，日本的缓起诉制度、美国检察官的附条件不起诉裁量权也适用于精神病人实施轻微犯罪案件的程序分流。我国现行刑事诉讼法还没有设立附条件不起诉制度。在各地检察机关已经开展的有关附条件不起诉的试点工作中，附条件不起诉的适用对象主要限定为涉嫌实施轻

本文刊载于《政法论坛》2011 年第 3 期。
** 蔡巍，最高人民检察院检察理论研究所科管部主任、副研究员。
① 张桂荣：《精神病人强制医疗制度的立法完善》，载《法律适用》2009 年第 10 期。

微犯罪的未成年人，或者犯罪情节轻微、社会危害性不大的初犯、偶犯，并没有明确将实施轻罪的精神病人纳入附条件不起诉的适用范围。因此，深入研究附条件不起诉对精神病人实施轻罪案件程序分流的理论基础，考察各个国家、地区的相关立法和实践，对构建我国附条件不起诉制度，完善肇事肇祸精神病人的权利保障制度，具有重要的理论价值和实践意义。

一、以附条件不起诉对实施轻罪精神病人进行程序分流的必要性

附条件不起诉[①]是检察官自由裁量权的重要组成部分，对精神病人实施轻罪案件作附条件不起诉处理既是诉讼经济原则的要求，也符合精神病人权利保障和相关刑事政策的要求。

（一）符合起诉便宜主义的要求

起诉便宜主义是检察官行使包括附条件不起诉在内的自由裁量权的重要理论基础之一。它是在弥补起诉法定主义缺陷的基础上发展起来的。在实施严格的起诉法定主义时代，检察官不区分犯罪行为的性质以及情节轻重，一律将案件起诉到法院，在实现罪刑法定原则的同时，也给整个刑事司法系统造成沉重的负担和压力。"二战"以来开展的西方刑法改革运动逐渐形成了"轻轻重重"这样两级化的刑事政策。对"轻轻"的刑事政策作广义的理解，即包括各种非刑事化策略，起诉便宜主义就是通往非刑事化的途径之一。"便宜原则，是指准许检察官依其'裁量'来决定案件是否提起公诉。亦即，纵使案件合乎起诉要件，检察官也可以依照合目的性的考量，自行权衡案件'宜否'提起公诉"[②]。起诉便宜主义的确立为检察官行使附条件不起诉裁量权提供了理论依据。检察官对实施轻罪的精神病人适用附条件不起诉，在被不起诉人同意接受并履行检察官附加的义务之后，即作出不起诉的处理决定，案件不再进入正式的审判程序，这样做减轻了法院的审判压力，节约了司法资源，符合起诉便宜主义的要求。

---

①　世界上许多国家都采用起诉替代措施处理轻罪案件，但是对这种案件处理机制的称谓却有所不同。《德国刑事诉讼法》第153条a规定的是附条件不起诉制度，日本、我国台湾地区称为缓起诉制度，而美国则将这种案件处理方式称为"转处（diversion）"，《联合国非拘禁措施最低限度标准规则》、《少年司法最低限度准则》也规定检察官在起诉阶段对轻罪案件有转处权。缓起诉、转处本质上与附条件不起诉是一致的，都是以义务的履行作为不起诉的条件。

②　林钰雄：《刑事诉讼法》（上册），中国人民大学出版社2005年版，第46页。

苏格兰检察制度①建立的较早，对轻微犯罪案件处理机制的探索也较早，而这种探索就是从如何对有精神障碍的人建立起诉替代机制开始的。为了减轻检察机关和法院的工作压力，以起诉替代措施解决大量增长的轻微犯罪案件，苏格兰1977年设立斯图尔特委员会（Stewart Committee）②，着力进行相关改革试点。在斯图尔特委员会的第二份报告中，明确建议将有精神障碍的、实施了轻微危害行为的人从普通刑事诉讼程序中转处出去，让其接受治疗。实际上，在斯图尔特委员会作出这项建议之前，检察官偶尔也会用"接受精神疾病治疗"取代起诉程序，但是对这种做法的性质并不明确，认为只是一种非正式的处理方式。斯图尔特委员会试图通过自己的努力，使以转处的方式处理精神病人实施轻微危害行为案件更经常化，转处方式本身更规范化，委员会建议设立正式的、能被认可的程序，使违法者同意接受和继续进行医学治疗，以取代起诉。

在日本，据法务省刑事局资料，1986年（昭和61年）至1990年（平成2年），检察官根据其刑事责任能力判断，而决定不起诉的心神丧失的犯罪嫌疑人有2041名，决定缓期起诉的心神耗弱的犯罪嫌疑人有1607名，而同期经审判决定无罪的心神丧失的被害人和决定减刑的心神耗弱的被告人仅各有27名和354名。③

（二）刑罚个别化原则的要求

刑罚个别化的基本含义是根据犯罪人的个人情况，有针对性地规定和适用相应的刑罚，以期有效地教育改造罪犯，预防犯罪的再次发生。"刑罚个别化

---

① 英格兰和威尔士相比，苏格兰的公诉制度建立较早，《1876年郡治安法院（苏格兰）法》全面赋予检察官起诉刑事案件的职责，而在此之前检察官其实已经在行使刑事案件的公诉权。

② 斯图尔特委员会由苏格兰国务卿 Rt. Hon. Bruce Millan 于1977年设立。该委员会向瑞典、荷兰、法国、挪威等欧洲国家广泛学习，致力于改革苏格兰法院和检察院轻微刑事案件的处理方式，力图在保障被告人基本权利的同时，取代当时以 summary prosecution 的方式处理案件，以减轻法院面临的审判压力，改善被告人面临的处境，并以更有建设性的方式对被告人进行处置。

③ ［日］加藤久雄：《针对精神障碍犯罪者的刑事法上诸问题》，载西原春夫主编：《日本刑事法的形成与特色——日本法学家论日本刑事法》，李海东等译，法律出版社、（日本）成文堂1997年版。

通过法律上的个别化、裁量上的个别化、处遇上的个别化三个方面实现"。①检察官对实施轻罪的精神病人适用附条件不起诉，实现了裁量上的个别化和处遇上的个别化，符合刑罚个别化原则的要求。狭义的刑罚权只能由法官行使，但是由于检察官在对案件作附条件不起诉处理时，所采用的起诉替代措施本身具有处罚和制裁的性质，因此在斟酌决定给予犯罪人何种"制裁"时，也要考虑法官决定适用刑罚时考虑的事项和遵循的原则。对实施轻罪的精神病人来说，首先因为他实施的是轻罪，所以检察官行使裁量权对其作附条件不起诉处理，这是裁量上的个别化；又因为他是精神病人，所以决定对其适用起诉替代措施，要求其接受精神治疗、心理咨询等，符合处遇上的个别化原则。两者综合起来，附条件不起诉适用于实施轻罪的精神病人实现了刑罚个别化。

（三）符合精神病人权利保障的要求

精神病人的处遇在犯罪人处遇的理论与实践中是一个特殊问题，"精神障碍犯罪人都是精神障碍者，其中一些还是严格意义上的病人。对这些犯罪人，应当给予医疗。这样做，一方面是刑罚人道主义的要求；另一方面，对其中在精神障碍支配下犯罪的犯罪人，只有给予医疗，才能从根本上消除他们犯罪的原因。于是就产生了执行刑罚与医疗的关系问题"。② 世界范围内对有服刑能力的精神障碍犯罪人所采取的处遇措施有两种，一是"医疗模式"，即在监狱内执行刑罚的过程中，对犯罪人的精神障碍进行矫正和治疗。这种模式的设立以弗洛伊德学说为基础，将犯罪视为疾病，犯罪人视为病人，认为矫正的目的不是为了惩罚犯罪人，而是为了改变他们的缺陷人格，因而犯罪人处遇制度在整体上具有医疗色彩。但是由于医疗模式没有提供令人信服的说明犯罪人是病人的科学依据，忽视了刑罚对犯罪的抑制作用，最后被"公正模式"所取代。二是将有精神障碍的犯罪人送入专门的机构进行矫正和治疗。这两种模式都在不同程度上关注到了犯罪人的精神状态，并给予了不同程度的医疗救治。但是医疗模式产生于 20 世纪初至 70 年代，保安处分则产生于 19 世纪末 20 世纪初，两种模式产生的时代背景已经发生变化，非刑罚化已经成为新的刑罚发展潮流。1999 年联合国《非拘禁措施最低限度标准规则》倡导各国主管当局应广泛适用监禁替代措施，以尽可能避免适用监禁刑，并协助罪犯早日重返社会。在刑罚改革的大背景之下，对精神病人的权利保障也不应该仅仅停留在审

---

① 曲新久：《刑法的精神与范畴》（修订版），中国政法大学出版社 2003 年版，第 11 页。

② 刘白驹：《精神障碍与犯罪》（下），社会科学文献出版社 2000 年版，第 812 页。

判阶段处遇措施的适用以及刑罚执行过程中对有精神障碍的犯罪人给予精神治疗的水平上，而是应该在侦查、起诉、审判到执行等各个阶段设置"出口"，将符合条件的犯罪嫌疑人、被告人从普通的刑事诉讼程序中分流出去，实现对精神病人的程序性救助。但现实情况是，有太多的精神病人因为较轻微的危害行为而被起诉和被判入狱，为了改变这种现状，世界卫生组织在《精神卫生、人权与立法资源手册》第15条中规定，各国"精神卫生立法可通过将精神障碍从刑事司法体系转移到精神卫生医疗体系来预防和逆转这种趋势。立法应当允许在刑事程序的所有阶段进行这种转移——从患者刚被警察逮捕和拘留，到刑事调查和处理的全过程，甚至到患者因刑事犯罪而服刑以后。"《联合国非拘禁措施最低限度标准规则》第5条第1款也规定，"对轻微犯罪案件，检察官可酌情处以适当的非拘禁措施。"附条件不起诉是在起诉阶段将实施轻罪的精神病人从普通刑事诉讼程序转移出去，同时要求其接受精神治疗和心理咨询、辅导，既符合非监禁化刑事政策的要求，也使犯罪人的精神疾病得到治疗，符合对精神病人权利保障的要求。

（四）社会防卫的要求

处理精神病人实施危害社会案件必须注重在保护精神病人的权利与保护全体公民的权利之间合理平衡，但有时候两者之间确实会存在明显冲突。当精神病人由于判断能力受损而实施危害社会的行为时，法律既应当考虑到保障精神病人个人自由免受不必要的限制，同时也应当考虑到社会保护全体公民免受伤害以及维护公众安全、健康、秩序的责任。检察官之所以在附条件不起诉中设置义务，要求被附条件不起诉人参与治疗项目，接受精神治疗，也是为了实现社会防卫的目的。尽管这些治疗项目、心理咨询、辅导是以被附条件不起诉人自愿接受为前提，但是一旦接受这些义务，被不起诉人则必须按要求定期参加治疗项目，接受心理咨询、辅导，并在治疗、咨询结束后接受评估。如果因为精神病人实施的是轻罪就直接作不起诉处理或者由法院判决适用短期自由刑，那么可能导致其再次实施同样性质的犯罪，或者因为精神状况恶化而实施更严重的暴力犯罪等。因此，附条件不起诉利用有可能再次起诉所产生的约束力，要求实施轻微危害行为的精神病人接受治疗，而不是因为危害行为轻微就直接对其作不起诉处理，实现了社会防卫的目的。

二、附条件不起诉对精神病人实施轻罪案件程序分流的适用

附条件不起诉是检察官处理轻微犯罪案件时采取的起诉替代措施。之所以专门研究附条件不起诉对精神病人的程序分流，主要基于这类行为主体的特殊

性。如果说刑事责任理论的出现和发展在刑罚的适用上给予精神病人以特殊的权利保障，那么检察官在起诉阶段对精神病人的分流则是以刑事诉讼程序实现了对实施轻微犯罪精神病人的救治。从各国情况看，对精神病人适用附条件不起诉并没有专门的立法，有关附条件不起诉的适用范围、适用条件以及救济、制约机制的一般规定同样适用于精神病人。但是司法实践中，由于精神病人这一刑事责任主体所具有的特殊性，使得检察官在利用附条件不起诉进行程序分流的每个诉讼阶段，都要结合这种特殊性进行刑事诉讼活动。因此，从立法和司法结合的角度考察各个国家、地区对精神病人适用附条件不起诉的情况，更有实践价值。总结各国立法、司法情况，检察官在对精神病人适用附条件不起诉时，着重从以下几个方面进行考虑：

（一）对实施精神病人的程序分流通常在诉讼程序的较早阶段进行

在诉讼程序的较早阶段即对精神病人进行程序分流是各国、地区通常采用的做法，其作用有两个：一是尽早解除精神病人的羁押状态，防止因为羁押而造成精神病人精神状况的恶化；二是节约司法资源。在美国这样的西方发达国家中，精神障碍者占被捕者的绝大多数，且经常是因轻微罪行被逮捕。受到刑事指控而被关押在看守所里的精神障碍者往往因为巨大的压力而导致精神状况日益恶化，同时这些在羁押状态下的精神障碍者，也会严重威胁那些本来已经过分拥挤的看守所的秩序和安全。为此，美国许多法院、检察院都设立了精神健康审查部门。"在初次到庭时，检察官可能要求被告人必须接受精神病治疗和药物治疗，以作为审前释放的一个条件。精神健康审查可能引发进行一项法院指令的精神检验，以决定被告人是否有能力接受审判。检察官可能运用审查结果，不追究被告人的刑事责任。例如，检察官说服被告人寻求自愿的精神病治疗而不予起诉。另一些案件，检察官则可能将非自愿的被告人交托给精神病院，不予刑事控诉"。① 在英国的苏格兰地区，尽管认识到检察官在对精神病人适用附条件不起诉时实际承担着准司法官②的职能，对精神病人还要作出准

① ［美］爱伦·豪切斯泰勒·斯黛丽、南希·弗兰克：《美国刑事法院诉讼程序》，陈卫东、徐美君译，何家弘校，中国人民大学出版社2002年版，第226~227页。

② 在过去的30年间，西方国家特别是大陆法系国家的检察机关在职能上经历了巨大的转变。许多研究大陆法系国家检察机关职能的学者甚至得出结论，检察机关已经演变成为一个审级，其工作重点是在终止刑事诉讼程序和起诉两者之间作出决定。参见［德］汉斯－耶尔格·阿尔布莱希特：《刑事诉讼中的变通政策以及检察官在法庭审理开始前的作用》，赵阳译，载《诉讼法论丛》（第3卷），法律出版社1999年版。

医学性质的判断，但检察官仍然会在诉讼的初期阶段根据自己的经验判断，将不适合起诉、但需要得到帮助的人筛选出来，送入适当的机构中。该机构经过评估后再决定是否接受该被分流的人，并将情况报告给检察官，由检察官作出是否起诉的决定。①

附条件不起诉在性质上属于附带惩罚的诉讼中止，检察官利用附条件不起诉制度裁量处理案件，实际上履行了准司法官的职能。但是法官作出判决所适用的诉讼程序更加完整，要经历侦查、起诉、审判等整个诉讼阶段，如果是对精神异常的人进行个别化司法，还要依赖专业的精神医学专家对精神病人的精神状况进行准确评估，以确定精神病人的刑事责任能力。在刑罚执行制度较为发达的国家，法官在判决前还能得到由缓刑官、社会工作者或者其他熟悉犯罪人情况的人提交的报告，帮助法官作出判决。相比之下，检察官在利用附条件不起诉制度行使准司法职能时，虽然也要参酌法官判决时需要考虑的事项，也要得到缓刑官以及相关社会组织的帮助，但是在实际运作过程中，经常都是凭着经验和直觉对案件进行程序分流处理。只要有合适的分流计划，有适当的组织能够接受并为犯罪人提供适当的心理帮助和精神治疗，检察官即作出附条件不起诉的处理决定。这种做法势必对司法的公正性造成冲击，但却实现了快速审判，符合诉讼效率的要求，而后者正是赋予检察官包括附条件不起诉在内的自由裁量权的价值基础之一——"因为显而易见，只有当追究刑事责任的机关没有义务查明全部案情时，诉讼经济的目的才能够实现"。② 但是，检察官在附条件不起诉中所采用的起诉替代措施虽然不具有"刑罚"的属性，但毕竟属于实质意义上的"制裁"，为了防止在效率的追求过程中过分偏离公正准则，检察官在利用附条件不起诉对精神病人实施轻微犯罪案件进行程序分流时，必须符合下列程序要求：

1. 要综合考虑犯罪人的刑事责任能力和犯罪行为的严重程度。附条件不起诉作为实现非刑事化政策的一项重要措施，其适用对象主要限定在轻微犯罪案件上。但并非所有轻微犯罪案件都可以适用附条件不起诉，能否适用还必须综合考虑犯罪人、犯罪情节、被害人补偿等因素。从各国相关规定看，综合精神病人犯罪案件的各种因素之后，附条件不起诉精神病人犯罪案件程序分流的

① Julia Fionda, Public Prosecutors and Discretion：A Comparative Study（2003），Clarendon Press Oxford, p. 82.

② ［德］汉斯·耶尔格·阿尔布莱希特：《刑事诉讼中的变通政策以及检察官在法庭审理开始前的作用》，赵阳译，赵又芳校，载《诉讼法论丛》（第3卷），法律出版社1999年版，第179页。

范围主要限定在限制刑事责任能力精神病人实施轻罪案件上。《日本刑事诉讼法》第248条规定，"根据犯人的性格、年龄以及境遇、犯罪的轻重以及情节和犯罪后的情况，没有必要追诉的时候，可以不提起公诉。"对"这些内容加以大致区分的话，包括与犯人有关的事项、与犯罪本身相关的事项，以及犯罪以后的事项三类……起诉与否要综合考虑以上各项要素而决定"。① 以此为依据，日本检察官在综合考虑犯罪人的精神状况和犯罪行为的轻重之后，会分情况作出不同处理。如果属于心神丧失，检察官可以作出不起诉的处理决定；如果属于心神耗弱，检察官可以决定缓期起诉，即适用附条件不起诉。② 也就是说，只有在精神病人实施的是轻罪，同时具有限制刑事责任能力时，检察官才可以考虑适用附条件不起诉制度。因为完全刑事责任能力精神病人实施危害社会行为的应当给予正常处罚；无刑事责任能力精神病人对其行为不负刑事责任，不应予以刑罚处罚，必要时可以适用强制医疗。只有限制刑事责任能力精神病人既需要处罚，但同时具有减轻处罚情节，可以适用附条件不起诉进行程序分流。

2. 案件证据必须充分。检察官作出的附条件不起诉决定在性质上属于有条件地中止诉讼，尽管存在再行起诉的可能性，但实际上，由于大多数案件都以诉讼终止结束，因此，从程序公正的角度出发，检察官在以附条件不起诉处理案件时，必须对案件的证据情况进行审查，否则在诉讼程序的较早阶段即对案件作出处理，难逃草率、不公正之嫌。审查的标准主要看案件证据是否充分，至于充分到什么程度，各国的规定各不相同。《英国皇家检察官准则》第8条第5款规定，对检察官准备利用附条件警告（conditional caution）③ 进行

---

① 松尾浩也：《日本刑事诉讼法》，丁相顺译，中国人民大学出版社2005年版，第179页。

② 1931年，日本大审院在一判决中对第39条的含义作了解释："所谓心神丧失与心神耗弱都是属于精神障碍状态，只不过程度不同而已，即前者指由于精神障碍而使丧失对事物是非善恶的辨认能力，或者由于辨认障碍而致丧失行为控制能力。后者是指由于精神障碍，上述能力虽未达到丧失的程度，而有显著减退的状态。"参见郑瞻培：《日本司法精神医学的历史与现状》，载《国外医学·精神病学分册》1988年第3期。

③ 附条件警告是英国2003年颁布的《刑事审判法》新赋予皇家检察官的一项起诉裁量权，规定在该法第22至27条。该法规定检察官可以对实施某些犯罪的行为人作出附条件的警告。违法者只要在规定的时间内履行了这些条件，检察官将作出不起诉决定。如果行为人无正当理由未能遵守附条件警告所附带的任何条件，则可以就该种犯罪对行为人提起刑事诉讼……提起此种诉讼时，附条件警告即停止生效。检察官利用附条件警告制度可以对案件进行程序分流。

起诉分流的案件，证据必须充分到如果附条件警告被拒绝或者违法者没能履行警告之上附加的条件，也能证明案件具有定罪的真实前景和起诉符合公共利益的程度，即检察官可以利用这些证据再行起诉。这样规定就是在监督检察官，防止其通过适用附条件不起诉消化案件，怠于履行起诉职责。

3. 要采取适当的处遇措施。虽然对实施轻罪的精神病人所采取的处遇措施不是刑罚，但是由于处遇措施本身具有一定程度的强制性，因此在适用时，也要遵循一定的原则，受到一定的限制，主要表现在以下两个方面：（1）要符合适当性原则。各国法律并没有规定采取处遇措施的上限，这里的界限是通过"适当性原则"体现的。依据适当性原则，检察官对义务内容、义务履行时间的规定要与精神病人实施的轻微危害社会行为相适应、成比例。（2）要有时间上的限制。依据这两项基本原则，检察官对精神病人适用附条件不起诉时，所采用的处遇措施主要是将精神病人分流到相关的社会组织中，由这些社会组织对精神病人开展精神治疗和心理辅导。这样的处遇措施没有达到强制入院治疗的强制程度，但同时又以附加义务的形式要求犯罪嫌疑人必须接受精神治疗，与家庭监管相比又有一定的强制性，符合适当性原则的要求。我国台湾地区"刑事诉讼法"就规定检察官在缓起诉义务所课处的"制裁"中可以附加："……精神治疗、心理辅导或其他适当之处遇措施"，[①] 该制裁措施显然适用于有精神疾病的犯罪嫌疑人。除此之外，检察官在附条件不起诉决定中要求实施轻微危害行为精神病人接受精神治疗的时间相对较短，一般为 3 个月以上，最多不超过 1 年。苏格兰规定实施轻罪精神病人被分流到相关组织后，接受精神治疗的时间为 6 到 8 个月。[②]

4. 要取得本人的同意。与其他案件一样，检察官准备对精神病人实施危害社会行为作附条件不起诉处理的，必须先取得被附条件不起诉人本人的同意。检察官的附条件不起诉决定具有诉讼中止的效力，只要被附条件不起诉人完成检察官在条件中设置的义务，诉讼程序将终止，被附条件不起诉人由此避免了因等待和接受审判而承受的压力。但是接受检察官附条件不起诉决定就等于放弃了得到公平审判的权利，放弃了得到无罪判决的机会，而且完成检察官所设置的带有治疗、修复性质的义务也要假以时日，并受到一定程度的约束。所以在检察官作出附条件不起诉决定之前，必须取得精神病人本人的同意。

5. 要得到律师的适当帮助。同意接受检察官附条件不起诉的处理决定使

---

① 林钰雄：《刑事诉讼法》（上册），中国人民大学出版社 2005 年版，第 46 页。

② Julia Fionda，Public Prosecutors and Discretion：A Comparative Study（2003），Clarendon Press Oxford，p. 84.

被附条件不起诉人的权利受到影响，因此必须保障被附条件不起诉人了解同意接受检察官处理决定的后果，而获得律师的适当帮助就是其中一个重要途径。德国、日本、美国等国家都规定，在作出附条件不起诉决定之前，应该提供与律师协商的机会，该规定同样适用于精神病人犯罪案件。

6. 要建立审查和救济机制。虽然检察官的附条件不起诉决定仅仅有中止程序的效力，但是由于其中涉及对被附条件不起诉人的权利处置，所以必须建立审查和救济机制，以制约检察官的起诉裁量权。由于附条件不起诉决定是以同意接受检察官在附条件不起诉中设置的义务为前提，因此，被附条件不起诉人对检察官不起诉裁量权最直接的制约方式就是拒绝接受检察官程序分流的决定，案件随之进入正式的审判程序。另外一种制约机制就是由法院最终决定是否适用附条件不起诉。

（二）要有提供精神救治的社会组织参与其中

"随着刑罚改革运动的发展，非刑罚化的概念本身又得以扩大。为了用刑法以外的方法处理数量巨大的，同时给法院带来极大负担的轻微犯罪，人们努力争取公共的和私人的帮助以及利用协调和调解程序，并且通过非官方机构和团体的介入，避免使冲突诉诸刑事诉讼。这一潮流在美国被称作转处，在加拿大被称作'非司法化'"。① 正是在以转处实现非刑罚化的大背景下，检察官利用附条件不起诉制度，将提供精神救治的社会机构、团体和组织引入到轻罪案件的处理过程中，实现了诉讼分流和特殊预防的目的。

通常情况下，检察官在诉讼早期阶段对案件初步审查后，认为可以对案件进行分流处理的，就要与可以提供精神健康服务的组织联系，在这些组织进行有关精神状态的评估并向检察官提出相关意见之后，再由检察官作出附条件不起诉的处理决定，并将被附条件不起诉人交给该组织，由该组织对精神病人提供治疗、进行监督。这些提供精神治疗、心理咨询的组织以社区为依托开展精神健康服务工作，服务的内容主要是提供各种有关精神健康方面的咨询、辅导课程，不同于专门提供住院治疗服务的精神卫生机构。在上个世纪八九十年代的欧洲国家中，"作为不起诉的条件，那些有酒精成瘾、毒瘾、精神障碍或者家庭暴力等与他们的犯罪行为直接相关问题的被告人，在审前程序中被处置到各种咨询辅导或者接受帮助的课程中，这样，即使没有求助于法院，这些被告

---

① 赵秉志主编：《刑法基础理论探索》，法律出版社 2002 年版，第 356 页。

人也得到了积极的处遇"。① 1984 年，英国苏格兰地区第一个针对患有精神病的违法者设计的附条件不起诉方案在格拉斯哥（Glasgow）实施，随后，因弗尼斯（Inverness）和丹地（Dundee）也纷纷建立针对精神病人的转处试点机构。这三个试点机构是苏格兰以心理治疗替代正式起诉机制的雏形。时至今日，这种对精神病人以转处代替起诉的机制已经建立起来，苏格兰现行《检察机关起诉准则》规定检察官可以对有精神疾病的轻微违法犯罪嫌疑人进行转处，要求其接受由专家提供的心理或者生理上的帮助、治疗等。

对一个人的精神状况进行评估需要很强的专业性，仅仅通过一般观察无法得出准确结论，必须要得到专业的精神科医生的帮助。"在美国大约有 3 万多精神病工作者、一些诊所的心理学工作者参与涉及对犯罪（包括其他不轨行为）的精神病工作"。② 这些精神病工作者一般都有医学院的高等教育背景，并在专业诊所实习过，所以他们有能力利用自己的医学背景、药物知识、临床经验治疗那些实施了不轨行为和违法犯罪行为的人。当然，精神科医生的评估不能代替检察官在法律上的判断。犯罪学家莫纳汉认为，应当"由刑事司法官员来负责作出是否采取官方行动的决策，而心理学家和精神病学家的作用则是提供作为这些决策依据的准确信息"。③

（三）要有警察的密切配合

检察官在审查起诉过程中主要通过两个渠道找出精神状况存在问题的犯罪嫌疑人，一是通过自己接触和观察发现；二是通过审查警察移送的案卷材料发现。相比之下，后者是最主要的渠道。在美国、英国的苏格兰地区等实行附条件不起诉分流轻罪案件较早的国家中，检察官往往都是先从警察移送的案件中获得有关犯罪嫌疑人精神状况的初步信息，然后再依据相应程序决定是否适用附条件不起诉。与检察官相比，警察具有丰富的实践经验。他们有机会在案发现场直接接触犯罪嫌疑人，在某人因为扰乱公共秩序而被警察抓捕的案件中，他们甚至直接目睹或者受到犯罪嫌疑人具有攻击性或者失控行为的威胁，因此得到了更多直观判断犯罪嫌疑人精神状况的机会。英国阿伯丁大学（Aberdeen

---

① Julia Fionda, Public Prosecutors and Discretion: A Comparative Study (2003), Clarendon Press Oxford, p. 36.

② 刘强编著：《美国犯罪学研究概要》，中国人民公安大学出版社 2002 年版，第 125～126 页。

③ ［美］乔治·B·沃尔德等著：《理论犯罪学》，方鹏译，中国政法大学出版社 2005 年版，第 94 页。

University）法学教授彼得达夫（Peter Duff）对苏格兰的试点城市因弗尼斯市、丹地市、伯斯市的情况进行调查后得出结论，除了检察官自己亲自观察和发现患有精神疾病的犯罪嫌疑人之外，能否发现这类犯罪嫌疑人并为其提供适当的医疗服务很大程度上取决于警察提供的相关证据和信息。达夫教授发现，在由检察官以附条件不起诉形式对实施轻微危害行为精神病人实施精神分流的总共71起案件中，警察的报告起决定作用的有60起。库克（Cooke）教授在研究格拉斯哥（Glasgow）对精神病人进行的程序分流时也发现了相似的现象，并得出结论，认为警察的报告是任何程序分流计划的关键。

三、我国利用附条件不起诉制度对实施轻罪精神病人程序分流的制度构建

（一）我国审前阶段对实施轻罪精神病人进行程序分流的现状

我国刑事诉讼法目前还没有确立附条件不起诉制度，但是依据我国现行立法，审前阶段也可以对实施轻罪的精神病人进行程序分流。首先，我国《刑事诉讼法》第142条第2款规定了酌定不起诉制度，对于犯罪情节轻微，依照刑法规定不需要判处刑罚或者免除刑罚的，人民检察院可以作出不起诉决定。酌定不起诉裁量权同样适用于精神病人实施轻罪的案件，只要是限制刑事责任能力的精神病人，其实施的危害社会行为构成犯罪，且属于轻罪，犯罪情节轻微，依照刑法规定不需要判处刑罚或者免除刑罚的，检察官可以作不起诉决定。对于无刑事责任能力的精神病人来说，无论其实施的危害行为是轻还是重，由于其缺乏辨认和控制自己行为的能力，所以不涉及利用酌定不起诉裁量处理的问题，检察官可以直接依据《刑事诉讼法》第142条第1款，行使法定不起诉裁量权。其次，由于我国罪刑结构与其他国家相比所具有的特殊性，使得在两大法系国家由检察官依据自由裁量权处理的大量轻罪案件，在我国都由警察分流处理了，精神病人实施轻微犯罪的案件也一样。依据我国的罪刑结构理论，违法和犯罪行为之间存在本质区别，"没有危害性，就没有犯罪；社会危害性没有达到相当的程度，也不构成犯罪"。① 不构成犯罪，尚不够刑事处罚的，由公安机关给予治安管理处罚；构成犯罪的，依法追究刑事责任。但是，通过与国外刑法典相比较就会发现，我国公安机关依据治安管理处罚法处罚的违法行为很多相当于国外刑法中规定的轻罪、违警罪。这也就是说，在国

---

① 高铭暄、马克昌主编：《刑法学》，北京大学出版社、高等教育出版社2005年版，第47页。

外可能由检察官依据起诉裁量权处理的案件在我国则由警察作治安管理处罚的决定。具体到精神病人实施轻微危害行为的案件，《治安管理处罚法》第13条规定："精神病人在不能辨认或者不能控制自己行为的时候违反治安管理的，不予处罚，但是应当责令其监护人严加看管和治疗。间歇性的精神病人在精神正常的时候违反治安管理的，应当给予处罚。"正是以此为依据，由精神病人实施的、在两大法系国家属于轻罪的危害社会行为，在我国由警察分流处理了。

（二）存在的主要问题

1. 检察机关主要依据精神病人的刑事责任能力作出是否起诉的决定，至于犯罪行为的轻重并非检察官行使起诉裁量权的主要依据。检察机关在审查起诉阶段主要依据精神病人刑事责任的有无对案件作出不同处理，构成犯罪的，大多依法提起公诉，而不是从诉讼经济原则和刑事政策的角度出发，依据精神病人实施危害社会行为的严重程度进行程序分流处理。依据《人民检察院刑事诉讼规则》规定，人民检察院在审查起诉过程中，如果发现犯罪嫌疑人有患精神病可能的，应当依照有关规定对犯罪嫌疑人进行鉴定。犯罪嫌疑人的辩护人或者近亲属以犯罪嫌疑人有患精神病而申请对犯罪嫌疑人进行鉴定的，人民检察院也可以依照《人民检察院刑事诉讼规则》的有关规定对犯罪嫌疑人进行鉴定，并由申请方承担鉴定费用。[①] 经鉴定后，如果认定犯罪嫌疑人有刑事责任能力，并且犯罪事实清楚、证据确实充分的，人民检察院应当依法提起公诉；如果认定犯罪嫌疑人无刑事责任能力，人民检察院应当作出不起诉决定。由此看出，检察官对精神病人是否起诉主要依据刑事责任能力，至于犯罪行为的轻重并非考虑的主要因素。

2. 检察机关起诉裁量权不完善，附条件不起诉裁量权缺失，酌定不起诉适用的范围以及发挥的作用十分有限。具体到精神病人犯罪的案件上，尽管检察机关对实施轻罪的、限制刑事责任能力的精神病人可以适用酌定不起诉进行分流，但是一方面，酌定不起诉在司法实践中适用的比例很小，发挥的作用有限；另一方面，适用酌定不起诉制度对精神病人实施轻微犯罪的案件进行程序分流，不能有效满足对实施轻罪精神病人进行救治的需要。根据《人民检察院刑事诉讼规则》第291条规定，检察机关对实施轻罪的精神病人利用酌定不起诉程序分流之后，可以根据案件的不同情况，对被不起诉人予以训诫或者责令具结悔过、赔礼道歉、赔偿损失。但是仔细研究后就会发现，列举的这些非刑罚处罚方法要么具有惩罚性质、要么具有赔偿性质，就是没有救治性质的

---

① 参见《人民检察院刑事诉讼规则》第255条。

处罚措施。对实施轻罪的精神病人来说，只有适用能够提供精神救治的非刑罚处罚方法，才能实现特殊预防的目的。另外，由于检察机关是在酌定不起诉作出之后，再决定适用非刑罚处罚方法的，被不起诉人本人是否切实履行非刑罚处罚不影响不起诉决定的效力，因此对被不起诉人产生的约束力不大。附条件不起诉制度能够解决酌定不起诉在适用中存在的这些问题，但是又存在立法缺失的问题。

3. 由公安机关直接处理精神病人犯罪案件，不符合程序公正的要求。在我国，精神病人犯罪案件主要由公安机关处理。《人民警察法》第 14 条规定："公安机关的人民警察对严重危害公共安全或其他人人身安全的精神病人，可以采取保护性约束措施。"对于精神病人实施具有社会危害性，但是依照刑法尚不够刑事处罚的，由公安机关依照《治安管理处罚法》给予治安管理处罚。公安机关处在打击犯罪的第一线，最早接触犯罪事实，对于精神病人实施危害社会行为所造成的危害程度、实施危害社会行为当时的精神状态有更直观的认识。但是，作为侦查机关，其主要任务是侦破案件和打击犯罪，追诉者地位决定了它在案件处理过程中可能缺乏客观、中立性，而客观、中立则是程序公正这一刑事诉讼基本原则的要求。公安机关在精神病人实施危害行为发生时，可以采取紧急措施，但是对案件最后进行处理时，还是应该由更加客观、中立的机关负责。从世界各国刑事法治发展趋势来看，这一职责主要赋予检察官，由负有客观、中立义务的检察官履行审前阶段程序分流、处理案件的职责。

4. 对肇事肇祸精神病人提供精神救治的渠道单一，没有建立多元化的救治、服务体系，影响程序分流的适用。从现行立法来看，对实施危害社会行为精神病人的救治渠道主要有两条，一是由监护人、家属负责看管、治疗，二是实施强制医疗。由于对监护人、家属履行责任情况缺乏监督，所以能否给予精神病人适当治疗因每个家庭的情况而异。事实上，由家庭提供精神救治这个渠道所发挥的作用有限，以至于时常发生精神病人被家人长期禁锢或者流浪街头无人看管的情况。强制医疗在我国的立法和司法实践中主要作为一种特殊的社会救治措施存在，但是由于这种救治措施对人身自由有很大的强制性，所以主要适用于精神病人实施严重犯罪的案件，实施轻微犯罪的精神病人不可能通过这种方式得到救治。从其他国家的经验来看，如果要想加大对肇事肇祸精神病人的救治力度，必须拓宽提供精神救治的渠道，建立多元化的救治、服务体系。除了要建立具有社会福利性质的社区康复机构之外，还要将能够提供精神救治的社会组织引入肇事肇祸精神病人的救治中来。只有社区康复机构、社会组织建立并有效发挥作用，实施轻罪精神病人被分流到这些机构、组织之后才能得到合理救治，检察机关对这类精神病人行使起诉裁量权才能有保障。

（三）利用附条件不起诉对实施轻罪精神病人进行程序分流是破解难题的关键

为了解决对轻罪精神病人进行程序分流所遇到的这些难题，我们应该借鉴其他国家的做法，在设立附条件不起诉制度时，明确将精神病人纳入附条件不起诉的适用范围，并且针对精神病人这一刑事责任主体的特殊性，在适用程序上作出特殊规定，同时建立相应的制度措施，保障检察机关附条件不起诉裁量权的行使。

1. 检察机关利用附条件不起诉对精神病人实施轻微犯罪案件进行程序分流的，必须符合附条件不起诉的一般条件和程序要求。检察机关对精神病人适用附条件不起诉的案件，必须有充分的证据；要取得被附条件不起诉人本人的同意；要有律师的适当帮助；履行不起诉附加的义务要有时间上的限制；对检察机关的不起诉决定要利用内部和外部机制进行监督、制约。

2. 检察机关只能利用附条件不起诉制度对限制刑事责任能力的精神病人实施轻罪的案件进行程序分流。"具有限制刑事责任能力"和"实施轻罪"是检察机关适用附条件不起诉对精神病人进行程序分流的两个必备条件，缺一不可。轻罪和重罪是外国刑法对犯罪行为基本的划分方法。我国刑法虽然没有明确规定重罪和轻罪的划分，但是根据刑法的立法精神，司法实践中普遍将依照刑法规定应判处 3 年以下有期徒刑、拘役、管制、单处罚金的犯罪行为视为较轻的犯罪，即法定最高刑为 3 年以下有期徒刑的犯罪可以视为轻罪。这一标准同样适用于精神病人犯罪案件，即只有在精神病人实施法定最高刑为 3 年以下有期徒刑的犯罪时，才能考虑适用附条件不起诉进行程序分流。

我国刑法对实施危害社会行为的精神病人分完全无刑事责任、完全负刑事责任、限制刑事责任三种情况区别对待。对于完全无刑事责任的精神病人，我国《刑法》第 18 条第 1 款规定："精神病人在不能辨认或者不能控制自己行为的时候造成危害结果，经法定程序鉴定确认的，不负刑事责任，但是应当责令其家属或者监护人严加看管和医疗；在必要的时候，由政府强制医疗。"完全负刑事责任的精神病人是指行为时其责任能力完备，根据责任能力与刑事责任相适应的原则，对这样的精神病人依法负完全的刑事责任，不能因其精神障碍而减免刑罚。依据我国《刑法》第 18 条的规定和有关的司法精神病鉴定实践及司法实践经验，应完全负刑事责任的责任能力完备的精神病人主要包括两类，即精神正常时期的"间歇性精神病人"和大多数非精神病性精神障碍人。第三种情况是指限制刑事责任的精神病人，又称减轻（部分）刑事责任的精神障碍人，依据《刑法》第 18 条第 3 款规定，尚未完全丧失辨认或者控制自己行为能力的精神病人犯罪的，应当负刑事责任，但是可以从轻或者减轻处罚。我国刑法有关精神病人刑事责任能力的规定与各国对精神病人刑事责任能力的划分和处理基本一致，因此，将附条件不起诉的程序分流对象限定在具有限制刑事责任能力的精神病人上，与我国刑法有关精神病人刑事责任的划分和处罚的原则相互一致。

3. 检察机关利用附条件不起诉对精神病人实施轻罪案件进行程序分流，必须得到公安机关的配合。如上述分析，公安机关对精神病人犯罪案件作出程序性、实体性处理决定不符合程序公正的要求，但是检察机关能否利用附条件不起诉制度对精神病人实施轻罪的案件进行程序分流，很大程度上取决于公安机关的支持和配合。公安机关在移送的案卷材料中，除了要包括有关精神病人实施危害社会行为的证据外，还要提供有关犯罪人精神状况的证据，以引起检察官对犯罪人精神状态的关注，并在诉讼程序的较早阶段即考虑适用附条件不起诉进行程序分流。

4. 检察机关对精神病人实施轻罪案件进行程序分流，必须有社会福利性质的社区康复机构以及能够提供精神救治的社会组织参与其中。随着经济社会的不断发展，我国对精神病人的权利保障问题越来越重视，针对精神病人的医疗康复体系正在逐步健全。2006 年 12 月通过的《北京市精神卫生条例》提出，北京市要逐步建立以社区康复为基础、家庭康复为依托、精神卫生机构提供专业技术指导的精神疾病康复体系，各区、县人民政府应当根据本辖区的实际需要，规划和建设社会福利性质的社区康复机构，为精神疾病患者提供康复服务。那些实施了轻微犯罪行为但不宜适用监禁刑的精神病人也可以在这样的机构内接受治疗。除了建立以社区康复为基础的精神疾病康复机构之外，我们也应该逐步引入能够提供精神救治的社会组织参与到对实施轻罪精神病人的心理咨询、医疗救治中来，为检察机关利用附条件不起诉对实施轻罪的精神病人进行程序分流提供制度保障。

未成年人附条件不起诉程序的适用[*]
——兼论新刑事诉讼法关于未成年人附条件不起诉规定的立法特点

刘　方[**]

新刑事诉讼法在第 271 条至第 273 条中首次明确规定了未成年人附条件不起诉程序，这是对我国当代刑事起诉制度的一个突破性立法，也是对近十多年来刑事公诉制度改革实践的一个归纳和总结。体现了我国刑事立法在不断改变传统的严厉性、机械性，朝着宽缓、理性的方向发展。这不仅适应了我国现阶段的社会需要，也符合当代国际社会刑事政策的发展趋势。菲利曾经说过："刑罚，并不像在古典犯罪学者和立法者的主张影响之下而产生的公众舆论所想象得那样，是简单的犯罪万灵药。它对犯罪的威慑作用是很有限的。因此，犯罪社会学自然应当在对犯罪及其自然起因的实际研究中去寻找其他社会防卫手段。"[①]

附条件不起诉是裁量不起诉的一种特定形式，是指检察机关对移送审查起诉的犯罪嫌疑人，根据其犯罪行为和人身危险性，认为不起诉更有利于维护社会整体利益，在作出不起诉决定的同时附加一定条件，当被不起诉人满足这些条件并履行完毕时，不起诉决定即生效，追诉活动便到此终止的一种刑事不起诉制度。根据立法规定，现行的附条件不起诉仅仅是针对未成年人适用，还不能适用于成年人。即便如此，但至少是从立法上开启了附条件不起诉，或者说暂缓不起诉制度的前奏。在本文中，笔者主要从未成年人附条件不起诉的适用条件、所附条件的内容、适用的基本程序以及必要的监督和救济机制等几个方面，提出一些理解性的构思和建议，希望能够为未成年人附条件不起诉的司法

---

　　* 本文刊载于《人民检察》2012 年第 16 期。

　　** 刘方，最高人民检察院检察理论研究所学术部副主任、研究员。

　　① ［意］菲利：《犯罪社会学》，郭建安译，中国人民公安大学出版社 1990 年版，第79 页。

运作提供参考。

一、适用的前提条件和控制范围

作为一种裁量不起诉形式，附条件不起诉是检察官的自由裁量权运用于不起诉案件的具体表现，是裁量权与不起诉权的有机结合，与世界上现存的各种裁量不起诉制度之间也具有许多可比较性。但是，事物的共性并不足以取代和抹杀他们的个性，作为每一单元而独立存在的事物必然具有其他任何事物都无法替代的独自特征。附条件不起诉的基本特点就在于它的附条件性，这一特点自然将它与法定不起诉、证据不足不起诉、酌定不起诉、暂缓不起诉等区别开来。最为明显的是，附条件不起诉是国家在保留刑罚权的前提下，由检察官作出的对刑罚处罚权的有条件放弃，因此，它与法律明确规定放弃处罚权的法定不起诉是有较大区别的。它与酌定不起诉、证据不足不起诉也存在区别。酌定不起诉和证据不足不起诉并不必然要求附带条件，而在附条件不起诉中，所附条件是否具备决定着不起诉能否得到最终实现。还有，它与暂缓起诉或者说暂缓不起诉也是有区别的，后者主要表现在一个"缓"字上，而不是体现在"附条件"方面。可见，用其他任何一种裁量不起诉的适用条件来替代附条件不起诉的适用，都无法使这一制度达到圆满、准确、合理的应用，必须根据法律的明确规定以其自身的基本要求来确定应当适用的前提条件。其中，严格依照法律规定实行附条件不起诉是最关键的。陈卫东教授亦认为，附条件不起诉只不过是对某些案件附加一定条件，以此作为不起诉的前提，并没有突破现有的权力框架，只是检察权细化的表现。[①]

附条件不起诉适用的前提条件，是指在具备什么样的情况下可以依法适用附条件不起诉。根据法律的规定和通过以上的比较鉴别，笔者认为，对未成年人适用附条件不起诉处理的案件，至少应当具备以下几个方面条件：

（一）案件达到了构成犯罪的程度

案件达到了构成犯罪的程度，即行为人的行为符合刑法分则第四章、第五章、第六章中各条所规定犯罪的构成条件。这些条件包括：基本犯罪事实已经查清，主要证据确实充分，被不起诉人实施的行为在刑法上已经符合犯罪构成的标准。符合犯罪成立的条件，既要符合实体法规定的适用条件，又必须符合程序法上规定的条件。犯罪事实清楚，证据确实充分，表明案件达到了法律在

---

① 高斌、王惠：《专家聚焦"附条件不起诉"》，载《检察日报》2007 年 12 月 7 日，第 3 版。

程序方面的要求，遵循了程序正义和司法公正原则；符合犯罪构成的标准，说明犯罪对社会造成的危害已经达到了刑法分则所规定的个罪标准，在定罪方面已经不成问题。根据新颁布的刑事诉讼法第 271 条规定，对于未成年人涉嫌刑法分则第四章、第五章、第六章规定的犯罪，符合起诉条件的，人民检察院可以作出附条件不起诉的决定。该条的立法旨意就在于明确要求对依照附条件不起诉处理的案件必须是构成犯罪的案件。我们认为，法律之所以作出这样的规定，其根本用意在于要求办案人员"不能用下台阶的方式把不构成犯罪的案件，或者法律明确规定不应当起诉的案件采用附条件不起诉的方式来处理"。[①]

（二）具有悔罪表现

悔罪表现是一个抽象性的问题，希望在立法中设定一个准确无误的标准是很困难的，而且司法实践中也没有制定一个具体的参考细则。所以，在理解方面显得比较抽象，在具体适用过程中也难以准确把握。以我们对法律规定的理解和近些年来公诉实践中所积累的经验看，对犯罪分子悔罪表现的观察，主要应当立足于考察犯罪后行为人的主观态度。行为人的主观认罪态度是在内心开始醒悟自己的错误后所作出的行为选择。行为人的主观心理态度必然要通过其客观行为方式表现出来。如果行为人虽然认识到自己行为的错误，但没有任何具体的悔罪表现，说明他还没有最后决意真正悔罪，司法实践中也无法判断他是否确实悔罪。所以，没有任何表现形式的所谓内心确信，是无法作为悔罪判断依据的。简单地说，仅仅有悔罪的目的和动机而没有付诸于任何行动，都不符合法律上规定的悔罪标准。例如，犯罪行为人虽然认识到自己行为的错误，但在侦查机关对其进行讯问过程中不主动坦白交代，甚至保持沉默，不能有效地配合侦查机关查清案情，其悔罪的真实性就无法得到确认。如何观察被不起诉人具有悔罪的表现？司法实践中在认定犯罪行为是否具有悔罪表现时，主要是根据行为人犯罪后的以下一些表现来确认：即是否自动投案；是否具有自首、立功表现；能否主动坦白认罪，配合侦查、公诉机关处理案件；是否自动消除由于犯罪行为而产生的社会危害性和人身危险性等若干方面。总之，简单的心理状态不能作为认定行为是否成立的根据。陈兴良教授亦认为："心理事实的内容是主观的，属于精神的范畴……唯一的途径就是通过心理事实的外部表现加以把握"。[②]

---

① 陈光中：《关于附条件不起诉问题的思考》，载《人民检察》2007 年第 24 期。
② 陈兴良：《刑法哲学》（修订本），中国政法大学出版社 1997 年版，第 44 页。

（三）没必要考虑犯罪人人身危险性较深和社会危害性较重等因素

在探索之初，有的学者认为引进国外裁量不起诉制度主要在于解决未成年人的处罚问题。[①] 这些看法与美国裁量不起诉制度兴起的开端——"布鲁克林计划"[②] 实行期间的情形具有相似之处。根据新颁布的刑事诉讼法第271条规定，只要未成年犯罪人属于可能被判处1年以下有期徒刑，有悔罪表现的情况，都可以附条件不起诉。所以，对这些轻微的未成年人犯罪案件，检察机关在考虑对其适用附条件不起诉时，行为人的人身危险性和犯罪的社会危害性不需要纳入考虑范围。倘若把附条件不起诉犯罪扩大到成年人犯罪，而且适用的刑度范围进一步扩大，则有选择的附条件不起诉就成为可能，那些因正当防卫、紧急避险、被害人有重大过错引发的犯罪、过失犯罪、被胁迫犯罪、犯罪中止、偶犯、初犯等情形可能成为优先考虑的对象；而像累犯、惯犯、共同犯罪中的首犯或主犯和那些杀人、强奸、抢劫、放火、爆炸、投毒、绑架等严重危害人身财产安全犯罪以及贪污贿赂犯罪和其他严重职务犯罪，则可能被排除在附条件适用之外。但目前法律所规定的适用条件是简单明了的，没有必要去考虑更多的繁文缛节。事实上，刑事诉讼法将附条件不起诉限制在"可能判处一年有期徒刑以下刑罚"的适用范围内，就已经将具有严重社会危害性和人身危险性等犯罪排除于该法条适用之外。

（四）需要考虑来自侦查机关和被害人的要求和意见

对犯轻罪的未成年人实行附条件不起诉，其价值取向在于贯彻"宽严相济"的刑事司法政策，加强对未成年人的司法保护，促使司法活动朝着现代文明、轻缓的方向发展。具体的司法目的，却在于实现刑事司法的法律效果与社会效果的有机统一。所谓法律效果，是指执法、司法机关如何将国家法律准确运用于对具体案件的处理，其中包括程序的运用和实体的处罚两个方面。在程序方面要贯彻程序正义原则，贯彻打击与保护相结合的原则；在实体方面要坚持依法判决、公正合理处罚的原则。所谓社会效果，就是司法活动过程和处罚结果不仅要符合法律的实质正义要求，更重要的是要得到社会的认同，与人民群众的情感和社会的主流价值观相一致。新颁布的刑事诉讼法第271条规

[①] 章建新：《在未成年人刑事检察中试行暂缓起诉的思考》，载《上海政法管理干部学院学报》2000年第5期。

[②] 基于加强对未成年犯罪人的恢复性司法保护措施，美国纽约布鲁克林区率先施行了一项延缓起诉制度，并得到法院的支持。后被称为"布鲁克林计划"。

定："人民检察院在作出附条件不起诉的决定以前，应当听取公安机关、被害人的意见。"由于法律已经对这一问题作出明文规定，因此，在对未成年人实行附条件不起诉时考虑侦查机关和被害人的意见和要求，既体现了司法活动的法律效果，同时也体现了社会效果。从侦查机关方面看，除了在附条件不起诉作出时需要参酌侦查机关移交起诉的意见外，还应当设置专门的程序来征询侦查机关的意见，并且将其意见附录于公诉案卷之中。从被害人方面看，主要是考察被害方对附条件不起诉案件所持的态度。在一些由于加害人的犯罪行为造成被害方严重伤害的案件中，检察机关还应当从立足实现附条件不起诉的努力出发，动员或促使加害人主动向被害人赔礼道歉、赔偿损失，通过真诚的悔罪态度取得被害人的谅解。我们认为，还可以参酌刑事公诉案件和解程序中的做法，让被不起诉人与被害人之间达成和解协议，使被害人的合理要求得到实现，保证附条件不起诉程序的正常进行。

（五）适用的主体不得突破法律规定的范围

所谓适用的主体范围，是指对哪些人可以适用附条件不起诉，哪些人应当排除在附条件不起诉适用的范围之外。本文讨论的主体范围主要指"未成年人"的范畴和刑度问题。在法律未明确规定之前，理论上曾对附条件不起诉的适用对象作了较为广义上的探索。如有人认为其适用对象除了未成年犯罪嫌疑人外，聋哑盲人犯罪，老年人犯罪，初犯、偶犯等都可以适用。[①] 还有人认为，作为附条件不起诉的适用对象，可以包括未成年人或在校学生、老年人、严重疾病患者、盲聋哑人、怀孕或哺乳自己婴儿的妇女等所涉嫌法定刑较轻的案件以及其他社会危害不大的初犯、偶犯、从犯、胁从犯等。[②] 甚至还有人认为："作为一项制度设计，附条件不起诉制度的适用原则上应无行为主体方面的严格限制，只要是符合条件的所有犯罪嫌疑人，均可以适用，而不仅局限于特定群体"。[③] 但新刑事诉讼法所规定附条件不起诉的主体对象仅仅限于未成年人。所以，上述观点就不能作为法律适用时参考。根据我国刑法规定，"未成年人"是指犯罪时没有满18周岁的人，这一点在理论和司法实践中都是比较明确的。而"刑度"问题法律虽然作了明确规定，但由于附条件不起诉是在法院审判之前进行，被不起诉人在刑罚上到底应当承担多大的法律责任，即

---

① 张寒玉：《构建我国暂缓起诉制度的思考》，载《人民检察》2006年第7期。

② 高斌、王惠：《专家聚集"附条件不起诉"》，载《检察日报》2007年12月7日，第3版。

③ 叶肖华：《比较法视野下的附条件不起诉制度》，载《金陵法律》2007年第2期。

应当被判处的刑罚轻重仍然处于相对不确定的状态。所以，司法实践中仍然需要对立法的实质精神进行理解才能作出正确合理的认定。新颁布的刑事诉讼法第 271 条把"可能判处一年有期徒刑以下刑罚"作为附条件不起诉的刑度范围。在办理类似案件时，检察机关应当根据未成年犯罪人的犯罪事实和证据，初步判断行为人的行为在刑法上是否符合附条件不起诉的刑度适用范围，并以此来决定案件是否可以作为附条件不起诉处理。这种动态的裁量过程不仅需要具备综合的业务素质，而且还要考验检察官对案件的处理应变能力。机械、死板的判断方法则往往难以对那些处于刑度临界点的案件，通过其他综合性条件作出合理、妥当的判断和认定。

二、适用的基本程序

在法院正式作出裁判之前，所有执法、司法活动都处于程序的运行环节中。所以，程序对于诉讼正义和司法公正来说具有实质性的影响作用。当今世界强调的所谓"法律正当程序"（substantive due process）虽然是指立法和司法两个方面，但从法律对社会产生的影响和作用看，则主要体现在司法方面。有学者把刑事诉讼的价值观归结为四种，即绝对工具主义、相对工具主义、程序本位主义和经济效益主义。其中，程序本位主义就认为评价刑事诉讼程序的唯一价值标准就是程序本身是否具备一些内在的品质。[①] 无论刑事诉讼的价值取向是注重于功利性的现实主义，还是趋向于理性化的法治原则，必要的程序和诉讼步骤都是维护公平正义所不可缺少的。未成年人附条件不起诉程序是整个刑事诉讼程序中的一个片段，它必须遵循刑事诉讼的基本原则和程序要求，在特定的范围内履行正当化的程序。所以，我们认为以下几个方面是实施未成年人附条件不起诉所应当具备的基本程序。

（一）听证程序

所谓听证程序，是指刑事诉讼中的执法部门为了查明案件事实、公正合理地适用法律，在作出处理决定前通过公开举行由有关利害关系人参加的听证会方式，达到广泛听取社会各方意见的一种特定程序。检察机关在对未成年人作出附条件不起诉决定之前，是否应当实行听证，理论和实践中存在赞成和反对两种不同观点。反对者认为让公众参与司法处理程序违背了法制原则，有悖于司法独立；而赞成者则认为设置听证程序可以弥补我国起诉制度事前审查机制

[①] 樊崇义：《刑事诉讼法哲理思维》，中国人民公安大学出版社 2010 年版，第 131 页。

不足的缺陷。① 我们认为，在检察官作出是否起诉前设置一个听证程序是必要的。因为在我国公诉程序中，对检察官起诉权的司法制约相对较为薄弱，甚至没有一个十分明显的法定公开审查程序。在国外大多数国家刑事诉讼程序中，都设置有制约刑事起诉的预审程序。如在美国的"大陪审团起诉法域"中，"被告有要求在控诉后的一定期间内举行'预审'（preliminary hearing）的权利，在预审程序中由治安法官决定案件是否应交付大陪审团审查。"② 如果在决定起诉前设置公开的听证程序来实行监督性的审查，具有程序上的一定合理性。当然，就像美国的刑事公诉案件并不一定都需要经过大陪审团来审查一样，检察机关可以根据案件的具体情况来决定是否适用听证程序，该程序并不是每一个案件都必须具备的。对于那些案件复杂、影响面广、有较大争议的案件，通过实施听证程序，可以广泛听取各方意见，发扬司法民主，有效防止裁量不公。听证程序的设置可以参酌现行刑事诉讼中已经存在的一些探索性做法。

（二）决定程序

决定程序是实施附条件不起诉的中心环节，诉讼参与各方围绕不起诉问题所做出的努力，都将通过决定程序得出实质性的结论。检察机关通过对案件进行审查，包括与犯罪嫌疑人、被害人以及侦查机关、社区等进行协商，或者举行听证会等程序后，认为依照刑法有关规定原本应当追究刑事责任的未成年人，具有悔罪表现，符合附条件不起诉的适用条件时，按照现行检察机关内部的案件审批和讨论程序，对案件作出是否附条件不起诉的决定。对于案情复杂，涉及到罪与非罪认定有分歧，以及是否应当附条件不起诉争议较大的案件，承办人还应当报请检察长提交检察委员会讨论决定。对于决定附条件不起诉的案件，检察机关应当制作附条件不起诉决定书，并按照法定程序送达未成年犯罪嫌疑人、被害人、侦查机关、社区，并抄送有关的机关或单位。

附条件不起诉决定作出后，侦查机关没有提出复议，被不起诉人及其法定代理人没有提出异议，被害人也没有申诉和提起自诉的，附条件不起诉决定即发生法律效力。关于强制措施问题，我们认为，对采取强制措施的犯罪嫌疑人，在决定对其实施附条件不起诉但最后决定尚未作出生效之前，可以变更强制措施，也可以直接取消强制措施。

根据新颁布的刑事诉讼法第 273 条规定，尽管附条件不起诉决定已经作出

① 孙力主编：《暂缓起诉制度研究》，中国检察出版社 2009 年版，第 180～182 页。
② 王兆鹏：《美国刑事诉讼法》，北京大学出版社 2005 年版，第 465 页。

并发生了法律效力，但并不意味着不起诉决定已经不可变更。事实上，附条件不起诉决定由于其所"附条件"在一定时间内处于不确定性，犯罪嫌疑人是否最终被起诉还要由其履行附带条件的情况来决定。如果被不起诉人在考验期内没有违反治安管理规定或者其他监督管理规定，没有故意犯罪或者发现决定附条件不起诉以前还有其他需要追究刑事责任的犯罪，考验期满，亦即终止诉讼程序；反之，经查证属实，应撤销不起诉决定继续进行追诉。

（三）考察程序

根据新颁布的刑事诉讼法第 272 条规定，实行附条件不起诉必须设置一定的考验期，由人民检察院对被附条件不起诉的未成年犯罪嫌疑人进行监督考察。过去，考察是不是附条件不起诉的必经程序以及考察时间的长短，在理论和实践中并没有达成共识。多数人主张设置必要的考验期。① 有的人甚至认为考察是设置该制度的核心环节。② 关于考察期限长短的观点也各不相同。有的人主张设置较长的考验期③；也有的人主张设置较短的考验期。④ 我们认为，附条件不起诉不是暂缓不起诉，它并不必然要求检察机关实行缓起诉。而且我们认为，过长的考验期的确不利于加强对未成年人的保护，即使是针对成年的附条件不起诉，也不应当把考验的期限推迟到让人难以忍受的程度。贝卡利亚说过："我们看到：罚的目的既不是要摧残折磨一个感知者，也不是要消除业已犯下的罪行……刑罚的目的仅仅在于：阻止罪犯再重新侵犯公民，并规诫其他人不要重蹈覆辙。"⑤ 但是，鉴于新刑事诉讼法已经明确规定了对未成年人附条件不起诉应当设立考察期，那么这种类型的附条件不起诉程序实际上与暂缓不起诉制度比较接近。根据刑事诉讼法的规定，对未成年人附条件不起诉的考察期为 6 个月以上 1 年以下。在这一考验期内，被不起诉人应当遵守以下规定：（1）遵守法律法规，服从监督；（2）按照考察机关的规定报告自己的活动情况；（3）离开所居住的市、县或者迁居，应当报经考察机关批准；（4）按照考察机关的要求接受矫治和教育。

---

① 高斌、王惠：《专家聚集"附条件不起诉"》，载《检察日报》2007 年 12 月 7 日，第 3 版。
② 孙力主编：《暂缓起诉制度研究》，中国检察出版社 2009 年版，第 180～182 页。
③ 叶肖华：《比较视野下的附条件不起诉制度》，载《金陵法律》2007 年第 2 期。
④ 孙力、刘中发：《暂缓起诉制度再研究》，载《法学杂志》2004 年第 5 期。
⑤ ［意］切萨雷·贝卡利亚：《论犯罪与刑罚》，黄风译，北京大学出版社 2008 年版，第 29 页。

三、所附条件的主要内容

在新颁布的刑事诉讼法条文中，并没有对附条件不起诉程序中应当附带哪些条件作出明确规定，而是仅仅笼统地规定了对未成年人犯罪可以采取附加条件地不起诉。立法作出这样规定的原因，主要是"附条件"的范围非常广泛，而且司法实践中对于附加条件问题也没有作出完整的总结和概括，还需要进一步探索。至于今后出台的有关司法解释能否在这方面作出详细的规定，现在还难以肯定。从过去司法实践中业已开展的类似实验性办案模式看，附条件不起诉中的所谓"附条件"，主要是为了满足保证不起诉决定得到切实有效履行所作出的针对犯罪嫌疑人的约束性条件。归纳起来，我们大致把他们概括为几个方面。当然，这些条件是针对案件的不同情况来适用的，有的可能只附一条，有的则可能附加多条，但至少应当附加一条。

（一）悔罪保证事项

较早前就有学者在谈及引进国外辩诉交易制度时，认为类似制度有利于将我国长期实行的"坦白从宽"的刑事政策法定化并真正贯彻执行，从而促使犯罪人认罪和悔罪。[①] 虽然检察官在作出附条不起诉时必须首先考虑未成年犯罪嫌疑人是否具有悔罪表现，但行为人的心理状况是在不断变化的，如果犯罪人在承诺悔罪后又即行翻悔，这种悔罪后的态度在法律上是没有实质性作用的。所以，设立一定的悔罪保证事项是不可缺少的。应当把"悔罪保证"作为"附条件"的基本内容之一，这样才能促使被不起诉人从根本上愿意改过自新。特别是那些主观上具有过错的故意犯罪，更应当注重观察他们在考察期间的认识态度。悔罪保证的形式，可以采用书面的或口头的，口头保证应当由办案人员作好笔录后交被不起诉人阅读认可并签名。

（二）遵守考察纪律、履行人身危险性限定事项

遵守考察纪律、履行人身危险性限定事项，这是附条件不起诉时必须考虑的附带条件。如果没有必要的限制性条件对被不起诉人的行为进行约束，附条件的优势和特点就得不到很好体现，附条件不起诉程序也失去了应有的保障。遵守考察纪律，主要是围绕新刑事诉讼法第 272 条第 3 款所规定的各项内容进行，其中包括遵守法律法规，服从监督，接受监管人的考察、走访；定期向监

---

① 陈卫东、刘计划：《从建立被告人有罪答辩制度到引入辩诉交易》，载陈光中主编：《辩诉交易在中国》，中国检察出版社 2003 年版，第 43 页。

督机关汇报活动情况，未经考察机关批准，不得改变住所、职业或者离开居所的县市；保证检察机关随传随到；不得对被害人、证人进行打击报复，妨害作证。所谓人身危险性限定事项，主要包括：不得去被禁止去的地方，不与其他犯罪人密切交往，不从事被禁止的职业和行业业务，接受应有的治疗和检查等。其中最主要的是被不起诉人不得实施新的犯罪，不得违反法律法规和监督管理规定。当然，上述应当遵守的考察纪律和人身危险性限定性事项并不是针对每个被不起诉人都要逐项使用，而是检察机关在具体应用过程中来选择适用。

（三）取得被害人谅解，包括给予被害方必要的经济赔偿和补偿

这一内容是典型的选择性要件，因为并非所有的案件中都存在被害人，也不是所有的被害人都需要被不起诉人去通融。但对于那些因为邻里纠纷、经济纠纷、打架斗殴、侮辱、诽谤等犯罪案件，加害人的行为能否取得被害人的谅解常常成为附条件不起诉能否得以顺利进行的关键性问题。所以，针对那些加害方和被害方矛盾突出的案件着手进行调解是十分必要的。在这方面，可以参考新刑事诉讼法规定的刑事公诉案件和解程序进行。应着重要求未成年犯罪嫌疑人及其法定代理人或者近亲属等，对造成的损害进行赔偿或补偿，包括给被害人造成的物质或精神损失，从实质上消除犯罪所造成的损害后果。

（四）承担必要的社会义务

有的犯罪虽然没有特定的犯罪对象和明确的被害人，但犯罪行为涉及对国家利益、社会整体利益的侵害，如扰乱社会秩序方面犯罪、过失犯罪、较轻的过失性渎职犯罪等。由于类似犯罪的受害者是国家或全体社会成员，无法确定对个体对象的补偿责任和义务，可以采取给国家予以物质性补偿、给予公益性设施赔偿或偿付、为社会提供公益性劳务或其他义务等方式处理。在过去的探索阶段，有的地方检察机关采用发出“社会服务令”[①] 的方式进行缓起诉处理。不过理论上也有学者对此持否定的态度。[②]

在法律没有具体规定“附条件”内容的情况下，可以作为不起诉附带条件的范围应当是比较广泛的。除了本文列举的以上几个方面外，检察机关在适

---

① 参见黄道诚等：《对“长安区检察院‘社会服务令’的理论评价”》，载《河北法学》2002 年第 2 期。

② 樊崇义主编：《现代公诉制度研究》，中国人民公安大学出版社 2005 年版，第 31 页。

用未成年人犯罪附条件不起诉时，还可以附加其他恰当的条件。但这些条件必须是合理合法的，而且是人们普遍性地认为能够接受的，也不能违反社会法秩序和公共道德准则。

四、监督和救济机制

监督制约与诉讼救济是附条件不起诉中联系较为紧密的程序。对于享有某种国家权力的机关来说，是一种监督与制约机制；对于被不起诉人和被害人而言，就本人利益来说是一种救济机制，而相对公诉权来说，同时又是一种制约机制。根据新刑事诉讼法规定，对未成年人附条件不起诉程序的监督、制约和救济机制主要体现在以下几个方面：

（一）侦查机关的监督与制约

侦查机关认为附条件不起诉决定不当的，可以要求复议，检察机关必须作出复议决定；如果侦查机关仍然认为复议决定不当的，可以向上一级检察机关提起复核，上一级检察机关应当作出复核决定。但对于重复提出没有新理由复议要求的，不应再次受理。

（二）上级检察机关的监督与制约

上级检察机关通过审查认为下级检察机关作出的附条件不起诉决定不适当的，应当撤销并指令下级检察机关作出附条件不起诉决定或提起公诉（恢复原附条件不起诉决定），下级检察机关应当执行。

（三）被害人的救济与制约

被害人对检察机关不起诉决定不服的，可以向上一级检察机关申诉，请求提起公诉；对上一级检察机关维持附条件不起诉决定不服的，可以向审判机关提出申诉请求。根据刑事诉讼法第176条规定，被害人也可以对检察机关作出的附条件不起诉案件直接向法院提起诉讼。由于"公诉转自诉"的做法在实务中招来许多批评，于是有的人提出采用变通的做法，即将被害人有权直接向法院起诉改为有权向法院申诉，由法院来决定是否提起公诉。[①] 但这种观点与立法要求是不相符的。

---

① 孙力主编：《暂缓起诉制度研究》，中国检察出版社2009年版，第180~182页。

（四）被不起诉人的救济与制约

过去学术上有观点认为，附条件不起诉案件中犯罪嫌疑人对附条件不起诉决定不服的，无权申诉；但对于撤销附条件不起诉决定不服的有权申诉。[①] 也有相反观点认为，犯罪嫌疑人不仅可以进行申诉，而且对检察机关作出的复查决定不服，还可以要求提起公诉，检察机关应当提起公诉。[②] 新刑事诉讼法并没有完全采纳这些观点，而是规定"未成年犯罪嫌疑人及其法定代理人对人民检察院决定附条件不起诉有异议的，人民检察院应当作出起诉的决定。"我们认为，依照法律的这一规定，只要被不起诉人对检察机关不起诉决定有异议，无论是关于事实证据方面的异议，还是犯罪情节轻重方面的异议，检察机关都应当依法提起公诉。但并非是完全按照被不起诉人的愿望和要求提起诉讼。

---

① 兰耀军：《论附条件不起诉》，载《法律科学》2006 年第 5 期。
② 孙力、刘中发：《暂缓起诉制度再研究》，载《法学杂志》2004 年第 5 期。

简易程序公诉人出庭问题研究[*]

董　坤^{**}

新修改的刑事诉讼法（以下简称新刑诉法）对审判阶段的简易程序在审判组织、审理期限以及庭审程序等方面都作了相应修改，同时将《关于适用普通程序审理"被告人认罪案件"的若干意见（试行）》的规定纳入简易程序之中，扩大了简易程序的适用范围。从理论上讲，修订后的简易程序如果在案件事实清楚、证据充分，且被告人认罪，同意适用简易程序的情形下，其适用范围可以扩大到可能判处 25 年有期徒刑以下刑罚的案件。应当说此次对简易程序的改革既是对司法实践以及司法解释的积极回应和吸纳，同时也是整合司法资源、提高司法办案效率的重大体现。新刑诉法第 210 条第 2 款规定："适用简易程序审理公诉案件，人民检察院应当派员出席法庭。"该条款意味着今后的公诉案件无论是简易程序还是普通程序，公诉人都应当出庭。在当前刑事案件数量逐年上扬，全国主诉检察官人均办案量和出庭量逐年攀升的情况下，基层检察院的办案力量并未明显增加，此规定势必将直接增加检察机关尤其是检察机关公诉部门检察官的办案压力，① 一度引起相关理论和实务部门的广泛讨论。

其实早在 2011 年 8 月 30 日，全国人大常委会法制工作委员会网上公布《刑事诉讼法修正案（草案）》及说明，面向社会公开征集意见之时，就有学者针对该条款指出"简易程序就是想使某些案件程序简单化，有利于提高司法效率，降低成本。对于轻罪、事实清楚、证据充分、认罪的适用简易程序的案件，没有必要让检察机关都必须出庭。本来简易程序是为了减少有关工作

　*　本文刊载于《法律科学（西南政法大学学报）》2013 年第 3 期。
　**　董坤，最高人民检察院检察理论研究所副研究员。

　①　在高检院 2008 年的一份调研报告中显示，简易程序检察机关派员出庭率不到 3%，而适用简易程序的案件在整个刑事案件中占到 40% 左右。按此计算，新刑事诉讼法改为全面出庭后，公诉机关的出庭工作量要增加近六成。参见袁定波：《简易程序公诉案从可以不派员出庭变为应当派员检察机关面临新挑战》，载《法制日报》2012 年 3 月 28 日，第 5 版。

量，现在又规定检察机关出庭，这没有减少工作量。"① 而检察实务部门更是从办案实践、诉讼经济和对审判权的制约等角度出发提出新刑诉法还需慎重规定 "检察机关应当派员出席简易庭"。② 在深刻考量了反对者的质疑和论辩理由后，最终新刑诉法仍然作出了简易程序公诉人应当出庭的规定，显然这是综合多方面后的一种价值权衡和制度选择。本文将以新刑诉法修改后的规定为依据，对简易程序公诉人应当出庭的诉讼法理做一分析，同时对其他国家简易程序案件检察官的出庭情况做一比较考察，并在此基础上提出将来公诉人出席简易程序的应对方式和程序设计，以便为新刑诉法实施之后的公诉办案提供一定的实践参考。

一、简易程序公诉人应当出庭的价值选择和制度意义

如前所述，早在刑事诉讼法修改期间，关于适用简易程序审理公诉案件检察院是否应当派员出庭，在征求意见过程中就曾引起了热烈的讨论。检察系统认为，除有特别规定，人民检察院不必所有简易案件一律出庭。主要理由是：（1）适用简易程序，检察院不派员出庭的案件都是轻罪，且被告人认罪，公诉人出庭意义不大；（2）公诉案件一律派员出庭，不符合简易程序提高审判效率的初衷，也不能有效节省司法资源；（3）在公诉机关案多人少，犯罪态势又不断高涨的情况下，考虑所有案件的阅卷、提审、审核证据、制作起诉书等一系列工作都必须在法定期限内完成，如果再规定简易程序案件一律出庭，基层院主诉检察官将不堪重负；③（4）简易程序检察院可以不派员出庭的程序已经实行了十年有余，实践中有超过 60% 的适用简易程序的案件检察官不出庭，在执行中简易案件被发回重审或改变定性的情况很少，没有出现问题。

上述论证贴近实践，确实有一定的道理，然而，"简易程序的适用是公正与效率博弈的结果，是对两种价值的协调与权衡。简易程序本身可能更偏重诉讼效率的追求，但不能以牺牲公正为代价。"④ 确定简易程序案件公诉人出庭正是在兼顾效率的前提下对公正价值的更高追求。

---

① 李小健：《优化审判程序：公正与效率兼顾》，载《中国人大》2011 年第 18 期，第 24～25 页。

② 安宁：《慎重规定"检察机关应当派员出席简易庭"》，载《检察日报》2011 年 11 月 2 日，第 3 版。

③ 徐日丹：《专家力主简易程序检察院派员出庭》，载《检察日报》2012 年 5 月 14 日，第 8 版。

④ 卞建林：《扩大适用简易程序 追求效率不牺牲公正》，载《检察日报》2012 年 3 月 29 日，第 3 版。

（一）简易程序公诉人出庭践行了刑事庭审结构合理化的本质要求

综观世界各国，无论哪一种审判程序，控辩平等武装、审判中立都是庭审架构的本质要求，而这一要求的具体表现就是控辩两造平衡对抗、法官居中且处于二者上位的等腰三角形构造。我国 1996 年刑事诉讼法第一次修改中在保留了职权主义某些特征的基础上，吸收了英美法系当事人主义的对抗性因素，如扩大了辩护方的权利范围，强化了其与控诉方在诉讼中的平等地位，同时将检察机关对审判程序的庭上监督改为庭下监督，增强了法官在审判进程中的主导性、权威性和中立性，这一切都是在向庭审三角结构迈进的表现。然而，在审判中适用的简易程序却没有贯彻这一构造模式。1996 年刑事诉讼法第 175 条就规定，"适用简易程序审理公诉案件，人民检察院可以不派员出席法庭。"在此规定下，实践中简易程序除有特别规定外，[①] 检察院派员出庭率几乎为零。公诉人不出庭，庭审中控辩审三方的等腰三角结构就此打破，简易程序的庭审蜕变为法官与被告方的"审—辩"两面格局，而在这一格局中"审判方"由于控方的缺位还要常常代其宣读起诉书、出示证据，甚至提出量刑建议，如此一来，法官既要举证又要审查评价证据，既要指控犯罪又要居中裁判，其一人分饰控诉与审判两项职能，直接违背了"控审分离"和"法官中立"的基本原则。此外，在控审不分的审判模式下，辩护人在向法庭提交了辩护意见后也可以不出庭，这进一步削弱了被告方的辩护力量，最终整个简易程序沦为单向的行政治罪模式，纠问诉讼色彩浓厚。基于此，只有简易程序公诉方出庭，才能实现控辩两造对抗，才能使法官从控审不分的混沌状态中抽身出来，专司审判，从而严守法官消极、中立和控审分离的原则，最终形成简易程序审理中控辩审各居其位的等腰三角构造。因此说，简易程序公诉人出庭体现了刑事庭审结构合理化的本质诉求，是我国刑事诉讼审判程序现代化、科学化发展的必然趋势。

（二）简易程序公诉人出庭是履行公诉职能的必然要求

"公诉是检察机关代表国家对刑事案件提起并实施刑事控诉，要求受诉法院追究被控诉人刑事责任的法律活动。"[②] 这其中就包括公诉人出席法庭支持

---

① 2003 年 3 月 14 日由最高人民法院、最高人民检察院和司法部联合颁布的《关于适用简易程序审理公诉案件的若干意见》第 6 条规定，适用简易程序审理公诉案件，除人民检察院监督公安机关立案侦查的案件，以及其他人民检察院认为有必要派员出庭的案件外，人民检察院可以不派员出庭。

② 龙宗智：《论我国的公诉制度》，载《人民检察》2011 年第 19 期，第 5～12 页。

公诉的行为。就诉讼法理而言，现代庭审中，法官应恪守客观中立、消极被动的角色。唯有公诉人和辩护方是法庭审判中的活跃分子，他们通过提出证据，相互质证和辩论来推动整个庭审活动的进程，帮助法官认定案件事实，查明案件真相，做出公正裁判。公诉人作为控诉一方如果不出庭，其指控和举证职能就无法实现，说服法官接受控诉意见，认定被告人有罪并科以刑罚的公诉效能也可能就此减损。而且，如果在庭审中出现被告人及其辩护人提出具有自首、立功等从轻减轻情节，或者对某些指控事实持有异议，对某些证据主张排除，"或者对案件定性或量刑提出辩解，或者发现不宜适用简易程序审理的情况，需要决定是否转换程序，此时可能需要庭审法官与公诉人商量或征求意见，但因公诉人不出庭而导致此类情况难以处理，不利于审判活动的顺利进行。"[①]

故此，唯有包括简易程序在内的所有公诉案件，检察机关都派员出庭，依法进行指控和举证，才有利于实现公诉部门的公诉权能，在控辩双方的质证与辩论中，促使法官对法定、酌定情节充分考虑和认定，尽可能查明案件真相，对被告人正确定罪、量刑，减少错案的风险。所以说，简易程序刑事案件检察机关派员参与庭审，既有利于机关公诉职能的行使，又有利于当事人各项诉讼权利的充分展开，更有利于审判机关查明案件真相，实现由出庭公诉推动三方"多赢"的制度安排。

（三）简易程序公诉人出庭是监督公诉权滥用[②]的有益途径

现代检察官签发指控的权力被广泛地认为是"美国刑事法律中最广泛和最少受到限制的权力"。[③] 包括美国在内的世界其他国家都存在对公诉权滥用的担忧，毕竟检察官之起诉处分不但关系国家之追诉利益，更影响被告之权

① 卞建林：《扩大适用简易程序 追求效率不牺牲公正》，载《检察日报》2012年3月29日，第3版。

② 日本学者田口守一在实证考察的基础上将公诉权的滥用概括为三种类型：一是无嫌疑而起诉，即在犯罪嫌疑不充分以致不符合起诉标准时予以起诉；二是基于目的性考量，依照起诉裁量不该诉而诉，即违背起诉裁量权的立法精神，对应当免予起诉的案件予以起诉，比如对于无可罚违法性的犯罪予以追诉或者起诉违反了平等保护原则；三是基于违法侦查的起诉，即通过违法的或不当的侦查手段获得证据进而提出的起诉。参见 [日] 田口守一：《刑事诉讼法》，刘迪等译，法律出版社2000年版，第117页。本文所言公诉权滥用采此观点。

③ Gershman 1993, 513. 转引自 [美] 爱伦·豪切斯泰勒·斯黛丽、南希·弗兰克：《美国刑事法院诉讼程序》，陈卫东、徐美君译，中国人民大学出版社2002年版，第206页。

益。在我国简易程序中，以往检察官不出庭的案件集中在可能判处 3 年有期徒刑以下刑罚的轻罪案件，对于这些案件在轻罪（起诉）还是微罪（可以不起诉）的把握上很多时候并不明显，加之我国在酌定不起诉的适用程序上要经过决策者的层层把关，如《人民检察院刑事诉讼规则》（以下简称《规则》）第 289 条规定，酌定不起诉的案件需由检察委员会讨论决定。与提起公诉案件一般只需分管检察长决定相比较，此决策程序明显过于苛刻。① 另外，最高人民检察院于 2005 年 9 月 23 日通过的《关于省级以下人民检察院对直接受理侦查案件作撤销案件、不起诉决定报上一级人民检察院批准的规定（试行）》进一步要求：省级以下（含省级）人民检察院办理直接受理侦查的案件，拟作不起诉决定的，应当报请上一级人民检察院批准，并需经人民监督员表决意见。如此烦琐的程序限制，再加之一些地方对酌定不起诉严格的指标考核，令公诉部门对于酌定不起诉的适用望而生畏。基于此，很多本可以不起诉的案件，检察机关都是最终以起诉并建议适用简易程序了事（因为此类简易程序所适用的案件 20 日内即可审结，工作量少效率又高），这直接导致了我国起诉率虚高、公诉权滥用的现状。为了规范公诉权，遏制起诉恣意，一些国家采用了庭前起诉审查制度②以及相应的刑罚制裁措施以防范公诉滥权。但除此之外，一种规范公诉权更为有效的方法就是确立检察官之莅庭制，即开庭之公诉案件检察官应当出庭，通过其当庭宣读起诉书、发表公诉词"具体指明何以起诉被告，即以言辞说明等足够犯罪嫌疑的具体事证，并进而与被告辩护人论辩，因而，若莅庭与审判发挥应有之作用，则检察官一旦滥行起诉，审判时势将暴露无遗，故莅庭亦为平衡滥诉的机制。"③ 综上概言，在我国建立公诉案

---

① 根据目前检察机关的工作实际情况看，检察委员会召开的次数有限，时间不易确定，更极少有为某一酌定不起诉案件召开专门会议的情况。而且凡提交检察委员会研究的案件，在汇报之前要经过承办人所在科（处）室、分管检察长层层审核把关，汇报材料要提前提交检察委员会秘书科（处）挂号等待。参见李建玲、杨秀春：《检察机关适用酌定不起诉情况实证研究》，载《政法论丛》2009 年第 4 期，第 111 页。

② 庭前起诉审查制度具体是指由法官审查检察官的起诉决定是否不当或滥权。其中，美国的起诉审查程序和德国的中间程序较为典型。美国的起诉审查程序主要由治安法官或者大陪审团采取言词审理的方式进行，但不实行严格证明，传闻证据与性格证据都可以使用。德国的中间程序则采取不公开的书面审理方式，阅卷法官可依职权收集所需证据，审理后如果认为被告人有足够的犯罪嫌疑，则裁定开始审判程序；如果因事实或法律原因作出否定结论，则裁定终止诉讼。参见周长军：《公诉权滥用论》，载《法学家》2011 年第 3 期，第 30 页。

③ 林钰雄：《检察官论》，法律出版社 2008 年版，第 127 页。

件检察官一律出庭是遏制滥诉、规范公诉权合理行使的有益途径。

（四）简易程序公诉人出庭是实现审判监督的具体要求

在我国一府两院的体制架构下，《宪法》第 129 条明确规定了人民检察院是国家的法律监督机关。落实宪法的规定，无论是刚刚通过的新刑诉法还是1996 年刑事诉讼法都在第 8 条重申了人民检察院的法律监督地位，明确规定人民检察院依法对整个刑事诉讼实行法律监督，这其中就包括对刑事诉讼审判活动的监督，根据现行《规则》第 393、394 条的规定，人民检察院的审判监督由审查起诉部门承办。人民检察院在审判活动监督中，如果发现人民法院或者审判人员审理案件违反法律规定的诉讼程序，应当向人民法院提出纠正意见，同时出席法庭的检察人员发现法庭审判违反法律规定的诉讼程序，应当在休庭后及时向本院检察长报告。如果简易程序公诉人不出庭，则无法及时了解庭上的瞬息变幻，也无从发现审判中是否存在违反法定程序的情况，更不可能提出纠正意见。虽然，公诉人可以采取事后阅看庭审录像、笔录，回访当事人或者受理当事人、辩护人检举、投诉等方式，来对审判活动进行监督，但此种监督已滞后和拖延，无法达到公诉权对法官自由裁量权的有效制约和规范，实现程序公正的及时性。因此说，简易程序公诉人出庭对于审判监督活动的及时性和准确性确有必要。

二、域外简易程序公诉人出庭的比较与借鉴

简易程序案件公诉人出庭直接影响到审判结构的型塑、公诉权能行使的科学规范以及审判监督目的的实现，因此，不管是大陆法系国家还是英美法系国家对此都十分重视。从各国关于简易案件公诉人出庭的规定来看，虽然各国对该问题的具体要求不同，但不可否认的是，强调检察官直接参与、出席简易程序的庭审已是各国的共识。

（一）大陆法系简易程序公诉人出庭学理考察

1. 德国

出庭公诉乃大陆法系国家检察官基本之任务与义务，在德国执行最为彻底。[①]《德国刑事诉讼法》第 420 条在简易程序的规定中对庭审中的证据调查简化许多。例如对证人、鉴定人、共同被告之讯（询）问，允许以宣读以前

---

① 林钰雄：《检察官论》，法律出版社 2008 年版，第 127 页。

的讯（询）问笔录以及宣读含有出自他们的书面声明的文件而代替;① 官署之书面说明之朗读亦得以扩大，甚至逾越《德国刑事诉讼法》第256条（宣读部门、医师证言）之界限。但无论程序如何简化，被告、辩护人及检察官都必须在审判程序中到庭，且均同意之前提要件下方适用。② 另外，根据《德国刑事诉讼法》第226条的规定，在整个审判过程中，检察机关都必须有人（不需为同一检察官）在场，若检察官不在场时不能进行刑事审判。③ 如果在检察院的人员缺席情形下进行了审判，就构成"绝对上诉理由"（第338条）。

可见，在德国无论是普通程序还是简易程序（不开庭审理的处罚令特别程序除外），公诉人出庭已为必然。而之所以如此规定源于德国检察官制度之创设目的——废除当时的纠问式诉讼，确立控诉与审判的权力分立。中古世纪，盛行于大陆法系国家的刑事诉讼奉行纠问制诉讼模式，在德国纠问法官包办刑事追诉与审判工作，由于法官独揽控审大权，欠缺外部的监督与制约，罪刑擅断、裁判恣意盛行。同时，由于法官自行侦查追诉，心理上对于被追诉之人早已主观入罪，所谓的公正裁判往往成为奢求。面对强大且不公正的纠问法官，被告成为刑事诉讼的客体，根本没有招架之力，以致冤假错案层出不穷。为了杜绝流弊，德国先贤改革纠问式刑事诉讼，采取控审分离的原则，将刑事程序拆解为控诉（侦查）和审判两个阶段，原来纠问法官的权力被削弱为单纯的审判官，其自行侦查控诉的权力由新创制的检察官主导，这样，既往法官独揽的控审大权被一分为二。同时，刑事诉讼改采"控诉原则"，即检察官作为控诉方，决定是否提起公诉，由于控审分离，"无控方之起诉，即无法官之裁判"，法院需恪守"不告不理"之原则，因而，检察机关理所当然成为控制法院裁判入口的把关者，法院、法官被限定为被动消极的角色。据此，德国通过对检察官权能的创设实现了控审分离和诉讼分权，以检察官监督节制法官滥权的危险，保障了刑事司法权行使的客观性和正确性。之后这一思想始终贯穿于德国刑事诉讼，审判程序中就体现为作为控诉方的检察官需出庭朗读起诉书。此外，"检察官亦需注意，诉讼过程是否合法举行，其对于有违反刑诉法之情形时，异于辩护人，需立即对之加以更正。"④ 正如深受德国等欧陆法系

① 《德国刑事诉讼法典》，李昌珂译，中国政法大学出版社1995年版，第159页。

② ［德］克劳思·罗科信：《刑事诉讼法》，吴丽琪译，法律出版社2003年版，第569页。

③ ［德］托马斯·魏根特：《德国刑事诉讼程序》，岳礼玲、温小洁译，中国政法大学出版社2004年版，第38页。

④ ［德］克劳思·罗科信：《刑事诉讼法》，吴丽琪译，法律出版社2003年版，第65页。

影响的台湾学者林钰雄教授所言，"控诉官莅庭，本来是控诉制度下审理程序不可或缺的一环，否则审判程序中的审判官、原告（控诉官）与被告之三面构造将退化为审判官与被告之双面关系，回复成纠问诉讼，这当然是不能接受的恶果，因为创设检察官的意义，正是为了废除纠问诉讼，改采控诉制度。"①正是在这种深厚的历史底蕴和法律文化影响下，德国的检察官必须莅庭实施公诉，此其检察官最基本之任务，亦为控诉原则及言词原则最基本的要求。②

2. 法国

《法国刑事诉讼法》第 32 条规定，"在各刑事法院，检察官都有其代表。检察官参加审判法院的法庭辩论。所有判决及裁定均应在检察官出席时作出宣告。"但法国简易程序——庭前认罪答辩程序中却没有检察官出席。对于该问题的争论却一直没有停息，反对者认为，认罪答辩程序同样是判决前的庭审程序……应严格遵守《法国刑事诉讼法》第 32 条的规定，检察官必须参与审判法院的法庭辩论。而赞同者认为"审核程序未设庭审辩论阶段……检察官已获被告的认罪口供，如果出庭，则审核法院可能沦为调解者"。最终 2005 年 7 月，立法者对《法国刑事诉讼法》第 495 - 9 条进行了修改，规定"（庭前认罪答辩程序）必须进行公开庭审。但共和国检察官可不参与庭审"。③虽然检察官出庭问题最终通过立法尘埃落定，但该机制的运行并未如立法者所愿，司法实践中，由于检察官与法官在审核程序运作前存在"共谋"，加之检察官审核程序不出庭，审核法官基本并不进行实质意义的审核，以致法官对庭前认罪答辩程序的审核高达 100%，检察机关实际上已经分享了法官的裁判权，这对于法国人一直坚持的控审分离型限权理念是极大的冲击。故对该问题的改革仍在继续。

（二）英美法系简易程序的公诉人出庭之实践考察

1. 美国

美国作为英美法系国家的代表，其各级检察官都有负责出庭支持公诉。"出于当事人主义架构，检察官出庭支持公诉实际上也是法定义务。联邦宪法第 6 修正案规定，在一切刑事诉讼中，被告人有权由犯罪行为发生地的州和地区的公正陪审团予以迅速和公开的审判，该地区应事先已由法律确定。检察官

---

① 林钰雄：《检察官论》，法律出版社 2008 年版，第 205 页。

② 林钰雄：《检察官论》，法律出版社 2008 年版，第 14 页。

③ 施鹏鹏：《法国庭前认罪答辩程序评析》，载《现代法学》2008 年第 5 期，第 174 ~186 页。

应准时出庭，若检察官无正当理由未于规定时间出庭，即违反了被告人的迅速审判权。根据有关规定，法庭可撤销此案，检察官也不能重新起诉。"①作为"法庭"必须由控辩审三条腿组成的庭审结构，凡是简易程序的开庭审判，美国检察官都必须在庭参加。然而，就美国简易程序而言，其主要分为两种形式，一种就是众所周知的辩诉交易，而另一种可称为"装配线司法"的速审程序。

（1）辩诉交易不开庭，但检察官是该类简易程序的主体

美国的辩诉交易也称为控辩协商，是指刑事案件的被告人就较轻的罪名或者数项指控中的一项或几项作出有罪答辩，从而换取检察官的某种让步，一般是获得较轻的判决或者是撤销其他指控的情况下，检察官和被告人之间经过协商达成的协议。② 一般而言，辩诉交易发生在起诉后出庭声明阶段（arraignment，也称提审阶段），即被告起诉后，第一次被带到受审之审判法院的法官面前，法官告知其被起诉事实、被告人权利以及如何答辩的诉讼程序。同时法院会讯问被告对检察官所起诉的罪状有何答辩声明（plea），被告通常会作出无罪、有罪以及不争执的不同答辩。如果此时被告与检察官达成了辩诉交易，其都会作出有罪答辩，检察官同时会向法官呈报交易协商内容，由法官参考对被告判决及科刑，无须再经审判。辩诉交易作为简易程序的一种，疏解了法院极大的负荷。"1989年，86%的美国联邦刑事案件都未经审判，而是由认罪协商程序判处，在人口最多的几个郡，91%的州刑事案件亦是由认罪协商判处。难怪美国最高法院首席大法官Burge说若认罪协商的案件减少个10%，则法院需增两倍的人力及设备才足以应付。"③由于辩诉交易并未经过正式的法庭审理，故并不存在讨论检察机关是否派员出庭的问题，但是毋庸置疑辩诉的是，交易的参与主体是控辩双方，检察官还是决定是否对重罪嫌疑人撤案或分流（通过辩诉交易）的主要推手。另外，为了防范检察官辩诉交易的裁量权过大，在美国一些司法地区，还设立了"答辩前调查"（pre - pleading investigation）、"审前会议"（pretrial conference）或"审前调解会议"（pretrial settlement conference）制度，这些制度要么规定了检察官在答辩做出前须对案情做全面回顾与系统梳理，要么要求检察官出席会议。④ 可见，作为简易程序的一

① 张鸿巍：《美国检察制度研究》，人民大学出版社2011年版，第196页。

② Bryan A. Garner. Balck's Law Dictionary (7th Edition) Minnesota：West Publishing Company 1999，p.1173.

③ 王兆鹏：《美国刑事诉讼法》，北京大学出版社2005年版，第535~536页。

④ 张鸿巍：《美国检察制度研究》，人民大学出版社2011年版，第196页。

种——辩诉交易，检察官密切关注，全程参与早已是常态。

（2）"装配线司法"——速审程序

以速审程序而言，其所涉及的案件罪行轻微，被告人初次到庭后，法官会告知其为何被逮捕以及应有的权利，随后一般不经预审，被告人直接进入提审进行答辩，如果不作有罪答辩，即被安排听候审判。如果认罪即进入量刑程序，法官可当场判刑。速审程序实际上是将庭前调查程序与审判程序合二为一。但即便如此检察官和公设辩护律师都是在庭的。对此可以从马尔科姆·菲利教授对此类"装配线司法"中被告人在法院仅有的一次出庭的精彩描述略见一斑，"书记员嘟囔出一个名字和一长串数字（表明刑事法典相关文章的数目），接着另一个人（辩护律师）跳出来，同时另一个人（检察官）一边开始胡乱翻阅一叠刚刚由书记员塞入他手中的文件一边紧盯着法官，并向法官宣布他要做的有关案件的事项——他是否会要求延迟一个星期再开庭、撤回控诉或促使被指控者答辩有罪……如果是被告答辩有罪，书记员在检察官插嘴向法官提出量刑建议……如果被告人有任何问题，他们不可能回答，因为检察官和辩护律师已经将注意力转移到了下一个案件上。"①

2. 英国

在英国，检察官出庭支持公诉的权限是受到限制的。根据英国法律规定，检察官只能在治安法院出庭支持公诉及答辩。但实践中，英国治安法院处理了98％以上的刑事案件，因此，事实上检察官还是承担了大多数案件的出庭公诉任务。"对于重大、特大或性质特殊的案件，则由英国刑事法院审理，这一部分案件约占2％。检察官对此类案件不能亲自在刑事法院出庭支持公诉及辩论，而必须由区检察长聘请专职的高级代理律师代理检察官出庭公诉，但高级律师必须按照检察机关的意见进行诉讼。"②从广义上而言，在英国检察官出庭公诉也已是常态化。

（三）日本简易程序公诉人出庭现状

"以当事人主义为基础的日本现行刑事诉讼法，要求诉讼当事人进行积极

---

① Malcolm Feeley. 1979. The Process is the Punishment: Handling Cases in Lover Court. New York: Russell Sage Foundation. p. 156. 转引自 ［美］爱伦·豪切斯泰勒·斯黛丽、南希·弗兰克：《美国刑事法院诉讼程序》，陈卫东、徐美君译，中国人民大学出版社 2002 年版，第 312 页。

② 唐伟源：《中英检察制度比较研究》，载孙谦：《检察论丛》（第 10 卷），检察出版社 2005 年版，第 487 页。

的诉讼活动，而在诉讼活动中发挥主导作用的是支持公诉和实行公诉职责的检察官。为了公正、迅速地进行审理，查明案件事实真相，开展积极的公审活动是检察官的神圣职责。公正妥当地行使刑罚权，要通过公审审理和裁判来实现，因此，参加公审、履行诉讼法所规定的应尽职责是检察官的重要使命。"① 根据《日本刑事诉讼法》第 282 条第 2 款的规定，公审庭应当在有检察官出庭的情形下开庭。另外，"对于检察官不按指定日期出庭的，法院认为必要时，可以命令检察官出庭并在程序进行期间在庭，受到该命令的检察官无正当理由不服从时，法院可以裁定处 10 万日元以下的罚款，并且可以命令其赔偿因其不服从该命令而产生的费用。"② 上述规定，在开庭公审的简易程序案件中同样适用。就日本刑事诉讼规定的简易程序而言，主要包括四种情形：略式程序（也称"简易命令程序"）、简易公审程序（也称"简易审判程序"、"简易裁判程序"）、即决裁判程序以及交通案件即决裁判程序。其中对于最后一种简易程序——交通案件即决裁判程序，从 1979 年以后就没被使用，实际上已经变成了一纸空文。③ 故考察检察机关公诉人简易程序的出庭情况主要集中在前三类。

1. 公诉人在不开庭审理的略式程序中不出庭

一般而言，略式程序是指简易法院根据检察官的请求对于所管辖的轻微案件（相当罚金以下刑罚的犯罪和极一般的财产犯罪）不开庭审理的制度。④ 适用略式程序的案件一般都比较轻微，检察官在提起公诉的同时，以书面形式提起略式命令请求，符合条件即可启动略式程序。在此程序中简易法院主要是在检察官提出资料的基础上进行非公开的书面审理，并不开庭，⑤ 故被告人无须到案接受审判，检察官自然也无庭可出。

2. 公诉人需在简易公审程序中出庭应诉

根据《日本刑事诉讼法》第 291 条之 2 规定，在检察官宣读起诉书后，如果被告人对起诉书记载的诉因作出有罪意旨的陈述时，法院在听取检察官、被告人及其辩护人的意见后，可以被告人陈述的有罪部分为限，作出依照简易

---

① 裘索：《日本国检察制度》，商务印书馆 2003 年版，第 166～167 页。

② 参见宋英辉、刘兰秋：《日本 1999 至 2005 年刑事诉讼改革介评》，载《比较法研究》2007 年第 4 期，第 127～142 页。

③ ［日］松尾浩也：《日本刑事诉讼法》（下卷），张凌译，中国人民大学出版社 2005 年版，第 322 页。

④ ［日］田宫裕：《刑事程序的简易化》，载［日］西原春夫：《日本刑事法的特色》，李海东等译，中国法律出版社、日本成文堂 1997 年版，第 408 页。

⑤ 宋世杰等：《外国刑事诉讼法比较研究》，中国法制出版社 2006 年版，第 665 页。

公审程序进行审判的裁定。相对于普通程序而言，简易公审程序仅仅是审理方式的简化，即使被告人承认有罪，事实认定这一审理阶段仍然必不可少。作为深受当事人主义诉讼模式影响的日本，推动庭审中案件事实查明和认定的主体显然是控辩双方，所以作为控方的检察机关必须派员到庭支持公诉，通过与辩方的庭审对抗来推动整个庭审。从《日本刑事诉讼法》的法条中也可发现，虽然简易公审程序不适用普通审判程序中的大部分审理方式或证据调查方法，如《日本刑事诉讼法》第296、第297、第300—302以及第304—307条的规定，但是在简易公审程序中仍必须贯彻第282条第2款之规定，公审庭应当在有检察官出庭的情形下开庭。

3. 在即决裁判程序中公诉人也应当出庭

虽然简易公审程序相对于普通程序而言是简化了的程序，但是从其适用情况而言并不太多，如2003年适用简易公审程序的简易法院2467人，地方法院3903人，只占自白人数的19.4%和5.6%。① 究其原因在于简易公诉审判程序适用的案件范围狭窄，且庭审中的各个环节并未明显简化或省略，证据的数量与普通案件相比也没有太大变化。为了使大量轻微且没有争议的案件得到迅速处理，2004年日本刑事诉讼法等一部分改正法引进了新的即决裁判程序，即对于没有争议的、案情简单清楚的案件，可以简易而迅速裁判的程序，其目的是为了实现程序的合理性和迅速性。② 不同于略式程序的是，虽然即决裁判程序也属于简易程序的一种，但是仍然保留了证据调查，且一旦该简易程序启动，法院必须及时开庭审理，被告人必须到庭，同时被告人还必须通过委托或法院指定获得辩护人的帮助，如果被告人没有辩护人的，不得开庭审理（第350条之6），在此简易程序中被告人的辩护权获得了加强，而作为控方的检察机关在即决裁判程序中也必须出庭，积极应诉，通过证据调查与辩护方形成对抗。另外，同样从即决裁判程序所不适用的普通程序来看，其明确列明不适用《日本刑事诉讼法》第284、285、296、297条、第300—302条以及第304—307条的规定（第350条之10），但仍未排除第282条第2款，应当由检察官出庭公诉的要求。

通过对大陆法系、英美法系以及兼采两者的日本刑事诉讼中相关简易程序的梳理和考察，可以发现除了不开庭审理的德国处罚令程序、日本的略式程序

---

① ［日］《法曹时报》第57卷第2号，第81页。转引自宋英辉、刘兰秋：《日本1999至2005年刑事诉讼改革介评》，载《比较法研究》2007年第4期，第127~142页。

② ［日］田口守一：《刑事诉讼法》，张凌、于秀峰译，法律出版社2010年版，第167页。

以及法国的庭前认罪答辩程序外，简易程序的运转，仍然是以检察官的直接参与为前提和条件。这其中的缘由具有相当的趋同性。质言之，作为开庭公审的简易程序案件都应遵循职能各异的控辩审三方参与，控审分离和控辩对抗的原则，作为一种庭审程序，简易程序中的简易并不意味着诉讼主体亦被简化。

三、借鉴与创新——构建我国繁简不同的简易案件公诉人出庭程序

通过对世界其他各国简易程序的比较和梳理，可以发现我国简易程序都是在基层人民法院审理的一审开庭案件，并不存在不开庭审理的处罚令或略式审理程序，同样也没有所谓的庭前认罪处理程序（法国的庭前认罪答辩或美国的辩诉交易）。据此，依照即将实施的刑事诉讼法，一些学者曾对我国简易程序设计的处罚令程序或庭前认罪处理程序并不具有现实的法律生存土壤。构建我国公诉人出庭的简易程序必须紧紧围绕简易程序开庭这一基本前提。就我国修订后的简易程序而言，案件的适用范围由原来的轻微刑事案件扩展到可能判刑较重但被告人认罪的案件。为此，笔者根据可能判刑的轻重，借鉴他国一些实践经验，提出我国公诉人出庭的三种简易程序运作模式。

（一）轻微犯罪简易程序

该程序适用于案情简单、事实清楚、证据充分的案件，主要包括可能判处管制、拘役、单处罚金、缓刑或者免予刑事处罚的轻微刑事案件，被告人对定罪与量刑均无异议的 3 年以下有期徒刑的案件也可适用此程序。程序的设计主要是将德国的处罚令程序以及日本的略式程序由不开庭改造为类似性质的开庭程序。该类程序中案件的适用范围多是轻微犯罪，在控辩审的三角结构中，法官是绝对的主导者或者说是唯一的主角，公诉人的出庭主要是在法官需要的情况下，对提供的证据材料以及相关的法律文书作出说明或解释。具体程序设计是：（1）公诉人不宣读起诉书，而是由庭上的独任法官或审判长询问被告人是否收到起诉书，是否承认起诉书指控的犯罪事实或对指控有无意见；（2）在确定被告人对起诉书指控的犯罪事实和罪名没有异议，自愿认罪且知悉认罪的法律后果后法庭省略定罪程序的法庭调查和法庭辩论；（3）公诉人提出量刑建议；（4）被告人对检察机关的量刑建议没有异议，法庭省略量刑调查和量刑辩论；（5）被告人最后陈述；（6）法官当庭宣判。

独任法官或审判长询问被告人是否收到起诉书，是否承认起诉书指控的犯罪事实或对指控有无意见	→	被告人对指控的事实和罪名没有异议，省略定罪的法庭调查和法庭辩论	→	公诉人提出量刑建议	→	被告人对检察机关的量刑建议没有异议，省略量刑调查和量刑辩论程序	→	被告人最后陈述	→	法官当庭宣判

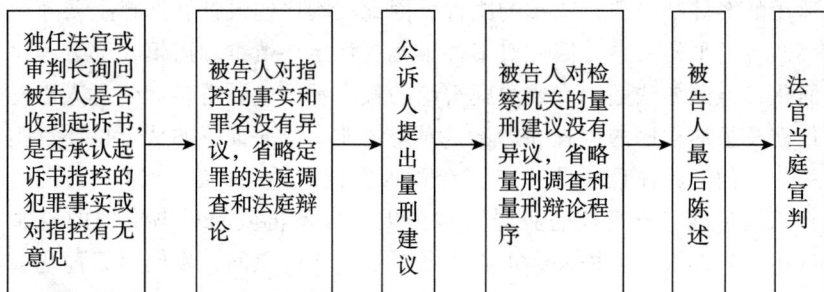

（二）轻罪案件的简易程序

该类简易程序适用于可能判处3年有期徒刑以下刑罚的案件，同时被告人、辩护人对定罪无异议，但对量刑有异议。对于该类案件，检察机关公诉人出庭的主要工作是宣读起诉书、出示、质证可能引起异议的焦点证据、提出量刑建议，与辩护方就量刑问题展开调查与法庭辩论。具体程序是：（1）公诉人宣读起诉书；（2）独任法官或审判长询问被告人是否承认起诉书所指控的犯罪；（3）在确定被告人对起诉书指控的犯罪事实和罪名（若对犯罪事实的某一情节或具体罪名有异议可出示焦点证据，直接对争议证据、问题展开质证和辩论）没有异议，自愿认罪且知悉认罪的法律后果后，法庭审理可以直接围绕检察机关的量刑建议展开量刑调查和量刑辩论；（4）被告人最后陈述；（5）一般当庭宣判。

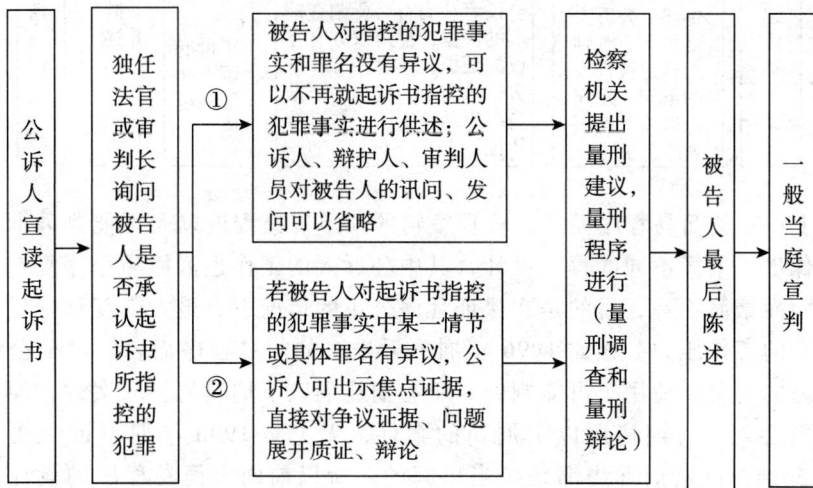

公诉人宣读起诉书	→	独任法官或审判长询问被告人是否承认起诉书所指控的犯罪	①→	被告人对指控的犯罪事实和罪名没有异议，可以不再就起诉书指控的犯罪事实进行供述；公诉人、辩护人、审判人员对被告人的讯问、发问可以省略	→	检察机关提出量刑建议，量刑程序进行（量刑调查和量刑辩论）	→	被告人最后陈述	→	一般当庭宣判
			②→	若被告人对起诉书指控的犯罪事实中某一情节或具体罪名有异议，公诉人可出示焦点证据，直接对争议证据、问题展开质证、辩论						

（三）较重犯罪案件的简易程序

该类程序适用于被告人可能判处3年有期徒刑以上刑罚的案件。由于该类程序适用的案件都是罪行较重的案件，因此在程序的设计和选择上要兼顾公正与效率两者的平衡关系，因此对案件事实的认定要慎重和谨慎，部分程序可以适当简化，但诸如法庭调查或法庭辩论的程序不能绝对省略。公诉人出庭的任务不仅涉及量刑程序的调查和辩论，对于定罪事实或证据的认定也要承担相当量的举证责任。具体程序是：（1）公诉人宣读起诉书；（2）审判长询问被告人是否承认起诉书所指控的犯罪（被告人可以不再就起诉书指控的犯罪事实进行供述；公诉人、辩护人、审判人员对被告人的讯问、发问可以简化或者省略）；（3）控辩双方出示全部证据（若被告人对犯罪事实和罪名没有异议，可以仅就证据的名称及所证明的事项作出说明；若被告人对犯罪事实的某些情节有异议，可以在就证据的名称及所证明的事项作出说明时，专门出示并质证焦点证据，对争议问题展开调查和辩论）；（4）检察机关提出量刑建议（量刑调查和量刑辩论）；（5）被告人最后陈述；（6）一般当庭宣判。

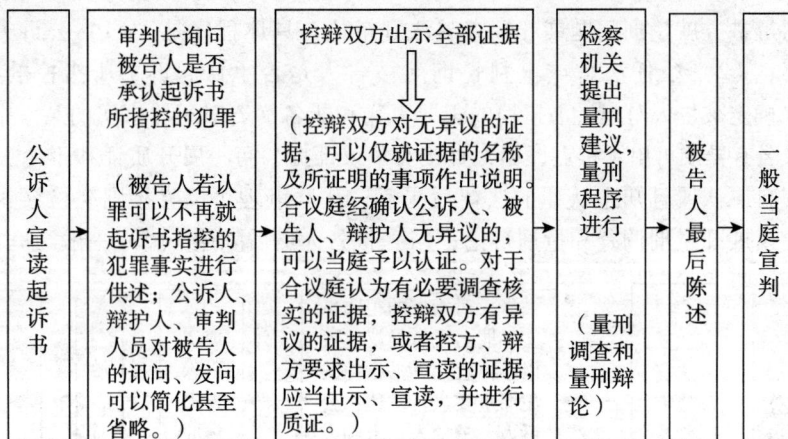

公诉人宣读起诉书	审判长询问被告人是否承认起诉书所指控的犯罪 （被告人若认罪可以不再就起诉书指控的犯罪事实进行供述；公诉人、辩护人、审判人员对被告人的讯问、发问可以简化甚至省略。）	控辩双方出示全部证据 （控辩双方对无异议的证据，可以仅就证据的名称及所证明的事项作出说明。合议庭经确认公诉人、被告人、辩护人无异议的，可以当庭予以认证。对于合议庭认为有必要调查核实的证据，控辩双方有异议的证据，或者控方、辩方要求出示、宣读的证据，应当出示、宣读，并进行质证。）	检察机关提出量刑建议，量刑程序进行 （量刑调查和量刑辩论）	被告人最后陈述	一般当庭宣判

上述三类简易程序模式，根据案情的简单复杂程度以及可能判处刑罚的轻重作出了繁简不同的程序设计，其中公诉人的工作也因简易程序复杂程度的不同而繁简不一，目的是在保证程序公正的情况下，最大限度地降低公诉人出庭的工作压力。相比 1996 年刑事诉讼法的简易程序而言，之前公诉人不出庭的情况仅适用于可能判处 3 年有期徒刑以下刑罚的轻罪案件，而对于可能判处 3 年有期徒刑以上刑罚的案件，无论是 1996 年刑事诉讼法还是 2012 年通过的新刑诉法都是应当出庭的。所以前两类简易程序的设计应当是着重关注和考察的内容。

四、简易程序公诉人出庭相关配套制度、措施的创设与衔接

立法进程中任何一项制度、程序的创设，必然伴随着相应理念、配套制度的构建和保障措施的供给。从我国刑事诉讼运行现状以及新法创设简易程序公诉人出庭的立法目的而言，当前需要解决的是制度改革、程序衔接以及物质、精神智力方面的支持。

（一）创设集中庭审模式和简案专办制度

1. 集中庭审模式

集中庭审模式是将多个适用简易程序的刑事案件集中在一起审理。但是就目前集中庭审模式而言有两种形式。第一种形式是指基层法院一次开庭审理多个涉嫌相同类型、不同被告人的简易程序案件。该形式的特点是打破"一案一起诉"、"一案一审判"的固有办案模式，将多个简易案件并案在一起审理，集中告知被告人权利，集中宣读起诉书，集中发表公诉意见，集中开庭审理和宣判，[①] 即一次开庭全部审结。这种形式在江苏省一些市县有部分试点。另一种形式是法院在某一个时间段集中多个案件依次开庭、接续审理。其特点是多个简易程序案件在一案一审的原则下，集中多个案件在某个工作日内大面积的依次开庭，前一个案件审理结束后，可以单独评议，也可以等几个案件均审理结束后，再集中评议，评议完成后，可以一案一判，也可以集中宣判。例如，法院可以将每个星期五下午作为简易程序专审时间，按平均 15~20 分钟一个案件的效率，一个下午可以集中审理 10 个简易程序案件，审理结束后，集中评议，集中宣告判决。这一形式在山东以及其他省市的试点已有序铺开。[②]

就这两种形式而言，由于都在"试水"阶段，故其探索创新性值得肯定。比较而言，第一种模式将多个案件并案审理，更容易提高诉讼效率，但由此带来的问题是如此捆绑"并案"是否符合案件审理的基本原理。一般而言，基于审判的正当性和程序的公正性，案件审理基本遵循的是"一案一审"的审

---

① 具体而言：庭审中，按照"集中审"的程序，由熟悉案情的公诉人出庭，对相同类型的案件，只分别宣读起诉书中各个被告人的犯罪事实，而对案件的结论部分合并宣读；在举证时，公诉人将证据的名称和内容一并举证，统一说明证明的内容；在发表公诉意见时，公诉人合并发表公诉意见。参见徐德高、沈海鹏：《11 起公诉案，从开庭至宣判不到 1 小时》，载《检察日报》2012 年 4 月 2 日，第 2 版。

② 详细内容请参见张灿灿、李晓波、张攀：《简易审：除了提速，还应该考虑什么?》，载《检察日报》2012 年 5 月 21 日，第 2 版。

判模式，但如果案件之间具有相当的关联性（或牵连性），① 合并审理可以提高诉讼的经济性，实现判决的一致性，故并案诉讼、并案审理在世界各国的诉讼程序中都有涉及。然而在上述的简易程序审理案件中，如果多个案件之间根本没有任何关联性，或仅是有案件类型相同这一层微弱的联系，直接将其放置在同一个诉讼程序中，通过一次开庭结束"战斗"，有可能导致效率冲淡了公平。因为即使简易案件案情简单，但由于每个案件都有其自身的特点，当不同的案件、多个当事人相互交错在一起，审判员和公诉人容易精力分散，疲于应付，不能及时发现其中问题，存在一定风险。为此，笔者建议将两种模式加以整合，仿效美国"轻微犯罪的速审程序"坚持第二种庭审模式，实行"一案一审"的逐案审理，同时在此基础上，实施集中告知被告人权利、集中宣判的做法。

2. 简案专办制度

简案专办是指通过成立简易程序专门的办案小组或专职检察官，由固定人员专门负责简易程序案件的审查起诉和出庭公诉工作。前者如上海等地的一些基层检察机关设立了简易程序受理部门，简易程序的案件都分流给其专门负责审查起诉和出庭公诉。后者如北京市海淀区人民检察院设立了专职出庭公诉人。

就上述简案专办的做法，笔者认为有潜在的两个问题需加以解决：一是是否适用简易程序并不能简单地从案卷中看出来，新刑诉法规定了三个条件，初步判断是否适用简易程序最快也要在提审后才能得知，如果从一开始就将案件分派专组专人审查起诉，若发现不适用简易程序时，必然降低了审查起诉效率。二是关于人员的分派问题。简易程序必然相对简单，对于想提高办案能力的检察人员来说，如何调动负责简易案件检察官的积极性。

故此，笔者对上述"简案专办"的做法进行了一定的改良。具体而言，在公诉科下设"简易程序案件办案组"（简称"简易办"），由 2 名以上成员组成（至少 1 名为助理以上检察员）。操作流程为：公诉科室的案件承办人将自己承办的审查终结已提起公诉且适用简易程序可能判处 3 年有期徒刑以下刑罚

---

① 概括地说，依各国刑事诉讼法对并案诉讼案件范围的划分，案件关联性大致分为以下几种类型：(1) 主体关联，数个案件因主体同一而存在关联性，如一人犯数罪，这是各国刑事诉讼法均认可为并案诉讼的原因。(2) 行为关联，数案出自各自共同的行为，或者虽然非共同行为，但数行为之间有互为因果、条件、目的、手段等关系，因而存在关联性，如共同犯罪、事后共犯（如包庇、窝藏罪等）、非共同犯罪的对合犯（如斗殴、重婚）等。(3) 对象或结果关联，数个案件中的犯罪对象为同一人或物，或犯罪结果是共同的，数个案件存在关联性。(4) 时空关联，数个犯罪发生于同一时空中，或数个犯罪所处的时空相隔紧密，因而数案之间有关联性。参见王新清、李江海：《刑事案件并案诉讼思考》，载樊崇义主编：《诉讼法学研究》（第 10 卷），中国检察出版社 2006 年版，第 273 页。

的案件移送至"简易办"，由"简易办"人员负责简易程序案件的出庭，但是对可能判处 3 年以上有期徒刑刑罚的案件应由承办人自己出庭。这个"专门"只负责可能判处 3 年有期徒刑以下刑罚案件的简易程序的出庭，不负责案件的审查起诉。[①] 对于转为普通程序的案件，由"简易办"退回承办人。在人员的选择方面，可以轮流配备 3 名人员较为妥当，1 名为助理以上检察员，其余 2 名可以是书记员，轮流周期为 2 个月一次。如此，既能充分发挥简易程序出庭的效率，也较好地解决了一人或几人长期负责办理简易程序案件不能提高实务能力的弊端。

（二）充分利用庭前整理程序，有效衔接简易案件的开庭审理

新刑诉法第 182 条第 2 款规定，"在开庭以前，审判人员可以召集公诉人、当事人和辩护人、诉讼代理人，对回避、出庭证人名单、非法证据排除等与审判相关的问题，了解情况，听取意见。"该程序被称为中国式的庭前整理程序或庭前准备会议。此前日本曾在 2004 年第 62 号法律中就《日本刑事诉讼法》条文中增加过"争点及证据的整理程序"。该程序在法院的主持下进行，适用于法院认为"需要持续地、有计划地、迅速地进行审理"的案件。就我国而言，立法并未明确规定简易程序排除适用"庭前整理程序"，故在被告人认罪，且大部分案件案情较为简单的情况下，为了提高效率，出庭的公诉人应当充分利用好法庭整理程序。借鉴美国的庭前辩诉交易以及法国的庭前认罪答辩制度，在庭审审理程序中，通过审判法官的召集，在庭审前可以确认被告人是否认罪、是否同意适用简易程序，同时对简易程序中可能出现的案件争点或是证据焦点，力争在法庭整理阶段通过证据展示和控辩答辩的方式解决，实现简易程序案件在庭审中的速审、速裁效果。

（三）提供多方保障、加大培训力度

新刑诉法关于简易程序公诉人一律出庭的规定势必引起公诉部门工作压力的剧增。为了保证简易程序公诉案件出庭工作的顺利开展。各地检察机关应从

---

① 办案工作强调亲历性，如果将出庭人和审查人员分离可能导致复杂案件的应对乏力。但在案件事实清楚、证据充分的前提下，对于 3 年有期徒刑以下刑罚的案件，如果选任经验丰富的检察官出庭支持公诉，审控分离（出庭人和审查起诉人员的分离）一般不会出现检察官庭审现场应对问题乏力的场面。但是对可能判处 3 年有期徒刑以上刑罚的重罪案件，审控分离笔者认为仍有必要。部分内容参见王军、王敏远、刘玫、曾庆云：《简易程序修改：检察公诉工作如何改变》，载《人民检察》2012 年第 9 期，第 48 页。

人、财、物等方面予以充分保障。根据 2012 年 3 月 29 日最高人民检察院《关于进一步加强适用简易程序审理的公诉案件出庭工作的通知》，对于这些年人均办理公诉案件在 50 件以上的基层院，检察院党组要通过专题研究、对策考量，开拓多种途径为公诉部门提供人、财、物的保障。对外，通过扩充编制，选任招聘新任检察官充实公诉力量；同时还可以向社会招聘办案辅助人员从事公诉辅助性、事务性工作。对内，通过精简整合，选拔业务能力较强的人员调入公诉部门。除此以外，各地检察机关要保证公诉部门的办案车辆、多媒体示证、远程讯问、案卷传输等需求，加强信息化应用，为简易程序公诉案件出庭工作提供有力的后勤支持。

除了物质上的支持，公诉检察官还应破除既往简易程序不出庭的旧有观念，提高出庭能力。为此，必须进行相关的观念引导和业务培训，具体内容包括：引导检察人员理解简易程序公诉人出庭的价值和意义，消除抵触心理；加强对新刑诉法和即将修订的《人民检察院刑事诉讼规则》、最高人民法院《关于执行〈中华人民共和国刑事诉讼法〉若干问题的解释》等相关规定的学习，熟悉掌握业务知识。在业务培训方面，着力提升公诉人员出庭支持公诉的能力，主要包括庭前公诉人审查证据的能力，对出庭庭审中可能遇到各种情况的预判能力，培养公诉人在简易程序中的举证、质证技巧以及在庭审过程中的应变能力；培育出庭公诉人员的法律监督意识，做到敢于监督、善于监督等。

五、结语

对以简易程序审理的公诉案件，检察机关派员出庭对于构建合理的庭审结构、实现公诉职能的全面履行、遏制公诉权滥用以及提高检察机关的法律监督能力具有重要意义。新刑诉法的这一规定，对检察机关既是重要机遇，也是严峻挑战，其势必会促进公诉观念的转变、公诉程序的革新以及与公诉密切相关的庭审配套制度和措施的调整。在充分借鉴外国的成功经验，吸收本土实践探索的有益成果下，简易程序公诉人出庭问题一定会在"内外兼修"中得到妥适处理，实现新刑诉法的立法目标，并最终将公诉工作推向一个新的台阶。

照本宣科还是娓娓道来？*

——公诉人当庭宣读起诉书制度反思与重构

葛　琳**

一、问题的提出：冗长的起诉书宣读

宣读起诉书是我国刑事诉讼审判的必经程序。根据我国刑事诉讼法第 155 条规定，公诉人在法庭上宣读起诉书后，被告人、被害人可以就起诉书指控的犯罪进行陈述，公诉人可以讯问被告人。最高人民检察院《人民检察院刑事诉讼规则》第 281 条也规定，起诉书的主要内容包括被告人的基本情况、案由和案件来源、案件事实、起诉的根据和理由等四个方面。在司法实践中，时常可见冗长的起诉书宣读，越是复杂的案件公诉人就越要攒足力气为起诉书的长时间宣读做好准备。

2009 年轰动全国的重庆涉黑系列案件中，仅黎强案开庭时的起诉书就有 59 页，公诉人念了近 3 个小时。① 而在 2008 年 12 月，吉林永吉一黑老大李海峰案一审在吉林市中级人民法院开庭，该案涉案 31 人，涉及罪名 20 余项，仅李海峰一人就被指控 19 项罪名，因涉案罪名繁多，法院开庭时间预计 5 天，公诉机关宣读起诉书就用了一上午的时间。② 2006 年 4 月 10 日，湖南娄底市中级人民法院开庭审理新化县以刘俊勇为首的黑社会性质组织犯罪案，被控 23 项罪名，犯罪事实 170 宗，起诉书长达 138 页，至上午休庭时仍没有读完。在公诉人宣读起诉书的过程中，好几位辩护人在庭上打起了瞌睡。直至下午 4

＊　本文刊载于《西南政法大学学报》2010 年第 4 期。

＊＊　葛琳，最高人民检察院检察理论研究所科管部副主任、副研究员。

①　罗玺：《“黎强案”第一公诉人冉劲讲述办案背后的故事》，载《重庆晚报》2009 年 11 月 3 日。

②　辛言、刘闻义、李野：《吉林永吉一黑老大被控 19 宗罪 起诉书宣读一上午》，载《华商网－新文化报》2008 年 12 月 17 日。

时许，公诉人宣读起诉书及附带民事诉讼原告人宣读民事起诉状完毕。① 无独有偶，这种冗长的起诉书宣读场景不仅在我国较为常见，在大陆法系传统国家或地区也并不新奇，2007 年 11 月我国澳门特区终审法院在审判澳门特区政府前运输工务司司长欧文龙案时，主审法官用了 5 个小时宣读长逾 100 页的起诉书②。俄罗斯莫斯科梅夏法院在开庭审理"尤科斯"石油公司前总裁米哈伊尔－霍多尔科夫斯基案时，检察官在法庭上宣读了长 400 卷的刑事诉讼材料，持续了至少两天时间。③

那么，宣读起诉书是否有必要占据庭审如此多的时间，当庭宣读起诉书是否能够达到预先设定的效果？为什么它只在我国和大陆法系传统国家或地区颇为常见？笔者不揣浅陋，对此略抒己见，以期对改进检察官庭审活动效果有所裨益。

二、为什么公诉人要当庭宣读起诉书

宣读起诉书这一程序处于庭审的开始阶段，要从根本上厘清这一程序的本质功能，必须从设置庭审各个程序的根本目的和检察官参与庭审的职责入手。形象而言，以言词为表现形式的法庭审判其实是一个多方共同参与，解决被告人刑事责任问题的"程序性会议"，公诉人的职责就是在这个会议上指控和证明犯罪，使犯罪获得应有的刑事处分。由于在刑事案件中检察官承担着主要证明责任，在法庭上他们必须完成一个完整的证明过程，既要让裁判者明白发生了什么，又要对控方认定的事实用证据加以充分地说明，从而使裁判者接纳控方的观点和结论。这是各国检察官都需要解决的问题。然而，怎样在开庭伊始让裁判者和听众清晰地了解发生了什么，各国各地区的思路则有明显不同，概括而言有两种类型：一种是公诉人当庭宣读起诉书，另一种是公诉人进行开庭陈述或陈述起诉要旨。

公诉人当庭宣读起诉书方式存在于德国、俄罗斯、伊斯兰国家、中国等带有大陆法系传统痕迹的国家。在德国，宣读起诉书是整个法庭审理的必经步骤，没有宣读起诉书而直接进入讯问被告人阶段的，将产生程序违法判决被撤

---

① 《湖南最大涉黑案 97 人受审》，载《潇湘晨报》2008 年 4 月 11 日。

② 王红玉：《澳门世纪巨贪案庭审直击 起诉书宣读 5 小时》，载《国际先驱导报》2007 年 11 月 5 日。

③ 章田、雅龙：《俄检察官宣读俄首富案材料 霍氏悠然自得看小说》，载中新网 2004 年 7 月 21 日。

销的法律后果。① 在我国，现行刑事诉讼法第 155 条规定，公诉人在法庭上宣读起诉书后，被告人、被害人可以就起诉书指控的犯罪进行陈述，公诉人可以讯问被告人。在俄罗斯，其刑事诉讼法第 273 条规定，法庭调查自国家公诉人叙述对受审人提出的指控开始。② 在伊斯兰国家伊拉克，也是由检察官在开庭时宣读起诉书。在 2005 年 10 月的伊拉克审判萨达姆特殊法庭上，法官确认身份完毕后，就是由检察官开始宣读起诉书，宣布萨达姆与 7 名前政权高官的罪名。③ 二战后由中国、苏联、美国、英国、法国、荷兰、加拿大、澳大利亚、新西兰、印度、菲律宾等 11 国代表组成的远东国际军事法庭的审判也是由宣读起诉书开始的。

对于为什么要在开庭伊始由公诉人宣读起诉书，相关国家有其相应的解释。德国著名刑事诉讼法学家托马斯·魏根特在其《德国刑事诉讼程序》一书中论述到："这一正式行为（指检察官当庭宣读起诉书）的目的在于告知公众将要审理的案件，特别是非职业法官。"④ 通过宣读起诉书，可以使非职业法官（陪审员）、旁听群众了解相关的案件事实和诉讼证据。根据我国的通说，公诉人开庭宣读起诉书的目的有以下几个：其一，向法庭阐明公诉犯罪事实即法庭调查的范围和被告人应负刑事责任的事实依据和法律依据。其二，使旁听群众了解案情，更深入地观察法庭审判的过程。⑤ 其三，为被告人展开辩护、其他诉讼参与人参与诉讼提供依据。⑥ 此外，在我国，公诉人宣读起诉书还承担了一定的法制宣传教育功能，⑦ 不少实务工作者和学者认为，检察官铿锵有力地宣读起诉书本身就能营造庄严的法庭氛围，使诉讼当事人和旁听群众对法律产生敬畏之心。

① 宋世杰：《外国刑事诉讼法比较研究》，中国法制出版社 2006 年版，第 140～141 页。
② 《俄罗斯刑事诉讼法典》，黄道秀译，中国法制出版社 2003 年版，第 197 页。
③ 徐冰川：《"审萨"第一现场：一场嚼舌的审判》，载《中国青年报》2005 年 10 月 20 日。
④ ［德］托马斯·魏根特：《德国刑事诉讼程序》，岳礼玲、温小洁译，中国政法大学出版社 2004 年版，第 141 页。
⑤ 陈光中、徐静村：《刑事诉讼法学》（修订版），中国政法大学出版社 2000 年版，第 346～347 页。
⑥ 陈卫东、刘计划：《我国刑事诉讼中法官司法调查权的变化》，载《法学评论》1998 年第 2 期。
⑦ 蔡杰、冯亚景：《检察官当庭宣读起诉书程序设定的功能刍议》，载《人民检察》2005 年第 10 期。

三、公诉人当庭宣读起诉书之制度功能反思

公诉人当庭宣读起诉书真的能达到上述效果吗？笔者认为不然。

（一）公诉人当庭宣读起诉书是否是裁判者和旁听者了解案情的最佳方式？

的确，大陆法系国家的许多案件采取参审制，职业法官一般通过提前提交的起诉书和相关案卷提前了解了案情，而非职业法官在开庭前一般不接触案卷，对案情一无所知，需要在庭上了解案件的详细情况。但公诉人当庭宣读起诉书却未必是非职业裁判者和旁听者了解案情的最佳方式。德国学者托马斯·魏根特认为："实际上宣读起诉书是否能够达到被声称的告知非职业法官案件情况的作用是值得怀疑的，因为起诉书是以法律术语表达的，对外行来说不容易理解，而且检察官倾向于以较快的语速宣读。"[1] 案情简单的案件还好，对于那些涉案人物、情节众多的案件，没有重点、不加说明地迅速宣读一遍起诉书只能算是走走过场，很难达到预期目的，那些不了解案情的人可能听得一头雾水，了解案情的人则只能强忍住挥之不去的睡意。

（二）公诉人当庭宣读起诉书是否是被告人展开辩护、其他诉讼参与人参与诉讼的依据？

我国刑事诉讼法第 151 条第 1 款明确规定，人民法院决定开庭审判后，应当进行的各项工作中就包含"将人民检察院的起诉书副本至迟在开庭十日以前送达被告人"的内容（第二项）。最高人民法院《关于执行〈中华人民共和国刑事诉讼法〉若干问题的解释》第 119 条又将起诉书副本的送达范围扩大到了"当事人"，由于在我国刑事诉讼法中"当事人"是指被害人、自诉人、犯罪嫌疑人、被告人、附带民事诉讼的原告人和被告人，这就意味着被告人和其他诉讼参与人早在开庭之前都已拿到了起诉书副本，十分清楚控方起诉书中的内容，相关的辩护意见和参与诉讼的意见早已在开庭审理之前就有所准备。所以，检察官是否当庭宣读起诉书并非被告人展开辩护、其他诉讼参与人参与诉讼的依据。在这种情况下仍令公诉人当庭宣读起诉书，对诉讼当事人而言纯属多余之举。

---

[1] ［德］托马斯·魏根特：《德国刑事诉讼程序》，岳礼玲、温小洁译，中国政法大学出版社 2004 年版，第 141 页。

（三）公诉人当庭宣读起诉书是否起到了法制宣传教育功能？

我国传统诉讼理论认为，公诉人当庭以铿锵有力的语调宣读起诉书能够对当事人和旁听群众起到法制宣传教育的功能。然而，真正能使公众对司法的公正性深信不疑、心服口服的，应该不是表面上的义正严词，而是通过公正的程序得出公正的判决结果。这种效果只能通过整体的庭审活动才能实现，承担着指控犯罪职责的检察官依靠的不仅是正义者的姿态和气势，更需要准确、合理的指控和无懈可击的论证，这只能通过准备充分的质证、辩论过程来完成。因此，对于一名检察官而言，一场成功的质证和辩论过程才能够真正起到其所承担的法制宣传教育职责，这是当庭宣读起诉书所无法完成的。

综上，笔者认为，公诉人机械地当庭宣读起诉书并未达到预先设定的制度功能，相反还存在以下弊端：一是降低诉讼效率。既然公诉人当庭宣读起诉书既非裁判者和旁听者了解案情的最佳方式，也不是被告人展开辩护、其他诉讼参与人参与诉讼的依据，法制宣传效果亦不明显，那么本文开头所描述的众多案件审理中的冗长的起诉书宣读过程除了会拖延庭审时间、降低诉讼效率之外，实在乏善可陈。越是复杂的案件就越体现出这一制度对诉讼效率和诉讼经济的负面影响。二是庭审效果不佳。心理学研究表明，声情并茂地讲述比照本宣科地宣读更容易在讲述者和听众之间产生互动，使听众更容易理解和接受讲述者的观点。这一观点已经在教育领域得到验证，那些直接面对学生娓娓道来的老师总是比低头念教案的老师更受学生欢迎。同理，宣读起诉书的一个主要目的是让听众了解案情，理解和接受控方的指控，但由于起诉书用书面语言写成，案情复杂的案件更是充斥着术语、数字、款项等听众不敏感或不易立即理解的内容，如果再加上语调单一地迅速宣读，多数听众，即使是职业法律人也会因枯燥而走神或瞌睡，更不用说非职业法官和普通听众。因此，根据笔者的判断，那些没有提前拿到起诉书、希望通过倾听起诉书宣读的非职业法官和普通听众在倾听起诉书宣读过程中获取的信息是相当有限的，或者会因为情节过于繁杂而不得要领，或者会因为检察官语速过快而不及反应。他们只能通过随后的质证和辩论过程才能逐渐地完整了解案件信息。因而，检察官当庭宣读起诉书对整个庭审而言并没有太多积极的效果。三是无法与法庭辩论形成呼应。依据我国《人民检察院刑事诉讼规则》第331条的规定，公诉人在法庭上进行的与指控有关的主要活动有如下几项：（1）宣读起诉书，代表国家指控犯罪，提请人民法院对被告人依法审判；（2）讯问被告人；（3）询问证人、被害人、鉴定人；（4）出示物证，宣读书证、未到庭证人的证言笔录、鉴定人的鉴定结论、勘验、检查笔录和其他作为证据的文书，向法庭提供作为证据的视听资料；（5）对证据和案件情况发表意见，针对被告人、辩护人的辩护意见进行答辩，全面阐述公诉意见，反驳不正确的辩护意见。概括而言，公诉人在法庭上的指控和证明职责是宣读起诉书、讯问被告人、询问其他诉讼参与人、出示和说明证据的证明力、反驳辩方意见等行为构成的一个完整的证明行为体系。这一体系应当是条理分明、思路清晰的，其最终要达到的目的就是通过有理有据地举证和论证让法庭相信其指控的正确性，从而采纳为裁判意见。由此而言，作为这一证明行为体系的起始行为，宣读起诉书应当起到提纲挈领的作用，或者它至少与接下来的举证和辩论行为存在相应的关联或呼应关系，从而使各种证明行为得以成为完整的体系，指向共同的目标。而制作起诉书的原初目的是向法庭阐明指控事实和理由，是书面化和公文化的逻辑思路与格式，并未将公诉证明作为一种前后呼应的整体行为方案考虑在内，因此，将起诉书直接拿来让检察官宣读，作为法庭调查的起始行为，在内容上很难与接下来相对灵活的举证和辩论过程相互呼应，裁判者和旁听者很难从中听出接下来的关注重点和检察官的论证思路。

四、公诉人当庭宣读起诉书制度之改革思路：为公诉证明构造清晰提纲的开庭陈述

（一）何为开庭陈述

与公诉人当庭宣读起诉书不同，公诉人开庭陈述是另一种开庭方式。所谓开庭陈述就是由检察官和律师对他们即将在庭审中展示的证据所能证明的情况的一个简单概述，它唯一的目的就是帮助陪审团理解案情。公诉人的开庭陈述就是把他所认为的案件梗概向陪审团做介绍，告诉陪审员案件究竟是怎么回事，哪些环节是要重点关注的，为之后的举证打下基础。[①] 英国、美国、日本、韩国等国家和我国台湾地区都采用这种方式。

在美国和英国，都采用控方开庭陈述的方式。[②] 众所周知，英美法系的陪审团是由 12 名不懂法律的社会公众组成，在成为陪审团成员之前对案情一无所知，甚至许多与案件直接相关的证据也因缺乏可采性而被法官裁定不准在陪审团面前提交，他们同大陆法系国家参审制中的非职业法官一样，也

---

① 参见［美］弗洛伊德·菲尼、［德］约阿希姆·赫尔曼、岳礼玲：《一个案例 两种制度——美德刑事司法比较》，中国法制出版社 2006 年版，第 99 ~ 102 页。

② 参见［美］诺曼·M. 嘉兰、吉尔伯特·B. 斯达克：《执法人员刑事证据教程》（第 4 版），但彦铮等译，中国检察出版社 2007 年版，第 40 ~ 41 页；［英］麦高伟、杰弗里·威尔逊：《英国刑事司法程序》，姚永吉译，法律出版社 2003 年版，第 290 页。

亟须合适的方式了解案情，理解控方的证明意图，并进行自己的判断。控方开庭陈述的主要目的除了要告诉事实的裁判者——陪审团或者法官，案件有哪些争议问题之外，还对接下来要在庭审中出示的证据做简要概括，使听众明白之后质证中的重点问题。美国最高法院将开庭陈述定性为"通常目的就是以一种自然的方式告知陪审团发生了什么，以便于他们能够更好地理解证据"。①

　　在日本，刑事审判程序中证据调查的开头阶段，检察官要明确提出今后根据证据要证明的事实到底为何。这种陈述被称为检察官的开头陈述。开头陈述的内容要将起诉书中以诉因的形式简略表述的犯罪事实加以具体化，以明示与证据的关系（所谓犯罪的行为状况），此外，还要在对犯罪事实进行举证的必要限度内，叙述犯罪行为的动机、经过以及犯罪后的情况等。在开头陈述中，因为法律不要求提出书面材料，所以仅仅作出口头陈述也无妨。检察官的开头陈述对于法院来说是诉讼指挥的指针；对于辩护方面来说，也是把握防御线索的重要诉讼行为。② 由于日本实行起诉书一本主义，其起诉书上记载的内容相当简单，所以，检察官的开庭陈述要比起诉书复杂一些。韩国刑事诉讼程序也采用了类似方式。③

　　在意大利，其刑事诉讼法典第 492 条规定："法官的助理人员宣读有关的指控。"第 493 条 1 规定："公诉人简要地介绍指控所针对的事实并列举他要求法庭加以采纳的证据。"

　　我国台湾地区"刑事诉讼法"第 285、286 条规定，审判以朗读案由为始。在审判长讯问被告后，检察官应陈述起诉之要旨。案由一般由书记官朗读，内容十分概括和简单，让听众能立即明白是一起什么性质的案件。例如：1997 年度诉字第 108 号盗窃案，于 1997 年 10 月 18 日上午 10 时 10 分，在本院第一法庭开始审理。④ 接下来由检察官陈述起诉要旨。台湾学者林钰雄认为，"（检察官陈述起诉之要旨）是为了满足言词审理原则的要求。因此，检

---

　　① Best v. District of Columbia, 291 U. S. 411, 54 S. Ct. 487, 78 L. Ed. 882 [1934].

　　② ［日］松尾浩也：《日本刑事诉讼法》，丁相顺译，中国人民大学出版社 2005 年版，第 260～261 页。

　　③ 《韩国刑事诉讼法》第 285 条规定："裁判长可以令检事依据起诉书陈述起诉的要旨。"

　　④ 参见我国台湾地区刑事法庭模拟剧本，载 http://dfinb.tit.edu.tw/techboard/up-load。

察官当然不能仅曰'如起诉书所载',因为这是指涉书面以代言词陈述"。①

(二)开庭陈述与当庭宣读起诉书相比之优势

1. 制度功能有所不同

公诉人宣读起诉书的主要目的是明确案情和检方控诉的目的,与其后的出示证据没有多少内容上的直接关联性。而开庭陈述则是检方在陈述简要案情的同时指出什么证据将会被出示,以及将证明什么。② 一个精心准备的开庭陈述就像一张由控方引领的证明路线图或证明提纲。图上的点是事实,穿起点并且让点连成唯一一条主线的则是证据,虽然在开庭陈述中检察官和律师并不具体介绍证据情况,但却在介绍案件事实时说明它将由哪些证据予以证明,从而使裁判者对将要出示的证据有所准备,对证据是否具备足够的证明力给予足够的关注。

在英美法系,大部分法律从业者和法律学者都认为,一个有效的开庭陈述对于庭审过程是至关重要的。相关研究发现,80% 的陪审员的关于判决的最终结论都与他们在听完开庭陈述之后所产生的假设性观点相吻合。这是因为一个有效的开庭陈述是建立在案件事实的基础上,对己方为什么应当获胜作出了解释。③ 这一制度功能是公诉人宣读起诉书模式所没有的。

2. 表现形式有所不同

起诉书是根据法律规定的格式要求用书面化的语言写成,逻辑顺序是先事实陈述,后法律适用。以我国为例,根据最高人民检察院《人民检察院刑事诉讼规则》第 281 条的规定,起诉书的主要内容包括被告人的基本情况、案由和案件来源、案件事实、起诉的根据和理由等四个方面。其中,起诉的根据和理由部分必须写明被告人触犯的刑法条款和犯罪的性质,这也就是诉的指控。开庭陈述是口语化的,以事实逻辑为线索的概括陈述,并不包含指控的具体根据和理由,非常易于无法律基础的陪审员迅速了解案情梗概。

例如:这是一起有关一个男人宁可杀死她爱着的女人也不给她自由的案

---

① 林钰雄:《刑事诉讼法》(下册 个论篇),元照出版有限公司 2004 年版,第 185 页。

② 参见[美]诺曼·M. 嘉兰、吉尔伯特·B. 斯达克:《执法人员刑事证据教程》(第 4 版),但彦铮等译,中国检察出版社 2007 年版,第 40 ~ 41 页。

③ Association of Trial Lawyers of America. 2001. Opening Statement: Laying a Foundation. Trial 37 (February).

子，这是一起有预谋的故意杀人案件……①关于两人的关系我将出示……等证据加以证明，关于杀害的过程我将出示……等证据加以证明，关于被告人是否是预谋我将出示……等证据加以证明……

3. 庭审效果有所不同

与公诉人机械地宣读起诉书不同，开庭陈述通常是以非正式的口头表达形式，而且它一般是简要的和概括的，而不是冗长的和详细的。② 控方和辩方的开庭陈述都会把各自认为的案情当作一个独立的故事，向陪审团和听众娓娓道来，并向陪审团解释哪些证据随后将出示，目的是证明什么，以便让陪审团有重点地关注其随后的举证和质证过程。当然，开庭陈述本身并不是证据，陪审团也不能以此为依据产生判决结论。但可以想象，一个像讲故事一样娓娓道来的开场和一个板着面孔毫无表情朗读起诉书的开场，哪一个更容易使听众进入状态，迅速抓住讲述要领。更为重要的是，开庭陈述还具有宣读起诉书所不具备的引导和说明作用，它把对案情的叙述和之后要举什么证据加以证明的内容结合起来，进行提前说明，就大大提升了其制度价值，它不仅仅是个叙述案情的简单开场，而成为控辩双方整个举证行为的纲领，也成为裁判者和旁听者了解整个庭审过程的线索。

（三）开庭陈述与当庭宣读起诉书之不同制度环境

开庭陈述与当庭宣读起诉书之所以适用于不同国家，是与各国的诉讼模式和庭审程序的特点相适应的。英美法系的对抗制诉讼模式比较注重庭审对抗，形成了一种控辩双方当庭比拼故事的证明模式，心理学中的"故事构造模式"被引入其证明过程。③ 无论是检察官还是律师都意识到，征服陪审团的关键莫过于绘声绘色地讲一个有前因、有后果的逼真故事，且这个故事的每个关键环节又有相关的证据加以佐证，让这个故事成为陪审团对案件的最终认识。所以故事讲述的生动性和直观性是陪审团制度下证明过程的显著特点。美国陪审团审判的庭审程序就是按照"大家来讲故事"的程序来设置的，控辩双方的开庭陈述恰恰是各方"讲故事"的开始。与强调当庭故事比拼相适应，对抗制

---

① ［美］郝伯特·布曼：《中国庭审控辩技巧培训教程》，丁相顺、金云峰译，中国方正出版社 2005 年版，第 57 页。

② Holmes, Grace W., and Mary I. Hiniker, eds. 1987. Trial Techniques: Opening Statements and Closing Arguments. Ann Arbor, Mich.: Institute of Continuing Legal Education.

③ 关于故事构造模式对证明过程的影响，参见拙作：《证明如同讲故事？——故事构造模式对公诉证明的启示》，载《法律科学》2009 年第 1 期。

之下实行"起诉状一本主义",只简单叙述所控犯罪的基本事实而不涉及案件的具体细节,法官包括陪审团在庭审前并不了解案件的实质内容。为了让审判人员明确审判对象和指控事实及举证方法,以便接下来能够迅速进入"角色",从而理解证人证言和控辩双方的辩论,开庭陈述是十分关键的。由此而言,控辩双方绘声绘色的开庭陈述是与对抗制诉讼模式和"故事比拼"证明模式相匹配的一种制度设置。

相比而言,在采职权主义诉讼模式的国家,庭审前所有卷宗已经移至法院,职业法官已通过提前阅卷了解了基本案情,不了解案情的是非职业法官和一般的旁听者。非职业法官一般不能参阅卷宗,他们获得信息的唯一来源是口头听审。但非职业法官在审判中发挥的作用十分有限,由于其对法律不熟悉,在职业法官面前说话很难有足够的力量,导致在实践中很大程度上服从于职业法官的意见。① 由于庭审的主导者是职业法官,其推进庭审的主要目的通过倾听双方的交叉询问以及自己直接询问,打消心中的疑点,形成内心确信。因此,在大陆法系国家的法庭上很难看到绘声绘色讲故事的检察官和面带嘲讽、针锋相对的律师,却常见事无巨细问个不休的法官。庭审过程并不十分强调控辩双方的对抗,而强调按照法官主导的程序推进,让检察官当庭宣读起诉书主要是向旁听群众和非职业法官公开审判内容,它是作为庭审开始的一个固定程式出现的,对于职业法官和接下来的庭审而言它并没有多少特殊的意义,因为其内容职业法官和辩方早已了如指掌,也与控方的证明行为关系不大,因为是法官而不是检察官决定接下来的举证顺序和举证方式。

(四)构建我国之公诉人"开庭陈述"制度:为了公诉证明的质量

我国 1996 年刑诉法修改后,改变了过去由法官直接调查证据的方式,由庭前全卷移送改为采取复印件移送主义,加强了庭审的对抗性,控辩双方在庭审过程中的说理性受到强调,同时也不排除法官的主动调查权,这种庭审方式既具备当事人主义诉讼的某些形式特征,又不乏职权主义的技术性因素,带有浓厚的"中国特色"。② 由于诸多配套制度尚不完善,对抗式的公诉证明并未达到预期的效果,近年来甚至有论者呼吁恢复 1996 年刑诉法修改以前的全卷移送制度,回归大陆法系的诉讼轨道。笔者认为,无论采取全卷移送还是起诉书一本主义,普通庭审程序中(简易程序另当别论)的控辩对抗性都断无弱

---

① 左卫民:《刑事诉讼的理念》,法律出版社 1999 年版,第 70 页。
② 龙宗智:《刑事庭审制度研究》,中国政法大学出版社 2001 年版,第 113~114 页。

化之理，这已经是全球的共同趋势，随着观念的更新和配套制度的健全，真正实现庭审过程的对抗性是我国刑事诉讼的必然趋势。正因如此，承担主要证明责任的控方的证明行为就越发应当受到关注和研究。笔者始终认为，控方从庭审开始到结束的所有行为都是为了实现成功的证明服务的，因此应当是一个相互联系、互有呼应的行为体系，而不是相互割裂、毫无关联的独立行为。公诉人当庭宣读起诉书作为控方的开场行为应当被更为科学、更为实用地设计和改造。将公诉人当庭宣读起诉书改造成为公诉人开庭陈述不仅能够克服前者存在的浪费庭审时间、降低诉讼效率的弊端，对于检察官构筑公诉证明的整体观念，明确证明目的、厘清证明思路、科学安排举证顺序等都有十分重要的意义。具体而言开庭陈述应当包括以下三个部分：

一是以尽量简洁的语言将案件的性质叙述清楚，这是亮明公诉证明要达到的总体目的。二是进行过程叙述，在此过程中尽量不要破坏其所认定的案件事实（控方故事）的连续性。三是有何种证据、意图证明什么，应当在过程叙述结束后概括说明，或在叙述某具体案件事实之后进行特别说明，以便裁判者和控方在随后的举证质证环节进行重点关注和回应。尽量使随后的举证过程与开庭陈述中所叙述的证明情况相呼应，最终达到的效果是，在开庭陈述中所陈述的案件事实作为陈述中的"关节点"都在随后的举证过程中得到一一证明，从而使开庭陈述所认定的案件性质和具体事实被裁判者接受，成为裁判结果。

当然，开庭陈述作用的全面发挥既需要自身的制度更新，也需要外部因素的鼎力契合。真正强调庭审对抗的大环境和法官、检察官素质的全面提升等因素对于这一制度都至关重要，如果开庭陈述之后仍是依赖大量书面证据宣读的质证过程和依赖庭审后翻阅卷宗的最终裁决，那么再精心准备的开庭陈述也只是花哨的摆设，并无多少实用价值。

五、结语

在改革势在必行而又举步维艰的中国司法领域，不乏使命不凡的宏大叙事和高屋建瓴的整体改革建言，对司法过程中的具体操作细节却鲜有深究和关注，这是值得研究者反思的。英语里有句俗话，叫做"The devil is in the details"（细节中有魔鬼），细节有时具有影响全局的强大能量，[①] 或者产生难以想象的积极效果，或者成为制度更新的顽固阻碍力量。或许正是这些具有极强可操作性的细节决定着改革的成功与否。从表面上看，公诉人当庭宣读起诉书还是进行开庭陈述属于诉讼程序中的具体"细节"，被既有规定所固化，被适

---

① 参见汪中求：《细节决定成败》，新华出版社 2004 年版。

用者习以为常，不易受到关注。而其变化却关系到证明方式的改进、证明质量的提升乃至检察官庭审素质的提高。如果司法程序中的类似细节及其功能尽量得到关注、反思和挖掘，改革从这些细微之处入手，阻力或许比想象中要小得多。

刑事审判监督机制论[*]

向泽选[**]

在语义学上，"机制"一词有四种含义：一是指机器的构造和工作原理，如计算机的机制；二是指有机体的构造、功能和相互关系；三是指某些自然现象的物理化学规律；四是泛指一个工作系统的组织或者部分之间相互作用的过程和方式等[①]。本文的"刑事审判监督机制"，正是综合了"机制"一词的上述含义，对刑事审判监督的运作机理进行研究。刑事审判监督实质是一个由监督者就刑事案件的证据采信、事实认定和法律适用提出异议并督促被监督者纠正错误的既对立又统一的工作系统。刑事审判监督机制是这一工作系统各要素相互作用的过程、方式和原理。刑事审判监督机制和刑事审判监督工作系统紧密相连，刑事审判监督机制决定刑事审判监督工作系统的性质，刑事审判监督工作系统构成刑事审判监督机制的基础。鉴此，笔者拟借鉴系统论的原理将刑事审判监督机制放在刑事审判监督工作系统中进行研究。从系统论的角度看，刑事审判监督的工作原理为：检察院按照自己对审判活动及裁判标准的理解，对刑事审判及裁判中发现的错误提出监督纠正意见，督促人民法院启动纠错程序更正错误，人民法院则按照法定程序对案件进行二审或者再审，并根据自身对案件事实、证据及法律规范的判断，做出是否接受监督纠正意见的最终裁判结论。可以说，检察院与法院构成了刑事审判监督工作系统中既对立又统一的主体双方，刑事审判监督的效果取决于双方对案件事实的认定和法律规范的理解是否同一，由此决定刑事审判监督机制的研究主要表现为对刑事审判监督权的具体行使主体、刑事审判监督的事由、刑事审判监督的原则（尺度）的探讨。

---

* 本文刊载于《政法论坛》2008 年第 1 期。

** 向泽选，最高人民检察院检察理论研究所副所长、研究员。

① 《现代汉语词典》（修订本），商务印书馆 1996 年版，第 582 页。

一、刑事审判监督主体论

根据我国刑事诉讼的构造及其运作机理，刑事审判监督包括刑事庭审活动和刑事裁判的监督。刑事诉讼立法对尚未生效的刑事裁判监督主体已作了明确规定①，理论上也没有过多争议。在此，笔者仅对刑事庭审活动的监督主体和确有错误的生效刑事裁判的监督主体进行阐述。

（一）刑事公诉人监督庭审活动的困惑与出路

对刑事庭审活动的监督，理论上可以解释为人民检察院依照宪法和刑事诉讼法的规定，对人民法院开庭审理刑事案件的活动进行监视检查，督促刑事审判庭审活动依法有效进行的专门活动。尽管1996年刑事诉讼法修改之初，随着控辩式庭审结构的确立，检察机关与审判机关就公诉人在法庭上的座位设定以及是否起立的问题引发过争论，但开庭时公诉人向审判长和合议庭起立已经成为不可逆转的现实。从我国现行立法及制度安排看，刑事公诉人在法庭上承担着传统意义上的检察职能即公诉职能和法律监督的职能，既代表国家和社会公众，通过发挥指控犯罪的职能，以增强惩治刑事犯罪的力度，实现刑罚保卫社会和保障人权的功能，还要对整个庭审活动是否依法进行实施监督，以保证国家法律在刑事庭审中得到严格遵守。这种由刑事公诉人同时兼顾惩治犯罪和法律监督职能的做法，缘于我国立法和制度设计的模糊，我国刑事诉讼法和人民检察院组织法只规定检察机关对法院刑事审判活动依法实施监督，却没有具体明确由哪个部门承担监督职能。1996年改革后的刑事诉讼模式借鉴和引进了当事人主义的诉讼模式，增强了刑事庭审的控辩对抗性，刑事公诉人的当事人角色得到强化，审判长在刑事庭审中处于主导地位，也与我国刑事诉讼传统密切关联。1996年以前，我国实行的是职权主义诉讼模式，在当时线型的刑事庭审结构中，公诉人与审判人员法律地位平等，共同担负着对刑事犯罪的惩治职能，这种线型的平等的法律地位赋予了公诉人履行公诉和法律监督职能的条件和能力。1996年以后，控辩式刑事庭审结构的确立，刑事公诉人在法庭上的法律地位降格为诉讼构造中控辩平等的一方，刑事审判法庭由控辩平等的双方和合议庭一并构成了三角形的动态的庭审工作系统，在这个系统中，审判长处于核心的和主导地位，法庭设置模式对公诉人和审判长的座位设定，说明

---

① 根据1996年刑事诉讼法第181条、第185条第2款的规定，对尚未生效的刑事裁判的监督主体应当包括提起公诉的人民检察院及其上级人民检察院。

了法庭上公诉人与审判长之间的主次关系①，整个庭审包括公诉人在庭审中的活动都是在审判长的统一指挥下进行的②，尽管实践中出现过公诉人以自身是法律监督者的身份不服从审判长指挥，拒绝起立宣读起诉书的情况，都无法改变公诉人在控辩庭审结构中位居审判长之下的法律地位的现状。近年也有人撰文阐述刑事公诉的法律监督属性③，说明刑事公诉本身具有法律监督的属性，但只是说明公诉活动本身即是对公民是否守法所进行的监督，并未说明公诉人对庭审活动进行监督的合理性。在我国时下的刑事诉讼庭审结构中，由履行控诉职能的公诉人同时对刑事庭审活动实施监督存有逻辑和运作机理上的弊端，也因此遭到理论界对检察机关监督审判活动的一些非议，不能不引起重视。

1. 刑事公诉人直接承担刑事庭审活动的监督职能，与法律监督的理念相悖

刑事公诉具有法律监督的属性，只能表明刑事公诉对其直接指向的对象被追诉人具有监督的功能，并不能引申出刑事公诉人对庭审活动具有监督的职能。法律监督权的内部构造和运作机理表明，法律监督是监督者对被监督者主动的单向性的活动，无论监督者与被监督者处于何种位阶的关系④，监督者一定要处于相对超脱的地位，要置身于被监督的事物或者对象之外，方能保证监督者站在客观公正的立场，对被监督者的行为作出尽量客观的评价，才能真正发挥督促被监督者严格准确执法的功效。可以说，监督者处于超然独立的法律地位，与被监督者没有利益关系，是法律监督机制正常运行的外部条件。刑事庭审中，公诉人与被追诉方构成控辩式诉讼的主体，刑事公诉的本质和诉讼利

① 任何问题都要放在特定的文化环境和背景下探讨。撇开刑事诉讼模式固有的庭审结构，在我国较为注重和讲究秩序和上下有别的传统文化背景下，座位的确定也能表明活动参与者在特定场合的地位，这种文化现象带给人们的心理暗示，一定程度上能影响活动参与者的行为模式及行为的影响力。

② 根据我国1996年刑事诉讼法第156、157、160条的规定，公诉人在法庭调查阶段对证人、鉴定人的提问，向法庭出示证据，对证据和案件情况发表意见，以及与辩护人的辩论等，都要经过审判长的许可方能进行。

③ 田凯、单民：《论公诉权与法律监督权的一致》，载《法学评论》2006年第4期；陈柏新、李静、陈柏安：《公诉权与法律监督的关系》，载《法学》2006年第12期；孙谦主编：《中国检察制度论纲》，人民出版社2004年版，第152～155页；向泽选：《法律监督原理》，群众出版社2006年版，第173～181页。

④ 从监督者与被监督者可能出现的位阶上的关系看，有监督者在上，被监督者在下的监督关系；监督者与被监督者在同一水平线上的监督关系；监督者在下，被监督者在上的监督关系。我国宪法体制决定我国的法律监督是同等法律地位层面上的监督，即监督者与被监督者具有相同的法律地位。

益决定公诉人在庭审中必然以提出不利于被告人的案件事实和证据并使被告人最终获刑为主要活动方式，即便制度安排上强调刑事公诉人在庭审中的客观义务，公诉要将刑罚防卫社会的保护功能和保障被告人合法权益的保障功能结合起来，力求站在客观公正的立场履行公诉职能，但诉讼的对抗性容易强化对抗心理，削弱公允的诉讼心态，偏重于追求诉讼效果。① 从逻辑和矛盾运动的基本规律看，刑事公诉人是庭审活动中矛盾统一体的一方，置身在庭审活动中，不具备超然于整个审判活动之外，无法超脱于被监督对象的庭审活动，很难以客观、公正的心态来履行对庭审活动的监督职能。可见，由刑事公诉人直接履行对刑事庭审活动的监督职能存在无法解释的逻辑矛盾，还可能授人以柄。②

2. 刑事公诉人直接对庭审活动实施监督削弱了诉讼程序的科学性和公正性

现代刑事审判制度中，履行控告职能的检察官与被告方平等对抗，法官居中对双方的争端进行裁判。1996 年我国修改后的刑事诉讼法吸收了当事人主义诉讼模式的合理因素，增强了庭审的对抗性，由控辩双方在法庭上举证、质证，法官中立听证并保持庭审的控制权，出庭检察官在法官的指挥下履行公诉职能。但我国现行刑事审判庭审构造，仍保留了对实体真实的顽强追求，职权主义甚至超职权主义的因素仍然起着作用。如果由刑事公诉人兼而履行对庭审活动的监督职能，则会出现以下几个问题：一是违背了刑事诉讼程序的对等性原则。对抗式诉讼最基本的特征在于控辩双方的对等性，对等性要求控辩双方都应有均等的机会提供证据和说服裁判者，双方应当具有平等的攻击和防御的机会和手段，并辅之以维护控辩平等的相应的措施。刑事公诉人是代表国家追诉犯罪，公诉权的行使以国家强制力为后盾，享有比较完备的收集、固定证据的权力和渠道，辩护方收集证据的途径和权限有限③，拥有的收集证据的权限都是附条件

---

① 从这个意义上讲，刑事公诉活动本身还需要来自控辩系统以外的监督，以保证公诉人正确履行职责。

② 理论研究中有观点对检察机关监督法院的审判活动提出质疑，主要原因可能缘于刑事公诉人在庭审中既担负控告职能，又履行对庭审活动的监督职能。所谓检察机关在刑事诉讼中既当运动员又当裁判员的观点可能正缘于此。

③ 根据我国刑事诉讼法第 36、37 条的规定，辩方收集证据的权限主要体现为：辩护律师自人民检察院对案件审查起诉之日起，可以查阅、摘抄、复制本案的诉讼文书、技术性鉴定材料，可以同在押的犯罪嫌疑人会见和通信。辩护律师经证人或者其他有关单位和个人同意，可以向他们收集与本案有关的材料，也可以申请人民检察院、人民法院收集、调取证据，或者申请人民法院通知证人出庭作证。经人民检察院或者人民法院许可，并且经被害人或者其近亲属、被害人提供的证人同意，可以向他们收集与本案有关的材料。

协商式的，不具有强制性，确保控辩平等的相关制度如证据展示制度还没有完全建立起来，公诉与辩护的力量对比不很平衡。如果由公诉人直接承担对庭审活动的监督职能，则会使本来就悬殊的控辩力量对比显得更为不平衡，控辩平等中程序对等将很难维持。二是损害裁判者的中立地位。裁判者在发生争端的各方参与者之间保持一种超然和无偏袒的态度和地位，而不得对任何一方存有偏见和歧视，是现代刑事审判制度的要求。如果由公诉人直接履行对庭审活动的监督职能，监督本身所具有的主动性以及对监督对象的制约性，必然使刑事公诉人对合议庭审判活动产生制约和影响，不排除公诉人为实现公诉目的而对影响庭审活动，从而动摇法官在庭审活动中的中立性。三是导致刑事公诉人的角色冲突。出庭检察官的公诉人身份要求其在法庭活动中服从法官指挥，而法律监督者的身份又赋予其对整个庭审活动的监督权限，要求法官接受其监督。刑事公诉人在法庭中的双重身份要求其在同一诉讼中不停地进行公诉人和监督者的角色转换，一会在法官的指挥下履行控诉职能，一会又要留心和审视法庭的审理活动是否合法，以便督促庭审活动依法实施。心理学的原理表明，角色认同是行为主体正确履行职责的内在动力，刑事公诉人庭审中的双重角色，无疑增加了其心理负荷而导致角色冲突，要么偏向公诉人的角色，要么侧重履行监督职能，很难将两种角色在有限的时空条件下有机结合而恰到好处地发挥作用，实践中出现的法官对法律监督的排斥和检法冲突可能也与此有一定关联。

3. 刑事公诉人直接对庭审活动实施监督会弱化监督的效果

在我国现行的刑事诉讼构造中，刑事公诉人是审判程序的启动者，是以控告者的身份进入审判领域。尽管公诉人是代表国家履行控告职能，要求法院对被告人定罪判刑，罚当其罪。但控告的本质属性和控辩的对抗性特征决定了公诉人具有以提出不利于被告方的案件事实和证据并使其最终被定罪判刑为主的心理倾向。西方国家为平衡刑事公诉人的当事人角色和司法官角色，赋予了检察官在刑事诉讼中的客观义务①，以此制约和督促刑事公诉人不偏不倚地履行

---

① 检察官的客观义务，是指在刑事诉讼中，检察官应站在客观的立场上进行刑事诉讼活动的义务。客观义务要求：检察官只应以真实性及公正性为价值取向，站在客观公正的立场上收集证据，不但要收集对被追诉者不利的证据，也要对被追诉者有利的情况加以调查；检察官必须为被告人的利益提起法律救济，包括为被告人的利益提起上诉和申请再审；检察官有义务帮助不熟悉刑事程序的被追诉者实现自己的权利；如果出庭检察官认为证据不足以定罪，可以而且必须要求法院宣告被告人无罪；如果检察官故意地对无罪的人提起指控，则会因为"起诉无辜的人"而受到惩罚；如果上级检察官对下级检察官发出的指令，违背了检察官根据良心或者法律形成的信念，下级检察官可以不服从指令；检察官的回避等。

职责。我国的刑事诉讼在制度上尽管也有类似于客观义务的零星规定，但没有明确确定检察官在刑事诉讼中的客观义务。控辩对等式的诉讼构造，加重了刑事公诉人的举证责任，公诉人为证明公诉主张能够成立，必须在法庭上一一举出证据证实犯罪，并且要密切关注被告人与辩护人的反驳证据，这必然使公诉人把全部精力投入法庭调查和法庭辩论中，而无暇顾及对庭审活动的监督。同时，任何活动都是特定文化背景下的产物，审判长和合议庭成员进入法庭，刑事公诉人的起立仪式①表明审判长对庭审活动的控制地位。事实上，公诉人在庭审中的所有活动，包括宣读起诉书、讯问被告人、向法庭出示证据等都是在审判长的统一指挥下进行的。在这种情况下，要公诉人对庭审活动实施监督显然很难达到预期效果。可以说，由刑事公诉人直接履行对庭审活动的监督职能，要么会因追求公诉目标而疏于监督，要么由于庭审中的地位不平等导致监督的无效果。

既然由刑事公诉人直接对庭审活动实施监督存有上述弊端，就必须对现行监督刑事庭审活动的模式进行改造。笔者认为，庭审活动中不仅合议庭需要监督，刑事公诉人是否正确履行控告职能和保障被告人合法权益也需要监督，要真正发挥对刑事庭审活动的监督职能，保障整个庭审活动按照法定程序和标准实施，则应当指派专门的检察官②出席法庭对庭审活动实行监督。为便于履行监督职能的检察官依法履行监督职能，应当在法庭上专设检察官的监督席位，监督席位与合议庭座位并列，履行监督职能的检察官与审判长一并进入法庭。如此，刑事公诉人在法庭上只履行指控犯罪的公诉职能，避免因公诉人既履行公诉职能又履行监督职能所导致的诉讼角色冲突以及被追诉者的不平衡心态，还可以避免因此而引起的法院对法律监督的抵触心理，也能真正使得审判者和监督者都处于超然、中立的地位，履行法律监督的检察官也可以超脱于法庭的审判活动，游离于控辩审三方之外，与各诉讼主体保持均等的距离，以一种客观、公允、积极的心态对庭审中的各诉讼主体的活动进行评价和监督，这种意义上的监督方能做到有效果、高效率，真正保障国家法律在庭审活动中的正确实施。

---

① 在我国特有的文化背景和语境中，起立具有特定含义，只有首长、师长和尊贵的客人来访时，房间里的人员才能起立以示尊重。

② 具体由检察机关哪个部门派检察官出席法庭履行监督职能，涉及检察机关内部的职权配置和内设机构的改革，如可以设立诉讼监督厅（局），专门承担对刑事侦查和刑事审判的法律监督职能。

（二）我国生效刑事裁判的监督主体应予修正

我国的刑事审判制度中，生效刑事裁判的监督，是通过启动审判监督程序纠正裁判中认定事实和适用法律错误的方式实现的。生效裁判的监督主体即刑事审判监督程序的启动主体，就成为理论研究和制度设置不得不回答的问题。刑事审判监督程序理论上称再审程序，刑事审判监督程序的启动主体亦即再审程序的启动主体。而一个国家刑事再审程序的设置模式可以反映该国刑事诉讼制度的基本特征，因此，本问题的论述先从西方国家再审程序启动主体的比较开始。

尽管英美国家刑事诉讼遵循"免受双重危险"的宪法原则，但也有类似于我国的刑事再审程序。英国的"刑事案件审查委员会"（the Criminal Case Review Commission）就有权以纠正"司法误判"（miscarriage of justice）为由，在刑事判决生效后将案件提交有关法院进行再审。根据美国《联邦刑事诉讼规则》第 33 条的规定，在最终判决做出后的 2 年内，被告人可以发现新的证据为由要求法庭对案件重新进行审理。大陆法系国家的刑事再审制度相对完备，法国的司法部长、被判罪人以及被判刑人死亡之后代表其利益的人，如果认为重罪法院和轻罪法院作出的有罪的生效判决确有法定错误和不当之处时，可以向"最高司法法院 5 位司法官组成的委员会"提出再审申请，[1] 委员会经审查认为申请符合法国刑事诉讼法典规定的再审条件的，即将申请提交最高法院刑事庭，从而启动刑事再审程序。日本的检察官、受有罪判决的人及其法定代理人和保佐人、受有罪判决的人死亡或者心神丧失时其配偶及其直系亲属和兄弟姐妹等可以提起刑事再审的请求。[2] 德国将再审区分为有利于被告人的再审和不利于被告人的再审，但能够提起再审程序的只能是被告人（被告人死亡时的近亲属）和检察机构，法院只能是被动地接受和审查再审申请的裁判者。可以认为，西方国家有资格启动再审程序的只能是刑事诉讼中的控辩双方。

---

① 《法国刑事诉讼法典》第 623 条，罗结珍译，中国法制出版社 2006 年版。

② 《日本刑事诉讼法典》，宋英辉译，中国政法大学出版社 2000 年版，第 97 页。

根据我国刑事诉讼法第 203 条①和第 205 条第 1 款至第 3 款②规定，当事人方认为生效裁判可能存在错误的，可以向法院或者检察院申诉，要求检察院或者法院启动审判监督程序，检察院或者法院则要对当事人方提出的申诉进行审查，认为当事人方的申诉确有道理，原生效裁判在认定事实或者适用法律上确实存有错误的，则依法启动审判监督程序。可见，当事人方不能成为生效裁判的监督主体，其申诉不具有引发审判监督程序的法律效果，③ 只能成为检察院或者法院发现原生效裁判错误的材料来源，我国现行刑事诉讼立法确定的审判监督程序的法定启动者即生效裁判的监督主体包括检察院和法院。笔者认为，我国刑事诉讼立法关于再审程序启动主体的规定应予修改，赋予法院监督生效裁判而享有启动再审程序的职能，不仅无其他国家的立法例可供参考借鉴，也与监督者必须置身于被监督对象之外的基本原理不相符合，从诉讼构造及其运行机理看，也存有无法克服的逻辑弊病。

1. 法院监督生效裁判而启动再审程序违背控审分离的诉讼原则

控审分离是现代诉讼应遵循的基本原则。它要求追诉权和裁判权分别由不同的国家机关各自独立行使。裁判者应尽力避免实施任何带有追诉性质和后果的诉讼行为，控诉方则不得越权实施带有裁判性质的诉讼行为。为此，法院对刑事案件的审判必须在有合法起诉的前提下才能开始和进行，没有合法正式的控诉请求，法院就不得主动对刑事案件进行审理和裁判。检察官的起诉书是法院开庭审判的合理根据，自诉案件则要有自诉人向法院提起诉讼，法院方能启动审判程序。法院通过审判所要判定的是检察机关或者自诉人指控的被告人罪行能否成立，不得超越起诉书或者自诉书指控的范围，主动对未被检察官或者

---

① 我国《刑事诉讼法》第 203 条规定："当事人及其法定代理人、近亲属，对已经发生法律效力的判决、裁定，可以向人民法院或者人民检察院提出申诉，但是不能停止判决、裁定的执行。"

② 我国《刑事诉讼法》第 205 条第 1 款至第 3 款规定："各级人民法院院长对本院已经发生法律效力的判决和裁定，如果发现在认定事实上或者在适用法律上确有错误，必须提交审判委员会处理。最高人民法院对各级人民法院已经发生法律效力的判决和裁定，上级人民法院对下级人民法院已经发生法律效力的判决和裁定，如果发现确有错误，有权提审或者指令下级人民法院再审。最高人民检察院对各级人民法院已经发生法律效力的判决和裁定，上级人民检察院对下级人民法院已经发生法律效力的判决和裁定，如果发现确有错误，有权按照审判监督程序向同级人民法院提出抗诉。"

③ 有观点主张赋予当事人再审程序的启动权，参见苏宏峰：《我国刑事再审程序研究》，载《江西社会科学》2005 年第 10 期；庞敏英：《刑事再审程序提起主体问题研究》，载《社会科学论坛》2005 年第 11 期。笔者认为，我国刑事诉讼立法对当事人不服生效裁判的申诉及其法律效果的规定符合实际，当事人不能成为生效裁判的直接监督者。

自诉人指控的人进行审判，也不能对未被指控的案件事实进行审理。

控审职能能否合理分离，关系到法院能否作为独立的司法审判机构，也关系到法庭审判活动能否达到最低限度的公正标准。控审分离原则不仅应在一审、二审程序中得以贯彻和遵循，在再审程序中也应当得到遵守。再审程序是刑事诉讼程序的特别救济程序，同样是刑事诉讼程序的组成部分。再审程序引起的直接后果是对生效裁判案件的重新审理。再审案件的审理同样要按照刑事审判程序进行，再审程序的启动也应当按照刑事审判程序的一般规律，遵循控审分离的基本原理，要先有控诉才能再有审判。法院不能在再审程序中既作为控诉方，以"确有错误"为根据启动再审程序，又作为裁判者居中对自己提出的诉讼请求进行裁判或者发回原审法院重新审理。这种集控告与审理于一身的做法实质是传统职权主义条件下纠问式诉讼模式的再现，与现代刑事诉讼制度的基本要求和程序公正的基本标志格格不入，是现代刑事诉讼制度改革要力所革除之处，不仅与刑事诉讼控审分离的基本原则相悖，也与我国刑事诉讼制度改革要建立的控辩式庭审模式的基本要求不符。

2. 由法院对生效裁判实施监督而启动再审程序违背审判中立的基本原理

现代刑事诉讼职能区分[①]机制要求，任何诉讼主体都不得提出与其诉讼目标不相符的诉讼要求，不得实施与其诉讼职能和诉讼角色不相符合的诉讼行为。在裁判、控告、辩护构成的三角形诉讼结构中，审判处于中心位置。法官作为刑事案件的裁判者，应在发生争端的各方参与者之间保持超然的无偏袒的中立态度，并在法律地位上平等地对待控辩双方，对控辩双方的主张和利益给予同样关注，不能因为控方代表公共利益，对其在程序上予以优待，也不能因为被告人被指控犯罪而在程序上对其存有歧视之心。法官只能根据控辩双方提供的证据判断"是"与"非"，不能主动举证去证明冲突一方的"是"与"非"，严禁法官先入为主。审判权的中立性和被动性决定了法院不能作为诉讼程序的启动者。正如美国学者指出的"从性质上说，司法权自身不是主动的。要想使它行动，就得推动它。向它告发一个犯罪案件，它就惩罚犯罪人；请它纠正一个非法行为，它就加以纠正；让它审查一个法案，它就予以解释。但是，它不能自己去追捕犯罪、调查非法行为和纠察事实。"[②] 作为刑事诉讼

---

① 诉讼职能区分，是指参与刑事审判活动的诉讼主体在诉讼角色、功能和作用上的分工，即诉讼主体为实现自己的诉讼目标，在整个刑事审判过程中固定地承担各不相同的功能和作用，担当着不同的诉讼角色，并以此角色为界限实施具体的诉讼行为。参见：陈瑞华：《刑事审判原理论》，北京大学出版社 2003 年版，第 186 页。

② [法] 托克维尔：《论美国的民主》（上卷），商务印书馆 1991 年版，第 110 页。

程序的特别补救程序,刑事再审程序的启动和运行也应当遵循刑事诉讼程序启动的一般原理,法院只能作为裁判者对再审案件居中进行事实和证据的审查判断,不能以生效裁判的监督者启动再审程序而引发对刑事案件的重新审理。

3. 赋予法院监督生效裁判而启动再审程序的职能与"不能自以为非"的诉讼规律相矛盾

现代刑事诉讼是控辩双方通过举证、质证和相互辩论,围绕查明案件事实和确定被告人刑事责任进行诉辩,法官则在控辩的基础上根据查明的事实居中裁判。控辩方和裁判者都不能自以为非,即不能自己否定自己。控辩者如果自己否定自己的主张,前后矛盾,就要承担败诉风险。刑事判决和裁定一经作出,就具有既判力和稳定性,非依法定程序不能改变。这种既判力和稳定性是由司法裁判的权威性决定的。受判决约束的当事人和不受判决约束的国家机关、社会团体、企事业单位和社会公众都应当尊重和维护法院生效裁判的既判力。作为裁判制作者的法院,就更应当自觉带头维护生效裁判的权威性与稳定性,不能自以为非。即便法院裁判认定事实和适用法律错误,需要通过再审程序加以改判的,也应当遵循刑事诉讼的一般原理,必须由控方而不能由法院直接启动再审程序,法院只能作为裁判的中立者消极地行使对案件的裁判权。

4. 有错必纠和上下级法院的监督关系不能成为法院监督生效裁判而启动再审程序的根据

实事求是、有错必纠,是我国现行刑事审判监督机制的指导原则,也成了法院启动再审程序的依据。刑事审判坚持有错必纠是正确的,但对错误裁判的纠正,必须遵守刑事审判的基本规律,通过法律的正当程序,在控辩双方的直接参与下对案件事实、证据重新审理,亦即要按照刑事审判的程序实现错误裁判的更正。"有错必纠"不能超越刑事审判的基本程序,必须在刑事审判的程序中实现对错误的纠正。正如英国的法律格言称:"正义不仅应当得到实现,而且还应以人们能够看得见的方式得到实现。"现代刑事审判制度是建立在国家追诉主义的理论基础之上的,只有检察机关能代表国家行使刑事追诉权,并发动刑事审判程序。法院作为刑事案件的裁判者,只能被动地对案件进行审理和裁判。既然错误生效裁判的纠正要通过刑事审判程序予以纠正,就必须遵守现代刑事诉讼关于审判程序启动的基本规律,法院只有在控方启动程序后才能通过审判实现"有错必纠"的纠错功能,"有错必纠"决非法院启动再审程序的合理根据。

按照人民法院组织法的相关规定,法院内部上下级之间是监督关系。下级法院的审判工作受上级法院的监督,即上级法院对下级法院的错误裁判有权通过审判监督程序予以纠正,但法院内部的审判监督也要通过审判方能实现。上级法院只有通过刑事审判的方式才能纠正下级法院生效刑事裁判存在的错误。既然要通过刑事审判的方式才能实现对下级法院的审判监督，就必须遵守刑事审判的基本原理，遵守先控后审的诉讼规律，只有检察机关依法提出再审抗诉，再审程序方能启动，法院才能在已经启动的再审程序中对错误生效裁判重新进行审理，不能因法院内部的审判监督关系就赋予法院启动再审程序的资格。如果仅因为法院内部上下级的审判监督关系，就赋予法院对再审案件的启动权，必然使现代刑事审判基本规律和根基受到破坏。

综上，作为审判机关的法院以启动再审程序的方式，对自身作出的生效裁判实施监督，有违刑事诉讼的基本规律，与刑事审判制度改革的趋势相违背。惟有检察机关能承担对生效刑事裁判的监督职能。现代刑事诉讼制度的内在规律表明，刑事诉讼程序的启动必然要依赖检察机关的控诉请求。我国检察机关履行刑事追诉职能的特色表现在，它不仅承担指控犯罪启动诉讼程序的职能，还承担对裁判活动的监督职能。一审及二审程序除自诉人或者被告人的自诉或者上诉启动外，只有检察机关的起诉或抗诉才能启动。刑事再审程序是刑事诉讼程序的救济程序，是刑事诉讼程序的延伸，再审程序启动及运行机制同样要求具备一、二审诉讼程序所具备的内在要素，即必须由检察机关提出再审的请求和具体理由，方能对生效裁判案件重新审理，实现对生效裁判的监督效能。

二、刑事裁判监督事由论

刑事裁判监督的方式即对错误裁判提起抗诉，以启动二审或再审程序，因此刑事抗诉的事由即对刑事裁判实施监督的事由。对刑事抗诉的事由进行研究，探讨具备哪种情形就应提起二审或再审抗诉，对刑事裁判实施监督以及统一刑事裁判的监督标准，健全刑事裁判监督理论具有重要的意义。

英美法系国家没有完整的刑事再审制度，又由于其刑事审判贯彻遵循先例的原则，在再审程序的启动事由上只有零星规定。例如，英国《2003 年刑事司法法》规定，如果发现新的令人信服的证据，允许对包括谋杀、杀人、强奸等一系列非常严重的犯罪进行再审。[1]美国《联邦刑事诉讼规则》第 33 条的规定表明，如果发现新的证据，并且是为了维护公共利益的需要，法庭可对案件进行再审。相比之下，大陆法系国家刑事诉讼立法对刑事再审程序的启动事由的规定较为具体完整。

德国视刑事再审程序为"非常救济程序"，把有限制地追求案件实体真实作为刑事再审程序的指导思想，在设定刑事再审程序的范围时，强调"当事

---

[1]　宋英辉、孙长永、刘新魁等：《外国刑事诉讼法》，法律出版社 2006 年版。

后发现的新的事实对原判决而言，在公平性上出现了实在无可忍受的错误时，则法律效力必须让步。"①受这种立法思想的影响，德国的刑事诉讼立法规定了有利于和不利于被告人的再审程序启动事由。在德国，可以提起有利于被告人再审程序的事由有：（1）审判时提出的对被判刑人不利的证据，经证明是虚假的或者伪造的；（2）曾经所提出的对被判刑人不利的证言或者鉴定意见的证人或鉴定人，已因当时故意或者过失违背宣誓应负的义务或者因故意做出违背誓言的虚伪证言而被判有罪的；（3）参加判决的原审法官、陪审员，已因本案犯下渎职罪，其渎职犯罪致使被告人受到有罪判决的，且渎职罪并非被告人过错造成；（4）作为刑事判决依据的民事判决，已被另一发生法律效率的判决撤销；（5）发现新的事实、证据，根据这些事实、证据，或者将它们与先前收集的证据相结合，使得有理由宣告被告人无罪，或者对他适用较轻的刑罚从而判处轻一些的处罚或者科处完全不同的矫正及保安处分。能够提起不利于被告人再审程序的事由有：（1）审判时作为真实的对受有罪判决人有利地出示的证书，是伪造或者变造的；（2）证人、鉴定人犯有故意或者过失违反宣誓义务，或者故意作出违背誓言的虚假陈述之罪，作出对受有罪判决人有利的证词、鉴定；（3）参与判决的法官、陪审员，在与案件有关的问题上犯有应处罚的违反其职务义务的罪行的；（4）被宣告无罪的人在法庭上、法庭外作出值得相信的犯罪行为的自白的。② 比较地分析，在德国，提起有利于被告人再审程序的条件比提起不利于被告人再审程序的条件要宽松。

法国的刑事诉讼以追求实体真实为传统，但由于受当事人主义诉讼模式的影响，加上其刑事再审程序发展较为完善，所以，刑事再审程序的设定，在追求案件实体真实的同时，注重对被告人合法权利的保护，确立了不得因再审加重被告人刑罚的原则，并规定不得提起不利于被告人的再审，其启动刑事再审程序的具体事由包括：（1）在判处杀人罪后，有足够的证据证明所认定的被害人仍然存活的；（2）在判决一项重罪或轻罪以后，又因同一案件事实做出另一新的裁定或判定，对另一被告人定罪判刑的；（3）定罪后，证人被追诉并判定对被告人犯有伪证罪的；（4）发现原判决法院在审理时所不知悉的新的事实和证据，以致对被判罪人是否有罪产生怀疑的。③ 上述规定反映，法国

---

① ［德］克劳思·罗科信：《刑事诉讼法》，吴丽琪译，法律出版社2003年版，第451页。

② 《德国刑事诉讼法典》第359条、第362条，李昌珂译，中国政法大学出版社1995年版。

③ 《法国刑事诉讼法典》第622条，罗结珍译，中国法制出版社2006年版。

刑事再审程序以维护被告人合法权利为出发点，体现了维护法院裁判的既判力和保护被告人合法权利协调统一的指导思想。

日本刑事诉讼立法是在借鉴德国和法国的立法而发展起来的①，现行日本刑事诉讼法规定的再审事由只限于有利于被告人的再审，具体有：（1）原判决作为证据的文书或者物证，根据确定的判决已经证明系属伪造或者变造的；（2）原判决作为证据的证言、鉴定、口译或者笔译，根据确定的判决已经证明系属虚假的；（3）作为原判决证据的裁判，根据确定的裁判已经变更的；（4）因侵犯专利权、实用新型权、发明权或者商标权的犯罪而宣告有罪的案件，在该项权利已经确定无效或者已经作出宣告无效的判决的；（5）发现确实的新证据，足以认为对受有罪宣告的人应当宣告无罪或免诉，对受刑罚宣告的人应当宣告免除刑罚，或者应当认定轻于原判决确定之罪的；（6）参与原判决的法官，参与制作成为原判决证据的证据文书的法官，或者制作成为原判决的证据的书面材料的检察官、检察事务官或司法警察职员，因该被告的案件犯职务之罪，根据确定的判决已经证明的。日本的刑事诉讼法还规定：检察总长，在判决确定后发现案件的审判违反法令时，可以向最高法院提出非常上告。② 可见，日本刑事诉讼法在再审程序启动事由的确定上，较其他大陆法系国家更加具体，对启动刑事再审程序的实体理由和特别程序作了明确的规定。

我国现行刑事诉讼法第 181 条对二审抗诉事由"认为第一审判决、裁定确有错误"和第 205 条关于再审抗诉事由"发现生效判决和裁定在认定事实或者适用法律上确有错误"的规定含义抽象概括，《人民检察院刑事诉讼规则》③ 及《最高人民检察院关于刑事抗诉工作的若干意见》④ 等司法解释关于

---

① 日本在 1890 年仿效法国的刑事再审程序，规定严禁提出不利于被告人的再审，1922 年又借鉴国的立法，把不利于被告人的再审纳入允许提起的范围，1948 年又取消了可以提起不利于被告人的再审规定。

② 《日本刑事诉讼法典》第 435 条、第 454 条，宋英辉译，中国政法大学出版社 2000 年版。

③ 《人民检察院刑事诉讼规则》第 397 条规定对第一审判决、裁定抗诉的事由有：（1）认为事实不清、证据不足的；（2）有确实、充分证据证明有罪判无罪，或者无罪判有罪的；（3）重罪轻判，轻罪重判，适用刑罚明显不当的；（4）认定罪名不正确，一罪判数罪、数罪判一罪，影响量刑或者造成严重社会影响的；（5）免除刑事处罚或者适用缓刑错误的；（6）人民法院在审理过程中违反法律规定的诉讼程序的。

④ 《最高人民检察院关于刑事抗诉工作的若干意见》只是粗线条将应当抗诉的事由划分为认定事实、采信证据和适用法律的错误，但没有具体明确在认定事实、采信证据和适用法律上存在哪种具体错误就应当抗诉，其中有的规定尚需进一步解释方能明确其准确含义。

刑事抗诉标准的规定也不很具体。这种概括抽象型的制度规范有利有弊，"利"在运用起来较为便利，可以应对监督实践中出现"确有错误"的种种情形，"弊"在规范的抽象性会产生执法的随意性，导致同一司法管辖区不统一的执法标准，形成同一类型的案件，有的地方启动监督程序予以抗诉，有的地区则没有启动监督程序，损害了法制的统一标准，也模糊了司法公正的内在标准。法律规范应当具体、明确、直观，具有可操作性，要能够为司法人员提供具体的操作规程。在我国的刑事诉讼制度中，刑事抗诉是对刑事裁判实施监督的重要手段，抗诉能否实现纠正刑事裁判认定事实和适用法律上的错误，除其他要素，明确的抗诉事由是提高刑事抗诉准确度的关键。要使刑事立法发挥其对刑事裁判监督的规范效用，就应当在梳理法院裁判刑事案件遵循的事实和证明标准的基础上，从证据采信和适用法律的角度对"确有错误"的抗诉标准进行修正，厘定刑事抗诉的具体事由或者标准。

根据我国刑事诉讼立法对法院裁判刑事案件在证据、事实和法律适用上所应当达到的标准，结合现实的刑事裁判在证据采信、事实认定和法律适用上存在的错误种类，从证据、事实和法律等角度出发，并考虑启动监督程序的经济性和监督意见被法院采纳的可能性，归纳概括出以下应当提起二审或者再审抗诉的具体事由。笔者认为，如果原刑事裁判在认定事实和适用法律上存有下列事由之一的，即能说明刑事裁判"确有错误"，应当启动对刑事裁判的监督程序，依照法律规定提起抗诉。即：（1）案件事实认定准确，但对案件涉及的危害行为能否构成犯罪，构成何种具体犯罪认定错误，导致有罪判无罪，无罪判有罪，或者重罪轻判，轻罪重判，或者导致量刑畸轻畸重的。（2）直接证据或者多个间接证据的客观性、合法性、关联性受质疑而被判无罪，经证据补强，能够认定指控的犯罪事实的①。（3）直接影响行为性质的关键证据庭审中发生变化而被判无罪，经证据补强，或者有证据表明证人或者被害人系因受恐吓、收买而改变证言或者陈述的。（4）犯罪的基本事实清楚，仅因认定犯罪数额的证据间存有细微矛盾而判无罪的。（5）证明财产犯罪或者经济犯罪（包括职务型经济犯罪）的某一笔犯罪的证据有瑕疵而没有认定为犯罪，或者因其中某一行为性质存在认识分歧而没有认定为犯罪，导致整个案件作无罪判决，经调查补充证据而能认定的。（6）证明被告人有罪或者罪重的证据合议庭不予采信，导致有罪判无罪，或者重罪轻判，而这些证据符合证据采信的基

---

① 直接影响案件定性的证据有效性受质疑，致使指控的犯罪无法认定，公诉人应当庭申请延期审理，证据补强后再申请恢复法庭审理，不涉及抗诉问题。但如果因此被法院判决无罪，经庭审后的证据补强，相关证据的有效性得到确认的，应启动抗诉程序。

本要求的。(7) 犯罪构成的其他因素认定准确,对主观罪过的认定错误,导致无罪判有罪,有罪判无罪,或者导致罪名认定错误的。(8) 有证据证明审判人员在案件审理期间,贪污受贿、徇私舞弊、枉法裁判,造成裁判错误或者量刑畸轻畸重的。(9) 合议庭不采纳公诉人当庭出示的庭审前收集的有效证据,导致认定案件事实的证据不充分,或者致使据以定案的证据间矛盾无法排除,或者导致裁判结论与据以定案的证据间缺乏必然联系的。(10) 合议庭采信自行收集的证据,未经质证即作为裁判依据,致使裁判错误的。(11) 刑事裁判生效后,正在侦查的案件发现与该生效裁判同一犯罪事实,且生效裁判认定事实的证据不充分,或者存在矛盾,或者存在应当排除的非法证据的。(12) 有证据证明作为原裁判依据的物证、书证系伪造或者变造,言词证据、译文、鉴定结论系证人、被害人、翻译人、鉴定人等虚假做出,致使据以定案的证据或者主要证据被否定的。(13) 发现新的事实和证据,新发现的证据能相互印证,或者新发现的证据与原案采信的某些证据能相互印证,足以证明原刑事裁判存有错误的①。(14) 据以定罪的有罪供述系因刑讯逼供,或者是受侦查人员欺骗、诱供而作,其他证据不能证明案件事实的。(15) 被告人的前后供述不一致,共同犯罪的被告人的供述相互间存在重大矛盾不能排除,其他证据不能证明案件事实而作有罪判决的。(16) 证明被告人有罪和无罪的主要证据存在矛盾而无法排除,或者证明被告人有罪的言词证据与其他证据间存在明显矛盾,或者与其他证据能否印证没有得到确认而定罪判刑的。(17) 据以定罪的关键证据(如故意杀人案、伤害案的作案工具)没有提取,凭其他间接证据定罪的。(18) 现有证据只能证明发生指控的犯罪行为,不足以证明犯罪行为是被告人实施而对被告人论罪判刑的。(19) 据以定罪的物证合法性及其与案件事实的关联性没有确认,其他证据不足以认定案件事实而作有罪判决的。(20) 被告人对定罪的其他证据(如鉴定结论)的真实性提出异议,并推翻侦查阶段的有罪供述,没有对被告人的异议进行复核而直接定罪的。(21) 杀人案判刑后,被害人重新出现或者有足够的证据证明被害人仍然活着的。(22) 被告人的主体资格或者刑事责任年龄认定错误,导致受到刑事处罚或者量刑畸轻畸重的,或者导致案件定性错误和适用法律错误的。(23) 其他能够证明原审判决错误的情形。

总之,刑事抗诉事由亦即刑事审判监督事由的确定,要从"应然"与"实然"之间的差距出发,即从刑事裁判在证据、事实和法律上应当达到的标

---

① 新发现的事实和证据如果能够证明原指控的犯罪系由他人实施,还应当启动新的追诉程序。

准，与实践中不规范的刑事裁判存在的问题为逻辑起点，查找应当予以纠正的错误，并据此理出启动刑事裁判监督程序亦即刑事抗诉的具体事由。但刑事裁判监督事由的确定，要以追求司法的公正为指导思想，既要体现刑事诉讼正当程序的要求，又要彰显追求案件实体真实的理念，更要反映保护当事人合法权益的基本诉讼准则。

三、如何掌握刑事裁判监督的尺度

刑事裁判监督是发现并纠正错误裁判的法定途径，但究竟应当怎样行使监督权，才能做到既能有效维护法院裁判的既判力，又能及时准确地纠正刑事裁判中的错误，保障国家法律的正确统一实施，是理论研究和执法实践不能不回答的问题。根据刑事审判活动的运作原理和刑事裁判的功能，结合刑事审判监督的价值目标，笔者认为，要合理把握刑事裁判监督的尺度，就必然要遵循下列基本准则。

（一）维护审判权威与促进司法公正相结合的原则

审判独立和审判权威是现代法治国家普遍承认和确立的基本法律准则，但审判独立并不排斥对审判权进行必要的监督和制约，审判权威也不意味错误裁判也要维护。即便严格奉行"免受双重危险"的美国，也通过确立例外实现对错误裁判的重审，法国、德国等大陆法系国家建立了较完整的再审制度，难道说这些国家都在以牺牲法院的审判权威来维护法治的统一标准吗？审判权威建立在司法公信力的基础上，司法公信力又以裁判准确为前提，那种不讲条件的以维护审判权威排斥监督的观点理论上站不住脚，实践中极其有害。当然，借口监督干预和影响法院独立审判同样是不正确的。笔者认为，刑事审判监督应当以纠正裁判中的错误为逻辑起点，以促进和维护司法公正、保障国家法律正确统一实施为基本准则，以不影响法院的独立审判为边界。同样，审判权威应当建立在正当程序和裁判准确的基础上，不能以审判独立和司法权威排斥必要的监督和制约。法官做出的裁判必然准确无误而不必要监督的论调，不符合马克思主义的认识论，也与刑事司法是对以往事实的回复与认识的基本规律相违背。法官应当树立刑事裁判接受监督的观念，检察官则应当确立适度监督的理念，任何监督活动应当以法治原则为指导，以裁判错误为起点，把维护和树立司法权威有机地融入各种具体的监督活动中，真正通过对错误裁判的监督促进司法公正和保障人权，强调维护审判权威而不敢监督和不愿监督，以及刑事裁判可能错误而任意监督的做法都是应当极力避免的，应当把维护审判权威和促进司法公正辩证地融入国家法律正确统一实施的理念中。

（二） 及时、准确、效能的原则

"犯罪与刑罚之间的时间隔得越短，在人们心中，犯罪与刑罚这两个概念的联系就越突出、越持续，因而，人们就很自然地把犯罪看成起因，把刑罚看作不可缺少的必然结果。"[①] 这是贝卡利亚在阐述犯罪与刑罚关系时的精辟论断。笔者在这里借用贝氏的论断说明刑事审判监督坚持"及时"原则的必要性。刑事审判监督程序的启动与发生裁判错误之间间隔的时间越短，错误的刑事裁判对法治造成的损害就越小，对司法权威造成的影响力就越弱，相应地，刑事审判监督纠正错误裁判的效果也就越好。"及时"原则要求刑事裁判的错误出现后，在尽可能短的时间内启动监督程序督促裁判错误的纠正。同时，刑事审判监督还应当力求提高准确度，以保证提出的监督纠正意见得到法院的认同，"准确"原则要求精确地发现刑事裁判认定事实和适用法律的错误，准确掌握监督的事由和标准，并能按照裁判标准论证和提出监督纠正意见。"准确性"原则要求看准了再监督，谨慎使用监督权，避免监督权行使的任意性，通过准确性提高监督的权威性。此外，刑事审判监督还应当注重实际效能，突出监督重点，节省刑事裁判监督的成本。笔者认为，对刑事裁判中存在的不足以否定原裁判结论的错误，且支持抗诉主张的证据又不确实充分的，因对法律规范理解分歧而作出的裁判，以及不是因案件事实或者犯罪情节认定错误而导致的量刑不当的，一般不宜启动监督程序，要把刑事审判监督的重点集中在证据采信和案件事实认定错误导致的定性错误以及因此而引发的量刑畸轻畸重的监督上，在积极实施监督的同时，要充分考量监督目标的实现程度。刑事裁判监督的运作规律表明，"及时性"是实施刑事审判监督活动的基础，"准确性"是刑事审判监督的核心，"效能性"应当成为刑事裁判监督的落脚点。

（三） 贯彻宽严相济刑事司法政策的原则

统一和明确刑事裁判的监督标准，并不意味刑事裁判监督只能在硬性的标准下不问案情案由和犯罪主体的反社会程度刻板地实施，刑事裁判监督比刑罚的最初裁定活动更受刑罚目的的制约，应当将法定标准与宽严相济刑事司法政策有机结合起来，做到重点突出，宽严有别，宽严适度，监督中既体现宽大、宽容和宽缓的理念，又彰显从严执法的精神，使真正存有错误的刑事裁判能够及时得到纠正，更好地体现罪刑相适应的基本原则和预防犯罪的价值目标。对老年人犯罪，残疾人犯罪，怀孕、哺乳自己婴儿的妇女的犯罪案件以及严重疾

---

① ［意］贝卡利亚：《论犯罪与刑罚》，中国大百科全书出版社 1993 年版，第 56 页。

病患者的犯罪案件，在实施监督活动时要从宽对待，除定性错误且量刑畸轻畸重的要启动监督程序外，其他的诸如定性错误但量刑适当，或者仅仅是量刑偏轻的，一般无须启动监督程序。对诸如危害国家安全犯罪、黑社会性质组织的犯罪、严重暴力犯罪以及严重影响人民群众安全的多发性犯罪，则应当严格按照抗诉标准启动监督程序，只要符合抗诉条件的，则要依法提出抗诉。要根据案件事实、引发犯罪的原因以及犯罪主体的主观恶性，结合宽严相济刑事司法政策的内在要求，掌握好对刑事裁判监督的具体尺度，真正发挥好刑罚惩治犯罪防卫社会和矫正罪犯保障人权的双重功能。

（四）法律效果与社会效果相统一的原则

刑事审判监督注重法律效果，就是强调要按照法律规定的标准启动刑事审判监督程序，使每项具体的监督活动能按实体法和程序法确立的实体标准与程序标准得以实施，亦即各项具体的监督活动应当严格限定在法制的框架内。刑事审判法律监督注重社会效果，即要重视社会公众对刑事审判监督的反响，注重刑事审判监督产生的社会效应，克服孤立办案、就案办案的单纯业务观点。要把刑事政策巧妙地融入刑事审判监督活动，真正做到各项监督能够从本质上发挥促进社会稳定和保障人权的功效。要在刑事审判监督中做到法律效果与社会效果的辩证统一，必须紧紧地按照现实的公正价值目标，在法律制度的范畴内，科学合理地对确有错误的刑事裁判实施监督，使刑事裁判的监督既符合法律规范的要求，又能满足不断变迁的公正理念对监督活动的要求，要从法律和案件本身审查是否存在应当抗诉的事由，更为重要的是必须考虑提起抗诉可能产生的社会效应。鉴此，笔者认为，对被告人认罪态度好并积极赔偿损失，被害人谅解，法院判刑偏轻的；对义愤、激情犯罪，量刑偏轻的；初次犯罪且有自首、立功等法定从轻、减轻处罚情节而判刑偏轻的；因婚姻家庭、邻里纠纷等民间矛盾激化引发的犯罪案件，因为被害人过错引发且被告人真诚悔罪的案件，法院量刑偏轻的，一般不宜提起抗诉。总之，要把刑事裁判是否存有错误，错误的性质和严重程度，以及启动监督程序可能引发的社会效应，综合起来全面衡量，最终决定是否启动刑事审判的监督程序。

量刑建议权制度与刑事司法公正[*]

季美君^{**}

随着社会的不断发展，公正与效率已成为司法工作优劣的衡量标准，而且是永久的两大价值追求目标。为了实行司法公正，提高司法效率，人们设计出种种运作制度以促进效率的提高和司法公正的实现。量刑建议权制度，无疑是其中的制度设计之一。在当前，司法腐败依然是社会和群众关心的热点和焦点，这其中，相当一部分属于量刑不公方面的问题。随着庭审方式改革的不断深入，人民群众关于司法公正的呼声日渐趋高，同时，越来越多的有识之士认识到，检察机关在提起公诉时应当就量刑问题提出具体的意见，行使量刑建议权，提高量刑的准确度和透明度，以有效地防止法官滥用量刑权，实现量刑公正。建立量刑建议权制度的目的就是为了在程序上保证量刑更加准确、合理，以避免暗箱操作，提高办案质量，节约司法资源，从而实现司法公正。因此，为促进公正执法，充分发挥检察机关的审判监督职能，研究检察机关的量刑建议权问题，不仅具有重要的理论意义，而且还具有相当迫切的现实价值。

本文从刑事案件的量刑现状出发，试图对量刑建议权的性质、量刑建议权与公诉权和审判权的关系，以及建立量刑建议权制度的必要性及其在保障司法公正中的作用，和量刑建议权在实践中如何运作等方面进行探讨，以便为建立量刑建议权制度提供一定的理论基础，同时也为基层检察院试点推行量刑建议权制度提供一些理论上的指导。

一、我国刑事案件的量刑现状和公诉权的行使现状

（一）从四起案件的不同判决看我国刑事案件的量刑现状

目前，由于刑事案件在量刑上缺乏统一性和一致性，社会大众对此颇有微

---

* 本文刊载于《法学家》2004 年第 3 期。
** 季美君，最高人民检察院检察理论研究所研究员。

词。不防先看看某大城市一个区法院对四起盗窃犯罪分别作出的不同判决。案例一：某年 6 月 12 日，盗窃财物共计价值 1600 元，被判处有期徒刑 6 年；案例二：同年 6 月 16 日，盗窃财物共计价值 1600 元，被判处有期徒刑 6 个月；案例三：多次盗窃财物价值 9800 元，被判处有期徒刑 2 年，并处罚金 3000 元；案例四：一次盗窃财物价值 980 元，被判处有期徒刑 2 年，并处罚金 2300 元。①

类似上述这样的判决在现实中并不少见。人们不禁要问：同样犯盗窃罪，且前两起盗窃的数量相同，判决时间前后相差不到一个星期，为何量刑却要相差五年半？而后两个案件盗窃的数量相差十倍，而判处的刑罚却为何基本相同？其中的量刑标准到底是什么？这四起案件的不同判决是某大城市一基层法院所作出的，全国的情况可想而知。这里且不说判决结果在个案中所具有的公正性，也不论作出判决的标准是否科学，一看到这样的判决结果，人们自然而然就会对司法的公正性打上一个问号。为了提高大众对司法的信任度，让正义在每个人心目中扎根，法院所作出的判决不仅要实现正义，而且要以人们看得见的方式加以实现。因此，如何从程序上保证量刑的公正和公开，是司法改革中急需解决的问题。赋予检察机关以量刑建议权，正可以从制度上遏制量刑的"暗箱操作"，促进量刑的公开化，提高量刑的透明度。

（二）公诉权的行使现状

我国《宪法》规定，检察机关是国家专门的法律监督机关。实践中，检察机关主要行使着四项具体权能，即刑事公诉权、公务犯罪侦查权、批准逮捕权和诉讼监督权。刑事公诉权作为检察机关的一项重要职权，是指检察机关代表国家对罪犯进行追诉，从通常的眼光来看，这一职权具有维护国家利益和公共利益的价值取向。从西方公诉权的起源和价值追求看，公诉权在具有维护国家利益和公共利益这方面倾向的同时，其本身还具有正确适用法律和追求公正这一基本价值目标的追求。②在我国老百姓心目中，检察机关向来是国家利益和公民权利的保护神。他们一旦在生活中遭受欺凌、受了冤屈，就自觉不自觉地找检察院去申冤，期望其主张正义，还自己以公正和清白。尤其是最近几十年来，检察院担负着惩治贪官污吏的重任，检察院更是成了富国安帮的重要力量，检察官则是铲邪扶正的"包青天"。从法律角度来看，《刑事诉讼法》规定，检察机关在收集证据的时候，既要收集犯罪嫌疑人有罪、罪重的证据，也

---

① 转引自谢鹏程：《论量刑公正的程序保障》，载《法制日报》2001 年 8 月 5 日。

② 《检察机关职权研究》课题组：《检察机关及其职权的性质》，载《检察日报》2000 年 12 月 20 日。

要收集犯罪嫌疑人无罪、罪轻的证据，这一规定表明检察机关在代表国家追诉犯罪的同时，也要保障犯罪嫌疑人的个人权利。检察机关所肩负的双重职责与其作为国家的法律监督机关是相适应的。在刑事审判过程中，检察机关除了作为公诉机关对犯罪嫌疑人提起公诉外，还要对法院的审判活动是否合法进行监督。法院的刑事审判权包括定罪权和量刑权两部分。因而，检察机关为了充分发挥其审判监督职能，就理应对犯罪嫌疑人的量刑提出自己的看法。目前，检察机关的通常做法是在起诉书中只叙述被告人的犯罪事实、犯罪性质、犯罪情节、社会危害程度以及所触犯的刑法条款等，而对犯罪行为的具体量刑问题并不涉及。即便检察机关所指控的罪名成立，定性准确，事实清楚、证据确凿，公诉人在公诉词中一般也只是强调被告人的行为已构成犯罪，触犯了刑法第几条第几款，笼统地要求法庭依法严惩罪犯，而不直接就量刑提出具体的建议。如果该罪犯具有从重、从轻或者减轻情节，也不提具体应如何从重、从重到什么程度；如何从轻或减轻，减轻到什么程度。最终对罪犯应判处什么样的刑种和什么样的刑度，公诉人都没有具体的意见，而全凭法官自由裁量。

（三）目前做法的原因和缺陷

在刑事诉讼中，公诉机关的传统做法是在提起刑事诉讼请求时只提定罪不提具体量刑意见。这种做法在司法实践中所表现出来的种种弊端和缺陷，已被越来越多的有识之士所关注。当然，公诉时只提定罪不提量刑的做法，也有其存在的理由，主要有以下几个方面：

1. 检察机关的主要任务是指控犯罪，将行为已构成犯罪的犯罪嫌疑人送上法庭接受法院的裁判。因而，在起诉书中，根据犯罪嫌疑人的犯罪事实、犯罪性质及其行为所造成的社会危害性，提出其行为已触犯了刑法哪一条构成何罪就足够了。这是由检察机关自身的性质所决定的，尽管法律明确规定公诉机关也要收集犯罪嫌疑人无罪、罪轻的证据，但其重点还是放在收集有罪证据上。而无罪、罪轻或者减轻方面的证据主要由被告人方和辩护方收集。因此，在起诉时，公诉人在通常情况下，并没有全面掌握有关犯罪嫌疑人的犯罪行为的所有证据，故要公诉人提出准确的量刑意见，也有点勉为其难。

2. 量刑权是审判权不可分割的一部分，量刑的最后决定权应当由法官来行使。检察官（公诉人）提不提具体的量刑意见关系不大，只要提出对该犯罪应适用刑法的哪一条款及刑罚轻重的倾向性意见就可以了，否则，就会让人产生染指审判权之嫌。

3. 检察院所掌握的所有证据只有在法庭上经过出示、质证并经法庭认可后才会被采纳，因此，以未经过质证的证据为依据提出具体的量刑意见未免显得有点草率，且准确度不高，这就难免会影响检察官的执法水平，也会有损检察官的形象。而来个笼统的"倾向性意见"则"保险"得多——因为在一些人认为，这样检察官就掌握了主动性，如法院判处的刑罚恰当，检察机关就予以认可，如明显畸轻畸重，就进行抗诉，这样岂不"进退自如"。

但在我国庭审改革后的控辩式诉讼中，这一做法的缺陷就显现出来了。在控辩式庭审中，控、辩双方直接对抗，法官只是居中裁判，不再像以前一样主动出示证据和进行庭外调查。在控、辩、审的三角关系中，作为审方的法院具有中立性、超然性的特点。控方负有提出被告人有罪、罪重应追究其刑事责任的举证责任，而辩方与其针锋相对提出无罪、罪轻的证据和理由。经过双方激烈的辩论和对所有的证据进行质证后，法官再作出裁判支持其中一方的观点。在这种情况下，作为控方的检察官若不明确提出量刑的具体意见，法官该支持什么？再说，"公诉权的实质是一种量刑建议权，即请求法院通过审判对被指控人适用刑罚。"① 而公诉人在提起公诉时恰恰没有具体的量刑请求，其权力的行使是不是不完整呢？追诉犯罪，其最终的目标是将罪犯绳之以法并处以与其犯罪行为相适应的刑罚，唯如此才能使刑罚落到实处，才能实现刑法所要达到的特殊预防和一般预防的目的，才能使司法的公正、社会的正义有一个具体的载体，才能使"法律面前人人平等"这一灿烂的理想得以真正地实现。因此，在公诉时，作为控方的检察官在控诉时，既要对被告人的行为构成什么罪发表具体的意见，也要对这一犯罪行为应处以什么样的刑罚提出具体的建议，只有这样，才能适应司法实践发展的客观需要。

二、量刑建议权的性质及其与公诉权和审判权的关系

(一) 量刑建议权的性质

所谓量刑建议权，是指法庭认定被告人有罪后，检察官在综合案情的基础上，代表国家公诉机关在法定量刑幅度范围内，向法庭提出较为确定的量刑范围并建议法庭采纳的权力。具体来说，是指检察机关有权根据被告人的犯罪事实、性质、情节和社会危害程度，结合有关刑事政策和案例，请求法院对被告人处以某一特定的刑罚，即在刑种、刑期、罚金数额及执行方法等方面提出具体的量刑意见。如果把公诉机关享有的请求法院正确认定犯罪事实和犯罪情节并对被告人予以定罪的权力称为定罪建议权的话，那么，公诉机关请求法院根据犯罪事实和各种情节对被告人适用合理刑罚的权力，便可以称之为量刑建议

---

① 转引自张少林：《量刑请求权的法理依据》，载《检察日报》2001 年 4 月 16 日。

权，显然，它与定罪建议权一样，属于公诉权的范畴。①

（二）量刑建议权和公诉权的关系

公诉权是指法律规定具有公诉职能的国家机关代表国家为追诉犯罪而向审判机关提起诉讼的权力。②我国的公诉权由检察机关统一行使，公诉权的内容主要包括决定起诉权、提起公诉权、支持公诉权、决定不起诉权和抗诉权等五项。从世界范围看，各国因政治制度和法律制度的不同，通过各国的宪法或法律所规定的行使公诉权的机关有所差异，绝大多数国家都规定检察机关为国家的公诉机关，但也有规定由警察机关、公安机关和大陪审团行使的。我国法律规定检察机关是唯一行使公诉权的国家机关，我国《刑事诉讼法》第 136 条规定："凡需要提起公诉的案件，一律由人民检察院审查决定。"《人民检察院组织法》第 15 条规定："人民检察院提起公诉的案件，由检察长或者检察员以国家公诉人的身份出席法庭，支持公诉，并且监督审判活动是否合法。"

公诉权本质上是一种追诉请求权，其核心内容是向法庭揭露犯罪、证实犯罪，只有有效地揭露犯罪、证实犯罪，才能使法庭确信被告人实施了犯罪行为并需要追究刑事责任，从而达到公诉活动的目的。修订后的刑事诉讼法对刑事案件的庭审方式作了重大改革，吸收了当事人主义的合理内核，基本上形成了以控辩双方互相对抗、法官居中裁判为特征的庭审模式。庭审方式的这种改革，一方面加重了公诉人的责任，因为公诉人需承担证明被告人有罪的全部举证责任，而法官相对地处于消极听讼、居中裁判的地位。但另一方面，庭审制度改革增强了法庭辩论的对抗性，有利于促使公诉人客观全面地了解案情和正确行使公诉权，同时也为检察机关正确行使量刑建议权提供了契机。

因此，从本质上来说，量刑建议权是公诉权的一部分，是一种司法请求权，它虽不具有终极性，但在刑事审判中起着承前启后的作用，是国家公平公正实施刑罚权的不可或缺环节。庭审时，检察机关提出控诉证据，请求法院认定案件的犯罪事实、犯罪性质和情节，是在行使定罪建议权；同样，在定性准确、事实清楚、证据确凿的基础上，对犯罪人应适用何种刑种、什么刑度以及哪种执行方法提出具体的意见，是在行使量刑建议权。由此可见，作为公诉权权能组成部分的定罪建议权和量刑建议权，两者的目的都是为了使被告人受到应有的法律制裁，只是在具体分工上有所区别而已。前者更注重从事实上揭露

---

① 参见陈卫东提交 2001 年 9 月 15 日量刑建议权研讨会的发言稿《公诉机关量刑建议权提纲》。

② 张穹主编：《公诉问题研究》，中国人民公安大学出版社 2000 年版，第 77 页。

犯罪、证实犯罪，而后者则是在前者的基础上进一步提出犯罪人应该得到刑事处罚，是前者的必然结果。

可见，量刑建议权与公诉权都是检察权的重要组成部分，是与立法机关的制刑权、审判机关的量刑权和行政机关的行刑权相对应的一种国家刑罚权。

（三）量刑建议权与审判权的关系

量刑建议权是我国司法改革中出现的新事物，从它诞生的那天起，就引起了法学理论界和法律工作者的广泛关注。不少人担心，实行量刑建议权会不会影响和削弱审判权的行使。事实上，这种担心是多余的，因为量刑建议权和审判权是两项不同的权能。

众所周知，刑事审判权包括定罪权和量刑权两部分。与此相对应，作为行使公诉权的检察机关也应享有定罪建议权和量刑建议权。毋庸置疑的是，量刑权是审判权的一部分，只有法院才能最终对被告人判处刑罚，才能最终作出具体的量刑。而量刑建议权则是在法官作出判决前公诉机关提出的量刑建议，正如公诉机关提出的定罪建议不侵犯法官的审判权一样，量刑建议权也不会侵犯和妨碍法院审判权的行使。尽管量刑建议权这一提法是新的（有人称之为"求刑权"[1]），但事实上，长期以来检察机关一直在行使量刑建议权，只不过所提出的建议不太明确、不太具体而已，如对一些罪大恶极的杀人犯要求判处死刑，或在某些案件中提出从重或者减轻的情节，等等[2]，只是适用的范围相当有限而已。随着社会法治水平的不断提高，公诉权也必将不断地得到完善，但不管其完善程度如何，都不会对审判权带来威胁和损害，都不会损害到审判权和公诉权相分离这一现代法治的基石。

但我们应当注意到，检察机关的量刑建议权与公诉权中的其他权能一样，也能对审判权构成制约——尽管这种制约相当有限并且是有益的。在量刑建议权正式成为一种制度之前，这种制约是建立在法庭对检察机关量刑建议权充分尊重的基础之上的。法庭尊重量刑建议权，表现在合议庭评议时应该像考虑定罪建议那样，充分地考虑检察官的量刑建议；要是不同意检察官的量刑意见或者判决与量刑意见有较大出入时，法官就应该在判决书中阐明其理由——这样，量刑建议权才会在一定程度上保障检察官对量刑的参与和制约。这种"尊重"，实际上也是审判权的有益的外部监督的组成部分之一。

---

[1] 张少林：《量刑请求权的法理依据》，载《检察日报》2001 年 4 月 16 日。

[2] 王敏远在 2001 年 9 月 15 日量刑建议权研讨会上的发言，题为《量刑建议制度的适用机制》。

我国刑法规定的是弹性的法定刑，不少罪名的量刑幅度都很大，如走私、贩卖、运输、制造毒品罪，可处"十五年有期徒刑、无期徒刑或者死刑，并处没收财产"，还有大量如"三年以上十年以下有期徒刑"、"十年以上有期徒刑"、"三年以下有期徒刑、拘役或者管制"等处罚规定，司法实践中又有许多酌定量刑情节，我国法官拥有相当大的量刑自由裁量权，这是毋庸置疑的。这种弹性量刑幅度的规定虽为个案的量刑公正提供了前提条件，但也为法官以自由裁量权为名进行腐败活动"创造"了条件。"法官在自由裁量确定具体刑罚的过程中，能否公正准确，关系到法律尊严能否得到坚决维护，被告人能否受到应有的制裁，被害人能否受到法律应有的抚慰，也关系到被告人（罪犯）能否从内心里认罪服判，这也影响到其服刑过程中的教育改造效果。"① 近年来司法腐败成为社会众矢之的，与法官的自由裁量权没有得到有效的约束有相当大的关联。检察机关在全面考虑被告人的犯罪情节以及被害人和社会公益的基础上提出量刑建议，可以帮助法官准确、公正地量刑，使罪刑相适应。

三、建立量刑建议权制度的必要性和可行性②

（一）建立量刑建议权的必要性

检察机关的公诉活动主要分为三个阶段，即审查起诉阶段、提起公诉阶段和出庭支持公诉阶段。这三个阶段是前后相继、环环相接的，但最关键的环节是出庭支持公诉阶段。庭审改革后，法庭上双方唇枪舌战抗辩的色彩大大加强，犯罪事实、犯罪性质和刑事责任是检察机关在整个诉讼活动中需要解决的三大问题。③在传统的司法实践中，检察机关把绝大部分的精力放在犯罪事实的认定和定罪上，而对刑事责任的追究通常只是概括性地或者原则性地说一说，这直接导致在刑事责任的追究上，检察机关与审判机关分工有余、配合制约不够。而建立量刑建议权制度就可弥补这方面的不足，这也是新形势下司法实践的客观需要，它既可为审判机关提供比较具体的量刑参考，也可对审判机关的量刑实施监督，增加量刑的透明度，从而保障量刑的公正。具体地说，推行量刑建议权制度的必要性体现在以下几方面：

---

① 吴孟栓：《量刑建议权与审判权》，载《法制日报》2001年8月5日。

② 2001年9月15日在京召开的量刑建议制度研讨会上，多数学者认为检察机关应享有量刑建议权，在现实中是可行的，但也有少数学者持否定态度，还有学者建议可以在刑事简易程序中试行，待条件成熟后再行推开。

③ 谢健美：《检察机关确立量刑建议权的理性思考》，载《上海检察调研》2003年第7期。

1. 可以从程序上保障量刑公正。根据我国刑事诉讼法的规定，量刑是由合议庭秘密进行的，无论是检察官、被告人还是辩护人，都无权参与。因为对量刑过程毫无知情权，各方就不可能在法庭上就量刑问题各抒己见。所以，法庭辩论终结以后，对量刑的结果控辩双方都只能"坐等判决"了。庭审改革增加了抗辩色彩，但受传统思维的影响，法庭辩论内容能"上得了"最终的法院判决，这样的情况可以说是微乎其微的。同时，刑法中较大量刑幅度的客观存在，也为量刑的不公提供了法律上的"沃土"。而公诉人在法庭上就量刑问题提出具体的建议，就可与辩护人一起对此进行公开的辩论，从而增加量刑的透明度，帮助法官全面了解案情，提高量刑的可预测性。

2. 可以提高诉讼效率、节约司法资源。提高诉讼效率是当代司法改革的一大主旋律，世界各国从上世纪五六十年代开始，就采取各种简易程序来审理刑事案件，如美国的辩诉交易、德国的诉讼协商制度以及意大利的依当事人请求适用刑罚的程序等。提高诉讼效率的主要方式就是缩短漫长的审判时间，但诉讼效率的提高又应以司法公正为前提。各国在刑事诉讼中，对于被告人主动认罪的案件可以适用简易程序，在这一程序中，如检察机关能在量刑问题上提出合理的建议，就有利于法庭迅速作出判决并使量刑更具科学性。另外，如果在法庭上被告人及辩护人可以就自己的量刑问题提出自己的看法，经充分辩论后再为法庭所接受，被告人也会心服口服，从而减少提出上诉和申诉的可能，而且也有利于其服刑改造、悔过自新——所有这些，都在一定程度上节约了司法资源。

3. 可以提高检察官的素质和办案质量。检察官要想在法庭审判中提出合理的、科学的量刑建议，就必须事先下功夫吃透案情，同时还必须提高自己的业务水平，否则，就很难提出恰当的易为法官接受和采纳的量刑建议。同时，为提出有份量的量刑建议，检察官提高自身素质的主动性也会增强，其承办的案件的质量"水涨船高"也是水到渠成了。

4. 可以有效地预防量刑过程中出现的司法腐败现象。当前，司法腐败依然是一个不可忽视的社会问题，也是老百姓所关注的焦点，其中有不少是量刑不公引起的。如果法律规定检察机关能普遍地行使量刑建议权，检察官在公诉时就自然而然会就量刑问题提出具体的建议。这一工作机制一旦推广，法官在对被告人处以刑罚时，就会因公诉人的量刑意见的存在而不敢擅自轻判或重判。"看钱量刑"现象就会得到有效的遏制。如广西宜州市法院原副院长苏某某就因收受贿赂、"看钱量刑"而进了大牢。①

---

① 参见《检察日报》2000 年 11 月 5 日报道。

（二）建立量刑建议权制度的可行性

1. 外国检察官拥有量刑建议权

无论是大陆法系国家还是英美法系国家，公诉人在代表国家对犯罪进行追诉时，都明确提出了具体的量刑要求，只是在提出的时间上有所差异而已。在英美法系国家的刑事诉讼程序中，由于定罪程序与量刑程序是分阶段进行的，故公诉人是在犯罪得到确认之后再明确提出具体的量刑要求，而法官一般都会采纳公诉人的建议。在英国的普通程序中，公设律师虽无量刑建议权，但在英格兰的简易程序中，"不实行陪审制，而由法官独任审判。定罪由法官作出，量刑判决必须在检察官有此要求时才能作出。"而苏格兰刑事诉讼法规定，在简易程序中由法官独任审判，定罪的判决由法官做出，量刑判决必须在检察官有此要求时才能做出。[①]

美国通过辩诉交易解决的刑事案件占刑事案件总数的 90% 以上，而在辩诉交易中，检察官以降格指控或减轻量刑请求为条件来换取被告人的有罪答辩。在法庭上，一旦被告人就指控作了有罪答辩，若无特别情况，法官就会依据检察官对被告人所许诺的条件进行定罪量刑。可见，在美国，检察官的量刑建议权备受法官尊重。在加拿大的辩诉交易中，其检察官也享有类似美国检察官在辩诉交易中所拥有的量刑建议权。

大陆法系国家也普遍存在量刑建议制度，尽管这些国家刑事诉讼程序的定罪程序和量刑程序并没有截然分开，但检察官在诉讼活动中充分行使着量刑建议权。有的国家将这一制度规定在刑事诉讼法典中，如俄罗斯联邦刑事诉讼法典第 248 条规定："检察长在法庭上支持国家控诉……向法庭提出自己关于对受审人适用刑事法律和刑罚的意见。"韩国在其检察厅法第 4 条中规定，检察官的职权之一就是"向法院请求法律的合理适用"。意大利刑事诉讼法第 459 条规定，在"处罚令程序"中，公诉人可以要求适用相对于法定刑减轻直至一半的刑罚；同时，第 460 条规定，"在处罚令中，法官按照公诉人要求的标准适用刑罚，指出可以在法定最低刑以下减轻处罚的幅度……"意大利的检察官不但在简易程序中享有量刑建议权，而且在辩诉交易中也拥有量刑建议权。

有的国家虽在刑事诉讼法上并无明确规定，但在司法实践中长期存在着量刑建议的做法。德国虽未在其刑事诉讼法中规定检察官享有量刑建议权，但其

---

① 转引自周国均提交 2001 年 9 月 15 日量刑建议权研讨会的发言稿《关于量刑建议权的两个问题》。

"处罚令程序"规定，"对于轻罪，依检察官书面申请，法官、陪审法庭可以不经审判以书面处罚令确定对行为的法律处分。检察院要在根据侦查结果认为无审判必要时提出这个申请。申请应当写上要求判处的法律处分。"可见，在这一程序中，德国的检察官享有量刑建议权。另有一项关于德国处刑的统计结论说，检察官建议适用的刑罚与法官最终判处的刑罚大都较为接近，而法官更倾向于在检察官建议之下处刑。① 日本也存在类似的情况，其刑事诉讼法并无明文规定检察官是否拥有量刑建议权，但在刑事诉讼的最终辩论阶段，检察官会依证据认定的犯罪事实，提出如何适用实体法和诉讼法的具体意见，包括对该案应适用的法律条款、应判处刑罚的种类和轻重程度，其中关于量刑的意见，通称"求刑"，这一内容通常是检察官在审判的综合阶段作总结性发言时提出。"求刑"是日本检察官论告的结论，它虽为法庭的正确量刑提供了初步的标准，但对法庭没有当然的约束力。由此可见，日本检察官所拥有的量刑建议权是最为典型的。

2. 检察机关行使量刑建议权既有理论上和法律上的依据，也符合刑事诉讼的目的

从国外司法实践和量刑建议权的性质来看，我国检察机关享有量刑建议权应该是不争的事实。但要建立一项制度，除了可资借鉴的国外经验外，还应有理论上的依据和法律上的规定。从理论上看，量刑建议权是公诉权的应有内容，是检察权的必然延伸，是与立法机关的制刑权、审判机关的量刑权和行政机关的行刑权相对应的检察机关求刑权的一项内容。从法律依据看，虽然我国法律没有明文规定检察机关享有量刑建议权，但《刑事诉讼法》第160条关于"公诉人可以对证据和案件情况发表意见"的规定，可以视为检察机关拥有量刑建议权的直接法律依据之一。就刑事诉讼的目的而言，检察机关代表国家提起公诉不仅仅是为了解决定罪问题，也是为了使犯了罪的被告人受到刑事制裁，公诉人在履行公诉职责时必然会涉及量刑问题。可见，检察机关在公诉实践中一直都在行使着量刑建议权，只是没有用足用好而已。从刑事诉讼法规定"保证准确、及时地查明犯罪事实，正确应用法律，惩罚犯罪分子"的任务来看，提出正确的量刑建议，不仅是检察机关和公诉人的权力，也是检察机关应履行的职责。

3. 司法改革大潮和庭审制度改革为检察机关量刑建议权的行使提供了契机

（1）司法公正是司法工作和司法改革的永恒主题。通过司法执法活动，

---

① 转引自张雪妲：《国外量刑建议制度比较》，载《法制日报》2001年8月5日。

使犯罪者得到应有的惩罚、被害者得到保护、法律得到正确的实施，才能实现公平正义。而检察机关担负着法律监督的重任，在司法改革的浪潮中强化法律监督，维护公平正义，就成了其立身之本、立业之基。检察机关的法律监督主要是通过办案来实现的，办案是检察工作的基本内容和实施法律监督的基本途径。在刑事诉讼过程中，综合案件各方面的情况，提出量刑建议则是对审判机关量刑监督关口的前移。判决后，一旦发现其判刑与自己所提的量刑建议相差悬殊，就可以此为理由提出抗诉，这样就能有效地预防审判机关办案人员在量刑上可能产生的徇私枉法行为，从而使审判机关的量刑"一次准"，提高办案效率，节约司法资源，有利于实现法律的正义价值和效率价值。①

（2）1996年刑事诉讼法修改后，对刑事案件的庭审方式进行了重大改革，吸收了当事人主义的一些因素，基本上形成了法官居中裁判、控辩双方互相对抗的庭审模式。法院在庭审前只作程序性审查，强化了庭审功能。在法庭上，追诉犯罪、控告犯罪的职责主要由公诉人来承担，法官在庭审中只负责审查控辩双方展示的证据，具有中立性和超然性的特点，尽管在必要时，法官仍可以依职权讯问被告人、询问证人、被害人，调查核实证据等，但举证责任基本由控辩双方承担。"谁主张，谁举证"是一项重要的证据原则，作为公诉人的检察官，在庭审中除了积极举证以证明犯罪事实的存在外，还应为追诉犯罪、惩罚犯罪提出自己的量刑主张。

4. 刑法相对确定的法定刑规定，为检察机关行使量刑建议权提供了较大的运作空间

相对确定的法定刑是量刑的前提，合理、科学而相对确定的法定刑对量刑公正的实现至关重要。目前，世界上绝大多数国家刑法规定的均是相对确定的法定刑，我国也不例外。这就为法官在量刑时提供了较大的自由裁量余地。"这种权力的行使，直接关系到当事人的切身利益，关系到人民法院行使刑罚权的质量及刑罚适用的效果，关系到国家的形象与法律的权威，是人们评价刑事司法工作好坏的重要标志。"②相对确定的法定刑为纷繁复杂的个案的量刑公正提供了条件，但仍然有不少法律条款的量刑幅度规定过于宽泛，法官素质的差异及其他各种因素的影响，司法实践中类似情节的犯罪被判处轻重不同刑罚

① 谢健美：《检察机关确立量刑建议权的理性思考》，载《上海检察调研》2003年第7期。

② 赵德云、白云山：《量刑与刑事诉讼改革》，中国政法大学刑事法律研究中心、英国大使馆文化教育处主编，载《中英量刑问题比较研究》，中国政法大学出版社2001年版，第59页。

的现象并不少见，这就导致了法律适用上的事实上的不平等。因此，为预防法官滥用手中的量刑权力，检察机关在控诉犯罪时，依据刑法对同一犯罪不同情节的法定刑的不同规定，综合犯罪的具体情况，可在法定刑幅度内提出一个与犯罪情节比较适合并相对比较具体的量刑意见。

5. 主诉检察官制度的推行和检察官队伍素质的不断提高，为量刑建议权制度的实施提供了现实保障

随着庭审制度改革的不断深入，公诉人成为法庭诉讼的主角，这无疑对公诉人提出了更高的要求。"法庭辩论是集知识（包括法律知识和其他综合知识）、思辨、技巧及心理素质等于一体的智能性活动。"① 因此，充当公诉人的检察官要想在辩论中取胜，说服法官采纳自己的观点，除了应精通法律、学识渊博、思维敏捷、随机应变、心理素质良好等条件外，还必须全面了解案情、充分掌握证据，否则，即便拥有雄辩的口才，也会因"巧妇难为无米之炊"而败诉。因此，为更好地履行公诉人的职责，改变检察机关多年来在公诉工作中形成的上命下从的行政性关系为主导的运行机制，放权给检察官，近年来，根据最高人民检察院的部署，全国各地试行了主诉检察官制度，将此作为检察机关深化改革的一项重要内容。实行主诉检察官制度以来，检察官有了更大的独立性和自主性，改变了以前"审而不定，定而不审"的弊端。几年来的实践证明，主诉检察官制度产生了较好的社会效益，如提高了办案效率，节约了司法资源，明确了办案责任，增强了检察官的责任心和上进心等，同时还提高了检察官的自身素质和公诉质量，使公诉活动向着专业化甚至专家化的道路发展。主诉检察官制度的推广，客观上为检察机关量刑建议权制度的实施贮备了人才，为量行建议权的推广提供了人员上的保障

6. 检察官肩负的责任为量刑建议权的正确行使提供了保障

我国刑事诉讼法规定，检察机关在收集证据的时候，既要收集犯罪嫌疑人有罪、罪重的证据，也要收集犯罪嫌疑人无罪、罪轻的证据。这一规定表明，检察机关在提起公诉时对犯罪嫌疑人的犯罪情况的了解应该是全面的，在此基础上提出的量刑建议也就有了准确性和公正性。此外，庭审时，公诉人还可根据法庭上出现的意外情况及时修改自己的量刑建议。可见，量刑建议权的行使不是随意的，而是依据所收集到的证据及庭审质证后所作出的综合性的合理建议。

---

① 张穹主编：《公诉问题研究》，中国人民公安大学出版社 2000 年版。

四、检察机关如何行使量刑建议权

建立量刑建议权制度，使其具有可操作性，在司法实践中应考虑以下几个方面的问题，如提出量刑建议权的主体、量刑建议权行使的阶段、行使的方式、建议的种类以及适用的案件范围等，只有解决了这些问题，量刑建议权制度才能在司法实践中真正地实施和推广。

（一）提出量刑建议的主体

提出量刑建议的主体是指在实际操作中由谁来提出量刑建议。有人认为，从检察机关内部而言，在法庭上根据庭审情况发表量刑建议的主体，一般只能是公诉人，除此无可替代；在庭审前特别是在提起公诉前，决定并提出量刑建议的主体要结合现行的公诉体制而确定。在当前尚未完全推行主诉检察官制度的情况下，按照传统体制办案的公诉人，案件的定罪建议和量刑建议皆由检察机关集体决定；按照主诉检察官制度办案的公诉人，量刑建议一般可由主诉检察官决定并提出。但另一些案件，不是由主诉检察官自行决定的，按照谁决定谁提出的原则。①

也有学者认为，检察官提出的量刑建议属于集体建议而非个人建议，② 其理由是：我国实行检察一体化的原则，即检察官对外以检察院的名义代表国家进行检察工作，尽管有时检察官会以个人名义签署官方文件，但该行为是代表国家的，是检察院的行为，而不是其个人的行为。同样，检察官所提出的量刑建议也并非其个人建议，而是代表国家利益的检察院集体的建议，尽管检察官所提出的量刑建议是其对案件事实进行调查、对法律适用进行研究的结果，是建立在其个性化的推理、判断等司法活动基础上的。

笔者认为，上述的两种说法都有一定的道理。事实上，无论由谁提出量刑建议，根据我国现行的检察体制，其行为都是代表检察院的，不论是称检察官、公诉人还是主诉检察官，其在法律上的地位都不是独立的。但在实际工作中，还是应该由主办案子的检察官提出量刑建议才比较合适，因为只有主办案件的人才会对案件有全盘、通彻的了解，其提出的量刑建议才会有充分的依据和理由，也才会比较准确、合理。因此，在没有实行主诉检察官制度的检察

---

① 苗生明提交2001年9月15日量刑建议权研讨会的发言稿《关于量刑建议制度的初步设想》。
② 汪建成提交2001年9月15日量刑建议权研讨会的发言稿《论量刑建议权的程序控制》。

院，如果还是按照传统的方式办案的，则由集体讨论决定，但出庭的检察官也可根据庭审的变化，随时修正量刑建议。这是因为，目前我国还没有实行证据开示制度，在法庭上完全有可能出现检察官没有收集到的但能左右量刑幅度的证据。在实行主诉检察官制度的检察院，则由主诉检察官对自行决定的案件提出量刑建议；至于其他案件，原则上是谁有权决定案件，就由谁负责提出量刑建议。总之，提出量刑建议的最终目的是使量刑更加公正、合理，故在试行阶段，各基层检察院可根据自身的具体情况，决定是由集体提出还是由主诉检察官提出。

（二）量刑建议权行使的阶段

量刑建议权的行使阶段，是指量刑建议应该在哪个诉讼环节提出，这是量刑建议权制度的重要内容之一。对这一问题，学界也有不同的看法。

第一种观点认为，结合我国具体的审判制度，量刑建议可以考虑放在起诉书中，在指控被告人犯罪的同时，建议法院给予某种刑罚，这样便于被告方在整个法庭审理过程中进行有效地、全面地辩护。当然，在法庭调查、法庭辩论结束后，如果公诉人发现法庭查明的事实与起诉书指控的事实有出入，而且起诉书的指控确实存在疑点时，也可以在法庭辩论后提出新的量刑建议。①

第二种观点认为，应当是在法庭调查之后、法庭辩论开始、宣读公诉词时提出量刑建议。理由是：根据我国目前的诉讼进程安排，经过法庭调查，检察官和被告方对对方出示的证据进行了充分的质证之后，被告人的犯罪事实、量刑情节已经基本上能够显现出其本来面目，此时检察官提出量刑建议，是立足于充分的证据证明之上的，应该具有足够的说服力，也比较客观、正确，易为法官接受；同时，由于有接下来的法庭辩论阶段，辩护方有足够的机会对检察官的量刑建议提出异议，为己方的合法权益进行辩论。如此则兼顾了检察官行使权力的方便有效和对辩护方辩护权利的程序保障。同时，这一做法不是僵死的，它完全可以根据庭审时的实际情况加以灵活变通，如经过法庭辩论之后，公诉人感到被告人及其辩护人在辩解或者反驳时提出的事实和证据确实可信，据此，就有必要修正自己的量刑建议。在这种情况下，公诉人可以也应当将自己修正的量刑建议写成书面材料提交给法庭，供合议庭合议时参考。

第三种观点认为，应根据不同的案件在不同的阶段提出。对按照普通程序审理的案件，尤其是重大、复杂案件，应当在证据调查完毕以后、法庭辩论阶

---

① 陈卫东提交 2001 年 9 月 15 日量刑建议权研讨会的发言稿《公诉机关量刑建议权提纲》。

段提出。但从指控的完整性上考虑，应当在起诉书中提出概括性的量刑意见。理由为：一是检察机关提起公诉后特别是在庭审阶段，被指控的犯罪事实及量刑情节普遍存在发生变化的情形，故在起诉书中一般不宜提出较为明确具体的量刑建议，以便为将来根据庭审情况发表量刑建议留下余地；二是案件事实经法庭示证、质证，法庭辩论等过程，公诉人对于案件的全貌的了解可能更充分些，此时，提出量刑建议的把握性会更大一些。而对适用简易程序审理的案件、适用普通程序简易审理的案件和诉前证据展示的案件，在起诉书中可以尝试提出较为明确的量刑建议。理由为：适用简易程序的案件公诉人一般不出席法庭，而且被指控的案件事实清楚、证据确实充分，情节简单，且系轻罪；诉前经证据展示的案件，公诉人对证据情况已有充分、全面的了解，对于定罪和量刑已有内心确信；适用普通程序简易审理的案件，也是事实清楚且被告人作有罪答辩，同时考虑到保障辩护权的要求和诉讼效率，量刑建议在起诉或同意适用简易程序时提出为宜。①

笔者赞同第三种观点，因每个案件的具体情况不同，对提出量刑建议的时间或环节实施"一刀切"是不切合实际的。对于那些案情复杂、重大的案件，审理过程中很难预料会发生什么样的变化，但检察机关在审查起诉时毕竟已掌握了相当的证据材料和案件事实，因此，在起诉书中可提出概括性的量刑意见，等到辩论结束后在最后陈述时再提出比较具体的、明确的量刑建议，这样做既可保证所提出的量刑建议具有准确性和合理性，也便于行使量刑建议权的人进行全面的考虑。而对于那些适用简易程序审理的案件，因其案情简单、事实清楚、证据充分，再加上通常情况下检察院不派检察官出庭支持公诉，故在起诉书中就应当提出具体、明确的量刑建议。

（三）量刑建议权行使的方式和建议的种类

在国外，提出量刑建议的方式是比较灵活的，有的在提出处刑命令请求时提出，既有口头的，也有书面的；有的在起诉书以外以书面形式提出。因此，在我国也可以根据案件的具体情况，以书面形式或者以口头形式提出。对于疑难复杂严重的案件，可通过书面形式提出，显得比较慎重。即使是这样的案件，如在庭审过程中有必要修正先前的量刑建议，时间紧急的，也可以口头形式作出补充。对于较为轻微的案件，如检察官出庭支持公诉的，则可当场以口

---

① 苗生明提交 2001 年 9 月 15 日量刑建议权研讨会的发言稿《关于量刑建议制度的初步设想》；宋英辉提交 2001 年 9 月 15 日量刑建议权研讨会的发言稿《检察机关量刑建议的依据、意义及行使》。

头形式提出；如不派人出庭支持公诉的，则可在起诉书中以书面形式提出。总之，提出量刑建议的方式可视案件的具体情况而定。

至于提出量刑建议的种类，也应根据不同的诉讼环节、不同的量刑幅度及刑罚执行方式等采用不同的类别。根据几个试点基层检察院的实践经验，大体可分为三类：一是概括性量刑建议，即前述体现于起诉书中的量刑建议。此类建议的幅度跨度最大，就是在起诉书中指明量刑时应当直接适用刑法的条款即可。二是相对确定的量刑建议，即在法定刑幅度内进一步压缩量刑空间，但要有一定的幅度。比如，法定刑幅度为 3 到 10 年有期徒刑，可以提出 6 至 8 年的量刑建议。三是绝对确定的量刑建议。按照一般量刑标准可以确定量刑意见的案件，在可适用的刑罚种类较为单一或者符合免于刑事处罚、缓刑、死缓条件的情况下，可以发表绝对确定的量刑建议，如建议判处死刑立即执行、无期徒刑、缓刑、免刑等。①

（四）适用量刑建议制度的案件范围

对于量刑建议权制度适用的案件范围，在理论上讲虽可适用于所有的案件，但在司法实践中还是会受到一些限制，尤其是在试行阶段。对此，学界也有以下几种不同的意见：

第一种意见认为，可以先在刑事简易程序中试行量刑建议制度。理由有：（1）适用简易程序的案件，都是案件事实清楚、被告人认罪的案件；（2）适用简易程序的案件法院通常应从轻处罚；（3）适用简易程序的案件，因为检察院不派公诉人出庭，而是在审前移送全部案卷材料——这就使检察官有条件事前与辩护律师或被告人交换意见，并在此基础上提出从轻量刑的意见，供法院参考。这种量刑建议不写在起诉书上，而是另写一份建议书随起诉书送给法院，这实际上是借鉴了美国辩诉交易制度的一些有益作法。②

第二种意见认为，探讨的立足点不同，适用的案件范围也不同，如将提高效率作为立足点的，适用的范围只在简易程序案件；如立足点是促进司法公正的，适用的范围就不仅仅是简易程序的案件，也应包括普通程序的案件。

第三种意见认为，量刑建议试行初期以限定在公安机关侦查的案件范围内为宜。理由为：我国目前尚未出台证据方面的专门立法，有关证据的采集、固

---

① 苗生明提交 2001 年 9 月 15 日量刑建议权研讨会的发言稿《关于量刑建议制度的初步设想》。

② 陈光中提交 2001 年 9 月 15 日量刑建议权研讨会的发言稿《关于量刑建议制度的几点看法》。

定、证人出庭的保障以及制约性措施等缺乏必要规定，对于职务犯罪案件的查证与追究，在司法实践中较其他案件更为复杂，因此，证据展示在涉嫌职务犯罪的案件中试行尚待时日，相应地，由于证据方面欠全面，此类案件不宜提出具体的量刑建议。[①]

第四种意见认为：第一，凡是《刑法》规定判处 3 年以下有期徒刑、拘役、管制、单处罚金的案件，就不应要求公诉人提出量刑建议。理由是：（1）目前我国检察官人数少、业务素质欠佳，且证据展示制度尚未建立，这样做可以减轻公诉人提出量刑建议的负担，以便集中主要精力研究比较严重和严重的犯罪案件并提出量刑建议；（2）对判处 3 年以下的刑罚的案件提出量刑建议，很难做到准确；（3）公诉人提出量刑建议应当给法庭留有余地。第二，只对法条规定了较重的刑罚、对犯罪规定了重刑的、或对某种罪根据不同的情节分别规定了不同的刑罚的以及对某种罪规定了"具有特别情形之一的"，提出量刑建议。主要理由是：对这些案件，《刑法》规定的法定刑幅度大，有的情节严重，有的情节特别严重，有的具有特别情形且应当判处的法定刑比较重或者很重，对此检察官能够进行分辨和衡量，同时也是制约法官擅自量刑所必需的。

笔者认为上述意见各有千秋，但从实行量刑建议权制度的目的出发，原则上应该对所有的案件都可提出量刑建议。不过，在试行阶段为积累经验，可从适用简易程序审理的案件起步。2003 年 3 月，最高人民法院、最高人民检察院、司法部颁布了《关于适用简易程序审理公诉案件的若干意见》，其中第 1 条对适用简易程序审理的条件作出了明确规定：事实清楚、证据充分；被告人及辩护人对所指控的基本犯罪事实没有异议；依法可能判处 3 年以下有期徒刑、拘役、管制或者单处罚金。第 2 条则对适用简易程序的排除性范围进行了明确：比较复杂的共同犯罪案件；被告人、辩护人作无罪辩护的；被告人系盲、聋、哑人的以及其他不宜适用简易程序审理的情形。第 3 条规定，检察院建议适用简易程序的，应当制作《适用简易程序建议书》，在提起公诉时，连同全案卷宗、证据材料、起诉书一并移送法院。法院在征得被告人、辩护人同意后决定适用简易程序的，应当制作《适用简易程序决定书》，在开庭前送达检察院、被告人及辩护人。法院认为依法不应当适用简易程序的，应当书面通知检察院，并将全案卷宗和证据材料退回检察院。第 4 条规定，对于人民检察院没有建议适用简易程序的公诉案件，人民法院经审查认为可以适用简易程序

---

① 郭兴莲提交 2001 年 9 月 15 日量刑建议权研讨会的发言稿《关于量刑建议制度试行中的几个问题》。

审理的，应当征求人民检察院与被告人、辩护人的意见。人民检察院同意并移送全案卷宗和证据材料后，适用简易程序审理。人民法院决定适用简易程序的，应当制作《适用简易程序决定书》，在开庭前送达人民检察院、被告人及辩护人。简易程序的这种试验，实际上对量刑建议权制度的设立和施行很有借鉴意义。

五、推行量刑建议权制度的阻力

建立一项新制度，只有在利大于弊的情况下，才有其必要性。从我国基层检察院试行量刑建议的实践情况看，检察机关行使量刑建议权是一项预防司法腐败、促进司法公正的有效措施。它不仅有助于减少量刑畸轻畸重现象和促进法官合理地行使量刑自由裁量权，而且有利于推行简化被告人认罪案件审理程序等司法改革。尽管如此，在目前我国的司法体制和现实条件下，我们仍然不能低估推行量刑建议权制度可能遇到的多方面的阻力。全面地了解、科学地分析推行量刑建议制度的各种阻力，有助于我们设计出更加现实的、合理的、可行的量刑建议制度，从而更好地推进司法公正和实现正义。

法律依据不充分是当前我国推行量刑建议制度的大背景。虽然我国《刑事诉讼法》第 141 条、第 160 条的相关规定为检察机关享有和行使量刑建议权提供了一定的法律空间，但我们必须清醒地看到，法律并没有直接赋予检察机关量刑建议权，也没有对量刑建议的程序作出具体的规定。整体上说，量刑建议法律制度尚待探索和建设。这就使成功地推行量刑建议制度的尝试不仅需要运用娴熟的法律技能，还需要高超的政治艺术，并本着法治的精神创造性地开展工作。具体而言，推行量刑建议制度的阻力在如下三个方面都不同程度地存在着：

（一）来自检察系统的阻力：检察机关的工作量加大、检察官的责任加重

庭审制度改革之后，公诉人的举证责任明显加重，工作量明显加大。在此基础上，检察机关行使量刑建议权无疑会再次加重公诉人工作负荷和责任。量刑建议被法官采纳的前提是建议本身具有较高的确定性和科学性，这就要求公诉人不仅要熟悉案件本身的所有相关事实，包括犯罪嫌疑人是否构成犯罪和罪重、从重处罚的事实以及从轻、减轻处罚的事实等，而且要通晓相关的法律知识，包括对法定量刑情节和酌定量刑情节的准确把握，对案件细节问题所蕴含法律问题的胸有成竹和对同类案件已有的判例的通盘了解等。同时，当庭提出量刑建议对公诉人的综合能力和应变能力等各方面素质都提出了更高的要求，

这对多年以来一直沿袭着传统庭审运作方式的大多数公诉人来说,无疑是相当艰巨的挑战。在没有相关配套制度约束和制约的情况下,公诉人为提出量刑建议所付出的艰辛劳动并不一定被法官肯定和社会承认,所以,一些公诉人"在公诉时提出量刑建议是自讨苦吃"的看法不无道理。但从长远的眼光来看,随着司法体制各方面改革的不断深入,如普通程序简易审的发展和完善,再加上量刑建议权制度的推行,就可大大减轻公诉人的工作量。

(二) 来自法院系统的阻力:量刑意见公开化、法官量刑自由裁量权受限

对检察机关提出量刑建议的做法,法官们的看法也不尽一致。有的人认为检察机关提出量刑建议权可以相应地减轻法官的办案压力,客观上也确实能够促进量刑的相对公正;有的法官则心存疑虑,一方面认为量刑建议权可以促进司法公正,但又担心量刑建议权的法律规定一旦明确,自己在审判案件行使量刑自由裁量权时就会左右受制掣;也还有一些法官对量刑建议制度存有一定的抵触,在心理上排斥量刑建议,表现在工作上,往往是不理会公诉人的量刑建议,甚至是故意反其道而行之。客观地说,推行量刑建议权制度,旨在促进量刑公正,对法官滥用量刑自由裁量权的行为确实是一种比较有效的制约,某些法官对此多少感到有些不便也在所难免。但检察机关行使量刑建议权并不会影响法院独立行使量刑权,正如检察机关提出定罪建议不侵犯法院的审判权一样,相反,检察机关提出量刑建议有助于提高法院量刑的透明度和准确性,有助于法院作出公正、科学、合理的判决,从而也在一定程度有利于审判机关社会形象的改变和提高。从职务犯罪角度看,预防量刑腐败现象的发生,实际上也是对法官的一种有效的保护。

(三) 来自律师业的阻力:公诉人的量刑建议越合理,辩护人的辩护空间就越小

从法律上说,公诉人和辩护律师的最终目标都是为了使被告人能受到公正的处罚,但出于职业上的不同,两者在具体的工作目标上还是有相当差异的。公诉人侧重于维护社会公共利益和使被告人受到法律的应有制裁,而辩护律师强调的则是维护被告人的合法权益并通过辩护获得相应的经济报酬。如果公诉人在全面掌握案情的基础上提出了合理合法的量刑建议,而法官又采纳了公诉人的量刑建议,这样,被告人就误以为辩护律师在其中并没有起多大的作用,自己请律师似乎是多花了"冤枉钱"。甚至有的律师也说:"你们公诉人把话都说完了,我们还说什么!"与公诉人只提定罪建议的做法相比,公诉人提出

量刑建议似乎在一定程度上压缩了律师的辩护空间。而事实上，公诉人提出量刑建议倒正好给辩护律师开拓了量刑方面的空间，辩护律师可以就量刑问题发表自己的看法，从而争取到对被告人最有利的处罚。这虽对律师的辩护提出了更高的要求，但也能促进律师辩护往深度方向发展。

由此可见，尽管推行量刑建议权制度是必要的，也是可行的，而且一些基层检察院在试行中也取得了不错的成绩，但要全面推行这一制度，仍会遇到来自方方面面的阻力。不过这些阻力的存在都是暂时的，在司法公正是现时司法改革的主旋律下，通过各方面配套制度的相应改革，消除这些阻力也是指日可待的。

正确发挥检察机关
在社区矫正中的职能作用[*]

刘 方[**]

一、检察职能与社区矫正的关系

从检察机关的基本职能以及社区矫正的性质看，二者具有不可分割的联系。在我国的司法体制中，检察机关被定位为国家法律监督机关，对刑事诉讼和刑罚的执行无疑具有监督的权力。学术上对检察监督到底是法律监督还是诉讼监督还存在许多争议。一部分人认为，中国一元分立的权力架构决定了要设立法律监督机关，中国检察机关的主要职能是法律监督。[①] 另一部分人认为，中国检察机关的监督职能从实际运作上看仍然是一种诉讼监督。[②] 这方面的不同观点和争论此消彼长，旷日持久，从来没有停息过。无论是法律监督还是诉讼监督，检察机关对与刑事诉讼直接相关的社区矫正活动进行监督都是应有之义。应当说，在我国宪法和基本法律没有对此作出修改之前，检察权的法律监督性质是无法做出否定评价的。我们现在必须要做的也是能够做到的，是如何理顺检察职能在司法实践中的关系，如何使检察权在法治的轨道上正确运行，以更好地适应刑事诉讼和司法实践的需要。

检察机关的法律监督要正确地适用于社区矫正，首先应当明确社区矫正的性质和特征。由于社区矫正与刑罚执行具有不可分割的渊源关系，使我们在思考社区矫正问题时总会把它与刑罚的执行联系起来。事实上，社区矫正的对象也主要来源于刑事领域中受到刑罚处罚的犯罪行为人群体。所以，把社区矫正视为刑罚执行的一部分或者说是刑罚执行的替代措施，在理论上和实践中都

* 本文刊载于《中国司法》2011 年第 5 期。

** 刘方，最高人民检察院检察理论研究所学术部副主任、研究员。

① 朱孝清：《中国检察制度的几个问题》（上），载《人民检察》2007 年第 8 期。

② 蒋德海：《法律监督还是诉讼监督》，载《华东政法大学学报》2009 年第 3 期。

是可以接受的。我国法学研究中也有很多人认为,"社区矫正"是相对监狱的监禁而提出来的;它虽然舶来于国外刑罚但却能体现我国刑罚执行中专门机关与群众路线相结合的原则和理念。① 但对"社区矫正"这一概念的解释在理论上并不统一。有的人认为,社区矫正是一种对符合一定条件的罪犯在社区中执行刑罚的非监禁制裁措施,它是建立在"复归理论"基础上的"舶来品"。② 也有的人认为,社区矫正是矫正机构将罪犯放在社区里进行矫正教育,在社会团体和民间组织以及社会志愿者的协助下,有效地利用社会资源开展对罪犯矫正教育工作的新型矫正方式。③ 这两种观点既有相似之处,也有明显区别。前者主要强调社区矫正的刑罚执行功能;后者则注重于社区矫正在改造与矫正犯罪人中的实际作用。

从刑罚执行监督的角度看,检察机关介入社区矫正中的法律监督是不成问题的。因为刑罚执行作为刑事诉讼的必然阶段,与检察职能的发挥是密不可分的,检察机关对诉讼活动或者说诉讼过程进行监督符合诉讼法的基本原理。但是,如果把社区矫正扩大为一项对各类违法犯罪行为进行社会教育和改造的工程,检察机关仅仅以法律监督者的身份能否成为这个工程中的合格一员?尚值得推敲。在这里,我们有必要把中国检察机关在刑罚执行中的职能与国外检察机关在刑罚执行中的职能作一简单比较。在大陆法系国家,如法国、德国,检察机关是刑罚执行的当然机关,检察机关不是作为监督者而是作为执行者参与刑罚执行。在这里,检察机关虽然有"监督权",但主要的不是监督执行者而是监督被执行者——犯罪人。在英美法系国家,如英国、美国,一般都设立有专门的刑罚执行机关。在美国,各州情况不一样,多数州的刑罚执行机构隶属于政府部门,也有少数隶属于法院。英美法国家的检察机关属于典型的行政机关,没有法律监督的概念,也不具有类似的监督权。所以,在国外司法制度中很难找到检察机关参与刑罚执行监督的先例。我国法律制度虽然趋同于大陆法系,但刑罚执行权却是分别赋予了司法行政机关、公安机关和法院,检察机关在刑罚的具体执行中除了享有监督权外,再也找不到其他权属的法律依据了。检察机关与社区矫正之间的关系仅仅表现为检察权对执行权的监督关系,其根源在于我国宪法和法律对检察机关法律监督权的设计。这种设计从理论上讲是

---

① 参见胡陆生:《社区矫正的比较研究》,载《河北法学》2005 年第 4 期。

② 张曦:《法律监督在适用社区矫正中的形式构造》,载《西南政法大学学报》2010 年第 6 期。

③ 程应需:《论社区矫正与刑罚制度改革》,载《武汉大学学报(哲学社会科学版)》2006 年第 4 期。

合理的，因为要么具体负责刑罚的执行，要么对刑罚执行进行监督，不能又执行又监督，岂不成了自己监督自己。

二、检察机关对社区矫正进行监督应当依法进行

现代社会的政治体系是以法律制度为基础而构建的，国家的各项权力都必须严格遵循宪法和法律所确定的基本原则，任何权力的行使都不能偏离法治的轨道，即通常所说的依法治国。依法治国的基本提前是要遵循法制的原则，任何机关、团体和个人的行为都必须符合法治的要求，对于司法机关和执法机关来说更应当如此。卢梭就曾认为，"统治者是法律的臣仆，他的全部权力都建立在法律之上。他若强制他人遵守法律，他自己就得更加严格地遵守法律。因为统治者的榜样力量是巨大的。"① 中国的权力结构形式与西方国家的权力结构存在较大差别。一般认为，西方国家宪政体制中的权力结构为平面或半平面结构模式，即国家的立法、行政、司法等主要权力平行地设置于同一平面，各种权力形成法律上的相互牵制关系。其权力的监督和制约关系表现为平面式的相互监督和制约。中国的权力结构形式被认为是一元式的权力结构模式。② 在这种权力结构形式下，国家的一切权力被集中到人民代表大会，国家的行政权和司法权亦来源于人民代表大会的授权。一元式权力结构下的权力监督与制约关系主要表现为立体式的形式，即从权力关系上看主要是上级对下级的监督，领导层对被领导层的监督，而缺乏平行主体之间的相互监督和制约。因此，国家权力机关就有必要设置专门的法律监督机关来保障国家法律的正确实施。

检察机关作为国家的专门法律监督机关，主要职能作用就是保证国家法律得以正确贯彻实施。这种专门的监督在实践中虽然也表现为一种国家权力对另一种国家权力的监督和制约，但它与西方平面式的监督模式不同的是具有居高临下的态势，因为他是代表国家权力机关例行法律监督权。毫无疑问，从法律监督的特性上看，检察机关的监督权丝毫也不能离开法律，无论是监督的内容、监督的形式，抑或是监督的手段和方法，都不能超越法律的规定。简单地说，就是必须具有法律上的明文规定才能进行监督，如果离开了法律的规定或者超越了法律的授权范围，其监督就是违法或者无效的。

检察机关应当对社区矫正进行法律监督，其中一个主要原因和理由是囿于传统的刑罚制度和司法实践的实际情况。社区矫正在我国的出现是刑罚运用过

---

① 转引自马克昌主编：《近代西方刑法学说史略》，中国检察出版社1996年版，第31页。

② 参见樊崇义：《法律监督职能哲理论纲》，载《人民检察》2010年第1期。

程与对罪犯进行教育、改造过程相结合所产生的结果。在我国，它设置的主要目的不是对一般违法行为或者曾经犯过罪但刑罚已经执行完毕的那些有人身危险性的人进行矫正，而是主要针对已经构成犯罪被判处刑罚但尚未执行的人或者尚未执行完毕的人进行矫正。根据 2003 年 7 月最高人民法院、最高人民检察院、公安部、司法部联合下发了《关于开展社区矫正试点工作的通知》的规定，将下列五种情况纳入社区矫正范围：（1）被判处管制的；（2）被宣告缓刑的；（3）被暂予监外执行的；（4）被裁定假释的；（5）被剥夺政治权力，并在社会上服刑的。在《刑法修正案（八）》中，被判处管制、宣告缓刑和被宣告假释的犯罪分子，明确规定实行社区矫正。从上述刑法和司法解释的规定看，我国社区矫正的对象还没有脱离刑罚执行的窠臼，仍然是监禁刑的替代性措施或者刑罚执行的延伸。与国外那些五花八门的社区矫正方式相比，我国的社区矫正形式显得单调、稚幼。例如，在英国，类似的矫正措施有缓刑和假释的保护观察、社区服务令、将缓刑与社区服务令结合起来的混合令、宵禁令、禁入令、电子监控等。在美国有主要针对青少年的转向（diversion）处置、缓刑和假释的保护观察、家中监禁、中途之家、与中途之家相结合的劳动释放等。① 可以看出，我们所称的社区矫正，在国外法制实践中并不仅仅限于在监外执行刑罚或实施非监禁的替代性刑罚措施，它还包括了对刑满释放人员的矫正以及对违法或者犯罪没有判处刑罚的青少年的帮教等。与我们所讲的"社区矫正"相比较，其属于广义上的社区矫正。

既然检察机关是国家的法律监督机关，无论是执法还是对执法、司法活动监督，都必须依照法律的严格规定进行。对社区矫正进行监督也不例外。如前所述，检察机关对社区矫正进行监督的理由就在于它与刑事诉讼过程有关，是一种事实上的执法活动。只有在执法或者司法的层面上，法律监督机关才有权进行监督。如果离开了具体的法律活动，没有执法和司法活动的具体目标，检察监督这支"矢"就无"的"可放。所以，如果我们一旦把社区矫正像国外那样扩大到对刑罚之外的违法犯罪行为人或者刑满释放人员进行矫正的范围，把社区矫正由现在的执法活动演变为社会性的改造活动，检察机关是否还有根据、有理由进行监督就值得研究了。即使在当前也存在一些问题。例如，按照社区矫正试点的"北京模式"，这种以行政执法为主导的社区矫正纳入检察监督是不成多大问题的。但是按照"上海模式"，社区矫正过程中吸纳了大量社

① 参见胡陆生：《社区矫正的比较研究》，载《河北法学》2005 年第 4 期。

会力量，包括社团组织、非企业单位以及社会志愿工作者。① 这种基于社会化的矫正活动大量插入检察机关的法律监督，这样合适吗？笔者认为，如果对来自社会力量的矫正活动也不分青红皂白地一律实施监督，明显是违反我国检察机关法律监督的基本原理的。因为检察机关是专门的法律监督机关而不是像纪检监察机关那样是一般监督机关。

当《刑法修正案（八）》将部分非监禁刑的执行明确为社区矫正后，随之而来的将是探讨如何使执法者从刑罚执行的理念向社区矫正的理念过渡。在观念上，这个转变带来的影响将是很大的，特别是在像我国这样的刑法领域和刑罚执行过程中根深蒂固的报应刑思想支配下，实现思想观念的转变是对犯罪人进行正确矫正以及社区矫正能否收到预期效果的基本前提。立法机关之所以要将非监禁刑罚的执行改变为社区矫正，其目的之一就是要改变传统的、单一的执法模式，将执法、司法机关包揽的部分轻罪的刑罚执行交由社会来共同监督执行。而作为法律监督机关的检察机关，就必须重新审视这部分刑罚执行的内容和方式，哪些方面具有法律上的根据，属于检察监督的应有范畴；哪些方面缺乏法律依据，不应当纳入检察监督范围。哪些监督措施是行之有效，应当保留的；哪些监督措施和内容不适应当前的需要，应当革新或摒弃。如果检察机关的法律监督认识依旧停留在传统的刑罚执行监督理念上，依照过去的监督方式和监督规则进行监督，就可能对不应当进行监督的对象和行为进行监督。其结果是不仅不能促进社区矫正工作的顺利开展，反而会对社区矫正工作的发展起到干扰和阻挠作用。

三、检察机关对社区矫正进行监督应当贯彻理性的原则

有的学者把我国检察机关对社区矫正进行监督这一模式概括为：检察机关主要是对置于社区内的矫正对象进行教育矫正、监督管理的过程中是否存在违法现象进行的监督，其中包括：发现违法问题的方式和纠正违法问题措施等；检察监督的核心价值，主要体现于维护社会稳定和有利于对犯罪分子进行教育改造；监督的目的是为了制约刑罚权的运用，更好地保障犯罪人的人权。② 从这一观点中可以看出，检察机关对社区矫正进行监督不仅仅要考虑到法律的价值取向问题，还要兼顾到国家刑事政策的目标和要求。如果把这两个方面有机

---

① 参见靳利飞：《我国社区矫正模式比较研究及思考》，载《四川警官学院学报》2009年第2期。
② 张曦：《法律监督在适用社区矫正中的形式构造》，载《西南政法大学学报》2010年第6期。

地结合起来，就是检察机关既要依法履行法律监督职责，又要具有理性监督的思维。一位检察机关的领导同志在讲话中说了一段很有哲理的话，他说："诉讼监督对于维护司法公正、树立司法权威确实非常重要，但不能夸大它的作用。必须依法进行监督。超越法律就走向了反面。同时监督本身有一个合适的问题，过度了就会适得其反。所以在社会转型中，在法治发展过程中，检察权作为一种公权力，一定要自省、内敛和谦抑，否则，检察权也是会被滥用的。"①

社区矫正理论中有一种理论叫"优势视角"理论。这种理论强调的是在社区矫正过程中要以矫正对象的优势为核心，因为每一个矫正对象都有自己的优势，包括财富、资源、智慧、知识等。优势视角就要善于发现并利用这些优势来对抗劣势和不幸的遭遇。优势视角下的社区矫正聚焦于发现、发挥矫正对象自身的优势和潜能，注重激发矫正对象的抗逆力，善于利用周围环境中的有效资源对矫正对象进行帮助并使其得到自我发展。② 试想，如果要科学运用这种"优势视角"理论来实现社区矫正的目的，要通过大量的社会性工作来改变矫正对象的性格和思想，过分地对其进行监督是有好处还是一种弊端呢？

社区矫正虽然在一些地方从试点开始到现在已历经较长时间，但真正从以惩罚、报复为基本导向的刑罚执行方式转变为以教育、改造为目的的"社区矫正"过渡，恐怕不是只争朝夕可以完成的，这既包含着执法观念的转变，也涉及执法方式的转变。从实践中反映的情况看，当前的社区矫正工作也确实存在一些问题：一些地方对矫正对象在社区中的正常生活过度干预；而另一些地方则使矫正对象处于放任自流的状态；还有如矫正措施的法律依据问题、矫正机关的定位和权力分配问题等。造成这些问题的原因是多方面的，有的是涉及法律制度的健全，需要立法来解决的问题；有的是管理制度健全的问题，需要不断积累经验来逐步加以完善。这些问题显然不是完全可以通过检察机关的监督来解决的。例如，现在社区矫正工作中亟待解决的一个突出问题，就是权力主体与行为主体的分离，即具体实施矫正工作的司法行政机关无矫正决定权；而具有矫正决定权的公安机关又不具体从事矫正工作。这就是立法层面上应当及时加以解决的问题。我们认为，司法行政机关作为社区矫正的唯一决策、管理机关是当之无愧的。这不仅符合国际上的通行做法，而且也是逐步改观我国司法行政机关长期不管司法的状况的选择路径之一。

---

① 引自王志国：《2010年诉讼监督论坛综述》，载《法学杂志》2010年第11期。
② 参见付立华：《优势视角下的社区矫正介入策略研究》，载《中国社会科学院研究生院学报》2009年第5期。

总之，检察机关对社区矫正的法律监督应当是理性地、有选择地监督。应当把社区矫正中的法律监督与刑事诉讼进行过程中的法律监督这两种监督形式区别开来。对于后者，应当强调监督措施的严格、严厉和规范，对于违法行为和违法程序应当不折不扣地依法进行监督。而对于前者则应当更多地讲究监督的社会效果和弹性，要更多地注意把监督的法律属性与矫正的社会属性合理地结合起来，应当尽量避免过分地、严密地和严厉的监督。因为社区矫正的真正目的在于借助社会的力量来消除犯罪恶性，改造犯罪人，使其更早地重返社会。菲利说："由于导致犯罪产生的社会因素最容易消除和改善，因此我们同意普林斯的观点：'对于社会弊病，我们要寻求社会的治疗方法'。"① 此外，我们赞成很多学者提出的这样的观点：要注意处理好检察监督与社区矫正决定权、执行权之间的关系；既要坚持原则，又要从有利于工作出发给予理解和宽容，避免产生不必要的摩擦。② 社会分工是有序的，法律赋予检察机关在社区矫正中的职能就是进行监督，而不是去参与决策和执行。人类设计司法制度的初衷，更大的可能性是希望法官、检察官尽量不要融入社会尘埃。不是像行政官员那样充当社会群体的领头人和管理者，离社会越近越好；而是应当与社会群体保持一定的距离，在各类人群之间作居中裁决。这也许是先辈们为了维系司法公正的一种无奈的选择。

---

① ［意］恩里科·菲利：《犯罪社会学》，中国人民公安大学出版社 1990 年版，第 71 页。

② 周洪波等：《社区矫正检察监督权研究》，载《天津法学》2010 年第 2 期。

刑罚变更执行的检察监督研究[*]

张雪妲[**]

一、引言

刑罚变更执行是一种特定的刑罚执行制度，即在刑罚执行过程中，当被执行人出现法定的应变更刑罚措施的情形时，可以对受刑人予以减刑、假释、暂予监外执行及死刑缓期二年执行变更为无期徒刑、有期徒刑，以更合理的方式实现刑罚的惩罚、教育及预防的目的。在我国现行的刑罚执行制度下，刑罚变更执行的建议由监狱等监管机关提出，其中关于减刑、假释的建议由法院裁定是否予以变更，关于保外就医等暂予监外执行的变更则由省级狱政管理机关审核决定。由于刑罚的变更执行直接引起被执行人服刑期限、服刑地点和服刑方式的变化，关系到刑罚目的的最终实现和刑罚执行制度的稳定性，也关系到被执行人获得变更执行权利的实现和保护，是一项十分严肃的执行制度。如果运用得当不仅能够促进罪犯认罪服法，积极改造，有效实现改造罪犯的目的，而且对于加强社会主义法制建设、促进社会综合治理具有重要意义。如果运用不当，一方面容易出现利用这一制度进行徇私舞弊、权钱交易等腐败现象，影响到刑罚制度的权威性和公正性，不但不利于被执行人认罪服法，而且会增加犯罪分子的嚣张气焰，直接影响到社会治安秩序；另一方面也可能导致被执行人的权利不能得到有效保障，不利于其回归社会。因而，我国现行刑事法律在规范刑罚变更程序的同时，将其纳入了我国的法律监督框架，由履行国家法律监督职能的检察机关对其进行监督，以提出抗诉或者提出书面纠正违法意见的方式行使刑罚变更执行监督权，以维护我国刑罚制度的严肃性和公正性，保障被执行人的合法权益。

但目前的刑罚执行实践中出现了许多问题，特别是在刑罚变更执行的环

---

[*] 本文部分内容刊载于《法学》2007 年第 8 期，部分内容刊载于《检察论丛》（第 12 卷）。

[**] 张雪妲，最高人民检察院检察理论研究所信息部主任。

节，出现了大量的适用减刑、假释及保外就医等暂予监外执行措施不规范、随意性大的现象，甚至发生暗箱操作、权钱交易、徇私舞弊等违法犯罪行为。近年来，这方面的腐败现象不时被媒体予以揭露。如震惊全国的辽宁"虎豹"案中，因故意杀人罪、非法拘禁罪等罪名被判处死缓的黑老大邹显卫，就是通过"两减一保"只坐了 5 年牢就神气活现地走出了监狱大门。[①] 类似的现象还有，花钱"买"减刑、假释、保外就医，甚至在某些地方已经形成了潜在的"惯例"和"市场"，花多少钱可以买 1 年刑已经有了大致的标准；在外地被判刑和执行刑罚的则在判决后打通关系，先由本地监所部门出面，将被执行人押送回本地，再由本地监所部门操作进行减刑、假释或者保外就医等变更。这些违法变更措施通常都是由监狱等部门和人员在有关变更的材料报送、变更人员的推荐和名单宣布上弄虚作假，致使许多并不符合条件的被执行人被违法放归社会。这种违法现象的频繁发生，使得现在社会上对刑罚变更措施已经形成了甚为普遍的错误认知，包括"假释等于提前释放"、"保外就医等于玩猫腻放人"、"暂予监外执行等于自由"以及"只要不判死刑总能想办法出来"等等。这种不正常现象和心理的生成，不但很大程度上影响到刑罚执行功能的发挥和服刑人员的稳定性，严重破坏了司法公正，造成了恶劣的社会影响，而且致使未改造好的被执行人在监外执行脱管、漏管严重的情况下重新犯罪危害社会的比率迅速上升，给社会造成了更大的危害。

造成刑罚变更执行环节违法现象频发的原因有很多方面。有制度设计存在缺陷的问题，有立法不细致、不完善的问题，有执法不严格、执法水平不高的问题，也有我国法制建设还处于发展过程中这一现实状况的局限所致的种种问题。在这些原因当中，检察机关的法律监督作用是否发挥到位，也是一个值得关注的问题。从理论上看，检察机关运用法律监督权对刑罚执行活动进行监督，是现代法治社会加强权力制约、保证国家刑罚权的实现、保障服刑人员合法权益，从而保障国家法律的统一、正确实施的要求，是法律监督理论的重要内容。但从实践中的情况看，检察机关对刑罚执行活动的监督存在着监督不到位、效果不明显的现实问题。特别是对刑罚变更执行的监督，检察机关的介入即监督作用的发挥十分有限。[②] 为改变这一状况，高检院联合公安部、司法部在 2004 年 5 月至 2005 年 5 月间，针对减刑、假释、保外就医等刑罚变更执行

---

① 　顾志翔、朴明华：《为服刑犯编假材料减刑保外就医　大连监狱原监狱长等三人被判刑》，载正义网 2004 年 11 月 17 日。

② 　上海市静安区人民检察院课题组：《检察机关对刑罚执行的法律监督》，第六届全国检察理论研究年会优秀论文。

活动进行了为期一年的专项检查活动。实践证明，这次专项检查活动取得了很好的效果。检察机关不但发现和纠正了一批违法违规问题，查办和掌握了一批职务犯罪案件和线索，还针对检察监督工作中存在的问题建立健全了一批工作制度。这是一个很好的开始。但要从实质上推动刑罚变更执行监督工作，促进刑罚变更执行活动的完善，一方面要继续在工作中不断摸索、创新，另一方面还要从理论上加强研究和总结，要从完善制度设计和立法的层面促进刑罚变更执行检察监督制度的完善。

二、检察机关监督刑罚变更执行的应然使命

我国《宪法》和《人民检察院组织法》规定，检察机关是国家的法律监督机关，对国家法律的统一正确实施进行监督。刑罚执行是刑事诉讼活动的最后阶段，是国家各项刑事法律得到统一实施从而实现国家刑罚权的关键环节，因而也是检察机关重要的监督内容。对此，《人民检察院组织法》、《刑事诉讼法》、《监狱法》均作出了明确规定，即人民检察院对执行机关执行刑罚的活动是否合法实行监督，发现违法情况应当通知执行机关纠正。刑罚变更执行是一种特定的刑罚执行制度，即在刑罚执行过程中，当出现法定的应变更刑罚措施的情形时，可以对受刑人予以减刑、假释或者暂予监外执行，以更合理的方式实现刑罚的惩罚、教育及预防的目的。由于刑罚的变更直接引起服刑期限、服刑地点和服刑方式的变化，关系到刑罚目的的最终实现和刑罚执行制度的稳定性，也关系到受刑人获得变更执行权利的实现和保护，对其加强检察监督、确保其依法正确地进行就更为重要，检察机关在刑罚变更执行活动中所承载的制度使命也更为突出。

（一）依法治权，是检察机关监督刑罚变更执行的根本制度目标

现行的刑罚执行体制下，刑罚变更执行活动中究竟蕴含着何种权力、权力的性质究竟是什么，一直是个争论不休的问题。但从刑事法制的宏观层面上看，刑罚变更执行是一项重要的刑罚执行活动，刑罚执行活动则是在刑罚经过了创制、适用阶段后对刑罚活动的落实。所以，不论刑罚变更执行采取怎样的权力配置和运行结构，其实质都是运用强制性的权力使国家的刑罚目的得到实现的过程。这一过程中凸显的是国家与服刑人员个人之间的关系，执行者不但具备国家权力的一切特征，而且始终以服刑人的自由和相关权利为指向。正如法国学者福柯所强调的，犯罪人受惩罚的确定性在于能够阻止犯罪，因而惩罚执行者应该行使一种绝对的权力，被改造者应该完全置于那种权力之下，以必

要的隐蔽性和独立性使犯罪人与可能促成犯罪的一切关系隔离开来。① 运用西方宪政理念进行解释，具有这一本质特性的刑罚执行权力就是"必要的恶"，它既有满足国家实现对犯罪人进行惩罚和矫治的积极作用，同时也有超越限度对服刑人的合法权利造成威胁的天然倾向。为防止这样一种国家权力在高墙的隐蔽之下作不必要的"恶"，所有法制国家的法律制度及权力架构中，都有防止其被滥用的制度设计。我国刑事法律制度也是如此，除了通过法律规定将刑罚的变更执行限制在必要的限度内，同时还设定了检察监督这一重要的法律制度，对其是否按照法律规定行使进行有力的监督。在这一意义上，刑罚变更执行环节上的检察监督是检察机关履行法律监督职责的体现。我国实行的是人民代表大会制，检察机关是经人民代表大会授权对法律的统一正确实施进行法律监督的专门机关，具有独立的宪法地位。在监督各项法律实施的过程中，对各项国家权力进行监督、制约和法律控制，是检察权在我国体制中的特定作用。正所谓"权力扩张到哪里，法律控制就应该跟到哪里"②，检察机关对刑罚执行变更活动的监督体现的是检察权对刑罚执行权的法律控制。"法律监督不同于立法、行政、司法机关的相互合作关系，监督主体不是配合被监督机关履行职责，而是担负着控制后者权力越轨的任务。它通过检查、评价、判断、反馈、督促、控制、约束甚至制裁等多种手段，给被监督者施加一种国家或者社会的控制力量，使其按照监督主体要求的方向从事立法、行政、司法及其他行为。"③ 检察机关通过纠正违法和查处职务犯罪等方式，向刑罚变更执行活动施加监督力量的过程，就是对后者可能滥用权力实施违法行为或者不能正确运用权力以致造成危害的一种特殊防范，这是法律监督制度的实质所在，也是检察监督在刑事法律制度中得以确立的权威基础。

（二）保障刑罚目的的实现，是检察机关监督刑罚变更执行的重要使命

刑罚是国家为了维持法律秩序而设定的，对于违反法律的行为进行严厉制裁的措施。为保证刑罚在法治的前提下实现，现代法制国家的刑罚权均在立法机关创制、司法机关适用、执行机关执行的权力结构下运行。其中，执行机关的执行活动是至关重要的环节。执行机关通过刑罚执行权的运用，将刑罚由规

---

① ［法］福柯：《规训与惩罚》刘北成、杨远婴译，三联书店 1999 年版。转引自宗雄信：《也谈减刑权的运作》，载《河南司法警官职业学院学报》2004 年第 1 期，第 25 页。

② 胡亚球等：《论行政自由裁量权的司法控制》，载《法商研究》2001 年第 4 期。

③ 汤唯、孙季萍：《法律监督论纲》，北京大学出版社 2001 年版，第 7 页。

范形态和宣告形态转变为现实形态，刑罚的一般预防和特别预防的目的能否实现，关键取决于执行环节。因而，执行机关的刑罚执行又被称为"现实的刑罚权"①，其重要性可见一斑。在刑罚的执行过程中，刑罚的预防目的主要是通过执行刑罚使其感受到惩罚的痛苦和对其进行教育改造使其悔过自新来实现的，刑罚的变更执行是其中很重要的执行制度。按照目的刑和教育刑论的思想，刑罚主要不是报应犯罪，而是为了教育和矫治犯罪人，预防犯罪，刑罚必须为防止具有社会危险性的人危害社会这一目的服务。② 而每个服刑人的人身危险性的消减过程和程度是不同的，于是法律就设定了刑罚变更执行制度，即判决生效后执行过程中，可以根据服刑人的犯罪情节和悔罪表现对服刑期限和方式进行调整。实践证明，刑罚变更制度的设置对于服刑人来说形成了一种良性期待，客观上促进了其接受矫治的主动性。所以，刑罚的变更执行是实现刑罚目的的重要制度，执行机关是否能及时、正确、适当、合法地进行变更活动，直接关系到对服刑人的惩罚和矫治能否达到目的，也影响到社会公众对于刑罚权的认知。对不该变更的进行违法变更甚至弄虚作假、徇私舞弊，对该变更的不及时、依法进行变更，都是对刑罚目的的偏离。为此，法律在对其从实体条件上和程序运作上进行规制的同时，引入了检察机关的法律监督设置，对刑罚目的的实现加以保障。检察机关履行职责、保障刑罚目的实现的方式，基于列宁对社会主义国家法律监督机关维护法制方式的论述，"第一，对法律的实行加以监督；第二，对不执行法律的加以惩办。"③即通过对于刑罚变更执行活动中执行法律规定情况的专门监督、对违法行为的纠正和对职务犯罪的查处，保证执行机关准确运用刑罚变更执行制度，正确实现刑罚的一般预防和特别预防目的。当然，这并不是我国检察机关的独创，世界各国的检察官都有维护法制的责任和同破坏法制的行为作斗争的客观义务。但我国检察机关是国家机构中的重要组成部分，其独立地位和监督的权威由宪法加以明确，对刑罚变更执行活动进行监督，是我国检察机关履行法律监督职责、实现其护法义务的重要内容。

（三）保障人权，是检察机关监督刑罚变更执行的正当性基础

对人权的保障与维护，是现代刑事法律制度的主题之一，也是检察机关履行法律监督职责的应有之意。在刑罚执行阶段，人权问题的焦点集中于被判处

---

① 张绍彦：《刑罚权与行刑权的运行机制探析》，载《法学评论》1999 年第 3 期，第 91 页。

② 马克昌主编：《刑罚通论》，武汉大学出版社 1999 年版，第 162～163 页。

③ 《列宁全集》（第 33 卷），人民出版社 1972 年版，第 266～328 页。

自由刑的服刑人员身上，包括其基本权利能否得到保障、其法定权利能否依法实现以及能否得到及时有效的权利救济。其中，依法获得减刑、假释及暂予监外执行，是服刑人员重要的法定权利。按照法律规定，当服刑人员确有悔改或立功表现时可以依法获得减刑，当其确有悔改表现、不致危害社会时可以依法获得假释，如果患有严重疾病、是怀孕或正在哺乳婴儿的妇女，或者生活不能自理、不致危害社会的，可以依法获准保外就医或监外执行。当这些权利不能实现时，还可以通过申诉、控告和检举等权利的行使寻求救济。尽管权利是明确的，但自由刑执行的特点决定了执行活动是在封闭的高墙内进行，而且服刑人员与执行机关之间的法律关系具有突出的不对等性，如果执行机关对服刑人员的这些权利不予重视甚至视而不见，即便服刑人员提出申诉，其得到救济的现实可能性也不大。执行中的现实情况表明，刑罚变更执行在更大程度上被作为执行权力的表现被运用甚至滥用、误用，服刑人员的申诉甚至被作为不服法的表现而成为不能获得减刑的因由。① 而且，由于各种条件的限制，服刑人员在服刑期间几乎得不到律师的任何法律帮助。这些情况说明，服刑人员的权利与执行机关的权力之间无法形成现实有效的对抗及制约，因而，刑罚变更执行法律关系的优化必须注重法律监督权的引入，以此来平衡其中的各方力量。② 正是基于这样的制度需要，检察机关作为法律监督职责的承载者，在对刑罚的执行活动进行监督制约的过程中，不但要对执行机关滥用职权的行为进行查究，还要对其不及时履行职责、违法渎职的行为进行纠正，这是对刑罚执行权的制约和对法律统一正确实施的维护，更是对服刑人员法定权利的保障和维护。同时，专门法律监督机关的宪法地位和纠正违法等具体的监督职权，能够保证服刑人员的申诉、控告和检举得到及时受理，为其各项权利的实现提供有效的法律救济。因而，对服刑人员权利的保障与救济，是检察监督制度在刑罚变更执行环节得以确立的正当性基础，"是提高法律监督能力的核心价值之一"③。这与国际上通行的"检察官在履行职责时实际上担负着人权责任"④的原则是一致的，是人权保障的宪法意义在这一环节的重要体现。

① 魏彤：《我国目前减刑适用中存在的问题和对策》，载《中国司法》2001年第4期，第59页；郑振远、董卡加：《罪犯申诉权与减刑权研究》，载《犯罪与改造研究》2005年第11期，第34页。
② 侯艳芳：《刑事执行权及其制约》，载北京大学法律信息网 http://www.lawp-ku.org。
③ 韩大元：《加强法律监督能力建设与宪法的关系》，载《人民检察》2005年第4期。
④ ［荷兰］克里默斯：《检察官与人权》，李新译，载《中国检察论坛》，2003年第5期，第60页。

三、检察机关监督刑罚变更执行的现实状况

从制度设置和理论意义上讲，检察机关对刑罚变更执行活动的监督对于刑事诉讼活动的完成及诉讼目的的达成，是非常重要的。因为，刑罚的变更执行是刑罚执行的重要环节，直接关系到刑罚目的在经过了刑事诉讼的启动、审判的展开、判决的作出及交付执行后，能否在这一环节最终实现。如果这一环节出了问题，不但国家刑罚权无法实现，而且前面诸多环节的诉讼活动、国家投入的巨大的司法资源都将毁于一旦，国家刑事司法活动的公正及权威必将受到严重影响。因而，这一阶段的检察监督非常必要而且重要。但是，从法律规定及现实的监督状况来看，检察机关可以在刑罚变更执行阶段行使的监督职权及其在刑罚变更执行活动中发挥的监督作用，与制度设置的要求相比，还是有距离的。许多关注刑罚执行检察监督的研究者普遍认为，检察机关对刑罚变更执行的监督是被动的，监督方式是单一的，监督效果流于形式。① 这些看法是有来由的，现行法律赋予检察机关对刑罚变更执行进行监督的职权的有限性及程序的模糊性，导致监督未能达到制度及理论的预期。

（一）法律赋予的监督职权有限

检察机关对刑罚变更执行活动直接进行监督的职权，具体规定于《人民检察院组织法》和《刑事诉讼法》中。根据《人民检察院组织法》第 5 条第（五）项规定，人民检察院对刑事案件的判决、裁定的执行和监狱、看守所、劳动改造机关的活动是否合法，实行监督。《刑事诉讼法》第 224 条规定："人民检察院对执行机关执行刑罚的活动是否合法实行监督。如果发现有违法的情况，应当通知执行机关纠正。"这些是关于刑罚执行监督的总则性规定，同样适用于对刑罚变更执行的监督。可以看出，检察机关对刑罚变更执行活动的监督，应该是通过发现违法并通知纠正实现的，发现违法和纠正违法是检察监督的两种重要途径，能够及时充分发现违法是保证对违法情况及时有效地进行监督纠正的重要前提。但关于如何发现违法和纠正违法，法律规定得并不充分。《刑事诉讼法》第 222 条和第 215 条规定，人民检察院认为人民法院减刑、假释的裁定和暂予监外执行不当的，应当向人民法院和批准暂予监外执行

---

① 李忠诚：《刑事执行监督功能探讨》，载《人民检察》2003 年第 2 期，第 35 页；梁玉霞等：《强化法律监督的制度设计》，载张智辉主编：《中国检察》（第 7 卷），北京大学出版社 2004 年版，第 310 页；汤向明等：《我国检察机关法律监督制度的反思与重构》，载张智辉主编：《中国检察》（第 6 卷），北京大学出版社 2004 年版，第 131 页。

的机关提出书面纠正意见。根据这一规定，检察机关对刑罚变更执行的直接监督，只能通过对裁定书副本和批准通知书的审查来发现是否违法，发现裁定或决定不当后也只有通过提出书面纠正意见这一种方式实现监督。这一规定将检察机关对刑罚变更执行的监督，限定为减刑、假释和暂予监外执行作出之后的事后监督，而且只是对裁定或决定是否适当进行监督，实际上就造成了检察机关发现刑罚变更活动是否违法的时机滞后。从实践中的情况看，违法情况不只是发生在作出裁定和决定的环节，从考核、申报、裁定到最后执行的各个环节都有可能发生，而且绝大多数的违法行为都是发生在裁定和决定作出之前。如在考核中任意加分减分，申报时虚构法定事实，对多次申诉的不予减刑，索取或收受贿赂为不符合条件的办理减刑、假释，虚构病残鉴定材料为不能保外就医的办理保外就医等，都是直接影响刑罚变更执行的裁定或决定非正常作出的违法行为。对这些违法行为，仅通过对寥寥数百字的裁定书或批准通知书进行书面审查，是很难发现的。即便发现有违法的可能，但由于法律并未赋予检察机关相应的调查权，加之对于减刑、假释裁定之前诸环节的情况缺乏了解，在这一阶段真正发现、查实违法情况也是很困难的。在不久前结束的减刑、假释、保外就医专项检查活动中，检察机关发现有问题的案件中，违反法定条件的占到 11.4%，违反法定程序的占到 27.6%；在检察机关立案侦查的 104 件与违法减假保相关的职务犯罪案件中，徇私舞弊减刑、假释、暂予监外执行案件 52 件，占到 50%。① 而这些案件都是在 2002 年至 2004 年 2 月间发生的，可见，这些违法犯罪情况在日常的书面审查中都未能被及时发现。监督职权的有限性，使得检察机关不能及时发现刑罚变更执行中的违法行为，影响了法律监督职能的发挥，与刑罚变更执行检察监督制度设置的重要性是不相称的。

（二）法律规定的监督程序模糊

检察机关对刑罚变更执行活动直接进行监督的程序，也规定于《刑事诉讼法》第 222 条和第 215 条之中。根据相关规定，人民检察院认为人民法院减刑、假释的裁定不当，应当在收到裁定书副本后 20 日内，向人民法院提出书面纠正意见，人民法院应当在收到书面纠正意见后 1 个月内重新组成合议庭进行审理，作出最终裁定；批准暂予监外执行的机关将批准的决定抄送人民检察院后，人民检察院认为暂予监外执行不当的，应当自接到通知之日起 1 个月内将书面意见送交批准暂予监外执行的机关。此外再无其他规定。从程序上看，这两条规定中规定了检察机关提出书面纠正意见的时限和对象，似乎是清晰

---

① 《减刑、假释、保外就医专项检查活动取得实际效果》，载 http://www.spp.cn，2006 年 3 月 6 日。

的，但一旦落实到检察监督实践中，就会发现许多相关的要素是模糊甚至是缺失的，以致很难操作，检察机关不能有效地纠正违法，监督的效果大打折扣。

第一，法律未规定法院裁定和狱政管理部门批准决定的生效时限，这就意味着裁定和决定一旦作出就立即生效，获得假释或暂予监外执行的服刑人员在接到裁定书和决定书的当日即可离监。而检察机关在收到副本后才能进行审查，如果发现裁定或决定不当提出纠正意见，但服刑人员的服刑状况已经改变，有的服刑人员已经或减去余刑、或假释、或保外就医而走出监狱，要落实纠正意见还要动用更多的司法资源。实际上，由于我国人口流动性大、社会监管缺口多的现实情况，很多服刑人员离开监所后就很难对其进行监督管理，这时发现违法情形需要纠正或者收监执行已经不大可能实现了。

第二，法律未规定法院的裁定书副本和狱政管理部门批准通知书送达检察机关的时限，实践中这些法律文书在作出后何时送达检察院全由制作机关自行掌握。由于未规定送达时限就不存在超时送达的后果问题，所以实践中不及时送达的情况非常普遍，有的甚至时隔数月才送达。[1] 这时服刑人员的状况改变得更大，检察机关再进行审查监督，发现违法并对其进行纠正的现实可能性和实际意义也已经不大了。

第三，法律规定了检察机关提出纠正意见的时限为 20 日，但并未明确检察机关在这 20 日内展开调查所必需的调查手段、调查程序及特殊情况下的延长。如果检察机关在对减刑、假释的裁定和暂予监外执行的决定进行审查后，发现有违法线索需要查实的，短短 20 天的时间是不够的。一方面，是由于法律没有赋予检察机关相应的调查权，调查工作的开展需要做大量的协调工作；另一方面，实践中刑罚变更执行措施往往是定期集中办理，检察机关一次收到的裁定书副本或批准决定书常常多达数百份甚至上千份。基于这两方面的情况，如果检察机关在 20 日之后提出纠正意见，法院即以超过法定期限为由裁定驳回，监督即无法实现。

第四，法律未就检察机关向执行机关提出纠正违法意见后的程序全面作出规定。现行法律只规定了检察机关向法院提出书面纠正违法意见后，法院应重新组成合议庭进行审理，但对于批准暂予监外执行通知书中有问题的提出意见后，执行机关应作何反应却未规定。而实践中暂予监外执行特别是保外就医的适用比例是非常高的，也是非常容易发生违法情况的环节，如果检察机关的监督效力无法保证，就会形成事实上的监督盲区。实践中还有检察机关根据对刑罚执行活动进行监督的总则性规定运用口头纠正违法通知的情况，对于这种通

---

① 黄德新、薛荣等：《如何完善刑罚变更执行监督程序》，载《检察日报》2002 年 2 月 28 日。

知的法律后果，现行法律更是未着一字。由于缺乏程序性规定，这两种情况下的纠正违法通知都很难在实践中发挥效力。纠正意见能否被采纳，完全取决于执行机关的意愿，以至于检察机关这一行使监督权的严肃行为被笑称为"纠正违法劝告书"①，其权威性可见一斑。

（三）检察机关的监督探索受到法律和现实的局限

由于法律未就如何发现违法及如何纠正违法作出更进一步的规定，给检察机关实际履行法律监督职责造成了许多现实困难。特别是近年来在刑罚变更环节违法犯罪现象频发的现实情况，迫切要求检察机关加强监督，以严格执行程序、规范执行活动。检察机关在开展检察监督的实践中对此有充分的认识，并且秉承渐进性改革的思路从具体的工作机制入手进行了种种探索。

在发现违法上，随时介入、同步监督或动态监督是实践中尝试最多的工作制度。主张确立随时介入制度的观点认为，《刑事诉讼法》第 224 条既然已经规定了人民检察院对执行机关执行刑罚的活动进行监督，就应当赋予其主动获取信息的渠道。检察机关应当有权随时介入执行机关的执行活动，定期或随机进行检察，这样才能保证及时发现违法情况，从而予以及时监督纠正。② 主张实行同步监督或者动态监督的观点强调，事后监督无法及时发现刑罚变更执行中的违法行为，具有发现违法滞后和纠正违法困难的弊端，因而检察机关的监督应贯穿于刑罚变更执行的全过程，从事前到事中实行同步或者动态的监督。③ 无论随时介入还是同步监督，着重点都在于及时发现违法、随时掌握刑罚执行的情况，以保证监督的效果。这些主张在实践中得到了普遍响应，许多地方通过地方立法或几个部门联合发文建立了一些相关的工作制度。④ 比较一

---

① 李忠诚：《刑事执行监督功能探讨》，载《人民检察》2003 年第 2 期，第 35 页。

② 李忠诚：《刑事执行监督功能探讨》，载《人民检察》2003 年第 2 期，第 35 页。

③ 尚爱国：《论检察机关对刑罚变更执行的同步监督》，载《人民检察》2005 年第 7 期，第 51 页。

④ 笔者在调研中发现，为弥补立法的不足、更好地开展监督工作，各省在这方面都作了很多努力。如云南省公、检、法、司、安等部门先后会签了《关于办理减刑、假释具体运用法律若干问题的意见》、《关于对部分减刑、假释案件实行听证审理的实施意见》和《关于对刑罚交付执行、收押和保外就医有关问题的规定》等文件；福建省检察院与省监狱管理局联合制定了《关于加强服刑人员保外就医工作补充规定的通知》；湖北省检察院与省法院、省公安厅、省司法厅联合下发了《关于加强罪犯交付执行有关工作的暂行规定》，黄石市会同有关部门制定了《办理减刑、假释案件工作程序规定》，襄樊市有关部门也会签了《关于加强监狱、劳教所减刑（期）、假释、保外就医、所外执行工作的暂行规定》。这些文件在进一步开展对刑罚变更执行活动的检察监督方面发挥了很重要的作用。

致的做法有，通过日常寻访检察减刑、假释、暂予监外执行是否按程序申报，当服刑人员之间就刑罚变更措施有不同意见时在呈报之前就展开调查，参加监狱刑罚变更委员会的会议，参加法院主持的减刑、假释听证，等等。为了加强部门之间的沟通，许多地方都建立了联席会议制度或者工作联系制度，同时也明确了执行机关在检察机关介入监督时予以配合、接受检察的义务，以及检察机关有不同意见时的处理程序。应该说，这些做法中包含了从发现违法的时机、纠正违法的方式到保证纠正违法的效力各个方面的有益尝试，实践证明是有效的。但是，因为毕竟没有通过立法途径得到确认，这些措施要通过艰苦的协调，得到相关部门的支持后，才能在一定区域内实行。如果单纯是检察机关自行规定的措施，执行机关就会以未经主管部门同意而不予回应，主管部门又会以刑事诉讼法没有规定而予以回避，监督于是无从开展。所以，检察机关目前在主动发现违法方面的努力，有待于法律的进一步确认。

在积极探索主动发现违法途径的同时，检察机关还充分运用法律赋予的其他职权对刑罚变更的执行进行间接的监督。比如在受理申诉、控告、举报，接待来信、来访的过程中，以及从公正媒体的新闻报道中，都可以发现违法的线索从而展开调查核实。有的检察院向社会公布举报电话和电子信箱，社会各界和服刑人员都可以检举揭发刑罚变更执行中的违法线索。有的检察院在监所内设有检察官信箱，服刑人员可以将申诉、举报材料投入信箱，检察官会定期开箱，并向申诉或举报人反馈调查核实和纠正违法的情况。比较有突破的是检察官约见制度，驻所检察室的派驻检察官可以随时与服刑人员约谈，了解执行中的违法情况，服刑人员也可以随时申请约见检察官，反映自己的或者执行中的情况。这一制度不但可以充分发挥派驻检察的优势，随时对执行中的真实情况进行了解，还是加强对服刑人员的权利保障、促进执行机关依法执行的有效措施。但是，由于现行法律并未明确规定检察机关是否拥有与进行监督相关的调查权，检察机关受理了申诉、举报之后如何展开调查，也是一个需要与狱政管理部门取得共识的问题。尤其是检察官与服刑人员的约见制度，服刑人员是否愿意、是否能够向检察官提供真实情况，均取决于现实的执行环境。一般情况下，在保护机制不健全的环境下，这项制度监督作用的发挥也受到局限。

检察机关还有一项间接的监督职权，就是职务犯罪侦查权。《人民检察院组织法》、《刑事诉讼法》均赋予了检察机关对职务犯罪直接进行立案侦查的权力，这是检察机关对国家工作人员行使国家权力的活动进行监督的重要手段。在刑罚变更执行阶段，对于利用职务之便徇私舞弊、收受贿赂、玩忽职守的执行人员，检察机关有权依法对其进行立案侦查，追究其刑事责任。实践证明，这一间接的监督方式对于刑罚变更执行活动的监督是非常有力的。但是，由于刑罚变更执行环节的职务犯罪均发生在高墙之内，犯罪行为隐蔽，能为证实犯罪提供关键证据的服刑人员或者在其掌控之中，或者不愿作证，运用普通的调查手段很难获取有力证据，法律又没有赋予检察机关诸如调监等特别的调查权力，也没有规定拥有定案证据的有关单位有提供证据的义务。这些不利因素的存在，使得职务犯罪侦查这一监督手段的运用在实践中也受到种种局限。

检察建议和意见也是实践中常用的监督手段。一般常用于对监狱等执行机关在建章立制等方面提出一些合理化建议，或者就较轻微的不规范或违法行为提出改进的建议或意见。由于缺乏强制力和法律的明确规定，监督建议或意见能否被接受，也取决于执行机关对检察机关的信赖程度及对意见的接纳程度，因而监督的效果和力度亦无保证。

（四）检察机关现行的监督方式存在弊端

目前检察机关对刑罚执行活动进行监督的工作形式，主要是向监狱、看守所等执行机关派驻检察机构，通过派驻机构对日常监管活动的近距离检察进行监督。实践中，基于监所规模的差异，已经形成派驻检察院、派驻检察室、巡回检察和专职检察员等几种设置。这种方式的优势在于，检察机关可以通过派驻机构近距离地督促执行机关严密监管制度、依法变更执行方式、保障受刑人的基本权利，并可以直接受理监所内服刑人的控告检举，受理刑罚执行人员违法犯罪和场所内的其他职务犯罪案件，是对同步监督的最好保证，在多年来的司法实践中也发挥了重要作用。但是，由于派驻机构就设在监所内，派驻人员与监管人员朝夕相处，时间一长，不免就会出现"同化"的问题，甚至有的派驻机构由于经费紧张、待遇差，连办公设施及福利待遇都由监所解决。这样一来，在中国这个人情社会的大背景之下，派驻机构的监督作用往往大打折扣。实践中，派驻人员与执行人员共同徇私枉法的情况也时常发生。尽管在实践中，检察机关已经充分注意到了这一问题，并通过定期轮岗、异地交流、规范派驻检察机构建设等方法进行改进，但由于很多监所特别是规模较大的监狱往往设在位置偏远、交通不便、经济不发达的地方，这些保障措施很难落实，不能从根本上解决"同化"的问题。所以，如何改进派驻检察这一监督方式的问题就提了出来。

四、检察机关监督刑罚变更执行的制度构造比较

大陆法系国家的检察机关具有较强的监督性特点，在刑罚执行阶段体现得尤为明显。从可以见到的法律文本来看，大陆法系国家的检察机关在刑罚执行

活动中主要有两方面职权，一是主持或指挥刑罚的执行，二是监督刑罚的执行。对于刑罚变更执行，有的国家检察机关有权提请法院予以裁决，有的国家检察机关有权直接决定，检察机关或检察官都负有重要的责任。基于历史传统和法制背景的差异，英美法系国家一般在监狱内设有假释官及假释委员会，由其负责刑罚的执行和对服刑人员的矫治，并对监狱的监管活动形成制约，而检察官作为职业公诉人，其工作范围仅限于公诉活动，一般不介入执行活动。①因而，以检察机关的地位和作用为视角比较国家的刑罚变更执行的制度构造，应以大陆法系国家为考察对象和参照背景。

（一）大陆法系国家刑罚变更执行监督制度构造比较

法国检察机关在刑罚执行阶段的主要职责是保证刑事裁判的执行。透过现行法国刑事诉讼法典的规定可以看出，法国刑事诉讼制度在刑罚执行阶段有三个重要的角色设置，即刑罚执行法官、共和国检察官和监狱长。其中，刑罚执行法官专门负责执行判决，特别是在剥夺自由刑的执行中，是由刑罚执行法官来决定囚犯服刑的原则和主要方式，"在法律规定的范围内和条件下，该法官可以允许监外执行、半自由状态、减刑、分阶段服刑、假释、有保证的外出、监护回家、有条件释放或者要求有管辖权的法院重新调整服刑的刑罚"。检察院的责任是在判决形成后促使和保证它的执行，共和国检察官和检察长"有权直接动用公众力量，确保判决的执行"，监狱长则负责监狱的日常管理。同时，刑罚执行法官、共和国检察官和监狱长都是刑罚委员会的当然成员，刑罚执行法官就服刑人员服刑的情况作出任何决定都应征求刑罚委员会的意见，如果共和国检察官对刑罚执行法官的决定有异议，则可以依程序提出上诉或抗诉，检察官提出上诉或抗诉具有中止刑罚执行法官决定的效力。②

由此可以看出，法国的刑罚执行制度采取的是权力两分外加检察官监督的构造，即将刑罚执行权的权力内容一分为二，关于刑罚执行的实质部分即刑罚如何执行和是否变更执行的决定权由法院指定的刑罚执行法官负责，而对监狱的管理、对囚犯的监管教育、执行刑罚执行法官的决定等则由监狱长负责。这样的分工，一方面在客观上避免了作为刑罚执行机构的监狱由于掌控囚犯的全部命运而滥用执行权致使国家刑罚权无法实现的可能，另一方面，监狱长因为

---

① 《美国联邦刑事诉讼规则和证明规则》，卞建林译，中国政法大学出版社1996年版，第15页；周毅：《英国的缓刑监督制度》，载《当代法学》2002年第10期。
② 参见《法国刑事诉讼法典》第707、709、722条，余叔通、谢朝华译，中国政法大学出版社1997年版。

是监狱的行政管理者和刑罚执行委员会的当然成员，对于刑罚执行法官的决定有一定的发言权，从而对刑罚执行法官也形成有力的制约，避免刑罚执行决定权的滥用。检察官在这一阶段，基于保证刑事判决执行的使命而拥有两项监督权力，一是作为刑罚执行委员会的成员审查执行法官的决定，二是对执行法官的决定提出上诉和抗诉的权力。第二项权力是检察官独具而其他刑罚执行委员没有的，而且具有明确的法律效力。当检察官提出上诉或抗诉后，上诉法院刑事审查庭在 24 小时之内必须进行紧急审理，在其作出裁决之前，刑罚执行法官的执行决定必须中止。由于具有程序上的强制性，检察官的这两项权力对于执行法官来说具有很强的制约作用。与监狱长的制约作用相比，检察官的监督权力更为强大，也更具威力。同时，共和国检察官和检察长基于确保刑罚的执行的职责，"应当不定时巡视监狱机构"①，有权力和义务对监狱的监管活动和人权状况进行监督，对监狱长也形成制约。可见，法国的刑罚执行监督制度构造有效地运用了分权制衡原理，采取的是将执行权适当分离，再加之以检察官的强力监督，从而在不同主体之间形成有效制约的构造。

德国的检察机关是刑罚执行阶段的主导者。根据德国刑事诉讼法的规定，检察机关是刑罚的"执行机关"，凡经检察官提起公诉、法院依法判决并生效的案件，都要连同判决文书返回原检察机关，由检察官依职权决定执行。被判处自由刑的服刑人员适合在哪一场所服刑，因身体不适原因不宜立即关押的被告人申请延缓服刑事项等，都由检察官负责决定并指挥司法执行员执行。对于后者，检察官还有权命令其提供担保或者附加其他条件。服刑人员对于检察院所作的关于刑罚执行的决定有异议时，可以提请法院进行裁决。② 为保证刑罚的实施，德国检察官在指挥执行的过程中可以运用法律赋予的相应手段，如发出命令、拘留或逮捕、通缉被判刑人等。当然，在执行过程中出现了需要变更的情形，也是由法院来裁判决定，检察院不同意则可以提出抗告，抗告具有推迟法院裁判的效力。③

可见，德国的刑罚执行制度涉及到三个重要的机构设置，就是检察院、法院和司法执行官，这三个机构之间采取的是以半司法性质的检察权控制执行

① 参见《法国刑事诉讼法典》第 727 条，余叔通、谢朝华译，中国政法大学出版社 1997 年版。

② 参见《德国刑事诉讼法典》第 451 条，李昌珂译，中国政法大学出版社 1995 年版；任允正、刘兆兴主编：《司法制度比较研究》，中国社会科学出版社 1996 年版，第 29 页。

③ 参见《德国刑事诉讼法典》第 453、459 条，李昌珂译，中国政法大学出版社 1995 年版。

权，法院承担变更执行裁决权，同时赋予服刑人请求司法救济的权利以制约检察院执行权的构造。在德国，司法执行官是纯粹的行使刑罚执行权的行政机构，基于对行政权滥用的担忧，德国的刑罚执行制度将指挥、监督执行权的权力赋予了检察院。这是因为，在德国，检察院并不是绝对的行政机构，是附设在法院的具有监督效能的半司法性机构，在传统上具有监督侦查权力和限制司法权力的功能和权威，也一直代表着维护国家法治的公正形象。① 所以，由检察官来指挥司法执行官，于刑罚执行权而言是一个强有力的监督。但由于检察官和司法执行官之间的领导和指挥关系，赋予其全部的执行权同样会有被滥用的危险，于是，将变更执行的决定权交由法院来行使，这样就能在较大程度上保证国家刑罚权的公正实现。同时，赋予受刑人以充分的救济途径，即对执行机关的执行有异议时，可依程序提出请求，由法院进行裁决，这也在一定程度上对于检察院和司法执行机关执行刑罚的活动形成了有力制约。

日本的检察机关对于刑罚执行的指挥、监督权限是最大最广泛的，几乎囊括了刑罚执行活动中全部的执行权限，在刑罚变更执行诸环节上体现得尤为明显。首先，裁判所作出有罪判决后必须经检察官确认没有法定不得执行的情形，才产生执行效力。在检察官决定执行后，涉及执行期限的延后、受刑人被判处多项刑罚时具体的执行顺序等事项时，也都由检察官决定。② 其次，在执行活动中，刑务所所长等监狱官吏、司法警察职员、法院书记员及其他法院职员、妇女辅导院的职员等负有执行职责的人员，都应在执行事务上协助检察官，按照检察官的指挥和决定执行刑罚。③ 再次，对于受刑人是否可以假释、何时开始假释，检察官都有责任和权力向刑务所所长提出意见。对于受刑人健康情况不允许继续执行刑罚等法定的 8 种情形，检察官可以决定停止刑罚的执行。最后，日本检察官在刑罚执行的过程中可以充分运用法律手段。另外，日本的检察官还有对刑务所的监管活动、服刑人的刑罚执行情况进行监督的权力，这是由日本的监督法规定的。

可见，在日本的刑罚执行制度中，检察官的地位和作用非同小可。有人将日本刑事诉讼制度中刑罚执行制度的构造，概括为"法院不参与"原则，④ 有一定的道理。从日本刑事诉讼法的规定来看，除了个别与程序有关的裁判由法院指挥执行外，凡是涉及判处刑罚的实体性裁判都是由检察官以执行通知书的

---

① 龙宗智：《检察制度教程》，法律出版社 2002 年版，第 35 页。
② 线杰：《日本检察官的权力》，载《人民检察》2000 年第 1 期，第 60 页。
③ 转引自龙宗智：《检察制度教程》，法律出版社 2002 年版，第 3～4 页。
④ 江礼华主编：《日本检察制度》，中国人民公安大学出版社 1996 年版，第 138 页。

形式指挥执行，而对于非刑罚处罚的程序性裁判则以加盖指挥执行印的形式指挥执行。① 不但法院不参与执行活动，刑务所所长等执行官员也只是按照检察官的命令、在检察官的指挥下履行职务，不对检察官的行为产生制约、监督作用。所以，从权力构造上看，可以说日本检察官对于刑罚执行的指挥、监督权是独占且不被分割的。从权力的内容上看，日本检察官的指挥执行权也是最大、最广泛的，包括了执行决定权、指挥执行权、变更执行权和停止执行权等全部的刑罚执行指挥、监督的权能，而在法国或德国，这几项权能或者是由检察官监督行使的，或者是由检察官和法官分别行使的，都没有日本这样集中。从对检察官的这项权力的制约上看，除了被判刑者及其法定代理人或监护人有权向判决法院提出异议声请外，只是原则上要求"检察官在执行刑罚的过程中，必须严格遵守法律规定，不得利用执行指挥权作出任何有悖公平和正义的处分"，此外再无其他的制约。对于这种制度构造的形成，似乎可以从日本对检察权性质的独特认识来理解。日本的理论界一般认为，检察权因为有执行法律的机能而在本质上应属于行政权，另一方面因为其与审判活动直接关联又具有与审判权同样的司法性，检察权因之而具有行政权和司法权的双重特征，检察官和检察厅由于是行使检察权的机构也具备这样的双重特征。② 检察机关的行政性使之与法院相区别，其司法性使之与普通的行政机关相区别。正是基于这一"特殊性格"③ 中的司法性特征，并且在司法权是对行政权的最佳制约模式这一概念前提下，决定了日本的刑罚执行监督制度采取了由检察权制约执行权的构造。

除了法国、德国和日本这几个比较具有代表性的国家之外，其他大陆法系国家的刑事裁判执行监督制度构造也各有特点。如意大利的刑罚执行监督制度构造中的机构设置更多，除司法警察等公共安全机关外，检察官担任的公诉人、监督法院的监督法官和普通法院的执行法官，都是重要的刑罚执行机构。其中，变更执行、推迟执行的决定权由监督法官行使，而在执行的过程中出现需要以诉讼的方式解决的问题时，则要由执行法官来负责审理。④ 这采取的就

---

① 参见《日本刑事诉讼法》第 472、473 条。参见江礼华主编：《日本检察制度》，中国人民公安大学出版社 1996 年版，第 336 页。

② ［日］《日本检察讲义》，法务省刑事局编、杨磊等译，中国检察出版社 1990 年版，第 5～6 页。

③ ［日］伊藤荣树：《日本检察厅法逐条解释》，徐益初译，中国检察出版社 1990 年版，第 9～14 页。

④ 参见《意大利刑事诉讼法》，黄风译，中国政法大学出版社 1994 年版，第 231～243 页。

是将执行决定权、指挥权、变更权等分别由多个机构行使以保证刑罚实现的构造。俄罗斯的检察机关在刑罚执行阶段的职权和作用与法国相似，"检察长监督刑事判决执行的合法性"，检察长对法庭作出的假释、减刑和因病免除刑罚的裁定有异议时可以提出抗诉，抗诉可以停止裁定的执行。①

通过前述对几个有代表性的大陆法国家在执行阶段有关执行及执行监督构造的分析，可以发现一个共同之处，就是各国参与到刑罚执行运行过程中的国家权力能够细分为多个具体权能，并在各权能之间形成良好的制约关系。在刑罚变更执行环节上也是如此，主要体现为以下几个关键权能的分离：

1. 变更执行决定权与具体执行权的分离

这里的变更执行权，包括不适宜立即关押的决定、推迟执行乃至停止执行的决定、需要变更的决定、执行争议的裁判等权能。具体执行权指的是监狱等具体负责将现实的刑罚措施落实到受刑人身上的权能，这一权能的行使主体在不同国家有不同的称呼，法国叫监狱长，德国叫司法执行官，日本叫刑务所所长，更多的国家还是称之为监狱长。众所周知，监狱是各国实现有效统治所必备的国家机器，是国家刑罚实现的终端，不论其诉讼制度、执行架构有何不同，这样一项权能都是要由这样一个机构来负责行使的。由于近距离地掌控服刑人（主要是被剥夺自由人）的命运，监狱的具体执行权具有巨大的滥用危险，这种滥用由于高墙阻隔及远离正常社会又不易被发现。为此，各国都设置了各种各样的管理和监督措施。其中，变更执行决定权与具体执行权的分离，是最根本的制度性设置，它的意义在于变更受刑人命运的执行权能交由其他机构行使，而监狱等具体执行机构负责刑罚的具体落实但无权决定刑罚的变更，从而将监狱控制受刑人命运的程度降低到最安全。因此，在刑罚执行的权能细分中，变更执行决定权与具体执行权的分离具有根本性的意义。

2. 决定执行权与变更执行权的分离

翻读各国的程序法，都会发现对于各项具体执行权能的规定，其中关于决定执行和变更执行的规定，更是通过不同的条款体现出来，应该说在权能的设置上已经形成了区分。但在行使主体的设置上，并不是所有的国家都安排由不同的机构来行使这些权能。有的是由两个或两个以上的机构分别行使，如德国是检察机关行使执行决定权而变更执行的权力由法院行使，意大利的决定执行权由检察官行使，而关于执行的变更则由监督法官来决定，对执行争议的裁决则由执行法官进行；有的国家却由一个机构行使，如法国的执行决定权和变更

---

① 《俄罗斯联邦刑事诉讼法典》，苏方遒等译，中国政法大学出版社 1999 年版，第 203 页。

执行权都由执行法官行使，日本的检察官也垄断了关于决定执行、指挥执行及变更执行、停止执行的全部权能。由不同机构分别行使决定执行权和变更执行权的国家，其如此构造的目的就是在行使不同权能的机构之间形成制约，使刑罚执行制度在内部构造上具备了基本的监督功能。由同一个机构行使决定执行权和变更执行权的国家，其刑罚执行制度中往往同时设置了其他有力的监督制约构造。如法国刑罚执行法官作出任何决定都应征求刑罚执行委员会的意见，由共和国检察官和监狱长参加的刑罚执行委员会对执行法官的决定执行权和变更执行权形成制约；日本的被判刑者的异议声请及判决法院的相应裁决对检察官的执行权力也形成了制约。

3. 执行权与监督权合一或者分离

以检察机关与执行机关在刑罚执行活动中的关系为视角，各大陆法系国家的刑罚执行监督构造呈现为两种类型，一类是检察机关就是执行机关或者是指挥执行的机关，检察机关拥有决定执行、指挥执行的权力，是刑罚执行活动的主导者，如日本、德国、意大利等；一类是检察机关不介入执行活动，但以其独立的法律地位和监督权力对执行活动进行监督制约，如法国、俄罗斯。有学者将这两种不同的构造分别称为检执一体体制和检执分离体制，[1] 比较准确地概括出了两种构造的特点和差别。实际上，二者最大的差别还在于后者的刑罚执行构造中出现了独立于执行权之外的监督权力——检察权，以此实现了执行权与监督权的分离。在检执一体的构造下，检察权通过成为执行主体来直接介入执行活动 "获得职权活动的主动性"[2]，从而对具体执行权进行制约，同时作为执行主体之一又要受到其他权力和权利的制约，所以这种构造下的检察权还不是独立于执行权能之外的监督权力，对执行活动的监督更多的来自于法院及被判刑人。而检执分离的构造下，检察权因为不直接指挥或参与执行活动而具有独立性，以独立的法律地位运用专门的执行监督权力和诉讼职能对执行权的正确运行进行干预，为保证检察干预的效力，通常法律要赋予其一些保障性权力，这时检察权就成为刑罚执行构造中独立的监督性权力。

（二）我国的刑罚变更执行监督制度构造及比较

根据我国法律及相关司法解释的规定，监狱负责有期徒刑、无期徒刑和死

---

① 王利荣：《刑事执行检察监督问题研究》，载张智辉、谢鹏程主编：《中国检察》（第 1 卷），中国检察出版社 2003 年版，第 346～348 页。

② 王利荣：《刑事执行检察监督问题研究》，载张智辉、谢鹏程主编：《中国检察》（第 1 卷），中国检察出版社 2003 年版，第 347 页。

刑缓期二年执行等自由刑的执行,看守所负责余刑在1年以下的短期自由刑的执行;自由刑的执行过程中,对于出现法定情形应当予以减刑、假释的,由服刑人所在监狱提出建议书,连同有关证明材料,送交中级法院审核裁定,无期徒刑和死刑缓期二年执行的减刑、假释还要报本省、自治区、直辖市的监狱管理机关审核后,提请高级法院裁定;对于在监狱执行期间需要监外执行的,则由监狱提出建议书,由省一级监狱管理机关审核批准,在宣判时和移送监狱执行之前需要监外执行的,由原审法院决定;对于包括刑罚变更执行在内的全部刑罚执行活动,检察机关负责监督。按照前述权能细分的方法可知,我国的刑罚变更执行制度中,刑罚的具体执行权由监狱等执行机关行使,执行机关的主管部门对在执行过程中出现应予暂予监外执行的情况行使决定权;减刑、假释的裁定权由法院行使,法院还对在宣判时及移送监狱执行之前出现应予监外执行情形的行使决定权;刑罚变更执行的监督权由检察机关行使。执行权和监督权分别由独立的主体行使,变更执行决定权则分别情况由执行机关和裁判机关行使。

我国检察机关作为独立的法律监督机关对刑罚变更的执行活动进行监督,包括对监狱等执行机关执行刑罚活动的监督,也包括对法院关于减刑、假释的裁定的监督。对执行机关的执行活动的监督,除了前述法律规定的及实践中探索的各种监督方式外,实践中检察机关还以派驻检察室的方式介入执行活动,通过"直接观察"来实现对执行活动的监督。同时,检察机关还通过对减刑、假释裁定的审查,形成对法院和执行机关的监督。可见,我国检察机关的监督指向的是具体的执行权和刑罚变更执行的裁定权及决定权。因而,我国的刑罚执行监督构造采取的是由独立的法律监督机关向执行机关派驻监督机构从而对执行活动包括变更执行活动进行监督的方式,体现的是独立的检察权对执行权的制约。

比较我国与大陆法系国家的刑事裁判执行监督构造,就会发现我国的刑事裁判执行监督构造中也存在着各项执行权能的划分,但相互之间制约关系的体现有自己的特点。

1. 监督权与执行权的分离比较彻底

仅就检察机关是否行使执行权能而言,我国的刑事裁判执行监督构造属于典型的检执分离体制。检察机关既不决定执行也不指挥执行,更不具体落实刑罚的执行,而是运用法律赋予的专门程序和手段对裁判的执行和执行机关的监管等活动进行监督,保障国家刑罚权的实现和服刑人的合法权利不受侵犯。在这一点上,我国与法国、俄罗斯等国家相似。与大陆法系国家不同的是,我国检察机关的执行监督权是其专门法律监督权的重要组成部分,其对执行活动的监督体现的是国家法律监督权对国家行政权的监督制约，有着更深厚的意义。即便只是从刑事执行构造中看，检察机关的独立地位也更有利于实现对执行权的监督，"它不带偏倚地对执行权可能存在的滥用权力现象，作出完整而清醒的判断"，"可以通过对受处罚人的各种权利保护，将执行权活动有效控制在法定范围"，其"与执行权面对面的监督，会加大执法活动的透明度，把执行活动中存在的困难与问题，一同摆到立法机关和公众面前"。①

2. 其他制约机制的薄弱，使得检察机关的监督制约显得尤为重要

通过前文的分析可知，大陆法系国家一般是通过变更执行决定权与具体执行权的分离、决定执行权与变更执行权的分离、执行权与监督权的分离及当事人权利的行使等机制实现对刑罚变更执行活动的制约。在我国的刑罚变更执行构造中，除检察机关监督权外的其他监督机制则相对薄弱。

第一，变更执行决定权与具体执行权未完全分离，使得对暂予监外执行的监督有限。监狱负责大量的自由刑的执行，同时又对执行中需要暂予监外执行的作出决定，尽管是由主管部门审批，但由于是同一部门内部，其制约力度是有限的。

第二，法院对具体执行机关的监督有限。法律规定了减刑、假释的裁定由法院作出，是力图在这一环节体现变更执行决定权对具体执行权的制约。但实际上，因为没有检察机关和当事人的参与，法院这时并不是真正意义上的裁判者，只是力图以裁判者的身份对执行权进行制约。而在实践中，由于监狱往往分批集中申报减刑、假释材料，面对数量巨大的申报材料，法院在有限时间内往往只能就呈报材料是否齐全、手续是否规范进行审查，至于材料的真实性往往无法查考，以致实践中"做材料"成为常态，而且对于这些做出来的材料基本上是"照批不误"，形成变相的"行政审批关系"，制约作用体现不出来。②对于在宣判时及移送监狱执行之前出现应予监外执行情形的，由于法律未作出明确规定，实践中通过各类司法解释形成了由法院行使决定权的做法，因为是原审法院行使，这是基于法院的执行决定权而不是变更裁定权产生的。虽然我国现行的法律没有在法条中明确体现出刑罚的决定机关及指挥机关的字样，但从相关规定及法院在实践中发挥的作用可以看出，我国的刑罚制度中，刑罚的决定执行权实际上是由法院行使的，各种刑罚的执行通知书都是由法院与刑事

---

① 王利荣：《刑事执行检察监督问题研究》，载张智辉、谢鹏程主编：《中国检察》（第1卷），中国检察出版社2003年版，第348页。

② 孙延宏：《监狱减刑、假释会议监督人员的权利及保障程序》，载北京大学法律信息网 www. lawpku. org。

判决书一同发出。由原审法院对交付执行之前的暂予监外执行作出决定，对于看守所来说有制约作用，但本应由裁判机关行使的权力由执行决定机关行使，执行决定权与变更执行权之间的制约作用又没有了。而且，法院的执行决定权对具体执行权的制约作用仅体现于此，因为在通知执行之后具体的交付执行、执行方式等执行活动则基本上由执行机关自行决定了。

第三，尽管我国法律规定了当事人的申诉权利，但由于申诉制度在效力上的非强制性，受刑人在提出申诉时并不能必然地引起特定的审查程序，因而权利主体对执行权的制约力量十分微弱。实践中甚至形成了"申诉不减刑"的潜规则，① 服刑人员的权利受到极大的漠视。

因此，我国的刑罚变更执行制度构造中，权能细分的不合理导致了权能之间天然制约关系的缺失，加之权利制约机制的弱化，决定了我国刑罚执行制度的正常运行在制度上和实践中必然要倚重于独立设置的检察机关的法律监督。这与其他国家多种制约机制同时存在并发挥作用有着明显的不同。

五、检察机关监督刑罚变更执行的完善及思考

通过前文的分析可知，尽管我国检察机关享有独立的宪法地位，检察机关的法律监督在现行的刑罚变更执行制度构造中及对刑罚变更执行活动监督的现实需要上，都具有无可替代的重要作用，但从法律的规定来看，却未赋予检察机关相应的具有强制力的监督职权及相应的程序保障。因而，完善检察机关对刑罚变更执行的监督问题，抛却整个检察队伍自身执法水平的因素不谈，从制度建设和立法完善的角度看，关键是要解决监督效力的问题。监督的效力，与检察机关能够行使的发现违法和纠正违法的法律手段及其所依托的法律程序和工作制度密切相关。因而，研究如何完善检察机关对刑罚变更执行活动的监督，其着力点就在于通过立法的修正，赋予检察机关有效的监督手段和完备的程序保证，对实践中探索形成的好的工作制度进行肯定，从而对现有刑罚变更执行监督的制度构造加以改进，确保检察机关行使的各项监督权能具有明确的监督效力和明显的监督效果。

（一）赋予随时介入制度的合法性，明确发现违法途径

如前文所述，为了解决发现违法难的问题，检察机关在实践中进行了很好的探索，其中关于建立随时介入制度和开展同步监督，是很有代表性的两种主

---

① 宋万明：《对北京市近年来刑罚执行中减刑、假释适用情况的调查与分析》，载《首度检察官》2005 年第 9 期，第 28 页。

张。虽然二者关注的都是检察机关在法律没有明确授权的情况下，如何运用法律的总则性规定及法律监督理论更好地对刑罚执行活动进行检察，通过及时发现违法实现监督目的的问题，但从工作制度的层面，二者的侧重点显然有所不同。

　　同步监督强调的是检察机关的监督与刑罚执行活动同步实施，亦即执行机关有执行活动之处就有检察监督存在。在这样的思想指导下，全国各地的检察机关纷纷就如何开展刑罚执行监督制定了工作流程。在这样的工作流程中，检察机关的监督如影随形地附着在执行机关的活动之后，有的地方的流程中不但要对执行机关对积分考核方法的制定和实施进行监督，甚至在驻所检察室的台账中要求对每一个服刑人员的判决时间、刑期起始时间、前科情况等一一"监督"清楚，还有的地方要求对服刑人员实施关禁闭、使用戒具的处罚也须报检察机关审查；有的地方则连执行机关的日常生活卫生、安全防火都作为监督的重要工作内容，于是出现了"日常卫生监督"、"安全防火监督"这样的用词。毋庸讳言，这是对检察监督的严重误读。根据我国法律规定及法律监督理论，"法律监督并不是要对法律实施过程中的一切情况进行监督，而是要对法律实施过程中存在的或发生的严重违反法律、妨碍法律正确实施的情况，提出纠正意见或追诉请求，督促有关机关和人员依法处理。"[①] 作为法律监督机关，检察机关在刑罚执行活动中监督的是执行机关的违法行为，对执行机关的执行活动固然应该进行及时地检察，发现违法的要督促其及时纠正。这样的检察和督促可以在执行的任何阶段进行，但绝不意味着对执行活动亦步亦趋，更不能成为变相的执行主管机关，否则监督就变成了执行的"保姆"，不但平白增加了派驻检察机构的工作量，更会使检察机关的监督工作陷于所谓"同步"的迷雾之中，找不准监督的重点和要害，监督效果更加无法保证。所以，不论对执行机关还是对检察机关自身，同步监督的提法都容易使大家对检察监督形成就是检察机关对刑罚执行活动大包大揽的误解，这与法律监督的制度使命是相悖的。

　　随时介入就完全可以避免走入这样的误区。随时介入强调的是检察机关为监督执行活动依法进行随时可以对其进行检察以便发现和纠正违法，突出的是灵活性，虽不特别强调同步性，但完全能够贯穿于刑罚执行活动的全过程。而且，检察机关随时介入执行机关的执行活动进行检察，是有其法律依据和理论依据的。法律依据即《刑事诉讼法》第 224 条的授权性条款，既然法律明确

---

　　① 张智辉：《检察改革宏观问题研究》，载张智辉主编：《中国检察》（第 7 卷），北京大学出版社 2004 年版，第 246 页。

规定检察机关对刑罚执行活动进行监督，就是对刑罚执行的全过程进行监督，尤其对于刑罚变更执行这一重要的执行环节来说，变更的提出及决定都蕴含在整个的执行过程中，仅靠对裁定或决定这一环节进行审查是不能对变更执行是否合法适当作出准确判断的，因而检察机关对执行活动有权随时介入是符合法律规定精神的。同时，根据法律监督理论，"检察机关作为法律监督机关，其基本职责就是发现违法情况、督促有关机关和人员及时纠正，并对严重违法构成犯罪的行为进行追诉"，随时介入执行活动，及时发现违法情况的存在，对于切实履行法律监督职责，对于法律监督的有效进行，具有至关重要的意义。① 因而，对执行活动有权随时介入但绝不如影随形成为执行活动的附庸，是强化检察机关发现违法能力的关键。当然，需要明确的是，这里的"介入"是实现监督的方式，绝不是对执行活动的干涉或代管。

尽管实行随时介入制度是符合法律精神的，并有总则性的规定作依据，但为确保监督的有效性，还是有必要在法条中明确写明检察机关有权根据实际情况随时介入刑罚执行活动，对刑罚执行活动进行监督，这是确保刑罚变更执行监督取得实效的重要条件，也是对检察实践成果的巩固和肯定。

（二）赋予检察机关广泛的调查权，强化发现违法能力

发现违法需要一定的手段，确认违法需要一定的证据，而这些都要依靠广泛的调查权来实现的。目前，检察机关除职务犯罪侦查权外没有一般的调查权，这与检察机关的法律监督地位是不相适应的。法律监督的基本职责是发现违法然后予以纠正或者追究责任，没有调查权就无法确认违法是否存在，不经过调查就不能认定某一行为是一般的违法行为还是涉嫌构成职务犯罪，也就不能对其提出相应的纠正意见或追诉决定，检察机关对执行活动的监督就必然要落空。所以，通过立法赋予检察机关对刑罚执行活动中的调查权，是保证检察机关有足够的手段和能力发现的先决条件。

所谓广泛的调查权，是指检察机关在对刑罚执行活动中的违法行为进行调查时，可以要求任何有关机关和个人予以协助和配合，可以要求有相关证明材料的机关出具相关材料，可以要求了解情况的个人提供相关情况。只有这样的调查权，才能保证检察机关充分地发现并确认违法。当然，在规定检察机关调查权的同时，法律必须同时明确写明，任何机关和个人都负有协助调查的义务，如果拒不履行义务或者提供虚假材料则要承担相应的后果。

---

① 张智辉：《检察改革宏观问题研究》，载张智辉主编：《中国检察》（第7卷），北京大学出版社2004年版，第246~249页。

　　广泛的调查权，还应该包括检察机关对于掌握关键证据的服刑人员有权将其调到另外的监所进行关押，以配合检察机关的调查。拥有调监权，对于检察机关对刑罚执行活动中发生的职务犯罪活动进行调查和侦查具有至关重要的意义。正如前文所述，检察机关的职务犯罪侦查权，是对刑罚执行活动特别是刑罚变更执行活动进行监督的有力手段。但由于徇私舞弊减刑、假释、暂予监外执行等职务犯罪行为的特殊性，决定了对其调查和侦查面临种种困难，能提供关键证言的服刑人员或者由于在其掌控之中不敢作证，或者由于是既得利益者不愿作证，如果执行机关再不予配合，取证非常困难，直接影响到法律监督职责的实现。所以，为保证职务犯罪侦查的有效开展，必须通过立法明确赋予检察机关有权对可能掌握证据的服刑人员进行调监。当然，在对一般违法行为的调查中，不一定都需要调监，检察机关可以根据实际需要依情况行使。

　　实践中已普遍运用的检察官约谈制度，实际上也是检察机关运用调查权的体现。派驻检察人员随时约谈服刑人员，既可以了解执行活动中有无违法行为，也可以受理服刑人员的申诉、控告，在强化发现违法的同时，也有助于服刑人员实现其权利救济。因而，也有必要将检察官约谈制度以立法的形式固定下来。

　　（三）赋予检察机关减刑、假释裁定程序参与权和抗诉权，保证监督的强制效力

　　正如前文所分析的，现行的减刑、假释由法院进行裁定的制度，由于构造上的缺陷和程序的模糊性，使本该具有的司法性特征在实践中演变成了行政审批程序，制约作用发挥得并不充分。而且，由于法律未就检察机关如何在这一程序中发挥监督作用作出明确规定，使得检察机关的监督依靠部委之间的工作文件和具体工作的实际探索，在实践中出现多种做法。有的地方在呈报变更材料的同时给检察机关送达一份；有的地方在呈报之前开会讨论时通知检察机关参加；有的地方会在有检察机关参加的减刑、假释评审委员会召开会议之前3天，向检察机关通报相关情况；有的地方则在呈报之前将材料送交检察机关审查，经其同意后向法院呈报；有的地方法院进行减刑、假释听证时请检察机关参加。种种做法，不一而足。所以，明确检察机关在减刑、假释程序中的地位和作用，赋予其相应的权能，对于有效地监督刑罚的变更执行并促进裁定程序的完善，已势在必行。

　　上述实践中的做法，突出了检察监督的参与性。作为监督者，检察机关对于减刑、假释的呈报及裁定必须有充分的参与机会，这是法律监督的程序性特征所决定的。法律监督的程序性要求，"法律监督是一种通过具体的法定职能

而实现的权力，而不是一种超脱监督对象之外、以旁观者的姿态指手画脚的权力。监督者必须有可能充分介入各种法律活动，才可能在参与中实现对法律活动的监督。"① 所以，检察机关要对刑罚变更执行活动进行监督，就必须在减刑、假释的相关程序中有充分的参与权。但怎样的参与是监督者的参与，是值得讨论的。在呈报变更材料的同时书面通报检察机关，是司法部在《监狱提请减刑假释工作程序规定》（2003 年 5 月 1 日施行）中要求的做法，由于没有其他的保障措施，这种情况下的监督是最易流于表面的。在开会讨论时请检察机关参加，由于检察机关对呈报对象的情况不了解，在会上也很难发表意见。在开会前几天通知检察机关并通报有关情况，检察机关可以在得到材料后有针对性地到监所内了解情况，为在评审委员会上充分发表监督意见做好准备，实践证明这是在现有条件下最能保证效果的监督方法。② 当然，这需要与执行机关充分协调达成一致才能实现。在呈报之前由检察机关审查决定的做法在实践中运用得最为普遍，以致很多从事实际工作的人都认为这才是监督，实际上这又陷入了"监督就是主管"的误区。也有的地方进行了改进，在检察机关审查后连同其同意与否的意见一同呈报给法院，这样的做法在一定程度上避免了"主管"的嫌疑。可见，在有随时介入的权能作保证的基础上，检察机关在裁定程序开始之前的监督参与是能够实现的。如果随后的减刑、假释裁定程序采取书面审理的形式，检察机关的监督意见也能为法官所了解。

实践中许多地方的法院对于减刑、假释程序采取了公开听证的做法，即法院根据执行机关的申请，在执行机关、驻所检察机关、服刑人员的参与下进行公开听证，主要就服刑人员在服刑期间是否确有悔改或立功表现，及能否对其减刑、假释作出裁定。之所以普遍采用公开听证而不是开庭审理的说法，主要是因为同时出现在审理过程中的有四方，这四方之间的关系与法庭上传统的三方有着本质上的不同。由控、辩、裁三方组成的是因明确的诉权引起的庭审诉讼，由执行、被执行、检察、法院四方参与的程序更类似于司法审查程序，因而与典型的庭审程序不能混为一谈。

关于这个问题，实务界有人提出应赋予检察机关减刑、假释提请权或者启

---

① 夏黎阳等：《强化法律监督的制度设计》，载张智辉主编：《中国检察》（第 7 卷），北京大学出版社 2004 年版，第 363 页。

② 笔者在调研中发现，福建省在这方面的工作制度较为完备，工作效果也比较好。

动权的观点，① 学术界也有人主张可以将检察机关从减刑监督者变更为减刑对抗者，② 由执行机关就符合减刑、假释条件服刑人员向检察院提出减刑、假释意见书，检察院据此对有关当事人的情况进行审查考核，并决定是否提请人民法院作关于减刑、假释的裁定。这样的主张旨在将减刑、假释程序改造为控辩对抗的诉讼结构，希图以此为切入点解决这一程序原本的构造缺陷。但由于忽略了我国现实的制度条件，这样的改造必然引起其他难以解决的矛盾。其一，我国实行的检执分离而不是检执合一的制度构造，检察机关与执行机关在各自的职权行使上是完全独立、互不干涉的，检察机关不能决定、指挥执行机关的执行活动，更不能主管执行机关的职务活动。由检察机关决定能否向法院提请减刑、假释的构想，必然需要检执一体的制度支持，而这在检警关系能否一体化的当前是不具备条件的。其二，如果将减刑、假释程序改造为一个控辩对抗的诉讼结构，必然无法解释此时检察机关与服刑人员的关系。与审判程序中不同，检察机关在此时提出减刑、假释的建议，其对方也就是服刑人员在绝大多数情况下是起一个印证建议是否正确的作用，而不可能与之形成对抗。若是一定要实现对抗，检察机关就必然丧失客观的监督立场，成为执行机关的主管部门，又回到检执一体的思路上去了。总之，在不具备检执一体的制度前提的情况下，由负有法律监督职责的检察机关提请减刑、假释程序是不适当的，也是不现实的。

因而，目前完善检察机关对减刑、假释程序的监督，赋予其在法院裁定之前的参与权及公开听证时的参与权，是非常必要也是最适当的做法。

同时，为使检察机关对减刑、假释程序的参与及监督具有实际效果，还必须赋予其对法院作出的减刑、假释裁定有权提出抗诉的权力。在检察机关参与的"裁定程序"这样的语境下，与检察机关的监督地位相对应的权力就是抗诉权，只有检察机关的抗诉能够必然地引起新一轮的审理程序，这是符合诉讼原理的。而且，从比较法的角度看，不论是检执一体还是检执分离，不论检察机关是否具有独立的监督地位，各大陆法国家为保证检察官在刑罚执行过程中发挥其特定的监督作用，都规定了其可以行使法律赋予的一切手段。特别是对于法院的裁定，检察机关都可以抗诉（抗告、上诉），抗诉不但必然地引起相

---

① 李忠诚：《减刑假释应当由检察机关统一提出》，载《检察日报》2005 年 9 月 16 日；梁玉霞等：《强化法律监督的制度设计》，载张智辉主编：《中国检察》（第 7 卷），北京大学出版社 2004 年版，第 328 页。
② 孙延宏：《监狱减刑、假释会议监督人员的权利及保障程序》，载北京大学法律信息网 http://www.lawpku.org。

应的审理程序，而且中止法院的裁定。且不论这些国家的检察机关在刑罚变更执行阶段还有其他权能，仅能以抗诉对抗裁定的效力就是非常有强制力的、可操作的，从而也是能够确保效力的制约手段。我国的检察机关最欠缺的就是这点。我国《监狱法》第34条第2款规定，"人民检察院认为人民法院减刑、假释的裁定不当，应当依照刑事诉讼法规定的期间提出抗诉，对于人民检察院抗诉的案件，人民法院应当重新审理。"这样的规定是符合检察机关在刑罚执行活动中发挥监督作用的需要的，也是符合检察活动规律的。但刑事诉讼法修改后，将检察机关行使监督权的方式限定为提出纠正意见，从根本上削弱了检察机关的监督权能，监督力度和监督效果无法保证。这种现实状况，与检察机关的法律监督地位和加强对刑罚变更执行的检察监督的现实需要，是完全不相称的。所以，强化对刑罚变更执行活动的监督，恢复检察机关的抗诉权非常必要。

而且，出于程序的完整性，法律对于提出抗诉的期间和裁定生效的期间也要作出明确规定，这样就不至于出现检察机关对裁定提出不同意见后需要改变裁定时，当事人已经无处可寻的滑稽现象。

（四）赋予检察机关在执行期间的暂予监外执行决定权，制约执行权，保证执行效率

从监狱法及相关司法解释的规定来看，暂予监外执行在交付之前由原审法院裁定，在交付执行之后由省级狱政管理部门决定。尽管在第一种情况下，原审法院同时作变更执行的决定，不符合权能细分形成制约的规律，但由于在中国现行的刑罚执行制度下，并没有设置一个专门的机构来负责指挥刑罚的执行，刑罚在执行过程中的具体事项绝大部分由执行机关自己决定，因而对于暂予监外执行这样重大的变更事项由原审法院裁定，已经是将这部分变更权从执行权中划出，是对其进行制约的一种制度努力。实践证明，这样的制约是有作用的。特别是在宣判时，对于身体状况不适合在监所内服刑的服刑人员决定暂予监外执行，由法院在检察机关及辩护人充分参与的前提下与判决一同作出，是能够做到公正、准确的。存在问题并容易引起质疑的是在交付执行之后由上级主管部门进行决定的情况，这种情况下体现的是行政机关内部上级机关对下级机关进行制约的制度思路。对于这样一种在刑事司法活动中具有鲜明的行政化色彩的制度构造，作为相对人的服刑人员却既没有提起行政复议的权利，也没有提出上诉的权利，更没有提起其他司法审查的权利，只有严重缺乏程序保障的申诉权利，权利的制约几乎不存在；作为国家法律监督机关的检察机关，也只能在事后发出纠正违法通知，监督的效力和效果无法充分实现。这就使得

"执行机关的纠错机制只停留在自我监督和自我约束的水平和层次上"①，滥用或误用决定权的情况很容易发生。为加强对这一环节的监督，很多地方的检察机关在监狱向省监狱管理局呈报保外就医建议之前及时介入，取得了比较好的效果。但由于最终的决定权仍然在执行机关手里，所以这样的努力并不能弥补制度构造的缺陷。从国外的情况来看，不论是检执分离的体制还是检执合一的体制，具体负责刑罚执行的与作出暂予监外执行决定的主体必定不是同一的，有权作出决定的或者是执行法官或者是检察官，都是有权指挥刑罚执行的机关，而且这一机关既不是原审法院，也不是作出减刑、假释裁定的法院。我国的制度构造中没有专门设置这样的机构，很难作出简单的对应。但根据权能细分并形成制约的原理，改变由执行机关自己决定的状况是可能的。对此，有人建议由作出减刑、假释裁定的法院对其进行裁定，② 也有人主张由检察机关行使决定权。③ 由作出减刑、假释裁定的法院进行裁定，是以司法权的介入对其应否保外就医进行审查裁定，是符合分权制约的原理的。但是，暂予监外执行尤其是保外就医，与减刑、假释是不同的变更措施，是基于服刑人员的身体情况而不是服刑改造的情况，所以对其进行裁定是相对简单的。而且，很多情况下，需要保外就医的都是患有比较严重急需治疗的疾病，而裁定程序的启动耗时较长，在很多情况下并不适应保外就医及时性的需要。由负有法律监督职责的检察机关行使决定权，有其明显的优越性。其一，能够实现分权制约的需要；其二，由检察机关作出决定，程序相对不复杂，更符合保外就医对及时性的要求；其三，我国目前的审前程序中由检察机关行使审查批捕权，起到司法审查的作用，已经在实践中和理论上形成了成功的先例，由其在保外就医环节进行审查决定实质上就是发挥司法审查的作用；其四，赋予检察机关决定权之后，还可以设置一个诉讼或裁定程序对当事人予以救济。可以参照意大利的立法例，如果当事人对检察机关的决定不服，或者有其他对决定有争议的情形，均可以向法院提起申诉，引入法院的裁判机制进行裁决。当然，交付执行之后除了保外就医，还有生活不能自理应暂予监外执行的情况。所以，加强对执行期间暂予监外执行活动的制约，改造现有的制度构造，由检察机关行使决定权更合适。

---

① 耿光明、武月冬：《论刑事执行权的法律监控》，载《中央政法管理干部学院学报》2001年第2期，第43页。

② 在检察机关内部的一次讨论会上，有的同志提出这样的观点。

③ 梁玉霞等：《强化法律监督的制度设计》，载张智辉主编：《中国检察》（第7卷），北京大学出版社2004年版，第328页。

（五）从完善总则的层面，规定书面纠正违法通知的法律效力

不论检察机关具体的监督职权怎样变化，只要其法律监督机关的性质不变，纠正违法就是一项基本的检察监督职权，法律就应该对其法律效力及相关的法律后果规定清楚。"在刑事司法活动中，经济学上的墨菲定律是值得重视的，就是：事情只要能变坏，就肯定会变坏；反映在人性观上则应当借鉴性恶论的看法，从防止最坏的情况着眼，设立防弊机制，才能使该制度获得良性的运作状态。我国的刑事司法制度就缺乏这方面的理念引导，对许多违法用权的行为只作出了禁止性规定，而不规定相应的程序后果。实践证明，当违反刑事诉讼程序的行为不会带来相应的不利后果时，当违法行为的利益保护得到排除的时候，这种违法行为就会如同得到鼓励一样蔓延开来。① 由于纠正违法贯穿于整个刑事诉讼活动中，因而明确其法律效力不但是完善刑罚执行监督制度的内容之一，也是完善刑事诉讼监督制度的重要任务。

对于纠正违法职权的适用，实践中形成了口头纠正和书面纠正两种做法。口头纠正一般适用于一般的违法行为，对于严重的违法行为则通常以发出纠正违法通知书的形式进行纠正。不论是哪种形式，法律都应明确监督对象的义务及未履行该义务时应承担的后果，当然书面的纠正违法通知的法律效力肯定强于口头纠正违法通知。

关于监督对象的义务，法律应明确规定，对于检察机关发出的纠正违法通知，接收单位必须按照纠正违法通知中的要求，限期审查自己的有关做法，确有违法情况和漏洞的，要及时纠正或采取有效措施，并将纠正或改进情况通报发出纠正违法通知的检察机关；认为没有违法情况的，应当及时回复发出纠正违法通知的检察机关。② 监督对象没有正当理由拒不纠正违法的，可以参照《人民检察院刑事诉讼规则》第388条关于侦查监督的做法，规定提出纠正违法意见的检察院应报告上级检察院，由上级检察院向其同级的监管机关提出纠正意见。在刑罚执行阶段的具体程序可以规定为，"人民检察院提出的纠正意见不被接受的，应当向上一级人民检察院报告，并抄报上一级狱政管理机关。上级人民检察院认为下级人民检察院意见正确的，应当通知同级狱政管理机关督促下级监管机关纠正；上级人民检察院认为下级人民检察院纠正违法的意见错误的，应当通知下级人民检察院撤销纠正违法通知书，并通知同级狱政机

---

① 张建伟：《刑事司法体制原理》，中国人民公安大学出版社2002年版，第106页。

② 张智辉：《检察改革宏观问题研究》，载张智辉主编：《中国检察》（第7卷），北京大学出版社2004年版，第250页。

关。"为保证监督对象及时履行义务，还可以赋予检察机关建议有关部门更换办案人员等相关权力。

（六）从工作形式的层面，可以考虑实行巡回检察制度

巡回检察是目前实践中检察机关对刑罚执行活动进行监督的工作形式之一，即对那些关押服刑人员较少、不必要派驻检察机构的监所，采取巡回检察的形式以履行法律监督职责，是出于节约司法资源的一种考虑。作为派驻检察的例外，巡回检察在实践中表现出了灵活机动的特点。与派驻检察相比较，巡回检察的这一特点比日常的检察监督更有助于取得明显效果，更重要的是，由于不在同一场所办公，"距离产生公正"，就可以从根本上避免朝夕相处产生"同化"现象的问题。因此，改派驻检察为巡回检察，是解决当前派驻检察"同化"现象严重的一种思路。当然，这一语境下的巡回检察，强调的不再是节约司法资源的问题，而是突出其工作形式的机动灵活的特质。由于不具备派驻检察"近距离观察"的优势，实行巡回检察就更应注重配备必要的监督职权，而且要保证其诸项职权的强制性拘束力。基于监所检察的特殊性，为保证检察机关能够在不驻所的情况下更好地履行法律监督职责，还要特别在电脑、车辆等必备物资上保证其监督能力。目前实践中正在实行的通过网络设置实现动态监督的努力已经见到成效，很多地方的派驻检察机构与监所已经实现了信息管理系统或监控系统的联网，通过网络已经发现了不少违法提讯、体罚虐待、违规使用械具或者禁闭等严重违法问题，网络动态监督的优势越来越明显。① 网络动态监督的实现，对于实行巡回检察也是很大的促进。如果能够在不久的将来完全实现刑罚执行的网络动态管理及检察机关的网络动态监督，派驻检察的工作形式就可以为巡回检察所取代了。

---

① 郭洪平：《近半数派驻检察室实现联网监督》，载正义网 2005 年 11 月 5 日。

检察机关对减刑
假释程序监督的立法完善[*]

刘　方[**]

　　梅因曾经说过："每一种法律和制度，凡是不能与这个理想状态下虚构的人相符合的，都被谴责为从一种原始的完美状态堕落了；每一种社会改革，只要可以使之更接近'自然'生物统治的世界，都被认为是绝妙的，并且值得用任何显著的代价使之实现。"[①]　的确如此，自 19 世纪后期以来，刑事社会学派的理论正在逐步改变社会原有的刑罚观念，教育刑论的诞生与发展不断地洗礼着报应刑的各种刑罚手段。菲利等人对之大加赞赏，他认为："刑罚的替代措施，当它一旦通过犯罪社会学的讲授而立足于立法者的观念和方法之中时，便将成为一种消除犯罪社会因素的合法方式"。[②]　围绕教育刑的兴起，世界各国都在努力把监狱和刑罚由单纯的惩治功能改造为惩罚与教育相结合的工具。我国也不例外，实行宽严相济的刑事政策越来越受到社会的广泛关注。新社会防卫论[③]的代

---

* 　本文刊载于《西南政法大学学报》2010 年第 1 期。

** 　刘方，最高人民检察院检察理论研究所学术部副主任、研究员。

①　［英］梅因：《古代法》，高敏、瞿慧虹译，九州出版社 2007 年版，第 111 页。Every law or institution which would misbeseem this imaginary being under these ideal circumstances is to be condemned as having lapsed from an original perfection; every transformation of society which would give it a closer resemblance to the world over which the creature of Nature reigned, is admiravle and worthy to be effected at any apparent cost.

②　［英］恩里科·菲利：《犯罪社会学》，郭建安译，中国人民公安大学出版社 1990 年版，第 81 页。

③　按照安塞尔的观点，新社会防卫论并非取代现行刑法的新学说，而是指导刑法改革的刑事政策理论。安塞尔的新社会防卫论实际上是对受到多方批判的过于主张人权保障的新社会防卫运动的调和。在监狱和刑罚改革方面，他主张建立"开放监狱"、"周末监禁"等制度；扩大缓刑的适用；推广前苏联的"不剥夺自由的劳动改造制"和英国的"公益劳动制"；适当地用罚金刑取代短期监狱刑。参见安塞尔：《新刑法理论》，卢建平译，天地图书有限公司 1990 年版，第 82 页。

表人物安塞尔就曾竭力主张与传统的报复性惩罚制度决裂，从而建立起旨在使罪犯改造成为新人、回归社会的人道主义刑事政策，使监狱制度更加人道化。① 但一个不容忽视的客观事实是，我们却一直在为刑罚执行中的违法和不规范减刑、假释伤透脑筋。在国外看来，监狱行刑中所要解决的主要问题理当是如何既省力又省心地尽快把罪犯改造为新人，达到防患未然犯罪的目的。而在我国，我们不得不分散很大的精力来研究解决如何监督刑罚的执行，如何杜绝和惩治行刑过程中的违法与腐败行为。面对我国刑罚执行中的实际情况和法律规定的不完善，我们有责任来对法律的修订与完善提出可供参阅的合理化建议。基于这一想法，本文拟对如何从立法上完善检察机关对减刑、假释程序的监督权作如下探讨：

一、检察机关在减刑、假释程序中的应有法律定位

减刑、假释制度是我国刑罚执行中的一个重要内容，也是刑事诉讼中的最后一道环节，直接关系到国家制刑、求刑、量刑和行刑权的最终实现。特别是减刑制度，这个在国外刑罚执行中少见的制度，在我国刑罚执行中却得到了广泛的运用。减刑、假释制度作为我国刑罚执行制度中的重要手段，在我国刑罚执行中担当着十分重要的角色，为我们顺应世界刑罚的发展趋势，贯彻宽严相济的刑事政策并加强对罪犯的教育改造，以达到有效实现刑罚的目的起到了重要的作用。佩特森有句名言："你不可能在监禁状态下培育一个人的自由（意志）。"② 减刑、假释在促进我国对自由刑的执行与改造方面所发挥的特殊作用是显而易见的。但是，由于我国刑罚执行中对减刑、假释制度的运用还处于逐步成熟完善阶段，我国刑事诉讼立法对这项制度的规定也不完备。因此，减刑、假释制度在实践中不断暴露出许多问题。如诉讼主体对减刑、假释程序的参与问题，减刑、假释程序的正当化与公开化问题，以及对减刑、假释权运行的监督制约问题等，这些都需要通过国家的立法来加以进一步规定。

从刑事诉讼理论中关于诉讼职能者的基本分工看，检察机关与刑罚的执行理应有着十分密切的联系。在西方国家，特别是大陆法系国家中，检察机关自始至终地参与着全部诉讼过程，直至刑罚的消灭，它介入刑事诉讼的期间远比警察和法官要长。在德国，刑事诉讼法赋予检察官（Staatsanwalt）从开始侦查

---

① ［法］马克·安塞尔：《新刑法理论》，卢建平译，香港天地图书有限公司 1990 年版，第 30 页。

② 程汉大、李培锋：《英国司法制度史》，清华大学出版社 2007 年版，第 478 页。

的最初阶段一直到执行刑罚的最后阶段的主导地位。① 西方的大多数国家检察机关均享有刑罚执行的权限，如法国，严格意义上的刑罚执行权是属于检察机关的管辖范围，而不应当是刑罚适用法官和刑罚执行法庭的权力范围。② 但根据不同类型法律体系下的刑罚执行模式，检察机关参与刑罚的执行大体可以分为两种类型：一种是执检合一③的模式，这种模式表现为检察机关对刑罚的执行具有处置权与指挥权，典型的大陆法系国家一般采取这种模式④。例如：《德国刑事诉讼法典》第451条第1款规定："刑罚的执行，由作为执行机关的检察院依据书记处书记员发放的、附有可执行性证书和经过核实的判决主文副本付诸实施。"⑤《法国刑事诉讼法典》第709条规定："共和国检察官和检察长有权直接动用公众力量，确保判决的执行。"⑥《日本刑事诉讼法典》第472条也作了类似规定："裁判的执行，由与作出该项裁判的法院相对应的检察院的检察官指挥。"⑦

另一种是执检分离的模式，在这种模式中，检察机关不享有具体的执行权。⑧ 英美法系国家中检察机关的权力一般不介入刑罚执行领域，检察机关与

---

① 魏武：《法德检察制度》，中国检察出版社2008年版，第186~255页。

② Pradel, Manuel de procédure pénale, p. 145.

③ 所谓"执检合一"，并非指检察机关全部承揽刑罚的执行，而是说检察机关享有刑罚执行中的决定权和指挥权等。检察机关可以依照法律规定介入并具体承担部分刑罚的执行任务，而不是承揽全部执行工作。客观地说，即使在实行"执检合一"的国家，大部分刑罚执行的具体工作还是由监狱和其他监管场所来完成的。

④ 在采取"执检合一"的大陆法系国家的德国，检察官可以根据情况将刑罚执行任务交与司法辅助人员（Rechtspfleger）来完成，虽然经过后来的立法改革，但这一形式仍然被保留下来。Verordnung über die Begrenzung der Geschäfte des Rechtspflegers bei der Vollstreckung in Straf–und Buβgeldschen vom 26. juni 1970（BGBl. lS. 992），zuletzt geändert durch die Verordnung vom 16. Februar1982（BGBl. lS. 188）.

⑤《德国刑事诉讼法典》，李昌珂译，中国政法大学出版社1995年版，第168页。

⑥《法国刑事诉讼法典》，谢朝华、余叔通译，中国政法大学出版社1997年版，第269页。

⑦《日本刑事诉讼法》，宋英辉译，中国政法大学出版社2000年版，第106页。

⑧ 综合观察当今世界主要法治国家关于减刑、假释权的配置，主要有两种形式：一种形式是由司法机关行使，如大多数大陆法系国家都规定由审判机关行使减刑、假释的裁决权，如法国、意大利等国都分别由执行法官或监督法官负责；另一种形式是由行政机关行使减刑、假释的裁决权，英美法系国家大多采取这种形式，如在美国，行使假释裁决权的假释委员会就设立在政府部门的矫正局下面。在后一种形式中，作为行政权组成部分的检察职能一般不介入刑罚的执行中去。

刑罚执行部门是完全分离的，刑罚的执行由监狱等劳动改造机构承担。法院和具有刑罚执行裁决权的机构（如美国的缓刑、假释委员会）对刑罚的执行负有监督的权力。在瑞典，刑罚的执行由隶属于司法部的国家行刑总局负责领导、协调和监督。① 相对大陆法系而言，英美法系检察机关在刑罚执行领域的权力并不显赫，但检察机关在这种执行模式中的权力的相对弱化为什么没有引起其刑罚执行效果的低下？其中一个主要的原因就在于，英美法系国家所一贯强调的程序正义和个人权利优先保护原则对刑罚执行权起着关键性的对抗作用，可以通过人权保障机制和法律救济制度来弥补执行监督中的不足。英国长期以来形成了强大的法律援助机构，其中包括特别诉讼法律援助（legal aid in special cases）和刑事法律援助（criminal legal aid），曾被称为"作为权利的法律援助"。② 美国法制史上在保护个人权利，对抗专断权力方面，不间断地经历了一个由实质性正当程序取代自然法的过程。③ 可见，检察机关在减刑、假释程序中应当处于一种什么样的位置，充当什么样的角色，应当享有哪些权利和承担哪些义务，不仅受到一个国家行刑制度和刑罚执行模式的制约，同时也受到该国法制传统和司法理念的影响。

尽管我国的法律制度与大陆法系相对比较接近，但在检察机关与刑罚执行的关系上，却既不同于英美法系国家，也不同于大陆法系国家。我国《刑事诉讼法》第224条明确规定："人民检察院对执行机关执行刑罚的活动是否合法实行监督。如果发现有违法的情况，应当通知执行机关纠正。"从上述规定可以看出，在我国的刑罚执行与检察机关之间的关系上有两个自己的鲜明特点：其一，实行执检机构的完全分离，负责具体执行的主体是监狱、法院和公安机关，检察机关是完全排除在具体执行刑罚的机构之外的④；其二，实行执

---

① 石秀丽：《论我国刑罚执行监督制度》，载《国家检察官学院学报》2005年第4期，第51页。

② 宫晓冰：《外国法律援助制度简介》，中国检察出版社2003年版，第264页。

③ ［美］伯纳德·施瓦茨：《美国法律史》，王军等译，中国政法大学出版社1990年版，第53～60页。

④ 在基本职能方面，我国检察机关与大陆法系国家的检察机关比较接近，享有刑事诉讼中的部分侦查权，承担国家公诉职能，具有诉讼监督职责。但我国检察机关不像西方国家检察机关那样属于行政机关，而是独立于行政序列之外的专门法律监督机关，并且具有明显的司法属性。基于国家法律监督机关的特性，法律没有赋予检察机关在刑罚执行中的具体权力，这主要是考虑到检察机关应当作为监督者来制约刑罚的执行，以确保刑罚执行的准确和公正。

检分离但并不排斥检察权的参与，不像英美法系国家那样检察机关完全不干预刑罚的执行。根据宪法和基本法律规定，我国检察机关是国家的法律监督机关，有权对刑罚执行的全过程进行监督。所以，检察机关不享有刑罚执行权并不排除检察机关对刑罚执行过程的监督和干预。

根据我国现有法律规定，检察机关在减刑、假释程序中的基本参与权，是作为法律监督机关履行监督职责，而且应当是对刑罚执行的全过程实施监督。那么这种监督权实现的效果又如何呢？据统计，2004 年全国检察机关在对减刑、假释、暂予监外执行案件进行专项检查中，针对发现的问题提出纠正意见 20472 件（次），但实际纠正的只有 17431 件，尚有占比例 15% 的 3041 件没有得到纠正。① 当然，这仅仅是指已经监督发现的问题，或许只是冰山一角，不排除还有大量未被发现的黑数。这种监督的效果说明了检察机关的法律监督职能并没有得到充分发挥，同时也折射出检察机关在减刑、假释程序中的参与权也没有得到合理定位以及有效地运用。

减刑和假释是对原判刑罚的变更执行，客观地说，也是对原有追诉请求和量刑结果的修正。从检察实践中观察，作为对原有犯罪事实进行追诉的检察机关，在求刑之初并没有预料到其追诉结果会发生什么样的变更。当减刑或假释的情况发生在某一服刑罪犯时，检察机关至少应当有两个方面理由参与案件的减刑或假释。一是检察机关具有维护国家法律的权威性以及对原追诉的正确结论进行维护的权利，因为减刑、假释的结果从根本上否定了原有追诉目标——惩罚犯罪。如果减刑、假释对象符合法律规定的情形，符合刑事政策的要求，则属于正当程序的范围。相反，如果是违法减刑、假释，那么检察机关袖手旁观，等闲视之，等于自愿丧失自己的劳动果实，在追诉阶段历经艰辛取得的诉讼成果将付之东流。二是检察机关作为国家法律监督机关参与刑罚执行程序最根本的目的，是为了防止刑罚权的滥用和维护司法公正。"一切有权力的人都容易滥用权力，这是一条万古不变的经验。"② 防止司法权的滥用是宪法赋予我国检察机关的一项基本职责。基于这个目的，检察机关对减刑和假释过程以及发生的结果完全应当进行全面的介入与监督，应当对监督的对象和监督的客体有比较深刻的了解和认识，如果与监督对象和监督的客体之间保持较远的距离，其监督任务是无法完成的。所以，检察机关在减刑、假释程序中的合理定位应当是全方位、全过程、全知晓的参与，整个减刑、假释过程中都应当贯穿

---

① 陈永生：《中国减刑、假释程序之检讨》，载《法商研究》2007 年第 2 期，第 33 页。

② ［法］孟德斯鸠：《论法的精神》，商务印书馆 1997 年版，第 154 页。

一条有利于检察机关法律监督进行的线索。并且，检察机关对减刑、假释事实和证据的掌握程度不应低于在案件诉讼阶段的要求。

二、我国检察职能在减刑、假释程序中的缺位

由于法律关于检察机关参与减刑、假释程序的规定不完善以及对检察机关法律监督职能的粗线条规定，致使我国检察机关在减刑、假释程序中应当享有的地位和权力很不到位。学术界曾有学者提出我国减刑、假释程序应当重构，理由是：没有赋予当事人的诉讼参与权，缺乏必要的救济途径，检察机关的监督手段疲软、滞后，监狱的建议权侵蚀了法院的裁定权等。[①] 还有的学者认为，我国的减刑、假释程序有悖于正当程序的要求，因为减刑、假释完全改变了罪犯原刑罚的具体执行，罪犯的减刑要求由行刑机关代为办理，把与原判刑罚直接有关的犯罪人和被害人均排除在程序之外，加上法院审理的不公开进行，缺乏透明度和法律监督的不到位，致使减刑、假释过程中表现出诸多有违程序正义的问题，有必要重构正当化的减刑、假释程序。[②] 总之，近些年来学术界的许多批评观点值得我们引起重视，我国一直沿用至今的减刑、假释程序与我国正在不断改革完善的刑事诉讼程序相比较是极不协调的。特别是作为原犯罪追诉者的检察机关，在减刑、假释活动中应当具有的合理位置和法定权力并没有得到立法者的重视，这就从客观上导致了检察机关的法律监督职能没有得到充分地、正常地发挥。

卢梭曾经说过："毫无疑问，有一种纯粹源自理性的普遍的正义，但是如果这种正义要得到所有人的承认，那么它就必须是互惠的。但是从人类的角度出发，如果没有任何天然的制裁，天然的正义法则在人类中就是虚妄无效的。"[③] 近些年来，我国刑罚减刑、假释过程中反映出来的问题越来越多，徇私舞弊、滥用职权、违法进行减刑、假释在一些地方愈演愈烈。减刑、假释这一行刑过程中的有效工具并没有达到立法者的初衷从而有效地促使对罪犯的改造，在某种程度上还引发了大量司法腐败，败坏了刑罚的权威和社会主义法治

[①] 祁云顺：《论我国减刑、假释程序的重构》，载《河北法学》2008 年第 6 期，第 189 页。

[②] 于同志、陈伶俐：《论减刑程序的正当化》，载《中国刑事法杂志》2006 年第 3 期。

[③] 卢梭：《社会契约论》，徐强译，九州出版社 2007 年版，第 91 页。There is undoubtedly a universal justice which springs from reason alone, but if that justice is to be admitted among men it must be reciprocal. Humanly speaking, the laws of natural justice, lacking any natural sanction, are unavailing among men.

的名誉。英国有位法学家叫彼得·斯坦的说过："实体规则可能是好的，也可能是坏的。人们所关心的只是这些规则的实施应当根据形式公平的原则进行。"① 作为监督并保障减刑、假释程序正当化运行的检察机关，不得不对其在减刑、假释程序中的角色定位进行反思。

检察机关作为我国减刑、假释程序中的监督者，理应对减刑、假释程序进行全方位的、严格的监督和制约。然而，我国对减刑、假释制度的设计并没有给检察机关留下多少可以介入和参与的机会。由于我国实行的是检执分离模式，检察机关被排除在刑事执行主体之外，对执行环节的各种行刑改造情况并不十分了解。但检察机关不参与刑罚的执行并不等于说不能参与减刑、假释程序。事实上，我们应当跳出我国刑罚执行的固定模式来看减刑、假释问题。刑罚执行的主题体现于对罪犯的教育和改造，是对司法机关已经确定的刑罚附诸实行，将刑罚变为对犯罪者进行教育改造的实际行动。减刑、假释是对司法机关原裁判的变更，它虽然与刑罚的执行过程密切相关，但刑罚执行过程是单纯的行政行为，而刑罚的变更理当属于司法范畴，所以减刑、假释不应当简单地归属刑罚执行程序来解决。关于这一点，学术界也是颇有争论的。有的人主张将减刑、假释权划归刑罚执行机关；② 也有的人认为，减刑、假释权属于司法权而并非行政权，所以应当由法院行使。③ 后一种观点从减刑、假释裁决权的本质特征出发进行分析，与我国关于减刑、假释裁决权的立法是一致的，比较符合实际。

既然是一种司法性程序，就必须具有程序的公正性和公开性。一种缺乏透明和公开的行政化而又形式化的办案模式，必然会抹杀法律的公正性。边沁说过，在审判程序完全秘密时，"法官将是既懒惰又专横……没有公开性，其他一切制约都无能力。和公开性相比，其他各种制约是小巫见大巫。"④ 只有首先实现程序的公开，才可能为诉讼参与者提供介入和了解的机会。我国现有减刑、假释程序不仅是把犯罪人、被害人以及公众排斥在程序之外，就是享有对其进行监督的检察机关也不例外。在减刑、假释程序运行的整个阶段中，至少可以列举出以下几点来说明检察机关几乎是没有参与和介入减刑、假释程序的权力。

---

① ［英］彼得·斯坦、约翰·香德：《西方社会的法律价值》，王献平等译，中国人民公安大学出版社 1990 年版，第 93 页。

② 马进保：《减刑假释权归属问题研究》，载《中国刑事法杂志》2005 年第 1 期，第 68 页。

③ 陈永生：《论减刑、假释裁决权之归属》，载《中国刑事法杂志》2007 年第 4 期，第 3 页。

④ 王名扬：《美国行政法》，中国法制出版社 1995 年版，第 433 页。

（一）减刑、假释裁决的非司法化程序，其设计的宗旨没有考虑到检察机关的参与和介入

减刑、假释无疑是发生在刑罚的执行过程中，把刑罚执行权界定为一种行政性权力，这在理论界是没有多大争论的。但减刑、假释虽然发生于刑罚执行过程，其涉及对原刑罚的变更，所以，大陆法系国家一般都把这项权力赋予法院。如在法国，假释就是由执行法官决定；①在意大利，减刑、假释应向监督法官提出。《意大利刑事诉讼法典》第682条第1款规定："监督法院就假释的准予和撤销作出裁决。"② 俄罗斯亦是如此，《俄罗斯联邦刑事执行法典》第175条第1款亦规定："对于可能适用假释或将未服满部分的刑罚改判较轻刑罚的被判刑人，执行刑罚的机构或机关应根据俄罗斯联邦刑事诉讼立法规定的程序，向法院提交对被判刑人进行假释或未服满的部分刑罚改判较轻刑罚的报告。"③ 再看我国，《刑事诉讼法》第221条第2款规定："被判处管制、拘役、有期徒刑或者无期徒刑的罪犯，在执行期间确有悔改或者立功表现，应当依法予以减刑、假释的时候，由执行机关提出建议书，报请人民法院审核裁定。"同时，我国《刑法》第79条也规定了对犯罪分子的减刑、假释，应当由人民法院组成合议庭审理，非经法定程序不得减刑、假释。可见，我国刑罚的执行与大陆法系国家基本一致，即由司法机关进行裁决。但我国关于减刑、假释过程的行政化程序设计和裁决权的司法性归属是互相矛盾的。既然将其设定为一种司法权，就理当设计必要的司法程序，并且程序具有公正性和公开化的特点。这些内容在我国刑事诉讼法典的条文中是找不到的。④ 检察机关作为刑事诉讼的基本主体应当在这一程序中占有特定的位置和享有必要的权力的内容，并没有在我国法律中得到体现。

（二）由于检察机关在减刑、假释程序中不再享有诉讼主体的资格，缺乏了解案情和陈述的机会，完全沦为程序之外的第三者

我国的减刑、假释决定权由法院行使这一点虽然与大陆法系国家刑罚执行

① 谢望原：《欧陆刑罚制度与刑罚价值原理》，中国检察出版社2004年版，第57页。
② 《意大利刑事诉讼法典》，黄风译，中国政法大学出版社1994年版，第243页。
③ 《俄罗斯联邦刑事执行法典》，黄道秀、李国强译，中国政法大学出版社1999年版，第166页。
④ 近年来，许多学者提出了关于我国减刑、假释程序司法化的构想，如有的学者建议减刑、假释程序从启动程序、初审程序和终审程序三个方面加以完善；在审理程序方面，还应当从庭前程序、庭审程序和审理监督程序三个方面加以完善。参见陈官：《论监狱减刑假释程序的司法化》，载《山西省政法管理干部学院学报》2008年第2期。

制度比较接近，但在检察机关是否享有执行权问题上却又与大陆法系国家大相径庭。大陆法系国家采取的是执检合一的模式，检察机关一般都享有对所有刑罚执行的权力。而我国执检完全分离，检察机关只是作为刑罚执行过程中的第三者进行监督。这样，检察机关在先前诉讼程序中所享有的诉讼主体资格就基本丧失。不是该程序的主体，当然没有权力也没有机会去充分地熟悉和了解案情。难怪有的学者认为我国现行的减刑、假释程序剥夺了检察机关和罪犯的程序参与权。①

　　缺乏各方主体的充分参与，成为事实上的暗箱操作和缺乏透明度，是目前我国减刑、假释程序中一个十分明显的病诉。②伯尔曼曾说："没有公开则无所谓正义。"③刑罚执行是刑事诉讼的最后一道环节，它把控、辩、审三方在整个诉讼过程中所努力的结果付诸实际，理所当然属于刑事诉讼的重要构成部分。但从刑事执行的实际情况看，刑事诉讼程序所要求的基本原则和标准并没有得到合理的体现。我国有的学者曾提出维持最低限度程序公正的标准之一是"受到裁判直接影响的人应充分而有意义地参与裁判制作过程，简称程序参与原则"④。对程序的参与实质上也是要求对程序的相对公开和透明。在现代刑事诉讼中，程序公开已经成为整个刑事诉讼所自始至终追求的价值目标之一，并且已经得到各国刑事诉讼的普遍重视和贯彻。程序公开既是实现程序公正的要求和标准，同时也是保障程序公正的条件和前提。英国有句法律格言是"正义不但要伸张，而且必须眼见着被伸张（Justice must only be done, but must be seen to be done）。"⑤

　　综观我国减刑、假释的法定程序和实践运作，把它界定为简单、粗疏和不经意一点也不过分。既然侦查、追诉和审判是事关法律公正和人权保障的十分严肃的过程，而历经艰难得到的结果如果在这里轻而易举地加以更改，那么，刑事诉讼所孜孜追求的正当程序原则又何从谈起。所以有的人认为，我国减

----

①　蔡杰、肖伟：《减刑程序中检察参与机制的缺失与构建》，载《人民检察》2007年第20期，第13页。

②　我国法学界的很多学者均对司法执行中的公开性不足问题提出了尖锐的批评。他们认为，由于执行方面的立法规定较少，导致执行工作缺乏透明度，如对罪犯的减刑、假释随意性大，呈现出几乎不受监督与制约的情况，司法腐败也随之滋生蔓延。要杜绝执行阶段的司法腐败，设计和完善公开执行制度是关键。参见谭世贵：《中国司法原理》，高等教育出版社2004年版，第304页。

③　伯尔曼：《宗教与法律》，梁治平译，三联书店1991年版，第48页。

④　陈瑞华：《刑事审判原理论》，北京大学出版社1997年版，第60页。

⑤　徐鹤喃、刘林呐：《刑事程序公开论》，法律出版社2002年版，第20页。

刑、假释由监狱一家包办，带有明显的行政痕迹，检察机关的监督无从介入，法院的审查把关形同虚设，其中司法不公和腐败的空间非常大。① 这种以司法程序来裁决减刑、假释的做法，事实上还不如英美国家所采取的行政式裁决方式更能让人信服。② 试想，一项本应严格依法进行的诉讼程式在缺乏当事人、知情人和公众参与的情况下，仅依靠监狱的行政申报和法院的封闭式审查就草草定论，怎么可能排除徇私舞弊和司法不公呢？

（三）立法未对审理形式作出明确规定，法院则一般采用书面审理形式，而书面审理往往把检察机关的参与权排斥在裁决程序之外

可以说，我国现行立法基本上没有对减刑、假释从程序上作出具体的、系统的、明确的规定，这与减刑、假释在刑罚执行和我国刑事政策中的重要位置是极不匹配的。如果说法院的有罪判决不仅体现了法律的威严，而且涉及被告人罪与非罪认定和人身权利与自由的保护等这样一些重大原则问题；那么减刑和假释则是对这种严肃司法活动的变更，其意义和责任同样重大。

相比求刑与判刑过程而言，法律对减刑、假释这一行刑过程的关注似乎有天壤之别。由于法律对减刑、假释程序简单而又粗放的规定，导致司法机关也无章可循，审理中的严谨性和严格性大打折扣。目前我国减刑、假释的适用程序，一般是由监狱等劳改机关提出具体意见，送报上级管理机关审核同意后，报请人民法院裁定。这个非司法性而又行政程序化的简单运行模式，至少从两个方面阻止了检察机关的参与行为。一是间接的、书面的审理方式，把减刑、假释的审查过程完全封闭化，拒绝和排斥外界的参与和介入，审查的视野局限在刑罚执行机关报送的书面材料上，审查时既不调查、询问，也不征求检察机关意见，检察机关无权过问审查程序中的一切问题。二是审理的不公开化，案件的整个审查和裁定过程没有透明度，使检察机关欲行使监督权也缺乏信息来源。检察机关在求刑过程中对案件情节如数家珍的能力在这里已经不复存在。

① 陈永生：《中国减刑、假释程序之检讨》，载《法商研究》2007年第2期，第32页。

② 在英美法系国家中，履行减刑、假释裁决权的机关并非具体承担监管职责的刑罚执行机关，而是在行政管理机关内设置的与刑罚执行具体监管部门相互平行的其他独立部门，如假释委员会。在加拿大，假释委员会与负责罪犯监管的矫正局就同属内政下属的平行机构。所以很多学者认为，英美多数国家在减刑、假释方面适用程序并非简单的行政化审查程序，而是更加接近于法院审判活动的一种裁决方式。参见季美君：《人性化的监狱管理与刑罚执行监督》，载《国家检察官学院学报》2007年第2期。

这种暗箱式的操作不仅排斥了检察机关的参与和监督，同时还为司法腐败制造了天然的条件，大大削弱了减刑、假释在刑罚执行中的积极作用。

（四）检察机关对减刑、假释的监督作用甚微

作为国家专门设置的法律监督机关，人民检察院根据宪法和基本法律的规定对刑事诉讼实施全方位的法律监督，执行监督是检察机关履行刑事诉讼监督工作的重要组成部分，同时也是检察机关在整个刑事诉讼中履行监督职能的最后环节，对保证刑事判决最终得到公正、准确、科学、合理的实现具有十分重要的意义和作用。但长期以来，检察机关在这方面的工作一直依照以固有模式运行，没有进行根本性的变革和改造，重求刑、轻行刑的思想始终左右着检察执法行为。① 对于刑罚执行中存在的一些带根本性的问题，特别是减刑、假释中暴露出来的一些制度性缺陷和立法上的缺失完全予以忽略，没有进行认真研究并寻求解决的途径，是检察机关刑罚执行监督职能没有得到有效发挥的主观内部原因。

减刑、假释的目的是为了贯彻我国教育与改造相结合的刑罚政策，强化监狱对罪犯的改造功能，调动被监管人的改造积极性，实现刑罚经济的目的。由于减刑、假释是行刑过程中所产生的一项十分重要的权力，如果没有监督制约，缺乏制度性规范，就会出现对减刑、假释权的滥用，滋生贪赃枉法、徇私舞弊等腐败行为。我国法律虽然规定了由检察机关负责对减刑、假释进行专门性法律监督，但监督的结果往往流于形式，并没有收到应有的法律效果和社会效果。究其原因，主要有以下几个方面的缺陷：

第一，监督方式守旧、落后。目前检察机关对减刑、假释的监督主要是通过监所监督来完成，而常驻监狱的监所检察机构在与行刑机关的长期共处过程中，思维方式已基本同化。并且主要是采取事后监督形式，监督中的发现一般都出现在事故发生后或者法院的减刑、假释裁定作出后，既不能防患于未然，

---

① 在刑罚执行监督问题上，学术界尽管存在不同看法，但多数同志认为，检察机关参与减刑、假释程序之正当性是不可否认的，这是由我国检察机关作为国家法律监督机关的本质要求所决定的；我们应当从刑罚适用的需要角度来考察检察机关的实用功能，正确理解检察权的内涵和外延，厘清法律监督权与诉讼权的关系；由于监督权是我国检察权产生的上位概念，诉讼权是监督权实现的途径和手段，所以，检察机关的监督职能与参与者身份并不相悖。参见蔡杰、肖伟：《减刑程序中检察参与机制的缺失与构建》，载《人民检察》2007 年第 20 期。

也难于彻底纠正。①

第二，缺乏规范的监督程序。我国目前的刑事诉讼法和监狱法对刑罚执行监督程序方面的规定不仅很少，而且仅有的一些规定也不系统、不具体，在实际运用中缺乏可操作性。如减刑、假释程序的启动应当规定由法律监督机关进行审查的过滤程序，以保证减刑、假释案件启动的正当性，而我国法律并没有这方面规定。

第三，监督手段匮乏。由于检察机关对减刑、假释的监督主要是一种程序性监督，没有实质性处分权。而监督的方式主要是采取纠正意见书的形式向执行机关和法院提出，至于被监督对象是否予以纠正，检察机关却无力干预。同时，由于检察机关不具有对减刑、假释案件的调查权，对于减刑、假释的证据和事实是否确实可靠缺乏自信，一旦遇到实体权的抵制，往往难以大胆坚持自己的主张而妥协。被监督机关能否纠正以及纠正的程度如何，都成为事实上被忽略的监督结果。所以有的学者认为，缺乏基本的法律监督手段是导致检察机关法律监督权陷于窘迫的主要原因之一。②

三、检察机关对减刑、假释程序监督的职能应加以完善

2001 年 6 月 12 日，济南军区军事法院针对过去减刑案件审查中采取的不公开做法，实行公开开庭审理的减刑听证程序。③ 在听证时，由刑罚执行机关首先宣读提请减刑的意见和相关证据，其后由减刑对象进行陈述。法院有权向出庭人员询问有关情况和核查相关证据，检察机关派员出庭履行监督职责。合议庭在评审后当庭宣告裁定结果。这是一项类似普通庭审程序的改革措施，它是对我国过去减刑、假释审理过程中的不公开化程序的一个尝试性纠正，对于促进减刑、假释案件审理的公正、透明具有积极的作用。这可以说是司法实践中在对过去减刑、假释中的弊端进行反思后自觉得出的明智选择。曾有媒体报

---

① 很多来自实务部门的同志在研究中认为，造成检察机关对刑罚执行监督不力的一个主要原因，是现行监督方式不能适应刑罚执行监督的发展。其中比较典型的是检察机关对减刑、假释进行监督纠正的方法主要限于提出纠正意见，这种依靠纠正意见的方法不仅不能引起裁决机关的高度重视而被搁置，同时由于参与方式有限和时间关系，检察机关的监督意见经常滞后于法院的裁决，最终使检察建议成为形式上的事后监督。参见曲虹：《当前刑罚执行监督工作中的问题及解决之道》，载《人民检察》2004 年第 6 期。

② 梁玉霞：《强化法律监督的制度设计》，载《中国检察》（第 7 卷）北京大学出版社 2004 年版，第 270 页。

③ 郝卫东、李洪川：《济南军区军法实施减刑听证制度》，载《人民法院报》2001 年 6 月 12 日。

道，广西某监狱在两年多时间办理的 7565 名减刑、假释等罪犯中，有 206 名罪犯的案件有徇私舞弊等腐败问题，且有中级法院的法官卷入其中。① 据有关资料统计，2003 年至 2007 年的 5 年间，全国检察机关共依法监督纠正的违法或不当处理的减刑、假释、暂予监外执行案件人数达 13275 人。② 这些较大的数字充分反映了我国减刑、假释程序中的司法不公和司法腐败问题，同时也从另一个侧面提示了我国减刑、假释程序设计中存在的弊端和不足。

健全和完善我国检察机关在减刑、假释中的职能和权限，是现阶段我国社会主义法治现状的要求所在，也是检察机关履行法律监督职能的基本需求。

（一）赋予检察机关对减刑、假释程序启动的审核权

我国不实行执检合一，检察机关不参与具体的刑罚执行，劳动改造机关在行刑过程中的具体操作情况，检察机关并不十分了解。法律没有明确规定检察机关应当以什么样的具体方式和在什么时候介入到减刑、假释程序中去，而只是规定："人民检察院对执行机关执行刑罚的活动是否合法进行监督。如果发现有违法的情况，应当通知执行机关纠正。"实践中，检察机关所获取的监管信息一般都来源于监管事故发生后或者法院的刑罚裁定变更之后。所以，检察机关对减刑、假释的监督大多数情况下都是表现为一种事后监督。大多数时候都是在问题发生之后，检察机关才开始启动监督程序。如果把这种监督程序提前到减刑、假释程序启动时，在法院尚未作出减刑、假释之前就发现并制止违法减刑、假释行为，就会把很多企图徇私舞弊、违法进行减刑、假释的腐败行为扼杀在摇篮中。

赋予检察机关对减刑、假释程序启动的审核权主要是考虑到对刑罚执行的监督问题，与我国的执检分离模式并不矛盾。在刑罚执行的行政化倾向十分明显的英国，每个监狱都设立有一个独立监管委员会，他们对监狱的刑罚执行享有广泛的参与权和监督权。③ 在意大利，审查决定是否适用减刑、假释的权限归监督法院享有；减刑、假释的程序由监督法院应公诉人、当事人或者辩护人的申请而启动。④ 在我国的司法设计中，检察官享有的部分司法权限实际上等

① 陈永生：《中国减刑、假释程序之检讨》，载《法商研究》2007 年第 2 期，第 32 页。
② 贾春旺：《最高人民检察院工作报告》于 2008 年 3 月 10 日在第十一届全国人民代表大会第一次会议上所作的。
③ 季美君：《人性化的监狱管理与刑罚执行监督》，载《国家检察官学院学报》2007 年第 2 期，第 59 页。
④ 《意大利刑事诉讼法典》，黄风译，中国政法大学出版社 1994 年版，第 241～243 页。

同于西方国家的监督法官。我国目前行刑过程中的减刑、假释情况越来越多，特别是减刑的数量越来越大，这对刑罚的威严和行刑的质量是一个严峻的考验。适度的减刑和假释，可以说明社会主义法治条件下加强对罪犯进行改造的社会效果。但如果不对其加以严格审查和恰当地控制，毫无节制地过度减刑和假释，不仅是对国家制刑、求刑和量刑的否定，同时也可能给社会预防犯罪带来一些负面影响。

　　规定对减刑、假释程序启动的审核权，并不具有检察权扩张之嫌，检察机关在刑事程序中根据客观情况具备一定的主动权是十分必要的。例如，在德国的刑事诉讼程序中，就存在一个由检察官起主导作用的"刑罚处罚令"（Straf-befehi），检察官行使这一权力甚至多于提起公诉。[①] 其地位和作用几乎相当于法院判决。加强对行刑行为的监督，保证减刑、假释的质量，首要考虑的应当是从源头上制定防范措施。因此，立法有必要在行刑机关启动减刑、假释程序之前，像对案件进行预审那样设置一道程序，由检察机关对提请减刑、假释的案件进行初步审查，然后再移送法院进入裁定程序。

　　（二）规定检察机关在刑罚执行监督过程中的调查职能，即有权对减刑、假释案件进行必要的调查取证

　　没有调查就没有发言权，这是一个十分浅显而又深刻的道理。检察机关要依法对减刑、假释活动进行监督，及时发现并纠正其中的违法行为，首先必须清楚减刑、假释的基本情况和案件事实。如果在监督核查过程中仅仅依靠审阅书面的汇报材料，不亲临现场进行实地调查走访，对影响减刑、假释成立和决定减刑、假释期限的主要事实和证据进行核实和佐证，其监督权的运行就难以说是建立在确凿的事实和证据之上。在实行执检合一的人陆法系国家，检察机关直接参与和执掌刑罚的执行，对行刑过程和事实证据的了解是不言而喻的。检察官可以根据需要随时对监狱进行检查，可以向被监禁人了解情况，可以查阅监管过程中的有关材料及文件。[②] 就是在刑罚的执行由行政机关承担的英美法系国家，负责对减刑、假释进行裁决和监督的机构也是积极致力于对有关案件事实的公开和了解。在加拿大，负责裁定假释的假释委员会在决定是否准许假释时必须对提请假释的案件举行类似于法院审判的言词听证，以便查清事实

---

　　① Statistishes Bundesamt Rechtspflege，Reihe2：Gerichte und Staatsanwaltschaften 2000，2002，p. 138.

　　② 钟海让：《法律监督论》，法律出版社1993年版，第129页。

和核实证据。①

认真反省我国的减刑、假释程序，采取行政化的申报程序再加上法院的不公开审理，整个过程完全是在一个不见天日的秘密通道中完成的。如果一旦检察机关认为具有违法减刑、假释的情况时，又不能自主地采取调查措施，而作为实施了违法减刑、假释的行刑机关或者法院，怎么也不可能自告奋勇地提供相关信息，把自己送上被监督或者被查处的平台。针对检察机关获取减刑、假释信息难的问题，也有学者提出了一些立法建议：即规定对可能减刑、假释罪犯的情况，执行机关应提前两次以上向检察机关定期报告或者由检察机关向执行机关提前作两次以上了解。② 但这也仅仅是解决了检察机关获取相关减刑、假释信息的一个来源，对于检察机关所要获取的整个事实材料来说可能只是杯水车薪，不能从根本上解决在发现问题后所要获取的被监督对象的各种有关情况的问题。所以，通过立法赋予检察机关在刑罚执行监督中的调查权是十分必要的，也是符合刑事诉讼理论的。

（三）改革现有减刑、假释程序，拓宽检察机关在减刑、假释程序中的参与渠道

我国现有减刑、假释程序适用的先天不足，不仅与我国关于减刑、假释的立法不完善有关，同时也与我国的社会法治实践密切相关。要变革现存制度的不合理性，必须从修改法律和完善制度变革两方面入手。这是一个渐进的过程，其间必然经历曲折复杂的阶段。在大陆法系国家中法制比较成熟的法国，假释裁决程序的完善也不是一蹴而就的，其间经历了由行政性程序逐步过渡到司法性程序的过程，先是由司法部长审查决定，后来又改为由刑罚执行法庭或执行法官执掌。任何一种机制或制度的确立，都必然会在自身内部矛盾运动的推动和外部因素的刺激下循序渐进地演变。"社会现象应该随着这种结合的形式即社会各部分的合成方式的变化而变化……社会的性质不同的成分结合后形成的一定整体构成了社会的内部环境，所以我们也可以说：一切比较重要的社会过程的最初起源，应该到社会内部环境的构成中去寻找。"③ 客观地说，我国现阶段检察机关在减刑、假释程序中的监督职能没有得到充分发挥，主要原

---

① 陈永生：《论减刑、假释裁决权之归属》，载《中国刑事法杂志》2007 年第 4 期，第 7 页。

② 万学斌：《论建立有效的减刑、假释监督机制》，载《理论观察》2000 年第 5 期，第 59 页。

③ 陈兴良：《刑法的启蒙》，法律出版社 1998 年版，第 201 页。

因在于其程序的设计没有给检察机关留下足够的发展空间。所以，积极改革现有减刑、假释程序，是有效拓展检察机关参与权的前提。

对我国现有减刑、假释程序进行改革，应重点解决以下几个方面的问题：一是逐步推进减刑、假释审理程序的规范化，在整个程序运行过程中严格贯彻程序正义原则。像一般案件审理程序那样，实行法庭调查和证据出示，贯彻直接、言词原则，在法庭调查过程中允许检察机关就减刑、假释的事实、证据进行询问和发言等。二是实行公开审理，保障程序的公开化与透明度，摒弃和杜绝简单的、封闭式的书面审理方式。法庭在审理减刑、假释案件时，应至少在开庭审理 3 日前公布审理时间、地点和合议庭成员；允许公众旁听和新闻媒介采访，公开宣布审理结果等。三是充分发挥和调动被聘律师的积极作用，允许代理律师介入减刑、假释案件审理的全过程，规定律师在法庭上可以与出席法庭的检察官就案件事实和证据进行辩论。同时，要注意发挥被害方的积极作用，允许被害人参与法庭审理。在法庭审理过程中，被害人或其代理人、代理律师可以就减刑、假释相关的问题发表自己的意见和看法。四是要通过立法逐步使减刑、假释审理程序司法化。不仅如此，还必须首先从理论上把减刑、假释程序纳入刑事诉讼程序的整体化模式中去思考。应当建立一种与公诉、审判程序相对应和衔接的减刑、假释审理程序，保证刑罚的执行方、被执行方、监督方、裁定方以及公众均得到参与的机会。

（四）　强化检察机关实施刑罚执行监督的具体手段

检察机关对减刑、假释实施法律监督的不到位主要来自两个方面原因，一是没有得到法律的有效授权，现有法律规定的监督措施和手段都显得疲惫无力，监督权不能有效抗拒执行权。二是来自监督机关内部方面的原因，包括派出监督机构设置的不合理和监督水平能力的低下等因素。可见，没有得到法律的明确授权是制约检察机关减刑、假释监督权的主要原因。从我国现有立法以及检察监督权的实际运行情况看，检察机关的监督只能是一种法定的程序性权力，不像法院审判那样享有实体处分权。程序性权力如果缺乏强有力的措施和手段，亦即保证程序性权力得以贯彻落实的决定性权力为保障，那么这个程序性权力就可能只是一个过场。所以，检察机关通过监督程序提出对违法减刑、假释进行纠正的建议，必须以适度的强制力为后盾，否则就根本不能从实质上掣肘被监督机关的违法行为。有的学者认为，我国现有减刑、假释检察监督中存在着许多消极现象，从而淡化并同化了监督与被监督的关系。如有的地方检察机关在其监督行为得不到执行机关认可毫无实效时，就自动放弃监督转而寻求与执行机关合作，于是检察监督在这种劣势与妥协下就可能被执行权所同化。① 这种说法在时下的减刑、假释检察监督具体实践中很具有现实性和普遍性。认真观察目前设立在我国各地监狱的检察室与监狱"和睦相处"的景象，不正是对这一发展趋势的写照吗？

良好的监督效果取决于监督主体依法尽职尽责履行监督职能，而监督职能的最终实现又必须依靠法律对监督手段的强化性规定。缺少法律为后盾的软弱无力的监督如同抚慰般的劝告，对于发生在违法轨道中的行为来说是无法收到任何效果的。卢梭在《论法律》篇中说道："当正直的人对一切人都遵守正义的法则，却没有人对他也遵守时，正义的法则就只不过造成了坏人的幸福和正直的人的不幸罢了。因此，就需要有约定和法律来把权利与义务结合在一起，并使正义能符合于他的目的。"② 当我国检察机关全心致力于对减刑、假释中存在的突出问题进行监督和纠正时，唯一能够等待到的机会可能就是国家立法赋予他们应当行使的那部分监督权力：当检察机关对某一减刑、假释案件感到事实和证据模糊不清时，他们可以借助于平时的考核，通过对事实、证据的核实和调查来弄清楚；当某一执行机关对自己违法的或者不合理的减刑、假释拒不接受监督纠正时，监督者可以凭借立法机关授予的尚方宝剑强迫他们改正；而当法庭对某一减刑、假释案件作出不公正的、错误的裁定时，监督者又可以通过法定程序把案件诉诸到高一级的法院来寻求最终的、正确的解决结果。③ 而这一切，都期盼着法律能对此作出科学合理的规定。

---

① 石秀丽：《论我国刑罚执行监督制度》，载《国家检察官学院学报》2005 年第 4 期，第 53 页。

② ［法］卢梭：《社会契约论》，何兆武译，商务印书馆 2003 年版，第 4 页。

③ 在研究探索减刑、假释程序的改革完善过程中，有很多学者提出法律应当赋予检察机关和罪犯对减刑、假释裁定的抗诉权和上诉权，这无疑是要求刑事诉讼法的修订对减刑、假释程序进行重新构建。参见张雪妲：《刑罚执行监督权的立法完善》，载《法学》2006 年第 8 期。

第四部分

检察改革

论执法体制和执法环境的改善*

叶　峰　谢鹏程**

　　在当代中国,"无法可依"的局面即将结束,现实的问题主要表现为"执法不严",因此,法制建设的重点应当从"有法可依"转移到"执法必严"。本文从法理学和宪法学的角度,对我国法制建设的现状进行了初步的理论分析,认为改善执法机制、保证严格执法应是当前法制建设的首要任务,并针对执法体制中存在的问题提出如下建议:

一、改善执法的内部结构:激励机制与责任机制

(一) 改善执法的激励机制

　　一方面,曾经行之有效的那种主要由政治理想、精神鼓励和道德责任感构成的执法激励机制,在改革开放以后受到了严重的冲击,亟须改造和重建;另一方面,近年来,由于一些领导干部对物质利益原则的片面理解,在某些地区和某些部门出现了简单地把执法行为与执法部门和执法个人的物质利益联系起来的作法,结果不仅助长了腐败的滋生,而且降低了国家机关的效能。在新的环境和形势下,我们需要什么样的执法激励机制?如何改善执法激励机制?笔者认为,主要应做好以下工作:

　　1. 加强显性的激励机制

　　从激励的存在形式来看,激励机制可以分为两类:一类是显性的激励机制,即开放的、公开的、以法律和制度为评价标准的激励机制;另一类是隐性的激励机制,即封闭的、隐蔽的、以权力人的主观好恶为标准的激励机制。在当代中国,执法的激励机制存在的主要问题在于,隐性的激励机制发挥的作用过大,而显性的激励机制不健全且发挥的作用太小。具体而言,表现在如下几

　　* 本文刊载于《法学》1997 年第 2 期。
　　** 叶峰,最高人民检察院检察理论研究所原所长;谢鹏程,最高人民检察院检察理论研究所副所长、研究员。

个方面：（1）考评公职人员政绩的主要标准还没有法律化，基本上没有可操作的客观标准；（2）严格执法和依法办事还没有纳入考评的范围，更没有作为晋升的基本条件；（3）考评政绩的活动缺乏公开性，或者具有公开性的考评没有实质效力；（4）评定官员政绩的主要标准仍然掌握在上司个人手里，起着决定性作用的是几乎不受法律限制的权力。因此，从执法激励机制的存在形式来说，当前亟待解决的问题是：扩大显性的激励机制的作用，把执法成效作为考评公职人员政绩的重要内容。

2. 尽可能少地依靠德性

从人性的角度来说，我们必须接受这样的前提：既承认人都有追求自身利益的要求（自利性）；又承认人都有一定的德性。法律的积极作用就在于：立足于人的自利性，通过制度化的、可操作的统一标准，克服人性的弱点，激励和保障人们发扬和光大其德性。我国现行的执法激励机制存在的问题不是公职人员发挥其美德的余地不足，而是对公职人员的自利性估计不足，因而，在激励机制的设计上，过多地依靠和信赖领导人的德性，忽视了公职人员具有追求自身利益的持久动力；在激励所要达到的目标上，要求所有的公职人员献身于公益事业，标准过高，不具有普遍意义。因此，在设计和改革执法机制时，我们应当承认公职人员同普通公民一样，具有追求自身利益的要求和权利，尽可能少地依靠领导人的德性，尽可能多地把评价标准法律化，并把客观的政绩同公职人员的待遇直接联系起来，相对地提高执法工作人员的待遇和地位。这样，不仅能够把大批优秀的法律专业人才吸引到执法机关，以保证执法队伍的素质和水准，而且是保持执法队伍的稳定和执法人员的廉洁的必要条件。

3. 改变"加强监督"的思路：有效的监督与制约来自分权

传统的"加强监督"的思路是增设专门的监督机关，现代民主国家加强监督的思路则是通过分权达到制衡。

孙中山的"五权宪法"理论，初看起来，融会了西方国家的分权理论与中国传统的权力监督理论。实际上，它是对分权理论的误解和误用。西方分权理论的精髓在于通过日常职能的分工和相互牵制，防止专横与腐败。这种分权只要能保持平衡，就能持久地发挥作用。

设立专门的监督机关固然能起到一定的监督作用，但是这种机构设置具有内在的缺陷，表现为：（1）专门的监督机关缺乏持久的动力和有效的激励机制；（2）专门的监督机关难以深入了解被监督机关的行为过程及其性质；（3）专门的监督机关同其他机关一样，既容易走向腐败，也容易被腐蚀。

（二）改善执法的责任机制

中国传统文化十分强调个人责任，尤其是个人的道德责任，但是这种责任宽泛而模糊，具有很大的主观随意性。在政治生活领域（包括执法过程），由于长期奉行贤人政治，公职人员被假定为道德高尚、能力卓越和忠于职守的人，因而不注重责任的制度化和具体化。现代民主政治的思想前提则是现实而冷静的。它认为公职人员享有与其职位相适应的权力和待遇，因而应当承担与这种权力和待遇相适应的具体责任。这正是马克思主义经典作家所强调的"没有无权利的义务，也没有无义务的权利"原则的基本含义。

1. 权力必须套上责任的枷锁

韦伯曾把权力定义为，强制推行自己的意志的能力和可能性。这一概念揭示了权力现象的表面特征。但从实质意义上说，权力是实现集体（包括阶级、国家等）目标的普遍手段，而不是满足局部或个人利益的特殊手段。[①] 一方面，权力总是直接掌握在一定的组织和个人手里，与特殊利益相联系，容易转变为谋取私利的工具；另一方面，权力来源于集体的普遍利益和一般意志，要为集体目标服务，要求保持其公益性质。因此，在权力现象与权力实质之间一直存在着矛盾：集体（权力源）与个人（权力行使者）、集体目标与权力行使者的目标、普遍性手段与特殊手段之间的对立和统一。这种矛盾固然是推动权力运行的动力和基础，然而，在权力的社会运行过程中，权力人受自利性的影响，权力随时可能蜕变为私人手段，使权力现象与权力实质之间的平衡经常被打破。法律的作用就在于保持权力现象与权力实质之间的必要的张力，其方式就是，在赋予权力人以权力的同时，附加相应的责任。这种责任大致有两类：一是不行使权力的责任，即权力人依法应当行使权力以实现某种集体目标，但没有行使权力，因而需承担的责任；二是不当行使权力（亦称滥用权力）的责任，即因为没有严格依法办事而产生的责任。权力若不被套上这些责任的枷锁，终究会沦为私人的工具。

近几年来，我国在立法技术上取得了一个重要的进步，这就是各项法律都明确规定了执行机关。但是，执法成效仍然不显著，其原因何在？笔者认为，很重要的一点就是，在赋予有关执法机关以执行某项法律权力的同时，没有明确而系统地规定其相应的执法责任。立法时考虑较多的是公民和法人违法行为的责任设置，而对执法机关的渎职行为（不行使或消极地行使其执法权力）缺乏应有的重视。对公职人员无偿占有巨额公物、挥霍国家资产造成巨大浪

---

① 德里克·马丁：《权力社会学》，丰子义、张宁译，三联书店1992年版，第84页。

费、干预经济活动导致重大损失以及乱摊派、乱收费等行为的处罚措施不明确、不具体，也不严厉。这样，许多本来属于某些执法机关份内的事情，还要通过党组织的号召或动员，通过新闻媒介的表扬或提倡，才能见到一些成效。这不能不说是我国执法机制上存在的一大欠缺。为改变这种状况，某些地区的国家机关开始主动向社会作出承诺，并形成制度，这正是对执法责任制度的弥补，因而应当受到鼓励。但是，我们也应当看到，各地的"社会承诺"既不规范，又不统一，有些甚至含有违法的成分。因此，它不是一个仅靠宣传和提倡所能解决的问题，我们必须从健全执法责任体制的高度来看待这个问题。

2. 充分估计人性的弱点

如果说激励是对公职人员的自利性的肯定和疏导，那么责任则是对公职人员的自利性的遏制和防范。正如邓小平所说，人都是有缺点的。① 我们有必要通过法律责任的形式，尽可能地防止和克服执法者的缺点，保证权力在运行过程中实现其实质内容。目前，我国的执法责任机制在设计上对公职人员的自利性和可能具有的缺点估计不够，对其设置的遏制和防范措施不够充分和有效。具体表现在如下几个方面：（1）由于传统文化的影响，公民对国家机关及其工作人员的责任性质和范围缺乏明确的意识，没有摆正国家与公民的关系（例如，公民往往被视为国家的工具）。（2）公民和法人对执法不当行为缺乏有效的救济措施，这说明执法机关及其公职人员的责任既不充分又不明确。（3）责任的弹性过大，同一渎职行为或滥用权力行为的责任，可能因人而异，因地而异，因时而异，这实际上是把过多的自由裁量权赋予了上级公职人员。（4）在权力的向上负责方面，有章可循，也比较有效；而在权力的向下负责方面，缺乏常规的制度保障。

政府管理公共事务，谁来管理政府？法治原则实质上就是对这个问题的一种回答：法律统治政府，或者说，把政府置于法律之下。在国家生活中，权力意味着权力人对权力相对人具有强制的力量，如果没有必要的法律约束，权力就同暴力无异。因此，国家不能以不确定或不可预测的方式来实施强制，即使是为了那些值得向往的目标也不能这样，国家在进行强制活动的时候必须受到法律等规则的约束，并且承担相应的责任。另外，按照权利义务一致的原则，权力人享有多少权力，就应承担多少责任。

3. 以权利制约权力和以权力制约权力

马克思主义法学认为，权力是权利的聚合，其力量强于权利，但其合理性

---

① 参见《邓小平文选》（第 1 卷）第 102、203、222、239、309 页；《邓小平文选》（第 2 卷）第 83、93、172、345 页；《邓小平文选》（第 3 卷）第 298、300 页。

来源于权利。一方面，没有权力杠杆的保护，权利是软弱无力的；另一方面，没有权利的驱动和指引，权力会在其社会运行中蜕化变质。民主政治的理想就是使权力服务于权利，使权利有效地制约权力。然而，在实际的政治生活中，要实现权利对权力的制约，不仅需要一套有效的民主选举程序，定期选择行使权力者，淘汰滥用权力者；而且需要一套有效的监督程序，不定期地审查行使权力的状况。民主选举程序的实质是以权利制约权力；权力监督程序的实质是以权力制约权力。要使限制权力的责任制度发挥预期的作用，在责任制度的设置上就必须充分地运用权利制约与权力制约。

近年来的执法实践表明，我国的执法责任机制需要从如下几个方面进行改革：（1）遵循权力与责任相一致的原则，通过法律和法规把执法的责任明确地、具体地加以规定，形成系统而严密的规范体系，而不仅仅是原则性的规定。（2）遵循权利本位原则，通过切实可行的权利救济制度督促公职人员履行其法定职责。"王海现象"证明，一项有效的权利救济制度能够给法律的贯彻实施提供巨大的动力，而且这种动力本质上是持久的。（3）通过分权与制衡，使权力人与权力的直接收益保持一定的距离，既不因激励过大而损害自由，也不因责任过重而丧失动力，从而防止权力的滥用。（4）在私法领域里确立意思自治原则，并通过法律确定谁有资格来使用各种特殊手段，尽可能把权力滥用行为从私法领域排除出去，以保障市场经济的正常发育和成长。

二、改善执法的外部环境：关键是加强舆论监督

孟德斯鸠说："一切有权力的人都容易滥用权力，这是万古不易的一条经验。"[1] 要防止滥用权力就要加强监督与制约。一是通过分权形成权力制约机制（国家机关的监督）；二是通过政治公开性形成广泛的社会监督。"要使国家权力受现行法律的约束，就有必要设立一种消极的控制性的权力。这正是那些主张分权制、主张以权力对抗权力和主张通过否决权以各种方式控制国家行为的人所追求的目标。但是，始终存在着控制的终极渊源问题。有人将公开舆论用来代表这种终极渊源。这种理论是由康德提出来的，并且得到了普遍的承认。应该有一个建立在独立的财产所有人的基础上的、具有民主要素的、可以进行公开争论的社会……这种公共舆论——它是靠对民主作出让步来推动的——基本上是一种消极的控制权的基础。引入民主的要素是要以此来制约国家权力，而不是用来使国家权力合法化的。它们是为立宪主义者的

---

① ［法］孟德斯鸠：《论法的精神》（上册），张雁深译，商务印书馆 1982 年版，第154 页。

法治国服务的。"① 舆论不仅仅是用来使国家权力合法化的，它还应当成为法治原则和法治理想的维护者，成为揭露各种腐败现象的阵地。

（一）言论自由是人民主权原则的必然延伸

当公民都被赋予管理国家的权力时，那就必须承认公民有能力对同时代人的各种意见进行抉择，对认识之后能够指导他们的行为的各种事实进行鉴别。公共舆论正是人民形成意见和交换意见的重要形式。它不仅影响老百姓的见解，而且影响国家的政治决策；不仅能使国家改变法律，而且能使社会改变风气；不仅是国家机关及其活动的社会监督力量，而且是公民的自由和安全的保障之一。② 这是一方面，另一方面，民主的炼金术所创造的奇迹证明：任何个人都不可能比其他所有人更有智慧。关键在于人民，而人民完全能够告诉我们，怎样在他们所想要的、他们所能容忍的、他们所反对的或他们在一定情况下漠不关心的事物之间作出区别。民主的思想基础是由这样两个信念构成的：人民比任何个人都更有智慧；人民知道他们想要什么，尤其知道他们不想要什么。判断政治决策的标准应该诉诸公众意见的主流。③ 我们应当充分发挥新闻媒介作为反腐败的"警犬"和"鼓手"的作用，因为腐败是严格执法的最大障碍。

在西方国家，新闻媒介被称为国家立法权、行政权和司法权之外的"第四权力"，是社会系统的信息通道。新闻媒介在反腐败的斗争中发挥着两大职能：警犬职能和鼓手职能。因此，许多在反腐败斗争中取得显著成效的国家倡导这样一条原则：在反腐败领域新闻无禁区。依法管理新闻媒介，充分发挥其发现和揭露腐败的作用及其鼓励和号召人民同腐败作斗争的作用。西方国家实行新闻自由制度，各种报刊、电视、广播等新闻媒介虽然也有一定的倾向性和局限性，但基本上不受政界控制，具有较充分的采访、报道的自由；同时，各家新闻媒介单位之间的竞争比较激烈，为了争取读者、听众或观念，它们总是千方百计地猎取轰动新闻。于是，调查政府官员的腐败行为，揭露其政治丑闻，便是产生轰动效应的重要途径之一。

在西方国家，腐败分子不仅害怕新闻媒介警犬般的嗅觉，而且害怕新闻媒

---

① J. Elster, R. Slagstad ed. Constitutionalism and Democracy. the Press Syndicate of the Cambridge University, 1993, p. 134.

② ［法］托克维尔：《论美国的民主》（下册），董果良译，商务印书馆1988年版，第203～205页。

③ 正如米歇尔·卡罗尔所说："任何重大改革如不考虑到少数人的观点，都不可能持久。"参见中央编译局国际发展与合作研究所编译：《未来的社会主义》，中央编译出版社1994年版，第262页。

介的宣传会引起广大民众的关注和愤怒，并督促国家专门机关有效地开展侦查、控诉和审判活动。近几十年来，某些国家在任的总统、总理等高层领导人被赶下台，前任的总统、总理被判刑，绝大多数是通过新闻媒介的宣传鼓动，形成了强大的舆论压力以后，才得以实现的。经验表明，新闻媒介是反腐败斗争的"鼓手"。它不仅能够通过宣传把广大民众动员起来，聚集社会正义力量，极大地增强人民对反腐败的信心，同时也扩大了反腐败运动的一般预防效果。

在我国目前条件下，改善执法的舆论监督机制除了有效防止腐败之外，还具有多重意义：（1）提高执法过程的透明度，促进国家机关之间的相互监督，吸引广泛的社会监督力量；（2）提高全民的依法办事意识，改变徇私枉法的不良风气，改善执法环境；（3）有效地促进法律知识的普及，消除和削弱执法的阻力，提高执法效率；（4）激发广大公民的社会参与热情，通过自我教育和培养，提高公民素质，为进一步发展民主政治创造条件。

（二）民主政治取得成功的秘密就在于它的公开性

公共舆论是公民积极参与社会和政治事务的集体性的社会自我调节机制。在现代民主制度下，人民承担了表达民主的责任，社会冲突不再是划分政治分野的唯一决策因素。引起冲突的因素变得更加多样化。大众媒介毋庸置疑地行使着统一化功能。一般来说，民主同公开性，言论自由同新闻检查制度的存废联系在一起，言论禁锢或问题压制对民主政治无疑是一种封锁。政府总想获得允许它有效地利用自由裁量权的笼统授权，并且不愿旁人指手划脚；而人民应该尽可能具体地规定怎样行使它授与的权力。

戴维·墨菲说："新闻媒体习以为常地从不同的角度监督着政府的活动。其中重要之处在于出版、广播机构是那些揭露和控制腐败的机构之一。"①

在社会主义国家里，人民政府在改善舆论监督方面应当具有更大的潜力：它能使一种公众的讨论形式生机勃勃地发展起来；创造条件保证公众的了解权和参与权的实现。然而，以往的社会主义实践表明，不仅中国而且其他社会主义国家都没有很好地发挥出这种潜力。② 因此，把公共舆论引入执法监督机

---

① 戴维·墨菲：《新闻对腐败的调查》，载《腐败与反腐败》，上海人民出版社1990年版，第445页。

② 列宁晚年怀着对社会主义命运的忧虑，力求考虑革命后的俄国及当时的周围世界的现实，告诫党不要曲解它的使命的革命性和创造性意义，防止滥用权力和出现官僚性蜕化。但是他来不及完成这方面的制度建设，就逝世了。参见中央编译局国际发展与合作研究所编译：《未来的社会主义》，中央编译出版社1994年版，第13页。

制，并大力加强公共舆论对执法的监督作用，是目前改善我国执法环境的重要环节。

党的十一届三中全会以来，法制建设取得了巨大的成就。虽然立法的任务仍然非常繁重，但基本上形成了"有法可依"的局面。如果把党的十一届三中全会至全面实现现代法治这一过程分为三个阶段的话，笔者认为，第一阶段的主题是"有法可依"，第二阶段的主题是"严格执法"，第三阶段的主题则是"民主与法制的有机结合"。我们现在正处于从第一阶段向第二阶段过渡的时期。实行依法治国，需要做的工作很多，但目前必须着手解决并且能够解决的问题，就是改善执法机制。只有切实提高法律权威和执法实效，才能为市场经济的发育和发展创造必要的法制环境，才能逐步实现现代法治。

距离产生公正[*]

——关于公正执法条件的对话

刘立宪　谢鹏程[**]

（一）

公正是司法的灵魂，因此司法公正是人们关注最多的问题。但是司法公正并非仅凭人们的良好愿望就能实现，而是需要完善的体制和制度条件作保证，其中一个非常重要的条件就是执法者与其管辖对象之间在利益和情感联系方面保持一定的距离。日前，我们约请了中国检察理论研究所刘立宪所长和谢鹏程博士就这一问题进行了深入的讨论和交流，两位专家的观点对完善司法制度、实现司法公正具有积极的意义和重要的参考价值。现将对话分三次刊发，以飨读者。

谢鹏程（以下简称"谢"）：你曾经提出了一个很有意思的命题，即"距离产生公正"。这可以说是对公正执法条件的一种形象化的表述。请问你是针对什么现象提出这个命题的？

刘立宪（以下简称"刘"）：在我国，公正执法作为一项原则提出来，始于建立社会主义市场经济秩序之初。在计划经济条件下，社会各界利益趋一，对执法公正的要求不强烈。随着经济体制改革的深入，市场主体多元化，利益交织繁杂，对公正执法的要求陡然强烈起来。在计划经济条件下形成的执法意识一下子还不能适应变化了的客观情况，在公正执法方面就出现了一些问题：一讲为经济建设服务，就动用执法权为企业追债讨债；一讲保护国企，就不顾法治原则，大搞地方保护主义，甚至包庇犯罪；一讲预防犯罪，就借机与企业搞"共建"，形成利益或情感共同体。为什么会出现这些问题呢？原因很多，

---

* 本文分三部分刊载于《检察日报》2001年6月26日、6月29日、7月3日。

** 刘立宪，最高人民检察院检察理论研究所原所长；谢鹏程，最高人民检察院检察理论研究所副所长、研究员。

其中一个主要原因是执法机关与地方经济发展、企业经营状况的好坏，执法者与相对人有直接的利益关系。解决这一问题，就要采取措施，阻断利益纽带，使执法者与相对人保持适当距离，"距离产生公正"。

谢：执法者与相对人之间保持适当距离确实是公正执法的必要条件。没有距离，就没有公正执法，正如没有救济就没有权利一样。在没有距离的情况下，公正执法通常是成问题的，即使客观上产生了公正的结果，也是令人怀疑的，因为它不符合程序公正的要求。

刘："距离产生公正"，可以简单地称为"距离原则"，是指执法机关及其工作人员同其管辖范围内的所有单位或个人应当保持同样且适当的距离，避免利害联系和情感联系，以保障执法公正。

谢：我赞成这个说法，但恐怕还有许多人会心存疑问。譬如说，在同管辖范围内的单位和个人保持距离的条件下，司法机关如何为国有企业服务？如何侦查犯罪、预防犯罪？这与我们党一贯倡导的司法机关的专门工作与群众路线相结合的原则有无冲突？这与回避原则是否一回事？距离原则对公、检、法各机关的要求是否相同？等等。

刘：这些疑问大致可以归纳为三个方面：在宏观上，司法机关及其工作人员的司法职能与其社会责任的关系如何处理？距离原则对行政执法的要求有何特点？在具体的诉讼中，距离原则的内容有哪些方面，有何必要性？

谢：在宏观上，中央政策的思路是清晰的。1997 年中央作出党政机关与所办经济实体脱钩的规定和行政性收费、罚没收入实行"收支两条线"的规定，制止党和国家机关违反规定搞"创收"。1998 年 7 月，中央决定军队、武警部队和政法机关一律不再从事经商活动。2000 年 1 月，最高人民法院颁布《关于审判人员严格执行回避制度的若干规定》，其中第 5 条规定："审判人员及法院其他工作人员的配偶、子女或父母，担任其所在法院审理案件的诉讼代理人或者辩护人的，人民法院不予准许。"最高人民检察院将"关于检察机关厅局级以上领导干部配偶、子女经商办企业的具体规定"延伸到处级干部。同时，处级以上领导干部离职和退（离）休后三年内，不准担任检察机关受理案件的诉讼代理人、辩护人。这一系列措施的宗旨就是要使执法机关和执法人员同其所管辖范围内的单位和个人割断利害联系和情感联系，保持一定距离，从制度上创造一个公正执法的环境和条件。我们不妨把中央的上述有关措施称为"距离政策"。

刘：60 年代，香港的官员腐败比较普遍，最突出的表现就是黑社会组织同警察沆瀣一气，当独立的廉政公署雷厉风行地查处警察腐败问题时，整个警界为之震动，人人自危，曾发生了大量警察到廉政公署抗议游行的事件。这时，香港总督主要采取了两项措施，一是既往不咎；二是从此以后警察与黑社会组织必须脱离联系，违者必究。这种被称为"净手"运动的措施，实质上就是要通过拉开警察与其管辖对象的距离，保持警察的廉洁和公正。从制度上明确要求执法者与其管辖对象保持距离，这是保证廉洁公正执法的基础；从法律和纪律上严厉制裁"越界"违规行为，这是保证廉洁公正地执法的辅助手段。香港在反腐败方面的经验和教训值得我们借鉴。

谢：在执行"距离政策"时，我们经常遇到两个问题，一是政法机关的经费不足，二是政法机关如何响应中央号召为国有企业服务。

刘：关于第一个问题，从现行的分级经费保障体制来看，地方财政状况好坏不一，政法机关的财政状况与地方经济的发展情况具有极大的相关性，这种现实容易引起许多弊端，如地方保护主义、本位主义、在履行职能时难以排除来自地方的各种干扰等。吃"杂粮"给政法工作造成的消极影响是巨大的，教训是深刻的。改革现行政法经费保障体制势在必行，首先，政法工作属于纯粹的"公共产品"，政法经费应当完全由政府承担，决不能靠政法机关自己"创收"来解决或补充。其次，政法工作属于全国性的"公共产品"，其受益对象是全国人民，因而政法经费应当由中央财政统一安排。只有实行中央财政统一承担全国政法经费的体制，才能适应客观的需要，才能克服目前存在的一些弊端和困难。因此，要从根本上解决政法经费问题，还得争取党中央的关注和支持，建立和健全适合中国特色政法制度的政法经费保障体制。

谢：关于第二个问题，人们的认识还很不一致。

刘：从检察实践来看，各地正在探索行之有效的途径，例如，据《检察日报》（1999 年 12 月 25 日）报道，湖北省黄梅县检察院充分发挥检察职能，积极为国企发展清淤排障，公开作出服务国企"八项承诺"，即不到企业拉赞助，乱罚滥收；为企业提供法律服务；坚决打击诬告陷害国企人员的犯罪行为；依法办案；对国企举报案初查严格按法定程序办理；在办理企业案件中，做到文明执法，不增加企业负担；对在办案中有违规违纪行为的干警严肃查处；协助搞好驻点企业的扭亏增盈和企业改制工作。前七项承诺都很好，只是第八项有出偏差的嫌疑。

谢：诉讼法中有一项古老的原则，即裁判者不得承担与其公正裁判相冲突的社会职能。政法机关作为国家机器的一部分有自己法定的职能，其使命就是通过执行自己特定的职能来为国家和人民服务。如果政法机关脱离法定职能讲"服务"，容易发生"种了别人的地，荒了自己的田"的现象，严重者可能导致国家机关分工的紊乱；如果政法机关违背自己的法定职能讲"共建"，难免导致一系列违法乱纪的事。

刘：政法机关依法充分地发挥职能作用，公正执法，有效地维护市场经济秩序，就是对国有企业的最好的服务。

（二）

刘立宪（中国检察理论研究所所长，以下简称"刘"）：从总体上看，所有的执法工作都涉及执法者与相对人保持适当距离的问题，即使是搞扶贫救灾等带有关怀民众疾苦性质的执法工作也要有距离意识，否则难免发生厚此薄彼的现象，但是，并不是所有的执法行为与相对人都要保持同样的距离，不同类型的执法行为对"距离"的要求必然会有所不同。

谢鹏程（中国检察理论研究所博士，以下简称"谢"）：距离原则不仅对不同类型执法行为的要求不同，而且不同类型的执法行为需要保持"距离"的领域或方面可能也不同，有的方面需要保持距离，有的方面则需要"密切联系"。

刘：讲到这些，使我联想起我国长期倡导的"司法机关的专门工作与群众路线相结合的原则"。"马锡五审判方式"是这一原则的典型和代表。这一原则讲的是司法官员要深入群众，调查研究，掌握案件事实真相，而不是同当事人"密切联系"。任何时候，司法官员都不应当片面地同当事人一方"密切联系"。

谢：对刑事案件的侦查行为本质上是一种行政行为。它的目标是要查明犯罪事实，查获犯罪人，这就决定了它的工作方式在某些方面需要贴近群众，深入群众，了解情况。

刘：是的，不过，侦查人员在平时也要同管辖下的单位和个人保持距离，否则，容易形成某种利益或情感共同体，或者因偏见，或者因偏袒，给侦破案件带来不利。当然，保持距离并不意味着"高高在上"或"漠不关心"，否则，既违反了人民警察为人民的宗旨，也会造成警民关系恶化，影响案件侦破。

谢：说到这里，我感觉到，距离原则实质上是要求执法者平时同其管辖下的所有人保持同样的距离，以免遇有裁决事项时，其辖下的人怀疑裁决者偏袒某一方或某些人。如果执法者与其辖下的人有亲疏之分、远近之别，不管其在执法时实际上是否公正，也总让人自然而然地对其公正性产生怀疑。简而言之，所谓"同样且适当的距离"，是指这种距离对辖下的所有人是同样的，对具体的事项是适当的。

刘：这也是老百姓对公正执法的环境的起码要求。试想，在一个特定的辖区内，一部分人（包括单位）与执法者来往密切，经常聚会聚餐，其他人就会产生某种不安全或不公正待遇的忧虑。他们要么效尤，使执法环境进一步恶化，要么空怀恐惧之心，徒增对执法机关的不信任。这种不信任必然影响执法者的公正形象，导致政府权威的流失。

谢：我觉得，距离原则对于行政执法的要求与对于司法的要求应当有所不同，因为行政执法的法律关系结构与司法的诉讼结构是很不相同的。

刘：是的。相对来说，行政执法的法律关系一般是双边关系，而诉讼一般是多边关系。在双边关系中，执法者与相对人通常是直接面对并进行沟通和交流，这个过程往往没有第三方的监督（除公开听证外），双方可能达成谅解，完成执法活动后，双方仍然保持适当距离；也可能彼此友好，转而亲密起来；还可能彼此对立，转而对抗起来。

抽象地说，执法者与相对人之间的距离可能有三种状况：适当距离、亲近和对抗。执法者与相对人之间的这种可近可远的不确定状态，对公正执法必然产生某种影响。就亲近状态来说，它可能使执法者当场就产生徇私情的倾向，甚至中止正常的执法活动；也可能在完成执法活动之后，双方找到了某种共同利益，相互利用，影响公正执法。就对抗状态来说，它可能引发一系列矛盾，妨碍执法的完成，甚至引起诉讼。这两种情形都不好，还是保持适当距离为佳。

谢：问题是，在执法者与相对人之间怎样才能保持适当的距离呢？换句话说，我们怎样才能做到既"热情服务"又"严格执法"呢？初看起来，"热情服务"要求执法者同相对人亲近，而"严格执法"要求执法者与相对人保持适当距离。

刘：我认为，"热情服务"和"严格执法"实际上都是要求执法者与相对人保持同样且适当的距离。"热情服务"只是要求执法者对相对人的态度要热情、亲切，不能高高在上或漠不关心，这就是"适当距离"；"严格执法"则要求对相对人一视同仁，既不法外施恩，也不法外加罚，这就是"同样距离"。

（三）

刘立宪（中国检察理论研究所所长，以下简称"刘"）：随着审判方式的改革，法庭上控辩双方的对抗性加强，裁判者与控辩双方之间保持一定的距离已经成为诉讼结构上的需要。诉讼的基本结构好比是三个点连成的一个三角形，如果三个点中的任意两个点无限接近，甚至合并为一个点，那么，诉讼的基本结构就不存在，这样就不可能保证基本的司法公正。

谢鹏程（中国检察理论研究所博士，以下简称"谢"）：我国传统的诉讼模式（即职权主义诉讼模式，非对抗制）一直强调实体公正，忽视程序公正。按照现代诉讼理论，司法过程所能保证实现的首先是程序公正，其次是实体公正。这是由人类的认识能力、司法裁判能力和公正与效率的平衡原则决定的。人们在有限的时间和条件下，达到了程序公正，双方就应当接受其结果。这不仅有助于社会秩序的稳定，而且符合各方当事人和国家的利益。

刘：从古到今，总有一些人千方百计上京城告状（古代称为"京控"），这里面有体制的因素，但主要是因为一些人确信：只要不懈地努力，终究会实现实体公正。在个别情况下，层层上访或不断申诉确实能产生实体公正，但是这样不仅损害了程序公正，而且那"难能可贵"的实体公正的代价实在太大了。司法过程不像行政和立法决策过程那样可以反复协调和磋商，它是正义的最后一道屏障，如果否定了司法的终极性，代之而起的必然是种种特权。现代诉讼制度从程序设计上努力排除各种可能导致不公正的因素，而不是把司法公正纯粹建立在司法官员个人道德修养的基础上。"距离原则"反映的正是这种现代诉讼价值观，因而应当发展成为现代诉讼的一项基本原则。

谢：在英美法系中，有一个自然正义原则，它包含两项内容，一是任何人不能作为自己案件的法官，二是纠纷各方都有机会充分阐述自己的意见，并了解对方的意见。前一项内容讲的就是法官要同纠纷各方保持距离，不能混为一体。看来，"距离产生公正"命题同这个古老的法律原则是一脉相承的。具体来讲，在司法过程中，这个"同样且适当的距离"指的是什么呢？

刘：根据司法实践的经验，裁判者作出错误裁判的个人原因主要有三个方面，一是利害关系，即裁判者与诉讼结果有直接或间接的利害关系（包括感情方面的联系）；二是个人偏见，即裁判者对当事人一方或其所属团体有偏爱或憎恶，从而产生对当事人一方的不公正态度；三是对案件事实的偏见，即对于特定案件中的事实采取某种预定的观点或曰成见，引起这种成见的原因可能是多种多样的。上述三个方面的原因归结为一点，就是裁判者与当事人和案件事实之间没有"距离"。反过来说，在诉讼过程中，"同样且适当的距离"就是要求裁判者排除上述三种因素：利害关系、个人偏见和对案件事实的成见。不过，排除"个人偏见和对案件事实的成见"在客观上是很难的，因为这些因素往往是裁判者内心的东西，其程度也是不确定的。从制度设计上看，这就要求裁判者包括陪审团不得事先片面接受与案件有关的信息，接受有关信息必须有各方当事人在场且各方有公平的辩白机会，以免裁判者因自己的某种偏见、成见而支持或反对某一方的意见。

谢：这里涉及单方面接触的问题，这也是诉讼法中的一项原则。

刘：所谓不得单方面接触原则，是指裁判者不得与任何一方当事人进行任何形式的单方面接触，不能在一方不在场时听取另一方的陈述。这可以说是距离原则的题中应有之义。与此相似的还有回避原则。

　　谢：我国法律中有关回避原则的规定都是以"可能影响对案件公正审理"为要件的，这是正确的，但是，从距离原则的角度来看，这是不全面的。回避原则的宗旨应当是使裁判者与案件当事人之间保持同样且适当的距离。它的意义，不仅在于排除可能影响公正裁判的因素，而且在于让人们都觉得裁判的公正性是不容怀疑的。裁判者与纠纷事实、当事人或裁决结果有任何"亲近"或"对抗"因素，都可构成回避或要求回避的理由。由此看来，距离原则不仅为回避制度提供了法理基础和依据，而且丰富了回避原则的内容。这种包容性说明，距离原则具有更重要的意义。

　　刘：距离原则可能有极少数例外。1981 年，美国某些地区法院法官控诉国会关于法官薪金的法律，违反宪法第 3 条对于法官薪金的保障。最高法院在该案的判决中承认，按照防止偏见原则（即我们所讲的距离原则的一个方面），一切联邦法官，包括最高法院法官在内，对于这个案件应当回避，因为全体法官对于案件的判决具有直接的利害关系。但是，如果最高法院回避，就没有其他法院可以受理，所以，"在本案没有其他审理方法时，最高法院不仅能够而且必须受理这个案件"。当然，这个事例名为例外，实为无奈。

　　谢：在我国古代，有诸如"大义灭亲"、"举贤不避亲"的美谈，这都是道德理想主义的司法倾向，它不是从制度上消除产生不公的因素，而是要求裁判者提高自身的道德修养，它不追求程序公正，而追求实体公正。显然，这类美谈与现代法治是背道而驰的，与距离原则无关。

中国特色检察制度的理论探索[*]

——检察基础理论研究 30 年述评

张智辉[**]

1978 年，伴随着检察机关的恢复重建，检察理论也在拨乱反正中开始了新的探索。30 年来，在老一辈法学家和年轻一代法学理论工作者的积极参与下，在广大检察人员的努力下，检察理论研究取得了丰硕的成果，其中有关中国特色社会主义检察制度基本理论的探索，在中国检察制度的发展史上，具有历史性的意义。回顾总结 30 年来检察理论研究特别是检察基础理论研究的历程，对于构建科学的中国特色社会主义检察理论体系，对于发展和完善中国特色社会主义检察制度，无疑是十分有益的。

一、回顾：30 年检察基础理论研究的概况

综览 30 年来检察基础理论的研究，我们可以清晰地看到，检察理论研究经历了三个发展阶段：

（一）恢复期

1978—1987 年是检察理论研究的恢复期。这一时期以王桂五 1978 年 11 月 7 日发表在《人民日报》上的《政法战线也要冲破禁区》一文为标志。该文对 50 年代后期以来被"左"的思想搞乱了的一些重大理论问题，如法律监督是把专政矛头对准人民内部、检察机关实行垂直领导是摆脱和反对党的领导、强调法律监督是以法抗党等，进行了深刻的反思，提出了正确认识社会主义检察制度的任务。此后，一些法学家和检察人员，围绕检察机关在恢复重建过程中遇到的重大思想观念和制度建设方面的问题，开始了理论上的探索，出

---

[*] 本文刊载于《中国法学》2009 年第 3 期。天津市人民检察院王魁博士为本文的写作做了许多资料准备工作。

[**] 张智辉，最高人民检察院检察理论研究所原所长。

现了一系列检察基础理论研究的文章和著作。

这一时期的主要代表作有：王桂五：《人民检察制度概论》，法律出版社1982年版；王洪俊：《检察学》，重庆出版社1987年版；孙静贞：《检察机关的性质和任务》，载《北京政法学院学报》1979年第1期；金默生：《论独立行使检察权》，载《法学研究》1981年第3期；孙谦：《论检察机关法律监督的几个问题》，载《当代法学》1987年第4期；徐益初：《论全面充分发挥检察机关法律监督职能的作用》，载《中国法学》1987年第4期等。

这一时期检察基础理论研究的主要问题有：检察机关的性质、地位、任务、作用，检察机关的领导体制，法律监督的概念、范围，马克思主义经典作家有关法律本质以及法制统一的论述，检察机关的活动原则特别是依法独立行使检察权，创建检察学的必要性以及检察学的理论架构，以及对国外检察制度的介绍等。这一时期关于检察基础理论的研究特别值得一提的是老一辈著名法学家对检察学学科构建的关注和对检察机关监督民事诉讼的论述。如刘家兴等在《法学研究》1981年第1期上发表的《试论人民检察院参加民事诉讼》，柴发邦在《北京检察》1984年第2期上发表的《关于人民检察院监督民事诉讼问题的探讨》，孙国华撰写的《民主、法制与检察学》①，王洪俊出版的《检察学》著作等。

这一时期检察基础理论研究的特点有：一是汲取历史的教训，对50年代后期以来搞乱了的一些检察制度基本理论是非进行清理，对中国检察制度的研究侧重于正面论述，少有对宪法和法律的规定提出批评意见的观点；二是对涉及检察制度的一些重大理论问题的研究刚刚起步，研究的深度不够；三是法学界专家学者参与检察基础理论研究的热情很高，法学刊物也对检察基础理论给予了较大的关注，发表有关这方面的理论文章较多。

（二）发展期

1988—1998年是检察理论研究的发展期。这一时期以中国检察学会的成立（1988年6月）为标志。中国检察学会成立后大力倡导和积极组织检察理论研究，创办《检察理论研究》杂志（1991年），每年召开全国性检察理论研讨会，吸引了一批检察人员研究检察理论，促进了检察理论研究的开展，出现了许多检察理论研究成果。

---

① 该文在1986年8月召开的"检察学理论研究问题座谈会"宣读并收入沈阳市检察学会编印的《检察学研究论集》。该文提出："建立一门检察学，专门研究法律监督问题，研究检察工作应当遵循的规律性问题，是完全必要的。"

这一时期的主要代表作有：李士英等：《当代中国的检察制度》，中国社会科学出版社 1988 年版；赵登举等主编：《检察学》，湖南人民出版社 1988 年版；张穹等：《检察制度比较研究》，中国检察出版社 1990 年版；王桂五主编：《中华人民共和国检察制度研究》，法律出版社 1991 年版；程荣斌主编：《检察制度检察理论》，中国检察出版社 1992 年版；樊凤林：《关于完善检察制度的几个问题》，载《法学杂志》1992 年第 4 期；徐益初：《对建设中国特色社会主义检察制度的几点思考》，载《检察理论研究》1992 年第 1 期；李桂茂、张国吉：《我国法律监督制度的改革与完善——论监督法律关系》，载《中国社会科学》1997 年第 2 期；唐生、陈冰如：《关于检察权的几个问题》，载《人大研究》1998 年第 6 期等。

这一时期的检察基础理论研究，除了继续围绕检察机关的性质、地位、检察机关的领导体制、检察机关活动原则等问题进行之外，有关检察制度历史发展和国外检察制度介绍方面的研究进一步深入，对检察官制度的研究和检察机关职权特别是职务犯罪侦查权的研究成为理论探讨的热点。

这一时期检察基础理论研究的特点有：一是研究的广度有所扩展，检察制度发展中遇到的一些新问题如检察活动中的人权保障问题、检察机关的内部制约与外部监督等开始纳入检察基础理论研究的视野；二是研究的深度有所增加，在检察制度的一些基本问题上出现了有一定深度的新的研究成果；三是出现了对我国现行检察制度进行质疑的观点，形成检察理论研究的一些热点；四是在检察理论研究中开始触及检察改革的问题。

（三）繁荣期

1999—2008 年是检察理论研究的繁荣期。以 1999 年 7 月最高人民检察院作出《关于加强检察理论研究的决定》为标志，检察理论研究工作纳入全国各级检察机关的工作重点，出现了研究检察理论的繁荣发展的新时期。十五大政治报告提出了司法体制改革的任务。学术界在司法体制改革的研讨中十分关注检察机关在司法体制中的定位问题，出现了一些对检察机关法律地位和检察权性质的研究成果，对检察制度的发展完善提出了许多有益的建议。2003 年最高人民检察院作出了《关于进一步加强检察理论研究工作的意见》。特别是2005 年，最高人民检察院在南京召开了全国检察理论研究工作会议暨第六届检察理论研究年会，贾春旺检察长在这次会议上发表了关于加强检察理论研究工作的重要讲话，提出了一系列建立健全检察理论研究工作机制的举措。此后的 3 年，全国各级检察机关充分调动各个方面的积极性，有组织地开展检察理论研究，出现了前所未有的发展态势，涌现出一大批高水平的研究成果。

这一时期的主要代表作有：龙宗智：《检察制度教程》，法律出版社 2002
年版；孙谦：《检察：理念、制度与改革》，法律出版社 2004 年版；孙谦主
编：《中国检察制度论纲》，人民出版社 2004 年版；韩大元主编：《中国检察
制度宪法基础研究》，中国检察出版社 2007 年版；张智辉：《检察权研究》，中
国检察出版社 2007 年版；张穹：《当代检察官的职权》，载《检察日报》1999
年 6 月 2 日；邱学强：《论检察体制改革》，载《中国法学》2003 年第 5 期；
朱孝清：《中国检察制度的几个问题》，载《中国法学》2007 年第 2 期等。

这一时期检察基础理论研究的突出特点有：一是理论研究的思辨性、论辩
性显著增强，不同学术观点的争鸣成为理论研究关注的热点；二是检察基础理
论研究的成果显著增多，有关检察基础理论的学术著作不断涌现，并且理论层
次逐渐提升；三是对检察制度的宏观思考、对检察制度改革完善的研究成为检
察基础理论的主流；四是对检察制度中的一些重大问题的认识逐渐趋于一致。

30 年来检察基础理论的研究，从研究问题的角度看，大致上是从四个
视角展开的：一是从检察制度的视角进行研究，系统论述中国特色社会主义
检察制度的基本理论及其理论基础；二是从检察权的视角进行研究，重点研
究检察权的性质、构造、权能及其运作机制；三是从检察学的视角进行研
究，探讨检察制度的基本理论和检察活动的规律，构建检察制度的理论体
系；四是从检察改革的视角进行研究，着力探讨检察制度在实践中遇到的困
难和问题，以完善中国特色社会主义检察制度为目的，提出改革完善的建
议。从研究的内容上看，关于检察基础理论的研究，主要是围绕检察机关的
法律定位、检察权的性质、法律监督、检察机关的职权、检察机关的组织体
系与活动原则等检察制度的基本问题展开的。下面将对这些问题作简要的
评述。

二、检察机关的法律定位

检察机关的法律定位是检察制度的核心问题之一。确立一个什么样的检察
制度，按照什么样的模式来进行检察改革，首先面临的问题就是检察机关在国
家权力架构中居于什么样的地位。检察机关在国家权力架构中的定位，不仅直
接关系到建设一个什么样的检察机关，而且关系到检察机关的职权配置、机构
设置、人员选择等一系列基本要素的制度安排。30 年来，与检察机关和检察
改革有关的争论，绝大多数都涉及对检察机关法律定位的不同认识。因而对这
个问题的研究，始终是检察基础理论研究中的一个热点问题。

（一）检察机关是国家的法律监督机关

1. 实然的法律定位

1979 年 7 月 1 日第五届全国人民代表大会第二次会议通过的《人民检察院组织法》明确规定："中华人民共和国人民检察院是国家的法律监督机关。"1982 年修改后的《宪法》进一步确认了检察机关的法律定位。80 年代和 90 年代初的检察基础理论研究，紧紧围绕《宪法》和《人民检察院组织法》的这个规定，从理论上阐述了检察机关法律地位的基本内涵和理论基础。

许多学者认为，我国的检察制度是根据列宁的维护国家法制统一的指导思想结合我国实际情况建立的；检察机关在国家领导体制中居于重要地位并且在权力机关的领导和监督下自成体系；检察机关始终以法律监督为己任；检察机关由权力机关产生，主要人员由权力机关任免。这是中国检察制度的法律基础。有些学者详细论述了检察机关法律定位的理论基础，认为辩证唯物主义和历史唯物主义是建设人民检察制度的根本指导思想，人民民主专政理论是建设人民检察制度的政治思想基础，列宁关于法律监督的思想是人民检察制度的重要思想渊源，社会主义初级阶段理论是改革我国检察制度的根本依据。[①] 亦有学者认为，人民检察院既是国家的法律监督机关，又是人民民主专政的工具。在行使法律监督权的同时，人民检察院捍卫人民民主专政的制度，而捍卫人民民主专政的制度，则是人民检察院行使法律监督权的根本归宿。在我国，公安机关、检察机关和人民法院都是国家的司法机关，都是人民民主专政的工具。公安、检察和法院都从不同的角度执行特定的司法职能，完成特定的诉讼任务。人民检察院的特殊性质，就在于它是国家的法律监督机关，是行使国家赋予的检察权，对法律的遵守和统一实施进行监督的专门机关。之所以要把检察机关作为国家的法律监督机关来规定，是因为法律监督体现了立法与司法之间的协调；只有实行检察监督，才能实现我国法制的最优效果；实行检察监督有助于公、检、法三机关互相配合、互相制约、各司其职、各负其责，准确、及时地揭露犯罪，惩罚犯罪分子。从我国历史传统来看，实行检察监督有助于克服"以言代法"、"以权代法"的封建法制观念。[②]

2. 应然的法律定位

早在 80 年代末 90 年代初，在理论上就有对检察机关法律定位的不同认

[①] 王桂五主编：《中华人民共和国检察制度研究》，法律出版社 1991 年版，第 179～231 页。

[②] 陈卫东、张涛：《检察监督职能论》，群众出版社 1988 年版，第 31～38 页。

识。有些学者将其归纳为四个方面：一是混淆法律监督与其他监督特别是行政监督的界限，认为行使其他监督职权的机关也是法律监督机关，从而模糊检察机关法律监督的专门属性；二是弄不清法律监督与公诉权的关系，认为我国的检察机关是单纯的公诉机关；三是认为没有必要赋予我国检察机关以法律监督的性质和地位，主张检察机关应定位为单纯的公诉机关；四是认为我国检察机关没有也不可能担负起专门的、普遍的法律监督职责，并对这些观点进行了系统的反驳。① 有的学者针对把检察机关规定为法律监督机关是名不符实的观点，② 回顾新中国成立以来检察机关的发展历程，强调指出，把我国的检察机关确定为法律监督机关，是加强社会主义法制的客观需要，是人民群众的迫切要求，是我国社会主义检察制度的一大特色。如果削弱或者取消检察机关的法律监督职能，只限于行使诉讼职能，那样就会回到公诉机关的老路上，这种改革的设想，不是什么进步，而是倒退。③

90 年代末以来，一些学者对宪法规定的检察机关法律地位进行批判性反思，认为不应当把检察机关定位为国家的法律监督机关。④ 有的认为，宪法和法律把检察机关规定为国家的法律监督机关，是反科学的，不公正的，非理性的。在其看来，检察机关与专门的法律监督机关之间并不具有必然的内在的联系，也无从反映诉讼规律的客观要求，并不具有普遍意义。因此将检察机关定性为专门的法律监督机关或其他类似的表述都是缺乏科学的理论根据的。将法律监督的国家权力"拉郎配"般地赋予检察机关这种权力配置模式是反科学性的，因为它与法治社会国家权力配置的基本原理相悖；使得刑事诉讼中的辩、诉、审三方的法律地位和相互关系失去了公正和理性基础，本来十分合理的诉讼结构就会陷入不稳定或无序状态运作；与诉讼职能区分理论相悖；强调法律监督的必要性和重要性与检察机关必须享有法律监督权在逻辑上完全是两个范畴的问题。因此，检察机关在我国国家体制以及在刑事诉讼中都不应该定位为国家法律监督机关，更不应该具有国家法律监督权的主体资格，同时，检察机关成为司法机关的观念也是没有任何法律和法理根据的。⑤

对于这种观点，许多学者提出了不同的看法，从不同的方面指出了这种观

① 王桂五主编：《中华人民共和国检察制度研究》，法律出版社 1991 年版，第 123 ~ 129 页。

② 蔡定剑：《国家监督制度》，中国法制出版社 1991 年版，第 226 页。

③ 徐益初：《对建设中国特色社会主义检察制度的几点思考》，载《检察理论研究》1992 年第 1 期。

④ 陈卫东：《我国检察权的反思与重构》，载《法学研究》2003 年第 2 期。

⑤ 郝银钟：《检察权质疑》，载《中国人民大学学报》1999 年第 3 期。

点的伪科学性，澄清了理论是非。

第一，关于检察机关与法律监督之间的联系。早在八九十年代，有些学者就在研究检察制度发展史的基础上明确指出：古今中外各种类型的检察制度在不同的范围内和不同的程度上以不同的形式具有法律监督的性质，因而法律监督是检察制度的本质属性。[①] 针对"检察制度从无到有、乃至逐步丰富完善的演进历史，并没有体现出检察机关与专门法律监督之间的任何必然联系。""检察机关与专门的法律监督机关之间并不具有必然的内在的联系"[②] 等观点，一些学者在对各个法系主要国家检察制度进行历史分析和比较考察的基础上，客观系统地分析了现代检察制度产生发展过程，进一步指出："检察职能具有一种与生俱来的监督性"，"检察机关自始就具有监督的功能"。东西方的检察制度具有共同的设立目的，即维护国家法制。欧洲大陆法系国家普遍强调检察机关的护法功能，认为检察机关以维护法制、严守法制原则为其行为的出发点和归宿。检察机关对法制的维护，主要是通过三个方面来实现的：一是行使公诉等诉讼职能，维护法制；二是坚守客观公正的法制立场，维护公民权利；三是实施司法监督，保证依法办案。检察机关担当着控制警方侦查、制约法院审判并监督判决执行的监督功能。[③] 有的学者指出：在人类文明史中，司法权从行政权中分离出来，实行司法独立；在司法制度中，审判职能与公诉职能分开，形成公诉制度，这是政治体制、司法制度的两大进步。而检察权上升为国家的一项基本权力，专门的法律监督机关与行政机关、审判机关处于并行地位，是人类法制文明发展到社会主义新阶段的又一重大进步。[④] 这些观点，通过对历史事实的分析，论证了检察机关与法律监督之间的内在联系，说明把检察机关定位为国家的法律监督机关具有深刻的历史根源，并不存在什么反科学性的问题。

第二，关于检察机关宪法定位的价值合理性。许多学者指出，把检察机关定位为国家的法律监督机关，是植根中国国情的理性选择，具有历史的必然性和价值上的合理性。有的学者指出在中国把检察机关作为国家的法律监督机关来设置，具有坚实的宪法基础，是在人民代表大会统一行使国家权力下实现权

① 王桂五主编：《中华人民共和国检察制度研究》，法律出版社 1991 年版，第 251 页。

② 郝银钟：《检察权质疑》，载《中国人民大学学报》1999 年第 3 期。

③ 龙宗智：《检察制度教程》，法律出版社 2002 年版，第 4~7 页。

④ 童建明：《关于我国检察机关法律监督问题的若干思考》，载孙谦、刘立宪主编：《检察论丛》（第 1 卷），法律出版社 2000 年版，第 71 页。

力制衡的必然要求，符合权力运作的普遍规律；具有深厚的社会基础，是在缺乏法治传统、法制还不够健全、司法不公还在不同程度上存在的社会环境下推行依法治国方略，保障法律统一正确实施的客观需要，符合人民的根本利益；具有广泛的实践基础，是保障权力行使的有效性和经济性的最佳选择。① 有的学者系统地论证了把检察机关定位为国家的法律监督机关的历史必然性，认为现代检察制度是政治文明和司法文明发展的必然产物。新中国成立后，当时所面临的境遇和任务需要建立一个中央集权的制度，而设立强有力的法律监督机关有利于中央法令的统一。②

许多学者论证了检察机关作为国家的法律监督机关来定位的必要性。有的学者指出：我国实行的是一元多立的权力架构，即在一元权力——人民代表大会下，分出立法权、行政权、审判权、检察权、军事权。在这种权力架构下，人民代表大会及其常委会固然有权对由其产生与下辖的诸权能实施监督，但这种监督只能是宏观的监督和对国家、社会重大事项的监督，而不可能是经常的、具体的监督。这种制约监督与多元分立权力架构下的制约监督相比，是不普遍、不充分的。为了弥补制约监督的不足，防止权力腐败和被滥用，保证国家权力在法治的轨道上正确运行，就必须在人民代表大会下设立专司监督的法律监督权能，并将该权能赋予某一机关，使其成为专门的法律监督机关。如果说中国实行共产党领导和人民代表大会制度是历史的必然、人民的选择，那么，中国设立法律监督机关同样具有历史的必然性和现实的合理性。在我国，由国情所决定，在相当长时期内，还存在诸多影响法律统一正确实施、损害法律权威和尊严的因素，如封建思想残余影响；"潜规则"的存在；经济、文化不发达且不平衡；地方和部门利益；执法犯法等多方面的因素严重影响着法律的统一正确实施，设立专门的法律监督机关，用以监察、督促国家权力的依法运行，保证法律的统一正确实施，就成了当然的制度选择。③

第三，关于诉讼结构与检察机关宪法定位的合理性。有的学者从刑事诉讼构造的角度，提出"在刑事诉讼中，检察机关既承担控诉职能又承担法律监督职能，使中国刑事诉讼程序失去了最低限度的程序公正的保障机制。"④ 检察机关集法律监督职能和公诉职能于一身，不符合控辩平等、控审分离和审判独立等诉讼规律的基本要求和法治国家权力配置的基本原理，是一种过时的、

---

① 张智辉：《法律监督机关设置的价值合理性》，载《法学家》2002 年第 5 期。
② 孙谦：《检察：理念、制度与改革》，法律出版社 2004 年版，第 62～77 页。
③ 朱孝清：《中国检察制度的几个问题》，载《中国法学》2007 年第 2 期。
④ 郝银钟：《检察权质疑》，载《中国人民大学学报》1999 年第 3 期。

带有根本缺陷的法律制度形态,① 从而主张废除检察机关作为法律监督机关的定位,"应该按照检察机关就是公诉机关的思路去改革司法制度"。②

对此,一些学者提出了相反的观点,认为检察机关的公诉职能与法律监督机关的定位并不矛盾。首先,检察机关的公诉职能本身就具有监督的属性。有的学者指出,那种认为检察机关既行使公诉权又承担法律监督职责会造成诉讼角色错位的观点,既不符合公诉权与法律监督权的形式与内容的辩证关系,也不符合我国刑事诉讼法的规定和实际情况。公诉权的各项权能都在不同程度上具有保障法律统一正确实施的监督作用,不同程度、不同侧面、不同方式地体现着法律监督的性质,从而也就从整体上决定了检察机关公诉权在本质上具有法律监督属性。公诉权只是法律监督权的一种实现形式,法律监督是公诉权的内在属性,而不是与公诉权并列的另一种权能,二者是一体的,具有共生关系。其次,检察机关享有法律监督权并不必然破坏控辩平等的诉讼机制。法律监督与控辩平等的目的是一致的,都是为了保障裁判结果的公平性和正确性;控辩平等与法律监督的指向不同,不存在非此即彼的对立;对审判活动的监督并不是检察机关独有的权力,而是控辩双方对等的权力或权利。在审前程序中,检察机关作为法律监督机关,客观全面地审查案件,以避免不当起诉。这只能更有利于控辩平等和保护犯罪嫌疑人的合法权益。在审判程序中,公诉人在法庭上不仅负有指控犯罪之责,而且还负有根据事实和法律公正地阐述被告人罪轻或法定从轻、减轻的事实和情节以及对法庭损害被告人合法权益的问题进行法律监督的职责。庭审后,公诉人不仅要对有罪判无罪、重罪轻判的判决提出抗诉,而且要对轻罪重判的判决或损害被告人合法权益、违反程序的判决提出抗诉或者提出违法纠正意见,从而确保司法公正,维护被告人的合法权益。因此从诉讼机理上看,检察机关对法庭活动是否合法提出意见,对其认为错误的裁判有权抗诉,是其承担的诉讼职能所要求,并不能因此就认为检察机关的诉讼地位优越于辩护方或凌驾于辩护方之上。③

3. 宪法文本的再解读

在关于检察机关宪法定位的研究中,特别值得一提的是,一些宪法学者在

---

① 郝银钟:《评"检诉合一"诉讼机制》,载《法制日报》2006年8月3日,第7版。

② 陈卫东:《我国检察权的反思与重构》,载《法学研究》2003年第2期。

③ 宋英辉:《刑事诉讼法原理导读》,法律出版社2003年版,第171页;张智辉、黄维智:《控辩平等与法律监督》,载《法学》2006年第8期;朱孝清:《中国检察制度的几个问题》,载《中国法学》2007年第2期;万春、高景峰:《论法律监督与控、辩、审关系》,载《法学家》2007年第5期。

回顾分析我国宪法确立检察机关宪法地位的历史过程，特别是 1982 年宪法修改过程中有关检察机关宪法地位的讨论情况的基础上，强调宪法是检察机关行使职权与进行活动的权力来源和基本出发点，也是分析检察机关性质与地位的基本依据，要全面理解宪法文本，正确认识检察机关的宪法地位。通过对我国现行宪法文本的分析，这些学者指出：第一，应当从宪法的整体规定而非断章取义地理解"国家法律监督机关"的含义。检察机关作为国家的法律监督机关有两个前提，即检察机关是在国家权力机关之下与行政机关、审判机关和军事机关并列的法律监督机关；检察机关不是全面监督法律实施的机关，检察机关的法律监督权是由权力机关授予并受权力机关领导和监督的。第二，检察机关是"专门"的法律监督机关。按照宪法的规定，法律监督的主体只能是检察机关而不是其他机关；检察机关通过对职务犯罪进行立案侦查、批准逮捕、提起公诉、对公安机关的立案侦查活动实施监督、对人民法院的判决裁定予以抗诉等手段进行法律监督，而这些手段是其他任何国家机关所不具有的，也是保障检察机关法律监督权的行使所必须的、专门的手段。第三，检察机关是"国家"的法律监督机关。它是代表国家，并以国家的名义对法律的实施和遵守进行监督的。第四，检察机关是"法律"的监督机关。检察机关行使职权的依据是法律，即检察机关的职权在于依照法律的规定对法律的遵守和执行情况进行监督。第五，检察机关是"具体"的法律监督机关。检察机关的监督是针对具体案件的监督即个案监督，这使得检察监督与人大监督区别开来。第六，检察机关是"程序性"的法律监督机关。检察权的行使必须依照法定的程序进行；检察权的行使仅仅具有程序的意义。检察机关法律监督权的本质在于以程序性的制约权来实现对实体的监督，这是检察权与行政权和审判权的重要区别。这些情况表明，宪法对检察机关的定性是独特、准确和符合实际情况的。《人民检察院组织法》和《刑事诉讼法》等法律对检察职权的规定，是宪法关于"国家的法律监督机关"的体现。[①] 有的学者则指出，在宪法解释检察机关的权力来源时，我们可以把法律赋予检察机关的各项职权概括地称为"检察权"，在讨论检察机关的独立性时，我们应当称之为"司法权"，而在研究检察机关的功能及其与行政机关、审判机关的关系时，我们应当称之为"法律监督机关"。只有作这样的区分性理解，才是符合宪法原意的，才是对检察机关法律地位的准确、全面的揭示。[②]

[①] 韩大元主编：《中国检察制度宪法基础研究》，中国检察出版社 2007 年版，第 38~42 页。

[②] 万毅：《一个尚未完成的机关——底限正义视野下的检察制度》，中国检察出版社 2008 年版，第 37 页。

（二）检察机关是国家的司法机关

在我国，传统观点认为，检察机关和审判机关都是国家的司法机关。因为《宪法》第三章第七节对人民法院和人民检察院一并加以规定，并且在第 126 条和第 131 条分别规定了审判机关和检察机关独立行使职权的原则，这说明它们具有相同的性质。但是在司法改革的研讨中，有的学者对检察机关作为司法机关的定位提出了不同的看法，认为称检察机关为司法机关是完全缺乏法理根据的，是一种极不科学、不规范的法律观念。将这种观念用之于司法体制的设计，必将贻害无穷。①

针对这种观点，一些学者强调指出，检察机关既是国家的法律监督机关，也是国家的司法机关。有的学者认为，检察机关的法律监督是通过司法性的活动来实现的，所以它理应属于国家的司法机关之一。将检察机关定位为司法机关，也有利于解决检察官的任职、罢免、停职、转任、升迁等人身保障问题。采用司法性人身保障制度，禁止随意罢免、调任检察官，才能消除检察官执行职务的“后顾之忧”，促使其客观公正地履行职务。② 检察机关在法律上被确认为法律监督机关，这种司法职能尤其是对法院审判活动进行监督的职能，进一步促成了检察权的司法化，因为司法是公民权利的最后防线，它检验和约束行政权，行政权应受司法权的监督，如果说检察机关作为行政机关对审判实施监督，在法理上是难以成立的；检察机关在体制上脱离行政系统，成为独立的另一类国家权力；国家法律对检察人员及检察权的保障与审判人员及审判权的保障没有质的区别，这种一致性或一体化的特征，正是检察权与审判权同样被定位于司法权的重要依据。③ 也有学者认为，法律监督是检察机关的本质属性，司法性、行政性是检察机关兼有的属性。④

（三）检察机关与其他国家机关的关系

在论证检察机关法律定位的过程中，许多学者注意到检察机关与其他国家机关的关系，并对之进行研究，提出了一系列有益于正确理解检察机关法律定位的见解。

---

① 郝银钟：《检察权质疑》，载《中国人民大学学报》1999 年第 3 期。
② 孙谦：《检察、理念、制度与改革》，法律出版社 2004 年版，第 112～113 页。
③ 龙宗智：《检察制度教程》，法律出版社 2002 年版，第 100～103 页。
④ 孙谦、樊崇义、杨金华主编：《检察改革、检察理论与实践对话录》，法律出版社 2002 年版，第 128 页。

1. 关于检察机关与国家权力机关的关系

检察机关是由国家权力机关即人民代表大会产生并向人民代表大会负责的国家机关。国家最高权力机关依照法定程序规定检察机关的职权，任免检察机关的人员，监督检察机关行使职权的活动；人民检察院根据国家最高权力机关的授权行使检察权，并接受人民代表大会的监督。但是如何看待人大监督与检察机关法律监督的关系，一些学者提出了不同的看法。

有的学者认为，国家权力机关的监督和检察机关的监督都是法律监督，同属国家监督，都是能直接产生法律效力的监督，但是，二者又具有明显的区别。这种区别主要表现为：监督的目的及其地位不同、监督对象不同、监督内容不同、监督措施不同。国家权力机关依法行使国家最高权力，对国家行政机关、审判机关、检察机关及其工作人员执行法律、遵守法律的情况实行全面、高层次的监督，其特征是国家最高权力从体制上对其他国家权力的一种权力制约，这种监督一般不介入其他国家机关执行法律的具体过程和具体案件。检察机关的法律监督以国家司法权之一的检察权为依据，其明显特征是直接参与并在司法诉讼活动中实行法律监督，是以打击犯罪、维护法律尊严为目的的。[①] 也有学者认为，不能把人大的监督与检察机关的监督都称为法律监督，因为如果认为检察机关的监督是法律监督，人大的监督也是法律监督，那就无意间把检察机关与人大相并列。这在逻辑上是讲不通的。因为在我国的权力架构中，人大是国家权力机关，检察机关只是由人大产生并向人大负责的一个国家机关，不可能具有与人大并行的权力。因此，在理论上，不应该把人大的监督与检察机关的监督这样两个不同层次、不同类型的监督混为一谈。[②]

2. 关于检察机关与行政机关的关系

按照宪法和法律的规定，行政机关和检察机关都是由人大产生并向人大负责的国家机关，二者属于同一位阶的国家机关，彼此独立，互不隶属。但是检察机关的法律监督包括对国家行政机关工作人员利用职权实施的犯罪行为的监督。而检察机关的经费保障则依赖于行政机关的供给。

在司法体制改革的理论研讨中，研究较多的是检察机关与作为行政机关之一的公安机关的关系，即警检关系。由于宪法明确规定了"人民法院、人民检察院和公安机关在办理刑事案件中，应当分工负责、互相配合、互相制约"的原则，所以一般认为，人民检察院和公安机关在刑事诉讼中的关系可以概括

---

① 田虎：《法律监督中的国家权力机关与检察机关》，载《人大研究》1993 年第 2 期。

② 张智辉：《法律监督三辨析》，载《中国法学》2003 年第 5 期。

为三个方面，即分工负责、各司其职；互相配合、目标一致；监督制约，防止出错。其中，检察机关对公安机关的侦查活动具有法律监督的职责；公安机关对检察机关的法律监督和诉讼活动具有制约作用。这种警检分立模式使检察机关与公安机关保持一定的距离，有利于发挥公安机关侦查的优势和积极性，也有利于检察机关对公安机关的侦查活动实行监督。①

但是亦有学者认为"分工负责"、"互相制约"的原则，存在着一些根本性的缺陷和种种弊端，不宜再用来调整公安机关和检察机关之间的相互关系，更不能作为构建我国刑事司法体制的指导性原则，应予废止。检察官的特殊法律地位体现在刑事司法体制中，就必然要求侦查机关摒弃侦查本位主义，全力服务公诉职能，使侦、检双方日益朝着一体化方向发展。由于检察官主导整个侦查、公诉程序，这就使得侦查权已经成为一种服务于公诉权的附属性司法权力，不再是一种分散独立的司法力量。这种侦、检一体化模式集中体现了诉讼规律的基本要求，顺应了当今世界刑事诉讼法学发展的历史潮流，所以应该成为我国刑事司法体制改革的首选目标。②

对此，有的学者提出了不同的观点，认为检警一体化将损害刑事司法的合理性与效率。从现代检察制度设立的意义看，需要保持检警的适当分离以形成必要"张力"，从而维持对侦查进行"过滤"以及对侦查活动实施法律控制的机制。按照这些学者的主张，调整检警关系的关键是加强检察机关对刑事侦查活动的调控和监督，重点解决三个突出问题：一是调整检警关系模式，实行公安机关的侦查活动由其上级领导，同时服从检察机关监督的模式，强调将监督落在实处；二是扩大监督范围和完善监督措施，对公安机关的强制性侦查措施除强制性轻微的外，原则上全部交检察机关审批，并要求公安机关将全部发、破案以及立、撤案情况报检察院，以便检察机关能够有效实施立案监督；三是协调侦查分工，赋予检察机关以机动侦查权，同时规定对涉及两个侦查机关管辖的案件，可以由负责主罪的侦查机关并案侦查，也可以在作出一定限制的情况下，允许检察机关根据案件侦查需要确定侦查管辖。③ 亦有学者认为，中国的检警关系应该是一种符合和谐社会需要与刑事司法规律而且能够自身保持和

---

① 孙谦主编：《中国检察制度论纲》，人民出版社 2004 年版，第 90~92 页。

② 陈兴良：《诉讼结构的重塑与司法体制的改革》，载《人民检察》1999 年第 1 期；陈卫东、郝银钟：《侦、检一体化模式研究》，载《法学研究》1999 年第 1 期；陈卫东、郝银钟：《实然与应然——关于侦检权是否属于司法权的随想》，载《法学》1999 年第 6 期。

③ 龙宗智：《评"检警一体化"兼论我国的检警关系》，载《法学研究》2000 年第 2 期。

谐的检警关系,即检察指导警方侦查的模式。如果检察官可以在犯罪侦查的过程中而不是在犯罪侦查工作结束之后,就具体案件中证据的采纳标准和采信标准向侦查人员提供指导性意见,特别是就证据的合法性和证明的充分性提供指导性意见,则可以提高案件工作的质量,防止侦查工作步入违法的误区或者把案件做成"夹生饭",从而更加准确高效地完成追诉犯罪的任务。[1]

3. 关于检察机关与审判机关的关系

人民法院和人民检察院都是由人民代表大会产生、向人民代表大会负责的国家司法机关,其法律地位是平等的。在刑事诉讼过程中,检察机关的公诉活动具有启动法院的审判活动的功能,并且为刑事审判设定了范围,但是检察机关的公诉活动必须受到法院审判活动检验,必须服从人民法院经过审判程序作出的终局裁判。在诉讼监督过程中,审判机关与检察机关又是一种监督与被监督的关系,检察机关对审判活动的法律监督,具有引起法院对自己的有关行为或裁判进行再审查的效力。

近年来在有关司法体制改革的研讨中,一些学者认为,检察机关对审判机关的法律监督破坏了法院的独立,影响了法院裁判的权威性,因而主张取消检察机关对审判活动的法律监督。其中,有的认为,检察机关实际拥有了高于审判机关的法律地位和权力效能,检察官成为"法官之上的法官",直接导致审判不独立、裁判不终局,司法权威先天受到贬抑。[2] 有的认为,我国现行"两大司法机关"的格局,与现代法治理论和诉讼原理难以协调,有必要在司法权力配置上进行根本性的改革,下决心革除检法并列的体制,将检察机关合并到司法部,由司法部长兼任总检察长,取消检察机关对审判活动的法律监督。[3] 对此,许多学者提出了不同的看法,认为检察机关对法院审判活动的监督不但不应取消或限制,反而应当进一步加强。其理由主要是:第一,检察机关对审判活动的法律监督只是一种同级机关之间的程序性的监督,而不是像国家权力机关对行政、审判、检察机关的上位对下位的具有实体效力的监督,不存在谁高于谁的问题。第二,从诉讼规律上看,案件事实是复杂的而且是过去发生的,认定案件事实要受诸多主客观因素的限制,这就决定了司法人员在办理案件的过程中认识产生错误的可能性以及由这种认识导致的裁判错误的可能

---

① 何家弘:《构建和谐社会中的检警关系》,载《人民检察》2007年第23期。

② 郝银钟:《评"检诉合一"诉讼机制》,载《法制日报》2006年8月3日,第7版。

③ 崔敏:《论司法权力的合理配置——兼谈检察制度改革的构想》,载信春鹰、李林主编:《依法治国与司法改革》,中国法制出版社1999年版,第368~382页。

性。为了防止和纠正可能出现错误的判决和裁定，就有必要在刑事诉讼中建立审判监督制度以督促审判机关纠正错判。第三，认为法律监督会损害审判权威的观点，是以绝对权力观即"要监督就难以树立权威，要树立权威就不允许有监督"为基础的。其实，这种绝对权力只有在专制国家才有，在民主法治国家根本不可能有。第四，审判权威来自审判公正，不公正的审判决无权威可言。检察机关通过法律监督，督察法院纠正已然的审判程序不公和审判结果不公，正是为了维护审判权威。检察机关的法律监督更重要的是有利于防止未然的审判程序不公和审判结果不公的出现。第五，从理论到实践，我们还无法证明中国的审判机关可以排斥外部监督的可能性，无法证明法院的权力是不会被滥用的。对于违法的审判和不公正的判决，检察机关通过提纠正意见或抗诉促使法院依法予以纠正，既有利于维护司法公正和法律权威，也有利于维护法院应有的权威。当然，检察机关对审判机关的监督和制约毕竟与其对公安机关的监督和制约有所不同，应当尊重审判规律和裁判权威，在维护法制统一和司法公正的前提下，保持必要的克制和谦抑。①

三、检察权的属性

与检察机关的法律定位密切相关的是检察权的属性问题。如果认可检察机关是国家的法律监督机关和司法机关，那么在逻辑上就必然会承认检察权是一种法律监督权和司法权。反过来，否认检察权具有法律监督权和司法权的属性，也就不会承认检察机关是法律监督机关和司法机关。因此，在有关检察机关法律定位的研究中往往都涉及检察权的性质问题，或者在检察权性质的研究中都必然提及检察机关的法律定位问题。

我国在20世纪80年代和90年代的检察理论研究中，通常都把检察权直接称为法律监督权，似乎这是检察机关宪法定位中理所当然的结论。如一些著作中直接使用"检察机关的法律监督权"，② 有的学者则指出，法律赋予检察机关的职权是检察权的具体体现，行使这些职权，"都是为了实现法律监督权"。③ 90年代末以来，有些学者对检察权性质的传统观点提出了质疑，从而

---

① 孙谦主编：《中国检察制度论纲》，人民出版社2004年版，第94页；朱孝清：《中国检察制度的几个问题》，载《中国法学》2007年第2期；万春、高景峰：《论法律监督与控、辩、审关系》，载《法学家》2007年第5期。

② 陈卫东、张涛：《检察监督职能论》，群众出版社1988年版，第32页；王桂五主编：《中华人民共和国检察制度研究》，法律出版社1991年版，第252页。

③ 王洪俊：《检察学》，重庆出版社1987年版，第63页。

引发了有关检察权性质的理论探讨。① 这种理论探讨形成了五种关于检察权性质的不同观点：

（一）行政权说

一些学者认为，检察权具有行政权的属性和特点，应归入行政权。理由主要有：（1）体制的行政性。我国检察机关建立了"阶层"分明、结构严密的组织体系，实行上级领导下级的领导体制，是典型的行政模式。（2）权力行使方式的行政性。检察机关采取的是"检察一体制"，上下形成一个整体，统一行使检察权。上级对下级有指挥监督权、职务收取和移转权、变更决定权、人员替换权。具有明显的上命下从的行政属性。（3）检察权的行使，最终要接受审判权的裁判，不具司法权的终局性。（4）检察权中的侦查权、公诉权行使具有主动性，不具有司法权的被动性。（5）检察官提起、支持诉讼，站在追诉犯罪的立场上，不具有司法权的中立性。②

但是也有学者认为，在我国，把检察权定位为行政权既无体制基础，也无法理依据。因为行政权说的立论基础是西方国家传统的三权分立制，而人民代表大会制下的"一府两院"与"三权分立制"在权力的构成、配置、内容上迥然有别；检察机关在组织和活动方面的某些行政化色彩以及内部管理上的某些行政化措施，是司法改革所要解决的问题，不能代表检察权的本质属性；认为检察权不具有司法权的基本特征的根据是立论者预设的狭义司法权的特征，而不能代表广义司法权的特征；检察权的性质问题归根结底是宪法问题，而绝非一个简单的诉讼程序问题，更不可能仅仅是刑事诉讼问题。即使在实行三权分立制的西方各国，行政权说亦非通说，相反，司法权说倒在某些国家成为通说，是值得发人深省的。③ 也有学者指出：以"三权"作为一种不言而喻的前提预设，在这个意义上争论检察权到底是一种什么样的权力，完全脱离了我国

---

① 有的学者把中外有关检察权性质的研究归纳为四种学说，即行政权说、司法权说、双重属性说和法律监督权说。参见龙宗智：《检察制度教程》，法律出版社 2000 年版，第 91～98 页。

② 夏邦：《中国检察院体制应予取消》，载《法学》1997 年第 7 期；郝银钟：《检察权质疑》，载《中国人民大学学报》1999 年第 3 期；陈卫东：《我国检察权的反思与重构》，载《法学研究》2003 年第 2 期；徐显明：《司法改革二十题》，载《法学》1999 年第 9 期。

③ 石少侠：《论我国检察权的性质——定位于法律监督权的检察权》，载《法制与社会发展》2005 年第 3 期。

人民代表大会制度的政治架构。①

（二）司法权说

有的学者认为，检察权在本质上属司法权。其理由主要有：（1）司法的定义是指司法机关依司法程序就具体事实适用法律的活动。检察机关参加司法活动，在办理有关案件中采取措施、作出决定，是对个案具体事实适用法律的活动，符合司法权特征。（2）诉讼是行使司法权的基本方式。检察机关是诉讼活动的主要参加者，检察权较多采取诉讼的形式进行。（3）检察官与法官具有同样目的（在查明案件事实和法律适用判断方面），即实现法律和维护公共利益。（4）检察机关依法独立行使检察权，并且在国家体制上是独立的，其独立地位与法院相同。检察官享有较大的自由裁量权，具有接近甚至等同法官的独立性。（5）检察权的效力接近或等同与司法权效力。检察官决定是否提起公诉，尤其是做出的不起诉决定，与法官的免刑和无罪判决具有相似的效力，如具有裁断性、终局性、法律适用性等司法特征。（6）检察权具有中立性。公益原则是检察活动的基本原则，检察官在诉讼中不是一方当事人，而是代表公益的国家机关，其职责既包含指控犯罪，又要维护被告人权，地位具有中立性。（7）在许多国家，检察官的身份保障与法官等同或接近，被当作司法官看待。（8）检察权定位为司法权，对于摆脱行政权的不当干预，十分必要。②

（三）双重属性说

有的学者认为，从法律上讲，当代检察权具有行政权的本质特征，却又具有明显的司法属性，检察权是行政权与司法权的集中体现。在资本主义制度的发展过程中，作为行政制衡司法的主要力量之一的检察权，具有行政权的本质属性，但是资本主义进入垄断时代以后，检察权逐渐拥有了司法权的特征，表现为行政权与司法权并具：公诉权与审判权密不可分的关系使检察权带有强烈的司法色彩；司法权的本质内涵即依法对某一行为或争议的合法性进行评断的权力在检察机关或检察官依法享有的自由裁量权中得以表现；检察机关或检察官在许多国家都拥有刑事司法监督权和民事、行政司法监督权，也使检察权带有大司法权的色彩。从检察官的法律地位来看，其所行使的权力具有司法权的

---

① 孙谦、樊崇义、杨金华主编：《检察改革、检察理论与实践对话录》，法律出版社2002年版，第11页。

② 徐益初：《论检察权的性质及其运用》，载《人民检察》1999年第4期；倪培兴：《论司法权的概念与检察机关的定位》，载《人民检察》2000年第3期。

特点也是必然的。① 检察机关是国家专门的法律监督机关，在其法律监督职权的具体行使过程中，具有行政与司法的双重属性。② 有的学者认为，在我国的国家权力结构中，检察权是一种兼具行政性与司法性的特殊权力。在上述两种属性当中，检察权所表现出的行政特性更为突出。③

（四）法律监督说

多数学者认为，单纯地将检察权的属性定位于行政权或司法权都存在一些理论与实践上的悖论，检察权既不是完全意义上的行政权，也不是通常意义上的司法权，而是一种具有法律监督性质的权力，法律监督是检察权在国家权力体系中的基本定位，反映了检察权的宗旨、功能及其与其他国家权力之间的关系。首先，从检察权在国家权力结构中的定位来看，检察权是独立于立法权、行政权、审判权的第四种权力。其次，从检察权的内容来看，检察权本身具有监督法律实施的特点。我国法律赋予检察机关的权力，与其他国家机关所享有的权力相比，最根本的区别就在于它本身具有法律监督的功能。这种特有的功能表明法律监督是检察权的本质属性。最后，从检察权的宗旨来看，检察权行使的目的是为了维护宪法和法律的统一正确实施。按照法律关于检察权具体权能的规定，检察机关对国家机关工作人员的职务犯罪进行立案侦查和对审判机关审判活动过程和裁判结果进行监督，是实现其监督和制约行政权和审判权的重要途径。④ 有的学者认为，无论是西方国家的检察权还是中国的检察权，都承载了维护人民主权和防范、监督权力滥用的双重使命，在国家权力构架中，检察权代表了一种监督制约的力量，直接体现了"主权在民、分权制衡"的精神。这种精神才是现代国家检察权设置与运作的灵魂，是检察权具有实质合

① 洪浩：《检察权论》，武汉大学出版社 2001 年版，第 93～102 页。

② 周永年：《关于当前检察改革的若干理性思考》，载《政治与法律》2003 年第 5 期。

③ 彭勃：《检察权的性质与"检警一体化"理论试析》，载《当代法学》2002 年第 8 期。

④ 张智辉：《论检察权的性质》，载《检察日报》2000 年 3 月 9 日；谢鹏程：《论检察权的性质》，载《法学》2002 年第 2 期；石少侠：《论我国检察权的性质——定位于法律监督权的检察权》，载《法制与社会发展》2005 年第 3 期；王戬：《法律监督权：我国检察权的本质属性》，载张智辉主编：《中国检察》（第 14 卷），北京大学出版社 2007 年版，第 2～3 页。

理性的根本标志。① 有的学者指出，检察权虽然在某些内容上和运作方式的某些方面兼有行政性质和司法性质，而且司法性质相当显著，但是，无论是行政性还是司法性，它们都是检察权的局部的、从属性的、次要方面的和非本质的特征，而法律监督反映了检察权的根本属性和基本功能，尤其是在中国，宪法和法律明确规定了检察机关在国家权力架构中的独立地位，检察权在本质上更应当定位为法律监督权。②

（五）多元化权力说

有的学者认为，从国家制度结构上分析，中国的检察机关被宪法定位为法律监督机关，检察权因此而具有法律监督权的属性；检察机关的法律监督主要是一种司法监督，检察机关承担着重要的司法职能，同时需要遵循司法机关建设的一些基本要求，对检察官也应采用司法官的制度性保障，因此检察权同时具有司法权的基本特点，应当将其作为司法权来定位；从权力行使的方式和特征上看，检察机关的组织与活动包括检察权行使方式中不可避免地采用行政化的组织方式以及具有一定行政性的活动方式，因此中国检察权仍具有司法与行政的双重属性。这种多元性的性质确定，有助于我们全面认识检察权的特性以及检察建设的规律，为我国检察制度建设提供深厚而合理的理论基础。③

也有学者认为，把握检察权的性质，关键在于摒弃定性的本位主义倾向，正视将检察权定性为某种单一性质权力所带来的片面性和局限性，承认检察权具有行政权、司法权、法律监督权等多元化的属性。可将检察权定性为以公诉权和法律监督权为其权力内核，以自侦权、逮捕权、司法解释权等权能为其权力外延的自体性权力。④

四、法律监督的科学内涵

新中国的检察制度从诞生之日起就与法律监督结下了不解之缘。从 1949 年《中央人民政府组织条例》到 1954 年《宪法》，都规定了检察机关的监督职能。1978 年人民检察院恢复重建以后，1979 年《人民检察院组织法》和

---

① 梁玉霞：《强化法律监督的制度设计》，载张智辉主编：《中国检察》（第 7 卷），北京大学出版社 2004 年版，第 271～277 页。

② 刘立宪、张智辉等：《检察机关职权研究》，载孙谦、刘立宪主编：《检察论丛》，法律出版社 2001 年版，第 83～106 页。

③ 龙宗智：《检察制度教程》，法律出版社 2002 年版，第 98～104 页。

④ 吴峤滨：《论检察权的性质及其优化设置》，载《福州大学学报（哲学社会科学版）》2002 年第 4 期。

1982 年《宪法》都明确规定中华人民共和国人民检察院是国家的法律监督机关。因此，如何理解"法律监督"的科学内涵，是正确认识和深刻理解检察机关法律地位的关键，也是在中国特色社会主义检察制度的理论研究中许多争论的缘由。一些学者认为检察机关不应该是法律监督机关，甚至主张取消检察机关的一个重要理由，就是认为检察机关具有法律监督权就意味着检察机关可以凌驾于法院之上，检察官就成了法官之上的法官。如认为检察机关既作为公诉机关对被告人提起公诉，又要对法院的审判活动进行监督，"检察机关的法律地位明显高于审判机关"，"检察权大于审判权"；[1] "在权力位阶上，监督者的法律地位必须高于被监督者，此乃一项基本的法律原则；在权力效能方面，监督者的权威高于被监督者，也是毋庸置疑的。"[2] 一些学者认为，检察机关的法律监督缺乏"刚性"，甚至认为是"橡皮图章"，也是出自对法律监督的片面理解，以为检察机关既然是国家的法律监督机关，就应当有"说了算"的权威。这些观点，在很大程度上都可以说是出自对"法律监督"的误读。正是在回答这些问题的过程中，检察基础理论研究不断得以提升，深化了对法律监督科学内涵的认识。

20 世纪 80 年代以来，法学界对法律监督通常是从广义和狭义两个方面来定义的。一些学者认为，广义的法律监督泛指一切国家机关、社会团体和组织、公民对各种法律活动的合法性所进行的检查、监察、督促和指导以及由此而形成的法律制度。狭义的法律监督专指有关国家机关依照法定权限和法定程序，对法的创制和实施的合法性所进行的检查、监察、督促和指导以及由此而形成的法律制度。[3] 多数学者对法律监督的解释侧重于监督的对象范围，[4] 以致难以把法律监督与其他监督区别开来。

钊对传统法学理论中把法律监督分为"广义"与"狭义"的二元论和法律监督主体多元化的观点，一些学者提出了法律监督一元化的主张，认为法律监督就是由法定的机关对遵守和执行法律的情况实行的国家监督，强调在我国的权力结构中只能有一个专门行使国家法律监督权的系统即检察系统，并且检察机关的各项职能都应当统一于法律监督。按照这些学者的观点，法律监督具

---

① 崔敏文：《论司法权力的会理配置——兼谈检察制度改革的构想》，载信春鹰、李林主编：《依法治国与司法改革》，中国法律出版社 1999 年版，第 368～382 页。

② 郝银钟：《评"检诉合一"诉讼机制》，载《法制日报》2006 年 8 月 3 日，第 7 版。

③ 参见孙国华主编：《法理学教程》，中国人民大学出版社 1994 年版，第 523 页；乔克裕主编：《法学基本理论教程》，法律出版社 1997 年版，第 316 页。

④ 参见赵登举等主编：《检察学》，湖南人民出版社 1988 年版，第 94～96 页。

有国家性、专门性、广泛性、强制性、监督权与处分权分离等五个特征。但是这种观点认为法律监督的主体包括国家权力机关和检察机关，国家权力机关的监督与检察机关的监督都是法律监督（尽管承认二者有区别），并且国家权力机关的法律监督与检察机关的法律监督具有纵向的隶属关系，[①] 以致难以使法律监督一元论的观点坚持到底。与这种观点相联系，有的学者认为，全国人大常委会在法律监督中处于主导地位，检察机关不可能监督人民代表大会和行政机关的违法行为，而只能对司法机关的违法行为进行监督，所以检察机关应当摘掉"法律监督机关"这顶沉重的帽子，定性于"国家的公诉机关和司法监督机关"。[②]

在中国，"法律监督"是特指检察机关根据法律的授权，运用法律规定的手段对法律实施情况进行监察、督促并能产生法定效力的专门工作。法律监督与"监督法律的实施"虽有一定的包容关系，但却是两个不同的概念。法律监督的主体是唯一的，只有宪法明文规定的机关才是法律监督机关，法律监督机关只能在法律规定的范围内运用法律规定的手段进行监督，而监督法律实施的主体是广泛的，监督的范围是全方位的，手段是多样的。对于法律监督机关来说，监督法律的实施是其必须履行的法定职责，对于监督范围内的违法行为不进行监督就是失职；但是对于有权监督法律实施的其他多数监督主体来说，监督法律的实施只是其依法享有的民主权利，是否行使这种权利，取决于监督主体的个人意愿。因此，混淆"法律监督"与"监督法律的实施"的区别，把监督法律实施的所有活动都视为法律监督，必然导致理论上的混乱。[③]

有的学者认为，法律监督是国家权力机关赋予检察机关的一种专门权力，它与其他各种类型的监督相比，具有专门性、权威性、准确性和有效性的特征。[④] 有的学者把法律监督的基本属性概括为四个方面：一是"法律性"，法律监督的对象是违法行为即行为人所实施的能够发生法律上的效力并产生一定法律效果的行为；法律监督的主体和职权具有法定性，针对不同的监督对象所行使的监督权都是由法律规定的；作为监督行为的判断标准是法律。二是"程序性"，法律监督是程序意义上的而非终局意义上的，监督所指向的违法行为是否存在，需要由相关职能部门的裁决、判决来做出终结；法律监督本身

① 王桂五主编：《中华人民共和国检察制度研究》，法律出版社1991年版，第165～168页、第234～271页。

② 蔡定剑：《司法改革中检察职能的转变》，载《政治与法律》1999年第1期。

③ 张智辉：《法律监督三辨析》，载《中国法学》2003年第5期。

④ 王然冀主编：《当代中国检察学》，法律出版社1989年版，第111～119页。

要遵循程序。三是"事后性"，只有在法律规定的属于法律监督的情形出现以后，才能启动法律监督程序。四是最低保障性，法律监督中的公诉、职务犯罪侦查以及诉讼监督都是法律统一实施的最低标准的保障，即只对达到一定程度的违法行为启动法律监督权。[①] 一些学者还专门研究了法律监督的原理，提出了有关法律监督的系统的学说。[②]

五、检察机关的职权

检察机关的职权是检察制度的核心内容之一，因此有关检察机关职权配置的研究在检察理论研究中占有十分重要的地位。

在 20 世纪 80 年代中期，一些学者根据宪法和法律的规定把检察机关的职权归纳为五项职权，即：法纪监督，经济监督，侦查监督，审判监督，监所监督，[③] 或者对刑事法律实施的监督，职务犯罪监督，对民事法律实施的监督，对行政法律实施的监督，对监管改造法规实施的监督。[④] 这些观点都突出了检察机关法律监督的属性，是从法律监督的角度对法律赋予检察机关的各项职权进行的分类。有的学者对世界范围内检察机关的职权进行研究，从检察官职权的角度，指出检察官一般享有侦查权、公诉权和监督权，并从这三个方面对中国检察机关的职权进行了论证。[⑤] 90 年代以来，一些学者对法律赋予检察机关的某些职权提出了异议，一些学者则进一步论证了检察机关享有这些职权的必要性，并就法律赋予检察机关的各项职权与法律监督的关系进行了分析。这方面的争论主要集中在以下三个问题上：

（一）关于批捕权

有的学者认为，在刑事诉讼中承担控诉职能的检察机关如果再享有批捕权，不但直接打破了作为现代刑事诉讼核心机制的控辩平等原则，致使诉讼机制失去了最低限度的公正性，而且使得检察权的运行表现出极强的主观随意性，整个刑事诉讼结构在实践中时常呈现无序状态，极有可能在司法实践中使被告人、犯罪嫌疑人的诉讼地位呈客观化趋势，其权利保障机制受到弱化和侵

---

① 孙谦：《中国的检察改革》，载《法学研究》2003 年第 6 期。
② 向泽选：《法律监督原理》，群众出版社 2005 年版；甄贞等：《法律监督原论》，法律出版社 2007 年版。
③ 王洪俊：《检察学》，重庆出版社 1987 年版，第 63 页。
④ 王桂五主编：《中华人民共和国检察制度研究》，法律出版社 1991 年版。
⑤ 张穹：《当代检察官的职权》，载《检察日报》1999 年 6 月 2 日，第 2 版。

害，封建社会遗留下来的黑暗的司法痼疾，如刑讯逼供等社会公害就会沉渣泛起，刑事诉讼法保障人权的目的也就成了空洞的承诺。批捕权由法院行使是一种世界潮流，中国也应当由法院来行使批捕权。①

对于这种观点，有的学者指出，它忽视了中国法院组织机构和职能的实际情况对于保护被告人的人权是有害而无益的。由法院行使批捕权，一是与庭审改革的宗旨相悖。我国庭审改革的宗旨是维护司法公正、保护被告人的人权，而庭审改革的具体措施正是减少法院在庭审前对案件进行实质审查的职权。但是如果由法院来行使批捕权，法院必然要在法庭审理之前对案件进行实质审查，以确认"有证据证明有犯罪事实"并且对犯罪嫌疑人"可能判处徒刑以上刑罚"，进而作出逮捕的决定。法院的这种庭前对案件的实质审查，正是庭审改革所要改掉的。二是与审判权的中立性相悖。如果由法院来行使批捕权，就使法院在审判之前陷于与审判结果的利害关系之中，法院一旦经过审判宣告被告人无罪，就很可能意味着批捕权的不当行使，从而可能引起赔偿责任。三是与权力制衡的原理相悖。由于法院的裁判权具有终极性，如果由法院行使批捕权，这种批捕权的行使就难以进行有效地监督，被告人认为批捕权行使不当时就无处申诉。把批捕权交由法院行使，实际上必然导致批捕权与审判权合二为一的结果。这与西方国家批捕权与审判权分设的法理恰恰是相反的。我国实行的由检察院来行使批捕权的制度，正是为了贯彻批捕权与审判权分离的原理，防止批捕权的滥用。②

有的学者指出，批捕权归属的关键不在于批捕权的行使者是个什么机关，而在于这个机关能否符合批捕权的法理要求，即行使批捕权的主体应当独立和中立；通过批捕权的行使，能够实现对侦查权的控制；行使批捕权的主体与行使审判权的主体应当互相独立，以使审判权对批捕权进行有效制约。世界上多数国家的批捕权之所以不由检察机关行使而由法院行使，是因为检察院不完全符合行使批捕权的要求，而法院却全部符合。但是，我国检察机关由于其在国家权力架构中的地位及性质不同于世界上多数国家，因而能够符合或基本符合批捕权的法理要求。首先，我国检察机关是独立于行政机关和审判机关并与之相并列的法律监督机关，有权依法独立行使权力而不受行政机关、团体和个人的干涉，因而符合逮捕权主体必须独立的要求。其次，我国司法制度是警检分立和检审分立，由检察机关行使批捕权，既能实现对侦查权的有效控制，又能

---

① 郝银钟：《批捕权的法理与法理化的批捕权》，载《法学》2000 年第 1 期。

② 张智辉：《也谈批捕权的法理》，载《法学》2001 年第 5 期。

实现审判权对批捕权的有效控制，并由此在批捕中形成检察机关、警察机关、犯罪嫌疑人的三角关系和在刑事诉讼中形成侦查权、检察权、审判权互相制约的格局。最后，检察机关基本符合批捕权主体应当中立的要求。①

（二）关于职务犯罪侦查权

有的学者认为，检察机关的侦查权应当交给公安机关行使。这样可以使侦查工作做到统一管理、统一指挥，向专业化方向发展，并且检察机关是国家的法律监督机关，与其为自侦案件耗资耗力，不如集中力量搞好法律监督工作。② 有的学者甚至认为，检察机关应当彻底放弃直接的侦查权。因为检察机关过多地去直接立案侦查，会影响它基本职能的行使；检察机关自行立案侦查的案件缺少监督制约，不符合我国刑事诉讼中的分工负责、互相制约原则；将公职人员犯罪与普通公民犯罪区别开来没有必要，也不符合公平对待原则；公安机关有比检察机关更先进的装备和侦查技术，能更好地同各种犯罪行为包括国家机关公职人员犯罪行为作斗争。③

多数学者认为，检察机关应当具有职务犯罪的侦查权。有的学者指出，检察官的侦查权是与生俱来的，联合国《关于检察官作用的准则》明确规定检察官应当对公务人员所犯罪行进行调查，许多国家的法律都规定检察官有权指挥侦查或自行侦查；尤其是在当前的反腐败斗争中，检察官的侦查权不仅不能削弱而且应当加强。④ 有的学者认为，我国立法关于检察机关与公安机关侦查权的分配，并非是以侦查能力为依据，而是与各机关的性质直接相关。检察机关拥有公务犯罪侦查权，符合其法律监督机关的性质。公务人员的职务活动，从一定意义上讲都是管理国家的活动，是行使国家权力的活动。公务人员依法履行其职责、秉公执法，是维护国家和社会秩序的根本保证。人民检察院对公务犯罪实施侦查，本身就是对公务人员实施的一种刑事强制性质的监督，与其法律监督机关的性质是完全相符的，也体现了权力制衡的一般原理。⑤ 有的学者进一步指出，检察机关行使职务犯罪侦查权，是发现职务犯罪的必要手段，是惩处职务犯罪人的有效保障，是保证国家工作人员正确行使职权的重要措

① 朱孝清：《中国检察制度的几个问题》，载《中国法学》2007年第2期。
② 王洪宇：《试论我国检察制度的改革》，载《政法论坛》1995年第2期。
③ 蔡定剑：《司法改革和检察职能的转变》，载《政治与法律》1999年第1期。
④ 张穹：《当代检察官的职权》，载《检察日报》1999年6月2日，第2版。
⑤ 刘立宪、张智辉等：《检察机关职权研究》，载孙谦、刘立宪主编：《检察论丛》，法律出版社2001年版。

施，它与公安机关的侦查权具有明显不同的性质，因此不能把检察机关的职务犯罪侦查权与公安机关的一般侦查权混为一谈。① 也有学者指出：职务犯罪侦查权由检察机关行使是适宜的，在保留检察机关职务犯罪侦查权的同时加强外部监督制约，比其他方案更为可取。②

（三）关于检察机关的审判监督权

有的学者认为，检察机关具有公诉人和监督者的双重身份，这种双重身份，好比是运动员又兼任最终的裁判者，这就完全违背了诉讼原理。③ 有的甚至认为，检察机关的法律监督权"具有命令性、强制性、扩张性和绝对性，被监督者必须无条件服从是其最重要的制度特性。""检察官身兼运动员和裁判员两种相互矛盾的法律角色于一体，完全背离了正当程序中'任何人不能成为自己案件的法官'核心思想，不仅使检察权的法律分工紊乱不明，而且也使其成为难以控制的绝对权力。"④

对此，许多学者提出了尖锐的批评，认为这种观点有意无意地混淆了视听，违背了客观存在的法律事实，即检察机关的法律监督特别是对审判活动的法律监督丝毫不具有最终的裁判性质。按照宪法和法律的规定，人民检察院和人民法院都是由人民代表大会产生并向人民代表大会负责的国家机关，其法律地位是完全相等的，根本不存在谁命令谁的问题。对于检察机关提起公诉的案件，唯有人民法院的判决才是绝对的、终局性的，因此唯有法院才是诉讼的裁判员。没有任何法律规定人民法院的审判活动要听命于检察机关，也没有任何法律规定人民法院一定要按照人民检察院的监督意见来决定案件的处理结果。从司法实践的实际情况看，人民检察院提起抗诉的案件，人民法院并没有因为检察机关是国家的法律监督机关就完全按照检察院的意见而改判。⑤ 检察机关对法院实施法律监督的直接作用体现在两个方面：（1）启动程序。如对案件提起公诉是启动一审程序；提起抗诉则是启动二审程序或审判监督程序。（2）提出意见。即当发现审判活动违法时提出纠正意见。而这两种作用，都只具有程序的意义，检察机关启动程序后法院怎么判决，提出纠正违法意见后

---

① 邓思清：《检察权研究》，北京大学出版社 2007 年版，第 161～169 页。

② 邱学强：《论检察体制改革》，载《中国法学》2003 年第 5 期。

③ 崔敏：《论司法权力的合理配置——兼谈检察制度改革的构想》，载信春鹰、李林主编：《依法治国与司法改革》，中国法制出版社 1999 年版，第 372 页。

④ 郝银钟：《评"检诉合一"诉讼机制》，载《法制日报》2006 年 8 月 3 日，第 7 版。

⑤ 武功：《常识错误还是混淆视听》，载《检察日报》2006 年 8 月 29 日。

法院是否接受、是否纠正及怎样纠正，都由法院自己依法独立自主地作出决定，检察机关无权要求法院必须怎么判和怎么纠正。因此，刑事诉讼中的裁判员始终都是法院，而不是检察院。①

此外，有的学者将近年来主张取消检察机关民事行政抗诉权的主要观点归纳为七个方面：（1）国家公权力对私权不应干预，抗诉破坏了民事诉讼当事人平等原则，损害了诉讼结构的平衡；（2）抗诉将中止生效裁判的效力，从而损害了裁判的既判力和稳定性；（3）民事裁判认定事实和适用法律具有不确定性，民事抗诉违反这一诉讼原理，陷入了一个案件只有唯一正确答案的错误理念；（4）审判独立本身隐含着司法公正，检察机关的抗诉会损害审判独立，影响法院作出公正裁判；（5）抗诉降低了诉讼效率，提高了诉讼成本，浪费了司法资源；（6）民事抗诉制度无视当事人对权利的自由处分权，违背了当事人处分原则；（7）民事抗诉体现了对法院的不信任，不利于树立审判权威。在对这些观点进行一一分析的基础上，认为这些观点往往带有比较明显的片面性，难以作为取消检察机关民事行政诉讼法律监督的理论根据，并指出，片面强调抗诉制度的缺陷，夸大它的消极一面，不是马克思主义的科学态度，也不符合司法工作实际。裁判不公问题突出的现状，决定了对民事、行政诉讼加强外部监督的必要性和重要性。因此主张加强检察机关对民事行政诉讼的法律监督，改革和完善民事行政抗诉制度乃至整个再审制度，使其在具体设计上更加符合诉讼规律和法理，更加具有可操作性。②

关于检察机关职权的争论，涉及一个深刻的理论问题，即检察机关应该享有哪些职权、不应该享有哪些职权的根据是什么。围绕这个问题，一些学者从检察机关的宪法定位和检察机关担负的历史任务出发，研究了中国检察权的构造，认为其应当包括四个基本的构成要素，即调查权、追诉权、建议权和法律话语权。其中，调查权是检察机关各项职权的基础，因而是检察权中最基本的构成要素。追诉权在检察机关的各项职权中居于核心的地位，追诉违法是法律本身的内在需求，是保障法律被遵守的根本保证，从而也是法律监督的根本使命。建议权是中国检察权中独具特色的一个功能性权能，提出建议，督促纠正这种手段，是在不能或不必追究法律责任的情况下，进行法律监督的一个有效手段，是追诉权的必要补充，它既可以达到法律监督的目的，也可以降低追诉违法的成本。法律话语权是检察权的重要组成部分，作为法律监督机关，检察机关在制定、修改法律的过程中，在解释法律应用问题的过程中，应当具有发

---

① 朱孝清：《中国检察制度与几个问题》，载《中国法学》2007年第2期。
② 邱学强：《论检察体制改革》，载《中国法学》2003年第5期。

言权。特别是对于违反宪法和法律的规范性文件，检察机关更应当具有指出其违法性并要求有关国家机关修改或者废除其规定的权力。检察权中的调查权、追诉权、建议权和法律话语权都是法律监督的内在需求，都是履行法律监督职能本身所需要的。构成检察权基本要素的这四项权能，是中国特色社会主义检察制度的核心内容，也是检察权科学配置的根据。①

六、检察机关的组织结构

检察权作为一项国家权力，需要通过一定的载体来实现。检察机关的组织结构就是检察权有效运行的组织载体，因而是检察制度的主要表现形式。30年来，在检察工作和检察改革的研讨中，一些学者对检察机关的组织结构给予了高度的重视和深入的研究，提出了许多具有建设性的改革思路。特别是近年来，围绕检察权的科学配置和高效有序运作，一些学者对检察机关的组织结构进行了深入的探讨。

（一）检察机关的领导体制

检察机关的领导体制是由国家的政治体制所决定的检察制度的重要组成部分，是检察权有效行使的组织保障。检察机关的领导体制对于检察机关职能作用的发挥以及检察机关在国家生活中的地位具有重要的影响，因而历来是检察基础理论研究的重要内容。新中国成立以来，检察机关的领导体制先后实行过垂直领导、双重领导、上级检察院监督下级检察院的领导体制。现行的领导体制是1982年宪法确定的监督与领导相结合的体制，即人民检察院由同级人民代表大会产生、对同级人民代表大会负责、受同级人民代表大会监督与最高人民检察院领导地方各级人民检察院和专门人民检察院的工作、上级人民检察院领导下级人民检察院的工作相结合。

如何理解我国检察机关现行的领导体制，学者们提出了不同的看法。有的认为，现行的领导体制是"双重领导"即上级检察机关的领导和同级地方党委的领导；有的认为是单一领导即最高人民检察院领导地方各级人民检察院和专门检察院的工作，上级人民检察院领导下级人民检察院的工作，这是有法可依的，至于地方党委、人大及其常委会与检察机关的领导关系无据可查；有的认为是一重领导、一重监督，即同级人大及其常委会的监督和上级检察院的领导；也有的认为是双重领导、一重监督，即地方检察机关要接受上级检察院和

---

① 张智辉：《检察权研究》，中国检察出版社 2007 年版，第 106～123 页。

同级地方党委的领导，接受同级人大及其常委会的监督。① 有的学者对现行领导体制进行了系统的研究，认为这种领导体制不仅具有宪法和法律上的根据，而且具有理论上的根据，是由我国的政治制度决定的。② 有的学者在比较研究各国检察机关领导体制的基础上，认为我国应当适当扩大上级检察机关领导下级检察机关的范围，并通过组织法等法律规范加以明确：一是明确上级检察院对下级检察院进行业务领导的范围；二是体现上级检察院对下级检察院领导与同级党委领导的合理分工；三是实现上级检察机关领导监督权与人大监督权的有效衔接，并提出了完善上级检察机关领导下级检察机关的程序。③

关于检察机关领导体制的改革完善，一些学者从实际运行情况的分析中提出了自己的看法，认为在现行的领导体制下，地方检察机关的人财物几乎完全掌握在地方党委和政府的手中，检察机关难免成为地方保护主义的工具。因此，改革完善检察机关领导体制势在必行。④

至于如何改革，有的学者认为，检察机关应当实行垂直领导体制。为了保证检察机关依法独立行使检察权，必须建立一种全国统一的、自上而下的、具有抵抗和排除干扰机制的检察领导体制，这就是垂直领导体制。⑤ 这种体制可以避免双重领导体制的种种弊端，保证检察机关能够依法独立地、有效地行使检察权。⑥ 有的学者认为，应当在现行领导体制的基础上进行改革，即在保留最高人民检察院和省级人民检察院领导体制的基础上，省级以下人民检察院的人员、编制、经费和业务实行由省级人民检察院直接领导、统一管理，省级财政保障供给的体制；加大检察业务领导力度，建立下级检察院向上级检察院报告工作和检察长述职制度，规范上级检察院对下级检察院实行业务领导的程序，健全重大事项和重大案件报告制度。

---

① 童建明等：《上级检察机关领导下级检察机关的范围和程序》，载张智辉主编：《中国检察》，北京大学出版社 2006 年版，第 59～61 页。

② 王桂五主编：《中华人民共和国检察制度研究》，法律出版社 1991 年版，第 689～724 页。

③ 童建明等：《上级检察机关领导下级检察机关的范围和程序》，载张智辉主编：《中国检察》，北京大学出版社 2006 年版。

④ 詹复亮：《改革和完善检察机关领导体制》，载孙谦主编：《检察论丛》法律出版社 2006 年版，第 115～140 页。

⑤ 近年来许多学者把这种领导体制称为"检察一体化"。

⑥ 王桂五：《简析检察机关领导体制问题的争论》，载《法苑》1989 年第 1 期。

（二）检察机关的内部结构

关于检察机关的内设机构，在 20 世纪 90 年代初，就有学者提出遵循有利于全面履行检察职责、有利于实行严格分工和专业管理、有利于实现机构健全和人员精简等原则，改革业务机构的设置和分工的建议，并主张将四级检察院按等级分为最高、高级、中级、基层检察院，将各级检察院设置的业务机构统一称"厅"。①

在此后的理论研讨中，有些学者在对各国检察机关组织机构设置模式进行比较研究的基础上，深入分析了我国检察机关内设机构存在的问题，并认为组织机构问题已经成为检察工作和检察改革发展的瓶颈，是推进检察改革的关键。他们认为，检察机关的内设机构是检察职能的分解形态和检察官行使职权的行政组合，在连接检察机关的组织体系与检察官之间承载着重要的联系纽带，但是目前我国检察机关内设机构还存在着功能定位不清、整体结构不合理、内设机构设置与检察机关编制规模及业务工作量脱节等问题，因而有必要进行改革。内设机构的改革应当遵循全面履行法律监督职能、保障检察官相对独立行使检察权、依检察院层级分别设置内设机构以及精简、高效、优化检察人员的原则，结合不同层级的实际情况进行改革。② 在内设机构中，检察委员会（简称检委会）的改革，一直是研究的重要内容之一。检察机关恢复重建以来，检委会在检察机关重要事项和重大案件的决策中发挥了非常重要的作用。20 世纪 80 年代以来，一些学者对检委会制度运行中存在的问题进行研究，提出了加强和完善检委会制度的建议，包括规范检委会的议事程序和设置专职检委会委员的建议。③

（三）检察官制度

检察官是行使检察权的基本主体，检察官制度因而是检察制度的重要组成部分。新中国成立以后，我们过多地强调检察院的作用，而把检察官视为普通的国家干部，以致对检察官制度几乎没有什么研究。从 20 世纪 80 年代末开

---

① 王桂五主编：《中华人民共和国检察制度研究》，法律出版社 1991 年版，第 616 ~ 621 页。

② 徐鹤喃、张步洪：《检察机关内设机构设置的改革与立法完善》，载《西南政法大学学报》2007 年第 1 期。

③ 李明清：《完善和发展检察委员会制度》，载《检察理论研究》1991 年第 2 期；王桂五主编：《中华人民共和国检察制度研究》，法律出版社 1991 年版，第 665 ~ 687 页。

始，一些学者对建立检察官制度进行了理论探索，提出了建立检察官资格制度、检察官衔级制度、检察官考核培训制度的构想，并认为检察官制度对于建立和完善中国特色社会主义检察制度具有重要作用。① 1995 年《中华人民共和国检察官法》颁布实施。该法明确了"检察官"的法律称谓和法律地位，规定了检察官的任职条件、权利义务、任免、考核、奖惩和保障，初步建立了我国的检察官制度。此后，对检察官制度的研究逐渐增多，从而成为检察基础理论研究的一项重要内容。

关于检察官制度的研究主要是围绕检察官法的规定进行的，在一定程度上可以说是对检察官法内容的理解和解释。除了诠释检察官法的内容之外，近年来在这方面研究的主要问题有：

1. 关于检察官的独立性

一些学者对检察官的独立性与检察一体化的关系进行了研究，认为应当在坚持检察一体化的体制下增强检察官的独立性。检察一体制并不意味着检察官在处理检察事务时都是集体作业。检察官的独立性通常是在检察一体化的框架内行使的，受检察一体化原则的限制，检察官独立性的前提在于上级检察官不对履行职务的该检察官行使指挥、调取等权力。当检察官与其上级检察官在检察事务上发生分歧的时候，检察一体化原则要求承办案件的检察官接受上级检察官的指令或者由上级检察官行使事务调取权和事务转交权。对于检察事务，应当贯彻法定主义，规定检察官独立行使职权的范围，严格防范上级对于下级权力的侵分与限制；对于检察行政事务，应当贯彻检察一体、上命下从的原则。② 有的认为，"检察一体制"无疑限制了检察官执行职务的独立性，但并未否定检察官的独立性。有的认为，没有检察官独立的检察一体制是一种纯粹的行政体制，没有检察一体的检察官独立是一种纯粹的司法体制，都不符合工作的特点和要求。但是，在制度安排上如何协调检察一体与检察官独立之间的关系，在两个极端之间确定适当的平衡点，则是由政治、社会和文化等因素所综合决定的。在当代中国，实行检察一体与检察官独立相结合并略侧重于检察一体的体制可能是一种比较现实的选择。③

---

① 宋寒松：《中国的检察官制度》，载张永恩等：《检察理论与实践》，中国政法大学出版社 1988 年版，第 106～116 页；郑德昌、王伦轩：《关于建立检察官管理制度的思考》，载《检察理论研究》1991 年第 2 期。

② 杨瑞：《论检察官的独立》，载《广西政法干部管理学院学报》2004 年第 2 期；陈卫东、李训虎：《检察一体与检察官独立》，载《法学研究》2006 年第 1 期。

③ 谢鹏程：《论检察官独立与检察一体》，载《法学杂志》2003 年第 3 期。

2. 关于检察官选任和管理

有的学者认为，应当改革检察官选任制度，实行司法官从业资格一体化制度。一是建立统一司法考试、遴选、培训一体化的制度，使之与司法考试制度和司法职业培训制度紧密衔接。二是严格检察官任职资格，采取不同的从业资格标准和资格授予程序和方式，实行市级检察院以上各级检察官逐级选拔晋升制，即上一级检察官应从下一级具有一定年限的优秀的检察官中选任。这种严格的资格选拔晋升制度是各级检察官的素质和权威的保障，也是抵制其他机关利用任免制度对检察机关的不当干预的制度性保障。应当建立检察人员分类管理制度，科学规范检察官职位。为实现司法资源的有效配置和利用，必须根据司法管辖的人口数量和业务量科学设置检察官人数。要改变检察院人事编制中仅有总数而没有明确检察官职数规定的现状，通过立法对各级检察院的检察官数量作出明确规定，并且只有在现任的检察官退休、辞职、辞退或被免职时，才能相应予以补充。这些学者还认为，实现检察监督职能与管理职能的分化，是检察机关的机构科学设置和人员科学分类管理的一个前提。根据行使检察权的主体不同，可将检察机关的人员分为检察官、检察事务官、检察书记官和法警。检察官能独立行使检察权，司法性较突出。[1] 一些学者分析了现行检察官管理制度的弊端，认为目前实行的完全行政化和属地化的管理模式，使检察官与一般行政人员之间的界限模糊，忽视了检察官的司法性，不能突出检察官在检察院内部的主体地位，不利于增强检察官的荣誉感和责任心，阻碍了检察官职业化的进程，难以成为责、权、利相统一的检察权行使主体。因此应当对检察人员实行分类管理，提高检察官的物质待遇和保障条件，实现检察官的"司法官化"，并在实现检察机关的检察职能与行政管理职能逐步分离的基础上改革对检察活动的单纯行政化管理方式，建立检察官独立办案的工作机制。[2]

3. 关于检察官的职业责任

有的学者认为，为了保证检察机关独立公正地行使检察权，提高办案质量，保护公民的合法权益，建立错案责任追究制和办案责任制是必要的。但是，在追究检察官的错案责任和对检察官进行惩戒处分时，应当充分注意检察官职权的特点，正确理解和掌握有关法律中关于对检察官的权利保障的规定精神，合理解决在处理一些具体问题上发生的矛盾和冲突的问题。要兼顾检察官

---

① 孙谦：《中国的检察改革》，载《法学研究》2003 年第 6 期。

② 孙谦、郭立新、胡卫列：《中国检察官管理制度研究》，载孙谦、刘立宪主编：《检察论丛》，法律出版社 2001 年版，第 15～51 页。

错案责任追究制和检察官依法独立行使职权的保障问题。一是明确错案的标准和错案与检察官的责任的关系；二是明确检察官受惩戒处分应以检察官有无违法行使职权行为为条件，而不能一律以有无错案或办案中有无错误为标准；三是明确检察官在法律上享有免责权。[1]

七、检察机关的活动原则

为了保证检察制度在实际运行中保持制度设计的初衷，就必须对检察权的行使设置一系列活动准则包括检察机关内部管理的基本要求。检察机关的活动原则就是保障检察权正确行使和高效运作的基本准则。因此，在检察基础理论的研究中，检察机关的活动原则占有一席之地。

30 年来，为了保证检察权的正确行使，许多学者对检察机关的活动原则给予了充分的研究，提出了各种不尽相同的观点。先后提出的原则有：依法独立行使检察权原则，或依法独立原则；在适用法律上一律平等原则；同公安机关和人民法院实行互相配合、互相制约原则；坚持实事求是、贯彻群众路线原则；以事实为根据、以法律为准绳原则；依靠群众原则，或依靠群众，专门工作与群众路线相结合原则；法律原则（法治原则），或正确执行法律，严格依法办事原则；检察长领导制原则；实事求是，重证据、重调查研究，严禁刑讯逼供原则；既要考虑被告人的不利因素、又要考虑被告人的有利因素原则；及时、准确、合法原则；坚持真理、刚直不阿原则；客观公正原则；公益原则；公开原则；检察一体原则，或检察权一体化原则；正当程序原则；保障人权原则；接受监督原则；无罪推定原则；合理性原则；诉讼经济原则等。

针对检察机关活动原则研讨中的众说纷纭，有的学者提出了确立检察机关活动原则的标准应当是：具有一定的法律渊源，反映检察制度的特点、对检察工作具有普遍的指导意义。检察机关的活动原则是历史的、具体的，既有一定的专门性，也有一定的时代性，应当在原有原则的基础上补充新的原则以适应时代的进步和要求。[2] 行使检察权的基本原则并不排斥和代替检察机关作为国家机构应当遵循的宪法原则和作为诉讼主体应当遵循的诉讼原则，但是它们毕竟是不同层次的原则，应当将它们加以区别。其中，依法独立行使检察权原则、客观公正原则、检察一体原则、正当程序原则、保障人权原则和接受监督原则，集中体现了检察权运行的基本规律和法律监督职能的基本特点，以及党

---

① 徐益初：《司法公正与检察官》，载《法学研究》2000 年第 6 期。
② 谢鹏程：《论检察机关的活动原则》，载孙谦、张智辉主编：《检察论丛》，法律出版社 2003 年版，第 104～106 页。

和国家对检察工作的基本要求，综合反映了人们对特定历史条件下检察机关的性质、地位、职能和组织方式等特征的理性认识，对检察机关和检察人员开展检察工作具有普遍的指导意义，也是检验检察机关和检察人员行使检察权的合法性和合理性的基本标准，因此应当成为行使检察权的基本原则。① 检察权的行使原则，体现和保障检察活动的程序价值，决定和影响诉讼的基本结构，指导立法机关有关检察的立法活动，指导检察机关的司法活动，对于整个检察活动具有极其广泛的重要作用。这些原则应当包括指导整个司法权行使的原则和专门指导检察权行使的原则两个方面。②

在研究检察机关活动原则的同时，许多学者对检察权行使的制约机制给予了高度关注，提出了许多制约检察权以保证其正确行使的理论构想。一些学者对检察官的自由裁量权、对检察机关执法活动中的人权保障等问题进行了专门的研究。

八、展望：检察基础理论研究面临的课题

检察基础理论研究 30 年的历程表明，对中国特色社会主义检察制度的认识，是在不同观点的争议中、在研究检察制度发展实际问题的探索中逐渐深入的。如果说，检察应用理论的研究是伴随着对检察实践不断总结而丰富和发展的，那么，检察基础理论研究的一个显著特点，就是对中国特色社会主义检察制度的合理性、必然性的论证，对检察制度基本原理的认识，总是伴随着不同理论观点的争鸣，并在争鸣中不断提升。

检察基础理论研究 30 年的历程同时也表明，对中国特色社会主义检察制度的理论探讨，只有立足于中国的历史、文化、社会和政体，才会有生命力。基础理论的研究，需要有宽广的胸怀，广阔的视野，探索的勇气，需要学习借鉴世界各国的先进文化和制度经验。

理论研究是一个过程，理论上的探索和争论是永无止境的。在我们回味30 年来检察基础理论研究历程的时候，应当清醒地认识到，30 年取得的检察基础理论研究成果，并不意味着有关中国特色社会主义检察制度的所有重大理论问题都迎刃而解了，更不意味着对中国特色社会主义检察制度的质疑就从此销声匿迹了。应当承认，由于中国社会发展和法治发展的阶段性特征所决定，中国特色社会主义检察制度基本理论，仍然面临着某些有待研究或者有待深入研究的课题，有关检察制度某些重大问题的争论也将会在新的更高的层次上展

---

① 孙谦主编：《中国检察制度论纲》，人民出版社 2004 年版，第 193～194 页。
② 邓思清：《检察权研究》，北京大学出版社 2007 年版，第 86～91 页。

开，检察基础理论研究仍然是任重而道远。就检察基础理论研究的现状而言，笔者认为，以下几个方面应当着力研究：

（一）法律监督的范围问题

承认检察机关是国家的法律监督机关，并不意味着对法律实施中的所有问题一律由检察机关来监督。为了防止国家权力的滥用，保障国家宪法和法律的统一正确实施，我们已经建立了庞大的监督机制。除了检察机关的法律监督之外，还有国家权力机关的权力监督、执政党内部的党内监督、各民主党派的民主监督、行政机关和司法机关内部的行政监督、人民群众的监督和舆论监督等各种形式的监督。检察机关作为宪法规定的唯一的法律监督机关，检察机关的法律监督与其他主体的各种形式的监督在范围上要不要有所区分、如何认识不同类型监督互相区别的根本点、如何界定不同监督的范围和效力、如何协调不同主体对同一事项的监督，这些问题，既涉及检察机关与其他国家机关和社会主体的关系，也涉及整个监督体系的有效运作，当然更涉及中国特色社会主义检察制度的发展完善，是一个必须深入研究和科学回答的问题。

（二）检察机关的职权配置问题

受社会发展的阶段性和法治发展的阶段性的制约，检察权配置中不可避免地存在某些不尽科学合理的成分，需要在研究论证的基础上，随着法治的发展而不断解决。

宪法和法律在规定检察机关是国家的法律监督机关的同时，给检察机关配置了一系列职权以保证检察机关能够有效地对法律实施中的严重违反法律的情形进行法律监督。但是从30年来的实践情况看，在检察机关职权配置上仍然存在着四个方面的问题亟待解决：

1. 监督空白

从法律实施的情况看，行政机关承担着最大量的法律实施任务。但是检察机关除了查办行政机关工作人员的职务犯罪之外，无权对行政机关实施法律特别是行政处罚过程中存在的严重违法情况进行监督。从制度设计上看，也许是考虑到行政诉讼可以解决司法权对行政权的监督问题。但是一方面，从行政诉讼法实施近20年的实际情况看，能够进入审判机关审查的行政违法行为是十分有限的。即使是对于可以提起行政诉讼的行政违法行为，基于中华文化传统所形成的思维定式、诉讼的成本和证据要求以及所耗费的时间和精力等因素，在实践中绝大多数公民都是宁愿采取上访的方式来请求纠正而不愿采取行政诉讼的方式来满足自己的诉求。因而目前的司法权对行政权的监督是十分有限的。另一方面，大量的行政行为难以进入司法权制约的领域。因此，为了保障法律的正确实施、为了保障公民权利不受行政违法行为的侵犯，促进法治政府建设，有必要将其纳入检察机关法律监督的领域。

2. 监督无效

由于法律规定的不完备，检察机关的法律监督在某些方面存在着难以有效进行的问题。第一，关于职务犯罪侦查权。法律规定检察机关具有对职务犯罪进行立案侦查的职权，并且这个职权是检察机关履行法律监督职责所必需的和重要的监督手段。但是随着科学技术的发展，最有效的侦查手段即技术侦查手段，既能防止侦查机关采取过分限制人身权利的讯问方式对当事人权利的限制，又能保证侦查的有效进行。然而这种侦查手段目前并没有赋予检察机关，这在很大程度上限制了职务犯罪侦查职能的发挥，导致对具有职务犯罪嫌疑人的国家工作人员的人身权利造成某些不必要的限制。如何解决这个问题，具有重大的现实意义。第二，关于职权冲突的解决方式。在实践中，检察机关在行使法律赋予的职权时，有时会与其他国家机关的职权发生冲突，容易造成司法资源的浪费，也不利于法律监督的开展。第三，关于监督对象的义务。从法律规定上看，检察机关的监督职权，除了启动审判程序具有强制性之外，法律通常都没有对监督对象作出任何约束性的规定，这就使检察机关的法律监督在一定程度上依赖于监督对象的接受程度。因此，如果法律认为某个事项应当设定为检察机关法律监督的对象，那就应当同时规定监督对象对检察机关的监督意见作出反应的义务。没有这样的规定，就可能使法律监督的检察机关的职权陷于难以有效行使的境况。

3. 监督过剩

在现行的《人民检察院组织法》赋予检察机关的职权中，除了对直接受理的案件进行侦查、对刑事案件提起公诉等职权之外，检察机关还可"对于叛国案、分裂国家案以及严重破坏国家的政策、法律、法令、政令统一实施的重大犯罪案件，行使检察权。"这个规定中的"检察权"，在理论上是一个值得研究的问题。一些学者认为，这是法律赋予检察机关的一项特别的职权。然而，在职务犯罪侦查权和公诉权之外，这个职权还包括哪些内容？既没有理论上的说明，也没有实践上的经验，实际上是一种虚设的职权。检察机关难以在职务犯罪侦查权和公诉权之外对这类案件行使职权。《人民检察院组织法》还规定：人民检察院依法保障公民对于违法的国家工作人员提出控告的权利，追究侵犯公民的人身权利、民主权利和其他权利的人的法律责任。但是事实上，除了对国家机关工作人员实施的构成犯罪的侵犯公民人身权利、民主权利和其他权利的行为追究刑事责任之外，并没有对国家工作人员实施的侵犯公民人身权利、民主权利和其他权利的其他行为追究法律责任的权力。这种职权实际上也是一种虚设的职权。《人民警察法》规定：人民警察执行职务，依法接受人民检察院的监督。可是，除了职务犯罪侦查之外，法律并没有对检察机关监督警察职务行为的范围和程序作出任何规定。这种监督也形同虚设。是否需要保留这些职权，就是一个值得研究的问题。

4. 监督过渡

按照现行法律的规定，检察机关对在侦查过程中需要逮捕的犯罪嫌疑人以及在审查起诉过程中需要逮捕的被告人行使批准逮捕的职权。这种职权，应该说是一种过渡性的职权。尽管许多学者已经指出了这个职权赋予检察机关的现实合理性，但是应该承认，这是我国法治发展的阶段性所决定的，是在我国目前的司法体制下不得已而为之的一种制度选择。其本身确实存在如某些学者所说的自己侦查的案件自己批准逮捕的弊端。随着依法治国进程的推进和司法体制改革的深化，这个问题也需要得以解决。但是解决这个问题的时机何时成熟，需要什么样的配套制度支撑，就是一个值得研究的问题。

（三） 检察机关行使职权的规范化问题

对检察机关行使职权的制约问题历来是理论研究的一个热点问题。应该说这个问题目前还没有找到理想的解决方案，因而仍然是理论研究的一个课题。笔者认为，这个问题的解决在很大程度上依赖于检察机关行使职权活动的规范化。如何通过严格的程序设计，确实有效地制约检察权的行使，保证检察机关能够依法正确行使职权，消除人们对检察机关在行使职权的过程中可能滥用权力的疑虑，是解决这个问题的根本出路。这比寻求在监督者的背后再设置一个监督机关的循环监督，似乎更合乎解决问题的逻辑。这样的程序设计，在理论上，应当包括两个方面，一个是检察机关自身行使职权的程序问题，另一个是如何引进外部制约的程序问题。检察机关目前试行的人民监督员制度能否为外部监督提供制度范式，还有待进一步研究论证。

（四） 检察机关的领导体制问题

检察机关现行的领导体制是一个值得进一步研究的重大理论问题。在宪法定位上，检察机关被确定为"国家的法律监督机关"，并且明确规定"最高人民检察院领导地方人民检察院和专门人民检察院的工作，上级人民检察院领导下级人民检察院的工作。"但是宪法同时规定地方各级检察机关都由同级人大产生、向同级人大负责。这就使最高人民检察院对全国各级人民检察院的领导和上级人民检察院对下级人民检察院的领导，难免与地方各级人民检察院向同级人大负责的制度发生冲突。这种领导体制上的冲突必然影响到检察机关履行法律监督职责的职能活动，存在检察机关是按照"国家的"还是"地方的"法律监督机关来建设、来运作的理论问题。

（五）检察机关行使职权的保障问题

宪法和法律都规定："人民检察院依照法律规定独立行使检察权，不受其他行政机关、团体和个人的干涉。"实际上，检察机关依法独立行使检察权的问题始终没有得到制度上的保障。检察机关与行政机关虽然在法律上是地位平等的国家机关，但是由于检察机关的机构设置、人员编制完全控制在行政机关手中，检察机关的经费也一直是由行政机关供给的，这就使检察机关行使职权的保障机制在很大程度上不得不依赖于行政机关，客观上形成对行政机关的依附关系。如何解决检察机关在机构设置、人员编制和经费保障方面的独立性，一直是困扰检察机关依法独立行使检察权的一个重大问题。因此，能否由检察机关根据国家社会经济发展的状况和行使职权的实际需要，自行设置机构、录用人员和编制经费预算，直接由全国人大批准、由行政机关保障供给并接受国家审计，是保障检察机关依法独立行使检察权的重大体制问题，需要在进一步深入研究论证的基础上，提出解决方案。

（六）检察学的学科体系

30 年来，可以说已经就涉及检察制度的重大基本理论问题进行了比较深入的研究，对外国的检察制度也进行了许多比较研究，初步形成了关于中国特色社会主义检察制度的一整套理论观点。但是对这些理论观点的科学概括还没有形成一个公认的学科体系，还缺乏一整套能够达成共识的基本范畴。因此，构建中国特色社会主义检察学的学科体系，仍然是检察基础理论研究的重要任务。

中国的检察制度与中国的法治一样，尚处在发展进程中，仍然存在某些不尽完善的方面，需要通过改革进一步发展完善。在这个过程中，检察理论研究担负着重要的使命。既要在充分客观地深入研究现行制度利弊得失的基础上，为现行制度的改革完善提供理论先导和改革方案，又要站在中国社会发展和世界法治发展的前沿，展望未来走向，进行前瞻性的理论探索，谋划检察制度的发展蓝图。这不仅需要造就一批有精湛的理论修养和乐于献身检察制度研究的理论家，而且需要从事检察理论研究的法学家和检察人员具有高度的政治责任感和历史使命感。

新时期检察改革的进路[*]

向泽选^{**}

一、引言

1978 年检察机关恢复重建至今，我国检察制度一直在不断的改革中寻求发展。检察改革的历程大体可以分为三个阶段：以恢复重建检察规范为主的阶段、以检察机制和工作方式改革为主的阶段，以及以检察体制改革为主的阶段。检察机关恢复重建至上世纪 90 年代中叶，检察改革以恢复重建各项检察规范为主要内容。

从党的十五大提出"推进司法改革"到十六大提出"推进司法体制改革"，再到十七大提出"深化司法体制改革"的 15 年里，我国的检察改革基本处于建立健全检察工作机制，兼涉改革检察体制某些内容的阶段。在这一阶段，检察改革是在中央的统一部署和检察机关自身的努力下展开的，呈现出"重点突破、整体推进、扎实有序、成效明显"① 的局面，改革的内容大体包括检察权的优化配置、检察组织结构的完善、检察工作机制的革新、检察管理的完善等。检察权配置和检察组织结构的改革属于检察体制的内容。检察工作机制的革新属于检察机制的范畴。检察管理的改革包括体制和机制两个方面，如果改革涉及检察管理权限的分割，则属于检察体制的内容；如果改革涉及的是检察管理方式的建构和完善，则属于检察机制的内容。检察权配置更多的是从宏观层面即司法权配置的角度进行的。譬如，技术侦查权的配备、量刑建议权的确立、诉讼监督权内容的充实等，都是从国家司法权合理配置的角度对检察权进行的优化配置，也有少许如省级以下检察院侦查的职务犯罪案件的审查逮捕权由上一级人民检察院行使，则属于检察权内部配置的范畴。内部机构的扩充，如职务犯罪预防部门、案件管理部门和人民监督员办公室的增设；上级

---

   * 本文刊载于《中国法学》2013 年第 5 期。

  ** 向泽选，最高人民检察院检察理论研究所副所长、研究员。

  ① 龙宗智：《理性地对待检察改革》，载《人民检察》2012 年第 5 期。

检察院对下级检察院领导的强化，如派员参加下级院党组民主生活会、对下级院领导班子的巡视监督、下级院到上级院述职等制度的确立，则属于检察组织结构的改革措施。审查逮捕环节讯问犯罪嫌疑人、职务犯罪侦查讯问犯罪嫌疑人全程同步录音录像、检察环节刑事和解、检察环节非法证据排除规则的确立，则属于检察机制改革的范畴。案件由传统的条线管理改为由案件管理部门统一管理的改革，实质是管理权限的重新分割，属于检察体制的范畴；而建构统一的软件管理系统，建立健全能够对各业务部门办理的案件实施全程动态监控的管理系统，则属于检察机制改革的内容。在推行的检察改革措施中，有的已经全面铺开并取得初步成效，有的还停留在试点阶段，有的如检察办案组织的革新还处在探索之中。

应当说，十几年的检察改革使我国的检察制度更加适应中国政治制度和司法制度的要求，一些制约检察权规范运行的体制性、机制性问题得到不同程度的缓解，但制约检察机关依法独立行使检察权的问题并没有从根本上得到解决。从检察体制各要素的情况看，近年的改革取得了显著成效，但依然存在一些有待进一步改进的问题。从检察权配置的角度看，过去的改革重在从司法权整体合理配置的角度论及检察权的配置，对检察权的内部配置涉及的不是很多，检察权配置的科学性、有效性，职权边界的清晰性，职能交叉等问题没有得到彻底解决。检察管理体制的改革侧重于案件管理体制的改进，即将传统的条线式管理改为成立案件管理部门统一管理。涉及检察人事管理的分类管理尽管已经开始试点，但收效甚微，至今依然沿用传统的行政式的管理模式对检察人员进行单一式的管理，检察官的主体地位没有体现出来。检察组织结构的改革还停留在增加内设机构的层面上，检察机关内部机构设置的标准没有明确，内部机构设置与检察权内部配置的逻辑关系没有理顺，内设机构的科学性、规范性问题没有彻底解决，内设机构之间的职权界限不清晰，职能交叉的现象依然存在。检察院内部行使检察权最基本的组织单元（科、处、组）表现出较强的行政化色彩。上下级检察院领导体制的改革，停留在约束下级院谨慎行使检察权的层面上，确保下级院依法独立行使检察权的保障性措施的改革不够深入，下级院在检察一体中是否也应当享有某些推动检察权往上运行的职权，上级院在享有对下领导权的同时，是否也应当承担某些责任，制度上未予明确。在检察职业保障的改革上，检察权的地方化倾向没有得到根本解决。检察机制改革的任务也没有彻底完成，譬如，新型的案件管理机制还没有建立起来，确保国家法律正确统一实施的法律监督机制还有待进一步完善。这些问题的存在，使得检察机关的宪法定位、检察权的司法属性、检察权的独立性，不能从检察机关组织机构的设定上和检察权的运行中得到直观的体现。这说明，确保检察机关依法独立行使检察权的体制机制还没有完全建立起来。而检察改革的直接目标是建构和完善与我国检察机关宪法定位相适应的、能够彰显检察权的司法属性及其本质特征的检察组织结构、检察权运行方式和检察办案组织，最终目标则是要从制度上确保检察权的依法独立行使。从近些年推行的检察改革措施的运行情况看，可以说，检察改革的直接目标和最终目标都还未曾实现，检察改革的任务并没有完成。同时，通过近十几年的改革，一些相对容易革除的体制性、机制性弊端已经或者正在革新，检察改革到了革除影响检察权依法独立行使的深层次弊端的攻坚时期。

新时期的检察改革必定是对既往改革的延续，根据事物发展的客观规律和检察改革的发展历程，新时期的检察改革必将以检察体制的改革为主要内容。在这一以攻克难题为主要特征的改革攻坚阶段，如何找准检察改革的切入点，进而制定出新时期检察改革的整体方案，既是检察改革决策者和实践者需要考虑和回答的问题，也是理论研究者应当深思和破解的课题。我们认为，新时期的检察改革应当在健全检察权依法独立行使的体制机制、确保检察权的实践运行体现司法属性、使检察人员的管理更加适应司法官的要求等问题上下功夫，这就要按照党的十八大提出的"进一步深化司法体制改革"的要求，拟定新时期检察改革应当遵循的原则，确立新时期检察改革的进路，本文的研究将以此为逻辑起点而展开。

二、拟定新时期检察改革进路应当遵循的原则

新时期检察改革进路的确定，要按照"检察"应然功能的发挥，对检察权配置、检察组织结构及检察机制的要求和社会公众对检察执法的现实需求来确定。但无论是优化检察职权配置，还是革新检察机制和组织结构，都必须是在现有权力配置、组织结构和检察机制的基础上进行。要将检察权配置、检察组织结构以及检察机制的实然状况，与应然状态下的检察权配置、检察组织结构及检察机制模式进行对比，找出两者之间的缝隙，再按照提升检察执法公信力的要求，制定出新时期的检察改革方案。这实质是要在近年检察改革的基础上，按照检察应然功能发挥所要求的职权模式、检察机制和组织结构，拟定新时期的检察改革方案。据此，新时期检察改革进路的确定，应当遵循并满足下列原则的要求。

（一）补强与拓展相结合原则

在总体上，检察改革进路的确定和整体方案的拟定，必然要按照检察机关实现国家刑罚权部分职能和规制国家刑罚权运转对检察体制和检察机制提出的

应然性要求，与检察体制和检察机制各要素的现实状况进行对比，两者之间的差距，即成为需要通过改革予以填补的空间。由于现行的检察体制和检察机制各要素的状况，都是近些年不断改革的产物，而并非其原初状态，也因此决定，新时期任何改革措施的推行，必定是在近年改革成果的基础上形成的。近年检察改革的总体情况表明，检察体制和工作机制的改革进程并不同步。检察机制的改革较为深透，检察体制的革新则处于初级阶段，还不能满足检察机关公正执法的需要，新时期的检察改革必然要由以机制改革为重点向以体制改革为重心转移。对检察机制的改革，要根据现行的经近年改革形成的检察机制离应然性检察机制的空间差距予以补强，检察体制①应当成为新时期检察改革的重点。要根据检察功能的发挥和检察价值目标的实现，对检察组织结构、检察权配置以及检察办案组织和检察职业保障的应然性要求，拟定新时期检察改革的方案，实现对检察体制各要素的革新。

（二）符合检察规律原则

检察改革的本质是要剔除各项与检察规律不相符合的制度性障碍，按照检察规律的要求厘清和设定检察体制和检察机制的各要素。检察规律应当成为检视和制定检察改革方案的一个重要依据。检察规律包括检察制度嬗变规律、检察职权配置规律、检察管理规律和检察活动规律等。其中，检察活动的规律能够影响检察权配置、检察管理乃至检察制度的发展演变，因而是检察规律中最根本的内容。要用检察活动规律中的机制依附性规律、地位平等性规律、程序正当性规律、意志独立性规律、亲历性规律、信息掌握的全面性规律②对检察体制和检察机制建构提出的要求，来审视现行的检察体制和检察机制各要素的状况，并对其中与检察规律要求不相符合的环节予以革新。这应当成为确定新时期检察改革进路的重要考量因素。同时，检察规律又是衡量过去检察改革成果的重要标尺，可以用检察规律这把尺子来量度已经实施的检察改革措施的合理性程度，将违背检察规律的改革措施予以矫正，并用其检测检察体制和检察

---

① 体制是指国家机关、企事业单位在机构设置、领导隶属关系和管理权限划分等方面的体系和制度。司法体制是指国家司法机关的组织系统、司法权限划分、司法人员配置以及司法运作方式的总称。参见韩波：《法院体制的改革》，人民法院出版社2003年版，第5~6页。据此，检察体制可以定义为检察机关在机构设置、领导隶属关系和管理权限等方面的体系和制度，具体包括检察机关的组织结构、领导隶属关系和管理权限、检察权的配置和运作模式等方面的内容。

② 向泽选、曹苏明：《检察规律及其启示》，载《华东政法大学学报》2010年第6期。

机制中还有哪些要素与检察规律不相匹配，这些则可能构成新时期检察改革的主要内容。

（三）体现检察权法律属性和运行特点原则

检察权的司法属性要求建构能够体现司法特点的检察体制和工作机制，检察权的一体化运作又要求与之相匹配的保障纵向运行的机制。革除与检察权司法属性和一体化运作不相适应的体制性和机制性要素，再按照司法属性和一体化运行的要求，对检察体制和工作机制予以完善，赋予检察体制和工作机制更多的司法色彩，应当成为检察改革的直接目标。现行的经过近些年改革形成的检察体制和工作机制的某些要素仍然没能彰显检察权的司法属性，在保障检察权的一体化运作方面依然显得能量不足。譬如，检察机关内部机构的设置，应当体现出检察权的本质特点，但现行的内设机构并不能完全体现检察权的本质属性。检察人员的管理模式制约检察权的运行效能，现行行政式的管理模式模糊了检察权的司法属性，加重了检察权运行的行政化色彩。新时期的检察改革既是以往改革的延续，更是在对以往改革进行审视和反思的基础上推行的。它要求用检察权司法属性和运行特点的应然模式，与现行的经过近些年改革形成的检察体制和工作机制的各要素相比较，找出两者之间的差距，查找出来的差距和发现的不足，就应当成为新时期检察改革的对象。要通过改革，强化检察体制和工作机制各要素的司法属性，剪除与检察权一体化运行不相适宜的体制机制性障碍，使检察体制和检察机制的各要素获得其本源意义上的权力秉赋，从检察权的运转上体现我国检察机关作为司法官署的社会形象。

（四）确保检察公信力原则

检察改革的直观表征是建构与检察价值目标相匹配的检察体制和检察机制，根本目的则是要提升检察执法公信力，营造法律被信仰、司法受到尊重与信任的社会氛围。检察改革对执法公信力的目标追求，决定检察执法公信力应当成为拟定新时期检察改革方案的重要依据。检察执法公信力是社会公众对检察权运转所具有的信服力和认同感，遵从检察权运转所产生的状态和秩序。它一方面表现为社会公众对检察活动的充分信任与尊重，包括对检察活动主体的信任和尊重，对检察权运转过程的信赖与认同，对检察机关决定的认同与服从；另一方面体现为检察机关和检察人员对社会公众的司法信用。检察公信力与检察活动的公正性、稳定性、非随意性、透明性，检察信息的公开性、检察活动过程的可预见性，以及检察执法的廉洁性等要素直接关联。要围绕检察执法公信力所涉各要素应当具备的条件或者机制要件，对现行的检察体制和检察机制进行审视，找出现行检察体制和检察机制在确保检察公信力方面存在的问题和差距，这些问题的解决和差距的填补，可能成为新时期检察改革的重要内容。譬如，检察活动的公正性涉及检察执法的独立性、检察活动中的程序正当性等要素，要确保检察执法的公正性，就必须对与检察执法的独立性和程序正当性相关的体制、机制性要素进行审视，找到现行体制机制在上述方面存在的问题。要通过与检察执法公信力相关要素的革新，推动整个社会树立法律被信仰的品性，确立法律和司法的权威。如果大多数公民都确信权威的合法性，法律就比较容易地和有效地实施，而且为实施法律所需的人力和物力耗费也将减少。①检察改革的目标也会因此而得以实现，检察改革的使命也将随着公信力的确立而完成。

三、新时期检察改革的具体思路

根据经近年改革形成的检察体制和工作机制各要素的状况，距离实现检察价值目标所要求的检察体制和检察机制的差距，并按照上述原则的要求，新时期的检察改革思路应当拟定为：以完善检察机关内部的组织结构为依托，以健全一体化领导体制为中心，以提升检察执法公信力为目标，确保检察权的运行能够实现保护和保障功能的有机统一。检察改革则要以检察体制改革为中心，以检察机制的完善为补充。检察改革的视角也应当有所转变，要从过去的着眼于司法权的整体配置和协调运行的视角来设计检察权的配置和运行方案，向着眼于检察权自身配置和检察权运行规律要求的视角转移，以此为基点，设计完整的检察改革方案。着眼于司法权整体合理配置的视角，我们认为，在检察权的配置上，还需要补强的包括赋予检察机关的行政公诉权、对被监督事项的知情权，以及对被监督主体的质询权等。在检察权的运行上，应当继续按照检察规律中程序正当性规律的要求，进一步健全和完善强制性措施的司法授权机制，并按照平等性规律的要求，继续完善审前程序中的控辩协商机制。在检察保障上，还需要对检察职业保障制度予以进一步的改革完善。从检察权自身配置和运转规律要求的视角看，检察改革的内容应当包括：改革检察机关的内设机构；健全检察一体化领导体制；建构体现司法属性的检察办案组织；建构检察人员的分类管理制度等。司法权整体合理配置和协调运行视角下的改革措

---

① ［美］加布里埃·A. 阿尔蒙德、宾厄姆·鲍威尔：《比较政治学：体系、过程和政策》，曹沛霖等译，上海译文出版社 1987 年版。

施，除了检察职业保障制度外，其他问题笔者已在其他论文①中论及，在此，仅对检察权自身配置和检察规律视角下的检察体制相关要素的改革和检察职业保障制度的完善予以阐述。

（一）从理顺检察权内部配置与内部机构设置的逻辑关联入手，对内设机构进行改革，使检察机关的内设机构体现检察权的内容和属性

内设机构应当体现检察权的基本内容，并应当直观地彰显检察权的法律属性，但现行的内设机构存在着"设置标准不统一、职责分割及命名标准不统一、派出机构法律地位不明确"② 等问题，内设机构和机构名称不能完全体现检察权的内容及其法律属性。内设机构是检察机关行使检察权的真正主体，是检察机关公正执法的基础。内部机构设置不科学会导致职责界限不明确，引发检察权行使的混乱，影响检察权的运行质量，扭曲检察机关作为司法官署的社会形象，还会制约其他改革措施的推行和实施效果。因此，内设机构应当成为新时期检察改革的重点。

从表象上看，检察机关的内设机构与检察权配置的逻辑关联是先设置内设机构，再将国家法律配置给检察机关的职权，按照一定的原则，在内设机构之间进行再分配。从应然层面看，检察机关的内设机构在整体上要能体现检察权的法律属性，各内设机构行使的职权边界要清晰，不能存在职能交叉或者重叠，并且内设机构的名称要能恰当地体现其所行使的职权特性。内设机构的这一特征决定设置检察机关内设机构的前提是要对检察权中的各项具体权能按其本质属性和运行特征进行分解，再根据检察权能的不同运行模式所需要的机会成本，决定将具有相同属性的几项权能或者一项独立的权能设一个内设机构行使。因此，在本质上，内设机构的设置受制于检察权中具体权能的分解。检察权的内部划分情况或者内部配置模式，是检察机关内设机构及其命名标准的根本。由此决定，对国家法律配置给检察机关的检察权进行科学的分解，就成了内设机构改革的前提性要素。

1. 职务犯罪侦查是一项独立的检察权能，职务犯罪预防从属于职务犯罪

---

① 向泽选：《检察规律引领下的检察职权优化配置》，载《政法论坛》2011 年第 2 期；向泽选：《正当程序规制下的检察改革论》，载《河南社会科学》2010 年第 2 期；向泽选：《司法规律与检察改革》，载《政法论坛》2009 年第 5 期。

② 向泽选：《检察机关的机构设置与检察权配置》，载《河南社会科学》2012 年第 5 期。

侦查

职务犯罪侦查理当成为检察机关一项不可分割的检察职权，根据《人民检察院组织法》和《刑事诉讼法》的相关规定，检察机关有权对国家工作人员实施的与其职权相关的职务犯罪进行侦查，包括对贪污贿赂犯罪，国家机关工作人员的渎职犯罪，国家机关工作人员利用职权实施的非法拘禁、刑讯逼供、报复陷害、非法搜查等侵犯公民人身权利的犯罪和侵犯公民民主权利的犯罪进行侦查。国家法律所确立的检察机关职务犯罪侦查权所涵盖的贪污贿赂犯罪和渎职侵权犯罪的成立都必须与犯罪主体所具有的公职相关联，在构成上也具有相似或者相通的地方。检察机关对这两类犯罪的立案侦查，体现了对国家公职人员职务活动的事后监督，侦查过程实质是审查核实国家公职人员是否正确行使国家赋予的权力，体现了对国家公职人员的司法弹劾。两类犯罪的侦查具有相同的属性，都要遵循"以人查事"的侦查进路，在侦查谋略和技能上有相同的特点，对犯罪嫌疑人的预审以及犯罪嫌疑人在侦查中的心理变化过程都具有相似之处。尽管渎职侵权犯罪在证据资格的把握上较贪污贿赂犯罪更加复杂和艰难，但惟此不足以将渎职侵权犯罪的侦查从贪污贿赂犯罪的侦查中分离出来。由检察机关内部的同一机构对国家公职人员实施的上述两类犯罪进行侦查，便于集中力量对两类犯罪的侦破规律进行研究，便于统一调配侦查力量，避免侦查实践中忙闲不均的现象发生。

职务犯罪预防不是独立的检察权能，是由检察机关的职务犯罪侦查权所派生出来的一种功能。对职务犯罪立案侦查，收集公职人员涉嫌犯罪的证据，对确有证据证明构成贪污贿赂和渎职侵权犯罪的国家公职人员动用刑罚，根本目的不是要体现刑罚的报应性，而是要通过刑罚剥夺涉案公职人员实施职务犯罪的资格，并通过刑罚的威慑效能，警示其他公职人员谨慎使用公权，将特殊预防和一般预防有机结合起来，督促和确保国家公权依法规范运行。据此，将有罪的公职人员抓捕归案只履行了一半的检察职能，要发挥检察机关确保国家法律正确实施的效能，就必须结合所办理的职务犯罪案件，查找滋生职务犯罪的直接诱因，帮助有关单位和行业建章立制，向其提供防止职务犯罪再发生的合理化建议，逐步铲除滋生职务犯罪的诱因，从根本上遏制和预防职务犯罪的再发生。可见，检察机关对职务犯罪的预防，是由检察侦查权和检察机关的法律监督地位派生出来的一项职能，检察侦查权是根本，对职务犯罪的预防依赖侦查权而产生。检察机关也只有结合办理的案件从事职务犯罪预防工作，把职务犯罪的预防融入职务犯罪的侦查，才能做到有的放矢，真正找到预防工作的切入点和着重点，确保将职务犯罪的预防做实做好。综上，把职务犯罪的侦查和预防作为一个整体看待，不仅具有较深厚的理论根基，也是职务犯罪侦查和预防实践的需要。

2. 审查逮捕与侦查监督①是两项各有侧重，但又紧密相联难以分割的检察权能

审查逮捕具有监督的属性，与侦查监督存有严密的逻辑关联。通过审查逮捕可以发现侦查中存在的问题或者违法侦查现象，但审查逮捕要解决的根本问题是对侦查主体提供的案件事实和证据进行审查，得出是否应当逮捕犯罪嫌疑人的结论。对侦查活动中违法现象的审查发现只是对能否逮捕犯罪嫌疑人的审查活动附带产生的。审查逮捕所包含的职能只是对侦查主体提请逮捕的案件事实和证据进行审查，作出是否同意逮捕的决定并签发令状，到此，审查逮捕的职权就算履行完毕。对审查逮捕中发现的非法侦查或者暴力取证以及其他违法现象等问题，向侦查主体反馈并督促其纠正，属于侦查监督职权的范畴。审查逮捕职权的内涵中不包括，也不能合乎逻辑地推导出利用已经发现的素材对侦查活动实施监督的结论。

侦查监督是为确保侦查活动按照法定标准和法定程序实施，防止违法侦查、暴力取证而赋予检察机关的一项发现、督促纠正侦查错误的职权，是基于我国检察权法律监督的本质属性而产生的一项检察权能。发现并督促纠正侦查活动中的错误、督促准确执法、规范侦查程序、保障人权等构成侦查监督权的合理内涵。从侦查监督权的运行机理看，积极主动地查找侦查错误，对发现的违法侦查信息或者线索进行审查、督促侦查主体纠正错误，是侦查监督权的运行特征。与审查逮捕的被动启动相比较，主动出击是侦查监督的重要特征，在价值追求上，审查逮捕权更注重公正性，侦查监督权则更侧重于效率性。

可见，审查逮捕权与侦查监督权是两种具有不同内涵和运行特征的独立的检察权能，但两种权能之间又具有严密的逻辑关联。审查逮捕中对侦查主体移送的案件事实和证据的审查本身就是对侦查活动的一种事后监督。通过审查逮捕发现的违法侦查、暴力取证等问题，又能够为侦查监督提供素材和创造条件，至于将获取的违法侦查和暴力取证等问题向侦查主体提出，督促其加以纠正，则属于典型的侦查监督范畴的事了。从权力运行的角度看，审查逮捕与侦查监督两种权能存有交叉，审查逮捕在一定程度上又能为侦查监督创造条件，

---

① 侦查监督可从广狭义两个层面理解。广义的侦查监督包括立案监督和对侦查活动的监督。狭义的侦查监督着眼于现行刑事诉讼法的结构，将侦查监督定位为对侦查活动的监督，而不包括立案监督。本专题中的侦查监督采广义层面的侦查监督，即包括立案监督和对侦查活动的监督。

很难将两者截然分开。

3. 公诉权是一项具有特定内涵但又与刑事审判监督和侦查监督紧密相关的检察权能

公诉权具有其特定的职权边界。尽管公诉人通过庭审前的阅卷和出庭指控犯罪，参与庭审活动，可以发现庭审活动是否严格依法进行，可以客观地评价案件事实，并审查法院对案件的裁判是否准确，这些可以成为对庭审和法院裁判进行监督的合理依据和素材，但并不能据此引申出刑事公诉具有对法庭审判和法院裁判的监督职能。刑事公诉权所包含的向有管辖权的法院提起公诉而启动审判程序，从而限制法院对案件的审判数量和审判范围，只是发挥了对法院审判的制约功能。刑事公诉最核心的权能是对侦查主体移送审查起诉的案件进行审查，并决定是否向有管辖权的法院提起公诉，在庭审过程中证明被告人实施了起诉书中所指控的犯罪。检察官的客观义务也只是要求出庭的公诉人站在客观公正的立场上履行指控犯罪的职能，在发现所指控的被告人不构成犯罪或者不构成所指控的犯罪时，有责任要求法庭作无罪或者罪轻的判决，避免公诉人的角色演变成纯粹的追诉当事人。刑事公诉人履行了审查起诉、提起公诉、出庭支持公诉的职责，法庭对案件作出了裁判，刑事公诉的权能就履行完毕。至于在庭审中发现法庭审判存在问题或者裁判存有错误，需要依法提出监督意见或者提起抗诉的，则属于审判监督职权的范畴，已经超出刑事公诉的职权范围。

刑事公诉又与刑事审判监督具有紧密的逻辑关联。对法院的庭审活动进行监督，对有错误的裁判依法提起抗诉，构成刑事审判监督权的主要内容。在这个意义上，刑事审判监督是一项独立的检察权能。但无论是对刑事庭审活动进行监督，还是对存有错误的裁判提起抗诉，都要以发现庭审和裁判中的错误为逻辑前提。刑事公诉人通过庭审前的阅卷、出庭支持公诉、参与法庭调查，对案件的事实、证据状况有了一个清晰的认知，对被告人应当承担的刑事责任也有准确的判断，尤其是通过参与审判，对庭审中是否存在违法情形，裁判是否符合罪刑法定、罪刑相适应原则最为清楚，能够准确及时地发现庭审和裁判中存在的错误，这些又是对刑事审判进行监督的前提条件。否则，刑事审判监督就成了无源之水。可以说，因为公诉人直接参与庭审活动和法院裁判的制作过程，并以其能够知悉或发现庭审和裁判中的错误，而使刑事公诉与刑事审判监督联在了一起，从而使刑事公诉与刑事审判监督之间的职权边界存有交叉。

刑事公诉与侦查监督也具有密切的关联。通过审查起诉，也可以发现侦查活动中存在的暴力取证、违法采取强制性措施，以及其他侵犯犯罪嫌疑人合法权利等违法侦查的问题,审查起诉中发现的违法侦查问题也构成对侦查活动实施监督的必要素材,但由哪个内设的机构行使在审查起诉中发现的违法侦查的线索而产生的侦查监督权能,可以有两种处理方案:一种是根据职权配置归属的单一性原理,同一性质的职权应当组合在一起交由同一主体行使,避免职权配置和运行中的交叉和界限不清。据此,现行的刑事公诉中包含的侦查监督职能可以从公诉权中剥离,交由侦查监督权能的行使主体一并行使。只是在刑事公诉职权与侦查监督职权的行使主体之间要建立必要的信息沟通机制,使得刑事公诉权能的行使主体能够将审查起诉中发现的违法侦查信息及时传递到侦查监督权的行使主体手中。另一种方案则是遵循公权运行的基本规律,考虑权力运行的机会成本,为简化权力运行的中间环节,实现权力运行效能的最大化,可以将对侦查活动的监督权能交由公诉部门一并行使。

4. 救济权是因诉讼中公权行使者的不当行为可能侵害诉讼参与人的合法权利,为保护诉讼参与人而赋予检察机关的一项独立于诉讼监督权的检察权能

救济权①是指检察机关在诉讼过程中因诉讼参与人的权利保护请求而启动的维护诉讼参与人合法权利的救济性的检察权能,是 2012 年刑事诉讼法修改时为保障诉讼参与人合法权利而赋予检察机关的一项独立的检察权能。救济权的运行要以诉讼参与人的投诉为前提,权能的运行围绕诉讼参与人的侵权投诉是否客观真实而展开,以通知或要求诉讼中的公权力机关纠正错误而终止。从救济权的本质和运行模式看,与诉讼监督权既有联系,又有其自身的运行特征。相同之处表现在,都是直接或者间接地督促公权的行使者纠正错误,以督促诉讼权的行使者谨慎使用公权力。不同之处表现在:(1)诉讼监督权的运

---

① 关于检察机关的救济权,刑事诉讼法第 47 条和第 115 条的规定最为典型。第 47 条规定:"辩护人、诉讼代理人认为公安机关、人民检察院、人民法院及其工作人员阻碍其依法行使诉讼权利的,有权向同级或者上一级人民检察院申诉或者控告。人民检察院对申诉或者控告应当及时进行审查,情况属实的,通知有关机关予以纠正。"第 115 条规定:"当事人和辩护人、诉讼代理人、利害关系人对于司法机关及其工作人员有下列行为之一的,有权向该机关申诉或者控告:(一)采取强制措施法定期限届满,不予以释放、解除或者变更的;(二)应当退还取保候审保证金不退还的;(三)对与案件无关的财物采取查封、扣押、冻结措施的;(四)应当解除查封、扣押、冻结不解除的;(五)贪污、挪用、私分、调换、违反规定使用查封、扣押、冻结的财物的。受理申诉或者控告的机关应当及时处理。对处理不服的,可以向同级人民检察院申诉;人民检察院直接受理的案件,可以向上一级人民检察院申诉。人民检察院对申诉应当及时进行审查,情况属实的,通知有关机关予以纠正。"

行是积极的、主动的；救济权的启动更多地呈现出被动性特征，诉讼参与人不投诉，一般不会启动救济程序。（2）诉讼监督权的着眼点在于规范诉讼中公权力的运行；救济权的着眼点在于保障诉讼参与人的合法权利不受侵犯。（3）诉讼监督权最终以启动纠错程序或者提示纠正错误而终结；救济权则是在进行实体审查后，对确有侵犯诉讼参与人合法权利的，以通知侵权机关纠正错误而终结，比诉讼监督权的强制性程度更强。可以说，救济权是与诉讼监督权相并列的一项有特定内涵的检察权能。但由于决定救济程序的启动事项伴随着诉讼的不同阶段，按照公权配置的便利性和效能性原则，可以将救济权分别配置给审查逮捕与侦查监督、公诉与刑事审判监督以及刑罚执行监督权的主体来行使。

5. 行政诉讼监督应当与民事诉讼监督相分离，并将行政诉讼监督与行政公诉结合成一项完整的检察权能

民行监督尽管都是对法院审理民事和行政案件的审判活动所实施的检察监督，但民事诉讼与行政诉讼本身具有质的差别，民事诉讼所审理的对象是平等民事主体之间的纠纷，原被告之间是平等的关系，民事纠纷的解决要尊重当事人的意识自治和处分权。行政诉讼审理的则是国家行政机关与合法权利遭受具体行政行为侵害的公民、法人或者其他社会组织之间的纠纷，原被告双方一方是处于弱势地位的公民、法人或者社会组织，另一方是行使公权力履行社会管理职能的国家行政机关，被告与原告之间在诉讼之前是管理与被管理的关系，在法律地位和力量对比上具有天然的不平衡性。民事诉讼所要解决的民事纠纷，与行政诉讼所解决的行政纠纷，两者之间在法律属性、特征和运行机理上具有质的差异性，也因此决定对民事诉讼的监督与对行政诉讼的监督，在运行机理上不可避免地存有差别，将两种性质不同的职权捆绑在一起，存在逻辑上的弊端，违背了职权配置的一般原理。鉴此，将行政诉讼监督职权与民事诉讼监督职权相分离，既是公权力配置的基本要求，也有利于规范和强化对行政诉讼的监督职能。

行政诉讼监督职权独立后，再将其与行政公诉权结合，组成完整的旨在强化对行政活动实施监督的检察权能。检察机关对行政诉讼活动的监督，直接指向的对象是人民法院对行政案件的审判，表象上是对法院行政审判活动的监督，但实质是通过督促法院依法审理民告官的行政案件，督促国家行政机关及其工作人员规范行使管理权，间接地实现对国家行政权的监督。检察机关的行政公诉权则是通过对侵害公民、法人和其他组织合法权益，危害公共利益的案件提起诉讼的方式，实现对国家行政权的直接监督，两种职权虽然表现形式有异，但实质都体现了对国家行政权运行过程的监督。将两种具有相同属性的职

权配置在一起，既是职权配置原理的要求，也有利于检察权的行使和发展，更是强化行政权运行过程监督的需要。

6. 法律话语权应当成为一项独立的检察权能

法律话语权本身不是从国家法律配置给检察机关的职权中划分出的检察权能，而是为保障法定的检察职权的顺利实现而赋予检察机关的一项保障性职权。它是指提出制定和修改法律意见、在具体案件中解释法律或者提供法律意见，以及就其他规范性文件的合法性提出质疑的权力，包括立法建议权、法律解释权和法律文件的提请审查权。①这几种权能具有相同的法律属性，在职权的运行机理上也具有相同或者相似的特征，可以将三者组合成完整的法律话语权。赋予检察机关以法律话语权，是世界各国的普遍做法。譬如，在英国，"作为国王的首席法律顾问，总检察长尤其要向国王提供有关国际法、公法和宪法问题的咨询，并且向上议院特权委员会提供咨询。"②在美国，司法部长作为总检察长，具有向总统和各部首脑就法律问题提出建议的职权，其"工作意见要编辑出版，并成为有价值的国家文件。"③尽管我国宪法和法律没有直接规定检察机关的法律话语权，但其中有的权力如法律解释权已经在全国人大常委会《关于加强法律解释工作的决议》中作了明确规定，其他两种职权则是由我国检察机关的性质和所承担的法律监督职能决定的。作为法律监督机关，我国检察机关要对被监督主体适用法律的情况进行审查，并且要依法对被监督事项中的错误进行督促纠正，要及时了解法律适用的基本状况以及所存在的问题，及时发现法律制度中存在的漏洞和不足，最有条件提出具有针对性的立法和法律修改意见；通过法律监督实践中对法律的审查适用，也最能了解法律的立法意图和精神实质，以及法律规范的设定是否合理，也因此有责任向国家立法机关提出违法审查的建议。可以说，赋予检察机关以法律话语权，不仅是法治建设的需要，也是确保法律规范本身协调统一的要求。

此外，我国检察机关的法律监督机关的宪法定位决定了对刑事诉讼活动实施法律监督是我国检察机关的一项重要职能，也因此决定了刑事诉讼监督应当成为一项独立的检察权能。刑事诉讼监督包括侦查监督（含立案监

---

① 张智辉：《检察权研究》，中国检察出版社 2007 年版，第 211 页。

② ［英］戴维·M. 沃克：《牛津法律大词典》，光明日报出版社 1989 年版，第 68 页。

③ ［英］戴维·M. 沃克：《牛津法律大词典》，光明日报出版社 1989 年版，第 68 页。

督）、刑事审判监督和刑罚执行监督。根据上文的分析，侦查监督（含立案监督）权和刑事审判监督权与其他检察权能如审查逮捕权和公诉权相结合，而从刑事诉讼监督权中剥离了，刑事诉讼监督权中独立的部分只剩下刑罚执行监督的权能了。

综上，通过检察权能的适度组合与剥离，可以将国家法律配置给检察机关的检察权分解为"职务犯罪侦查权"、"审查逮捕与侦查监督权"、"公诉与刑事审判监督权"、"救济权"、"刑罚执行监督权"、"民事诉讼监督权"、"行政公诉与行政诉讼监督权"、"法律话语权"，这些既有联系又有区别的检察权能共同组成了完整的检察权。要在检察权分解的基础上，按照同一性质的检察权能配置给同一主体行使的总要求，充分考虑和权衡检察权能不同组合模式的机会成本，理性地决定内设业务机构的数量。需要强调的是，在检察业务机构的设置上，还应当体现原则性与灵活性相结合的原则。最高人民检察院和省级人民检察院除了办理重大疑难复杂的案件外，重点在于承担对下级检察院的宏观指导和个案指导职能，高检院还要承担确定检察工作思路、制定检察政策和解释法律的职能，在业务机构的设置上，除了死刑复核检察部门以外，其他业务机构的设置应当做到上下对应。但基层检察院尤其是区县院，则没有必要实行严格的上下对应，可根据本地区案件种类和数量的多寡，将具有相似职能的机构整合在一起，避免现实中存在的一至二人科（室）现象，使有限的检察人力资源更好地发挥作用。对检察机关内设的综合管理机构的改革，在整体上要体现"一个中心，一个精简"的思路，即围绕检察业务工作这个中心，精简综合部门的机构设置，要通过综合管理机构的改革，从机构设置上体现检察业务部门的主体地位。

鉴于现行的派出（驻）检察机构在法律地位、职责权限、领导隶属关系上的不统一，应当从制度上对派出（驻）检察机构设置的规格、职责权限、派出（驻）检察机构与原派出（驻）单位的领导隶属关系和管理权限，以及设置派出（驻）检察机构的条件等问题作出规定。要从制度上明确，派出（驻）检察机构与原派出（驻）单位的内设机构平级，接受原派出（驻）单位的领导，业务上由原派出（驻）单位的相关职能部门进行指导。更为重要的是，要在认真论证派出（驻）检察机构的职能和功能的前提下，严格限定派出（驻）检察机构的设置数量，具体规定派驻检察室和派出检察院的设置条件，以规范和指导派出（驻）检察机构的设置。

（二）从厘清上下级检察院各自的职权①界限入手，推动检察一体化领导体制②的完善，使检察权纵向运行的一体化特征更为明显

根据我国《宪法》和《人民检察院组织法》的规定，检察权在上下级检察院之间的运行，既要体现一体化③的特征，又要兼顾各级检察院依法独立行使检察权的要求。如何处理好上级检察院领导与下级检察院独立行使检察权的关系，就成了落实检察一体制的关键。检察权在上下级检察院之间的纵向运行实践，要么因过于强调上级院的领导权威，而忽略下级院作为独立执法主体的法律地位，下级院因忙于执行和落实上级院的指令，而演变成盲目被动的执法主体，独立意志被无限削弱；要么因强调对检察权的依法独立行使，而漠视或者淡化上级院的要求和指令，任意执法，两种倾向在不同地区、不同时期或多或少地存在，使本来意义上充满生机、互通信息、高效运转、确保公正执法的一体化领导体制存在着僵化的危险。当然，造成这种情形的缘由是多方面的，最根本的要归责于制度规定的不明确。现行的制度规范只是原则地规定上下级检察院之间的领导关系，没有具体明确上级院领导的方式和范畴，也没有明确下级院依法独立行使职权的具体事项，更没有明确上级院领导失误的责任。由于制度规范上的不明确，上级院如何行使领导权，如何处理上级领导与各级院独立行使检察权的关系，只能依靠实践中的不断探索，如此，出现上述两种倾向也就在情理之中了。要使检察权的纵向运行体现原本意义上一体化体制的特

① 这里的职权仅指检察办案权，不包括检察人事管理和检务保障方面的权限。
② 检察一体，是指检察机关作为一个整体依法独立行使检察权，不受行政机关、社会团体和个人的干涉，是基于检察系统上下级领导与被领导的关系而形成的检察权一体化运作的模式。在强调检察系统内部一体化的同时，还应当明确，检察工作要接受党的领导和人大的监督。在这个意义上，检察一体是党的领导和人大监督下的一体化。事实上，党的领导、人大监督等是对检察权的运转（包括检察权在上下级检察院的运行）施加积极影响的因素。这要求在检察权的运行中，要正确处理与党委、人大等的关系，遵循依法独立行使检察权与接受党委领导、人大监督的原则。但党的领导主要是政治领导、组织领导和思想领导，是为检察权的依法运行提供政治保障，而不是对具体检察办案活动的领导和包办。人大监督是一种权力监督，不是对具体案件的个案监督。党的领导和人大监督不会也不应当妨碍检察权的依法独立行使。这是应当从制度规范层面上予以明确，也是实践中必须坚持和遵循的。
③ 尽管在组织体系、领导方式和检察官的独立性等方面还有有些许差别，但检察机关内部实行上下一体的领导体制，是各国检察制度的共性特征。两大法系的主要国家如法国、德国、日本、俄罗斯、英国、美国等国家的检察机关都建构了上下一体的领导体制。

质,就必须对现行检察权纵向运行的机制进行改革,而这必须从厘清上下级检察院在一体化领导体制中的职责界限为起点,以理顺和健全检察权在上下级检察院之间纵向运行的渠道为依托。

检察活动的司法属性决定了案件事实的认定、证据采信以及案件的处理必须符合亲历性规律①的要求,由此决定各级检察院应当享有独立的案件办理权,涉及检察活动的宏观事项、下级院请示等问题,应当由上级检察院决策,这应当成为划定上级检察院领导职权范围的基本准则。也因此决定,在一体化体制中,上级检察院对下级检察院应当享有信息知悉权、工作部署权和办案指挥权,以及为确保这三项职权有效行使而产生的保障性职权,即业务考评权、检察培训权、督察权和纠错权。②与之相对应,上级检察院领导下级检察院的事项就应当包括部署工作、办案指挥、质量考评(包含纠错)、检察培训和检务督察等。职权的性质和权力边界决定领导方式,上级检察院对下享有的职权决定了上级检察院领导下级检察院的方式只能包括部署工作,政策性指导,重大事项决策,培训、业务考核和检查督促,这四种方式相辅相成,共同构成上级检察院对下行使业务领导权的模式。

下级检察院在检察权一体化运行中并不只是被动地落实上级检察院的工作部署,更不是消极地执行上级检察院的决定。要确保检察权在不同层级检察院之间的运行质量,就必须在强化上级检察院领导权威的同时,发挥好下级检察院的执法能动性,赋予下级检察院一定的职权,使得下级检察院能够将执法中的情况、问题和要求主动及时地向上反映,为此,就必须赋予下级检察院独立的办案权,就执法中的疑难复杂问题的请示权,对上级存有问题的部署和决定的质疑权,以及就检察工作长远发展、检察机关的重点工作以及检察工作思路等事项向上级检察院提出建议的职权等。③上下级检察院各自在享有特定职权的同时,还应当承担各自的责任。亦即,上级院对下级院的请示、质疑、建议等负有及时答复,或者作出迅速反应的义务,下级院对上级院的部署、指令、决定,有及时执行的义务。如果因为上级院的决定或者指令违背法律规定,造成工作损害或者不良影响的,上级院应当承担领导失误的

---

① 亲历性规律,即只有亲自接触和审查涉案事实的检察官对案件的定性和处理才有发言权。参见向泽选、曹书明:《检察规律及其启示》,载《华东政法大学学报》2010年第6期。坚持和遵循亲历性规律,意味着在具体案件的事实认定和证据采信上要尊重办案检察官的判断和意见,上级检察院只能对下级院的工作部署和其他宏观事项行使领导指挥权,在没有参与案件办理的情况下,不能对具体案件的处理随意发表意见。

② 向泽选:《检察权的宏观运行机制》,载《人民检察》2012年第1期。

③ 向泽选:《检察权的宏观运行机制》,载《人民检察》2012年第1期。

责任。

要使上下级检察院各自享有的职权行使符合检察一体化领导体制的要求，使检察权在上下级检察院之间的跨院纵向运行凸显出一体化的特质，还必须对现行的确保检察权纵向运行的机制进行革新。建立上级院对下级院的询问制度，确保上级院有渠道及时了解下级院的执法情况；规范上级院对下级院部署工作的途径，明确每一种途径的适用条件及其效力，确保上级院的指令能够得到落实；健全上级院对下指挥办案的方式，完善交办、督办和改变管辖、指定管辖的程序，确保上级院就案件办理的宏观指挥的政令畅通；建立上级院对下级院办案的监控程序，建立网上办案流程控制系统，确保上级院对下级院办案的同步监督能够到位。要规范下级院向上反映问题的渠道、方式及其效力，确保下级院能够及时获得上级院的工作支持和执法帮助；健全下级院定期向上级院报告工作的制度，确保下级院能够将工作中的宏观思考或者整体思路及时报告给上级院，以便上级院正确决策。同时，要建立健全责任追究机制，尤其要建立上级院领导失误或者错误指挥的责任追究机制，确保上下级检察院都能谨慎行使各自享有的检察职权，避免因检察权行使中的扩张性而造成对社会公共利益和他人权利的侵害。惟有此，方能做到既保障检察执法的公正性，又确保检察权的纵向运行真正符合一体化的要求。

（三）建立符合检察特点的办案组织①，从权力行使的主体上体现检察权的司法属性

检察权的司法属性除了通过检察权的运行方式、内部机构设置得以体现外，还可以通过行使检察权最基本的组织单元的属性体现出来。长期以来，检察权是以检察机关内设机构下面的处、科、组为基本单元运转的，检察权的运转又融合在案件办理中，也就是，"处、科、组"成了检察机关最基本的办案单位，而"处、科、组"带有浓厚的行政色彩，以"处、科、组"为最基本活动单元，对外办理各类案件，会给人们留下检察机关是行政单位的印象。这种以"处、科、组"为基本办案单元的行政化的运作模式，会弱化办案检察官在案件办理中的主导作用，出现办案中事事请示报告服从上级意志的"非司法"现象。检察权曾一度被部分学者划入行政权的范畴，与检察权的基本

---

①　检察办案组织与内设机构存在一定程度的关联，它是内设机构下面的一级组织结构，但办案组织还涉及检察权的运作模式，影响到人们对检察权法律属性的判断和认识，涉及办案检察官与检察长、内设机构负责人之间的权、责、利的重新分割。故把它单独作为一个问题予以阐述。

运转单元的行政化色彩不无关联。为避免检察权运转基本单元的行政性特征给检察权的司法属性带来损害，确保推动检察权运转的最基本的组织单元彰显司法属性，必须对现行行使检察权的组织单元进行改革。尽管检察机关的工作呈现程序性和阶段性的特点，但对证据和事实的审查判断贯穿于检察办案的全过程，无论审查逮捕、审查起诉（尤其是不起诉①），还是诉讼监督，都要求检察官站在中立的立场，或者以第三者的身份，对案件的事实和证据进行审查判断，并与法定的逮捕、起诉条件，或者与法定的诉讼裁定的条件进行对比，这些都说明检察办案具有司法的特性。检察工作的本质特点说明，推动检察权运转最基本的组织单元要有一定程度的灵活性，既要能体现检察办案的效率性特征，又要彰显检察工作的公正性和准确性特点。为此，就必须建立类似于法院的合议制和独任制式的运转灵活的办案组织，遇到重大疑难复杂案件需要集体智慧和慎重把关时，就要能够采取由多名检察官参与讨论的方式办理案件，对案情简单的案件，需要体现坚持办案效率时，则可以由一名检察官独立办理。

曾一度推行的主诉检察官办案模式的改革，在克服"处、科、组"这种模糊的办案组织的行政化特征，通过办案组织彰显检察权的司法属性上表现出某种优越性。但由于长期的行政化管理模式的影响，以及相关配套制度的缺位，导致主诉检察官办案模式的萎缩。检察办案组织的建构，应当在总结主诉检察官办案模式成功经验的基础上来谋划，但作为检察机关内部最基本的办案组织和行使检察权最基础的单元，不仅应当具有固定性和稳定性，还应当反映和凸显检察办案的特色。主诉检察官办案机制，在本质上契合检察活动的规律，也能体现检察工作的某些特点，但"主诉"似乎只是检察官个人的称谓，不是检察机关内部的一级组织单元的称谓，也不能涵盖检察机关所有的办案活动，在"主诉"之外再增加"主办"的称谓，则又显得称谓繁多零乱。基于这种考虑，建议借鉴域外的一些做法，用主任检察官代替主诉检察官，并建立检察长领导下的主任检察官办案责任制，即在检察机关内设机构中设立若干主任检察官办公室，主任检察官由任检察员3年以上的检察官担任，每一名主任检察官配备2名或4名检察官助手，检察官助手可以是检察员，也可以是助理检察员，同时配备1~2名书记员。主任检察官办公室的人员配备应当为奇数，

---

① 正如德国著名刑事诉讼法学家赫尔曼教授所称的："在一个程序中，检察官可能考虑到案件轻微、证据不足及审判可能对公共利益没有多大好处而作出终止刑事诉讼的决定，此时检察官就成了法官。"参见中国政法大学1994年编印的赫尔曼等讲授刑事司法制度的录音整理稿，第18页。

以便合议重大疑难复杂案件时按少数服从多数的原则决定，书记员不能参与案件的审查表决。主任检察官的职责是带领所辖检察官助手办理重大疑难复杂案件；负责分派属于本办公室办理的其他案件，并对本办公室检察官助手办理的案件进行审核把关；负责签发本办公室办理案件所要适用的法律文书。在案件办理上，主任检察官直接对分管副检察长负责，直接向分管副检察长报告办案中的有关事项。内设机构负责人只负责本部门的行政管理、召集与案件办理无关的行政性会议、就本部门下辖的各主任检察官办公室的行政管理事务进行研究策划，但不能过问主任检察官的办案工作，主任检察官也无须向本部门负责人汇报案件的办理情况。内设机构负责人同时担任主任检察官的，其办案职责与其他主任检察官相同。主任检察官的称谓如同审判长、庭长一样，具有司法官的特性。如此，就能形成由检察长领导的、专业化分工的，由主任检察官审核把关的检察官办案组织，既能确保检察官独立办案，又能加强内部的监督制约，还能较好地克服行政化的办案模式，并能通过办案组织彰显检察官的司法官属性。

（四）推进检察人员的分类管理，从管理模式上凸显检察官的司法官地位

检察官的司法官属性要求采用司法官的管理模式进行管理，长期以来沿用行政人员的管理模式对检察人员进行管理，淡化了检察官的司法官属性，降低了检察机关作为司法官署的社会形象，模糊了检察机关内部不同性质和不同种类工作岗位的界限，使部分检察人员产生了过于追求行政职级、在检察活动中盲目从上的心理倾向。同时，因行政管理导致的亲历案件事实和涉案证据在检察办案决策中的作用没有受到应有的重视，磨损了检察人员锻造和提升自身办案能力的自觉性。在法治化水平不断提升、现代管理不断精细化的社会背景下，如果继续沿用行政化的管理模式对检察人员进行管理，会扭曲检察官作为司法官的社会形象，增加检察活动的成本损耗，浪费检察人力资源，影响检察队伍的健康发展，阻碍检察工作的科学发展。正如美国行政学家韦洛毕指出的："全部人事行政制度的基础和起点都是建立在分类及标准上的"。[1]要在检察活动中真正体现检察官的司法官属性，还检察机关作为司法官署的形象，除了要对检察体制和工作机制进行其他方面的改革外，对检察人员实行分类管理是一项重要的改革举措。

---

[1]　转引自曹志：《各国公职人员分类制度》，中国劳动出版社1990年版，第1页。

对检察人员进行分类管理①，本质上是要按照不同类别的检察人员在检察活动中的地位和发挥的作用，采取不同的方法和序列进行管理，以体现检察官在检察工作中的主体地位。但由于检察人员分类管理的推行涉及管理体制、机构设置、职权运作、检务保障，以及司法人员之间、司法人员与公务员之间级别待遇的衔接对应，需要国家人事部门和财政部门的鼎力支持，仅靠检察机关自身的努力，有些改革措施无法真正实行。我国社会中根深蒂固的"官本位"传统形成的以行政职级的单一标准衡量社会地位高低的社会心理，也会影响分类管理改革的推行。凡此种种，决定了检察人员分类管理的改革必将是在克服重重障碍中艰难地向前推进。要确保分类管理这一改革措施顺利推进，必须营造司法官有别于行政官的文化氛围，尤其要在干部管理机关和干部管理人员中树立司法人员单独职务序列和单独管理的观念，在观念层面进行去行政化的改造，并且要建立与分类管理相适应的以检察官等级和检察官职务序列为主、兼采司法行政管理的制度模式，从管理机制上确立检察官在检察机关的主体地位，确保检察人员分类管理的模式真正建立起来。

正是基于对检察人员分类管理重要性、必要性和复杂性的认识，最高人民检察院早在上世纪末和本世纪初就对检察人员分类管理的改革进行了部署②，

---

① 检察人员分类管理是指依据职位分类的基本原理，将检察机关的职能和相关工作细化分解，设置职位，并且将职位划分为不同的类别和层次，对不同类别、层次的职位所承担的工作任务、职责权限、名称与数量、员额比例以及任职资格条件作出明确规定，制定岗位职务规范，并依此进行人员选拔、考核、培训、升降、奖惩、确定工资待遇等的管理活动。根据检察工作岗位的不同属性，可以将检察人员分为检察官、检察辅助人员和检察行政人员等三种类别。其中，检察官包括检察长、副检察长、检察委员会委员、检察员、助理检察员等；检察辅助人员包括检察官助理、书记员、检察技术人员和司法警察等；检察行政人员包括检察机关从事行政管理事务的人员，包括政工、党务、行政、纪检监察和后勤管理等人员。分类管理后，具有检察官资格但不在检察业务岗位工作的检察官，只保留其以后任检察官的资格，不保留其检察官的身份。参见郑建秋：《建立科学的检察人员分类管理模式》，载《检察日报》2005年8月24日；蔡建：《对检察人员分类管理的研究与思考》，载《国家检察官学院学报》2001年第8期。

② 在最高人民检察院1999年2月发布的《检察工作五年发展规划》、2000年2月发布的《检察改革三年实施意见》、2004年9月发布的《2004—2008年全国检察人才队伍建设规划》中分别提到了要进行检察人员分类管理的改革。2003年底又制定下发了《检察人员分类改革框架方案》，2007年7月，中组部会同最高法、最高检制定出台了《法官职务序列设置暂行规定》、《检察官职务序列设置暂行规定》及其两个配套规定，确定将法官、检察官按照相应职务序列进行管理。

理论界对分类管理进行了有益的探索①，有的地区检察院对分类管理的改革还进行了试点②。经过多年的探索、调研、酝酿和协调论证，2013 年 3 月 1 日，中组部、高检院联合下发了《人民检察院工作人员分类管理制度改革意见》（以下简称《改革意见》），对检察人员分类管理的指导思想、工作原则、主要任务和组织领导等作了规定，确定了分类管理的框架和思路，在主要任务一项中确定了分类管理后的人员类别和职责、员额比例、职务序列和职数、交流机制等。《改革意见》是指导检察人员分类管理改革的规范性文件，但检察人员分类管理的改革又是一项庞大的系统工程，在制度规范上对分类管理作出宏观部署只是表明了检察机关和干部管理机关在分类管理上达成的共识和进行分类管理的决心，这只是推行检察人员分类管理的第一步，要真正将《改革意见》确立的分类管理的制度框架落到实处，还需要建立其他实质性的配套机制作保障，这也是分类管理改革攻坚破难的关键所在。

1. 要具体制定不同类别检察人员的工资标准，建立不同类别检察人员的选拔、考核和晋升模式

要实现分类管理改革的既定目标，必须将与分类管理相关联的要素实质化。根据分类管理后不同类别检察人员的工作性质和职务序列，规定与其工作相联系的单独的工资制度，对检察官要规定高于检察辅助人员和司法行政人员的工资、津贴标准。要明确检察辅助人员中不同类别人员执行的工资标准，一般应当低于相对应等级检察官的工资标准，检察行政人员按照其职级执行相应的公务员的工资标准。这是落实分类管理的基础条件，也是凸显检察官在检察机关核心地位的物质基础。同时，要建立健全以工作业绩为导向的检察人员晋升机制，并且要规定不同序列的检察人员应当采用不同的选拔方式，执行不同的考核和晋升标准，这是落实分类管理的关键，也是从具体的管理路径上确保检察官在检察机关主体地位、培养检察官职业荣誉感的重要手段。

---

① 相关研究参见于萍：《对检察辅助人员应分类管理》，载《人民检察》1999 年第 9 期；蔡建：《对检察人员分类管理的研究与思考》，载《国家检察官学院学报》2001 年第 3 期；郑建秋：《建立科学的检察人员分类管理模式》，载《检察日报》2005 年 8 月 24 日、25 日；广东省人民检察院课题组：《检察人员分类管理问题研究》，载《中国司法》2006 年第 1 期；王正海、张晓：《检察人员分类管理改革之思考与建议》，载《人民检察》2007 年第 20 期等。

② 例如，山东、重庆等省市的部分地区检察院分别自 2003 年和 2004 年起实施了检察人员分类管理的改革试点。参见高峰：《山东平邑：检察人员分类管理改革遇到七个问题》，载《检察日报》2006 年 1 月 11 日；沈义等：《检察官、检察事务官、检察行政官各有分工：重庆试行检察人员分类管理》，载《检察日报》2004 年 3 月 23 日。

2. 要根据不同级别检察院的工作特点确定员额比例标准

分类管理的核心是要突出检察官在检察工作中的主体地位，凸显检察机关作为司法官署的社会形象。这些目标要通过显性和隐性两种渠道得以实现。各类检察人员员额比例的确定，即检察官在检察人员结构中的比例及其与检察辅助人员的关系属于彰显分类管理目标的显性渠道①。根据分类管理的主旨，检察官和检察辅助人员应当占检察人员中的绝对多数，这是基本前提，但鉴于我国 80% 以上的检察院在基层，80% 以上的检察干警在基层，80% 以上的检察业务工作在基层，基层检察院检察人才流失也最为严重②的现实，在设定员额比例时要考虑不同层级检察院的工作特点和岗位需求，使上下级检察院员额比例与其工作需要相匹配。据此，检察官和检察辅助人员占本级院检察人员总数的比例在上下四级检察院中应当呈金字塔式的形态。各级检察院检察官和检察辅助人员两者之间的搭配也应当呈金字塔式的结构，譬如，可以按照一名检察官配备 2 至 4 名辅助人员的比例来确定。检察辅助人员从属于特定的检察官，检察官对其管辖的辅助人员有工作上的领导权。可见，分类管理后检察人员员额比例的确定呈现出两个金字塔式的结构。惟此，才能客观体现各级检察院履行检察职能的客观情状，实现分类管理所追求的突出检察官主体地位的价值目标。

3. 要建立以检察官为主导的检察活动模式

检察人员分类管理的根本是要对现行的检察管理模式进行去行政化的改造，建立与检察机关作为司法官署相适应的管理机制，这就要按照检察权运转基本规律的要求，对现行的行政审批式的检察管理模式进行改造，建立以检察官为中心、以检察办案为抓手的检察管理机制，确立检察官在检察权运转各环节的主导地位，并从检察管理机制的运转中体现检察机关作为司法官署的社会地位，增强检察官在社会中的司法官印象。这种新型管理机制的确立，必然要以检察机关内设机构改革和检察官为主体的检察办案组织的确立作为保障。鉴此，在对检察人员进行分类管理后，必须即刻着手进行内部机构和检察办案组织的改革，唯此，才能确保分类管理追求的目标能够顺利实现。

---

① 通过检察官在检察活动中发挥主导作用，实现检察人员分类管理目标的方式，即为实现分类管理目标的隐性渠道。

② 苏莉、陈莎：《省人大常委会审议"两院"专项工作报告：基层人才队伍现断层危机》，载《湖南日报》2011 年 9 月 29 日；徐蔚敏：《基层检察人才隐性流失现象应予重视》，载《江苏法制报》2010 年 12 月 13 日。

（五）　健全检察职业保障制度，增强检察执法的独立性

检察独立是检察机关公正执法的基础。尽管我国《宪法》和《人民检察院组织法》都规定了人民检察院依法独立行使检察权，不受行政机关、社会团体和个人的干涉，但由于依法独立行使检察权的实现需要一系列的制度体系作保障，我国目前的检察职业保障措施远不足以确保检察权的依法独立行使。首先，在检察官职业权力保障方面，由于上级检察院对下级检察院人财物保障上的功能发挥不足，下级检察院的人事任免和财物保障要依靠同级党政部门的支持，检察执法的对外独立性因此而受到影响；检察院内部因受行政管理的影响，检察官在检察活动中的独立性和自主性不能保证。其次，在检察官身份保障方面，尽管我国《检察官法》规定了检察官一经任用，非因法定事由，非经法定程序，不得被免职、降职、辞退或者处分，但由于我国检察官的人事任免决定权主要在地方党政部门，检察官随意被调动或者撤换的现象时有发生。最后，在检察官的职业收入方面，至今未按照《检察官法》的规定，制定有别于公务员的工资制度和工资标准。检察职业保障和检察执法独立是一体两面的关系，检察职业保障制度存在的上述缺陷，必然使检察执法的独立性受到侵害。根据检察职业保障制度各要素在确保检察执法独立性中的地位和发挥的作用，我们认为，检察职业保障制度的改革，除了要按照我国《检察官法》关于检察官的工资制度和工资标准的特别规定，制定高于公务员工资标准的检察官工资制度以外，还要着重进行以下两方面的改革。

1. 改革检察职业权力保障制度

检察职业权力保障是指确保检察官依法行使检察权时不受非法干扰的保障性措施，具体包括检察人事保障、检察经费保障以及检察官行使权力时的豁免等三方面的制度性措施。要使这三个方面的制度性措施能够确保检察官依法自主地行使检察权，排除检察官执法中的外部干扰和内心恐慌，就必须进行以下三方面的改革：（1）要进一步强化对下级院干部任用时的决策力度。现行的派员参加下级院党组民主生活会，加强对下级院领导班子的巡视监督、考核评议，下级院检察长定期到上级院述职述廉等制度，是督促下级院规范和谨慎适用检察权，确保上级院管好检察队伍的制度性措施，这些措施主要是从抑制检察权的扩张性上强化对下领导的，固然必要，对于树立检察机关公正执法的形象、提升检察执法公信力具有极其重要的意义。但仅有这些措施，不足以确保检察官抵制执法中的外部干扰，也不足以排除检察官在执法中因坚持原则可能带来对其切身利益损害的心理恐慌。要使检察官在执法中不顾及外在的钳制而自主地按照法定标准和法定程序独立执法，强化上级院对下级院干部任用上的

决策力度是一项重要的措施。要从制度上明确，下级院检察长的人选一般由上级院按照差额的原则推荐给同级党委，同级党委在上级检察院推荐的人选中确定考察人选，下级院检察官的任免要报请同级人大常委会和上级检察院批准，从根本上改变现行的上级院对下级院人事任免上的"协管"地位，从干部任免上排除因对地方党政部门的依靠而产生的执法困惑，赋予检察长和检察委员会在检察执法中依法决策的自由心智，避免决策时过分考虑和顾及个别党政领导的意志而带来执法中的迟滞。（2）在检察经费方面，要通过立法将检察经费从行政经费中独立出来，实行由检察机关独立核算、国家财政统一拨付的制度，从经费保障上排除因对同级党政部门的依靠产生的执法恐慌和顾虑。但考虑到我国的国情以及省级财政之间的差异悬殊，检察经费保障的改革可以分两个阶段。第一个阶段，实行最高人民检察院的经费由中央财政负担，省级以下检察机关的经费由省级统筹，省级财政统一拨付的制度。①第二阶段，实行中央财政统一预算拨付，最高人民检察院统一管理的检察经费保障体制。②检察经费保障独立了，就能够从物质保障上消除因对同级党政部门的依靠而产生的执法迁就。（3）要建立检察人员的豁免权制度。要从制度上明确，检察人员对其依法履行职务时发表的言论和作出的决定有不受民事追究的豁免权，赋予检察人员因履行职责受到刑事追究时程序上的特殊权利，如可以规定，未经司法职务任命机构的批准，不受拘留和逮捕。③要通过豁免制度的建立，排除检察人员执法中的后顾之忧，更加坚定其严格依法、独立执法的信念。

2. 完善检察职业身份保障制度

检察官的身份保障是确保检察官依法独立履行职责的前提，建立完善的检

---

① 检察经费实行省级统筹后，必然会加大省级财政的压力，为减轻省级财政的压力，可以采取以下辅助性措施：一是中央财政继续实行检察专项经费转移支付制度，对贫困地区检察机关的办案经费、装备和基建费用给予补助；二是地、县两级财政按一定比例向省级财政上缴财政收入；三是地方检察院办案中追缴的赃款赃物等，统一上缴省级财政管理。

② "检察经费省级统筹"只应当成为规范检察经费保障体制的过度性措施。随着我国财政体制改革的逐步完善，应当逐步实行检察经费单列，经费统一由中央财政负担的保障制度。应当通过立法赋予最高人民检察院对检察经费的统一控制权和调配权，由最高人民检察院根据各级检察机关的经费需求和开支情况编制检察财政预算，报由全国人大审议、批准检察机关年度预算计划，由中央财政统一拨付给最高人民检察院，再由高检院做二次分配，并对检察经费的使用情况进行监督。

③ 当然，对检察人员的豁免应当限定在合理的限度内，如果有充足的证据证明检察人员在履行职责时故意违反法定标准，滥用检察权或者亵渎职责，造成严重后果或者不良影响的，则不在豁免的范围之内。

察职业身份保障制度，使得检察官不被随意免职和调离检察岗位，可以排除检察官履行职责时的担忧和顾虑，赋予其履职时的顽强意志和坚定信念，从而使其能够独立自主地行使检察权。为此，就必须对现行检察官任免辞退的制度进行完善，具体包括：（1）要从制度上明确，只有当检察官触犯国家法律、违反职业纪律和职业伦理道德时才能被免职、撤职和调离，否则不能随意将检察官调离检察岗位，更不能轻易免除检察官的身份。同时，应当对免除职务和辞退程序作出具体规定，在检察机关内部成立检察官惩戒委员会，专门负责检察官的免职、撤职和调离事项的审查，经惩戒委员会初步审查认为符合免职、撤职的条件，或者具有调离的合理事由，再按照法定程序报请人大常委会作出相应的决定，同时报上级院审定。（2）适度延长检察官的退休年龄。从制度上明确检察官有别于公务员的退休年龄，是确保检察官不被强制提前退休，并在检察执法中保持自由意志的重要措施。要按照我国《检察官法》中关于检察官退休制度的规定，建立起有别于公务员的特殊退休制度，如可以规定检察官的退休年龄为 63 岁，二级以上大检察官的退休年龄为 65 岁，首席大检察官的退休年龄为 70 岁。（3）完善检察人员的惩戒程序，赋予检察官以抗命权。为确保检察官任职的稳定性和独立性，应当赋予检察官对错误指令的抗命权，规定检察人员发现上级的指令错误或者与法律相抵触，有不需经过批准就能抵制执行上级不正确指令的权利，但应当将不执行的缘由附卷备查。同时，应当对惩戒事由和惩戒程序加以完善，规定罢免检察官必须经同级权力机关和上级检察机关的同时批准，两者有一方不同意罢免或者惩戒的，就不得任意对检察官进行惩戒或者调离其岗位，使得普通检察官能够有力量抵制职权行使中的不当干预，从维护任职的稳定性上确保检察执法的独立性。

四、结语

检察改革是我国检察制度发展完善的重要途径。检察改革自身又是一项庞大复杂的系统工程，受制的因素多，牵涉面广，不可能一蹴而就，将伴随检察制度发展完善的整个过程。检察改革每跨越一个历史阶段，每一项检察改革措施的推行，都使我国的检察体制和检察机制的各要素不断贴近检察机关公正执法的目标。尽管每一次检察改革的切入点和改革视角各异，检察改革措施所作用的检察体制和检察机制的要素也不尽相同，但检察改革应当围绕彰显检察权的法律属性，增强检察权基本内容的直观性，体现检察官的司法官属性、检察机关作为司法官署的社会形象的最终目的而展开。基于检察改革的这一目标定位，检察改革的历程也必将跨入以完善检察体制为主、兼顾检察机制改革的历史阶段。

上文的分析表明，要使检察机关的机构设置直观地体现检察权的基本内容和法律属性，增进社会公众对检察职能的了解和认同，就必须对现行的内设机构按照检察权内部配置的应然性模式进行改革。这一改革措施的推行，事关内部机构设置标准的重新拟定，涉及现行内设机构的分割和重组，改革涉及面宽，动作大，改革的难度和复杂程度可想而知。但惟有此，才能真正通过机构设置向社会公众直观地展示检察权的基本内容和法律属性，也才有利于增进社会公众对检察职能的感情认同。

检察权的法律属性除了通过机构设置得以体现外，还可以通过检察办案组织和检察人员的管理模式得以体现。现行的以"处、科、组"为基本单元的检察办案组织具有浓厚的行政化色彩，遮掩了检察权的司法属性，必须按照组建主任检察官办公室的要求，对现行的检察办案组织进行改革，明确主任检察官的职责界限，并为主任检察官配备好办理案件所需要的检察辅助人员。现行的检察人员管理模式没有彰显检察官的司法官属性，要按照各类不同属性的检察人员在检察工作中的地位和作用，对检察人员进行分类管理，并按照各层级检察院的工作实际，确定好各类人员的员额比例，建构以工作业绩为主导的管理和晋升机制，拟定好检察官独立的工资标准，确保分类管理的改革真正得到落实。

检察一体是检察权在不同层级检察院纵向运行的本质特征，各级检察院依法独立行使检察权又是我国《宪法》和《人民检察院组织法》的要求。处理好上级院领导与下级院独立行使检察权的关系，是实现检察一体制的关键举措。为此，就必须在厘清上下级检察院职权界限的基础上，对检察权纵向运行的机制进行完善。要通过明确上下级检察院各自的职权界限，并且通过建立健全的检察权纵向运行渠道，达到既树立上级院的领导权威，又确保下级院公正执法的目的，从检察权纵向运行的体制和机制上确保检察执法公信力的提升。

检察独立是检察机关公正执法的前提和基础。要从工作机制上确保检察执法的独立性，就要对现行的检察职业保障制度进行改革。要健全检察职业权力保障制度，强化上级检察院对下级院人事管理和任免上的决策力度，改变现行的上级院对下级院人事任免上的"协管"地位。要改变现行的检察经费由同级党政部门予以保障的制度，逐步建立国家财政统一拨付检察经费的保障制度，并要建立检察人员的豁免权制度。要对现行的检察职业身份保障制度进行改革，确保检察官不被随意免职、撤职和调离。要进一步提升检察官的物质待遇，激发检察官的职业自豪感和荣誉感，使其更加珍惜拥有的检察官身份，按照检察权的独立性属性谨慎地用好手中的权力。

总之，各项改革措施的推行，要围绕彰显检察权的法律属性、体现检察机关作为司法官署、确保检察权的独立行使和检察执法的公正性而展开，这是新时期检察改革的总要求和总目标。但各项改革措施要逐步推行，从逻辑上讲，检察官管理模式的改革是检察办案组织和内设机构改革的基础，应当将分类管理作为新时期检察改革的起点，在此基础上再推行内设机构和办案组织的改革。检察一体制的落实，依靠检察机关自身的努力就可以实现；检察职业保障制度的改革，需要其他部门的支持方能实施。鉴此，可以先推行检察一体制的改革，再逐步推动检察职业保障制度的革新。

检察改革事关司法公正，要按照其已进入以检察体制改革为主的历史阶段的要求，有计划有步骤地迅速启动新一轮的检察改革，这是历史赋予当代检察人的光荣使命。同时，要树立检察改革长期性、艰巨性的观念，正确对待检察改革中的难题和障碍，这是马克思主义唯物论者本应持有的改革观。也惟有此，才能逐步推动我国检察制度的科学发展。

论我国司法体制改革的几个问题[*]

邓思清^{**}

党的十六大提出了进行司法体制改革的任务，这是对我国深化司法改革的新要求。如何进行司法体制改革，将关系到我国司法改革的成败乃至依法治国方略的实现。为此，本文对司法体制改革的基本问题进行探讨，希冀对我国的司法改革有所裨益。

一、司法体制改革的目标设计

在司法体制改革中，首先面临的问题是目标设计。如何确定我国司法体制改革的目标，就成为理论工作者和实务工作者普遍关注的问题，也是司法体制改革研讨中议论最多、争议最大的问题。关于司法体制改革的目标，有各种不同观点并提出了许多设想，但概括起来有以下三种改革模式。

（一）将法院确定为司法机关，检察机关定位为行政机关的改革模式

即以审判为中心的改革模式。[①] 主张这种改革模式的学者认为，以审判为中心是各国通行的做法，而我国检察机关的职能多元化，既有侦查职能，又有起诉职能，还有监督职能，这种检察权大于审判权的体制，必然导致检察机关凌驾于审判机关之上，不符合审判中心和司法最终裁决原理，应当予以改革。改革的方向是将法院确立为国家的司法机关，检察机关确立为行政机关，成为国家公诉人。据此建议对法院和检察机关的职能和权限作如下重新调整和设

---

* 本文刊载于《中国法学》2003 年第 3 期。

** 邓思清，最高人民检察院检察理论研究所学术部主任、研究员。

① 陈卫东：《我国检察权的反思与重构》，载《法学研究》2002 年第 2 期；崔敏：《关于司法改革的若干思考》，载陈光中等主编：《诉讼法论丛》（第 2 卷），法律出版社1998 年版；孙长永：《审判中心主义及其对刑事程序的影响》，载《现代法学》1999 年第 4期；等等。

置：（1）将最高人民检察院与司法部合并，由司法部长兼任总检察长，以克服检察院与法院"二虎相争"的弊端，突出法院在司法中的地位和作用，改变"司法部不司法"的局面。（2）将国家监察部改名为"廉政公署"，同时将检察机关的自侦案件划归廉政公署管辖。（3）取消检察机关的法律监督职能，使其只承担国家控诉职能，成为国家公诉人。（4）加强法院对审前程序的司法控制，对涉及公民人身财产权利方面的强制措施（包括拘留、逮捕等），交由法官行使，取消检察机关的批捕权。

这种以审判为中心将检察机关确立为行政机关的改革模式，实质上是按照西方国家的做法，将法院作为唯一的司法机关，检察机关不是司法机关，而是诉讼的一方当事人。我们认为，这种改革模式不仅不符合世界各国强化检察机关职能、提高其地位的改革趋势，而且不利于国家对行政机关的监督、遏制不断蔓延的各种腐败。更为重要的是，这种改革模式的基础是西方国家的三权分立理论。按此理论，国家权力被分割为立法权、行政权和司法权，分别由立法机关、行政机关和司法机关来行使，所以，检察机关及其权力只能在这三个机关、三种权力之间确定自己的角色定位和权力归属，而不具有独立的地位，因而检察机关被大多数西方国家定位为行政机关。而我国实行的是人民代表大会制度，在这种制度下，国家权力分为立法权、行政权、审判权、法律监督权和军事权五项权力，分别由立法机关、行政机关、审判机关、法律监督机关和军事机关来行使，检察机关则为国家法律监督机关而非行政机关。由此可见，三权分立理论不适合我国，因而用西方国家三权分立的理论模式来定位我国检察机关的建议，不仅有崇洋照搬之嫌，而且也违背了法治模式和司法制度多样性的现代法治理念。因此，将检察机关定位为行政机关的改革模式，违背了我国宪法所确立的根本政治制度，不具有可采性。由此按照行政机关的属性，对我国检察机关的职能和权限进行重新调整和设置的种种构想，是缺乏科学性的。

（二）将法院和检察院确立为并列的国家司法机关的改革模式

即将法官确立为"审判中的法官"，检察官确立为"法官之前的法官"的改革模式。[①] 提出这种改革模式的学者认为，如果将刑事诉讼活动比拟为一种竞技活动，那么控辩双方是运动员，而法官是裁判员。在这种情况下，参加诉讼的检察官如果享有对法官的法律监督权，那么就存在一个既当运动员又当裁

---

① 陈兴良：《从"法官之上的法官"到"法官之前的法官"》，载《中外法学》2000年第6期。

判员的悖论。由于公诉权只是一种程序性权力（即司法请求权），它本身不具有终结性即最终判定性和处罚性，而是国家刑罚权实现的准备和条件，它所包含的实体性要求只有通过审判才能最终实现。审判包括审（审理）和判（裁判）两个方面，审理是在法官主持下通过各方诉讼参与人的职能活动完成的，裁判则是由法官独立完成的，正是在此意义上，审判要求法官具有独立性，不受制于任何人，如果检察官享有对法官的法律监督权，不仅破坏了控辩地位平等的关系，而且动摇了法官的中立地位，使检察官成为"法官之上的法官"，因而主张检察官不应成为"法官之上的法官"。同时又认为，我国的公安机关和检察机关是相互独立的两个机关，虽然检察机关享有对公安机关侦查活动的监督权，但由于这种侦查监督是一种事后的静态的软性监督，因而缺乏侦查监督的有效性。特别是在检察机关实行主诉检察官办案责任制、抗辩式审判方式改革后，主诉检察官控诉的成败对侦查机关的侦查活动具有更大的依赖性，如果检察官不具有对侦查取证活动的指挥权或控制权，将会导致检察官孤军奋战。因此，为了充分发挥主诉检察官责任制改革的作用，有效地防止和纠正侦查中的违法行为，更好地保护人权，应当强化警、检关系中的制约机制，加强对公安侦查活动的监督，实行侦、检一体化则是其必然选择。即将检察机关确立为侦查阶段的主导核心地位，对侦查活动具有行政控制权和司法控制权，使其成为"法官之前的法官"。为此提出以下具体建议：（1）将目前公安机关享有的立案权、撤案权以及采取拘留、扣押、搜查等强制性侦查措施的权力赋予检察机关，从而形成对公安机关侦查活动的有效控制；（2）明确规定侦查权为一种依附于检察权的司法权力，废除调整公、检之间相互关系的所谓"分工负责"及"互相制约"的诉讼原则；（3）保留检察机关的批捕权，以此作为对公安机关侦查的一种司法控制手段；（4）检察机关对法院的监督应着眼于刑事实体问题以外的程序问题和法律问题，同时应废除对法院生效判决的抗诉权，以防止检察官成为"法官之上的法官"。

这种将法院和检察院都确立为国家司法机关，使检察官成为"法官之前的法官"的改革模式，由于承认检察机关的诉讼活动具有司法性，符合客观现实。同时，主张加强对侦查活动的监督，符合强化诉讼监督的目的，因而具有一定的合理性和借鉴意义。但是，这种模式也存在两方面问题：一是"法官之前的法官"与"侦检一体化"难以协调。因为要使检察官成为"法官之前的法官"，必须赋予其一定的司法性权力，如批捕权、拘留权等，使其具有一定的"中立性"，以便对侦查机关的侦查活动进行控制；而"侦检一体化"的核心是使侦查职能与控诉职能一元化，检察机关对侦查机关具有领导和指挥权，这种侦检职能一体化的模式，打破了公、检是两道工序的关系，使检察机关成为真正的侦查主体，侦查机关只是检察机关的辅助机关或助手，从而导致检察机关与侦查机关一并成为一个强有力的控方整体，与犯罪嫌疑人相对立，这样在侦查活动中就难以保持中立地位，其所行使的司法控制权也难以做到客观公正，这与其"法官之前的法官"的角色相冲突。二是缩小检察机关对法院审判的监督范围和废除对生效判决的监督，不符合权力制约理论，不利于实现司法公正。司法公正是司法活动的最终目标，而司法公正的实现有赖于权力之间的监督制约，作为司法公正重要组成部分的审判公正也离不开权力制约理论，审判权也必须受到监督制约，如果为了强调审判独立和判决的权威性而限制监督或者取消监督，其结果必然会适得其反。因为法院裁决的权威性来自于裁决的公正性，如果裁判不公，只能给人们带来伤害与绝望，而无任何权威性可言。目前影响法院权威的最大问题是审判权的滥用，而要防止审判权的滥用，唯一的办法是加强对审判的监督，因而任何削弱对审判进行法律监督的做法，不仅影响司法公正的实现，而且会削弱乃至损害审判的权威性。

（三）将法院和检察院确立为国家的司法机关，强化检察院法律监督职能的改革模式

主张这种改革模式的学者[①]认为，根据我国的政治体制和文化传统，司法体制改革应当从中国的实际出发，不能照搬西方的模式。将检察机关确立为国家司法机关，并履行法律监督职能，不仅具有法理基础，而且符合我国的司法实际，具有社会基础。同时，司法体制改革的目标设计在于如何处理法院、检察机关和公安机关三者之间的权力关系。要处理好这种权力关系，必须在依法治国的要求下，根据司法规律，最大限度地保障司法公正的实现。司法独立、司法分权与监督制约是司法活动的重要规律，司法体制改革必须符合这些司法规律，必须有利于增强法院审判的公正性，强化检察院的法律监督职能。具体来说，在处理检察机关与公安机关的关系上，检察机关应当加强对公安机关的司法控制，检察机关应当成为"法官之前的法官"；在处理法院与检察机关的关系上，要在不影响法院独立审判的原则下，加强对审判的监督，特别是民行审判的监督，确保法制的统一和司法公正。

这种改革模式是我国司法机关所采取的改革模式，它符合我国的实际，是

---

① 张智辉：《法律监督机关设置的价值合理性》，载《法学家》2002 年第 5 期；龙宗智：《论检察权的性质与检察机关的改革》，载《法学》1999 年第 10 期；倪兴培：《论司法权的概念与检察机关的定位——兼评侦检一体化模式》（下），载《人民检察》2000 年第 4 期；等等。

合理的。根据司法规律和我国目前改革的情况，我们认为，我国司法体制改革的总体目标应当是，围绕宪法规定的司法独立，不断丰富和完善有中国特色的社会主义司法体制和制度，建立能够保障司法权依法独立、公正、高效行使的法律制度和运行机制。所谓"依法"，就是要在履行法定职能的过程中，保证能够完全依照法律的规定行使法律赋予的权力，能够有效地防止违法行使和滥用司法权。"独立"，就是在行使司法权的过程中，不受法律以外的各种因素的干扰和左右，真正做到只服从法律。"公正"，就是要保证公平地对待每一个公民，避免在不该行使司法权的场合或者对不该行使司法权的人或事行使司法权，杜绝该行使司法权而不行使司法权的现象，保证对案件作出的处理合法、合理。"高效"，就是要讲求及时和实效，不断提高司法活动的水准，按照司法权运作的规律来行使司法权，要坚决消除司法活动中的久议不决、久拖不办等现象，努力改变监督主体与监督对象之间的对立、扯皮等现状，保障司法权行使的及时性和有效性。

二、司法体制改革的途径

我国司法体制改革已经迈出了坚实的一步，取得了可喜的成绩。但随着改革的不断深化，必然涉及一些深层次的问题，基于中国目前社会环境和所处的发展阶段，要卓有成效地推进司法体制改革，就必须从中国社会制度变迁或制度创新的一般规律出发，把握司法体制改革的途径。我们认为，深化司法体制改革的途径主要有以下几条。

（一）积极稳妥，循序渐进

经济基础决定上层建筑，这是马克思主义的一个基本观点，即"权利永远不能超出社会的经济结构以及由经济结构所制约的社会的文化发展。"① 我国正处在社会主义初级阶段，市场经济体制尚在建立与完善中，国民整体的物质生活水平相对较低，法律意识还十分淡薄，司法人员的整体素质也有待提高，在这种大的国情条件下进行司法体制改革，则必须与我国社会主义市场经济发展的进程相适应，寻求合理的改革路径，不能盲目地按照西方发达国家的模式进行设计，否则，在条件不具备的情况下，再完善的设计也只能是"乌托邦"。"历史的经验已经反复地证明，理论上很完善的制度并不一定可以付诸实施，而行之有效的制度却未必是事先设计好的。"② 我国过去的某些"跃

---

① 参见《马克思恩格斯全集》（第19卷），第22页。
② 季卫东：《法治与选择》，载《中外法学》1993年第4期。

进"、"改革"不仅收效甚微，而且适得其反，除了制度本身的原因外，更重要的是缺乏相应的条件。司法体制改革也如此，条件是进行改革的基础，要在条件允许的情况下，寻求最佳的制度设置。例如在司法独立原则下，西方发达国家的司法官具有高度的独立性。而在我国，由于司法官数量庞大，素质参差不齐，因而就不能按照西方那样一步到位，必须采取循序渐进的方法，首先实行主审法官和主诉（办）检察官办案责任制，赋予其一定的权力，使其具有相对的独立性。同时保留审判委员会和检察委员会，对重大复杂的疑难问题有最后决定权。待条件成熟后，再实行司法官高度独立。我国的司法改革是顺应我国社会结构和社会运行方式变化而提出的，党中央对我国现实情况有正确的分析，并对司法改革的路径有明确的指示。江泽民同志在纪念党的十一届三中全会召开二十周年大会上的重要讲话中指出："改革是史无前例的全新的事物，没有现成的经验可循。必须鼓励大胆探索，勇于创新，在实践中积累经验，对的就坚持，不对的赶快改，新问题出来抓紧解决。同时，要从实际出发，先易后难，由浅入深，循序渐进。"司法体制改革是一项复杂的系统工程，牵涉许多方面，要改变这些方面就必须遵循先易后难、由浅入深、循序渐进的途径。

但是，也应当看到，制度对制约的条件也具有一定的反作用，即制度的改革，在某种程度上对相关条件的改变具有促进作用。因而在司法体制改革方面，我们反对机械的、保守的观点，而主张解放思想，积极探索，大胆创新。从某种意义上说，改革就是制度创新的过程，要保证制度创新对社会条件的"超前"在一个合理限度内，就必须对一定时期社会条件的变化趋势作出正确的预测，否则，所创立的制度就难以执行，甚至会造成局部性的法制破坏。众所周知，我国目前突出的问题不是无法可依，而是有法不依及法律难以执行。究其原因虽然是多方面的，但有的法律制度与社会的各种固有观念、心态不相适应，与社会中其他制度难以配合协调，尤其是内在原则、精神的不一致，①与社会实在的权力结构不一致，则是其中的重要原因。司法体制改革要避免出现这种现象，发挥制度创新的正面效应，在每一项改革措施出台之前，都必须进行充分慎重的研究、论证，做到既要积极，又要稳妥，避免因工作不慎而产生负面效应。

---

① 梁治平：《法辨——中国法的过去、现在与未来》，贵州人民出版社 1992 年版，第 155～156 页。

（二）统一规划，自上而下

目前所进行的司法体制改革表现为：基层司法机关的改革较为活跃，改革的声势和动作较大，而上级司法机关的改革动作较缓，力度较小，这与我国经济体制改革十分相似，走的是"由下而上"的道路。[①] 这种改革思路在改革初期，可能会产生一定的效果，但随着改革的深入，这种方式会遇到难以克服的障碍，甚至无法进行。因此我们认为，要深化司法体制改革，不应仿效经济体制改革的道路，而应采取"自上而下"的改革路径。这是因为：（1）司法体制改革与经济体制改革的任务不同。经济体制改革的任务是使经济组织摆脱政府不合理的约束，成为充满活力的经济主体，这就决定了作为经济主体的农户和企业的改革在很大程度上不依赖政府的行为而自行运作。而司法体制改革的任务不在于简单地减弱司法机关与其他权力机关的联系，而在于改善和调整这些关系的内容，在此情况下，司法体系中的任何主体都不可能脱离与其他权力的关系而独立运行。（2）司法体制改革与经济体制改革受约束的程度不同。经济体制改革虽然面临一些制度性约束，但这些制度主要是政策、规章，因而各经济组织是各自独立的经济主体，经济体制改革的措施可以在局部地区、部分主体之中进行试验性推行。而司法体制改革是在立法体系已基本形成，法律覆盖面较为广阔，司法体制的主要构架以及司法活动的主要程序已由法律所规定的情况下进行的，必然受法律的严格约束，也就是说，司法的统一性和法制的统一性是任何情况下都不能变通的一项原则，司法体制改革的进程可以是阶段性的，但改革措施的实行不可能是局部的。[②]（3）与经济体制改革相比，司法体制改革涉及的面更广，是一项综合系统工程，因而更需要从全局出发进行全面综合规划和协调。基层实践部门所进行的改革，主要是针对实践中发现的问题，虽然从形式上看有一定的针对性，但由于受其级别地位、工作范围等限制，往往对问题的认识没有上升到理性的高度，缺乏对与该问题相关的其他问题的深入思考，由此制定的改革方案难以彻底解决问题，使改革往往处在一种治标不治本的状态。即使有好的改革设想，如果没有上面明确的支持，也难以付诸实施。因此，尽管司法体制改革需要各级司法机关的积极性，但要保证

---

① 我国经济体制改革最初启动于基层，即安徽省的凤阳，改革过程的主导作用也体现在农村基层单位和企业自身的作为。虽然从客观上看，农村基层单位和企业自身的改革与政府宏观管理体制的改革大体上是同步的，但从具体程序上看，这一改革是"自下而上"进行的。

② 顾培东：《中国司法改革的宏观思考》；载《法学研究》2000 年第 3 期。

司法体制改革全面顺利的推进，司法体制改革就必须坚持统一规划，"自上而下"的基本途径，即国家法工委从总体上设计和制定改革现行司法体制和司法制度的基本方案，按计划分阶段地逐步实施。

"统一规划，自上而下"的改革途径对司法体制改革提出以下要求：（1）国家法工委必须负责组建国家司法改革委员会，其成员可以由检察官、法律专家、知名学者、律师、社会人士等组成，主要负责收集、整理司法实践中存在的问题，社会各界对司法体制改革的意见和建议，组织有关人员研究、讨论。该委员会对司法体制改革至关重要，因为司法体制改革这一系统工程的完成，需要一个统一负责协调的机构，这也是世界上其他一些国家进行司法改革的成功经验。①（2）制定统一的总体改革方案，在改革的总体方案形成过程中，必须进行相关的理论论证和经验分析。围绕司法体制改革方案的讨论和分析，不仅应当超出法学理论研究的范围，而且应当有司法机构以及社会各方面的参与，以保证改革的总体方案具有科学性和可行性。（3）司法体制改革的主导者应当是国家法工委。这不仅是由国家法工委的地位所决定的，而且是由该委员会的广泛性和权威性所决定的。（4）不得进行违反法律规定的"改革试点"。司法改革是一种严肃的国家行为，必须严格依法进行，不允许以改革的名义破坏国家的法制。因为当改革的内容与现行法律规定不一致时，如果允许"试点"，那么试点单位与非试点单位在办案时所适用的诉讼程序和制度就不相同，这就破坏了国家法制的统一性和权威性，因而最高人民检察院最近禁止基层人民检察院进行普通程序简易审和"捕诉合一"试点的做法，② 是值得肯定的。当然，在法律规定范围内，对某项改革措施进行试点则是允许的。

（三）根据司法规律，合理配置权力

近几年来，司法机关根据实践中的急切需要，在现行法律框架内虽然实

---

① 英国在 20 世纪 80 年代进行刑事司法改革时，成立了"皇家刑事司法改革委员会"；意大利在 80 年代末进行司法改革时，成立了"司法改革委员会"；日本自 1999 年 7 月开始的第三次司法改革，设立了"司法改革审议会"；俄罗斯在 90 年代所进行的司法改革中，设立了"俄联邦总统司法改革委员会"；韩国在司法改革中，也设立了类似的机构。

② 参见最高人民检察院张穹副检察长 2000 年 8 月 25 日在全国公诉改革工作会议上的讲话——《严格执法，锐意改革，开创公诉工作的新局面》。如果改革的总体方案涉及到法律的修改，必须在充分的论证和分析的基础上，交立法机关审议，只有当立法机关通过后，方可实施。

施了一系列改革措施，但很少涉及司法体制改革的核心问题，要深化司法体制改革，就必须明确和解决这一问题。我们认为，司法体制改革深层次的问题在于合理地重新界定和配置司法机关之间以及司法机关与其他权力机关之间的权力。即根据司法规律，合理界定司法机关与其他相关主体的权力范围及相互关系。重新合理配置权力是解决我国司法现实矛盾和主要问题的根本出路。在我国，由于检察机关为司法机关，因而在我国司法体制改革过程中，应当按照司法独立等司法规律来配置其权力。具体来说，必须正确认识和调整检察机关、法院、公安机关之间的权力关系以及它们与其他权力主体之间的权力关系。

目前在我国，检察机关、法院、公安机关（包括国家安全机关和走私犯罪侦查局）之间的权力关系是根据"相互独立、互相配合、互相制约"原则而设定和构造的，各个机关不仅相互独立，而且在国家政治构架中，它们都具有自己的特别优势。在司法实践中，各个机关为了保住自己的优势，必然会不断张扬和强调这种优势以谋求社会对自身的重视，特别是谋求在它们之间权力格局中的特殊地位。这是因为，根据公共选择理论，政党和其他机构都具有"经济人"的一般特性，即追求自身利益（权力）的最大化。① 在此情况下，它们之间无论"独立"，还是"制约"，抑或"配合"，都难以得到很好的实现。在司法改革过程中，各司法机关的特定利益立场衍生出扩张自身权力范围的本能倾向，甚至出现争权冲突的现象。② 要消除这种现象，保证改革深入协调发展，就必须根据司法的一般性规律或规则，从提高司法效能这一总体目标出发，界定各自的权力范围，设计相互间的权力关系。为此，检察机关、法院、公安机关之间应当互通改革信息，遇事充分协商，力争就有关问题达成共识，以促进司法体制改革的顺利进行。

其他与司法机关具有密切联系的权力主体主要有：执政党、各级人大和各级政府，根据现行制度和制度实践，这些权力主体在我国政治构架中处于强势地位，司法机关在与它们权力关系中处于弱势。这就意味着司法机关不具备抗衡这些权力主体权力扩张的能力和条件。目前司法体制改革总体方案不涉及司

---

① 在我国，不仅每一司法机关具有追求利益（权力）最大化的趋势，而且每一司法人员也具有相同的趋势，在司法机关之间人员较少流动的情况下，司法人员的利益（权力）与所在司法机关的利益（权力）戚戚相关，司法人员为谋求自身利益（权力）最大化，必然通过追求所在机关利益（权力）最大化来实现，这无疑加剧了各司法机关"经济人"的特性。

② 在实践中，检、法两家争权冲突较为明显，这反映在许多方面。例如法院是否有权改变起诉罪名、民事检察监督的范围、引渡审查权的归属等则是检、法争权的焦点问题。

法机关与执政党、人大及政府之间的权力调整的现象，虽然表面上可视为对改革的阶段性的尊重，但深层上则在于司法机关自身不具有提出这种调整要求的权力和地位。然而，根据依法治国和司法独立原则的要求，司法机关与这些权力主体在权力关系调整上，总体趋向是适度扩大司法机关的权力，相对减少其他权力主体的权力，尤其是减少它们对司法机关进行司法活动的干预，以使司法机关具备抗衡其他权力主体权力扩张的能力和手段。

（四）在充分论证基础上，适时修改有关法律

从目前司法机关自己提出的改革方案看，改革措施主要集中在以下几个方面：（1）调整内设机构，合理配置各项司法职能。（2）加强内部管理，落实内部各机构及其成员在司法诉讼各个环节的行为责任，强化责任约束，如建立主审法官、主诉（办）检察官制度等。（3）完善有关程序，即从技术上完善诉讼程序，提高公正执法的总体水平，如法院受案程序、检务公开制度等。这些措施涵盖了在现实条件下司法机关自身努力所能涉及的范围，遵循了司法机关所提出的必须"在现行法律范围内进行改革"的原则，[①] 其积极意义是应当充分肯定的。但这些措施并没有触及司法体制改革的核心问题，因为这些措施大体上还是在现行司法制度和司法体制下进行的，没有触及根本制度和体制问题。司法体制改革的真正展开还有赖于以国家政治体制变革为内容的制度创新。更为重要的是，在政治制度创新与上述改革措施的关系中，政治制度创新具有本质性、决定性意义。也就是说，如果没有政治制度创新作为前提和保障，上述改革措施所形成的积极效应不仅是有限的，而且是不能持久的。因此，司法体制改革的深化离不开国家政治制度的创新。

国家政治制度要创新，必然涉及重新界定司法机关和其他权力主体的权力范围，合理配置司法权问题，这又证明了前述"根据司法规律、合理配置权力"改革途径的合理性。现行司法机关和其他权力主体的权力范围是由现行《人民法院组织法》、《人民检察院组织法》、《刑事诉讼法》等法律规定的，因而完全以现行法律为基础，司法体制改革的全面、深层次推进是不可想象的。事实上，司法机关目前所提出的一些改革设想和方案，已属"红杏出墙"，溢出了现行法律的规划范围。[②] 要全面深入推进司法体制改革，实施这

---

① 这不仅是检察机关改革时提出的一项原则，而且也是其他司法机关改革时提出的一项原则。对这项原则的遵守，一方面可以理解为司法机关的一种政治表态，另一方面也是为了避免改革过程中无序、失控局面的出现。

② 顾培东：《中国司法改革的宏观思考》，载《法学研究》2000年第3期。

些改革设想和方案，就必须修改有关的法律，因为在法制统一原则限制下，任何局部性的违法"试点"都是不能允许的。这就意味着司法体制改革在路径的选择上不可能依赖于"由点到面"的积累效应，而需要在充分理性论证的基础上，系统地进行制度设计，适时地对相关的法律作出修改，以实现司法体制改革的目标。

三、司法体制改革的具体方法

司法体制改革的具体方法，是指进一步解决我国特定社会环境所派生出的制约司法职能有效发挥的诸种问题的具体措施。对这种具体方法进行研究分析，无疑有助于落实司法体制改革的途径，实现司法体制改革的目标。我们认为，司法体制改革的具体方法主要体现在以下几个方面。

（一）改革管理体制，保证司法权独立行使

独立行使司法权是宪法对司法机关提出的要求，然而实践中，司法机关的独立性仍受到诸多限制。从构成要素分析，权力、财物和人员是一个机关构成的三要素，限制司法机关的因素也主要体现在权、财、人三方面，因而从这三方面入手就成为司法体制改革的具体方法。

1. 关于领导权问题。目前司法机关实行的领导体制是，各级司法机关受各地党委领导，同时检察机关还要受其上级检察机关领导。这种领导体制不符合司法独立原则的要求，因而人们对此提出了以下改革设想：对法院来说，改地方党委的领导为上级党委的领导；对检察机关来说，具体提出了三种设想，第一种是取消地方党委的领导，而由上级检察机关的党委代之，即实行"垂直"领导；第二种是以上级检察机关（包括党委）领导为主，地方党委领导为辅，或称"以条为主，以块为辅"；第三种是省级以下检察机关实行直接领导，省级以上则保留现行体制。也有人提出，为了改变目前司法机关受制于地方的现状，应当打破现行按"行政辖区"设立司法机关的做法，实行按"区域"重新设立司法机关。我们认为，按"区域"重新设立司法机关的设想虽然很好，但目前在我国不具有可行性。各级法院都应当是独立的，不应当有任何领导。而对检察机关的第一种设想虽然有助于保障其独立地位，代表改革的方向，但在目前情况下不具有可行性；第二种设想的愿望是好的，但由于"主""辅"范围难以界定，实行起来也较为困难；第三种设想具有一定的合理性和可行性，因而我们主张，先实行省级以下检察机关的直接领导，在人员精简、经济发达的基础上，再实行统一的领导体制。

2. 关于经费保障问题。根据现行的财政体制，地方各级司法机关的经费

主要来源于各地方政府财政。这种经费体制不仅造成各地司法机关经费多少不一，而且导致司法机关"严重地方化"，出现地方保护主义。特别是在司法机关遵照党中央的要求，不再从事经商活动后，司法机关的经费普遍缺乏保障，一些老少边穷地区的司法机关办案经费严重不足。这不仅不利于公正司法，而且会滋生司法腐败。① 要清除这些现象，必须对司法机关的经费供应体制进行改革，以确保司法机关有充足的经费，为此司法界和学术界有识之士提出以下改革建议：(1) 司法机关的经费由上级管理，统一由国家开支，地方不再负担。② (2) 司法机关的经费实行中央和省两级管理的体制。③ (3) 由中央财政统一编制预算，单列司法机关的经费，并由中央逐级下达，专款专用。④ (4) 司法机关的经费由地方财政和上级司法机关分担，即基建、行政经费由地方财政解决，业务经费由上级司法机关解决。⑤ 我们认为，司法机关经费保障体制的改革应当从实际出发，目前可先实行省级司法机关编制计划，报省级人大批准后，逐级下拨给各地司法机关，待条件成熟后，再实行全国司法机关的经费统一由中央财政预算。

3. 关于人员问题。法律的执行是靠人来完成的，人的素质高低决定着公正执法的水平。就司法机关来说，要提高公正司法水平，必须提高司法人员的

---

① 据资料显示，1997 年全国各地检察机关立案查处违法违纪人员 728 人，给予党纪处分 240 人，政纪处分 465 人，移送司法机关 54 人。1998 年全国检察机关在检察队伍教育整顿中，就查处违法违纪人员 1215 人，其中追究刑事责任的 113 人。参见詹复亮：《职务犯罪诉讼新论》，中国方正出版社 1999 年版，第 253 页。最近中央电视台焦点访谈节目披露的某地检察机关违法收费盖办公楼一事也是这方面的典型事例。

② 邝少明：《论司法公正与我国司法体制改革》，载《中山大学学报（社科版）》2000 年第 2 期，第 122 页；林海等：《中国检察制度的特色与展望》，载中国检察理论研究所、中国检察官协会编：《新世纪检察改革展望》，中国检察出版社 2000 年版，第 70 页；李佑林：《关于司法改革、司法公正及司法独立》，载《法学前沿》（第 3 辑），法律出版社 1999 年版，第 46 页，等等。

③ 肖扬：《人民法院改革的进程与展望》，载《国家行政学院学报》2000 年第 3 期，第 8 页。

④ 陈维、全莉：《检察侦查权研究》，载中国检察理论研究所、中国检察官协会编：《新世纪检察改革展望》，中国检察出版社 2000 年版，第 160 页。

⑤ 王明理、安毅：《对中国检察制度三对矛盾的思考》，载中国检察理论研究所、中国检察官协会编：《新世纪检察改革展望》，中国检察出版社 2000 年版，第 167 页。

素质。然而目前我国司法人员的整体素质偏低，与党和人民的要求还有较大差距。① 造成这种现象的原因虽然是多方面的，但我们认为，最重要的原因有两方面：一是司法机关没有把好人员的"进口关"，例如有的司法机关违反规定超编进人，有的则不按《法官法》或《检察官法》规定的条件进人，等等。二是没有疏通司法人员的"出口关"，导致一些违反规定进入司法机关的人员无法清除。有鉴于此，要全面提高司法人员的整体素质，必须严把"进口"，疏通"出口"。就"进口"而言，可以借鉴日本的做法，② 实行全国统一的司法考试，考试合格者进入国家司法学院③学习两年，期满考试合格者，取得司法人员资格，然后根据本人志愿和司法机关审核，才能进入法院或检察院。关于"出口"问题，要想疏通，首先必须对各地司法机关的人员进行科学定编，然后在此基础上进行主审法官、主诉（办）检察官和综合部门领导竞争上岗及人员选配，落选人员可以限期调离司法机关，或者商请其他部门作好妥善安置。

（二）完善机制，保证司法权公正行使

司法权的公正行使有赖于司法官的高素质，而司法官的高素质则有赖于科学的制度予以塑造，因而由制度构成的办案机制对司法权的公正行使具有根本性、决定性意义。过去司法机关的办案机制具有浓厚的行政管理色彩，办案需要层层请示汇报、层层研究讨论、层层审批把关，这种办案机制不仅人为地拖延了诉讼时间，降低了办案效率，而且模糊了责任界限，不利于增强办案人员的责任心，调动其积极性。加之有办案经验的人员大部分被提升

---

① 据统计，全国法院有 25 万多名法官，本科学历的占 5.6%，研究生仅占 0.25%；检察官有 16 万余人，法律本科毕业的占 12.9%，研究生占 0.62%。参见李浩：《法官素质与民事诉讼模式的选择》，载《法学研究》1998 年第 3 期；陈国庆：《建立高素质的司法官队伍》，载《民主与法制》2000 年第 13 期。这些数字表明尚有一些法官、检察官未达到《法官法》和《检察官法》的要求。

② 日本实行法曹一元化制度，即任何人要想成为检察官、法官或律师，都必须经过统一的全国司法考试（每年有 2 万多人应试，能通过者只有 500 多人，约占 2.5%），考试合格者作为司法实习生，进入司法研修所学习二年。学习期间，有 4 个月是在司法研修所学习业务课程，16 个月分别到法院、检察厅、律师协会进行实习，余下 4 个月回所进行实习总结和毕业考试。考试合格后，取得法曹资格，然后根据本人志愿和有关部门审核，分别担任法官、检察官或律师。

③ 笔者建议，目前的法官学院和检察官学院应当合并，成立国家司法学院，负责对国家司法官进行业务培训。

到领导岗位而不再亲自承办案件，因而影响了司法机关的办案质量，社会各界对此反映强烈。这引起了司法机关的重视，经过认真研究，司法机关决定对办案机制进行改革，即实行主审法官和主诉（办）检察官办案责任制的改革，同时一些基层法院还实行了普通程序简易审改革，检察机关进行了"捕诉合一"的改革试点工作。这些改革取得了一定的成绩，使司法机关的办案机制趋于合理，但是，也存在一些不容忽视的问题，需要通过司法体制改革予以解决。下面以主诉检察官和"捕诉合一"的改革为例，谈谈我们对完善办案机制的认识。

经过一年多的实践，主诉检察官制度改革取得了显著效果，突出表现为：极大地调动了主诉检察官的积极性，增强了责任心，缩短了办案期限，提高了办案质量，树立了检察机关的良好形象。同时也应当看到，主诉检察官改革也存在一些急需解决的问题，其中主要问题是：（1）主诉检察官的具体办案模式不统一。从目前各地检察机关来看，主诉检察官的具体办案模式有三种：一是审、控分离模式；二是"双轨制"办案模式；三是"搭档式"办案模式。①这种不统一的主诉检察官办案模式，如果说在探索阶段是允许的话，那么在深化司法体制改革阶段则必须予以统一。我们认为，由于审、控分离模式存在各成员之间缺乏必要的协调、"双轨制"模式不能全面调动检察官的积极性等明显缺陷，而"搭档式"模式则能很好地发挥以主诉检察官为主的集体力量和智慧，因而"搭档式"应成为主诉检察官统一的办案模式。（2）主诉检察官与领导之间的关系问题。主诉检察官的产生是检察官的活动具有司法性的必然，然而检察官一体化原则又使检察官具有一定的行政性，这两种属性决定了主诉检察官在办案中的地位是相对独立的，那么主诉检察官在办案中如何处理自己与领导之间的关系就成为深化主诉检察官改革必需解决的重要问题。要解决这一问题，就必须以主诉检察官所享有的权力为基础。具体来说，在其职权范围外的问题，主诉检察官必须服从领导的指挥或命令；在其职权范围内的问题，主诉检察官有最终的决定权，领导的意见只能作为其参考，如果主诉检察官与领导的意见不一致，主诉检察官有权拒绝接受领导的意见，这时他可以将案件交由领导亲自办理，或者由领导将案件交给另一主诉检察官办理。只有这样，主诉检察官才能相对独立地处理分配给自己的检察事务，也才能对自己处理的事务负完全责任。（3）如何加强对主诉检察官监督的问题。赋予主诉检察官一定的自主权，是实行主诉检察官制度的第一要义，但随着主诉检察官权力的扩大，如果不加强监督就可能出现权力的滥用，如果监督过严，又会影响

①　路红梅、胡云峰：《主诉检察官模式初探》，载《检察日报》2000 年 11 月 15 日。

主诉检察官办案的独立性，如何处理好放权与监督之间的关系，也是完善主诉检察官制度较为重要的问题。对此我们认为，监督应以不干涉主诉检察官办案独立性为原则，坚持事后监督为主，事前、事中监督为辅的原则。具体来说，在监督主诉检察官方面，应当制定以下监督制度：一是法律文书备案制，即主诉检察官应将办案过程中制作的有关法律文书，及时报有关领导或部门备案的制度。二是案件抽查制，即有关领导有权抽查主诉检察官办理的案件，主诉检察官应当提供相应的材料，如实反映有关情况。三是听庭制，即有关领导有权随时旁听主诉检察官出庭支持公诉活动的制度。四是考核制，即按照考核标准，对主诉检察官办案数量、质量和其他有关工作进行考核评比的制度。五是跟踪联系制，即有关领导或部门定期向法院、公安、律师、被害人等有关单位或个人了解主诉检察官办案情况，征求意见的制度。六是错案追究制，即对主诉检察官负责的案件，按照《人民检察院错案责任追究条例（试行）》的规定，追究其错案责任的制度。

"捕诉合一"是目前有的地方检察院对批捕、起诉办案机制进行改革的尝试，[①] 其具体做法是，结合主诉检察官办案责任制的推行，将批捕、起诉部门的工作合并，由主诉检察官具体负责所办案件的审查批捕、审查起诉、提起公诉工作。从试点院来看，该项改革措施的最大效果是：可以避免对案件的重复审查，提高工作效率，同时可以防止批捕、起诉工作的脱节，有利于加强对侦查活动的监督。然而，我们认为，"捕诉合一"虽然具有一定的优点，但也有其明显的缺陷：（1）由于起诉标准和逮捕标准不同，实行"捕诉合一"后，客观上会使主诉检察官根据起诉标准来掌握批捕标准，人为地提高了逮捕的条件；（2）由于主诉检察官的办案任务繁重，难以全面承担侦查监督的任务；（3）主诉检察官集批捕权、起诉权于一身，过于集中，容易出现司法腐败问题；（4）弱化了批捕与起诉职能之间的监督制约，一定程度上又回到了过去"一竿子插到底的"的办案模式，这与检察机关正在强调的加强内设机构之间制约机制建设的工作思路相悖；（5）从世界范围来看，批捕作为一项司法权力，都是由法院或者预审法官审查并作出决定的，很少有一个部门既负责批捕又进行起诉的做法，"捕诉合一"不符合司法分权制约或监督的司法规律。因此，权衡利弊，不宜在全国检察机关推广"捕诉合一"的做法。但在批捕、起诉分离的机制下，如何提高诉讼效率，加强捕诉联系和对侦查活动的监督力

---

① 据我们了解，"捕诉合一"的改革试点由沈阳市和平区检察院率先实行，之后深圳市检察院和北京市一些区检察院也仿效进行探索，并对探索工作进行了必要的论证和总结。

度，则应是批捕、起诉办案机制改革的重点。对此我们认为，提高诉讼效率可以从批捕、起诉两方面进行，就批捕来说，可以加强批捕对侦查的指挥，保证侦查机关收集的证据更加全面有效，避免重复劳动；对起诉来说，可以扩大简易程序的适用范围，简化普通诉讼程序，从而提高诉讼效率。要防止批捕、起诉工作的脱节，加强对侦查活动的监督，应当建立批捕、起诉部门之间的信息交换制度或者法律文书备案制度，使批捕和起诉部门都能及时全面地了解侦查活动的情况，以便及时有效地进行法律监督。

（三）协调检、法职能，保证司法权全面行使

众所周知，法律监督是我国宪法赋予检察机关的根本职权，而法律监督的真正落实，必须通过完善检察职能来实现，否则，法律监督权将成为空洞的口号。从检察职能完成的情况看，目前检察机关在刑事领域完成得较好，而在民事行政领域，其监督职能完成得较差，甚至无法履行。具体表现是各地检察机关每年抗诉的民行案件数量极少，即使检察机关对民行案件提出抗诉，也往往遭到法院的重重限制或拒绝，甚至导致检察院与法院之间的权力冲突。例如在实践中，检察人员当庭宣读抗诉书后，坚持在法庭调查和辩论中发表自己的意见，而审判长则认为检察人员宣读完抗诉书后，其任务即告结束，因而对检察人员的发言当庭予以制止，对此检察人员则声称要对其实行法律监督。又如，一些法院对检察院提出抗诉的案件采取消极拖延，长期不开庭审理，或者拒绝检察院查阅审判卷宗，甚至有的法院竟然驳回检察院的抗诉。[1] 在这种情况下，如何做好民行监督工作，就成为协调检、法职能，保证司法权全面行使的关键。实践中检、法在民行监督上的冲突，引发了人们对检察机关民行监督职能必要性的争论。有些学者认为，检察机关对民行案件进行全面监督不合理，应当将其监督范围限制在法官个人的违法违纪行为上，甚至提出废除民行抗诉权。[2] 其具体理由是：（1）审判权的独立行使排斥外在监督和干预；（2）监督会弱化法院审判权行使的独立性，从而损害法院审判权的权威性，危及司法公正及社会正义；（3）案件判断的两个标准（事实标准和法律标准）的不确

---

① 例如桂林市县两级法院自 1999 年 9 月以来，对检察院抗诉的 20 件民行案件作了如下处理：2 件维持原判，18 件驳回抗诉，其中 3 件未经开庭审理就直接驳回抗诉。参见王景琦：《司法改革与民事检察监督刍议》，载《法学家》2000 年第 5 期，第 80 页。
② 方加初：《民事抗诉权质疑和民事检察工作的基本思路》，载《法制论丛》1996 年第 2 期；黄松有：《检察监督与审判独立》，载《法学研究》2000 年第 4 期；景汉朝：《再审程序剖析及其完善》，1999 年诉讼法年会论文。

定性，说明了检察机关基于裁判错误进行抗诉的不合理性。① 但更多的学者认为，民行监督是十分必要的，现行法律对民行监督权设置的力度不够，应当进一步加强。我们也持相同的观点，认为民行监督工作不仅不应削弱，而且应当得到加强，这是因为：（1）民行监督是法律监督的一项重要内容，实践中出现的检、法冲突现象，是由法律缺乏具体规定或规定不完善造成的，只要通过加强立法和协调，是完全可能解决的。（2）审判权的权威性是通过公正审判来树立的，而民行监督是针对审判不公而设置的，其目的在于维护国家法制的统一和审判的公正性，因而民行监督不但不会削弱和损害审判权的权威性，而且会维护和保障审判权的权威性。（3）民行审判所追求的目的是实体公正和程序公正，人们期待正义能够最终得到实现，因而我国坚持有错必纠原则，这体现了社会正义的要求，若要废除这一原则，必将产生负面影响，因为"改变人们的司法预期，即使从纯技术角度看完全合理，也是违背法治原则的，这不仅可能影响司法机关的合理性——人们下意识的认同，更可能引起许多人规避法律，或借助其他手段追求实质正义，进而使司法制度形同虚设。"② （4）目前法官的整体素质不高，司法腐败现象还较为严重，这是应当加强民行监督的客观需要。

要加强民行法律监督，必须进行司法体制改革，改变目前检察机关不了解民行审判活动情况，只能实行事后监督并缺乏具体监督手段的状况。具体来说，我们认为，首先应当通过完善民行监督立法，使现行民行监督具体化，从而保证民行监督权的有效行使。其次应当借鉴国外的有益经验，通过立法赋予检察机关下列民行监督权：（1）起诉权。即检察机关对涉及国家利益、公共利益的案件有权提起公诉。因为检察机关作为公益的代表，有责任维护国家利益和社会公共利益，这是世界大多数国家的通例。例如在美国，各级检察长有权对涉及联邦利益的民事案件、环境保护和税法的案件提起诉讼。（2）参诉权。即检察机关拥有参与某些民行案件审判活动的权力。这项权力不仅有助于保证民行事后监督的有效实施，而且可以及时发现审判活动中的程序违法行为，提出纠正意见，对审判活动进行监督，体现实体与程序并重的现代诉讼观念。检察机关的参诉权，许多国家都有规定，例如法国民事诉讼法典规定，检察院可以作为"从当事人"参与诉讼，对此法国诉讼理论解释为，检察官是公益的代表，凡是涉及国家利益、社会公共利益，涉及公民重大利益的民事活动，检察官参与其中，就可以充分地发挥维护国家利益、社会公共利益以及特

---

① 黄松有：《检察监督与审判独立》，载《法学研究》2000年第4期。
② 苏力：《法治及其本土资源》，中国政法大学出版社1996年版，第265页。

定的、需要国家提供特别保护的公民利益的作用。① （3）二审抗诉权。即检察机关对其提起的民行案件，法院作出裁判后，检察机关如果认为有错误，可以按照上诉程序提出抗诉。这样不仅可以有效地维护公共利益，而且可以还检察机关一个完整的抗诉权。

① 高建民：《民行检察制度的立法借鉴》，载《检察日报》2000 年 7 月 5 日。

检察规律及其启示*

向泽选**

　　检察①规律的内涵非常丰富，检察规律的指称也有其模糊的一面。在"检察"和"规律"之间插入不同的限定词，研究的重点和内容就可能不尽一致。例如，在"检察"和"规律"之间插入"职权配置"一词，就是要研究和揭示有哪些制约和影响检察职权配置的根本性要素；插入"管理"一词，就是要说明和揭示影响和制约检察管理和检务保障的根本性要素。本文所说的检察规律，是要揭示检察活动在实现制衡侦查和审判活动的进程中，有哪些内在的制约和影响检察活动发展进程的根本性要素，即要揭示和说明检察活动在实现其价值目标进程中所存在的内在规律性。本文的研究不在于揭示影响和制约检察职权配置和检察制度发展演变的内在规律，更不是要说明制约检察管理和检务保障的规律。当然，也正是检察活动的内在属性、价值目标及其所要求的运行机制，影响检察职权的配置、检察管理的模式乃至检察制度的发展模式，对检察活动基本规律的探究就显得更有意义，是研究和揭示"检察职权配置"、"检察制度发展演变"乃至"检察管理"规律的基础。目前对检察规律的研究尚欠深入，一些观点对其理解主要停留在"检察的属性"、"检察的特征"上，或者孤立地研究检察的规律，没有把它放在整个司法过程中来审视和定位。为全面准确地把握检察规律的内涵与外延，更好地为检察改革和检察实践服务，本文拟对检察规律的问题做些探讨。

一、检察规律的内涵

　　"检察"属于社会现象的范畴，社会现象的基本内容和运行机理不同于

---

　　* 本文刊载于《华东政法学院学报》2010 年第 6 期。
　　** 向泽选，最高人民检察院检察理论研究所副所长、研究员。
　　① 本文的检察是指刑事检察，检察规律也即刑事检察活动的规律。

自然现象。自然中的日月星辰乃至宇宙的内容与运行轨迹是不能设定的，人类只能认识、遵循并利用自然的规律；社会制度的内容及其价值目标是可以人为赋予的，不同的价值追求就可能要求不同的制度模式和运行规则，而这些潜藏的存在的与其价值追求相适应的准则，就构成我们所说的社会规律的基本内容。检察规律属于社会规律的范畴，检察规律的基本内容与检察制度的属性紧密相关，特定的检察制度必然赋予该制度特有的价值追求，而这些特定的检察价值目标要求与其相适应的检察运行准则，这些为特定检察价值目标所要求的运行准则，也就构成检察规律的基本内容。同时，对特定检察价值目标条件下的检察规律的认识，又可以反过来验证现有的检察体制和运行机制是否符合检察规律的要求，为检察制度的发展完善提供科学的理论依据。这是我们研究检察规律应当明确的前提条件，也只有在这个逻辑前提下，对检察规律的研究方能显示出其理论价值和实践意义。

我国宪法对我国检察机关的定位，决定我国"一府两院"架构内的"检察"主要围绕法律监督而展开，有效准确地惩治犯罪和规制国家刑罚权，就成了我国检察的价值追求。故此，对我国检察制度中的检察规律进行研究的根本要旨，就是要揭示在实现我国检察价值目标的过程中，所要求的影响检察活动运行轨迹的内在因素，阐明决定或者制约各项检察活动质量的基本要素，掌握我国检察这种特有的社会认识活动的运行机制的逻辑结构。同样，我国检察制度所追求的价值目标，也必须借助特定的司法过程方能实现，因此，检察规律的研究，既要着眼于司法活动的整个运行过程，立足于检察活动在司法过程中的地位和职能，又要着眼于检察自身价值追求，全面系统地说明影响检察活动质量的根本性要素及其发挥效用的逻辑结构，而这些影响和制约检察活动质量的各要素之间的逻辑关联，就构成了检察规律的核心。据此，检察规律就应当表述为：检察活动本身所要求的决定其发展趋势和质量的各要素之间的内在的本质联系。这种联系是检察活动为实现其价值目标所必须具备的，并能够决定检察活动发展趋势和检察活动的质量。

可见，要准确领会检察规律的基本内涵，必须了解和把握两方面的内容：一是检察规律表现为检察活动各要素间的本质联系，即为实现特定的检察价值目标在检察活动的各要素之间必须发生的本质联系。二是检察活动的各要素，包括检察活动的主体、检察活动的客体、检察活动赖以依托的载体。检察活动的主体包括活动的启动者和检察活动的接受者。检察活动的启动者在西方国家是检察官，在我国特有的体制和司法制度模式下，检察活动的启动者是人民检察院。检察活动的接受者即检察活动所涉及的社会关系的被追诉者。检察活动的客体即检察活动所指向的对象，也就是检察活动涉及的权力和责任所指向的目标，即对犯罪的追诉和对国家刑罚权的规制。检察活动所依托的载体，即直接联结检察活动主体和客体的机制。检察活动的载体实质上表现为完整的程序或者运行机制，在这个特定的程序或者运行机制中，检察活动的主体双方就特定事由所要实现的价值目标进行博弈，这种发生在特定载体中的博弈行为，使得检察活动各要素之间发生了内在的本质的联系，这种体现在本质联系中的具体准则，就构成了检察规律的基本内容。

检察活动属于特殊的社会认识活动，检察规律除了具有一般社会规律的共同特征，如客观性特征[①]，还应当有其自身的特有属性，检察规律是规制检察活动各要素之间本质联系的基本准则，应当具有其自身的特有属性，应当是检察活动特有的有别于行政活动和其他司法活动运行机理的内在规定性。此外，尽管各国政治制度、司法制度、法律文化、检察机关在国家政体中的地位等因素不同，但各国的检察制度都具有监督的属性，[②]也因此决定，就必然存在不受时空条件限制的决定检察活动发展趋势的内在规定性，检察规律也因此应具有普适性的特征，即检察规律（至少是检察规律中的部分内容）应当是各国检察制度共同具有的反映检察权运行的基本准则。

二、检察规律的外延

检察规律的外延实质是要回答检察规律的基本内容，也就是要说明检察活动究竟有哪些具体的规律。根据我国检察的本质属性及其价值目标，检察活动与其运行机制的内在逻辑关联，构成检察活动的各要素相互作用的过程和机理，可以推导出，检察应当包括以下具体的规律。

[①] 检察规律是客观地存在于检察活动之中的内在的本质联系，检察活动的参与者只有发现和遵守检察规律，按照检察活动的内在规律从事检察活动，才能实现检察活动的最终目的，也只有按照检察活动基本规律的要求设计各项检察机制，才能满足检察活动对检察工作中各方参与者的要求，最终完成追诉犯罪和规制国家刑罚权的目标。

[②] 朱孝清：《检察的内涵及其启示》，载《法学研究》2010 年第 2 期。

（一）检察活动必须在与其价值目标相适应的机制中实施，表现出对其所依托的运行机制的依附性

依附性即检察活动的状况和质量依附于特定的机制。检察活动不可能脱离特定的运行机制凭空任意实施，这是基本前提。检察活动是整个诉讼活动的有机组成部分，这是基本常识。也因此决定，检察活动必须在诉讼机制中实施，检察活动所要依托的机制实质上就是诉讼机制。要实现检察活动的价值追求，就必须赋予特定诉讼机制与检察价值目标相适应的功能，以确保"检察"实现对刑事犯罪的准确追诉以及对诉讼活动的真实监督，从而实现对国家刑罚权的有效规制。为此，就必须在诉讼机制中建构确保检察活动顺畅实施所需要的各种渠道，例如，要准确实现对刑事犯罪的追诉，就必须确保侦查主体提供的证据和事实是真实可靠的，就必须在诉讼机制中建立健全检察官了解侦查活动真实情况，对侦查活动进行有效引导的进路。如果只是原则地赋予检察对侦查的监督权，而没有了解并指导侦查的现实路径，被动全盘地接受侦查提供的证据并以此作为指控犯罪的根据，肯定实现不了有效准确地惩治犯罪的价值目标。要实现对国家刑罚权的规制，就必须在检察环节构建真正能够约束检察权的方式，并赋予检察对庭审过程及其结论的直接监督权。如果只是笼统地赋予检察对侦查和审判事后的监督权，只是以"事后诸葛"的方式对侦查和庭审缺陷进行"点评式"的监督，与检察所要追求的目标南辕北辙就是情理之中的事了。现实中存在的各种与检察活动价值目标相悖的现象，表层上是不严格执法造成的，深层的缘由则是现有的机制缺损造成的，检察活动在一个有瑕疵或者缺损的机制中运行，是引发检察活动不能达到检察价值目标的直接的根本的缘由，也可以说是检察活动违背了"机制依附性规律"所造成的直接后果。

（二）检察主体在检察活动中要具备同等的法律地位，呈现地位上的平等性

检察活动以解决被追诉者与国家的刑事纠纷为主要目的，也正因为特定的公民个体卷入了与国家的刑事纠纷中，才使其成为检察活动的一方主体。检察活动的中心是为解决被追诉者是否应当承担刑事责任，以及应当承担何种刑事责任做准备，在解决被追诉者刑事责任的过程中，规制好国家刑罚权（主要通过强化对侦查、审判和刑罚执行主体的监督实现）的运行，以防止刑罚权的恣意带来侵犯公民个体合法权益的后果。如此，被追诉者在整个检察活动中

享有与检察活动启动者同等的法律地位就显得有特殊的意义。如果制度上不赋予被追诉者与作为活动启动者一方的检察机关同等的法律地位，就会使得力量本来就不尽平衡的主体双方变得更加悬殊，承受者也很容易沦为受追诉的客体，检察活动也会变成因此而行政治罪的一个环节，实践中一再发生被判死刑者在缓期执行过程中真凶出现的冤错案件，要从检察环节总结就在于没有把检察活动的主体双方的地位平等性规律落到实处，使得检察活动演变成了对被追诉者治罪的手段。而要确保检察活动的主体双方（主要是活动的启动者）能够自觉遵循地位对等性规律，就必须在检察环节建构确保检察活动承受者与检察活动启动者拥有同等法律地位的检察活动机制，将检察活动主体双方在启动或者接受每一个程序或者实施每个行为时要遵循的规范具体设计出来，使得每个行为在制度设计上只有惟一的运行轨道，迫使检察活动的主体双方在实践中能够按照地位平等性规律的要求施行每个活动。

由于检察活动处于整个诉讼活动的中间环节，检察环节构建平等的活动机制，实质是要将控辩平等对抗①的机制延伸到检察环节，使检察活动的被追诉者能够客观真实或者在意志自由的状态下就案件事实发表看法，自如地对限制或者剥夺其合法权益的追诉活动进行抗辩，并从机制上设计出对剥夺或者限制其合法权益的救济途径，以保障在检察活动的实施过程中，主体双方能够在平等的条件下就涉案事实进行对话和交涉，为检察活动的启动者理性地甄别、采信证据，判决事实和运用法律提供来自被追诉者的制约，以此实现检察活动的启动者与被追诉者双方力的平衡，从而为被追诉者获得与检察活动的启动者同等的话语权提供机制上的条件，督促检察活动的启动者严格按照法定程序和手段谨慎地启动程序，全面地收集、固定证据，为最终实现检察活动所追求的价值目标创造条件。

---

① 控辩平等对抗之所以成为现代各国司法活动的重要原则，正是人们认识和掌握"控辩平等"规律在诉讼制度上做出的反应。但无论大陆法国家还是英美法国家，"控辩平等"更多地是指在刑事审判环节，控告方和被告方平等武装，确保被告方在意志自由的条件下与控告方就争议的事实进行博弈。当然，大陆法国家和英美法国家在贯彻控辩平等对抗原则上还存在些许区别。由于大陆法国家的诉讼制度还保留着职权主义诉讼模式的某些特性，在贯彻控辩平等上没有英美法国家彻底。各国控辩平等原则的确立，除了司法机制上确认被追诉人与追诉人同等的诉讼地位外，主要是通过赋予被追诉人特定的权利以保障其诉讼地位能够与追诉方相抗衡，如赋予被追诉人的辩护权、沉默权、不得自证其罪的权利，同时通过无罪推定原则的确立，举证责任由控方承担、证据不足作有利于被追诉方的解释，以及其他限制追诉方权利的制度，尽量达到控辩双方力量上的平衡。

（三）检察活动的实施要受到正当程序的规制，表现出程序上的正当性

正当程序①从其诞生之日起，就天然地具有限制公权和保护私权的功能。无论是程序性正当程序②，还是实体性正当程序③，其实质都是要从制度设计和程序运作两方面，在刑事诉讼的整个过程中建构一种有利于保障被追诉人合法权益的国家刑罚权运行机制，以使被追诉人具有相应的自我保护与抗辩能力，从而对追诉程序的进程以及追诉结果施加积极的影响。检察活动是整个刑事诉讼程序的重要环节，理应受到正当程序的规制。

检察活动的主要内容是围绕被追诉者曾经的行为是否构成犯罪以及构成何种犯罪而展开。活动的启动者和被追诉者尽管享有对等的法律地位，但由于检察活动直接指向的是被追诉者的合法权益，最终是要回复被追诉者过去某一特

---

① 正当法律程序在渊源上起源于自然法，但"正当程序"作为法定术语最早出现在 1354 年英王爱德华三世颁布的《伦敦威斯敏斯特自由法》第 28 条，该条规定："未经法律的正当程序进行答辩，对任何财产和身份的拥有者一律不得剥夺其土地或住所，不得逮捕或监禁，不得剥夺其继承权和生命。"在以后颁布的《权利请愿书》、《人身保护法》、《权利宣言》、《权利法案》等一系列限制王权、保护民权的文件中，都确立正当程序的理念。17 世纪以后，英国的正当法律程序观念传播到美国并得到继承和发展。1780 年马萨诸塞州宪法规定：未经正当法律程序，任何人的生命、财产不得被剥夺。18 世纪后期至 19 世纪中叶，正当法律程序被写进美国联邦宪法。美国联邦宪法第 5 条和第 14 条修正案均规定："未经正当法律程序，不得剥夺任何人的生命、自由和财产。"丹宁勋爵指出："法律的正当程序系指法律为了保持日常司法工作的纯洁性而认可的各种方法：促使审判和调查公正地进行，逮捕和搜查适当地采用，法律援助顺利地取得，以及消除不必要的延误等等。"19 世纪中叶以后，正当法律程序在美国通过司法判例逐渐由一个程序性概念演变为程序和实体兼具的综合性的宪法原则，成为替代自然法以衡量国家权力行使正当性的重要依据。20 世纪中叶以后，正当程序的理念被世界其他国家所接受，并在联合国的文件中得到体现，《世界人权公约》、《关于司法机关独立的基本原则》、《保护所有面对死刑的人的权利的保障措施》等都有正当程序的规定。20 世纪 90 年代以来，正当法律程序的理念传入我国，并对我国司法程序的完善起到重要作用，正当法律程序的基本理念开始植入我国的刑事诉讼法律。

② 程序性正当程序即任何其权益受到判决结果影响的当事人，都享有被告知和陈述自己意见并获得听审的权利。参见 H. C. Black's Law Dictionary, West Publishing Co. 1979. P. 1083。

③ 实体性正当程序即要求所制定的法律，必须符合公平与正义。如果所制定的法律剥夺了个人的生命、自由或者财产，不符合公平与正义的标准时，法院将宣告这个法律无效。参见王名扬：《美国行政法》（上），中国法制出版社 2005 年版，第 383 页。

定时间是否实施了犯罪以及是否应当承担刑事责任。因此，被追诉者在每个具体的检察活动中都处于被动的受质询的地位。检察活动启动者实施的每一个具体的带有强制性的活动，都有可能给被追诉者合法权益带来某种程度的限制乃至剥夺。检察活动启动者如果可以任凭其意志随意启动带有强制性的检察活动，被追诉者的合法权益就会失去最基本的保障，检察活动也会偏离法定的轨道而失去最基本的公平，检察活动的其他规律如地位平等性和意志独立性规律也会随之被践踏。

鉴此，在制度规范上就必须按照正当程序的要求来设计各项检察活动启动的实体和程序要件，以确保各项检察活动受到来自决定者以外的第三方的审查或制约。在意大利、德国、法国等大陆法国家，检察官是刑事案件的侦查主体，在侦查中实施的各项检察活动中，尤其是强制性措施时，一定要有来自检察活动以外的主体法官的授权，就是对正当程序性规律的深刻认识在制度设计上作出的具体反应。强化检察机关对侦查、审判以及刑罚执行主体的监督，实质就是要确保刑事诉讼的其他相关主体履行其职能时，要严格遵循正当程序的要求，使得保护被追诉者合法权益的目标得以真正落实。正在进行的检察改革中，有的改革举措如省级以下检察院侦查职务犯罪，由上一级检察院审查决定逮捕，建立对职务犯罪侦查中各项强制性侦查措施的审查机制等，刚刚实施就表现出较强的生命力，最根本的缘由在于这些措施契合了检察活动的正当程序性规律的要求。

（四）检察活动的实施要排除外界因素的干扰，表现出意志上的独立性

独立性即检察活动要由检察活动的主体自身独立实施，包括两方面的要求，一是指检察活动的启动者要能独立地依法实施各项检察活动，二是指被追诉者在检察活动进程中要有意志自由，要在没有外在强制的情况下表达对活动中涉及的事物的看法。如果检察活动的启动者不能按照自己的自由意志依法启动各项检察活动，检察活动的目标就难以实现，准确惩治刑事犯罪以及依法规制国家刑罚权（通过对其他诉讼主体的监督予以实现）的有效运行也就只能停留在制度规范层面，可能造成放纵犯罪或者冤枉好人的非法治后果；如果被追诉者不能自由表达自己的看法，很可能造成检察活动的启动者对涉案事实偏听偏信的后果，使得涉案事实的全貌难以反映出来，冤错案件的发生就是情理之中的事了。因此，必须从机制上保障检察活动的双方主体能够获得意志自由，能够根据自己的理性判断和意志独立来实施各项活动，并能够客观地描述自身对涉案事实的感受和看法，杜绝和排除各种非正常的干扰，唯此，才能确

保检察活动实现其最终的目标。

　　要确保检察活动的启动者和被追诉者能够获得意志自由，一方面，要建立必要的制度保障机制，包括：检察机关的整体独立或者外部独立，检察机关的内部独立，检察人员的身份独立，检察人员的职业特权，检察人员的职业伦理准则等。检察机关的整体独立，即要保障检察机关独立于检察机关之外的机构、组织和个人，不能受到外部力量或者权威的控制和干预。检察机关的内部独立，即检察人员在检察活动中要独立于其同事以及上级检察机关的人员。检察人员的身份独立，即检察人员的任职期限和任职条件应该得到特殊的保障。检察人员的职业特权，即检察人员正确履行职责所要享有的职业保障，使检察人员在行使检察职权时免受指控、追究和评论，为独立实施检察活动创造条件。检察人员的职业伦理道德，即建立检察人员客观公正地从事检察活动所必要的职业伦理道德标准，为其从事检察活动提供必要的限制，保证其能够独立公正地从事检察活动。另一方面，要建立起确保被追诉者独立表达其意志的机制，要从机制上赋予其意志自由被限制或者剥夺，或者其合法权益遭受侵害时的救济机制，真正使被追诉者在检察活动中能够享有意志自由的空间，使得各种妨碍被追诉者自由表达意志的因素没有生存的土壤。

　　（五）检察活动的启动者要亲自接触和审查涉案事实，呈现出与涉案信息的亲历性

　　检察活动要达到公正惩治犯罪的直接目标，就必须客观准确地把握涉案事实和证明涉案事实的证据，确保检察活动中所认定的事实与案件实际相符合，作出的决定建立在与案件事实严格的逻辑关联上。由于检察活动所关涉的是要通过能够相互印证的证据，对过去发生的事件进行拼凑和回复，最终对检察活动的被追诉者是否实施了刑法规定的犯罪、是否应当承担刑事责任以及应承担何种刑事责任加以证明判断，这就要求证明案件事实的证据是客观真实的。要确保证明案件事实的证据的客观真实性，除了要遵循检察活动的其他规律，还必须确保启动检察活动的人员和决策人员（绝大多数情形下决策者和启动者是同一的，但有时活动的直接实施者和决策者不是同一人员）直接接触和审查证据，直接听取和感受被追诉者和相关证人就涉案事实所发表的意见及其依据，并依法理性地作出判断，增强对检察活动中采信证据和认定事实的直观感受。如果检察活动的启动人员和决策人员不直接接触涉案证据，不直接聆听涉案人员尤其是活动的被追诉者对相关事实和证据的意见，而根据他人的转述或者依据具有较强主观色彩的"传闻资料"对所涉案件作出最终结论。由于这种赖以作出决定的依据不是"第一手的材料"，甚至也不是"第二手的材料"，

而是依据具有强烈主观色彩的传闻资料，就很难确保所作的结论与案件本来的事实之间的内在逻辑关联，结论的准确性和客观性就难以保证了。可见，检察活动所具备的对涉案事实的回复性特性及其要实现的对犯罪的追诉目标，要求检察活动的启动人员和决策人员亲身感受过去发生事件的全过程，聆听被追诉者和其他关联者对案件事实和证据的意见和态度，将对检察活动的每个结论性处理意见，建立在亲身感受和认知的证据材料之上，以确保检察活动所追求的目标真正得以实现。

（六）检察活动的启动者应当全面收集和认定涉案事实，呈现出"信息掌握上的全面性"

检察活动的直接目的是要推动国家刑罚权的实现，完成对刑事犯罪的追诉。但检察活动启动者提出的追诉目标能否实现，法院能否肯定和接受检察追诉活动提出的诉求，取决于检察追诉活动提出的事实和证据，是否与法院裁判认定事实和采信证据的标准相契合。也就是说，要确保检察活动能够顺利完成对涉案刑事犯罪的惩治，就必须按照裁判主体认定犯罪的证据和事实标准收集、提取和甄别涉案证据，全面掌握反映案件全貌的信息，既获取证明被追诉者有罪和罪重的证据，又要客观收集证明被追诉者没有实施犯罪或者罪轻的证据，在全面掌握涉案事实和证据的基础上，依法理性地提出检察追诉活动的目标，惟此，才能完成检察活动所要追求的惩治犯罪的目标。如果检察活动中只是片面地收集和掌握涉案信息，就可能出现检察追诉活动的诉求被审判主体否定，不能实现检察活动的目标。我国刑事诉讼法第 43 条规定，检察人员必须依照法定程序，收集能够证实犯罪嫌疑人、被告人有罪或者无罪、犯罪情节轻重的各种证据……必须保证一切与案件有关或者了解案情的公民，有客观地充分提供证据的条件，以及其他有关确保检察活动主体客观全面收集和掌握涉案证据的规定①，实质上是"信息掌握上的全面性规律"在制度设计上的体现。现实中出现的检察追诉要求被否决的现象，乃至裁判生效后真凶被抓或者被害人出现的错判误判现象，"信息掌握上的全面性规律"被违反，检察活动对涉案证据和事实掌握不全面是主要缘由之一。

三、检察规律的启示

检察规律带给我们的启示是，惟有按照检察规律的要求配置检察职权，并

① 刑事诉讼法、人民检察院刑事诉讼规则以及其他司法解释中关于禁止用违背涉案人员意志的方式收集证据以及有关排除非法证据的规定，都能为检察活动中客观全面收集和获取证据提供保障。

建立与检察规律要求相适应的检察运行机制，才能推进与检察目标相适应的检察制度规范的形成。尽管制度形成的逻辑，并不如同学者构建的那样是共时性的，而更多的是历时性的，制度的发生、形成和确立都是在时间流失中完成，在无数人的历史活动中形成的。① 但按照特定制度所规制的社会活动本身所具有的内在规律的要求，设置该社会活动运行所要求的机制，将会推动特定制度发展成熟的进程。尽管检察制度的形成及其内容受制于国家体制和法文化传统等多种因素，也必然是在历史的发展进程中逐渐发展完备起来的，但按照检察活动规律的要求设置检察机制，无疑会推动检察制度的发展完善。但每条具体的检察规律对检察职权配置及检察运行机制的要求又各有侧重，分别阐述如下：

（一）必须建立健全与检察价值目标相适应的检察运行机制，这是依附性规律对检察活动机制建设提出的要求

现代检察制度与诉讼制度的发展紧密相联，检察机制的基本内容受制于检察活动的价值目标。尽管西方国家都将检察活动的启动者定位为诉讼的一方当事人，但由于职权主义模式下的诉讼侧重查清案件真相，当事人主义模式下的诉讼更注重程序正当，强调通过控辩平等对话，理性解决被追诉人与国家之间的刑事纠纷，也因此决定两种诉讼模式下的检察职能和检察运行机制的差别。20 世纪 90 年代以来，两种诉讼模式之所以互相吸收、互相借鉴，逐渐走向融合，检察活动的启动者在诉讼中的职能与地位之所以逐渐走向趋同，深层的理由是由两种诉讼模式价值目标的趋同，以及由此而产生的检察活动价值目标趋同来决定的，这种诉讼机制以及检察活动机制的变迁，正说明了检察活动对特定价值目标规制下的工作机制的依附性。

我国检察机关的宪法定位赋予了我国检察的法律监督属性，对诉讼活动实施法律监督，确保国家法制统一，是我国"一府两院权力架构"下检察活动的价值追求，也因此要建立与法律监督所追求的价值目标相适应的检察职权运行机制，也就是检察职权的各项运行机制，要能够体现法律监督的特征，并能够实现规制国家刑罚权、确保各项诉讼活动体现公平正义的价值追求。我国现行的检察职权配置及检察工作机制，在一些方面还不能适应法律监督的价值追求，必须通过检察改革予以调整和完善。时下正在推行的检察改革，应当紧扣我国检察活动的价值追求，按照依附性规律对检察机制提出的要求，在现有改革成果的基础上，确立下一步检察改革的内容和目标。我国检察机关的法律监

---

① 苏力：《制度是如何形成的》（增订版），北京大学出版社 2007 年版。

督（这里指刑事法律的监督）主要体现在诉讼领域，监督的目的是确保各诉讼环节采取的措施和作出的决定的法治性和准确性。指控犯罪所运用的证据材料能否被法院庭审采纳，能否经得起庭审中控辩双方对证据的质证，一定程度上取决于侦查的质量，庭审裁判认定犯罪所要求的证据是否获取，收集证据的活动是否符合法治要求，这既是法院裁判对事实和证据的要求，也是整个诉讼过程中采取的措施要达到的法治标准。

可见，督促检查诉讼中的各项措施符合法治标准，应当成为健全检察权运行机制的重点内容。落实到具体的机制上，就是要建立健全检察对侦查取证的引导机制，确保指控和认定犯罪需要的证据和事实能够依法收集和固定。为此，检察改革在突出健全刑事审判监督机制的同时，应当把重点放在对侦查活动进行监督的工作机制的改革上，应当按照监督的理念建立起检察引导侦查取证的机制，为检察机关对侦查活动的监督提供工作机制上的保障，这正是依附性规律在检察工作机制上的具体体现。

（二）必须建立确保检察活动主体双方享有平等地位的检察运行机制

地位平等性规律要求检察活动的启动者与被追诉者在检察活动中享有平等的地位，主要体现在审查批准逮捕和职务犯罪侦查，以及审查起诉中应当享有平等的地位，亦即要在审查逮捕、职务犯罪侦查和审查起诉中，建立健全起确保双方平等地位的工作机制。检察机关在构建确保检察活动主体双方地位平等的机制方面作了有益的探索，先后建立了审查逮捕讯问犯罪嫌疑人的机制，职务犯罪案件逮捕由上一级检察院审查决定的机制等。

审查逮捕环节讯问犯罪嫌疑人，就是要避免把犯罪嫌疑人作为追诉客体对待，建立起检察活动启动者居中客观地审查公安机关等侦查主体提供的事实和证据是否客观真实的机制，使得被追诉者与侦查主体以及检察活动的启动者处于同等地位，有机会对侦查活动是否公正发表意见。省以下检察机关立案侦查的职务犯罪案件，由上一级检察院审查决定逮捕的机制，也是要从机制上确保检察活动的被追诉者获得与启动者即立案侦查的检察院同等的法律地位，从而确保被追诉者在审查逮捕过程中发表对侦查活动是否客观真实的意见。

我们认为，在建立健全地位平等性机制方面，还应当在审查起诉环节建立起确保启动者与被追诉者地位平等的机制，即要建立起证据展示的机制，要由启动检察追诉活动的主体和被追诉者，将获得的有利于或者不利于被追诉者的证据相互向对方展示，使得检察追诉活动的被追诉者获得与启动者同等对话的机会。此外，还应当建立起职务犯罪侦查中强制性侦查措施由上一级检察院批准的工作机制，使得被追诉者的合法权利面临剥夺或者限制时，能够与检察侦查活动的实施者获得同等的话语权，确保采取的各项强制性侦查措施的合理性和合法性。这些应当成为后续检察改革应当重点考虑的内容。

（三）必须建立健全保障被追诉者合法权益的工作机制，这是程序正当性规律对检察运行机制的要求

由于检察活动乃至整个诉讼活动都围绕被追诉者（即被追诉者）的刑事责任展开，采取的各项强制措施和强制性侦查措施，无一不牵涉被追诉者合法权益的限制或者剥夺，健全保护被追诉者合法权益的工作机制就显得尤为必要。建立保障被追诉者合法权益的工作机制包括以下几方面：

一是要建立起对侦查主体的引导取证机制。建立健全引导侦查取证的机制，直观地是要引导侦查活动获取指控犯罪所需要的证据，但其实质包括了引导侦查主体依法取证，杜绝在取证过程中侵犯被追诉人的合法权益。故此，引导侦查取证应当包括两方面的含义，既要按照指控犯罪的需要引导侦查主体收集和固定证据，又要引导侦查主体按照法治标准获取证据，确保被追诉人合法权益不受侵犯。但要真正确立起引导侦查取证的工作机制，必然要从制度规范上确立引导侦查取证的机制，使其获得制度上的合法地位和执行上的强制力。要获得侦查主体和检察人员双方对引导机制合理性和必要性的认同，还要在引导者和被引导者之间建立确保"引导机制"得以顺畅运行的渠道，使检察引导侦查成为检警之间固定的工作模式，包括检察人员介入侦查的案件类型和介入的时机，侦查主体向检察机关移送案件信息的环节和时间，检察机关内部由哪个部门直接承担对侦查主体的引导职责，做到侦查环节检察人员与侦查主体之间的有效联结。

二是要建立各项限制或者剥夺被追诉人合法权益的强制性侦查措施的审查机制。凡需要采取限制或者剥夺被追诉人合法权益措施的，都需要由第三者以局外人的身份客观地加以审查，即公安机关需要采取限制或者剥夺被追诉人合法权益的措施的，例如，侦查主体在侦查中要采取拘留等强制措施，或者采取搜查、查封、扣押、冻结等限制或者剥夺被追诉者合法权益的措施的，应当提请检察机关以局外人的身份客观中立地进行审查授权，侦查主体应当严格按照法定的程序和条件实施上述措施。检察机关侦查职务犯罪案件需要采取限制或者剥夺被追诉人合法权益的措施的，省以下检察机关则应当由上一级检察院以局外人的身份客观中立地进行审查授权，确保被追诉者的合法权益不会遭受强制措施或者强制性侦查措施的任意行使的侵害。

三是要建立起能够实际运作的非法证据排除规则。非法证据排除是从证据

使用上将以侵犯被追诉者合法权利以及其他非法手段获取的证据加以排除，以釜底抽薪的方式杜绝侵犯被追诉人合法权益现象的发生，督促侦查主体在侦查活动中能够遵循正当程序的要求，达到保障被追诉人合法权益的目的。但要实现对非法证据的排除，仅有排除非法证据的一般性的制度性规范是不够的，还必须建立起排除非法证据的具体机制，明确排除非法证据的主体和程序，方能真正实现对非法证据加以排除的目的。最高人民法院、最高人民检察院、公安部、国家安全部、司法部 2010 年颁布的《关于办理刑事案件排除非法证据若干问题的规定》具体明确了非法证据的范围、犯罪嫌疑人和被告人提出排除非法证据的时间、排除非法证据的具体程序，① 但事实是，即便是由讯问人员（侦查人员）出庭作证，由其和被告人当庭对质，也不一定能把非法证据排除掉。要真正避免非法取证，除建立非法证据的排除规则，还需要建立其他配套的制度规范，如律师在场权的确立、律师调查权取证权的真正落实等。

（四）必须建立健全确保检察活动主体能够独立实施活动的工作机制

意志独立性规律要求，既要建立检察活动启动者独立实施检察活动的机制，又要建立健全确保被追诉者独立表达对案件事实看法的机制。

建立检察活动启动者独立实施检察活动的机制，实质就是要落实检察机关依法独立实施检察权的具体机制。人民检察院独立行使检察权有两方面的表现形式：一是检察院作为一个整体依法独立行使检察权，行政机关、社会团体和个人不能干涉检察权的独立行使；二是不同层级的检察院自身依法独立行使检察权。在进一步健全排除其他行政机关、社会团体和个人干涉检察权独立行使的工作机制方面，应当落实省以下的基层检察院的经费由上级检察院统一保障拨付的机制，避免因经费依靠地方财政造成检察权的地方化，必须强化上级检察院对下级检察院干部任用上决定权的力度，避免因人事任免上的地方化造成对地方行政权的依靠。

在建立确保检察机关内部不同层级检察院之间独立行使检察权的工作机制上，要建立健全上级对下级检察业务工作的规范性指导机制，应当从制度上明确，上级检察院对下级检察院的领导更多的应当是在法律政策的适用、工作规范的指导、干部队伍的建设、检务保障上的规范等，而不是指具体个案上的指导，尤其是在没有参与的情况下，不能对下级检察院办理的具体个案直接空对

---

① 《关于办理刑事案件排除非法证据若干问题的规定》第 4、5、6、7、8、11、12、13、14 条确立了排除非法证据的具体程序。

空地加以指挥。检察一体化也决非具体案件办理上的一体。为此，必须建立起不同层级的检察院自身独立行使检察权的工作机制，从制度规范上把上级检察院领导下级检察院的内容具体化。

在健全确保被追诉者独立表达对案件事实意见的机制上，要进一步强化对检察权运行过程的监督力度，进一步加强检察权运行过程的公开程度，除了进一步完善职务犯罪同步录音录像机制，还应当逐步建立侦查讯问时的律师在场制度。此外，还应当建立起检察机关及时获悉侦查活动全部信息的机制，以便对侦查活动进行同步监督，并对侦查中的违法现象及时进行纠正，真正建立起能够确保被追诉者获得意志自由的工作机制，使其在没有外在强制力的情况下理性地就案件事实发表看法。

（五）必须建立健全检察办案活动中决策者亲历案件事实的工作机制

根据亲历性规律对检察办案机制的要求，应当完善以下两方面的工作机制：

一是要完善检察办案中的厅（处、科）长批办案件的机制。现行的检察办案的工作过程是，由承办人审查拿出初步意见，交由科、处、厅长审查签署意见，再报分管检察长核批。检察办案的这种审批机制，理论上存在全面审查案件事实和证据的主体却不能最终决定案件处理结果的弊端，与亲历性规律存在一定的差距。为确保案件定性和处理上的准确性，实践中也形成了承办人对事实和证据负责，决策者对最终处理意见负责的惯例，但由于缺乏制度上的规范和制约，造成了实际执行中的随意性，不能避免审批案件的主体看了案件审查报告后，随意对案件事实和证据更改的情形，而造成最终处理意见与法治标准相左的结果。为此，应当从制度上确立决策者在没有审阅案件事实和证据的情形下，只能就案件承办人提供的事实和证据，以及在此基础上得出的结论是否正确的问题提出异议，要改变处理意见的，必须与承办人协商，或者在审阅案件全部卷宗，或者了解案件全部事实和证据后再改变处理意见，否则，就只能就承办人提交的报告的规范性，或者就补充证据和事实提出意见。

二是要完善检察委员会的工作机制。检察委员会制度是我国检察机关内部讨论决定重大疑难案件和重大事项的制度。近年来，对检察委员会的组成和议事规则作了一些改革，检察委员会制度正在逐步完善，但检察委员会讨论重大疑难复杂案件的程序没有从制度上予以规范，也有观点提出检察委员会讨论案件实行公开听证，由检察委员会委员听取犯罪嫌疑人（被不起诉人）、被害人、利害关系人、责任人辩解、陈述以及相互之间的辩论。① 笔者认为，按照正常的办案程序，犯罪嫌疑人等对案件事实的看法和意见，案件承办人已经听取过不止一次。检察委员会讨论之前或者讨论之中，由检察委员会委员再听一次陈述或者辩解，有浪费司法资源之嫌，也确属没有必要。按照亲历性规律的要求，检察委员会讨论案件需要规范的总体原则是承办人对案件事实和证据负责，检察委员会要重点讨论的是案件的定性是否准确，应当怎样定性和处理。当然，检察委员会委员可就承办人没有讲清楚的案件事实和证据提问，但不能直接改变案件的事实和情节，案件事实不清，证据存有瑕疵，需要改变或者补充的，应当休会由承办人再予补充。这应当成为检察委员会讨论案件需要明确的程序规范，也是需要改革的一个重点问题。

（六）检察活动的启动者必须树立客观全面的执法理念

信息掌握上的全面性规律要求检察人在检察活动中始终要站在客观的立场上，全面收集被追诉人的涉案事实，全面掌握侦查主体、审判主体、刑罚执行主体实施特定行为的全部信息。在履行刑事追诉职能时，不能主观片面地把被追诉人作为犯罪者看待，既要着眼于对被追诉人有罪事实和证据的收集，又要注意被追诉人不在犯罪现场以及其他证明被追诉人无罪和罪轻证据的收集。在履行诉讼监督职能时，既要注重了解被监督主体履行惩治犯罪职能的情况，又要掌握被监督者履行保护犯罪嫌疑人和被告人合法权益的情况，要为规制国家刑罚权依法运行获取更加全面的信息。这就要求检察人员拥有良好的职业操守，具有客观公平的执法理念。为此，就必须建立健全检察官良好职业操守的养成机制，加强对检察官职业道德的培养，同时，要强化对检察人员业务技能的培训，全面提升检察人员的综合素能，敦促检察人员树立惩治犯罪和保障人权并重的理念，为全面准确地履行检察职能提供执法理念上的保障。

---

① 邓思清：《再论我国检察委员会制度改革》，载《人民检察》2010 年第 11 期。

论检察官独立与检察一体*

谢鹏程**

最近，在法院系统提出法官依法独立行使审判权的主张以后，检察系统内外的一些同志纷纷议论检察官依法独立行使检察权的问题。本文拟在对法官独立与检察官独立比较研究的基础上，结合检察一体的要求，对检察官独立的国际最低标准、国际通例和当代中国检察官制度的立法完善，作一学术探讨。

一、法官独立与检察官独立准则比较

自上个世纪 80 年代以来，联合国及其他国际组织制定了一系列有关法官独立与检察官独立的准则和最低标准，通过研究这些准则和最低标准，我们可以大体上看出法官独立与检察官独立的一致性与差别。

法官独立是一种不受任何指令约束的独立。国际法曹协会《司法独立最低标准》中规定："法官应享有身份之独立及实质之独立。身份独立指法官职位之条件及任期之适当保障，以确保法官不受行政干涉。实质独立指法官执行其司法职务时，除受法律及其良知之拘束外，不受任何干涉"，"法官在作成裁判之过程中，应独立于其同僚及其监督者。"联合国《关于司法机关独立的基本原则》第 2 条规定："司法机关应不偏不倚、以事实为根据并依法律规定来裁决其所受理的案件，而不应有任何约束，也不应为任何直接间接不当影响、怂恿、压力、威胁或干涉所左右，无论其来自何方或出于何种理由。"《司法独立世界宣言》第 2 条第 2.3 款规定："每一法官均应自由地依据对于事实之判断及法律之了解，公平地决定所系属之事务，不受任何地方及任何理由限制、影响、诱导、压力、恐吓或干涉，此亦为其义务。法官在作成判决之过程中，应独立于其同僚及监督者，任何司法之体系或任何不同阶层之组织，均无权干涉法官自由地宣示其判决。"可见，法官独立保证法官在裁判过程中

---

* 本文刊载于《法学杂志》2003 年第 3 期。
** 谢鹏程，最高人民检察院检察理论研究所副所长、研究员。

不受一切权力包括法院系统内部的权力和外部的权力的干涉。在这种意义上可以说，法官独立是绝对的。

检察官独立是一种受有限指令约束的独立。联合国《关于检察官作用的准则》第 3 条至第 8 条规定了检察官的地位和服务条件，包括职业荣誉和尊严、职务独立、身份保障等内容。其中，关于检察官职务的独立性，第 4 条规定："各国应确保检察官得以在没有任何恐吓、阻障、侵扰，不正当干预或不合理地承担民事、刑事或其他责任的情况下履行其专业职责。"但是，《关于检察官作用的准则》没有像《司法独立世界宣言》第 2 条第 4 款那样规定检察机关或检察官独立于行政机关及立法机关，相反，在第 20 条关于检察官与其他政府机构或组织的关系方面规定："为了确保起诉公平而有效，检察官应尽力与警察局、法院、法律界、公共辩护人和政府其他机构进行合作。"国际检察官联合会《关于检察官的职业责任标准和基本义务与权利》（1999 年）第 2 条第 1 款至第 3 款对检察官的独立性作了如下规定："在承认检察官自由裁量权的国家里，检察自由裁量权应当独立地行使，不受政治干涉。如果检察机关以外的机关享有对检察官下达一般的或具体的指令权，那么，这种指令应当是透明的，与法律机构一致的，并需符合既定的保障检察独立现实与理念的准则。检察机关以外的任何机关指令启动诉讼程序或终止合法启动的诉讼程序的权利均应当按照类似的方式行使。"显然，这一条在规定检察官独立性的同时，承认并限制了非检察机关对检察官的指令权。在这种意义上可以说，检察官独立是相对的。

二、检察一体与检察官独立关系的比较

从理论上看，检察官独立之所以是相对的，这是由检察机关和检察官的性质所决定的。无论是在中国学术界，还是在国外学术界，关于检察机关的性质一直存在激烈的争议。在德国，对于这个问题就有三种观点：第一种观点认为，检察机关属于司法机关，同审判机关一样，属于三权中的第三权即司法权；第二种观点认为，检察机关是行政机关，只负责起诉而不负责审判，检察机关的上级是司法部即司法行政机关，而且，检察机关在职能活动中是作为被告人对立的一方出现在法庭上，而不是作为中立的裁判者进行审判；第三种观点认为，检察机关具有双重性质，是行政权与司法权的交叉或结合，因为检察职能介于审判与行政之间或者法官与警察之间，当其进行侦查时，是一种行政职能，当其决定起诉与否时，是一种司法职能。因此，检察机关是行政机关与司法机关之间的桥梁。实际上，第三种观点被许多国家所认同。既然检察机关有行政性，就必须在一定程度上体现"上命下从"；既然检察机关有司法性，

就必须在一定程度上体现司法独立。这就是检察一体与检察官独立辩证统一的理论基础。

从体制上看，尽管大多数联邦制国家存在联邦检察系统与邦检察系统之分，但在任何一个检察系统都存在一定的统一性。这种统一性就是所谓的检察一体。据笔者所知，检察一体这个术语是日本人的发明。他们把检察一体作为一项原则贯穿于日本检察制度。在日本，检察一体是指检察权的行使必须保持整体的统一，由每个作为独立机关的检察官组成一个统一的组织，在这个组织中，上级对下级享有指挥监督权、事务调取权、转移权、代理权。在大多数国家，检察一体是一种体制安排，而非明确的原则。在作为近代检察制度发源地的法国，检察院和检察官分为若干鲜明的等级，上级检察院和检察官对下级检察院和检察官可以下达命令和指示，整个系统受司法部部长领导。在作为最晚（1985 年）设立检察机关的英国，系统由以总检察长为首脑的中央法律事务部、皇家检察署以及区检察署构成，检察机关实行分级，上下级之间有明确的监管关系。在作为检察一体极端化的俄罗斯，《俄罗斯联邦检察院法》（1995年修订）明确规定："俄罗斯联邦检察机关实行下级检察长服从上级检察长并服从于俄罗斯联邦总检察长的统一集中的体制。"而且，检察机关工作人员包括检察官和侦查员必须经检察长授权并按检察长的指示和决定进行检察职能活动。综观各国检察制度，检察一体制是指检察系统内上下级检察院之间的领导关系，检察院内检察长与检察官之间的领导关系，以及检察机构作为统一的整体执行检察职能。

从最强的检察一体化模式（如俄罗斯的集中统一检察体制）到最弱的检察一体化模式（如美国曾经设立，韩国于 2000 年设立的独立检察官制），各国在制度安排上都有自己的特色，但有一个共同的目标，那就是协调检察一体与检察官独立之间的关系。虽然我们难以概括出协调两者关系的一般方法或原则，但是，从以下几个方面可以看出某些比较接近的倾向。在宪法体制上，除了检察机关单设并独立于立法、行政和司法之外，一般将检察机关隶属于行政机关，同时将各检察院附设于法院系统内，甚至各级检察院的名称也与不同级别法院的名称连在一起，如法国的最高法院检察院、上诉法院检察院等。在法国，检察官被称为"站着的法官"。在日本，检察官被称为"准司法官"或者"特别的行政机关"。在检察系统内部的权力分配上，地方各级检察院都有一定的独立性，但都要在一定程度上向上级检察院和最高检察院负责；各级检察院内的检察官都有一定的独立性，但都要在一定程度上向本院检察长负责。在上级监管下级的方式上，除了少数实行高度集中统一体制的国家外，一般主要是通过审查、劝告、指导等方法行使监管权力，检察官保留一定的拒绝指令的权力。

三、当代中国的检察一体与检察官独立

长期以来，在我国社会主义检察制度中一直存在检察一体制不健全和检察官独立地位不明确两个方面的问题。这既有政治体制方面的原因，也有对检察工作的性质和规律认识不足等方面的原因。随着依法治国进程的推进和检察事业的发展，健全检察一体制和明确检察官独立地位已经成为检察改革的焦点。这也是中国检察制度走向成熟的重要标志。

检察一体制是保证检察职能统一有效履行的必要制度安排。党的十五大确定的"推进司法改革，从制度上保证司法机关依法独立公正地行使审判权和检察权"的目标和任务，为检察一体制的完善指明了方向。笔者认为，我们可以从三个层面健全有中国特色的检察一体制，即检察系统的领导体制；省级以下人民检察院的垂直领导体制；检察院内部的领导体制。

首先，要确立检察系统上级与下级人民检察院之间在工作上的领导关系，这是一般性的、总体的领导体制。其基本内容应当包括：（1）最高人民检察院领导地方各级人民检察院和专门人民检察院的工作，上级人民检察院领导下级人民检察院的工作。（2）最高人民检察院的决定，地方各级人民检察院和专门人民检察院必须执行；上级人民检察院的决定，下级人民检察院必须执行。最高人民检察院可以撤销或者变更地方各级人民检察院和专门人民检察院的决定；上级人民检察院可以撤销或者变更下级人民检察院的决定。（3）上级人民检察院在必要的时候，可以处理下级人民检察院管辖的案件；也可以将自己管辖的案件交由下级人民检察院办理。上级人民检察院可以指定下级人民检察院将案件移送其他下级人民检察院办理。

其次，我国幅员辽阔，社会经济发展不平衡，特别是已经实行国税与地税分离的分税制，我们可以考虑建立省级以下人民检察院垂直领导体制，作为检察一体制的支柱。其主要内容是：省、自治区、直辖市人民检察院对本辖区各级人民检察院的人员和经费实行统一管理。这既是中国国情的特殊需要，也有利于加强检察一体化，充分发挥检察人员的作用，提高人力资源的配置效率，特别是在办理大要案的时候，更能发挥统一行动、协调指挥的优势。

最后，在检察院内部，按照检察一体与检察官独立相结合的原则，进一步明确界定检察长、上级检察官对下级检察官的领导、指导和监督关系。一要确立检察长、上级检察官对下级检察官的领导权（主要是指令权和监督权）。二要对检察长、上级检察官的领导作出必要的限制；必须以书面形式下达指令以及检察官有权拒绝执行违法指令。三要确立检察官之间的配合与协作关系。

　　检察官独立即检察官依法独立行使检察权，是现代司法的一般原则，符合司法规律，有利于保证司法公正。我们要建立的检察一体制不应是排斥或否定检察官独立的单纯的一体化机制，而是要既有利于发挥检察官独立办案的作用，保证高效和公正地行使检察权，又有利于检察职能的统一有效履行的检察一体制。因此，我们应当在确立检察长、上级检察官对下级检察官享有指令权和监督权的同时，确立检察官不仅是一种职务或官名，而且是一种机关，有权代表所属检察院履行检察职能，并对超越法定职责范围的指令有权拒绝执行。检察机关包括检察院和检察官，而不仅仅是检察院。检察机关依法独立行使检察权本身就包括检察官依法独立行使检察权，这是国际上的通例。近几年来，我国探索和实行的主诉（办）检察官办案责任制就是一种检察官依法独立办案机制，是检察官独立机制的初级形式或过渡阶段，体现了检察官独立的一般规律和检察改革的发展方向。现行《检察官法》（2001 年修订）第 4 条规定："检察官依法履行职责，受法律保护。"第 6 条规定了检察官代表国家进行公诉和依法进行法律监督等职责。这些法律规范，虽然在严格意义上说，并没有确立检察官独立，但为检察官独立提供了一定的发展空间。检察官作为一种机构设置和一项工作制度，应当主要通过检察院组织法来规定。我们应当把握组织法的修订这一时机，在我国建立检察一体制框架下的检察官独立制，明确检察官的独立地位、职权范围、保障机制和监督制约机制。

　　关于检察官的独立地位，要明确检察官是一种机关，而不仅仅是一种官职和身份。一个检察院主要是由若干独立的检察官构成的，而不是由若干公务员性质的"检察干警"或"检察人员"构成的。检察长、上级检察官的指令权和监督权都是以检察官独立为前提的。

　　关于检察官的职权范围，检察官的职权原则上应当包括各项具体检察权能和与其等级相适应的指令权和监督权。除了无权制定一般性规则或政策外，检察官能够代表所属检察院进行各项职能活动。目前这种由检察长统一领导检察院的工作、副检察长分管若干内设机构的工作、各内设机构负责人领导部门工作的体制具有过于强烈的行政性质而缺乏司法体制所必需的制度安排，应当通过改革，弱化副检察长的分管职能和部门负责人的领导职能，形成以检察官（检察长、副检察长、部门负责人首先都是各自独立检察官）为主体、按检察官等级实现领导和监督职能的管理体制。

　　关于检察官的保障，按照最低国际标准，应当从法律上提供如下几项保障：（1）确保检察官得以在没有任何恐吓、障碍、侵扰，不正当干预或不合理地承担民事、刑事或其他责任的情况下履行其专业职责。（2）在检察官及其家属的安全因履行其检察职能而受到威胁时，有关机关应向他们提供人身安全保护。（3）检察官的服务条件、充足的报酬以及其任期、退休金、退休年龄均应由法律或者法规加以规定。（4）检察官的晋升应以各种客观因素，特别是专业资历、能力、品行和经验为根据，并按照公平和公正的程序加以决定。

关于检察官的监督制约机制，除了检察长和上级检察官享有必要的指令权、代理权和监督权外，对检察官的管理和监督应当主要通过纪律处分而不是日常的或行政性的请示汇报和批示以及内设机构之间的牵制来实现。检察长、上级检察官、同级检察官以及任何公民、机关和社会团体均有权提起针对具体案件或检察官的纪律处分程序，还可以考虑专业机构通过定期审查、抽查等方式发现检察官的违纪行为，提起违纪处分程序。

没有检察官独立的检察一体制是一种纯粹的行政体制，没有检察一体的检察官独立是一种纯粹的司法体制，都不符合工作的特点和要求。但是，在制度安排上如何协调检察一体与检察官独立之间的关系，在两个极端之间确定适当的平衡点，则是由政治、社会和文化等因素所综合决定的。在当代中国，实行检察一体与检察官独立相结合并略侧重于检察一体的体制可能是一种比较现实的选择。

检察官选任制度研析[*]

季美君^{**}

检察官，作为公权力行使的代表之一，无论是在大陆法系国家，还是在英美法系国家，都是国家工作人员中的精英分子。现实中，检察官素质的高低，很大程度上取决于检察官的任职条件和选拔制度是否能客观公正地筛选出真正的优秀人才。为精选人才，世界各国都规定了比较严格的检察官选任制度，但由于各国文化传统和司法制度的差异，各国在选任条件、资格及程序等方面的规定也有所不同。本文从选任模式角度对主要国家的选任制度予以阐述，进而分析各种选任方式的特点及我国在检察官选任制度中存在的问题，并提出改进方案。

一、国外检察官的选任制度

（一）律师制的检察官选任模式

采用这种方式选拔检察官的，主要是英美法系国家。英美法系国家的检察制度特别强调个人的权利和自由以及当事人之间的平等对抗，检察官被视为刑事诉讼中的一方当事人——政府律师。因而，担任检察官的资格条件等同于律师，一旦检察官的职位出现空缺时，就从律师中进行招聘。

1. 任职资格。在英美法系国家，检察官的任职资格等同于律师，具体条件为：（1）通过律师资格考试。对有资格参加考试的条件，各国规定有所不同，通常是须先获得大学本科文凭。（2）经过一段时间的实习，如英国法律规定，通过律师资格考试后要在四大律师协会中实习一年，才可独立办案。（3）检察官职位出现空缺时，从律师队伍中招聘。

上述资格条件是英美法系国家的综合情况，涉及具体规定，各国因国情和

---

* 本文刊载于《中国司法》2010 年第 3 期。

** 季美君，最高人民检察院检察理论研究所研究员。

文化传统的差异而有所不同。如在澳大利亚，所有检察官都是律师，其任职资格与辩护律师相同。在接受 4 年的法学专业教育并获得法学学士学位后，再在有经验的辩护律师指导下实习 6 个月以上，经审查，认为申请者已具备了要求的学位、培训及经验，并无任何不良行为和犯罪记录的，就可授予律师资格。但能否成为一名检察官，则要视检察院内是否有法定的空缺职位。

如检察长的任职资格，根据《1986 年检察长法》的规定，检察长、副检察长和起诉律师都是法定职位，并且是终身任职制。皇家检察官是根据《皇家检察官法》的规定任命的法定职位，也是终身任职制。这些法定职位都由新南威尔士州州长根据政府的提议来任命，被任命者一直任职到 65 岁，只有在极少数情况下，如精神错乱、无能力、刑事犯罪、放弃任职或破产时，才可被解雇。一旦出现职位空缺，就公开招聘，符合任职资格的人都可以申请。申请皇家检察官职位的，一般至少应有 10 年的律师从业辩护经验。其他人员的任职资格，如检察院内的副起诉律师和助理起诉律师以及综合服务部经理都通过合同的形式招聘，期限为 5 年。检察院的其他职员都是根据《公共部门管理法》（the Public Sector Management Act）来招聘。该法对所有在公共机构工作的人都有效，要求择优录取候选人，试用期为 12 个月。一旦转为正式工作人员后，雇员只有在下列情况下才能被解职：被证明其行为不当、犯了严重的罪行或者其职位被撤销。

2. 选任程序。英美法系国家检察官的选任程序并非千篇一律，而是有所差别。在美国，从事检察工作的前提条件是通过州律师资格考试并取得当地律师资格，但不同检察人员选任的方法并不完全一样。在联邦一级，联邦检察官和检察长经联邦参议院同意后，由总统直接任命。通常情况下，总统只任命本政党的人担任联邦检察官，任期为 4 年，一旦总统换届，整个联邦检察官队伍就有可能大换班。州检察长一般由本州公民直接选举产生，州检察官通常由其所在县或地区的公民直接选举产生。但也有例外，如新泽西州和康涅狄格州的州检察长和检察官就由州长任命，还有三个州（阿拉斯加州、达拉威州和罗得岛州）的州检察长即是地方检察官。①城市检察官一般通过选举、任命或聘任三种方式产生。选举分政党竞选和个人竞选，而任命权一般由市长或市议会行使，聘任则通常由市议会或市行政长官来实施，选举或任命的城市检察官的任期一般为 4 年或 2 年。任命与聘任的主要区别为：前者有固定任期，属政府官员；后者无固定任期，身份为政府雇员。助理检察官一般采用雇用制，通常由检察官来雇用（一个检察署里只有一位检察官，相当于我国的"检察长"），

---

① 周振雄：《美国司法制度概览》，上海三联出版社 2000 年版，第 229 页。

但雇用的标准和期限各地有所不同。在规模较大的检察署中，为保证公平竞争，一般都有一套雇用助理检察官的程序制度，根据申请人的申请，经过数轮由不同人员组成的面试，最后获得雇用的，还须与检察署签订一份协议，经宣誓后才能成为助理检察官①。

在英国，检察官主要从律师中选任，总检察长和副总检察长由首相从本党的下议院议员中提名推荐，由女王任命。总检察长是英国政府的首席法律顾问，负责在下议院回答与法律有关的问题，主持召开律师大会。英国检察机关的最高机构为皇家检察署，该署最高负责人——检察长由英国首相根据总检察长的推荐任命，他必须具有10年以上从事出庭律师或事务律师的工作经验。②

澳大利亚采用的是招聘制。检察院的空缺职位都要公开招聘，能够胜任工作的任何人都可以申请。申请人必须是新南威尔士州承认的或认为是合格的法律工作者。通常情况下，在刑事辩护工作中有经验的事务律师或出庭律师比较容易得到检察院的聘用。拥有指控和辩护两方面经验的人更受欢迎，特别是在申请较高职位时，如皇家检察官。录用委员会由3人组成，他们根据申请人的能力、学历、经验、技能、工作表现和个人素质来选择最适合工作要求的申请人。在审查书面申请、面试并同推荐人谈话后，委员会才作出录取决定。检察院也为法律院校的毕业生提供临时的实习机会，以便他们获得成为事务律师所需要的实践经验。这些毕业生也是择优录取，被雇佣后作为准律师工作6个月。一旦被任命为事务律师，他们中的最优秀者就成为检察院中的一级事务律师。

3. 选任制度的特点。此种选任模式的特点，主要有：一是检察官任职资格等同于律师，强调律师与检察官的平等性，检察官被称为政府律师；二是从已有多年法律工作经验的律师队伍中选拔检察官，保证检察官队伍的精英化；三是共同的法律职业背景，有助于检察官对律师行业的了解；四是在助理检察官与检察官之间晋升桥梁的阻断，不利于检察人员的职业化建设，而选举制和任命制的产生方式也各有利弊。

（二）会考制的检察官选任模式

这种选任模式以大陆法系国家为主，尤以法国为代表，类似的还有德国、意大利等国家。此种模式是为检察官和法官设定相同的资格条件，如先在大学学习4年的法律，通过第一次国家考试；接受统一的一定时间的课程培训，再

① 何家弘主编：《检察制度比较研究》，中国检察出版社2008年版，第15~16页。
② 参见英国皇家检察署的网站，http://www.cps.gov.uk。

经过第二次国家考试；之后是担任检察官还是法官，得视职位空缺而定。

1. 参加会考的资格条件。实行会考制选任模式的国家，首先要具备法律规定的资格条件，即符合一定条件的人才能参加会考，考试通过是取得司法官资格的前提条件。法国《1958 年 12 月 22 日关于司法官地位之组织法第 58 - 1270 号条例》第 15、16、17 条规定，担任司法官的条件为：首先，要取得司法学员的资格，该资格的报考条件分三种情况。第一种情况，也是最为普及的条件为：一是在高中毕业后进行至少为期 4 年的高等院校学习，并获得毕业文凭。该文凭既可以是法国颁发的，也可以是法国认可的，还可以是由欧盟成员国颁发的法国承认其同等学力的；二是具有法国国籍；三是享有公民权利，精神健康；四是具备为国家服务的正常条件；五是具备行使职能所必须的身体条件。具备上述条件的人，可以参加会考。第二种情况是：根据《国家及地方公务员一般规约》中第一、第二、第三和第四编所规定的公务员、军人和国家或地方及其公共机构的其他公务员，具有同等水平，在当年 1 月 1 日时已在其工作岗位上工作了 4 年。第三种情况是：从事职业活动、在地方政府任民选代表或以非法律职业人员身份从事法律工作的人员，工作时间满 8 年，具有同等水平的，但其所从事的活动、职务或职能必须不是以司法官、公务员、军人或公共代理人的身份进行的。目前，这些会考每年举行，但考生最多只能参加 3 次考试。这三种会考虽然水平相当，但根据考生身份的不同，要求的知识也有所不同。

另外，根据该条例第 18 条第 1 款的规定，具有法学硕士文凭并满足第 16 条规定的其他条件，且在司法、经济和社会领域工作满 4 年，具有行使司法职能资格的人员可以被直接任命为司法学员。在相同条件下，具有博士学位并持有法学以外高等院校学科文凭的人，以及获得法学硕士文凭后在公立高等教育机构从事 3 年法学教育或法学研究工作，并拥有一项法律学科的高等学习文凭的人，也可以直接被任命为司法学员。但直接被任命为司法学员的人数，不得超过会考选拔出的总人数的 1/3。

2. 培训条件。通过会考取得司法学员资格的人，还须经过一定期限的培训才有资格成为检察官。法国规定，取得司法学员资格的人必须在国家司法官学院进行培训，培训时间从过去的 24 个月延长到了 31 个月。根据 2007 年 3 月 5 日第 2007 - 287 号法律的规定，司法学员在培训学习期间必须至少实习 6 个月。延长培训时间，目的是促使司法学员掌握社会学、生物学、管理学、会计学和心理学等知识，使这些未来的司法官能与财会、行政、工业和商业机构人士及各种司法助理人员进行广泛接触。① 培训结束时，评议委员会必须对司法学员是否适合行使司法职能进行评议，并根据每一个学员的能力提出任职建议或保留意见。国家司法官学院每年举行一次选拔考试招收新的司法官候选人，招收名额由司法部长根据实务部门的编制空缺确定。

3. 选任检察官的范围。法国选拔录用检察官的范围：一是国家司法官学院毕业生；二是在一定期间内行使行政、司法或大学教育职能的特定人员，通过直接选拔的方式进入司法官队伍。但这种选拔的程序、适用的条件都十分严格，如只有法律明文规定的几类人才有资格，如律师、诉讼代理人、书记官、法学教授等。这些候选人经选拔委员会筛选后，还必须参加国家司法官学院举行的培训，并在法院实习。培训结束后，必须经司法学员评级委员会面试，合格的才被录取。这种辅助性的选拔方式，近年来呈扩大的趋势，如 2005 年，有 27 人通过这种方式成为司法官，主要原因是法国立法者希望能吸收更多的有经验的司法官。有意思的是，法国的检察官一律经司法部长推荐，由总统任命。

4. 选任模式的特点。会考制选任模式的特点主要有：一是将检察官与法官统称为司法官，检察官与法官培养方式一模一样。法学院毕业生通过司法考试后，再在司法官学院经过一定期限的培训学习和司法实习后，便可根据职位的空缺情况选择做法官、检察官还是律师；二是选任资格和程序相同，使得检察官和法官之间具有一致的职业认同感，便于两种职业之间的交流；三是这一选拔制度有利于吸收社会上有司法经验的人进入检察队伍，使那些有志于从事检察工作的人通过勤奋好学、奋发进取，从而实现自己的夙愿。

二、我国检察官的选任制度

（一）初任检察官的任职资格

按照我国《检察官法》的规定，除学历必须达到本科以上外，检察官任职还须具备以下条件：具有中华人民共和国国籍，年满 23 岁，身体健康；拥护中华人民共和国宪法，有良好的政治、业务素质和良好的品行。从 2001 年开始，国家对初任检察官、法官和取得律师资格实行统一的国家司法考试制度，任何人要想成为检察官，必须先通过全国统一的司法考试，获得《法律职业资格证书》，之后才有可能成为检察队伍中的一员。

---

① See Guinchard, Serge, Institutions Juridictionnelles. Paris：Dalloz 2007, p. 786. 参见魏武：《法德检察制度》，中国检察出版社 2008 年版，第 135 页。

我国《检察官法》作出这样的规定，主要理由是：

1. 无论哪个国家的检察官都是该国家的公职人员，行使公职的前提条件是其必须是这个国家的公民，同时应具备能够为国家服务的健康身体，这是履行职责的基本前提。规定检察官必须具有本国国籍和身体健康，是世界通例。检察官的年龄限制，是因为在通常情况下，一个人的年龄与其心智成熟成正比。在当前的教育体制下，一个人正常读完大学本科，毕业后参加工作就已23岁左右，工作后还有一段时间的实习期，所以，实践中很少有人会在23岁前被任命为检察官。

2. 检察工作政治性比较强。在法治社会，作为一名检察官，必须具备较高的政治素质，才能保证检察工作沿着正确、健康的道路和方向发展。《检察官法》规定成为检察官的政治思想条件是必须拥护中华人民共和国宪法，有良好的政治业务素质和良好的品行，这也是检察官履行职责所必须具备的条件。检察官在日常工作中必须严格遵守宪法和法律，必须以事实为根据，以法律为准绳，秉公执法，拥护宪法并遵守根据宪法所制定的各项法律、法规，是检察官应尽的义务，也是其必备的政治条件。在当前的国情下，拥护宪法，就是要拥护宪法所确立的政治制度，正确认识人民代表大会制度和检察机关作为法律监督机关的宪法地位，在工作中自觉接受党的领导和人大监督。

3. 对检察官任职资格的要求也越来越高。1995年之前，我国检察官的任命没有规定任何教育背景，也不需要经过考试。1995年《检察官法》生效后，任命初任检察官必须通过全国统一的初任检察官资格考试，同时还须获得大学教育，这无疑提高了对检察官专业素质的要求。但这里所指的大学教育，并不限于本科，也不一定是法律专业。2001年修改的《检察官法》则进一步提高了初任检察官的资格标准，初任检察官必须通过全国统一的司法考试，并规定必须具有大学本科学历。作为我国司法改革进程中的一项重大举措，实行国家统一司法考试无疑引人瞩目。建立统一的法律职业资格考试，将法官、检察官、律师的选任标准和方式统一化，有其内在的必然性：

第一，法官、检察官和律师都是法律职业者，他们之间具有内在的共同性，履行职责都必须以法学为基础，他们分享共同的知识、技术和理念，无论是居中裁判的法官，还是代表国家利益的检察官，抑或是接受当事人委托代表当事人利益的律师，其终极目标都是为了实现社会正义。实行统一的司法考试，采取相同的准入方式和程序，有助于三职业人员之间获得认同感和不同法律职业者之间的互相流动，促进法律职业共同体意识的形成。

第二，统一司法考试制度有助于国内法制的统一。法制统一是我国市场经济社会所必需的，也是一项宪法原则。但法制统一不仅仅体现在宪法和法律的文本内，更为重要的是，从事法律工作者对法律文本的理解以及法律解释方法的把握应当一致。否则，即便是同样情节的案件，适用同一法律，案件审理的结果完全可能千差万别。统一国家司法考试，有助于法律职业者对法律知识、技术、伦理等理解上的一致化，有助于规范司法过程行为。①

第三，对从事法律职业者实行统一司法考试制度，是世界各国的普遍做法。可以说，法官、检察官、律师三职业之间的共同性和紧密关系，是实行统一司法考试的内在客观要求。

我国《检察官法》还规定了不得担任检察官的两种情况：曾因犯罪受过刑事处罚的；曾被开除公职的。

（二）我国检察官的选任程序

1. 初任检察官的选任。《检察官法》第 13 条规定："初任检察官采用严格考核的办法，按照德才兼备的标准，从通过国家统一司法考试取得资格，并且具备检察官条件的人员中择优提出人选。"实践中，我国初任检察官的选拔录用工作由最高人民检察院统一领导和组织，一般按下列程序进行：一是采用一定的形式面向社会发布招录公告，公布招录的检察官职位、名额及地区分布、报名条件、选拔程序、时间和地点等；二是审查报名资格，除报名条件应基本符合《检察官法》所规定的检察官任职条件外，还可以根据地区和工作岗位的不同，提出某些具体要求，如对专业、工作年限、年龄及外语水平等特定要求；三是考核考察，对符合报名条件的人员进行考核，采用笔试、口试、面谈或调查等形式，对报名人员的政治素质、专业知识、道德品质以及从事检察工作的能力等进行全面考察；四是审核录用，对考核合格的申请者进行选拔和审核，择优提出遴选人员名单，报主管机构批准并履行规定的程序后，公布被录用人员名单，发出录用通知②。

从初任检察官招录程序本身看，其中并无多少不合理之处，但实际操作中，由于受各种因素影响，尤其是在中国这样一个特别注重人际关系的社会里，招录的各个环节都会受到人为因素的影响，而难以真正实现整个录用过程的公开、透明、公平、合理，结果可能导致那些具有真才实学、品德高尚而无任何背景的优秀人才没有被吸收进检察队伍中来。

从提高检察队伍的整体素质来看，严格把好检察队伍的入口关固然重要，但这只是问题的一个方面，另一方面，我们需要探索从制度上确保检察队伍中

---

① 贺卫方：《不进一个门 不是一家人——统一司法考试的意义》，载《法制日报》2001 年 7 月 9 日。

② 何家弘主编：《检察制度比较研究》，中国检察出版社 2008 年版，第 385 页。

的现有优秀人才，能继续保持良好的工作状态，使其具有职业的荣誉感和自身价值的实现感——一套科学、合理的检察官任命和晋升制度尤显重要。检察机关恢复重建 30 年来，检察工作取得了举世瞩目的辉煌成就，但在使用人才方面仍存在不少问题，主要体现在检察人员的任用和提升上，缺乏制度性的规则，而很大程度上取决于领导个人的意愿和喜好，如有的领导仅凭个人印象破格提拔年青干部，有的领导则过于重视文凭而忽视实际工作能力，有的领导则只看重资历而对年轻干部的培养不够关心，有的领导甚至仅以是否听话和为我所用为标准，重用一些文化程度低、法律知识缺乏的人，而组织部门在考察干部时也往往是走过场而已，没有真正把好提拔任用关……这些不规范、不合理、不公正的形形色色的"人才观"及多年来形成的一整套用人潜规则，无疑极大地挫伤了一些品德高尚、成绩突出的优秀人才的积极性，给检察官的选拔任用工作蒙上了一层难以抹去的阴影。

2. 各级人民检察院检察长的选任。根据我国《人民检察院组织法》的规定，各级人民检察院检察长的任免实行选举制、任命制或选举与任命相结合制度。最高人民检察院检察长实行选举制，由全国人民代表大会选举和罢免，最高人民检察院副检察长、检察委员会委员和检察员由最高人民检察院检察长提请全国人民代表大会常务委员会任免。省、自治区、直辖市人民检察院检察长和人民检察院分院检察长由省、自治区、直辖市人民代表大会选举和罢免，副检察长、检察委员会委员和检察员由省、自治区、直辖市人民检察院检察长提请本级人民代表大会常务委员会任免，而且省、自治区、直辖市人民检察院检察长的任免，须报最高人民检察院检察长提请全国人民代表大会常务委员会批准。自治州、省辖市、县、市、市辖区人民检察院检察长由本级人民代表大会选举和罢免，副检察长、检察委员会委员和检察员由自治州、省辖市、县、市、市辖区人民检察院检察长提请本级人民代表大会常务委员会任免，同样自治州、省辖市、县、市、市辖区人民检察院检察长的任免，须报上一级人民检察院检察长提请该级人民代表大会常务委员会批准。

（三）我国检察官的任免程序

1. 检察官的任免程序。检察官职务的任免，应当按照宪法和法律规定的任免权限及程序进行。根据《检察官法》第 12 条规定，检察长由同级的人民代表大会罢免，而副检察长、检察委员会委员和检察员由检察长提请同级的人民代表大会常务委员会任免，人民检察院的助理检察员由本院检察长任免。

多年实践表明，由权力机关任免检察员，这种任免形式有以下几个弊端：一是任免程序繁复，影响效率和工作。我国的人大常委会并非经常性办公，只是定期举行例会而已，有时就会拖延对检察员的任免，导致出现该任命的得不到任命，该免职的免不了的现象；二是国家权力机关对检察人员的个人及工作情况并不知情，任免只是根据有关部门提出的名单举手表决通过而已，并不对被任命者进行实际考察。①

为消除这种弊端，建议对现行任免程序进行改革：一是各级检察院检察长由上一级检察院检察长提名，由同级人民代表大会选举和罢免，最高人民检察院检察长由全国人民代表大会选举和罢免；副检察长、检察委员会委员由各级检察长提请同级人民代表大会常务委员会任免；二是国家级检察官由最高人民检察院检察长根据法律规定程序提出，由全国人民代表大会常务委员会批准任免。其他检察官由所在检察院检察长按照法律和制度之规定任免；三是除检察长和法定检察员职位外，其余职位均实行聘用制，规定相应的招聘程序，面向社会招聘，实行合同制。

2. 检察官的任免情形。我国现行《检察官法》第 14 条规定了以下几种应当任免检察官职务的情形：

（1）丧失中华人民共和国国籍的。这与该法第 10 条的规定相一致，如果其丧失了中华人民共和国国籍，就不具备担任中国检察官的基本条件。

（2）调出本检察院的。对于调出本检察院，即便是在其他检察院工作，也必须先依法免除其原有的检察官职务，至于其是否能在其他检察院继续担任检察官，则遵从宪法和有关法律之规定。

（3）职务变动不需要保留原职务的。检察官是依法行使检察权的检察人员，只要不再承担检察职责，不管是调到非检察系统，还是在检察系统内承担其他行政职务，就应当依法免除其检察官职务。

（4）经考核确定为不称职的。对检察官每年年终时都要从德、能、勤、纪等几个方面进行考核，在年度考核中连续两年不称职的，《检察官法》明确规定应当予以辞退。

（5）因健康原因长期不能履行职务的。在此种情况下，应当依法免除其检察官职务，并根据国家有关规定，安排其他能够胜任的工作。

（6）退休的、辞职的或者被辞退的。在这几种情况下，自然不再是检察官。另外，因违纪、违法犯罪而不能继续任职的，也应免除其检察官的职务，这与该法第 11 条"曾因犯罪受过刑事处罚的"不得担任检察官的规定相一致。

---

① 王桂五主编：《中华人民共和国检察制度研究》，法律出版社 1991 年版，第 653 ~ 655 页。

（四）我国选任制度的特点及完善措施

1. 我国检察官选任制度的特点。从检察官的选任制度可以看出，由于检察官行使法律职权的特殊性，世界各国都对其任职资格作出了相当严格的规定，比如高标准的资格条件、严格的选任程序以及法律共同体的背景知识等。同时为了吸收优秀人才，除从法学院毕业生中招聘人才外，不少国家还规定社会上有司法经验的人也可以经过严格考试和选拔程序成为检察官。相比之下，我国检察官选任制度有以下几个特点：

（1）任职的学历条件不够严格。2001年开设国家统一司法考试后，初任检察官法律专业知识、业务素质和道德品质等方面的要求已基本上与世界通例"接轨"，但学历要求及考试的筛选程序仍存在一定差距。如《检察官法》第10条所作的变通规定，即对那些适用学历条件确有困难的地方，"经最高人民检察院审核确定，在一定期限内，可以将担任检察官的学历条件放宽为高等院校法律专业专科毕业"，这一规定虽考虑到了我国当前的具体国情，但从长远看显然不利于检察队伍整体素质的提高。

（2）没有明确规定检察长、副检察长的任职资格。《检察官法》对检察官的任职条件作出了明确的规定，但对检察长、副检察长、检察委员会委员的任职资格只笼统地规定"人民检察院的检察长、副检察长应当从检察官或者其他具备检察官条件的人员中择优提出人选"，但实践中，不少检察长、副检察长的选任受政治因素、地方党政部门及人际关系干涉太大，真正符合检察官条件的甚少。现实中甚至不时出现一些检察长、副检察长专业知识、办案能力及综合素质等都不如下属的现象。

（3）缺乏相应的救济措施。我国《检察官法》没有规定对选任程序中出现不公正现象的救济程序，申请者认为自己受到不公平待遇时可以说是投诉无门。这在一定程度上直接导致招聘录用过程中有些并不太优秀的人通过种种关系进入检察队伍，而那些真正德才兼备的人却遭淘汰。检察机关内部提职升迁中也存在同样的问题，那些工作能力强、业务水平高但不会溜须拍马的人，长期得不到应有的提升也无处申诉，而一些工作能力不强、业务水平并不高的人却得到提拔重用——结果使整个单位蔓延着一股唯唯诺诺之风，正气得不到弘扬。

2. 完善措施。尽管我国已有《检察官法》对检察官的任职资格和选拔程序作了原则性规定，但规范、科学的选拔任命程序更为关键。科学的选拔程序既可以节省检察人员初任培训的费用，减少培训时间，还可以堵塞选拔任命过程中那些营私舞弊、假公济私、任人唯亲等腐败现象，同时还能培养一种积极进取、公平竞争、奋发向上的良好风气。

（1）适当提高任职条件。世界上多数国家都规定担任检察官的学历条件必须是法律本科毕业，从检察官这一职业在行使职权的过程中需要具备专门的法律知识和独特的法律思维方式来看，这一规定具有相当的合理性。纵向看，我国检察官的任职资格不断地在提高，这也是社会发展的必然趋势。目前，我国高等院校每年毕业的法科毕业生数以万计，将检察官的任职资格提高为法律本科既是必要的，也是完全可行的。

（2）严格选拔程序。为了保证检察官具备履行职责所需要的较高素质，西方国家一般规定了比较严格的选拔任命程序。我国各级检察机关在向社会招聘人才时，应制定合理而具体的选任程序，同时必须严格地执行，以确保最大限度地选拔出真正优秀的人才为检察事业服务。

（3）规定适当的救济程序。在我国当前的检察体制下，建议设立专门受理选拔申诉委员会，负责处理招聘提职升迁中出现的不公平现象。

最后必须指出，一个国家采用何种方式选任检察官，并不是随意而为的，而是与该国的国家权力结构、检察机关性质以及其在国家机构中的地位乃至历史等因素密切相关。在检察机关属于行政系统、检察权明确界定为行政权的国家，由行政管理机关任免检察官是顺理成章的事；而在检察官属于司法官序列的国家，由国家元首任命检察官也是一种习惯做法。我国的检察机关由人民代表大会产生，受人民代表大会监督，并向其负责和报告工作，其性质是国家的法律监督机关，这就决定了我国的检察机关应由人大组织、检察人员应受人大任免，"人大对检察机关的组织和任免权是在社会主义民主制度下和权力结构之下我们所必须坚持而不能动摇的。"[①]

另外，我国法律规定省、自治区、直辖市人民检察院检察长和人民检察院分院检察长由同级人大选举和罢免，省级检察长的任免须报最高人民检察院检察长提请全国人民代表大会常务委员会批准。也就是说，省级检察院检察长的产生一方面须经同级人大选举，同时又须报最高人民检察院提请同级人大常委会批准。显然，这一规定混淆了选举产生与上级批准两种不同权力之间的界限。从实践看，尽管我国宪法规定检察机关实行"双重领导"，即地方各级人民检察院既要对产生它的国家权力机关负责，又要对上级人民检察院负责，但事实上，法律关于地方检察院受上级检察机关领导的规定实际上几乎就是一纸空文，地方检察院实际上是对地方党政负责——因为地方检察长的任命提名权

---

① 卞建林主编：《中华人民共和国人民检察院组织法》，中国检察出版社 2006 年版，第 197 页。

在地方党委，且当上级检察院与地方党委的意见不一致，一般尊重地方党委的意见。再有，地方检察机关的经费来源于地方财政，检察机关地位的"附属化"和检察权的"地方化"也就难以避免了。

实现上级检察机关对下级检察机关的真正领导，避免地方检察机关受控受制于地方党政领导，其中最有效的方法是赋予最高人民检察院和上级人民检察院对下级人民检察院检察长人选的提名权。

检察官办案责任制比较研究[*]

蔡　巍[**]

　　检察官办案责任制，是指检察官作为基本的办案组织，在履行办案职责过程中所形成的组织关系、工作机制，以及为了保障检察官客观、公正地独立行使职权而建立的保障机制和监督机制。从世界各国和地区看，检察官在履行办案职责的过程中都是办案的主体，都能够在一定范围内独立行使检察权。但是由于大陆法系和英美法系的传统文化、司法体制、司法理念和诉讼结构等方面的不同，二者在检察官办案责任制的设置和运行方面各具特色。因此，研究和借鉴大陆法系和英美法系国家以及我国台湾地区的检察官办案责任制的模式、检察官办案责任制的保障和监督机制，对推进我国检察官办案责任制改革具有重要的现实意义。

一、域外检察官办案责任制模式

（一）大陆法系国家及我国台湾地区的检察官办案责任制

　　从大陆法系各国和我国台湾地区的法律规定看，检察官是具体案件的办理主体，其办案责任制的特点主要体现在：检察官具有一定的独立性、检察官与检察长的关系、检察官与部门负责人之间的关系上。

　　1. 从检察官的独立性上看，大陆法系国家及我国台湾地区的检察官在履行办案责任的过程中，普遍遵循"检察一体"与"检察独立"双重原则。一方面，检察机关内部采行阶层式建构，实行"检察一体"，上命下从，上级检察首长对下级检察官享有指挥监督权、"职务收取权"和"职务移转权"，下级检察官有服从的义务。另一方面，"检察独立"强调的是检察权具有司法权属性，检察官作为法律的守护者，负有客观公正义务，在办案过程中必须享有

---

　　*　本文刊载于《人民检察》2013 年第 14 期。
　　**　蔡巍，最高人民检察院检察理论研究所科管部主任、副研究员。

独立办案的权力，不能屈服于外部的压力。为此每个检察官作为一个独立的机关，都有行使检察权的权限，并非只有检察机关的首长才有这种权限。由于受到"检察一体"与"检察独立"原则的双重指导，因此，大陆法系国家及我国台湾地区的检察官形成了一种半独立地行使检察权的办案模式。例如日本《检察厅法》规定，检察官是独立的官厅，每个检察官都处于独立负责的地位，提起公诉的检察官要在起诉书中签署自己的名字。但是，由于受检察一体化原则的制约，检察官仍然需要服从检事总长、检事长、检事正的指挥监督。与法官相比，日本的检察官只能具有"半独立性"，"一般检察官在决定起诉或不起诉时，通常接受上席检察官的裁决。"①

2. 从检察官与检察首长的关系看，检察官在办案过程中有义务接受检察首长的指导、监督，但是检察首长的指令权要受到限制和规范，而且检察官也被赋予了对抗检察首长指令、独立履行办案职责的权力，但是实践中检察官和检察首长之间的冲突很少发生。尽管在"检察一体"原则的指导下，大陆法系国家以及我国台湾地区的检察官在履行办案职责的过程中要接受来自上级检察首长的指导、监督，但实际上作为司法官，检察官拥有很大的独立性，这种独立性的获得主要通过限制上级检察首长指挥监督权行使的范围、规范指挥监督权行使的方式，同时赋予下级检察官在特定情况下对抗指令权的"特有权力"的方式实现。首先，限制司法部长指令权的行使范围。我国台湾地区将检察机关管理的事务分为"检察事务"和"检察行政事务"，将司法部长的指令权称为"外部指令"，将检察首长的指令权称为"内部指令"，规定法务部长行使外部指令权只能及于"检察行政事务"，不得在具体个案中指示承办检察官应否发动强制处分、应否起诉或应否上诉等，只有检察首长才能对"检察事务"和"检察行政事务"行使内部指令权。日本则规定，法务大臣对"检察行政事务"具有完全的监督指挥权，对"检察事务"只有一般的指挥监督权，而对每一具体案件的调查或处分，法务大臣只能对检察总长进行指挥，不能对每个检察官所做的事务直接进行干预。迄今为止，日本法务大臣对检事总长行使指挥权的案件仅有所谓的造船疑罪案件（1954年）这一例。② 其次，利用起诉法定主义限制检察首长的指令权。"指令权的界限在于法定主义"，法定主义是有关检察官地位问题的帝王条款，也是限制检察机关内部指令权行

---

① ［日］田口守一：《刑事诉讼法》，张凌、于秀峰译，中国政法大学出版社2010年版，第126页。

② 日本《检察厅法》第14条规定，"法务大臣……可以就检察官办理的事务对检察官进行一般的指挥监督。但是，只有检事总长可以对个别案件的调查或者处分进行指挥。"

使范围的基本原则。在法定主义范围内的案件，检察首长不得下令下级承办检察官为何等之诉讼上之处分。侦查或不侦查，起诉或不起诉，取决于承办检察官的法律确信与证据评价。依据德国《基本法》第 20 条确立的法治国原则，上级官员违反法定追诉原则或法定禁止的指令，或者超越了评判范围或裁量错误的指令属于错误的指令，检察官有放弃处理案件的权利。在我国台湾地区，如果检察首长自身或者指令下级承办检察官违反起诉法定原则而为诉讼上的处分，不但违法，而且可罚，该当台湾"刑法"第 125 条第 1 项第 3 款之要件；若系下令为之，下级承办检察官有抗命义务，不然可能与下令者成为共犯。①
再次，规范上级检察首长指令权行使的方式。"书面须服从，言论可自由"，根据该原则，法国"检察机关的司法官仅在他们的书面结论中遵循服从的规则。相反，根据个人的内心确信，他们可以在庭审中口头展开他们的论据，甚至可以支持其书面结论拒绝采纳的意见。也就是说，如果上级指令要求对某个案件提起公诉，即使下级检察官有异议，他也必须提起公诉，但是在法庭上他可以在陈述公诉意见之外提出自己个人的看法。② 最后，赋予下级检察官在一定条件下摆脱上级检察首长指令的权力。虽然大陆法系国家以及我国台湾地区的检察官在诉讼活动中只能"半独立地"履行办案职责，但是检察官在办案过程中不是检察首长的附庸，而是有权对案件做出独立判断并付诸实施的办案主体，在具体案件中，任何机构包括检察系统的直接上级机构都不得对检察官的行为进行事先控制，或者替代检察长强制推行某一其拒绝履行的指示和命令。任何机构也无权撤销或更改检察官在某一具体案件中作出的行为或决定，即便该行为或决定与上级检察机关所发布的指示或命令相冲突。对于上级的违法指令或者不当指令，检察官可以拒绝服从。法国规定检察院负责人拥有"可摆脱上级机构命令的绝对权力"。③

3. 从检察官与部门负责人之间的关系看，每个检察官都是一级独立的办案组织，但要接受部门负责人的监督和审核，而部门负责人一般都会尊重检察官的决定。大陆法系国家以及我国台湾地区的检察机关内部设置了不同层次的组织机构，虽然检察官作为一级办案组织有权独立对案件做出处理决定，但是检察官在办案过程中除了要接受检察长的监督之外，还要接受部门负责人的监督。德国以及我国台湾地区都设立了主任检察官制度。在德国，一般规模的检察院只设三个级别的组织机构，即科、处和检察长。科是最低级别的组织机

---

① 林钰雄：《检察官论》，法律出版社 2008 年版，第 36 页。
② 魏武：《法德检察制度》，中国检察出版社 2008 年版，第 30 页。
③ 参见《法国刑事诉讼法典》第 41 条。

构,通常由一名检察官或一名职务检察官领导①;每三个科组成一个处,由一名主任检察官领导;处长之上就是机构负责人,即检察长。作为最低级别的办案组织,科长对其工作负独立责任,但对于其工作范围内的任何重大事项,他们必须向处长即主任检察官汇报。我国台湾地区则规定,在检察官做出处理决定之前,所有案件必须报主任检察官审核把关。在法国,"检察院的等级性要求检察院的所有成员通知其上级他认为重要的事项"。②但是部门负责人在监督和领导检察官的过程中非常尊重检察官的决定,根据德国各州《检察机关组织和工作命令》的规定,科长是司法机关,只遵循在法律规定的、尤其是法定追诉原则所界定的框架内的指令。我国台湾地区的主任检察官非常尊重检察官的责任主体地位,主任检察官不能直接改变承办检察官的主张,如果认为检察官的决定欠妥,提出的处理意见承办检察官又不接受,往往会将案件提交给检察长,由检察长行使职务收取权和移转权将案件交给其他检察官办理。

(二)英美法系国家检察官办案责任制

1. 从检察官的独立性看,检察官不受干涉地独立行使检察权。与大陆法系国家相比,英美法系国家的检察机关虽然也隶属于行政机关,但是检察长和检察官之间并不存在上命下从的等级关系。检察长虽然是检察机关的负责人,有权领导和指挥检察官的工作,但是检察长没有个案指挥权,不能干涉检察官对具体案件做出处理决定。例如英国皇家检察官虽然由检察长任命、受检察长指挥,但是"每个皇家检察官对自己所分到的职责都不能有任何偏见,在机构和程序上都享有检察长的所有权力"。③ 自治是美国检察官职务的主要特征,检察官在办案过程中既是律师,也是一名"司法部长",有权独立行使检察权。

2. 从检察官与检察长的关系看,检察官是办案主体,但要接受总检察长、检察长的指挥或者领导。例如在英国,皇家检察院的总检察长、检察长、地区检察长除了负责处理检察机关内部的行政事务之外,他们自身也要履行办案职能,并在办案过程中对于管辖范围内的案件享有独立处理案件的权力。可以说总检察长、检察长、地区检察长本身也是办案组织,在履行办案职责的过程中,其权力行使方式以及责任划分上与办案检察官是一样的。英国检察机关的

---

① 德国的"职务检察官"属于国家公务员,但不是真正的检察官,不属于检察官序列,地位低于检察官,主要办理简易案件。

② 魏武:《法德检察制度》,中国检察出版社 2008 年版,第 29 页。

③ 参见英国 1985 年《犯罪起诉法》第 1 条。

最高领导是总检察长。总检察长虽然是政府的组成人员，但是在做出决策包括履行提起公诉的义务时具有很强的独立性，政府或者其他参与者仅仅可以对总检察长做出告知，但是不能指示或者影响总检察长应该如何决策。而作为皇家检察院最高负责人的检察长在工作中有很大的自主性，检察长决定的绝大多数案件总检察长一般不予过问。但是英国的检察长、皇家检察官在办案过程中也要接受指挥或者领导。对于要案或疑难案件，或者是基于公共利益考虑的重大案件，包括危害国家安全犯罪、严重危害公共秩序犯罪和贪污犯罪，检察长应征得总检察长同意后才能提起诉讼[1]；而皇家检察官虽然有检察长的所有权力，但是也要在检察长的指挥之下工作。在美国，联邦地区检察官和联邦检察长之间联系较为紧密，联邦地区检察官在执行公务时虽然要接受联邦总检察长的领导。"但是在地区供职的合众国检察官仍旧享有较大的独立于华盛顿特区中心权力的权力。例如，总检察长不必对合众国检察官作出的所有指控决定实行中心化监管，合众国检察官每天指控和审理案件的工作几乎不受直接的监督或干涉。"[2] 州检察长和地方检察官之间则各自独立，一般没有纵向关系，地方检察官承办的案件，州检察长一般不加干涉。

3. 从检察官之间的关系看，检察官之间相互独立，但是也存在分工与合作的关系。与大陆法系国家不同，英美法系国家的检察机关内部不是按照等级关系设立的。检察机关内部机构设置简单，除了具体承办案件的检察官，就是负责领导检察机关的检察长，检察官直接受检察长领导，向检察长负责，两者之间不存在类似于大陆法系国家主任检察官那样的负责审核案件的部门负责人。不过，虽然检察官之间相互独立，但是相互之间也存在分工与合作关系。例如在美国，负责具体处理案件的助理检察官都是由联邦或者州的检察长聘用的。助理检察官受文官制的庇荫，在办案过程中享有很大的独立性，独立于检察长，也独立于其他助理检察官。

二、域外实行检察官办案责任制的制度保障

为了保障检察官独立行使职权，有效履行办案职责，两大法系国家都有规范检察官选任、晋升和制裁的制度，从而保证了检察官能够独立履行职责。

---

[1] 樊崇义、吴宏耀、种松志主编：《域外检察制度研究》，中国人民公安大学出版社2008年版，第12页。

[2] ［美］爱伦·豪切斯泰勒·斯黛丽、南希·弗兰克：《美国刑事法院诉讼程序》，陈卫东、徐美君译，中国人民大学出版社2002年版，第206页。

（一）检察机关内部实行人员分类管理，突出对检察官专业性和职业化的要求，确保检察官作为办案的主体具有独立办案的职责和能力

大陆法系国家有关检察机关人员分类管理的规定比较明确，德国《法院组织法》第 147 条第 3 项规定，检察机关内部人员由检察长、检察官以及司法辅助人员和书记官组成。日本《检察厅法》规定，检察机关的职员分为检察官、总检察长秘书官、检察事务官和检察技官。检察官主要履行办案职能，其他的司法辅助人员和书记员主要从事行政事务和文秘等辅助性工作，为检察官履行办案职责提供服务。相比之下，虽然英美法系国家对检察机关人员分类管理的规定并不明确，但是实践中检察机关内部的办案职能和行政职能的区分非常明确。如美国地区检察院通常配备首席检察长一名，其次包括助理检察官或副检察官、检察官特别助理、侦查员、办公室主任、秘书、书记员及律师帮办等。在分类管理的模式下，两大法系国家对检察官都规定了很高的选任标准，大陆法系国家要求检察官和法官适用相同的选任标准，法官和检察官在选任和升职过程中可以互调。英美法系国家则依据普通法要求"经验、精英"人物投身法律工作的传统，除了要求检察官必须是通过律师资格考试的法学院毕业生之外，还要求检察官必须有律师从业资格，担任检察长或者首席检察官的律师对实务经验的要求更高。

（二）规范检察官的任命、考核、惩戒程序，为检察官独立履行办案职责提供身份保障

早在 19 世纪中叶，德国改革刑事诉讼法大师米德迈尔就已经指出，"检察官之身份保障殆属必要，否则检察官会太过顺从统治者的期待，因为他必须担心，一旦他不够听从时，随时等着走路。"[①] 为此，德国确立了检察官职务终身制，以帮助检察官在办案中抵御外部压力。为了保护独立办案的检察官，各国首先将对检察官任免、惩戒的权力交给专门的机构。德国检察机关内部设有纪律委员会，通过专门的纪律诉讼程序，对检察官的执法行为进行监督，对违规行为进行惩罚。法国在司法部设立专门负责检察院司法官纪律惩戒的有权机构，未经最高司法官委员会有权机构作出意见，不得宣布对检察院司法官的

[①] 林钰雄：《刑事诉讼法》（上册 总论编），中国人民大学出版社 2005 年版，第 114 页。

制裁措施。日本对检察官的罢免要由"检察官适格审查会"决议做出。① 我国台湾地区则在法务部设"检察官人事审议委员会",审议高等法院检察署以下各级法院及其分院检察署主任检察官、检察官之任命、转任、迁调、考核及奖惩事项。其次,各国还建立专门的任免和惩戒程序,规范针对检察官的任免、惩戒行为。德国采用司法部职务法庭的正式纪律惩戒程序对检察官发生的重大的不正当行为进行惩戒,美国则要求各州应提供并维持一套检察官解职程序,以明确解职的前提以及向检察官提供告知、听证与正当程序保护。

（三）设立检察官职务晋升制度,为检察官提供职务晋升的渠道,保障职务晋升的公开与公正性

为了在职务晋升中实现公开、公正,法国设立了由最高法院院长、检察长、司法部司法事务总督察以及法官、检察长等20名司法官组成的晋升委员会,对检察院司法官进行考核,选择一些司法官进入更高等级。德国检察官实行终身制,检察官的职业生涯晋升机会非常有限。为了保障检察官享有公平晋升的权利,在检察长、主任检察官出现职位空缺后,德国实行公开选拔。检察官的职务晋升最终由司法部决定,而不是检察长决定,防止检察官因为坚持己见而受到打击、报复。

（四）赋予检察官职务豁免权,为检察官独立履行办案职责,大胆行使自由裁量权提供制度支持

检察官在履行办案职责过程中可能会做出让上级机关、被害人或者社会公众不喜欢的决定。这使得其难免成为各类指责的靶子甚至遭致逮捕或起诉。尽管不能否认其中某些指责的正当性与合法性,但检察官如同平民,在此情形下仍得享有无罪推定权利。对不受欢迎的检察官仅依据其做出的逮捕或起诉决定便将其轻易解职,显失公平。为了保障检察官独立履行办案职责,法国规定检察官履行职责的行为具有不可归责性,在刑事追诉结束时,做出追诉决定的检察官并不需要为其行为负责或被判处承担赔偿责任,或承担诉讼费用。美国的检察官在行使法定职责的过程中几乎享有绝对的豁免权。《美国起诉准则》第4.3条规定,在虑及检察官去职时,不应考虑逮捕或起诉决定本身。实际上,刑事被告人因检察官的起诉选择而起诉检察官,也是不被允许的。②

---

① ［日］松尾浩也:《日本刑事诉讼法》（上卷）,丁相顺译,中国人民大学出版社2005年版,第31页。

② Humid R. Kusha: Defendants Rights, ABC - CLIO. Inc, p. 59.

三、域外对检察官办案责任的监督制约

检察官独立办案必须接受监督制约，特别是随着检察官自由裁量权的扩大，对检察官办案进行监督制约必不可少。为此两大法系国家都设计了符合检察官制度自身特点的监督制约机制，以保障检察官公正履行办案职责。

（一）检察机关内部的监督制约机制

检察机关的内部监督制约主要是指检察机关上下级之间的监督，以及来自行业组织与职业规范的监督制约。大陆法系国家检察机关内部的监督制约主要依靠"检察一体"的制度设计来实现。上级检察首长通过对独立办案的检察官行使指挥监督权，既统一了适用起诉便宜原则处理案件的裁量标准，也防止发生检察官滥权的危险。英美法系国家的检察机关虽然在内部设置上不具有等级性，检察长不能够通过发布指令的方式监督检察官的办案活动，但是检察官行业组织与职业规范在规范检察官办案活动、防止检察官滥用权力方面发挥了重要作用。如果检察官在办案过程中违反了执业操守与伦理规范，律师协会有权实施纪律惩戒，包括取消律师执业资格。此外，律师协会和检察官协会还通过发布规范性行业准则，来解决约束检察官的日常行为、办案流程、责任分担等问题；检察机关内部也制定了工作准则，明确检察官在从事审查起诉等办案活动中必须遵循的标准，规范检察官的办案活动，如美国的《联邦检察官手册》、英国的《皇家检察官准则》等。

（二）检察机关的外部监督制约机制

为了保障检察官切实履行办案职责，还必须建立外部监督制约机制。外部监督制约机制的设计原理就是利用权力分立，以权力制约权力，借以达到防范检察官滥用权力、保障司法公正的目的。

1. 议会监督模式：来自立法权的监督

从检察机关在刑事诉讼程序中的地位出发，检察机关更应该接近于司法机关，但是从检察机关在宪法体系中的地位来看，检察机关还是属于行政机关。无论是大陆法系国家的检察机关，还是英美法系国家的检察机关，检察机关的最高领导都是司法部长，而司法部属于政府机构，因此检察官要通过检察长接受来自议会的立法监督。在大陆法系国家，"下级对上级负责，上级对国会负责"是立法权监督检察权运行的理论依据和基本模式。但是，任何层级的监督方式都以起诉法定原则为限，否则不但违法，而且可罚。

2. 诉讼监督模式：来自法院的司法审查

在检察官制度中，最有成效的监督机制是诉讼监督模式，即法官审查制。在德国，诉讼监督模式由"中间程序"、"强制起诉程序"以及"强制处分审查程序"组成，分别对应检察官的起诉、不起诉及强制处分程序，监督检察官公诉裁量权的行使。日本在完善相应的监督制约机制过程中，不断以德国的刑事诉讼制度为蓝本，增强监督公诉权行使的法律效力。2004 年日本修改《刑事诉讼法》和《检察审查会法》，创设起诉决议制度，规定"检察审查会"作出的起诉决议具有提起公诉的效果，彻底解决了长期争议的"检察审查会"决议的约束力问题。① 英美法系国家的检察官虽然在不起诉裁量权的行使过程中几乎不受限制，但是对检察官的起诉决定则建立了有效的监督制约机制。首先是建立了公诉审查制度，防止检察官滥用诉权。如美国的预审程序、大陪审团审查起诉程序以及英国的交付审判程序等。其次，当检察官行使起诉权侵犯了当事人的宪法权利时，法院可以违宪审查的方式对检察官的起诉权进行监督。

四、启示

"他山之石，可以攻玉"。虽然大陆法系和英美法系检察官办案责任制各有不同，但它们的一些做法却给我们以启示：

（一）检察官享有一定的独立办案职权，具有独立的办案主体地位

两大法系国家和地区虽然赋予检察官的职权各不相同，但都赋予了检察官一定的独立办案权，且检察长和部门负责人不得随意干预，检察官在其职权范围内有权拒绝检察长的不当干预。例如在德国和我国台湾地区，设置了主任检察官制度，主任检察官在办理案件中享有较大的职权，虽然检察长按照"检察一体"原则对主任检察官可以进行监督和制约，而且还享有职务收取权和移转权，但其监督和制约以及职务收取权和移转权，都必须采取书面的形式，且要受到较大的限制。同时，主任检察官对检察长的不当干预还享有拒绝执行命令的权力。检察官在办案上的独立性，体现了司法的特性，这一点值得我国借鉴。

---

① ［日］田口守一：《刑事诉讼法》，张凌、于秀峰译，中国政法大学出版社 2010 年版，第 133～135 页。

（二）检察官的职业化和专业化，保证检察官依法独立办案

检察官的分类管理是检察官职业化、专业化的保障。只有实行分类管理制度，才能提高检察官的准入资格，提高检察官的素质，确保检察官具有独立的办案能力。同时，检察官的晋升职级制度是解决检察官的职级、待遇问题的制度，是检察官独立办案必要的职务保障。此外，检察官的身份保障制度也是检察官依法独立办案的根本保障制度，两大法系在这些方面都有值得我们借鉴的宝贵经验。

（三）完善的检察官监督制约机制，保证了检察官依法公正办案

没有受到监督的权力必然产生腐败。两大法系国家在赋予检察官较大独立权力的同时，也建立了完善的检察官监督制约机制，保证了检察官能够依法公正地行使职权，保证了检察官办案的质量。两大法系国家的有益做法，值得我们借鉴。

论检察法律*

单　民　薛伟宏**

一、检察法律的产生

诚然，"国家的法律是调整或规范国家制度的形式或手段，国家的制度是国家的法律对有关社会关系加以调整或规范的结果；如果无国家法律这种形式或手段，国家的有关制度就建立不起来。这就告诉人们，国家的有关制度，无论是其有根本性的国家制度（或社会制度）、政治制度、经济制度、文化制度、军事制度等，还是国家的各种各样的具体制度等，都是离不开国家的有关法律的，无法律调整或规范的国家有关制度是不存在的"①。由此推论，检察制度的客观存在，也离不开国家的有关法律——检察法律；没有检察法律的客观存在，检察制度就难以产生、发展。基于此，实践中便有了将检察法律存在与否，作为衡量一国检察制度是否建立的唯一标志之观点。②

一方面，虽然检察法律是检察制度得以产生、发展乃至中（废）止的"种子"、"母胎"和圭臬，但它并非衡量一国检察制度是否建立的唯一标志。因为，检察法律还有束之高阁、名存实亡等情形。譬如，在我国"文革"时期，尽管1954年《人民检察院组织法》未被废止，七五《宪法》也只是规定"检察机关的职权由各级公安机关行使"（第25条第2款），但其间的检察制度着实不在了。否则，也不会有"鉴于同各种违法乱纪行为作斗争的极大重

---

* 本文刊载于《河南社会科学》2013年第12期。

** 单民，最高人民检察院检察理论研究所副所长、研究员；薛伟宏，国家检察官学院教授。

① 王先勇：《我国法制建设应以实现"法治国家"为最基本的出发点》，载《社会科学研究》1995年第6期。

② 朱孝清、张智辉主编：《检察学》，中国检察出版社2010年版，第54~58页。

要性，宪法修改草案规定设置人民检察院"的修宪说明。① 另一方面，检察法律是国家发展到一定历史阶段——西方封建社会向资本主义社会转型的产物，并不是国与法同时产生。

二、检察法律的词源与词义

（一）词源

目前，中外有无"检察法律"称谓？概言之，尽管其出现频率不高，但"检察法律"绝非没有或者说"检察法律"绝非是一些人的标新立异。②

第一，我国目前不仅有"检察法律"表述，甚至还有"检察法"、"检察法令"的提法。例如，"从已经收集到的检察法令看，清末时期的检察立法工作，总体上有以下几个特点……"，"据有关资料不完全统计显示，我国这一时期形形色色的检察法多达 199 件（强）"③。

第二，倘若没有"检察法律"这一词根或词素；就难有"检察法律监督"、"检察法律规范"、"检察法律制度"、"检察法律文书"、"检察法制"、"检察立法"等派生词语和相关术语的客观存在。

第三，通过中国知网高级检索全文检索发现，1979 年 1 月至 2013 年 3 月底，全文含有"检察法律"的论文 1179 篇。"检察法律"论文数量最多的年份是 2012 年 167 篇，最少的是 1979—1984 年、1988 年和 1990 年，均为 0 篇。当然，"检察法律"多以"检察法律监督（权、制度、能力、职能、效果、渠道）"、"检察法律文书"、"检察法律关系"、"检察法律思想"和"民事行政检察法律监督"形式出现。若将"检察法"视为"检察法律"之简称没有什么不妥的话，通过中国知网高级检索全文检索还可发现，此间全文含有"检察法"的论文共有 335 篇。含"检察法"论文数量最多的年份是 2008 年 36 篇，最少的是 1980、1982、1986、1991 年，均为 0 篇。通过国家图书馆《联机公共目录查询系统》书目检索显示，含有"检察法律"的文献只有 2 篇，而没有含有"检察法"的文献。通过《大成老旧刊全文数据库》篇名检索，未发现有含有"检察法律"或"检察法"的文章。

总之，一方面，早在 20 世纪 70 至 90 年代就有了"检察法律"或其简称

① 叶剑英：《中华人民共和国宪法修正案——1988 年 4 月 12 日第七届全国人民代表大会第一次会议通过》，载《人民日报》1978 年 3 月 8 日，第 1 版。
② 崔清兰、曹为主编：《中国法学图书目录》，群众出版社 1986 年版，第 785 页。
③ 闵钐、谢如程、薛伟宏编著：《中国检察制度法令规范解读》，中国检察出版社 2011 年版，第 3 页、第 362 页。

"检察法"的提法，而本世纪后这种提法开始增多起来。另一方面，在我国目前"检察法律"既是法学名词，也是广义的法律术语。

（二）词义

顾名思义，"检察法律"（以下简称"检察法"）就是有关检察的法律的总称。其中，"检察"之初态"检察"，较早见于公元432—445年间成书的《后汉书·百官志·五》："里魁掌一里百家。什主十家，伍主五家，以相检察"；而经过1500余年的演进，现今的"检察"已成为一个多义的动名词——可能是一种国家行为、措施、手段或活动的简称，也可能是一种工作、权力或职权（能、责）的代名词；可能是检方（即检察机关及其检察人员的统称）、检察机关或检察人员的代名词，也可能是检方权力（如检察权、职权）、义务（如检察职责、责任）或行为（如检察建议、监所检察）的缩略语；可能是检察法律的缩略语，也可能是检察制度的简称……而这些含义的核心主导或归结点，都指向检方。而"法律"，较早见于战国中晚期成书的《庄子·徐无鬼》"法律之士广治"，"古代多指刑法或各种律令"①。经过2300余年演进，目前法律的词义为"由立法机关制定、国家政权保证执行的行为规则"②。因此，从词义上说，检察法就是由立法机关制定、国家政权保证执行的有关检方的行为规则。

三、检察法律的概念与特点

（一）概念

尽管检察法神形兼备地存在于中外各国或地区，但目前，对检察法的关注与系统研究并不多，且少共识。譬如，在我国，关于何谓检察法，至少有如下四种代表性观点：

1. "检察法是贯彻宪法有关检察机关规定的具体化，是法律监督机关工作的总纲。有了检察法才能派生出检察院组织法、检察院法律监督程序详则、检察院工作条例等共体的法律规定"③。此定义的可取之处在于，它指出专门性检察法不仅包括诸如检察院组织法和检察官法等检察法典，也包括诸如检察

---

① 商务印书馆编辑部等编：《辞源》（缩印本），商务印书馆1991年版，第946页。

② 中国社会科学院语言研究所词典编辑室编：《现代汉语词典》（修订本），商务印书馆1999年版，第342页。

③ 王然冀、张之又：《改革和完善检察机关领导体制刍议》，载《现代法学》1988年第3期。

院法律监督程序详则、检察院工作条例等其他专门性检察法律。而不足的是,它既忽略了附属性检察法的客观存在,也忽略了国内与国际、全局与局部性检察法的并存性,同时,也未揭示出检察法的本质。

2. "我国还没有综合统一的检察法,我国检察机关的职权分别是由宪法、人民检察院组织法、检察官法、刑法、刑事诉讼法、民法、民事诉讼法、行政法、行政诉讼法等国家法律加以规定的。"[①] 此定义的可取之处在于,它指出检察法不仅包括诸如检察院组织法和检察官法等检察法典,也包括诸如刑法、刑事诉讼法等附属性检察法。而不足的是,它既忽略了国内与国际、全局与局部性检察法的并存性,也未揭示出检察法的本质。

3. "所谓检察法,即检察法律的简称,它有广狭两义:广义的是指由国家依法制定或认可的、规范检察机关及其检察人员行为之法律及其法律规范的总称;狭义的仅指由国家依法制定或认可的、规范检察机关及其检察人员行为之专门法律或法典。"[②] 此定义的可取之处在于,它基本揭示了检察法的内涵、外延;而不足的是,它忽略了国际检察法以及附属和专门性检察法的客观存在。

4. "所谓检察法,即检察法律的简称。作为法律及其司法法的一种,它是指由国家依法制定或认可的、规范检察机关及其检察人员(以下统称'检方')行为之法律及其法律规范的总称,抑或检察法是指由国家制定或认可的,支撑、规范、调整和引领检察制度诸要素,例如,检察机关及其检察人员(含正副检察长,检察官或检察员、助理检察员,书记员、司法警察等)及其检察权能之广义法律及其法律规范的总和。因此,检察法又包括检察法律与检察法律规范两种。前者包括诸如我国《人民检察院组织法》、《检察官法》等专门的'检察法典',后者则包括诸如'人民检察院是国家的法律监督机关'(《宪法》第129条)、'人民检察院依法对刑事诉讼实行法律监督'(《刑事诉讼法》第8条)等检察法律规范。"[③] 因此,此定义的可取之处在于,它大体上揭示了检察法的内涵、外延;而不足在于,一是忽略了国内与国际、附属与专门、全局与局部性检察法的并存性,二是将狭义的检察法界定为检察法典而不包括其他专门性检察法(如高检院《人民检察院国家赔偿工作规定》),因

---

① 周其华:《对检察机关职权配置的研究》,载《法学杂志》2003年第1期。

② 杨迎泽、薛伟宏:《人民检察院组织法回顾》,载孙谦主编:《检察论丛》(第16卷),法律出版社2011年版。

③ 曹南江:《新中国检察法之特点》,载《第七届国家高级检察官论坛会议文章》,国家检察官学院、大连市人民检察院2011年编印。

而也值得商榷。

因此，基于上述分析，本文认为，所谓检察法（律），就是旨在规范检方权力或行为之行为规范的总和，包括国内与国际检察法（律）两大类；而国内与国际检察法（律）又包括附属与专门性、实体与程序性、全局与局部性、一般与特殊性、成文与不成文检察法（律）等多种形态。

（二）特点

作为一种特殊的法律形态，作为规范检方权力或行为的行为规范，检察法除具有法律的共性之外，还有如下个性或特点：

1. 它是国家发展到一定阶段的产物。检察法不是与国与法同时产生的，而是西方封建社会向资本主义社会转型的产物，也是西方国家全能法院向裁判法院、私诉向公诉制度、任意司法向程序司法转变的成果，且诞生于何时何国众说纷纭。

2. 创制主体的多样性。一方面，国内检察法的创制主体多样。譬如，尽管据我国《立法法》、《关于加强法律解释工作的决议》规定，我国检察法的创制主体仅限于全国人大及其常委会、经全国人大或其常委会授权的国务院、全国人大常委会法制工作委员会和高检院。但实践中，由其他创制者创制的低位阶检察法，并不鲜见。例如，北京市高级人民法院、人民检察院、公安局、物价局《关于加强北京市涉案财产价格鉴定管理的通知》，广东省东莞市人民检察院、公安局《关于刑事案件中"另案处理人员"的监督办法》，四川省剑阁县人民检察院《关于加强对诉讼活动法律监督工作的实施意见》等，都可视为广义的检察法律规范。另一方面，国际检察法的创制主体多样。例如，在韩国，《大韩民国大检察厅和中华人民共和国最高人民检察院合作协议》是由大检察厅签署的，《大韩民国和中华人民共和国关于刑事司法协助的条约》则是由国会批准的；而诸如《联合国关于检察官作用的准则》、《欧洲理事会成员国部长会议检察官在刑事司法制度中的作用》等国际检察法，不仅需要相关国家政府签署，还需该国立法机关批准。例如，我国《宪法》规定，国务院负责"管理对外事务，同外国缔结条约和协定"（第89条第（九）项），全国人大常委会负责"决定同外国缔结的条约和重要协定的批准和废除"（第67条第（十四）项）。

3. 彼此间效力的法律位阶性。检察法创制主体性质、地位的不同，势必导致其所创制的检察法之间具有明显的法律位阶性，它一般包括高、同、低三种情形。例如，在日本，由国会制定的《检察厅法》要高于内阁制定的《检察官适格审查会令》和《司法考试委员会令》的法律位阶，《检察官适格审查会令》和《司法考试委员会令》的法律位阶等同，而《检察官适格审查会令》和《司法考试委员会令》要低于《检察厅法》的法律位阶。

4. 存在形态的附属性。除在国内与国际、全局与局部性法律中可找到检察法律规范的踪迹外，还可在如下法律类型中看到检察法律规范的身影：根本法中有，普通法中也有；一般法（如刑法）中有，特别法（如反贪污贿赂法）中也有；实体法中有，程序法中也有；成文法（如诉讼法典）中有，不成文法（如国际惯例）中也有；公法（如宪法、刑法）中有，私法（如民法、商法）中也有；正当法律位阶的法律（如宪法、基本法律、法律）中有，低法律位阶的法律（如地方性法规、准司法解释）中也有。因此，检察法具有明显的附属或依附性，并突出地表现在检察法律规范对所附属法律的依附关系上。

5. 法律性质的多元化。检察法具有附属或依附性，同时，这也折射出其法律性质的多元化。例如，检察宪法规范既属于检察法律规范，也属于宪法规范；检察诉讼法规范既属于检察法律规范，也属于基本法律规范；检察官法律规范既属于检察法律规范，也属于检察官法规范，等等。

6. 内容的广泛性。无论国内还是国际检察法，它们所涉及的内容都相当广泛。比较而言，国际检察法所涉及的内容要少于国内检察法，检察法典所涉及的内容要多于其他专门和附属性检察法，局部性检察法所涉及的内容要少于全局性检察法。但是，这些内容的旨趣，都在于规范检方的权力或行为。

7. 法律结构不同。基于历史发展、文化传统、国体政体、国情区情等因素差异，一方面，同一法系国家检察法的法律结构也不尽相同。例如，《俄罗斯联邦检察机关法》与《大韩民国检察厅法》、我国《检察官法》与《越南社会主义共和国人民检察官法》、《加拿大检察署长法》与《澳大利亚检察长法》的法律结构就不尽相同。另一方面，同一国家不同时期之检察法的法律结构也不尽相同。例如，在俄罗斯，《苏联检察院条例》、《苏联检察院法》与《俄罗斯联邦检察院法》、《俄罗斯联邦检察机关法》之间的法律结构，就不尽相同。

8. 类型众多。这主要表现在国内与国际、附属与专门性、制定与认可性、全局与局部性、实体与程序性、规范检察诉讼监督权与非诉讼监督权、成文与不成文、显性与隐性、资本主义与社会主义，以及大陆、英美与社会主义法系国家等检察法并存上。

而作为中国检察制度生成种子、母胎的中国检察法，既有与世界各国检察法相同的一面，也有与之不同的另一面，并始终是当今世界唯一集中华、大陆、英美和社会主义法系特点于一身的检察法律。其中，我国检察法的自身特点主要有：一是沿革的阶段、时期性，二是创制的自主与非自主性，三是生成的总结、借鉴、仿效、承袭与摒弃性，四是适用的法域性，五是法律结构的同异交融，六是文种繁多。

四、检察法律的类型

（一）国内和国际检察法

根据创制主体、管辖效力或适用范围的不同，可将其分为国内和国际检察法两类。其中，前者是指由国家或地区依法制定或认可的、旨在规范本国本地区检方权力或行为的国内法的总称。例如，我国《人民检察院组织法》。而后者是指由国家间制定的、旨在规范国家间检方权力或行为的国际法的总称。例如，《联合国关于检察官作用的准则》、《欧洲理事会成员国部长会议检察官在刑事司法制度中的作用》和《中华人民共和国最高人民检察院和墨西哥合众国总检察院合作协议》。

（二）全国和局部性检察法

根据创制主体、管辖效力或适用范围和对象的不同，可将其分为全局（全国、中央）和局部（区域、地方）性检察法律两类。其中，前者是指管辖效力范围及于全局、全国或中央之检方权力或行为的检察法。例如，我国《检察官法》。后者是指管辖效力范围仅限于特定区域、地方或局部之检方权力或行为的检察法律。例如，海南省人大常委会《海南省各级人民法院、人民检察院、公安机关错案责任追究条例》、河南省人民检察院《关于自侦案件涉案款物处理工作的规定》。

（三）附属和专门性检察法

根据存在形态或是否具有附属（依附）性，可将其分为附属和专门性检察法两类。其中，前者与附属刑法类似，是指旨在规范检方权力或行为并附属于国际法或国内法中的检察法律规范的总称。例如，"人民检察院依法对刑事诉讼实行法律监督"（我国现行《刑事诉讼法》第 8 条）。而后者是指旨在规范检方权力或行为的、国际与国内专门性检察法的总称。① 它又包括以下两

---

① 曹建明、何勤华主编：《大辞海·法学卷》，上海辞书出版社 2003 年版，第 426、1603～1604、1385 页。

种：一种是检察法典。它与刑法典类似，是指旨在规范检方权力或行为的国内与国际法典的总称。例如，俄罗斯《联邦检察机关法》和《联邦检察官法》。另一种是其他专门性检察法。即除检察法典之外的、国内与国际其他专门性检察法的总称。① 它又包括以下两种：一是国际其他专门性检察法律。例如，《国际检察官联合会检察官职业责任准则和主要权利义务准则》。二是国内其他专门性检察法。例如，《大韩民国检事惩戒法》、《英国皇家检察官准则》、《苏联检察监督条例》、《中华人民共和国检察人员执法过错责任追究条例》。

（四）制定和认可性检察法

根据创制方式的不同，可将其分为制定和认可性检察法两类。其中，前者是指通过制定方式创制的检察法。例如，检察法典的制定。而后者是指通过认可方式创制的检察法。例如，各国对《联合国反腐败公约》的签署并批准。

（五）检察程序和实体法

根据法律性质的不同，可将其分为检察程序和实体法两类。例如，越南《人民检察院组织法》和《人民检察官法》等检察院组织法和检察官法本身，就是名副其实的实体法；而《日本检察厅事务章程》、《韩国检察案件规则》、《澳大利亚联邦检察院起诉规则》等检务章程以及案件管理、处理和起诉规则本身，就是名副其实的程序法。

（六）显性与隐性检察法

根据是否明显彰显检察法特点，或者法律条文内容是否含有"检察"一词，可将其分为显性与隐性检察法律两类。其中，显性检察法是指明显彰显检察法特点，或者法律条文内容含有"检察"一词的法律。例如，《联合国关于检察官作用的准则》、《大韩民国检察厅法》。隐性检察法律是指隐含检察法特性，或者法律条文内容不含有"检察"一词但却具有检察法特点的法律。例如，《联合国执法人员行为守则》、我国现行《刑法》。

五、结 语

诚然，"检察官，乃因对法官及警察的不信任而诞生，在此氛围之下，新生儿不但命定要为防范法官恣意与警察滥权而奋斗，更需为自身不被相类的病

---

① 黄京平、王烁：《论刑事政策的评估——以建立指标体系为核心》，载《中国刑事法杂志》2013 年第 7 期。

毒感染而苦斗"①。中外检察实践表明，依法治检，才是检察官保证"自身不被相类的病毒感染"的不二法门；而检察法律的健全与否，直接关系依法治检的成败。②

---

① 林钰雄：《检察官论》，法律出版社 2008 年版，第 134 页。
② 张泽涛：《中西司法与民主关系之比较》，载《河南社会科学》2012 年第 9 期。

论检察学的体系[*]

谢鹏程^{**}

检察学是研究检察制度及其发展规律的学科，是总结和升华检察实践经验
并用以指导检察工作的理论体系，是法学中的一个交叉性、综合性和实务性的
新兴学科。反思检察学的研究历程，整合检察学的研究成果，构建理性的、开
放的、中国特色的社会主义检察学体系，是当代中国检察事业科学发展的客观
需要，是法学繁荣发展的重要标志。

一、检察学体系的探索和发展

新中国检察学学科体系的探索和发展大致可以划分为建国初期、80 年代、
90 年代和新世纪头七年四个时期。建国初期主要是翻译和介绍前苏联的检察
制度和检察理论，结合中国实际创立我国的检察制度；80 年代主要是探索当
代中国的检察学体系，翻译和介绍西方国家的检察制度和检察理论；90 年代
主要是充实和拓展当代中国检察学的内容，提升检察学的学术水平；新世纪以
来主要是围绕巩固检察机关的法律地位和强化法律监督职能，推进检察理论创
新，为检察改革和司法体制改革提供理论支持。各个时期检察学的探索和发展
都是与当时的经济、政治、社会和文化发展状况以及党和国家的方针政策密切
联系的，与法学整体发展的模式和水平相衔接的，与检察事业发展的客观状况
和内在需要相适应的。

建国初期，在创建我国社会主义检察制度的过程中，立法界和法学界在彻
底否定国民党政府检察体制的同时，注意学习和借鉴前苏联的检察制度和检察
理论。列宁的法律监督理论和前苏联的检察制度构成了我国检察制度建设的一
个重要参照系。当时，有组织地翻译和出版了一批前苏联的检察理论著作，例
如，高尔谢宁著《苏联的检察制度》（中共中央法律委员会编，1949 年）；列

---

　*　本文刊载于《中外法学》2008 年第 5 期。

　**　谢鹏程，最高人民检察院检察理论研究所副所长、研究员。

别吉斯基著《区检察长的权利与义务及其工作组织》（人民出版社，1954年）；列别吉斯基著《苏维埃检察署的工作组织》（法律出版社，1955年）等。这些译著虽然在理论上不够成熟和系统，但是基本反映了前苏联的检察制度和检察理论的概貌，提供了社会主义检察制度的基本框架，确立了中国社会主义检察学发展的理论基点。

　　20世纪80年代，我国检察学的探索和创立取得了初步成效。最高人民检察院原研究室主任王桂五先生1981年在中央政法干部学校上讲授了人民检察院组织法课程，随后出版了《人民检察制度概论》（法律出版社，1982年）；西南政法学院王洪俊教授1982年编写了讲义《我国的检察制度》并开设了课程，在检察学的教学和研究方面迈出了重要的一步。1986年8月沈阳市检察学会和沈阳市人民检察院发起并召开了"检察学理论研究问题座谈会"，著名法学家孙国华、黎国智、王桂五、王洪俊等30多位专家出席并提交了论文，该座谈会对创立检察学的依据和必要性，检察学的研究对象、范围、方法和理论体系及其在法学中的地位等基本问题进行了比较深入的研讨，特别是在创立检察学的必要性等方面达成了共识。随后，一些检察学著作相继出版，如王洪俊的《检察学》（重庆人民出版社，1987年）和陈卫东、张弢的《检察监督职能论》（群众出版社，1988年）等，这些著作都为检察学的建立做了有益的探索。比较具有代表性的著作是王然冀主编的《当代中国检察学》（法律出版社，1989年）。该书的提纲经最高人民检察院原副检察长王晓光召集并主持十省、市检察长座谈会的讨论和完善，由学术界和检察系统的人员协作攻关、共同完成撰写工作，是中国检察学会推动和组织编写的第一本专著。该书分为总论和分论两大部分，总论部分对检察学的基本问题，包括学科地位、理论基础、检察制度的历史发展、检察机关的性质、队伍建设、领导体制等进行了系统的阐述；分论部分则对检察机关的各项业务工作及专门检察院的工作等方面的政策和工作机制进行了理论阐述。这部著作集中反映了当时检察系统内外两个方面取得的理论研究成果，体系完整、内容充实，为检察学的教学培训和理论研究奠定了良好的基础，对检察学学科体系的探索和建设做出了重要贡献。

　　20世纪90年代，检察学的内容全面拓展，理论体系基本确立。中国检察学会设立检察理论研究基金，资助重点研究课题，奖励优秀科研成果，并与中国检察理论研究所（现为最高人民检察院检察理论研究所）一起制定了《检察理论研究五年规划》（1992—1996年），创办了学术期刊《检察理论研究》等，为检察学的发展建立了初步的激励机制和平台。在检察人员和法学界的共同努力下，推出了一批至今具有重要影响的专著和论文，其代表作是王桂五主编的《中华人民共和国检察制度研究》（法律出版社，1991年）。该书分为总论、职能论、程序论、组织论和管理论五编，以法律监督为主线，对我国检察制度及其基本理论问题进行了深入而全面的探讨，是新中国检察学发展史上的一个里程碑，也是我国检察学领域的一座理论高峰。中国检察制度研究课题组（"七五"期间国家哲学社会科学重点研究项目）不仅完成了上述专著，而且组织翻译并由中国检察出版社在 1990 年和 1991 年出版了《外国检察制度丛书》，如《日本检察厅法逐条解释》、《日本检察讲义》、《美国检察官研究》、《英国总检察长：政治与公共权利的代表》、《皇家检察官》、《法国诉讼制度的理论与实践》、《美国要案检控纪实》等。这套译丛，虽然在选材和翻译等方面存在一定的局限性，但是它毕竟体现了编者的国际视野和开放意识，为人们学习和借鉴西方国家的检察理论研究成果打开了一扇窗口。王克主编的《世界各国检察院组织法选编》（中国社会科学出版社，1994 年），汇编了 17 个国家的检察院组织法，为准确了解外国检察制度创造了一定的条件。

新世纪七年里，检察理论研究工作机制进一步完善，检察学在学术争鸣和检察改革中得到了全面发展。最高人民检察院贾春旺检察长提出："加强检察理论研究，关系检察制度的前途，关系检察工作的全局，关系检察事业的根本，是做好检察工作的重要基础，是各级检察机关必须高度重视、着力抓好的一项重要工作。"[1] 最高人民检察院和大部分省级院建立了检察理论研究的课题制、年会制、成果奖励制、工作绩效考评制、人才管理制等检察理论研究工作的激励机制和管理机制。这些工作机制的建立和实施，有效地调动了检察系统内外参与检察学研究的积极性，有力地推动了检察学的繁荣发展。自 1999年实施全国检察理论研究年会制和年度课题制以来，每年结合检察工作实际，确定一个主题，有计划、有组织地推动检察学研究工作，先后出版了《中国检察》十五卷，汇编了历年年会优秀论文和课题研究成果。同时，检察机关与法律院校开展教学合作，在部分高等院校开设了检察课程或开设检察理论讲座，有些检察机关与高等院校建立了合作研究基地或教学实验基地，共同进行理论研讨。近五年来，全国共发表检察理论文章 12528 篇，出版检察理论专著87 部，特别是孙谦主编的《中国检察制度论纲》（人民出版社，2004 年）、石少侠著《检察权要论》（中国检察出版社，2006 年）和张智辉著《检察权研究》（中国检察出版社，2007 年）等专著的问世以及朱孝清的论文"中国检察制度的几个问题"（《中国法学》，2007 年第 2 期）的发表，标志着检察学的研究在深度和广度上都有了显著的拓展，为检察学的成长和发展积累了丰富的材料，为检察学学科体系的创新发展奠定了良好的基础。2007 年 5 月中国

---

[1] 张智辉主编：《中国检察》（第 9 卷），北京大学出版社 2005 年版，第 1 页。

法学会检察学研究会成立后，构建科学的、完备的、中国特色的社会主义检察学体系问题又一次提到重要的议事日程上，成为检察学全面发展和整体提升的学术契机和历史转折点。

上述四个时期的检察学发展有如下共同特点：一是本土性。从建国初期制定人民检察院组织法①到90年代的检察学发展，虽然历来都有一部分人主张全盘地苏化或者西化，但是，从国家领导人到主流学者都自觉地坚持从中国实际出发，把社会主义与传统文化的批判和继承结合起来，把学习外国文化和理论成果与中国社会主义实践结合起来，把检察制度建设和理论研究与我国的基本政治制度和人民民主专政的国家学说结合起来，特别是在邓小平提出中国特色社会主义理论以后，检察学发展的中国特色和社会主义方向更加明确而坚定。二是开放性。我们先是向前苏联学习，后又以西方为镜鉴，在强调立足国情和保持中国特色的同时，注意汲取先进的文化成果，历来反对闭门造车和脱离实际。三是创新性。无论前苏联还是西方国家都没有形成独立的检察学体系，更没有适合当代中国检察事业发展需要的系统的理论成果。我们主要是结合中国实际探索检察学的发展空间，积累理论研究成果，从来不是通过照搬照抄别国的现成理论或者以别国的检察理论为标准来检验当代中国的检察学成果，而是在理论争鸣和检察实践中逐步开创中国检察学的新格局、新境界。这三点既是我国检察学历史发展的重要经验，也是我国检察学未来发展的重要原则。

二、检察学的学科特征

特定的研究对象、系统的理论成果和独特的应用价值是一个学科得以产生和发展的三项基本条件，也是体现和检验这个学科的发展水平、知识特征和认识功能的重要方面。检察学的建立和发展反映了人们有关检察的认识由简单到复杂，由具体到抽象再到具体的发展过程以及对这些认识成果的综合和系统化。检察学在法学中的学科地位之所以得到了越来越广泛的认同，正是因其学

①　1962年，彭真在全国政法工作会议上的报告中说："检察院组织法是不是都是抄来的呢？不是完全抄来的，这个组织法是我们自己的，同苏联是不同的。"他还讲了一个故事："在起草我国检察院组织法时，我们同苏联专家有过争论，他们不同意在检察院实行集体领导，我向他们提出问题，列宁在哪里说过集体领导不如个人呢？他们也讲不出来。"他认为，我国创立的检察制度与前苏联的有四点差别：我国各级检察院独立行使职权，不只对总检察长负责；我国设立了检察委员会，而前苏联没有；我国的公、检、法三机关实行互相制约，而前苏联的检察署可以监督一切机关而不受别的机关监督；我国检察系统的垂直领导不是绝对地脱离地方，而是要接受地方党委的领导。

科特征日益突出。

（一）检察学的研究对象

检察学的研究对象是构建检察学的逻辑基点，规定和制约着检察学学科体系的内涵和边界。现代检察学的研究作为一种理性思维的认识活动，必须从检察制度产生和发展的规律以及检察活动的规律去探讨，用系统的、联系的、发展的观点科学地确立检察学的研究对象，并运用辩证逻辑的方法将其作为检察学理论的逻辑基点来研究和建构检察学的学科体系。检察学作为研究检察制度及其规律的学科，其研究对象不仅包括静态的检察制度，而且包括动态的检察制度即检察制度的制定、实行和发展；不仅包括检察的内在矛盾，而且包括检察与其他国家职能和社会现象的关系。关于检察学的研究对象，目前学术界主要有五种概括：一是检察制度；[1] 二是检察制度和检察活动；[2] 三是检察制度和检察活动及其规律；[3] 四是法律监督工作的制度和理论；[4] 五是检察制度、检察实践和检察理论。[5] 这五种概括虽然在表述上各有特点，但归纳起来，无非是一要素说、二要素说和三要素说。我们要深化对检察学研究对象的认识，就必须具体地辨析和界定上述几种概括或观点所涉及的五个核心概念，即检察制度、检察活动、检察实践、检察规律和检察理论。

检察制度，是指有关检察机关的组织、职权和活动的原则和规范的总称。其形式渊源有三个层次，即宪法、法律和规章制度；其历史渊源有古代和现代

---

[1] 虽然笔者没有发现直接把检察学的研究对象表述为检察制度的范例，但是，王桂五主编的《中华人民共和国检察制度研究》、孙谦主编的《中国检察制度论纲》等专著皆以"检察制度"标明其研究对象，并构成检察学的代表作。

[2] 龙宗智认为："检察学以检察制度及其运作为对象……"参见龙宗智：《检察制度教程》，中国检察出版社2006年版，第12页。如果说"运作"实质上属于检察制度的一个层面即实践领域，那么龙教授的概括也可以划归单一要素说。

[3] 赵登举、徐欣常、刘升铨主编：《检察学》，湖南人民出版社1988年版，第1页、第9~10页；周其华：《中国检察学》，中国法制出版社1998年版，第4、9页。王桂五先生认为："检察学是研究检察制度和检察活动的专门知识及其规律性的一门科学。"参见沈阳市检察学会编：《检察学研究论集》，1988年印制（非正式出版物），第4页。

[4] 王然冀认为："检察学是检察机关工作实践经验的理论总结和科学概括，是研究法律监督工作的性质、任务、理论、制度以及立法等问题，揭示国家检察制度及其实施法律监督活动一般规律的一门新兴法学分支学科。"参见王然冀主编：《当代中国检察学》，法律出版社1989年版，第9~10页。

[5] 宋英辉教授在2007年5月检察理论研究所召开的一次有关检察学学科体系座谈会上明确提出，检察学的研究对象应当是检察制度、检察实践和检察理论。

的、中国和外国的多种类型；其内容有三个方面即机构设置、职权配置和活动方式；其存在形式有静态和动态两个层面即成文规则和实际运作。

检察活动，亦称"检察工作"，是指检察领域的制度建设、执法工作、管理活动、理论研究等检察工作的总称。静态的检察制度是检察活动的规则体系，而动态的检察制度则是检察制度的实际运行状态即检察活动。"检察活动"属于行为的范畴，包括检察职能活动和检察认识活动。

检察实践，是指一切检察职能活动和有目的、能动地改造和探索检察制度的社会性活动。检察实践是与"检察理论"或者"检察认识"相对称的概念，也是与"检察活动"相关联的概念，但是它不包括认识活动。因此，"检察实践"相比"检察活动"而言，是一个内涵较多而外延较窄的概念。

检察规律，是指检察制度产生和发展的规律以及检察工作的规律，即检察制度发展规律和检察工作规律。"规律是事物发展中本身所固有的本质的、必然的、稳定的联系。"① "规律就是关系……本质的关系或本质之间的关系。"② 按照辩证唯物主义的这些定义，笔者认为，检察规律客观地存在于检察制度和检察工作之中，是人们认识的对象和认识的结果，也是检察学反映的主要对象并构成了检察学的基本内容，但是它不是检察学的逻辑基点，而是检察学的逻辑链条及其展开。

检察理论，是指有关检察制度和检察工作的知识系统。知识的逻辑发展往往经历了经验知识和科学理论两个阶段。"科学理论不仅是提供人们以系统的知识，而且还提供人们关于研究对象的方法论原理。"③ 因此，检察理论内在地包含着检察规律及其研究方法，与检察学是同等程度的概念。检察理论与检察学的区别主要在于：一是在学科体系中的定位，检察理论仅仅表示有关检察的认识成果的系统化或者发展到了高级阶段，与学科体系无关；而检察学表示检察理论在学科体系中具有独立的地位。二是理论知识的专门化程度，检察理论在构成上可以是多学科的知识相结合而形成的松散的、综合性的体系，而检察学在构成上必须是专业知识的内在统一的体系，其他学科的知识只能是依据或手段而不能是主干内容。当然，检察学形成以后，对检察学研究者或者研究工作来说，面临的对象便具有二重性，一是检察学所反映的检察现象，二是作为这种检察现象的理论化、系统化的观念形式即已有的检察理论。因此，我们

① 肖前、李秀林、汪永洋主编：《辩证唯物主义原理》，人民出版社1981年版，第157页。
② 参见《列宁全集》（第38卷），第161页。
③ 章沛主编：《辩证逻辑》，湖南人民出版社1982年版，第378页。

需要把检察学的研究对象与检察学研究者的研究对象区别开来。①

检察学研究对象的界定必须遵循概括性和特殊性两项原则。一是概括性原则。在内涵或外延上，相互交叉或互为包含的概念不宜并列为研究对象，更不能把与检察学同等程度的概念列为研究对象。通过上述对检察制度、检察活动、检察实践、检察规律和检察理论等五个概念的辨析，我们可以看出，检察活动与检察实践，检察制度与检察活动都存在交叉关系；检察规律与检察制度和检察活动存在包含关系；检察理论与检察学存在并列关系。因此，前述的二要素说和三要素说都未能科学地概括检察学的研究对象。二是特殊性原则。毛泽东同志说："科学研究的区分，就是根据科学对象所具有的特殊的矛盾性。因此，对于某一现象的领域所特有的某一种矛盾的研究，就构成某一门科学的对象。"② 这一论断从矛盾论的角度揭示了学科研究对象的界定方法，对于我们确定检察学的研究对象具有重要的方法论意义。我们界定检察学的研究对象必须反映检察的特殊矛盾性，抓住关键的、主要的矛盾，以区别于其他学科的研究对象。检察现象这一领域的特殊矛盾是什么呢？检察制度既是关于检察现象领域各种关系的规范和标准，也是检察现象领域各种活动方式的抽象。因此，笔者认为，检察制度，无论在内容上还是形式上都综合地反映了检察现象的特殊性，是惟一适格的检察学研究对象。

检察制度作为检察学的研究对象，在专业上具有特定性。在法律中，规定检察制度的原则和规范的，有宪法类法律（包括人民检察院组织法）、诉讼法、行政法规等，涉及多个法律部门。但是各个法律部门分别规定了检察制度的一个层面、一个或几个方面，包括人民检察院组织法都未能全面规定检察制度的各个方面，反映检察制度的全貌。在法学中，有几门学科涉及检察制度的内容，特别是刑事诉讼法学涉及较多，现在研究检察学的学者也多来自该领域，但是，刑事诉讼中的检察职能毕竟只是检察职能的一个方面，而且，相对宪法层面而言属于较低层面的职能；刑事诉讼具有自身的规律性和特点，检察机关在刑事诉讼领域的定位也不能完全反映检察机关在国家政体中的定位。在其他法学学科中，检察制度的内容更少，更不可能反映检察职能和检察理论的全貌。检察学研究必须打破部门法的局限，把各个部门法中规定的检察制度汇总起来，把各个法学学科的有关理论综合起来，形成内在一致、逻辑严密的理论体系。这不仅是检察制度协调发展的需要，而且是检察业务健康发展的需

---

① 欧阳康：《社会认识论导论》，中国社会科学出版社 1990 年版，第 293 页。

② 毛泽东：《矛盾论》，载《毛泽东选集》（一卷本），人民出版社 1967 年版，第 284 页。

要。在现有的法学各学科中，没有任何一个学科以检察制度为专门的研究对象，与检察学重叠。因此，检察学的设立与其他学科不存在冲突。

（二）检察学的范畴体系

范畴是反映学科研究对象的实体、属性和关系的基本概念。

任何一种科学理论都是一个范畴体系，这是科学理论的特性之一……范畴就是构成科学理论的要素，每一种科学理论的特征、原则、规律、方法论原理都是借助于范畴来表现的，范畴是表现这些特征、原则、方法论原理的逻辑形式。范畴在每种科学理论中自成体系，它是最具体、最确定地反映着对象多样性的统一体。范畴体系的建立过程，也就是科学理论的形成与发展的过程。[①]

检察学的发展必然要走上范畴化道路，使检察学的全部知识日益精确化、具体化、体系化。同时，检察学体系的范畴化和形式化，使它既能够圆满地解释检察领域的各种现象，又不与其他学科理论相矛盾，这也是学科理论体系发展成熟的标志。

检察学的范畴体系是检察学内容的形式化和系统化，是由逻辑起点、逻辑中介、逻辑链条和逻辑终点等不同角色的范畴组成的。要构建检察学的范畴体系，首先要确定检察学的逻辑起点。

一旦正确地确立了逻辑起点，也就等于抓住了整个逻辑结构。从马克思《资本论》体系的典范中，我们可以看到，作为一个逻辑起点，应该满足这样三个条件：（1）它必须是整个研究对象中最简单、最普通、最基本、最常见的东西，是"最简单的抽象"；（2）它本身所包含的内在矛盾是以后整个发展过程中一切矛盾的胚芽，或者说，在这个最抽象的概念中，潜在着尚未展开的概念的全部丰富性；（3）逻辑起点也应该是历史的起点。[②]

在检察学中，符合上述三个条件的概念是什么呢？首先可以排除的是检察制度这一概念，因为检察制度作为检察学的研究对象，是检察学范畴所要反映的全部对象或对象的整体，因而只是检察学范畴体系的基点而不是起点，我们必须在检察制度中寻找。在中外检察理论著作中，比较突出的概念主要有法律监督、检察权、检察官、公诉、检察活动等。笔者认为，只有在对这五个概念进行理论辨析的基础上，才能识别检察学逻辑起点。

① 章沛主编：《辩证逻辑》，湖南人民出版社1982年版，第377页。
② 景天魁：《打开社会奥秘的钥匙——历史唯物主义逻辑结构初探》，山西人民出版社1981年版，第17页。

法律监督，"是由法定的机关对遵守和执行法律的情况实行的国家监督。"① 按照王桂五先生的这一定义，检察是一种法律监督，检察机关是国家的法律监督机关。这一概念在国外有不同的表现形式，在我国法学界也有争议，但得到了我国宪法和人民检察院组织法的确认。王桂五先生在其主编的《中华人民共和国检察制度研究》一书的序言中说："贯穿本书始终的主线，是法律监督。围绕这一主线，本书提出和探讨了若干新的理论观点。"该书的逻辑结构也反映了这一理论倾向，在其总论之后的第七章就以"法律监督概述"命名，并由法律监督逐步展开各项检察职能，作为该书主干的第二编和第三编都是以法律监督为逻辑链条的。法律监督概念在检察学中的重要地位是无可争议的，然而，法律监督是一个复杂的属性范畴，表明了检察机关和检察职能的性质，是一切检察关系的综合反映，在逻辑中表现为由抽象到具体的认识结果，而不是开端。

检察权，是检察机关依法享有和行使的一切权力。它是检察机关发挥职能作用的基本途径，是检察制度的核心内容。近年来，一些有影响的检察学专著都是以"检察权研究"命名的，例如，张智辉的《检察权研究》、石少侠的《检察权要论》、洪浩的《检察权论》等，可见检察权范畴在检察学范畴体系中占有重要的地位。然而，检察权是一个关系范畴，即使从最简单的意义上理解，它也包含着主体、客体、作用方式等多个概念，是对检察制度的一种高度综合的抽象，而不是最简单的抽象，因而不符合逻辑起点的第一项条件。

检察官，是依法具体行使检察权的检察人员。检察官是检察制度的主体，检察官制度也是检察制度的重要组成部分。在西方许多国家，检察官是一种官署，不仅是检察权的主体，而且是检察制度中最具有活力的、直接实现检察制度的主体。但是，正如人不宜作为历史唯物主义的逻辑起点一样，检察官是检察制度中全部关系的总和，是一个蕴含着复杂关系和丰富属性的实体范畴。因此，检察官范畴不符合逻辑起点的第一项和第二项条件。

公诉，是指检察机关代表国家和公共利益提起诉讼。首先，它是检察机关的基本职能，也是检察制度的最重要的组成部分，蕴含着检察制度整个发展过程中一切矛盾的胚芽，因而大体上符合逻辑起点的第二项条件。其次，它是检察机关最早承担的一项职能（至少对于现代西方检察制度而言），因而可以视

---

① 王桂五主编：《中华人民共和国检察制度研究》，法律出版社 1991 年版，第 237 页。在这个概念中，法律监督包括国家权力机关的法律监督和检察机关的法律监督。近十年来，我们试图使法律监督概念专门化即专指检察机关的法律监督，虽然取得了一些共识，但是收效不明显，尚未得到普遍的承认。

为检察制度的历史起点。但是，公诉不符合逻辑起点的第一项条件即"最简单的抽象"。从其简单性来看，公诉固然有相近的特点，但毕竟只是一项职能，不能反映检察职能的全貌。也许在西方国家，公诉可以作为检察学的逻辑起点，但是在我国它丧失了这个资格，这是由我国检察制度的历史类型决定的。

上述包括检察制度在内的五个范畴，虽然都不完全具备检察学逻辑起点的条件，但都或多或少地符合逻辑起点的个别条件。如果我们能够提出一个既能兼容上述五个范畴的特点，又不与作为研究对象的检察制度完全重叠的范畴，就可以证成其作为检察学逻辑起点的地位。笔者认为，"检察活动"是符合这个标准的范畴。检察活动是对丰富多彩的、具体的检察制度一般过程和本质特征的抽象与概括。作为一范畴，它有以下的属性：第一，检察活动是一个抽象概念。它是对检察职能最本质属性的表达，它舍弃了各个检察环节中具体的、个别的特征和属性，它将检察的机构、职能、运行和功能抽象为一个有机整体，并揭示了四者之间的联系和社会性。它具有概念表述上的简洁性、概括性，也易于理解，并蕴含着一种整体的、系统的大检察观。第二，检察活动是一个过程概念。检察活动表征着检察制度的制定、运行和功能的完整的检察实践过程和认识过程。它既揭示了检察制度、检察实践和检察认识三个环节在时间上的前后继承，又表达了三者之间在空间上的相互依存，揭示了三者之间既相互联系又相互制约的关系。它代表着一种动态的、联系的检察观。第三，大检察观和动态检察观的确立，大大拓展了检察学研究的视野和空间，可以使人们对检察制度的本质认识上升到一个新的层次，同时，它又为众多分支学科的建立提供了新的逻辑生长点。由此看来，在检察学的范畴体系中，作为科学认识对象和认识过程的检察活动是整个范畴网络的逻辑起点。

检察学以检察制度为研究对象，但要揭示的是检察活动的一般过程和规律，而这些规律都可以在检察活动这个逻辑起点展开的各个环节（范畴）中揭示出来。首先，检察活动的基本属性是法律监督，而且法律监督蕴含着检察机关和检察活动的统一，使它们获得了更为丰富的内涵，因此，法律监督是检察学范畴体系的第一逻辑环节。其次，检察活动是检察机关和检察官（检察主体）的自我创造活动。① 检察主体之所以成为检察主体是因为他们进行了检察活动，检察活动之所以属于检察制度的范围是因为它们是检察主体的活动。

---

① 在西方国家检察官是一种机关，属于检察机关的范畴；在我国检察官只是在执行职务中代表检察机关，在检察机关内部不是具有完全独立性的主体，或者说，是一种附属性的主体。因此，我们可以笼统地把检察主体等同于检察机关。

检察活动与检察主体在实践中互相成就了对方。因此，检察机关是检察学范畴体系的第二逻辑环节。再次，检察活动是通过各项检察职能实现的，而决定各项职能的内容和方式的是检察权，检察权既是各项具体权力的展开和综合，又是检察活动作用于社会的方式和途径。因此，检察权是检察学范畴体系的第三逻辑环节。又次，检察权的运行过程需要法律的规范和政策的指导以及检察系统的管理和保障，这些我们可以统称之为检察管理。因此，检察管理可以构成检察学范畴体系的第四逻辑环节。最后，检察管理是检察制度、检察活动和检察理论的具体再现即实现，也是检察活动的反思阶段，即接受和处理社会大系统对检察活动的反馈信息，形成检察政策。这就使检察活动和检察理论都回归到检察制度，再通过检察制度的改革来实现其认识成果。因此，检察改革是检察学范畴体系的最后一个环节，是逻辑终点。由此看来，检察学范畴体系的逻辑链条是由下列范畴组成的：检察活动—法律监督—检察机关—检察权—检察管理—检察改革。这个范畴体系既是循环的，又是开放的，展示了由实践到认识再到实践、由具体到抽象再到具体的无穷的发展进程，并在这个进程中揭示出各个环节和阶段的检察规律，再现检察制度的全貌。

检察学的范畴体系表明，检察学的内容具有比较强的综合性。从逻辑起点到逻辑终点，各个逻辑环节分别是由实体范畴、属性范畴、关系范畴组成的，都与法制系统的其他子系统相关联，也与国家政治系统和社会系统相关联。这就决定了检察学在研究方法上和研究内容上都具有综合性。在方法论上，它既要运用法学的各种研究方法，也要运用政治学、管理学、社会学和伦理学等社会科学的方法。在理论内容上，它既要汲取各部门法学和理论法学的研究成果，又要借鉴法学以外的其他学科的研究成果。有人在这个意义上说，检察学是一门交叉性和边缘性的学科。交叉性是没有疑问的，但是否具有边缘性还需要斟酌。笔者认为，检察学不是诉讼法学或者宪法学的边缘学科，也不是这些学科或者其他任何一个学科的边缘领域的拓展，因为其他相关学科都只是部分地涉及检察学的内容，都不能反映检察学的体系和全部内容。虽然人民检察院组织法属于宪法类法律，反映了检察制度在国家政治制度中的地位和作用，但是检察学研究的对象即检察制度毕竟不是宪法制度，也不仅仅是宪法的边缘领域，而是在宪法的大框架之下的一项独立的法律监督制度，是国家制度中与行政制度、审判制度、军事制度并列的一个重要的分支。这类似于宪法学与其他部门法学的关系。

（三）检察学的功能和价值

检察学是检察事业科学发展的理论基础。检察学作为一个相对完整的学科体系，系统地回答了检察机关的性质、地位、主要职能、工作原理、自身建设等基本问题，是部署检察工作、制定和落实检察政策、深化检察改革的理论基础，也是提出和论证关于检察事业发展的新思想、新观点和新论断的理论前提。检察学的创新发展将为检察事业的科学发展提供动力和指导。

检察学对检察工作具有理论指导作用。检察制度具有相对的独立性，有自身的发展规律和对经济、政治、文化和社会发展的特定作用方式。检察机关贯彻执行党和国家的方针政策必须结合检察工作的特点，尊重检察规律，更好地发挥职能作用，以服务党和国家的工作大局。其次，随着检察事业的发展，检察管理的科学化日益突出。检察机关既要吸收和借鉴现代管理学的理论、技术和规则，又要以检察学为指导，深入探索检察管理的规律，创新管理理念和管理体制，形成检察管理的理论体系和技术规则。

检察学对检察制度和检察工作具有认识和评价功能。检察学揭示了检察制度发展和运行的基本规律，提供了认识和评价检察工作的方法论原理，是检察文化和检察观念的载体和理论体现。这就要求检察机关和检察人员在组织管理、资源配置、机构设置、人员教育培训、政策指导等宏观方面，注意各项检察工作和各个内设机构以及各级检察机关之间的协调性、合法性、合理性。特别是对于检察事业发展具有战略意义或者制约检察事业科学发展的重大问题，检察学研究者必须要给予足够的重视。它们既是检察事业发展面临的问题，也是检察学发展面临的问题。检察学的发展与检察事业的发展是相辅相成、密切联系的。

三、检察学的地位和结构

（一）高校法律院校课程设置的缺陷及其完善

目前，在教育部的学科划分中，学科门是最高级别的学科，共有 12 个：理学、工学、农学、医学、哲学、经济学、法学、教育学、文学、历史学、军事学、管理学；比学科门低一级的学科称为学科类，又称"一级学科"，学科类（不含军事学）共有 71 个；比学科类再低一级的学科称为专业，又称"二级学科"，是高考生填报的志愿，本科专业（不含军事学）共有 258 个。"学科门"是学科专业目录中的第一个层次，决定了授予学位的名称。"学科类"由于划分较粗，在学科体系中只是过渡环节，1995 年后，因部分一级学科设置了博士学位，其影响才逐步扩大。在学科专业目录中，专业即二级学科的设置是基础，是培养人才的基本单元，与学科分类和社会职业分工密切相关。这些年来，二级学科实际上一直朝着不断拓宽专业的方向调整，以适应社会对培养人才的要求以及毕业生本身的就业和发展需要。① 在观念上，普通高校偏重于理论性学科，相对忽略应用性、实务性的学科建设；在体制上，高等职业培训院校虽然属于"高校"的范畴，但是一直由各部门或者系统主管，其学科设置在教育部的学科体系中未能取得应有的地位，在学科建设上缺乏通盘考虑。

对于法学来说，高等法律院校开设的课程主要是理论法学和部门法学，一般没有设置警察学、检察学、审判学、监狱学和律师学，只是在"司法制度"课程中对有关方面的制度做简单的介绍，有些高等法律院校还设置了"外国司法制度"或"比较司法制度"课程。应届毕业的法学学士、硕士和博士对公安机关、检察机关、审判机关、狱政机关和律师业的业务运作所知甚少，到司法实务部门工作后，都难以较快地适应工作，仍然需要当几年的"学徒"。这种经验式的学徒培训具有很大的局限性，对工作和他们本人的发展都可能产生不利的影响。当然，职业培训不是普通高校的教学重点，具体的业务技能仍然需要在专门的职业培训院校进行，但是，在普通高校里为就业做必要的准备，特别是法学这种实务性的专业，应当适当开设司法实务的课程，包括警察学、检察学、审判学、监狱学和律师学等。这样，学生毕业后，不管到哪个部门工作，都能大体了解本部门和相关部门工作的特点，理解和尊重其他部门的工作和人员，便于业务上的相互支持与合作。由于高等职业培训，特别是司法类的职业培训，在体制上和学科设置上部门化的格局十分明显，使司法职业培训存在较大的局限性，例如，检察系统的培训一般不涉及警察学、审判学、监狱学和律师学等，缺乏对其他司法业务的理论认识。这说明，公安、检察、审判等系统的高等培训课程是普通高等法律院校课程的延伸和补充，不能替代普通高校的法学课程。在普通高等法律院校里设置警察学、审判学、监狱学和律师学等司法实务性课程，是在普通高等法律院校与高等司法职业培训之间建立衔接机制的比较合理的选择。

法学教育的学科设置需要通盘考虑。目前，要解决这种教学与实务脱节，克服职业培训的部门化局限，比较简便的办法就是，在普通高等院校增设警察学、检察学、审判学、监狱学和律师学等学科作为二级学科的课程，让学生在学习理论法学和部门法学的同时，全面学习各项司法业务课程，以了解各个司法部门的基本制度和业务流程。在各部门或系统的司法职业培训中，则设置本职业领域的专题研究和具体业务课程或者相应的分支学科，突出职业培训在理

---

① 参见蔡荣生、汪永红编著：《实现梦想——高考招生政策研究》，中国人民大学出版社 2007 年版。

论深度和专业技能两个方面的优势和特色。

（二）检察学在司法实务学学科体系中的地位

司法实务学是研究司法制度及其发展规律的学科体系，亦可称为"司法学"。相对理论法学而言，它是研究法律在司法环节的实现方式的学科，属于法律实施的一个方面。相对部门法学而言，它是研究司法机构实施法律规定的实体规则和程序规则的分工、组织、活动的原则和规则的学科。部门法学中的刑事诉讼法学、民事诉讼法学、行政诉讼法学等程序法学，分别涉及各种司法机关和司法组织在特定程序中的地位和职能，它们都是围绕着特定程序的实现方式及其规律来研究司法机关和司法组织的分工的。这种分工虽然要考虑各种司法机关和司法组织的性质、组织和职能，但是不可能对各种司法机关和司法组织的性质、组织和职能进行系统的研究。同时，如果不以对各种司法机关和司法组织及其制度的理论为基础，程序法学很难对各种司法机关和司法组织在不同程序中应当承担的职能进行理论阐述和制度安排。我国现行民事诉讼程序、刑事诉讼程序和行政诉讼程序设置中的某些缺陷也反映出程序法学在司法实务学基础方面的薄弱问题。因此，司法实务学是我国法学中亟待发展的一个领域，是理论法学和部门法学所不能替代的学科。

近几年来，在国家统一司法考试中设置了司法实务考卷，但是仅限于适用法律处理具体案件的文书、程序和意见，而没有涉及各种司法机关和司法组织的性质、组织和职能及其业务流程。实质上，这种"司法实务"仍然属于部门法学的范畴，只不过把实体法与程序法结合起来运用而已，而不属于严格意义上的司法实务学。当然，从理论上说，司法实务学即司法学在法学体系中应当是与立法学、执法学并列的学科体系，但是目前看来，立法学和执法学的发展还不够充分，有待进一步探索。我们可以预期，随着中国法学的繁荣和发展，一个由立法学、执法学和司法学构成的实务法学学科体系将会逐渐发展起来，与理论法学和部门法学并列成为我国法学的三大组成部分之一。

司法实务学是一个由警察学、检察学、审判学、监狱学、律师学、公证学、仲裁学、人民调解学等学科群组成的学科体系。检察学是其中的一个分支学科，与其他司法实务学科的关系是比较清晰的：首先，在学科地位上，检察学与警察学、审判学、律师学等司法实务学科是平行的，不存在任何隶属关系。至于将来是否会形成"一般司法学"作为这些分支学科的母学科还有待研究和论证。其次，在研究对象上，检察学与警察学、审判学、律师学等司法实务学科的界线是明确的，它们分别以检察制度、警察制度、审判制度、律师制度等及其发展规律为研究对象，基本不存在重合现象。最后，在研究方法上，除了法学研究共同的方法以外，因各种制度的特点不同和学科发展阶段的差异而各有侧重和特色。譬如，当前检察学的研究方法侧重于历史分析方法、价值分析方法等，以适应巩固和发展中国特色社会主义检察制度的需要。将来检察制度进入精细化发展阶段后，检察学的研究方法可能侧重于实证研究方法、社会学研究方法等。

（三）检察学的学科体系

检察学的学科体系，是指检察学内部分支学科的设置。它既是检察学发展的要求，也是检察系统职业培训课程设置的需要。法学分科的一般方法是，在第一层次采取"理论学科"与"应用学科"的两分法，在第二、三层次则采取灵活的、务实的多分法。

上世纪80年代，王桂五先生运用上述划分方法，对检察学学科体系提出了如下设想：①

检察学	应用检察学	检察业务学 检察管理学	侦查、审判监督学
			法纪检察学
			经济检察学
			监所检察学
			……
	理论检察学	检察学基础理论	
		检察史学	
		比较检察学	

上述基本框架仍然是合理的。不过，检察事业和检察学都有了长足的发展，国家检察官学院组织编写并出版的一套《高级检察官业务培训教程》，②在检察学学科体系方面也做了一些有益的探索，上述第三级、第四级分类和名

---

① 沈阳市检察学会编：《检察学研究论集》，1988年印制（非正式出版物），第7页。

② 这套丛书先后在法律出版社（2002年）和中国检察出版社（2006年）出版和发行，主要有：龙宗智：《检察制度教程》；朱孝清：《检察机关侦查教程》；姜伟、钱舫、徐鹤喃：《公诉制度教程》；何家弘、杨迎泽：《检察证据教程》；杨立新：《民事行政检察教程》。

称都发生了一些变化，而且现在对专门检察学、检察管理学、检察政策和检察社会学的认识进一步深化，我们应当适时反映这些认识成果和发展状况。

检察学学科体系的划分和形成，最直接的目的是为了促进检察学研究的深入发展，服务于检察培训和教学工作。它毕竟不同于检察学专著（专著可以就检察学范畴体系中的任何一个范畴或者就某项业务进行专门研究），必须考虑两个方面的要求或者标准，一是检察学知识的系统性，既要层次分明，避免重复，便于研究和掌握有关检察制度的各方面的知识，又要把检察活动涉及的各个方面和检察学发展所必需的基础性研究纳入其中，便于检察学的应用和创新。二是与检察教学和职业培训的课程设置相衔接，基本理论与应用理论适当分开，专项检察业务与检察管理适当分离，便于根据培训时间长短和具体目标灵活安排课程。

根据上述两项标准，笔者在王桂五先生的设想的基础上，对检察学学科体系划分提出如下设想：

检察学	应用检察学	专门检察学	职务犯罪侦查学
			公诉学
			刑事诉讼监督学、民事行政检察学等（亦可细分）
			军事检察学、职务犯罪预防学、检察技术学等
		检察管理学	检察政策学、检察官管理学、检察业务管理学、检察行政管理学等
	理论检察学	一般检察学	或者称为"检察学基础理论"、"检察学总论"
		比较检察学	法系间的检察制度比较、国别间的检察制度比较、个别国家或地区检察制度研究等
		检察史学	
		检察社会学	中国检察制度史、外国检察制度史、检察制度断代史
			研究检察工作、检察改革和检察政策的社会效果，党和国家的政策要求以及检察机关的应对策略等

如上所述，这种检察学学科体系的划分只是检察学特定发展阶段的产物，而且，其目标之一是服务于检察培训和教学，虽然对于检察学的发展有前瞻性和参考价值，但是也有其局限性，还不足以全面、深入揭示检察活动的各个过程、各环节、各因素之间相互联系、相互影响等多种联系和关系。检察学理论体系应当是以检察活动为逻辑起点，由揭示和反映检察活动本质和规律的概念、分支学科和理论知识构成的一种网络结构体系。作为反映检察学范畴体系

的一种形式的学科体系还应当具有内在的逻辑性。我们在检察学的学科建设中，还要注意处理好如下几种关系：

第一，各分支学科的独立与交叉问题。一方面各学科具有独特的研究对象和领域，自成体系。另一方面许多分支学科在研究对象和内容上又存在部分的交叉，理论依据的相互借用。这是由检察活动本身的多维特性必然带来的研究内容的交叉、渗透甚至重复。这在某种程度上反映了将检察活动作为检察学理论体系的逻辑起点的科学性和理论体系的逻辑一致性。

第二，检察学学科体系的完整性与开放性问题。检察学学科体系的构建，有利于深刻揭示和把握检察制度及检察活动的本质特性和功能，克服了以往在研究中孤立、片面和静止认识检察现象的局限性。分支学科的形成，有助于对检察制度及检察活动规律认识的精确化、定量化，使以往检察学研究中经验性描述成份得以理性化。整个检察学学科体系按照科学认识的辩证逻辑规律进行划分和组织，构成了逻辑上的完整性。但是，检察事业是不断发展的，检察学学科体系必须是一个开放的认识系统。随着检察学研究能力和水平的不断提高，认识检察活动的工具和手段也在不断地发展和进步，这种发展既表现在检察学的理论创新和方法论丰富上，也表现在检察学学科体系的更新上。

第三，坚持基本原理与理论创新问题。可批判性是科学理论体系的重要特点之一。没有批判，就没有创新。首先，在有关我国检察制度和检察学发展方向的大是大非问题上，要旗帜鲜明地坚持中国特色社会主义检察理论，迎接理论挑战，提升理论水平。其次，我们要允许各个学科在本领域的理论突破，在学科之间的批判和接受批判的过程中发展检察学学科体系。按照辩证逻辑，检察学理论体系的科学化途径是：从检察学分支学科研究的多路突破到检察学理论的整体推进。检察社会学、检察政策学、检察官管理学、比较检察学等学科的研究和发展往往容易出现理论突破点。例如，检察社会学通过对检察活动的社会学研究，更加深刻、全面揭示党、国家和社会对检察工作的要求，揭示检察活动的社会动因和客观规律，从而有效地指导检察活动，改革检察制度。

总之，检察学是发展的，检察学的学科体系也是不断更新的。至于上述第二、三、四层次的分支学科的名称和划分以及体系的构建，目前只是一种理论推导和构想，其合理性和必要性还需要检察实践和检察学发展的进一步验证，特别是学科群的设想主要是基于检察培训的需要和考虑，整体上说，只是初见雏形。

（四）一般检察学的体系

检察学体系实际上包括两个方面，一是检察学的学科体系，二是一般检察学的体系。前者是研究检察学的分支学科问题，后者是研究检察学总论的叙述结构问题。一般检察学既是检察学学科体系的缩影和检察学教学的导论，又是重点研究检察学基本问题的理论体系。它综合反映了检察学各学科的研究成果，构成检察学学科体系的基础。一般检察学在检察学学科体系中的地位和作用，类似于法理学在法学中的地位和作用，也类似于哲学在社会科学中的地位和作用。

近代以来，哲学主要是由本体论、认识论和价值论三大部分构成的。马克思主义哲学主要是由辩证唯物主义和历史唯物主义两大部分构成的。改革开放后，我国哲学界加强了对价值论的研究，马克思主义价值论正在形成。西方法理学大体上是按照哲学的构架来展开的，英美法系国家的法理学偏重于法律思想史，大陆法系国家的法理学偏重于法学基本范畴。我国的法理学一般由如下几个部分组成：绪论（学科问题）、法的一般原理（本质、渊源、作用、法与其他社会现象的关系）、法的历史类型（起源、发展、消亡）、社会主义法的产生和本质、社会主义法的作用、社会主义法的制定、社会主义法的实施。也有学者从现象论、认识论和价值论的角度构建我国的法理学，但还处于探索阶段。研究哲学和法理学的体例，对我们构建一般检察学有如下几点启示：（1）绪论对于阐述检察学的性质和地位是必要的，而且应当是独立的。（2）论述检察制度的历史发展是必要的（历史起点与逻辑起点的重合），而且要重点研究我国检察制度的发展。（3）检察机关的性质及其与其他机关的关系也是必要的部分。（4）检察制度的内容可以分为若干章或编，重点研究。

从现有几本检察学著作来看，一般检察学的结构主要有如下六种类型：（1）由总论和分论两大部分构成。代表作是王然翼主编的《当代中国检察学》（法律出版社，1989年版）。（2）由绪论、总论和分论三部分构成。代表作是李士英主编的《当代中国的检察制度》（中国社会科学出版社，1987年版）。（3）由刑事法、民事法、行刑、对外关系四大部分构成。代表作是日本冈田朝太郎等著《检察制度》（宣统三年，即1909年第一版，中国政法大学出版社2003年再版）。（4）由总论、职能论、程序论、组织论、管理论五大部分组成。代表作是王桂五主编的《中华人民共和国检察制度研究》（法律出版社，1991年版）。（5）由检察学概述、检察理论基础、检察制度、检察司法活动、检察监督活动、检察管理六大部分组成。代表作是周其华的《中国检察学》（中国法制出版社，1998年版）。（6）分章而不分编的结构。代表作之一是孙谦主编的《中国检察制度论纲》（人民出版社，2004年版）。

上述第一种类型，把绪论纳入总论之中，使学科问题与检察学的基本问题并列，不可取。第二种类型，属于普通学科的体系，有可取之处，但不适合一般检察学的体例。第三、四、六这三种类型，侧重于检察制度的理论阐述，学科特征不突出，也不适合于一般检察学的要求。第五种类型虽然其框架和思路有可取之处，但在具体编章的设计上大有商榷余地。总体上说，上述六种类型都不够理想。

一般检察学的体系应当以检察学范畴体系的逻辑为基础，既要内容全面，又要有重点；既要体现检察学发展水平，又要为检察学的进一步发展创造空间；既要有理论的高度、深度和厚度，又要有实务操作的规则。根据这些要求，结合前文所论检察学范畴体系的逻辑结构，笔者认为，一般检察学的体系应当包括如下七个部分：（1）绪论（检察学的研究对象和体系、检察学的研究方法、中国特色社会主义检察学）；（2）第一编即检察制度的起源和发展，包括西方检察制度的起源和发展、中国检察制度的起源和发展、新中国检察制度的发展等；（3）第二编即法律监督原理，包括概念、分类、思想渊源、实现方式、效力、功能、价值、原则；（4）第三编即检察机关，包括检察体制、组织结构、与其他国家机关的关系、与党组织的关系、在各种诉讼中的地位和作用；（5）第四编即检察权包括性质、结构、内容、行使原则、运作机制；（6）第五编即检察管理，包括检察政策、检察官管理、各项业务管理、检察行政管理；（7）第六编即检察改革，包括检察改革的原则和策略、宏观或体制的检察改革、微观或机制的检察改革。

上述一般检察学体系的构想，在内容上，以理论检察学为主，以应用检察学为辅；在结构上，按照检察学的范畴体系层层展开、环环相扣、逻辑完整。按照这一体例构建一般检察学，便于概括、总结和升华检察学的研究成果，综合考虑了教学和科研两个方面的需要。然而，一般检察学的体系不是绝对的、唯一的、一成不变的，而是相对的、多样的、不断发展的。即使在同一历史条件下，从不同的角度、以不同的范畴体系来构建一般检察学体系不仅是可能的，而且是检察学发展的表现和需要。

论我国检察委员会制度改革*

邓思清**

检察委员会制度是我国有关检察委员会组成、功能以及活动程序的一系列规定，它是我国检察机关内部讨论决定重大疑难案件和重要事项①的重要制度，是中国特色检察制度的重要组成部分。1979 年通过的《中华人民共和国人民检察院组织法》确立了我国的检察委员会制度，明确规定检察委员会实行民主集中制，在检察长的主持下，讨论决定重大案件和其他重要问题。经过几十年的检察实践，检察委员会制度在保证我国检察权正确行使方面发挥了重要的作用，但也暴露出一些问题。因此，在近年来的司法改革研讨中，有学者从西方国家检察制度和司法官应当具有独立性出发，主张取消我国的检察委员会制度。这种观点不仅不符合我国国情，而且也违背了司法民主原则。本文在对这种"取消说"进行分析的基础上，指出我国应当保留检察委员会制度的理由，并针对目前该制度存在的问题，提出了具体的改革建议。

一、对"取消说"的质疑

在目前司法改革的研讨中，有学者通过分析检察委员会制度产生的历史背景，得出该制度是特定历史阶段的产物，而且检察委员会讨论并决定重大疑难案件或重要事项不符合司法亲历性的要求，违背了现代司法原则，因而主张取消检察委员会制度。② 他们提出的具体理由如下：（1）检察委员会制度是特定

---

* 本文刊载于《法学》2010 年第 1 期。

** 邓思清，最高人民检察院检察理论研究所学术部主任、研究员。

① 重要事项，如对重大、疑难案件行使最终决定权，对犯罪嫌疑人决定是否逮捕、起诉和确定指控的罪名，对检察长是否回避行使决定权，对法院的判决决定是否提出抗诉等。

② 姜菁菁：《检察委员会机制改革初探——论独立行使检察权问题》，载《检察日报》2004 年 3 月 13 日；陈海光：《中国刑事诉讼制度的进一步完善》，载《法律适用》2000 年第 2 期；齐眉：《论司法改革的必要性和解决途径》，载北大法律信息网 http：//www. chinalawinfo. com/sfjg/sfzd/details. asp？lid =1495；赵仰政、董志诚：《试析检察委员会讨论决定案件之职能》，载 http：//jcy. jcinfo. cn/xxkd/2004622123116. htm；等等。

历史阶段的产物，已经不符合现代司法独立的理念。即检察委员会制度是特定历史时期的权宜性制度，虽然该制度在新中国法制建设中曾经发挥过重要作用，但是，随着我国司法改革的逐渐深入和法治原则的建立，检察委员会制度已经时过境迁，由检察委员会对具体案件行使决定权，缺乏司法的亲历性，侵犯了检察官办案的独立性，不符合检察官独立行使检察权这一现代司法理念。(2) 检察委员会制度不符合诉讼效率原则。由检察官承办的案件，当遇到重大复杂情况时，应当呈报主管检察长，主管检察长无法决定的，再呈报检察长提交检察委员会讨论决定，这种行政式的层层呈报程序降低了诉讼效率，不符合现代诉讼效率原则。(3) 检察委员会制度所具有的行政性和封闭性有碍司法公正的实现和司法权威的树立。检察委员会在对具体案件行使决定权时，由于各个委员不是案件的承办人，没有对案件进行亲自审查，因而检察委员会决定案件具有行政审批的性质。同时，检察委员会讨论案件不允许其他人员参与，其程序具有一定的封闭性。因此，检察委员会制度违背了司法的亲历性和公开性，不利于司法公正的实现和司法权威的树立。(4) 检察委员会制度无法落实错案追究责任。检察委员会制度是以集体组织的形式来决定重大疑难案件或重要事项，但是，当决定出现错误时，只能在形式上追究集体的责任，而无法追究具体检察委员会委员的责任，这不符合责权利相统一的原则。(5) 检察委员会制度与我国实行的主诉检察官办案责任制改革背道而驰。我国实行主诉检察官办案责任制的改革，旨在确立更符合司法特点的独立办案制度，但是，随着错案责任追究制和国家赔偿制度的执行，一些主诉检察官惧怕承担责任，于是将许多本不应提交检察委员会讨论决定的案件也提交检察委员会讨论决定，因而造成检察委员会讨论案件过多和过滥，使得主诉检察官办案责任制这一改革难以达到其应有的目的。

笔者认为，上述否定检察委员会制度的理由有的是对我国司法独立的误读，有的虽是检察委员会制度本身存在的问题，但不足以成为否定该制度的理由。可以说，上述否定检察委员会制度的各种理由都是不成立的。下面具体分析各种否定检察委员会制度的理由。

1. 认为"检察委员会制度是特定历史阶段的产物，已经不符合现代司法独立的理念"是对我国司法独立的误读。有学者认为，检察委员会制度作为特定历史时期的权宜性制度，随着我国对司法公正价值的完美追求，检察委员会制度与法治原则的冲突日益明显。司法的独立性是其公正性的必要条件，离开了独立性，公正性就失去了保障，就无从谈起。检察机关的独立应当包括检察院内部检察官依法独立行使检察权。然而，我国现行的检察委员会讨论决定案件的制度却与司法独立的要求相背，因而应当予以取消。① 我们认为，虽然我国检察委员会制度是一种历史的产物，但是，历史的东西并非都不好，都要废除。历史的东西有许多是好的，我们不但不应当废除，而且应当继承和发扬。例如我国的陪审制度、调解制度等，又如美国的大陪审团制度也是一种历史的产物，美国并没有废除，而是不断完善，现在该制度依然在美国发挥着重要的作用。因此，以检察委员会制度是特定历史阶段的产物为由来否定该制度，显然是缺乏说服力的。另外，认为检察委员会制度不符合司法独立的理念，也是对司法独立含义的误读。从目前世界各国看，现代司法独立有三种含义：一是指司法机关对外的整体独立；二是指法院对外的整体独立和法官对内的个人独立；三是指法官个人的独立。英美法系国家一般采取第三种含义，其司法独立仅指法官个人独立；大陆法系国家一般采取第二种含义，其司法独立包括法院对外的整体独立和法官对内的个人独立，如《德国刑事诉讼法典》第 100·b 条规定："对电讯往来是否监视、录制，只允许由法官决定。"第153 条规定："程序处理轻罪的时候，如果行为人责任轻微，不存在追究责任的公共利益的，经负责开始审判程序的法院同意，检察院可以不予追究。"②上述规定分别体现了法官对内的个人独立和法院对外的整体独立。我国采取的是第一种含义，即司法独立仅指司法机关（法院和检察院）的整体独立，不包括司法人员的个人独立。在这种司法独立理念下，由检察委员会代表检察院独立行使检察权，正是我国检察机关整体独立的一种表现形式，那种认为检察委员会制度不符合现代司法独立理念的主张，显然是拿西方国家司法独立的理念来套我国，因而是不正确的。

2. 认为"检察委员会制度不符合诉讼效率原则"具有片面性。有学者认为，检察委员会组成人员的水平和办案的层层呈报程序，不仅难以起到为案件把关的作用，而且延缓了办案时间，不符合现代诉讼效率原则，因而主张取消检察委员会制度。③ 我们认为，在现代诉讼中，效率是与公正密切联系的一个概念，从广义上讲，诉讼效率可以说是司法公正的一部分，因为"迟来的正义为非正义"，因此，如果离开司法公正而谈诉讼效率，不仅具有片面性，而

---

① 姜菁菁：《检察委员会机制改革初探——论独立行使检察权问题》，载《检察日报》2004 年 3 月 13 日。

② 《德国刑事诉讼法典》，李昌珂译，中国政法大学出版社 1995 年版，第 33、72 页。

③ 陈海光：《中国刑事诉讼制度的进一步完善》，载《法律适用》2000 年第 2 期；齐眉：《论司法改革的必要性和解决途径》，载北大法律信息网 http://www.chinalawinfo.com/sfjg/sfzd/details.asp? lid = 1495。

且会导致司法不公。即使从狭义上理解诉讼效率，将诉讼效率与司法公正作为两个不同的概念，也存在如何认识和处理诉讼效率与司法公正的关系问题。在诉讼效率与司法公正的关系上，虽然目前学术界有不同的观点①，但是，大多数学者认为，公正是第一位的，效率是第二位的，即只有在保证司法公正的前提下，才能谈得上提高诉讼效率。我们制定诉讼程序的主要目的是实现司法公正，而不是为了追求诉讼效率，如果是追求诉讼效率，那么诉讼程序越简单越好，甚至没有更好，没有必要制定复杂的诉讼程序，这也说明诉讼效率不是诉讼程序追求的主要目的，司法公正才是其追求的主要目的。但是，在保证司法公正的前提下，诉讼程序也应当考虑（或兼顾）诉讼效率，节约司法资源，为此必须使诉讼程序的复杂程度与查明案件事实的难易程度相适应。我们对简易案件适用简易程序，对复杂案件适用普通程序，对死刑案件除适用普通程序外，还要适用死刑复核程序，这些都体现了追求司法公正与诉讼效率的有机统一，我们不能撇开司法公正而认为对死刑案件增加死刑复核程序延缓了办案时间，不符合诉讼效率原则，否则是极其片面的。正因为如此，检察机关在处理重大疑难案件时，为了保证案件处理的公正性而制定检察委员会制度，也体现了案件的复杂程度与诉讼程序的复杂程度相一致的精神，符合司法公正第一的诉讼程序理念，如果只看到检察委员会处理案件程序的复杂性，而忘记了该程序是与重大疑难案件相适应的一致性，就认为检察委员会处理案件的程序不符合诉讼效率，显然具有片面性，是不正确的。

3. 认为"检察委员会制度所具有的行政性和封闭性有碍司法公正的实现和司法权威的树立"虽有一定的道理，但不足以否定该制度。有学者认为，我国检察委员会制度是按照下级服从上级、个人服从组织的原则建立的，检察委员会作出的决定，检察官个人必须服从，这体现了检察委员会处理案件具有浓厚的行政色彩。同时，检察委员会讨论决定重大疑难案件时不允许其他人员参与，又表明其程序具有一定的封闭性。检察委员会制度的这种行政性和封闭性不利于司法公正的实现和司法权威的树立，因而主张取消检察委员会制度。② 笔者认为，说检察委员会处理案件具有行政性，虽然表面上看来有一定的道理，但实质上并非如此。因为检察委员会不是行政领导机构，而是一种业务领导机构，其处理案件不仅有一定的范围限制，而且是按照诉讼程序进行的，是一种诉讼活动，而非行政活动，因而不能简单地说检察委员会处理案件的活动具有行政性。这与上级法院指定下级法院重审，下级法院必须服从一样，上级法院作出指定下级法院重审的决定，也是按照诉讼程序进行的，我们不能说上级法院的指定是一种行政命令，而应当承认它是一种诉讼活动，是法院内部的一种监督活动。另外，该理由认为检察委员会讨论决定案件不允许其他人员参与，其程序具有一定的封闭性。目前检察委员会讨论案件确实如此，但是，该理由并不足以否定检察委员会制度。因为该问题完全可以通过完善检察委员会制度予以克服，没有必要非废除该制度不可，因为任何一项制度都不会是十全十美的，都会存在这样或那样的问题或者不足，如果因为一项制度存在某方面的问题或者不足，就不加分析地予以废除，这是一种因噎废食的做法，也是一种不科学的简单思维方式，如果这样，许多制度都可能被废除，其结果是十分可怕的。由此可见，以检察委员会制度具有行政性和封闭性来否定该制度，也是不能成立的。

4. 认为"检察委员会制度无法落实错案追究责任"是不客观的。一些学者认为，检察委员会是以集体组织的形式来讨论决定重大疑难案件的，在案件结论出现错误后，表面上由检察委员会集体负责，但实际上却无人负责，这使得错案追究责任无法真正落实。同时，随着主诉检察官办案责任制的实行，一些主诉检察官怕承担责任，就将许多本不应当提交检察委员会讨论决定的案件也提交检察委员会讨论决定，导致地方检察院的检察委员会讨论案过多的现象，有的基层检察院的检察委员会几乎达到了事必躬亲的程度，这不仅使检察委员会负担过重，而且也使得错案责任无从追究。这说明我国法律设置的检察委员会制度存在缺陷，因而主张取消该制度。① 从我国目前情况看，对于检察委员会讨论决定案件出现错误时如何追究责任，各地检察机关的做法不同，有的由检察委员会集体负责（实际上由检察机关承担错案赔偿责任），有的除检察机关承担错案赔偿责任外，还追究检察委员会委员个人的责任，如扣发奖金或工资、限制晋升、取消检察委员会委员资格等。因此，认为建立检察委员会制度就无法落实错案追究责任是不符合实际情况的。此外，即使目前一些检察

① 陈端华：《正义的误区》，载信春鹰、李林：《依法治国与司法改革》，中国法制出版社1999年版，第497~528页；齐眉：《论司法改革的必要性和解决途径（三）》，载北大法律信息网 http://www.chinalawinfo.com/sfjg/sfzd/details.asp?lid=1495；赵仲政、董志诚：《试析检察委员会讨论决定案件之职能》，载 http://jcy.jcinfo.cn/xxkd/2004622123116.htm。

院没有建立对检察委员会委员个人责任追究制，也不能以此来否定检察委员会制度。因为这只是目前检察委员会制度本身存在的不足，而不是该制度的致命缺陷，我们完全可以通过完善该制度加以解决，并没有必要取消该制度，更何况一些没有建立对检察委员会委员责任追究制的检察院，目前也正在探索建立这种错案责任制，这充分说明了检察委员会制度是完全可以通过自身的完善来解决错案责任追究问题的。因此，以检察委员会制度无法落实错案追究责任为由来否定该制度，也是缺乏说服力的。

5. 认为"检察委员会制度与我国实行主诉检察官办案责任制改革背道而驰"也不符合实际情况。有学者认为，自 2000 年 1 月起在我国全面实行的主诉检察官办案责任制，旨在解决检察官独立办案问题，但由于主诉检察官受制于检察委员会，再加上一些主诉检察官怕承担责任而将一些本不应提交检察委员会的案件而提交检察委员会讨论决定，使得主诉检察官更受制于检察委员会，这使得主诉检察官缺乏应有的独立性，也使得主诉检察官办案责任制这一改革难以深入。这说明检察委员会制度和主诉检察官办案责任制是矛盾的，只有取消检察委员会制度，才能切实落实主诉检察官办案责任制，检察官独立行使检察权中遇到的一切矛盾也才能迎刃而解。① 我们认为，我国实行主诉检察官办案责任制，是在我国检察官素质不断提高和案件数量不断上升的情况下，为了解决诉讼效率而进行的一项检察改革。根据有关规定，简单案件的起诉决定权由主诉检察官行使，重大疑难案件的起诉决定权仍由检察委员会行使，这样可以加快一大部分简单案件的处理速度，达到提高诉讼效率的目的。由此可见，实行主诉检察官办案责任制改革实质上涉及我国检察权由谁来行使的问题，我们认为，在实行主诉检察官办案责任制改革后，我国检察权原则上或总体上仍由检察院行使，因为主诉检察官行使的部分检察权是检察机关的授权，而不是其本身具有的权力，同时，对于主诉检察官行使的部分检察权，检察机关仍保留着行使这部分权力的可能性，即在必要时，检察机关可以将这部分权力收回自己行使，或者委托给其他主诉检察官来行使。也就是说，在某些情况下，检察机关将部分检察权授予或委托给主诉检察官来行使，主诉检察官行使的部分检察权的多少，完全取决于检察机关的授权多寡。由此可见，在实行主诉检察官办案责任制改革后，检察机关仍是检察权行使的真正主体，而主诉检察官行使的部分检察权是检察机关授予或者委托的。各地检察机关完全可以根据各地的实际情况（检察官的素质、案件多少等因素）自由地决定授予或委

① 姜菁菁：《检察委员会机制改革初探——论独立行使检察权问题》，载《检察日报》2004 年 3 月 13 日。

托主诉检察官多少检察权，保留多少检察权，并且可以根据情况的发展变化，不断地调整这种授权的多少或者比例，以适应实践的需要。因此，在我国实行主诉检察官办案责任改革后，我们完全可以根据司法实际情况，协调主诉检察官行使的部分检察权和检察机关保留由检察委员会行使的部分检察权之间的比例关系，不断推进主诉检察官办案责任改革，因而那种以检察委员会制度与我国实行主诉检察官办案责任制改革背道而驰为由来否定该制度，显然也是不能成立的。

总之，检察委员会制度是有中国特色检察制度的重要组成部分，它在保证我国检察权正确行使、维护司法公正方面发挥着重要作用，我们没有理由取消该制度。在当前司法体制改革中，如果贸然取消作为检察机关办案神经中枢的检察委员会制度，将会带来一系列难以想象的甚至是灾难性的后果。

二、保留检察委员会制度的理由

我国建立检察委员会制度，由检察委员会集体来行使检察权，这是由我国特色检察制度、司法制度以及政治制度决定的，具有充分的合理性。

（一）检察委员会制度是我国历史经验的总结

我国检察委员会制度最早产生于抗日战争时期。1941 年，中国共产党在山东建立了抗日根据地，在制定的《改进司法工作纲要》中就规定了设置检察委员会。新中国成立后，为了弥补当时检察人员法律知识和经验的不足，保证检察权的正确行使，1949 年 12 月制定的《中央人民政府最高人民检察署试行组织条例》正式确立了检察委员会制度，并明确规定，最高人民检察署委员会的任务是议决有关检察工作之政策方针、重大案件及其他重要事项，并总结经验。当时的人民检察院称为"人民检察署"，检察委员会称为"人民检察署委员会"，该组织条例首次以法律的形式明确规定了检察委员会具有办案的职能，议决检察机关的重大案件。1954 年 9 月，第一届全国人民代表大会通过的第一部《人民检察院组织法》，在总结经验的基础上，对检察委员会的职能作了重要变动，即将检察委员会的任务由议决有关检察工作的政策方针、重大案件及其他重要事项，并总结经验，概括为处理检察工作的重大问题。1979 年 7 月，在总结以往检察委员会的组织与工作经验的基础上，第五届全国人民代表大会第二次会议通过的《人民检察院组织法》再次明确规定，检察委员会在检察长主持下，讨论决定重大案件和其他重大问题。1980 年颁布的《人民检察院检察委员会组织条例》，又将检察委员会讨论、决定的案件明确为重大案件和疑难案件。该条例第 3 条规定："检察委员会讨论和决定以下事项：

（一）贯彻执行党的方针、政策和人民代表大会及其常务委员会的决议、命令；（二）重大案件和疑难案件的处理；（三）检察业务上的规定、条例和措施；（四）检查、总结检察工作和其他有关的重要事项。"由此可见，我国检察委员会制度是伴随着我国革命发展而产生的一项制度，是我国检察制度的重要内容，并随着我国检察制度的发展而不断完善，这表明我国检察委员会制度是我国历史经验的总结，是符合我国国情的一项制度。

（二）检察委员会制度符合我国宪法对检察权行使主体的定位要求

我国《宪法》第 131 条明确规定："人民检察院依照法律规定独立行使检察权，不受行政机关、社会团体和个人的干涉。"这是我国宪法关于检察权行使主体的法律定位，根据该规定，我国独立行使检察权的主体是各级人民检察院，而不是检察官个人，更不是其他机关、社会团体和任何个人。从世界各国法律规定看，检察权的行使主体主要有两种模式：一是检察机关行使模式，即检察权统一由检察机关独立行使，其他机关、个人无权独立行使检察权。采取这种模式的国家主要有德国、俄罗斯等，如《德国刑事诉讼法典》第 152 条规定："提起公诉权，专属检察院行使。除法律另有规定外，在有足够的事实根据时，检察院负有对所有的可予以追究的犯罪行为作出行动的义务。"① 《俄罗斯联邦检察院组织法》（1999 年 2 月 10 日修订）第 4 条规定："俄罗斯联邦检察院是联邦统一集中的机关体系（以下称检察机关）。它的活动原则是下级检察官服从上级检察官和俄罗斯联邦总检察长。检察机关行使职权独立于联邦的国家权力机关，独立于俄罗斯联邦主体的国家权力机关、地方自治机关和社会联合体，严格按照现行法律在俄罗斯联邦领域内行使法律职权。"② 二是检察官行使模式，即检察权统一由检察官独立行使的模式。采取这种模式主要有英国、美国、日本等国家，如《日本检察厅法》规定，检察官是行使检察权的"独任官厅"，检察官对任何犯罪都可以进行侦查，且是唯一的公诉权行使主体，同时负责监督刑罚的执行等。③ 根据我国宪法规定，我国采取的是第一种模式。我国采取由检察机关统一独立行使检察权这种模式，是由我国统摄性的政治模式、检察机关的法律监督性质、检察人员素质不高等因素决定的，是符合我国宪法制度要求的。但是，我国检察权统一由检察机关独立行使要以一

---

① 《德国刑事诉讼法典》，李昌珂译，中国政法大学出版社 1995 年版，第 72 页。
② 《俄罗斯联邦检察院组织法》，周志放译，载《中国刑事法杂志》2002 年第 6 期。
③ 裘索：《日本国检察制度》，商务印书馆 2003 年版，第 269 页。

定的形式表现出来，检察长虽然是检察院的代表，但检察权不可能由检察长独立行使，因为检察长本身也是个体的检察官，他不可能代替检察院独立行使检察权，因而检察权的独立行使必须要以其他形式表现出来。而检察委员会是检察院建立的，由检察院的检察长、副检察长和资深的检察官组成，这种由检察院精英组成的机构是检察院的组织形式，可以代表检察院独立行使检察权，因而检察委员会制度就成为我国检察院独立行使检察权的必然选择。在司法实践中，虽然有的检察权是由检察官行使的，如批捕权、起诉权等，但是，检察官行使的这些权力都是检察院授权或委托的，在必要时，检察院有权限制或取消检察官的这些权力，这表明检察官个人并不是检察权的独立行使主体，检察院才是检察权行使的真正主体。因此，在检察院授权检察官行使部分检察权时，对于涉及重大、疑难案件的检察权，检察院仍有权保留由检察委员会来行使，这充分体现了检察委员会是检察机关独立行使检察权的重要实现形式，完全符合我国宪法对检察权行使主体的定位要求。

（三）检察委员会制度符合民主集中制的要求

民主集中制是我国长期革命斗争和社会主义建设实践经验的总结，是正确行使各种权力和执行各种制度的根本保证。民主集中制的基本内涵是，在处理重大问题时，要在个人充分民主的基础上，最后由集体讨论决定。在我国检察实践中，检察权的行使实行检察委员会制度，符合民主集中制的要求，是民主集中制在检察权行使上的具体体现。因为我国法律虽然规定，检察权统一由检察机关行使，但是，随着我国经济和法制的发展，检察官的政治素质和业务素质不断提高。在这种背景下，为了提高诉讼效率和节约司法资源，我国对检察权的具体行使方式进行了改革，自2000年1月开始在全国检察机关推行主诉检察官办案责任制后，我国检察权分别由主诉检察官和检察委员会行使。即一般案件的部分检察权由主诉检察官行使，重大疑难案件的检察权由检察委员会行使。最高人民检察院2000年制定的《关于在审查起诉部门全面推行主诉检察官办案责任制的工作方案》第4条第3款规定："主诉检察官承办案件时，对于法律明确规定应当由检察长、检察委员会行使的职权，以及检察长、检察委员会认为应由其行使的职权，应当提出意见，报请检察长决定。具体包括下列事项：1.需要采取、变更、撤销逮捕措施的；2.需要改变管辖的；3.拟作不起诉决定的；4.变更起诉的；5.决定抗诉、撤回抗诉的；6.需要对有关单位提出书面纠正违法意见或者检察建设的；7.下级人民检察院书面请示和公安机关提请复议、复核的案件中需要检察长决定的事项；8.上级交办的案件以及本地区有重大影响的案件中需要检察长决定的事项。"根据该条规定，主诉检察官在办案中遇到上述八个方面的重大问题时，应当在主诉检察官领导的小组成员讨论后，提出具体意见，报请检察长决定，主诉检察官对检察长的决定有异议时，检察长应提请检察委员会讨论决定。由此可见，建立检察委员会制度，负责对重大问题的处理，完全符合我国民主集中制的要求。

（四）检察委员会制度是司法公正的有效保证

司法公正是保障社会公正的最后一道防线，也是刑事诉讼追求的最高目标。要实现司法公正，需要多方面的条件与保障。就检察机关来说，要实现司法公正，就必须保证检察官能够发现案件事实，正确适用法律；同时，要保证具体行使检察权的检察官能够排除外界干扰，公正合理地行使检察权。其中，要保证检察官能够发现案件事实、正确适用法律，建立检察委员会制度则是十分必要的。一方面，检察委员会制度可以弥补检察官专业化、职业化程度不高的缺陷。从国外情况看，实行检察官独立的条件是，检察官的队伍少而精。但是在我国，由于历史、文化、制度等方面的原因，我国的检察官队伍却相当庞大，而且检察官的整体素质不高，专业化和职业化程度较低，缺乏与履行职务相适应的阅历和经验，实践中有的检察官仅凭常识和经验办案。在这种情况下，设立检察委员会，在个体检察官直接审查案件事实的基础上，由最有经验、最有能力的资深检察长、副检察长和检察官组成的检察委员会讨论决定重大、疑难案件，可以发扬民主，集思广益，利用集体的智慧，弥补个体检察官知识和经验不足的缺陷，保证案件的正确处理。另一方面，在检察官的素质达到相当高程度的情况下，检察委员会制度也是不可或缺的。这是因为，在当今知识经济时代，各种知识更新日益加快，社会也变得纷繁复杂。而检察官作为认识事物的个体，即使其政治素质很高，业务能力很强，相对于日新月异的复杂社会，其能力也是有限的，在面对各种知识更新不断加快的社会和日趋复杂的案件时，检察官要作出正确的决定，对他人也具有更大的依赖性，这就为检察委员会集体决策提供了必要性。即使在坚持法官独立的美国，为弥补法官个人能力上的不足，在一些法院里也建立了法官集体研究疑难案件，为主审法官提供咨询意见即所谓"团队审判"的制度。① 这说明在检察官素质达到很高的情况下也需要检察委员会。同时，要保证检察官在执法活动中能够排除外界干扰、公正合理地行使检察权，也需要建立检察委员会制度。因为在我国目前的检察体制和社会环境下，检察官的执法活动会遇到各种各样的干扰和阻力，而

---

① 刘家琛：《借鉴与启迪——从考察美国司法制度所想到的》，载《外国法学研究》1989 年第 1 期。

我国目前的法律制度又没有为检察官及其家人的人身和财产安全提供有效的保障措施。这说明目前我国检察官的肩膀还过于柔弱，难以承担起处理重大案件的社会压力，且缺乏抗干扰和承担错案责任的能力，客观上需要一种保护和责任转移机制，检察委员会对案件的审批决定制度实际上就起着这种保护和转移责任的作用。也就是说，我国检察委员会制度在某种程度上可以成为检察官执法活动中的"挡箭牌"，可以帮助检察官抗拒各种干扰，消除检察官办案过程中遇到的种种阻力，从而保证检察官公正执法。

（五）检察委员会制度是对检察官进行有效监督的客观需要

任何拥有权力的人，都可能滥用权力，这是一条客观规律。检察官作为行使某种检察权的个人，也存在滥用检察权的可能。要保证检察权的正确行使，实现司法公正，除了要有高素质的检察官外，还必须建立对检察官进行有效监督和制约的措施或制度，以防止检察官滥用权力。在我国，建立检察委员会制度，通过检察委员会来监督和制约检察官行使检察权，是防止检察官个人滥用权力的一种有效措施。我们应当承认，与国外相比，目前我国检察官更容易也更可能滥用权力，这是因为：一方面，我国法律的规定较为原则，有些诉讼程序规定得很不完善甚至缺乏明确的程序规定，这就为检察官滥用权力提供了极大的空间和可能性。另一方面，我国是一个非常重视人情的国家，人情是人们建立各种人际关系的重要纽带，也是人们办理各种事情的重要依靠。在这种人情社会里，检察官作为社会群体中的一员，也无法摆脱人情的困扰。这种困扰有的来自于同学、战友、老乡、同事、朋友，有的来自于上级检察机关的领导或者朋友。检察官又非圣人，也有自己的欲望和需求。在目前市场经济条件下，面对各种各样的诱惑，有的检察官往往难以抗拒，甚至为了不正当利益而滥用职权，损害司法的公正。在这种国情下，我们设立检察委员会制度，由检察委员会这一集体组织对重大复杂和疑难案件的处理进行把关，可以阻却人情对检察官的干扰，有效防止检察官徇私枉法、滥用职权，从而在一定程度上起到防止司法腐败、维护司法公正的作用。因此，在目前我国司法腐败现象还较为严重的情况下（任何一个公民从新闻媒体的报道中都可不同程度地感受到），建立检察委员会制度是对检察官的执法活动进行监督制约，有效防止检察官滥用职权而出现司法腐败的客观需要。

三、我国检察委员会制度存在的问题

根据《人民检察院组织法》的规定，最高人民检察院制定了《人民检察院检察委员会组织条例》（1980 年）、《最高人民检察院检察委员会议事规则

（试行）》（1995 年），对检察委员会的人员组成、准备和议决程序、复议程序、执行和督办程序等检察委员会制度中的重要内容作出了明确规定。之后，为适应民主法制建设和检察工作的需要，最高人民检察院于 2008 年和 1998 年、2003 年和 2009 年，分别对上述两个规定进行了修订，完善了我国检察委员会制度的有关内容。但是，从目前检察实践看，该制度的运行并非尽善尽美，仍存在一些问题，主要表现在以下三个方面：

（一）缺乏对检察委员会委员任免条件的具体规定，造成检察委员会人员组成的行政化

法律明确规定检察委员会委员高标准的任免条件，是检察委员会人员组成精英化、决策正当合理化的必要保证。然而，2008 年 2 月 2 日最高人民检察院修订的《人民检察院检察委员会组织条例》第 2 条规定："各级人民检察院检察委员会由本院检察长、副检察长、检察委员会专职委员以及有关内设机构负责人组成。检察委员会委员应当具备检察官资格。"可见，该《条例》规定检察委员会委员的任职条件有两个：一是具备检察官资格；二是本院的行政领导。该条件中的"具备检察官资格"较为笼统，缺乏对"具备检察官资格"的年限、业务能力、职业品行、检察官级别等具体条件的要求，导致实践中一些从其他机关调入检察机关担任党组成员或者政工部门负责人但不符合检察官任职条件的领导被直接任命为检察委员会委员或者通过下派到下级检察院挂职副检察长的方式获得检察官身份后被任命为检察委员会委员，从而规避了"具有检察官资格"这一条件，显然"具备检察官资格"这一条件的要求较低。第二个条件"本院的行政领导"包括检察长、副检察长、专职委员和有关内设机构负责人，其中，本院"有关内设机构负责人"则没有限定为业务部门的负责人，导致实践中一些非业务部门（如政治部门、办公室等）的负责人往往成为检察委员会委员，由于受检察委员会委员数额的限制，① 一些业务部门的负责人则不能成为检察委员会委员，不仅如此，"本院行政领导"这一条件显然将未担任领导职务的优秀检察官排斥在检察委员会组成人员之外，这必然会造成检察委员会人员组成的行政化。

---

① 2008 年《人民检察院检察委员会组织条例》第 3 条规定："各级人民检察院检察委员会委员的员额一般为：（一）最高人民检察院为十七人至二十五人；（二）省、自治区、直辖市人民检察院为十三人至二十一人；（三）省、自治区、直辖市人民检察院分院和自治州、省辖市人民检察院为十一人至十九人；（四）县、市、自治县和市辖区人民检察院为七人至十五人。各级人民检察院检察委员会委员人数应当为单数。"

从实践看，检察委员会人员组成行政化的现象可能造成以下不利后果：一是使得检察委员会委员成为一种政治待遇，①影响了业务骨干的积极性，造成不公平的现象。二是受政治待遇、行政领导职务的限制或顾虑，检察委员会委员在讨论重大案件或其他重大事项时，往往不敢仗义执言，难以形成研究、讨论问题的氛围，甚至会随声附和或者迎合检察长的意见，造成检察委员会"一言堂"的现象。三是容易造成检察委员会与院务会、党组会相混淆，不仅议事方式没有区别，甚至在议事问题上也不加区分，使得检察委员会的决定如同行政命令，无法建立有关的复议程序②等救济机制，难以确保检察委员会决定的正确性和权威性。

此外，我国没有对检察委员会委员的免职条件和任职期限作出明确的规定，这样就会出现一旦被任命为检察委员会委员，除非有重大变故（如因违法违纪被撤职等）或特殊情况（如因工作调动等），否则就终身任职的现象。实践中还会出现退居二线的非检察业务部门的负责人担任检察委员会委员的现象。这种终身制不仅阻碍了一些业务部门的负责人和其他优秀的检察官进入检察委员会，无法实现竞争和优胜劣汰，影响了检察委员会的精英化程度和权威性，而且难以调动检察委员会委员钻研业务的积极性，再加上目前缺乏对检察委员会委员的培训制度，容易导致检察委员会委员专业水平不高的现象。

（二）列席检察委员会的人员范围有限，影响了检察委员会审议活动的公开程度

检察委员会作为检察机关讨论重大案件和重大事项的业务决策机构，要保证其决策的正确性和权威性，其讨论和决定重大案件和其他重大检察问题时必须具有一定的公开性，允许其他人员旁听。为此，2008年2月2日最高人民检察院修订的《人民检察院检察委员会组织条例》第12条规定："检察委员会在审议有关议题时，可以邀请本院或者下级人民检察院的相关人员列席会议。"2009年8月11日最高人民检察院制定的《人民检察院检察委员会议事和工作规则》第8条进一步明确规定："检察委员会举行会议，经检察长决

① 从目前实际情况看，担任检察委员会委员的部门负责人往往在政治待遇上高于其他未担任检察委员会委员的部门负责人，而且还享受有关津贴、专车等物质待遇。更为明显的是，按照有关规定，检察委员会专职委员在行政级别上比其他部门负责人高一级，享有更多的物质待遇，因而成为解决某些人政治待遇的一种有效途径。

② 为了保证检察委员会决定的正确性和权威性，2009年最高人民检察院制定的《人民检察院检察委员会议事和工作规则》第29条规定了对检察委员会决议的复议程序，但在检察实践中，这种复议机制尚未真正形成。

定，未担任检察委员会委员的院领导和内设机构负责人可以列席会议；必要时，可以通知本院或者下一级人民检察院的相关人员列席会议。"可见，我国建立了检察委员会列席制度，但列席检察委员会的人员仅限于本院的院领导和内设机构负责人以及本院和下级人民检察院的有关人员，而不包括其他检察人员和上级人民检察院的领导和有关人员，其范围显然较窄，影响了检察委员会审议活动的公开程度，不利于上级人民检察院对下级人民检察院的监督。

在司法实践中，检察委员会讨论案件时，除案件汇报人、记录人员外，一般只有检察委员会委员参加，其他人员不允许参加，也不向外公开，不允许其他人员列席旁听。这种讨论案件的形式具有一定的秘密性，不仅不利于树立检察委员会的威信，认同检察委员会的决定，而且不利于检察委员会其他功能（教育、示范）的有效发挥。此外，即使允许有关人员列席检察委员会会议，但列席人员的任务和作用是什么，是否有权要求发表意见以及如何发表意见等，都缺乏明确的规定，这必然影响了列席检察委员会人员作用的发挥，使得检察委员会列席制度名存实亡。

（三）缺乏对检察委员会办事机构设置和人员组成的规定，难以发挥办事机构的应有作用

为了提高检察委员会的议事水平和工作效率，2008年2月2日最高人民检察院修订的《人民检察院检察委员会组织条例》第16条首次规定了检察委员会办事机构的设置，要求"各级人民检察院应当设立检察委员会办事机构或者配备专职人员负责检察委员会日常工作"。根据该规定，目前各级检察院都设立了检察委员会办事机构，并配备了相应的人员。但由于该《条例》规定不明确，导致实践中存在以下问题：一是办事机构的名称不统一。有的将检察委员会办事机构称为检察委员会秘书处，有的则称为检察委员会办公室，如最高人民检察院将检察委员会办事机构称为检察委员会秘书处，而地方各级人民检察院一般将检察委员会办事机构称为检察委员会办公室。二是办事机构的归属不统一。有的将检察委员会办事机构设在研究室或案件管理中心，有的设在办公室，还有的则单独设置。① 三是办事机构的人员组成不统一。有的办事

① 如湖北省人民检察院于2002年4月下发了《关于在机构改革中加强检察委员会建设的通知》，依照该通知，该省各级人民检察院都建立了检察委员会办事机构，地级人民检察院的检察委员会办事机构一般设在研究室；基层人民检察院的检察委员会办事机构一般设在办公室；有的地区人民检察院得到地方人大及常委、组织部门和政府编制部门的支持，设立了独立编制的检察委员会办公室。

机构选择业务较强的检察官组成，有的选择一般的检察官组成，还有的则由一般检察官和行政人员共同组成等。

根据《人民检察院检察委员会组织条例》第 17 条规定，检察委员会办事机构的职责除审核提交检察委员会讨论的案件或者事项的有关材料是否符合要求、负责会务和会后督办等事务工作外，还有一项重要职责，就是对提交检察委员会讨论的案件或者事项提出法律意见，对提交讨论的有关检察工作的条例、规定、规则、办法等规范性文件提出审核意见。无论提出法律意见还是审核意见，都需要具有法律和检察专业知识，否则就难以完成检察委员会办事机构的职责。由于该《条例》没有对检察委员会办事机构的组成人员作出明确要求，导致一些地方检察委员会办事机构的职责由行政人员或者业务不强的人员负责，难以保证检察委员会办事机构职责的全面正确履行。

四、我国检察委员会制度改革的原则

我国检察委员会制度改革作为我国检察改革的重要组成部分，必须按照中央和最高人民检察院的要求进行。根据中央《关于司法体制和工作机制改革的初步意见》和最高人民检察院《检察改革实施意见》，我国检察改革必须遵循以下原则：一是坚持党对检察工作和检察改革的领导，坚持我国宪法确立的根本政治制度和检察机关的法律监督性质及地位；二是有利于强化检察机关法律监督职能，提高检察机关法律监督能力，保证检察机关依法独立公正行使检察权；三是有利于服务改革发展稳定大局，保障社会主义市场经济的健康发展，维护人民群众合法权益，尊重和保障人权，充分发挥检察机关在促进依法治国、构建社会主义和谐社会中的职能作用；四是坚持从中国国情出发，总结检察改革的有益经验，科学吸收和借鉴国外检察制度的有益成果；五是坚持依法进行，循序渐进。我国检察委员会制度改革也应当遵循检察改革的上述基本原则，同时，为了保证检察委员会组成人员的精英化、检察委员会决策的科学性和权威性，我国检察委员会制度改革还应当坚持以下具体原则：

（一）精英化原则

精英化原则就是要走专业精英化道路，即检察委员会制度的改革要保证检察委员会的组成人员是检察机关的精英，他们能够代表检察机关的最高业务水平。检察委员会制度改革坚持精英化原则，一方面是由检察委员会的地位所决定的。根据有关规定，检察委员会是检察机关对检察业务进行集体决策的机构，是检察机关最高的业务决策机构。检察委员会的这种定位就决定了其组成人员必须是检察机关的精英，否则就不可能将其确定为检察机关最高的业务决

策机构，也无法保证检察委员会决策的权威性。另一方面是由检察委员会的性质所决定的。根据《人民检察院组织法》、《人民检察院检察委员会组织条例》和《人民检察院检察委员会议事和工作规则》规定，检察委员会是检察机关的业务决策机构，负责讨论决定重大案件和其他重大事项，其议事范围与检察机关的党组会、院务会的议事范围有明显的不同，二者的主要区别是检察委员会议事的范围具有很强的专业性。检察委员会的这种性质就决定了其组成人员必须是专业水平最高的检察精英，否则就难以对检察业务中遇到的重大案件和其他重大事项进行讨论和决策，更无法保证检察委员会决策的正确性。

在检察委员会制度改革过程中，要坚持精英化原则，就应当做到以下几点：（1）高标准的规定检察委员会委员的任职条件。我国《人民检察院检察委员会组织条例》是规定检察委员会委员任职条件的法规，该《条例》只有打破"行政领导"的条件束缚，高标准地规定检察委员会委员任职的具体条件，才能保证检察委员会委员都是检察机关的精英。（2）建立选拔检察委员会委员的竞争机制。竞争机制是择优的最佳途径。只有在检察委员会委员的任命中建立竞争机制，才能选拔出最优秀的检察官，才能实现检察委员会人员组成的精英化。（3）建立检察委员会委员的淘汰机制。淘汰机制是竞争机制的重要保障，没有淘汰机制，就难以有真正的竞争机制。为了保证检察委员会人员组成的精英化，就必须建立检察委员会委员的淘汰机制，为此必须明确规定检察委员会委员的免职条件，建立检察委员会委员的考核、监督等制度。

（二）民主化原则

为了使检察委员会成为检察机关公正、民主、权威的决策机构，实现民主议事、科学决策的目标，我国检察委员会制度改革就应当坚持民主化原则。同时，在我国检察委员会制度改革过程中，坚持民主化原则，一方面是司法民主的要求。在现代民主社会，一切政治活动都要求公开民主化，反映并体现民主。司法活动作为政治活动的一项重要内容，就必须坚持民主化原则，这是民主政治的基本要求。而检察委员会的议事活动是检察机关行使检察权的重要司法活动，也必然要坚持民主化原则。另一方面是检察委员会历史传统的要求。从我国检察委员会制度的历史发展看，1954 年《人民检察院组织法》规定的检察委员会活动原则是在检察长领导下的民主集中制原则，1979 年《人民检察院组织法》则将其修改为在检察长主持下的民主集中制原则，该原则一直延续至今。可见，检察委员会作为检察机关的民主决策机构，自其产生之日起就坚持民主集中制原则，并且随着社会民主化的发展，检察委员会制度的民主化程度也在不断地提高。我国的这种历史传统就要求今后我国检察委员会制度的改革必须坚持民主化原则，走民主化道路。

具体来说，民主化原则对我国检察委员会制度改革提出了以下要求：一是检察委员会的人员组成应当具有广泛性。检察委员会人员组成的广泛性是检察委员会进行民主讨论、议事的基础，也是检察委员会决策产生公信力的保障。根据检察委员会人员组成广泛性的要求，检察委员会的人员组成不仅要包括检察长、副检察长、专职委员和有关部门负责人，而且还应当包括业务水平高的一般检察官。二是检察委员会讨论、议事活动应当具有民主气氛。民主讨论、议事是民主原则的核心，也是保证检察委员会决策正确性的关键。要做到这一点，不仅检察委员会的讨论活动应当严格按照有关程序、发言顺序进行，而且每位检察委员会委员发表意见时应当充分阐述其理由，以保证每位检察委员会委员讨论问题时都能够畅所欲言、有理有据，避免感情用事。三是检察委员会的决策应当坚持少数服从多数的原则。即在检察委员会决策时，每位检察委员会委员具有同等的一票表决权，检察委员会的最后决策应当按照多数委员的意见作出。此外，在检察委员会制度改革过程中，要全面贯彻民主化原则，还应适当扩大民主参与决策的范围和形式，如建立听证制度、完善列席制度、健全专家咨询制度等，以保障检察委员会这一权威机构真正发挥民主决策的作用。

（三）程序化原则

程序化原则就是检察委员会制度的改革，要使检察委员会的一切活动都纳入程序，不断完善有关程序。检察委员会制度改革坚持程序化原则，一方面是我国法治建设的需要。依法治国、实现法治国家是现代各国的共识和共同追求，而依法治国则是一个严格按照法律规定进行活动的过程，法治国家必须经过严格适用法律的过程才能实现。由此可见，依法治国、实现法治国家，就必须建立和完善一系列治理国家的程序。我国已确立了依法治国的方略，而要实现依法治国，就需要各个国家机关的共同努力。检察机关作为行使检察权的国家机关，其一切活动（包括检察委员会的活动）都必须严格依法进行，为此就必须建立和完善有关程序，坚持程序化原则。另一方面是司法文明的要求。在司法活动中，司法文明体现在许多方面，而建立、完善并严格遵守程序则是司法文明的一项重要内容。我国检察委员会作为检察机关行使检察权的一种重要组织机构，其活动要体现司法文明，就必须建立、完善并严格遵守有关的程序。近年来，按照程序化原则的要求，最高人民检察院和地方各级人民检察院，都非常重视检察委员会活动的规范化建设，相继制定了一系列的规章制度，建立和完善了有关的议事程序，大大提高了我国司法文明的程度。

在我国检察委员会制度改革过程中，要坚持程序化原则，具体要做好以下几方面的工作：一是要将检察委员会的所有活动都纳入有关程序。从实践看，检察委员会的活动包括议案的提起、汇报、审议、表决、复议、变更、执行、反馈、督办以及请示报告等，这些活动都必须纳入程序中，用程序的形式固定下来，才能保证检察委员会的活动有法可依。二是要保证检察委员会的活动更加公开。我国检察委员会的议事活动虽然是检察机关的一种内部活动，目前也具有一定程度的公开性，允许有关人员旁听。但是，为了更好地贯彻程序化原则，我国检察委员会制度改革应当不断增加其公开程度，允许更多方面的人员参加旁听。三是要不断完善检察委员会活动的有关程序。我国目前虽然制定了检察委员会活动的一些程序规定，但有些程序还不完善，在今后的改革过程中，应当不断加以完善，以提高我国检察委员会活动的程序化程度。

五、改革我国检察委员会制度的具体设想

当然，质疑"取消说"，论述我国检察委员会制度存在的合理性，并不是说我国现有的检察委员会制度就尽善尽美，完全没有必要进行改革和完善。笔者承认，我国现有的检察委员会制度尚存在一些问题，如检察委员会的人员组成、议决程序、淘汰机制、责任追究机制等方面都存在某些问题。但是，这些问题并未对现有的检察委员会制度形成致命威胁，完全可以通过改革完善来加以解决。从我国检察实践看，我国现有的检察委员会制度主要存在以下三个方面的问题：一是检察委员会的人员组成缺乏科学性；二是检察委员会讨论案件的程序不规范，具有行政色彩；三是检察委员会讨论案件缺乏透明度，存在"暗箱操作"现象。针对上述问题，应当按照司法规律的要求进行司法化改造，以适应我国法治建设的要求。具体来说，应当通过完善我国《人民检察院组织法》、《刑事诉讼法》和相关司法解释，对我国现行的检察委员会制度进行以下司法化改造：

（一）明确检察委员会委员的资格条件，实现检察委员会人员组成专业化

随着检察委员会改革的不断深化，加强检察委员会的议事决策能力建设，日益成为检察委员会建设的重要方面，而检察委员会的议事决策能力则取决于每位检察委员会委员的专业素质。要想使检察委员会真正成为检察机关的最高业务决策机构，就必须选拔具有较高议事能力的检察委员会委员。我国《人民检察院检察委员会组织条例》没有具体规定检察委员会委员的任职条件，虽然 1996 年 6 月 23 日最高人民检察院《关于改进和加强检察委员会工作的通知》中要求，为了改善检察委员会的结构，各级人民检察院可以选拔一些具

有良好的政治素质、法律政策水平高、业务熟悉、经验丰富、议事能力强的资深检察官和优秀检察官担任专职委员，但是该《通知》却缺乏硬性要求，且缺乏具体明确的条件。为了提高检察委员会的决策能力，避免其行政化，不应将是否担任领导职务作为必要条件，而必须高标准地规定检察委员会委员的任职条件，以实现检察委员会人员组成的精英化。为此建议法律应当明确规定以下内容：（1）选任检察委员会委员的条件。除检察长为当然的检察委员会委员外，① 其他检察委员会委员（包括副检察长）除应当具有比一般检察官较高的职业道德外，还应当任检察官 5—10 年以上，并且正在从事检察业务工作等。（2）公开的竞争程序。为了克服检察委员会行政化问题，突出其业务色彩，应当建立竞争机制，通过竞争的方式选拔优秀检察官为检察委员会委员。② 选拔方式可以采取笔试、答辩和业绩评比，然后对入围的人员进行考核和公示，最后报同级人大常委会任命。

为了克服检察委员会委员的终身制，避免将其作为一种"行政待遇"、"政治荣誉"的现象，我国法律还应当明确规定检察委员会委员的任职期限和免职条件。为此建议我国法律应当明确规定以下内容：（1）检察委员会委员的任职期限。一般来说，检察委员会委员的任职期限应当与检察长的任期相同。在其任期届满之前，要对其任职期间的整个工作进行考评，经考评合格的可以连任，否则就应当建议予以免职，以避免检察委员会委员的终身制。同时，检察机关还应当积极主动地向地方党委汇报检察委员会委员的任职情况，对没有履行好职责的检察委员会委员，应当建议地方党委解除该检察委员会委员的职务。（2）检察委员会委员的考核机制。各级检察机关应当按季度或年度，对各位检察委员会委员的议事质量高低进行考评，对出现严重错误或者议事质量一直不高的委员，要进行更换，实行优胜劣汰，以保证检察委员会人员组成的专业化程度。（3）检察委员会委员的免职条件。为了保证检察委员会委员的议事能力，我国法律还应当对检察委员会委员的免职条件作出明确规定，建议规定具有以下情形之一的，应当免除检察委员会委员的任职：失去检察官身份的；任期届满考核不称职的；严重违法违纪受到行政计大过以上行政

---

① 检察长是当然的检察委员会委员，一方面是因为检察长是检察机关的法定代表；另一方面是因为检察长需要负责主持检察委员会的工作。

② 一些地方检察机关已实行这一方式，如 1996 年上海市制定了适用于全市的检察机关检察委员会工作规定，通过竞争选拔检察业务骨干充实检察委员会；2005 年湖南长沙市雨花区检察院通过竞争上岗的方式选拔检察委员会委员；河南卢氏县检察院也实行了"四公开"选拔检察委员会委员等。

处分的等。

（二）完善检察委员会的议事规则，建立符合司法规律的诉讼程序

检察委员会讨论决定重大疑难案件的活动，是检察机关行使检察权的重要活动，应当按照司法程序的要求建立相应的诉讼程序。因此，应当对检察委员会现行的议事方式进行司法化改造，建立符合司法规律的诉讼程序，以保证检察权的正确行使。

为了改变目前检察委员会讨论决定案件方式不统一、不规范的状况，体现现代诉讼民主和程序正义的精神，应当加强立法活动，完善有关的法律制度，以规范检察委员会讨论和表决案件的程序。这里关键是要明确检察委员会讨论案件的发言顺序。因为检察委员会讨论案件时的发言顺序，直接关系到民主集中制原则能否真正落实。为了防止检察长首先发言给其他检察委员会委员造成不当的心理压力或者出现漫长，切实贯彻民主集中制原则，法律应当明确规定检察委员会讨论案件的发言顺序。对此，我国台湾地区合议庭的做法可资借鉴。在台湾，合议庭评议案件时，其发言顺序是：以资历最浅者为先；资历相同的，以年龄小的为先；最后由审判长发言。[①] 笔者认为，从我国目前司法行政化色彩比较浓厚的现实情况出发，并适当借鉴我国台湾地区的做法，在规定检察委员会讨论案件时的发言顺序时，应当以行政级别的高低和资历的深浅为标准。具体而言，在承办人和承办部门负责人汇报具体案情后，检察委员会委员应当按下列顺序进行发言：首先由不担任领导职务的委员或者检察委员会的专职委员发言，其次由担任领导职务的委员从低职务到高职务的顺序依次发言，处于同一行政级别的委员，由资历浅的委员先行发言，必要时可以请有关列席人员发表意见，最后由作为检察委员会主持人的检察长或副检察长发表个人意见。这样的发言顺序，有利于各位委员独立并充分地发表自己的真实意见。对于案件的表决，实行少数服从多数的原则，由会议主持人对各种意见作出统计，检察委员会全体组成人员过半数委员的意见作为决定意见，但少数人的意见应当保留并记录在卷。在完善检察委员会讨论和决定程序时，应当注意以下几点：（1）发言顺序和质量。检察长在其他委员发表意见前，不得对案件的认识或定性先表态或提示性发言，必须最后发言。其他委员应当充分发表自己的意见，并做到观点鲜明、理由充分。遇到分歧较大的问题时，检察长可

---

① 陈荣宗、林庆苗：《民事诉讼法》，台湾三民书局股份有限公司1998年版，第119页。

以要求各位委员对不同的观点进行讨论或辩论。在讨论中,检察长应当在最后发表意见,不可首先作表态性发言。(2)规范议案的决定程序。检察长在作出综合和归纳发言并形成意见后即进入检察委员会表决程序。检察长可以请各位委员举手表决或者口头表决,也可以对各位委员的意见作出归纳,按照少数服从多数的原则,作出检察委员会的决定。(3)特殊情况的处理。在检察委员会讨论中,如果发现因现有证据不足难以作出决定的案件或分歧很大的问题时,检察长可以建议补充证据或者待条件许可时再进行讨论决定。如果出现检察长与多数委员意见不一致的情况时,应当按照法律规定提请上级检察院决定。

（三）建立相关部门或人员列席制度,提高检察委员会讨论案件的透明度

为了增强检察委员会议事的公开性,避免检察委员会"暗箱操作",让更多的检察人员了解检察委员会的议事程序,提高检察委员会的权威,我国建立了检察委员会的列席制度。即《人民检察院检察委员会组织条例》第12条规定:"检察委员会在审议有关议题时,可以邀请本院或者下级人民检察院的相关人员列席会议。"《人民检察院检察委员会议事和工作规则》第8条规定:"检察委员会举行会议,经检察长决定,未担任检察委员会委员的院领导和内设机构负责人可以列席会议;必要时,可以通知本院或者下一级人民检察院的相关人员列席会议。"可见,我国确立的检察委员会列席制度的列席人员仅限于本院和下一级检察机关的有关人员,具有一定的局限性。由于检察委员会议事活动是一种司法活动,应当具有一定的公开性,同时检察委员会的议事活动是检察机关的内部活动,且讨论的案件具有很强的秘密性,其议事活动又要求一定的保密性。因此,考虑到这两方面的因素,建议适当扩大列席人员的范围。具体而言,可以将列席检察委员会的人员扩大到以下人员:

1. 本院相关部门负责人和承办人。针对实践中一个案件在不同的诉讼环节由本院几个不同业务部门承办,各个部门对案件的认定和处理意见不一致的情况,建立由相关几个部门的负责人和承办人列席检察委员会的制度,可以保证各部门向检察委员会陈述各自承办案件时的事实、证据和认定理由,这样便于检察委员会全面了解案件事实,作出正确的决定。

2. 本院各业务部门负责人。即要求本院各业务部门的负责人列席检察委员会会议,打破只有检察委员会委员参与案件研究的固定格局,充分发挥业务部门负责人的办案经验和专长,让他们发表自己的意见,同时,可以通过研究案件和问题,使他们掌握各类案件的办案规律或经验,了解应当注意的问题,

达到相互学习，相互促进，不断提高各业务部分负责人的业务领导能力，并且可以起到教育警示作用，防止工作中出现错误，保证各项检察权的正确行使。此外，必要时，检察委员会讨论某些案件，还可以向本院检察干警公开，欢迎检察干警参加旁听检察委员会的案件讨论。这样不仅有利于检察干警对检察委员会的执法活动进行监督，而且有利于检察干警从检察委员会讨论和剖析案情中学到经验，提高自己的业务水平。

3. 本院的有关检察人员。根据现有规定，未担任检察委员会委员的院领导、内设机构负责人和本院有关人员可以列席检察委员会。这里的"有关人员"是指与检察委员会讨论的议题有关的人员，其他无关的人员则无权列席。这种规定显然是不合理的，不仅不利于检察人员整体素质的提高，而且不利于对检察委员会的议事情况进行考评和监督。因此，应当扩大本院列席人员的范围，建议本院所有的检察人员特别是检察业务骨干，经检察长批准后，都可以列席检察委员会。具体来说，检察委员会在讨论不同类型案件或疑难复杂问题时，可以针对性地安排本院业务骨干、高层次人才或者其他检察人员列席旁听，一方面可以保证他们对检察委员会的议事决策情况进行直接的监督；另一方面可以使他们从检察委员会讨论和剖析案件中受到启示，提高业务水平。

4. 上级检察机关的领导和有关人员。即对于上级检察院交办的案件，如果下级检察机关遇到较大问题或者与上级检察机关存在较大的意见分歧时，可以邀请上级检察机关的领导或有关人员列席下级检察机关的检察委员会会议，必要时，上级检察机关的领导也可以要求列席下级检察机关的检察委员会会议。这样既可以帮助下级检察机关解决问题，也可以对下级检察机关进行有效的监督，保证检察权的统一正确行使。

5. 下级检察院检察长或有关人员。即对于下级检察院办理的案件，如果上级检察院与下级检察院存在较大的意见分歧或者拟撤回下级检察院的抗诉决定时，应当有下级检察院检察长或主管检察长、承办人列席上级检察院的检察委员会会议，并就案件事实、证据和定性陈述意见，个别案件还可商请公安机关、会计审计所等相关单位，就某些专业性问题进行会前论证。这样既有利于客观公正地了解案情，保证决定的准确性，又有利于下级检察院理解和接受上级检察院检察委员会的决定，保证上级检察院检察委员会决定的执行。

在扩大检察委员会列席人员范围时，应当注意的是，检察委员会是检察机关的内部决策机构，其工作的涉密性很强，检察委员会委员以外的其他检察人员列席时应当特别慎重，要严格条件和审批程序，特别是在研究讨论涉及国家秘密及检察秘密等事项时，更应当注意保密，原则上禁止列席旁听。

（四）完善检察委员会办事机构的有关规定，提高检察委员会的议决效率

为了提高检察委员会的议事效率，应当健全检察委员会的办事机构。针对实践中检察委员会办事机构存在的问题，应从以下几方面予以完善：

1. 统一办事机构的名称。根据法律规定，检察委员会办事机构主要承担四项职能：议题材料审查、议题问题研究、会务及决议督办落实。① 可见，检察委员会办事机构的主要职能是事务或服务，也就是说，检察委员会办事机构是专门为检察委员会办事或服务的机构，因而可将其名称统一为检察委员会秘书处（科）。

2. 统一办事机构的归属。从目前实践看，检察委员会办事机构的归属主要有三种模式：第一种是挂靠式，即将检察委员会办事机构挂靠在研究室、办公室或者案管中心等部门，并接受其统一领导，但在工作上具有相对独立性；第二种是独立式，即单独设立检察委员会办事机构，与检察院其他内设机构平行；第三种是合并式，即不专门设立检察委员会办事机构，而是明确由研究室、办公室或者其他部门承担检察委员会办事机构的职能。笔者认为，从精简机构和充分发挥研究室综合职能作用等方面考虑，检察委员会办事机构设在研究室是比较合适的。这是因为：第一，研究室具有综合业务研究和法律政策适用研究的优势，由其管理检察委员会办事机构，有利于发挥研究室作为"领导决策智囊团和案件审查过滤器"的参谋助手作用，保证检察委员会办事机构职责的正确履行。第二，研究室是一个不直接参与办案的中立部门，由其管理检察委员会办事机构，不仅可以发挥其协调各方面工作的优势，而且可以发挥其在检察机关内部监督制约中的作用。第三，研究室具有法律研究和指导的职责，由其管理检察委员会办事机构，有利于其及时掌握检察工作中遇到的法律政策适用问题，更好地把检察委员会的决策转化为对实际工作的指导。

3. 明确办事机构的人员组成。检察委员会办事机构的人员组成与其审查议题的职能具有密切的联系，如果只要求检察委员会办事机构对议题进行程序

---

① 关于检察委员会办事机构的职能，目前有不同的观点：一是四项职能，即程序过滤、实体把关、督办落实和总结指导，参见最高人民检察院法律政策研究室编：《检察委员会工作经验材料汇编》2003 年第 10 期。二是五项职能，即审查职能、提出参考及咨询意见职能、协调职能、会务职能和督办职能，参见孙谦、刘立宪主编：《检察论丛》（第 3 卷），法律出版社 2001 年版，第 319～320 页。三是七项职能，即会务、咨询、督办、信息、调研、培训和临时事务，参见《探索检察委员会办公室的工作模式正确发挥职能作用》，载北京市人民检察院第二分院内部网站。

性审查，其人员专业性要求就可以低一点，如果还要求其对议题进行实体性审查，其人员专业性要求就应当较高。关于对检察委员会办事机构审查议题的要求，虽然有不同的观点①，但是从目前法律规定看，检察委员会办事机构要对议题进行程序、实体两方面的审查。因为《人民检察院检察委员会组织条例》第17条规定，检察委员会办事机构的职责不仅包括对议题材料是否符合要求进行审核，而且要对议题提出法律意见或审核意见，前者要求对议题进行程序性审查，后者则要求对议题进行实体性审查。只有对议题进行实体性审查，才能提出全面、正确的意见，也才能发挥其参谋作用。这就要求检察委员会办事机构的组成人员应当具有较高的专业水平，我国法律应当对此作出明确的规定，比如检察委员会办事机构应当主要由检察官组成，如果由专人负责的，必须具有检察官资格等。

此外，从实践看，检察委员会讨论疑难案件时，案件的事实材料主要由承办人提供，检察委员会委员由于较忙，在讨论之前一般不阅卷，讨论时一般也不对案件事实问题进行讨论，这样就可能因为案件事实有问题而作出错误的决定。为了保证案件事实的准确性，一些检察机关对检察委员会办事机构进行了改革探索。例如有的检察机关将办事机构的实体审查职能交由专职委员负责，办事机构只负责程序性审查。因为专职委员是"专职"，没有其他工作，有足够的时间和精力在会前审阅上会的案卷，以保证上会案件事实的准确性。有的检察机关在检察委员会办事机构下成立了秘书室，作为检察委员会的会前参议机构。并规定所有提请检察委员会研究的案件，都要由其负责进行实体审查，

---

① 主要有两种观点：一种观点认为，检察委员会办事机构主要对议题进行程序性审查。因为高检院制定的《人民检察院检察委员会议事和工作规则》第12条只明确规定了对议题进行程序性审查的要求；如果检察委员会办事机构对议题进行实体性审查，不仅缺乏法定性，不利于提高诉讼效率，而且容易混淆其与其他业务部门职能的区别，使检察委员会办事机构变成第二个办案部门。参见王琰：《发扬民主科学决策》，载《人民检察》1999年第9期；孙谦、刘立宪主编：《检察论丛》（第3卷），法律出版社2001年版，第328页。另一种观点认为，检察委员会办事机构对议题不仅要进行程序性审查，还应当进行实体性审查。检察委员会办事机构对议题提出意见，有利于检察委员会作出正确的决策，同时可以强化内部监督制约，而检察委员会办事机构要对议题提出有建设性的意见，就必须要对议题进行实体性审查。参见方工、王新环、王黎：《刍议检委会会前实体审查的必要性》，载《人民检察》2004年第2期。

形成审查意见后，提交检察委员会，供检察委员会决策时参考。① 这些改革尝试是值得肯定的，因为它不仅发挥了专职委员、青年业务骨干的作用，弥补了检察委员会人员组成不合理的缺陷，而且可以保证上会案件事实的准确性，并为检察委员会提供高级智囊性的意见，从而可以有效保证检察委员会作出正确的决定。

（五）完善检察委员会的其他有关制度，提高检察委员会决策的权威性

从目前实际看，检察委员会的决策机制存在行政审批化有余，而司法民主化不足的弊端，改革和加强检察委员会工作，除了上述改革外，还应当健全其他相关制度，以提高检察委员会决策的权威性。

1. 完善会前初审程序。最高人民检察院制定的《人民检察院检察委员会议事和工作规则》对检察委员会办事机构审查上会材料提出了明确要求，但是对其审查程序却没有明确规定，导致各地的做法不统一。有的地方为了切实做到程序过滤和实体把关，检察委员会办事机构在会前征询专家的意见，有的还组织会前讨论，与承办人见面，有的还在研究室内部就某个个案进行讨论，形成意见后提交检察委员会，为检察委员会决策提供参考。这些做法值得肯定，但是缺乏制度化。因此，为了规范检察委员会办事机构会前初审活动，提高上会材料的质量，应当对会前审查程序作出明确规定。

2. 建立公开听证程序。公开听证程序，是指检察委员会在讨论决定不起诉案件、赔偿案件以及错案责任追究案件时，为了给犯罪嫌疑人、利害关系人、责任人提供发表自己意见的机会，在讨论决定之前，举行公开听证会，听取犯罪嫌疑人、利害关系人、责任人的辩解、陈述、质证和辩论。这是一项体现检察委员会运行诉讼化、决策民主化的改革举措。实践中，不少地方的检察机关已经尝试对不起诉案件实行公开听证，取得了较好的效果和比较成功的经验。对这种做法，我们完全可以加以总结、完善，将其作为检察委员会讨论决定案件的工作程序，以确保检察委员会公平、公正地处理案件，增加检察委员会决定的权威性和公信度。

---

① 郑州市人民检察院于 2000 年 9 月从全院各处室选拔十余名办案经验丰富、理论功底扎实、又未担任业务处室领导职务的人员，成立秘书室，作为检察委员会的会前参议机构，由办事机构负责指导、协调和管理。参见最高人民检察院法律政策研究室编：《检察业务指导》（2003 年第 5 期），中国法制出版社 2003 年版，第 149 页。

3. 完善专家咨询制度。根据最高人民检察院的要求，① 目前各地检察机关基本上完成了专家咨询委员会的建设，并开展了多种形式的专家咨询活动，在扩大决策民主、提高决策质量方面取得了显著成效。但同时专家咨询制度在人员构成、咨询范围、规范化建设等方面还存在一些问题。为了更有效地发挥专家咨询委员会的作用，建议从以下三个方面完善专家咨询制度：一是进一步充实专家咨询委员会的人员构成，调整专家咨询委员会的人员结构。在专家咨询委员会人员构成中除以刑事法律方面的专家为主外，还应当进一步充实民事、经济等方面的法律专家。同时，为了便于有针对性地开展专家咨询活动，建议在专家咨询网络中设立若干专业委员会，如刑事法律专业委员会、民事法律专业委员会等。二是进一步加强与专家咨询委员会的联系与交流，丰富专家咨询活动的内容和形式，发挥专家咨询委员对于检察改革、业务建设、重点课题、以及检察工作中的重大问题的参谋指导作用。三是进一步规范专家咨询委员会的各项工作。如咨询议题的确定、咨询活动的召集和组织，日常办事机构的设立，专家咨询委员会的活动经费等，使专家咨询活动更加规范化。

4. 建立专门的检察委员会委员培训制度。从目前实践看，检察机关尚没有建立专门针对检察委员会委员特别是新任检察委员会委员的培训制度，难以有效保证检察委员会委员的议事能力。在现代司法领域，新情况、新问题不断涌现，新型、疑难案件层出不穷，与此相适应，法律、法规在不断补充、修正，新的司法解释也在不断出台，这就要求每位检察委员会委员都要不断学习，及时掌握新法规，更新知识，提高自己的专业水平。同时，新任的检察委员会委员更需要学习和掌握检察委员会的有关制度和规定，以便有效地参与检察委员会的议事活动。因此，为了提高检察委员会委员的议事能力，建议检察机关建立专门针对检察委员会委员的培训制度，有计划、定期地对检察委员会委员进行业务培训。

5. 建立检察委员会的考评制度。为了加强检察委员会委员的责任心，解决检察委员会管理机制中存在的"责任不清、责任分散"问题，并为检察委员会委员的淘汰提供依据，有必要建立检察委员会的考评制度。考评制度应当包括考评的主要内容、程序以及考评结果的使用等。其中，考核的主要内容是每位检察委员会委员的议事能力和情况；考评程序是要求每位检察委员会委员

---

① 最高人民检察院先后于 1999 年 4 月和 6 月制定下发了《检察工作五年发展规划》、《关于设置最高人民检察院专家咨询委员会的决定》，决定建立作为检察业务决策辅助机制的专家咨询制度，专门为检察业务决策服务，并明确了专家咨询的范围和机构、内容和作用、运行方式、程序和要求。

定期（每年）向全院进行述职，由全院检察人员对其进行考评；考评结果的使用是指将考评结果作为对检察委员会委员进行奖惩、整改、免职的重要依据。

6. 完善检察委员会决定的救济程序。任何一种司法活动都应当有事后救济程序，检察委员会的议决活动作为检察机关司法活动的重要组成部分，也必须建立有关的救济程序。《人民检察院检察委员会议事和工作规则》建立了该救济程序，即该《规则》第29条第1款规定："有关下级人民检察院对上一级人民检察院检察委员会的决定如有不同意见，可以请求复议。上级人民检察院相关部门对复议请求进行审查并提出意见，由分管检察长审核后报检察长决定。"可见，该规定将复议申请权只赋予了下级人民检察院，范围显然太窄。因此，从强化检察机关内部监督、保障检察委员会决定正确的角度出发，应当扩大申请复议的范围，建议检察委员会委员如果认为检察委员会的决定确有错误的，有权向上一级人民检察院检察委员会提请复议。

总之，检察委员会制度改革是一项十分复杂的系统工程，涉及人员组成、机构设置、议事程序等许多方面，但是，只要我们按照司法化的方向进行改革，就可以保证检察委员会向人员组成精英化、议决程序诉讼化、办事机构设置合理化方向发展，建立科学合理的检察委员会制度，确保我国检察权的正确行使。

职务犯罪案件审查逮捕权
"上提一级"改革研究[*]

——以某省改革实践为分析样本

葛　琳[**]

2008 年底中央政法委员会出台的《关于深化司法体制和工作机制改革若干问题的意见》及分工方案中提出了职务犯罪案件逮捕权改革方案。2009 年 9 月 4 日最高人民检察院正式下发《关于省级以下人民检察院立案侦查的案件由上一级人民检察院审查决定逮捕的规定（试行）》（以下简称《规定（试行)》），决定在全国试行职务犯罪案件逮捕权上提一级改革，即省级以下（不含省级）检察院立案侦查的案件，需要逮捕犯罪嫌疑人的，应当报请上一级人民检察院审查决定。对于此项改革理论界存在不同看法，支持者寄予厚望，认为其可以有效解决检察机关自侦案件批捕权缺乏中立性的问题，加强上级检察院对下级检察院查办职务犯罪案件工作的监督制约，提高检察机关的执法公正性和公信力。也有观点对此项改革的效果有所怀疑，认为其只是检察机关应对外部压力的权宜之计，受各方因素制约，不会达到预期目的。如今，此项改革已经实施近四年，成效究竟如何，存在哪些具体问题，有待有说服力的研究和评判。笔者试图通过研究上提一级改革后的上下级检察机关的互动关系，关注制度具体运作过程中的实际影响因素，检视改革在实践中的真实运作状态，并据此提出相关建议，以期对职务犯罪审查逮捕制度改革有所裨益。

一、"上提一级"改革具体现象梳理——以 A 省检察系统情况为分析样本

笔者于 2012 年 8—10 月调研了中部地区省份 A 省的三级检察机关，A 省

---

　　[*] 本文刊载于《政法论坛》2013 年第 6 期。本文系中国法学会 2012 年度部级法学研究青年项目"职务犯罪案件审查逮捕程序改革研究"（课题编号：CLS（2012）Y39）的研究成果。

　　[**] 葛琳，最高人民检察院检察理论研究所科管部副主任、副研究员。

地处中国东部、黄河下游，是中国大陆东部的南北交通要道，全省常住人口为9000万左右，共17个地级市、140个区县。省院为笔者的调研提供了较多便利，使笔者得以在其三级检察机关进行了比较深入的调研，研究方法为个别访谈、座谈、翻阅卷宗及内部调研材料等。这种研究显然有其局限性，我国各省的实际情况千差万别，很难根据单一情况对全国的情况作出概括，但A省是中国东部大省，地域跨度较大，其"上提一级"改革实践在全国范围内具有一定的代表性，再与其他省市情况相对照，可以管窥全国范围的普遍情况。

（一）改革获得的正向效果

1. 不捕率、捕后起诉率和判决率均有上升：逮捕决定的理性化程度有所提高

笔者将改革前一年与改革后三年A省职务犯罪案件的立案、报捕及决定逮捕情况进行了对比，并对照了高检院公布的同期全国平均情况①：

时间	立案侦查（件/人）	报捕数（件/人）	报捕率（%）	未报捕（件/人）	决定逮捕（件/人）	决定不捕（人）	不捕率（%）	全国职务犯罪不捕率（%）
2008.9—2009.8	1057件/1832人	408件/511人	27.9%	649件/1321人	405件/509人	2人	0.4%	3.9%
2009.9—2010.8	1345件/2273人	330件/418人	18.4%	1015件/1855人	297件/382人	36人	8.6%	6.9%
2010.9—2011.8	1463件/2573人	389件/478人	18.6%	1074件/2095人	379件/445人	33人	6.9%	7.9%
2011.9—2012.8	1523件/2499人	479件/564人	22.6%	1044件/1935人	470件/547人	17人	3.1%	6.8%

① 　各年度全国情况数据来自媒体公开报道和笔者调研。还有一些阶段性数据可作参考：根据高检院统计，在上提一级改革实施半年后（2010年3月），全国职务犯罪案件不捕率为6.9%，与2008年不捕率3.9%相比，上升了3%，个别地区的不捕率上升幅度达到8%。参见王新友：《逮捕权上提一级改革取得四大成效》，载《检察日报》2010年3月12日。2010年1月至2011年6月，全国职务犯罪案件不捕率为8.5%，比2009年上升4.4%。参见李娜：《最高检盘点职务犯罪案件"上提一级"改革》，载《法制日报》2011年8月29日。

通过同期数据对比可以看出，改革实施第一年，A省各级院自侦案件的报捕率与前一年相比有明显下降，其后两年有所回升，但没有超过改革前的水平。报捕率下降的主要原因是逮捕权"上提一级"后一些明显不符合逮捕条件的案件不敢再轻易报捕，下级院随意采取逮捕措施的现象得到了遏制，报捕阶段自动形成了分流机制，对报捕案件起到了首轮过滤作用。同年，A省职务犯罪案件不捕率同比上升8.2个百分点，甚至高于全国7%左右的平均水平，这表明由上级院对于报捕案件的审查标准趋严，职务犯罪案件审查逮捕的监督制约力显著增强，吻合改革设定的预期目标。改革实施的后两年，A省报捕率呈回升趋势，不捕率呈下降趋势。这也符合制度改革的一般规律。第一年对改革贯彻得最为严格，侦查部门因担心报捕被拒，不得不通过调整侦查策略、强化捕前取证来提高报捕质量。经过适应和调整，改革实施的后两年，侦查部门已基本适应上级侦监部门对逮捕标准的要求，报捕案件质量上升，通过审查的信心增强，所以报捕率比改革后的第一年明显回升。相应的，改革实施后两年的不捕率有下降趋势，但仍然高于改革前水平，说明报捕、批捕质量均有提高。

除批捕率外，逮捕后的处理情况也是衡量逮捕质量的重要参照，是"上提一级"改革效果的重要验证指标。调研显示，"上提一级"改革以来，A省各级检察院没有出现捕后撤案和捕后无罪案件，捕后不诉、捕后判处徒刑、缓刑及以下刑罚人数同比均有不同程度下降，捕后判处3年以上有期徒刑及无期徒刑、死刑缓期执行的人数有明显上升，说明逮捕人员中轻刑犯比例有所减少，重刑犯比例有所上升，逮捕的合理性有所提升。在A省2009年10月至2012年3月总共被决定逮捕的1737人中，共有1421人被定罪判刑，其中，判处徒刑缓刑及以下刑罚的人数占452人，同比下降了10.8个百分点，也低于同期普通刑事案件。一直以来，逮捕受到批评的一个重要原因是过度羁押，也就是将不会妨碍诉讼顺利进行的轻刑犯羁押过多，不利于保障犯罪嫌疑人合法权益。基于此，2010年高检院修订颁布的《人民检察院审查逮捕质量标准》第26条明确将捕后决定不起诉或者被判处管制、拘役、单处附加刑、免予刑事处罚的情形列为办案质量有缺陷（第5条第（六）项以及第23条有关依法从宽处理规定的情形除外）。数据显示，上提一级改革后A省侦监部门对自侦案件的批捕标准趋严，对轻罪案件犯罪嫌疑人的逮捕数量影响较大，使这类案件的逮捕率有所降低，说明"上提一级"改革使得逮捕决定的理性化程度有明显提高。

2. 侦查重心前移：下级院侦查部门的侦查行为及取证策略得到规范

访谈显示，"上提一级"改革对下级院自侦部门的取证方式和策略产生了明显的影响，基层院自侦自捕的随意性得到明显遏制。笔者从 A 省 B 市检察院反贪局获得的一起贪污案件可以作为一个现实的注脚：

　　某犯罪嫌疑人涉嫌贪污数笔款项，合计 200 余万元，报捕前侦查部门既可以根据线索多头并进，调查所有款项，也可以重点就一两笔款项收集证据，做实做细。"上提一级"改革之前一般会选择前者，而改革之后，逮捕之前的取证时间只有拘留后的 7 天，一些关键证据特别是一些财会方面的证据难以收集齐全，侦查部门出于谨慎考虑，仅仅以查实的两笔赃款合计 50 多万元的证据报捕，以确保上级院批捕，其他未查实证据都留待查实后补报。

　　"上提一级"改革以前，A 省职务犯罪案件的侦查模式基本上是"由供到证"式的，整个侦查活动基本上围绕犯罪嫌疑人的口供来进行，即职务犯罪侦查部门在掌握犯罪线索之后，经过初查后认为可能成案的，便直接接触犯罪嫌疑人，讯问后再以犯罪嫌疑人的口供为线索来收集其他证据。由于上提一级改革前的逮捕程序比较简便，职务犯罪侦查部门并不十分重视对逮捕审查的应对，而是将逮捕视为多数犯罪嫌疑人在拘留后的必然结果，逮捕是服务于侦查的措施之一，"以捕代侦"极为常见。因此在取证方面采取的是尽量深挖犯罪线索、努力办成大案的策略。"上提一级"改革之后，逮捕权主体发生变化，对逮捕证据标准和逮捕必要性标准的把握都趋于严格，对取证策略也产生了明显的影响。侦查部门不得不调整办案节奏和方案，将侦查重心前移，更加注重初查的筛选案件功能和实效，初查后认为不具备立案条件或取证上有明显困难的案件直接以不立案的方式分流，立案的则尤为重视证据的扎实性，以应对逮捕审查的需要。对线索的多点跟进和深挖余罪力度因拘留期限有限而明显弱于改革之前，但证据的扎实程度则高于改革之前。

（二）改革中出现的问题

　　不捕率、捕后起诉率和判决率的上升、下级院侦查部门的侦查行为得到规范都实现了改革的预期目标，证明了改革的正向效果。同时，另外一些现象也折射出改革实践中存在的不容忽视的问题：

　　1. 市级院自侦案件立案下沉现象突出

　　在调研中，A 省侦监部门反映，在监控改革效果过程中出现了一个值得注意的情况，一些地市级检察院立案数在改革之后明显下滑，而基层院立案数上升幅度较大。2008 年 9 月到 2011 年 8 月三年中，A 省检察机关每年的总体立案数都有所增长，但 A 省所属市级院的立案数却呈下降趋势，且下降幅度高达 18.14% 和 34.37%，区县院的立案数则呈明显上升趋势。访谈显示，实践中一些市级院担心省院对某些案件作出不捕决定，随意改变案件管辖，将应由本院办理的案件交下级院办理，再由市级院审查逮捕。一个可以佐证的数据是，2012 年 1—6 月，A 省检察机关立案侦查贪污贿赂犯罪处级以上干部 36 人，按照同期 73.04% 的侦结率推算，应报请省院审查 26 人，但实际仅有 7 人报捕，也就是说有 73.08% 的案件被市级院"下沉"至基层院。笔者进一步调查发现，所谓"立案下沉"具体形式有两种：其一，市级院指定下级院办理。市级院指定下级院办理某些案件有时是出于方便案件侦查、起诉考虑，但也存在为规避省级院监督而指定下级院办理的情况。例如，B 市院反贪局初查发现某处级以上公务员涉嫌受贿，且数额巨大，但证据链不完整，证人口供不稳定，在确认犯罪方面存在问题，市院反贪局担心报捕后被省院不予批捕，故指定某区检察院反贪局办理此案，由市院审查批捕，该犯罪嫌疑人最后被批捕。其二，市检察院与区院联合办案，案件由下级院立案。此种情况一般适用于涉案金额较大、市院比较重视，但证据仍有重大缺陷的案件，也往往成为规避批捕权"上提一级"的手段。上述两种以规避为目的的"下沉"现象在其他地区或律师办案中也有所反映，说明规避现象在全国范围内存在，且并非个案。

规避省级院监督的方法除了立案下沉之外，还有与公安机关相配合的方式。比如，某些检察院有意将职务犯罪行为定为普通刑事案件罪名，提起公诉时再更改为职务犯罪罪名。[1] 笔者在访谈中获得了这样一个案例：

犯罪嫌疑人高某系某派出所民警，在带领 3 名巡防员查缉一起聚众赌博案时，将缴获的 40 余万元赌资与巡防员私分，并销毁了出警和扣押记录以掩盖犯罪事实。高某行为涉嫌贪污罪。为规避上提将其逮捕，检察机关办案部门经与公安机关协调，由公安机关以高某涉嫌敲诈勒索罪移送审查批准逮捕，批捕后检察机关再以涉嫌职务犯罪立案侦查，并直接移送起诉。

尽管不能完全将市级院自侦案件立案数的下降归咎于市级院规避省级院监督的动机，但规避监督显然是造成市级院立案数下降的一个重要原因。

2. 上下级院之间存在配合甚于监督的倾向

（1）委托讯问适用率较高

目前在实践中侦查阶段讯问犯罪嫌疑人有三种方式：当面讯问、委托讯问和视频讯问。这三种讯问方式也被 2012 年高检院颁布的《人民检察院刑事诉讼规则（试行）》（以下简称《刑诉规则》）第 331 条所吸收。从调研的情况

---

[1] 有些更改罪名的行为是为了在内部绩效考核中获得加分，并非单纯出于规避上级监督目的。侦查监督部门移送涉嫌职务犯罪线索在考核中是加分很重的内容，有些基层检察院经与公安机关协调，将涉嫌职务犯罪案件以涉嫌普通刑事犯罪移送审查批准逮捕，侦查监督部门在批准逮捕后再以发现职务犯罪线索的名义建议公安机关将案件移送自侦部门立案侦查，如此则侦监、自侦、公安等部门皆大欢喜。

来看,视频讯问适用较少,委托讯问适用频繁。视频讯问适用较少与我国检察机关的信息化建设水平有关。目前全国检察系统的信息化水平参差不齐,在全国检察院中只有省级检察院全部建成了专线网和视频会议系统,没有检察专网和视频会议系统的地区多为路途遥远、地处偏僻的地区。还有一些地区的检察院虽然已经建成检察通信网络,但尚不能与看守所网络系统联通。因此当面讯问与委托讯问方式最为常见,在 A 省,委托讯问甚至占到了一半的比例。所谓委托讯问,即由上级院侦监部门委托下级院侦监部门对犯罪嫌疑人进行讯问,由上级院侦监部门将讯问提纲发给下级院侦监部门,下级院侦监部门按照讯问提纲进行讯问,并做好讯问笔录,转给上级院。委托讯问一般在以下情况下适用:其一,办案时间紧张,无法做到所有的案件都当面讯问。B 市院侦监部门检察官反映,他们会因为办案期限不够而委托下级院侦监部门代为讯问,或让犯罪嫌疑人填写《听取犯罪嫌疑人意见书》。但这一般限于上级院承办人阅卷后认为证据没有问题的情况。其二,上级院阅卷后认为证据明显不够逮捕条件,已经打算作不捕决定,也会要求下级院代为讯问,不愿再为此专程跑一趟。下级院侦监部门极易采取程式化的方式处理委托讯问,因此其对核实证据的意义有限,对听取犯罪嫌疑人的意见、获取侦查过程中的违法行为信息而言也效果不佳。

(2)上级院作决定之前经常通知补查或纠正

通知补查或纠正不是刑诉法和《刑诉规则》中明确规定的处理方式,却在实践中十分常见。它介于决定逮捕和决定不捕之间,即上级院发现报捕证据不足或程序违法,基本符合不捕条件或存在办案瑕疵,会与侦查部门沟通,了解是否有新的证据材料补充移送,并准许侦查部门在上级院的批捕期限内继续收集补充证据或纠正程序瑕疵。只要能在批捕期限届满前按要求补充或纠正完毕,仍将作出逮捕决定。证据补证的情况多出现在认定犯罪嫌疑人主体身份的证据上,证明犯罪嫌疑人为国家工作人员身份的人事履历、任命的证据、财务票据等存在不足或应当提取而未提取的情况。要求纠正的程序违法行为一般为手续不全等一般违法行为,例如,一些讯问笔录中未注明讯问的起止时间;讯问笔录未让犯罪嫌疑人每页签名;部分院在制作讯问笔录或审查逮捕意见书时忘记承办人员签名等。笔者调研的 B 市院侦监部门对上述一般违法行为通常是从配合的角度,采用口头方式纠正,若同一问题反复出现才以书面方式予以纠正。当然,也有要求重做的极端情况,个别基层院的侦查人员专业素质不高,制作的讯问笔录内容混乱、逻辑不清,无法反映完整的犯罪过程,通过全程同步录音录像也无法核对和补充,侦监部门只好要求侦查部门在审查逮捕期间重新讯问补充笔录,重新录音录像;还有一些自侦案件由纪委移交,侦查部门报捕时直接将纪委谈话笔录作为证人证言使用，被要求进行形式转化等。多数存在证据瑕疵和程序瑕疵的案件会以通知补查或纠正的方式在批捕之前进行证据或程序完善，然后被批准逮捕。只有那些在审查逮捕期限届满之前仍然难以补足证据的案件，上级院侦监部门才会作出不捕决定。

（3）上级院在审查批捕过程中经常提出侦查建议

有时侦监部门还会根据审查中发现的线索或疑点帮助侦查部门调整侦查方向，提出具体侦查建议。以下是笔者在调研中获得的两个案例：

案例一：B市所属某区院在对某受贿罪案件报捕时尚未取得犯罪嫌疑人的有罪供述，而其他证据能够相互印证，只能认定犯罪嫌疑人受贿10500元。承办人在审查卷宗时发现一份书证，是犯罪嫌疑人的一个存折复印件，上面存款次数频繁，存款数额与其家庭收入差额巨大。在提审问及上述存款来源时，犯罪嫌疑人的回答明显不合逻辑，不能说明合理来源。受贿罪证据多是"一对一"证据，继续侦查难度较大，因此该市院侦监处在作出逮捕决定的同时，向侦查部门建议除对受贿证据继续侦查外，可以在巨额财产来源不明角度寻找案件的突破口。侦查部门围绕巨额财产来源展开调查取证，使案件有了较大进展。

案例二：B市所属某县级市院办理一起某乡乡长吴某等贪污铁路地上附属物补偿款窝案，涉及人员多，案情复杂，取证难度大，B市院侦监处在审查其中一些犯罪嫌疑人的报捕材料时，发现自侦部门对需要调取的证据欠缺统筹把握，并得知其后还会陆续报请逮捕其他犯罪嫌疑人。为了保证审查逮捕案件的质量，同时与自侦部门形成打击犯罪的合力，B市院主动加强提前介入工作，引导自侦部门及时调取相关证据，既保证了审查逮捕的个案质量，也保障了刑事诉讼的顺利进行。

上述两个案例一个是上级院在讯问过程中发现了侦查线索向侦查部门提出侦查建议，另一个是上级院提前介入侦查过程，引导自侦部门调查取证。侦监部门实际上都充当了侦查者或侦查指挥者的角色，强调与"自侦部门形成打击犯罪的合力"，并未完全从监督者的视角审视侦查部门的侦查行为。侦监部门在审查逮捕过程中发现疑点或新的证据后与侦查部门沟通，从更有效地打击职务犯罪的角度来看无可厚非，但如此一来，侦监部门的监督立场必然被打击犯罪的共同职责所淡化。上述案例不仅说明侦监部门审查的主要目的是核实证据，还能清楚地反映出侦监部门配合侦查的倾向性。无论是出于打击犯罪还是维护本系统利益考虑，B市院侦监部门都还没有把发现侦查阶段的违法行为和获取犯罪嫌疑人人身危险性信息作为审查逮捕的应有之义。

3. 上下级院之间有些分歧难以弥合

尽管上下级院之间存在常见的沟通行为和配合关系，但调研显示，"上提一级"改革之后，由于办案思路、法律认识、风险决策等因素，上级院侦查监督部门和下级院自侦部门之间的分歧明显增多，有些分歧并未因沟通而消除，配合关系也不是绝对的。

（1）上下级院对一些犯罪嫌疑人是否应当逮捕意见不一

就下级院自侦部门而言，成功侦破案件，并使犯罪嫌疑人被批捕和起诉是他们追求的基本目标。对于侦查部门而言，逮捕犯罪嫌疑人有以下功能：方便提讯犯罪嫌疑人；信息切断，给犯罪嫌疑人心理压力，发挥震慑作用；避免自杀、逃跑、串供等风险。这些功能与自侦部门办案的成功率有着密切关系，而且高批捕率也能显示侦查部门的报捕质量，因此自侦部门非常希望犯罪嫌疑人被逮捕。

就上级院侦监部门而言，A省对侦监部门办案质量有捕后绝对不起诉率、无罪判决率、撤案率（特殊情形除外）、办案超时限率等违反程序的办案行为发生率等考核指标。如果说下级院自侦部门希望逮捕犯罪嫌疑人是为了办案的便利，那么上级院侦监部门则更关心逮捕之后的诉讼结果是否会给自己带来不利影响。若犯罪嫌疑人有可能不被起诉、获得无罪判决、被撤销案件，危及侦监部门的实际考核利益，那么即便逮捕会给侦查部门带来便利，侦监部门也不会轻易批捕。相反，如果仅仅是一些轻微程序违法，侦监部门则不会以不批捕的方式来得罪侦查部门。当然，侦监部门所承受的压力不仅仅在于案件的诉讼结果，还有案件的社会影响等案外因素。总体而言，上级院作出捕与不捕的决定主要从证据是否充分、是否具备逮捕必要性、是否产生负面的社会影响等几个方面进行综合判断。

（2）上下级院对提前介入态度不一

上级院侦监部门可以提前介入侦查是《规定（试行）》第5条明确规定的内容，指上级院在侦查阶段有权根据下级院的提请或自己认为有必要时提前介入案件侦查过程，参加案件讨论。《刑诉规则》第330条吸收了《规定（试行）》中关于提前介入的内容。① 上提一级改革之初，不捕率的大幅上升给下

---

① 《人民检察院刑事诉讼规则（试行）》第330条规定："对于重大、疑难、复杂的案件，下级人民检察院侦查部门可以提请上一级人民检察院侦查监督部门和本院侦查监督部门派员介入侦查，参加案件讨论。上一级人民检察院侦查监督部门和下级人民检察院侦查监督部门认为必要时，可以报经检察长批准，派员介入侦查，对收集证据、适用法律提出意见，监督侦查活动是否合法。"

级院办案带来了很大的压力。下级院为了节省办案时间，避免报捕失败的风险，以《规定（试行）》第5条为依据，纷纷建议或要求上级院在侦查阶段提前介入案件，建立侦捕联动机制等。基层院此方面的呼吁最为明显，典型的做法或建议包括：上级院侦查监督部门在辖区内的基层院设置审查逮捕派出小组，上级院侦查监督部门与下级院自侦部门应定期召开职务犯罪案件侦捕联席会议等。支持提前介入的理由是：由上级院侦查监督部门适时介入下级院自侦部门的案件讨论与决策，可以把握侦查程序的规范化，指导案件证据的标准化，及时慎重地解决意见不一致、争议较大的问题。上下级院侦捕联动还应包括定期对查办案件整体情况互相沟通，对自侦案件趋势、手法以及办案难点、热点问题进行交流研判，以此来促进自侦案件报捕质量的提高。然而，与基层院对上级院提前介入的大力呼吁形成对比的是上级院对提前介入的矛盾态度。笔者在调研中发现，A省5个区县院侦查部门的检察官都对上级院提前介入表示欢迎，而相对应的5个地级市检察院的侦监部门在"上提一级"改革后的三年中，提前介入的案件都不超过3件，有的院1件都没有。这首先与上级院要面向多个下级院自侦部门，存在人员配备不足、距离远、时间紧等现实困难有关。同时，数位接受访谈的省级院和市级院侦监部门的检察官都对提前介入表现出某些顾虑和担忧，提前介入意味着提前了解甚至参与了自侦部门的前期侦查工作，容易产生监督者与侦查者的角色错位，即使是从监督角度提前介入，上级院也很难做到监督者应有的超脱和中立，很容易受到办案人员意见的具体影响，进而影响批捕决定的作出。而上级院一旦提前介入进行了引导，再对下级院报来的案件不予逮捕，将会招致引导不利的抱怨，今后的工作将很难展开。从实质上看，下级检察机关希望上级提前介入的主要目的，一个是缓解办案期限紧张的问题，让上级院提前开始审查；另一个就是分散风险，让上级院提前参与进来，与自己"休戚与共"。而一些上级院检察官出于避免风险考虑，态度才不甚积极。

（3）上下级院对附条件逮捕适用于职务犯罪案件认识不一

附条件逮捕是高检院推出的另一项改革措施，其依据是高检院2006年颁布的《人民检察院审查逮捕质量标准（试行）》第4条：对于证据有所欠缺但已基本构成犯罪、认为经过进一步侦查能够取到定罪所必需的证据、确有逮捕必要的重大案件的犯罪嫌疑人，经过检察委员会讨论决定可以批准逮捕，并进行定期审查，在规定时间内达到逮捕条件即转为逮捕，达不到逮捕条件则立即释放犯罪嫌疑人。当前司法实践中，自侦案件适用附条件逮捕制度尚未大面积铺开。

上提一级改革启动之后，由于不捕率提高，自侦部门办案难度增大，不少检察院特别是基层检察院呼吁将附条件逮捕制度拓展至职务犯罪案件办理中。理由是：职务犯罪案件具有区别于一般刑事案件的独立性特征，证据体系复杂，取证时间紧迫，短时间内取证难度较大，在侦查前期，相对于普通案件来说难以获取全面证据，比如大量的发展性职务犯罪案件，在报捕前发现存在较大突破空间，但只能利用后续侦查措施充分挖掘窝案、串案，故应当探索由上级院侦查监督部门根据案件发展性来决定是否采取附条件逮捕措施。而笔者在访谈中发现，相对于积极呼吁适用附条件逮捕的下级院自侦部门，上级院也表现出复杂的态度。接受访谈的侦监部门检察官承认从自侦案件办案实际考虑有一定的合理性，但同时又有三方面的担心：

其一，基层院积极呼吁的重要动因之一是试图通过附条件逮捕的扩大适用来降低因"上提一级"改革而提高的逮捕标准，争取更多的案件被批捕，该制度在实践中存在异化风险。实践中一些附条件逮捕试点已经在普通案件适用中发现了类似问题。

其二，附条件逮捕制度的关键在于事后的定期审查，以及一旦在规定时期内不符合逮捕条件要释放犯罪嫌疑人。上级院侦监部门不仅要对报捕材料进行审查，确认是否"现有证据所证明的事实已经基本构成犯罪"，还要根据现有证据及侦查潜力预测进一步侦查能否收集到定罪所必须的证据，一旦作出附条件逮捕决定，要由检察长决定（必要时还要上检委会），并须随时跟踪监督侦查部门继续侦查取证的情况，定期审查羁押必要性。发现无羁押必要还要报请检察长或检委会决定撤销逮捕决定。所有这些环节既增加了上级院侦监部门的工作量，也增加了工作的复杂程度，而在考核利益上却没有体现，侦监部门并不愿主动给自己增加这类"吃力不讨好"的工作。

其三，也是侦监部门最为担心的，2010年修订的《国家赔偿法》将错捕赔偿改为无罪结果赔偿，犯罪嫌疑人被批准或决定逮捕后因撤销案件、不起诉或判无罪而被终止追究刑事责任的，除几种法定情形外，检察机关都要承担赔偿责任。目前对于如何认定附条件逮捕案件的"错捕"，以及如何与《国家赔偿法》规定的"错捕"和"错案"标准相衔接也无明文规定。正是因为上级院不愿替下级自侦部门承担风险，也不愿增加额外的工作量，A省除了少数上下级沟通比较顺畅、对附条件逮捕认识比较统一的地区检察院对一些重罪案件适用了附条件逮捕外，总体上对自侦案件适用附条件逮捕建议的响应并不积极。

二、影响"上提一级"改革效果的关键因素

从上文对"上提一级"改革实践情况的梳理可以发现，"上提一级"改革

的效果受到多种因素的影响，这些因素有些属于制度设计本身，有些则不属于制度文本层面，而是隐藏在制度背后的社会学因素。社会学研究指出，组织成员并不是机械执行上级命令的抽象"组织人"，而是带有各自想法、情感、利益的社会人，他们必然要把自己的认知、思想、利益带入执行过程。基于这一认识，美国组织学家马奇（March，1988）提出了一个重要命题，即执行过程是组织决策过程的延续。这一思路将政策制定过程与执行过程作为一个整体加以分析讨论，在理论上对组织的执行参与人员和机制给予特别的关注。笔者基于调研情况归纳了影响"上提一级"改革效果的几个关键因素：上下级检察机关之间的科层制关系、上下级检察机关在程序运转中的利益考量、上下级检察院的工作量。

（一）上下级检察机关之间的科层制关系

调研情况显示，上下级院在互动过程中似乎表现出两种截然相反的倾向，既时常沟通，又有所规避；既注重配合，又分歧明显。是什么原因导致上下级检察机关在"上提一级"改革中呈现出如此吊诡的反应？笔者认为，上下级检察机关之间的科层制关系可以部分地回答这一问题。

美国学者达玛什卡认为大陆法系和我国司法体制均实行司法科层制①，并强调了科层制对于这些国家法律程序运作的重要影响。我国司法的思维方式和运行方式，历来习惯与行政相混合，具有科层制或官僚制特征。中国当代刑事司法组织体系在相当程度上也呈现出科层化的特征，这不仅体现在检法机关的人财物均由地方行政机关管理，人事管理与待遇带有明显的行政层级特征，还体现在检法内部运行机制也带有科层制的典型特征，上下级之间存在明显的层级领导关系。检察院审查逮捕审批程序就具有明显的科层式特征，承办人在实施逮捕之前，必须报部门领导决定，部门领导决定后必须经上级领导批准，这一结构与行政管理的等级结构基本一致，整个审批过程既体现上级官员的管理技巧，也体现了层级上的专业性和责任性递进。"上提一级"改革强化了职务犯罪案件审查逮捕的科层制特征，在侦查部门的内部科层式报批程序之外又增加了上级侦监部门的审查。在这种科层式结构中，由于上级、领导意志有着高

---

① 达玛什卡将科层制的概念用于分析现代刑事程序，提出了"科层型法律程序"的理论，在科层型法律程序下，程序的进行按部就班，上级审查全面深入，卷宗是决策的主要依据、职务的执行是建立在一个常设官员和文书班底的基础之上、排斥集中式管理、遵循严格的逻辑法条主义和程序规则。参见［美］米尔伊安·R. 达马什卡：《司法和国家权力的多种面孔——比较视野中的法律程序》，中国政法大学出版社2004年版。

度的权威性，因此体现出在纠错、执行等方面的高效率。但科层制关系既可以促使上下级检察机关之间相互配合、协同一致，也能够制造上下级检察官之间的认识分歧，这在审查逮捕"上提一级"改革实践中体现得尤为明显。

科层制能够促使上下级检察机关之间相互配合，主要是基于上下级之间因层级而产生的利益关系。我国《宪法》明确规定：上下级人民检察院之间是领导与被领导的关系。"上提一级"改革对这种领导关系在理论上作了延伸，将上级监督下级纳入了领导关系的范畴。因而上级院对下级院承担着管理、指导、监督的职能，制定本地区的检察政策，有些院还对辖区下级院各项工作进行绩效考核排名。下级院无论是出于考核利益还是争取上级院支持考虑，都会尽力维护与上级院的良好关系，积极落实上级院的一些要求和指示。而上级院也要通过下级院的支持来保证政策的实现和权力的下达。上下级检察院同一业务条线的检察官日常联系也较为紧密，关系熟络，因此除非出现危及根本利益的办案风险，上级院侦监部门不会摆出公事公办的监督姿态。法学学者克罗齐埃对这种现象的解释切中肯綮，他认为，在科层制下，上级之所以宽容下级某些违背规则与纪律的行为，其原因在于上级可以维持对下级的权力地位，并获取下级对其另外工作的支持。可见，上下级检察院容易在工作中形成注重配合的思维模式。笔者在 A 省调研中发现的一个典型表现是，《规定（试行）》第13 条规定的"下级院认为上级院作出的不予逮捕决定有错误的，应报请上级院重新审查"的程序在 A 省从未有启动的案例。当笔者问及是否需要建立上下级院之间的不捕案件异议制度时，被调研的检察官绝大多数认为，不捕的分歧完全可以通过私下沟通获得解决，没有必要经过严格的异议程序。配合关系模式下的监督也不同于我们通常所理解的刚性监督，而是采用作出决定之前事先沟通之类和缓式的、协商式的、可弥补的更"中国化"的方式。

在促成相互配合之外，由于上下立场、风险不同，科层制也可能制造上下级检察院之间的认识分歧乃至规避行为。科层制学者安东尼·唐斯曾经总结出科层制组织内部控制的三大定律：不完全控制定律，即没有人能够完全控制一个大型组织的行为；控制递减定律，即组织规模越大，顶层官员对组织行为的控制力越弱；协调递减定律，即组织规模越大，协调行动越困难。这三大定律也都适用于上下级检察院之间的具体运作。下级院侦查部门承担着一线的侦办任务，会基于操作便利、绩效利益等原因不遵循既定规则，或者通过隐瞒信息、钻制度漏洞来规避上级领导和监督，或者消极怠工，对改革敷衍了事；而上级院又必须通过严格的管理来履行领导和监督职责，维护其对下的权威。上下立场、目的的差异必然会导致上下级院在改革中不断进行行为选择的博弈，反过来影响改革的实质效果。这就可以解释为何上下级检察院在配合之外还会有认识分歧，下级院为何会有规避行为。

（二）上下级检察机关在程序运转中的利益考量

组织理论的相关研究表明，组织即使是公共组织，作为行动的主体，或者说一种社会构成方式，它也有自己的利益。组织既是工具也是行动者，组织不仅是达成某种目的的手段，也具有某种特定的目的，既要在特定的环境中适应并得到生存与发展。同理，检察院这样的公共组织在公共利益之外也是有其自身利益的，不同层级的检察院在审查逮捕制度的运作中也都会有自己的利益和风险考量。这也是科层制关系之外影响"上提一级"改革效果的另一重要因素。

在上提一级改革之前，同级检察院自侦自捕的模式使监督权行使处于一种封闭状态，就算侦监部门与自侦部门意见发生分歧，也由同一检察长对最终结果负责，不存在其他权力分享和承担主体。上提一级改革后，逮捕权的决定主体上移，不再由一个责任主体同时承担侦查和侦查监督的责任，而将职务犯罪侦查职能与决定逮捕职能分由上下级检察院的各自承担，从而形成了两个权力性质不同、风险考量角度不同的责任主体——上级院和下级院。从分权制衡的角度来看，这是符合权力制约原理的一种制度选择，因此，必然会在很大程度上实现"强化内部监督"的制度设计初衷，这可以从改革后 A 省批捕率的明显下降得到证实。但同时，这种内部权力划分会引发上下级检察院之间出于自身绩效利益考量的决策博弈，从而影响改革效果。对上级院而言，批捕权上移虽然意味着决定逮捕权的强化，也意味着责任的增大；对下级院而言，批捕权上移虽然意味着决定逮捕权的削弱，但不捕率提高、侦办案件的难度增大，绩效考核的负面评价风险和打击犯罪不力的归咎风险也随之增加。负面评价既可能来自行政官员的对检察机关维稳不力和打击犯罪不力的指责，也可能来自社会和法学界的保护人权不力、过度行使剥夺公民人身自由的强制措施的指责。无论是上级检察院还是下级检察院，都无法独立承担这样的压力和由此带来的对检察院领导和干警个人的追责风险。因此，规避风险就成为上下级检察机关的一种共同的自然反应，在制度运作过程中必然出现不同的行为选择，这就可以解释上级院为何在配合关系模式下仍然会违背下级院意愿作出不捕决定，下级院为何要采取"立案下沉"的规避手段，上下级院为何在"提前介入"和适用"附条件逮捕"问题上不甚积极。

（三）上下级检察院的工作量

"上提一级"改革在原有科层报批模式的基础上增设了审批层级，层级的增加必然会增大工作的复杂程度，改革对工作效率和效能的提高都提出了挑战。效率总是依赖于制度结构，是制度结构赋予成本和收益以意义并决定这些成本和收益的发生率。如果没有从增加人手、延长工作时限、简化不必要流程的角度完成改革的前期准备，就会因工作强度太大而出现工作人员消极抵制、试图规避或架空改革的现象，从而影响改革的预期效果。

对下级院而言，按照《规定（试行）》的要求，在犯罪嫌疑人已被拘留的情况下，下级院一般要在3日内上报审查逮捕的材料，特殊情况下报请时间才可以延长1—4日，也就是说下级院在刑拘犯罪嫌疑人后最多只有7天时间用于侦查、收集固定证据、准备报捕材料、报检察长或检委会批复，同级侦监部门审查未废除之前，7天时间还要包含同级侦查监督部门阅卷审查、拿出意见的时间。上提一级改革之后，审查逮捕工作大多在异地间进行，还要加上移送案卷、公文来往的事务性程序时间，原本不宽裕的期限更加紧张。实践中侦查部门报捕案件时基本都用足7日，一些案件甚至实际上借用了一部分批捕时间。对上级院而言，特别是市级院侦查监督部门除了要办理本院现有的审查逮捕案件，又增加了基层院报捕的职务犯罪案件的审查逮捕工作量，7天审查时间也十分紧张。除去周末时限实际只有5天，要涵盖阅卷、讯问犯罪嫌疑人、部门讨论、向分管领导或检委会汇报、引导自侦部门补充取证等环节。其中如果需要讯问犯罪嫌疑人，多数情况下需要异地进行，至少需要一天时间。讯问时遇到翻供情形还要复核证人、观看同步录音录像；发现疑点，侦查监督部门还要和自侦部门进行沟通、协商，进行补充、固定、完善证据，总的业务量明显增加。上文所提到的立案下沉、附条件逮捕遇冷等现象除了下级院慑于上级院监督标准过严，担心考核利益受损的原因之外，办案时限明显不足、单位时间内的业务量过多也是一个重要原因。办案时间除了原本不足还有分配不科学的问题。有检察实务部门研究人员指出，在报捕程序实际运行过程中，一般要出现三至四次往复循环的现象，包括内部讨论、报分管检察长或检委会审批、提前介入后再审批、审查批捕期间再沟通等，很大一部分时间被公文流转和审批流程所占据。

在检察系统的不断呼吁下，2012年修订的《刑事诉讼法》第165条规定自侦案件14日的审查决定时间可以延长1日至3日，也就是说从犯罪嫌疑人被拘留到决定逮捕，检察机关一共有17天时间。新修订的《刑诉规则》第329条明确将延长的3天时间给了侦查监督部门，这的确能在一定程度上缓解侦监部门的办案期限压力，但并未从根本上解决办案期限紧张的病灶。

三、职务犯罪案件审查逮捕权"上提一级"改革之完善

美国学者弗兰克认为，法律并不是书本上的法律而是行动中的法律，影响司法行为及其过程的不仅有立法机关创制的成文法和法官所创之判例法，一系列外部因素，诸如政治、经济、道德、习俗、甚至情绪、关系等因素都对法律运作产生着不同程度的影响。而循此路径研究影响"上提一级"改革效果的因素后会发现，可以通过改进制度进行完善的只是很少的部分，隐藏在制度背后又对制度的运作效果起着关键作用的固有体制和思维方式才是我们更应当关注的。从提高"上提一级"改革科学性的角度，笔者提出如下有限的完善思路：

（一）强调侦查监督部门的监督思维

理念是行动的指南，是指导实践的思想基础。曹建明检察长在新刑诉法修改后专门强调了转变和更新执法理念的问题，提出"要始终坚持强化法律监督与强化自身监督并重"。侦查监督部门既承担着监督公安机关侦查活动的职能，也对检察系统的自侦部门实施监督，是落实"强化法律监督与强化自身监督"的重要部门。与监督公安机关不同的是，上级院与下级院、自侦部门与侦监部门同属检察系统，侦监部门容易受到密切关系的影响形成固化的"配合思维"，弱化内部监督，这也是启动职务犯罪案件审查逮捕权"上提一级"改革的重要动因。但在改革实践中，"配合思维"仍然很有市场，甚至直接影响了"上提一级"改革的效果。检察机关尤其要对承担着重要内部监督职能的侦监部门存在的"配合思维"有所警惕，因为其会直接动摇社会公众和学界对检察机关能否做好自身监督的信心，令改革努力付之东流。因此，应当强调"监督思维"在侦查监督工作中的指导性地位，减少配合思维支配下的行为选择。对待同属检察系统的自侦部门，侦监部门要恪守监督者应有的立场，与自侦部门从不同角度为提高职务犯罪办案质量发挥功效。

理念是形而上的，其必须转化为具体的、可操作的行动方能发挥作用。笔者认为，应当从以下几个方面入手贯彻侦查监督部门的"监督思维"：

1. 不提倡上级院侦监部门提前介入侦查

与公诉部门以引导取证为目的的提前介入不同，侦监部门提前介入的正当性前提只能是监督侦查部门的侦查行为是否合法。监督是对权力运行状况的检查、察看和反映，监督主体并不应实质性地参与其中，也不应干预被监督主体的具体决策和执行行为，否则侦监部门就成为侦查指挥部门或第二侦查部门。早已有学者指出，"将检察引导侦查认为是强化检察权对侦查权监督的必然产

物是有待商榷的……检察引导侦查在客观上虽然体现出检察机关在刑事司法活动中可以规范侦查行为,起到了强化侦查监督的作用,但实质上可能会出现这种情形,即检察有时为了与侦查形成合力不得不在某些侦查监督方面妥协让步。"从笔者调研的情况看,上级院侦监部门要么对提前介入态度消极,要么就以侦查部门的指挥或协助角色介入侦查,既有可能被下级院侦查部门的侦查思维同化,也有可能使上下级之间的监督关系异化为"指挥"与"服从"关系,制约了下级检察机关的能动性,不利于内部监督的真正实现。所以,笔者认为,如果侦监部门的提前介入仅仅被侦查部门借以缓解办案期限紧张的压力和降低不捕风险,那么与其强调侦监部门的提前介入,不如大力推进同级院公诉部门的提前介入,以满足检察院内部对提高侦查部门取证质量的合作需求。侦监部门则更应强调监督思维,与侦查部门保持必要的距离。

2. 条件成熟时取消委托讯问

针对目前侦监部门在讯问过程中普遍存在的将核实证据作为唯一目的的不足,应当强调通过讯问发现违法和获取逮捕必要性信息的作用,并应在视频讯问流程成熟后取消委托讯问方式。委托讯问是考虑到交通不便、网络建设滞后的经济欠发达地区的现实困难而规定的一种变通讯问方式,但实践中效果有限,不但给上级院怠于行使权力留下空间,也增加了下级院侦监部门的工作负担。下级院侦监部门极易受到"配合思维"的影响,采取程式化的方式处理委托讯问,缺乏监督动力和监督力度,难以发挥全面准确地获取犯罪嫌疑人申辩信息和侦查行为违法信息的作用。因此,应当继续大力推进通过检察专线网视频系统讯问犯罪嫌疑人,与看守所方面协调建立视频讯问协助制度,形成一套常规的视频讯问流程,通过实时视频系统提讯犯罪嫌疑人。

3. 对侦查部门的建议重点关注程序规范化

侦监部门在法定期限内除审查报捕证据是否充分外,应当加强对侦查行为合法性和逮捕必要性的审查,对侦查部门的建议的重点应从"形成打击犯罪合力"走向"保证程序规范化",避免以侦查者视角审查案卷和讯问犯罪嫌疑人,成为第二侦查部门,应通过建议帮助侦查部门纠正程序违法,促进报捕的规范化。

(二) 设计合理的检察绩效考核指标

上下级检察院都非只会忠实执行法律规定,他们在行为选择时会作出风险评估和利害考量,这就需要通过检察绩效考评制度进行引导。从笔者调研情况看,无论是审阅案卷、审查全程同步录音录像资料,还是讯问犯罪嫌疑人,侦监部门检察官重点关注的是证据是否充分、逮捕是否准确,而逮捕的必要性、侦查过程中是否存在违法行为、犯罪嫌疑人权利是否得到有效保障并未作为审查重点。关键原因之一是，在衡量侦监部门检察官工作业绩的考核指标体系中并未明确将上述问题作为应当积极追求的方向，也没有明确规定绩效奖励，检察官受制度惯性影响不愿意对与绩效无关的方面投入精力。笔者认为，有针对性地调整检察绩效考核指标能够对上下级检察官在改革具体运作中的利益考量产生引导作用：首先，应当增加审查逮捕必要性在审查逮捕工作绩效考评中的权重，设定具体的奖惩规则，促使检察官在阅卷和讯问犯罪嫌疑人时有意识地关注逮捕必要性信息，而不是仅仅将证据是否充分、避免错捕作为唯一标准。2012 年修改的新刑诉法对逮捕必要性条件作了修改，在第 79 条直接列举了应当予以逮捕的五种情形，在实质上强调了对逮捕必要性的审查。判断逮捕必要性应由两个方面组成：犯罪嫌疑人是否具有社会危险性；采取取保候审、监视居住等方法不足以防止发生这种社会危险性。通过调整绩效考核指标引导侦监部门将审查重点向此两方面转移，重点从犯罪嫌疑人的认罪态度、精神状态、家庭情况、是否外地人、是否有逃跑动机和条件综合考虑。而下级侦查部门在报捕时也必须提供证明犯罪嫌疑人有第 79 条规定的五种情形的逮捕必要性证据。其次，应当增加发现和纠正侦查过程中的违法行为在审查逮捕工作中的权重，促使检察官更加关注对犯罪嫌疑人权利的保护，对侦查过程中的轻微违法行为不轻易放过。当然，产生上述引导作用的前提是保障人权、监督程序违法的价值真正上升到了与打击犯罪价值同等重要的位置，侦查部门所承受的追究犯罪压力不至于压倒其他价值成为影响批捕决定的关键因素。最后，合理界定"错捕"标准。捕后作不诉处理的和捕后作无罪判决的，不能一概认定为错捕。由于在诉讼进程中证据在不断变化，对证据的认识也在逐步深入，所以不应绝对以后一阶段的结论否定前一阶段的判断，衡量错捕应当以侦查阶段收集的证据和查明的事实为标准，而不是以逮捕之后的公诉部门决定和审判机关所作出的裁判等为标准。

（三）完善具体制度环节

健全工作机制能够在一定程度上弥补科层制的不足。对于如何克服科层制缺点，唐斯曾提出以下控制手段：发布的命令尽可能减少模糊性，即实现最大限度的明确和具体；创造用以发现下属实时行动的必要信息；挑选所有行动中的小部分进行审查；运用反信息扭曲机制以获得遵从等。这些建议对于检察机关"上提一级"改革的完善同样具有借鉴意义：

1. 规范职务犯罪案件管辖制度

实践中，一些地区出现的案件下沉现象使分州市院办理的职务犯罪审查逮捕数量远远低于实际立案侦查的数量，严重影响了改革的效果，这与我国职务犯罪案件管辖制度的不足有直接关系。目前，我国检察机关上下级之间侦查管辖权限的划分，以分级立案侦查制度为基本原则，以交办、提办为补充。《刑诉规则》第13条和第14条分别规定了分级立案制度和交办（指办）、提办制度。无论是理论上还是实践中，如何理解分级立案规定中的"全国性"、"全省性"的内涵和外延，哪些属于"全国性"案件，哪些不属于"全国性"案件，没有具体统一的标准，存在很大的自由裁量空间。上级检察机关交办案件也不够规范，有关规定只赋予上级检察机关交办案件的权力，但对交给哪一个下级检察院办理没有作出任何限制性规定，导致上级检察机关交办案件具有一定的随意性。为了避免滥用"交办"规避上提一级改革的现象，《刑诉规则》第18条专门增加了一款规定，"分、州、市人民检察院办理直接立案侦查的案件，需要将属于本院管辖的案件指定下级人民检察院管辖的，应当报请上一级人民检察院批准"。这一规定能够解决分州市院向下交办案件的随意性问题，却没有从根本上明确上级院交办案件的具体情形和交办后如何操作的问题。应当对交办案件进行适度的限制和规范，明确各级院对属于管辖范围的案件应当以自己侦办为原则，交办为例外，除合理原因外不能随意交由下级检察院侦查。

2. 优化报捕流程中的时间分配

如果不提高单位时间内的办案效率，延长的3天时间依然难以满足需求，今后检察机关还需要在简化审批程序、加强信息化水平等方面进行改进。首先要优化报捕流程中的时间分配。通过设计合理环节，减少时间的无谓耗费。对于案件讨论不必过于正式，将时间耽误在"等待"环节，承办人可以通过个别交流、随时讨论的形式与处室负责人和其他业务骨干进行交流。推行批捕案件分类审查制度，在批捕环节对案件进行繁简分流，对证据充分、没有疑点的案件可以采取快速审批程序，把时间留给疑难案件；建立分管检察长不在时的应急审批制度，将审批流程规范化。其次，通过专网报送电子笔录、案卷扫描传送等方式来缩短人工报送公文所占用的时间。与案件管理机制相衔接，推行网上办公，超期预警，通过电脑流程约束各个环节的时间使用；减少不必要的在途时间，提高办案效率。应通过规范流程促使侦查部门通过转变侦查模式等方式在法定办案期限内完成报捕工作，倒逼侦查部门严格依法办案，努力完善自身工作以适应批捕工作的要求。

3. 建立逮捕质量反馈评价机制

上下级检察机关的信息畅通对于改革效果的实现十分重要，只有掌握全面的信息，上级院才能对逮捕质量作出全面而准确的评价，才能及时推出改进措施。因此上级检察机关应进一步完善个案分析评查、办案质量通报、优秀案例评选、案例指导等工作制度，促进上下级检察院之间的信息交流，确保上级院及时掌握全面的信息。此外，还应当强调对捕后结果的信息反馈，从职务犯罪案件办理结果来衡量逮捕质量。职务犯罪案件的办理程序中，除"上提一级"改革后逮捕决定需要上级院作出外，案件诉讼过程的推进基本上还在下级院，逮捕后的公诉仍由下级院公诉部门实施，公诉的罪名和判决结果与逮捕决定的契合程度能在很大程度上反映出逮捕的真实质量。下级院公诉部门应当在职务犯罪案件一审庭审后将公诉案件审查报告、起诉书、出庭意见书、量刑建议书、判决书报送上一级人民检察院。① 上级院应及时审查，并对相关数据进行汇总分析，并将相关数据资料反馈给侦查监督部门，进行逮捕决定与量刑情况的关联分析，建立完善的逮捕质量反馈评价机制，并在绩效考核中予以体现，从而在实质上促进逮捕质量的提高。

四、结语

A省的改革实践表明，职务犯罪案件审查逮捕"上提一级"是逮捕制度改革的一种有益尝试，秉持相对合理主义的改良路径，其效果既非持悲观论调者所言的纯粹是为了回应外界质疑的一种搪塞手段，不会有什么实质效果，也不像支持者所宣称的那样，逮捕权"上提"就能顺利实现强化内部监督、提高逮捕质量的目的。采取顺应现行司法科层制的纵向权力监督模式必然是利弊共存的，今后还面临着检察官办案责任制和逮捕程序诉讼化的双重挑战，有待进一步改进才能顺应时代的要求。如果基于"上提一级"改革的效果来展望今后职务犯罪案件审查逮捕程序改革的方向，笔者认为，由"同体监督"走向"异体监督"是今后必然的发展方向，后者在理论上和操作性上都比前者更容易实现中立、客观的效果。职务犯罪案件审查逮捕"上提一级"改革的监督主体已经从同体走向异体，只是出于顺应内部科层制的考虑并不彻底，没有实现典型的"异体监督"，在取得监督效果的同时也受到系统内部因素的困扰，故而只是职务犯罪案件审查逮捕程序改革的一种过渡形式或过渡阶段。当

---

① 最高人民检察院2010年12月曾印发《关于加强对职务犯罪案件第一审判决法律监督的若干规定（试行）》，该规定"明确了对法院作出的职务犯罪案件第一审判决的法律监督实行上下两级检察院同步审查"，实质上是将对职务犯罪案件办理的监督扩展到了逮捕后的公诉、审判过程中，重点防止上级院批捕后下级院随意变更罪名、不起诉的情况，从而在实体和程序两个方面来保障职务犯罪案件办理的公正性。此规定可以视为与"上提一级"改革相衔接和配套的措施，为上级院提供了职务犯罪办理情况的全面信息获取渠道。

然，改革实践中出现的许多问题并非改革本身所致，也并非改革所能解决，而是牵涉法治文化、职业伦理、司法系统整体权力结构等多个方面。无论是检察院、法院还是其他机关行使批捕权，也无论是上级监督还是同级监督，只要重关系、讲和谐的文化环境没有改变，"司法一体化"的整体权力结构没有改变，都必然会走向配合甚于监督的老路；只要舆论因素和政治因素能实质性地影响司法系统的决策乃至司法系统官员的升迁，片面追求逮捕率、有罪判决率等指标的一元化绩效考核模式就不会绝迹。

检察机关民事公益诉讼主体资格之提倡[*]

陈 磊^{**}

一、引言

在危险和实害极易扩散的工业时代，建立公益诉讼制度的必要性不言而喻，我国立法也作出了积极的回应。然而，由谁来提起公益诉讼，尤其是检察机关是否有资格提起公益诉讼，却不无争议。《民事诉讼法修正案（草案）》一稿规定，对污染环境、侵害众多消费者合法权益等损害社会公共利益的行为，有关机关、社会团体可以向人民法院提起诉讼，草案二审稿将该条款中的"有关机关、社会团体"修改为"法律规定的机关和有关社会团体"，最终获得通过的民事诉讼法修正案又将"有关社会团体"修改为"有关组织"，但仍未明确具体的诉讼主体，只是交由相关的法律解决。早自1997年地方检察机关就已经开始了参与公益诉讼的实践探索，2011年7月召开的第十三次全国检察工作会议更是明确要求，"一二五"时期检察机关要充分发挥检察职能作用，积极稳妥探索开展公害污染等案件的督促起诉、支持起诉和公益诉讼。由检察机关积极践行的公益诉讼模式，尽管实践中开展得如火如荼，却一直处于"摸着石头过河"的状态，既无明确法律依据、又有重大理论争议，既名不正、亦言不顺，因而在具体的程序设计上也面临一系列的难题。为检察机关公益诉讼的主体资格"正名"，既是统一各地检察机关公益诉讼司法实践的理论前提，也是促进民事诉讼立法及公益诉讼制度完善的有益举措。

二、正反两面的理论争议

就立法层面而言，现有的法律没有正面规定检察机关的民事公益诉讼权。检察机关提起民事公益诉讼在我国只能算作一项司法试验，而试验的前提性问

** 陈磊，最高人民检察院检察理论研究所副研究员。

题——检察机关是否有资格作为民事公益诉讼的主体，在理论层面尚存有较大的争议。主流的观点持肯定的态度，认为我国检察机关作为宪法规定的国家专门法律监督机关，其作为社会公共利益的代表与作为法律监督者的身份合而为一，这是其介入民事公益诉讼坚实的基础。① 处于少数说但却十分有力的观点认为，检察机关若是作为公益诉讼的原告，其法律监督者的身份将打破民事诉讼角色分配格局、制约民事诉讼当事人处分原则运用、弱化民事诉讼权利义务对等原则、违背民事诉讼原被告地位平等原则，因此不宜作为公益诉讼的原告。②

概括而言，否定检察机关民事公益诉讼主体资格的理由主要有以下五点：

1. 现有的民事诉讼程序规范不足以支撑检察机关作为民事诉讼当事人的合理性。否定说认为，依照传统的诉权理论，诉权与实体权利紧密相联，享有诉权的人，必须为诉讼标的实体权利义务的承受者。现代民事诉讼中，虽然程序意义上的诉权与实体意义上的诉权在一定的领域出现了分离的趋势，但这同样不能成为我国检察机关介入民事诉讼的依据。即便是支持诉权分离理论的诉讼信托制度也不足以肯定检察机关介入民事诉讼的合理性。因为诉讼信托的运作前提是起诉人有实体法的授权，它是一种法定诉权。③

2. 检察机关提起民事公益诉讼因自身角色冲突而导致民事诉讼的合理架构失衡。否定说认为，检察机关提起民事公益诉讼后，势必出现检察机关在民事诉讼中具有原告与法律监督者双重身份的状况。从检察机关作为诉讼原告身份的视角观察公益诉讼的结构，检察机关应当处于与对方当事人平等的对立状态的诉讼地位，法院代表国家行使审判权居中根据双方当事人对抗的具体情况对案件作出公正的裁判。如果从检察机关作为国家法律监督者身份的视角审视公益诉讼的诉讼结构，检察机关理应处于与法院平等的法律地位，从这一侧面来审视民事公益诉讼的结构，检察机关实际上处于与行使审判权的法院平等的法律地位，这就必然使得公益诉讼的诉讼结构难以继续保持民事诉讼结构应有的平衡对称状况。④

---

① 别涛等：《检察机关能否提起环境民事公益诉讼》，载《人民检察》2009 年第 7 期。

② 章礼明：《检察机关不宜作为环境公益诉讼的原告》，载《法学》2011 年第 6 期。

③ 王福华：《对我国检察机关提起民事诉讼的质疑》，载《上海交通大学学报（哲学社会科学版）》2003 年第 3 期。

④ 杨秀清：《我国检察机关提起公益诉讼的正当性质疑》，载《南京师大学报（社会科学版）》2006 年第 6 期。

3. 检察机关提起民事公益诉讼会造成和行政机关职能上的冲突。否定说针对环境公益诉讼指出，检察机关和环境保护行政机关均为环境公益保护的国家机关，两者之间有着明确的职能分工。针对环境犯罪行为，由检察机关提起刑事诉讼，以诉讼机制施行刑罚处罚，检察机关承担着社会公益者的角色。而针对其他环境违法行为，则是由环境保护行政机关通过行政执法给予直接处罚，以非诉讼机制的方式承担着社会公益的责任。如果检察机关以环境公益的名义提起民事诉讼，那么只能针对环境行政机关管辖的环境违法行为，如此一来势必会引起检察机关与行政机关职责上的重叠和冲突。从国家机构职能设置的合理性来看，检察机关提起环境民事公益诉讼属于多余。①

4. 检察机关提起民事公益诉讼会造成检察权的无限膨胀。否定说认为，检察机关在环境保护领域介入民事诉讼标志着检察机关在民事诉讼领域的扩张。这种扩张一旦形成将一发而不可收拾，导致检察机构的无限膨胀，政府财政开支的不断增大，乃至无法承受。② 无独有偶，否定检察机关行政公益诉讼主体资格的学者也认为，检察机关提起行政公益诉讼会造成检察监督权的进一步膨胀，进而破坏既有的国家权力配置格局。③

5. 检察机关提起民事公益诉讼是对诉讼正义程序的削弱。否定说认为，检察机关提起民事公益诉讼制约了民事诉讼当事人处分原则。检察机关作为环境民事公益诉讼的原告，其处分权的行使，既体现了对私人利益的处分，又体现了对社会公共利益的处分。显然，检察机关对私人利益的处分权，超越了检察权的权力界限，构成了无权处分。检察机关提起民事公益诉讼弱化了民事诉讼权利义务对等原则。检察机关作为环境民事公益诉讼的原告，其诉讼权利义务具有非对等性，尤其是当检察机关作为原告被反诉而成为被告时。在出现反诉的情况下，检察机关会被置于被告地位，此时如果法院判决检察机关败诉，那么检察机关如何承担败诉的结果？反之，如果禁止被告提起反诉，就限制了被告的权利，违反了民事诉讼对等原则以及程序正义的要求。④

三、对否定说的否定

检察机关能否提起民事公益诉讼？检察机关如何参与民事公益诉讼？这是

---

① 章礼明：《检察机关不宜作为环境公益诉讼的原告》，载《法学》2011 年第 6 期。
② 章礼明：《检察机关不宜作为环境公益诉讼的原告》，载《法学》2011 年第 6 期。
③ 章志远：《行政公益诉讼的冷思考》，载《法学评论》2007 年第 1 期。
④ 王蓉、陈世寅：《关于检察机关不应作为环境民事公益诉讼原告的法理分析》，载《法学杂志》2010 年第 6 期。

两个不同层次的问题。不能以检察机关参与民事公益诉讼可能遇到的程序难题就断然否定其主体资格，相关的行政机关和社会团体作为民事公益诉讼的原告也会遇到同样的程序难题，这属于逻辑上的"本末倒置"，否定说的许多论据都犯了这一逻辑错误。否定说也没有从反向的角度回答，既然检察机关可以代表国家提起刑事诉讼，为什么就不能代表公益提起民事、行政诉讼？基于监督机关的性质定位以及民刑诉讼构造的差异，就一定能否定检察机关的公益诉讼权？以下即对否定说的上述五点理由逐一反驳。

（一）关于"现有的民事诉讼程序规范不足以支撑检察机关作为民事诉讼当事人的合理性"

这一点已被民事诉讼理论发展和立法修改所推翻。首先，传统的实体利害关系当事人在现代社会早已被诉讼法上的当事人概念所取代。[1] 随着社会的发展，出现了大量扩散性利益、集合性利益以及个人同类型利益遭受损害，却缺乏有效个别性司法救济的途径，因而现代型诉讼、集团诉讼、团体诉讼等新型诉讼制度相继诞生。在这些新型诉讼制度中，起诉者并非总是存在自己的利益，因而要求诉讼实施权人具有自己独立的法律利益过于苛刻，也不符合现实，不应该将其作为诉讼实施权的构成要件。[2] 以德日为代表的大陆法系民事诉讼理论的正当当事人概念，就并非一概取决于是否具有实体利害关系，在一些特殊案件中诉讼因素可以决定正当当事人的主体身份。在英美法系国家如美国，随着环境问题诉讼、歧视问题诉讼等现代型诉讼出现，当事人适格的范围也大为拓宽。现在，提起诉讼的人不一定受法律上权利义务关系的影响，只要对案件具有事实上的利害关系的人，就构成当事人适格。[3]

其次，即使是恪守"实体利害关系当事人"的概念，检察机关作为民事公益诉讼的起诉主体也是有理有据。不同于个人利益，公共利益因体现的是一种"社会整体利益"[4] 而等同于严格意义上的国家利益。国家由国家机器组成，国家利益由国家机关代表。通常认为，行政机关是国家利益的直接代表。在我国，检察机关作为宪法规定的国家法律监督机关，更有资格代表国家维护公共利益。质言之，检察机关和公共利益之间具有实体利害关系。这也是检察

---

① 江伟主编：《民事诉讼法》，高等教育出版社 2007 年版，第 70 页。

② 肖建国、黄忠顺：《诉讼实施权理论的基础性建构》，载《比较法研究》2011 年第 1 期。

③ 汤维建主编：《美国民事诉讼规则》，中国检察出版社 2003 年版，第 80 页。

④ 李友根：《社会整体利益代表机制研究——兼论公益诉讼的理论基础》，载《南京大学学报》2002 年第 2 期。

机关刑事公诉权的理论依据。

最后，从诉讼法理的角度而言，检察机关提起民事公益诉讼的确是一种法定的诉讼信托。① 如果说在民事诉讼法修改之前，检察机关提起民事公益诉讼尚缺乏明确的实体法的授权，那么正在修订的民事诉讼法就已经打破了这一局面，对公益诉讼主体的规定将促使其他相关实体法的修改，进而赋予检察机关及其他国家机关公益诉讼权，否定说的这一理由也将不复成立。

（二）关于"因角色冲突而导致民事诉讼结构失衡"

检察机关提起民事公益诉讼，因身兼法律监督机关和民事诉讼原告两种角色导致民事诉讼合理架构失衡的理由，纯属对公益诉讼的误解和不必要的担心。

1. 如果否定说的这一理由能够成立，那么否定说赞成行政机关（如环保部门）作为民事公益诉讼原告的观点，② 就属于用自己的矛攻破自己的盾。以环保机关为例，其法定职责之一就是对重大环境问题的监督管理，环保机关提起民事公益诉讼也是兼具环境的监督保护机关和原告两种身份。果真如否定说所言，那么除了个人之外，还有什么主体提起公益诉讼根本不会导致民事诉讼结构的失衡？

2. 公益诉讼本身就不等同于私益诉讼。公益诉讼案件涉及不特定的主体的利益，因此，意思自治原则和处分权原则不再是绝对的，干预原则在一定领域要发挥作用。③ 之所以要由个人以外的国家机关或社会团体提起公益诉讼，就是因为侵害公共利益的主体往往掌握着较为强势的资源，个人难以与之抗衡，所以在一定场合要选择由国家机关或社会团体提起诉讼，以切实维护公共利益。

3. 检察机关提起民事公益诉讼不存在真正的角色冲突。这一点和刑事附带民事诉讼相似。刑事附带民事诉讼本质上仍属于民事诉讼的范畴。检察机关为追索国家财产、集体财产提起的附带民事诉讼，按照否定说的观点，也存在同样的问题，但却很少有学者以此去质疑检察机关提起刑事附带民事诉讼的正当性。检察机关在诉讼过程中虽然也是法律监督者，但它作为原告的外在角色冲突也由于其作为原告并不存在自身的直接利益而得到化解，它作为原告和作为监督者的目的都在于保护国家和社会利益，无论诉讼结果如何，都与其民事

---

① 蔡彦敏：《中国环境民事公益诉讼的检察担当》，载《中外法学》2011年第1期。
② 章礼明：《检察机关不宜作为环境公益诉讼的原告》，载《法学》2011年第6期。
③ 陈桂明：《检察机关应当介入公益诉讼案件》，载《人民检察》2005年第7期。

利益无关。① 检察机关的法律监督权在具体的公益诉讼中只是一般意义上抽象的监督，监督机关和原告的两种身份不存在实质的冲突。

4. 检察机关提起民事公益诉讼不会导致民事诉讼的合理架构失衡。一方面，检察机关作为民事公益诉讼的一方当事人，也应当遵守民事诉讼法律规范，不能逾越民事诉讼当事人诉讼地位平等这一基本原则的藩篱。检察机关在民事公益诉讼中处于原告的地位，与被告具有平等的诉讼权利和诉讼义务，并不享有凌驾于原被告之上的诉讼特权。另一方面，检察机关作为民事公益诉讼的原告，也不会干扰法院的审判。法院依法独立审判是来自宪法的赋权，不管是在民事诉讼、行政诉讼还是刑事诉讼中，当事人的地位如何都不能对法院的审判造成干涉。如果担心这一点，那么行政机关也不应当作为民事公益诉讼的当事人，行政机关和法院也同属国家机关，两者也具有"亲和性"②。

（三）关于"会造成和行政机关职能上的冲突"

检察机关提起民事公益诉讼不仅不会造成和行政机关职能上的冲突，反而能够通过诉讼职能实现对行政机关监管职能的有效补充。没有救济的权利不是真正的权利，而诉讼是权利救济的终局方式。民事、行政上的公共利益和刑事上的公共利益没有本质的区别，只是程度即量上的差异而已，因此，应当设置民事、行政公益诉讼制度作为公共利益保护和救济的最后一道屏障，赋予检察机关公益诉讼权。

实践中，侵害公共利益行为的发生和扩散，往往都有政府监管部门的责任。以环境公害为例，环境行政机关出于部门利益考虑，或受地方保护主义的影响，不主动履行法定职责，不依法追究违法相对人的行政责任等，对环境资源破坏行为经常采取放任的态度，由于不存在明确的受损对象，致使国家或公共利益受损而无人起诉，甚至环境行政机关本身为部门利益，故意违法行政、滥用职权，这种情况在我国经常发生。③ 在国家权力结构层面，检察机关是独立的法律监督机关，检察机关提起民事公益诉讼是对行政机关怠于履行保护公共利益职责的诉讼救济，也是对行政机关监督、对行政权制约的有效方式。有论者建议公益诉讼应当设置一个前置程序，检察机关应先建议行政机关依法履行职责，如行政机关没有履行，检察机关再行启动诉讼程序，以原告身份提起

---

① 陈桂明：《检察机关应当介入公益诉讼案件》，载《人民检察》2005年第7期。
② 章礼明：《检察机关不宜作为环境公益诉讼的原告》，载《法学》2011年第6期。
③ 李卓：《公益诉讼与社会公正》，法律出版社2010年版，第206页。

民事公益诉讼。[1] 我们认为这是一个值得考虑的建议，设置这样一种诉讼前置程序更加清晰地界分了行政机关的执法职能和检察机关的诉讼职能，更加明确了后一职能对前一职能的补充作用。

（四）关于"会造成检察权的膨胀"

赋予检察机关公益诉讼权会造成检察权的无限膨胀是毫无根据和没有必要的担心。法律监督是宪法赋予检察机关的神圣职责，无论是刑事公诉权还是民事公益诉讼权都是法律监督权的具体体现。即便认为检察机关提起民事公益诉讼属于扩权，也是合宪性的扩权，属于强化法律监督权的重要举措。无论是将民事公益诉讼权赋予检察机关、行政机关抑或社会团体，都是一种扩权，很显然这样一种扩权不仅十分必要而且还得到了立法机关的支持。

否定说认为检察机关在民事诉讼领域的扩张一旦形成就将一发不可收拾，也不具有任何理性根据。恰恰相反，检察机关提起民事公益诉讼，通常不会滋生其他主体提起公益诉讼时可能会产生的问题。检察机关作为公益诉讼的发动者，是以宪法所赋予的法律监督权为出发点的，监督法律的遵守与实施是其唯一的追求，此外别无任何私人的独立利益存在于其中，因此也不存在滥用公益诉权的任何动因。[2] 而且，如设置上述前置程序，实际上由检察机关启动的民事公益诉讼将少之又少，根本不存在"膨胀"一说。再者，只要立法上设置了民事公益诉讼，不论是检察机关提起还是行政机关提起，都会在一定程度上增加政府财政的开支，但因为这一点而否定相关主体的公益诉讼权，无异于因噎废食。况且，民事诉讼是由败诉方承担诉讼费用，从结果上看，设置民事公益诉讼制度最终反而会增加财政的收入。

（五）关于"会削弱诉讼正义程序"

否定说的第五点理由实际上指出了检察机关参与民事公益诉讼可能遇到的程序难题：能否行使处分权以及能否提起反诉。如上所述，这一论证方式本身即存在逻辑问题。但是我们认为还是有必要直接回应这些问题。

检察机关在民事公益诉讼中处于和被告平等的地位，同样享有处分权。检察机关提起民事公益诉讼，是代表公共利益而为之，并不代替受害人进行具体的索赔。明确这一点，就使得检察机关公益诉权和实体当事人的民事诉权并行

---

[1] 别涛等：《检察机关能否提起环境民事公益诉讼》，载《人民检察》2009 年第 7 期。

[2] 汤维建：《检察机关提起民事公益诉讼势在必行》，载《团结》2009 年第 3 期。

不悖。① 检察机关行使处分权,撤诉或者与被告调解或和解,对实体当事人即具体受害人的实体权利没有任何影响。这也就能打消否定说的顾虑。

至于反诉的问题,则在事实上几近不可能。因为反诉必须具备实质性条件,即反诉与本诉的诉讼请求必须在法律或者事实上有牵连。而在污染环境、侵害众多消费者合法权益等损害社会公共利益的行为中,检察机关几乎不可能与涉案事实存在法律或事实上的牵连。换言之,检察机关是与公益诉讼案件事实保持一定距离的独立的诉讼主体。因此反诉在检察机关提起的民事公益诉讼中几乎不可能存在。

还有一个否定说可能会利用的程序性问题:如果检察机关公益诉讼败诉了,按照"一事不再理"原则,其他主体还可以再次提起公益诉讼吗?就这个问题,赞成检察机关成为公益诉讼主体的学者作出了相应的回答:处理这个问题要根据诉讼请求,具体情况具体分析。以环境公益诉讼为例,可能是主张赔偿败诉,也可能是主张恢复环境败诉,不能笼统地讲败诉。如果主张赔偿败诉了,其他人还可以主张恢复环境而提起公益诉讼。② 否定说如果存在这一疑虑也可以打消了。

四、对肯定说的附议

以上是从反面对否定检察机关公益诉讼主体资格的观点进行辩驳,下面有必要正面论证检察机关公益诉讼主体资格的正当性与必要性。

1. 检察机关作为起诉主体有利于平衡民事公益诉讼的结构。如前所述,公共利益的侵权人大多是掌握较多经济社会资源的主体,和具体的受害人相比处于强势的地位。如康菲石油漏油事件中,康菲石油公司是全球最大的能源公司之一。微软反垄断案中,微软是全球最大的软件供应商。公民受害人往往不愿、不敢也不能提起侵权诉讼,这时候就需要处于强势地位的组织提起诉讼以维护公共利益,检察机关作为起诉主体无疑是明智的选择。在微软反垄断诉讼案中,美国联邦检察机关联合 19 个州的检察官提起的公益诉讼,最终获得了胜利。

2. 检察机关作为民事公益诉讼的起诉主体有利于实现对权力的监督和权利的救济。亦如前所述,我国当下频发的公害事件,行政监管机构往往要负一定的责任,或者是失职不察,或者是怠于履行职责,或者是贪污腐败、沉瀣一

---

① 蔡彦敏:《中国环境民事公益诉讼的检察担当》,载《中外法学》2011 年第 1 期。

② 王利明:《公益诉讼主体应当包括检察机关》,载《检察日报》2012 年 3 月 8 日,第 11 版。

气。检察机关提起民事公益诉讼，就是通过诉讼机制实现对行政监管权的有力监督。同时，其他主体在提起公益诉讼的问题上，通常会遇到调查事实取证难的问题。但这一点对于检察机关来说并非障碍。因为检察机关对于违法情节是否存在，享有为宪法所保障的证据调查权。① 因此，检察机关提起民事公益诉讼，更有利于克服公益诉讼取证难的技术性问题，更有利于维护公共利益，更有利于实现对权利的救济。

3. 检察机关作为民事公益诉讼的主体有着域外经验的支持。检察机关提起民事公益诉讼是世界较为通行的做法，相关的实践经验也表明检察机关适合作为民事公益诉讼的主体。在美国，检察官对于涉及政府利益或公共利益的民事案件，有权提起并参加诉讼，以保护公众的利益。美国的《联邦地区法院民事诉讼规则》、《反托拉斯法》、《环境保护法》等法律法规都作出了相应的规定。在英国，对于涉及公共利益或妨碍公共权利的行为，检察长有权请求法院予以制止、强制履行公共义务。在法国，检察机关有权提起民事公益诉讼案件的范围非常广泛。在日本，检察机关有权就特定范围的案件提起民事诉讼。在俄罗斯，检察官有权向法院提起维护国家或社会利益的诉讼请求。② 在其他一些国家，如巴西等，检察机关也有权提起民事公益诉讼。

4. 检察机关提起公益诉讼有助于公共政策的有效生成。公共利益的保护与公共政策的导向有关。针对环境问题、歧视问题、消费者权益保护等问题的公益诉讼，往往还会引发相关主体对特定公益问题的讨论，进而促进相应公共政策的形成和公益保护的法制化。检察机关提起民事公益诉讼，由于其具有专业知识方面的优势，并且与行使审判权的人民法院同属于法律共同体，拥有共同的政策理解力和法律把握力，因而更加容易在公共政策方面达成高度一致的共识，而不致使公益诉讼陷入私益纷争的纠缠之中。③ 因此，检察机关作为民事公益诉讼的主体，在社会管理过程中能够实现案件以外更高层次的政策价值目标。

---

① 汤维建：《检察机关提起民事公益诉讼势在必行》，载《团结》2009 年第 3 期。
② 邓思清：《论检察机关的民事公诉权》，载《法商研究》2004 年第 5 期。
③ 汤维建：《检察机关提起民事公益诉讼势在必行》，载《团结》2009 年第 3 期。

公益诉讼制度的程序构建[*]

邓思清[**]

所谓公益诉讼，是指同被诉行为无法律上的直接利害关系的公民、法人和其他组织（包括检察机关）都可以根据法律法规的授权，对违反法律、侵犯社会公共利益的行为，有权向人民法院提起诉讼，由法院追究违法者法律责任的一种诉讼制度。与其他诉讼形式相比，公益诉讼具有以下特点：（1）起诉主体的广泛性。公益诉讼的起诉主体不局限于合法权利直接受到不法侵害者，其他机关（法院除外）、团体、个人都可以公共利益受到侵害为由向法院提起诉讼。（2）诉讼目的的公益性。公益诉讼的目的是维护公共利益，这与私益诉讼维护自己的合法利益的诉讼目的是不同的。（3）原告处分权的限制性。公益诉讼中的原告不能像处分自己权利那样处分社会公共利益，而要受到法律更多的限制。（4）公益诉讼具有明显的预防性。公益诉讼既可以是违法行为已造成了现实的损害，也可以是尚未造成现实的损害（潜在的损害），但有损害发生的可能性，因而公益诉讼明显具有预防性，即能够保护社会公共利益免受不法行为的侵害，防患于未然的作用。（5）诉讼结果影响的重大性。普通诉讼的结果往往只对原被告产生影响，对其他人影响不大，但公益诉讼涉及社会公共利益，其权利主体是不特定的多数人，因而其诉讼结果在社会上的影响较大。

公益诉讼是时下讨论的热点问题。由于公益诉讼涉及许多问题，我国要建立公益诉讼制度，需要重点研究以下问题。

一、公益诉讼的内涵问题

要明确公益诉讼的内涵，首先要界定公益的含义。就词义而言，公益是公共利益的简称，公益在不同的国家有不同的表述和内涵。在英美国家，多用

---

* 本文刊载于《当代法学》2008 年第 2 期。

** 邓思清，最高人民检察院检察理论研究所学术部主任、研究员。

"公共利益"（public interest）、"公共政策"（public policy）表达类似的概念。英国学者认为，"公共政策"是指社会的普遍公共利益或福利，或者一种极不明确的道德价值。① 美国学者庞德认为，公益是从"政治组织社会生活角度出发，以政治组织社会名义提出的主张、需要和愿望。"② 即公益与政治国家及政府的关系具有特殊性，是国家、政府组织一定社会共同体、维持人们生存与发展所必需的利益，也就是泛指对象不特定的社会全体或多数人所享有的利益。美国《布莱克法律大辞典》将"公共利益"解释为：公共利益是公众和社团普遍享有的，包含某种金钱利益，或者公众或者社团的权利和义务因之受到影响的某种利益；公共利益并不意味着狭隘得如某种稀见之物，或者像受处于争议中的事情影响的特定地区的利益；为公民所分享的利益通常属于地方、州或联邦政府的大事。在日本法律中，多用"公共福利"（public welfare）来表示公共利益。我国有学者认为，社会公共利益是一个抽象的范畴，包括我国社会生活的基础、条件、环境、秩序、目标、道德准则及良好风俗习惯等，既包括物质文明建设方面的利益，也包括精神文明建设方面的利益；既包括国家、集体的利益，也包括公民个人的合法利益。③ 也有学者认为，所谓公共利益，是指社会一般人的生命、健康、财产、安乐、自由、利益、便利等。④ 由此可见，一般来说，公益包括国家利益、社会利益和公民人权。其中，国家利益包括国家主权、统治秩序、领土完整、公共安全、社会稳定等方面；社会利益包括社会公众的人身安全、财产利益、社会福利、公共生活准则、公众心理等内容；公民人权包括公民人身权利、财产权利、诉讼权利等。国家利益、社会利益和公民人权之间是相互联系而又相互区别的，它们的联系表现在：先有社会利益，当社会矛盾发展到不可调和的程度时便产生了国家，出现了国家利益，国家通过制定法律确立公民权利，才有法定的公民权利。正因为如此，它们三者之间是密不可分的整体，统称为公共利益。它们的区别是：国家利益主要侧重政治利益方面，如公共安全、统治秩序、公共道德、社会稳定等内容；社会利益主要侧重经济利益，如公共财产、集体财产、群众福利、保险等；公民人权主要是公民整体的人身权利。

公益诉讼（actiones publicae populares）起源于古罗马，是相对于私益诉

---

① ［英］戴维·M.沃克：《牛津法律大辞典》，北京社会与科技发展研究所组织翻译，光明日报出版社1988年版，第699、734页。

② ［美］庞德：《通过法律的社会控制》，商务印书馆1984年版，第34页。

③ 梁慧星主编：《民法》，四川人民出版社1988年版，第129页。

④ 陈泉生：《环境法原理》，法律出版社1997年版，第82页。

讼（actiones privatae）而言的，它又被称为公共利益诉讼（actiones publicae populares）、民众诉讼（actiones populares）、罚金诉讼（quitam）等，对此周枏先生指出："私益诉讼乃保护个人所有权益的诉讼，仅特定人才可提起；公益诉讼乃保护社会公共利益的诉讼。"① 印度是亚洲第一个引入公益诉讼的国家。印度自20世纪70年代末开始建立公益诉讼制度。1981年，印度最高法院法官巴瓦蒂在S. P. 古塔（S. P. Gupta）诉印度政府一案中阐述了公益诉讼的概念："如果侵犯了某一个人或某一阶层的人的合法权利而对其造成了法律上的错误或损害，但该人或这一阶层的人由于社会经济地位造成的无力状态不能向法院提出法律救济时，任何公民或社会团体都可以向高等法院或最高法院提出申请，寻求对这一阶层的人遭受的法律错误或损害给予司法救济。"②

目前国内有关公益诉讼的内涵存在以下几种认识：一是认为"所谓公益诉讼制度，是指特定当事人认为行政机关的行政行为侵犯公共利益，依法向人民法院提起行政诉讼的制度。公益诉讼性质上属于行政诉讼。"③ 二是认为"所谓公益诉讼制度，是指国家、社会组织或者公民个人以原告的诉讼主体资格，对侵犯社会公共利益的行为，向法院提起民事或者行政诉讼，通过法院依法审理，追究违法者法律责任、恢复社会公共利益的诉讼制度。"④ 公益诉讼在性质上属于民事诉讼或者行政诉讼。这是我国学界普遍坚持的观点。三是认为"所谓公益诉讼制度，是指任何组织和个人都可以根据法律法规的授权，对违反法律、侵犯国家利益、社会公共利益的行为，有权向法院起诉，由法院追究违法者法律责任的行为规范。公益诉讼也可根据违法行为违反的法律部门不同，分为刑事公益诉讼、经济公益诉讼、民事公益诉讼和劳动公益诉讼等。"⑤ 四是认为"所谓公益诉讼制度，是指有关国家机关、组织和个人依据法律的规定，对违反法律给国家、社会公益造成了事实上损害或潜在损害的行为，向法院起诉，由法院追究违法者的法律责任的诉讼活动。公益诉讼在性质上与三大诉讼相对应，应当包括刑事、民事及行政公益诉讼三种形式。"⑥

笔者认为，所谓公益诉讼，是指特定的主体根据法律的授权就侵犯公益的行为而向法院提起的一种诉讼。公益诉讼有广义和狭义之分，广义的公益诉

---

① 周枏：《罗马法原理》，商务印书馆1996年版，第886~887页。

② S. P. Gupta v. Union of India, 1981 (Supp) SCC 87.

③ 解志勇：《论公益诉讼》，载《行政法学研究》2002年第2期。

④ 赵许明：《公益诉讼模式比较与选择》，载《比较法研究》2003年第2期。

⑤ 苏家成、明军：《公益诉讼制度初探》，载《人民司法》2000年第10期。

⑥ 颜运秋、彭海青：《刑事公益诉讼的价值分析与制度构建》，载《河北法学》2006年第2期。

讼，是指所有涉及国家利益、社会公共利益和公民整体权利的诉讼；狭义的公益诉讼，是指特定主体提起的与自己利益无直接关系的公益诉讼。公益诉讼应当特指狭义的公益诉讼，因为公益诉讼是与私益诉讼相对的或并列的一个概念，二者之间不应当有交叉或重复。而私益诉讼是为了保护个人私有权利的诉讼，仅特定人才可以提起，即凡与自己个人利益有关的诉讼都应属于私益诉讼，包括仅涉及自己利益的诉讼和与自己利益有关的涉及公共利益的诉讼或涉及其他多数人的团体诉讼等。因此，只有将公益诉讼作狭义理解，公益诉讼才能成为特定的概念。换言之，只有在公共利益确实受到违法行为的侵害，影响到大多数人的合法权益，无法直接根据一般诉讼程序的规定起诉，才能提起公益诉讼。即公益诉讼起诉人所请求保护的利益不能是公共利益之外的特定的、个人的利益，后者适用于一般诉讼制度。在现代社会，公益诉讼的形式非常广泛，既有行政公益诉讼，即当行政机关的某种行政行为侵害公共利益时，为维护该公共利益，法律允许无利害关系的私人或国家公诉机关向法院提起的诉讼，如对违法征税提起的诉讼；也有民事公益诉讼，即为了保护国家利益或社会公共利益，法律规定的特定主体对侵犯民事公益的行为，依法向法院提起的公益诉讼，如对破坏环境的诉讼；有些国家甚至包括宪法诉讼，即对违反宪法而侵犯多数人或不特定人利益的行为或法律而向法院提起的诉讼等。与传统的私益诉讼相比，公益诉讼具有以下特点：

第一，公益诉讼的诉讼标的具有公共性。按照诉讼标的理论，私益诉讼的诉讼标的是当事人之间争议的民事法律关系，诉讼的主要目的在于解决当事人之间的纠纷。而公益诉讼的诉讼标的则超越了私人纠纷的领域，而涉及社会公共利益或不特定多数人的利益，具有明显的公共性。如环境污染、国有资产流失等诉讼，其诉讼目的在于维护公益，因而公益诉讼的真谛在于为公共福祉而战，而非专为个人利益而战。

第二，公益诉讼的原告与案件事实不具有直接利益关系。在私益诉讼中，要具有原告资格，必须是与案件事实具有直接利益关系的个人或组织。而在公益诉讼中，其原告是与案件事实没有直接利益关系的特定机构或组织，否则就只能是私益诉讼的原告。

第三，公益诉讼原告的多元化和拟制化。由于私益诉讼的原告必须是与案件事实具有直接利益关系的个人或组织，因而具有特定性或单一性，只有他们提起私益诉讼，法院才受理，否则法院不予受理。而公益诉讼的原告是与案件事实没有直接利益关系的特定机构或组织，其享有诉权是法律的特殊规定，其原告资格是法律拟制的，只要该机构或组织认为行为人的行为侵犯了国家利益或社会公共利益，就有权向法院提起公益诉讼。

此外，公益诉讼的意义重大。因为和谐社会是人类追求的共同目标，和谐社会在于实现人与自然的和谐、人与人的和谐以及思想领域的和谐。在实现和谐社会的过程中交融着道德和法律，它不仅是道德法律化的过程，而且也是法律道德化的过程。和谐作为一种理想的社会形态，应有能力使产生的矛盾通过纠错机制和缓解机制而得到有效的化解，并由此实现利益大体均衡，实现多元利益的协调、相互容纳和共存，以此来维持良好的秩序，从而使整个社会达到一种动态的平衡状态。和谐是利益衡量机制的结果，也是其追求的目标。诉讼作为利益衡量的最优化体现，其最终的目的也是达到利益的有机协调，秩序的平稳和谐。公益诉讼作为保障重大利益的一种诉讼制度，具有扩散性纠纷解决功能、公共政策形成功能和程序保障功能，其最终目标就是为了实现和谐社会。也就是说，公益诉讼的建立对和谐社会目标的实现起着极大的促进作用，和谐社会的实现也需要公益诉讼的制度化和体系化。

二、公益诉讼制度的法典归属问题

在我国，由于诉讼法分为刑事诉讼、民事诉讼、行政诉讼三大诉讼形式，因而相应产生的问题是：公益诉讼制度应当规定在民事诉讼法典当中还是行政诉讼法典当中，或者是单独制定一部公益诉讼法典。对此，我国学界存在以下不同的观点：

第一种观点认为，公益诉讼制度应当归属于行政诉讼法典。因为有学者指出，公益诉讼的提法是中国行政法学者的独特贡献，域外均未见有阐释者。公益诉讼是中国学者在谈论行政公诉时制造的"概念"，国外未发现以诉讼标的为基准命名的公益诉讼，因而主张将公益诉讼制度纳入行政诉讼法典。[①]

第二种观点认为，公益诉讼制度应当归属于民事诉讼法典。因为美国的司法程序只区分刑事诉讼程序和民事诉讼程序，并没有行政诉讼程序，因此美国的公益诉讼就表现为民事诉讼的一种特殊类型。而严格区分三大诉讼程序的国家，虽然公益诉讼根据情况有些应纳入行政诉讼的范畴，如日本的民众诉讼，以及德国的"宪法诉讼"（Verfasungsbeschwerde）。但是，公益诉讼的绝大部分案件还是通过民事诉讼程序予以解决的，而且民事诉讼领域内的诉讼形态最能体现公益诉讼的特点，因此，公益诉讼主要还是民事诉讼领域内的概念。而且，对于我国而言，行政诉讼固然包含有保护公共利益的问题，但这些问题可以通过行政复议来解决，也可以通过修订行政诉讼法让行政相对人对抽象行政

---

① 参见徐卉：《公益诉讼：用新的诉讼方式解决新的社会问题》，载《检察日报》2003年8月11日。

行为起诉甚至建立违宪审查制度等方法来有效解决。似乎没有建立行政公益诉讼制度的必要性。①

第三种观点认为，公益诉讼制度是解决民事公益诉讼案件和行政公益诉讼案件的一种诉讼制度，它具体包括民事公益诉讼制度和行政公益诉讼制度，因而应当分别归属于民事诉讼法典和行政诉讼法典之中。②

第四种观点认为，公益诉讼制度是独立于三大诉讼制度外的第四大诉讼制度，应当制定独立的公益诉讼法典。因为公益诉讼与传统的三大诉讼相比，具有其自身的特殊性，为了有效解决和处理公益诉讼案件，就有必要制定独立的公益诉讼法典。③

笔者赞成第三种观点，主张将公益诉讼制度分别纳入民事诉讼法典和行政诉讼法典。因为从目前司法实践看，需要解决的公益诉讼案件主要是民事公益案件，但也有行政公益案件，无法将公益诉讼制度全部纳入民事诉讼法典或者行政诉讼法典，因而第一种观点和第二种观点是不正确的。第四种观点其实是一个旧观点。早在1988年，顾培东教授就提出了独立经济诉讼的观点，引起了国内关于诉讼法上民事、经济是否分离的争议。④ 而近年，结合公益诉讼的讨论，经济法学界许多学者纷纷通过强调公益诉讼的独立性进而主张建立独立的经济公益诉讼制度。但是，经济法是否有独特的公益个性？公益诉讼是否存在区别于传统三大诉讼的决定性要素？综观世界各国公益诉讼制度的立法和实践，公益诉讼都是包含于传统诉讼的范畴之中的，从来就没有所谓的经济公益诉讼的概念，这很大程度上可能又是一个中国式的假问题。而且更为重要的是，公益诉讼案件的处理程序主要是依据民事诉讼程序或者行政诉讼程序，我们完全可以通过修改和完善目前的民事诉讼法典和行政诉讼法典来解决公益诉

---

① 参见江伟、徐继军：《将"公益诉讼制度"写入〈民事诉讼法〉的若干基本问题的探讨》，载《中国司法》2006年第6期。

② 参见王太高：《论行政公益诉讼》，载《法学研究》2002年第5期；马怀德：《公益行政诉讼——维护公共利益的司法方式》，方圆出版社2001年版，第11页。

③ 参见韩志红、阮大强：《新型诉讼——经济公益诉讼的理论与实践》，法律出版社1999年版，第24页；颜运秋：《论经济诉讼独立的缘由及表征》，载《湘潭大学社会科学学报》2000年第3期；郭玉军、陈云：《我国经济法诉讼程序制度新论》，载《浙江社会科学》2000年第5期；颜运秋：《经济法应有其司法保障》，载《当代法学》2002年第7期；孟庆瑜：《论中国经济法的诉讼保障机制——中国经济诉讼的反思与重构》，载《法学论坛》2002年第2期；吕忠梅、鄢斌：《论经济法的程序理性》，载《法律科学》2003年第1期。

④ 参见顾培东：《经济诉讼的理论与实践》，四川人民出版社1988年版，第121页。

讼问题，没有必要花大成本去另外建立一套诉讼制度和制定一部独立的法典。因此，公益诉讼制度不是独立于民事诉讼法典和行政诉讼法典的一种诉讼制度，无论是从节约立法资源考虑，还是从方便司法实践考虑，都不应当制定单独的公益诉讼法典，而应当将公益诉讼分别纳入民事诉讼法典和行政诉讼法典。

三、公益诉讼的起诉主体问题

在我国，根据现行《民事诉讼法》和《行政诉讼法》规定，要作为起诉主体，必须与被诉的具体行为具有直接的利害关系。即起诉主体（原告）只能是认为自己的合法权益遭受或可能遭受民事或行政行为侵害的直接当事人，其他任何人即使受到该行为的不利影响，只要他与该行为没有"直接利害关系"，就不能成为起诉主体。2000 年，最高人民法院在《关于执行〈中华人民共和国行政诉讼法〉若干问题的解释》中对原告资格作了从宽解释，该《解释》第 12 条规定："与具体行政行为有法律上利害关系的公民、法人或者其他组织对该行为不服的，可以依法提起行政诉讼。"也就是说，只要某行政行为对某个人或组织的权利义务产生了实际影响，原则上该个人或组织就具有了原告资格。该司法解释拓展了行政诉讼原告资格的范围，将与具体行政行为有间接利害关系的当事人也纳入了行政诉讼的原告范围，使公民、法人的间接合法权益受到了司法保护，也扩大了司法对行政的监督范围。然而，该司法解释对公共利益受到具体行政行为侵害时如何通过行政诉讼予以保护以及谁可以作为起诉主体的问题，仍没有作出明确的规定，这导致法院在受理此类案件时出现不知所措的尴尬局面。因此，要在我国建立公益诉讼制度，就必须解决公益诉讼起诉主体问题。

关于公益诉讼的起诉主体，我国目前法学界提出了以下几种观点：（1）检察机关、公民和社会团体及公益组织。① 该观点认为，检察机关作为我国的法

---

① 江伟、徐继军：《将"公益诉讼制度"写入〈民事诉讼法〉的若干基本问题的探讨》，载《中国司法》2006 年第 6 期；刘昱彤：《论环境公益诉讼的原告》，载《前沿》2006 年第 10 期；蔺继志、刘江：《论我国经济公益诉讼制度的构建》，载《贵州民族学院学报（哲学社会科学版）》2006 年第 2 期；熊娜：《行政公益诉讼中的若干问题之浅析》，载《邯郸学院学报》2006 年第 2 期；高晓楼：《论公益诉讼原告的多元化》，载《山西省政法管理干部学院学报》2006 年第 2 期；张妍妍：《关于我国公共管理体系建设进程中经济公益诉讼问题的思考》，载《山东省青年管理干部学院学报》第 5 期；王玉萍：《论行政公益诉讼制度》，载《四川行政学院学报》2006 年第 5 期；王改萍：《对我国建立公益诉讼制度的几点思考》，载《山西高等学校社会科学学报》2006 年第 4 期；李燕芳、程亮、吴海玲：《浅论我国环境公益诉讼的原告资格》，载《商场现代化》2006 年第 9 期；等等。

律监督机关，应当成为公益诉讼的起诉主体。社会团体具有专业优势和组织代表性，且社会影响较大，也可以作为公益诉讼的起诉主体。公民作为国家的主人，也应当成为公益诉讼的起诉主体。（2）检察机关、公益性社会组织或团体。① 该观点认为，鉴于我国公益诉讼理论与实践才刚刚起步，为防止滥用公益诉讼权，节约司法成本，我国应该对公益诉讼的起诉主体作必要的限定，为此主张我国原则上只允许检察机关和公益性社会组织或团体提起公益诉讼。（3）民众和检察机关。② 该观点认为，对于那些与不特定民众相关联的公共利益领域，如环境保护、重要价格的变动以及公共安全等，普通民众和检察机关都可以起诉；对于那些与民众之间关联性不强又具有一定的专业性的领域，如税收、国有资产保护、审计及预决算等，民众应当先向检察机关提出申请，在检察机关不作为时，才能由民众提起公益诉讼。（4）检察机关。③ 该观点认为，只有检察机关才有资格作为原告提起公益诉讼，公民、法人或其他组织仅享有请求检察机关提起公益诉讼的权利。因为社会公共利益是多元的、复杂的，公民和法人的代表能力是非常有限的，在我国目前情况下，公民的法制观念淡薄、法人制度本身的缺陷以及尚未形成公民好诉的文化土壤，公民对私益尚且不能有力地寻求法律保护，如果再赋予保护公益的权利，与其说是维护公益的体现，倒不如说是立法资源的浪费。而且，如果允许公民提起公益诉讼，就可能出现滥诉的现象，法院将面临巨大的压力，整个社会将为之付出巨大的成本。赋予法人或其他组织以原告资格，也将面临上述问题。况且，我国具有独立地位的社会团体法人或组织并没有真正建立，赋予他们保护公益的权利或许本身就是一种潜在的危险。所以，目前在我国有权提起公益诉讼的主体只能是检察机关。（5）检察机关、有关行政机关、社会团体和组织、公民个人。④ 该观点认为，除检察机关理所当然地应当成为公益诉讼的提起主体外，有关行政机关也应当有原告资格，因为有关行政机关对其负责管理的领域拥有监督、管理和处罚权，当该领域的企业因违法而侵犯公共利益时，为了使公众获得相应的赔偿，就应当有权提起公益诉讼。社会团体、组织和公民个人也应当有权提起公益诉讼，因为公益诉讼制度是为了维护社会公共利益而设置的制度，要

---

① 张晓玲：《论行政公益诉讼权》，载《行政与法》2006 年第 10 期。

② 朱永刚：《行政公益诉讼问题研究》，载《天水行政学院学报》2006 年第 5 期；崔家新、宗玲：《试论我国公益诉讼制度的建构》，载《淮海工学院学报》（社会科学版）2006 年第 3 期。

③ 郭俊芳：《试论我国的公益诉讼制度》，载《法制与经济》2006 年第 8 期，第 48 页。

④ 林旭菁：《环境公益诉讼若干问题的探索》，载《环境》2006 年第 7 期。

使该制度能够体现其社会性、公共性，在原告资格方面就应该允许更广泛的更能代表不同层次利益的法律主体进行公益诉讼，同时，允许社会团体、组织和公民个人提起公益诉讼，只要在制度上设计合理，就可以避免出现滥诉的现象。

笔者认为，要解决公益诉讼的起诉主体问题，首先必须解决有关理论问题，即公益诉讼当事人适格理论问题，其次需要解决公益诉讼起诉的主体范围问题。关于公益诉讼当事人适格理论问题，国外有两种理论可供借鉴：一是信托理论。信托理论包括公共信托理论和诉讼信托理论。公共信托理论来源于罗马法，其意是指空气、水流、海洋、荒地等均是人类的共同财产，为了公共利益和公众利用之目的而通过信托方式交由国王或政府持有。诉讼信托理论以公共信托理论为基础，认为当全体国民交给国家信托管理的财产受到侵害时，国家有义务保护信托的财产不受损害，于是，国民将自己的一部分诉权也托付给国家。由于国家是一个抽象的概念，国家不可能自己亲自起诉和应诉，只能将保护国家和社会公共利益的诉权交给有关机关来行使。但是，随着人们的权利时常受到来自政府的侵犯，人们开始进行再一次的权利委托，将部分权利委托给了一些社会团体，与此同时把这部分诉权也一并委托给了社会团体。因此，当国家对信托财产未尽到善良管理人的义务时，国家有关机关或社会团体就可以信托理论取得提起诉讼的权利。当然，如果国家有关机关或社会团体没有向法院起诉时，任何公民均可依信托理论向法院提起诉讼，以保护信托的财产。由此可见，信托理论可以很好地解决诉讼主体与权利主体相分离的问题，从而有效保护公共利益。二是"私人检察总长理论"。该理论产生于美国1943年的"纽约州工业联合会诉伊克斯案"。[①] 在此案中，作为煤炭消费者的原告状告工业部长和煤炭局局长，理由是被告规定的煤炭价格过高，根据1937年的烟煤法的规定，请求联邦第二上诉法院审查。被告辩称原告没有起诉资格，自己的决定并没有侵犯原告的权利。联邦最高法院法官审理时认为被告的辩称合法，但是法官并没有简单地驳回原告的诉求。为了解决这一问题，联邦最高法院的法官创造了"私人检察总长理论"，即为了保护公共利益，国会可以授权检察总长提请法院审查行政机关的行为，也有权制定法律授权遭受行政行为侵害或不利影响的人，以私人检察总长的身份提起行政诉讼，主张社会公益。根据这一理论，虽然与被诉的行政行为没有任何利害关系的公民基于维护公共利益的目的可以请求检察总长批准他使用"私人检察总长"身份向法院起诉，主张公共利益，如果检察总长批准了公民的请求，该公民就可以"私人总检

---

① 王名扬：《美国行政法》，中国法制出版社1995年版，第627页。

察长"的身份向法院提起公益诉讼。但是，公民的这种请求并非总能获得批准，如果检察总长予以拒绝，法院不能对他行使自由裁量权的行为提出质疑，也不容许私人单纯以公众身份即自己名义起诉。① 可见，"私人检察总长"理论也可以在一定程度上解决有关当事人公益诉讼主体适格问题。

关于我国公益诉讼起诉的主体范围问题，笔者认为，可以在借鉴上述两种理论合理因素的基础上，从应然性的角度予以确立。其中，信托理论表明国家的一切权力来源于人民，人民有权对国家机关的行为进行监督，这符合我国的性质；"私人检察总长"理论的实质在于说明公益诉讼主体的适格问题来源于国家法律的授权，这符合我国的情况。因此，我国公益诉讼提起的主体范围可以在借鉴信托理论的基础上，由法律作出明确的规定。

1. 我国法律应当将检察机关确立为公益诉讼起诉的主体。即对于危害国家利益的行为，检察机关有权代表国家提起公益诉讼。因为检察机关作为国家的法律监督机关，是国家和社会整体利益的代表者。自检察制度产生以来，检察机关就以国家利益和公共利益代表的身份出现。我国的国情及检察机关的性质，更是要求检察机关把维护国家、公共利益作为首要职责予以履行。因此，在国家利益受到损害时，检察机关有责任和义务代表国家利益进行起诉。由检察机关代表国家利益作为诉讼主体，提起公益诉讼，能够以国家机关的身份在诉讼过程中更好地与被诉机关进行抗衡，既符合检察机关作为国家法律监督机关的职能特点，也是公益诉讼国家干预原则的最佳体现。同时，侵害公共利益行为发生时，往往公民和社会中间组织处于缺位状态或者无力状态，检察机关代表国家提起诉讼，可以避免诉讼主体不确定或缺位情况下国家利益和社会公共利益遭受损失却得不到救济的尴尬局面。此外，检察机关作为公益的代表提起公益诉讼也是世界许多国家的做法。例如在法国，检察机关是国家和社会公益的代表，有权依照《民事诉讼法典》第十三章（检察院一章），以及《法国民法典》对共和国检察官在民事诉讼中职权的规定，作为主当事人提起诉讼；在德国和日本，检察机关参与民事诉讼和行政诉讼的范围较窄，但是确立了公益诉讼代表人制度，检察官对于无效婚姻、禁止流产案件、收养案件和亲子案件有权提起诉讼。更为重要的是，检察机关较一般公民个体、组织具有较高地位和人财物等方面的优势，由检察机关提起公益诉讼具有更高的法律权威和制度保障，能够更好地维护公共利益，保证司法公正的实现。

2. 我国法律应当将公益性团体、行业协会和其他社会组织确立为公益诉讼起诉的主体。即对于危害公共利益的行为，公益性团体、行业协会和其他社

---

① 张晓玲：《行政公益诉讼原告资格探讨》，载《法学评论》2005 年第 6 期。

会组织有权提起公益诉讼。在我国，公益性团体是旨在保护某一方面公共利益的社会组织，如环保协会、消费者协会、残疾人协会、少年儿童保护组织、妇女联合会等，公益性组织的宗旨决定了其有义务保护公共利益，赋予其公益诉讼起诉的主体资格，有利于发挥其优势，更好地保护公共利益。行业协会是行业的自治组织，如律师协会、建筑师协会、会计师协会等，赋予其公益诉讼起诉主体资格，具有以下必要性：（1）维护行业公共利益的需要。（2）保护行业成员合法权益的需要。由于行业成员个人势单力薄，难以与违法的行政机关或企业进行对抗。而行业协会不仅有一定的社会地位和经济实力，而且对与行业相关的公共实务更为熟悉和了解，也具有较强的经济实力，因而在行使原告权利或承担义务方面更为方便。（3）符合世界公益诉讼的发展趋势。根据公益诉讼在世界各国的实践来看，已有许多国家通过立法和判例等形式，赋予行业协会提起公益诉讼的资格。其他社会组织也是按照一定目的建立起来的社会集体，如宗教组织、同乡会、同学会、慈善组织等。在现代社会，这些社会组织扮演着重要的角色，因而由其作为公益诉讼的原告具有以下优势：（1）这些社会组织拥有一定的人才，且作为团体提起诉讼，具有组织代表性，影响较大，较易受到司法机关的重视。（2）这些社会组织有条件整合其成员或一定范围内公众的意志和利益，能够代表整体的公共利益。（3）如果赋予这些社会组织以原告身份提起公益诉讼，就可以减少当事人过多或者当事人滥诉等现象的发生，从而可以减少司法资源的浪费。

3. 我国法律应当将公民确立为公益诉讼起诉的主体。即对于危害公共利益的行为，无直接利害关系的公民有权提起公益诉讼。赋予一般公民以起诉公益诉讼的权利，具有以下理由：（1）公共利益与私人利益是不可分割的，二者是辩证统一的关系。当公共利益受到损害时，其直接受害主体是国家和社会，但间接受害主体则是公民个人。① 也就是说，公共利益虽然与公民个人没有直接的利害关系，但并不是没有利害关系，它关系到公民个体权利的实现，如环境的污染和破坏最终会使每个公民的权益受到侵害，因此法律应当赋予公民个人通过司法途径对公益损害予以救济的权利。（2）可以有效地保护公共利益。如果只允许公民个人向检察机关告发，而由检察机关决定是否起诉，那么检察机关在这其中就扮演了极其重要的角色，是否提起公益诉讼完全由检察机关决定，如果检察机关一直处于积极履行职责并判断准确的状态尚好，但如果检察机关由于各方面的原因判断有误或者怠于履行其职责时，就势必不利于公共利益的维护。（3）可以有效地对国家权力进行监督。人民是一切公共权

---

① 李坤英：《行政公益诉讼制度的构建》，载《华东政法学院学报》2004 年第 4 期。

力的所有者，人民虽然一般不直接行使国家权力，但是人民保持有监督权。如果这些国家机关不能反应和体现人民的意志，正确执行法律，那么人民就可以行使相应的监督权。如果仅允许公民个人通过向检察机关"告发"而由检察机关来决定是否提起诉讼的途径来维护公益，那么这种形式实质上依然是公权力之间的相互制约，并没有充分发挥私人力量对国家权力的监督和制约。（4）公民享有公益诉权，是人权的重要体现和保障。二战后，人权保护成为世界民主政治发展的主流。诉权现已成为公民平等享有的一种人权，一种宪法权利。如《葡萄牙宪法》针对公益诉讼规定了民众诉讼权，尤其是对于损害公共卫生、恶化环境和生活质量、损害文化财物等违法行为加以预防、制止时，提起司法救济，并有权要求损害赔偿。[1]（5）符合我国法律规定的精神。我国《宪法》第2条明确规定："中华人民共和国的一切权力属于人民……人民依照法律规定，通过各种途径和形式，管理国家事务，管理经济和文化事务，管理社会事务。"这是我国民主制度在宪法中的完整体现，赋予公民公益诉讼原告资格，就可以通过具体的司法制度，使人民能够通过公益诉讼的方式直接行使管理国家事务的权利，符合我国宪法规定的精神。此外，我国澳门地区"民事诉讼法典"第59条规定，维护大众利益之诉，尤其旨在维护公共卫生、环境、生活素质、文化财产及公产，以及保障财货及劳务之诉，任何享有公民权利及政治权利之居民，宗旨涉及有关利益之社团或财团、市政厅以及检察院，均有权提起诉讼或参与诉讼。（6）国外的经验值得借鉴。国外许多国家都赋予公民公益诉讼原告资格，例如在美国，基于"公共信托理论"，《美国清洁空气法》设立了著名的"公民诉讼条款"。该条款规定，任何人都可以以自己的名义对任何人，包括政府、政府机关、公司和个人就该法规定的事项提起诉讼。[2] 即当公共利益受到侵害时，如果相应的国家机关怠于行使职责，没有依法向法院起诉，那么任何公民均可以原告的身份提起公益诉讼。在日本，根据法律规定，民众诉讼的原告不必是利害关系的当事人，地方公共团体所辖区的任何居民，基于公共利益，如果认为该地区的行政官员有违法或不当支付公款、疏于财产管理的，都可以自己的名义向法院提起行政诉讼。[3] 在印度，当公共利益受到损害时，任何人都可以提起公益诉讼，而不必证明其与案件有直接的利害关系。但是，不能单独针对个人提起公益诉讼，而只能对邦政府、中央政府和市政当局等国家机构提起公益诉讼，私人或企业可以作为公益

---

[1]　江伟、邵明、陈刚：《民事诉权研究》，法律出版社2002年版，第148页。

[2]　张明华：《环境公益诉讼制度刍议》，载《法学论坛》2005年第6期。

[3]　杨建顺著：《日本行政法》，中国法制出版社1998年版，第760~762页。

诉讼的共同被告。① 等等。

赋予公民公益诉讼的原告资格，可能有人担心会造成滥诉的局面。但是，笔者认为，赋予公民公益诉讼原告资格不会导致滥诉的局面，因为公益诉讼的原告之所以提起诉讼并非为牟取一己私利，而是出于正义，维护社会公共利益，并且公益诉讼的被告往往是强大的政府或企业，起诉需要冒很大的风险，滥诉对于自古以来"不与官斗"、"多一事不如少一事"的中国老百姓来说是不可思议的。另外，我国也可以通过相应的制度设计，授予法院一定的审查权，也可以防止出现滥诉现象的可能性。

总之，在我国，检察机关享有公益诉讼原告资格是必要的；社会组织作为公益诉讼原告不仅具有专业知识的优势，而且具有组织代表性；公民个人享有公益诉讼原告资格是对检察机关的公益诉权的最重要补充，是人民主权的直接体现，是人权的重要保障。

四、公益诉讼的范围问题

公益诉讼的范围，是指哪些危害公共利益的行为应当作为公益诉讼案件，通过公益诉讼活动予以调整。关于公益诉讼的范围问题，我国学者也提出了不同的观点：第一种观点认为，国有资产流失案件、垄断案件及不正当竞争案件、消费侵权案件及产品质量案件、环境公害案件，应当纳入公益诉讼范围。② 第二种观点认为，消费者诉讼（产品质量案件和垄断案件）、环境公害诉讼、公民权诉讼和社会保障诉讼、国有资产保护诉讼、股东派生诉讼、证券欺诈交易诉讼，应当纳入公益诉讼范围。③ 笔者认为，上述观点都有其道理。但是，在我国，公益诉讼的范围应当是涉及国家利益、社会公共利益和公民整体权利方面的案件，由于公民整体权利一般可以体现在国家利益或社会公共利益之中，因而公益诉讼的范围应当界定为涉及国家利益或社会公共利益的案件。根据我国目前的社会经济发展及公益违法行为的状况，应当将以下几类案件纳入我国公益诉讼的范围：

1. 侵害国家经济利益的案件。在我国目前司法实践中，侵犯国家经济利

---

① 蒋小红：《通过公益诉讼推动社会变革——印度公益诉讼制度考察》，载《环球法律评论》2006 年第 3 期。

② 蓟继志、刘江：《论我国经济公益诉讼制度的构建》，载《贵州民族学院学报（哲学社会科学版）》2006 年第 2 期。

③ 江伟、徐继军：《将"公益诉讼制度"写入〈民事诉讼法〉的若干基本问题的探讨》，载《中国司法》2006 年第 6 期。

益的违法行为主要是侵犯国有资产的所有权。国有资产是全国广大劳动者经过长期的艰苦奋斗而积累起来的财富,归全体人民所有,国家机关依照全体人民的授权委托对其进行管理。改革开放以来,随着社会主义市场经济的逐步建立,我国经济正稳步、健康、有序地发展,但是由于经济体制改革中所有权与经营权的分离,负有维护、管理、经营国有资产的组织(如国有企业)的负责人在企业改制、转让、处分等活动中,为了个人利益或小团体利益,趁机巧取豪夺国有资产,其表现方式多种多样,如以改制为名拒不偿还未过诉讼时效的债务,造成死账坏账;企业经营管理者违法低价出售或转让国有资产;企业经营管理者奢侈腐化,挥霍企业公款等,造成国有资产大量流失,严重侵害了国家利益。根据国有资产管理局的统计和测算,1985—1995 年十年间平均每天有近亿元的国有资产流失。① 1996 年至今的十多年间,虽然国家加大了对国有资产的管理力度,但由于缺乏相应的法律救济,国有资产流失无法进入司法的管辖与监督,致使违法者有恃无恐,国有资产流失事件仍频频发生。因此,为了有效遏制这种现象的发生,应当将此类行为纳入公益诉讼的范围,通过法院的审理活动追究行为人的法律责任,以保护国有资产不受侵犯,维护国家的经济利益。

2. 环境公害案件。即直接造成不特定多数人的人身、财产损害的环境污染案件。环境污染与生态破坏不仅对人民的生命健康造成严重的侵害,而且也是影响我国经济发展和社会稳定的一个重要因素。环境问题是全球性的,但对于拥有 13 亿人口的我国来说,显得尤为重要。近年来,我国环境的破坏与污染呈现出不断上升的趋势,环境污染已经成为威胁人类生存的重大问题。环境污染形式多种多样,主要包括大气污染、水质污染、土壤污染、噪音、振动、地面下沉以及垃圾恶臭等。虽然我国政府为保护和治理环境投入了大量的人力、物力和财力,采取了行政的、经济的、法律的等一系列措施,也取得了一定的成效,但是,环境保护和治理仍不尽如人意。其主要原因是:对于环境公害案件,一方面,作为受害者个人,追究环境公害制造者的责任决非易事。因为受害人必须证明环境公害行为的违法性以及行为人主观方面具有故意或过失、确定环境公害行为与损害之间的因果关系等,由于环境公害具有的潜伏性、损害后果的复杂性以及侵害主体的多样性,受害人很难举证予以证明,从而难以得到公平的处理结果。也就是说,对受害人而言,通过诉讼途径主张权利是很不经济的,加之环境公害案件的受害人一般较多,因此常常无人起诉。另一方面,我国法律对环境公害案件起诉资格的规定并不完善。我国《民事

---

① 谢次昌:《国有资产 10 年流失 5000 亿元》,载《经济日报》1995 年 12 月 4 日。

诉讼法》第 108 条规定："原告是与本案有直接利害关系的公民、法人和其他组织"。据此，只有人身或财产权益直接受到环境公害侵害的人或组织，才能提起环境公害诉讼，而实际上，环境公害的受害人所遭到的侵害大多是间接的和无形的。我国《环境保护法》第 6 条、《水污染防治法》第 10 条以及《大气污染防治法》第 5 条都规定，一切单位和个人都有权对污染和破坏环境的单位和个人进行检举和控告。有人据此认为，这里的控告包括向环境行政机关和人民法院起诉，[①] 有控告权的单位和个人即具有起诉资格。[②] 笔者认为，这种理解有失偏颇，上述法律所称的控告和检举指的是有关单位和个人向有关部门反映情况的行为，而不是诉讼法上的起诉行为。因此，在受害人的合法权益不能通过私益诉讼途径获得司法救济的情况下，将环境公害案件纳入公益诉讼的范围，调动全社会的力量参与环境的保护与治理，无疑是对社会公共利益的损害后果进行补救的有效途径。

3. 垄断案件。这类案件主要体现为国家垄断性行业（公用企业）垄断价格，定价过高、收费不合理，凭借垄断地位损害公众利益。目前在我国，很多公用事业是由政府部门或企事业单位垄断经营的，如电业、邮政、电信、铁路、公路、自来水、煤气等。垄断形式主要有两种：（1）行业垄断。行业垄断行为在我国比较突出，主要是指公用企业和其他具有独占地位的经营者，集管理者与经营者于一体，受利益驱动，管理时漠视社会公共利益和消费者利益，以维护部门（行业）利益作为制定政策的主旨，包揽某类产品的生产权和经营权，以行政手段排挤其他企业参与竞争，形成独此一家别无分店的局面。公用企业的行业垄断，在实际运营中滥用其市场优势地位，强迫交易，谋取不当利益。如电信部门搭售电话机，天然气公司搭售燃气灶（对用户自行购置的燃气灶加收费用），民航的"禁折令"等。（2）市场垄断。即某一行业经过一定时期的发展，会逐渐出现一家或几家对该行业有影响力的大企业，这些企业往往利用其绝对经济优势，实施限制或排除竞争行为，垄断市场，谋取高额垄断利润。这种垄断形式在我国已初现端倪，例如 1997 年的可变电容二极体生产厂家的"圆桌会议"，1999 年 8 家彩管厂订立的"北京联盟"，2000 年 6 月 9 家国内彩电企业制订的最低限价等。垄断行为不仅侵害合法经营者的利益，损害消费者和国家的利益，而且削弱资源配置的基础性作用，破坏正常竞争秩序，容易滋生腐败现象，影响甚至威胁国家经济安全。我国目前单靠行

---

① 金瑞林：《环境法学》，北京大学出版社 1990 年版，第 126 页。

② 蔡守秋：《环境行政执法和环境行政诉讼》，武汉大学出版社 1992 年版，第 229 页。

政管理的机制存在的问题是：行政监督管理的缺位与低效，市场经济行政执法中的地方保护主义等，出现行政权不仅难以有效保护社会公共利益，甚至其自身也成为垄断的"同盟军"。因此，为了有效防止垄断现象，将垄断案件纳入公益诉讼的范围，则是十分必要的。

4. 损害公共设施和文物古迹案件。损害公共设施和文物古迹的违法行为，侵害的是国家和不特定多数人的合法权益，属于涉及公益的违法行为。从我国目前情况看，损害公共设施和文物古迹的现象十分严重，其表现形式多种多样，例如有的单位或个人非法占用公共设施而不加维护，造成公共设施的损害；有的单位为了扩建或改建办公楼而破坏文物古迹；有的行政单位或机关负有保护公共设施或文物古迹的义务而不履行保护的义务，造成公共设施或文物古迹的损毁等。公共设施是社会的公共财产，文物古迹属于国家所有，它不仅具有物质价值，而且具有很高的历史价值和文化价值。因此，为了有效地保护公共设施和文物古迹，有力打击损害公共设施和文物古迹的违法行为，应当将损害公共设施和文物古迹的案件纳入公益诉讼的范围。

5. 侵害消费者利益案件。消费者虽说是"上帝"，但对生产厂家和服务公司来说，又是弱势群体，消费者在消费过程中容易受到侵害。例如在购买商品时，容易发生商品或服务质量纠纷案件。这类案件主要表现为制造和出售假冒伪劣产品、提供劣质服务，严重损害广大消费者的利益。其共同的特点是受影响人数众多，而且关键在于潜在受影响的人数可能难以估算。如伪劣的婴儿商品，严重危害了婴儿的健康成长，甚至危及婴儿的生命。又如伪劣农资产品的问题，不但严重损害农民的经济收入，而且影响农民对国家的信任。我国目前对消费者权益的保护措施是代表人诉讼，即有人数众多的一方当事人中的一人或数人代表众多当事人提起诉讼，其他人则不直接参加诉讼，判决的效力具有扩张到被代表的多数人。正是由于判决效力的扩张性，容易导致"搭便车"现象的产生，即每个受害的消费者都会理性地等待别人去提起诉讼，待胜诉后再直接向法院主张适用已生效的判决。这种"搭便车"的普遍心理往往导致无人提起诉讼的现象。即使有人代表众多当事人提起诉讼，在实践中也往往"维权十分艰难，表现为举证难、鉴定难、索赔难、诉讼难、冲破地方保护难。"① 因此，为了有效保护广大消费者的合法权益，使"上帝"不再忍气吞声，有必要将危害广大消费者利益的案件纳入公益诉讼范围。

6. 其他严重损害公益的案件。其他严重侵害国家利益或社会公共利益的行为，如行政机关不作为造成严重后果的行为（如安徽的"劣质奶粉事件"）、

---

① 参见《上半年消费投诉呈九大特点》，载《法制日报》2002 年 8 月 13 日。

行政机关严重违法行为（如违法审批土地、公共工程）等，如果没有人或单位提起私益诉讼，就应当将这类行为纳入公益诉讼的范围，允许检察机关、社会团体或组织提起公益诉讼。

五、公益诉讼的费用承担问题

关于公益诉讼的费用承担问题，我国学者提出了两种观点：一是有偿主义，即所有提起公益诉讼的机关或个人都应当缴纳一定数额的诉讼费用，但是，考虑到原告提起诉讼的公益性，如果是检察机关提起公益诉讼，费用由国库统一支出，如果是其他组织或个人提起公益诉讼，则应适当减少诉讼费用，或者由公益诉讼基金支出。① 二是无偿主义，即所有提起公益诉讼的机关或个人都不缴纳诉讼费用。②

笔者认为，上述两种观点都有一定的缺陷。因为主张免除所有原告的诉讼费用，虽然对公益诉讼有一定的鼓励和推动作用，但是该诉讼的总成本并没有减少，而是将原告的诉讼成本转嫁给了法院，从而增加了法院的负担。而主张原告承担适当的败诉费用，虽然有利于增强其诉讼的责任心，但是这样会在一定程度上遏制原告提起公益诉讼的积极性。因为公益诉讼案件一般涉及的诉讼标的巨大，其诉讼费用也非常可观，公民个人和一般组织往往难以承受，即使适当减少诉讼费用，原告往往也不愿意承担，这样就会限制公益诉讼的提起，违背建立公益诉讼制度的宗旨。因此，为了避免上述两种观点的绝对性，应当区分两种情况来对待：（1）检察机关提起公益诉讼的，应当免除诉讼费用。因为检察机关是国家机关，如果让其承担诉讼费用，其费用虽然最终是由国库支出，但是，在我国实行各国家机关经费单独预审的情况下，这部分诉讼费用是从检察机关的经费中支出的，这无形中减少了检察机关的办案经费，从而会影响检察机关提起公益诉讼的积极性。如果检察机关胜诉的，法院应当判处被告缴纳一定数额的罚金，这项罚金应当归国家所有。（2）公民或社会组织提起公益诉讼的，则应当缴纳适当的诉讼费用（其诉讼费用一般应为私诉费用的 10%—30%）。公民或社会组织缴纳的诉讼费用可由两种方式解决：一是公

---

① 崔卓兰、卢护锋：《构建行政公益诉讼制度的若干问题探析》，载《长白学刊》2006 年第 5 期；裘瓔、何琼：《环境行政公益诉讼》，载《中国环保产业》2006 年第 7 期；蔺继志、刘江：《论我国经济公益诉讼制度的构建》，载《贵州民族学院学报（哲学社会科学版）》2006 年第 2 期等。

② 解志勇：《论公益诉讼》，载《行政法学研究》2002 年第 2 期；李德仁、汪滔：《公益诉讼制度的立法构想》，载《乐山师范学院学报》2006 年第 7 期等。

民或社会组织在提起公益诉讼前，向有关机构申请公益诉讼基金的支持，如果有关机构经过审查批准的，其诉讼费用则从公益诉讼基金中支付。公益诉讼基金可来源于国家财政拨款、社会捐助以及被告败诉后支付的无人认领的赔偿金或补偿金，该基金由国家专门机构负责管理。二是由自己支付。通过这两种方式缴纳公益诉讼费用的，如果被告败诉的，公民或社会组织将获得一定的胜诉利益。[1] 这种胜诉利益由于支付诉讼费用的不同而应当作不同的分配：如果诉讼费用是从公益诉讼基金中支付的，其胜诉利益则应当由公民或社会组织与管理公益诉讼基金的机构共同所有，二者可以按适当的比例进行分配；如果诉讼费用是由公民或社会组织自己支付的，其胜诉利益则应当归公民或社会组织自己所有。我们认为，由公益诉讼基金支付原告应缴纳的诉讼费用，既可以防止原告因担心承担败诉费用而放弃提起公益诉讼的情况发生，其审查机制又可以防止原告滥诉，同时又不至于增加法院的公益诉讼成本。而原告分配胜诉利益方式的不同，又可以鼓励原告提起公益诉讼。总之，按照上述不同情况承担诉讼费用，既可以避免有关机关、组织或公民提起不正当的公益诉讼，防止出现滥诉，又可以保证和鼓励有关机关、组织或公民提起正当的公益诉讼，符合建立公益诉讼的宗旨。

六、公益诉讼的具体程序问题

关于如何设计我国公益诉讼的具体程序，我国一些学者在研究公益诉讼制度时也进行了论述，提出了一些意见或建议。[2] 但是，这些意见或建议不仅不全面，而且也不深入。笔者认为，要构建我国公益诉讼的具体程序，必须根据公益诉讼的特殊性，解决公益诉讼的特殊程序问题。具体来说，由于公益诉讼

---

[1] 胜诉利益是法院判处被告缴纳一定的罚金后，可以将罚金的一定比例支付给胜诉的原告。胜诉利益是国家对公益诉讼原告的鼓励，这已成为一种惯例，例如在美国，《反欺诈政府法》规定，败诉的被告将被处以一定数额的罚金，原告有权从被告的罚金中提取15% ~30%的金额作为奖励。

[2] 赵宁：《关于我国检察机关提起消费者公益诉讼的思考》，载《理论界》2006年第9期；张清杰、郑春乃：《建立我国公益诉讼制度的初步构想》，载《中国律师》2006年第4期；解志勇：《论公益诉讼》，载《行政法学研究》2002年第2期；贾传喜：《行政公益诉讼的理论基础及制度构建》，载《法律适用》2006年第10期；等等。

所具有特殊性①，要构建公益诉讼的具体程序，除了普通程序外，还需要解决公益诉讼的诉前程序、诉讼时效、法院管辖及审判组织、举证责任和调解等特殊程序问题。

（一）公益诉讼的诉前程序

所谓公益诉讼，是指当国家行政机关、企事业单位或有关团体的行为违反了有关法律规定，侵害了国家利益或社会公共利益时，公共利益的代表人（检察机关、其他国家机关或社会团体等）依法向法院提起诉讼，要求法院进行审理并作出裁判的诉讼活动。② 根据这一概念，我们可以将公益诉讼的提起主体分为两大类：一是国家机关（包括检察机关和其他国家机关）；二是非国家机关（包括社会组织、团体等）。如果公益诉讼案件是由国家机关特别是检察机关提起的，那么在提起公益诉讼前，就涉及国家权力如何行使的问题，比如国家机关对公益诉讼案件的受理、调查取证、询问证人或被害人、鉴定等诉前程序问题。这些涉及国家权力行使的诉讼活动，应当有诉讼法（民事诉讼法、行政诉讼法）予以明确规范，以保证国家权力能够依法正确行使，防止侵犯有关组织或法人的合法权益。关于如何设置公益诉讼的诉前程序，笔者建议，法律应当从以下几个方面进行构建：

1. 公益诉讼案件的受理。即国家机关将危害公益的行为作为案件进行立案受理。在实践中，国家机关发现公益危害行为有两种途径：一是公民或社会组织或团体的举报、投诉等；二是国家机关（包括检察机关）在行使权力的过程中自己发现的。国家机关接到举报或自己发现危害公益行为后，应当进行

---

① 公益诉讼与其他诉讼相比，具有以下特点：（1）起诉主体的广泛性。公益诉讼的起诉主体不局限于合法权利直接受到不法侵害者，其他机关（法院除外）、团体、个人都可以公共利益受到侵害为由向法院提起诉讼。（2）诉讼目的的公益性。公益诉讼的目的是维护公共利益，这与私益诉讼维护自己合法利益的诉讼目的是不同的。（3）原告处分权的限制性。公益诉讼中的原告不能像处分自己权利那样处分社会公共利益，而要受到法律更多的限制。（4）公益诉讼具有明显的预防性。公益诉讼既可以是违法行为已造成了现实的损害，也可以是尚未造成现实的损害（潜在的损害），但有损害发生的可能性，因而公益诉讼明显具有预防性，即能够保护社会公共利益免受不法行为的侵害，防患于未然的作用。（5）诉讼结果影响的重大性。私益诉讼的结果往往只对原被告产生影响，对其他人影响不大，但公益诉讼涉及社会公共利益，其权利主体是不特定的多数人，因而其诉讼结果在社会上的影响较大。

② 参见邓思清：《论建立公益诉讼制度的必要性和可行性》，载《西南政法大学学报》2007年第1期。

初步的审查，如果认为有可能是严重危害公共利益行为的，就应当按照属地管辖的原则，由危害行为发生地（包括行为发生地和结果地）的有关国家机关（包括检察机关）立案受理。如果接到举报或发现危害公益行为的国家机关发现不属于自己管辖的案件时，应当将有关材料移送有管辖权的有关国家机关。有关国家机关受理公益诉讼案件的，应当采取书面的方式，如果有告发人或举报人的，国家机关立案受理后，应当书面通知告发人或举报人，以便其进一步向该国家机关提供情况或证据材料，并监督该国家机关的活动。

2. 公益诉讼的调查取证。有关国家机关受理公益诉讼案件后，应当进行必要的调查或采取必要的措施，收集有关证据。对有关国家机关的调查取证活动，必须有法律予以明确规定。这里的"有关国家机关"主要可分为两类：一是有关行业的主管行政机关，如各级环保局、工商管理局、药品质量管理局等。二是检察机关。如果是主管行政机关受理案件后，可以对有关企业或公司进行调查（包括询问证人、被害人等），收集证据，以确定该企业或公司的行为是否侵犯公共利益。如果是检察机关受理案件的，为了判断是否属于公益诉讼案件以及危害的具体程度，检察机关既可以进行必要的调查取证、询问有关证人和被害人等，也可以采取必要的措施或手段（搜查、扣押、查封等），以收集有关证据，同时，还可以聘请有关专家对有关材料进行技术鉴定等。

3. 公益诉讼的审查起诉。有关国家机关（包括检察机关）通过一系列的调查活动和采取必要措施后，认为收集了所有应当收集的证据后，就要对所收集的一些证据材料进行审查，以判断是否符合案件起诉标准，从而决定是否起诉公益诉讼。为此，法律应当对公益诉讼的起诉标准作出明确的规定，以便有关国家机关在对具体案件审查时依法进行判断。不同的国家机关对案件进行审查后，可以作不同的处理。当主管行政机关对具体案件进行审查后，如果认为所收集的证据不符合公益诉讼的起诉标准的，可以对有关企业或公司进行行政处罚（罚款、吊销营业执照、停业等），如果符合起诉标准的，则可以起诉公益诉讼。当检察机关对具体案件进行审查后，如果有关证据不符合公益诉讼的起诉标准的，或者在检察机关调查过程中，侵害单位主动停止侵害，消除其危害，并赔偿被害人损失的，检察机关就可以作出不起诉决定。如果有关证据符合公益诉讼起诉标准的，或者侵害单位不承认有危害公共利益的行为，或拒绝赔偿被害人损失的，检察机关就应当向法院提起公益诉讼。

（二）公益诉讼的诉讼时效

从法理上讲，诉讼时效作为一种消灭时效，是指起诉主体向法院提起诉讼的法定期限，若超过此期限后，起诉主体将承担丧失该权利的法律后果。可见，国家法律设立诉讼时效制度的目的在于鼓励当事人积极主张权利，惩罚怠于行使权利的当事人。国家在具体确立诉讼时效时，一方面要考虑当事人合法权利的保护，另一方面要考虑社会关系的稳定。因此，为了便于查明案件事实，及时有效地保护当事人的合法权利，稳定被破坏的社会关系，我国法律规定的诉讼时效期限一般都不太长。例如我国《民法通则》规定，向人民法院请求保护民事权利的诉讼时效的期限一般为 2 年，法律另有规定的除外。《行政诉讼法》也规定，公民、法人或其他组织直接向法院提起行政诉讼的，应当在知道作出具体行政行为 3 个月提出，法律另有规定的除外。我国《环境保护法》规定，因环境污染损害赔偿提起诉讼的时效期限为 3 年，从当事人知道或者应当知道受到污染损害时起计算。可见，法律规定的诉讼时效期限一般都较短。

笔者认为，上述法律规定的诉讼时效期限不适合公益诉讼，其理由是：（1）公益诉讼的诉讼目的不同。国家设立公益诉讼制度的根本目的是有效保护国家利益或社会公共利益，而不是鼓励当事人主张自己的诉讼权利，也不存在惩罚怠于行使诉讼权利的当事人等问题，因而从诉讼目的的角度看，诉讼时效期限对公益诉讼的意义就不像私益诉讼那么重要。（2）侵害行为发现的难易程度不同。对公益诉讼来说，在大多数情况下，侵害社会公共利益的行为并不直接针对具体的个人，因而在该行为发生之初时，一般难以引起公民的注意，发现该行为较为困难。对私益诉讼来说，侵害行为一般直接针对某个公民，因而发现该危害行为较为容易。从这一角度来看，如果设立公益诉讼的诉讼时效期限，也应当长于私益诉讼的诉讼时效期限。（3）危害结果的出现时间不同。就公益诉讼来说，侵害公共利益的行为发生后，其危害结果往往具有一定的潜伏期，需要一段较长的时间才能显露出来，例如许多环境公害行为（如空气污染、水土污染、环境破坏等）发生后，其危害结果往往在公害行为发生几年甚至几十年后才显现出来，因而发现公害结果往往需要较长的时间。就私益诉讼来说，侵害行为发生后，一般会立即或者在较短的时间内对被害人造成损害结果。从该角度来看，如果公益诉讼的诉讼时效与私益诉讼的相同，就可能出现"危害结果尚未发生，诉讼时效业已消灭"的不合理现象。总之，基于公益诉讼与私益诉讼上述几点不同，就决定了目前我国法律针对私益诉讼而规定的诉讼时效期限是不适合公益诉讼的。

关于公益诉讼的诉讼时效问题，笔者认为，我国法律不宜规定严格公益诉讼的诉讼时效期限。也就是说，只要侵害行为对社会公共利益的现实危害性依然存在，就有对其进行诉讼的必要，就应当允许具有原告资格的主体提起公益诉讼。具体来说，对于公益诉讼的诉讼时效期限，笔者提出两种立法建议：一是法律可以明确规定，公益诉讼的诉讼时效为公害结果发生后的一定时间，如5年或10年（因为公共利益重大，所以法律应当规定较长的诉讼时效）；或者规定在公害结果消失前的任何时候都可以提起公益诉讼。二是法律可以规定，提起公益诉讼的，不受诉讼时效期限的限制。因为国家利益和社会公共利益关系到广大公民的利益，不规定诉讼时效期限，可以更好地保证公共利益。同时，我国司法解释也有这方面的规定，如最高人民法院《关于贯彻执行〈中华人民共和国民法通则〉若干问题的意见》第170条规定："未授权给公民、法人经营、管理的国家财产受到侵害的，不受诉讼时效期间的限制。"该规定具有一定的合理性，因此，为了有效保护国家利益和社会公共利益，我国法律也可以规定，提起公益诉讼不受诉讼时效的限制。

（三）公益诉讼的法院管辖和审判组织

公益诉讼的法院管辖，是指公益诉讼案件应由哪个法院受理和审判。要确定公益诉讼案件的法院管辖，主要涉及地域管辖和级别管辖两个问题。其中，地域管辖仍应实行案件发生地原则，即由案件发生地（包括行为发生地、结果发生地或者被告所在地）的法院管辖。由于危害公共利益的行为或危害结果往往涉及地域较广，多个法院都有管辖权，在这种情况下，可以由最先受理的法院管辖，或者由上一级法院指定其中一个法院管辖，或者由被告所在地的法院管辖。关于级别管辖，由于公益诉讼案件涉及的利益范围较广，案件一般较为复杂，并且社会影响较大，因而属于"重大复杂的案件"的范围。根据我国有关法律规定①，应当由中级人民法院管辖。总之，笔者认为，公益诉讼案件应当由案件发生地（包括行为发生地、结果发生地或被告所在地）的中级人民法院管辖。

法院审理公益诉讼案件采取何种审判组织，不仅关系到法院审判权如何行使，而且关系到能否查清案件事实和作出正确判决。在我国，根据法律规定，人民法院审理民事、刑事和行政案件时，可以采取三种组织形式：独任庭、合议庭和审判委员会。其中，独任庭是由审判员一人审判简易案件的组织形式。合议庭是由三名以上审判员或者由审判员和人民陪审员共三人以上组成合议庭集体审判其他案件的组织形式，这是法院审判案件的基本组织形式。审判委员会虽然不直接审理案件，但是它可以对经合议庭审理的重大或者疑难案件进行

---

① 我国2007年《民事诉讼法》第19条规定，中级人民法院管辖"在本辖区有重大影响的案件"；《行政诉讼法》第14条第（三）项规定，中级人民法院管辖"本辖区内重大、复杂的案件"。

讨论和作出决定。由此可见，我国确定审判组织的主要根据是案件的基本情况，即案件是否重大、复杂。如果案件简单，法院就实行独任庭审判，反之，就采取合议庭审判。就公益诉讼案件来说，由于公益诉讼案件一般涉及的人员较多，案件较为复杂，且造成公共利益的较大损害，社会影响也较大，因而公益诉讼案件应当属于重大、复杂或疑难的案件，法院依法应当采取合议庭的组织形式进行审判。具体来说，对于一般公益诉讼案件，法院应当由三名审判员组成合议庭进行审判，如果公益诉讼案件涉及特殊领域的专业技术知识，法院还应当吸收有关领域的专家作为陪审员参与审判，以保证公益诉讼案件审判结果的公正。

（四）公益诉讼的举证责任

举证责任的分配是证据制度中的一个重要问题，关系到当事人权益保护和诉讼公平正义的实现，因而举证责任的分配是否合理，是关系到公益诉讼能否进行到底并达到预期目标的关键问题。由于公益诉讼案件具有其特殊性，因而在公益诉讼举证责任的制度设计上应体现出有别于一般私益诉讼的特殊性。关于公益诉讼案件的举证责任问题，我国学者提出了不同的观点，有的学者主张实行举证责任倒置[①]；有的主张检察机关提起公益诉讼的不实行证据责任倒置，其他主体提起公益诉讼的则实行举证责任倒置[②]。但是，笔者认为，公益诉讼案件举证责任的分配应当根据不同的情况，采取不同的分配原则。具体来说，在民事公益诉讼案件中，如果检察机关是起诉主体，检察机关应当承担主要举证责任，被告对有关技术性问题承担举证责任，如果其他组织或团体是起诉主体，则承担次要举证责任（或称初步举证责任），被告承担主要举证责任；在行政公益诉讼案件中，原则上实行举证责任倒置。此外，有关程序上的事实，仍应遵循"谁主张，谁举证"的原则。

之所以对公益诉讼中的举证责任进行上述分配，是因为：在诉讼理论上，对举证责任的分配采取的是经济合理原则，即根据诉讼双方当事人距离证据的远近和收集证据的难易程度来确定举证责任的分配，一般来说，法律应将举证责任加在占有证据或距离证据较近，或者有条件或有能力收集证据的当事人一

---

① 参见梁永怀：《论公益诉讼》，载《周口师范学院学报》2006 年第 4 期；李德仁、汪滔：《公益诉讼制度的立法构想》，载《乐山师范学院学报》2006 年第 7 期。

② 参见蔺继志、刘江：《论我国经济公益诉讼制度的构建》，载《贵州民族学院学报（哲学社会科学版）》2006 年第 2 期；朱永刚：《行政公益诉讼问题研究》，载《天水行政学院学报》2006 年第 5 期。

方。否则，"让较少有条件获取信息的当事人提供信息既不经济，又不公平"。① 具体到公益诉讼，就需要对不同类型的公益诉讼进行具体分析。在民事公益诉讼中，当起诉主体是检察机关时，有学者认为，应当按照"谁主张，谁举证"的原则来分配举证责任，因为"在我国，检察机关具有公诉职能，享有侦查权，收集证据处于有利地位，由其举证较为合理。"② 但笔者认为，虽然检察机关具有一定条件和能力收集证据，但在公益诉讼中并不享有像刑事案件中那样的侦查权，即不能采取限制人身自由的强制措施，这说明检察机关在公益诉讼中收集证据的能力不是无限的，而是有限的。更为重要的是，检察机关收集证据消耗的是国家司法资源，基于民事公益行为的危害不像刑事犯罪那样严重，国家动用大量的司法资源去收集证据，是不符合经济原则的，也是不合理的。因此，笔者主张，在检察机关提起民事公益诉讼时，检察机关不应当承担全部举证责任，但也不能实行举证责任倒置（因为检察机关毕竟拥有较强的收集证据的能力），而应当承担主要的举证责任，即除了某些非常专业技术方面的证据由被告承担举证责任外，其他的举证责任都应当由检察机关承担。如果是一般公民或社会组织提起公益诉讼的，基于他们收集证据条件和能力的有限性，为了实现原、被告双方力量的均衡，有必要实行举证责任倒置原则，即他们只应承担次要的举证责任，只需提出损害事实的初步证据，至于损害事实是否确实存在以及被告的行为与损害结果之间是否存在因果关系等，都应当由被告负责举证。这也是国外的通行做法，例如美国《密歇根州环境保护法》第 3 条规定："原告只需提供表面证据，证明污染者已经或很有可能有污染行为，即完成举证责任；若被告否认其有该污染行为，或否认其行为会造成那样的损害结果，则必须提供反证。"日本在处理公害纠纷案件时，也采用这种举证责任制度。③

在行政公益诉讼中，虽然有学者认为，检察机关提起诉讼的，适用一般举证责任分担原则，即"谁主张，谁举证"。其理由是"检察机关具有公诉职能，享有侦查权，收集证据处于有利地位，而且检察机关提起的公益诉讼对被告的负面影响远远大于传统诉讼，这在客观上要求检察机关在提起公益诉讼时，必须做到事实清楚，证据确实充分，足以证明被告有侵害公益的违法行

---

① ［美］迈克尔·D. 贝勒斯：《法律的原则——一个规范的分析》，张文显等译，中国大百科全书出版社 1996 年版，第 67 页。

② 参见蔺继志、刘江：《论我国经济公益诉讼制度的构建》，载《贵州民族学院学报（哲学社会科学版）》2006 年第 2 期。

③ 参见吕忠梅：《环境法新视野》，中国政法大学出版社 2000 年版，第 286 页。

为，否则会出现国家权力的滥用，损害被告的合法权益，降低被告行政主体的行政效率。"① 但是，笔者认为，行政公益诉讼尽管有时由检察机关提起，但其举证责任亦应与公民、社会组织提起的行政公益诉讼遵循相同的原则，即原告承担提出初步证据（被告的行为损害公共利益或即将损害公共利益的事实②）的举证责任，其他举证责任则由被告承担，即实行举证责任倒置原则。这是因为：首先，在行政公益诉讼中，检察机关或行政机关收集证据都消耗的是国家资源，由谁收集证据更经济合理，就要看谁离证据较接近。由于行政机关代表国家作出行政决定，其对作出决定的有关材料、根据或情况应当充分占有并十分熟悉，即较接近有关证据材料，因而由其提供证据较为经济合理。其次，行政公益诉讼的目的是审查行政行为的合法性，纠正违法行政。而被诉行政行为是由被告作出的，其理应对其合法性承担证明责任。如果由检察机关来证明被诉的行政行为具有违法性，就需要重新进行调查，收集有关证据，这无疑是一种重复劳动，会浪费有限的国家司法资源，不利于对社会利益的保护。

（五）公益诉讼的调解

诉讼中的调解，是指在法庭审理过程中，原被告双方在法院主持下就诉讼标的达成合意，解决纠纷的一种诉讼活动。关于公益诉讼活动中是否可以进行调解，虽然我国学者有不同的观点。但是，笔者认为，在我国公益诉讼活动中，是完全可以进行调解的。一方面，民事公益诉讼可以进行调解，这是因为：首先，它符合民事诉讼的目的。民事公益诉讼在本质上属于民事诉讼，应当适用我国民事诉讼法的一般规定。我国民事诉讼法规定，民事诉讼在法庭审理过程中，允许双方当事人和解，法院也可以进行诉讼调解。民事公益诉讼作为民事诉讼的一种特殊形式，其诉讼目的与一般民事诉讼相同，因而也应当允许进行调解。其次，它符合诉讼经济原则。允许民事公益诉讼活动进行调解，法院可以通过调解及时结案，节约司法资源，因而符合诉讼经济原则的要求。最后，它符合我国构建和谐社会的目标。允许民事公益诉讼活动进行调解，法院通过调解结案，比判决结案，可以较为彻底地解决纠纷，化解社会矛盾，促进社会和谐，这符合我国目前倡导的构建社会主义和谐社会的要求。

另一方面，行政公益诉讼也可以进行调解。这是因为：虽然在我国现行行

---

① 朱永刚：《行政公益诉讼问题研究》，载《天水行政学院学报》2006 年第 5 期。

② 如果被告的行为已经造成公共利益损害的，原告应当提出证明公共利益已经损害的事实；如果行政行为即将损害公共利益的，原告应对行政作为与即将造成公共利益损害之间的因果关系提供初步证据。

政诉讼中，法院审理行政案件是不适用调解的，其原因在于一般行政诉讼以合法性审查为原则，在具体行政行为的合法与违法之间不存在第三种选择，故没有调解的必要。① 但是，行政公益诉讼的目的与一般行政诉讼的目的不完全相同。行政公益诉讼的目的不仅在于审查行政行为是否存在违法性，更重要的是在于保护国家利益和社会公共利益。也就是说，维护公共利益和促进依法行政，是行政公益诉讼的主要目的。具体来说，前者是行政公益诉讼的直接目的，后者则是间接目的，对于行政公益诉讼来说，只有在直接目的实现的情况下，追求间接目的才具有实在意义。而允许行政公益诉讼适用调解，可以通过调解的方式促使行政机关纠正错误，及时有效地恢复被侵害的公共利益，从而可以达到及时维护公共利益这一行政公益诉讼的直接目的。因此，调解是完全符合行政公益诉讼目的的，行政公益诉讼应当允许调解。有学者可能会担心，作为被告的行政机关与作为原告的公民、法人或其他社会组织地位不对等，如若允许他们进行调解，行政机关则可能会通过这一方式胁迫原告就范，将被侵害的社会公共利益置于更加不利的境地。但是，笔者认为，这种可能性也许存在，但问题的关键不在于调解制度本身，而在于具体制度的设计和实际操作。行政公益诉讼中的调解制度只要具备以下条件，则不会发生学者们所担心的情况：（1）人民法院在调解中占主导地位。即人民法院要对调解的结果进行合法性审查，如果在审查过程中，发现原被告双方在行政公益诉讼调解中存在恶意串通，以牺牲公共利益为代价达成和解的，人民法院不予允许。（2）原被告双方对调解标的的违法性不存在争议。即在行政公益诉讼的庭审过程中，原被告对行政行为的违法性不存在争议，特别是作为被告的行政机关必须认识到被诉行政行为的违法性，并自愿予以纠正，以恢复被侵害的社会公共利益。（3）调解结论具有拘束力。即调解结案与法院判决结案具有同等的约束力。这意味着调解一旦达成，双方主体都必须受到调解协议中实体内容和程序内容的约束，人民法院据此也可以强制执行调解协议的内容。

---

① 参见应松年主编：《行政诉讼法学》，中国政法大学出版社 2002 年版，第 177 页。

司法官职务序列改革的
体制突破与司法价值[*]

王守安^{**}

　　自 2004 年始，我国启动了统一规划部署和组织实施的大规模司法改革，从民众反映强烈的突出问题和影响司法公正的关键环节入手，按照公正司法和严格执法的要求，从司法规律和特点出发，完善司法机关的机构设置、职权划分和管理制度，健全权责明确、相互配合、相互制约、高效运行的司法体制①，2004—2008 年、2008—2012 年的两轮司法改革，侧重于程序规则和工作机制的修改与完善，通过不断优化权力配置、完善诉讼规则促使司法官依法办案。特别是 2012 年两大诉讼法修改将司法改革的重要成果和内容吸纳到立法之中，以此为表征，前两轮司改的任务基本完成。司法官是司法权行使的主体，司改的成果最终要反映在司法官执法办案的效果上。长期以来我国实行的是一元化、行政化的司法人事管理制度，严重影响了整个司法制度的健康发展，制约着其他司改措施的顺利推行。因此，新一轮司法改革应当以司法人事制度的改革作为突破口。司法人事制度改革主要涉及司法人员的分类管理与司法官单独职务序列的建立。2013 年 3 月 1 日，高检院会同中组部联合下发了《人民检察院工作人员分类管理制度改革意见》，将检察工作人员划分为检察官、检察辅助人员和司法行政人员三类，为建设高素质、职业化的检察官队伍提供了制度保障。法院的分类改革与此相同。经过前期深入的研究论证，2011年 7 月，两高联合中组部分别出台了《法官职务序列设置暂行规定》、《检察官职务序列设置暂行规定》，开始推行司法官职务序列的模拟套改。由于职务序列改革意见在分类管理改革之前出台，没有充分体现司法官的主体地位与职务特点，法官、检察官的职务层次按照与综合管理类公务员的对应关系套入新

　　* 本文刊载于《当代法学》2014 年第 1 期。
　　** 王守安，最高人民检察院检察理论研究所所长。
　　① 参见《中国的司法改革（白皮书）》。

的等级，未能突破现有体制。总体上看，以往的司改措施，多居于机制改革，"几乎未有根本性的重大举措"①。我们认为，当前研究深化司法改革，应当将深化司法官职务序列改革作为一项重点问题，通过体制性障碍的突破解决相应的机制性问题，为其他方面的改革，如机构改革、办案方式、责任制等创造积极的条件。

一、建立司法官单独职务序列的理论依据

司法官的职务层次对应综合管理类公务员的职务层次，是科层行政管理体制在司法领域的体现。科层行政管理体制以"命令服从"和"长官负责"为特征，在这一体制中，"每一上层的梯队都承担着更大的责任，也享有更大的权势。级别相同的官员是相互平等的，但是，当他们之间产生争议的时候，这些'同僚'没有权利通过协商和妥协来自行解决这些争议。他们必须把争议事项交给共同的上级去处理。"② 必须承认，科层行政体制能够对司法管理产生一定积极的影响。科层制在司法机关内部的确立不仅实现单位与国家在组织上的连贯性，而且为司法机关的运作提供了明确的权利义务体系。③ 也不可否认，在一个司法官群体素质相对不高的国家里，司法官的科层行政官僚管理能够使审判质量得到相对的保障。④ 然而，实践已经表明，在司法领域实行科层行政管理体制总体而言弊大于利。司法管理的科层体制不仅抹杀了司法权与行政权的本质区别，制约了司法官整体司法水平的提升，而且还是妨碍司法官依法独立行使司法权的重要原因。世界上法治发达国家（地区）普遍实行的是司法官单独职务序列，我国台湾地区"法官法"甚至明确规定"法官不列官等、职等"，均以年资、俸点作为计算俸级的标准。⑤

（一）在权力结构上，司法官的地位有别于普通公务员

无论是西方国家的三权分立还是我国的人民代表大会制度，司法官在宪法体制上都有着独特的地位。实行三权分立制度的国家，行使立法权、司法权、

---

① 高一飞：《司法改革的中国模式》，法律出版社 2011 年版，第 253 页。

② ［美］达玛什卡：《司法和国家权力的多种面孔》，郑戈译，中国政法大学出版社 2004 年版，第 29 页。

③ 参见韩波：《法院体制改革研究》，人民法院出版社 2003 年版，第 128 页。

④ 参见王申：《科层行政化管理下的司法独立》，载《法学》2012 年第 11 期，第 135 页。

⑤ 参见牛建华：《台湾地区法院人事管理制度观察思考》，载《人民法院报》2012 年 9 月 14 日，第 7 版。

行政权的国家机关地位是平等的，彼此之间相互制衡。韦伯早就提出应将司法排除在科层管理体制之外，因为"法官与公务员的地位是完全不同的。他们被任命担任特别重要和有尊严的职位。他们在国家的政治体制中占据了关键的位置。他们平等站在国王与行政机关之间，同样平等站在行政机关与人民之间。"① 我国实行的是人民代表大会制度，司法机关只对产生它的国家权力机关负责，与行政机关地位平等。根据宪法和法院、检察院组织法的规定，各级法院、检察院的院长、检察长由各级人大选举和罢免，副院长、庭长、副庭长和审判员，副检察长、检委会委员和检察员也要由院长或者检察长提请本级人大常委会任免。各级政府除行政负责人和内设机构负责人由各级人大及其常委会任免外，一般行政人员由政府组织人事部门任免，无须经过人大及其常委会的批准。这是因为，被任命担任司法官与被任命担任行政或其他职务是不一样的。司法官职务不是"雇佣"意义上的职务。作为司法机关的成员，司法官独立行使国家的司法权力。他们与政府部长或国会议员一样担任公职。② 因此在宪法体制的层面，司法官的职务序列应与普通公务员有所区别。

（二）在权力属性上，司法权的性质有别于行政权

司法权是相对于立法权、行政权的国家权力。司法权是一种判断权，通过将一般的法律规则适用于具体案件上，来发挥应有的功能。③ 行政权则是一种管理权，是对公共事务进行组织、管理、提供服务的权力。行政机关在行使行政权时，本身作为行政法律关系的一方当事人，依照自己单方面意志对行政管理相对人作出某种处理决定，因此行政权不具有中立性，行政权的行使所产生的结论也不一定是终局的。"行政是国家利益的代表，司法则是权利的庇护者"。④ 司法权和行政权在权力属性上的不同决定了两者价值追求的差异。行政权立足于对社会的管理，秩序和效率是行政管理首要的价值追求。司法权的价值追求与之相反，司法权着眼于对权利的救济，公正是其首要的价值目标。正因如此，科层行政体制更适应于行政管理而非司法管理。"科层行政体制体现的是功利主义、效率第一的行政价值观，社会对他们的评判更多的是根据其

① 转引自怀效锋主编：《法院与法官》，法律出版社 2006 年版，第 166 页。

② 转引自怀效锋主编：《法院与法官》，法律出版社 2006 年版，第 166 页。

③ 参见陈瑞华：《司法权的性质——以刑事司法为范例的分析》，载《法学研究》2000 年第 5 期，第 31 页。

④ ［德］拉德布鲁赫：《法学导论》，米健、朱林译，中国大百科全书出版社 1997 年版，第 100 页。

工作效率、达到其目的的能力，人们对他们最严重的批评是工作没有效率，而不公正对他们来说并不是一种严重的批评。"① 但是在司法领域，司法官要根据居中感知、经验的证据，按照一定的规则对案件事实作出判断，并适用法律对案件作出处理，司法裁断的结果与双方当事人的利益密切相关，因此对司法官而言，公正而非效率才是第一位的价值追求。

（三）在运行机制上，司法权的行使方式有别于行政权

司法活动是司法官运用专业知识对法律争议进行决断的过程。为了保证结果的公正性，司法官必须摒除各方的干扰，依据法律和良知独立地作出判断。《司法独立世界宣言》规定："每个法官应自由地根据其对事实的评价和法律的解释，在不受来自任何方面或任何原因的直接或间接的限制、影响、诱导、压力、威胁或干涉的情况下，对案件秉公裁决；此乃他们应有之职责。"第3条规定："在作出裁决的过程中，法官应对其司法界的同行和上级保持独立。司法系统的任何等级组织，以及等级和级别方面的任何差异，都不应影响法官自由地宣布其判决的权力。"行政权的行使是一种集权制的模式，具有上令下从的特点。行政官员处于固定的职务等级制度中，在事务上有服从官职的义务。② 司法权与行政权的行使方式和要求截然不同。对此，德国法官傅德指出："如果一个公务员故意不执行其上司要求他以特定方式处理某一事务的指示，通常这就构成失职。而对法官来说恰恰相反，如果法官仅凭上级的指示去判案的话，这种行为就构成失职。"③ 从应然角度讲，司法官在文书上独立发表意见，独立署名，因而也独立承担责任。行政管理上下一体、命令服从，由发布命令的上级长官对下级执行的行政事务承担行政责任。上命下从、责任一体的科层行政体制与司法官的司法属性存在明显的冲突。

（四）在任职资格上，司法官的资历需求有别于普通公务员

司法需要运用专业的法律知识对复杂的法律争议作出严谨的论证和决断，需要司法官的法律素养和能力、智识和经验综合地发挥作用。与行政官员相

---

① 参见王申：《科层行政化管理下的司法独立》，载《法学》2012年第11期，第134页。

② 参见［德］马克斯·韦伯：《经济与社会》（上卷），林荣远译，商务印书馆1997年版，第246页。

③ ［德］傅德：《德国的司法职业与司法独立》，载宋冰主编：《程序、正义与现代化》，中国政法大学出版社1998年版，第19页。

比，司法官员的职业化特征更为明显，任职的资历要求也更高。在德国，法官是从获得法学学士学位，通过两次州司法考试成绩优秀的人员中选拔而出。在两次司法考试之间要有为期两年的专业实践。在被任命为法官之前，候选人还需要经过一系列的面试。① 在法国，申请成为法官、检察官，必须获得法学学士学位并通过国家司法考试，合格者可以进入国立法官学院进行为期 31 个月两个阶段的专业培训，第一阶段结束后需要参加统一的考试，合格者还要进行第二阶段的具体专业培训，才有资格选择成为法官或者检察官。② 英美实行的是"优秀的律师任法官"制度，也就是从资深律师中经过严格的推荐和考核程序来委任法官。③ 与职业性质、职业门槛、培养方式相适应，司法官职业待遇高于普通公务员也是各国和地区的通例。美国、英国、墨西哥等国的法官工资，都直接对应政府司局级以上官员。以美国为例，根据 2013 年的最新统计，全美 874 名联邦法官中，最高法院首席大法官年薪为 22.35 万美元，其他大法官是 21.39 万美元，巡回上诉法院法官为 18.45 万美元，地区法院法官为 17.4 万美元。而联邦参议员和众议员年薪均为 17.4 万美元，只与地区法院法官持平。与行政机关相比，总统年薪为 40 万美元，副总统 23 万美元，司法部长等主要内阁成员约 18 万美元。副部长们约为 16 万美元，已低于联邦法官最低工资。各州法院法官与各州其他公务员薪酬比例也大抵如此。德国、日本法官的工资虽与公务员职级对应，但总体也高于普通公务员。我国台湾地区法官薪酬目前已是同一职等公务员的 2.5 倍，最高时曾达到 3.25 倍。④

　　我国的司法官任职也有着严格的条件要求，一般都需要具备法学学士及以上学位，而且必须通过国家司法考试和国家公务员考试，才能有资格被任命为法官、检察官。普通公务员的任职并没有这样严格的专业和资格要求，一般只需通过国家公务员考试即可。尽管我国司法官与普通公务员的任职资格要求悬殊，但是在科层行政管理体制下，司法官的职业评价标准，尤其是薪酬待遇方面，与普通公务员相差无几，两者适用同一标准。2007 年以后，国家对法官、检察官增设了审判津贴、检察津贴，但月人均只有两百余元，基本只具有象征

---

　　① 参见周道鸾主编：《外国法院组织法与法官制度》，人民法院出版社 2000 年版，第76 页。

　　② 参见［法］卡斯东·斯特法尼等：《法国刑事诉讼法精义》，罗结珍译，中国政法大学出版社 1999 年版，第 122 页。

　　③ 参见陈瑞华：《司法权的性质——以刑事司法为范例的分析》，载《法学研究》2000 年第 5 期，第 9 页。

　　④ 参见何帆：《法官高薪的前提是什么》，载《人民法院报》2013 年 5 月 24 日，第 8 版。

意义。法官、检察官实际享受的待遇甚至会低于多数行政部门的工作人员。与司法官的任职资格、职业责任和工作量相比较，适用与行政官员相同的晋升、罢免、薪酬待遇等评价标准，显然有失公平。

（五）在培养方式上，司法官的职业发展有别于普通公务员

司法活动是一项经验性很强的职业活动，对司法官的职业能力提升而言，职业经验占据了相当大的比重。司法活动的实践性和专业性也决定了司法官的难以替代性。一般而言，司法官的培养周期要长于其他类型的公务人员，这类似于医生或者其他专业技术人才的培养。因此，许多国家实行司法官的终身制和员额制，司法官的晋升也只是在司法职业岗位上流动，而不是交换到其他行政机构的领导岗位。在大陆法系国家，上级法院的法官一般从下级法院的资深法官中择优选拔。例如，德国基本法授权州政府成立法官选拔委员会，负责决定是否批准法官的终身任命或法官从一个法院向另一个法院的晋升。[①] 英美法系国家实行执业律师选任法官制度。以英国为例，高等法院法官职位的候选人来自辩护律师队伍，这类候选人必须具有至少 10 年的法律工作经验才能被考虑任命到高等法院的法官职位，上诉法庭的法官职位至少需要 15 年的工作经验。[②] 我国在司法领域实行的是科层行政管理体制，行政职务是职业评价的"标杆"，由此就导致许多司法精英、检察业务骨干，一旦培养出来，囿于职业发展空间和职位的限制，不得已就要被安排到非业务部门的领导职位，或者被安排到其他行政部门的领导岗位，或者要去从事其他"更有前景"的职业，造成司法人才大量流失。将司法官混同于行政公务人员进行管理，既不利于司法官职业荣誉感的培养，也不利于司法官司法能力的提升，更不利于司法官职业共同体的塑造。

二、我国司法官职务序列现状、弊端及对司法改革的负面影响

长期以来，我国对公务员实行单一化的管理模式，法官、检察官的职务层次套用国家行政机关职务层次。从最高人民法院（检察院）到区县一级法院（检察院），四级院的院长（检察长）、副院长（副检察长）、审委会委员（检委会委员）、审判员（检察员）、助理审判员（助理检察员）共二十个法官（检

---

① 参见最高人民法院司法改革小组编：《美英德法四国司法制度概况》，人民法院出版社 2002 年版，第 457～460 页。
② 参见最高人民法院司法改革小组编：《美英德法四国司法制度概况》，人民法院出版社 2002 年版，第 269～271 页。

察官）职务，分别对应从国家级副职到科员的十个职务层次，在具体的管理中也是实行"院长（检察长）—业务部门负责人—法官（检察官）"的科层管理体制。司法官的司法属性决定了司法官应适用与普通公务员不同的职务序列（我国公务员法明确规定对公务员实行分类管理，法官、检察官的管理制度可以另行规定。2011年，两高会同中组部对司法官职务序列进行改革，分别出台了《法官职务序列设置暂行规定》和《检察官职务序列设置暂行规定》。这次改革提高了司法官职务与公务员职务的对应关系，二级高级法官、检察官以下，对应的公务员级别普遍向上提高了一级，但是司法官与行政官员整体上的职务对应关系没有改变，改革并不彻底，科层行政体制在司法领域积存的问题未能得到根本的解决。

（一）司法官职务序列层次与行政官员的对应关系淡化了司法官司法属性，导致司法权异化

司法官职务序列层次与行政官员的对应关系，是司法行政化管理的具体体现，由此造成的严重问题就是司法权异化为行政权。在现有体制下，案件办理需要经过逐级审批和汇报，普通司法官只是案件的承办人员，即行政垂直线上底部的一个点，在其上的每个点对案件处理都有一定程度的"决定权"，这种"审而不定，定而不审"的办案机制，不符合司法活动直接性和亲历性的要求，难以保证诉讼决定和诉讼行为的正确性，[①] 因而造成司法属性的减弱，行政属性的增强。多级审批的办案机制还导致办案责任不明确。在这种行政职级大小决定权力大小，同时也能够左右司法官职业晋升的制度空间内，司法官独立办案难免会受到来自同僚的不同程度的干扰，这其中既有逐级审批制这种正式的制度安排，也有非正式的人情社会和官阶压制的因素。

（二）司法官职务序列层次与行政官员的对应关系弱化了司法官的主体地位，不加区别的评价机制有失公正

司法机关是执法办案的部门，司法官在其中居于主体地位。在司法机关内部，在现有的科层行政体制、以职位决定地位的评价机制下，某些司法行政人员，特别是带"长"的司法行政人员，其地位往往至少等于普通的司法官，甚至要高于某些同样带"长"的业务部门领导。在现有的科层行政管理体制下，司法官的主体地位无法得到真正的彰显。司法系统实行的科层行政体制，

---

① 参见龙宗智：《论依法独立行使检察权》，载《中国刑事法杂志》2002年第1期，第17页。

以行政职级作为评价职业待遇和职业荣誉的标准，尽管业务部门和非业务部门职责不同，却可能出现相同职级、不同职责但是待遇相同的情况。司法官与司法行政人员的工作性质不同，却要执行同样的工资标准；本属于同一工作性质、并且由同一级国家权力机关任命的司法官之间，却又因行政职级的不同而执行不同的工资标准，这明显违背公平原则。① 在司法官分类管理改革推行之后，司法人员根据工作特点分类明确、各司其职，司法官和司法行政人员严格分类、界限明晰，因科层体制带来的公平问题将更加突出。

（三）司法官职务序列层次与行政官员的对应关系限制了司法官的职业发展，影响司法队伍的职业化建设

在司法系统的科层行政体制下，一方面行政职级决定职业待遇和社会评价，另一方面业务单位的行政职级、职位数量有限，于是就造成了千军万马挤向"长"这个独木桥的尴尬局面。行政化管理模式下，有限的行政职级不仅封闭了司法官的自我发展空间，而且误导了司法官对职业发展方向的追求。② 由于职业发展空间有限，许多司法人才和业务骨干或者选择离职，或者选择转向非业务岗位领导职位。在法院、检察院内部，许多政治部主任、办公室主任等都是曾经的审判精英、公诉精英或者其他业务骨干出身，因为职级有限增设困难，只能异岗上任。司法队伍的职业化建设因此而大受影响。

（四）司法官职务序列层次与行政官员的对应关系制约了其他司改措施的顺利推进，成为司法制度改革的瓶颈

为了优化司法权力配置，增强司法官执法办案独立性，近年来法检系统都进行了相应改革，如法院合议制、分类管理改革，检察院的分类管理、主任检察官、内设机构整合改革等，这些改革都遭遇到了相同问题——"司法官职务序列"这道"拦路虎"。司法官职务序列设置涉及整个国家人事制度，牵一发而动全身，这个问题不解决，其他改革意图也难以真正贯彻和实现。

司法官分类管理改革试行了将近十年。高法自2004年起在全国确定了18个地方法院作为法官助理制度的试点法院，以期实现法官、法官助理、书记员、执行员、司法行政人员的分类管理。高检院自2003年制定了《检察人员

① 参见赵阳：《合理设置检察官的职务序列》，载《法制日报》2009年4月7日，第5版。
② 参见徐盈雁：《分类管理：不当官照样有前途》，载《检察日报》2007年9月5日，第5版。

分类改革框架方案》，并率先在山东、重庆等地展开试点，2007 年和 2013 年先后出台了相应的规范性文件。十余年来改革试点经验日趋成熟，然而却一直未能全面实施。尽管 2013 年高检院会同中组部联合下发了新的文件，但是改革的精神和意图还是难以真正落实到位，其根源还在于职务序列的掣肘。在检察人员分类管理改革试点过程中，检察辅助人员的职务序列可以根据工作特点，分别参照国家规定的行政执法类、专业技术类公务员及人民警察职务序列设置，检察行政人员可以比照国家规定的综合管理类公务员职务序列执行。囿于体制所限，大部分试点院只能采取现行检察官等级作为检察官的职务层次，以检察官等级作为检察官职务序列，实际上只是表面上改变了名称，检察官等级的称谓取代了局、处、科级的称谓，不能真正摆脱行政职级，更解决不了如何理顺检察官职务间的地位、关系问题，也不利于建立检察官单独的工资标准。① 法院的分类管理改革存在同样的问题。

　　司法机关内设机构整合改革面临的问题也是如此。以检察系统的改革为例，湖北省检察机关实行"小院整合"改革内设机构，黄石等地将检察机关原有的多个内设机构整合成批捕公诉部、职务犯罪侦查部、诉讼监督部、案件管理部和综合管理部等。在职务序列层次不变的情况下，部门压缩后原有十余个部门负责人的职业去向成了新的问题。一些地方为了解决这样的矛盾，不得已采取人事上的"双轨制"，即为检察官们保留"官帽"，而具体的工作依然附于办案实际，如一些人对外是人民监督员办公室主任，对内却是个地道的公诉检察官。② 这种做法只能是权宜之计，长久以往必将诱发新的矛盾。由于职务序列层次不变，即以行政职级作为职业评价的标准不变，在内设机构整合的过程中，原有的业务部门负责人（中层干部）成为了利益受损最大的一方，因而也是对改革抵触情绪最大的一方。如果不建立检察官的单独职务序列，在内设机构改革过程中，这样的矛盾无法避免，问题也难以真正解决。

　　法院的合议制改革、检察院的主任检察官办案方式改革也存在同样的问题。由于职级和官阶的对应关系，近年来虽然各级法院、检察院摸索进行了合议制改革、主任检察官制度改革，目的是"放权于司法官"，但是这种改革仍然不具有司法官的独立性，只是在事权上进行了一定程度的放权，简化了一些

---

　　① 参见徐盈雁：《分类管理：不当官照样有前途》，载《检察日报》2007 年 9 月 5 日，第 5 版。
　　② 参见中国人民大学诉讼制度与司法制度改革研究中心：《破解检察监督的湖北经验——湖北省检察机关"两个适当分离"改革情况调研报告》，法律监督工作机制建设研讨会会议交流材料。

审批程序，改革并不彻底。① 而且，工资和职务职级挂钩在一定程度上影响了审判长、主任检察官的吸引力，使得一些审判长、主任检察官把晋升行政职务作为自己的价值目标。② 在职务层次对应关系不变的情况下，司法机关内部各级"长"对案件处理"显性"或者"隐性"的控制力依然存在，合议庭、主任检察官小组执法办案的独立性因而大打折扣，制度改革的目标难以真正实现。由于各级"长"的导向和激励作用，合议制、主任检察官制度也难以得到司法官的真正支持。正是因为上述问题的存在，实践中甚至出现了改革"回潮"的现象，在一些改革试点单位，合议制、主任检察官制度已经名存实亡，司法官办案方式又回到了原来的老路上。职务序列设置已经成了合议制、主任检察官制度发展中的主要障碍。

三、司法官单独职务序列的改革设想

司法官职务序列设置是司法管理制度的轴心。只有司法官职务序列这个轴运转正常，其他改革诸如分类管理、内设机构整合、办案方式、办案责任制等才能顺利推进。应当根据我国司法机关的性质和特点，结合司法工作规律，在总的国家公务员职务体系内结合司法官职务设置，合理设定司法官等级序列，使司法官等级相对独立于行政级别。

（一）根据司法工作需要和不同岗位职业特点，对司法人员实行分类管理

司法人员分类管理是司法官单独职务序列的前提。关于司法官分类管理的规范性文件已经出台，对司法人员横向的分类——"质"的规定性意见也已成熟，即将司法人员职位分为司法官、司法辅助人员和司法行政人员三类，初步解决了司法人员混岗问题。对司法人员纵向的分类——"量"的规定性意见还需要进一步完善。如《人民检察院工作人员分类管理制度改革意见》规定，四级检察院检察官和检察辅助人员两类人员在人民检察院的中央政法专项编制中所占员额比例分别为 70%、75%、80%、85% 左右，司法行政人员所占员额比例分别为 30%、25%、20%、15% 左右。其中，检察官、检察辅助人员分别在各级人民检察院的中央政法专项编制中所占员额比例，由最高人民

① 参见庄建南、曹呈宏：《独立行使检察权的问题与主义》，载张智辉、谢鹏程主编《中国检察》（第 5 卷），中国检察出版社 2004 年版，第 658 页。

② 参见林世钰：《主诉检察官：成长的烦恼》，载《检察日报》2008 年 8 月 13 日，第 5 版。

检察院会商有关部门另行规定。法官、法官辅助人员也存在员额比例平衡设置问题。下一步就需要在充分调研基础上，特别是要考虑到两大诉讼法修改对司法人力资源配置的影响，本着尽量向基层司法机关倾斜的原则，合理设置司法官和司法辅助人员的员额比例。司法官是社会分工精细化的产物，肩负着定分止争、维护公平正义的社会责任，社会对司法官任职资格的要求也越来越高，包括专业训练、学历层次、实践经验、道德品质等方面都要符合一定的条件，同时也会对司法官配以较高的薪酬待遇，因此各国对司法官的培养普遍采取精英化模式。我们在设置司法官、司法官辅助人员的员额比例时，也要充分考虑到这一因素，对法官、检察官的比例设置不宜太高，整体规模应当有所控制，司法辅助人员的比例则应有所增加。

（二）司法官按照司法官职务序列进行单独管理，依法设置司法官职务层次等级

司法官职务序列改革涉及国家整个人事体制，在充分关照基本国情的前提下，应当科学界定行政序列与司法官序列的关系。既要考虑到司法官的司法属性，又要保证司法官与其他公职人员依法、有序交流，设置单独运转并与国家公务员制度联动的司法官职务序列，但是不与综合管理类公务员职务层次一一对应，即对司法官不再评定行政职级。目前法官、检察官职务序列分别适用的是《法官职务序列设置暂行规定》、《检察官职务序列设置暂行规定》，适用四等十二级的法官、检察官等级序列。我们认为，为了保证处于较低职务层次的司法官有足够的机会晋升级别，有必要减少司法官的级数。对于司法官序列而言，根据国家关于法院、检察院四个层次的设置与每个法院、检察院中三个不同层级法官、检察官职务的设置，依照责任、权力层次的划分，可以考虑采取首席大法官（检察官）、大法官（检察官）、高级法官（检察官）、主任法官（检察官）、法官（检察官）、初任法官（检察官）六个层次法官、检察官职务的设置。"主任法官（检察官）、法官（检察官）、初任法官（检察官）"职务层次的设置，与当下正在推行的司法官办案方式（合议制、主任检察官办案责任制）的改革相适应，司法官职务序列的设置不再以与行政级别的对应关系为依据，而是以办案责任方式为依据。"首席大法官（检察官）、大法官（检察官）、高级法官（检察官）"则是为司法机关各级院正副院长（检察长）和资深法官（检察官）而设，为普通司法官职务晋升创设一条期盼可以实现的通道。这种改革，既能够有效摆脱、彻底摒弃以往司法官职务层次与行政官员的一一对应关系，也能为基层司法官提供充足的职业发展空间和可预期的物质待遇改善空间。对司法辅助人员和司法行政人员的职务设置和等级，则按照综合管理

类公务员的有关规定执行。

（三）提高司法官职业准入标准，建立专门司法官惩戒委员会进行鉴定和评价

对司法官进行分类管理、设置单独的职务序列，不能仅"赋权"，还要进一步"明责"；不能仅增强独立性，还要不断提高司法官的职业素养，加大对司法官的监督力度。因此有必要从学历、任职资格等方面提高司法官职业准入门槛，适当控制司法官的员额，在充分调研各地、各级院司法工作量的基础上，合理设置司法官与司法辅助人员的员额比例，建设一支职业化、精英化的司法官队伍。司法工作是一项实践性、社会性的活动，有必要借鉴国外司法资格取得的职业培训制度改革我国现有的司法职业准入制度。为了增强对司法官职业表现评价的独立性和公允性，有必要设立专门的司法官惩戒委员会，根据司法官的职务、德才表现、工作实绩和资历确立司法官的等级，对司法官进行独立的考核评价。

（四）建立配套的司法官工资序列，司法官享受国家专项规定的福利待遇

因司法官职业准入、职业发展、职业性质的特殊性，司法官工资标准高于行政公务员是各国的通例。建议在司法官分类管理和等级制度的基础上，在建立司法官单独职务序列、提高司法官准入门槛、限制司法官员额比例的前提下，适当提高司法官的物质待遇，以司法官职务和等级作为确定司法官待遇的基本依据，构建以司法官职务工资、工龄工资、等级工资为核心要素的单独的司法官工资序列，司法官享受特殊的司法官津贴，其他司法人员依法享受相应的津贴。适当的物质待遇是彰显司法官主体地位的实质性体现，是分类后司法官"权"、"责"、"利"相统一的要求，有助于培育司法官的职业荣誉感、增强司法官的职业认同度。据统计，2013 年北京市某中院一名法官（副科级）月薪约 4700 元人民币，北京地区 2013 年的最低工资标准是 1400 元人民币，2012 年度的职工月平均工资为 5600 元，北京法官的月薪仅是本地最低工资标准的 3.35 倍，月平均工资还拖了全市人民的后腿。而美国联邦地区法院法官月薪是本国最低工资标准的 11 倍，英国地区法院法官则是 9.9 倍，意大利上诉法院法官是 7.3 倍。我国香港区域法院法官的最高，达到 29 倍。[①]

---

① 参见何帆：《法官高薪的前提是什么》，载《人民法院报》2013 年 5 月 24 日，第 8 版。

我们认为，根据现有制度资源，上述建议具有可行性。司法官单独职务序列是行政管理现代化和科学化的必然要求，立法上已经为此预留了制度空间。《公务员法》第8条规定，国家对公务员实行分类管理，提高管理效能和科学化水平；第3条规定，法律对法官、检察官等的义务、权利和管理另有规定的，从其规定。由此看来，立法的精神是允许和鼓励司法官按照特殊的工作性质实行分类管理，以期提高管理的效能和科学化程度。人民警察的单独职务序列改革为司法官职务序列改革提供了范例。为规范公安机关内设机构设置、完善公安民警分类管理制度和选人用人机制，深化公安人事制度改革，2008年国务院办公厅出台了《关于规范公安机关人民警察职务序列的意见》，对各级公安机关的警官、警员实施职务套改，建立专门的公安民警职务序列，不再与其他国家机关工作人员适用一致的职务序列，实行分类和专门管理。在司法人员分类管理和内设机构改革的试点中，也有地方实行了司法官单独职务序列的改革试点，取得了良好的效果，从经验上证明了司法官单独职务序列的改革具有可行性，能够在全国范围内施行。在具体的操作过程中，应当本着全盘考虑、循序渐进的原则，先选取司法官分类管理、内设机构改革和办案责任制改革较为成功的若干地方作为改革的试点。为保证司法官单独职务序列改革的合理衔接、平稳过渡，应采取"老人老办法、新人新办法、中人逐步过渡"的方式，在职务序列设置上对新、老、中司法人员区别对待。老人（已退休司法人员）沿用旧的职务序列设置规定，但是在薪酬待遇上应适当有所提高；新人（初任司法官）一律适用新的职务序列和薪酬标准；中人（已在岗司法官）则配合分类管理和办案组织的改革进度，逐步过渡到新的职务序列和薪酬标准。经过几年的摸索和试点，待改革的经验和各方面条件成熟后，逐步在全国范围内推广实行司法官的单独职务序列。

四、司法官职务序列改革的重大司法价值

司法官职务序列改革既涉及司法人事制度，也涉及国家公务员制度；既需要单独运转，也需要与公务员制度联动；既涉及人事，也涉及财政。职务序列改革属于真正的体制改革，其难度可想而知，需要拿出改革的勇气和魄力，需要国家组织、人事、财政等部门的有力配合，还需要把握改革的时机和方法。

司法官职务序列改革将会对国家的整个司法制度产生深远而积极的影响。

其一，就司法官分类管理制度改革而言，职务序列改革后，分类管理才会不只徒具其"形"，而将深具其"实"。职务序列改革后，司法机关内部将不会再有各级"长"的评价意义上的激励和导向作用，司法官将彻底摆脱行政职级的"胡萝卜和大棒"效应，职业待遇也会大为提高，司法官的主体地位

方能得到真正的彰显。职务序列改革后，司法工作人员摆脱了行政职级的束缚，各司其职、各负其责，司法官、司法辅助人员和司法行政人员在职业地位、社会评价和薪酬待遇上不会再有因各级"长"建制而造成的不公正的困扰，各类司法人员能够得以按照符合各自岗位特点的职责要求和职务序列充分地发展。

其二，就司法官办案方式改革而言，职务序列改革后，目前正在积极实践的合议制、主任检察官制度改革过程中所遇到的困惑也将迎刃而解。司法官的职业价值和尊荣通过法官、检察官的权责和称谓就可以很好地体现，无需再有"科级、处级、局级、部级"这种行政职级上的评价。职务序列改革后，各级"长"的评价机制不复存在，司法官的职业地位、薪酬待遇大为提高，因而也就不会再对司法官形成"审而优则仕"、"主而优则仕"的价值导向。更为重要的是，职务序列改革后，将彻底祛除各级"长"对案件处理都有决定权的司法行政化现象，法官、检察官执法办案的独立性将得到切实的增强。

其三，就司法机关内设机构改革而言，职务序列改革后，业务部门负责人只负责本部门行政性的事务以及本人负责案件的处理，不再有权去影响和决定其他司法官负责案件的处理，业务部门负责人这种"长"的吸引力将大为减弱，司法官不再一味地追求晋升行政职务。司法机关内设机构的合并与分离，也不会再遇到目前来自各业务部门负责人（中层干部）这一群体如此大的阻力，司法机关内部的权力配置将会更加优化和明晰。

其四，就司法官办案责任制改革而言，职务序列和办案方式改革后，司法官成为执法办案的真正主体，司法官薪酬待遇大为提高，司法官的"权"、"责"、"利"之间的关系得以理顺，各级别司法官之间的关系也更为简单、清晰。法官、检察官对所办理案件承担责任，符合司法活动亲历性、直接性和独立性的司法规律，司法机关内部各级"长"不再拥有对他人负责案件的决定权，从而彻底改变过去"集体负责等于无人负责"的混乱局面，真正实现"谁办案，谁负责"，司法官执法办案的公正性也将得到切实的加强。

具体行政行为检察监督的制度架构[*]

韩成军^{**}

当代社会，权力配置格局已经发生重大变化。古典法治时代权力均衡配置与制约的理想模式已被打破。行政权已经成为诸种权力当中最为强大的一种，时刻有侵犯公民权利的危险。行政权运行的基本价值取向是效率，即行政权要及时处理社会经济发展中不断涌现的新情况、新问题、新挑战，由此我们不能按照教条主义的逻辑理解和诠释行政机关依法行政的传统范式。"如果坚持行政的职责纯粹是执行法律，就必须假设规则永远先于个别经验而存在，这实际上等于历史的终结，对于所有社会问题我们都已经有明确的法律方案。政府必须遵守法律，但历史在不断前进，因此，政府也必须处理法律没有给出答案的事务，公民也需要正确处理自己并不享有权利的某些利益"。① 随着社会对行政权能动性期望的增强，行政权的裁量性不可避免地越来越强。行政权的这种特性增加了对行政权监督的难度。

在中国这个问题尤为突出，尤其环境保护、企业改制、征地拆迁、资源利用、社会保障等领域出现的不少渎职、侵权等腐败现象，已演变为社会热点问题。加强对行政权的制约尤为迫切。从更本源的意义上来讲，我国避免行政权滥用和寻租的途径是转变其职能，正如党的十八届三中全会报告中指出的，"从广度和深度上推进市场化改革，大幅度减少政府对资源的直接配置，推动资源配置依据市场规则、市场价格、市场竞争实现效益最大化和效率最优化。"但这是一个需要长期努力的过程。从更具有可操作性的角度来讲，加强对行政行为的监督是一个更为现实和便捷的路径。行政行为是行政权作用于普通公民权利的桥梁，把行政行为分为具体行政行为和抽象行政行为是行政行为的一种重要的分类方法。二者的分类主要是根据其针对的对象是否特定以及能

　＊　本文刊载于《当代法学》2014 年第 5 期。
　＊＊　韩成军，最高人民检察院检察理论研究所研究员。
　①　毛玮：《论行政合法性》，法律出版社 2009 年版，第 278 页。

否反复适用。根据最高人民法院在《关于贯彻执行〈中华人民共和国行政诉讼法〉若干问题的意见（试行）》的有关规定，所谓具体行政行为是指国家行政机关和行政机关工作人员、法律法规授权的组织、行政机关委托的组织或个人在行政管理活动中行使职权，针对特定公民、法人或其他组织，就特定的具体事项，作出的有关该公民、法人或其他组织权利义务的行为。具体行政行为由于关涉到公民、法人和其他组织的具体的权利义务，因此相对于行政规划、行政决策、行政规定等宏观的行政行为更易引起行政相对人的关注和维权热情。

现有的法律体系已经为具体行政行为设计了几种监督模式，如严格的行政程序设计，行政复议、行政诉讼等。但是这几种监督方式各有其弊端和不完善之处。我国检察制度在世界法律制度中独具特色，其特色体现在我国的检察机关是专门的法律监督机关，依法独立地行使检察权。① 由检察机关对具体行政行为进行监督是一种新的监督方式，有自己独特的作用和意义。具体行政行为的检察监督是一种必要性和可行性同时具备的监督方式。本文试图架构具体行政行为检察监督的具体制度，使具体行政行为检察监督具有操作性和可行性。

一、具体行政行为检察监督的原则

（一）法定监督原则

法治国家的一个基本要求和原则是权力必须依法行使，"法无授权即禁止"是公权力行使的一个基本原则，具体行政行为检察监督也应遵循这一原则。具体行政行为检察监督的范围、方式、程序等一系列问题都必须依照法律的明确规定来进行。我国《立法法》第8条也明确规定："下列事项只能制定法律……（二）各级人民代表大会、人民政府、人民法院和人民检察院的产生、组织和职权……"因此，具体行政行为的检察监督必须遵循监督法定的原则。

（二）有限监督原则

具体行政行为的检察监督是宪法意义上两种平等权力之间的监督。这种监督固然有其必要性和可行性，但也不能片面强调和夸大。行政权虽然是一种最容易被滥用的权力，但另一方面其也是国家权力中能动性、效率性和创造性最

---

① 牛向阳、贾道国、李殿民：《我国民行检察监督在社会管理创新中的实践及其完善》，载《山东社会科学》2013年第3期，第185页。

强的一种权力。对其的监督不能以扼杀其积极功能为代价，对具体行政行为的检察监督应保持一定的谦抑性，应是一种有限的监督。只有在法定和必要的前提下，具体行政行为检察监督的程序才能启动，以免对行政权造成不必要的干预。

（三）有效监督原则

我国已有的制度框架中已经为具体行政行为设计了多种监督方式，虽然这些监督方式仍有不尽完善之处，但在特定的问题上和范围内，还是能够解决相当部分具体行政行为监督的问题，比如行政诉讼制度、行政复议制度等。在具体行政行为的检察监督和其他监督方式可以同时选择的情形下，应该选择成本最低、监督最有效的方式，而且应该遵循私力救济优先选择的原则。而不能为监督而监督，使具体行政行为的检察监督扩大化和形式化。

（四）合法性监督原则

对行政行为的评价标准有两个，即合法性与合理性。合法性是依法行政的基本要求，即法无规定则无行政。行政行为的合法性要求具体包括主体合法、行为内容合法以及行政行为合法等内容。合理性的要求是随着行政机关自由裁量权的扩大而产生的，具体包括行政行为必须具有正当的动机、不考虑不相关的因素等内容。

行政权检察监督的目的是保证行政机关及其工作人员依法行政，其监督内容是行政活动的合法性，它一般不对行政活动的合理性实施监督，以清晰界分检察权与行政权的各自作用范围，保证行政机关及其工作人员能够依法行使自己的自由裁量权。由此行政权的检察监督就与人大、上级行政机关对下级行政机关、监察部门以及社会监督等监督方式形成自己的独有特色。

具体行政行为检察监督的对象是具体行政行为的合法性问题，而不涉及行政行为的合理性。其理由主要是权力分立的要求。权力分立的根本目的是制约权力的滥用，但各种权力可以分开行使也说明了不同的权力属性和价值追求。如立法权更强调民意的广泛性，一般实行少数服从多数的合议制原则，对民主性的价值追求优于对效率的追求；而行政权则更具有积极性和主动性，强调权力运行的效率，一般实行首长负责制；司法权则具有被动性、中立性的特点，"不告不理"是司法权运行过程中的一个世界公认原则。正是由于不同权力之间的上述特性，所以权力之间可以相互监督和制约，但是却绝对不能越俎代庖。合理性问题属于行政机关自由裁量权行使的结果，在我国目前的法治现状下，保障行政机关依法行政是当务之急，而对合理性的审查目前审查机关缺乏相应的能力。

二、具体行政行为检察监督的范围

（一）与公民权利密切相关的具体行政行为

《行政诉讼法》及其司法解释规定的受案范围有两个标准：一是具体行政行为标准，另一个是人身权、财产权标准。除非法律法规另有规定，人民法院一般不受理对人身权和财产权以外的其他权益造成侵犯的行政争议。如果行政机关及其工作人员的行政行为侵犯了公民、法人或者其他组织的人身权、财产权以外的其他权利，如政治权利、平等权、受教育权、知情权、休息权等，人民法院原则上可以不予受理。《行政诉讼法》及其司法解释的规定在立法当时有自己的考虑，但是在经过 20 多年的社会发展之后，《行政诉讼法》的相关规定显然已经难以适应社会发展的需要。特别是关于受案范围的限定，意味着只有公民的人身权和财产权是受到《行政诉讼法》保护的，而其他权利和利益是行政机关可以任意处置而不受司法保护的。显然，这样的逻辑是难以成立的。1999 年的《行政复议法》规定，凡是公民的"合法权益"受到损害的，行政相对人都可以向复议机关提出复议申请，导致《行政诉讼法》和《行政复议法》之间有时无法衔接。"一个法律制度，如果跟不上时代的需求或者要求，而是死死抱住上个时代的只具有短暂意义的观念不放，那显然是不可取的。"[①] 为适应时代发展的需要，弥补上述法律规定的漏洞和缺陷，检察机关对具体行政行为的监督范围应该涵盖所有侵犯公民权利的具体行政行为。

1. 侵犯公民人身权、财产权的具体行政行为。行政强制包括行政强制措施和行政强制执行，前者如强制隔离、强制戒毒、强制治疗等；后者包括代执行和执行罚等。行政处罚包括警告、责令停产停业、暂扣或吊销营业执照、没收违法收入和非法所得、罚款以及行政拘留等。行政征收是指行政机关为了公共利益的需要，在给予合理补偿的前提下，将公民、法人或其他组织的财产所有权收归国有，如税收征收、行政收费等。行政征用是为了公共利益的需要，行政主体依照法定的程序对行政相对人的财产和劳务予以征收并给予补偿的具体行政行为。行政强制、行政处罚、行政征收、行政征用等具体行政行为特别是行政强制应纳入检察监督的范围。

2. 侵犯公民其他权利的具体行政行为。近年来，侵犯公民人身权、财产

---

① ［美］博登海默：《法理学——法哲学与方法论》，邓正来译，中国政法大学出版社 1999 年版，第 326 页。

权之外的其他权利的案件时有发生。如侵犯公民知情权的具体行政行为，公民申请信息公开而不被批准的具体行政行为，如 2011 年"清华女生起诉三部委要求公开副部长职权分工案"；侵犯公民平等权的具体行政行为；侵犯公民受教育权、就业权的具体行政行为。这些权利理应纳入检察监督的范围。

3. 行政机关作出的授益性具体行政行为。授益性和侵益性是具体行政行为的一种重要的分类方法，是以行政行为的内容对相对人是否有利作为分类的标准。大部分学者认为授益性行政行为是为相对人设定权益或免除义务的行政行为，[①] "设定或证明权利或者具有法律意义的利益的行政行为"。[②] 一般认为如行政许可、行政给付、行政奖励等具体行政行为属于典型的授益性的具体行政行为。授益性行政行为虽然是赋予权益或免除义务的具体行政行为，但这种具体行政行为也可能会侵犯行政相对人或其他公民的合法权益，比如拒绝或迟延给予符合条件的行政相对人合法权益的；行政主体滥用职权侵害其他公民的合法权益的，包括授益目的不符合法律的规定，作出具体行政行为的考虑不适当，违反了公平正义原则；行政主体违反法定程序侵犯相对人合法权益的。

在行政主体及其工作人员作出侵害公民权利的具体行政行为且这种违法行为情节轻微，尚未构成犯罪的情形下，检察机关可以通过向行政主体提出检察建议的方式，督促行政主体及其工作人员自行纠正违法行为。这种监督方式，体现了检察权和行政权是我国人民代表大会制度下地位平等的两种权力，检察权可以对行政权进行监督，但不能越俎代庖，检察机关无权代替行政机关作出行政决定，而只能向行政主体提出相关检察意见或建议。这种做法，既保障了行政权和检察权的独立性，又实现了它们之间的相互制约。[③]

（二）侵害国家和公共利益而缺乏必要行政相对人起诉的具体行政行为

公益诉讼是为了保护公共利益而提起的诉讼，又称民众诉讼、罚金诉讼等。对公益诉讼的概念，理论界存在不同的观点，广义的观点认为，"公益诉讼是任何组织和个人根据法律授权，就侵犯国家利益、社会公益的行为提起诉讼，由法院依法处理违法行为的司法活动"。[④] 这种意义上的公益诉讼包括行

---

① 姜明安主编：《行政法与行政诉讼法》，北京大学出版社、高等教育出版社 1999 年版，第 146 页。

② 翁岳生主编：《行政法》，中国法制出版社 2002 年版，第 669 页。

③ 冀祥德：《论司法权配置的两个要素》，载《中国刑事法杂志》2013 年第 4 期，第 4 页。

④ 颜运秋：《公益诉讼理念研究》，中国检察出版社 2002 年版，第 52 页。

政、民事、刑事公益诉讼。狭义上的公益诉讼仅指行政公益诉讼，"民众诉讼是指当行政主体的违法行政行为侵害了公共利益时法律允许无直接利害关系的人为维护公共利益而向法院提起行政诉讼的制度"。[①] 本文在此探讨的是行政公益诉讼，又称行政公诉。所谓行政公诉是指检察机关对于国家和社会公共利益受到行政行为损害，而又无人起诉的情况下，基于法律监督职能，代表国家向人民法院起诉，以追究违法者的法律责任，保护国家和社会公共利益。

为了维护社会公共利益，监督行政机关依法行使行政权力，应允许与自己权利无直接法律利害关系的组织，就行政机关的违法行为提起行政诉讼。检察机关是承担这一使命的较为适宜的主体。[②] 我国检察机关从人员素质、诉讼经验以及物质装备上来讲，有能力来履行行政诉讼的职责，而且检察机关的地位较为超然，具有较高的独立性和中立性。从诉讼结构上来讲，为了实现诉讼的公平、公正，必须平衡诉讼双方的差距，公益诉讼需要一个专业的诉讼集团与强大的被告方相抗衡，在我国人民代表大会制度下，能够符合上述条件的国家机关只有检察机关。另外，从实定法上来看，我国《刑事诉讼法》规定，当国家和集体财产遭受损失时，应当由检察机关提起刑事附带民事诉讼，这一规定进一步明确了检察机关能够代表国家和社会公共利益的地位。总之，由检察机关提起行政公诉，有利于中国权力监督制约制度的进一步完善，有利于引导和推动中国市民社会的生成和发展，有利于化解冲突，发挥对社会矛盾"减压阀"的作用，有利于整合对行政权的监督资源，实现制度效益最大化。[③]

由于行政公诉是检察权对社会生活的一种干预，出于权力谦抑和节省司法资源的考虑，检察机关提起行政公诉的范围必须加以限制。具体来讲，检察机关提起行政公诉的案件主要应包括两种情形。第一种是纯粹的涉及公共利益的具体行政行为，具体行政行为与不特定的社会公众的利益相关，无法特定出具体的行政相对人。如行政机关的具体行政行为造成环境污染的；行政机关的具体行政行为造成国有资产流失的；行政机关的具体行政行为造成具有代表意义和文化价值的文物受到破坏的，等等。第二种是具体行政行为虽然有特定的行政相对人，但行政相对人出于种种原因没有起诉的具体行政行为。比如在行政许可案件中，行政机关违法许可行政相对人进行矿产资源的开发，被许可人得

---

① 郑春燕：《论民众诉讼》，载《法学》2001 年第 4 期，第 15 页。

② 汤维建、徐全兵：《人大对检察机关的监督研究》，载《中国刑事法杂志》2014 年第 1 期，第 103 页。

③ 孙谦：《设置行政公诉制度的价值目标与制度构想》，载《中国社会科学》2011 年第 1 期，第 151 页。

到了违法利益，不会进行起诉，而其他社会主体不是具体行政行为的相对人，无法进行起诉；或者行政相对人由于能力和知识的欠缺，不知道自己的权利而没有起诉；或者由于提起行政诉讼的成本行政相对人难以承担，受到"民不与官斗"和"屈死不告状"等传统文化的影响，行政相对人不愿起诉的，等等。在上述情况下，都存在行政权力滥用以及国家和社会公共利益受到严重侵犯的情形，检察机关应该在此时积极作为。同时，应进一步明确检察机关提起行政公诉的条件、程序、范围、方式以及审理和裁判。

（三）行政机关以罚代刑的行为

以罚代刑是指行政机关及其工作人员在明知违法行为可能涉嫌构成犯罪，依法应该移送司法机关追究刑事责任而不移送，以行政处罚代替刑事处罚的行为。我国《行政处罚法》第22条规定："违法行为构成犯罪的，行政机关必须将案件移送司法机关，依法追究刑事责任。"第61条规定："行政机关为牟取本单位私利，对应当依法移交司法机关追究刑事责任的不移交，以行政处罚代替刑罚，由上级行政机关或者有关部门责令纠正；拒不纠正的，对直接负责的主管人员给予行政处分；徇私舞弊、包庇纵容违法行为的，比照刑法第一百八十八条的规定追究刑事责任。"《行政处罚法》这样规定是为了更好地执行法律规定，切实落实过责相当的原则。为了更好地实现这一原则，2001年7月国务院发布了《行政执法机关移送涉嫌犯罪案件的规定》。该规定强调，行政执法机关移送涉嫌犯罪案件，应当接受人民检察院和监察机关依法实施的监督；公安机关应当接受人民检察院依法进行的立案监督。2004年3月最高人民检察院与全国整顿和规范市场经济秩序领导小组办公室（以下简称"全国整规办"）、公安部联合下发《关于加强行政执法机关与公安机关、人民检察院工作联系的意见》。2006年1月，高检院、全国整规办、公安部、监察部联合下发《关于在行政执法中及时移送涉嫌犯罪案件的意见》，该意见规定：行政执法机关在查办案件过程中，对符合刑事追诉标准、涉嫌犯罪的案件，应当制作《涉嫌犯罪案件移送书》，及时将案件向同级公安机关移送，并抄送同级人民检察院。2008年11月下发的中央政法委员会《关于深化司法体制和工作机制改革若干问题的意见》，将"建立和完善刑事司法与行政执法执纪有效衔接机制"（以下简称"两法衔接"）列入司法改革任务。2009年10月，全国人大常委会在审议最高人民检察院《关于加强渎职侵权检察工作促进依法行政和公正司法情况的报告》时，对落实和推进"两法衔接"工作提出明确要求。①

尽管已出台了上述一系列的法律文件，行政机关以罚代刑的现象仍然很严重。② 以"污染环境罪"为例，该罪从立法到修法，横跨十余年时间，具有鲜明的"量刑标准日益明确，入刑门槛渐次降低"的特点。③ 该罪的立法起点是1997年《刑法》确定的"重大环境污染事故罪"，而2011年《刑法修正案（八）》将该罪更名为"污染环境罪"，这次修改扩大了污染物的范围，而且将该罪的构成要件从结果犯变为了行为犯，降低了入罪条件和门槛。近年，食品安全和环境污染事故频发，已经对人民的生命财产安全造成了严重的威胁，在人民群众中引起了强烈关注，加强对食品安全和环境污染的治理已经刻不容缓。在各种力量的综合作用下，由最高检、最高法联合发布的《关于办理环境污染刑事案件适用法律若干问题的解释》于2013年6月19日起实施，该《解释》列举了认定"严重污染环境"的14项标准，比如非法排放、倾倒、处置危险废物3吨以上的；致使公私财物损失30万元以上的；致使30人以上中毒的，等等。这是对2011年《刑法修正案（八）》中的污染环境罪中"严重污染环境"更为细化和具体的表述。与上述在法律文件中不断将环境污染罪的定罪标准具体化、入罪门槛不断降低的趋势不相适应的是，环境污染罪的刑事追诉比例极低。据有关部门的统计，2011年《刑法》修改后，全国涉及环境污染的刑事案件只有10件左右。④ 可见现实生活中频繁出现的环境污染犯罪中的绝大多数并没有被定罪量刑，1997年修订《刑法》到现在，环境犯罪刑事追究的案例屈指可数，这显然背离了立法的初衷，同时也与我国环境污染问题的严峻形势不相适应。对于频繁出现的环境污染事件，有关政府部门的解决方法多数是以罚代刑，只有极少数刑事案件被追究责任。除了环境保护领域，在食品药品安全、土地违法、卫生监管、知识产权保护等经济社会领域，以罚代刑现象也大量存在。

以罚代刑损害法律权威和社会公正，放纵犯罪和犯罪分子，导致一些违法

---

① 徐日丹：《实现行政执法与刑事司法的有效衔接》，载《检察日报》2010年2月21日。

② 罗猛：《论反腐败的刑事政策体系》，载《中国刑事法杂志》2013年第6期，第18页。

③ 冯洁：《治污，重典时代来临？污染环境罪司法解释出台内幕》，载《南方周末》2013年7月4日。

④ 冯洁：《治污，重典时代来临？污染环境罪司法解释出台内幕》，载《南方周末》2013年7月4日。

犯罪行为屡禁不止，破坏社会秩序，并最终损害公民的基本权利和利益。要想纠正这种现象，就必须深入剖析这种现象形成的深层原因并提出可操作性强的对策。以罚代刑形成的原因是多方面的，概括起来有以下几种：一是行政机关由于地方保护主义或部门保护主义而故意以罚代刑；二是行政机关执法人员滥用职权，以权谋私、贪赃枉法而有意开脱可能涉嫌犯罪的当事人；三是行政机关由于工作失误，包括对法律理解适用错误、能力有限、经验不足等而对应该移送司法机关追究刑事责任的当事人仅作行政处罚；四是制度漏洞造成以罚代刑，有的行政机关在内部管理上，将办案机构的工作业绩考评和奖惩与罚没款数、案件数，甚至与福利待遇、奖金相挂钩，导致办案人员片面追求罚没数量而不注重追究当事人的刑事责任，其直接后果就是容易造成以罚代刑行为的发生；五是行政机关与刑事司法机关之间信息不能共享，行政机关及其工作人员对刑事法律和刑事政策理解不够准确而不能及时将案件移送到刑事司法机关。

以罚代刑作出的行政处罚也是违法具体行政行为的一种。这种违法行为放纵了违法犯罪的当事人，损害了国家和社会公共利益以及非行政相对人的利益。这种行为在行政法和行政诉讼法的框架范围内难以得到监督和纠正。行政法和行政诉讼法制度设计的目的在于防止行政机关的行政行为侵犯行政相对人的权利和利益，行政相对人通常是行政复议或行政诉讼程序的启动者。而以罚代刑中行政处罚的行政相对人则在该具体行政行为中得到了利益，以承担较为轻微的行政责任（通常是罚款）的方式逃避了应当承担的刑事法律责任，行政相对人不会对这种行为提起复议或诉讼，使行政机关的自由裁量权极度膨胀，从而使行政权的处理结果具有终局性，排除了刑事追诉权的行使。

以罚代刑行为通常伴随着行政机关及其工作人员的渎职行为，属于行政权的滥用，社会危害性大，但公民和其他主体对此种行为往往无法监督。因为具体行政行为是一种双方法律关系，非行政相对人的第三方难以精确了解案件具体情况，也无法对行政主体是否恰当行使自由裁量权作出判断，对其监督更无从谈起。检察机关作为专门的法律监督机关，承担着对刑事案件提起公诉的任务，其工作人员对罪与非罪有着比其他机关工作人员相比更为精确的把握，无疑更能胜任这一任务。因此对以罚代刑的监督也应成为检察机关的重要职责和检察监督的重要内容之一。

三、具体行政行为检察监督的程序

程序，从法律学的角度来看，主要体现为按照一定的顺序、方式和手续来作出决定的相互关系。其普遍形态是：按照某种标准和条件整理争论点，公平地听取各方意见，在使当事人可以理解或认可的情况下作出决定。① 程序不仅是实现实体正义的手段，同时也具有独立的价值追求。具体行政行为的检察监督也应遵循相应的程序。

（一） 具体行政行为检察监督的时间

事前监督针对的是明显违法或不适当的具体行政行为，在该具体行政行为生效之前进行的监督，监督的主要方式是由检察机关发出检察建议或纠正违法通知书。事后监督是在行政机关作出具体行政行为后，在行政相对人未提起行政复议或行政诉讼的情形下，由检察机关进行的监督，监督的方式包括检察建议、纠正违法通知书、支持起诉或行政公诉等。

基于具体行政行为的公定力，具体行政行为在成立生效之后，在经特定的国家机关撤销之前，始终有效。能够撤销具体行政行为的机关包括人民法院或者是行政机关系统内部的监督机关，如上一级行政机关等。即便在行政诉讼过程中，《行政诉讼法》也规定了"起诉不停止执行"原则，目的就是为了实现行政权的公定力和优益性，维护社会秩序的稳定。所以行政法上设计的行政救济的方式主要是事后监督，即必须在具体行政行为已经成立生效后才能启动。如《行政诉讼法》第 39 条规定，公民、法人或者其他组织直接向人民法院提起诉讼的，应当在知道作出具体行政行为之日起 3 个月内提出，法律另有规定的除外。《行政复议法》第 9 条规定，公民、法人或者其他组织认为具体行政行为侵犯了其合法权益的，可以自知道该具体行政行为之日起 60 日内提出行政复议申请；但是法律规定的申请期限超过 60 日的除外。但具体行政行为的检察监督则可以在具体行政行为生效前或生效后进行，而与行政权的公定力和优先性不冲突，原因主要有两个方面：一是检察监督的程序性。行政权的检察监督不能干预行政权的独立性，检察权的监督本质上是一种程序性的监督，一般仅仅具有程序启动的作用，而不能代替行政机关进行实体上的决定，因此可以在具体行政行为生效前或生效后作出而不会影响行政权发挥作用。二是检察建议的"弱刚性"，具体行政行为检察监督的事前监督一般通过检察建议的方式进行，而检察建议是一种没有强制性的监督方式，行政机关对检察建议的内容可以接受也可以不接受。在具体行政行为作出过程中的检察建议只是起到提醒行政机关审慎作出具体行政行为的作用。因此，检察机关对具体行政行为进行事前监督完全是可行的。

---

① 季卫东：《法律程序的意义》，中国法制出版社 2012 年版，第 8 页。

（二）具体行政行为检察监督的步骤和期限

在具体行政行为检察监督程序的启动上，应该采取被动介入为原则、主动介入为例外的原则。检察机关发现违法的具体行政行为的途径主要包括：当事人申诉、上级机关或人大代表等交办，检察机关通过执法检查途径主动发现，等等。检察权的主动介入应该是一种例外，这主要基于下列考虑：一是为了节约司法资源；二是体现了对行政独立的尊重；三是鼓励当事人采取措施维护自己的权利，毕竟"无权利无救济"，公民才应该是自己权利最积极的保护者。

四、具体行政行为检察监督的方式

具体行政行为检察监督的方式包括检察建议、纠正违法通知书、督促起诉、行政公诉等。

（一）检察建议

检察建议是一种检察机关常用的监督方式，其优点表现在：方便、灵活、高效，且能在不引起强对抗的基础上协调检察权和行政权的关系。在对具体行政行为进行检察监督的过程中，适用检察建议的情形主要包括：具体行政行为违法程度轻微的；具体行政行为在程序等问题上存在瑕疵的；具体行政行为明显不合理的；具体行政行为违法明显，作为检察机关发出纠正违法通知书或提起行政公诉的前置程序的；其他检察机关认为采用检察建议比较适宜的。

（二）纠正违法通知书

纠正违法通知书是检察机关向有关行政机关发出的，其刚性强于检察建议，行政机关在收到检察机关的纠正违法通知书后应该根据检察机关的要求进行整改，并将纠正情况在规定的时限内书面通知检察机关。这种监督方式的优点是灵活、简洁、高效，有利于节省社会资源，能充分发挥行政机关的主观能动性，从而用较小的成本达到监督行政权、纠正违法具体行政行为的目的，避免造成严重危害和损失。因此，纠正违法通知书要求行政机关必须在一定的期限内对违法具体行政行为进行改正并予以答复。相对于检察建议而言，纠正违法通知书往往适用于检察机关已经确认具体行政行为存在违法的现象，因此更容易引起行政机关的重视和关注。同时，纠正违法通知书这种监督方式也存在一定的缺陷亟须进一步完善，其最突出的问题也是所依据的法律文件位阶过低，亟须立法上的授权和确认。

（三）督促起诉

督促起诉是指针对正在流失或即将流失的国有资产，监管部门不行使或怠于行使自己的监管职责，检察机关以监督者的身份，督促有关监管部门履行自己的职责，依法提起民事诉讼，保护国家和社会公共利益。① 我国检察机关是法律监督机关，代表国家和社会公共利益，检察机关督促起诉符合我国检察权的宪法定位和宪法精神。

（四）行政公诉

所谓行政公诉，是指在没有适格原告的情况下，检察机关认为行政机关的行为违反了有关法律规定，侵害公民、法人和其他组织的合法权益，损害国家和社会公共利益，依照行政诉讼程序向法院提起公诉，提请法院进行审理并作出裁判的活动。② 设立行政公诉制度，有利于中国权力监督制约体制的进一步完善，有利于引导和推动中国市民社会的生成和发展，有利于化解冲突，对社会矛盾发挥"减压阀"的作用，有利于整合对行政权的监督资源，实现制度效益最大化。③ 检察机关行使行政公诉权符合检察机关的内在逻辑，④ 能够弥补传统行政诉讼仅由利害关系人发动的局限性，更有利于公共利益的保护。⑤

从世界范围来看，检察制度从诞生发展至今，不同国家的检察制度在性质定位、运行制度方面都有其自身特质。但有一点是共同的，即各国都把它作为社会公益的代表和法律的守护人。大陆法系国家在这一方面表现得尤为明显。检察官站在客观立场，客观、中立、全面维护公共利益，一方面着力于追求案件事实真相，另一方面兼顾各方的合法利益，保护公共利益，处于利益衡量的中枢地位。从现实需要来看，弥补我国行政诉讼在启动诉讼程序和受案范围的缺失和不足是当务之急，对于推进我国的法治国家进程，防止国家和社会公共

---

① 傅国云：《论民事督促起诉——对国家利益、公共利益监管权的监督》，载《浙江大学学报（人文社会科学版）》2008 年第 1 期，第 46 页。

② 孙谦：《设置行政公诉的价值目标与制度构想》，载《中国社会科学》2011 年第 1 期，第 152 页。

③ 孙谦：《设置行政公诉的价值目标与制度构想》，载《中国社会科学》2011 年第 1 期，第 152 页。

④ 孙谦：《设置行政公诉的价值目标与制度构想》，载《中国社会科学》2011 年第 1 期，第 153 页。

⑤ 邓思清：《我国检察机关行政公诉权的程序构建——兼论对我国〈行政诉讼法〉的修改》，载《国家检察官学院学报》2011 年第 4 期，第 32 页。

利益遭受来自行政权的侵犯具有重要的现实意义。

事实上，检察机关行使行政公诉权也有实证法的依据。比如，我国《人民检察院组织法》第4条明确规定："人民检察院通过行使检察权，镇压一切叛国的、分裂国家的和其他反革命活动，打击反革命分子和其他犯罪分子，维护国家的统一，维护无产阶级专政制度，维护社会主义法制，维护社会秩序、生产秩序、工作秩序、教学科研秩序和人民群众生活秩序，保护社会主义的全民所有的财产和劳动群众集体所有的财产，保护公民私人所有的合法财产，保护公民的人身权利、民主权利和其他权利，保卫社会主义现代化建设的顺利进行。"依据这一规定，行政公诉权既是检察机关公诉权的有机组成部分，更是检察机关的法律监督权的当然组成部分。从实践来看，检察机关也在积极进行行政公诉的尝试，一些地方的检察机关办理了一些重大环境污染、侵害国有资产的案件，社会效果良好。检察机关进行行政公诉被实践证明是可行的。

然而，尽管构建行政公诉制度对于制约与监督行政违法行为具有正当性，但是应当严格限制检察机关行使行政公诉的范围。具体来说，首先应当设置检察机关介入行政公诉的前置程序，以防止检察权对行政权、审判权的过度干预。即检察机关如果认为行政行为侵害国家利益或社会公共利益，可以向有关机关提出限期纠正的意见。如果逾期未接到相关机关的答复或纠正，检察机关才能行使行政公诉职权。其次，应当把检察机关提起行政公诉的范围严格限制在行政行为侵害诸如国有资产、生态环境等国家利益和社会公共利益，而社会公众无人起诉或者无人敢于起诉的情形。最后，针对行政公诉的特点，其判决内容也有区别于普通行政诉讼的裁判形式，即增加禁令判决，以督促和禁止行政主体的各种行政违法行为。

另外，为配合检察机关行使行政公诉权，有必要在检察机关增设提起行政公益诉讼部门。由于行政公益诉讼的职权属于公诉的范畴，完全不同于行政诉讼监督职能，因此不宜将行政公诉交由民行检察部门统一行使。作为今后强化行政检察工作的需要，有必要在机构上设立专门履行行政公诉职能的检察机关内设机构。

需要指出的是，检察机关在行政行为检察监督方式的选择上，应该先采用"柔性"的监督手段，再采用"刚性"的监督手段。比如对行政机关侵犯公共利益的具体行政行为，应该先采用检察建议，建议行政机关审慎考虑，对具体行政行为作出变更或撤销；当行政机关对检察建议的内容不予答复也不改正而具体行政行为的违法性又特别明显的情况下，应该采用纠正违法通知书，这种监督方式的刚性明显强于检察建议；而检察机关收到纠正违法通知书后仍然拒不改正的，检察机关就可以提起行政公诉。因为行政诉讼是一种强对抗性的监督手段，整个过程需要消耗巨大的司法资源，在行政机关由于过失等非主观故意的原因作出违法具体行政行为时，这种监督手段"刚性"由弱而强的渐进的选择过程，无疑有利于行政机关主动纠正违法行为，避免造成较大损害的同时节约司法和社会的资源。

经费保障视野下的检察院运转[*]

——基于两个基层检察院不同经费状况的分析

葛　琳^{**}

　　财政经费是检察院正常运行不可或缺的物质基础，而一直以来，经费保障不足一直是长期制约我国检察机关依法履行职责的重要因素。2009年启动的司法经费保障体制改革正是基于改变目前司法经费保障不足的目的，目前已经在全国推开。在这种大背景下，笔者于2008年和2010年分别对东、中、西部地区省份的某些检察机关进行了调查，以检察院的经费保障状况为切入点，选取经费保障状况居于匮乏和丰足极端的两个基层检察院的素材进行分析，具体讨论以下问题：一是目前检察院经费保障的总体状况是怎样的；二是2009年启动的司法经费保障体制改革对基层检察院的经费保障状况的实际影响如何；三是通过两个检察院的具体素材，分析经费保障状况对检察院的工作运行产生的具体影响，以及为什么会产生这些影响，并在此基础上得出几个值得思考的结论，以期对司法经费保障体制的深入研究有所裨益。

一、检察院经费保障的总体图景

（一）"分灶吃饭"方针没有动摇

　　我国检察机关一直以来实行"分级管理、分级负责"的财政管理体制，也就是通常所说的"分灶吃饭"的财政政策。这种体制的基本依据是分税制。分税制是按税种在中央与地方政府之间以及地方各级政府之间，以划分各级政府事权为基础，相应划分财权和财力的一种分权式财政管理体制。[①] 我国推行

---

　　* 本文刊载于《云南大学学报（法学版）》2013年第1期。本文为最高人民检察院检察理论研究所2012年度课题"经费保障与检察职能"的研究成果。

　　** 葛琳，最高人民检察院检察理论研究所科管部副主任、副研究员。

　　① 费雪：《州和地方财政学》，中国人民大学出版社2000年版，第365页。

的是具有中国特色的分税制，它的确立主要是通过 1993 年和 2002 年的两次财政体制改革实现的。① 通过这两次改革，我国初步建立了分税制的基本框架，实现了在中央政府与地方政府之间税种、税权、税管的划分，实行了财政"分灶吃饭"。1993 年《国务院关于实行分税制财政管理体制的决定》（国发〔1993〕第 085 号文件，以下简称"85 号文件"）对于公检法的支出责任作了明确界定：中央本级公检法支出由中央财政负担，其他公检法支出由各级地方财政负担。这种支出责任的划分模式意味着将公检法经费的主要支出责任分配给了地方财政，中央级财政只通过转移支付给予一定的经费补助。因此，检察机关经费来源渠道有二：一是本级政府财政预算拨给一部分；二是中央（省）财政专项经费补助一部分。其中本级财政预算占主要份额，中央（省）财政专项经费补助仅占较少部分，且具有不确定性。

2009 年 7 月，中共中央办公厅、国务院办公厅正式下发了财政部带头起草的《关于加强政法经费保障工作的意见》，财政部也下发了《政法经费分类保障办法（试行）》，正式启动司法经费体制改革，对加强和改革政法经费保障作出明确规定，建立了"明确责任、分类负担、收支脱钩、全额保障"的政法经费保障体制。具体来说，将政法经费划分为"人员经费、公用经费（包括日常运行公用经费和办案（业务）经费）、业务装备经费和基础设施建设经费"四大类。由同级财政承担人员经费、日常运行公用经费、办公基础设施建设经费和各类基础设施维修经费；由中央、省级和同级财政分区域按责任承担办案（业务）经费、业务装备经费、业务基础设施建设经费。在此基础上，又建立了分项目、分区域、分部门的政法经费分类保障政策。与原先的"分灶吃饭"方针相比，此次改革虽然减少了政法机关对地方财政部门的依赖程度，勾勒出了司法机关纵向经费管理模式的雏形，但仍然没有从根本上改变"85 号文件"所确定的中央与地方事权、财权的划分原则和对公检法经费的支出责任两分模式。如何制定落实分项目、分区域、分部门投入的具体方案，实现区别对待和总体平衡，仍存在一定的复杂性和不确定性。② 从笔者的调查情况看，目前其最大成果是使中央对政法经费转移支付的数额有大幅增加，在

---

① 1993 年，根据党的十四届三中全会的决定，按照事权与财权相结合的原则，将税种统一划分为中央税、地方税、中央与地方共享税，建起了中央和地方两套税收管理制度。2002 年国务院转发了财政部《关于完善省以下财政管理体制有关问题的意见》，提出了完善省以下财政管理体制的目标和原则，合理界定省以下各级政府的事权范围和财政支出责任，进一步规范省以下转移支付制度等。

② 陈泽伟：《新一轮司法体制改革将实现政法经费全额保障》，载《瞭望新闻周刊》2009 年 8 月 24 日。

2011 年中央财政主要支出项目安排中，公共安全支出为 1617.32 亿元，增长 9.6%。2010 年，公共安全支出 1475.42 亿元，比上年增长 14.6%，① 一些经济不发达地区检察机关的中央转移支付经费和配套经费状况得到了改善。

（二）"收支两条线"在许多地区被虚置

尽管主要依赖地方财政，但在地方财政的整块"蛋糕"中，司法经费只占极少的份额，检察机关的份额则更少。造成这种状况的原因是多方面的，有的地方财政收入本身不足，分配到检察机关的份额自然更少；有的地方虽然财力充足，但却侧重于投入科技、教育等经济增长点，对提高政法经费份额兴趣不高。总之，由于地方财政对政法机关经费保障的普遍不足，在相当长的时间里，政法机关纷纷开始寻找"皇粮"以外的经济来源渠道进行创收，被戏称为吃"杂粮"，以弥补预算不足，甚至有的政法机关直接从事经商活动或违法办案。为了杜绝这种现象，1998 年中办、国办转发《财政部关于政法机关不再从事经商活动和实行"收支两条线"管理后财政经费保障的若干意见》（中办发〔1998〕30 号文件），明确要求"财政部门在安排政法机关预算时，要按照预算内外资金结合使用的原则统筹核定，不得与政法机关行政性收费和罚没收入挂钩"，对政法机关经费实行"收支两条线"管理，要求政法机关将行政性收费和罚没收入直接上交政府财政，然后再由当地政府根据政法机关的需求和资金的总数进行考量，通过独立的重新预算分配给政法机关。这一文件对检察机关的经费状况影响显著，等于彻底排除了检察机关吃"杂粮"的可能性。2005 年 9 月，高检院几经协调，与财政部联合下发《关于制定县级人民检察院公用经费保障标准的意见》，明确提出了制定县级检察院公用经费保障标准的原则、范围、方法和要求，希望真正实现县级检察院的收支脱钩。2006 年 5 月中共中央《关于进一步加强人民法院、人民检察院工作的决定》明确要求："省级财政部门要会同高级人民法院、省级人民检察院制定本地区基层人民法院、人民检察院经费基本保障标准，并予以落实。"

然而，直至目前，实践中检察经费收支"名脱暗挂"的情况仍十分普遍。由于各级检察院在地方财政预算中所占的比例有限，多数基层院不得不积极找政府（财政）协商，将结案案款上缴财政后再按"收支两条线"的规定，由财政按一定的比例核拨或追加给基层院，以弥补预算经费的不足。笔者在中部

---

① 参见财政部官方网站："关于 2010 年中央和地方预算执行情况与 2011 年中央和地方预算草案的报告"和"关于 2009 年中央和地方预算执行情况与 2010 年中央和地方预算草案的报告"。

H 省调研时了解到，该省检察机关公用经费 80% 以上靠赃款返还解决，80% 以上基层院的检察官津贴和地方补贴也靠赃款返还解决。赃款返还与财政预算的关系还存在不同种类，在该省所有 128 个基层检察院中，财政预算全部予以保障，完全实现与返赃脱钩的有 43 个院，约占总数的 1/3。其余县级院分别属于以下情形：（1）地方财政按照保障标准安排经费预算，附加追赃任务，但不跟预算挂钩；（2）地方财政安排经费预算，附加追赃任务，上缴赃款才兑现预算；（3）地方财政对检察经费的预算只安排保障标准的一半或 1/3，其他依靠追赃返还；（4）地方财政中检察经费的全部预算安排完全依靠追赃返还。这些模式在 2010 年在全国范围仍相当普遍，并未因 2009 年的司法经费改革而得到根本改观。据高检院计财局统计，2009 年，全国县级检察机关赃款返还 17.4 亿元，占办案费总支出 23.01 亿元的 75.62%。

可见，"收支两条线"的管理体制并没有从根本上改变财政投入不足情况下检察机关依赖预算外资金的现实，它只是改变了有限的预算外收入在检察院和地方政府之间的分配方式，事实上给了地方政府更多的权力，也让检察院与地方政府的关系更加紧密和复杂。最终的结果是检察机关不得不竭力开辟有赃款的案源，地方政府不得不将检察院上缴的费用按照一定比例再重新分配给检察院，通常是上缴越多，返还就越多，分配的资金取决于上缴的费用，特别是在中西部地区，"收支两条线"在实质上被虚置。

（三）检察机关横向之间和检察机关与公安、法院之间的经费保障情况差异巨大

在依赖地方财政的保障体制之下，由于不同地区的经济发展水平不同，不同检察院的经费收入大相径庭。沿海和城市地区的检察院由于当地政府财政收入充足，可以完全依赖预算内资金，也就很少有动力在预算外创收。但欠发达的内陆地区的检察院则无法完全依赖预算内资金，因为这些地区的财政收入尚不足以支持地方政府运作，应对之策也层出不穷。而同为政法机关，共同分享地方财政"公共安全支出"的检察机关与法院、公安机关在中央和地方财政拨款中的份额也有明显差异。在笔者调研的 F 省某县，2009 年该县检察院、法院和公安得到的专款分别为 100 万元、200 万元和 900 万元，比例是 1∶2∶9，份额明显不均。与这组微观数字相印证的是，2009 年全国检察机关经费总支出比 2008 年增长了 9.39%，但比同期整个政法支出增长比例（16.8%）低 7.41 个百分点，落后于全国政法系统平均水平。这种经费分配格局印证了吉登斯所说的"权力的制度性调配"理论，"资源是权力得以实施的媒介，是社

会再生产通过具体行为得以实现的常规要素",① 权力也存在于现行财政体制之中,并通过财政体制展现出来。一定财政利益格局下的冲突和权力之间的关系总是与权力资源的分配联系在一起的。检察机关在经费分配上的弱势地位与其在政法机关中的弱势地位直接相关。政法机关中,公安机关的维稳职能最重,经费份额最多;法院的定分止争、息访息诉的任务也直接关系到稳定大局,而在 2007 年法院系统的诉讼费用改革使诉讼收费大幅下降,中央财政因此给予了专项财政补助,弥补了法院经费的不足。检察机关居于诉讼环节中间(反贪部门侦查涉及面较小,且尚有纪委部门把关),虽然具有宪法规定的法律监督权,却缺乏实体处分权,在权力体系中处于实际的弱势,常常在三机关的利益格局中排序靠后,这也直接影响了政法机关内部的经费分配格局。

二、经费状况对检察机关的现实影响——两个基层检察院之比较

以上介绍了检察院经费保障的制度脉络和总体状况,为了进一步从微观上考察经费状况对检察机关履行职权的现实影响,笔者从调研的地区中选取了经费状况处于丰足和匮乏两极的两个基层检察院,通过比较它们具体状况,考察经费状况对检察机关日常运作的现实影响。调查方法有统计、访谈、座谈、观察和资料检索等。A 检察院位于我国西南部某省的 M 县,该县是国家级贫困县,国土面积 2334 平方公里,总人口 27.4 万人。2007 年全县完成财政总收入 1.98 亿元,其中地方财政一般预算收入 1.12 亿元,人均地方财政收入 405元。A 检察院实有干警 41 人,大专以上学历 38 人,其中在职研究生 1 人,本科生 18 人,专科 19 人,中专高中 3 人。有检察官职称的 16 人,占总人数的39%。该院自 1979 年恢复重建以来办公用房多次搬迁,新的办公楼正在建设中,缺口资金 600 万元,笔者实地调研时发现该院同县某企业混用一座旧楼,建筑面积不足 1300 平米,由于临街噪声较大,录音录像设备无法安放,内部人员设施安全和保密也很成问题。2009 年司法经费改革之后,中央和省级财政转移支付数额增加了不少,但都需要县财政统一拨付,县财政用中央和省级专款抵顶了本级部分预算,所以 A 院的总收入没有明显增长,并未从中央大幅增加的政法投入中获得实益,反而被县财政赚了钱。

B 检察院位于我国东部沿海某市市辖区,辖区面积 78.8 平方公里,常住人口 99.63 万人,2007 年该区完成财政收入 41.84 亿元,其中地方财政一般

① [英]安东尼·吉登斯:《社会的构成》,李康、李猛译,三联书店 1998 年版,第77~78 页。

预算收入 31.1 亿元，人均地方财政收入达 3100 元。B 检察院实有干警 135 人，本科以上占 88.57%，有检察官职称的 100 人，占总人数的 74%。该院先后获得省先进检察院、先进职工之家、市文明示范单位等荣誉。90 年代落成的办公大楼共 9 层，另有地下停车场一层，建筑面积 1 万多平方米，有大小房间 100 多间，其中办公用房 70 余间，并设有大会议厅、干警俱乐部、健身房、乒乓球室、台球室等；大楼有完善的消防系统、空调系统、通信系统、闭路电视监控系统，是一座多功能现代化的综合写字楼。2009 年启动的司法经费改革也没有对 B 院的经费状况造成实质性的影响，中央和省级转移支付重点向中西部不发达地区倾斜，对东部地区的力度不大，B 院所在地也不属于东部地区中需要重点资金扶持的地区，因此 B 院的经费主要依靠本级地区财政保障，而当地财政早已实现了对 B 院经费的全额保障。

这就是两院目前的经费现状。那么这种经费状况对检察机关具体产生了哪些影响呢？

（一）对院领导的行为方式的影响

检察院经费的充足程度对于 A 检察院领导的影响是显著的，这不仅体现在其精神状态上，还体现在其对本院的工作思路和工作重点上。在座谈和访谈中笔者发现，经费保障的紧张给 A 院检察长造成了很大的压力，他在言语中毫不掩饰地表达了对该院经费保障不足的忧虑，还坦承他 80% 的精力都用来为检察院跑经费，[①] 除了经常书面或口头向有关部门陈述困难外，逢年过节他不得不经常周旋于与地方财政部门的各种酒场和应酬，试图争取更多财政预算和追加、返还份额，在具体检察业务上的精力相对不足。事实证明他的付出还是卓有成效的，2008 年地方财政对该院的赃款返还在 80% 以上，2009 年达到了 100%。由于 A 院检察长的工作重点在争取经费上，对工作创新和改革动力不足，所以 A 院在工作流程和氛围上长期变化不大，有些死气沉沉。这种状态是可以理解的，一个整天想着如何挣钱糊口的人如何能有心思和能力把日常生活过得花样翻新？A 院现任检察长已经在任八年，在升迁方面似乎一直没有什么起色。对于检察长的评价，普通检察官在私下访谈中表现出复杂的情绪，

---

① 某些调查将基层检察院领导争取资金的状态总结为"三勤"、"五主动"，即：勤写资金请示、勤找领导汇报困难、勤于理顺上下关系；主动想、主动说、主动跑、主动要、主动争，在政策允许的范围内，想法尽可能地增加一些项目，多方筹集资金，确保检察工作的正常运转。参见连继民、侯兆晓：《政法经费短缺现象调查》，载《民主与法制》2009 年第 9 期。

一方面他们理解经费不足的根源在于体制，对院领导确定的工作重点和精力付出表示理解和支持，另一方面，一部分人仍然对院领导在争取资金方面没有做到游刃有余抱有不满，甚至有人把本院领导和县法院领导进行比较，县法院领导凭人际关系上的活络和努力为干警创造了更多的福利令他们十分羡慕。可见，无论是树立个人威信，理顺内部管理，还是追求 A 检察院的进一步发展，争取经费都对 A 院检察长至关重要。

B 检察院则是另外一番景象。B 院最近八年中已经换过三任检察长，他们都因工作突出而调至市院。B 院现任检察长与 A 院检察长相比显得年轻而更有威严，在访谈中，经费是他津津乐道的话题。他告诉笔者，B 院早已实现了地方财政的全额经费保障，已完全实现了真正意义上的"收支两条线"，赃款全部上缴，与财政预算并无直接关联。近年来，随着本地区财政收入的增长，B 院检察经费还在逐年提高。作为 B 院领导，他目前的工作重点是如何全面落实最高人民检察院进行工作机制创新的要求。B 院检察干警对领导的评价也十分正面，并且对院领导的思路和该院今后的发展信心十足。

通过上述比较，一个显而易见的结论是，经费充足的检察院领导比经费匮乏的检察院领导更容易作出成绩，反过来说，经费匮乏的检察院领导囿于"保基本运转"的目的，缺乏进一步工作创新的动力。所谓"巧妇难为无米之炊"，而"有钱"自然"好办事"。这也侧面印证了马斯洛的理论，以生存为主要目标的生物本能需求如果不能得到满足，那么，更高级的精神层次的愿景与理想的需求就不会强烈，[1] 检察院作为社会组织及其成员也同样适用这一理论。检察院整体的发展状况又会反过来影响院领导的前途，形成积极或消极的互动，在检察长的精神状态和升迁状况上体现出来。

（二）对人员构成和人才储备的影响

A 院的人员构成相对稳定，多年来没有出现大幅度的流动性。这与检察院在当地的收入水平居于中等有关。在全国范围内，检察干警的基本工资标准是一致的，但干警收入的另一部分——补贴和津贴，则因为各地财政状况不同而存在很大差异。根据笔者 2008 年访谈时获得的数据，A 院检察长每月工资2800 元（含所有津补贴），一个工龄在 10 年以上的普通检察官工资为 1700 元，而当年该省城镇居民月人均可支配收入为 1104 元，检察院的工资水平在本地区范围内处于中等，而该县经济发展缓慢，消费水平不高，检察官的基本

---

① ［美］马斯洛等：《人的潜能和价值》，林方主编，华夏出版社 1987 年版，第 208 页。

工资在当地维持生计绰绰有余，而且社会地位也相对较高，一些干警比较满足。但 A 院整体的人员构成状况却远远达不到司法改革所要求的专业化水平。A 院现有的编制中，受过正式法学专业教育的只有 20 人（含大专中专），只有 16 人有检察官资格，其他在业务部门工作的人员尚待通过国家司法考试。由于经费问题，A 院也较少对干警进行正式的业务培训和学习，对于理解和运用日益繁杂的刑事法律，一些干警在私下访谈中表达了心中的不安和对知识更新的渴望。近年来也零星有人调离或辞职，去处或者是其他政府部门，或者是本省外县或外省的政法系统，这些人往往是业务骨干或者有发展潜力的大学生，甚至接待笔者的一位年轻的副检察长对自己即将调任县委也并不讳言。这些人员的离开原因各异，追求更好的发展和更高的待遇是其中的主要因素。

为了改变该院人员构成不合理的状态，A 院领导十分重视每年的人才招聘，2008 年一年就曾列出 7 个招聘指标，而尽管近年来大学生就业困难加剧，公务员职位受到追捧，但同一省甚至同一地区之内人才的趋向仍成梯级分布，经济发达、待遇优厚的地区和职位总是更具吸引力，而类似 M 县这样的国家级贫困县，人才的首选倾向一般是国税、工商等行政机关，法检系统固然也受到青睐，当地有关系的人也将之作为角逐之选，却不是他们想要的人才。为了吸引人才，A 院的上级州检察院甚至更改了部分岗位的招录条件，文秘岗位对考生的学科需求、门类需求、专业需求乃至户籍所在地均改为"不限"。即便如此，A 院 2008 年的招聘仍然有 2 个职位空缺，没有招到合适的人员。总体而言，A 院的人才分布和储备处于十分尴尬的境地，一方面由于地域、历史等客观原因造成了人才专业化程度和结构搭配的不合理，另一方面又难吸引和储备有潜力的业务"苗子"，这对该院检察职能的发挥产生了很大的负面影响，遇到大案要案啃硬骨头时，干警在业务能力上的缺陷就会体现出来。简单地说，A 院并不缺人员，但缺"人才"。

那么 B 院又怎样呢？如果政法系统是否实现专业化可以用受过正规法律专业教育比率和具有检察官职称比率两个指标来衡量，那么从 B 院的人员构成来看，该院已经达到了相当的专业化水平。该院不仅有 74% 的人具有检察官职称，受过正规法律专业教育的人已经占到了总人数的 80%。仅从以下一组数字就能看出该院的整体业务素质：2008 年至 2010 年三年当中，该院 4 个部门和办案组荣立集体三等功 1 次，6 人荣立个人三等功 1 次，3 个部门被评为市级以上先进集体，27 人次被授予市级以上荣誉称号，18 项调研成果获省级以上奖励或刊发。

可以用"应者云集"来形容 B 院每年的招聘情况。B 院良好的办公环境和物质待遇吸引了大批不仅是本省本市乃至全国范围内（包括中西部地区）

的法学院校毕业生，如果北京、上海、杭州等国内一线城市应聘失利，这里将是首选。因此，竞争比较激烈，近三年来报考该市检察系统公务员的人数都是招考人数的十几倍或数十倍，这在客观上保证了B院的人才质量。同时，B院充足的公用经费也为现有人员的知识更新和能力提升创造了良好的环境。B院不但每年都聘请专家进行"刑事法律和检察业务"的系列法律讲座，还连续派员参加市院组织的某知名大学刑事检察业务班和司法警察班，鼓励干警进行各种知识、能力竞赛，以应对日益繁复的立法所造成的干警知识体系老化现象。

从检察官待遇档次来看，B院也同A院在当地一样处于中等地位。虽然由于地区经济比较发达，B院检察官是A院相同级别同行的数倍，在本系统内已经十分令人羡慕，但当地物价水平较高，房价在最近五年内翻了两番，抬高了生活成本，B院的待遇水平折合物价因素之后并没有想象中优越。与A院相似，B院的人才流动性也不是很大，该院某位检察官的话能够很好地解释原因，"（这份工作）收入能维持生活，工作虽紧张但比较规律，有相对较好的工作平台，领导和同事们都比较宽和，今后的职业生涯相对稳定。"但近三年来B院也陆续有数人离开，去向以金融机构、律所、大型国企为首选，追求更好的待遇显然是重要原因之一。B院的经费保障情况在整个检察系统中已属相当优越，但与当地一些待遇更加优厚的机构相比仍有一定的差距。在这一点上，B院的人员流动与A院的人员流动原因并没有本质的差别。

人才流动规律告诉我们，从总体上看，人才资源聚集，是向"最高处"、"次高处"等依次聚集，而扩散、转移也是循着从高到低的次序进行的。[①] 这就意味着待遇优厚与否对人才选择去留的影响是相对的。如果对人才而言，待遇没有"最优"只有"更优"，那么无论是A院还是B院都会面临人才流动所带来的冲击，也都会成为不同等次人才追逐的目标。所不同的是，B院由于经费充足、位于发达地区，能够及时补充空缺，个别人才的流失不至于动摇其骨干群体的稳固性和质量，而A院地域偏僻，对本地区之外的人才几乎不具有吸引力，只能从本地选才，其在待遇方面的竞争力又比同处该地区的某些"油水"单位略逊一筹，所以A院对人才的吸纳和储备只能做到数量上的及时补充，质量上受人才流失的冲击要相对明显。由此看来，待遇只是检察系统人才流动的影响因素之一，检察院所处的地域及其发展程度、工作氛围、社会宏观的经济环境等都会影响人才的去留选择。不考虑这些因素的综合作用而仅仅

---

① 李建国：《人才流动的新特点及其规律性探析》，载《光明日报》2005年6月22日。

强调提高待遇来留住人才的思路是不现实的，但让检察官享受更好的基本生活保障显然是保持其职业稳定性的前提条件。

（三）对办案的影响

1. 经费对办案数量的影响

近年来，随着我国经济社会的发展，犯罪的数量和复杂程度都呈上升趋势，检察机关的办案压力和支出不断增大，办案质量也日益受办案经费投入的影响。笔者对多个检察院的调查也证实了经费对办案的重要影响，有时甚至是关键性的影响。那么办案过程中究竟需要哪些费用支出呢？笔者根据有限的调研情况归纳出了如下检察办案环节和经费支出项目（见表1）：

表1：检察办案环节和经费支出项目

费用环节	办案人员差旅费	侦缉调查费	协助办案费	技术检验鉴定翻译费	法律文书制作印刷费	办案用品购置费	赃（证）物保管费	专业补助费	特情费	其他
自侦案件初查和立案侦查	√	√	√	√	√	√	√	√	√	√
审查逮捕	√				√		√			
审查起诉	√		√	√	√	√				
民行监督					√					√
接受控申举报	√				√					√

注：√表示某环节会需要或产生某项费用支出，这只是基于作者有限的调查范围基础上的归纳，不代表其他费用支出在检察实践中一定不会出现在某检察业务环节。

从表1可见，自侦案件初查和立案侦查可能覆盖所有列出的经费项目支出，其对经费的依赖性最强，是最"费钱"的业务。A院计财部门给笔者提供了一份近期所办的一起渎职、受贿案件的费用支出清单：案件初查费1.5万元，侦缉调查费2万元，协助办案费1万元，鉴定费1千元，法律文书制作印刷费500元，办案设备购置和租赁费1.5万元，赃（证）物保管费1000元，专业补助费5500元，特勤费5000元，其他办案费2000元，合计7.5万元，而此案涉案赃款才5万元，在当地已经属于大案了。其他办案环节根据具体办案行为单项经费支出也有较大需求。从这个角度，很容易得出这样的结论：办案数量越多，需要的经费就越多；办案数量越少，需要的经费就越少。这一结论真的成立吗？笔者收集了 A、B 检察院的部分环节的办件数量进行了比较，详见表 2：

表 2：A 院与 B 院 2007—2009 年部分办案数量比较

	2007 年		2008 年		2009 年	
自侦立案	A 院	B 院	A 院	B 院	A 院	B 院
	反贪:8 件 8 人 渎检:2 件 2 人	反贪:17 件 19 人 渎检:5 件 8 人	反贪:9 件 10 人 渎检:1 件 1 人	反贪:22 件 22 人 渎检:3 件 3 人	反贪:12 件 15 人 渎检:3 件 3 人	反贪:21 件 22 人 渎检:10 件 10 人
受理审查批捕	A 院	B 院	A 院	B 院	A 院	B 院
	289 件 317 人	4321 件 7011 人	304 件 330 人	4886 件 8022 人	321 件 347 人	4893 件 7748 人
受理审查起诉	A 院	B 院	A 院	B 院	A 院	B 院
	250 件 285 人	4390 件 7020 人	267 件 297 人	4474 件 7128 人	282 件 333 人	4893 件 7748 人

从表 2 所反映的办案数量来看，A 院无论是在案件总数上还是人均办案数量上都要远远少于 B 院。如果从办案数量反推办案经费，的确会得出这样的结论：A 院办理的案件少，所需办案经费理所当然少；B 院办理的案件多，所需办案经费理所当然多。这是一些地区财政部门做预算时很容易陷入的误区。A 院座谈和访谈反映，实际办案需求与实际办案数量有时并不一致，经常受到经费短缺的制约，后者往往要少于前者。以 A 院为例，A 院目前的办案数量与当地的经济发展、社会治安状况基本相适应，但办案经费短缺是影响 A 院办案数量的一个重要因素。A 院每年的自侦案件中总有因嫌疑人出逃而放弃的情形，因为办案成本太高，难以承担。显然，A 院的反贪工作因为经费问题面临着进退两难的处境，一方面县财政追赃与预算挂钩的体制迫使反贪部门极力地挖掘案源，争取更多的追赃收入，另一方面高额的办案成本又制约了他们的办案能力，使他们不得不搁置一些跨地区、跨国界的大案要案。B 院的情况要好得多。由于处于东部发达地区，经济往来活跃，人员流动频繁，刑事犯罪发案率明显高于 A 院辖区，办案数量远远多于 A 院，办案支出显然更为高昂，而充足的办案经费保证了 B 院从未出现单纯因经费问题而消极不作为的情形，相反，由于财政预算充足，办案部门还要为如何把钱花完费脑筋，如果前一年办案经费有结余，会影响 B 检察院次年的财政预算额度。这当然保证了办案部门在办案过程中不会因经费而缩手缩脚。所以，办案经费的确是影响办案数量的一个重要因素，办案数量越多，需要的经费就越多的结论是没有问题的；而办案数量少，却并不能说明少量经费能够满足实际办案需要，办案经费与真实的办案需求相适应是检察机关充分发挥职能的基本保证。如果以实际办案数量反推所需经费，并以此作为预算依据，只会加剧 A 院这类经费不足检察院的办案窘境。

2. 经费对办案精力投入的影响

访谈发现，A 院明显存在根据赃款数量决定精力投入的情况。由于客观存在"收支挂钩"的利益驱动，贪污贿赂案件之类能带来赃款收入的案件会受到明显重视，院方舍得投入精力，配备精干力量全力以赴。相比而言，同样属于自侦案件的渎职侵权案件待遇就大不相同。原因是渎职侵权案件的发案领域较其他自侦案件更为宽泛复杂，查处耗时费力，又不能为本院创收，缺少利益驱动，还要搭经费、赔关系、得罪人，A 院干警积极性不高，这也能够部分地解释近年来为何在一些贫困地区检察机关渎职侵权案件办案数量上升幅度较小。在 B 院的访谈显示，该院也出现过对自侦案件中的贪污贿赂案件和渎职侵权案件精力投入区别对待的情况，不过受到重视的是渎职侵权案件，因为某一时期该市安全生产责任事故较多，市院开展打击渎职犯罪的专项行动，渎职侵权案件受到格外重视。显然，这种选择性重视是出于经费以外的原因。可见，某一阶段的刑事政策、社会关注程度、运动式的执法检查以及纪检委移交案件的数量都可能影响检察机关对某类案件的精力投入，经费只是可能影响检察机关对案件进行选择性精力投入的原因之一。

3. 经费对追逃和取证的影响

A 院一位从事反贪工作的检察官告诉笔者，追逃是他们最为头疼的问题，一些案件常常因嫌疑人不能归案而搁置。无论是跨地区还是跨国追逃都需要充足的经费支持。而省份与省份之间的追逃协助也常常会因经费短缺问题而缺乏动力，"你们省的腐败分子不能用我们省的财政收入来追"，这句流传在反贪领域的戏谑话语反映出经费不足对我国跨省反贪侦查协助造成的负面影响，也显示出经费不足检察院反贪工作的尴尬处境。在取证方面，A 院检察官给笔者讲述了相邻县检察院所办理的两起不成功案件，某 4 人受贿案历时 5 个月基本侦查终结，但巨额办案经费致使该院出现严重经费短缺，以致该院未能及时采取技术手段查找到 3 名主要证人收集证言，案件进展受到较大影响。另一起某采暖公司经理涉嫌职务犯罪案件中，因无力支付锅炉鉴定费 40 万元，致使案件初查无法展开。A 院也曾经出现过类似情形。笔者对这两起不成功案例的真实原因有所怀疑，但显然，经费短缺已经成为 A 院办案出现纰漏后的一种无法追究的借口和理由。B 院则从未出现过上述情况，追逃和取证不会单纯因经费问题而打折扣。

（四）经费对落实改革措施的影响

近年来，高检院非常注重推行检察机关的内部工作机制改革，当前已经全面铺开的有职务犯罪批捕上提一级、公诉案件二审开庭、执行监督的同级同步监督、侦查一体化机制、办案信息化建设、讯问职务犯罪嫌疑人全程录音录像制度等。这些改革被寄予厚望，而与改革密切相关的预算和支出问题却并未引起太多的关注。事实上，许多改革都造成了办案经费的增加。以职务犯罪侦查案件逮捕权上提一级改革为例，改革后，上下两级检察院都增加了办案支出，下级院需要将审查批捕意见书连同案卷材料、讯问犯罪嫌疑人录音录像资料同时上报上级院，上级院需要到下级院提讯犯罪嫌疑人、侦缉调查、制作法律文书，表1中的支出项目几乎都有覆盖。根据高检计财部门2010年的抽样调查数字，仅贪污贿赂案件，县级院每向市级院提捕1件，县级院增加支出1.27万元，市级院增加支出2.04万元，共计3.31万元。这类支出使原本经费短缺地区的检察院不堪重负，笔者从A院现状得到了佐证。职务犯罪侦查案件逮捕权上提一级改革实施以来，由于经费短缺，A院2009年的12件贪污贿赂案件中，仅2起案件中的2人报上级检察院批捕，其他案件都采用暂时取保候审、等经费到位后再变更的做法。这种做法虽然与学界推崇的"少捕"理念不谋而合，实际上却是任由经费原因决定了逮捕的实际适用条件，客观上影响了案件办理，在姿态和力度上都有消极行使职权的嫌疑。A院的上级院曾试图通过检察专网进行远程视频提讯解决两地不便问题，从而减少提讯的诉讼时间延误，但A院的信息化建设难以达到办案要求，全面建成亦开支不菲，且尚需时日。讯问职务犯罪嫌疑人全程录音录像制度的情况也不乐观，由于A院的新办公楼在建中，与其他单位混用的旧办公楼设施陈旧，专款购置的录音录像设备无法安装，该项制度在新办公楼投入使用之前基本形同虚设。根据笔者有限的观察，高检院近年来推行的一些改革措施在A院因为经费短缺而收效甚微，没有对A院的常规工作造成多少实质性的影响，只有在上级检查组到来之时才会做一些表面或文字功夫。

B院落实改革措施方面的情况要好得多。职务犯罪侦查案件逮捕权上提一级制度、讯问职务犯罪嫌疑人全程录音录像等制度都得到了严格的落实，一些工作经验还得到市级、省级院的肯定和推广。除了认真落实了高检院的改革方案，B院还进行了一系列的尝试性的工作创新：该院更新了接访硬件设施，在全市检察系统率先实现了同步录音录像接访；该院职务犯罪预防部门在辖区三家行政机关开展系列廉政宣讲活动，接受廉政教育的人数累计超过400人；推行"特约医师协助讯问工作"机制，保障办案安全；积极推进检察前移工作，服务社会治安整顿行动；在全区84个居委会依次铺开预防职务犯罪进社区、进家庭活动。这些活动的材料、车辆、人员劳务等经费全部由B院自付。没有经济实力作为后盾，这些工作创新几乎不可能实现。这些创新活动兑现或者强化了"司法为民"、"以人为本"等主流政治话语中的价值导向，很大程度上提升了检察机关在民众心目中的形象，也的确使得业务流程更加规范，检察干警业务素质更加专业。

三、几个追问与结论

本文展示了新一轮司法经费体制改革启动后，经费保障体制对两个基层检察院运作的影响。中国幅员辽阔，地区发展不平衡，各地检察机关的经费保障模式有很大差异，而 A 院、B 院情况具有特殊性和局限性，并不能由此推论全国的总体状况。但之所以选取这两个基层检察院作为样本，是因为他们在特殊性之外又具有典型性，是两种保障状况的缩影，比较和研究它们的实际状况和面临的具体问题有助于我们全面思考检察经费保障对检察职能的影响。笔者对这有限的观察对象进行微观分析之后提出几个值得深究的问题，并尝试进行初步回答。

（一）在地方财政依赖不变的情况下基层检察机关的经费状况能得到根本改观吗？

上述调查表明，2009 年启动的司法经费体制改革的效果在某些贫困地区基层检察院并未完全显现，中央启动改革的一些良好的动机和努力被某些地方财政部门视为"额外收入"收入囊中冲抵了预算，并未从实质上解决检察机关经费匮乏的问题，其原因除了转移支付制度本身的漏洞之外，根本上还在于未能彻底解决检察经费保障依赖于地方财政的保障体制，实现检察经费的独立和全额保障。

在检察系统经费来源依赖于地方的财政保障体制之下，当地的经济发展水平通过经费深刻地影响到了检察机关各方面的具体运作，从人员构成、人才储备到办案，甚至检察院干警和领导的精神状态和行为方式。在经济发展水平低的地区，检察院的经费来源不足，需要自力更生地通过追缴赃款补充经费，或者不得不通过取证、追逃方面的不作为节省经费，办案过程中的法制精神和规范意识必然是淡薄的。这类检察院响应和贯彻上级以政治力量或主流价值观所强力推行的规范化改革尚且力不从心敷衍应付，所以就无法期待他们能够自觉地进行具体工作方式方法上的自主创新和自我完善了。普通民众所期待的"司法公正"、"不枉不纵"理想更是无以附着。而在经济发展水平高的地区，经费来源充足，虽然很有可能出现"乱花钱"的情形，但充足的经费对于检察职能的有效发挥，办案人员的专业素质和职业荣誉感的培育，办案过程的规范化程度和对既有制度的反思创新能力都有十分重要的积极影响，对司法公正的践行也相对真实和执着。显然这更加符合今后检察机关的发展方向。因此，笔者十分赞同如下观点，"在中国，司法质量和司法改革的有效性似乎依赖于当地经济的发展和多元化"。① 而从未来的发展而言，放任这种依赖关系等于放弃了对经济不发达地区检察机关尽快进入规范化、法制化的努力。只有淡化乃至去除这种依赖关系，实现中央财政的统一保障，才能保证检察机关发挥职能的均衡性和统一性。

（二）经费短缺对于检察机关而言是单纯的经济问题吗？

A、B 两院对于改革措施的不同反应表明，经费状况直接影响了基层检察院对上级检察院工作方针和改革措施的践行，影响了检察一体化的紧密程度和检察机关内在的创新动力。在按照科层制组成的检察院系统中，作为系统最高权威的最高人民检察院总希望通过工作机制改革增强系统内部的凝聚力和执行力，在经费保障充足的 B 院，这一目的获得了实现。而在经费匮乏的基层检察院，面对经费短缺和贯彻上级指令之间的矛盾，他们会通过阳奉阴违或者名存实亡的形式将无力实现而又必须"落实"的改革措施进行"变通"或者"改造"，目的就是应付。研究科层制的学者把下级应对上级的这种现象称为"不完全控制律"（law of imperfect control），即在通过自上而下的命令结构来维持和运作的科层制中，每一层次的官僚都无法实现对下层的完全控制，因为他所获得的支持决策的信息都经过了下层出于私利考虑的过滤。② 高检院大力推行的职务犯罪侦查案件逮捕权上提一级制度、讯问职务犯罪嫌疑人实行全程录音录像制度在经费匮乏的 A 院难以得到严格落实就是例证，但将 A 院的落实不力归咎为出于"私利"是有些冤枉的，说情势所迫可能更为恰当。正因如此，了解中西部地区基层院现实情况的上级检察院除了尽力为他们争取资金之外，根本无法也无意在改革创新方面苛求他们，这必然在无形之中削弱了检察一体化所要求的系统执行力和凝聚力。从这个意义上说，经费对于检察系统而言已经不仅仅是个简单的操作性问题，而是一个可能影响检察系统一体化程度的"政治性"问题。

（三）检察改革要不要"算算账"？

在我国，一项改革的论证往往在政治影响和功能价值层面进行，似乎可以

---

① 贺欣：《司法财政与司法改革》，载《中国法律》2009 年第 6 期。

② 科层制上下级之间有一些特有规律："不完全控制律"（law of imperfect control）、"控制消失律"（law of diminishing control）、"反控制律"（law of counter - control）以及"合作递减律"（law of decreasing co - ordination）。参见 Downs, A. Inside Bureaucracy, （Boston：Little Brown）1967. 转引自郑戈：《法治的可能性及其限度》，北京大学法学院编：《价值共识与法律合意》，法律出版社 2002 年版。

不计成本。然而改革措施要想发挥预期效果，资金预算和支持是不可或缺的，而且必须进行周密计算。1996 年刑事诉讼法修改时确立的"起诉移送主要证据复印件"制度就因对复印成本未作考虑，给基层检察机关造成沉重的支出负担而饱受批评。2012 年刑事诉讼法修改讨论中备受关注的关键证人出庭作证程序、精神病人强制医疗程序①等新制度背后也都存在经费保障问题的阴影。在缺乏成本测算评估和专用账户保障情况下强行推行改革措施，结果可能不是制度本身遭到规避，就是挤占其他方面经费，造成检察职能的选择性失灵。所以笔者呼吁，检察改革乃至司法改革之前应当进行尽量精确的成本测算和评估，确立改革专项资金专款专用制度。

（四）经费保障能解决所有的问题吗？

尽管经费保障对于检察机关发挥职能影响巨大，但却不能将所有出现的问题都归咎于它。如果将活动于社会场域空间中的检察院拟人化，那么经费对于检察机关发挥职能而言只是布迪厄所言的三种资本形式②之一，社会资本和文化资本也从不同方面共同影响着检察职能的发挥。如上文所提到的，充足的经费保障并不能从根本上解决检察系统的人才流失问题，因为永远存在比检察系统收入更为丰厚的职业和难以一致的个人选择；充足的经费保障也不能从根本上解决检察机关对不同种类案件进行选择性精力投入的问题，因为除了经费因素，检察机关的行为还会受到刑事政策、社会舆论、政治导向等因素的阶段性影响。不仅检察机关的行为，中国司法所呈现出的问题往往是管理体制、保障体制、政治因素、人员素质和现有制度模式等因素交织作用的结果，有时需要具体分辨究竟是哪种因素起到了关键作用。同样的结果——对案件的选择性重视——可能来自完全不同的原因，有时是经费问题，有时则是其他。如果要实现检察机关充分发挥职能、提高办案质量的理想状态，必须是从管理体制、保障体制、人员素质、现有制度模式等方面齐头并进的改革才做得到，这在短期来看似乎并不现实。但至少我们在研究问题的时候不能以单一化思维武断地就司法改革中的某些现象下结论。

---

① 已有学者尖锐地指出了精神病人强制医疗制度存在的经费保障问题隐忧，参见桑本谦：《反思中国法学界的"权利话语"——从邱兴华案切入》，载《山东社会科学》2008 年第 8 期。

② 布迪厄认为，资本是指能够借以在场域斗争中获得利益的各种资源，一个人拥有资本的数量和类型决定了他在社会空间的位置，也就决定了他的权力。他将资本划分为三种主要形式：经济资本（财产）、社会资本（主要体现为社会关系网络，尤其是社会头衔）以及文化资本（尤其是教育资历）。参见《文化资本与社会炼金术——布尔迪厄访谈录》，包亚明译，上海人民出版社 1997 年版，第 192 页。